Kirnberger/Kusterer
AG-Praxis von A-Z

AG-Praxis
von A-Z

von

Dr. Christian Kirnberger
Wirtschaftsprüfer/Rechtsanwalt in München

und

Dr. Stefan Kusterer
Wirtschaftsprüfer/Steuerberater
in München

unter Mitarbeit von
Rechtsanwältin
Anne-Marie Mülthaler

2006

Verlag
Dr. Otto Schmidt
Köln

Bibliografische Information Der Deutschen Bibliothek

Die Deutsche Bibliothek verzeichnet diese Publikation in der Deutschen Nationalbibliografie; detaillierte bibliografische Daten sind im Internet über <http://dnb.ddb.de> abrufbar.

Verlag Dr. Otto Schmidt KG
Gustav-Heinemann-Ufer 58, 50968 Köln
Tel.: 02 21/9 37 38-01, Fax: 02 21/9 37 38-9 43
e-mail: info@otto-schmidt.de
www.otto-schmidt.de

ISBN 10: 3-504-62509-0
ISBN 13: 978-3-504-62509-2

© 2006 by Verlag Dr. Otto Schmidt KG

Das Werk einschließlich aller seiner Teile ist urheberrechtlich geschützt. Jede Verwertung, die nicht ausdrücklich vom Urheberrechtsgesetz zugelassen ist, bedarf der vorherigen Zustimmung des Verlages. Das gilt insbesondere für Vervielfältigungen, Bearbeitungen, Übersetzungen, Mikroverfilmungen und die Einspeicherung und Verarbeitung in elektronischen Systemen.

Das verwendete Papier ist aus chlorfrei gebleichten Rohstoffen hergestellt, holz- und säurefrei, alterungsbeständig und umweltfreundlich.

Umschlaggestaltung: Jan P. Lichtenford, Mettmann
Satz: WMTP Wendt-Media Text-Processing, Birkenau
Druck und Verarbeitung: fgb freiburger graphische betriebe, Freiburg
Printed in Germany

Vorwort

Zahlreiche Änderungen, z.B. durch KonTraG, NaStraG, TransPuG, SpruchG und UMAG, machen das Aktienrecht immer komplexer. Hier den Überblick zu behalten, ist nicht immer ganz einfach. Ein schneller Zugriff auf Informationen ist kaum noch möglich.

Ziel dieses Buches ist es daher, den Aktiengesellschaften, ihren Vorständen, Aktionären und ihren Beratern in der komplexen Materie des Aktienrechts eine Orientierung für alle gängigen Problemkonstellationen rund um die AG zu geben. Es möchte sich in seiner Darstellung bewusst von den klassischen Handbüchern mit ihrem Detailreichtum abgrenzen und legt deshalb den Schwerpunkt auf knappe, punktgenaue Informationen in Stichwortform. So können die Leser schnell einen Einstieg in ihre Problemlösung finden. Wichtig für die Praxisarbeit ist auch die umfangreiche Vernetzung durch Querverweise, die Wiederholungen vermeidet. Ein handlicher, stets griffbereiter Ratgeber.

Diesem Ziel dienen Aufbau, Stil und Strukturelemente des Werkes:

- Die Problemsuche wird durch die Fokussierung der Sachverhalte auf rund 350 Stichwörter in alphabetischer Reihenfolge erleichtert.
- Der schnelle Überblick über ein Problem (mit ersten Lösungsansätzen) wird durch prägnante und verständliche Kurzdarstellungen mit vielen Anschauungsbeispielen und Praxistipps gewährleistet.
- Weiterführende Hinweise findet der Leser am Ende des Stichwortes, wo empfehlenswerte Literaturbeiträge und zahlreiche Querverweise das Informationsangebot abrunden.

Unser besonderer Dank für wertvolle Arbeiten am Manuskript gilt Frau Anne-Marie Mülthaler sowie Frau Sonja Brüchner und Frau Birgit Pazur.

München, im Oktober 2006
Christian Kirnberger
Stefan Kusterer

Inhaltsverzeichnis

	Seite
Vorwort	V
Abkürzungsverzeichnis	XIX
Abberufung	1
Abfindung	7
Abhängige Gesellschaften	13
Abhängigkeitsbericht	19
Abschlussprüfung	22
Abspaltungsverbot	28
Abstimmung	29
Abwickler	34
Abwicklung	37
Ad-hoc-Meldungen	40
Agio	40
Aktie	40
Aktiengemeinschaften	50
Aktienmarkt	53
Aktienregister	53
Aktionär	53
Aktionärsforum	59
Aktionärsklagerecht	60
Amtsdauer	63
Amtsniederlegung	67
Anfechtung von Hauptversammlungsbeschlüssen	68
Anhang	82
Anleihe	82
Anstellungsverhältnis	83
Arbeitnehmer	90
Aufgeld	94
Auflösung	94
Aufrechnung	97

Inhaltsverzeichnis

	Seite
Aufsicht	98
Aufsichtsrat	99
Aufsichtsratmitglieder	112
Ausgleich	120
Auskunftsrecht	124
Auslagenersatz	132
Ausschluss	132
Bank	136
Bedingte Kapitalerhöhung	138
Befreiungsverbot	144
Beherrschungsvertrag	147
Beirat	156
Bekanntmachungen	157
Belegschaftsaktie	161
Bericht	161
Beschluss	167
Besserungsschein	179
Bestätigungsvermerk	179
Bestellung	181
Beteiligung	182
Betriebsvertrag	188
Beurkundung	189
Bezugsrecht	193
Bilanzierung	204
Börse	208
Börsengang	210
Börsennotierung	216
Börsensegmente	222
Bookbuilding-Verfahren	231
Buchführung	233
Bundesanzeiger	238

	Seite
Cash-Flow	239
Control-Concept	240
Corporate Governance	240
Coupon	244
Culpa in contrahendo (cic)	245
Darlehen	246
Delisting	248
Depot	248
Differenzhaftung	249
Disagio	249
Dividende	250
D&O-Versicherung	254
Doppelzählung	257
Durchführung von Kapitalmaßnahmen	258
Durchgriffshaftung	258
Effekten	259
Eigene Aktien	260
Eigenkapital	262
Eigentümerkontrolle	265
Einberufung der Hauptversammlung	266
Einbringung, insbesondere eines Unternehmens	271
Eingliederung	275
Einlage	285
Einpersonen-AG	291
Eintragung	296
Einzelverbriefung	301
Einziehung von Aktien	302
Emission	306
Emissionsbank	309
Entherrschungsvertrag	309
Entlastung	310

	Seite
Entnahmen	312
Entschädigung der Aktionäre	313
Erben	315
Ergebnisabführungsvertrag	316
Eröffnungsbilanz	316
Ermächtigung	317
Erneuerungsschein	318
Errichtung	318
Ersatzmitglieder	319
Ersetzungsverfahren	320
Ertragswertmethode	322
Erwerb eigener Aktien	324
Euro	332
Europäische Gesellschaftsformen	333
Faktische Satzungsänderung	338
Faktischer Konzern	338
Festpreisverfahren	342
Feststellung	342
Feststellungsklage	344
Finanzierung	344
Firma	346
Formwechsel	348
Fortsetzung nach Auflösung	359
Förderung gemeinnütziger Zwecke	359
Fragerecht	359
Geheimnis	359
Gemeinschaftsunternehmen	360
Gemeinwohlgefährdung	360
Gemeinnützigkeit	361
Genehmigtes Kapital	362
Genehmigung (staatliche Genehmigung)	365

	Seite
Generaldebatte	366
Generalhandlungsbevollmächtigter	367
Genussrechte (Genussscheine)	367
Gerichtliche Bestellung	370
Gerichtliche Entscheidung/Ermächtigung	373
Gerichtsstand	374
Geschäftsbriefe	375
Geschäftsführung	376
Geschäftsjahr	379
Geschäftsmäßig Handelnde	379
Geschäftsordnung	380
Geschäftsverteilung	384
Gesellschaft	386
Gewinn	389
Gewinnabführungsvertrag	391
Gewinnschuldverschreibung	393
Gewinnverwendung	395
Girosammelverwahrung	398
Gläubigerpapiere	398
Gläubigerrechte	398
Gleichbehandlung der Aktionäre	399
Gleichordnungskonzern	401
Greenshoe	401
Große Aktiengesellschaft	402
Gründer	403
Gründung	407
Gründungsaufwand	415
Gründungsbericht	416
Gründungsprüfung	417
Grundkapital	423
Gutgläubiger Erwerb	425
Haftung	425

	Seite
Halbeinkünfteverfahren	426
Handelndenhaftung	430
Handelsregister	430
Hauptversammlung	441
Herrschende Gesellschaft	454
Hinterlegung	454
Holding	455
Holzmüller-Entscheidung	457
Incentivprogramm	460
Inhaberaktie	461
Inhaberschuldverschreibungen	462
Inkompatibilitätsregel	462
Insichgeschäft	462
Insolvenz	463
Jahresabschluss	469
Jahresfehlbetrag	476
Jahresüberschuss	477
Joint Venture	477
Kaduzierung	478
Kapital	479
Kapitalerhaltung	482
Kapitalerhöhung	486
Kapitalherabsetzung	500
Kapitalmehrheit	510
Kapitalrücklage	511
Kartell	511
Kleine Aktiengesellschaft	511
Konsortialvertrag	512
Kontinuitätsgrundsatz	512
Kommanditgesellschaft auf Aktien (KGaA)	513
Konzern	526

Seite

Kraftloserklärung 540
Kreditgewährung 540
Kündigung 540

Lagebericht 544
Legitimation 544
Leitungsmacht 545
Leverage-Effekt 546
Liquidation 546
Liquidität 546
Listing 547
Löschung 547

Mantel-AG 549
Mehrheit 551
Mehrmütterorganschaft 554
Mehrstimmrechte 554
Minderheitsrechte 555
Mindestnennbetrag 558
Missbrauch 559
Mitarbeiter 559
Mitbestimmung 559
Mitgliedschaftsrechte 563
Mitteilungspflichten 565
Muttergesellschaft/Mutterunternehmen 573

Nachgründung 574
Nachteilsausgleich 579
Nachtragsabwicklung 579
Nachtragsprüfung 579
Naked Warrants 579
Namensaktie 579
Nebenabrede 583
Nebenleistungspflichten 583

	Seite
Negativerklärung	584
Nennbetrag	585
Neugründung	587
Nichtigkeit	588
Niederlassung	602
Niederschrift	602
Obligationen	605
Offenlegungspflichten	608
Option	611
Ordentliche Kapitalherabsetzung	615
Order	616
Organe	616
Organschaft	619
Organstreit	626
Partei	627
Personalausschuss	627
Pfandrecht an Aktien	627
Platzierungsverfahren	628
Präsenzliste	628
Prinzipien im Aktienrecht	628
Prokura	628
Proxy-Stimmrecht	629
Prozess	629
Prüfung	631
Prüfungsbericht	634
Publikums-AG	636
Publizität	636
Qualifizierte Gründung	639
Quartalsbericht	639
Räuberische Aktionäre	639
Rechnungslegung	642

Inhaltsverzeichnis

	Seite
Rechtsformzusatz	645
Rechtsgemeinschaft an Aktie	645
Registersperre	645
Rentabilitätsgarantie	645
Rentengarantie	646
Risikofrüherkennungssystem	646
Risk Management	647
Rücklagen	647
Rumpfgeschäftsjahr	652
Sachgründung	653
Satzung	655
Satzungsauslegung	661
Satzungsmängel	663
Schadenersatzpflicht	665
Schadenersatzrecht	667
Schiedsfähigkeit	668
Schlusserklärung	668
Schütt-aus-hol-zurück-Verfahren	669
Schuldverschreibungen	670
Shareholder Value	671
Sicherheiten	671
Sitz	672
Sitzung	675
Sonderbeschluss	678
Sonderprüfung	681
Sonderrechte	688
Sondervorteile	689
Spaltung	691
Spruchverfahren	700
Squeeze-Out	702
Stammaktien	708
Statusverfahren	708

Inhaltsverzeichnis

	Seite
Steuerrecht	708
Stille Beteiligung	723
Stille Reserven	723
Stimmrecht	724
Stock Options	732
Strafrechtliche Verantwortung	739
Stückaktie	740
Suspendierung	740
Tagesordnung	741
Talon	744
Tantieme	744
Teilgewinnabführungsvertrag	745
Tender-Verfahren	746
Thesaurierung	747
Tochtergesellschaften	747
Trennungsprinzip	747
Treuepflicht	748
Übernahme	751
Überpariemission	754
Übertragung	754
Überwachung	756
Überzeichnung	756
Umsatzsteuer	757
Umsatztantieme	757
Umwandlung	757
Unterbilanzhaftung	763
Unternehmen	764
Unternehmensvertrag	768
Unterpariemission	778
Unversehrtheitsgrundsatz	779
Ultra-vires-Doktrin	779

	Seite
Verbriefung	779
Verbundene Unternehmen	781
Verdeckte Gewinnausschüttung	784
Verdeckte Sacheinlage (Verschleierte Sacheinlage)	791
Verjährung von Gesellschaftsansprüchen	801
Verlust	801
Vermögenübertragung	801
Versammlungsleiter	803
Verschmelzung	804
Vertrag	814
Vertretung der AG	814
Vertretung der Aktionäre	820
Verwahrung	821
Verwaltung	821
Verzicht und Vergleich	825
Vetorecht	827
Vinkulierung	828
Vollversammlung	829
Vor-AG (Vorgesellschaft)	829
Vorgründungsgesellschaft	833
Vorratsaktien	834
Vorratsbeschluss	835
Vorratsermächtigung	835
Vorratsgesellschaft	836
Vorsitzender	836
Vorstand	836
Vorstandsmitglieder	840
Vorzugsaktien	849
Wahlen	854
Wandelanleihe/Wandelschuldverschreibung	856
Wechselseitige Beteiligung	859
Weisungsrecht	859

Inhaltsverzeichnis

	Seite
Wertpapiersammelbank	861
Wettbewerb	861
Zeichnung	861
Zwangseinziehung	864
Zwangsgelder	864
Zweigniederlassung	864
Zwischenschein	868
Stichwortverzeichnis	871

Abkürzungsverzeichnis

a.A.	anderer Ansicht
ABlEG	Amtsblatt der Europäischen Gemeinschaften
Abs.	Absatz
AcP	Archiv für die civilistische Praxis (Zeitschrift)
a.E.	am Ende
a.F.	alte Fassung
AG	Aktiengesellschaft; Die Aktiengesellschaft (Zeitschrift)
AGBG	Gesetz zur Regelung des Rechts der Allgemeinen Geschäftsbedingungen
AktG	Aktiengesetz
Alt.	Alternative
AN	Arbeitnehmer
AO	Abgabenordnung
Art.	Artikel
Aufl.	Auflage
AuslG	Ausländergesetz
Ausn.	Ausnahme
BaFin	Bundesanstalt für Finanzdienstleistungsaufsicht
BAG	Bundesarbeitsgericht
BAWe	Bundesaufsichtsamt für den Wertpapierhandel (jetzt: BaFin)
BayObLG	Bayerisches Oberstes Landesgericht
BayObLGZ	Entscheidungen des BayObLG in Zivilsachen
BB	Der Betriebs-Berater (Zeitschrift)
BBK	Buchführung, Bilanzierung, Kostenrechnung (Zeitschrift)
BegrRegE	Begründung des Regierungsentwurfs
BetrVG	Betriebsverfassungsgesetz
BeurkG	Beurkundungsgesetz
BFA	Bankenfachausschuss des IdW
BFH	Bundesfinanzhof
BFHE	Sammlung der Entscheidungen des Bundesfinanzhofs
BGB	Bürgerliches Gesetzbuch
BGBl.	Bundesgesetzblatt
BGH	Bundesgerichtshof
BGHZ	Entscheidungen des Bundesgerichtshofs in Zivilsachen
BKR	Zeitschrift für Bank- und Kapitalmarktrecht
BMF	Bundesministerium der Finanzen
BNotO	Bundesnotarordnung
BörsG	Börsengesetz
BörsZulV	Börsenzulassungs-Verordnung
BStBl.	Bundessteuerblatt
BT-Drs.	Bundestags-Drucksache
BUrlG	Bundesurlaubsgesetz
BVerfG	Bundesverfassungsgesetz
cic	culpa in contrahendo
CR	Computer und Recht (Zeitschrift)

D&O	Directors and Officers
DAX	Deutscher Aktienindex
DB	Der Betrieb (Zeitschrift)
DGAP	Deutsche Gesellschaft für Ad-hoc-Publizität
d.h.	das heißt
DrittelBG	Drittelbeteiligungsgesetz
DStR	Deutsches Steuerrecht (Zeitschrift)
DStZ	Deutsche Steuer-Zeitung
EASDAQ	European Association of Securities Dealers for Automated Quotation
EG	Einführungsgesetz
EGV	Vertrag zur Gründung der Europäischen Gemeinschaft
EHUG	Gesetz über elektronische Handelsregister und Genossenschaftsregister sowie das Unternehmensregister
EK	Eigenkapital
EStB	Ertrag-Steuer-Berater (Zeitschrift)
EStDV	Einkommensteuer-Durchführungsverordnung
EStG	Einkommensteuergesetz
EStR	Einkommensteuer-Richtlinien
EU	Europäische Union
EuGH	Europäischer Gerichtshof
EuGVÜ	Übereinkommen über die gerichtliche Zuständigkeit und die Vollstreckung gerichtlicher Entscheidungen in Zivil- und Handelssachen
EuroEG	Euro-Einführungsgesetz
EuZW	Europäische Zeitschrift für Wirtschaftsrecht
EWG	Europäische Wirtschaftsgemeinschaft
EWIV	Europäische Wirtschaftliche Interessenvereinigung
EWS	Europäisches Wirtschafts- und Steuerrecht (Zeitschrift)
ff.	fortfolgende
FG	Finanzgericht
FGG	Gesetz über die Angelegenheiten der freiwilligen Gerichtsbarkeit
FGO	Finanzgerichtsordnung
FR	Finanz-Rundschau (Zeitschrift)
FS	Festschrift
FWB	Frankfurter Wertpapierbörse
GastG	Gaststättengesetz
GbR	Gesellschaft des bürgerlichen Rechts
GesRZ	Der Gesellschafter (Zeitschrift)
GewO	Gewerbeordnung
GewStDV	Gewerbesteuer-Durchführungsverordnung
GewStG	Gewerbesteuergesetz
GewStR	Gewerbesteuer-Richtlinien
GG	Grundgesetz
GHEK	Geßler/Hefermehl/Eckardt/Kropff (Kommentar zum Aktiengesetz)
GK	Großkommentar

GKG	Gerichtskostengesetz
GmbH	Gesellschaft mit beschränkter Haftung
GmbHG	Gesetz betreffend die Gesellschaften mit beschränkter Haftung
GmbHR	GmbH-Rundschau (Zeitschrift)
GoB	Grundsätze ordnungsgemäßer Buchführung
GrdKap	Grundkapital
GrEStG	Grunderwerbsteuergesetz
GVG	Gerichtsverfassungsgesetz
GWB	Gesetz gegen Wettbewerbsbeschränkungen
Hdb.	Handbuch
HFA	Hauptfachausschuss
HGB	Handelsgesetzbuch
h.M.	herrschende Meinung
HR	Handelsregister
HRV	Handelsregisterverfügung
HV	Hauptversammlung
IAS	International Accounting Standards
i.d.R.	in der Regel
IdW	Institut der Wirtschaftsprüfer
IFRS	International Financial Reporting Standards
IHK	Industrie- und Handelskammer
i.H.v.	in Höhe von
i.L.	in Liquidation
InsO	Insolvenzordnung
IPO	Initial Public Offering
IPrax	Praxis des Internationalen Privat- und Verfahrensrechts (Zeitschrift)
IStR	Internationales Steuerrecht (Zeitschrift)
i.S.v.	im Sinne von
i.V.m.	in Verbindung mit
IWB	Internationale Wirtschaftsbriefe (Zeitschrift)
i.w.S.	im weiteren Sinne
KE	Kapitalerhaltung
KG	Kommanditgesellschaft
KGaA	Kommanditgesellschaft auf Aktien
Komm.	Kommentar
KonTraG	Gesetz zur Kontrolle und Transparenz im Unternehmensbereich
KonzernR	Konzernrecht
KoR	Internationale und kapitalmarktorientierte Rechnungslegung (Zeitschrift)
KostO	Kostenordnung
KSchG	Kündigungsschutzgesetz
KStG	Körperschaftsteuergesetz
KStR	Körperschaftsteuer-Richtlinien
KWG	Kreditwesengesetz

LG	Landgericht
LM	Lindenmaier/Möhring (kommentierte BGH-Rechtsprechung)
LStDV	Lohnsteuer-Durchführungsverordnung
Mio.	Million
MitbestG	Mitbestimmungsgesetz
MitbestErgG	Mitbestimmungsergänzungsgesetz
MüKo	Münchener Kommentar
m.w.N.	mit weiteren Nachweisen
NASDAQ	National Association of Securities Dealers for Automated Quotation
NaStraG	Gesetz zur Namensaktie und zur Erleichterung der Stimmrechtsausübung
NEMAX	Aktienindex des Frankfurter Neuen Marktes
n.F.	neue Fassung
NJW	Neue Juristische Wochenschrift (Zeitschrift)
NJW-RR	NJW-Rechtsprechungs-Report (Zeitschrift)
nv.	nicht veröffentlicht
NWB	Neue Wirtschafts-Briefe für Steuer- und Wirtschaftsrecht (Zeitschrift)
NZG	Neue Zeitschrift für Gesellschaftsrecht
o.ä.	oder ähnliches
OHG	Offene Handelsgesellschaft
OLG	Oberlandesgericht
PartG	Partnerschaftsgesellschaft
PersBefG	Personenbeförderungsgesetz
RA	Rechtsanwalt
RGZ	Entscheidungen des Reichsgerichts in Zivilsachen
RIW	Recht der internationalen Wirtschaft (Zeitschrift)
RL	Richtlinie
Rn.	Randnummer
RNotZ	Rheinische Notar-Zeitschrift
RSDA	Revue suisse de droit des affairs et du marché financier (s. SZW)
SE	Societas Europaea
SGB	Sozialgesetzbuch
SJZ	Schweizerische Juristen-Zeitung
Sp.	Spalte
SpruchG	Spruchverfahrensgesetz
StB	Der Steuerberater (Zeitschrift)
StBerG	Steuerberatungsgesetz
Stbg	Die Steuerberatung (Zeitschrift)
StGB	Strafgesetzbuch
str.	streitig
StSenkG	Steuersenkungsgesetz
StuB	Steuern und Bilanzen (Zeitschrift)
StVergAbG	Steuervergünstigungsabbaugesetz

s.u.	siehe unten
SZW	Schweizerische Zeitschrift für Wirtschafts- und Finanzmarktrecht
TransPuG	Gesetz zur weiteren Reform des Aktien- und Bilanzrechts, zur Transparenz und Publizität
UmwG	Umwandlungsgesetz
UmwStG	Umwandlungssteuergesetz
UntStFG	Unternehmenssteuerfortentwicklungsgesetz
UR	Umsatzsteuer-Rundschau (Zeitschrift)
US-GAAP	Unites States Generally Accepted Accounting Principles
UStG	Umsatzsteuergesetz
UStR	Umsatzsteuer-Richtlinien
u.U.	unter Umständen
u.v.m.	und viele mehr
UWG	Gesetz gegen den unlauteren Wettbewerb
VAG	Versicherungsaufsichtsgesetz
Var.	Variante
VerkProspG	Verkaufsprospektgesetz
vgl.	vergleiche
VO	Verordnung
VVaG	Versicherungsverein auf Gegenseitigkeit
Wistra	Zeitschrift für Wirtschaft, Steuer, Strafrecht
WM	Wertpapier-Mitteilungen (Zeitschrift)
WPg	Die Wirtschaftsprüfung (Zeitschrift)
WpHG	Wertpapierhandelsgesetz
WPO	Wirtschaftsprüferordnung
WpÜG	Wertpapiererwerbs- und Übernahmegesetz
ZBB	Zeitschrift für Bankrecht und Bankwirtschaft
ZHR	Zeitschrift für das gesamte Handels- und Wirtschaftsrecht
ZNotP	Zeitschrift für die Notar-Praxis
ZPO	Zivilprozessordnung
ZVG	Gesetz über die Zwangsversteigerung und die Zwangsverwaltung

Abberufung

1. Begriff 1
2. Abberufung des Abschlussprüfers ... 1
3. Abberufung der Abwickler 2
4. Abberufung des Aufsichtsrats 2
5. Abberufung der Sonderprüfer 4
6. Abberufung des Vorstands 4
7. Abberufung in der KGaA 7

1. Begriff

Die Abberufung ist i.d.R. der Widerruf der Bestellung des Mitglieds eines Gesellschaftsorgans, dessen körperschaftliche Rechte und Pflichten damit unmittelbar enden. Die Abberufung erfolgt grundsätzlich durch das *Bestellungsorgan* (→ *Bestellung*). Von der Abberufung zu unterscheiden ist die Beendigung des schuldrechtlichen Dienstverhältnisses, insbesondere durch → *Kündigung*. Eine Abberufung beinhaltet eine derartige Kündigung nicht automatisch, es sei denn, dies ist im Dienstvertrag ausdrücklich vorgesehen oder ergibt sich durch Auslegung. Organmitglieder selbst können ihre Organstellung durch → *Amtsniederlegung* beenden.

Zum Widerruf von Prokura und Handlungsvollmacht → *Prokura*.

2. Abberufung des Abschlussprüfers

▷ **Zuständigkeit:** Der Abschlussprüfer kann nur durch das *Gericht* abberufen und durch einen neuen Abschlussprüfer ersetzt werden (§ 318 Abs. 3 HGB, → *Ersetzungsverfahren*). Dasselbe gilt für den Abschlussprüfer für das erste Voll- oder Rumpfgeschäftsjahr nach Eintragung der Aktiengesellschaft (§ 30 Abs. 1 AktG). Das Amtsgericht (§ 145 FGG) wird nur auf Antrag tätig. Von der Abberufung zu unterscheiden ist der Widerruf des Prüfungsauftrags, der einen Sonderfall der Kündigung aus wichtigem Grund darstellt (→ *Abschlussprüfung*). Vor Eintragung der Aktiengesellschaft ist § 318 Abs. 3 HGB auf den ersten Abschlussprüfer entsprechend anzuwenden.

▷ **Antragsbefugnis:** Antragsbefugt sind der → *Vorstand*, der → *Aufsichtsrat* oder eine Minderheit von Aktionären, deren Anteile zusammen 1/20 des Grundkapitals oder einen Börsenwert von 500 000 Euro erreichen (§ 318 Abs. 3 HGB).

▷ **Gründe:** Die Abberufung ist nur zulässig, wenn sie aus einem in der Person des Abschlussprüfers liegenden Grund geboten ist. Mögliche Gründe sind (BayObLG WM 1987, 1363)

– fehlende Qualifikation,

– ungenügende Ausstattung,

– Besorgnis der Befangenheit oder

– sonstige Hinderungsgründe nach §§ 319, 319a HGB.

3. Abberufung der Abwickler

▷ **Zuständigkeit:** Die Abberufung eines Abwicklers ist entsprechend seiner → *Bestellung* durch die → *Hauptversammlung* (Beschluss mit einfacher Mehrheit, § 265 Abs. 5 AktG) oder durch das Registergericht zulässig (§ 265 Abs. 3 AktG).

▷ **Abberufung durch die Hauptversammlung:** Die Hauptversammlung kann die Abwickler, die nicht gerichtlich bestellt sind, jederzeit und ohne Angabe von Gründen abberufen (§ 265 Abs. 5 AktG).

▷ **Gerichtliche Abberufung:** Für die Abberufung durch das Gericht ist ein Antrag des Aufsichtsrats oder einer Minderheit von Aktionären, die mindestens 5 % des Grundkapitals oder einen anteiligen Betrag von 500 000 Mio. Euro auf sich vereinigen, erforderlich. Für die gerichtliche Abberufung ist auch ein *wichtiger Grund* erforderlich, nicht aber ein Verschulden des Abwicklers (vgl. → 6. *Abberufung des Vorstands*).

4. Abberufung des Aufsichtsrats

▷ **Zuständigkeit:** Die von der Hauptversammlung ohne Bindung an Wahlvorschläge gewählten Aufsichtsratsmitglieder können durch Beschluss der *Hauptversammlung* abberufen werden (§ 103 Abs. 1 Satz 1 AktG, s.u.). Im Falle einer Entsendung erfolgt die Abberufung durch den *Entsendungsberechtigten* (§ 103 Abs. 2 AktG). Darüber hinaus können die entsandten Aufsichtsratsmitglieder mit einfacher Stimmenmehrheit von der *Hauptversammlung* abberufen werden, wenn die satzungsmäßigen Voraussetzungen des Entsendungsrechts wegfallen (§ 103 Abs. 2 Satz 2 AktG). Alle Aufsichtsratsmitglieder können durch das *Gericht* abberufen werden.

Tabelle: Zuständigkeit für die Abberufung der Aufsichtsratsmitglieder

Bestellung der Aufsichtsratsmitglieder	Abberufung der Aufsichtsratsmitglieder durch
durch Hauptversammlung	Hauptversammlung, Gericht
durch Entsendungsberechtigten	entsendenden Aktionär, Hauptversammlung bei Wegfall des Entsendungsrechts, Gericht
aufgrund MitbestG, MitbestErgG, DrittelBG	Gericht

▷ **Gründe:** Zur Abberufung durch das *Bestellungsorgan* ist ein wichtiger Grund *nicht* erforderlich, dies kann auch nicht durch eine Satzungsbestimmung festgelegt werden (→ *Satzung*). Eine *gerichtliche Abberufung* ist jedoch nur aus *wichtigem Grund* möglich (§ 103 Abs. 3 Satz 1 AktG).

> **Beispiele für das Vorliegen wichtiger Gründe**
> - die Weitergabe einer vertraulichen Angabe des Vorstandes (BGHZ 39, 116);
> - die heimliche schriftliche Stellungnahme gegenüber dem Bundeskartellamt (LG Frankfurt AG 1987, 160);
> - Zerstörung loyaler Zusammenarbeit wegen schwerwiegender und ehrrühriger Vorwürfe aufgrund bloßer Vermutungen (LG Köln, Beschl. v. 24.8.1987, nv.; zu Details *Hoffmann/Kirchhoff* in FS Beusch, 1993, S. 377 ff.);
> - heimliche Kontaktaufnahme zu Geschäftspartnern (OLG Zweibrücken AG 1991, 70);
> - externer Interessenkonflikt (OLG Hamburg AG 1990, 218).

▷ **Zeitpunkt:** Die Abberufung kann *jederzeit* vor Ablauf der Amtszeit erfolgen, auch wenn dadurch der Aufsichtsrat beschlussunfähig wird (vgl. § 103 Abs. 2 AktG). In diesem Fall ist eine gerichtliche Bestellung notwendig (§ 104 AktG) (→ *Amtsdauer*).

▷ **Verfahren:** Der Beschluss der Abberufung durch die Hauptversammlung ist mit einer Mehrheit von ¾ der abgegebenen Stimmen zu fassen (§ 103 Abs. 1 Satz 2 AktG). Die Satzung kann eine andere Mehrheit und weitere Erfordernisse bestimmen (§ 103 Abs. 1 Satz 3 AktG). Durch die Satzung kann jedoch nicht das Abberufungsrecht der Hauptversammlung auf Dritte delegiert oder von der Zustimmung Dritter abhängig gemacht werden. Für die Wirksamkeit der Abberufung ist neben dem Hauptversammlungsbeschluss die anschließende Erklärung gegenüber dem betroffenen Aufsichtsratsmitglied erforderlich. Bei Anwesenheit des betroffenen Aufsichtsratsmitglieds in der Hauptversammlung genügt die Beschlussfeststellung durch den Hauptversammlungsleiter. Bei Abwesenheit ist zu empfehlen, den Abberufungsbeschluss der Hauptversammlung durch den Vorstand an den Betroffenen schriftlich mitzuteilen, da eine Mitteilung durch den Aufsichtsrat nicht ausreichend wäre (vgl. § 78 AktG). Gegen die Maßnahme der Hauptversammlung stehen dem Aufsichtsratsmitglied keine spezifischen Rechtsmittel zur Verfügung, insbesondere auch keine Anfechtungsmöglichkeit (§§ 243 ff. AktG).

Die *gerichtliche Abberufung* kann vom Aufsichtsrat (Beschluss mit einfacher Mehrheit) beantragt werden. Bei Entsendung des Aufsichtsratsmitglieds aufgrund der Satzung kann der Antrag auf Abberufung auch von einer qualifizierten Minderheit von Aktionären gestellt werden, deren Anteile zusammen 10 % des Grundkapitals ausmachen oder den anteiligen Betrag von 1 Mio. Euro erreichen (§ 103 Abs. 3 Satz 3 AktG). Rechtsschutz gegen Maßnahmen des Gerichts ist nach FGG gegeben (§§ 22 Abs. 1 FGG, 103 Abs. 3 Satz 4 AktG).

▷ **Vergütung:** Mit der Abberufung verliert das Aufsichtsratsmitglied auch einen in der Satzung festgelegten oder durch die Hauptversammlung beschlossenen Vergütungsanspruch für die Zukunft, weil dieser nicht schuldrechtlicher Art ist. Dies gilt jedoch nicht für Vergütungen aus etwaigen Beraterverträgen.

5. Abberufung der Sonderprüfer

▷ **Zuständigkeit:** Die *Hauptversammlung* kann die von ihr bestellten Sonderprüfer (§ 142 Abs. 1 AktG) durch Beschluss abberufen. Das Gericht kann auf Antrag einer qualifizierten Minderheit der Aktionäre (mind. 10 % des Grundkapitals oder anteiliger Betrag von mindestens 1 Mio. Euro) einen Sonderprüfer abberufen (gesetzlich nicht geregelt, vgl. *Hüffer*, AktG, 7. Aufl. 2006, § 142 Rn. 34).

▷ **Gründe:** Die Abberufung der Sonderprüfer bedarf grundsätzlich nicht eines wichtigen Grundes. Bei gerichtlicher Bestellung anderer Sonderprüfer als die von der Hauptversammlung bestellten sind aber in der Person des Sonderprüfers liegende Gründe erforderlich (§ 142 Abs. 4 AktG).

Beispiele

- Mangelnde Sachkenntnis,
- Besorgnis der Befangenheit,
- Bedenken gegen die Zuverlässigkeit.

▷ **Verfahren:** Bei der Beschlussfassung der Hauptversammlung kann ein Mitglied des Vorstands oder des Aufsichtsrats weder für sich noch für einen anderen mitstimmen, wenn die Prüfung sich auf Vorgänge erstrecken soll, die mit der Entlastung eines Mitglieds des Vorstandes oder des Aufsichtsrats zusammenhängen (entsprechend § 142 Abs. 1 Satz 2 AktG).

6. Abberufung des Vorstands

▷ **Zuständigkeit:** Für den Widerruf der Bestellung (Abberufung) ist der *Aufsichtsrat* zuständig (§ 84 Abs. 3 AktG). Bei gerichtlich bestellten Vorstandsmitglieder ist für die Abberufung das Gericht zuständig. Das Amt eines gerichtlich bestellten Vorstandsmitglieds erlischt aber gemäß § 85 Abs. 2 AktG von Amts wegen mit der Bestellung des fehlenden Vorstandsmitglieds durch den Aufsichtsrat (→ *Gerichtliche Bestellung*).

▷ **Gründe:** Ein Widerruf ist nur aus wichtigem Grund möglich (§ 84 Abs. 3 Satz 1 AktG). Allgemein ist ein wichtiger Grund gegeben, wenn der Gesellschaft die Fortsetzung der Tätigkeit des betreffenden Vorstandsmitglieds bis zum Ende der Amtszeit nicht mehr zugemutet werden kann. Die Feststellung der Unzumutbarkeit bedarf stets einer an den Umständen des Einzelfalles orientierten Abwägung der Interessen der Vorstandsmitglieder gegenüber den Interessen der Gesellschaft (*Hüffer*, AktG, 7. Aufl. 2006, § 84 Rn. 26; *Nirk* in Nirk/Ziemons/Binnewies, Handbuch der AG, Loseblatt, Rn. 687; a.A. *Wiesner* in MünchHdb. AG, 2. Aufl. 1999, § 20 Rn. 14, 43: ausschlaggebend seien allein die Interessen der Gesellschaft). Nicht erforderlich ist, dass der wichtige Grund in der Person des Vorstandsmitglieds liegt. Auch ein Verschulden des Vorstandsmitglieds ist nicht Voraussetzung für das Vorliegen eines wichtigen Grundes.

▷ **Ein beispielhafter Katalog der Abberufungsgründe** ist in § 84 Abs. 3 Satz 2 AktG niedergelegt. Ein wichtiger Grund ist danach anzunehmen bei
- **grober Pflichtverletzung**

> **Beispiele**
> - Schädigung des Ansehens der Aktiengesellschaft durch anrüchige Spekulationsgeschäfte (BGH WM 1956, 865 ff.),
> - mangelnde Offenheit gegenüber dem Aufsichtsrat (BGHZ 20, 239, 246),
> - Beteiligung an strafbaren Handlungen, uU. auch im privaten Bereich (BGH LM BGB § 626 Nr. 8),
> - begründeter Verdacht einer strafbaren Handlung (BayObLG NJW 1955, 1678),
> - Aneignung von Gesellschaftsvermögen (BGH WM 1984, 29 ff.),
> - hohe Verschuldung (OLG Hamburg BB 1954, 978),
> - eigenständige Fälschung von Abrechnungsbelegen (OLG Hamm GmbHR 1985, 119) und
> - Bestechlichkeit (BGH WM 1967, 679).

- **Unfähigkeit zur ordnungsgemäßen Geschäftsführung**

> **Beispiele**
> - Unverträglichkeit eines Vorstandsmitglieds, die eine kollegiale Zusammenarbeit ausschließt oder stark gefährdet (BGH WM 1984, 29 f.);
> - unbehebbare Feindschaft zwischen Vorstandsmitgliedern. Dabei muss nicht zwingend der Hauptverursacher abberufen werden, der Aufsichtsrat kann sich vielmehr auch für den Fähigeren entscheiden (OLG Koblenz ZIP 1987, 1120);
> - Fehlen notwendiger Fachkenntnisse (OLG Stuttgart GmbHR 1957, 59, 60).

- **Vertrauensentzug** durch die Hauptversammlung (Beschluss mit einfacher Stimmenmehrheit), es sei denn, dass das Vertrauen aus offenbar unsachlichen Gründen entzogen worden ist (§ 84 Abs. 3 Satz 2 i.V.m. §§ 118 Abs. 1, 133 Abs. 1 AktG). Darunter fällt nicht der Entzug des Vertrauens eines Mehrheitsaktionärs (*Ausn.* vgl. BGH WM 1975, 787, 789).

Die **Satzung, die Bestellung oder der Anstellungsvertrag** können wichtige Gründe nicht verbindlich festlegen, da anderenfalls der Aufsichtsrat in seiner Entschließungsfreiheit eingeengt wäre.

Bei der **Beurteilung** der Frage, **ob ein wichtiger Grund vorliegt**, kann die Rechtsprechung zu § 626 BGB und zu § 38 GmbHG herangezogen werden. Es ist allerdings ergänzend zu beachten, dass an das Verhalten eines Vorstandsmitglieds einer Aktiengesellschaft aufgrund der ihm übertragenen eigenverantwortlichen Leitungskompetenz besonders hohe Anforderungen gestellt werden müssen (vgl. § 76 Abs. 1 AktG). Die Übertragung dieser Rechtsprechung steht daher unter dem Vorbehalt der konkreten Einzelfallprüfung.

Abberufung

▷ **Zeitpunkt:** Die Beendigung des Organverhältnisses ist nicht an Fristen gebunden. Der Aufsichtsrat hat dabei aber stets zu prüfen, ob die Gesellschaft in der aktuellen Situation auf das Vorstandsmitglied verzichten kann. In dieser Hinsicht ist eine Abberufung zur Unzeit nicht zulässig.

▷ **Verfahren:** Der Beschluss über den Widerruf muss vom Aufsichtsrat getroffen werden. Die Übertragung der Angelegenheit auf einen Ausschuss ist unzulässig (§ 107 Abs. 3 Satz 2 AktG). Bei einer unter den Mitbestimmungsregelungen (→ *Mitbestimmung*) fallende Aktiengesellschaft ist für die Beschlussfassung des Aufsichtsrats über den Widerruf der Bestellung eine ⅔-Mehrheit der Stimmen erforderlich (§ 31 Abs. 2 MitbestG analog).

▷ **Verwirkung des Widerrufs:** Der Aufsichtsrat muss Gelegenheit haben, die Einzelheiten aufzuklären und/oder mit dem betroffenen Vorstandsmitglied einen Ausgleich zu suchen. Nimmt der Aufsichtsrat die ein Widerrufsrecht begründenden Umstände über einen längeren Zeitraum nicht zum Anlass, eine Abberufung auszusprechen, und kann das Vorstandsmitglied daher nach Treu und Glauben annehmen, die Gesellschaft wolle auf diese Gründe für eine Abberufung nicht zurückkommen, so kann das Abberufungsrecht verwirkt sein. Der Aufsichtsrat darf die Abberufung nicht auf Gründe stützen, die ihm zur Zeit der Bestellung des Vorstandsmitglieds bereits bekannt gewesen sind.

▷ **Rechtsfolgen der Abberufung:** Das betroffene Vorstandsmitglied verliert aufgrund eines wirksamen Widerrufs seine Rechtsstellung mit sofortiger Wirkung. Der Widerruf der Bestellung zum Vorstandsmitglied ist wirksam, wenn ein gültiger Aufsichtsratsbeschluss vorliegt und dem abzuberufenden Vorstandsmitglied der Widerruf der Bestellung erklärt worden ist. Der Widerruf wird selbst beim Fehlen eines wichtigen Grundes so lange als wirksam behandelt, bis seine Unwirksamkeit rechtskräftig (Endurteil im Verfahren zur Hauptsache) festgestellt ist (§ 84 Abs. 3 Satz 4 AktG). *Ausn.* bei Nichtigkeit oder Fehlen eines Aufsichtsratsbeschlusses ist der Widerruf der Bestellung unwirksam.

▷ **Rechtsschutz gegen die Abberufung:** Das abberufene Vorstandsmitglied muss gegen die Abberufung klagen, wenn es seine Organstellung wiedererlangen will (§ 84 Abs. 3 Satz 4 AktG). Passiv legitimiert ist die Aktiengesellschaft, vertreten durch ihren Aufsichtsrat. Eine Vertretung durch den Vorstand scheidet aus (§ 112 AktG). Der Klageantrag ist auf Feststellung der Unwirksamkeit der Abberufung zu richten. Ein die Klage zusprechendes Urteil hat bis zum Ablauf der Amtsperiode gestaltende Rückwirkung. Richtet sich die Klage auf Feststellung der Nichtigkeit des Aufsichtsratsbeschlusses, so handelt es sich von vornherein um eine Feststellungsklage. Solange der Streit um die Wiedereinsetzung des Vorstandsmitglieds andauert, kann die Gesellschaft neue Abberufungsgründe in den Prozess einführen, unabhängig davon, ob diese zum Zeitpunkt des Widerrufs vorgelegen haben oder nicht. Hierzu ist ein neuer Aufsichtsratsbeschluss notwendig, der sich auf diese Gründe stützt. Ein nachträglich gefasster fehlerfreier Beschluss entzieht einer Feststellungsklage den Boden (Erledigung der Hauptsache).

Beachte: Es empfiehlt sich daher, den Hauptsacheantrag auf Feststellung der Nichtigkeit des Aufsichtsratsbeschlusses mit einem Hilfsantrag auf Feststellung der Unwirksamkeit der Abberufung zu verbinden.

Eine **einstweilige Verfügung** ist unzulässig, wenn nur das Fehlen eines wichtigen Grundes geltend gemacht wird (vgl. § 84 Abs. 3 Satz 4 AktG). Im Rahmen der Feststellungsklage kann das Vorstandsmitglied im Wege der einstweiligen Verfügung durchsetzen, dass es mangels wirksamen Widerrufs im Amt bleibt.

Nach Ablauf der Amtsperiode ist Klagegegenstand nur noch die Feststellung, die Abberufung sei nicht rechtmäßig gewesen (**Fortsetzungsfeststellungsklage**, → *Amtsdauer*).

7. Abberufung in der KGaA

▷ Die **persönlich haftenden Gesellschafter** einer KGaA können als geborene Geschäftsführungsorgane nicht abberufen werden (§ 278 Abs. 2 AktG). Sie können aber aus der Gesellschaft ausscheiden (→ *KGaA: 3. persönlich haftender Gesellschafter*).

▷ Der **Aufsichtsrat** kann durch die Hauptversammlung abberufen werden (§ 278 Abs. 3 AktG). Bei der Abberufung dürfen persönlich haftende Gesellschafter nicht mitstimmen, auch wenn sie Inhaber von Aktien sind (§ 285 Abs. 1 Satz 2 Nr. 1 AktG, → *KGaA: 9. Aufsichtsrat*).

▷ Die KGaA hat *keinen Vorstand* (→ *KGaA: 7. Geschäftsführung und Vertretung*).

Hinweis auf weiterführende Literatur: *Ebke/Jurisch*, Der unerwünschte Abschlussprüfer: Ersetzungsverfahren versus Anfechtungsklage, AG 2000, 208 ff.; *Hefermehl* in Mü-Ko. AktG, 2. Aufl. 2004, § 84 AktG, Rz. 97 ff. – Beispielkatalog wichtiger Gründe; *Münch*, Amtsniederlegung, Abberufung und Geschäftsunfähigkeit des Geschäftsführers einer GmbH, DStR 1993, 916 ff.; *Semler/v. Schenck*, Arbeitshandbuch für Aufsichtsratsmitglieder, 2. Aufl. 2004, S. 85 f., 685 ff.; *Stadler/Berner*, Die gerichtliche Abberufung von Aufsichtsratsmitgliedern im dreiköpfigen Aufsichtsrat – ein bisher ungelöstes Problem, NZG 2003, 49 ff.

Hinweis auf weitere Stichwörter

- → *Abwickler*
- → *Abschlussprüfung*
- → *Aufsichtsratsmitglieder*
- → *Hauptversammlung*
- → *Kündigung*
- → *Sonderprüfung*
- → *Vorstandsmitglieder*

Abfindung

1. Begriff 8
2. Anspruch 8
3. Art 11
4. Angemessenheit 12

1. Begriff

Die Abfindung ist die Gegenleistung für die Weggabe oder den Verlust von → *Aktien* im Zusammenhang mit einem → *Unternehmensvertrag*, → *Umwandlungen* oder aufgrund zwangsweiser → *Einziehung von Aktien*. Die Abfindung kann je nach Lage des Falles entweder in Aktien der herrschenden oder mit Mehrheit beteiligten Gesellschaft oder in bar erfolgen (§ 305 Abs. 2 AktG).

Anspruchsberechtigt sind grundsätzlich alle Aktionäre der Gesellschaft, die einen Rechtsverlust erleiden. *Ausn.* bei den Aktionären, die eine Gegenleistung in anderer Art erhalten, z.B. von einer Gewinnabführung ähnlich profitieren wie der andere Vertragsteil eines Gewinnabführungsvertrags (OLG Nürnberg AG 1996, 228; vgl. *Hüffer*, AktG, 7. Aufl. 2006, § 304 Rn. 2 f.).

2. Anspruch

▷ **Das Recht der außenstehenden Aktionäre auf Festsetzung** eines angemessenen Ausgleichs bzw. einer angemessenen Abfindung bleibt bestehen, auch dann, wenn

- die abhängige Aktiengesellschaft während eines Spruchverfahrens in die herrschende Aktiengesellschaft eingegliedert wird (BGH ZIP 2001, 734 ff.),
- das Insolvenzverfahren über das Vermögen der Aktiengesellschaft eröffnet wird (BayObLG AG 1999, 43) oder
- der Unternehmensvertrag beendet wird (z.B. durch ein → *Spruchverfahren*).

Sofern durch den Spruchstellenbeschluss die Abfindung höher festgesetzt wurde, wird damit zugleich der Unternehmensvertrag rückwirkend geändert. Mit der Rechtskraft des Beschlusses im Spruchverfahren tritt die Wirkung für und gegen alle ein (§ 13 Satz 2 SpruchG). Die „außenstehenden" Aktionäre, welche sich nicht an diesem Verfahren beteiligt haben, können sich auf die nachträgliche Erhöhung der Barabfindung oder die nachträgliche Gewährung weiterer Aktien berufen (sog. *Abfindungsergänzungsanspruch*, BGHZ 112, 382, 386).

▷ **Der Verzicht** sämtlicher Anteilsinhaber auf das Barabfindungsangebot als solches ist nach ganz herrschender Meinung zulässig, obwohl die gesetzlichen Vorschriften nur den Verzicht auf die Prüfung des Barabfindungsangebots sowie den Verzicht auf die Erstellung eines Prüfungsberichts vorsehen. Die Verzichtserklärungen sind zum → *Handelsregister* einzureichen (§ 199 UmwG analog).

▷ **Beherrschungs- und Gewinnabführungsverträge (§§ 304 ff. AktG)**: Beherrschungs- und Gewinnabführungsverträge müssen neben der Vereinbarung eines → *Ausgleichs* auch die Verpflichtung des „anderen Vertragsteils" enthalten, auf Verlangen eines außenstehenden Aktionärs dessen Aktien gegen eine angemessene Abfindung zu erwerben (§ 305 Abs. 1 AktG). Ist der übernehmende Rechtsträger eine Personengesellschaft oder ein Verein, so hat die Annahme zur Folge, dass der Anteilsinhaber ausscheidet und der Anspruch auf Barabfindung fällig wird. Sind vom Anteilsinhaber im Gegenzug Aktien zu übertragen, so scheidet er erst mit der rechtsgeschäftlichen Übertragung aus. Dementsprechend wird der Abfindungsanspruch hier auch erst Zug um Zug mit der Übertragung fällig. Die Verjährung beträgt jeweils 3 Jahre (§ 195 BGB). Bei der im Unternehmensvertrag vorgesehenen Abfindungsregelung dürfte es sich um einen Optionsvertrag zugunsten Dritter handeln. Durch die Annahme kommt ein spezieller aktienrechtlicher Abfindungsvertrag zwischen dem außenstehenden Aktionär und dem abfindungsverpflichteten Unternehmen zustande.

▷ **Eingliederung (§ 320b AktG):** Als Abfindung erhalten die ausscheidenden Aktionäre der Tochter-AG eigene Aktien der Hauptgesellschaft (§ 320b Abs. 1 Satz 2 AktG) bzw. wenn es sich bei der Hauptgesellschaft um eine abhängige Gesellschaft handelt, können die ausscheidenden Aktionäre der Tochter-AG sich stattdessen für eine angemessene Barabfindung entscheiden (§ 320b Abs. 1 Satz 3 AktG). Der Eingliederungsbeschluss ist anfechtbar, wenn eine Abfindung nicht angeboten wurde. Die Anfechtung kann allerdings nicht darauf gestützt werden, dass das Abfindungsangebot nicht angemessen sei. Glaubt ein Aktionär dies, kann er ein besonderes gerichtliches Verfahren (→ *Spruchverfahren*) zur Bestimmung der Abfindung einleiten; dieses lässt aber die Wirksamkeit der Eingliederung unberührt. Für die Höhe der Abfindung in Aktien sowie der Barabfindung ist grundsätzlich die *Verschmelzungswertrelation*, also das Umtauschverhältnis, das bei Verschmelzung beider Unternehmen angemessen wäre, entscheidend. Bei Barabfindung oder barer Zuzahlung einer Abfindung in Aktien ist ab dem Zeitpunkt der Bekanntmachung der Eintragung der Eingliederung eine Verzinsungspflicht in Höhe von jährlich 2 % über dem jeweiligen Basiszinssatz der Europäischen Zentralbank (§ 320b Abs. 1 Satz 6 AktG i.V.m. §§ 1 Abs. 1 EuroEG, 247 BGB) gesetzlich vorgesehen.

▷ **Verschmelzung (§§ 29 ff. UmwG):** Barabfindungen sind im Verschmelzungsvertrag bei Mischverschmelzungen (Verschmelzung eines Rechtsträgers im Wege der Aufnahme durch einen Rechtsträger anderer Rechtsform) oder Verfügungsbeschränkungen (Regelungen, durch welche die Übertragung oder Belastung von Anteilen oder Mitgliedschaften ausgeschlossen, an Zustimmungen gebunden oder sonst erschwert wird), die ein Austrittsrecht begründen, also in die Verfügungsbefugnis des Anteilsinhabers in erheblichem Maße eingreifen, anzubieten (§ 29 UmwG).

Beispiel für Verfügungsbeschränkungen i.S.d. § 29 UmwG

- Die Bindung der Verfügung an bestimmte Eigenschaften (Familienangehörige),
- der negative Ausschluss bestimmter Erwerber,
- die Übernahme bestimmter Verpflichtungen,
- die Anerkennung bestimmter Vorkaufs- und Vorerwerbspflichten durch den Erwerber (vgl. *Reichert*, GmbHR 1995, 176, 188),
- Optionsrechte, da diese die Entscheidung, über den Anteil zu verfügen, beschränken und damit einen Eingriff in die Verfügungsmacht des Anteilsinhabers darstellen.

Ein Austrittsrecht gegen Barabfindung besteht daher nicht bei sonstigen Beeinträchtigungen der Mitgliedschaft, z.B. durch Formvorschriften, Einschränkungen der Vererblichkeit oder bei Ausschlussklauseln.

Der Abfindungsanspruch **entsteht** mit dem rechtzeitigen Zugang der Annahmeerklärung des Anteilsinhabers, die nach herrschender Ansicht auf einen Teil der Anteile beschränkt werden kann (§ 31 UmwG). Der Aktiengesellschaft/KGaA ist der Erwerb eigener Anteile bis zu 10 % zum Zwecke der Abfindung erlaubt (vgl. § 29 Abs. 1 UmwG, § 71 Abs. 1 Nr. 3 und Abs. 2 AktG).

Das Barabfindungsangebot muss so bestimmt sein, dass für die Entstehung des Anspruchs nur noch dessen Annahme erforderlich ist. Daher sind im Verschmelzungsvertrag die berechtigten Anteilsinhaber zu benennen und die bezifferte Höhe der Abfindung festzulegen. Zudem ist jeweils anzugeben, ob die Abfindung gegen Übertragung der Anteile oder für das Ausscheiden der Anteilsinhaber gezahlt wird.

Ausn. vom Erfordernis der Barabfindung gelten für

– die Verschmelzung einer 100 %-igen Tochter auf ihre Muttergesellschaft;
– den im Voraus ausgesprochenen ausdrücklichen Verzicht sämtlicher in Betracht kommender Anteilsinhaber auf ihr Recht zum Austritt (§ 30 Abs. 1 UmwG, obwohl mit einem allseitigen Verzicht mittelbar auch das Erfordernis einer Verschmelzungsprüfung entfällt, müssen die Verzichtserklärungen nicht notariell beurkundet werden).

▷ **Formwechsel (§§ 207 ff. UmwG):** Der Schutz derjenigen Anteilsinhaber, die den → *Formwechsel* nicht verhindern können, weil sie bei einer zulässigen Mehrheitsentscheidung überstimmt werden bzw. weil der Umwandlungsbeschluss aus sonstigen Gründen nicht ihrer Zustimmung bedarf, wird durch ein Barabfindungsangebot gewährleistet. Jedem Anteilsinhaber ist deshalb vom formwechselnden Rechtsträger der Erwerb seiner umgewandelten Anteile oder Mitgliedschaften gegen eine angemessene Barabfindung unter der Voraussetzung anzubieten, dass der Anteilsinhaber gegen den Umwandlungsbeschluss Widerspruch zur notariellen Niederschrift erklärt (Sicherung des Abfindungsanspruchs eines widersprechenden Gesellschafters). Ist der formwechselnde Rechtsträger aufgrund seiner neuen Rechtsform nicht in der Lage, eigene Anteile oder Mitgliedschaften zu erwerben, ist die Barabfindung für den Fall anzubieten, dass der Anteilsinhaber aus dem Rechtsträger neuer Rechtsform ausscheidet. Das Angebot muss also darüber informieren, welche Abfindungen für welche Anteile oder Mitgliedschaften gezahlt werden sollen. Die Anteilsinhaber müssen außerdem darauf hingewiesen werden, dass das Angebot nur innerhalb der Ausschlussfrist von 2 Monaten nach Bekanntmachung der Eintragung des Formwechsels in das Handelsregister angenommen werden kann (§ 209 Satz 1 UmwG). Beim Formwechsel von Personenhandelsgesellschaften im Falle einer gesellschaftsvertraglich vorgesehenen Mehrheitsentscheidung der Gesellschafter (vgl. § 217 Abs. 1 Satz 2 UmwG) ist die Angemessenheit der versprochenen Barabfindung nur zu prüfen, wenn ein Gesellschafter dies verlangt (§ 225 UmwG). Bei einem einstimmig beschlossenen Formwechsel besteht dagegen kein Bedürfnis nach einer Prüfung des Barabfindungsangebots. Im Hinblick auf die Bewertung bestehen keine Unterschiede zu → *Verschmelzung* und → *Spaltung*.

Ausn.: Der Umwandlungsbeschluss braucht insbesondere in folgenden Fällen kein Barabfindungsangebot zu enthalten:

- Formwechsel AG in KGaA und umgekehrt (§ 250 UmwG);
- Formwechsel einer KGaA für die Barabfindung eines persönlich haftenden Gesellschafters (§ 227 UmwG);
- der Umwandlungsbeschluss bedarf von Gesetzes wegen oder kraft Gesellschaftsvertrag oder Satzung der Zustimmung aller Anteilsinhaber: Formwechsel von Personenhandelsgesellschaften (§ 217 Abs. 1 Satz 1 UmwG), Formwechsel in GbR, OHG oder Partnerschaftsgesellschaft (§ 233 Abs. 1 UmwG), Zustimmung nach § 193 Abs. 2 UmwG;
- Beteiligung nur eines Anteilsinhabers am formwechselnden Rechtsträger;
- der Anteilsinhaber ist zu mehr als 25 % beteiligt (da dieser Gesellschafter als solcher die Umwandlung verhindern kann, vgl. § 217 Abs. 1 Satz 3 UmwG);
- notariell beurkundeter Verzicht sämtlicher Anteilsinhaber auf das Abfindungsangebot.

Beachte: Da das Abfindungsangebot und die damit zusammenhängenden formalen Pflichten zu erheblichen Kosten führen können, sollte bereits in der Planungs- und Vorbereitungsphase auf die Verzichtserklärungen sämtlicher Gesellschafter des formwechselnden Rechtsträgers hingewirkt werden. Die notariell zu beurkundenden Verzichtserklärungen können vor, während und nach der Beschlussfassung über die Umwandlung abgegeben werden.

3. Art

Als Abfindung müssen je nach Lage des Falles entweder

- Aktien der herrschenden oder mit Mehrheit beteiligten Gesellschaft (als Ausgleich)

oder

- eine Barabfindung (Verzinsungspflicht) gewährt werden.

Die Art der Abfindung richtet sich nach dem Rechtsgrund sowie Rechtsform und Sitz des herrschenden Unternehmens im Falle der Abfindung im Zusammenhang mit einem Gewinnabführungsvertrag:

- Ist der andere Vertragsteil eine von Dritten unabhängige Aktiengesellschaft/ KGaA mit Sitz im Inland, dann müssen Aktien des herrschenden Unternehmens gewährt werden.
- Ist der andere Vertragsteil eine von einem Dritten abhängige oder in Mehrheitsbesitz stehende Aktiengesellschaft/KGaA, so kann eine Abfindung in Aktien des herrschenden Unternehmens (*Obergesellschaft*) oder eine Barabfindung festgelegt werden. Die außerstehende Aktionäre haben hierbei absolut freies Wahlrecht, weil es sich bei der Abfindungsregelung um eine schwerwiegende Veränderung ihrer Position handelt (Rechtsinstitut des Minderheitenschutzes).
- In allen anderen Fällen ist eine angemessene Barabfindung zu leisten, wenn der andere Vertragsteil

- keine Aktiengesellschaft/KGaA ist,
- als Aktiengesellschaft den Sitz im Ausland hat,
- als Aktiengesellschaft in Abhängigkeit oder Mehrheitsbesitz einer Gesellschaft steht, die ihrerseits nicht die Rechtsform einer inländischen Aktiengesellschaft/KGaA besitzt oder
- von mehreren Aktiengesellschaften abhängig ist (Gemeinschaftsunternehmen).

Tabelle der zulässigen Abfindung

Der andere Vertragsteil	Abfindung in Aktien	Barabfindung
Unabhängige AG	ja	nein
Abhängige AG	ja	ja
Keine AG	nein	ja
AG mit Sitz im Ausland	nein	ja
Abhängige AG von einer ausländischen AG	nein	ja
Abhängig von einer nicht-AG	nein	ja
Gemeinschaftsunternehmen	nein	ja

4. Angemessenheit

▷ **Feststellung:** Eine Unternehmensbewertung ist nach der sog. Ertragswertmethode vorzunehmen. Sie wird ergänzt durch die gesonderte Bewertung des Beteiligungsbesitzes und des sonstigen sog. neutralen (d.h. nicht betriebsnotwendigen) Vermögens. Dem Börsenkurs kommt zwar keine entscheidende Bedeutung zu, er stellt allerdings nach dem Urteil des BVerfG vom 27.4.1999 (BVerfG ZIP 1999, 1436) in der Regel die Untergrenze des Abfindungsanspruchs dar, außer er ist nicht durch Marktbedingungen gebildet worden.

Eine Barabfindung ist angemessen, wenn dabei die Verhältnisse der Gesellschaft im Zeitpunkt der Beschlussfassung in der → *Hauptversammlung* über den Vertrag berücksichtigt werden (§§ 305 Abs. 3 Satz 2, 305 Abs. 2 Nr. 3). Der Liquidationswert ist stets als unterster Wert anzusehen (*Emmerich/Habersack*, KonzernR, 8. Aufl. 2005, S. 325; *Aha*, AG 1997, 26, 28 ff.). Die Rechtsprechung zur Abfindung nach §§ 29, 30 UmwG kann auf § 305 AktG ohne weiteres angewandt werden. Dem entspricht es so zu verfahren, als sei eine Abfindung nach § 738 BGB zu errechnen.

Für die nach § 305 Abs. 1 und 3 AktG geschuldete angemessene Abfindung ist der Betrag zu ermitteln, mit dem der Aktionär aus seiner Gesellschaft ausscheiden kann, ohne wirtschaftliche Nachteile zu erleiden. Dieser Wert bestimmt sich maßgeblich danach, wie die Gesellschaft ohne Abschluss des Unternehmensvertrages wertmäßig zu beurteilen wäre. Nur der nach diesem Grundsatz ermittelte Wert stellt die angemessene Abfindung dar, weil der ausscheidende Aktionär die

Summe erhalten muss, die dem Wert seiner Beteiligung am Unternehmen voll entspricht.

▷ **Prüfung:** Die Abfindung ist grundsätzlich von einem unabhängigen, sachverständigen Prüfer zu prüfen (§§ 293b AktG, 30 Abs. 2, 208 UmwG). Dieser muss einen schriftlichen Prüfungsbericht mit einer Stellungnahme zu der Abfindung abgeben. Entbehrlich ist die Prüfung, wenn alle für die Barabfindung in Betracht kommenden Gesellschafter in notariell beurkundeter Form hierauf verzichten (§§ 30 Abs. 2 Satz 3, 208 UmwG).

▷ **Verzinsung:** Die Verzinsung erfolgt stets mit 2 % über dem Basiszins nach § 247 BGB.

Hinweis auf weiterführende Literatur: *Aha*, Aktuelle Aspekte der Unternehmensbewertung im Spruchstelleverfahren, AG 1997, 26 ff.; *Erb*, Der Börsenkurs als Untergrenze der Abfindung auch in Verschmelzungsfällen, DB 2001, 523 ff.; *Hellwig*, Die Abfindungsregeln beim Going Privat – Der Gesetzgeber ist gefordert!, ZGR 2002, 465 ff.; *Hering/Olbrich*, Zur Bemessung der Abfindung nach § 5 EGAktG – Die Abschaffung der Mehrstimmrechtsaktien aus modelltheoretischer und empirischer Sicht, WPg 2001, 809 ff.; *Hülsmann*, Gesellschafterabfindung und Unternehmensbewertung nach der Ertragswertmethode im Lichte der Rechtsprechung, ZIP 2001, 450 ff.; *Jungmann*, Die Anrechnung von erhaltenen Ausgleichszahlungen auf den Abfindungsanspruch nach § 305 AktG, BB 2002, 1549 ff.; *Kort*, Das Verhältnis von Ausgleich und Abfindung beim Abschluss aktien-konzernrechtlicher Beherrschungs- und Gewinnabführungsverträge, NZG 2002, 1139 ff.; *Kleindiek*, Abfindungsbezogene Informationsmängel und Anfechtungsausschluss, NZG 2001, 552 ff.; *Klöhn*, Der Abfindungsanspruch des Aktionärs als Aufopferungsanspruch, AG 2002, 443 ff.; *Lange*, Neues zu Abfindungsklauseln – Anmerkung zu den Urteilen des OLG Dresden, NZG 2000, 1042 und des BGH, NZG 2000, 1027, NZG 2001, 635 ff.; *Luttermann*, Der durchschnittliche Börsenkurs bei Barabfindungen von Aktionären und Verschmelzungswertrelation, ZIP 2001, 869 ff.; *Maul*, Zur Verrechnung von Ausgleichszahlungen und Zinsen auf Abfindungen bei Spruchstellenverfahren, DB 2002, 1423 ff.; *Meilicke*, Zum Verhältnis von Ausgleichs- und Abfindungsansprüchen nach §§ 304, 305 AktG, AG 1999, 103 ff.; *Meilicke*, Insolvenzsicherung für die Abfindung außenstehender Aktionäre, DB 2001, 1021 ff.; *Steinhauer*, Der Börsenpreis als Bewertungsgrundlage für den Abfindungsanspruch von Aktionären, AG 1999, 299 ff.; *E. Vetter*, Die Verzinsung der Barabfindung nach § 305 Abs. 3 Satz 3 AktG und die Ausgleichszahlung nach § 304 AktG, AG 2002, 383 ff.; *Wilm*, Nochmals: Abfindung zum Börsenkurs, NZG 2000, 1070 ff.

Hinweis auf weitere Stichwörter

→ *Ausgleich*
→ *Entschädigung der Aktionäre*

→ *Spruchverfahren*

Abhängige Gesellschaften

1. Begriff 14
2. Abhängigkeitsverhältnis 14
3. Abhängigkeitsvermutung............ 16
4. Rechtsfolgen 17

1. Begriff

▷ **Beherrschender Einfluss:** Eine abhängige Gesellschaft liegt vor, wenn ein rechtlich selbständiges Unternehmen auf ein anderes Unternehmen beherrschenden Einfluss ausüben kann (§ 17 Abs. 1 AktG). Dabei ist der Begriff der Abhängigkeit aus der Sicht des abhängigen und nicht des herrschenden Unternehmen zu beurteilen. Als abhängige Unternehmen i.S.d. Gesetzes gelten auch ausländische Unternehmen. Für den beherrschenden Einfluss genügt jede Einwirkungsmöglichkeit, sofern sie gesellschaftsrechtlich bedingt oder zumindest vermittelt ist (§ 17 Abs. 1 AktG). Für das abhängige und das herrschende Unternehmen besteht die Vermutung, dass sie einen → *Konzern* bilden (§ 18 Abs. 1 Satz 3 AktG).

Keine Abhängigkeit besteht, wenn 2 Unternehmen an der Gesellschaft mit je 50 % beteiligt sind und keiner der Gesellschafter ohne Zustimmung des anderen seinen Willen dem Unternehmen aufzwingen kann oder wenn das eine Unternehmen mehr, das andere weniger Anteile hat, aufgrund einer vertraglichen Regelung jedoch in für die Gesellschaft wesentlichen Angelegenheiten nicht ohne den Minderheitsbeteiligten handeln kann.

▷ **Begründung:** Die Abhängigkeit wird begründet durch

– Einflussmöglichkeit in die Innenstruktur,
– Beteiligung oder
– Organisationsvertrag (→ *Beherrschungsvertrag*).

2. Abhängigkeitsverhältnis

▷ **Eine Abhängigkeit** ist immer dann zu bejahen, wenn ein Gesellschafter in der Lage ist, auf die Besetzung der Gesellschaftsorgane, also vor allem auf die des Aufsichtsrats, und damit mittelbar auf die des Vorstandes, maßgeblichen Einfluss zu nehmen und so in zentralen Fragen der Unternehmensführung (z.B. Einkauf, Organisation, Logistik, Verkauf, Finanzierung) seine Unternehmensziele zu verwirklichen. Dabei muss es sich aber stets um eine gesicherte, also nicht nur zufällige, und gesellschaftlich bedingte oder zumindest vermittelte Einflussnahmemöglichkeit handeln; eine nur negative Beherrschungsmöglichkeit, etwa über die Sperrminorität, reicht nicht aus.

Für ein Abhängigkeitsverhältnis reichen rein wirtschaftliche Abhängigkeiten, z.B. durch externe Austauschbeziehungen, nicht aus, die lediglich einen durch die Marktlage bedingten Einfluss auf das geschäftliche Verhalten der Gesellschaft sichern (z.B. Lieferungs-, Lizenz- oder Kreditverträge). Der Einfluss muss

– beständig (von gewisser Dauer),
– umfassend und
– gesellschaftsrechtlich fundiert (in die Innenstruktur der Aktiengesellschaft eingreifende Einflussmöglichkeit) sein.

Besteht ein → *Beherrschungsvertrag*, so liegt ein Konzern und damit auch Abhängigkeit vor.

▷ **Besteht ein Pool- oder Konsortialvertrag**, durch den sich mehrere Gesellschafter zusammengeschlossen haben, um ihre Beteiligungsrechte zur Beherrschung eines Unternehmens einheitlich auszuüben, so ist das zwischen den Gesellschaftern gebildete Konsortium eine Gesellschaft des bürgerlichen Rechts (GbR, §§ 705 ff. BGB). Das Konsortium kann eine reine Innengesellschaft oder eine Außengesellschaft darstellen. Eine Innengesellschaft ist vor allem dann anzunehmen, wenn der Wille der Gesellschafter bei der Bildung eines Konsortiums auf die Innenbeziehungen beschränkt werden soll. Die GbR selbst ist dann nicht herrschendes Unternehmen. Es ist vielmehr hinsichtlich jedes einzelnen Gesellschafters zu prüfen, ob jeweils ein Unternehmen vorliegt, von dem eine Aktiengesellschaft abhängig ist.

▷ **Mittelbare Abhängigkeit** (Einflussnahme): Eine mittelbare Einflussnahme liegt vor allem vor

- bei der sog. *mehrstufigen Abhängigkeit* (Mutter-, Tochter-, Enkelgesellschaft): z.B. bei der Beherrschung der Enkelgesellschaften von der Muttergesellschaft über die Tochtergesellschaft, ohne dass diese unmittelbar an der Enkelgesellschaft beteiligt sein müsste;
- bei einem *Mehrheitsaktionär:* man spricht hier von mittelbarer Einflussnahme, weil ein Mehrheitsaktionär über die Wahl der von ihm gegebenenfalls abhängigen Aufsichtsratsmitglieder wiederum die Wahl der Vorstandsmitglieder und damit die Zusammensetzung des Vorstandes so beeinflussen kann, dass bei der Führung der Geschäfte der Gesellschaft seine Vorstellungen nicht unbeachtet bleiben (vgl. § 84 AktG).

▷ **Mehrfache Abhängigkeit:** Die mittelbare Abhängigkeit kann mit einer unmittelbaren Abhängigkeit zusammentreffen und damit Grundlage mehrfacher Abhängigkeit sein. Eine solche mehrfache Abhängigkeit ist z.B. bei Abhängigkeitsketten gegeben. In mehrstufigen Konzernen führt dies aber in der Regel nicht zu Konflikten, da die oberste Konzerngesellschaft ihre beherrschende Stellung durchsetzen kann. Eine echte Abhängigkeit von mehreren Unternehmen besteht, wenn die Einflussmöglichkeiten der verschiedenen Herrschaftsträger aus verschiedenen Konzernen koordiniert worden sind; die Mütter sich ihrerseits z.B. in einem Gleichordnungskonzern verbunden haben (*Mehrmütterherrschaft*). Der wichtigste Fall einer mehrfachen Abhängigkeit ist das *Gemeinschaftsunternehmen*. Darunter werden gemeinsame Tochtergesellschaften von verschiedenen (Mutter-)Unternehmen verstanden, die zu dem Zweck gegründet und erworben wurden, Aufgaben zum gemeinsamen Nutzen der Mütter zu erfüllen. Voraussetzung ist eine auf Dauer angelegte gemeinsame Interessenverfolgung der Mütter gegenüber der abhängigen Gesellschaft. Dies wird erreicht durch

- die Schaffung einer GbR als Beherrschungsorgan,
- eine Zusammenfassung der Mütter in einem Gleichordnungskonzern oder
- Konsortial- oder Stimmbindungsverträge.

▷ **Unwiderlegbare Abhängigkeitsvermutung:** Bei paritätisch organisierten Gemeinschaftsunternehmen (50:50 Gemeinschaftsunternehmen) müssen für die Annahme einer gemeinsamen Beherrschung über die paritätische Beteiligung hinaus besondere Umstände vorliegen, die ein Zusammenwirken ergeben (vgl. §§ 17 ff. AktG). Das Gemeinschaftsunternehmen hat den → *Abhängigkeitsbericht* über seine Beziehung zu jeder einzelnen Mutter zu erstellen.

▷ **Mehrstufige Abhängigkeit:** Unternehmen, die im Verhältnis zueinander in Mehrheitsbesitz stehen oder als mit Mehrheit beteiligte Unternehmen zu qualifizieren sind, stehen in mehrstufiger Abhängigkeit zueinander.

3. Abhängigkeitsvermutung

▷ **Geltung:** Abzugrenzen ist zwischen unwiderlegbarer und widerlegbarer Abhängigkeitsvermutung. Die Abhängigkeitsvermutung gilt auch bei mehrstufigen und mehrfachen Abhängigkeiten.

▷ **Unwiderlegbare Abhängigkeitsvermutung:** Eine unwiderlegbare Abhängigkeitsvermutung besteht zwischen Unternehmen, wenn ein gesetzlicher Abhängigkeitszustand besteht (§ 19 Abs. 2 AktG). Dies ist der Fall, wenn

– einem wechselseitig beteiligtem Unternehmen an dem anderen Unternehmen eine Mehrheitsbeteiligung (Mehrheit der Anteile oder Stimmrechte) gehört oder

– das eine auf das andere Unternehmen mittelbar oder unmittelbar einen herrschenden Einfluss, der gesellschaftsrechtlich bedingt oder mindestens vermittelt ist, ausüben kann.

▷ **Widerlegbare Abhängigkeitsvermutung:** Eine widerlegbare Vermutung gilt bei der Mehrheitsbeteiligung als eigenständige Form der Unternehmensverbindung (§ 17 Abs. 2 AktG). Für die Widerlegung einer Abhängigkeitsvermutung ist zu prüfen, ob bei einer Mehrheitsbeteiligung mit entsprechenden Stimmrechten die personellen Verflechtungen und etwaige aktienrechtlich relevanten Unternehmensverträge solcher Art vorhanden sind, dass eine Beherrschungsmöglichkeit ausgeschlossen werden kann. Oftmals sind in Gesellschaftsverträgen beteiligungsunabhängige Beherrschungsmöglichkeiten eröffnet, etwa organisatorischer oder rechtlicher Art, die geeignet sind, bestimmenden Einfluss auf die Unternehmens-, Gesellschafts- und Personalpolitik auszuüben.

> **Beispiel für Möglichkeiten in der Praxis**
> (vgl. *Würdinger* in GK. AktG, 4. Aufl. 1999, § 17 Rn. 16)
>
> – Durch die Satzung der Aktiengesellschaft kann der erforderliche Nachweis geführt werden, wenn hierin etwa für eine Vielzahl von Beschlussgegenständen Beschlussmehrheiten vorgesehen werden, die höher sind als das Stimmgewicht des Mehrheitsaktionärs.
>
> – Durch Abschluss eines Vertrages zwischen den beteiligten Unternehmen des Inhalts, dass sich das mit Mehrheit beteiligte Unternehmen verpflichtet, das Stimmrecht für einen Teil seiner Anteile nicht auszuüben; die verbleibenden Stimmrechte müssen unter 50 % liegen; dabei ist nicht vom Nominalkapital, sondern von der durchschnittlichen Präsenz bei der letzten Hauptversammlung auszugehen.
>
> – Durch den Abschluss eines *Entherrschungsvertrages:* das mehrheitsbeteiligte Unternehmen schließt mit der in Mehrheitsbesitz stehenden Aktiengesellschaft

einen Vertrag, durch den die Herrschaftsmöglichkeiten des mehrheitsbeteiligten Unternehmens ausgeschaltet werden, d.h. nur ein Teil der Aktien des herrschenden Unternehmens wird vom Stimmrecht ausgeschlossen, ohne irgendwelche Verpflichtungen zu übernehmen (vgl. § 136 Abs. 2 AktG). Die Mindestlaufzeit des Vertrag beträgt zwingend 5 Jahre (grundsätzlich 10 Jahre), um eine Stimmrechtsbeschränkung bei der Aufsichtsratswahl zu erreichen; ein Ausschluss der Kündigungsmöglichkeit aus wichtigem Grund ist nicht erforderlich.

- Bei der mehrstufigen Abhängigkeit ist nur die Widerlegung der Abhängigkeitsvermutung auf der letzten Stufe erforderlich.

4. Rechtsfolgen

▷ **Grundsatz:** Zum Schutz der abhängigen Gesellschaft und der außenstehenden Aktionäre besteht eine strenge Haftung der herrschenden Gesellschaft.

▷ Liegt **ausschließlich ein Abhängigkeitsverhältnis** vor, sind folgende Vorschriften heranzuziehen:

- § 16 Abs. 4 AktG (Zurechnung von beherrschtem Vermögen),
- § 18 Abs. 1 Satz 3 AktG (Vermutung der → *Konzern*-Bildung),
- § 56 Abs. 2 AktG (Umgehungsverbot für Eigenzeichnung),
- § 100 Abs. 2 Satz 1 Nr. 2 AktG (Durchgriff bei Inkompatibilitäten),
- §§ 89 Abs. 2 Satz 2, 115 Abs. 1 Satz 2 AktG (Durchgriff bei Kreditverbot),
- § 134 Abs. 1 Satz 4 AktG (Zurechnung von Stimmrechten),
- § 136 Abs. 2 Satz 1 AktG (Stimmrechtsausschluss),
- § 145 Abs. 3 AktG (Durchgriff der Rechte des Sonderprüfers),
- § 160 Abs. 1 Nr. 1 und 2 AktG (Erweiterte Anhangangaben),
- § 302 Abs. 2 AktG (Eingeschränkte Verlustübernahme),
- §§ 311–318 AktG (Verbot der Benachteiligung, Abhängigkeitsbericht),
- § 320 Abs. 2 Satz 3 HGB (Durchgriff der Rechte für den Abschlussprüfer).

▷ Liegt ein Abhängigkeitsverhältnis und ein **Mehrheitsbeteiligungsverhältnis** vor oder beruht das Abhängigkeitsverhältnis auf einer Mehrheitsbeteiligung, sind *zusätzlich* folgende Vorschriften heranzuziehen:

- für die Mitteilungspflichten: §§ 20 Abs. 4 und 7, 21 AktG,
- für die Kapitalisierung: §§ 52 Abs. 2 und 3 AktG,
- bzgl. → *Erwerb eigener Aktien*: §§ 71 Abs. 1 Nr. 1–6, Abs. 2 und 4, 71d Satz 2 und 4 i.V.m. 71b AktG,
- bzgl. Beherrschungs- oder Gewinnabführungsvertrag: §§ 266 Abs. 2, 271 und 290 Abs. 2 HGB.

▷ Liegt ein Abhängigkeitsverhältnis und ein **Konzernverhältnis** vor, sind *zusätzlich* folgende Vorschriften heranzuziehen:

- bzgl. Kreditgewährung an Verwaltungsmitglieder: §§ 89 Abs. 2 Satz 2, § 115 Abs. 1 Satz 2 AktG,
- bzgl. Informationsrechte der Sonder- und Abschlussprüfer der abhängigen Gesellschaft gegenüber dem herrschenden Unternehmen: §§ 145 Abs. 3 AktG, 320 Abs. 2 Satz 3 HGB,
- Satzungsregelungen über die Stimmrechtsausübung: §§ 134 Abs. 1 Satz 4, 136 Abs. 2 AktG,
- bzgl. Inhalt des Anhangs: § 160 AktG.

▷ Beruht die Abhängigkeit auf einem **Beherrschungsvertrag**, sind *zusätzlich* §§ 300 ff. und 304 ff., 291 AktG anzuwenden.

Beispiele

An die Abhängigkeit knüpfen sich eine Reihe bedeutsamer Rechtsfolgen für das abhängige Unternehmen:

- Es darf bei Gründung oder Kapitalerhöhung keine *Aktien des herrschenden Unternehmens zeichnen oder übernehmen* (§ 56 Abs. 2 AktG);
- ihm ist der *Erwerb oder Besitz von Aktien des herrschenden Unternehmens* nur für den Fall gestattet, dass dies dem herrschenden Unternehmen selbst erlaubt wäre (§ 71d Satz 2 i.V.m. Satz 1 AktG);
- ihm stehen aus eigenem Aktienbesitz bei der herrschenden Gesellschaft (maximal. 10 %) keinerlei *Rechte* zu: Insbesondere ist sein *Stimmrecht in der Hauptversammlung* des herrschenden Unternehmens suspendiert (§§ 71d Satz 4, 71b, 71 Abs. 2 Satz 1 AktG; vgl. OLG München NJW-RR 1995, 1066). Wird dieses Stimmverbot nicht beachtet, ist ein so zustande gekommener Hauptversammlungsbeschluss anfechtbar (§§ 243 i.V.m. 405 Abs. 1 Nr. 5 AktG);
- seine gesetzlichen Vertreter dürfen nicht *Mitglied des Aufsichtsrats der herrschenden Gesellschaft* sein (§ 100 Abs. 2 Nr. 2 AktG);
- auch ohne einen Beherrschungsvertrag können die Regeln über den *faktischen Konzern* gelten.

Hinweis auf weiterführende Literatur: *Bayer*, Der an der Tochter beteiligte Mehrheitsgesellschafter der Mutter: herrschendes Unternehmen?, ZGR 2002, 933 ff.; *Cahn*, Aktien der herrschenden AG im Fondsvermögen abhängiger Investmentgesellschaften, WM 2001, 1929 ff.; *Hentzen*, Der Entherrschungsvertrag im Aktienrecht, 1991; *Hüttemann*, Der Entherrschungsvertrag im Aktienrecht, ZHR 156 (1992), 314, 329; *Lutter*, Zur Herrschaft mehrerer Unternehmen über eine AG, NJW 1973, 113 ff.; *Karsten Schmidt*, Abhängigkeit und faktischer Konzern als Aufgabe der Rechtspolitik, JZ 1992, 856.

Hinweis auf weitere Stichwörter

→ *Abhängigkeitsbericht* → *Konzern*
→ *Beherrschungsvertrag* → *Mehrmütterorganschaft*

Abhängigkeitsbericht

1. Begriff 19
2. Inhalt 19
3. Prüfung 21
4. Kosten 22

1. Begriff

▷ **Zweck:** Der Abhängigkeitsbericht ist der Bericht des → *Vorstandes* über alle Beziehungen der Gesellschaft zu → *verbundenen Unternehmen* (§ 312 AktG). Er bezweckt die Verbesserung der Informationsbasis für Gesellschaftsgläubiger und außenstehende Aktionäre, die ihrerseits der Durchsetzung von Ersatzansprüchen dienen soll. Der Abhängigkeitsbericht ist bei Abhängigkeitsverhältnissen und bei Fehlen eines → *Beherrschungsvertrages* oder eines anderen gesetzlichen Ausgleichsanspruchs erforderlich. Aufstellungspflicht hat der Vorstand der beherrschten Aktiengesellschaft.

▷ **Frist:** Der Abhängigkeitsbericht ist innerhalb der ersten 3 Monate des folgenden Geschäftsjahres mit dem → *Jahresabschluss* und dem → *Lagebericht* dem Abschlussprüfer der Gesellschaft vorzulegen (§§ 312 Abs. 1 Satz 1, 313 Abs. 1 Satz 1 AktG). Abweichende Satzungsbestimmungen sind unzulässig. Der Abhängigkeitsbericht ist von allen am Fertigungstage des Berichts amtierenden → *Vorstandsmitgliedern* zu unterzeichnen.

▷ **Rechtsfolgen:** Die verspätete oder unterbliebene Erstellung eines Abhängigkeitsberichts kann für den Vorstand folgende Konsequenzen haben:

- Der Vorstand kann mittels Aufforderung (§ 132 FGG) und Zwangsgeld (§ 407 Abs. 1 AktG) auch noch nach abgeschlossener Rechnungslegung zur Aufstellung des Abhängigkeitsberichts gezwungen werden;
- er haftet für Schäden, die der Gesellschaft oder außenstehenden Aktionären durch Unterlassen des Berichts oder durch eine fehlerhafte Berichterstattung entstehen (§§ 318 Abs. 1, 93 AktG, → *Schadenersatzpflicht*);
- er kann einer Bestrafung wegen unrichtiger Darstellung der Gesellschaftsverhältnisse unterfallen (§ 400 AktG);
- die Abschlussprüfer (→ *Abschlussprüfung: 4. Abschlussprüfer*) sind verpflichtet, das Testat einzuschränken oder zu verweigern (§ 322 Abs. 1 HGB).

2. Inhalt

▷ **Allgemein:** Der Abhängigkeitsbericht muss den Grundsätzen einer gewissenhaften und getreuen Rechenschaft entsprechen. Er muss vollständig, klar, übersichtlich und zutreffend sein und die Beziehungen zu verbundenen Unternehmen umfassend dokumentieren, so dass er als Grundlage für etwaige Schadenersatzansprüche der Gesellschaft oder der außenstehenden Aktionäre und für die Prüfung durch Aufsichtsrat und Abschlussprüfer dienen kann (§§ 313, 314 AktG).

Zweckmäßig wird der Berichterstatung eine Übersicht über die mit dem herrschenden Unternehmen verbundenen Unternehmen vorangestellt. Daran wird sich ein übersichtliches und verständliches Bild über die berichtspflichtigen Vorgänge anschließen (s.u.).

Im Abhängigkeitsbericht sind aufzuführen (§ 312 Abs. 1 Satz 2 AktG):

- Alle Rechtsgeschäfte der abhängigen Gesellschaft
- mit dem herrschenden Unternehmen oder einem mit dem herrschenden Unternehmen verbundenen Unternehmen,
- auf Veranlassung des herrschenden Unternehmens,
- auf Veranlassung eines mit dem herrschenden Unternehmen verbundenen Unternehmens,
- im Interesse des herrschenden Unternehmens, aber ohne dessen Veranlassung oder
- im Interesse von mit dem herrschenden Unternehmen verbundenen Unternehmen, aber ohne deren Veranlassung.
- Alle Maßnahmen, die auf Veranlassung oder im Interesse des herrschenden Unternehmens oder von mit dem herrschenden Unternehmen verbundenen Unternehmen getroffen oder unterlassen worden sind.
- Auskunft über Benachteiligung infolge der Beziehung zu verbundenen Unternehmen und über den entsprechenden Ausgleich dieses Nachteils (§§ 311 Abs. 1, 312 Abs. 1 Satz 4, 312 Abs. 2 AktG, → *Schlusserklärung*).

▷ Diese **Schlusserklärung** ist auch Bestandteil des → *Lageberichts* und wird insoweit gegenüber den Aktionären publik (§ 312 Abs. 3 AktG). Ansonsten wird der Abhängigkeitsbericht nicht veröffentlicht und steht außenstehenden Aktionären und Gläubigern (selbst in einem Rechtsstreit) als Informationsquelle nicht zur Verfügung.

▷ Über das **bewusste Unterlassen** von Maßnahmen und über das etwaige bewusste Unterlassen von Rechtsgeschäften, die auf „Veranlassung" oder „im Interesse des herrschenden Unternehmens" erfolgt sind, muss ebenfalls berichtet werden.

▷ **Rechtsgeschäfte:** Bei den „Rechtsgeschäften" handelt es sich lediglich um gegenseitig verpflichtende. Über bloße Erfüllungsgeschäfte ist nicht zu berichten. Das Erfüllungsgeschäft ist entsprechend dem Verpflichtungsgeschäft abzuwickeln. Es genügt, dass die Art der Rechtsgeschäfte sowie der Gesamtumsatz angegeben werden. Nur wenn Gründe bestehen, innerhalb einer bestimmten Gruppe von Rechtsgeschäften einzelne besonders hervorzuheben, etwa weil sie außergewöhnliche Preisvereinbarungen enthalten, muss detailliert berichtet werden.

▷ **Maßnahmen:** „Maßnahmen" sind nicht nur alle tatsächlichen und rechtlichen Handlungen, die sich auf die wirtschaftlichen Verhältnisse der abhängigen Gesellschaft auswirken können, sondern auch „Rechtsgeschäfte" die keine Leistung beinhalten.

> **Beispiele**
> - Unterlassungsverpflichtungen
> - Kündigungen

Bei den Maßnahmen sind die Gründe für die Maßnahme und deren Vor- und Nachteile für die Gesellschaft anzuführen. Darüber hinaus muss der Bericht, soweit möglich, Angaben über den wirtschaftlichen Wert der Vor- und Nachteile enthalten.

▷ **Negativbericht:** Sofern im Berichtsjahr keine berichtsrelevanten „Rechtsgeschäfte" oder „Maßnahmen" i.S.v. § 312 AktG vorliegen sollten, ist ein sog. Negativbericht zu erstatten (§ 313 Abs. 3 Satz 2 i.V.m. § 312 Abs. 1 Satz 1 AktG). Darin hat der Vorstand zu erklären, dass im Geschäftsjahr keine Rechtsgeschäfte mit dem herrschenden Unternehmen oder einem mit ihm verbundenen Unternehmen getroffen bzw. unterlassen worden sind. Im Negativbericht ist eine Schlusserklärung in entsprechender Formulierung beizufügen und ebenso in den Lagebericht aufzunehmen (§ 312 Abs. 3 Satz 3 AktG).

3. Prüfung

▷ **Vorlagepflichten:** Der Abhängigkeitsbericht ist nicht zu veröffentlichen, sondern ausschließlich Abschlussprüfern (→ *Abschlussprüfung: 4. Abschlussprüfer*) und → *Aufsichtsrat* unverzüglich nach Aufstellung vorzulegen. Diese prüfen den Bericht und berichten über das Ergebnis der → *Prüfung* (§§ 313, 314 AktG). Der Abschlussprüfer bestätigt den Abhängigkeitsbericht, wenn keine Einwendungen bestehen. Bestehen Einwendungen oder Lücken, so hat er die Bestätigung des Abhängigkeitsberichts einzuschränken oder zu versagen (§ 313 Abs. 3 und 4 AktG).

Der Bericht ist, gegebenenfalls zusammen mit dem → *Prüfungsbericht* des Abschlussprüfers und den in § 170 AktG bezeichneten Unterlagen, dem Aufsichtsrat vorzulegen (§ 314 Abs. 1 AktG). Der Aufsichtsrat muss dann seinerseits den Bericht prüfen und der → *Hauptversammlung* über das Ergebnis der Prüfung berichten (§§ 314 Abs. 2, 171 Abs. 2 AktG).

Der Aufsichtsrat muss

- in seinen Bericht an die Hauptversammlung einen erteilten Bestätigungsvermerk aufnehmen, bzw. ausdrücklich mitteilen, wenn dieser verweigert wurde sowie
- am Schluss seines Berichts erklären, ob er selbst Einwendungen gegen die Erklärungen des Vorstands hat (§ 314 Abs. 2 und 3 AktG).

Der Prüfungsbericht des Abschlussprüfers kommt nur dem Aufsichtsrat zur Kenntnis. Der Hauptversammlung ist nur über das Ergebnis der Prüfung durch den Aufsichtsrat zu berichten (§ 314 Abs. 2 Satz 1 AktG). Durch eine → *Sonderprüfung* kann weitere Publizität hergestellt werden (§ 315 AktG).

▷ **Rechte der Aktionäre:** Ein Aktionär kann beanspruchen, dass das Registergericht Sonderprüfer bestellt, um die geschäftlichen Beziehungen einer abhängigen Gesellschaft, deren Aktionär er ist, zu einem herrschenden Unternehmen zu prüfen (§ 315 AktG) (→ *Sonderprüfung: 4. Besondere Sonderprüfung*).

Dieser Anspruch soll den Aktionären als Vorbereitung dafür dienen, gegebenenfalls Ansprüche gegen das herrschende Unternehmen und dessen gesetzliche Vertreter geltend zu machen (§ 317 Abs. 3 AktG), und zwar

- auf Ersatz des eigenen Schadens (§ 317 Abs. 1 Satz 2 AktG) oder
- auf Ersatz eines Schadens der Gesellschaft (§ 117 Abs. 1 Satz 1, Abs. 4 AktG i.V.m. § 109 Abs. 4 Satz 1 und 2 AktG), wenn das herrschende Unternehmen die abhängige Gesellschaft veranlasst, ein für diese nachteiliges Rechtsgeschäft vorzunehmen oder zu ihrem Nachteil eine Maßnahme zu treffen oder zu unterlassen, ohne den Nachteil tatsächlich auszugleichen.

4. Kosten

Die Kosten des Berichts und seiner Prüfung fallen zuerst der abhängigen Gesellschaft zur Last. Da diese Kosten Abhängigkeitsfolge sind, ist eine angemessene Lösung über einen → *Nachteilsausgleich* durch das herrschende Unternehmen erforderlich (§§ 311, 317 AktG analog).

Hinweis auf weiterführende Literatur: *Adler/Dürig/Schmalz*, Rechnungslegung und Prüfung der Unternehmen, 6. Aufl. 1997; *Bode*, Abhängigkeitsbericht und Kostenlast im einstufigen faktischen Konzern, AG 1995, 261 ff.; *Döllerer*, Der Abhängigkeitsbericht und seine Prüfung bei einem Vorstandswechsel, in FS Semler, 1993, S. 441 ff.; *Mertens*, Abhängigkeitsbericht bei „Unternehmenseinheit" in der Handelsgesellschaft KGaA?, in FS Claussen, 1997, S. 297 ff.

Hinweis auf weitere Stichwörter

- → *Abhängige Gesellschaften*
- → *Abschlussprüfung: 4. Abschlussprüfer*
- → *Beherrschungsvertrag*
- → *Bestätigungsvermerk*
- → *Entschädigung der Aktionäre*
- → *Gewinnabführungsvertrag*
- → *Nachteilsausgleich*
- → *Prüfung*
- → *Sonderprüfung*
- → *Verbundene Unternehmen*

Abschlussprüfung

1. Begriff 23
2. Prüfungsgegenstand 23
3. Prüfungsumfang 23
4. Abschlussprüfer 24
5. Prüfungsbericht 26

1. Begriff

Die Abschlussprüfung ist die Prüfung des → *Jahresabschlusses* und des → *Lageberichts* von mittelgroßen und großen Aktiengesellschaften i.S.d. § 267 HGB durch einen Abschlussprüfer (§ 316 Abs. 1 HGB). Nach der Prüfung durch den Abschlussprüfer erfolgt die Prüfung durch den → *Aufsichtsrat* (§ 171 AktG). Ohne eine Abschlussprüfung kann der Jahresabschluss nicht festgestellt werden (→ *Feststellung*). Aktiengesellschaften sind unabhängig von der Bilanzsumme, den Umsatzerlösen und der Arbeitnehmerzahl immer prüfungspflichtig, wenn ihre Aktien oder andere von ihr ausgegebene Wertpapiere (i.S.d. § 2 Abs. 1 WpHG) einen organisierten Markt (i.S.d. § 2 Abs. 5 WpHG: Amtlicher Markt, Geregelter Markt, → *Börsensegmente*) in Anspruch nehmen oder die Zulassung zum Handel an einem organisierten Markt beantragt worden ist (§ 267 Abs. 3 Satz 2 HGB). → *Kleine Aktiengesellschaften* sind nicht prüfungspflichtig (§§ 267 Abs. 1, 316 Abs. 1 Satz 1 HGB). In diesem Fall erfolgt nur die Prüfung durch den → *Aufsichtsrat*. Der Konzernabschluss und der Konzernlagebericht müssen, sofern ihre Aufstellung gesetzlich vorgeschrieben ist, in jedem Falle vom Abschlussprüfer und vom Aufsichtsrat geprüft werden (→ *Konzern*).

2. Prüfungsgegenstand

▷ **Pflichtprüfung durch Abschlussprüfer:** Der Pflichtprüfung durch den Abschlussprüfer unterliegen im Regelfall bei nicht kleinen Aktiengesellschaften:

- Buchführung (§ 317 HGB),
- Jahresabschluss (§§ 316 Abs. 1, 317 i.V.m. 264 Abs. 1, 242 Abs. 3 HGB),
- Lagebericht (§§ 316 Abs. 1 i.V.m. 264 Abs. 1, 289 HGB),
- Abhängigkeitsbericht (soweit erforderlich, § 313 AktG),
- Konzernabschluss (§§ 316 Abs. 2 i.V.m. 297 ff. HGB) und
- Konzernlagebericht (§§ 316 Abs. 2 i.V.m. 315 HGB).

▷ **Prüfung durch Aufsichtsrat:** Zusätzlich unterliegt der Prüfung durch den Aufsichtsrat der Gewinnverwendungsvorschlag (§ 171 Abs. 1 AktG).

3. Prüfungsumfang

▷ **Gegenstand:** Der Abschlussprüfer hat den Jahresabschluss, den Lagebericht und gegebenenfalls den → *Abhängigkeitsbericht* daraufhin zu prüfen, ob die gesetzlichen Vorschriften und die sie ergänzenden Bestimmungen der → *Satzung* beachtet worden sind und ob der Lagebericht im Einklang mit dem Jahresabschluss steht (§§ 316 ff. HGB, 313 AktG). Die Prüfung ist so auszulegen, dass Unrichtigkeiten und Verstöße gegen gesetzliche Vorschriften oder Satzung bei gewissenhafter Berufsausübung zumindest dann erkannt werden, wenn sie einen wesentlichen Einfluss auf die Vermögens-, Finanz- und Ertragslage haben (§ 317 HGB).

▷ **Lagebericht:** Bei der Prüfung des Lageberichts muss der Abschlussprüfer darüber hinaus feststellen, ob die Risiken der künftigen Entwicklung zutreffend dargestellt sind (§ 317 Abs. 2 HGB, entsprechende Anforderungen an den Konzernlagebericht: §§ 289 Abs. 1, 315 Abs. 1 HGB). Die Darstellung der Risiken und Prognosen zukünftiger Entwicklungen obliegt dem Vorstand, eine eigene Prognose des Abschlussprüfers kann nicht erfolgen. Der Abschlussprüfer soll die Plausibilität der Prognose des Vorstands kontrollieren (*Plausibilitätskontrolle*), wobei er in diesem Rahmen sich Gewissheit darüber zu verschaffen hat, dass alle verfügbaren Informationen verwendet worden sind, die zugrunde liegenden Annahmen realistisch und in sich widerspruchsfrei sind und Prognoseverfahren richtig gehandhabt worden sind. Hierdurch soll der Aufsichtsrat umfassend über die Lage der Aktiengesellschaft und ihre mögliche Gefährdung unterrichtet werden. Die Verpflichtung zur Beurteilung der Lage aus Sicht des Abschlussprüfers besteht aber nur so weit, als die vorgelegten Unterlagen eine entsprechende Überprüfung erlauben.

▷ **Zuständigkeit:** Die Prüfung des Aufsichtsrats hat sich auch auf den Vorschlag für die Gewinnverwendung des Bilanzgewinns zu erstrecken. Er hat des Weiteren den Abhängigkeitsbericht zu prüfen, sofern ein solcher aufzustellen ist. Der Gegenstand der Prüfung durch den Aufsichtsrat und den Abschlussprüfer ist hinsichtlich des → *Jahresabschlusses* und des Lageberichts deckungsgleich (§§ 170, 171 AktG, §§ 316–324 HGB s.u.). Die Prüfung der Bücher ist ausschließlich Aufgabe des Abschlussprüfers. Der Aufsichtsrat hat die Vollständigkeit des Abhängigkeitsberichts zu überprüfen, während der Abschlussprüfer lediglich dessen Richtigkeit überprüfen muss (§ 313 Abs. 1 AktG). Der Abschlussprüfer hat die Pflicht zur Erstattung des Prüfungsberichts einschließlich eines Bestätigungsvermerks (§§ 321, 322 HGB). Der Aufsichtsrat hat den Prüfungsbericht und eine zusammenfassende Erklärung zum Schluss seines Berichts abzugeben (§ 171 Abs. 2 Satz 4 AktG). Die Prüfungsberichte müssen von den Abschlussprüfern auch nicht sachkundigen Aufsichtsratsmitgliedern verständlich gemacht werden (§ 321 Abs. 1 Satz 1 HGB).

▷ **Amtlich notierte Aktiengesellschaft:** Gegenstand der Abschlussprüfung ist bei amtlich notierten Aktiengesellschaften weiter die Beurteilung, ob die vom Vorstand zu treffenden Maßnahmen, insbesondere das einzurichtende Überwachungssystem zur frühzeitigen Erkennung von gesellschaftsgefährdenden Entwicklungen, tatsächlich getroffen worden sind und ob das System seine Aufgaben auch erfüllen kann (§§ 91 Abs. 2 AktG, 317 Abs. 4 HGB).

4. Abschlussprüfer

▷ **Stellung:** Der Abschlussprüfer ist nicht Organ der Aktiengesellschaft, sondern außenstehende Kontrollinstanz mit öffentlicher Funktion (so BayObLG WM 1987, 1365, a.A. BGH WM 1980, 527). Bei → *großen Aktiengesellschaften* sind nur Wirtschaftsprüfer und Wirtschaftsprüfungsgesellschaften als Abschlussprüfer zugelassen (§ 319 Abs. 1 Satz 1 HGB). Mittelgroße Aktiengesellschaften können auch von vereidigten Buchprüfern und Buchprüfungsgesellschaften geprüft werden (§ 319 Abs. 1 Satz 2 HGB). Der Aufsichtsrat erteilt dem Abschlussprüfer den Prüfungsauftrag (§ 124 Abs. 3 Satz 1 AktG). Der Prüfer ist verpflichtet, an der Bilanzsitzung des Aufsichtsrats teilzunehmen und über wesentliche Ergebnisse seiner Prüfung zu berichten.

▷ **Bestellung der Abschlussprüfer:** Die Hauptversammlung, gegebenenfalls auch das Gericht, wählt den Abschlussprüfer (§ 318 HGB). Die Wahl des Abschlussprüfers ist zwingend. Bei der Wahl des Abschlussprüfers ist nur der Aufsichtsrat vorschlagspflichtig und -berechtigt (§ 124 Abs. 3 Satz 1 AktG).

▷ **Abberufung:** → *Abberufung: 2. Abberufung des Abschlussprüfers*

▷ **Rechte:** Zum Zwecke der Erstellung seines Prüfungsberichts stehen dem Abschlussprüfer umfangreiche Einsichts- und Informationsrechte zu. So hat der Vorstand dem Abschlussprüfer zu gestatten, die Bücher und Schriften der Aktiengesellschaft sowie die Vermögensgegenstände und Schulden, namentlich die Kasse und die Bestände an Wertpapieren und Waren, zu prüfen (§ 320 Abs. 1 Satz 2 HGB). Der Abschlussprüfer kann ferner vom Vorstand der Aktiengesellschaft – gegebenenfalls auch von den gesetzlichen Vertretern der Mutter- und Tochterunternehmen – alle Aufklärungen und Nachweise verlangen, die für seine Prüfung erforderlich sind – gegebenenfalls sogar schon vor der Aufstellung des Jahresabschlusses – (§ 320 Abs. 2 HGB). Hinsichtlich der Prüfung des Konzernabschlusses ist die Vorlagepflicht um den Konzernabschluss, den Konzernlagebericht, die Jahresabschlüsse, und – sofern eine Prüfung stattgefunden hat – die jeweiligen Prüfungsberichte bei den Unternehmen erweitert (§ 320 Abs. 3 HGB).

▷ **Ausschluss:** Ein Prüfer ist von der Abschlussprüfung einer Kapitalgesellschaft ausgeschlossen, wenn er finanziell mit der Gesellschaft verbunden ist, Mitglied eines Organs war oder ist oder wenn weitere gesetzlich vermutete Fälle mangelnder Unabhängigkeit bestehen (§§ 319, 319a HGB). Darüber hinaus muss ein Prüfungsauftrag verweigert werden, wenn Befangenheit vorliegt. Insbesondere ist bei den nach dem 31.12.2001 beginnenden Geschäftsjahren bei amtlich notierten Aktiengesellschaften zu beachten, dass bei der Bestellung einer Wirtschaftsprüfungsgesellschaft diese nicht Abschlussprüfer sein darf, wenn sie einen Wirtschaftsprüfer beschäftigt, der in den dem zu prüfenden Geschäftsjahr vorhergehenden 10 Jahren den → *Bestätigungsvermerk* (vgl. § 322 HGB) über die Prüfung der Jahres- oder Konzernabschlüsse der Aktiengesellschaft in mehr als 6 Fällen gezeichnet hat (§ 319 Abs. 3 Nr. 6 HGB i.V.m. Art. 46 Abs. 2 EGHGB).

Beachte: Dieser Ausschlussgrund kann bei einer Prüfungsgesellschaft durch eine interne Rotation bei den mit der Prüfung befassten Abschlussprüfern vermieden werden.

Das Gleiche gilt für den Abschlussprüfer des Konzernabschlusses (§ 319 Abs. 4 HGB).

▷ **Rechtsbehelfe:** Gegen den gewählten Abschlussprüfer sind folgende Rechtsbehelfe möglich:

– *Ersetzungsverfahren:* wenn in der Person des Abschlussprüfers liegende Umstände existieren, insbesondere die Besorgnis der Befangenheit (§ 318 Abs. 3 Satz 1 HGB), die eine → *Abberufung* des Prüfers rechtfertigen.

– *Anfechtungsklage* (jedoch subsidiär gegenüber Ersetzungsverfahren; LG München AG 2000, 235),

– *Nichtigkeitsklage*, nur bei Verstoß gegen einen absoluten Ausschlussgrund (§ 319 Abs. 2 und 3 HGB).

▷ **Pflichten:** Die prüfenden Personen sind zur *gewissenhaften und unparteiischen Prüfung* und zur Verschwiegenheit verpflichtet, insbesondere dürfen Geschäfts- und Betriebsgeheimnisse, welche die Abschlussprüfer bei ihrer Tätigkeit erfahren haben, nicht unbefugt verwertet werden (§ 323 HGB). Eine Verletzung dieser Pflichten führt zum Schadenersatz gegenüber der Aktiengesellschaft, gegebenenfalls auch gegenüber einem mit ihr → *verbundenen Unternehmen*. Für fahrlässige Pflichtverletzungen ist die Haftung des Abschlussprüfers (auch beim Handeln mehrerer Personen) bei nicht börsennotierten Gesellschaften auf 1 Mio. Euro, bei Aktiengesellschaften, die Aktien mit amtlicher Notierung ausgegeben haben, auf 4 Mio. Euro für eine Prüfung begrenzt (§ 323 Abs. 2 HGB). Eine Verletzung der *Geheimhaltungspflicht* ist strafbewehrt (§ 404 AktG). Der Abschlussprüfer hat auch eine *Teilnahme- und Berichtspflicht* in der Aufsichtsratssitzung (s.u.) Eine Verletzung dieser Berichtspflicht seitens des Abschlussprüfers ist strafbewehrt (§ 403 AktG).

▷ **Erster Abschlussprüfer:** Der erste Abschlussprüfer wird von den → *Gründern* bestellt. Für die Bestellung ist die notarielle → *Beurkundung* erforderlich (§ 30 Abs. 1 Satz 2 AktG). Falls keine Pflichtprüfung besteht, ist keine Beauftragung notwendig. Fehlende Bestellung ist kein Prüfungshindernis, jedoch besteht dann ohne gesetzliche Verpflichtung keine Prüfungspflicht.

▷ **Konzernabschlussprüfer:** Die Bestellung des Konzernabschlussprüfers erfolgt durch Beschluss der Hauptversammlung des Mutterunternehmens (§ 318 Abs. 1 Satz 1 AktG). Mangels Wahlbeschlusses gilt der Abschlussprüfer auch für den Konzernabschluss bestellt (§ 318 Abs. 2 Satz 1 AktG). Für die Erteilung des Prüfungsauftrags ist ebenso der Aufsichtsrat zuständig (§ 111 Abs. 2 Satz 3 AktG).

5. Prüfungsbericht

▷ **Bericht des Abschlussprüfers:** Über die Prüfung des → *Jahresabschlusses* und des → *Lageberichts* erteilt der Abschlussprüfer einen schriftlichen Prüfungsbericht (§ 321 HGB). Der Bericht ist nicht nur inhaltlich auf die Überwachungsaufgaben des Aufsichtsrats auszurichten, sondern auch direkt dem Aufsichtsrat neben dem Jahresabschluss, dem Lagebericht und den Gewinnverwendungsvorschlägen vorzulegen (§ 321 HGB). Hierdurch soll dem → *Vorstand* die Möglichkeit entscheidender Einflussnahme auf den Inhalt des Prüfungsberichts genommen werden. Der gesamte Prüfungsbericht muss in der gebotenen Klarheit erfolgen. Er soll auch von nichtsachverständigen Aufsichtsratsmitgliedern verstanden werden. Die reine Erläuterung und Aufgliederung der Posten des Jahresabschlusses ist nicht ausreichend. Den Adressaten sollen neben der Analyse der Vergangenheitsdaten vielmehr die künftigen Entwicklungen und Risiken aufgezeigt werden. Eine Beurteilung der vom Vorstand ergriffenen Maßnahmen gegen bereits eingetretene Risiken oder verwirklichte Gefahren gehört nicht zu den Aufgaben des Abschlussprüfers; sie ist vom Aufsichtsrat im Rahmen seiner Kontrolltätigkeit vorzunehmen (vgl. § 111 Abs. 1 AktG).

▷ **Vorlagepflichten:** Nach der Erstellung des Prüfungsberichts ist zunächst noch dem Vorstand Gelegenheit zur Stellungnahme zu dem (abgeschlossenen) Prüfungsbericht zu geben; ändernd kann der Vorstand allerdings nicht mehr eingreifen (§ 321 Abs. 5 Satz 2, 2. Halbsatz HGB). Im Anschluss hieran ist der Prüfungsbericht dem Aufsichtsrat, zu Händen des Aufsichtsratsvorsitzenden, unmittelbar zuzuleiten (§ 321 Abs. 5 Satz 1, 1. Halbsatz HGB). Der Prüfungsbericht ist jedem Aufsichtsratsmitglied in Abschrift auszuhändigen, es sei denn, der Aufsichtsrat hat beschlossen, den Prüfungsbericht nur den Mitgliedern eines eingerichteten Ausschusses (im Regelfall dem Bilanzausschuss) auszuhändigen. Jedes Aufsichtsratsmitglied hat aber das Recht, vom Prüfungsbericht Kenntnis zu nehmen (vgl. § 170 Abs. 3 AktG, Ausschluss durch die Satzung oder einen Aufsichtsratsbeschluss nicht möglich). Der Aufsichtsrat prüft den ihm zugeleiteten Jahresabschluss nebst Lagebericht sowie den Gewinnverwendungsvorschlag des Vorstandes (vgl. § 170 Abs. 1 und 2 AktG); gegebenenfalls auch den Konzernabschluss und -lagebericht. Der Prüfungsbericht des Abschlussprüfers ist die wesentliche Unterlage für die Prüfung des Abschlusses und des Lageberichts durch den Aufsichtsrat. An dieser Versammlung des Aufsichtsrats oder eines Ausschusses des Aufsichtsrats hat der Abschlussprüfer teilzunehmen und über die wesentlichen Ergebnisse seiner Prüfung zu berichten (§ 171 Abs. 1 Satz 2 AktG; sog. *Teilnahme- und Berichtspflicht*). Das Ergebnis der Prüfung hat der Abschlussprüfer in der Versammlung zusammenhängend wiederzugeben, soweit erforderlich unter Vertiefung bestimmter Aspekte, die für die Kontrolltätigkeit des Aufsichtsrats von Bedeutung sein können (nicht ausreichend ist, den Bericht einfach vorzulesen).

Zur Prüfung eines Abhängigkeitsberichts im faktischen Konzern vgl. → *Faktischer Konzern: 5. Abhängigkeitsbericht*.

▷ **Bericht des Aufsichtsrats:** Über das Ergebnis seiner Prüfung hat der Aufsichtsrat einen schriftlichen Bericht zu fertigen (§ 171 Abs. 2 AktG). Dieser Bericht ist von der Einberufung der Hauptversammlung an, die über die Verwendung des Bilanzgewinns beschließt, in dem Geschäftsraum der Gesellschaft sowie in der Hauptversammlung im Versammlungsraum auszulegen (§§ 175 Abs. 2, 176 Abs. 1 AktG). In dem Bericht hat der Aufsichtsrat auch mitzuteilen, in welcher Art und in welchem Umfang er die Geschäftsführung der Gesellschaft während des Geschäftsjahres geprüft hat. Bei börsennotierten Gesellschaften (§ 3 Abs. 2 AktG) hat der Aufsichtsrat darüber hinaus anzugeben, welche Ausschüsse gebildet worden sind, sowie die Zahl seiner Sitzungen und die der Ausschüsse mitzuteilen (→ *Börsennotierung*).

Hinweis auf weiterführende Literatur: *Ebke/Jurisch*, Der unerwünschte Abschlussprüfer: Ersetzungsverfahren versus Anfechtungsklage, AG 2000, 208–216; *Forster*, Zum Zusammenspiel von Aufsichtsrat und Abschlussprüfer nach dem KonTraG, AG 1999, 193 ff.; *Fortun*, Ersetzung bereits gewählter Abschlussprüfer, BB 2002, 2012 ff.; *Loitlsberger*, Das Münchhausen-Dilemma der Abschlussprüfung und die Bedingungen seiner Überwindung, WPg 2002, 705 ff.; *Marx*, Die Unabhängigkeit des Abschlussprüfers, ZGR 2002, 292 ff.; *Neuling*, Die Teilnahmepflicht des Abschlussprüfers an Bilanzsitzungen des Aufsichtsrats im Aktienrecht, BB 2003, 166 ff.; *Niehus*, Corporate Governance: das Honorar und der Abschlussprüfer – Stärkung der Unabhängigkeit durch Offenlegung?, WPg 2002, 616 ff.; *Pfitzer/Ort/Wader*, Die Unabhängigkeit des Abschlussprüfers gegenüber dem Aufsichtsrat im Sinne des Deutschen Corporate Governance Kodex, DB 2002, 753 ff.; *Wenusch*, Die Haftung der Abschlussprüfer, AnwBl 2003, 10 ff.

Hinweis auf weitere Stichwörter

- → *Aufsichtsrat*
- → *Gewinn*
- → *Jahresabschluss*
- → *Konzern: 6. Rechnungslegung*

- → *Prüfung*
- → *Sonderprüfung*
- → *Verbundene Unternehmen*

Abspaltungsverbot

▷ **Begriff:** Abspaltungsverbot bedeutet das gesetzliche Verbot, → *Aktien* zu teilen. Aktien sind unteilbar (§ 8 Abs. 5 AktG). So kann das Stimmrecht aufgrund einer Aktie nicht von der Mitgliedschaft abgespalten und isoliert übertragen werden.

▷ **Unzulässig** ist

- die sog. *Realteilung* (eine Aktie in mehrere je für sich bestehende Mitgliedsrechte zu zerlegen),
- die *Trennung der Verwaltungsrechte* (→ *Stimmrechte,* → *Anfechtung von Hauptversammlungsbeschlüssen: 3. Befugnis zur Anfechtung*) *von der Mitgliedschaft*. Stimmrecht ohne Mitgliedschaft gibt es nicht (kein Stimmrecht ohne Aktie, Arg.: subjektives Recht des Mitglieds ist notwendig einheitlich und der Fremdbestimmung entzogen).
- *Abspaltung des mitgliedschaftlichen Rechts* auf Gewinnteilhabe.

▷ **Zulässig** ist

- die Abspaltung bzw. Zession von entstandenen oder künftigen Dividendenzahlungsansprüchen (→ *Dividende*),
- die Rechtsgemeinschaft (§§ 705, 741, 2032 BGB) an ungeteilter Mitgliedschaft und
- die Übertragung von treuhänderischen Befugnissen.

Hinweis auf weitere Stichwörter

- → *Aktien*
- → *Aktiengemeinschaften*

- → *Aktionär*

Abstimmung

1. Begriff 29
2. Abstimmung im Aufsichtsrat 29
3. Abstimmung in der Hauptversammlung 31
4. Abstimmung im Vorstand 32

1. Begriff

Die Abstimmung erfolgt durch *Stimmabgabe* aller stimmberechtigten Teilnehmer zu einem bestimmten Antrag, der für alle Abstimmenden hinreichend genau erkennbar sein muss. Ihre Folge ist der Beschluss.

2. Abstimmung im Aufsichtsrat

▷ Für eine **Beschlussfassung** im → *Aufsichtsrat* ist die Stimmabgabe der Aufsichtsratsmitglieder erforderlich. Die Stimmabgabe kann erfolgen

– durch Teilnahme an der Aufsichtsratssitzung bzw. einer Videokonferenz (*Hüffer*, AktG, 6. Aufl. 2004, § 108 Rn. 16),

– schriftlich durch einen Boten,

– telefonisch,

– per Telefax.

Die Teilnahme an den Aufsichtsratssitzungen kann nicht erzwungen werden (→ *Sitzung: 1. Sitzung des Aufsichtsrats*). Zur Stimmabgabe ist keine Teilnahme erforderlich.

▷ **Stimmenbotschaft:** Die Stimmenbotschaft ist eine schriftliche eigenhändig unterschriebene Erklärung eines → *Aufsichtsratsmitgliedes*. Ein abwesendes Aufsichtsratsmitglied kann die Stimmbotschaft durch ein anderes Aufsichtsratsmitglied oder eine kraft Satzung zur Teilnahme an der Sitzung berechtigte aufsichtsratsfremde Person in der Sitzung überreichen lassen (§§ 108 Abs. 3 Satz 2, 3 i.V.m. 109 Abs. 3 AktG i.V.m. § 25 Abs. 1 Nr. 1 MitbestG). Eine Übersendung an den Aufsichtsratsvorsitzenden reicht nicht aus. Der Aufsichtsratsvorsitzende kann eine ihm übersandte Erklärung in der Sitzung überreichen, ist dazu aber nicht verpflichtet (*Geßler* in GHEK, AktG, 1973, § 108 Rn. 47; *a.A. Mertens* in KK. AktG, 2. Aufl. 1996, § 108 Rn. 28 m.w.N.). Der von einem abwesenden Aufsichtsratsmitglied beauftragte Stimmbote ist kein Vertreter des verhinderten Aufsichtsratsmitglieds und hat daher keinen Einfluss auf den Inhalt der Entscheidung. Der Bote kann nur die Stimme des abwesenden Mitglieds überbringen. Zulässig ist auch eine bedingte Anweisung, d.h. eine von bestimmten Umständen abhängig gemachte Stimmabgabe sowie ein Blankett, das entsprechend den Anweisungen des Abwesenden nach dem Gang der Beratungen durch den Boten ausgefüllt wird (*Hoffmann-Becking* in MünchHdb. AG, 2. Aufl. 1999, § 31 Rn. 79 m.w.N.; *a.A. Hüffer*, AktG, 7. Aufl. 2006, § 108 Rn. 14 m.w.N.: nur die vollständig ausgefüllte und unterschriebene Stimmenabgabe ist gültig).

Abstimmung

▷ **Stimmenvertretung:** Eine Vertretung bei der Stimmabgabe ist nicht möglich.

▷ **Stimmverbote:** Eine gesetzliche Regelung bei Interessenkonflikten existiert nicht. Dies kann in der Satzung oder in der Geschäftsordnung geregelt werden. Es ist aber anzunehmen, dass ein Aufsichtsratsmitglied vom Stimmrecht ausgeschlossen ist (§ 34 BGB analog), wenn Selbstbetroffenheit oder Interessenkollision vorliegt, also z.B. wenn

- über ein mit ihm abzuschließendes, zu änderndes oder aufzuhebendes Rechtsgeschäft abzustimmen ist,
- die Frage der Einleitung eines Prozesses gegen ihn zur Beschlussfassung steht,
- das Aufsichtsratsmitglied den Prozessgegner oder den Geschäftspartner vertritt, sei es gesetzlich oder rechtsgeschäftlich, in Allein- oder Gesamtvertretung oder
- das Aufsichtsratsmitglied die andere Partei beherrscht oder ein Unternehmen vertritt, das auf die andere Partei maßgeblichen Einfluss auszuüben vermag (*Ausn.:* bei gesetzlicher Sonderregelung gemäß §§ 308 ff. AktG).

Die Satzung oder die Geschäftsordnung können keine darüber hinaus gehenden Stimmrechtsverbote aufstellen.

Das Aufsichtsratsmitglied muss trotz Stimmverbots an der Sitzung des Aufsichtsrats teilnehmen, wenn die Beschlussfähigkeit des Aufsichtsrats sonst nicht erreicht werden kann (→ *Beschluss: 3. Aufsichtsratsbeschluss*). Dann ist es aber zur Stimmenthaltung verpflichtet. Zu der Frage nach Art und Umfang von Interessenkollisionen der Aufsichtsratsmitglieder der Arbeitnehmer und den sich daraus ergebenden Folgen für einen etwaigen Stimmrechtsausschluss s. *Nirk* in Nirk/Ziemons/Binnewies, Handbuch der AG, Loseblatt, Rn. 950 ff.

▷ **Nichtigkeit der Stimmabgabe:** Die einzelne Stimmabgabe ist nichtig, wenn sie

- wirksam angefochten wurde (§§ 119, 123 BGB),
- trotz bestehendem Stimmverbot abgegeben wurde oder
- durch ein nicht wirksam bestelltes Aufsichtsratsmitglied abgegeben wurde.

▷ **Mehrheiten:** → *Beschluss: 3. Aufsichtsratsbeschluss*

Tabelle: Fehler bei der Stimmabgabe

Lfd.Nr.	Fehler der Stimmabgabe	Wirkung
1.	Stimmverbot	Nichtigkeit
2.	Unwirksame Bestellung des Aufsichtsratsmitglieds	Nichtigkeit
3.	Wirksame Anfechtung	Nichtigkeit
4.	Interessenkollision	Stimme wird ignoriert
5.	Selbstbetroffenheit	Stimme wird ignoriert

3. Abstimmung in der Hauptversammlung

▷ **Die Willensbildung der** → *Aktionäre* erfolgt durch Abstimmung in der → *Hauptversammlung.* Die Entscheidung erfolgt mit einfacher Stimmenmehrheit der abgegebenen Stimmen, wenn das Gesetz oder die Satzung keine strengeren Anforderungen bestimmt (§ 133 Abs. 1 AktG). Eine vom Aufsichtsrat verweigerte Zustimmung kann die Hauptversammlung mit einer qualifizierten Mehrheit von ¾ der abgegebenen Stimmen ersetzen (§ 111 Abs. 4 Satz 3, 4 AktG).

▷ **Stimmabgabe:** Im Gegensatz zu einem Hauptversammlungsbeschluss (→ *Beschluss*) selbst ist die einzelne Stimmabgabe eine einseitige, empfangsbedürftige Willenserklärung. Hier gelten daher die allgemeinen Vorschriften über die Wirksamkeit, Zugang, Anfechtung, und Nichtigkeit von Willenserklärungen (§§ 104 ff. BGB). Die Stimmabgabe ist daher mit Zugang beim Versammlungsleiter existent. Nach dem Zugang ist ein Widerruf nicht möglich. **Beachte:** Die Nichtigkeit oder die Anfechtung beseitigt nur die einzelne Stimmabgabe und ist ohne Einfluss auf die Wirksamkeit des Beschlusses, wenn es auf die Stimme nicht ankam (BGHZ 14, 264, 267). Ist die Wirksamkeit der Stimmabgabe dagegen von Einfluss auf die Beschlussfassung, so führt diese mangelhafte Stimmabgabe unmittelbar zur Vernichtbarkeit (Anfechtbarkeit) des Beschlusses. Dieser kann durch Anfechtungsklage beseitigt werden (§§ 243 ff. AktG). Ein Widerspruch des Irrenden zu Protokoll ist dafür nicht erforderlich (*Schilling* in GK. AktG, 4. Aufl. 1996, § 243 Rn. 15).

▷ **Form der Abstimmung:** Die Form der Abstimmung wird durch die Satzung geregelt oder durch den Hauptversammlungsleiter bestimmt (§ 134 Abs. 4 AktG). Eine geheime Abstimmung ist zulässig, auf eine solche besteht jedoch kein Anspruch. Die Abstimmung kann erfolgen in Form von

- Zurufen,
- Erhebung von den Plätzen,
- Handaufheben,
- schriftlicher Stimmabgabe oder
- Stimmkarten.

▷ **Ergebnis der Abstimmung:** Das Ergebnis der Abstimmung kann festgestellt werden

- im Additionsverfahren (i.d.R. Zählung der Ja- und Nein-Stimmen) oder
- im Subtraktionsverfahren (Zählung der Nein-Stimmen und Enthaltungen, dann Ermittlung der Ja-Stimmen durch Subtraktion der ermittelten Stimmen von der Gesamtzahl der jeweils anwesenden Aktionäre).

▷ **Feststellung des Ereignisses:** Der Beschluss kommt erst dadurch wirksam zustande, dass der Vorsitzende das Ergebnis der Abstimmung feststellt (§ 130 Abs. 2 AktG). Die Feststellung besteht in der

- Bekanntgabe von Ja- und Nein-Stimmen,
- Feststellung des Zustandekommens des Beschlusses oder
- Verkündung des Ergebnisses.

Bei der Berechnung des bei der Beschlussfassung vertretenen → *Grundkapitals* sind allein die Aktien zu zählen, für die gültige Stimmen abgegeben worden sind (→ *Stimmrecht*). Nichtstimmberechtigte Aktien fallen aus; Mehrheitsstimmrechte gelten nicht, Vorzugsaktien ohne Stimmrecht bleiben unberücksichtigt (*Ausn.* im Fall des § 140 Abs. 2 AktG und bei Sonderbeschlüssen gemäß §§ 141 Abs. 3, 179 Abs. 3, 182 Abs. 2 AktG). Aktien, denen das Stimmrecht fehlt, weil die Einlage nicht voll eingezahlt ist, sind bei der Beschlussfassung nicht vertreten, sofern ihnen das Stimmrecht nicht gemäß § 134 Abs. 2 Satz 2 bzw. 4 AktG zusteht.

▷ **Fehlerhafte Feststellung des Ergebnisses:** Die fehlerhafte Feststellung des Abstimmungsergebnisses stellt einen zur Anfechtbarkeit der gefassten Beschlüsse führenden Verfahrensmangel dar, wenn Stimmen trotz eines Stimmverbots oder trotz Verstoßes gegen die Mitteilungspflichten bei wechselseitigen Beteiligungen mit berücksichtigt worden sind und diese Berücksichtigung für das festgestellte Beschlussergebnis ausschlaggebend war (→ *Anfechtung von Hauptversammlungsbeschlüssen*). Hätten Stimmen tatsächlich deshalb nicht berücksichtigt werden dürfen, weil sie treuwidrig abgegeben und damit ungültig waren, hat der Versammlungsleiter sie jedoch mitgezählt und waren sie für das Beschlussergebnis ausschlaggebend, liegt sowohl ein Verfahrensmangel (fehlerhafte Feststellung des Abstimmungsergebnisses) als auch ein Inhaltsfehler (s.u.) vor.

> **Beispiele**
>
> Der Beschluss ist anfechtbar, wenn bei einer ordnungsgemäßen Auszählung diese Stimmen nicht hätten mit berücksichtigt werden dürfen und der Beschluss in diesem Falle mit diesem Inhalt nicht hätte festgestellt werden können.
>
> Der Beschluss ist nicht anfechtbar, wenn dem Verfahrensverstoß keine (potentielle) Kausalität bzw. keine Relevanz zukommt, da eine richtige Auszählung der Stimmen zu demselben Ergebnis geführt hätte.

▷ **Anzahl der Stimmen:** Grundsätzlich besitzt eine Aktie eine Stimme (§ 134 Abs. 1 Satz 1 AktG). Mehrstimmrechtsaktien sind unzulässig. Falls einem Aktionär mehrere Aktien gehören, kann die Satzung einer nicht börsennotierten Aktiengesellschaft das Stimmrecht durch Festsetzung eines Höchstbetrages oder von Abstufungen beschränken (§ 134 Abs. 1 Satz 2 AktG). Bei der Abstimmung ist auf einen etwaigen Stimmrechtsausschluss zu achten (§§ 135, 136 Abs. 1 AktG).

▷ **Vorzugsaktien:** Bei → *Vorzugsaktien* kann das Stimmrecht ausgeschlossen werden (§§ 139 ff. AktG).

▷ Bei **Wahlen:** → *Stimmrecht*

4. Abstimmung im Vorstand

▷ Der mehrköpfige Vorstand entscheidet über **Geschäftsführungsmaßnahmen** durch Abstimmung. Die einzelnen Vorstandsmitglieder müssen jedoch bei der Entscheidung nicht anwesend sein. Im Falle ihrer Abwesenheit müssen sie jedoch der Entscheidung nachträglich zustimmen. Die Zustimmung zu einer Geschäftsführungsmaßnahme ist eine empfangsbedürftige Willenserklärung. Sie wird wirksam, wenn sie den anderen Vorstandsmitgliedern zugeht. Die Zustimmung kann auch durch schlüssiges Verhalten ausgeübt werden.

> **Beispiel**
>
> Bei Urlaubsabwesenheit oder vergleichbarer Verhinderung, wenn sich die Maßnahme nach Gegenstand und Beschlussinhalt im Rahmen üblicher Geschäftsroutine hält.

▷ **Widerruf:** Der freie Widerruf nach Zugang der Willenserklärung ist ausgeschlossen. Möglich ist aber der Widerruf aus wichtigem Grund.

> **Beispiel**
>
> Nachträgliche Änderung der Sachlage

▷ Wegen des Prinzips der **Gesamtgeschäftsführung** ist es nicht zulässig, die Zustimmung für einen unbeschränkten Kreis von Geschäftsführungsmaßnahmen im Voraus zu erteilen (Folge: Nichtigkeit der [Vorrats-]Zustimmung, § 134 BGB). Für eine flexiblere Geschäftsführung ist die Einräumung einer Einzelgeschäftsführungsbefugnis für bestimmte Geschäftsbereiche erforderlich (z.B. Finanzvorstand).

▷ **Anwendbare Vorschriften:** Die allgemeinen Vorschriften für den Vorstand eines Vereins finden entsprechende Anwendung (§§ 26 ff. BGB analog).

▷ **Ausschluss:** Das Vorstandsmitglied ist vom Stimmrecht ausgeschlossen, wenn die Beschlussfassung die Vornahme eines Rechtsgeschäfts mit ihm oder die Einleitung oder Erledigung eines Rechtsstreits zwischen ihm und der Aktiengesellschaft betrifft (§ 34 BGB analog). Dieses Stimmverbot gilt auch für einen mehrköpfigen Vorstand. Es erfasst aber nur Rechtsgeschäfte und Rechtsstreitigkeiten zwischen Vorstand bzw. Vorstandsmitglied und Aktiengesellschaft, gilt aber nicht schlechthin bei Interessen- oder Pflichtenkollision. Die gegen das Stimmverbot erfolgte Stimmabgabe ist unwirksam.

Hinweis auf weitere Stichwörter

- → *Aufsichtsrat*
- → *Aufsichtsratsmitglieder*
- → *Hauptversammlung*
- → *Stimmrechte*
- → *Vorstand*
- → *Vorstandsmitglieder*

Abwickler

1. Begriff 34
2. Bestellung 34
3. Aufgaben 35
4. Vertretungsmacht 35
5. Geschäftsführungsbefugnis 36
6. Haftung 36
7. Abberufung 36

1. Begriff

Mit Eintritt eines Auflösungsgrundes verliert die Gesellschaft ihren Vorstand als Organ. An die Stelle des Vorstandes treten die Abwickler. Diese sind die organschaftlichen Vertreter der in Auflösung befindlichen Aktiengesellschaft.

2. Bestellung

▷ **Geborene Abwickler:** Die Vorstandsmitglieder sind geborene Abwickler, da sie mit Auflösung der Gesellschaft kraft Gesetzes zu Abwicklern werden (§ 265 Abs. 1 AktG).

▷ **Gekorene Abwickler:** Eine Ergänzung der Abwickler um sog. gekorene Abwickler ist erforderlich, wenn Vorstandsmitglieder inzwischen ausgeschieden sind, die Satzung aber eine höhere Zahl von Abwicklern als die vorhandenen Vorstandsmitglieder bestimmt. Eine andere Person als ein Vorstandsmitglied kann durch Satzung oder durch Beschluss der Hauptversammlung zum Abwickler bestellt werden, jedoch nicht gegen den Willen dieser Person (§§ 265 Abs. 2, 76 Abs. 3 Satz 3 und 4 AktG, BayObLGZ 1996, 129, 131). Bei der Bestellung durch die Hauptversammlung ist einfache Stimmenmehrheit erforderlich und ausreichend (§ 133 Abs. 1 AktG). Als Abwickler kommen neben natürlichen und juristischen Personen auch offene Handelsgesellschaften, Kommanditgesellschaften und andere Personenvereinigungen in Betracht, die nach außen als Einheit auftreten (so *Hüffer*, AktG, 7. Aufl. 2006, § 265 Rn. 6, a.A. *Kraft* in KK. AktG, 2. Aufl. 1996, § 265 Rn. 10 ff.).

Die ersten Abwickler sowie ihre Vertretungsbefugnis sind von den Vorstandsmitgliedern in vertretungsberechtigter Zahl *zum Handelsregister anzumelden* (§ 266 Abs. 1 AktG). Änderungen in der Person oder die Vertretungsbefugnis der Abwickler sind von den Abwicklern zum Handelsregister anzumelden (§ 266 Abs. 1 AktG).

▷ **Gerichtliche Bestellung:** Die Bestellung der Abwickler durch das Registergericht erfolgt bei Vorliegen eines wichtigen Grundes auf Antrag des Aufsichtsrates oder einer qualifizierten Mehrheit von Aktionären, die entweder 5 % des Nennkapitals oder Aktien über nominal 0,5 Mio. Euro besitzen (§ 265 Abs. 3 Satz 1 AktG); s. auch → *Abberufung: 3. Abberufung der Abwickler*.

> **Beispiele für wichtige Gründe für die Bestellung neuer Abwickler durch das Registergericht**
> - Unfähigkeit der aktuellen Abwickler
> - Parteilichkeit
> - grobe Pflichtverletzung

Die gerichtlich bestellten Abwickler werden von Amts wegen in das Handelsregister eingetragen (§ 266 Abs. 4 AktG).

3. Aufgaben

▷ Abwickler haben die **laufenden Geschäfte** der Gesellschaft zu beenden, die Forderungen der Gesellschaft einzuziehen, das übrige Vermögen in Geld umzusetzen, die Gläubiger zu befriedigen, und können, soweit erforderlich, neue Geschäfte eingehen (§ 268 Abs. 1 AktG). Sie haben für den Beginn der Abwicklung eine Bilanz (→ *Eröffnungsbilanz*) und einen die Eröffnungsbilanz erläuternden Bericht sowie für den Schluss eines jeden Jahres einen → *Jahresabschluss* und einen → *Lagebericht* aufzustellen (§ 270 Abs. 1 AktG), das nach Berichtigung der Verbindlichkeiten verbleibende Vermögen der Gesellschaft unter die Aktionäre zu verteilen (§ 271 Abs. 1 AktG), Schlussrechnung zu legen (§ 273 Abs. 1 AktG) und den Schluss der → *Abwicklung* zur Eintragung in das Handelsregister anzumelden (§ 273 Abs. 1 AktG). Die Eröffnungsbilanz und der diese erläuternde Bericht sowie Jahresabschlüsse und Lageberichte sind grundsätzlich prüfungspflichtig (vgl. § 270 Abs. 2 Satz 2 und Abs. 3 AktG). (→ *Abschlussprüfung*).

▷ **Überwachung der Abwickler:** Die Abwickler unterliegen bei der Tätigkeit innerhalb ihres Geschäftskreises der Überwachung durch den → *Aufsichtsrat* (§ 268 Abs. 2 Satz 2 AktG). Die Hauptversammlung kann die Abwickler jederzeit abberufen (→ *Abberufung*), wenn sie zu Eigenmächtigkeiten neigen, sie hat ihnen gegenüber jedoch kein Weisungsrecht (so *Hüffer*, AktG, 7. Aufl. 2006, § 268 Rn. 6, a.A. *Wiedemann* in GK. AktG, 3. Aufl. 1973, § 268 Rn. 5).

4. Vertretungsmacht

▷ Regelfall ist die **Gesamtvertretung** (§ 269 Abs. 2 Satz 1 AktG). Sofern die Abwickler bis auf einen aus dem Amt ausscheiden, erstarkt die Gesamtvertretungsmacht des übrig gebliebenen Abwicklers nicht zur Einzelvertretungsmacht. In diesem Fall muss dem verbliebenen Abwickler entweder *Einzelvertretungsmacht* erteilt oder zusätzlich ein neuer Abwickler berufen werden (§ 269 Abs. 3 AktG). Mängel der Vertretungsbefugnis können durch Beschluss der Hauptversammlung genehmigt werden (§ 177 BGB, § 133 Abs. 1 AktG). Prokura und Handlungsvollmacht sind ebenso möglich wie in der werbenden Gesellschaft (§§ 48 ff., 54 HGB). Darüber hinaus ist auch eine *unechte Gesamtvertretung* zulässig (§ 269 Abs. 3 Satz 1 AktG). (→ *Vertretung der AG*).

▷ **Abweichungen** vom Prinzip der Gesamtvertretung (*Kollegialvertretung*) können festgelegt werden durch

- die Satzung,
- die Hauptversammlung,
- das Gericht,
- einen satzungsmäßig ermächtigten Aufsichtsrat oder
- einen von der Hauptversammlung ermächtigten Aufsichtsrat (§ 269 Abs. 3 AktG).

▷ Bei der **Passivvertretung** besteht Einzelvertretung (§ 269 Abs. 2 Satz 2 AktG). Dies ist auch der Fall bei geschäftsähnlichen Handlungen wie Mängelrügen etc. (§ 269 Abs. 2 Satz 2 AktG analog). Ebenso im Prozessrecht (§ 171 Abs. 1 und 3 ZPO).

▷ Zur **Vergütung** der Abwickler s. BGH AG 1999, 80–83.

5. Geschäftsführungsbefugnis

Mehrere Abwickler sind grundsätzlich nur gemeinschaftlich zur Geschäftsführung befugt (§ 77 AktG analog, *Nirk* in Nirk/Ziemons/Binnewies, Handbuch der AG, Loseblatt, Rn. 1858 a.A. *Kraft* in KK. AktG, 2. Aufl. 1996, § 268 Rn. 8). Die → *Satzung* kann Abweichendes bestimmen. Die Abwickler können sich eine eigene → *Geschäftsordnung* geben. Eine von der Hauptversammlung erlassene Geschäftsordnung hat demgegenüber Vorrang. Der Aufsichtsrat kann eine Geschäftsordnung für die Abwickler nicht erlassen, weil er die Abwickler nicht bestellt (anders beim Vorstand, vgl. § 77 Abs. 2 Satz 1 AktG), es sei denn, Satzung oder Hauptversammlung ermächtigen den Aufsichtsrat hierzu (*Nirk* in Nirk/Ziemons/ Binnewies, Handbuch der AG, Loseblatt, Rn. 1859 m.w.N.).

6. Haftung

Die Abwickler haften der Gesellschaft und gegebenenfalls auch den Gläubigern direkt, soweit diese von der Aktiengesellschaft keine Befriedigung mehr erlangen können. Die Haftung besteht unabhängig vom Verschulden der Abwickler, guten Glauben oder Wegfall der Bereicherung (§§ 93, 268 Abs. 2 AktG).

7. Abberufung

→ *Abberufung*

Hinweis auf weiterführende Literatur: *Karsten Schmidt*, Liquidationszweck und Vertretungsmacht der Liquidatoren, AcP 74 (1974), 55 f.

Hinweis auf weitere Stichwörter

→ *Amtsniederlegung* | → *Auflösung*
→ *Abwicklung*

Abwicklung

1. Begriff 37
2. Verfahren der Abwicklung 37
3. Beendigung 38
4. Abwicklungsbilanzen 38

1. Begriff

▷ **Zweckänderung:** Wird eine Aktiengesellschaft aufgelöst, im Handelsregister als nichtig erklärt oder als nichtig gelöscht, kommt es nicht automatisch zur Vollbeendigung der Aktiengesellschaft, vielmehr muss sie abgewickelt, d.h. liquidiert werden, soweit noch verteilungsfähiges Vermögen vorhanden ist. Es besteht also ein Abwicklungszwang, falls nicht über das Gesellschaftsvermögen ein Insolvenzverfahren eröffnet wird (→ *Insolvenz*). Der bisherige Zweck der werbenden Gesellschaft, fortdauernd Gewinne zu erwirtschaften, wird dahin abgeändert,

– das vorhandene Gesellschaftsvermögen im Wege der Abwicklung zu verwerten,

– die Gläubiger zu befriedigen und

– das restliche Vermögen an die Aktionäre zu verteilen (§ 271 AktG).

▷ Für den **Zeitpunkt der Beendigung** der Aktiengesellschaft und somit dem Wegfall der juristischen Person bestehen unterschiedliche Auffassungen (mit Einfluss auf die Parteifähigkeit der Aktiengesellschaft):

– Das Ende der Gesellschaft wird allein durch die Vermögenslosigkeit bewirkt, welches durch die Löschung aus dem Handelsregister nur bekundet wird (frühere Rechtsprechung: BGHZ 48, 303; BGHZ 53, 264).

– Die Gesellschaft ist allein durch Löschung im Handelsregister beendet (*Hüffer*, AktG, 7. Aufl. 2006, § 273 Rn. 7).

– Das Ende der Gesellschaft kann nur durch den Doppeltatbestand der Vermögenslosigkeit und der Löschung aus dem Handelsregister bewirkt werden (eine im Vordringen befindliche Auffassung, vgl. OLG Stuttgart NZG 1999, 31; *K. Schmidt*, GesellschaftsR, 4. Aufl. 2002, § 30 VI 3).

▷ **Abwicklungsgesellschaft:** Nach Löschung der Aktiengesellschaft im Handelsregister entsteht die sog. *Abwicklungs-AG* (vgl. § 273 Abs. 4 AktG). Die laut Handelsregister nicht existente Aktiengesellschaft muss weiterhin abgewickelt werden, wenn noch verteilungsfähiges Vermögen vorhanden ist (sog. *Nachtragsabwicklung*, § 264 Abs. 2 AktG). Die Nachtragsabwicklung findet auf Antrag eines an der Abwicklung Beteiligten statt. Hinsichtlich der Rechtsstellung der Nachtragsabwickler s. KG AG 1999, 123–126.

2. Verfahren der Abwicklung

▷ **Schritte:** Während der Abwicklung der Gesellschaft hat die Aktiengesellschaft folgende Schritte zu durchlaufen (§ 268 AktG):

– Bestellung der → *Abwickler* (§ 265 AktG),

Abwicklung

- Aufruf der Gläubiger zur Anmeldung ihrer Forderungen (§ 267 AktG),
- Beendigung der laufenden Geschäfte,
- Einziehung der Forderungen,
- Umsetzung des Vermögens in Geld,
- Einziehung noch ausstehender Einlagen,
- Befriedigung der Gläubiger (§ 268 Abs. 1 AktG) und
- Verteilung des verbliebenen Vermögens.

▷ **Haftung:** Sind die Schutzvorschriften eingehalten und meldet sich ein Gläubiger nach der Verteilung des Vermögens, besteht ein Anspruch gegen die Gesellschaft fort, bis diese als juristische Person beendet ist. Aktionäre können dagegen nicht mehr in Anspruch genommen werden.

▷ **Publizität:** Um die Publizität zu gewährleisten, müssen die Abwickler mit einem das Abwicklungsverhältnis andeutenden Zusatz zeichnen; „i.L." nach dem Firmennamen genügt (§§ 268 Abs. 4, 269 Abs. 6 AktG).

3. Beendigung

Mit der *Schlussrechnung* findet die Abwicklung ihr Ende. Die Schlussrechnung muss nach Verteilung des verbliebenen Vermögens an die Aktionäre gelegt werden (§ 271 AktG). Diese ist gelegt, wenn die Hauptversammlung die Abwickler entlastet, also die Vorlage der Abwickler durch Hauptversammlungsbeschluss gebilligt wird. Im Anschluss daran ist der Schluss der Abwicklung zur Eintragung in das Handelsregister anzumelden. Die Gesellschaft ist durch das Registergericht aus dem Handelsregister zu löschen (§ 273 Abs. 1 Satz 2 AktG). Bücher und Schriften der Gesellschaft sind an einem vom Gericht bestimmten sicheren Ort zur Aufbewahrung 10 Jahre lang zu hinterlegen (§ 273 AktG). Die Gesellschaft bleibt bis zur „Vollbeendigung" der Abwicklung und der anschließenden Löschung im Handelsregister als juristische Person bestehen (→ *Löschung*).

4. Abwicklungsbilanzen

▷ **Abwicklungseröffnungsbilanz:** Die Abwickler haben für den Beginn der Abwicklung eine Eröffnungsbilanz und einen erläuternden Bericht aufzustellen. Die Eröffnungsbilanz bildet die Grundlage der → *Rechnungslegung* der Abwickler bis zur Beendigung der Abwicklung. Für die Eröffnungsbilanz finden die Vorschriften über den Jahresabschluss insbesondere der Bilanzkontinuität Anwendung (→ *Jahresabschluss*). In Abweichung zu den Jahresabschlussvorschriften sind Vermögensgegenstände des Anlagevermögens wie Umlaufvermögen zu bewerten. Voraussetzung dafür ist jedoch, dass ihre Veräußerung innerhalb eines übersehbaren Zeitraums beabsichtigt ist oder diese Vermögensgegenstände nicht mehr dem Geschäftsbetrieb dienen. Streitig ist, ob das *Going-Concern-Prinzip* auch für die Abwicklungsbilanz gelten soll (§ 252 Abs. 1 Nr. 2 HGB, vgl. *Scherrer/Heni*, DStR 1992, 797, 799 ff.). Für volle abgelaufene Geschäftsjahre ist weiterhin die übliche Rechnungslegung erforderlich (ebenso auch für Rumpfgeschäftsjahre).

▷ **Prüfung:** Grundsätzlich ist eine Pflichtprüfung (Prüfungsbericht und Testat) erforderlich. Eine Befreiung von der Prüfungspflicht ist aber durch das Amtgericht möglich, wenn die Verhältnisse der Gesellschaft so überschaubar sind, dass eine Prüfung im Interesse der Gläubiger und der Aktionäre nicht geboten erscheint (§ 270 Abs. 3 Satz 1 AktG, §§ 14, 125, 145 Abs. 1 FGG).

▷ **Abwicklungsbilanzergebnis:** Weist die Eröffnungsbilanz einen *Gewinn* aus, so entscheidet über die Verwendung die Hauptversammlung (§ 174 AktG). Der in der Schlussbilanz ermittelte Gewinn gehört noch zu dem Vermögen der werbenden Gesellschaft, unabhängig davon, dass die Bilanz erst nach der Auflösung aufgestellt wird. Insoweit steht der Gewinn auch den Aktionären zu. Die Gläubiger können ihre Ansprüche lediglich aus dem nach der Auflösung verbleibenden Vermögen befriedigen. Für die Zeit nach Beginn der Abwicklung wird dagegen kein Gewinn mehr ermittelt.

▷ **Abwicklungsbilanzstichtag:** Der Bilanzstichtag ist grundsätzlich nach dem Auflösungszeitpunkt zu bestimmen.

▷ **Abwicklungsjahresbilanz:** Während des Verlaufs der Abwicklung ist in jedem Jahr eine Jahresbilanz zu erstellen (§ 270 Abs. 1 AktG). Sie bezweckt im Gegensatz zur Eröffnungsbilanz nicht die Gewinnermittlung, sondern den Nachweis über den Vermögensbestand. Eine Gewinn- und Verlustrechnung ist ebenfalls aufzustellen.

▷ **Schlussbilanz:** Die Schlussbilanz ist nicht ausdrücklich vorgeschrieben. Ihre Notwendigkeit ergibt sich aber aus der Rechenschaftspflicht der Abwickler. Mit dem Beginn der Auflösung endet das letzte gewöhnliche Geschäftsjahr. Auch wenn die Gesellschaft während des laufenden Geschäftsjahrs aufgelöst wird, muss eine Schlussbilanz aufgestellt werden (das Rumpfgeschäftsjahr würde sonst ohne Abschluss bleiben; vgl. auch §§ 242, 264 Abs. 1 HGB). Für die abschließende Rechnungslegung ist § 270 AktG analog anwendbar.

Hinweis auf weiterführende Literatur: *Bauch*, Zur Gliederung und Bewertung der Abwicklungsbilanzen (§ 270 AktG), DB 1973, 977 ff.; *Forster/Goerdeler/Lanfermann* in Adler/Düring/Schmaltz, Rechnungslegung und Prüfung der Unternehmen, 6. Aufl. 1997, Teilband 4, § 270; *Maack*, Systemübergreifende Liquidation von Kapitalgesellschaften, DStR 2001, 1064 f.; *Olfert/Körner/Langenbeck*, Sonderbilanzen, 4. Aufl. 1994; *Ott*, Neuregelung des § 17 Abs. 4 EStG, DStZ 1997, 546; *Scherrer/Häni*, Problem: Soll das going-concern-Prinzip nunmehr auch für die Abwicklungsbilanz gelten?, DStR 1992, 797, 799 ff.

Hinweis auf weitere Stichwörter

- → *Abwickler*
- → *Auflösung*
- → *Bilanzierung*
- → *Börsennotierung*
- → *Emission*

- → *Gewinn: 2. Ermittlung*
- → *Insolvenz*
- → *Jahresbilanz*
- → *Löschung*
- → *Nichtigkeit*

Ad-hoc-Meldungen

→ *Publizität: 2. Ad-hoc-Meldungen*
→ *Mitteilungspflichten: 9. Ad-hoc-Meldungen*

Agio

Das Agio ist ein Preisaufschlag (*Aufgeld*) auf den Nennbetrag eines *Wertpapiers*.

Formel: Nennwert + Agio = Aktienkurs (Ausgabekurs)

Eine Agio-Berechnung ist hauptsächlich bei der → *Emission* von → *Aktien* (vgl. auch → *Unterpariemission*) und bei der Ausgabe oder Umwandlung der → *Wandelschuldverschreibung* in Aktien erforderlich. Das Agio ist der Kapitalrücklage zuzuführen (§ 272 Abs. 2 Nr. 1 bis 4 HGB, → *Rücklagen*).

Hinweis auf weitere Stichwörter

→ *Aktie*
→ *Aktie: 13. Preis*
→ *Stock Options*

Aktie

1. Begriff 40	8. Nebenpapiere 45
2. Aktiengattung........................ 41	9. Aktienregister 45
3. Ausgabe von Aktien 42	10. Aktienurkunde 46
4. Übernahme von Aktien 43	11. Aktienoptionen..................... 48
5. Übertragung von Aktien 44	12. Aktienanleihen 48
6. Aktiensplitting....................... 44	13. Preis 49
7. Aktienspitzen 45	

1. Begriff

Die Aktie hat 3 Bedeutungen:

▷ **Wertpapier:** Die Aktie ist ein Bruchteil des Grundkapitals (Nominalkapitals) der AG. Die Form der Aktie bestimmt sich danach, wie das Grundkapital zerlegt wird. Sie kann als Nennbetragaktie oder als Stückaktie begründet werden (§ 8 Abs. 1 AktG). Quotenaktien sind unzulässig. Der Mindestbetrag einer Aktie muss 1 Euro betragen. Die Satzung muss bestimmen, ob das Grundkapital in Nennbetrags- oder in Stückaktien zerlegt ist (§ 23 Abs. 1 Nr. 4 AktG). Bei Nennbetrags-aktien müssen in der Satzung die Nennbeträge, bei Stückaktien die Aktienzahl angegeben sein. Die Umstellung von Nennbetrags- auf Stückaktien (oder vice versa) erfordert eine *Änderung* (§§ 179 f. AktG) der → *Satzung*. Die Angabe eines Nennbetrages bei der Stückaktie ist unzulässig (§§ 8 Abs. 1 und 3, 23 Abs. 3 Nr. 4 AktG).

▷ **Mitgliedschaft:** Die Aktie verkörpert die Gesamtheit aller → *Mitgliedschaftsrechte* und -pflichten des Aktionärs (Anteilsrechte).

▷ **Eigentum der Unternehmensträger:** Die Aktie gewährt ihrem Inhaber neben den Mitgliedschaftsrechten auch Vermögensrechte. Letztere stehen vor allem bei Kleinaktionären im Vordergrund. Je geringer der Einfluss des Aktionärs auf die Unternehmenspolitik ist, desto mehr wird er die Aktie als Kapitalanlage betrachten. Das deutsche Aktienrecht hat diesem Gesichtspunkt bislang eher geringe Bedeutung beigemessen. Anders z.B. in den USA, wo ein stark reguliertes Kapitalmarktrecht einem flexiblen Gesellschaftsrechtssystem gegenübersteht. Die Aktie genießt den Schutz der im Grundgesetz verankerten Eigentumsfreiheit (Art. 14 GG, BVerfG WM 1999, 1666, 1668 ff.; BGHZ 135, 374, 379; BVerfG NJW 2000, 129; BVerfG AG 2000, 178 ff.).

2. Aktiengattung

▷ **Begriff:** Aktien (im Sinne der Mitgliedschaft) mit gleichen Rechten bilden eine Gattung (§ 11 Satz 2 AktG). Die inhaltliche Ausgestaltung der Aktie wird in der → *Satzung* geregelt.

Beispiele

- Inhaberaktien und Namensaktien,
- Stammaktien und Vorzugsaktien,
- Mehrstimmrechtsaktien (seit 1998 nicht mehr zulässig, § 12 Abs. 2 AktG; eine Übergangsfrist wurde bis 31.5.2003 gewährt, danach erloschen die Mehrstimmrechte, § 5 Abs. 1 Satz 1, 1. Halbsatz EGAktG).

▷ Die **Gewährung folgender Rechte** ist möglich:

- Verwaltungsrechte,
- Vermögensrechte,
- Gläubigerrechte,
- Sonderrechte.

▷ **Aktienarten:**

- Inhaberaktien
- Namensaktien
- vinkulierte Aktien (→ *Vinkulierung*)

- Vorzugsaktien
- Vorratsaktien
- aktienrechtliche Nebenpapiere (s.u.).

▷ **Inhaber- und Namensaktien:** Die Satzung muss bestimmen, ob die Aktien auf den Inhaber (→ *Inhaberaktie*) oder den Namen (→ *Namensaktie*) ausgestellt werden (§§ 23 Abs. 3 Nr. 5, 10 Abs. 1 AktG). Unangängig davon sind die Aktienurkunden Wertpapiere sowohl im weiteren als auch im engeren Sinne. Nur der Inhaber der Aktienurkunde kann die mitgliedschaftlichen Befugnisse ausüben (Aktienurkunde im weiteren Sinn). Die Mitgliedschaft in der Gesellschaft wird mit der Urkunde übertragen (Aktienurkunde im engeren Sinn).

Tabelle: Aktienformen

Unterscheidung nach	Regelfall	Ausnahmefall/Aktie besonderer Gattung	Besonderheiten
Legitimationswirkung (urkundliche Verbriefung)	Inhaberaktien (§ 10 Abs. 1 AktG)	Namensaktien (§ 10 Abs. 2 AktG)	
Anteil am Grundkapital	Nennbetragsaktien (§ 8 Abs. 1 1. Alt. AktG)	Stückaktien (§ 8 Abs. 1 2. Alt AktG)	**Unzulässig:** Quotenaktien
Umfang der Rechte	Stammaktie	Vorzugsaktie	
Übertragbarkeit	Keine Beschränkung	vinkulierte Aktien (§ 68 AktG)	
Die durch die Aktie verbriefte Mitgliedschaft steht der Aktiengesellschaft selbst zu	eigene Aktien (§§ 71 ff. AktG)	Vorratsaktien (§ 56 AktG)	
Anzahl der Stimmrechte	Nennbetragsaktien (Stimmrechte entsprechend ihrem Nennbetrag)	Stückaktie (Stimmrechte entsprechen der Anzahl der Aktien)	**Unzulässig:** Mehrstimmrechtsaktien

3. Ausgabe von Aktien

▷ **Anlässe:** Eine Aktienausgabe erfolgt durch die Aktiengesellschaft bei der → *Gründung* und bei der → *Kapitalerhöhung*, weil das Grundkapital der Aktiengesellschaft in Aktien aufgeteilt werden muss (§§ 1 Abs. 2, 182 Abs. 1 Satz 4 AktG, *Ausn.* bei der Kapitalerhöhung aus Gesellschaftsmitteln: § 207 Abs. 2 Satz 2 AktG, → *Emission*). Die → *Satzung* kann das Verbriefungsrecht ausschließen (→ *Verbriefung*).

▷ **Zeitpunkt:** Eine Aktienausgabe ist nicht möglich vor
- der Eintragung der Aktiengesellschaft in das Handelsregister ihres Sitzes,

- der Eintragung des Beschlusses über die Kapitalerhöhung aus Gesellschaftsmitteln (§ 219 AktG) oder über die bedingte Kapitalerhöhung (§ 197 AktG),
- der Eintragung der Durchführung der ordentlichen oder genehmigten Kapitalerhöhung (§§ 191 AktG, 203 Abs. 1 Satz 1).

Die vorher ausgegebenen Aktien sind nichtig. Das gleiche gilt für → *Zwischenscheine*.

▷ **Aktienausgabe bei der Gründung:** Aktien dürfen erst ausgegeben werden, wenn die Aktiengesellschaft im Handelsregister eingetragen ist (§ 41 Abs. 4 AktG). Es fehlt sonst an einer gültigen wertpapiermäßigen Verbriefung. Ein gutgläubiger Erwerb ist ausgeschlossen. Das gleiche gilt für → *Zwischenscheine*. Vor vollständiger Erfüllung der Einlagepflicht hat die Gesellschaft die Wahl zwischen der Ausgabe von → *Namensaktien* und Zwischenscheinen, → *Inhaberaktien* darf sie jedoch erst nach vollständiger Bezahlung der Einlage ausgeben (§ 10 Abs. 2 Satz 1 AktG).

▷ **Aktienausgabe bei ordentlicher Kapitalerhöhung:** Neue Anteilsrechte können erst übertragen, neue Aktien und Zwischenscheine erst ausgegeben werden, wenn die Durchführung der Kapitalerhöhung eingetragen ist. Vorher ausgegebene neue Aktien und Zwischenscheine sind nichtig (§ 191 AktG).

▷ **Aktienausgabe bei bedingter Kapitalerhöhung:** Die Bezugsaktien können erst nach der Eintragung des Beschlusses über die bedingte Kapitalerhöhung ausgegeben werden. Vorher ausgegebene Bezugsaktien sind nichtig (§ 197 AktG).

▷ **Aktienausgabe bei genehmigtem Kapital:** Die Umstände der Aktienausgabe bei ordentlicher Kapitalerhöhung gelten sinngemäß (§ 203 Abs. 1 AktG). An die Stelle des Beschlusses über die Erhöhung des Grundkapitals tritt die Ermächtigung der Satzung zur Ausgabe neuer Aktien (§ 203 AktG). Der → *Vorstand* entscheidet über Inhalt der Aktienrechte und die Bedingungen der Aktienausgabe, soweit die Ermächtigung keine Bestimmungen enthält (§ 204 AktG). Dabei sind Vorgaben der Ermächtigung (durch Gründer oder Hauptversammlung) sowie Bestimmungen des Gesetzes und der Satzung zu befolgen. Darüber hinaus ist die Zustimmung des Aufsichtsrats erforderlich. Arbeitnehmeraktien dürfen auch dann ausgegeben werden, wenn ausstehende Einlagen auf das bisherige Grundkapital noch nicht einbezahlt sind.

▷ **Aktienausgabe bei Kapitalerhöhung aus Gesellschaftsmitteln:** Die Ausgabe neuer Aktien ist nur bei Gesellschaften mit Nennbetragsaktien erforderlich (§ 207 Abs. 2 Satz 2 AktG).

Vgl. im Übrigen → *Stock Options*.

4. Übernahme von Aktien

▷ **Begriff:** Die Aktienübernahme ist die Übernahme des jeweiligen Grundkapitalanteils durch die Aktionäre. Sie ist das Pendant zur Aktienausgabe der Gesellschaft, da jede ausgegebene Aktie von einem Aktionär übernommen werden muss.

Der Aktienübernahme kommt rechtlich (wie der Satzungsfeststellung) eine *Doppelnatur* zu:
- eine vertragliche Vereinbarung zwischen den Gesellschaftern, Aktien gegen eine Einlage zu übernehmen (§§ 2, 54 AktG) und
- eine an die Öffentlichkeit gerichtete Kapitaldeckungszusage.

▷ **Bei der Gründung** der Aktiengesellschaft ist die Übernahme der Aktien durch die Gründer gegen Einlagen zwingend erforderlich. Erst mit Übernahme aller Aktien entsteht die → *Vor-AG*. Eine Beteiligung in unterschiedlicher Höhe oder die Übernahme mehrerer Aktien spielt dabei keine Rolle. Die Übernahme von Aktien durch ein *abhängiges* oder in Mehrheitsbesitz stehendes *Unternehmen* ist verboten (§ 56 Abs. 2 AktG) → *Abhängige Gesellschaften*). Bei der Ausgabe unterschiedlicher Aktiengattungen ist die Aufteilung der Nennbeträge bzw. bei Stückaktien der Stückzahl nach Gattungsart erforderlich. Werden Namens- oder Inhaberaktien ausgegeben, muss zweifelsfrei sein, welcher Gründer welche Anzahl welcher Aktien übernimmt. Durch eine klare Festsetzung können Meinungsverschiedenheiten über die Verteilung der Aktien auf die einzelnen Gründer ausgeschlossen werden. Bei der Beurkundung sind die §§ 6–26 BeurkG zu beachten.

▷ **Bei der Kapitalerhöhung** erfolgt eine Zuteilung der neuen Aktien nach dem bisherigen Anteil am Grundkapital (→ *Kapitalerhöhung*).

5. Übertragung von Aktien

Die Übertragung der Aktie hängt von ihrer Gattung ab:
- Falls eine Aktienurkunde ausgestellt wurde, kann die Übertragung der Aktie durch Übertragung der Urkunde nach wertpapierrechtlichen Grundsätzen erfolgen (§§ 929 ff. BGB).
- Falls die → *Verbriefung* weder vorgesehen noch tatsächlich erfolgt ist, wird die Mitgliedschaft durch Abtretung des Anspruchs auf den Kapitalanteil der Aktiengesellschaft übertragen.

Damit gehen alle Mitgliedschaftsrechte auf den Erwerber über, so auch etwaige Nebenverpflichtungen, da diese Bestandteil der Mitgliedschaft sind. Im Übrigen s. → *Börsennotierung*.

6. Aktiensplitting

Aktiensplitt bedeutet Neustückelung des Grundkapitals. Eine Neustückelung des Grundkapitals kann bei Nennbetragsaktien durch Herabsetzung der Aktiennennbeträge und Ausgabe einer entsprechenden Anzahl neuer Aktien an die bisherigen Aktionäre erfolgen. Bei den Stückaktien erfolgt die Neustückelung durch Erhöhung der Anzahl der ausgegebenen Aktien. Eine Neustückelung ist keine Teilung der Aktie i.S.d. § 8 Abs. 5 AktG, sondern eine Neufestsetzung des Verhältnisses zwischen Aktie und Grundkapital (→ *Abspaltungsverbot*). Erforderlich und ausreichend hierzu ist ein satzungsändernder Beschluss der Hauptversammlung. Motivation für ein Aktiensplitting ist in der Regel der daraus resultierende geringere Kurs der Aktie und das dadurch entstehende Kurssteigerungspotential.

7. Aktienspitzen

Die sog. Aktienspitzen verbleiben dem Aktionär im Falle einer → *Kapitalherabsetzung* und der darauf folgenden Zusammenlegung von Aktien. Diese stellen nur Teilrechte an Aktien dar und werden durch entsprechende Zahlungen an den Berechtigten erfüllt.

8. Nebenpapiere

Neben Aktien können folgende aktienrechtliche Nebenpapiere ausgegeben werden:

– Zwischenscheine (→ *Zwischenschein*),

– Gewinnanteilsscheine (→ *Coupon*) und

– Erneuerungsscheine (→ *Talon*).

9. Aktienregister

▷ **Form:** Sobald die Gesellschaft Namensaktien oder Zwischenscheine ausgibt, ist sie verpflichtet, ein Aktienregister zu führen (§ 67 Abs. 1, Abs. 4 AktG). Die Buchform ist nicht erforderlich. Aktienregister in Form von elektronisch geführten Datenbanken sind zulässig, wenn sichergestellt ist, dass die Daten während der Dauer der Aufbewahrungsfrist verfügbar sind und jederzeit innerhalb angemessener Frist lesbar gemacht werden können (§ 239 Abs. 4 HGB). Das Aktienregister ist kein Handelsbuch, gehört aber zu den „sonst erforderlichen Aufzeichnungen" i.S.d. § 239 HGB.

▷ **Zuständigkeit:** Das Aktienregister ist vom Vorstand zu führen.

▷ **Eintragung:** Die erste Eintragung hat die Gesellschaft von sich aus vorzunehmen; alle anderen Eintragungen geschehen nur aufgrund einer Anmeldung und des Nachweises des Rechtsübergangs, es besteht jedoch keine Pflicht zur Anmeldung (§ 67 Abs. 3 AktG). Die Funktion der Eintragung beschränkt sich auf das mitgliedschaftliche Rechtsverhältnis des Eingetragenen zur Aktiengesellschaft und hat keine rechtsbegründende Wirkung (beachte aber § 67 Abs. 2 AktG).

Eingetragen werden müssen Inhaber von Namensaktien oder Zwischenscheinen, im Einzelnen:

– Name,

– Geburtsdatum,

– Adresse,

– bei Stückaktien: Stückzahl oder Aktiennummer,

– bei Nennbetragsaktien: Nennbetrag der Aktie.

Darüber hinaus muss jede Rechtsänderung eingetragen werden, die sich auf die Aktie i.S.d. Mitgliedschaft selbst bezieht. Dazu gehören:

- Änderung des Nennbetrags bei → *Nennbetragsaktien*,
- Änderung der Aktiengattung bei Nennbetrags- oder → *Stückaktien*,
- Einziehung (§ 237 AktG, → *Einziehung*),
- Umwandlung in eine → *Inhaberaktie* (§ 24 AktG),
- Kaduzierung (§ 64 AktG, → *Kaduzierung*),
- Kraftloserklärung (§§ 72 f. AktG, → *Kraftloserklärung*),
- Zusammenlegung (§§ 222 Abs. 4, 8 Abs. 2 Satz 1 AktG, → *Kapitalherabsetzung*).

Nicht eintragungspflichtig, aber **eintragungsfähig** sind

- Nießbrauch,
- Pfandrecht und
- Anordnung einer Testamentsvollstreckung.

Nicht eintragungsfähig sind

- Angaben zur Berechtigung des Aktionärs (als Erbe oder Vorerbe),
- Erteilung einer Vollmacht.

▷ **Wirkung der Eintragung:** Die Eintragung hat zur Folge, dass der Eingetragene gegenüber der Gesellschaft als Aktionär gilt, seine Aktionärseigenschaft wird im Verhältnis zur Aktiengesellschaft ohne Zulassung eines Gegenbeweises fingiert (§ 67 Abs. 2 AktG). Dementsprechend kann nur der Eingetragene Aktionärsrechte (Stimm- und Teilnahmerechte etc.) ausüben und sich die Gesellschaft nur an den Eingetragenen halten, z.B. für die Zahlung rückständiger Einlagen (→ *Dividende*).

▷ **Einsichtsrecht:** Aus datenschutzrechtlichen Gründen wurde das früher bestehende umfassende Einsichtsrecht des Aktionärs in das Aktienregister durch das NaStraG 2001 stark eingeschränkt. Dem Aktionär steht nach dieser Regelung nur noch ein Auskunftsrecht bezüglich des ihn betreffenden Datenbestandes zu (§ 67 Abs. 6 AktG). Für nicht börsennotierte Gesellschaften wird Satzungsfreiheit eingeräumt, da die Aktionäre einer kleinen Aktiengesellschaft häufig ein legitimes Interesse daran haben, vollständig über den Gesellschafterkreis und jede Änderung informiert zu sein. In der → *Hauptversammlung* besteht das Recht zur Einsicht in das Teilnehmerverzeichnis.

10. Aktienurkunde

▷ **Begriff:** Die Aktienurkunde ist die wertpapiermäßige Verbriefung der Mitgliedschaft. Die Ausgabe von Urkunden ist aber weder notwendiger Satzungsinhalt noch Entstehungsvoraussetzung der Mitgliedschaft. Die Urkunde schafft nicht das verbriefte Recht durch Verbriefung, sondern hat lediglich deklaratorische Funktion hinsichtlich des entstandenen und bestehenden Rechtsverhältnisses.

Der Aktionär hat aber einen Anspruch auf Verbriefung seiner Mitgliedschaft gegen die Aktiengesellschaft (vgl. § 10 Abs. 5 AktG). Dieser Anspruch kann durch → *Satzung* ausgeschlossen oder eingeschränkt werden.

▷ **Inhalt:** Die Aktienurkunde muss enthalten (§§ 6, 8, 10, 55 AktG)

- den *Nennbetrag* (nicht den Ausgabebetrag), soweit Nennbetragsaktien ausgegeben werden. Bei der Ausgabe von Stückaktien ist der auf die einzelne Aktie entfallende anteilige Betrag des Grundkapitals nicht anzugeben;
- den *Namen* des Berechtigten bei Namensaktien, da ohne diese Angabe die Aktien Inhaberaktien sind;
- *Serie und Nummer* der Inhaberaktien oder sonstige besondere Zeichen, damit sie voneinander unterschieden werden können;
- etwaige *Nebenpflichten* und deren Umfang;
- den *Betrag der Teilleistung*, soweit die Aktie vor der vollen Leistung des Nennbetrages oder des höheren Ausgabebetrags ausgegeben wird;
- die *Gattung* der Aktie, soweit bei der Gesellschaft verschiedene Aktiengattungen bestehen;
- den *Aussteller* (Gesellschaft) und den Hinweis, dass die Aktie ein Mitgliedschaftsrecht verbrieft. Das Wort Aktie muss jedoch nicht verwendet werden;
- die *Unterzeichnung* durch die Vorstandsmitglieder in einer zur Vertretung der Gesellschaft berechtigten Anzahl. Prokuristen und Handlungsbevollmächtigte sind nur aufgrund besonderer Vollmacht befugt. Eine vervielfältigte Unterschrift (Faksimile) ist ausreichend.

▷ **Mangelhafte Aktienurkunde:**

- Urkunden können nach einer Satzungsänderung unrichtig sein und müssen deshalb berichtigt oder ausgetauscht werden (z.B. bei Auferlegung von Nebenpflichten: §§ 55 Abs. 1, 180 Abs. 1 AktG). Nach ordnungsgemäßer Aufforderung der Aktionäre zu Berichtigung oder Umtausch der unrichtigen Urkunden kann die Gesellschaft die Urkunden für kraftlos erklären (§ 73 AktG).
- Sind Urkunden wegen *Beschädigung oder Verunstaltung* nicht mehr zum Umlauf geeignet, ist die Aktiengesellschaft auf Verlangen des Aktionärs verpflichtet, insoweit neue Urkunden gegen Aushändigung der alten auszugeben. Voraussetzung ist, dass der wesentliche Inhalt und die Unterscheidungsmerkmale der Urkunde noch sicher zu erkennen sind. Die Kosten trägt der berechtigte Aktionär (§ 74 AktG).
- Falls die Urkunde *abhanden gekommen oder vernichtet* ist, ist die Kraftloserklärung der Urkunde im Aufgebotsverfahren möglich (§ 72 AktG i.V.m. §§ 799 Abs. 2, 800 BGB).

▷ **Herstellung:** Da die Technik der Urkundenherstellung nicht gesetzlich geregelt ist, kommen *alternativ* in Betracht (§ 13 AktG):

- Handschrift,

Aktie

- Maschinenschrift,
- Fotokopie,
- Druck.

Die Zulassung zum Börsenhandel setzt jedoch den Druck der Urkunden entsprechend den Richtlinien für den Druck von Wertpapieren voraus (FWB 21, Gemeinsame Grundsätze der Deutschen Wertpapierbörsen für den Druck von Wertpapieren). Aktien werden nach den Richtlinien für den Druck von Wertpapieren im Querformat DIN A4 gedruckt (*Ausn.*: → *Vorzugsaktien*, diese werden im Hochformat gedruckt).

▷ **Hinterlegung:** Für die Teilnahme an der → *Hauptversammlung* ist keine Hinterlegung der Aktienurkunde mehr erforderlich, sondern nur noch *Anmeldung* (§ 123 Abs. 2 AktG) und *Berechtigungsnachweis* (§ 123 Abs. 3 AktG, für Inhaberaktien; bei Namensaktien ergibt sich die Berechtigung bereits aus Abgleich mit dem Namensregister).

Durch Satzung kann näheres zur Art des Berechtigungsnachweises vorgegeben werden. Zum Schutz der Aktionäre sieht § 123 Abs. 3 aber vor, dass unabhängig vom Satzungsinhalt jedenfalls der Nachweis des depotführenden Instituts ausreichend ist. Dies kann auch ein ausländisches Finanzinstitut sein.

Die Gesellschaft ist nicht gehindert, zweifelhafte Nachweise zu überprüfen und bei schwerwiegendem Verdacht eines gefälschten oder fälschlich ausgestellten Nachweises den betreffenden Aktionär zurückzuweisen. Dies wird freilich nur in Fällen praktische Relevanz haben, in denen der behauptete Stimmrechtsanteil Einfluss auf das Abstimmungsergebnis hat. Die gesetzliche Stichtagsregelung sieht vor, dass der Nachweis stets auf den 14. Tag vor der Versammlung zu beziehen ist. Nach § 123 Abs. 3 Satz 5 AktG ist es ausreichend, wenn der Nachweis der Gesellschaft nicht später als am 7. Tag vor der Versammlung zugeht; durch Satzung kann ein späterer Zugangszeitpunkt festgelegt werden. Die Stichtagsregelung für den Nachweis und die damit verbundene Vermutung der Mitgliedschaft führen zu einem „Record Date" bezogen auf den 14. Tag vor der Hauptversammlung (wenn man auf das Datum des Berechtigungsnachweises abstellt und nicht auf das Datum der Anmeldung bei der Gesellschaft). Das bedeutet, dass Aktionäre, die ihre Aktien nach Ausstellung des Nachweises erwerben, nicht zu Teilnahme an der Hauptversammlung und zur Ausübung des Stimmrechts berechtigt sind.

11. Aktienoptionen

→ *Stock Options*
→ *Option: 5. Optionsplan*

12. Aktienanleihen

S.u. *Hinweis auf weiterführende Literatur*

→ *Option: 6. Optionsanleihe*

13. Preis

▷ **Nennbetrag:** Der Nennbetrag einer (Nennbetrags-)Aktie ist der in Euro ausgedrückte, auf die Aktie entfallende Teil des Grundkapitals der Aktiengesellschaft.

▷ **Ausgabepreis:** Der Ausgabepreis von Aktien ist der Betrag, zu dem sie an die Aktionäre ausgegeben werden (§ 9 AktG). Er muss gleich oder höher als der Nennbetrag der Aktien sein. Die Differenz zwischen Ausgabepreis und Nennbetrag ist das → *Agio*.

▷ **Basispreis:** Der Basispreis ist grundsätzlich der Kurs der Aktie zum Zeitpunkt der Einräumung der Option, kann aber auch höher sein.

▷ **Ausübungspreis:** Der Ausübungspreis ist der Preis, zu dem die Bezugsberechtigten ihr Recht zum Bezug einer Aktie ausüben können.

▷ **Börsenpreis:** Der Börsenkurs einer Aktie ist der Wert, mit dem die Aktie an der Börse gehandelt wird. Er ist ein Marktpreis, der zeigt, wie die Aktie bewertet wird, und ergibt sich aus dem im Augenblick der Kursbildung vorhandenen Verhältnis von Angebot und Nachfrage. Dieses Verhältnis ist abhängig von (BGH AG 1967, 264)

– der Größe oder Enge des Marktes,

– zufallsbedingten Umsätzen,

– spekulativen Einflüssen,

– politischen Ereignissen,

– Gerüchten,

– Informationen,

– psychologischen Momenten,

– einer allgemeinen Tendenz.

Der Börsenkurs unterliegt außerdem unberechenbaren Schwankungen und Entwicklungen, wie die Aktienkurse der letzten Jahre besonders deutlich gemacht haben. Ein durch echten Marktmechanismus geprägter Börsenkurs muss bei der Bestimmung des angemessenen → *Ausgleichs* und der angemessenen → *Abfindung* berücksichtigt werden (BVerfG AG 2000, 178).

Hinweis auf weiterführende Literatur: *Balmers/Graessner*, Steuerliche Behandlung von Trackin Stocks, DStR 2002, 838 ff.; *Barthelmeß/Braun*, Zulässigkeit schuldrechtlicher Vergütungsbeschränkungen über Aktien zugunsten der Aktiengesellschaft, AG 2000 172 ff.; *Eschbach*, Eigene Aktien und der Shareholder Value, DB 2003, 161 ff.; *Escher-Weingart*, Die Zuteilung von Aktien beim „going public" – Gleiches Recht für alle?, AG 2000, 164 ff.; *Fortun/Mühlbauer*, Die Konkretisierung des Vertragsgegenstands beim außerbörslichen Aktienkaufvertrag, DB 2002, 2522 ff.; *Frank*, Die Testamentsvollstreckung über Aktien, ZEV 2002, 389 ff.; *Friedl*, Ein Plädoyer für Tracking Stocks, BB 2002, 1157 ff.; *Grundmann/Möslein*, Die Goldenen Shares Grundsatzentscheidung des

Europäischen Gerichtshofs, BKR 2002, 758 ff.; *Häuselmann/Wagner*, Steuerliche Erfassung aktienbezogener Anleihen: Options-, Wandel-, Umtausch- und Aktienanleihen, BB 2002, 2431 ff.; *Kellerhals/Rausch*, Die Liberalisierung von Aktienrückkäufen: Bundesdeutsche Erfahrungen, AG 2000, 222, 225; *Korn*, Die Besteuerung von Anleihen nach dem Entwurf des Steueränderungsgesetzes 2001, DStR 2001, 1507 ff.; *Krause*, Von „goldenen Aktien", dem VW-Gesetz und der Übernahmerichtlinie, NJW 2002, 2747 ff.; *Lenenbach*, Aktienanleihen: Ihre Behandlung im Zivil- und Börsenterminrecht und nach dem AGBG, NZG 2001, 481 ff.; *Letzel*, Directors-Dealings in der Unternehmenspraxis, BKR 2002, 862 ff.; *Loges/Distler*, Gestaltungsmöglichkeiten durch Aktiengattungen, ZIP 2002, 467 ff.; *Mentz/Fröhling*, Die Formen der Rechtsgeschäftlichen Übertragung von Aktien, NZG 2002, 201 ff.; *Mutter*, Darf's ein bisschen mehr sein? – Überlegungen zum zulässigen Gesamtvolumen von Aktienoptionsprogrammen nach dem KonTraG, ZIP 2002, 295 ff.; *J. Müller*, Aktienanleihen: Einordnung als Termingeschäft oder Erfordernis schriftlicher Aufklärung?, ZBB 2001, 363 ff.; *Noack*, Namensaktie und Aktienregister: Einsatz für Investor Relations und Produktmarketing, DB 2001, 27 ff.; *Ross/Pommerening*, Angabepflichten zu Aktienoptionsplänen im Anhang und Lagebericht – Bestandsaufnahme und Regierungsentwurf des TransPuG, WPg 2002, 371 ff.; *v. Rosen/Helm*, Der Erwerb eigener Aktien durch die Gesellschaft, AG 1996, 437 ff.; *Roth/Schoneweg*, Emission selbständiger Aktienoptionen durch die Gesellschaft, WM 2002, 677 ff.; *Ruge*, Goldene Aktien und EG-Recht, EuZW 2002, 421 ff.; *Seibel*, Delisting von Anleihen sowie Folgen eines Delisting bei verbrieften Bezugsrechten und Indexzertifikaten, ZGR 2002, 842 ff.; *Sorgenfrei*, Zum Verbot der Kurs- oder Marktpreismanipulation nach dem 4. Finanzmarktförderungsgesetz, Wistra 2002, 321 ff.; *Schwark*, Ist die Aktienanleihe ein Börsentermingeschäft?, WM 2001, 1973 ff.; *Tonner*, Zulässigkeit und Gestaltungsmöglichkeit von Tracking Stocks nach deutschem Aktienrecht, IStR 2002, 317 ff.; *Wiedemann*, Die Übertragung und Vererbung von Mitgliedschaftsrechten, 1965; *Wilkens/Röder*, „Geschützte" Aktienanleihen als Innovation im Bereich strukturierter Finanzprodukte, ZBB 2002, 77 ff.; *Wollmert/Hey*, Einzelfragen bei der Bilanzierung von echten Aktienoptionen nach US-GAAP, DB 2002, 1061 ff.;

Hinweis auf weitere Stichwörter

→ *Aktienmarkt*
→ *Börsennotierung*
→ *Eigene Aktien*
→ *Emission*
→ *Inhaberaktien*

→ *Namensaktien*
→ *Option*
→ *Stock Options*
→ *Verbriefung*

Aktiengemeinschaften

1. Begriff 50
2. Rechtsgemeinschaft an einer Aktie 51
3. Schutzgemeinschaft 51
4. Vereinigung von Aktionären 52

1. Begriff

Die Aktiengemeinschaft ist ein rechtlicher Zusammenschluss von Aktionären. Die Aktionäre haben die Möglichkeit, Aktiengemeinschaften zu bilden in Form der

- Rechtsgemeinschaft,
- Schutzgemeinschaft oder
- sonstigen Vereinigung von Aktionären.

2. Rechtsgemeinschaft an einer Aktie

▷ **Form:** Von einer Rechtsgemeinschaft an einer Aktie wird gesprochen, wenn mehrere Personen die Mitgliedschaft an einer Aktie teilen (§ 69 AktG). Die Aktie steht dann mehreren Berechtigten gemeinschaftlich zu. Handelt es sich um Namensaktien, so müssen mehrere Beteiligte in das Aktienregister eingetragen sein.

▷ **Ausübung der Rechte:** Diese Rechte können nur durch einen *gemeinsamen Vertreter* ausgeübt werden. Bei Gesellschaften mit dem Status einer juristischen Person sowie bei einer OHG oder KG, deren Rechtsträgerschaft anerkannt ist, besteht kein Erfordernis zur Vertreterbestellung. Andere Gesamthandsgemeinschaften sind als Mehrheit von Berechtigten zu behandeln. Der Vertreter übt für die Mitinhaber die Rechte aus der Aktie aus. Er ist nicht berechtigt, über die Aktie als solche zu verfügen, sondern nur zur Ausübung aller Mitgliedschaftsrechte aus der Aktie gegenüber der Aktiengesellschaft befugt.

▷ **Bestellung des gemeinsamen Vertreters:** Ist ein gemeinsamer Vertreter bereits kraft Gesetzes (Testamentsvollstrecker, Nachlassverwalter) oder aufgrund eines Rechtsgeschäfts vorhanden, so ist dieser zugleich gemeinsamer Vertreter i.S.d. Aktienrechts (§ 69 Abs. 1 AktG, § 714 BGB). In den anderen Fällen richtet sich die Vollmachtserteilung nach den allgemeinen Regeln des Bürgerlichen Rechts (§§ 167 ff. BGB). Die Mitinhaber der Aktie können auch mehrere Personen als Vertreter bestellen, müssen dann aber Gesamtvertretung anordnen. Eine *zeitliche Beschränkung* der Vertretungsmacht ist möglich, nicht jedoch eine inhaltliche Beschränkung oder gegenständliche Eingrenzung, da der Aktiengesellschaft nicht zugemutet werden kann, in jedem Einzelfall die Reichweite der Vollmacht zu überprüfen. Die Vollmacht *erlischt* nach § 168 BGB.

▷ **Schriftliche Bevollmächtigung:** Die schriftliche Form ist erforderlich, wenn die Satzung keine Erleichterung bestimmt (§ 134 Abs. 3 Satz 2 AktG). (→ *Vertretung der Aktionäre*). Bei *einseitigen Rechtsgeschäften* ist immer eine schriftliche Bevollmächtigung erforderlich (§ 174 Satz 1 BGB).

▷ **Haftung der Mitinhaber:** Für Leistungen auf die Aktie haften Mitinhaber als Gesamtschuldner (§§ 69 Abs. 2 AktG, 421 ff. BGB). Dies gilt für die Einlagepflicht und für sonstige Ansprüche der Gesellschaft (§§ 55, 62, 63 AktG).

3. Schutzgemeinschaft

Die Schutzgemeinschaft ist eine *BGB-Gesellschaft* in der Rechtsform einer Innengesellschaft ohne Bildung eines Gesamthandvermögens. Die einheitliche Rechtsausübung kann erreicht werden, wenn vor jeder Hauptversammlung der Aktiengesellschaft in einer Gesellschafterversammlung der GbR mit einfacher Stimmenmehrheit darüber abgestimmt wird, wie die Mitglieder der Schutzgemeinschaft in der Hauptversammlung stimmen werden und welche Anträge zu stellen sind. Bei Verstoß gegen die Stimmvereinbarung besteht gegebenenfalls Verpflichtung zum Schadenersatz gegenüber den übrigen Mitgliedern der Schutzgemeinschaft.

Die „Schutzgemeinschaft der Kapitalanleger" ist keine Schutzgemeinschaft in dem oben genannten Sinne, sondern eine Aktionärsvereinigung (s.u.).

4. Vereinigung von Aktionären

Aktionärsvereinigungen sind auf Dauer angelegte Personenzusammenschlüsse, die vornehmlich dem Zweck dienen, Aktionärsrechte in organisierter Form geltend zu machen. Als Rechtsform wird i.d.R. der *Verein* gewählt. *GbR* und *GmbH* sind ebenso mögliche Rechtsformen. Nicht ausreichend sind bloße Poolverträge. Hinsichtlich der Stimmrechtsausübung stehen die Aktionärsvereinigungen den Kreditinstituten i.S.d. §§ 1, 2 KWG gleich. Für den Nachweis der Vollmacht gilt daher § 135 Abs. 2 Satz 3 und 4, Abs. 9 AktG. Die Aktionärsvereinigung ist *nicht berechtigt*, sich Schadensersatzansprüche ihrer Mitglieder zum Zwecke der gerichtlichen Geltendmachung abtreten zu lassen. Eine solche Abtretung ist gemäß § 134 BGB nichtig, weil die daraus resultierende Tätigkeit des Vereins als unerlaubte Rechtsberatung nicht mit Art. 1 § 1 RechtsberatungsG vereinbar ist (geschäftsmäßige Besorgung fremder Rechtsangelegenheiten, s. BGH NJW 1992, 3167). Die Aktiengesellschaft ist mitteilungspflichtig gegenüber Aktionärsvereinigungen, wenn sie in der letzten Hauptversammlung ihre Stimmrechte ausgeübt haben. Der Inhalt der Mitteilung erstreckt sich auf

– die Einberufung der Hauptversammlung,
– die Bekanntgabe der Tagesordnung und
– die Anträge und Wahlvorschläge von Aktionären und die Stellungnahme der Verwaltung.

Hinweis auf weiterführende Literatur: *Heermann*, Stimmrechtsvertretung in der Hauptversammlung und Schadenersatzhaftung, ZIP 1994, 1243 ff.; *Henssler*, Verhaltenspflichten bei der Ausübung von Aktienstimmrechten durch Bevollmächtigte, ZHR 157 (1993), 91 ff.; *Gehrlein*, Der Girmes-Komplex: Ein Beispiel für die Grenzen zulässiger Rechtsberatung, NJW 1995, 487 ff.

Hinweis auf weitere Stichwörter

→ *Aktionär* | → *Mitgliedschaftsrechte*
→ *Minderheitsrechte* | → *Vertretung der Aktionäre*
→ *Mitteilungspflichten* |

Aktienmarkt

▷ Der Aktienmarkt umfasst den **Handel in Aktien**, der sich i.d.R. an der Börse (als staatlich betriebenem Markt) vollzieht (→ *Börsensegmente*). Aktienmärkte sind

- der Amtliche Markt,
- der Geregelte Markt,
- der Freiverkehr,
- NASDAQ, EASDAQ uvm.
- der Neue Markt und SMAX an der FWB (wurden nur bis Juni 2003 geführt).

Aktiengesellschaften, deren Aktien im *Amtlichen Handel* (§§ 36 ff. BörsG) oder am *Geregelten Markt* (vor 5.6.2003 auch am *Neuen Markt*, §§ 71 ff. BörsG) einer deutschen Börse oder einer vergleichbaren Börse im Ausland gehandelt werden, sind per Definition börsennotiert (§ 3 Abs. 2 AktG, → *Börsennotierung*)

▷ Auch der Handel **außerhalb der Börse** ist möglich. Der außerbörsliche Handel wird in den USA als *over the counter market* bezeichnet.

Hinweis auf weiterführende Literatur: *Kellerhals/Rausch*, Die Liberalisierung von Aktienrückkäufen: Bundesdeutsche Erfahrungen, AG 2000, 222, 225; *Serfling/Pape/Kressin*, Emissionspreisfindung und Underpricing im Rahmen des Börsengangs junger Wachstumsunternehmen, AG 1999, 289 ff.; *Sorgenfrei*, Zum Verbot der Kurs- oder Marktpreismanipulation nach dem 4. Finanzmarktförderungsgesetz, Wistra 2002, 321 ff.

Hinweis auf weitere Stichwörter

→ *Aktie* → *Börsensegmente*
→ *Börsennotierung*

Aktienregister

→ *Aktie: 9. Aktienregister*

Aktionär

1. Begriff 54
2. Rechte und Pflichten 54
3. Rechtsstellung 57
4. Haftung 58

1. Begriff

▷ Aktionär ist jeder **Gesellschafter** der AG, **der eine Aktie übernimmt bzw. erwirbt**. Der Aktionär ist als Kapitalgeber ein „wirtschaftlicher (Mit-)Eigentümer" der Aktiengesellschaft. Die Mitgliedschaft begründet Rechte und Pflichten des Aktionärs (→ *Mitgliedschaftsrechte*). Diese dem Aktionär obliegenden Rechte und Pflichten sind vom Eigentum an der Aktie nicht abspaltbar (→ *Aktie*). Der Aktionär ist deshalb rechtlich auch nicht in der Lage, seine Mitgliedschaftsstellung beizubehalten und in der → *Hauptversammlung* das ihm zustehende Stimmrecht zugleich einem anderen als eigenes Recht zu verschaffen.

▷ **Aktionäre können sein**

- *natürliche Personen*, unabhängig von der Staatsangehörigkeit (*Ausn.:* wenn dadurch ausländerrechtliche Vorschriften umgangen werden [§ 14 Abs. 1, Abs. 2 AuslG]); Besonderheiten sind bei Minderjährigen und Ehegatten zu berücksichtigen;
- *juristische Personen* des Privatrechts und des öffentlichen Rechts, inländische sowie ausländische. Eine Beteiligung der (zu gründenden) Aktiengesellschaft im Rahmen ihrer eigenen Gründung ist jedoch nicht möglich;
- *Personenhandelsgesellschaften* (KG und OHG, einschließlich ihrer besonderen Erscheinungsformen Aktiengesellschaft & Co. KG, GmbH & Co. KG);
- *GbR*, wobei für die Einlagepflicht alle Gesellschafter persönlich neben der GbR haften (BGHZ 118, 83, 99 f.);
- die → *Vor-AG* und *Vor-GmbH*.

▷ **Aktionäre können nicht sein**

- die Erbengemeinschaft (*streitig*),
- die Ehegatten in *Gütergemeinschaft*.

▷ **Vertretung der Aktionäre:** Die Vertretung eines Aktionärs ist grundsätzlich möglich. Der Bevollmächtigte muss auf Verlangen der Gesellschaft die Vollmacht nachweisen. Dies führt dann zur Schriftform der Vollmacht selbst, obgleich hierfür kein Formzwang besteht (§ 167 Abs. 2 BGB). Innerhalb der Hauptversammlung ist die Vertretung des Aktionärs durch einen Verweis kenntlich zu machen (→ *Vertretung der Aktionäre*).

2. Rechte und Pflichten

▷ Von der **Art der Geltendmachung** der Rechte her gesehen wird unterteilt in

- Rechte, die *in der Hauptversammlung* selber oder in ihrem Zusammenhang ausgeübt werden können:
  - Recht zur Teilnahme (§ 118 AktG),
  - Antragsrecht (§ 126 AktG),
  - Auskunftsrecht (§§ 131 f. AktG),

- Anfechtungsrecht von Hauptversammlungsbeschlüssen (§ 245 Nr. 1–3 AktG),
- Stimmrecht (§§ 12 Abs. 1, 133 ff. AktG) und
- Rechte, die nur *außerhalb der Hauptversammlung* ausgeübt werden können:
  - Gewinnanspruch (§ 58 Abs. 4 AktG),
  - Bezugsrecht (§ 186 AktG),
  - Anspruch auf Auszahlung eines Anteils am Liquidationserlös (§ 271 AktG),
  - verschiedene Sonderrechte (§§ 11, 12 Abs. 2, 96 Abs. 1 AktG).

▷ Die **Rechte der Aktionäre** können dogmatisch unterteilt werden in
- Rechte *verwaltungsrechtlicher Art* (Verwaltungs-, Mitwirkungs- oder Herrschaftsrechte); diese sind
  - das Recht auf Teilnahme an der Hauptversammlung (§ 118 Abs. 1 AktG),
  - das Stimmrecht (§§ 12, 134 AktG),
  - das Auskunftsrecht (§§ 131, 131 Abs. 4 AktG),
  - das Nichtigkeits- und Anfechtungsrecht (§§ 241, 243, 245 Nr. 1–3 AktG) sowie
  - die → *Minderheitsrechte* (z.B. §§ 122, 137 AktG) und
- Rechte *vermögensrechtlicher Art*, die das wirtschaftliche Miteigentum des Aktionärs am Gesellschaftsvermögen verwirklichen; diese sind
  - der Anspruch auf anteiligen Gewinn (Dividendenrecht: § 58 Abs. 4 AktG, → *Dividende*),
  - das Bezugsrecht zum Erwerb neuer, junger Aktien (§ 186 AktG),
  - der Anspruch auf anteiligen Liquidationsüberschuss (Abwicklungsüberschuss, → *Abwicklung*).

▷ **Aktionärsgläubigerrechte:** Aktionärsgläubigerrechte werden durch Verträge zwischen dem Aktionär und der Gesellschaft begründet und leiten sich nicht aus der Aktie ab; sie sind deshalb von den Mitgliedschaftsrechten zu unterscheiden. Ein typisches Beispiel für ein Aktionärsgläubigerrecht ist der Dividendenzahlungsanspruch aufgrund des Hauptversammlungsbeschlusses (→ *Dividende*). Das Recht des Aktionärs auf Gewinnbeteiligung ist ein Mitgliedschaftsrecht, das sich durch den Gewinnverwendungsbeschluss der Hauptversammlung in einen Zahlungsanspruch gegen die Aktiengesellschaft wandelt. Der Aktionär tritt dann insoweit wie jeder beliebige Gläubiger seiner Aktiengesellschaft gegenüber. Das Aktionärsgläubigerrecht ist frei übertragbar. Eine Beeinträchtigung durch die Verwaltung der Aktiengesellschaft ist nicht mehr möglich. Die Vereinbarung von Sonderrechten zwischen Aktiengesellschaft und Aktionär ist möglich.

Aktionär

> **Beispiele für solche → *Sonderrechte***
> (§§ 26 Abs. 1, 243 Abs. 2, 405 Abs. 3 Nr. 2, 3, 6, 7 AktG)
>
> – Überhöhte Vergütungen (§ 26 Abs. 2 AktG),
> – Recht auf Entsendung von Aufsichtsratsmitgliedern (§ 101 Abs. 2 AktG [*streitig*]),
> – bevorzugter Bezug von Waren zu Marktpreisen,
> – Recht zum Wiederkauf eingebrachter Sachen,
> – Einräumung einer gewinnunabhängigen Umsatzprovision,
> – über § 131 AktG hinausgehende Informationsrechte.

Dabei gilt der Grundsatz, dass eine Vereinbarung über einen Sondervorteil nicht gegen zwingendes Aktienrecht verstoßen darf, sonst ist die Vereinbarung nichtig.

> **Beispiele**
>
> – Vereinbarung oder Zusage über die Bestellung von Vorstandsmitgliedern (§ 84 AktG),
> – Vereinbarung einer Einlagenrückgewähr oder von Zinsen, weil dies gegen den Grundsatz der Kapitalerhaltung verstößt (§ 57 AktG).

▷ Zu den **Pflichten** gehören

– die *Einlagepflicht:* Sie ist insofern die wichtigste mitgliedschaftliche Pflicht des Aktionärs, als eine Mitgliedschaft ohne Einlage nicht denkbar ist. Die Einlagepflicht kann erfüllt werden durch

   – Volleinzahlung des → *Nennbetrags* zuzüglich des → *Agios* der Aktien,
   – Leistung der in der Satzung festgelegten → *Sacheinlagen*. **Beachte:** Nicht möglich ist die Befreiung von der Einlagepflicht oder die Aufrechnung gegen eine Einlageforderung (→ *verdeckte Sacheinlage*).

– *Nebenleistungspflichten* (§ 55 AktG, → *Nebenleistungspflichten*)
– *Treuepflichten* (→ *Treuepflicht: 2. Treuepflicht der Aktionäre*):

   – *Treuepflichten der Aktionäre untereinander:* Mitgliedschaftliche Treuepflichten sind von der Rechtsform der Gesellschaft unabhängig und daher auch für die Aktiengesellschaft anzuerkennen. Die Treuepflicht des einzelnen Aktionärs ist umso stärker, je mehr sich der Zusammenhang zwischen der Rechtsausübung und der Verfolgung des Gesellschaftszwecks aufdrängt. Rechtlich relevant können die mehrheitsbezogene und die wirkungsbezogene Treuepflicht sein. Eine anlassbezogene Treuepflicht ist jedoch zu verneinen.
   – *Treuepflichten des Aktionärs gegenüber der Aktiengesellschaft:* Den fundamentalen *Grundsatz der Erhaltung des Grundkapitals* (→ *Grundkapital*) haben auch die wirtschaftlichen Miteigentümer der Gesellschaft, die Aktionäre, zu beachten. Ihnen steht grundsätzlich nur der Anspruch auf den Bilanzgewinn gemäß dem Gewinnverwendungsbeschluss der Hauptversammlung zu (§§ 57 Abs. 3, 58, 59, 60 AktG).

3. Rechtsstellung

Die Aktionäre sind als solche im rechtlichen Sinne nicht Eigentümer des Unternehmens. Eigentümer des Gesellschaftsvermögens ist vielmehr die Aktiengesellschaft als juristische Person selbst. Der Aktionär kann aber dessen ungeachtet als anteiliger wirtschaftlicher Miteigentümer des Gesellschaftsvermögens der Aktiengesellschaft bezeichnet werden. Für eine Vielzahl von Anteilseignern hat das Anteilseigentum daher auch vornehmlich die Bedeutung einer Kapitalanlage. Der Aktionär ist als wirtschaftlicher Miteigentümer Risikoträger. Die Gesamtheit der Aktionäre entscheidet in der Hauptversammlung über die Verwendung des Bilanzgewinns sowie über die Maßnahmen der Kapitalbeschaffung und der Kapitalherabsetzung sowie über etwaige Strukturänderungen der Gesellschaft (§ 119 Abs. 1 AktG).

Zu den Grundlagen des allgemeinen Verbandsrechts zählt der Grundsatz der → Gleichbehandlung der Aktionäre (§ 53a AktG). Danach sind Aktionäre unter gleichen Voraussetzungen gleich zu behandeln (→ Mitgliedschaftsrechte).

Tabelle: Anspruchsgrundlagen und Klagemöglichkeiten des Aktionärs

Anspruchsart	Gesetze	Recht der Aktionäre
Schadenersatzansprüche	§ 823 Abs. 1 BGB	Nein; der Wert der Aktien wird bei einem schadenersatzpflichtigen Verhalten der Verwaltung nur mittelbar vermindert (Reflexwirkung, sog. Reflexschaden), ein Anspruch der Aktionäre ist deshalb kaum denkbar.
	§ 826 BGB	Ja.
	§§ 93, 116 AktG i.V.m., § 823 Abs. 2 BGB	Nein; scheidet mangels Schutzgesetzes zugunsten der Aktionäre aus (→ Minderheitsrechte).
	§ 92 Abs. 2 AktG i.V.m., § 823 Abs. 2 BGB	Ja; § 92 Abs. 2 AktG ist Schutzgesetz zugunsten der Aktionäre und Gläubiger der Gesellschaft.
	§§ 399, 400, 401 Abs. 1 Satz 1 AktG i.V.m. §§ 263, 266 StGB	Ja, bei Insolvenzverschleppung.
Unterlassungs- und Beseitigungsklagen	§§ 862, 1004 BGB	Ja, bei rechtswidrigem Handeln des Vorstandes oder des Aufsichtsrats, wenn die Gesellschafter über das durch Gesetz und Satzung gedeckte Maß hinaus die Mitgliedschaftsrechte der Aktionäre beeinträchtigen.
Feststellungsklagen	§ 256 ZPO	Ja, wenn ein streitiges Rechtsverhältnis geklärt werden soll.

Anspruchsart	Gesetze	Recht der Aktionäre
Verpflichtungs-klagen		*Grundsätzlich* nicht zulässig, weil durch sie in die rechtliche Unabhängigkeit der Leitungsorgane der Gesellschaft eingegriffen wird. *Ausn.:* wenn sich der Vorstand weigert, Entscheidungen der Hauptversammlung sachgerecht vorzubereiten oder beschlussgemäß auszuführen (entgegen § 83 AktG) oder wenn die Leitungsorgane es unterlassen, den Jahresabschluss festzustellen (§§ 172 ff. AktG).
Anfechtungs-klage	§§ 245, 243 AktG	Ja, gegen fehlerhafte Hauptversammlungsbeschlüsse (privates Gestaltungsrecht), nicht aber gegen fehlerhafte Beschlüsse des Aufsichtsrats (BGHZ 122, 342, 347, 349, 351; BGHZ 124, 111, 115).

4. Haftung

▷ **Kaduzierung:** Aktionäre, die trotz Aufforderung und Setzen einer Nachfrist mit Kaduzierungsandrohung die Einlage nicht rechtzeitig leisten, können nach Fristablauf ihrer Aktien und der geleisteten Einzahlung für verlustig erklärt werden (§ 64 AktG).

▷ **Nachfristsetzung:** Den säumigen Aktionären muss angedroht werden, dass sie ihrer Mitgliedschaft und der geleisteten Einzahlungen für verlustig erklärt werden. Eine erste Zahlungsaufforderung des Vorstands und der Ablauf der darin enthaltenen Frist müssen vorangegangen sein. Die Nachfrist muss 3 Mal in den Gesellschaftsblättern bekannt gemacht werden, wobei die erste Bekanntmachung mindestens 3 Monate und die letzte mindestens einen Monat vor Fristablauf erfolgen muss. Zwischen den Aufforderungen müssen mindestens 3 Wochen liegen (§ 64 Abs. 2 AktG). Bei vinkulierten Namensaktien genügt eine einmalige Einzelaufforderung an die säumigen Aktionäre, wobei die Nachfrist mindestens einen Monat ab Empfang der Aufforderung betragen muss (§ 64 Abs. 2 Satz 4 AktG).

▷ **Ausfallhaftung:** An Stelle der alten Aktienurkunden werden neue ausgegeben, auf denen außer den geleisteten Teilzahlungen auch der rückständige Betrag anzugeben ist (§ 64 Abs. 3 AktG). Die Haftung des ausgeschlossenen Aktionärs erstreckt sich auf den gesamten rückständigen Betrag und auf die Beträge, die der Vorstand nach § 63 Abs. 1 AktG erst nach Kaduzierung einfordert, soweit diejenigen nicht zahlen, die kaduzierte Aktien erworben haben und deshalb ihrerseits kaduziert worden sind, § 64 Abs. 4 AktG (*Hüffer*, AktG, 7. Aufl. 2006, § 64 Rn. 9). Zur Sicherung der tatsächlichen Aufbringung des Kapitals haftet auch jeder im Aktienbuch verzeichnete Vormann des ausgeschlossenen Aktionärs, soweit die Gesellschaft den rückständigen Betrag von seinen Nachmännern nicht erlangen kann (§ 65 AktG). Die Haftung ist allerdings beschränkt auf die Beträge, die innerhalb einer Frist von 2 Jahren nach Anmeldung der Übertragung der Aktie zum Aktienbuch eingefordert werden. Eine Befreiung von diesen Pflichten oder eine Aufrechnung gegen diese Ansprüche der Gesellschaft ist unzulässig (§ 66 Abs. 1 Satz 1 und 2 AktG).

▷ **Haftung wegen Unterkapitalisierung:** Die Ansprüche auf Leistung rückständiger Einlagen der Gesellschafter gehören zur Insolvenzmasse. Der Insolvenzverwalter kann z.B. Ansprüche auf rückständige Einlagen (RGZ 119, 220) gegen Aktionäre durchsetzen, die allerdings nur noch in dem Umfang zu erbringen sind, in dem dies zur Erfüllung des Insolvenzzwecks erforderlich ist (RGZ 76, 434 für die GmbH; RGZ 79, 174). Ansprüche auf Nebenleistungen bestehen weiter, falls ein Bedürfnis für die Leistungen im Insolvenzfall gegeben ist und die vereinbarte Vergütung vom Insolvenzverwalter bezahlt wird. Bei Geltendmachung ist der Grundsatz der gleichmäßigen Behandlung der Gesellschafter zu beachten.

Hinweis auf weiterführende Literatur: *Bengsch,* Die Vorteilhaftigkeit des Leasing bei der internen Erfolgsrechnung und der Shareholder-Value-Betrachtung, RIW 2001, Beilage 1/2001; *Groh,* Shareholder Value und Aktienrecht, DB 2000, 2153 ff.; *Leuering,* Die Erteilung von Abschriften an Aktionäre, ZIP 2000, 2053 ff.; *Noack/Zetzsche,* Die Legitimation der Aktionäre bei Globalaktien und Depotverbuchungen, AG 2002, 651 ff.; *Pentz,* Schutz der AG und der außenstehenden Aktionäre in mehrstufigen faktischen und unternehmensvertraglichen Unternehmensverbindungen, NZG 2000, 1103 ff.; *Preissler,* Wahrnehmung der Aktionärsrechte in der Hauptversammlung einer deutschen Aktiengesellschaft mit globalen Namensaktien durch in den USA ansässige Aktionäre, WM 2001, 113 ff.; *Wackerbarth,* Aktionärsrechte beim Börsengang einer Tochter – obey the law, if not the spirit, AG 2002, 14 ff.; *Wilhelm,* Inkompetenz des Aktionärs und Auskunfts- und Klagerecht, DB 2001, 520 ff.

Hinweis auf weitere Stichwörter

- → *Abfindung*
- → *Anfechtung*
- → *Ausgleichszahlung*
- → *Bezugsrechte*
- → *Dividende*
- → *Eigene Aktien*

- → *Entschädigung der Aktionäre*
- → *Minderheitsrechte*
- → *Mitgliedschaftsrechte*
- → *Stimmrechte*
- → *Sonderrechte*
- → *Spruchverfahren*

Aktionärsforum

Bei dem Aktionärsforum handelt es sich um eine *Rubrik des nicht amtlichen Teils des elektronischen Bundesanzeigers,* der ausschließlich der Kommunikation zwischen den Aktionären dient und in der alle Aktionäre einer Gesellschaft miteinander Informationen austauschen können, soweit dies zur wirksamen Ausübung von Aktionärsrechten erforderlich ist. Jeder Aktionär hat gemäß § 127a AktG die Möglichkeit, durch einen Aufruf im Aktionärsforum des elektronischen Bundesanzeigers andere Aktionäre aufzufordern, sich seinem Begehren anzuschließen und so die für die Geltendmachung von Rechten gesetzlich erforderlichen Quoren gemeinsam zu erreichen. Der Aktionär hat der Gesellschaft den vollständigen Wortlaut der Aufforderung 3 Werktage vor der Veröffentlichung zu-

zusenden, um ihr eine rasche Reaktion hierauf zu ermöglichen. Der Gesellschaft stehen dazu die allgemeinen Abwehransprüche und prozessualen Rechtsbehelfe zur Verfügung. Hat der Aktionär die Bekanntgabe gegenüber der Gesellschaft gegenüber dem elektronischen Bundesanzeiger glaubhaft gemacht, so kann nach Abschluss eines entsprechenden Vertrags zwischen Aktionär und Bundesanzeiger die Veröffentlichung der Aufforderung nebst Begründung erfolgen. Ein Anspruch auf Veröffentlichung besteht nicht. Die Kosten der Veröffentlichung bis zu 5000 Zeichen sind dem Aktionär von der Gesellschaft zu erstatten, wenn sein Begehren erfolgreich ist. Nicht erstattungsfähig sind die sonstigen Kosten des Aktionärs im Zusammenhang mit der Veröffentlichung.

Aktionärsklagerecht

1. Begriff 60
2. Anfechtungsklage 61
3. Nichtigkeitsklage 61
4. Spruchverfahren 62
5. Auskunftserzwingungsverfahren ... 62
6. Strafanzeige 62
7. Schadenersatzklage 62
8. Actio pro socio 62

1. Begriff

Bei der Verletzung ihrer Rechte haben Aktionäre unter bestimmten Voraussetzungen Rechtsschutz gegen Handlungen der Verwaltung der Aktiengesellschaft (→ *Aktionär: 2. Rechte und Pflichten des Aktionärs*). Speziellen aktienrechtlichen Rechtsschutz bieten

- die Anfechtungsklage (§§ 243 ff. AktG),
- die Nichtigkeitsklage (§§ 241 f., 250 f. AktG i.V.m. 144 FGG),
- das Spruchverfahren (SpruchG),
- das Auskunftserzwingungsverfahren (§ 132 AktG),
- die Strafanzeige,
- die Schadenersatzklage (§§ 310 Abs. 1, 318 Abs. 2, 323 AktG),
- das Klageerzwingungsverfahren (§ 147 AktG).

Dem Aktionär, der eine sonstige, seine Mitgliedschaft betreffende Maßnahme der Verwaltung angreifen will, gegen die kein aktienrechtsspezifischer Rechtsschutz besteht, stehen die allgemeinen Rechtsbehelfe zur Verfügung, sofern deren Voraussetzungen erfüllt sind, wie die

- Leistungsklage,
- Feststellungsklage,
- Unterlassungsklage,
- Beseitigungsklage,

- einstweilige Verfügung,
- Schadenersatzklage.

2. Anfechtungsklage

Mit Hilfe der Anfechtungsklage hat der Aktionär die Möglichkeit gegen Hauptversammlungsbeschlüsse vorzugehen (→ *Anfechtung*; → *Räuberische Aktionäre*).

S. auch → *Hauptversammlung*; → *Beschluss: 4. Hauptversammlungsbeschluss.*

3. Nichtigkeitsklage

▷ **Hauptversammlungsbeschluss:** Hat der Hauptversammlungsleiter das Beschlussergebnis falsch festgestellt und ist dies dementsprechend beurkundet worden, so ist der Beschluss zwar anfechtbar, aber das Anfechtungsurteil stellt den tatsächlich zustande gekommenen Beschluss mit seinem wahren Inhalt mit gestaltender Wirkung nicht fest (§ 243 AktG). Der Aktionär muss daher neben seinem Anfechtungsantrag einen Antrag auf „positive Beschlussfeststellungsklage" stellen (§§ 246 Abs. 1–4, 248 Abs. 1 Satz 1 AktG analog; BGHZ 71, 191, 199 f.; BGHZ 76, 191, 200 f.).

▷ **Aufsichtsrats- und Vorstandsbeschlüsse:** Regelmäßig betreffen die Beschlüsse der Verwaltung nur den Bereich der Geschäftsführung und können deswegen vom einzelnen Aktionär nicht angegriffen werden. Allerdings sieht das Aktienrecht auch Verwaltungsbeschlüsse vor, die unmittelbar Aktionärsrechte berühren.

Beispiele für unmittelbar die Mitgliedschaft der Aktionäre betreffende Verwaltungsbeschlüsse

- Zustimmung zur Übertragung vinkulierter Aktien (§ 68 Abs. 2 AktG),
- durch die Verwaltung beschlossene Kapitalerhöhung mit Bezugsrechtsausschluss im Rahmen eines genehmigten Kapitals (§§ 203 Abs. 1, 186 Abs. 3 AktG),
- Satzungsänderungen durch den Aufsichtsrat (§ 179 Abs. 1 Satz 2 AktG),
- Billigung des durch den Vorstand vorgelegten Jahresabschlusses durch den Aufsichtsrat (§ 172 Abs. 1 AktG),
- Auferlegung von Aktienrückkaufprogrammen (§ 71 Abs. 1 Nr. 8 AktG),
- Verschmelzungsbeschluss der Verwaltung (§ 62 Abs. 1 UmwG).

Die Vorschriften über die Nichtigkeitsklage gegen Hauptversammlungsbeschlüsse sind auf den durch den Vorstand und Aufsichtsrat festgestellten → *Jahresabschluss* anwendbar (§ 256 Abs. 6 und 7 i.V.m. §§ 241 f. AktG). Dies gilt ebenfalls für den Aufsichtsratsbeschluss, der dem Jahresabschluss zu Grunde liegt (→ *Nichtigkeit*).

4. Spruchverfahren

→ *Spruchverfahren*

5. Auskunftserzwingungsverfahren

→ *Auskunftsrecht: Aktionäre*

6. Strafanzeige

▷ **Grund:** Aktionäre können gegen ein Vorstands- oder ein Aufsichtsratsmitglied Strafanzeige wegen des Verdachts von Vermögensdelikten stellen, insbesondere auch wegen Kursmanipulationen (§ 88 BörsG). Derartige Strafanzeigen verpflichten die Staatsanwaltschaft zur Prüfung, ob tatsächlich Anhaltspunkte für einen Gesetzesverstoß vorliegen.

▷ **Tatbestand der Kursmanipulation:** Der Vorstand muss

- unrichtige Angaben über Umstände machen, die für die Bewertung der Aktien erheblich sind, oder
- solche Umstände verschweigen,
- sonstige auf Täuschung ausgerichtete Mittel anwenden und
- Vorsatz hinsichtlich der Einwirkung auf den Börsen- oder Marktpreis der Aktien haben.

7. Schadenersatzklage

Falls es zu einem Strafverfahren und einer rechtskräftigen Verurteilung des Vorstands gemäß § 88 BörsG kommt, kann der Aktionär im Anschluss auf dem Zivilrechtsweg Schadenersatz einklagen (§§ 823, 826 BGB).

Beachte: Nach bisherigen Erfahrungen mit derartigen Klagen ist es schwer, den Nachweis eines Vorsatzes zu führen. Ein erstes Urteil zugunsten der Aktionäre erfolgte durch das LG Augsburg v. 24.9.2001 - 3 O 4995/00, ZIP 2001, 1881 (*Infomatec*). Weitere Klagen hatten jedoch keinen Erfolg (LG Augsburg v. 9.1.2002 – 6 O 1640/01, AG 2002, 465 etc.). Mit dem am 1.7.2002 in Kraft getretenen 4. Finanzmarktförderungsgesetz hat der Gesetzgeber mit § 15 WpHG einen eigenständigen Haftungstatbestand für fehlerhafte oder unterlassene Ad-hoc-Mitteilungen eingeführt.

8. Actio pro socio

Das deutsche Recht kennt grundsätzlich kein den Aktionären zustehendes eigenes Klagerecht zugunsten der Aktiengesellschaft als wirksame Kontrolle gegenüber der Verwaltung. Eine actio pro socio ist nur ausnahmsweise zulässig, wenn die Gesellschaft selbst ihre Ansprüche nicht ordnungsgemäß verfolgt, da die interne Zuständigkeit für die Verfolgung derartiger Ansprüche dem Vorstand und der Hauptversammlung zusteht.

Ausn. bei sog. → abhängigen Gesellschaften im Vertragskonzern. Hier kann der Aktionär einen Anspruch der Gesellschaft im eigenen Namen in Prozessstandschaft auf Leistung an die Gesellschaft geltend machen (§§ 309, 317, 323 AktG). Voraussetzung ist, dass die Pflichtverletzung von Aufsichtsratsmitgliedern beherrschter Gesellschaften abhängigkeitsveranlasst war. Das Kostenrisiko trägt dabei der Aktionär (§§ 91, 92 ZPO).

Parallel ist die Situation im → *faktischen Konzern* zu sehen, wenn die herrschende Gesellschaft ihre Verpflichtung zum Ausgleich der abhängigen Gesellschaft verletzt hat und der Aufsichtsrat der abhängigen Gesellschaft die ihm obliegende Pflicht zur ordnungsgemäßen Prüfung des Abhängigkeitsberichts sowie zur Berichterstattung gegenüber der Hauptversammlung nicht nachgekommen ist (§§ 317 Abs. 1, 318 Abs. 2 und 4 AktG). Auch in diesen Fällen trägt der Aktionär das Kostenrisiko. Dies hat dazu geführt, dass die Aktionärsklage ohne praktische Bedeutung geblieben ist (§§ 309, 317, 323 AktG).

Hinweis auf weiterführende Literatur: *Adams,* Reform des Kostenersatzrechts bei Aktionärsklagen mit Drittwirkung, AG 2000, 396 ff.; *Mertens,* Die Geltendmachung von Mängeln eines Unternehmensvertrages durch Aktionäre, BB 1995, 1417 ff.; *Trescher,* Aufsichtsratshaftung zwischen Norm und Wirklichkeit, DB 1995, 664.

Hinweis auf weitere Stichwörter

- → *Abhängige Gesellschaft*
- → *Anfechtung*
- → *Haftung*
- → *Jahresabschluss*
- → *Konzern*
- → *Missbrauch*
- → *Räuberische Aktionäre*
- → *Schadenersatz*
- → *Vorstandsmitglieder*

Amtsdauer

1. Begriff 63
2. Amtsdauer der Abwickler 63
3. Amtsdauer des Aufsichtsrats 64
4. Amtsdauer der Vorstandsmitglieder 65

1. Begriff

Die Amtsdauer ist die Zeitspanne, in der die Organe der Gesellschaft ihre gesetzlichen Funktionen wahrnehmen.

2. Amtsdauer der Abwickler

Die Amtsdauer der Abwickler richtet sich nach der zu erfüllenden Aufgabe. Sie bleiben im Amt bis die Aktiengesellschaft im Handelsregister gelöscht worden ist, es sei denn, sie werden vorher abberufen oder legen ihr Amt nieder (→ *Abberufung*; → *Amtsniederlegung*).

3. Amtsdauer des Aufsichtsrats

▷ **Grundsatz:** Es gibt keine einheitliche Amtszeit des Gesamtorgans Aufsichtsrat. Die Amtszeiten einzelner Aufsichtsratsmitglieder sind vielmehr voneinander unabhängig.

▷ **Beginn der Amtszeit:** Die Amtszeit der Aufsichtsratsmitglieder beginnt mit Annahme der Wahl.

▷ **Dauer der Amtszeit:** Die Bestellung von Aufsichtsratsmitgliedern kann nur bis zur Beendigung der Hauptversammlung, die über die Entlastung für das vierte Geschäftsjahr nach Beginn der Amtszeit beschließt, erfolgen (grundsätzlich für die Dauer von 5 Jahren, *Ausn.* in Einzelfällen, z.B. bei Abwicklungsgesellschaften). Das Geschäftsjahr, in dem die Amtszeit beginnt, wird nicht mitgerechnet (§ 102 Abs. 1 AktG). Die Satzung kann die gesetzliche Höchstdauer der Amtszeit nicht verlängern. Sie kann sie jedoch verkürzen. Enthalten weder die Satzung noch der Wahlbeschluss Bestimmungen über die Amtsdauer, ist anzunehmen, dass die Bestellung auf die Höchstzeit erfolgt. Satzungsbestimmungen über die Amtsdauer können auch mit Wirkung für die Aufsichtsratsmitglieder der Arbeitnehmer festgelegt werden (z.B. bei Bestimmungen über turnusmäßiges Ausscheiden der Aufsichtsratsmitglieder, Neubestellung innerhalb des Höchstbestellungszeitraums, kürzere Amtszeiten, BGHZ 99, 211 ff., 215 f.). Zu beachten ist die Gleichberechtigung mit den Aktionärsvertretern und die zwingende paritätische Zusammensetzung des Aufsichtsrats (→ *Aufsichtsrat: 3. Zusammensetzung*).

▷ **Ende der Amtszeit:** Die Beendigung des Amtes der Aufsichtsratsmitglieder erfolgt durch (s. auch BAG BB 1969, 674)

- Ablauf der Amtszeit,
- Tod,
- Abberufung (→ *Abberufung*),
- Amtsniederlegung (→ *Amtsniederlegung*),
- Wegfall der gesetzlichen oder satzungsmäßigen Voraussetzungen für die → *Bestellung*,
- Ausscheiden aus dem Betrieb (bei Arbeitnehmervertretern),
- Ausscheiden aus dem aktiven Dienst (bei Arbeitnehmervertretern, falls im Wahlausschreiben bestimmt).

▷ **Wegfall gesetzlicher oder satzungsmäßiger Voraussetzungen der Bestellung:** Tritt nach Beginn der Amtszeit ein Hinderungsgrund ein, so erlischt die Mitgliedschaft im Aufsichtsrat kraft Gesetzes (§ 100 Abs. 1 *oder* 2 AktG, § 6 Abs. 2 MitbestG). Stellt die Satzung weitere Erfordernisse auf und entfallen diese während der Amtszeit, so erlischt das Amt nach h.M. ebenfalls (*Semler* in MüKo.AktG, 2. Aufl. 2004, § 100 Rn. 103; *Hüffer*, AktG, 7. Aufl. 2006, § 100 Rn. 11). Nach anderer Ansicht ist Widerruf möglich und notwendig. Die Abberufung durch das Gericht ist aus wichtigem Grund immer möglich, so dass die Einhaltung der Satzung auf diesem Wege erzwungen werden kann. Für Arbeitnehmervertreter sind satzungsgemäße Voraussetzungen nicht maßgeblich.

Ein ursprünglicher Verstoß gegen die Anforderungen der Satzung begründet indes lediglich die Anfechtbarkeit, jedoch nur bis zum Ablauf der Monatsfrist (§§ 251 Abs. 1, 246 Abs. 1, 251 Abs. 3 AktG). Danach gilt die Bestellung als wirksam. Ebenso bei einem Verstoß gegen § 105 Abs. 1 AktG.

▷ **Vorsitzender des Aufsichtsrats:** Die Amtszeit des Vorsitzenden wird vom Aufsichtsrat bestimmt. Die Satzung kann als Amtsdauer ein Geschäftsjahr oder auch die gesamte Wahlperiode des Aufsichtsrats vorsehen. Ein Widerruf in der Form, in der die Wahl erfolgt war, kann jederzeit erfolgen (vgl. § 27 MitbestG, → *Abberufung*).

4. Amtsdauer der Vorstandsmitglieder

▷ **Grundsatz:** Die Amtszeit einzelner Vorstandsmitglieder ist voneinander unabhängig.

▷ **Beginn der Amtszeit:** Die Frist beginnt stets mit dem Amtsantritt des Vorstandes, nicht mit dem Tag der Bestellung.

▷ **Dauer der Amtszeit:** Die Amtszeit des Vorstandsmitglieds ist auf höchstens 5 Jahre begrenzt (§ 84 Abs. 1 Satz 1 AktG). Dies gilt ebenso für die dem MitbestG unterliegenden Aktiengesellschaften. Eine stillschweigende Verlängerung durch Duldung der Tätigkeit über die Dauer von 5 Jahren hinaus ist nicht möglich (BGH AG 1971, 300). Eine Verlängerungsklausel ist nur wirksam, wenn bei Addition von Bestellungszeitraum und Verlängerungszeitraum 5 Jahre nicht überschritten werden. Ein unter 5 Jahren liegender Bestellungszeitraum ist zulässig. Er darf jedoch nicht so kurz sein, dass die Unabhängigkeit des Vorstandes dadurch beeinträchtigt wird. Unter 1 Jahr kann er nur in Ausnahmefällen, etwa bei der Bestellung eines Interimsvorstandes (d.h. vorläufiger Vorstand oder Vorstand in der Zwischenzeit), liegen.

▷ **Beendigung der Amtszeit:** Das Amt des Vorstandsmitgliedes endet mit

– *Ablauf des Bestellungszeitraums* (§§ 84, 85 AktG, → *Satzung*);

– *Widerruf der Bestellung* (→ *Abberufung: Vorstand*);

– *einvernehmlicher Beendigung* des Organverhältnisses: Ein einvernehmliches Ausscheiden des Vorstandsmitglieds ist möglich, bedarf jedoch auf Seiten der Aktiengesellschaft eines Aufsichtsratsbeschlusses. Der Beschluss eines Aufsichtsratsausschusses genügt nicht (§ 107 Abs. 3 Satz 2 AktG, BGHZ 79, 38). Für eine einvernehmliche Beendigung des Dienstvertrags reicht demgegenüber das Handeln des zuständigen Ausschusses.

– *Suspendierung:* Teilweise werden Vorstandsmitglieder in der Praxis nicht sofort abberufen, sondern zunächst vom Aufsichtsrat suspendiert (zeitlich begrenzter Widerruf: kurzzeitige Amtsenthebung oder vorläufiges Amtsausübungsverbot bei Verdacht auf Vorliegen eines wichtigen Grundes). Die rechtliche Bedeutung und die Voraussetzungen einer solchen einseitigen Suspendierung sind ungeklärt und ein derartiges Vorgehen ist deshalb nicht empfehlenswert, zumal die Aktiengesellschaft hierdurch wegen der Ausschlussfrist gegebenenfalls die Kündigungsmöglichkeit hinsichtlich des Anstellungsvertrags verlieren kann (§ 626 Abs. 2 BGB, *Hüffer*, AktG, 7. Aufl. 2006, § 84 Rn. 35);

– *Amtsniederlegung:* Das Vorstandsmitglied kann sein Amt durch einseitige, dem Aufsichtsrat gegenüber abzugebende Erklärung niederlegen und damit seine Organstellung beenden, wenn ein wichtiger Grund hierfür vorliegt (*Hüffer*, AktG, 7. Aufl. 2006, § 84 Rn. 36) (§ 112 AktG).

▷ **Mitbestimmung:** Bei der mitbestimmten Aktiengesellschaft sind verschiedene Besonderheiten bei der Abberufung zu berücksichtigen, die auch bei der Suspendierung oder einvernehmlichen Beendigung der Organstellung eines Vorstandsmitglieds gelten:

– Hat die Aktiengesellschaft in der Regel mehr als 2000 Arbeitnehmer (→ *Mitbestimmung: 2. Einschlägige Gesetze*), ist zunächst zu versuchen, die notwendige ⅔-Mehrheit im Aufsichtsrat für die Abberufung zu erreichen (§ 31 Abs. 2 MitbestG). Stimmt für die Abberufung weniger als die Mehrheit der Aufsichtsratsmitglieder, ist die Abberufung gescheitert. Stimmt die Mehrheit der Aufsichtsratsmitglieder, aber nicht die erforderliche ⅔-Mehrheit für die Abberufung, ist der ständige Ausschuss (Vermittlungsausschuss) einzuschalten. Dieser hat sodann Vorschläge zu unterbreiten. Kommt auch hiernach keine ⅔-Mehrheit zustande, hat der Aufsichtsratsvorsitzende bei einer erneuten Abstimmung 2 Stimmen. Wird der Vermittlungsausschuss eingeschaltet, beginnt die 2-wöchige Ausschlussfrist für die Kündigung des Anstellungsvertrags nicht vor Abschluss des eben beschriebenen Verfahrens (streitig, vgl. *Hüffer*, AktG, 7. Aufl. 2006, § 84 Rn. 25).

– Unterliegt die Aktiengesellschaft dem MontanMitbestG, kann der Arbeitsdirektor nicht gegen die Stimmen der Mehrheit der Arbeitnehmervertreter im Aufsichtsrat abberufen werden (§ 13 Abs. 1 MontanMitbestG, § 84 Abs. 4 AktG).

– Im Anwendungsbereich des MontanMitbestErgG ist jedoch eine Abberufung durch den Aufsichtsrat auch gegen die Stimmen der Arbeitnehmervertreter möglich (§ 13 Satz 1 MontanMitbestErgG i.V.m. § 84 AktG).

Hinweis auf weitere Stichwörter

→ *Abberufung*
→ *Abwickler*
→ *Amtsniederlegung*
→ *Aufsichtsratsmitglieder*

→ *Bestellung*
→ *Beendigung*
→ *Mitbestimmung*
→ *Vorstandsmitglieder*

Amtsniederlegung

1. Begriff 67
2. Abschlussprüfer 67
3. Abwickler 67
4. Aufsichtsratsmitglieder 67
5. Vorstandsmitglieder 67

1. Begriff

Die Amtsniederlegung ist eine einseitige empfangsbedürftige Willenserklärung, die das Amt beendet (→ *Amtsdauer*).

2. Abschlussprüfer

Der Abschlussprüfer ist nicht Organ der Aktiengesellschaft, sondern außenstehende Kontrollinstanz mit öffentlicher Funktion; daher ist für den Abschlussprüfer nur eine begründete Kündigung und keine Amtsniederlegung seiner Bestellung möglich (BayObLG WM 1987, 1365; a.A. BGH WM 1980, 527).

3. Abwickler

Sie haben ein Recht zur Amtsniederlegung; erforderlich ist eine Erklärung gegenüber der durch den Aufsichtsrat vertretenen Aktiengesellschaft, bei gerichtlich bestelltem Abwickler gegenüber dem Gericht.

4. Aufsichtsratsmitglieder

Ein Recht zur Amtsniederlegung ist auch ohne wichtigen Grund grundsätzlich anerkannt, wenn Satzung oder Wahlbeschluss dies gestatten oder wenn die → *Hauptversammlung* damit einverstanden ist. Wirksam ist die Amtsniederlegung, wenn sie nicht zur Unzeit erfolgt (*Hüffer*, AktG, 7. Aufl. 2006, § 103 Rn. 17). Dennoch sollte eine stichhaltige Begründung verlangt werden, da sich das Aufsichtsratsmitglied bei der Bestellung der Bindung, die es eingeht, bewusst ist und ihm deshalb auch zugemutet werden kann, für die Dauer der Bestellungsperiode im Amt zu bleiben, wenn keine wichtigen Gründe dagegen sprechen. Die Niederlegung erfolgt als eine zugangsbedürftige Willenserklärung gegenüber der Aktiengesellschaft, vertreten durch den → *Vorstand*.

5. Vorstandsmitglieder

Die Amtsniederlegung ist durch einseitige Erklärung des Vorstandsmitglieds gegenüber der Aktiengesellschaft, vertreten durch den → *Aufsichtsrat*, bei Vorliegen eines wichtigen Grundes möglich (§ 112 AktG; *Hüffer*, AktG, 7. Aufl. 2006, § 84 Rn. 36; zur vergleichbaren Rechtslage bei der GmbH vgl. BGHZ 121, 257; BGH NJW 1995, 2850). Eine Amtsniederlegung sollte indes selbst dann als wirksam erachtet werden, wenn das Vorstandsmitglied keinen wichtigen Grund vorbringt, solange sie nicht rechtsmissbräuchlich ist (*Nirk* in Nirk/Ziemons/Binnewies,

Handbuch der AG, Loseblatt, Rn. 704). Die Gesellschaft ist durch Schadenersatzansprüche geschützt, die ihr gegenüber dem Vorstandsmitglied aus einer unberechtigten Amtsniederlegung erwachsen können (*Mertens* in KK. AktG, 2. Aufl. 1996, § 84 Rn. 163, a.A. *Wiesner* in MünchHdb. AG, 2. Aufl. 1999, § 20 Rn. 54). Die Amtsniederlegung ist sofort wirksam (§ 84 Abs. 3 Satz 4 AktG analog). Sie ist nur in Ausnahmefällen unwirksam.

Beispiele für die Unwirksamkeit der Amtsniederlegung

– Amtsniederlegung zur Unzeit
– Wegfall des Vorstands als Organ

Der Anstellungsvertrag (→ *Anstellungsverhältnis*) des Vorstandsmitglieds bleibt, wenn er nicht gleichzeitig ebenfalls gekündigt wird, trotz der Amtsniederlegung unverändert bestehen. Gegebenenfalls kann die Gesellschaft jedoch gegen das Vorstandsmitglied Schadenersatzansprüche wegen Amtsniederlegung geltend machen und den Dienstvertrag wegen unberechtigter Amtsniederlegung aus wichtigem Grund fristlos kündigen.

Hinweis auf weiterführende Literatur: *Grobys/Littger*, Amtsniederlegung durch das Vorstandsmitglied einer Aktiengesellschaft, BB 2002, 2292 ff.

Hinweis auf weitere Stichwörter

→ *Abberufung*
→ *Abschlussprüfung: 4. Abschlussprüfer*
→ *Abwickler*

→ *Amtsdauer*
→ *Aufsichtsratsmitglieder*
→ *Vorstandsmitglieder*

Anfechtung von Hauptversammlungsbeschlüssen

1. Begriff 68
2. Anfechtbarkeit 68
3. Befugnis zur Anfechtung 71
4. Anfechtungsgründe 74
5. Anfechtungsklage 76
6. Urteil 80

1. Begriff

Die Anfechtung stellt das Rechtsinstitut des Aktionärs für die wirksame Kontrolle gegenüber der Verwaltung dar (§§ 243, 245 AktG). Von diesem Problembereich ist das Aktionärsklagerecht zu trennen (→ *Aktionärsklagerecht*).

2. Anfechtbarkeit

▷ **Gegenstand:** Grundsätzlich sind alle Hauptversammlungsbeschlüsse anfechtbar, sowohl positive wie negative, einem Antrag stattgebende oder ablehnende Beschlüsse (auch → *Sonderbeschlüsse* gemäß § 138 AktG). Anfechtbar sind solche Beschlüsse, die Mängel aufweisen, die nicht so schwerwiegend sind, dass sie zur Nichtigkeit führen (§ 242 AktG). Sie sind (zumindest vorläufig) wirksam und nur „vernichtbar".

Nicht der Anfechtung unterliegen

– Maßnahmen des Versammlungsleiters, z.B. das Übergehen eines Antrages oder Ordnungsmaßnahmen etc,
– Erklärungen des Vorstandes,
– rechtsfehlerhafte Unterlassung einer Beschlussfassung,
– sonstige fehlerhafte Maßnahmen der Hauptversammlung (z.B. das rechtsfehlerhafte Unterbleiben eines Beschlusses) und
– Verstöße gegen bloße Ordnungsvorschriften.

Streitig ist die Anfechtbarkeit von Beschlüssen, die unter Verstoß gegen schuldrechtliche Bindungen (sog. schuldrechtliche Nebenabreden) zwischen den Aktionären zustande gekommen sind.

Beachte: Im Verstoß gegen schuldrechtliche Nebenabreden sieht die überwiegende Meinung in der Literatur selbst dann *keinen Anfechtungsgrund*, wenn alle Gesellschafter an ihr beteiligt sind (*Hüffer*, AktG, 7. Aufl. 2006, § 243 Rn. 10; *Pentz* in MüKo. AktG, 2. Aufl. 2000, § 23 Rn. 194). Insbesondere können außerhalb der Satzung getroffene Abreden auch nicht als treuepflichtbegründende und damit eine Anfechtung wegen Treuepflichtverletzung rechtfertigende Umstände angesehen werden. Für das GmbH-Recht hat der BGH die Anfechtbarkeit von Beschlüssen der Gesellschafterversammlung bejaht, wenn an der Abrede alle Gesellschafter beteiligt waren, da in diesem Falle die Nebenabrede „als eine solche der Gesellschaft zu behandeln" sei (BGH NJW 1983, 1910; BGH NJW 1987, 1890). Der Sache nach dürften die beiden Entscheidungen jedoch aufgegeben worden sein (BGHZ 123, 15).

▷ **Anfechtungsausschluss:** Ein Anfechtungsausschluss besteht für folgende Fälle:

– Abschluss eines Beherrschungs- oder Gewinnabführungsvertrages (§§ 291, 304 Abs. 3 Satz 2, 305 Abs. 5 Satz 1 AktG);
– unangemessene Ausgleichs- oder Abfindungsregelung in Unternehmens-, Eingliederungs- oder Umwandlungsverträgen. An die Stelle des Anfechtungsverfahrens tritt hier, da es nur um die Angemessenheit der Leistungen geht, das → *Spruchverfahren*, in dem die Leistungen erforderlichenfalls neu festgesetzt werden. Eine Anfechtung der Beschlüsse aus anderen Gründen wird durch diese Vorschriften nicht eingeschränkt (SpruchG);
– Informationspflichtverletzungen im Zusammenhang mit Bewertungsfragen (§ 243 Abs. 4 Satz 2 AktG). Wenn Informationspflichtverletzungen sich auf Beschlussinhalte beziehen, deren Anfechtung gesetzlich ausgeschlossen und deren Überprüfung einem Spruchverfahren vorbehalten ist, sind Anfechtungslagen ausgeschlossen. § 243 Abs. 4 Satz 2 AktG ist beschränkt auf „unrichtige, unvollständige oder unzureichende" Informationen, also Fehler, Mängel oder

Unvollständigkeiten in Teilbereichen: Nicht erfasst sind Totalverweigerungen von Informationen oder weitreichende Fehlangaben.

▷ **Möglichkeit der Bestätigung:** Ein anfechtbarer Beschluss kann durch die Hauptversammlung bestätigt werden. Mit der Bestätigung wird die Rechtsunsicherheit beseitigt, die sich aus der Existenz eines eventuell anfechtbaren Beschlusses ergibt. Eine Bestätigung des Beschlusses kommt jedoch nur dann in Betracht, wenn sich der Anfechtungsgrund aus einem Formmangel ergibt (§ 244 AktG, z.B. Satzungsbestimmungen über die Einberufung der Hauptversammlung oder über das Abstimmungsverfahren werden nicht eingehalten s.u. → *Anfechtungsgründe*). Beruht dagegen der Anfechtungsgrund auf dem Inhalt des Beschlusses, so nützt die Bestätigung durch erneuten Beschluss nichts, da ein Beschluss mit diesem Inhalt nicht gefasst werden durfte.

Eine Bestätigung liegt vor bei

- einem *Bestätigungsbeschluss der Hauptversammlung*, d.h. die Erklärung der Hauptversammlung, ihren ursprünglichen Beschluss trotz seiner Mangelhaftigkeit als verbindlich anerkennen zu wollen, wobei der Regelungswille der Hauptversammlung maßgeblich ist,
- einer *Neuvornahme oder Wiederholung eines Beschlusses*, wenn die Hauptversammlung dadurch zeigt, nicht an ihrem ersten Beschluss festhalten zu wollen und die beiden Beschlüsse inhaltlich übereinstimmen (§ 244 Satz 1 AktG); bei dem angefochtenen (ersten) Beschluss muss es sich um einen anfechtbaren Beschluss handeln, die Bestätigung eines nichtigen Beschlusses ist ausgeschlossen.

Die Beschlussbestätigung führt dazu, dass der anfechtbare Beschluss ex nunc als wirksam anzusehen ist, d.h. ab der Wirksamkeit der Bestätigung. Ihr kommt keine Rückwirkung zu. Die Anfechtbarkeit des Erstbeschlusses kann dann nicht mehr geltend gemacht werden (§ 244 AktG). Das Gericht kann dann das erste Verfahren aussetzen, wenn die beiden Anfechtungsklagen weder durch eine Klageerweiterung gemäß § 264 Nr. 2 ZPO noch durch eine Prozessverbindung nach § 147 ZPO verbunden sind (§ 148 ZPO), um ein Vorgreifen des ersten Verfahrens zu verhindern. Hat der Anfechtende ein rechtliches Interesse daran, den anfechtbaren Beschluss für die Zeit bis zur Wirksamkeit des bestätigenden Beschlusses für nichtig erklären zu lassen, kann er die Klage mit diesem begrenzten Ziel weiterführen (§ 244 Satz 2 AktG). Das rechtliche Interesse besteht dann, wenn das prozessuale Ziel des Klägers sich mit der wirksamen Bestätigung des Beschlusses noch nicht erledigt hat. Auf die Bestätigungswirkung kann der Kläger aber auch durch eine Erledigungserklärung mit der Folge reagieren, dass das Gericht nur noch über die Kosten des Rechtsstreits entscheidet (z.B. § 91a ZPO).

Beispiele

- Der Kläger als Inhaber von Vorzugsaktien hat einen Beschluss angefochten, mit dem das Dividendenvorrecht von stimmrechtslosen Vorzugsaktien herabgesetzt worden ist. Dieser Beschluss ist von der Hauptversammlung nachträglich wirksam bestätigt worden (§ 244 Satz 1 AktG). Da der Kläger die Herabsetzung nur hinnehmen muss, wenn die gesetzlichen und satzungsmäßigen Voraussetzungen hierfür vorliegen, hat er ein rechtliches Interesse an der Nichtigerklärung

> des ursprünglichen Beschlusses für die Zeit bis zur Bestätigung (§ 244 Satz 2 AktG).
> – Der Kläger hat einen Beschluss angefochten, der dem Vorstand für ein bestimmtes Geschäftsjahr Entlastung erteilt. Die Hauptversammlung bestätigt die Entlastung durch einen wirksamen Bestätigungsbeschluss. Da ein Interesse des Klägers an einer Nichtigerklärung des ersten Beschlusses hier nicht erkennbar ist, wird seine Anfechtungsklage unbegründet; er muss gegebenenfalls die Erledigung des Rechtsstreits erklären.

Nach einem rechtskräftigen Urteil, das einer Anfechtungsklage stattgegeben hat, kann eine Bestätigung nicht mehr erfolgen (vgl. § 241 Nr. 5 AktG).

3. Befugnis zur Anfechtung

▷ **Aktionäre:** Aktionäre, die in der Hauptversammlung erschienen sind, sind grundsätzlich anfechtungsbefugt, wenn sie gegen den Beschluss *Widerspruch* zur *Niederschrift* der Hauptversammlung erklärt (unabhängig davon, ob sie Stimmrechte haben oder nicht) und die Aktien schon vor der Bekanntmachung der Tagesordnung erworben haben (§ 245 Nr. 1 AktG). Aktionäre, die ihre Aktien nach Ausstellung des Nachweises nach § 123 AktG erwerben, sind nicht zur Teilnahme an der Hauptversammlung und zur Ausübung des Stimmrechts berechtigt. Die Berechtigung des angemeldeten Aktionärs gilt nur relativ zur Gesellschaft, so dass er gegenüber der Gesellschaft das Stimmrecht ausüben kann, er ist aber im Innenverhältnis zum Erwerber verpflichtet, die Stimmrechtsausübung zu unterlassen bzw. im Interesse des Erwerbers auszuüben.

▷ **„Erschienen"** sind Aktionäre, selbst wenn sie zur bloßen Stimmabgabe nicht zugelassen werden, die

– entweder selbst an der Hauptverhandlung teilnehmen oder
– in ihr kraft gesetzlicher oder rechtsgeschäftlicher Vollmacht vertreten sind.

Aktionäre, die *nicht* in der Hauptversammlung *erschienen* sind, haben ein Anfechtungsrecht, wenn

– sie oder ihre Vertreter zu Unrecht zur Hauptversammlung nicht zugelassen bzw. des Saales verwiesen worden sind, ohne Widerspruch zu Protokoll erklären zu müssen (§ 245 Nr. 2 AktG analog);
– die Hauptversammlung nicht ordnungsgemäß einberufen wurde, falls nicht deswegen bereits Nichtigkeit vorliegt (Verstöße gegen Einberufungsvorschriften §§ 121–123 AktG; 245 Nr. 2 AktG);
– der Gegenstand der Tagesordnung nicht ordnungsgemäß bekannt gemacht worden ist (§ 245 Nr. 2, 124 Abs. 1–3 AktG);
– sie geltend machen, dass der Beschluss wegen Strebens nach → *Sondervorteilen* anfechtbar ist (ein Widerspruch ist nicht erforderlich, §§ 243 Abs. 2, 245 Nr. 3 AktG). Analog gelten diese Grundsätze für die Fälle eines Verstoßes gegen den Gleichbehandlungsgrundsatz oder gegen die Treuepflicht (BGHZ 103, 184).

Zusätzlich muss bei den Nicht-Erschienenen die Kausalität zwischen der Nichtabgabe der Stimme und dem Zustandekommen des Beschlusses hinzukommen. Es ist zu Gunsten des Anfechtenden zu unterstellen, dass alle Nicht-Erschienenen gegen den gefassten Beschluss gestimmt hätten.

▷ Bei **Pfandrecht oder Nießbrauch** an der Aktie bleibt die Anfechtungsbefugnis beim Aktionär. Im Falle der *Universalsukzession* (Verschmelzung oder Erbfall) geht die Anfechtungsbefugnis mit der gesamten Rechtsposition des Rechtsinhabers auf den Rechtsnachfolger über (nach anderer Ansicht soll auch eine Person, der Nießbrauch an einer Aktie eingeräumt ist, wie ein Aktionär anfechtungsbefugt sein).

▷ **Inhaber von** → *Genussscheinen* haben kein Anfechtungsrecht.

▷ **Widerspruch eines Aktionärs:** Es genügt, dass der Aktionär (oder sein Bevollmächtigter, bei der Legitimationsübertragung der ermächtigte Legitimationsaktionär) ohne Begründung erklärt, Widerspruch zur Niederschrift der Hauptversammlung gegen den Beschluss zu erheben. Auch die Erklärung, der Aktionär halte den Beschluss für rechtswidrig, ungültig etc. ist als Widerspruch auszulegen. Hat der Aktionär hinreichend deutlich seinen Widerspruch zum Ausdruck gebracht (bei Zweifeln muss sich der protokollführende Notar/Aufsichtsratsvorsitzende vergewissern, ob ein Widerspruch erklärt werden soll), muss dieser – auch ohne ausdrückliches Verlangen des Aktionärs – in das Protokoll aufgenommen werden. Dass der Widerspruch zu Protokoll genommen wird, ist nicht Voraussetzung für eine Anfechtungsklage. Auch ein pflichtwidrig nicht aufgenommener Widerspruch berechtigt den Aktionär deshalb zur Erhebung der Anfechtungsklage, er muss aber im Streitfall darlegen und gegebenenfalls beweisen, dass er Widerspruch erklärt hat. Erklärt werden kann der Widerspruch bis zum Ende der Hauptversammlung, er muss also nicht sofort nach der Beschlussfassung mitgeteilt werden. Entbehrlich ist der Widerspruch, wenn der Aktionär unberechtigt des Saales verwiesen worden ist und deshalb keinen Widerspruch mehr hat erklären können. **Beachte:** Die vor der Einberufung begründete Aktionärseigenschaft muss vor Bekanntmachung der Tagesordnung in den Gesellschaftsblättern (§ 245 Nr. 1) vorgelegen haben; bei der Veräußerung der Aktie nach der Bekanntmachung wirkt ein vom Rechtsvorgänger erklärter Widerspruch zur Niederschrift deshalb nicht zugunsten des Erwerbers (nicht bei einem Erwerb im Wege der Gesamtrechtsnachfolge, wie durch Erbgang, Verschmelzung o.ä., *Hüffer*, AktG, 7. Aufl. 2006, § 245 Rn. 7).

Beispiel

Der Aktionär X erklärt in der Hauptversammlung gegen einen Beschluss Widerspruch zu Protokoll. Nach der Hauptversammlung veräußert er seine Aktien an Y, der gegen die betreffenden Beschlüsse nun Anfechtungsklage erheben will. Nach herrschender Meinung wäre die Klage des Y mangels Anfechtungsbefugnis – es war nicht er selbst, der den Widerspruch zu Protokoll erklärt hat – als unbegründet (nicht: als unzulässig) abzuweisen.

▷ **Vorstand:** Der Vorstand hat eine Anfechtungsbefugnis aufgrund seines Kontroll- und Gestaltungsklagerechts. Nach Erhebung der Klage spielt ein etwaiger Personenwechsel im Vorstand keine Rolle. Die Pflicht zur Anfechtung hat er nur bei gesellschaftsschädlichen Beschlüssen (im Interesse der Gesellschaft). Die Vorschriften über die Geschäftsführung sind zu beachten, obwohl der Vorstand eigentlich als Organ gegen die Gesellschaft klagt (§ 77 AktG, der Vorstand entscheidet durch Beschluss). Die Kosten des Prozesses trägt in diesem Falle die Gesellschaft, egal ob die Klage durchdringt oder nicht. Handelt der Vorstand nicht im Gesellschaftsinteresse oder erhebt er die Klage mutwillig, so macht er sich persönlich haftbar (§ 93 AktG). Im Abwicklungsstadium treten die Abwickler, bei Insolvenz der Insolvenzverwalter (insoweit Insolvenzmasse betroffen) an die Stelle des Vorstandes.

▷ **Einzelne Organmitglieder** sind anfechtungsbefugt, wenn die Ausführung des Hauptversammlungsbeschlusses (§ 245 Nr. 5 AktG)

– eine strafbare Handlung bzw.

– eine Ordnungswidrigkeit darstellt oder

– eine Schadenersatzpflicht begründen würde.

Die Organmitgliedschaft muss nur ab dem Zeitpunkt der Klageerhebung bestehen. Die Klagebefugnis erlischt mit Amtsverlust, weil mit dem Wegfall der Organstellung kein Rechtsschutzinteresse mehr besteht (*Semler* in MünchHdb. AG, 2. Aufl. 1999, § 41 Rn. 62; a.A. *Hüffer*, AktG, 7. Aufl. 2006, § 245 Rn. 31). Die Organmitglieder tragen im Falle des Unterliegens die Kosten der Klage persönlich. Klagt ein Organmitglied aufgrund eines Beschlusses eines Gesellschaftsorgans, dann muss dieser genau so behandelt werden, wie wenn der Vorstand gegen die Gesellschaft geklagt hätte, die Kosten des Rechtsstreites trägt dann die Gesellschaft.

▷ **Missbrauch des Anfechtungsrechts:** Durch das Freigabeverfahren mit Bestandssicherung nach § 246a AktG wird die missbräuchliche Ausübung des Anfechtungsrechtes zu Lasten der Gesellschaft beschränkt. Für bestimmte eintragungspflichtige Hauptversammlungsbeschlüsse, nämlich diejenigen über Maßnahmen der Kapitalbeschaffung oder der Kapitalherabsetzung (§§ 182–240 AktG) oder einen Unternehmensvertrag (§§ 291–307 AktG), ist ein Freigabeverfahren durchzuführen, soweit nicht bereits vorrangig die Freigabeverfahren nach § 319 Abs. 6 AktG oder § 16 Abs. 3 UmwG anwendbar sind. Die Gesellschaft, deren Hauptversammlungsbeschluss angegriffen wird, muss bei dem für die Entscheidung über die Anfechtungsklage zuständigen Gericht beantragen festzustellen, dass die erhobene Klage der Eintragung des Hauptversammlungsbeschlusses nicht entgegensteht.

Eine Anfechtungsklage kann wegen Rechtsmissbrauchs unbegründet sein (BGHZ 107, 296, 308 ff.). Der Kläger verliert seine Anfechtungsbefugnis stets, wenn er von seinem Anfechtungsrecht in eigensüchtiger und die Gesellschaft schädigender Weise Gebrauch macht. Ein Rechtsmissbrauch liegt immer bei illoyaler und grob eigennütziger Ausübung der Anfechtungsbefugnis vor. Die Darlegungs- und Beweislast obliegt der Gesellschaft. Auf ein Vorgehen in strafrechtlich erheblicher Weise (Nötigung, Erpressung, etc.) kommt es nicht an, es genügt, dass der Aktionär sich von der Vorstellung leiten lässt, die verklagte Gesellschaft werde Leistungen erbringen, weil sie hofft, dass hierdurch anfechtungsbedingte Schäden und sonstige Nachteile vermieden oder jedenfalls gering gehalten werden. Als rechtsmissbräuchlich wird angesehen, wenn der Kläger mit der Erhebung der Anfechtungsklage von vorn herein das Ziel verfolgte, die verklagte Gesellschaft in grob eigennütziger Weise zu einer Leistung zu veranlassen, auf die er keinen Anspruch hat und billigerweise auch nicht erheben kann (BGHZ 107, 296). Der Missbrauch des Anfechtungsrechts führt zur Unbegründetheit der Anfechtungsklage, auch wenn sie im Übrigen der Sache nach erfolgreich wäre (BGHZ 107, 296).

> **Beispiel**
>
> Eine Aktiengesellschaft plant die Verschmelzung mit einem anderen Unternehmen (Verschmelzung durch Aufnahme) und nimmt im Vorgriff auf den zu erwartenden Zustimmungsbeschluss der Hauptversammlung erhebliche Darlehen auf. Aktionäre erheben eine Anfechtungsklage mit dem Ziel, hierdurch die Eintragung der Verschmelzung zu blockieren und die Gesellschaft dazu zu bewegen, ihnen gegen erhebliche Zahlungen das Anfechtungsrecht „abzukaufen" (bei Anfechtung des Verschmelzungsbeschlusses erfolgt – vorbehaltlich eines Unbedenklichkeitsbeschlusses gemäß § 16 Abs. 3 UmwG – keine Eintragung im Handelsregister, womit die Verschmelzung nicht wirksam werden kann).

4. Anfechtungsgründe

Hinsichtlich der Anfechtungsgründe wird allgemein zwischen Verfahrensfehlern und Inhaltsfehlern unterschieden (§ 243 AktG).

▷ **Verfahrensfehler:** Ein Verfahrensfehler liegt vor, wenn das Gesetz oder die Satzung beim Zustandekommen des Beschlusses verletzt wird. Diese Fehler müssen das Zusammentreten der Hauptversammlung und das Verfahren bei der Beschlussfassung beeinflussen, d.h. sie müssen Auswirkung auf den Beschluss gehabt haben können (§ 243 Abs. 4 AktG). Die Aufhebung des § 243 Abs. 4 a.F. bedeutet keine Änderung der bisherigen Gesetzesregelung, dass Aussagen der Hauptversammlung oder anderer Aktionäre, die Verweigerung der Auskunft habe ihre Beschlussfassung nicht beeinflusst, unbeachtlich sind. Die bisherige Formulierung wird durch den neu eingeführten Bezug auf den objektiv urteilenden Aktionär in § 243 Abs. 4 Satz 1 abgedeckt. Der objektiv urteilende Aktionär ist der vernünftig und im wohlverstandenen Unternehmensinteresse handelnde Aktionär. Dieser Aktionär verfolgt keine kurzfristigen Ziele, sondern ist an der langfristigen Ertrags- und Wettbewerbsfähigkeit seiner Gesellschaft interessiert. Ausgeschlossen sind nach § 243 Abs. 4 Satz 2 allerdings Anfechtungsklagen wegen Informationspflichtverletzungen, wenn sich diese Informationspflichtverletzungen auf Beschlussinhalte beziehen, deren Anfechtung gesetzlich ausgeschlossen und deren Überprüfung einem Spruchverfahren vorbehalten ist. Verfahrensfehler sind durch eine Bestätigung der Hauptversammlung heilbar (s.o.).

Relevant sind folgende **Fallgruppen:**

- Verletzung der Informationspflichten
- Fehler bei der Vorbereitung und Einberufung der Hauptversammlung

> **Beispiel**
>
> - Die unvollständige Bekanntmachung der Einberufung (§ 121 AktG),
> - die ungenügende Ankündigung zur Tagesordnung (§ 124 AktG),
> - die Nichteinhaltung der Einberufungsfrist (§ 123 AktG).

- Fehler bei der Durchführung der Hauptversammlung

> **Beispiel**
>
> - abstimmende Personen waren nicht stimmberechtigt,
> - ein Stimmverbot wurde nicht beachtet,
> - eine Stimmabgabe war nichtig,
> - der Vorsitzende hat sich bei der Stimmzählung verzählt.

▷ **Inhaltliche Fehler:** Ein Inhaltsfehler liegt vor, wenn die von der Hauptversammlung beschlossene Regelung dem Gesetz oder der Satzung nicht entspricht. Die Anfechtung infolge Unvereinbarkeit mit materiellem Recht kommt nur dann in Betracht, wenn nicht bereits ein Nichtigkeitsgrund gegeben ist (→ *Nichtigkeit*).

> **Beispiele für inhaltliche Fehler**
>
> - Verfolgung von Sondervorteilen (§ 243 Abs. 2 AktG),
> - Grenzen der Mehrheitsmacht (§ 242 BGB),
> - Verletzung des Gleichbehandlungsgrundsatzes (§ 53a AktG),
> - Verstoß gegen die guten Sitten (→ *Minderheitsrechte*).

▷ **Weitere Anfechtungsgründe:** Die Gründe für die Anfechtbarkeit von Hauptversammlungsbeschlüssen sind in § 243 AktG aufgezählt. Darüber hinaus gibt es bei Gewinnverwendungsbeschlüssen (→ *Gewinnverwendung*) noch weitere besondere Anfechtungsgründe

- wegen *Verletzung des Gesetzes oder der Satzung* (§ 243 AktG, BGH AG 1974, 320): Jede kodifizierte oder gewohnheitsrechtlich bestehende Rechtsnorm ist Gesetz, hierzu zählen Rechtsverordnungen, Satzungen öffentlich rechtlicher Körperschaften, Generalklauseln etc. Die Verletzung schuldrechtlicher Bindungen seitens der Gesellschaft oder der Aktionäre stellt weder eine Gesetzes- noch eine Satzungswidrigkeit dar (z.B. im Falle eines Stimmbindungsvertrages, *Ausn.* die Stimmbindungsverpflichtung ist bereits in der Satzung festgeschrieben). Ebenfalls nicht zur Anfechtbarkeit des Beschlusses führt der Verstoß gegen bloße Ordnungswidrigkeiten, oder
- weil ein Aktionär mit der Ausübung des Stimmrechts für sich oder einen Dritten *Sondervorteile* zum Schaden der Gesellschaft oder der anderen Aktionäre zu erlangen suchte und der Beschluss geeignet ist, diesem Zweck zu dienen, während den anderen Aktionären kein angemessener Ausgleich für ihren Scha-

den gewährt wird. Dem Vorteil des Aktionärs muss ein Schaden der Gesellschaft entsprechen. In subjektiver Hinsicht muss zusätzlich dolus eventualis in Bezug auf den Schaden bestehen.

▷ **Spezialregelungen** der Anfechtbarkeit:

– Keine Anfechtbarkeit der *Wahl von Aufsichtsratsmitgliedern*, wenn der Wahlbeschluss geeignet ist, der Erlangung eines Sondervorteils zu dienen (§§ 251, 243 Abs. 4, 244 AktG, §§ 6, 8 MontanMitbestG),

– Anfechtbarkeit des *Beschlusses über die Verwendung des Bilanzgewinns* (§ 254 AktG)

  – wegen einer Gesetzes- oder Satzungsverletzung: ein Gesetzesverstoß liegt z.B. bei einer Gewinnverwendung ohne entsprechende Satzungsermächtigung (§ 58 Abs. 2 Satz 2 AktG) oder bei einem Verstoß gegen das Auskunftsrecht der Aktionäre vor (§ 175 Abs. 2 AktG);

  – bei einer übermäßigen Rücklagenbildung durch die Hauptversammlung (§ 58 Abs. 3 AktG);

– Anfechtung der *effektiven Kapitalerhöhung* gegen Einlagen (§ 255 AktG): der Erhöhungsbeschluss kann hiernach angefochten werden, wenn bei gänzlichem oder teilweisem Ausschluss des Bezugsrechts der sich aus dem Beschluss ergebende Ausgabebetrag oder der Mindestbetrag, zu dem die neuen Aktien ausgegeben werden sollen, unangemessen niedrig ist. Die untere Grenze dürfte bei einem Betrag liegen, den die Gesellschaft bei einer Kapitalerhöhung ohne Ausschluss des Bezugsrechts von den Aktionären verlangen könnte, im Allgemeinen wird allerdings ein Zuschlag gerechtfertigt sein. Dies gilt jedoch nicht, wenn ein Kreditinstitut oder Dritter verpflichtet ist, die zunächst von ihm übernommenen jungen Aktien den bisherigen Aktionären anzubieten, weil darin kein Bezugsrechtsausschluss zu sehen ist.

– Anfechtung von Beschlüssen zur *Erlangung von Sondervorteilen*, wenn der Hauptversammlungsbeschluss den anderen Aktionären keinen angemessenen Ausgleich für ihren Schaden gewährt (§ 243 Abs. 2 Satz 2 AktG).

5. Anfechtungsklage

▷ **Klageantrag:** Die Anfechtung eines Hauptversammlungsbeschlusses kann nur durch Erhebung einer Anfechtungsklage (§ 243 Abs. 1 AktG) erfolgen, weil der Kläger eine Änderung der materiellen Rechtslage begehrt. Der Kläger muss beantragen, dass der genau bezeichnete Beschluss für nichtig erklärt wird. Solange gegen ein und denselben Beschluss verschiedene Anfechtungsgründe vorgebracht werden, braucht der Kläger nur einen Klageantrag zu stellen. Sofern es sich aber um eine Mehrzahl von Beschlussgegenständen handelt, liegt eine Mehrheit von Klageanträgen vor (objektive Klagehäufung, § 260 ZPO). Die Klage kann in erster Linie als Nichtigkeitsklage und hilfsweise als Anfechtungsklage erhoben werden. So können auch Nichtigkeitsgründe vorgetragen werden. Mehrere Anfechtungsklagen sind prozessual zu verbinden (§ 246 Abs. 3 Satz 6 AktG). Verbunden werden kann die Anfechtungsklage mit der sog. positiven Beschlussfeststellungsklage, mit der – etwa bei Fehlern anlässlich der Ermittlung des Abstimmungsergebnisses

– der „tatsächlich gefasste Beschluss" festgestellt (genauer: der rechtmäßige Beschluss an die Stelle des fehlerhaft festgestellten gesetzt) werden soll.

▷ **Rechtsfolge:** Die Anfechtungsklage lässt den festgestellten Beschluss zunächst unberührt, da erst mit Rechtskraft eines der Klage stattgebenden Urteils der Beschluss nichtig wird. Ob der Vorstand in der Schwebezeit bis zur Entscheidung über die Klage einen ausführungsbedürftigen Beschluss bereits umsetzt, liegt in seinem pflichtgemäßen Ermessen. Offensichtlich rechtswidrige Beschlüsse darf er bis zum Ablauf der Anfechtungsfrist nicht ausführen. Bei Zweifeln über die Rechtmäßigkeit kann, abhängig davon, wie wahrscheinlich der Erfolg der Anfechtungsklage ist, der Aufschub der Beschlussausführung angezeigt sein. Der Anfechtungskläger kann gegebenenfalls durch eine einstweilige Verfügung (§ 940 ZPO) die Umsetzung des Beschlusses verhindern.

In den Fällen, in denen das *Freigabeverfahren* nach § 246a AktG durchzuführen ist, kann auf Antrag der Gesellschaft das Prozessgericht durch rechtskräftigen Beschluss feststellen, dass die Erhebung der Klage der Eintragung nicht entgegensteht. Der Kläger kann im Falle einer erfolgreichen Anfechtungsklage nach bestandskräftiger Eintragung des Hauptversammlungsbeschlusses durch das Registergericht nach § 246a Abs. 4 Satz 1 AktG nur noch Ersatz des ihm durch die Eintragung entstandenen Schadens verlangen, nach § 246a Abs. 4 Satz 2 AktG nicht jedoch die Beseitigung der Wirkung der Eintragung (die Bezeichnung des Beschlusses als nichtig mittels Vermerk nach § 44 HRV bzw. die Löschung nach § 144 Abs. 2 FGG). Somit ist der Beschluss nichtig, seine Wirkungen haben aber Bestand. Das Freigabeverfahren ist als spezielles Eilverfahren konzipiert, es gelten die Regeln der ZPO. Eine einstweilige Verfügung nach §§ 935 ff. ZPO ist grundsätzlich möglich, wenn Antrag beim Prozessgericht auf Freigabeentscheidung gestellt wird. Gegen den Beschluss des Prozessgerichts findet die sofortige Beschwerde statt.

▷ **Zuständigkeit:** Ausschließlich zuständig ist das Landgericht am Sitz der Gesellschaft (§ 246 Abs. 3 Satz 1 AktG, § 95 Abs. 2 GVG). Nach § 246 Abs. 3 Satz 2 AktG ist die Kammer für Handelssachen zuständig, sofern sie bei dem Landgericht gebildet ist. Die Landesregierung bzw. die Landesjustizverwaltung kann die Entscheidung für die Bezirke mehrerer Landgerichte einem der Landgerichte übertragen. Die Zuständigkeit eines Schiedsgerichts oder eines anderen Gerichts kann nicht vereinbart werden.

▷ **Parteien der Klage:** *Kläger* des Anfechtungsprozesses sind die anfechtungsbefugten Personen (→ *Befugnis*). *Beklagter* ist die Gesellschaft bzw. bei → *Auflösung* die Abwicklungsgesellschaft. Hat der angefochtene Beschluss Auswirkungen auf die Insolvenzmasse, so ist die Klage gegen den Insolvenzverwalter zu richten. Eine zwischenzeitliche Umwandlung (→ *Formwechsel*, → *Verschmelzung*, → *Spaltung*) kann sich auf die Passivlegitimation auswirken.

Beispiele

– Bei einem bloßen Formwechsel ist die in neuer Form fortgesetzte Gesellschaft die Passivpartei (§ 202 Nr. 1 UmwG).
– Bei einer Verschmelzung durch Aufnahme oder Neugründung kann die Klage nach der Eintragung in das Handelsregister nur noch gegen die übernehmende Gesellschaft als Rechtsnachfolgerin gerichtet werden (§§ 20, 28, 36 UmwG).

– Im Falle der Abspaltung und Ausgliederung ist eine Klage gegen einen Hauptversammlungsbeschluss, der von der Hauptversammlung der übertragenden Gesellschaft gefasst wurde, nach wie vor gegen diese Ursprungsgesellschaft zu richten (§§ 132 Abs. 2, 3, 131 Nr. 1, 135 UmwG).

Vertreten wird die Gesellschaft durch das Gesellschaftsorgan, dessen Mitglieder an der Klage nicht beteiligt sind.

Beispiele

- Wenn ein Aktionär Klage erhebt, obliegt die Vertretung dem Vorstand und dem Aufsichtsrat gemeinsam (§ 246 Abs. 2 Satz 2 AktG).
- Klagt ein Vorstandsmitglied, wird die Gesellschaft durch den Aufsichtsrat vertreten.
- Klagt ein Aufsichtsratsmitglied, wird die Aktiengesellschaft durch den Vorstand vertreten (§ 246 Abs. 2 Satz 3 AktG).
- Klagt ein Vorstandsmitglied und ein Aufsichtsratsmitglied, so muss ein Prozessvertreter bestellt werden (§ 57 ZPO).
- Im Falle eines Insolvenzverfahrens vertritt der Insolvenzverwalter die Gesellschaft, falls es sich nicht um sog. insolvenzneutrale Beschlüsse handelt (RGZ 76, 244).

▷ **Anfechtungsfrist:** Die Anfechtungsfrist, innerhalb der die Anfechtungsklage erhoben werden kann, beträgt 1 Monat und ist gesetzliche materiellrechtliche Ausschlussfrist (§ 246 Abs. 1 AktG). Sie beginnt mit dem Ablauf des Tages, an welchem der angegriffene Beschluss gefasst wurde (*Nirk* in Nirk/Ziemons/Binnewies, Handbuch der AG, Loseblatt, Rn. 1702; *a.A.*: es kommt auf das Ende der Hauptversammlung an, da nur solange der Widerspruch erklärt werden kann). Innerhalb dieser Frist muss auch der maßgebliche, die Anfechtungsgründe betreffende Tatsachenstoff vorgetragen werden, er kann jedoch im Laufe des Verfahrens noch näher substantiiert werden. Das Nachschieben von Anfechtungsgründen ist demgegenüber unzulässig (BGHZ 15, 177). Die Anfechtungsfrist kann nur durch Klageerhebung gewahrt werden. Ein Antrag auf Prozesskostenhilfe genügt nicht. In der Klage müssen auch die Namen der Vertreter der Gesellschaft im Prozess aufgeführt werden. Dies kann allerdings noch nachgeholt werden, sofern die Zustellung (erforderlich ist die Zustellung an mindestens ein Vorstands- und ein Aufsichtsratsmitglied) dann tatsächlich noch demnächst erfolgt (§ 167 ZPO). Eine verspätete Benennung von Organmitgliedern führt deshalb zur Verfristung und damit zur Unbegründetheit (nicht zur Unzulässigkeit, da die Klagefrist eine materielle Ausschlussfrist darstellt) der Klage, die nicht mehr geheilt werden kann. Der Vorstand hat unverzüglich die Klageerhebung und den Termin zur mündlichen Verhandlung in den Gesellschaftsblättern, zu denen immer der Bundesanzeiger gehört (§ 25 AktG), bekannt zu machen (§ 246 Abs. 4 AktG). Über die Anfechtungsklage wird erst nach Ablauf der Anfechtungsfrist verhandelt, damit sich das Gericht volle Klarheit über die Zahl der eingegangenen Anfechtungsklagen verschaffen kann und um alle Anfechtungsklagen von Amts wegen zu verbinden

(§ 246 Abs. 3 Satz 6 AktG). Die Verbindung mit einer anhängigen Nichtigkeitsklage ist nicht vorgeschrieben, aber zulässig.

Wichtige Hinweise für die Praxis bei BGH WM 1974, 713, 715 ff.

Beispiel

Der Vorsitzende der Hauptversammlung hat aufgrund einer fehlerhaften Mitberücksichtigung von Stimmen, die wegen eines Stimmverbots nicht hätten mitgezählt werden dürfen, festgestellt, dass ein bestimmter Beschluss nicht zustande gekommen ist (etwa über die Erhebung einer Klage gegen ein Vorstandsmitglied). Wären die Stimmen nicht mitgezählt worden, wäre es zu einem positiven Beschluss gekommen. Hier kann der anfechtende Aktionär die Anfechtung des ablehnenden Beschlusses mit dem Antrag auf Feststellung verbinden, dass ein zustimmender Beschluss zustande gekommen ist.

Als Einrede kann die Anfechtbarkeit des Beschlusses wegen der bis zu seiner Beseitigung bestehenden Wirksamkeit nicht geltend gemacht werden.

Die Anfechtbarkeit oder die tatsächlich erfolgte Anfechtung steht der Eintragung eintragungsbedürftiger Beschlüsse ins Handelsregister nicht entgegen, das Registergericht kann jedoch gegebenenfalls das Eintragungsverfahren aussetzen.

▷ **Rechtsschutzbedürfnis:** Allein das aus der Mitgliedschaft resultierende Individualrecht begründet ein ausreichendes Interesse des einzelnen Aktionärs an der Wahrung von Gesetz und Satzung (BGHZ 70, 117). Ist erkennbar, dass die Anfechtung dem Zweck dient, einem Aktionär Vorteile zu verschaffen, auf die er keinen Anspruch hat, so ist das Rechtsschutzbedürfnis zu einer Anfechtungsklage zu verneinen. Im Übrigen kann die Gesellschaft jedoch nicht einwenden, der Hauptversammlungsbeschluss bringe dem Aktionär oder der Gesellschaft nur Vorteile. Hat der Hauptversammlungsbeschluss keinerlei Bedeutung, so ist eine Anfechtungsklage überflüssig (die Hauptversammlung beschließt beispielsweise über eine Frage der Geschäftsführung, ohne vom Vorstand danach gefragt zu sein). Ebenso bei Hauptversammlungsbeschlüssen, die lediglich einen den Verlauf der Hauptversammlung betreffenden formellen Inhalt haben (z.B. der Beschluss, einen Aktionär zur Hauptversammlung nicht zuzulassen). Die Anfechtungsklage muss sich gegen die materiellen Beschlüsse der Hauptversammlung richten.

Beispiel

Die Hauptversammlung hat durch anfechtbaren Beschluss dem Vorstand Befreiung von den gesetzlichen Beschränkungen der Rücklagenbildung erteilt (§ 58 Abs. 2 AktG). Die durch Urteil im Anfechtungsprozess herbeigeführte Nichtigkeit dieses Beschlusses führt zunächst nur zu einer Nichtigkeit des auf dem Hauptverhandlungsbeschluss beruhenden Jahresabschlusses, woraus sich noch keine Rechte des Anfechtenden ergeben (§ 256 Abs. 1 Nr. 4 AktG). Vorstand und Aufsichtsrat werden durch das Urteil gezwungen, den Jahresabschluss zu berichtigen und die gebildeten Rücklagen zugunsten des Bilanzgewinns aufzulösen. Folglich hat die Hauptversammlung über einen höheren Bilanzgewinn zu entscheiden. Das Recht des Aktionärs, über den richtigen Bilanzgewinn mit abzustimmen, wird beeinträchtigt, was als rechtliches Interesse ausreicht.

▷ **Streitwert:** Das Prozessgericht bestimmt den Streitwert nach seinem Ermessen unter Berücksichtigung aller Umstände des Einzelfalles, insbesondere der Bedeutung der Sache für beide Parteien (§ 247 Abs. 1 Satz 1 AktG).

Der **Regelstreitwert** ist in doppelter Hinsicht begrenzt:

- Als Grundsatz gilt, dass der Streitwert nur in Ausnahmefällen den Betrag von ¹/₁₀ des Grundkapitals bzw. 500 000 Euro übersteigen soll (§ 247 AktG);
- das Gericht kann auf Antrag den Streitwert der jeweiligen Wirtschaftslage anpassen, wenn eine Partei glaubhaft macht, dass die Belastung mit den Prozesskosten ihre wirtschaftliche Lage erheblich gefährden würde; in diesem Fall kann das Gericht auf Antrag, der vor der Verhandlung zur Hauptsache gestellt werden muss, eine Streitwertspaltung vornehmen (§ 247 Abs. 2 AktG); die Gewährung von Prozesskostenhilfe wird dadurch nicht ausgeschlossen (*Hüffer*, AktG, 7. Aufl. 2006, § 247 Rn. 16). Die Streitwertspaltung hat zur Folge, dass die hierdurch begünstigte Partei (also im Regelfall der Anfechtungskläger) bei einem Unterliegen die Gerichtskosten und die Kosten für ihren eigenen sowie den gegnerischen Anwalt nur nach dem ermäßigten Streitwert erstatten muss, die obsiegende Partei kann ihre nach dem Regelstreitwert berechneten und erlegten Anwaltsgebühren nur teilweise erstattet verlangen; obsiegt die begünstigte Partei, werden die Gerichtskosten aus dem niedrigeren Streitwert, alle anderen jedoch aus dem nicht herabgesetzten berechnet (*Hüffer*, AktG, 7. Aufl. 2006, § 247 Rn. 19).

Für die Übernahme der Kosten im Einzelnen s.o. *3. Befugnis zur Anfechtung*.

▷ **Schiedsfähigkeit:** Anfechtungsstreitigkeiten sind nicht schiedsfähig, da der Schiedsspruch des privaten Schiedsgerichts nur Wirkung inter partes erzeugt (BGHZ 132, 278, 285).

6. Urteil

▷ **Gestaltungswirkung:** Durch ein der Anfechtungsklage stattgebendes, rechtskräftiges Urteil wird der angefochtene Hauptversammlungsbeschluss vernichtet. Ein für nichtig erklärter Beschluss entfaltet keine Wirkungen mehr. Die Gestaltungswirkung des Urteils wirkt gegenüber jedermann. Bis zur rechtskräftigen Entscheidung ist der angefochtene Hauptversammlungsbeschluss existent. Die Nichtigkeitswirkung für und gegen jedermann tritt erst mit der Rechtskraft des Urteils ein. Die Wirkung des Anfechtungsurteils tritt auch bei durchgeführten und eingetragenen Kapitalerhöhungs- und Kapitalherabsetzungsbeschlüssen ex tunc ein (mit Rückwirkung, vgl. *Hüffer*, AktG, 7. Aufl. 2006, § 248 Rn. 7a, a.A. *Hommelhoff*, ZHR 158 (1994), 11, 25 ff., 29 f.). Die Nichtigkeit des Beschlusses greift nicht ohne weiteres die durchgeführte Kapitalerhöhung bzw. Kapitalherabsetzung und die Zeichnung der neuen Aktien an. Vielmehr ist die Maßnahme bis zum Eintritt der Rechtskraft des Anfechtungsurteils als wirksam zu behandeln und erst im Anschluss daran rückabzuwickeln, sofern nicht die fehlerhafte Kapitalmaßnahme nachträglich repariert wird. Hierbei sind die für eine sog. fehlerhafte Gesellschaft entwickelten Grundsätze auf die fehlerhafte Kapitalerhöhung und -herabsetzung zu übertragen. Danach können Mängel des Gründungsaktes der Gesellschaft nach

Entstehen und in Vollzugsetzung der Gesellschaft nicht mehr nach allgemeinen Anfechtungsregeln, also ex tunc, sondern nur ex nunc geltend gemacht werden. Eine Ausdehnung dieser Grundsätze auf strukturverändernde oder strukturbildende Maßnahmen gebieten die Rechtssicherheit und der Verkehrsschutz (*K. Schmidt* in GK. AktG, 4. Aufl. 1996, § 248 Rn. 7). Wegen der Rückwirkung ergeben sich Probleme, wenn der später für nichtig erklärte Beschluss durchgeführt worden ist: Unternehmensverträge sind unwirksam (→ *Holzmüller-Entscheidung*).

Ein klageabweisendes Urteil entfaltet hingegen keine Gestaltungswirkung und wirkt nur zwischen den Parteien.

▷ Die Auswirkung auf **getätigte Durchführungsgeschäfte** ist nach den allgemeinen Grundsätzen zu beurteilen:

- Wenn der Hauptversammlungsbeschluss nur die geschäftsinterne Grundlage für das Durchführungsgeschäft ist, dann bleibt das Durchführungsgeschäft wirksam und
- wenn der Beschluss mit dem Geschäft derart verbunden ist, dass dessen Nichtigkeit auch die Ungültigkeit des Geschäfts nach sich zieht, muss das Durchführungsgeschäft ebenfalls rückabgewickelt werden.

Beispiel

Wurde ein Ausschüttungsbeschluss für nichtig erklärt, so stellt die durchgeführte Gewinnausschüttung eine verbotene Leistung dar (§ 62 Abs. 1 AktG). Die Aktionäre sind zur Rückgewähr verpflichtet. Sie können sich nicht darauf berufen, dass sie von der fehlenden Bezugsberechtigung fahrlässig nichts wussten (§ 62 Abs. 1 Satz 2 AktG).

Hinweis auf weiterführende Literatur: *Abrell*, Der Begriff des aktienrechtlichen Sondervorteils bei entgeltlichen Geschäften der Gesellschaft mit ihrem Mehrheitsaktionär, BB 1974, 1463, 1467; *Bork*, Zur Schiedsfähigkeit von Beschlussmängelstreitigkeiten, ZHR 160 (1996), 374 f.: *Boujong*, Rechtsmissbräuchliche Aktionärsklagen vor dem BGH – eine Zwischenbilanz, in FS Kellermann, 1991, S. 1, 10; *Bredow/Tribulowsky*, Auswirkungen von Anfechtungsklagen und Squeeze-Out auf ein laufendes Spruchstellenverfahren, NZG 2002, 841 ff.; *Claussen*, Missbräuchliches Aktionärsverhalten – Wie verhält man sich dazu?, AG 1990, 156 f.; *v. Falkenhausen/Kocher*, Nachschieben von Gründen bei der aktienrechtlichen Anfechtungsklage, ZIP 2003, 426 ff.; *Fritzsche/Dreier*, Spruchstellenverfahren und Anfechtungsklage im Aktienrecht: Vorrang oder Ausnahme des Anfechtungsausschlusses gemäß § 14 Abs. 2 UmwG, BB 2002, 737 ff.; *Hirte*, Missbrauch aktienrechtlicher Anfechtungsklagen, BB 1988, 1469, 1472; *Hommelhoff*, Zum vorläufigen Bestand fehlerhafter Strukturänderungen in Kapitalgesellschaften, ZHR 158 (1994), 11, 25 ff., 29 f.; *Kort*, Aktien aus vernichteten Kapitalerhöhungen, ZGR 1994, 291 ff.; *Lutter*, Zur Abwehr räuberischer Aktionäre, DB 1988, 193 ff.; *Martens*, Mehrheits-Minderheitskonflikte innerhalb abhängiger Unternehmen, AG 1974, 9 ff.; *Radu*, Der Missbrauch der Anfechtungsklage durch den Aktionär, ZIP 1992, 303 ff.; *Saenger*, Aktienrechtliche Anfechtungsklagen: Verfahrenseffizienz und Kosten, AG 2002, 536 ff.; *Sinewe*, Keine Anfechtungsklage gegen Umwandlungsbeschlüsse bei wertbezogenen Informationsmängeln, DB 2001; 690–691; *Tielmann*, Die Zustellung der aktienrechtlichen Anfechtungsklage nach dem Zustellungsreformgesetz, ZIP 2002, 1879 ff.; *Wagner*, Klagefrist und Streitgegenstand bei Anfechtungs- und Nichtigkeitsklagen nach der

Entscheidung des BGH vom 22.7.2002 – II ZR 286/01, DStR 2003, 468 ff.; *Wardenbach*, Missbrauch des Anfechtungsrechts und „nachträglicher" Aktienerwerb, ZGR 1992, S. 563 ff.; *Wirth/Arnold*, Anfechtungsklagen gegen Squeeze-Out Hauptversammlungsbeschlüsse wegen angeblicher Verfassungswidrigkeit, AG 2002, 503 ff.; *Zöllner*, Zur Problematik der aktienrechtlichen Anfechtungsklage, AG 2000, 145 ff.; *Zöllner/Winter*, Folgen der Nichtigerklärung durchgeführter Kapitalerhöhungsbeschlüsse, ZHR 158 (1994), 59, 60 ff., 65 ff.

Hinweis auf weitere Stichwörter

- → *Aktionärsklagerecht*
- → *Nichtigkeit*
- → *Organschaft*
- → *Räuberische Aktionäre*

- → *Spruchverfahren*
- → *Vertretung der AG*
- → *Vorstand*

Anhang

→ *Lagebericht*
→ *Jahresabschluss*

Anleihe

Die Anleihe ist ein Sammelbegriff für festverzinsliche Schuldverschreibungen mit vertraglich fixierter Tilgung, die den Schuldnern langfristige Finanzierungsmittel bereitstellen und wegen ihrer besonders guten Besicherung auch als „mündelsichere" Anlagen gelten. Man unterscheidet öffentliche Anleihen (Staat, Bund, Post, Bahn, Kommunen u.Ä.) von Industrieanleihen (Industrieobligationen) und Anleihen von Hypothekenbanken (Pfandbriefe). In Abhängigkeit von Güte (Bonität) des Schuldners und allgemeinem Zinsniveau schwanken die Kursnotierungen für solche Anleihen. Bei insgesamt fallendem Zinstrend steigen die Kurse, bei steigendem Trend fallen sie. Je länger dabei die verbleibende Zeit bis zur restlosen Rückzahlung des Anleihebetrags ist (Restlaufzeit), desto stärker sind die Schwankungen.

Hinweis auf weitere Stichwörter

- → *Obligationen*
- → *Option*

- → *Schuldverschreibungen*

Anstellungsverhältnis

1. Anstellungsverhältnis des Vorstandsmitglieds 83
2. Anstellungsverhältnis des Aufsichtsratsmitglieds 88

1. Anstellungsverhältnis des Vorstandsmitglieds

▷ **Vertrag:** Der Anstellungsvertrag eines Vorstandsmitglieds ist als Regelung der schuldrechtlichen Beziehungen zwischen Vorstandsmitglied und Gesellschaft von dem körperschaftlichen Organisationsakt seiner Bestellung als Mitglied des Organs streng zu unterscheiden (→ *Vorstandsmitglied*). Der grundsätzlich formfreie, üblicherweise aber schriftlich abgeschlossene Anstellungsvertrag ist im Allgemeinen ein Vertrag über die Leistung unabhängiger Dienste. Die grundsätzlich anwendbaren Regelungen des BGB werden durch aktienrechtliche Vorgaben überlagert. Der Vertragsfreiheit werden daher gewisse Grenzen gesetzt. Somit ergibt sich die grundsätzliche Unanwendbarkeit bestimmter gesetzlicher Vorschriften und durch die Rechtsprechung aufgestellter Grundsätze wie z.B. KSchG, SGB III, V, VI, IX, XI, BUrlG. Dem Vorstandsmitglied steht aber wohl ein Anspruch auf Zeugniserteilung zu (§ 630 BGB analog). Für den Anstellungsvertrag gilt eine Höchstdauer von 5 Jahren (§ 84 Abs. 1 Satz 5 i.V.m. Satz 1 AktG).

▷ **Zuständigkeit:** Für den Abschluss des Anstellungsvertrages ist ausschließlich der Aufsichtsrat zuständig, der insoweit Vertreter der Aktiengesellschaft (§ 112 AktG) ist (§ 84 Abs. 1 Satz 5 AktG).

▷ **Vergütung:** Die Bezüge können innerhalb der gesetzlichen Rahmen frei vereinbart werden (§ 87 Abs. 1 AktG); bei Vorstandsmitgliedern, die zugleich Aktionäre sind, ist darauf zu achten, dass verdeckte Gewinnausschüttungen vermieden werden. Die Festsetzung der Bezüge erfolgt grundsätzlich durch den Aufsichtsrat (im Anstellungsvertrag oder einem Aufsichtsratsbeschluss); sie können aber auch durch das Gericht festgestellt werden. Unter die Gesamtbezüge i.S.d. Gesetzes fallen neben dem Gehalt auch etwa

- Gewinnbeteiligungen,
- Aufwandsentschädigungen,
- Versicherungsentgelte,
- die Zahlung von Provisionen und
- die Zahlung von sonstigen Nebenleistungen (z.B. Überlassung eines Dienstwagens zur privaten Nutzung und einer Dienstwohnung).

Den Vorstandsmitgliedern kann eine Gewinnbeteiligung (Tantieme) zugesichert werden, die sich regelmäßig am Jahresgewinn der Gesellschaft orientieren wird. Rechtsgrundlage des erfolgsbezogenen Vergütungsanspruchs kann entweder der Anstellungsvertrag oder ein besonderer Beschluss des Aufsichtsrats sein. Zuständig für die Zusage einer erfolgsbezogenen Vergütung ist der Aufsichtsrat, der den Anstellungsvertrag mit dem Vorstandmitglied abschließt. Die Gewährung einer Gewinnbeteiligung erfordert keine Ermächtigung durch die Satzung. Die Hauptversammlung kann, allerdings nur auf Grund satzungsmäßiger Ermächtigung gemäß § 58 Abs. 3 Satz 2 AktG, bei der Beschlussfassung über die Verwendung des Bilanzgewinns Vorstandsmitgliedern eine Tantieme gewähren, jedoch nur für das vergangene Geschäftsjahr.

Im Fall einer gewinnbezogenen Tantieme wird der Anspruch nicht erst mit dem Beschluss der Hauptversammlung über die Gewinnverwendung gemäß § 174 AktG fällig, sondern schon mit der Feststellung des Jahresabschlusses durch Vorstand und Aufsichtsrat gemäß § 172 AktG oder durch die Hauptversammlung gemäß § 173 AktG. Das folgte früher aus § 86 Abs. 2 AktG a.F., findet aber als allgemeiner Rechtsgedanke auch im Rahmen der Festlegung der Vergütung Berücksichtigung (*Hefermehl/Spindler* in MüKo. AktG, 2. Aufl. 2004, § 87 Rn. 19 ff.). Der Vergütungsanspruch und der Anspruch auf Gewinnbeteiligung *verjähren* in 3 Jahren (§ 195, 199 BGB).

Beispiele

- Anknüpfung der Vergütung an die ausgeschüttete *Dividende*,
- Vereinbarung von *Mindesttantiemen*,
- Vereinbarung von festen, *garantierten Tantiemen* oder sog. *Ermessenstantiemen*, über deren Höhe der Aufsichtsrat nach billigem Ermessen entscheidet (fraglich seit der Diskussion über die sog. Mannesmann-Tantiemen),
- Berechnung der Tantieme aus einem *Teil des Gewinns*, z.B. dem gesondert abgerechneten Gewinn einer von dem Vorstandsmitglied unmittelbar unterstellten Abteilung oder Filiale (dabei darf nicht die Gefahr entstehen, dass ein derart bedachtes Vorstandsmitglied das Gesamtwohl des Unternehmens aus dem Auge verliert, reine Umsatztantiemen sind deswegen bedenklich),
- Anbindung der Tantieme an den *Jahresgewinn eines Konzerns* (s. aber *Mertens* in KK. AktG, 2. Aufl. 1996, § 86 Rn. 9), wobei darauf zu achten ist, dass der „Jahresgewinn" exakt definiert wird, sofern es sich nicht um einen handelsrechtlich belegten Jahresüberschuss oder Bilanzgewinn handeln soll.

▷ **Vergütungsberechnung:** Die Bezüge der Vorstandsmitglieder müssen in einem angemessenen Verhältnis zu den übernommenen Aufgaben und zur Lage der Gesellschaft sein. Überhöhte Bezüge führen aber nur unter den besonderen Voraussetzungen der Sittenwidrigkeit zur Nichtigkeit des Anstellungsvertrages (§ 138 BGB), regelmäßig aber zu verdeckten Gewinnausschüttungen, wenn das Vorstandsmitglied zugleich Aktionär ist. Beurteilungsmaßstäbe bei der für jedes Vorstandsmitglied vorzunehmenden Einzelfallprüfung der Angemessenheit sind unter anderem

- dessen Qualifikation,
- das Maß der Verantwortung,
- der Marktwert,
- der Umfang der dem einzelnen übertragenen Tätigkeit und
- die wirtschaftliche Lage der Gesellschaft.

▷ **Herabsetzung der Vergütung:**

Tabelle: Zuständigkeit bei einer Herabsetzung der festgesetzten Vergütung

Bestellung des Vorstandsmitglieds	Vergütung vom Aufsichtsrat festgesetzt	Vergütung vom Gericht festgesetzt
Durch Aufsichtsrat	Aufsichtsrat/Ausschuss, durch einseitige Erklärung	Aufsichtsrat/Ausschuss, durch einseitige Erklärung
Durch Gericht	Gericht auf Antrag des Aufsichtsrats	Gericht auf Antrag des Aufsichtsrats

Die Herabsetzung der Vergütung ist *nicht möglich* bei
- lediglich überhöhter Festsetzung der Vergütung durch den Aufsichtsrat,
- Nichterbringung der vom Aufsichtsrat erwarteten Leistung und
- einer bloß schlechten wirtschaftlichen Lage, da die Sanierung der Gesellschaft ein besonders hohes Maß an Verantwortung und Einsatz verlangt und eventuell besonders qualifizierte Managerpersönlichkeiten erfordert (*Hüffer*, AktG, 6. Aufl. 2004, § 87 Rn. 2); *Ausn.:* bei extremer Verschlechterung der finanziellen Lage der Gesellschaft, wenn die Weitergewährung der vollen Bezüge zu einer schweren Unbilligkeit für die Gesellschaft führen würde (§ 87 Abs. 2 AktG).

Das Vorstandsmitglied kann sich gegen die Herabsetzung durch Klage auf richterliche Bestimmung des billigen Gehalts wehren (§ 315 Abs. 3 Satz 2 BGB).

▷ **Ruhegeld:** Ein Anspruch auf Ruhegeld steht dem Vorstandsmitglied nur dann zu, wenn sich dies aus dem Anstellungsvertrag ergibt (BGH ZIP 1995, 210, 211; BGHZ 16, 50, 51 f.). Das Ruhegeld hat den Charakter eines Entgelts für die geleisteten Dienste des Vorstandsmitglieds. Es besteht grundsätzlich kein Anspruch auf Gleichbehandlung mit anderen Vorstandsmitgliedern oder mit Arbeitnehmern der Gesellschaft. Falls sich in der Gesellschaft eine feste Übung herausgebildet haben sollte, allen Vorstandsmitgliedern unter bestimmten Voraussetzungen ein Ruhegeld zu gewähren, kann dem Vorstandsmitglied ein Anspruch auf Gleichbehandlung zustehen. Soll die Versorgungszusage weiter gelten, obwohl der Dienstverpflichtete vor Erreichen der vereinbarten Altersgrenze aus dem Unternehmen ausgeschieden ist, bedarf dies einer besonderen Vereinbarung (BGH AG 1993, 234; BGHZ 50, 378 ff.). Im Übrigen s. *Nirk* in Nirk/Ziemons/Binnewies, Handbuch der AG, Loseblatt, Rn. 666 ff.

▷ **Kredit:** Kredite der Aktiengesellschaft, die Vorstandsmitgliedern sowie bestimmten leitenden Angestellten gewährt werden, bedürfen der Einwilligung des Aufsichtsrats (§ 89 AktG). Der zuständige Ausschuss des Aufsichtsrats für Personalangelegenheiten muss mit mind. 3 Mitgliedern besetzt sein, um ordnungsgemäß tagen zu können (BGH ZIP 1991, 869). Der Beschluss des Aufsichtsrats muss die Verzinsung und die Rückzahlung des Kredits regeln.

Kredite können sein
- Darlehen,

- Warenkredite,
- Wechselkredite und
- sonstige Kreditgeschäfte (Bürgschaften, Sicherheitsleistungen, Garantien und Schuldübernahmen).

Kreditnehmer eines „Vorstandskredits" können sein

- Vorstandsmitglieder,
- nahe Familienangehörige von Vorstandsmitgliedern,
- Gesellschaften, an denen ein Vorstandsmitglied maßgeblich beteiligt ist (gesetzlich nicht ausdrücklich geregelt).

▷ **Unzulässige Kreditgewährung:** Ein gesetzwidriger Kredit ist nicht nichtig. Der Rückzahlungsanspruch kann jederzeit geltend gemacht werden. Die in Frage kommenden Personen, die entgegen § 89 Abs. 1–4 AktG Kredit erhalten haben, müssen diese Leistung ohne Rücksicht auf entgegenstehende Vereinbarungen sofort zurückgewähren. Der Aufsichtsrat kann aber den Kredit nachträglich genehmigen. Hat die Gesellschaft ohne Zustimmung des Aufsichtsrats eine Bürgschaft für ein Vorstandsmitglied übernommen, so kann die Gesellschaft von dem Vorstandsmitglied sofortige Befreiung von der Bürgschaftsverpflichtung verlangen, bleibt aber Dritten gegenüber verpflichtet. Handelt es sich bei der Aktiengesellschaft um ein Kreditinstitut, so gelten die weitergehenden Vorschriften des KWG (§ 15 KWG für Organkredite).

▷ **Rechte** des Vorstandsmitglieds aus dem Anstellungsverhältnis:

- Anspruch auf Vergütung: dem Vorstandsmitglied steht die vereinbarte Vergütung selbst dann zu, wenn der Anstellungsvertrag nicht wirksam geschlossen wurde (im Falle gerichtlicher Geltendmachung Streitwertbemessung gemäß § 17 Abs. 3 GKG);
- Ersatz seiner Aufwendungen (§§ 675, 669 f. BGB);
- Kündigung des Anstellungsvertrages (§ 622 BGB).

▷ **Mängel des Anstellungsvertrages:** Der Anstellungsvertrag kann entweder von allgemeinen oder von spezifisch aktienrechtlichen Wirksamkeitsmängeln betroffen sein. Handelt ein Vorstandsmitglied auf der Basis eines fehlerhaften Anstellungsvertrages, so wird dieser bis zu seiner Beendigung durch Kündigung oder Aufhebung als wirksam behandelt (BGHZ 65, 190, 195). Das faktische Vertragsverhältnis richtet sich nach den Bestimmungen des rechtlich nicht in Kraft getretenen Anstellungsvertrages (BGHZ 41, 282 ff.).

▷ **Beendigung des Anstellungsvertrages:** Die Beendigung des Anstellungsvertrages ist streng zu trennen von der Beendigung der Organstellung des Vorstandsmitglieds. Anstellung und Organstellung können getrennte rechtliche Wege gehen. Im Zweifel ist jedoch anzunehmen, dass der Anstellungsvertrag für die Zeit gelten soll, für die das Vorstandsmitglied bestellt war. Sowohl für die Beendigung des Anstellungsverhältnisses als auch für die Beendigung der Organstellung ist auf der Seite der Gesellschaft der Aufsichtsrat zuständig. Eine automatische Verlängerung der Anstellung über 5 Jahre hinaus ist selbst bei erneuter Bestellung ausgeschlossen. Erforderlich ist ein Verlängerungsvorbehalt in dem Anstellungsvertrag oder die erneute Verhandlung über das Anstellungsverhältnis.

▷ **Ordentliche Kündigung:** Bei Fehlen einer ausdrücklichen oder konkludenten Zeitbestimmung für das Anstellungsverhältnis bleibt stets die Möglichkeit einer ordentlichen Kündigung des Anstellungsvertrages (§ 620 Abs. 2 i.V.m. § 622 BGB, BGHZ 112, 103, 115; *a.A. Hüffer*, AktG, 7. Aufl. 2006, § 84 Rn. 38: lediglich außerordentliche Kündigung möglich). Eine ordentliche Kündigung seitens der Gesellschaft (vertreten durch den Aufsichtsrat) setzt voraus, dass zugleich oder zuvor der Bestellungswiderruf erklärt wird (BGHZ 79, 38, 42). Gleichwohl kann auch das Vorstandsmitglied seinen Anstellungsvertrag kündigen.

> **Beispiel**
>
> Das von einer Herabsetzung der Bezüge betroffene Vorstandsmitglied kann seinen Anstellungsvertrag für den Schluss des nächsten Kalendervierteljahres mit einer Kündigungsfrist von 6 Wochen kündigen (§ 87 Abs. 2 Satz 3 AktG). Versäumt das Vorstandsmitglied die fristgerechte Kündigung, bleibt es an den Vertrag gebunden. Dem Vorstandsmitglied ist indes die Möglichkeit einzuräumen, zunächst die Frage, ob die Herabsetzung wirksam ist, gerichtlich klären zu lassen. Wenn die Klage innerhalb der Kündigungsfrist erhoben wird, beginnt die Kündigungsfrist erst mit Rechtskraft der die Herabsetzung bestätigenden Entscheidung zu laufen.

▷ **Außerordentliche Kündigung:** Die Beendigung des Organverhältnisses durch Widerruf des Aufsichtsrates beendet nicht automatisch auch das Anstellungsverhältnis mit dem Vorstand (§§ 84 Abs. 3 Satz 5 AktG i.V.m. 626 BGB). Im Normalfall ist deswegen zusätzlich eine außerordentliche Kündigung des Anstellungsvertrages notwendig. Wird das Anstellungsverhältnis nicht gekündigt, besteht der Vergütungsanspruch des Vorstandsmitglieds trotz des Widerrufs seiner Bestellung fort (BGHZ 78, 82, 84, anders bei *Aufsichtsratsmitgliedern*). **Hinweis:** Der Aufsichtsrat sollte mit dem Widerruf der Bestellung auch die Kündigung des Anstellungsverhältnisses verbinden.

Die außerordentliche Kündigung setzt einen entsprechenden Aufsichtsratsbeschluss voraus und wird erst mit Zugang der Kündigungserklärung an das Vorstandsmitglied wirksam (§ 108 AktG, § 130 BGB, Beschluss auch durch den Personalausschuss möglich, jedoch erst nach Beschlussfassung des Plenums über den Widerruf).

Ein **wichtiger Grund** liegt dann vor, wenn dem Kündigenden die Fortsetzung des Dienstverhältnisses bis zum zeitmäßigem Ablauf der Anstellung nicht mehr zugemutet werden kann (§ 626 BGB; ein geeigneter Sachverhalt und eine Interessenabwägung sind hierzu notwendig).

Der wichtige Grund für die außerordentliche Kündigung des Vorstandsmitglieds durch den Aufsichtsrat muss dem Gesamtaufsichtsrat oder zumindest dem Aufsichtsratsvorsitzenden bekannt geworden sein, der die Möglichkeit und die Aufgabe hat, den Aufsichtsrat alsbald nach Kenntniserlangung zur Beschlussfassung über die Kündigung einzuberufen. Dem Vorsitzenden ist dabei eine gewisse Überlegungsfrist (2 Wochen) einzuräumen (*Hefermehl/Spindler* in MüKo. AktG, 2. Aufl. 2004 § 84 Rn. 138). Vorher beginnt die Kündigungsfrist nicht zu laufen.

Die Kündigungsfrist bei der außerordentliche Kündigung beträgt 2 Wochen ab dem Zeitpunkt, in dem der Kündigungsberechtigte von den für die Kündigung maßgebenden Tatsachen Kenntnis erlangt (§ 626 Abs. 2 BGB). Die Frist beginnt an dem Sitzungstag zu laufen, zu dem der Vorsitzende das Gremium in zumutbarer Weise unter Berücksichtigung der Eilbedürftigkeit einberufen hätte können. Erforderlich ist stets positive Kenntnis, „kennen müssen" genügt nicht. Trifft diese 2-Wochen-Frist mit der Monatsfrist des § 31 Abs. 3 Satz 1 MitbestG zusammen, beginnt erstere erst nach Ablauf des Widerrufsverfahrens nach dem MitbestG zu laufen (*Wiesner* in MünchHdb. AG, 2. Aufl. 1999, § 20 Rn. 38; a.A. *Mertens* in KK. AktG, 2. Aufl. 1996, § 84 Rn. 143).

Dem *Vorstandsmitglied* kommt im Unternehmen eine exponierte Stellung zu, so dass für ihn als wichtiger Grund jede ernsthafte, von der Gesellschaft ausgehende schwerwiegende Störung des Vertrauensverhältnisses ausreichend sein kann.

Beispiele

- unberechtigte Abberufung durch die Gesellschaft,
- unsachlicher Vertrauensentzug durch die Hauptversammlung,
- schwerwiegende Störungen des Klimas innerhalb des Vorstands,
- unzulässige Eingriffe des Aufsichtsrats in die Geschäftsführung des Vorstandsmitglieds,
- Verweigerung der Entlassung,
- Gründe, die ausschließlich in der Person des Vorstandsmitglieds selbst liegen (längere Krankheit),
- unzulässige Herabsetzung der Vergütung.

Nicht ausreichend ist die Beeinträchtigung der Geschäftspolitik des Vorstandsmitglieds durch Widerspruch der Vorstandskollegen oder Verweigerung einer erforderlichen Zustimmung zu einzelnen Geschäftsführungsmaßnahmen.

2. Anstellungsverhältnis des Aufsichtsratsmitglieds

▷ **Form:** Das Anstellungsverhältnis zwischen Aktiengesellschaft und einem Aufsichtsratsmitglied wird nach einer Ansicht als vertragsähnliches Verhältnis in Form eines Dienstverhältnisses mit Geschäftsbesorgung (*Baumbach/Hueck*, AktG, 13. Aufl. 1968, § 101 Rn. 7), nach anderer Ansicht als körperschaftsrechtliches Verhältnis, inhaltlich durch Gesetz, Satzung und Wahlbeschluss bestimmt, angesehen (*Hüffer*, AktG, 7. Aufl. 2006, § 101 Rn. 2).

▷ **Vergütung:** Die Vergütung der Aufsichtsratmitglieder ist in der Praxis die absolute Regel. Die Festsetzung der Vergütung erfolgt durch die Satzung oder durch besonderen Beschluss der Hauptversammlung (§ 113 Abs. 1 Satz 2 AktG). Es besteht jedoch keine Vermutung des Inhalts, dass das Aufsichtsratsmitglied nur gegen

Entgelt tätig wird. Die Vergütung ist üblicherweise aufzugliedern in eine Tätigkeitsvergütung und den Auslagenersatz, der häufig pauschaliert wird. Das Angemessenheitsgebot des § 113 AktG ist zu berücksichtigen. Die Vergütungsansprüche von Aufsichtsratsmitglieder verjähren in 3 Jahren (§§ 195, 199 BGB). Der Anspruch auf Vergütung erlischt automatisch mit Beendigung des Aufsichtsratmandats (→ *Amtsdauer: 3. Amtsdauer des Aufsichtsrats*, anders bei *Vorstandsmitgliedern* s.o.).

Als *Arten* der Vergütung kommen nach allgemeiner Auffassung in Betracht:

- feste Vergütung,
- Gewinnbeteiligung,
- Sitzungsgelder,
- Sachleistungen,
- pauschale Aufwandsentschädigungen, die den effektiven Aufwand übersteigen,
- Provisionen,
- Nebenleistungen, wie etwa: Dienstwohnung, Dienstwagen, Warenlieferungen zu Vorzugspreisen, Betriebsstoffe für Kraftwagen,
- Versicherungsbeiträge für eine → *D&O-Versicherung*.

Steuerliche Behandlung: Als Betriebsausgabe abzugsfähig ist nur die Hälfte der Vergütung. Außerdem unterliegt sie i.d.R. der Einkommen- und Umsatzsteuer. Berechtigt ausgewiesene Umsatzsteuer kann die Aktiengesellschaft als Vorsteuer abziehen (§ 15 UStG).

▷ **Beratungsverträge (Honorarverträge):** Aufsichtsratsmitglieder können sich außerhalb ihrer Tätigkeit im Aufsichtsrat für die Gesellschaft im Rahmen eines Dienstvertrages, durch den ein Arbeitsverhältnis nicht begründet wird, oder durch einen Werkvertrag gegenüber der Gesellschaft zu einer Tätigkeit verpflichten (§ 114 Abs. 1 AktG). Verhindert werden muss aber ein Abhängigkeitsverhältnis zwischen dem Aufsichtsrat und dem Vorstand und eine etwaige „Selbstbedienung" der Aufsichtsratsmitglieder, da dies mit der Stellung des Aufsichtsrats als Kontrollorgan gegenüber dem Vorstand unvereinbar wäre. Zuständig für den Abschluss derartiger Verträge ist der Vorstand mit Zustimmung des Aufsichtsrats (§ 114 Abs. 1 AktG). Nur dann, wenn die zu leistenden Dienste Fragen eines besonderen Fachgebietes betreffen, die üblicherweise nur von Spezialisten erbracht werden, sind gesonderte Dienstverträge zulässig (§ 114 AktG, z.B. die Fachgebiete Betriebswirtschaftslehre oder Informatik). Auf die Übernahme von Tätigkeiten, zu denen das Mitglied nach § 111 AktG ohnehin verpflichtet ist, ist ein gesonderter Dienstvertrag nicht zulässig (§ 114 AktG nicht anwendbar).

> **Beispiele**
>
> - Über die Überwachung der Tätigkeit des Vorstandes hinsichtlich der allgemeinen Aufgaben der Unternehmenspolitik ist ein Dienst- oder Werkvertrag nicht zulässig (§ 113 AktG).

> – Die Tätigkeit des Aufsichtsratsmitglieds als Rechtsanwalt stellt einen besonders schwierigen Bereich der Abgrenzung dar (die Rechtsprechung neigt dazu, hier: im Zweifel als Amtstätigkeit zu qualifizieren).

Diese gesonderten Dienst- oder Werkverträge enden nicht automatisch mit der Beendigung des Amtes, sondern müssen gesondert gekündigt werden (§§ 611 ff. BGB).

▷ **Kredit:** Für die Kreditgewährung an Aufsichtsratsmitglieder gilt im Wesentlichen dasselbe wie für die Kreditgewährung an Vorstandsmitglieder (§ 115 AktG lehnt sich eng an § 89 AktG an, → *Anstellungsverhältnis: 1. des Vorstandsmitglieds*)

Hinweis auf weiterführende Literatur: *Barthelmeß/Braun*, Zulässigkeit schuldrechtlicher Vergütungsbeschränkungen über Aktien zugunsten der Aktiengesellschaft, AG 2000, 172 ff.; *Fonk*, Die betriebliche Altersversorgung für Vorstandsmitglieder von AG, in FS Semler, 1993, S. 130 ff.; *Krümmel/Küttner*, Dienst- und Werkverträge mit Aufsichtsratsmitgliedern nach § 114 AktG, DB 1996, 193 ff.; *Mutter*, Zur Anpassung der Vergütung von Aufsichtsräten an den Deutschen Corporate Governance Kodex, ZIP 2002, 1230 f.; *Semler*, Arbeitshandbuch für Aufsichtsratsmitglieder, 2. Aufl. 2004.

Hinweis auf weitere Stichwörter

→ *Aufsichtsratsmitglied*
→ *Organschaft*
→ *Vorstandsmitglied*

→ *Amtsdauer*
→ *Steuerrecht*

Arbeitnehmer

1. Begriff 90
2. Mitbestimmung 90
3. Arbeitnehmerbeteiligung 92
4. Belegschaftsaktie 93
5. Folgen für die Arbeitnehmer bei Umwandlung in eine Aktiengesellschaft 93

1. Begriff

Arbeitnehmer einer Aktiengesellschaft sind allgemein alle natürlichen Personen ohne Organstellung, die mittels eines Dienstvertrages abhängig für diese tätig sind.

2. Mitbestimmung

▷ Entscheidend für **Art und Umfang** der rechtlichen → *Mitbestimmung* ist die Anzahl der Arbeitnehmer im Betrieb.

▷ **Berechnung der Arbeitnehmeranzahl:** Bei der Berechnung der Arbeitnehmeranzahl im Bereich der Mitbestimmung sind alle Personen, die in einem Arbeitsverhältnis zu der Aktiengesellschaft stehen, zu berücksichtigen. Lediglich vorübergehend im Ausland Beschäftigte, wie z.B. Montagearbeiter, werden ebenso mit eingerechnet wie Teilzeitkräfte, Auszubildende, Heimarbeiter, die überwiegend für die Aktiengesellschaft arbeiten, sowie von der Gesellschaft verliehene Arbeitnehmer. Zu den eigenen Arbeitnehmern sind in herrschenden Unternehmen diejenigen von Konzernunternehmen hinzuzurechnen, mit denen ein → *Beherrschungsvertrag* besteht (§ 77a BetrVG, § 5 MitbestG). Nicht mitgezählt werden Verwaltungsmitglieder (→ *Vorstand*, → *Aufsichtsrat*). Leitende Angestellte werden nur in Betrieben mit mehr als 2000 Arbeitnehmern mitgerechnet.

▷ **Aufsichtsrat:** Bei mitbestimmten Gesellschaften müssen ein Teil der Mitglieder des Aufsichtsrats Arbeitnehmervertreter sein (→ *Aufsichtsrat*).

Auf Grund besonderer Vorschriften gelten für die Zusammensetzung des Aufsichtsrats vom Aktiengesetz abweichende Zahlen (MitbestG, MitbestErgG, MontanMitbestG, → *Mitbestimmung*):

- Im Anwendungsbereich des DrittelBG haben Arbeitnehmervertreter immer $1/3$ Beteiligung im Aufsichtsrat (§ 4 Abs. 1 Satz 1 DrittelBG). Deshalb muss die Zahl der Aufsichtsratsmitglieder immer durch 3 teilbar sein (vgl. auch § 95 AktG).
- Im Anwendungs des § 7 Abs. 1 MitbestG ist die Zahl der Aufsichtsratmitglieder gestaffelt nach der Anzahl der in der Regel im Unternehmen beschäftigten Arbeitnehmer. Bei in der Regel nicht mehr als 10 000 Arbeitnehmern besteht der Aufsichtsrat aus 12 Mitgliedern, davon 4 Arbeitnehmer und 2 Gewerkschaftsvertreter (§ 7 Abs. 1 Satz 1 Nr. 1 i.V.m. Abs. 2 Nr. 1 MitbestG), bei in der Regel mehr als 10 000 Arbeitnehmern aus 16 Mitgliedern, davon 6 Arbeitnehmer und 2 Gewerkschaftsvertreter (§ 7 Abs. 1 Satz 1 Nr. 2 i.V.m. Abs. 2 Nr. 2 MitbestG) und bei in der Regel mehr als 20 000 Arbeitnehmern aus 20 Aufsichtsratsmitgliedern, davon 7 Arbeitnehmer und 3 Gewerkschaftsvertreter (§ 7 Abs. 1 Satz 1 Nr. 3 i.V.m. Abs. 2 Nr. 3 MitbestG).
- Im Anwendungsbereich des MontanMitbestG setzt sich der Aufsichtsrat grundsätzlich aus 11 Personen zusammen, wobei 4 Personen Vertreter der Arbeitnehmer sind und 1 Person von der Hauptversammlung aufgrund bindender Wahlvorschläge des Konzern-Betriebsrats gewählt wird (§ 6 Abs. 6 MontanMitbestG).
- Im Anwendungsbereich des MitbestErgG setzt sich der Aufsichtsrat grundsätzlich aus 15 Personen zusammen, wobei 7 davon Vertreter der Arbeitnehmer sind (§§ 5 ff. MitbestErgG).

Im Falle einer → *Einbringung* oder einer → *Übernahme* der Aktiengesellschaft sind Ergänzungswahlen von Arbeitnehmervertretern nach dem einschlägigen MitbestG durchzuführen. Haben die Gründer die gesetzliche Grundlage verkannt, erlischt das Amt aller Aufsichtsratsmitglieder und es findet eine Neuwahl des gesamten Aufsichtsrates statt (→ *Einbringung: 4. Mitbestimmungsrecht*).

Bei abweichenden Satzungsbestimmungen erfolgt die Aufteilung der Aufsichtsratsplätze auf die Arbeitnehmer entsprechend (→ *Aufsichtsratsmitglieder*).

3. Arbeitnehmerbeteiligung

Die Beteiligung von Arbeitnehmern an Unternehmen ist bei Aktiengesellschaften in rechtlicher Hinsicht einfach zu realisieren.

▷ **Gründe** für die Beteiligung der Arbeitnehmer am Unternehmen können sein

- Steigerung der Mitarbeitermotivation (Produktivität, Kostenbewusstsein, Identifikation),
- Förderung der Integration der Arbeitnehmer in das Unternehmen (Mitverantwortung),
- Flexibilisierung der Personalkosten,
- Verbesserung der Eigenkapitalausstattung des Unternehmens,
- Stärkung der Kapitalbasis.

▷ **Betriebswirtschaftliche Arten der Arbeitnehmerbeteiligung:**

- reine *Erfolgsbeteiligung*: Leistungs-, Ertrags- oder Gewinnbeteiligung,
- reine *Kapitalbeteiligung*: Beteiligung durch Ausgabe oder Verkauf von Aktien,
- *laboristische Kapitalbeteiligung*: Beteiligung mit Gegenleistung aus Sonderzahlungen (Erfolgsbeteiligung, Gratifikation) der Aktiengesellschaft.

▷ **Rechtliche Ausgestaltung der Arbeitnehmerbeteiligung:**

- Belegschaftsaktien (Arbeitnehmeraktien s.u.), → *Stock Options*,
- Schuldverschreibungen (→ *Wandelschuldverschreibungen*, → *Option: 6. Optionsanleihe*),
- → *stille Beteiligung*
- Tantieme,
- Arbeitnehmerdarlehen,
- → *Genussrechte*,
- indirekte Beteiligung (über Treuhand).

▷ **Steuerrechtliche Aspekte:** Jede Art der vergünstigten Beteiligung von Arbeitnehmern an einer Aktiengesellschaft ist als geldwerter Vorteil aus dem Arbeitsverhältnis als Arbeitslohn zu versteuern (§ 19 EStG oder in bestimmten Fällen privilegiert nach § 19a EStG). Zweifelsfragen ergeben sich insbesondere bei der Bewertung des Unternehmens als Referenzgröße. Die Aktiengesellschaft haftet in der Regel als Arbeitgeber für den Lohnsteuereinbehalt und hat daher auch ein Eigeninteresse an der Klärung dieser Zweifelsfragen.

4. Belegschaftsaktie

▷ **Charakteristik:** Die sog. *Arbeitnehmeraktie* (oder *Belegschaftsaktie*) ist keine eigene Aktiengattung, sondern eine Aktie, für deren Schaffung bestimmte Sonderregeln gelten, bei deren Einhaltung eine verbilligte Abgabe an Arbeitnehmer zulässig ist sowie eine Erleichterung bei einer Kapitalerhöhung durch Sacheinlagen gewährt wird (§§ 192 Abs. 2 Nr. 3, 194, 204 Abs. 3 AktG). Bei der Ausgabe von Belegschaftsaktien werden in der Regel folgende Merkmale erfüllt:

– Es handelt sich um eigene oder neu geschaffene Aktien der Aktiengesellschaft,
– die Mitarbeiter erhalten die Aktien zu einem Kurs, der geringer als der gegenwärtige Marktpreis ist,
– es wird eine Sperrfrist (Mindestdauer des Aktienbesitzes) vereinbart.

▷ **Realisierung:** Folgende Möglichkeiten der Beschaffung oder des Zur-Verfügung-Stellens von Arbeitnehmeraktien bestehen:

– der → *Erwerb eigener Aktien* (§ 71 Abs. 1 Nr. 2 AktG bei Beachtung der 10 %-Grenze, § 71 Abs. 2 AktG),
– das → *genehmigte Kapital:* (§§ 202 Abs. 3, 204 Abs. 3 AktG),
– die → *bedingte Kapitalerhöhung:* Hierbei werden die Belegschaftsaktien gegen die Einlage von Forderungen angeboten, die den Arbeitnehmern aus einer ihnen von der Gesellschaft eingeräumten Gewinnbeteiligung zustehen (§ 192 Abs. 2 Nr. 3 AktG),
– die reguläre → *Kapitalerhöhung* gegen Einlagen durch Ausschluss oder Einschränkung des → *Bezugsrechts* der Aktionäre (§§ 182 ff., 186 Abs. 3 AktG).

▷ **Eigene Aktien:** Die Ausgabefrist eigener Aktien an die Belegschaft beträgt 1 Jahr nach dem Erwerb der Aktien, um eine unerwünschte Kurspflege unter dem Deckmantel der Mitarbeiterbeteiligung zu vermeiden. Durch Fristablauf wird der Erwerb nicht unzulässig, der Vorstand bleibt aber weiterhin zur Ausgabe verpflichtet. Zur umgehenden anderweitigen Veräußerung ist der Vorstand verpflichtet (§ 71c AktG), wenn

– die Aktienausgabe an die Belegschaft nicht zum Erfolg führt oder
– die Entscheidung über die Ausgabe von Belegschaftsaktien aus anderen Gründen aufgegeben wird.

5. Folgen für die Arbeitnehmer bei Umwandlung in eine Aktiengesellschaft

▷ **Bei der Verschmelzung:** Bei der Verschmelzung gehen die Arbeitsverhältnisse auf den übernehmenden Rechtsträger unverändert über (§ 324 UmwG i.V.m. § 613a Abs. 1 und 4 BGB). Zulässig sind aber Umgruppierungen, Versetzungen oder Zuweisungen von neuen Arbeitsplätzen. Die Mitbestimmung im Aufsichtsrat richtet sich ausschließlich nach den Verhältnissen beim übernehmenden Rechtsträger.

▷ **Bei der Spaltung:** Die Arbeitnehmermitbestimmung vor der Spaltung bleibt 5 Jahre lang anwendbar (§ 325 Abs. 1 Satz 1 UmwG, *Ausn.* § 325 Abs. 1 Satz 2 UmwG). Für die Dauer von 2 Jahren nach Wirksamwerden der Spaltung hat der Arbeitnehmer eine besondere kündigungsschutzrechtliche Stellung (§ 323 Abs. 1 UmwG).

▷ **Beim Formwechsel:** Im Gegensatz zur Verschmelzung und Spaltung werden die Interessen der Arbeitnehmer des formwechselnden Rechtsträgers und ihrer Vertretungen durch den Formwechsel regelmäßig nicht berührt (*Identitätsprinzip*). Der Formwechsel führt zu keiner Beeinträchtigung der Arbeitsverträge, der Stellung des Betriebsrats sowie bestehender Betriebsvereinbarungen oder Tarifverträge (§ 194 Abs. 1 Nr. 7 UmwG).

Beim Formwechsel einer Personengesellschaft in eine Aktiengesellschaft/KGaA wird die persönliche Haftung der Komplementäre für die Ansprüche der Arbeitnehmer durch die sog. Nachhaftung ersetzt (vgl. §§ 224, 237, 249 UmwG).

Hinweis auf weiterführende Literatur: *Hanau*, Probleme der Neuregelung der Betriebsverfassung, ZIP 2001, 1981 ff.; *Niermann*, Änderungen der Arbeitnehmerbesteuerung ab 2001, DB 2001, 170 ff.; *Prätzler*, Zum Seminar F: Das OECD-Diskussionspapier zur Beseitigung der Doppelbesteuerung von Stock-Options beim Arbeitnehmer, IStR 2002, 555 ff.; *Willemsen/Lembke*, Die Neuregelung von Unterrichtung und Widerspruchsrecht der Arbeitnehmer beim Betriebsübergang, NJW 2002, 1159 ff.; *Zeidler*, Aktienoptionspläne nicht nur für Führungskräfte im Lichte neuester Rechtsprechung, NZG 1998, 789.

Hinweis auf weitere Stichwörter

→ *Aufsichtsrat*
→ *Bezugsrechte*
→ *Mitbestimmung*

→ *Stock Options*
→ *Umwandlung*

Aufgeld

→ *Agio*

Auflösung

1. Begriff 95
2. Zuständigkeit 95
3. Tatbestände und Gründe 95
4. Fortsetzung einer aufgelösten Gesellschaft 96
5. Publizität 96

1. Begriff

Die Auflösung der Aktiengesellschaft ist der Anfang (§ 262 AktG), die → *Beendigung* der Abschluss des regelmäßig notwendigen Abwicklungsverfahrens (§§ 264 ff. AktG, → *Abwicklung*). *Ausn.:* wenn Auflösung und Beendigung zusammenfallen, dann erlischt die Aktiengesellschaft ohne Abwicklung.

Beispiele für die Auflösung der Aktiengesellschaft ohne Abwicklung

- Übertragende → *Umwandlung*,
- → *Verschmelzung* durch Aufnahme und Neubildung (§ 2 UmwG) oder
- Vermögensübertragung (§ 174 UmwG) mit der Gesamtrechtsnachfolge auf einen anderen Rechtsträger.

2. Zuständigkeit

Die Hauptversammlung kann jederzeit die Auflösung der Gesellschaft beschließen (→ *Hauptversammlung: 3. Zuständigkeiten*). Bei der Amtsauflösung ist das Amtsgericht des Gesellschaftssitzes zuständig (§§ 144a, 125 FGG).

3. Tatbestände und Gründe

▷ Die Aktiengesellschaft wird durch folgende Tatbestände **aufgelöst:**

- *Automatisch* mit Ablauf der in der → *Satzung* bestimmten Höchstdauer – ausreichend ist Bestimmbarkeit der Dauer der Gesellschaft anhand eines bestimmten Ereignisses (§ 262 Abs. 1 Nr. 1 AktG).
- Durch *Beschluss der Hauptversammlung* (§§ 133, 262 Abs. 1 Nr. 2 1. Halbsatz AktG): Der Beschluss bedarf neben einer einfachen Stimmenmehrheit einer Mehrheit von mindestens ¾ des bei der Beschlussfassung vertretenen Grundkapitals. Erschwerung der Auflösung ist durch die Satzung möglich (z.B. Festlegung größerer → *Kapitalmehrheit*, Zustimmung bestimmter → *Aktionäre* oder des → *Aufsichtsrats*). Die Erschwerung durch Satzung darf aber nicht das Auflösungsrecht der Hauptversammlung praktisch ausschließen (§ 23 Abs. 5 AktG).
- Durch Eröffnung des *Insolvenzverfahrens* und durch einen Beschluss, mit dem die Eröffnung des Insolvenzverfahrens abgelehnt wird (§ 262 Abs. 1 Nr. 3 und 4 AktG).
- Durch *Amtsauflösung*, d.h. mit Rechtskraft einer Verfügung des Registergerichts, durch die nach § 144a FGG ein Mangel der *Satzung* festgestellt wird. Hierfür muss die Satzung eine der wesentlichen Bestimmungen nach § 23 Abs. 3 Nr. 1, 4, 5, oder 6 AktG nicht enthalten oder eine dieser Bestimmungen nichtig sein. Damit wird die Regelungslücke geschlossen, die sich ansonsten aus der Beschränkung der Nichtigkeit auf die in § 275 Abs. 1 AktG genannten Fälle ergeben hätte. Die Amtsauflösung geht als spezielleres Verfahren der → *Amtslöschung* vor (§ 142 FGG).

- Durch *auflösende Übertragung* des gesamten Vermögens einer Aktiengesellschaft (§ 179a AktG).

▷ Als andere **Auflösungsgründe** (§ 262 Abs. 2 AktG) kommen in Betracht:

- Satzungsbedingtes Kündigungsrecht der Aktionäre,
- Nichtigerklärung der Gesellschaft nach §§ 275 ff. AktG,
- gerichtliche Auflösung nach §§ 396 ff. AktG, wenn die Gesellschaft das Gemeinwohl gefährdet,
- Verbot der Aktiengesellschaft nach §§ 3 ff., 17 VereinsG,
- Auflösung aufgrund Sondergesetz wie z.B. §§ 35, 38 KWG, § 87 VAG.

▷ **Keine Auflösungsgründe** sind

- die Vereinigung der Aktien in einer Hand,
- die Entziehung der amtlichen Erlaubnis zum Gewerbebetrieb,
- Verpachtung, Veräußerung oder Einstellung des Betriebs, es sei denn, dass die Satzung daran die Folgen der Auflösung knüpft.

4. Fortsetzung einer aufgelösten Gesellschaft

Die Fortsetzung der aufgelösten Gesellschaft ist unter bestimmten Voraussetzungen möglich (§ 274 Abs. 1 AktG). Soll die aufgelöste Gesellschaft fortgesetzt werden, wird der Gesellschaftszweck erneut geändert. Vom Abwicklungszweck wird wiederum zur werbenden Tätigkeit der Gesellschaft übergegangen. Hierdurch soll bewirkt werden, dass die Vermögenswerte der Gesellschaft in ihrer Gesamtheit bestehen bleiben können. Erforderlich ist ein Fortsetzungsbeschluss (einfache Stimmenmehrheit – § 133 AktG – und ¾-Mehrheit des bei der Beschlussfassung vertretenen Grundkapitals) der Hauptversammlung bei Auflösung der Aktiengesellschaft durch Zeitablauf bzw. Hauptversammlungsbeschluss.

Eine Fortsetzung ist nicht möglich bei

- gemeinwohlgefährdender Aktiengesellschaft (§ 396 AktG) oder
- vermögensloser Gesellschaft (§ 262 Abs. 1 Nr. 3 und 4 AktG).

5. Publizität

Die Anmeldung der Auflösung der Gesellschaft zur Eintragung in das Handelsregister erfolgt durch den ehemaligen Vorstand (§ 263 AktG). Eintragung von Amts wegen erfolgt lediglich in den Fällen des § 262 Abs. 1 Nr. 3–5 AktG. Die Eintragung hat nur deklaratorische Bedeutung. Dadurch soll für jedermann ersichtlich sein, dass die werbende Gesellschaft ins Stadium einer Abwicklungsgesellschaft übergegangen ist.

Hinweis auf weiterführende Literatur: *Bauch,* Zur Gliederung und Bewertung der Abwicklungsbilanzen (§ 270 AktG), DB 1973, 977 ff.; *Förschle/Kropp/Deubert,* Notwendigkeit der Schlussbilanz einer werbenden Gesellschaft und Zulässigkeit der Gewinnverwendung bei Abwicklung/Liquidation einer Kapitalgesellschaft, DStR 1992, 1523; *Förschle/Kropp/Deubert,* „Schlussbilanz der werbenden Gesellschaft" kein Pflichtbestandteil der Rechnungslegung von Kapitalgesellschaften in Liquidation, DB 1994, 948; *Groß/Amen,* Die Erstellung der Fortbestehensprognose, WPg 2002, 433 ff.; *Rühland,* Die Zukunft der übertragenden Auflösung (§ 179a AktG), WM 2002, 1957 ff.

Hinweis auf weitere Stichwörter

- → *Abwicklung*
- → *Nichtigkeit: 4. Nichtigerklärung der Gesellschaft*
- → *Löschung*

Aufrechnung

1. Aufrechnung durch Aktionäre oder Vormänner 97
2. Aufrechnung durch die Aktiengesellschaft 97
3. Rückgewährpflicht 98

Für die Aufrechnung zwischen Aktionär und Aktiengesellschaft gelten bestimmte Sonderregeln, soweit es sich um Einlageforderungen handelt.

1. Aufrechnung durch Aktionäre oder Vormänner

Aktionäre und Vormänner können keine Aufrechnung gegen Forderungen der Aktiengesellschaft geltend machen (§§ 54, 65, 66 Abs. 1 Satz 2 AktG). Das Aufrechnungsverbot dient der Liquidität der Aktiengesellschaft: das Vermögen der Aktiengesellschaft soll nicht durch Befreiung von Verbindlichkeiten, sondern durch die versprochene Zahlung hergestellt werden. Die Aufrechnung wäre als → *verdeckte Sacheinlage* zu sehen (Einbringung einer Forderung gegen die Gesellschaft).

2. Aufrechnung durch die Aktiengesellschaft

Zahlungen die vor → *Anmeldung* geleistet sein müssen, können nur in den durch Gesetz zugelassenen Formen erfolgen, so dass Aufrechnung insoweit ganz ausscheidet (§ 54 Abs. 3 AktG). Im Übrigen kann die Aktiengesellschaft nur aufrechnen, wenn die Forderung des Aktionärs oder des Vormanns, gegen die aufgerechnet werden soll, vollwertig (Gegenforderung ist aus dem Vermögen der Aktiengesellschaft realisierbar, nicht bei Überschuldung), fällig und liquide (Forderung steht nach Grund und Höhe außer Zweifel und ist nicht mit Einwendungen oder Einreden behaftet) ist.

3. Rückgewährpflicht

Bei einer Rückgewährpflicht gilt das Aufrechnungsverbot entsprechend (§ 66 Abs. 2 1. Fall AktG).

Hinweis auf weitere Stichwörter

→ *Einlage* | → *Verdeckte Sacheinlage*

Aufsicht

1. Aufsicht über den Vorstand 98
2. Aufsicht über den Aufsichtsrat 98
3. Aufsicht über die Hauptversammlung 98
4. Aufsichtsbehörden 98

1. Aufsicht über den Vorstand

Der → *Vorstand* wird durch den → *Aufsichtsrat* überwacht.

2. Aufsicht über den Aufsichtsrat

Ein bestimmtes Organ zur Beaufsichtigung des Aufsichtsrats gibt es nicht. Über die Zusammensetzung des Aufsichtsrats entscheidet aber die → *Hauptversammlung* und hat damit faktisch ein Kontrollrecht.

3. Aufsicht über die Hauptversammlung

Die Aufsicht über die Tätigkeit der Hauptversammlung als Organ der Gesellschaft steht den → *Aktionären* zu. Sie können insbesondere gegen rechtswidrige Beschlüsse vorgehen (→ *Anfechtung*).

4. Aufsichtsbehörden

Als Teil der unmittelbaren und mittelbaren Staatsgewalt sind Aufsichtsbehörden verpflichtet, bestimmte Aktiengesellschaften zu überwachen. Die wichtigsten Aufsichtsbehörden sind

- Bundesanstalt für Finanzdienstleistungsaufsicht
- Finanzamt
- Gewerbeaufsichtsamt
- Industrie- und Handelskammer
- Kartellamt

- Registergericht (beim Amtsgericht)
- Wertpapierhandelsbehörde u.a.

Hinweis auf weitere Stichwörter

→ *Aufsichtsrat*
→ *Hauptversammlung*
→ *Vorstand*

Aufsichtsrat

1. Begriff 99
2. Aufgaben und Rechte 99
3. Zusammensetzung des Aufsichtsrats 102
4. Vorsitzender 104
5. Ausschüsse 106
6. Erster Aufsichtsrat 109
7. Haftung des Aufsichtsrats 111

1. Begriff

Der Aufsichtsrat ist ein weiteres Pflichtorgan der Aktiengesellschaft, neben dem Vorstand und der Hauptversammlung. Regelungen über die innere Ordnung und Arbeitsweise des Aufsichtsrats können durch die → *Satzung* oder durch die → *Geschäftsordnung* des Aufsichtsrats getroffen werden. Der Satzung kommt dabei ein eindeutiger Regelungsvorrang zu. Satzungsbestimmungen können aber unzulässig sein, wenn

- sie den zwingenden Regelungen des MitbestG entgegenstehen oder
- sie den Einfluss der Arbeitnehmervertreter im Aufsichtsrat unter das vom Gesetz geforderte Mindestmaß zurückdrängen, also lediglich das Übergewicht der Anteilseignerseite sichern wollen.

2. Aufgaben und Rechte

Bei der Bewältigung der dem Aufsichtsrat obliegenden Aufgaben haben die Aufsichtsratsmitglieder die Sorgfalt und Verantwortung eines ordentlichen gewissenhaften Aufsichtsratsmitglieds anzuwenden (§§ 116, 93 Abs. 1 Satz 1 AktG). Maßgeblich ist dabei das Gesellschafts- und Unternehmensinteresse. Der Aufsichtsrat ist nicht auf eine Rechtmäßigkeitskontrolle beschränkt, sondern hat neben der Ordnungsmäßigkeit auch die Zweckmäßigkeit und Wirtschaftlichkeit der Entscheidungen des Vorstandes zu überprüfen. Dem Aufsichtsrat obliegen insbesondere folgende Aufgabenbereiche:

- die Überwachung der Geschäftsführung des Vorstandes,
- die Personalkompetenz (Bestellung und Abberufung von Vorstandsmitgliedern),
- die Vertretung der Aktiengesellschaft gegenüber Vorstandsmitglieder,
- Berichts- und Organisationspflichten, etc.

▷ **Überwachungspflicht:** Die Überwachungspflicht erstreckt sich auf

- die rückblickende Kontrolle der Amtsführung des Vorstands und des Geschäftsverlaufs (§ 111 AktG),
- die unternehmerischen Entscheidungen des Vorstandes, insbesondere die Unternehmensplanung, -koordination, -kontrolle, die Besetzung der Führungspositionen, die interne Koordination im Vorstand, Einrichtung eines Frühwarnsystems u.a. (§ 91 Abs. 2 AktG, § 317 Abs. 4 HGB); nicht der Überwachung unterfallen dagegen im Regelfall Ausführungsentscheidungen des Vorstandes oder die Wahrnehmung des Tagesgeschäfts,
- die Leitungsentscheidungen des Vorstandes.

Überwachung in diesem Sinne kann nur bedeuten, dass der Aufsichtsrat kontrollieren muss, ob sich die Geschäftsleitung innerhalb klar umrissener Grenzen bewegt. Klar umrissen kann nur sein, was in der Satzung festgehalten ist. Eine aktive Einmischung des Aufsichtsrats in die Geschäftsleitung ist damit nicht verbunden. Der Aufsichtsrat muss im Rahmen seiner Stellungnahme gegenüber dem Vorstand seine Bedenken gegen die Geschäftsführung durch den Vorstand mitteilen. Darüber hinaus hat er aber keine Befugnis, auf den Vorstand einzuwirken. Der Aufsichtsrat wird nur intern tätig. Der Aufsichtsrat ist kein Vorgesetzter des Vorstandes. Deshalb stehen dem Aufsichtsrat keine originären Geschäftsführungsbefugnisse zu. Durch Gesetz werden dem Aufsichtsrat nur in ganz bestimmten Fällen eigene Geschäftsführungsbefugnisse übertragen.

▷ **Personalkompetenz:** Der Aufsichtsrat hat die Mitglieder des Vorstandes zu bestellen oder abzuberufen, die Anstellungsverträge abzuschließen, die Aufgabenbereiche und die Bezüge festzulegen (§§ 84, 87 AktG). Die Unabhängigkeit dieser Kontrolle wird durch die Inkompatibilität der Mitgliedschaften in Vorstand und Aufsichtsrat verbürgt (§ 105 AktG). Darüber hinaus vertritt der Aufsichtsrat die Aktiengesellschaft gegenüber Vorstandsmitgliedern gerichtlich und außergerichtlich (§ 112 AktG). Die Vertretungsbefugnis erstreckt sich auf alle Rechtsgeschäfte und Rechtsstreitigkeiten, insbesondere auch auf den Anstellungsvertrag des Vorstandsmitglieds. Diese Bestimmung soll sicherstellen, dass die Gesellschaft gegenüber den Vorstandsmitgliedern unbefangen vertreten wird. Sie ist deshalb auch anwendbar, soweit es um die Vertretung der Gesellschaft gegenüber einem fehlerhaft bestellten (*Hüffer*, AktG, 7. Aufl. 2006, § 112 Rn. 2) oder ausgeschiedenen Vorstandsmitglied geht (BGH AG 1991, 269; BGHZ 130, 108).

Beispiele

- Wahl und Widerruf der Organbestellung,
- Abschluss und Beendigung des Dienstvertrages,
- Kreditgewährung an Vorstandsmitglieder (§ 89 AktG),
- Regelung von Vorstandsbezügen und Pensionen,
- Geltendmachung von Schadenersatzansprüchen aus der Amtsführung des Vorstandes.

Soweit Erklärungen gegenüber dem Aufsichtsrat abzugeben sind, genügt die Abgabe gegenüber einem seiner Mitglieder (*passive Vertretung*; vgl. § 78 Abs. 2 Satz 2 AktG, § 28 Abs. 2 BGB, § 125 Abs. 2 Satz 3 HGB).

▷ **Berichts- und Organisationspflichten:** Zu den Berichts- und Organisationspflichten gehören insbesondere die

- Erstellung von Berichten an die Hauptversammlung (§§ 171 Abs. 2, 314 AktG),
- Erstellung eines schriftlichen Berichts über die Abschlussprüfung und einer Stellungnahme zum Ergebnis der Abschlussprüfung,
- Fertigung eines schriftlichen Berichts über das Ergebnis des Abhängigkeitsberichts (§ 314 Abs. 2 und 3 AktG),
- Gestaltung der Vorstandsorganisation (§ 77 Abs. 3 Satz 1 AktG),
- Einberufung der Hauptversammlung (§ 111 Abs. 3 AktG),
- Teilnahme an der Hauptversammlung (§ 118 AktG).
- Einberufung einer außerordentlichen Hauptversammlung, sofern das Wohl der Gesellschaft dies erfordert,
- Bestellung der Bilanzprüfer bei Versicherungsgesellschaften (§ 58 VAG),
- Bestellung von Treuhändern für den Deckungsstock (§ 71 Abs. 1 Satz 1 VAG).

▷ **Sonstige Aufgaben:** Zu den weiteren dem Aufsichtsrat gesetzlich zugewiesenen Aufgaben zählen insbesondere die

- Gründungsprüfung und Mitwirkung bei der Anmeldung der Gesellschaft zur Eintragung in das Handelsregister (§ 36 Abs. 1 AktG);
- Mitwirkung an der Fassung der Beschlussvorschläge zu den Tagesordnungspunkten der Hauptversammlung in der Bekanntmachung der Tagesordnung (§ 124 Abs. 3 AktG);
- Anfechtung von Hauptversammlungsbeschlüssen (§ 245 Nr. 5 AktG);
- Zustimmung zu Maßnahmen bei einem beherrschungsvertraglich unterworfenen Unternehmen (§ 308 Abs. 3 AktG);
- Zustimmung zu Abschlagszahlungen auf den Bilanzgewinn (§ 59 Abs. 3 AktG). Die Satzung kann den Vorstand ermächtigen, nach Ablauf des Geschäftsjahres einen bestimmten Anteil des voraussichtlichen Bilanzgewinns als Abschlag an die Aktionäre zu zahlen; diese Zahlung bedarf der Zustimmung des Aufsichtsrats;
- Beauftragung des Abschlussprüfers und eigene Prüfung des Jahresabschlusses (gegebenenfalls auch des Konzernabschlusses), des Lageberichts (gegebenenfalls auch des Konzernlageberichts) sowie des Gewinnverwendungsvorschlags des Vorstands und die Erstellung eines schriftlichen Berichts hierüber und einer Stellungnahme zum Ergebnis der Abschlussprüfung (§ 171 AktG);
- Mitwirkung an der Feststellung des Jahresabschlusses einschließlich der Bildung von Gewinnrücklagen (§§ 172, 58 Abs. 2 AktG). Billigt der Aufsichtsrat den vom Vorstand aufgestellten Jahresabschluss, ist dieser festgestellt, sofern

nicht Vorstand und Aufsichtsrat beschließen, die Feststellung des Jahresabschlusses der Hauptversammlung zu überlassen;

- Zustimmung zu den Bedingungen der Aktienausgabe und zum Bezugsrechtsausschluss beim genehmigten Kapital (§ 204 Abs. 1 AktG). Soweit die Ermächtigung beim genehmigten Kapital keine Bestimmungen hierüber enthält, entscheidet der Vorstand über den Inhalt der Aktienrechte und die Bedingungen der Aktienausgabe mit Zustimmung des Aufsichtsrats;
- Zustimmung zu Geschäftsführungsmaßnahmen: Bestimmte Arten von Geschäften können der Zustimmung durch den Aufsichtsrat unterliegen, sofern die Satzung oder der Aufsichtsrat dies bestimmt haben (§ 111 Abs. 4 Satz 2 AktG);
- Beachtung der Zustimmungsvorbehalte, die sich in der Satzung befinden. Sie können also von ihm nicht abgeschafft oder faktisch durch eine generelle Zustimmung unterlaufen werden (vgl. § 23 AktG).

3. Zusammensetzung des Aufsichtsrats

▷ **Grundsatz:** Der Aufsichtsrat besteht aus mindestens 3 Mitgliedern (§ 95 Abs. 1 Satz 1 AktG). Die Satzung kann eine bestimmte höhere Zahl festsetzen, die durch 3 teilbar sein muss. Das Gesetz sieht eine an die Größe der Gesellschaft angepasste Höchstzahl der Mitglieder vor (§ 95 Abs. 1 Satz 4 AktG). Bei mitbestimmten Gesellschaften gelten für die paritätisch besetzten Aufsichtsräte besondere Zahlen (→ *Mitbestimmung*).

▷ **Keine Mitbestimmung:** Die Aktiengesellschaft unterliegt nicht der Mitbestimmung, wenn auf die Gesellschaft weder das DrittelBG noch das MitbestG, das MontanmitbestG oder das MitbestErgG anwendbar ist, also in den folgenden Fällen:

- Kleine Aktiengesellschaft (eine Aktiengesellschaft, die weniger als 500 Arbeitnehmer beschäftigt und nach dem Inkrafttreten des Gesetzes für kleine Aktiengesellschaften am 10.8.1994 eingetragen worden ist, egal ob durch Neugründung oder Formwechsel),
- Familien-Aktiengesellschaft (§ 1 Abs. 1 Satz 1 Nr. 1 Satz 3 DrittelBG), d.h. eine Aktiengesellschaft, die nur einen Aktionär hat, der eine natürliche Person ist oder deren Aktionäre untereinander verwandt oder verschwägert sind und weniger als 500 Arbeitnehmer beschäftigt,
- Tendenzunternehmen (§ 1 Abs. 2 Nr. 2 DrittelBG),
- Religionsgemeinschaften mit ihren karitativen und erzieherischen Einrichtungen § 1 Abs. 2 Nr. 2 DrittelBG,
- arbeitnehmerlose Aktiengesellschaft (Aktiengesellschaft mit weniger als 5 Arbeitnehmern),
- arbeitnehmerlose Holding (wenn der Konzern insgesamt weniger als 2000 Arbeitnehmer beschäftigt).

Tabelle: Höchstzahlen der Aufsichtsratsmitglieder, angepasst an die Größe der Gesellschaft

Grundkapital	Aufsichtsratsmitglieder
Bis zu 1,5 Mio. Euro	9
Von 1,5 bis zu 10 Mio. Euro	15
Mehr als 10 Mio. Euro	21

Bei Aktiengesellschaften, die nicht der Mitbestimmung unterliegen, besteht der Aufsichtsrat nur aus Vertretern der Anteilseigner und keinen Arbeitnehmervertretern. Die Wahl der Aufsichtsratsmitglieder erfolgt ausschließlich durch die Hauptversammlung. Ausgenommen sind solche Sitze im Aufsichtsrat, für die die Satzung bestimmten Aktionären ein persönliches oder ein Inhaber-Entsendungsrecht einräumt (§ 101 Abs. 2 Satz 1 AktG).

▷ **MitbestG:** Im Anwendungsbereich des MitbestG richtet sich die Anzahl der Aufsichtsratsmitglieder nach der Anzahl der Beschäftigten (§ 7 MitbestG):

Tabelle: Zahl der Aufsichtsratsmitglieder nach MitbestG

Zahl der Arbeitnehmer	Aufsichtsratsmitglieder	Zusammensetzung der Arbeitnehmervertreter
2001 bis 10 000	12	4 Arbeitnehmer des Unternehmens 2 Gewerkschaftsvertreter
10 001 bis 20 000	16, Erhöhung auf **20** durch Satzung zulässig (§ 7 Abs. 1 MitbestG)	6 Arbeitnehmer des Unternehmens 2 Gewerkschaftsvertreter
mehr als 20 000	20	7 Arbeitnehmer des Unternehmens 3 Gewerkschaftsvertreter

Die Arbeitnehmersitze sind auf die Arbeiter und die Angestellten sowie auf die leitenden Angestellten entsprechend ihrem Anteil an der Gesamtbelegschaft zu verteilen (§ 15 Abs. 2 MitbestG).

▷ **MontanMitbestG:** Bei einer Mitbestimmung im Montanbereich kann die Satzung nach MontanMitbestG je nach Grundkapital einen größeren Aufsichtsrat wie folgt vorsehen (§§ 4, 9 MontanMitbestG):

Tabelle: Zahl der Aufsichtsratsmitglieder nach MontanMitbestG

Grundkapital	Aufsichtsratsmitglieder
Weniger als 10 Mio. Euro	11
Mehr als 10 Mio. Euro	15
Mehr als 25 Mio. Euro	21

Zur Zusammensetzung mitbestimmter Aufsichtsräte auch *Jaeger* in Nirk/Ziemons/Binnewies, Handbuch der AG, Loseblatt, Rn. 9.21 ff.

Tabelle: Zusammenfassung zur Zusammensetzung des Aufsichtsrats

AktG §§ 95, 96	DrittelBG § 1, 4	MitbestG § 7 Abs. 1	MitbestErgG § 5 Abs. 1	MontanMitbestG §§ 4 Abs. 1, 9
GrdKap ≤ 1,5 Mio. Euro → 9	⅔ Vertreter der Aktionäre ⅓ Vertreter der AN	≤ 10 000 AN → 12 je ½ AN und Aktionäre	→ 15	GrdKap ≤ 10 Mio. Euro → 11
GrdKap ≥ 1,5 Mio. Euro → 15	wo.	≤ 20 000 AN → 16 je ½ AN und Aktionäre	→ 21	GrdKap ≥ 10 Mio. Euro → 15
GrdKap ≥ 10 Mio. Euro → 21	wo.	> 20 000 AN → 20 je ½ AN und Aktionäre	wo.	GrdKap ≥ 25 Mio. Euro → 21

(Legende: GrdKap=Grundkapital, AN=Arbeitnehmer, die Zahlen sind Höchstzahlen)

Satzungen, die weniger als 3 Aufsichtsratsmitglieder oder mehr Aufsichtsratsmitglieder als die gesetzlichen Höchstzahlen vorsehen (§ 95 AktG), sind nichtig. Ebenfalls nichtig sind im Hinblick auf solche Satzungsbestimmungen vorgenommene Wahlen. Hauptversammlungsbeschlüsse, wonach die gesetzliche Höchstzahl der Aufsichtsratsmitglieder überschritten werden soll, sind nichtig (§ 250 Abs. 1 Nr. 3 AktG). Ein Hauptversammlungsbeschluss, der gegen die in der Satzung bestimmte Zahl von Aufsichtsratsmitgliedern verstößt, die gesetzliche Höchstzahl jedoch nicht überschreitet, ist anfechtbar (§§ 243 Abs. 1, 251 AktG), sofern keiner der Nichtigkeitsgründe gegeben sind (§ 250 Abs. 1 Nr. 1, 2 und 4 AktG). Bei → *Kapitalherabsetzungen* kann sich die gesetzliche Höchstzahl von Aufsichtsratsmitgliedern mindern. Wenn die vorhandene Anzahl von Aufsichtsratsmitgliedern die dann gesetzlich vorgesehene Höchstzahl übersteigt, endet das Amt aller Aufsichtsratsmitglieder mit der Beendigung der nächsten, auf die Hauptversammlung, in der die Kapitalherabsetzung beschlossen wurde, folgenden Hauptversammlung, die über die Entlastung des Aufsichtsrats beschließt. Die überzähligen Aufsichtsratsmitglieder können vorher durch Amtsniederlegung oder Abberufung ausscheiden (§§ 103 Abs. 1 AktG, 12 DrittelBG; *Hüffer*, AktG, 7. Aufl. 2006, § 95 Rn. 5; a.A. Fitting/Kaiser, BetrVG, 21. Aufl. 2002, § 76 (1952) Rn. 118 ff.). Im Fall der → *Kapitalerhöhung* kann die Anzahl der Aufsichtsratsmitglieder bis zur zulässigen Höchstzahl erhöht werden, muss aber nicht. Im Falle eines Arbeitnehmerzuwachses → *Mitbestimmung*, → *Statusverfahren*.

4. Vorsitzender

▷ **Aufgaben des Vorsitzenden:** Die Aufgaben des Vorsitzenden gliedern sich in 4 Funktionsbereiche:

– Verfahrensleitung im Aufsichtsrat (§ 110 AktG),

- Repräsentation des Aufsichtsrats (Vollzugsfunktion),
- Vertretung der Gesellschaft bei Abgabe bestimmter Erklärungen gegenüber dem Handelsregister und
- Leitung der Hauptversammlung (§ 130 AktG).

Dem Vorsitzenden obliegen kraft Gewohnheitsrecht all diejenigen Aufgaben, die dem Vorsitzenden eines Gremiums üblicherweise zustehen.

Beispiele

- Einberufung, Vorbereitung und Leitung der Sitzungen (§ 110 Abs. 1 AktG),
- Ausschüsse befassen und deren Arbeitsergebnisse in das Plenum einbringen,
- Unterzeichnung der Niederschrift der Sitzungen (§ 107 Abs. 2 AktG),
- Repräsentation des Aufsichtsrats, insbesondere gegenüber dem Vorstand und seinen Mitgliedern,
- Bekanntgabe und Vollzug des Willens des Aufsichtsrats Dritten gegenüber (Vollzugsfunktion).

Der Aufsichtsratsvorsitzende ist berechtigt, Erklärungen, die an den Gesamtaufsichtsrat zu richten sind, entgegenzunehmen. Diese sind dem Aufsichtsrat damit zugegangen.

Darüber hinaus sind ihm aufgrund gesetzlicher Einzelvorschriften besondere Aufgaben zugewiesen, die insbesondere die Mitwirkung bei Anmeldungen zum Handelsregister betreffen.

Beispiele

- Bei der Kapitalerhöhung gegen Einlagen: Anmeldung des Beschlusses und der Durchführung (§§ 184 Abs. 1, 188 Abs. 1 AktG),
- bei der bedingten Kapitalerhöhung (§ 195 Abs. 1 AktG),
- bei der Kapitalerhöhung aus Gesellschaftsmitteln (§ 207 Abs. 2 AktG),
- bei der ordentlichen Kapitalherabsetzung (§ 223 AktG),
- bei der vereinfachten Kapitalherabsetzung (§ 229 Abs. 3 AktG),
- bei der Kapitalherabsetzung durch Einziehung von Aktien (§ 237 Abs. 2 AktG).

▷ **Legitimation:** Die Gesellschaft kann durch den Vorsitzenden nicht gebunden werden, wenn kein seine Erklärung deckender Beschluss des Aufsichtsrats vorliegt. Der Aufsichtsrat ist aber z.B. befugt, einen schwebend unwirksamen Vertrag des Vorsitzenden mit einem Vorstandsmitglied nachträglich zu genehmigen (OLG Karlsruhe AG 1996, 224, 225 f.). Der Aufsichtsrat kann den Aufsichtsratsvorsitzenden durch Beschluss ermächtigen, im Namen des Aufsichtsrats für die Gesellschaft zu handeln, soweit der Aufsichtsrat diese gegenüber dem Vorstand vertritt (§ 112 AktG).

▷ **Wahl des Vorsitzenden:** Die Wahl eines Vorsitzenden ist zwingend vorgeschrieben. Der Vorsitzende wird aus der Mitte des Aufsichtsrats gewählt (§ 107 Abs. 1 AktG). Entgegenstehende Satzungsbestimmungen sind nichtig. Doch kann die → *Satzung* das Wahlverfahren regeln (z.B. Art der erforderlichen Mehrheit, Lösung von Pattsituationen). Eine gerichtliche Ersatzbestellung ist zuzulassen, wenn der Aufsichtsrat seiner Wahlpflicht nicht nachkommt (§ 104 Abs. 2 AktG analog, → *Gerichtliche Bestellung*).

Enthält die Satzung keine Wahlordnung, so kommt die Wahl mit der einfachen Mehrheit der abgegebenen Stimmen zustande. Relative Mehrheit genügt nicht, wenn die Satzung dies nicht bestimmt (*Mertens* in KK. AktG, 2. Aufl. 1996, § 107 Rn. 7 ff.). Die Stimmabgabe des Kandidaten für den Aufsichtsratsvorsitz ist zulässig. Bestimmungen, welche die Freiheit der Wahl beeinflussen, sind unwirksam.

Beispiele für unwirksame Bestimmungen

- Der Vorsitzende muss aus dem Kreis der von den Aktionären gewählten Aufsichtsratsmitglieder stammen,
- eine bestimmte Gruppe von Aufsichtsratsmitgliedern ist bei der Wahl des Stellvertreters zu berücksichtigen,
- das an Jahren älteste Mitglied soll Vorsitzender sein.

In den Gesellschaften, die unter das Mitbestimmungsgesetz fallen, müssen der Aufsichtsratsvorsitzende und sein Stellvertreter nach einem zwingend vorgesehenen Verfahren gewählt werden (§ 27 MitbestG). Abweichende Bestimmungen in der Satzung oder der Geschäftsordnung des Aufsichtsrats sind unzulässig (*Henze*, Aktienrecht, 5. Aufl. 2002, Rn. 586).

Jeder Vorsitzende muss einen oder mehrere *Stellvertreter* haben. Die Begrenzung ihrer Zahl und eine Festlegung der Reihenfolge ist durch Satzung möglich. Der Leitung eines Kollegialorgans entspricht es, dass der Lebensälteste als Stellvertreter tätig wird, sofern er nicht zum Vorsitzenden gewählt worden ist. Für die Wahl des Stellvertreters gelten dieselben Grundsätze wie für die Wahl des Vorsitzenden.

▷ **Weitere Relevanz:**

- bei der Angabepflicht auf Geschäftbriefen (§ 80 Abs. 1 Satz 1 AktG),
- doppelte Anrechnung bei der Zählung der Aufsichtsratsmandate (§ 100 Abs. 2 Satz 1 Nr. 1 Satz 2 AktG).

5. Ausschüsse

▷ **Begriff:** Der Ausschuss verkörpert ein Teil-Gremium des Gesamt-Aufsichtsrats, auf den der Aufsichtsrat spezielle Aufgaben delegieren kann. Das Aufsichtsratsgremium ist im Gegensatz zum Ausschuss der Gesamtaufsichtsrat als Organ. Der Aufsichtsrat kann aus seiner Mitte einen oder mehrere Ausschüsse bestellen, namentlich, um seine Verhandlungen und Beschlüsse vorzubereiten oder die Ausführung seiner Beschlüsse zu überwachen (§ 107 Abs. 3 Satz 1 AktG). Das MitbestG greift in die Organisationsautonomie des Aufsichtsrats nur durch den

Zwang zur Bildung des Vermittlungsausschusses ein (§ 27 Abs. 3 MitbestG). Darüber hinaus obliegt dem Aufsichtsrat selber die Entscheidung (einfache Mehrheit), ob und inwieweit Ausschüsse gebildet und welche Aufgaben auf diese übertragen werden sollen. Die → *Geschäftsordnung* des Aufsichtsrats darf, als Ausdruck der Organisationsautonomie, Regelungen über die Bildung und Besetzung von Ausschüssen, insbesondere hinsichtlich deren Art, der Mitgliederzahl und deren Regelung des Vorsitzes enthalten.

▷ **Zuständigkeit:** Aufsichtsrat hat autonome Zuständigkeit bei der Bildung von Aufsichtsratsausschüssen. Hauptversammlung und Satzung können nicht darüber bestimmen, dass Ausschüsse zu bilden sind oder nicht.

▷ **Vorteile bei der Bildung von Ausschüssen:** Durch eine Ausschussbildung werden

- spezielle Fachkompetenz und Sachkunde gebündelt,
- die Arbeitsökonomie erhöht und
- der Gesamtaufsichtsrat entlastet.

Zur Bewältigung der Überwachungsaufgaben ist es daher speziell in Großunternehmen unumgänglich, die Vorteile einer solchen Ausschussorganisation zu nutzen.

▷ **Nicht delegierbare Befugnisse des Aufsichtsrats:** Nicht möglich ist die Delegation/Übertragung der Kompetenzen hinsichtlich (§ 107 Abs. 3 Satz 2 AktG, Aufzählung jedoch *nicht abschließend*)

- Ernennung oder Widerruf der Bestellung von Vorstandsmitgliedern und des Vorstandsvorsitzenden (§ 84 AktG),
- Wahl des Aufsichtsratsvorsitzenden und seines Stellvertreters (§ 107 Abs. 1 Satz 1 AktG),
- Zustimmung zur Abschlagszahlung auf den Bilanzgewinn (§ 59 Abs. 3 AktG),
- Festlegung der Geschäftsordnung des Vorstands, sofern die Satzung den Erlass einer solchen dem Aufsichtsrat übertragen hat (§ 77 Abs. 2 Satz 1 AktG),
- Einberufung von Hauptversammlungen (§ 111 Abs. 3 AktG),
- Beschluss über Zustimmungserfordernis des Aufsichtsrats bei bestimmten Arten von Geschäften (§ 111 Abs. 4 Satz 2 i.V.m. § 107 Abs. 3 Satz 2 AktG),
- Prüfung des Jahresabschlusses, des Lageberichts und des Berichts über die Beziehungen zu verbundenen Unternehmen sowie des Vorschlags zur Verwendung des Bilanzgewinns (§§ 170, 171 AktG) sowie
- Prüfung des Vorstandsberichts über die Beziehungen zu verbundenen Unternehmen und des Berichts des Aufsichtsrats hierüber an die Hauptversammlung (§ 314 Abs. 2 und 3 AktG).

Darüber hinaus sind dem Aufsichtsratsplenum folgende Befugnisse innerhalb seines Gremiums *zwingend vorbehalten:*

- Erlass einer Geschäftsordnung für den Aufsichtsrat,

- Bildung und Auflösung von Aufsichtsratsausschüssen,
- Abberufung des Aufsichtsratsvorsitzenden und seines Stellvertreters,
- Antrag auf gerichtliche Abberufung eines Aufsichtsratsmitglieds aus wichtigem Grund (§ 103 Abs. 3 AktG),
- Beanstandung und anschließende Stellungnahme des Aufsichtsrats (§ 4 Abs. 4 und 5 MitbestErgG).

▷ **Einrichtung und Besetzung des Ausschusses:** Der Ausschuss wird eingerichtet
- entsprechend der abstrakten Bestimmung in der Geschäftsordnung des Aufsichtsrats nach den dort geregelten Modalitäten (Pflicht in bestimmten Fällen, freiwillige Einsetzung eines Ausschusses auf Antrag eines oder mehrerer Aufsichtsratsmitglieder etc.) oder
- aufgrund eines ad hoc Beschlusses des Aufsichtsrats, wobei einfache Mehrheit der abgegebenen Stimmen der Aufsichtsratsmitglieder ausreichend ist.

Nur Aufsichtsratsmitglieder dürfen zu Mitgliedern eines Ausschusses bestellt werden. Beschlussfähigkeit des Ausschusses ist erst bei 3 Mitgliedern gewährleistet (Rechtsgedanke des § 108 Abs. 2 Satz 3 AktG). Als ideale Größe dürften 3 bis 5 Mitglieder anzusehen sein. Das zwingende *Paritätsgebot* des Gesamtaufsichtsrats ist nicht erforderlich. Aufgrund gefestigter Rechtsprechung ist aber die Mitgliedschaft eines Arbeitnehmervertreters in jedem Ausschuss erforderlich (→ *Mitbestimmung*). Für Ausschüsse, die anstelle des Plenums beschließen, ist ein Mindestquorum von 3 an der Beschlussfassung teilnehmenden Mitgliedern erforderlich (§ 108 Abs. 2 Satz 3 AktG). Da diese Ausschüsse beschlussunfähig werden, falls weniger als 3 Aufsichtsratsmitglieder an der Beschlussfassung teilnehmen, empfiehlt es sich, den Ausschuss mit einer über die für eine Beschlussfassung erforderliche Mindestanzahl von Mitgliedern zu besetzen. Die Satzung kann das Recht sämtlicher Aufsichtsratsmitglieder, an den Sitzungen jedes Ausschusses teilzunehmen, nicht ausschließen. Der Vorsitzende des Aufsichtsrats kann jedoch die Teilnahme an den Ausschusssitzungen auf dessen Mitglieder beschränken oder sogar einzelne Aufsichtsratsmitglieder in Einzelfällen von den Sitzungen fernhalten.

▷ **Arten:** Nach der Art der dem einzelnen Ausschuss obliegenden Aufgaben kann unterschieden werden zwischen (§ 107 Abs. 3 AktG)
- vorbereitendem Ausschuss: bereitet die Verhandlungen und Beschlüsse des Gesamtaufsichtsrats vor,
- entscheidendem Ausschuss: übernimmt bestimmte Aufgaben zur Beschlussfassung an Stelle des Plenums,
- überwachendem Ausschuss: kontrolliert die Ausführung von Aufsichtsratsbeschlüssen durch den Vorstand.

Die wichtigsten Ausschüsse sind
- der Prüfungsausschuss: er hat die Aufgabe, die Entscheidung des Aufsichtsrats über die Feststellung des Jahresabschlusses vorzubereiten;

– der Personalausschuss: er hat die Aufgabe, Personalentscheidungen des Aufsichtsrats grundsätzlich lediglich vorzubereiten. Er kann aber an Stelle des Aufsichtsrats beschließen über

- Abschluss, Änderung und Beendigung der Anstellungsverträge mit den Mitgliedern des Vorstands,
- sonstige Rechtsgeschäfte mit Vorstandsmitgliedern (§ 112 AktG),
- Einwilligung zu anderweitigen Tätigkeiten eines Vorstandsmitglieds (§ 88 AktG),
- Gewährung von Darlehen an Vorstands- und Aufsichtsratsmitglieder (§§ 89, 115 AktG),
- Zustimmung zu Verträgen mit Aufsichtsratsmitgliedern (§ 114 AktG).

– der Vermittlungsausschuss: Für Gesellschaften, die in den Anwendungsbereich des MitbestG fallen, ist die Bildung eines Vermittlungsausschusses zwingend vorgeschrieben (§ 27 Abs. 3 MitbestG, → *Mitbestimmung*). In diesem Ausschuss müssen der Aufsichtsratsvorsitzende, sein Stellvertreter sowie jeweils ein Vertreter der Anteilseigner und der Arbeitnehmer vertreten sein. Die Aufgabe des Vermittlungsausschusses besteht ausschließlich in der Mitwirkung bei Personalentscheidungen, sofern ein hierzu erforderlicher Beschluss des Aufsichtsrats nicht zustande kommt (§ 31 Abs. 3 Satz 1 und Abs. 5 MitbestG).

Zur Ausschussarbeit s. *Jaeger* in Nirk/Ziemons/Binnewies, Handbuch der AG, Loseblatt, Rn. 9.257 ff.

6. Erster Aufsichtsrat

▷ **Bestellung:** Die Gründer haben für das erste Geschäftsjahr den ersten Aufsichtsrat und einen Abschlussprüfer zu bestellen (§ 30 Abs. 1 AktG). Da diese Bestellung der *notariellen* → *Beurkundung* bedarf, empfiehlt es sich, die Bestellung unmittelbar nach der Satzungsfeststellung und der Aktienübernahmeerklärung in derselben notariellen Urkunde vorzunehmen (vgl. §§ 23 Abs. 1, 30 Abs. 1 Satz 2 AktG). Ein zusätzlicher Notartermin wird dadurch vermieden. Die Gründer beschließen über die Bestellung der Mitglieder des ersten Aufsichtsrats in gleicher Weise, wie dies später durch die Hauptversammlung zu geschehen hat (§§ 119 Abs. 1 Nr. 1, 101, 102 Abs. 1 AktG). Hierzu ist vorbehaltlich einer anderen Regelung in der Satzung oder im Gesetz die einfache Mehrheit der abgegebenen Stimmen ausreichend (§ 133 AktG), wobei sich das Stimmgewicht grundsätzlich nach den übernommenen Aktien richtet. Streitig ist insoweit, ob die Bestellung nur bei Mitwirkung aller Gründer wirksam ist, oder ob die Mehrheit der anwesenden Gründer genügt. Letzteres dürfte dann ausreichend sein, wenn allen Gründern der Termin der Beschlussfassung ordnungsgemäß und rechtzeitig mitgeteilt wurde und sie damit die Möglichkeit der Stimmrechtsausübung haben.

▷ **Zusammensetzung:** Der erste Aufsichtsrat besteht in der Regel (Sonderfall nur bei der Sachgründung § 31 AktG) nur aus Vertretern der Anteilseigner. Bei dem ersten Aufsichtsrat ist ein Arbeitnehmervertreter im Aufsichtsrat nicht erforderlich. Da noch keine Arbeitnehmer vorhanden sind, finden die Vorschriften über die Bestellung von Aufsichtsratmitgliedern der Arbeitnehmer keine Anwendung (§ 30 Abs. 2 AktG). Die Gründer müssen so viele Aufsichtsratsmitglieder bestellen, wie dies in der Satzung vorgesehen ist, da anderenfalls der Aufsichtsrat nicht ordnungsgemäß besetzt wäre. Eine geringere Zahl an Aufsichtsratsmitgliedern kann nicht mit der Erwägung bestellt werden, dass nach dem Ende der Amtszeit des ersten Aufsichtsrats die Vertreter der Arbeitnehmer hinzutreten.

▷ **Amtszeit und Entlassung:** Die Amtszeit des ersten Aufsichtsrats endet mit der Hauptversammlung, die über die Entlastung für das erste Voll- oder Rumpfgeschäftsjahr beschließt, soweit die Satzung keine kürzere Amtszeit des ersten Aufsichtsrats festlegt (§ 30 Abs. 3 Satz 1 AktG). Für die Beendigung der Amtszeit ist es nicht ausreichend, dass eine Hauptversammlung stattfindet, sondern es muss über die Entlastung tatsächlich beschlossen werden. Unerheblich ist, ob die Entlastung erteilt oder versagt wird. Wird indes die Entscheidung über die Entlastung einzelner Aufsichtsratsmitglieder vertagt, so dauert deren Amtszeit fort. Scheiden einzelne Mitglieder des ersten Aufsichtsrats vorzeitig aus ihrem Amt aus, so endet die Amtszeit ihrer Nachfolger dennoch mit dem Ende der Amtszeit des ersten Aufsichtsrats. Rechtzeitig vor Ablauf der Amtszeit des ersten Aufsichtsrats hat der Vorstand bekannt zu machen, nach welchen gesetzlichen Vorschriften der nächste Aufsichtsrat nach seiner Vorstellung zusammenzusetzen ist (§§ 96 bis 99 i.V.m. § 30 Abs. 3 Satz 2 AktG). Nach der Eintragung der Aktiengesellschaft endet die Zuständigkeit der Gründer für die Abberufung von Mitgliedern des ersten Aufsichtsrats und die Bestellung von Nachfolgern vorzeitig ausgeschiedener Aufsichtsratsmitglieder und wird ersetzt durch die allgemeine Zuständigkeit der Hauptversammlung gemäß §§ 101, 103 AktG.

▷ **Vergütung des ersten Aufsichtsrats:** Nur die Hauptversammlung kann den Mitgliedern des ersten Aufsichtsrats eine Vergütung für ihre Tätigkeit bewilligen. Dies kann jedoch nur im Nachhinein erfolgen, also in der Hauptversammlung, die über die Entlastung der Mitglieder des ersten Aufsichtsrats beschließt. Es besteht aber die Möglichkeit, den Mitgliedern des ersten Aufsichtsrats Sondervorteile oder Gründerlohn einzuräumen. Dies bedarf allerdings der vorherigen Festsetzung in der Satzung und zieht eine externe Gründungsprüfung nach sich (§§ 32 Abs. 3, 33 Abs. 2 Nr. 3, 26 AktG).

▷ **Aufgaben des ersten Aufsichtsrats:** Neben den gründungsspezifischen Aufgaben kommen dem ersten Aufsichtsrat noch sämtliche Aufgaben zu, die auch der ordentliche Aufsichtsrat wahrzunehmen hat, soweit sich aus der Besonderheit des Gründungsstadiums keine Abweichungen ergeben. Vor allem hat auch der erste Aufsichtsrat die Geschäftsführung des Vorstandes zu überwachen und die Gesellschaft gegenüber ihren Vorstandsmitgliedern nach außen zu vertreten (§§ 111 Abs. 1, 112 AktG).

Beispiele für die gründungsspezifische Aufgaben

- die Bestellung des ersten Vorstandes (§ 30 Abs. 4 AktG),
- die Gründungsprüfung (§ 33 AktG) und
- die Anmeldung der Gesellschaft zur Eintragung ins Handelsregister.

▷ **Beschlussfähigkeit des ersten Aufsichtsrats:** Der erste Aufsichtsrat ist bereits funktionsfähig, d.h. voll beschlussfähig, wenn die Hälfte, jedoch mindestens 3 seiner Mitglieder an der Beschlussfassung teilnehmen (§ 31 Abs. 2 AktG). Eine Verringerung der Mindestzahl ist auch durch Satzung nicht möglich. Der erste Aufsichtsrat ist ein „teilbestellter" Aufsichtsrat mit allen Rechten und Pflichten (§ 30 AktG).

7. Haftung des Aufsichtsrats

Eine Haftung des Aufsichtsrats als Organ gegenüber der Gesellschaft oder Dritten kommt nicht in Betracht (→ *Schadenersatzpflicht*). Für die Verletzung von Organpflichten haften lediglich die → *Aufsichtsratsmitglieder*.

Hinweis auf weiterführende Literatur: *Baums*, Der fehlerhafte Aufsichtsratsbeschluss, ZGR 1983, 300, 313; *Deckert*, Effektive Überwachung der Aktiengesellschaft-Geschäftsführung durch Ausschüsse des Aufsichtsrats, ZIP 1996, 985, 992; *Dreher*, Das Ermessen des Aufsichtsrats – der Aufsichtsrat in der AG zwischen Vorstandsautonomie und Richterkontrolle, ZHR 158 (1994), 614 ff.; *Fischer*, Vertretung einer Aktiengesellschaft durch den Aufsichtsrat, ZNotP 2002, 297 ff.; *Gelter/Haberer*, Aufsichtsrat und Konzernabschluss, GesRZ 2001, 169 ff.; *Gernoth*, Die Überwachungspflichten des Aufsichtsrats im Hinblick auf das Risiko-Management und die daraus resultierenden Haftungsfolgen für den Aufsichtsrat, DStR 2001, 299 ff.; *Götz*, Rechte und Pflichten des Aufsichtsrats nach dem Transparenz- und Publizitätsgesetz, NZG 2002, 599 ff.; *Hommelhoff*, Die Autarkie des Aufsichtsrats, ZGR 1983, 551 ff.; *Hopt*, Übernahmen, Geheimhaltung und Interessenkonflikte: Probleme für Vorstände, Aufsichtsräte und Banken, ZGR 2002, 333 ff.; *Kiethe*, Persönliche Haftung von Organen der Aktiengesellschaft und der GmbH – Risikovermeidung durch D&O-Versicherung?, BB 2003, 537 ff.; *Kindl*, Die Teilnahme an der Aufsichtsratssitzung 1993, S. 113 ff.; *Kindl*, Beschlussfassung des Aufsichtsrats und neue Medien – Zur Änderung des § 108 Abs. 4 AktG, ZHR 166 (2002), 335–348; *Lutter/Krieger*, Rechte und Pflichten des Aufsichtsrats, 4. Aufl. 2002; *Mutter*, Unternehmerische Entscheidungen und Haftung des Aufsichtsrats der Aktiengesellschaft, 1994; *Neuling*, Präsenzpflicht in der Bilanzsitzung des Aufsichtsrats, AG 2002, 610 ff.; *Pahlke*, Risikomanagement nach KonTraG – Überwachungspflichten und Haftungsrisiken für den Aufsichtsrat, NJW 2002, 1680 ff.; *Peltzer*, Corporate Governance Codices als zusätzliche Pflichtenbestimmung für den Aufsichtsrat, NZG 2002, 10 ff.; *Ruhwedel/Epstein*, Eine empirische Analyse der Strukturen und Prozesse in den Aufsichtsräten deutscher Aktiengesellschaften, BB 2003, 161 ff.; *Schenck*, Die laufende Information des Aufsichtsrats einer Aktiengesellschaft durch den Vorstand, NZG 2002, 64 ff.; *Schwarz*, Die satzungsmäßige Aufsichtsratsermächtigung zur Bestimmung der Anzahl der Vorstandsmitglieder – zur richtlinienkonformen Auslegung des § 76 Abs. 2 Satz 2 AktG, DStR 2002, 1306 ff.; *Schwarz*, Vertretungsregelung durch den Aufsichtsrat (§ 78 Abs. 3 Satz 2 AktG) und durch Vorstandsmitglieder (§ 78 Abs. 4 Satz 1 AktG), ZHR 166 (2002), 625 ff.; *Stein*, Die Grenzen vollmachtloser Vertretung gegenüber Vorstandsmitgliedern und Geschäftsführern, AG 1999, 19, 28, 31 ff.; *Temmel*, Die Unabhängigkeit des Aufsichtsrates: Beendet durch das Aktienoptionsgesetz?, GesRZ 2002, 21 ff.; *Theisen*, Zur Reform des Aufsichtsrats – Eine betriebswirtschaftliche Bestandsanalyse und Perspektive, in *Dörner/Menold/Pfitzer* (Hrsg.), Reform des Aktienrechts, 2. Aufl. 2003, S. 431 ff.; *Wagner*, Aufsichtsratssitzung in Form der Videokonferenz, NZG 2002, 57 ff.; *Winter/Harbarth*, Verhaltenspflichten von Vorstand und Aufsichtsrat der Zielgesellschaft bei feindlichen Übernahmeangeboten nach dem WpÜG, ZIP 2002, 1 ff.

Hinweis auf weitere Stichwörter

- → *Abstimmung*
- → *Aufsichtsratsmitglieder*
- → *D&O-Versicherung*
- → *Haftung*
- → *Organschaft*
- → *Sitzung*
- → *Vertretung der AG*

Aufsichtsratsmitglieder

1. Begriff 112
2. Persönliche Voraussetzungen 112
3. Bestellung der Aufsichtsratsmitglieder........................... 114
4. Haftung der Aufsichtsratsmitglieder 116

1. Begriff

Die Mitgliedschaft im Aufsichtsrat wird vom *Grundsatz des freien Mandats* bestimmt. Daraus folgt die höchstpersönliche Unabhängigkeit jedes einzelnen Aufsichtsratsmitglieds gegenüber außenstehenden Dritten (§ 111 Abs. 5 AktG, gemeint ist ein möglicher Bestechungsversuch). Aufsichtsratsmitglieder sind nicht Vertreter von Partikularinteressen; sie sind nicht an die Richtlinien und Weisungen derjenigen Institutionen (Großbanken auf der Anteilseignerseite, Gewerkschaften an der Arbeitnehmerseite) gebunden, die sie in den Aufsichtsrat delegiert haben (vgl. § 26 MitbestG).

2. Persönliche Voraussetzungen

▷ **Gesetzliche persönliche Voraussetzungen:** Aufsichtsratsmitglieder können nur natürliche und unbeschränkt geschäftsfähige Personen sein (§ 100 Abs. 1 AktG). Sie brauchen nicht Aktionäre zu sein und müssen nicht die deutsche Staatsangehörigkeit besitzen. Weitere gesetzlich normierte Negativvoraussetzungen sind:

– *Beschränkung der Aufsichtsratsmandate* (§ 100 Abs. 2 Satz 1 Nr. 1 AktG): Die Zahl der zulässigen Aufsichtsratsmandate beschränkt sich auf 10. Dabei sind Aufsichtsratsämter doppelt anzurechnen, für die das Mitglied zum Vorsitzenden (nicht bei stellvertretenden Vorsitzenden) gewählt ist (= Doppelzählung). Sitze im Aufsichtsrat einer mitbestimmten GmbH sind mitzuzählen. Nicht einzubeziehen sind dagegen Sitze in Aufsichtsratsgremien einer GmbH, denen es freisteht, einen Aufsichtsrat zu bilden (§ 52 GmbHG), sowie Sitze in Geschäftsführungsausschüssen oder Beiräten von Handelsgesellschaften, es sei denn, dass sie alleine oder neben einem Aufsichtsrat bestehen. Aufgrund des Konzernprivilegs (§ 100 Abs. 2 Satz 2 AktG) sind bis zu 5 Sitze (konzerninterne Mandate) nicht anzurechnen, die ein gesetzlicher Vertreter bzw. der Inhaber eines herrschenden Unternehmens bei zum Konzern gehörenden Handelsgesellschaften, die gesetzlich zur Bildung eines Aufsichtsrats verpflichtet sind, innehat. Gesetzliche Vertreter sind Vorstände, Geschäftsführer und persönlich haftende Gesellschafter. Das Gesetz meint damit nur deutsche Gesellschaften. Nicht mitzuzählen sind Aufsichtsratssitze in Genossenschaften, da diese keine Handelsgesellschaften sind;

- *Organstellung* in einem abhängigem Unternehmen (§ 100 Abs. 2 Satz 1 Nr. 2 AktG): der zu Bestellende darf nicht gesetzlicher Vertreter eines von der Gesellschaft abhängigen, auch ausländischen, Unternehmens sein;
- *Verbot der Überkreuzverflechtung* (§ 100 Abs. 2 Satz 1 Nr. 3 AktG): Der zu Bestellende darf nicht gesetzlicher Vertreter einer anderen Kapitalgesellschaft sein, deren Aufsichtsrat ein Vorstandsmitglied der Aktiengesellschaft angehört. Von dem Verbot betroffen sind nur inländische Gesellschaften, die kraft Gesetzes einen Aufsichtsrat bilden müssen. Es gilt der Grundgedanke, dass derjenige, der überwachen soll, nicht selbst in einer anderen Gesellschaft der Überwachung durch den Überwachten unterstehen kann;
- *Wettbewerber im Aufsichtsrat:* In solchen Fällen besteht keine Mandatsunfähigkeit, sondern lediglich die Möglichkeit der Abberufung (§ 103 Abs. 3 AktG, so *Hüffer*, AktG, 7. Aufl. 2006, § 103 Rn. 13a, 13b; a.A. *Lutter* in Lutter/Krieger, Rechte und Pflichten des Aufsichtsrats, 4. Aufl. 2002, § 13 Rn. 9, befürwortet eine Mandatsunfähigkeit analog §§ 100, 105 AktG).

▷ **Satzungsmäßige persönliche Voraussetzungen:** Die Satzung kann über die in § 100 AktG niedergelegten persönlichen Voraussetzungen hinaus weitere Voraussetzungen aufstellen (z.B. Aktionärseigenschaft, bestimmte Staatsangehörigkeit). Diese gelten aber nicht für Arbeitnehmervertreter. Eine Festlegung derart, dass nur ein im Voraus feststehender Personenkreis gewählt werden kann, ist nicht möglich.

▷ **Prinzip der Funktionstrennung** (Inkompatibilität der Ämter Vorstand und Aufsichtsrat): Nach dem Prinzip der Funktionstrennung kann nicht Aufsichtsratsmitglied sein, wer zugleich ordentliches oder stellvertretendes Mitglied des Vorstands der Gesellschaft, ein Prokurist oder ein zum gesamten Geschäftsbetrieb ermächtigter Handlungsbevollmächtigter (Generalbevollmächtigter der Gesellschaft) ist. Dies soll die Trennung zwischen Unternehmensleitung (Führung) und Kontrolle (Überwachung) gewährleisten. Hierzu gibt es jedoch *Ausn.*

Beispiele für Ausnahmen zum Prinzip der Funktionstrennung

- Wenn der Aufsichtsrat für begrenzte Zeit – höchstens für die Dauer eines Jahres – einzelne seiner Mitglieder zu Stellvertretern von fehlenden oder verhinderten Vorstandsmitgliedern bestellt (§ 105 Abs. 2 AktG),
- bei Prokuristen: Sie sind als Aufsichtsratsmitglieder nur dann ausgeschlossen, wenn sie dem Vorstand unmittelbar unterstellt und für das gesamte Unternehmen bestellt sind (§ 6 Abs. 2 MitbestG).

▷ **Aufsichtsratsmitglieder der Arbeitnehmer:** Aufsichtsratsmitglieder der Arbeitnehmer müssen zusätzlich folgende besondere Voraussetzungen erfüllen (§ 7 Abs. 3 und 4 MitbestG):

- Vollendung des 18. Lebensjahres,

- min. 1 Jahr Unternehmenszugehörigkeit,
- Erfüllung der besonderen Wählbarkeitsvoraussetzungen des § 8 BetrVG. In den Fällen der §§ 4 und 5 MitbestG genügt die Zugehörigkeit zur KG bzw. zu einem Konzernunternehmen, da deren Arbeitnehmer als Arbeitnehmer der Komplementärgesellschaft bzw. des herrschenden Unternehmens gelten.

▷ Rechtsfolgen eines **Verstoßes gegen die persönlichen Voraussetzungen:** Die Bestellung einer Person, die nicht Aufsichtsratmitglied sein kann, ist nichtig (§ 250 Abs. 1 Nr. 4 i.V.m. § 100 Abs. 1 und 2 AktG). Ihr Handeln berührt die Gesellschaft nicht, eine erfolgte Vertretung der Gesellschaft ist nicht ordnungsgemäß. Die Auswirkung auf Beschlüsse des Aufsichtsrats sind umstritten: handlungsunfähig ist der Aufsichtsrat jedenfalls dann, wenn ihm weniger als 3 Personen angehören (§ 95 Satz 1 AktG), eine Beschlussfassung ist dann nicht möglich (§ 108 Abs. 2 Satz 3 AktG). Im Falle der Überkreuzverflechtung (s.o.) erlischt das Amt, dessen Übernahme den gesetzwidrigen Umstand herbeigeführt hat. Der Fall der Überschreitung der Höchstzahl der Mandate kann während der Amtszeit nicht auftreten, weil das Mandat, welches die Überschreitung auslöst, nicht wirksam übernommen werden kann.

3. Bestellung der Aufsichtsratmitglieder

▷ **Aufsichtsratmitglieder der Aktionäre** werden von der → *Hauptversammlung* mit einfacher Stimmenmehrheit gewählt (§§ 101, 133 Abs. 1 AktG). Die Wahl erfolgt nach dem *Grundsatz der Wahlfreiheit*, durch Hauptversammlungsbeschluss aufgrund der Tagesordnung (§ 124 Abs. 2 AktG) und ist ein korporationsrechtliches Rechtsgeschäft (entspricht der Bestellung des → *Vorstandes* durch den → *Aufsichtsrat*). Durch einen sog. *Poolvertrag* können sich Aktionäre untereinander bzw. auch mit Dritten verbindlich absprechen, das Stimmrecht innerhalb der gesetzlichen Grenzen in bestimmter Weise auszuüben (§§ 136 Abs. 2 und 405 Abs. 3 Nr. 6 und 7 AktG, §§ 138, 242 BGB). Die Verpflichtung wirkt nur schuldrechtlich. Der Erfüllungsanspruch ist zwar von der Rechtsprechung anerkannt, jedoch gegenüber der Hauptversammlung praktisch unmöglich zu erstreiten (BGHZ 48, 163, 169, 173 f.). Wirksame Absicherung der Stimmrechtsverpflichtung durch Vereinbarung einer Vertragsstrafe ist möglich. Eine Bindung an den Vertrag nach Wegfall der persönlichen Voraussetzungen des zu Wählenden besteht nicht.

▷ **Bestellung von Ersatzmitgliedern:** Stellvertreter von Aufsichtsratmitgliedern können nicht bestellt werden. Aufsichtsratmitglieder dürfen sich auch im Verhinderungsfall nicht vertreten lassen (BGHZ 99, 211, 213 ff.). Es ist aber möglich, bereits im Voraus ein Ersatzmitglied für den Fall des Wegfalls eines Aufsichtsratmitglieds zu bestellen (§ 101 Abs. 3 Satz 1 und 2 AktG, § 6 Abs. 2 Satz 1 MitbestG). Eine nachträgliche Bestellung von Ersatzmitgliedern für bereits gewählte Aufsichtsratmitglieder ist nicht zulässig. Die Bestellung des Ersatzmitglieds hat zusammen mit der Bestellung des Aufsichtsratmitglieds zu erfolgen, das gegebenenfalls ersetzt werden soll. Eine Person kann zum Ersatzmitglied für mehrere Aufsichtsratmitglieder bestellt werden. Die Bestellung sowie die Abberufung von Ersatzmitgliedern richten sich nach den Vorschriften, die für die Bestellung und Abberufung des Aufsichtsratmitglieds maßgeblich sind (§ 101 Abs. 3 Satz 4 AktG). In das Amt gelangt das Ersatzmitglied erst, wenn das zu ersetzende Mitglied wegfällt und das Ersatzmitglied die Bestellung annimmt. Das Amt des Ersatzmitglieds erlischt spätestens mit dem Ablauf der Amtszeit des weggefallenen Aufsichtsratsmitglieds (§ 102 Abs. 2 AktG). Große Bedeutung erlangt die Bestellung von Ersatzmitgliedern bei Gesellschaften, die unter das Mitbestimmungsgesetz oder das MontanMitbestG fallen, weil der Wegfall eines Aufsichtsratsmitglieds eine unterparitätische Besetzung des Gesamtorgans zur Folge haben kann. Alternativ zur Bestellung von Ersatzmitgliedern durch die Hauptversammlung bietet sich die gerichtliche Ersatzbestellung an (§ 104 AktG, § 17 MitbestG).

▷ **Entsendung von Aufsichtsratsmitgliedern:** Aufsichtsratsmitglieder können aufgrund eines in der Satzung verankerten *Sonderrechts* entsandt werden (§§ 101 Abs. 2 AktG, 35 BGB). Soll ein solches Recht bestimmten Aktionären zustehen, so müssen diese in der Satzung namentlich genannt sein. Wenn das Entsendungsrecht den Inhabern bestimmter Aktien eingeräumt wird, muss es sich um *vinkulierte Namensaktien* handeln (→ *Vinkulierung*). In den Aufsichtsrat kann höchstens 1/3 der Aufsichtsratsmitglieder der Aktionäre entsandt werden. Im Falle eines mitbestimmten, aus 3 Mitgliedern bestehenden Aufsichtsrats läuft das Entsendungsrecht deshalb ins Leere. Verstößt das in der Satzung verankerte Entsendungsrecht gegen das Gesetz, weil bei seiner Ausübung mehr als die zulässige Anzahl von Aufsichtsratsmitgliedern entsandt würden, ist die Satzungsbestimmung über das Entsendungsrecht nichtig. Falls dabei mehrere Entsendungsrechte zusammenwirken, so sind alle Entsendungsrechte nichtig. Das Entsendungsrecht wird durch Benennung der Person des Aufsichtsratsmitglieds gegenüber der Aktiengesellschaft, vertreten durch ihren Vorstand, ausgeübt.

Die Entziehung des Entsendungsrechts ist nur mit Zustimmung des Berechtigten möglich. Hauptversammlungsbeschlüsse, die das Entsendungsrecht mittelbar oder unmittelbar beeinträchtigen, sind ohne Einverständnis des Berechtigten unwirksam.

Beispiele

Hauptversammlungsbeschlüsse, die nur mit Zustimmung des Entsendungsberechtigten wirksam sind:
- Herabsetzung der Zahl der Mitglieder des Aufsichtsrats durch Satzungsänderung, wenn dadurch mehr als 1/3 der Aufsichtsratsmitglieder entsendet werden würden oder
- bei der Kapitalherabsetzung, wenn eine der Kapitalgrenzen des § 95 AktG unterschritten wird.

Hauptversammlungsbeschlüsse, die die Satzung lediglich dem Gesetz anpassen, fallen nicht darunter (*Meyer-Landrut* in GK.AktG, 3. Aufl., § 101 Rn. 13; a.A. *Hopt/ Roth* in GK.AktG, 4. Aufl. 2005, § 101 Rn. 135; Godin/Wilhelmi, AktG, 4. Aufl. 1971, § 101 Rn. 3: der Kapitalherabsetzungsbeschluss ist nicht zustimmungsbedürftig).

Zwischen dem Entsendungsberechtigten und den Entsandten besteht regelmäßig das Vertragsverhältnis des Auftrags oder des Geschäftsbesorgungsvertrags. Die Entsandten unterliegen nicht den Weisungen der Entsendungsberechtigten (ein etwaiges Weisungsrecht des Berechtigten wird stets von dem Interesse der Gesellschaft und den Aufsichtsratspflichten überlagert). Es besteht keine Verpflichtung des Berechtigten gegenüber der Gesellschaft oder deren Gläubigern, außer dies ist in der Satzung geregelt.

▷ **Aufsichtsratsmitglieder der Arbeitnehmer:** → *Mitbestimmung,* → *Arbeitnehmer*

▷ **Gerichtliche Entscheidung über die Zusammensetzung des Aufsichtsrats** (§§ 98, 99 AktG), wenn streitig oder ungewiss ist, nach welchen gesetzlichen Vorschriften der Aufsichtsrat zusammenzusetzen ist → *Gerichtliche Entscheidung.*

▷ **Tätigwerden fehlerhaft bestellter Aufsichtsratsmitglieder:** Das Handeln fehlerhaft bestellter Aufsichtsratsmitglieder berührt nicht die Gesellschaft. Beschlüsse, bei denen fremde Personen mitgestimmt haben, sind nur dann unwirksam, wenn sie auf der Stimmabgabe des Dritten beruhen, unabhängig davon, ob das fehlerhaft bestellte Aufsichtsratsmitglied die Meinung der anderen Aufsichtsratsmitglieder beeinflusst hat (beweispflichtig ist die Gesellschaft; § 109 AktG billigt eine Einflussnahme Dritter). Beschlüsse, an denen der Betreffende mitgewirkt hat, bleiben wirksam, wenn seine Stimme bei der Beschlussfassung nicht den Ausschlag gegeben hat.

Ein unter Mitwirkung eines anfechtbar bestellten Aufsichtsratsmitglied zustande gekommener Beschluss ist nach Rechtskraft des Anfechtungsurteils ex tunc nichtig.

▷ Für die **Nichtigkeit und Anfechtbarkeit der Wahl** von Aufsichtsratsmitgliedern der Arbeitnehmer gelten besondere Regelungen:

– Die Wahl eines Arbeitnehmers zum Aufsichtsrat ist nichtig, wenn er die Wählbarkeitsvoraussetzungen nicht erfüllt (§§ 6 Abs. 2, 7 Abs. 2 und 3 MitbestG). Die gerichtliche Feststellung der Nichtigkeit kann von jedermann, der hieran ein berechtigtes Interesse hat, jederzeit ohne besondere Verfahrensvoraussetzungen beantragt werden. Sie hat rückwirkende Kraft;

– die Wahl von Aufsichtsratsmitgliedern der Arbeitnehmer ist anfechtbar, wenn gegen wesentliche Vorschriften über das Wahlrecht, die Wählbarkeit oder das Wahlverfahren verstoßen worden ist, es sei denn, das Wahlergebnis konnte durch den Verstoß weder geändert noch beeinflusst werden (s. *Fitting/Wlotzke/ Wißmann,* MitbestG, 3. Aufl. 1997, § 22 Rn. 5 ff. mit Beispielen).

4. Haftung der Aufsichtsratsmitglieder

Für die Sorgfaltspflicht und Verantwortlichkeit der Aufsichtsratsmitglieder gilt das Gleiche wie für die → *Vorstandsmitglieder* (§§ 116, 93 AktG).

▷ **Sorgfaltsmaßstab:** Die Aufsichtsratsmitglieder haben bei der Wahrnehmung ihrer Aufgaben die Sorgfalt eines ordentlichen und gewissenhaften Geschäftsleiters anzuwenden. Im Übrigen bestimmt sich das Maß der von den Aufsichtsratsmitgliedern anzuwendenden Sorgfalt nach der im rechtlichen Geschäftsverkehr herrschenden Anschauung über die sorgfältige Erfüllung der Aufgaben eines ordentlich und gewissenhaft Überwachenden. Im Einzelnen bestehen folgende Mindestanforderungen:

- Das Aufsichtsratsmitglied muss diejenigen Mindestkenntnisse und Fähigkeiten besitzen oder sich aneignen, die erforderlich sind, um alle normalerweise anfallenden Geschäftsvorgänge ohne fremde Hilfe zu verstehen und sachgerecht zu beurteilen,
- von einem Aufsichtsratsmitglied werden die zur Beurteilung der Ordnungsmäßigkeit, Wirtschaftlichkeit und Zweckmäßigkeit von Führungsentscheidungen notwendigen Kenntnisse sowie eigene unternehmerische Erfahrung gefordert,
- jedes einzelne Aufsichtsratsmitglied muss in der Lage sein, die Berichte des Vorstandes sowie den Prüfungsbericht des Abschlussprüfers zu verstehen (§§ 90, 171 AktG) sowie
- ein Aufsichtsratsmitglied muss hinreichende Kenntnisse des Bilanzwesens haben, um den vom Vorstand aufgestellten Jahresabschluss und die hieraus erkennbaren Schwachstellen beurteilen zu können.

Über diesen Mindeststandard eines durchschnittlichen Aufsichtsratsmitglieds kann der Sorgfaltsmaßstab individuell aufgrund besonderer Qualifikationen oder Funktionen der einzelnen Aufsichtsratsmitglieder differieren. Deshalb kann auch der Haftungsmaßstab im Hinblick auf Vorbildung, Kenntnisse und Fähigkeiten des einzelnen Aufsichtsratsmitglieds verschieden sein. Aufsichtsratsmitglieder haben daher nur für die Kenntnisse und Fähigkeiten einzustehen, die in Anbetracht ihrer persönlichen Vorbildung und ihres Kenntnisstands von ihnen erwartet werden können. Wenn aber das Mindestmaß an dem zu erwartenden Kenntnisstand nicht erreicht wird, gibt es keine Exkulpation für das Aufsichtsratsmitglied.

▷ Ein **abweichender Haftungsmaßstab** gilt aufgrund ausdrücklicher gesetzlicher Anordnung in der Gründungsphase der Gesellschaft (→ *Gründer: 4. Gründerhaftung*).

▷ Hat der Aufsichtsrat einzelne Aufgaben **Ausschüssen** übertragen, so sind in erster Linie deren Mitglieder für die sorgfältige Erfüllung verantwortlich. Die Haftung der übrigen Mitglieder des Aufsichtsrats wird hierdurch jedoch nicht vollständig beseitigt. Diese haben vielmehr eigenständige Kontroll- und Überwachungspflichten gegenüber dem jeweiligen Ausschuss.

▷ Haftung eines Aufsichtsratsmitglieds **gegenüber Dritten** ist nicht gegeben. Ein Aufsichtsratsmitglied haftet insbesondere nicht wegen eines Kursverlustes der Aktie.

▷ Das Problem der Haftung wegen **unerlaubter Handlung** stellt sich im Zusammenhang mit Eingriffen in fremde gewerbliche Schutzrechte (§ 823 BGB). Die Aufsichtsratsmitglieder haften dem Schutzrechtsinhaber jedoch dann nicht mehr, wenn sie die Beeinträchtigung des Schutzrechts nur fahrlässig nicht erkannt haben. Im Gegensatz zu anderen Eingriffen in absolute Rechte haftet auf dem Gebiet des gewerblichen Rechtsschutzes nur der unmittelbare Verletzer oder ein vorsätzlich handelnder Mittäter.

▷ **Gesamtschuld:** Mehrere Aufsichtsratsmitglieder haften im Zweifel als Gesamtschuldner. Auch Vorstands- und Aufsichtsratsmitglieder können als Gesamtschuldner haften, wenn der gegen sie bestehende Schadenersatzanspruch auf demselben Haftungsgrund beruht. Der interne Ausgleich ist möglich (§ 254 BGB).

▷ Auch ein **unwirksam berufenes Aufsichtsratsmitglied** kann auf Schadenersatz in Anspruch genommen werden, wenn er wie ein Aufsichtsrat tätig geworden ist.

▷ **Durchsetzung der Ansprüche gegen Aufsichtsratsmitglieder:** Werden Pflichten von einem Aufsichtsratsmitglied schuldhaft verletzt, so ist es grundsätzlich nur der Gesellschaft gegenüber zum Schadenersatz verpflichtet (vgl. BGHZ 75, 96 ff.; BGH NJW 1980, 1629; BGH WM 1983, 957 f.). Vor Erhebung der Klage auf Schadenersatz ist im Rahmen eines 2-stufigen Verfahrens ein Klagezulassungsverfahren vor dem Prozessgericht, dem Landgericht des Gesellschaftssitzes, zu durchlaufen. Nach § 148 Abs. 1 Satz 1 AktG kann die Geltendmachung der Ersatzansprüche von Aktionären beantragt werden, deren Anteile im Zeitpunkt der Antragstellung zusammen den einhundersten Teil des Grundkapitals oder einen Börsenwert von 100 000 Euro erreichen. Um den Aktionären die Gelegenheit zur Organisation zu geben, besteht für sie nach § 127a AktG die Möglichkeit, durch eine Veröffentlichung im elektronischen Bundesanzeiger in einem Aktionärsforum andere Aktionäre aufzufordern, sich ihrem Begehren anzuschließen, und so den erforderlichen Schwellenwert zu erreichen. Im Fall der Zulassung der Klage können die am Klagezulassungsverfahren beteiligten Aktionäre innerhalb von 3 Monaten Klage im eigenen Namen auf Leistung an die Gesellschaft erheben, § 148 Abs. 3 AktG. Die Nebenintervention ist ausgeschlossen. Die Kosten des Verfahrens trägt bei Zulassung der Klage die Gesellschaft, bei Nichtzulassung haben die Antragsteller die Kosten des Zulassungsverfahrens zu tragen.

▷ **Darlegungs- und Beweislast:** Die Gesellschaft hat im Schadenersatzprozess gegen ein Aufsichtsratsmitglied nur den Eintritt und die Höhe des Schadens sowie die Ursächlichkeit der Pflichtwidrigkeit zu beweisen (§§ 116 i.V.m. 93 Abs. 2 Satz 2 AktG). Bzgl. des Ursachenzusammenhangs muss das Unternehmen substantiiert vortragen, weshalb der Aufsichtsrat oder einzelne seiner Mitglieder eine Veranlassung gehabt haben, schadensvorbeugend oder -verhindernd einzugreifen. Das in Anspruch genommene Aufsichtsratsmitglied muss den Nachweis der Anwendung der erforderlichen Sorgfalt führen. Beim Vorliegen eines Sondertatbestandes muss die Gesellschaft nicht mehr den Nachweis eines Schadens führen (§ 93 Abs. 3 AktG). Dieser wird vom Gesetz als gegeben vermutet. Das betroffene Aufsichtsratsmitglied muss dann über den Nachweis der Anwendung der erforderlichen Sorgfalt hinaus auch darlegen und beweisen, dass der Gesellschaft kein Schaden entstanden ist.

Wegen der erheblichen Schadensforderungen, denen die Aufsichtsratsmitglieder ausgesetzt werden können, wird oft der Abschluss einer entsprechenden Versicherung empfohlen (→ *D&O-Versicherung*). Die Versicherungsprämien können von der Gesellschaft nur dann übernommen werden, wenn die Satzung dies vorsieht oder ein entsprechender Hauptversammlungsbeschluss vorliegt.

▷ **Schadenersatz:** Eine schuldhafte Verletzung der den Aufsichtsratsmitgliedern obliegenden Sorgfaltspflichten führt zur ihrer Schadenersatzpflicht (§§ 116, 93 Abs. 2–6 AktG). Sind mehrere Aufsichtsratsmitglieder für den Schaden verantwortlich, haften sie als Gesamtschuldner (§§ 116, 93 Abs. 2 Satz 1 AktG). Die Aktiengesellschaft kann deshalb jeden von ihnen in voller Höhe auf Ersatz des ganzen Schadens in Anspruch nehmen (§ 421 BGB). Im Innenverhältnis zwischen den Aufsichtsratsmitgliedern verteilt sich der Schaden nach den jeweiligen Beiträgen zu seiner Verursachung. Von besonderer Bedeutung ist auch hier die Beweislastverteilung bei der Geltendmachung von Schadenersatzansprüchen durch die Aktiengesellschaft, da die Aufsichtsratsmitglieder dann, wenn streitig ist, ob sie die Sorgfalt eines ordentlichen und gewissenhaften Geschäftsleiters angewandt haben, beweisbelastet sind (§§ 116, 93 Abs. 2 Satz 2 AktG). Die beim → *Vorstand* geltenden Grundsätze gelten entsprechend. Auch bzgl. Vergleich und Verzicht der Aktiengesellschaft findet das zum Vorstand Gesagte entsprechend Anwendung, ebenso hinsichtlich der Verjährung der Ansprüche. Die Gläubiger der Aktiengesellschaft können wie bei der Haftung des Vorstands die Schadenersatzansprüche auch in eigenem Namen geltend machen, soweit sie von der Gesellschaft keine Befriedigung erlangen können. Hinsichtlich der strafrechtlichen Vorschriften des Aktiengesetzes gilt grundsätzlich das zum Vorstand Gesagte, allerdings kann sich ein Aufsichtsratsmitglied nicht wegen Pflichtverletzung bei Kapitalverlust, Überschuldung oder Zahlungsunfähigkeit strafbar machen.

▷ Insbesondere die besonderen für **Vorstandsmitglieder geltenden Haftungstatbestände** des § 93 Abs. 3 AktG (Verstöße gegen die Grundsätze der Kapitalerhaltung etc.) sind anwendbar, der Aufsichtsrat kann gegebenenfalls also auch im Zusammenhang mit solchen Pflichtverstößen des Vorstands ersatzpflichtig gemacht werden (*Hüffer*, AktG, 7. Aufl. 2006, § 116 Rn. 8). Auch Aufsichtsratsmitglieder, die einem selbständig arbeitenden Ausschuss nicht angehören und an dessen Sitzungen auch nicht teilgenommen haben, können bei einer unzureichenden Erfüllung der diesem Ausschuss obliegenden Aufgaben in Anspruch genommen werden (RGZ 93, 338; *Hüffer*, AktG, 7. Aufl. 2006, § 116 Rn. 9), da sich das Gesamtorgan Aufsichtsrat auch darüber vergewissern muss, ob seine Ausschüsse ordnungsgemäß arbeiten.

Beispiele von Pflichtverletzungen des Aufsichtsrats

- Duldung eines hinausgezögerten Insolvenzantrags trotz bekannter Überschuldung der Aktiengesellschaft (BGHZ 75, 96),
- schädigende Einflussnahme auf den Vorstand zum Nachteil der Gesellschaft (BGH NJW 1980, 1629),
- unterlassene Maßnahmen trotz Unregelmäßigkeiten des Vorstands bei der Geschäftsführung,
- unterlassenes Einschreiten gegen leichtfertige Maßnahmen des Vorstands (BGHZ 69, 207),
- unterlassene Hinzuziehung eines sachverständigen Dritten bei schwierigen Fragen,
- Ausübung des Amtes, ohne sich ein eigenes Bild von der Geschäftstätigkeit der überwiegend im Ausland tätigen Gesellschaft zu verschaffen (OLG Düsseldorf WM 1984, 1080; bedenklich, vgl. *Hüffer*, AktG, 7. Aufl. 2006, § 116 Rn. 9),
- unterlassene Setzung eines Zustimmungsvorbehalts nach § 111 Abs. 4 Satz 2 AktG, obwohl eine gesetzwidrige Geschäftsführungsmaßnahme des Vorstands nur noch auf diese Weise verhindert werden kann (BGHZ 124, 111),

- unterlassene Intensivierung der Kontrolltätigkeit in der Krise der Gesellschaft,
- unterlassene Geltendmachung von Schadenersatzansprüchen der Gesellschaft gegenüber Vorstandsmitgliedern (BGHZ 135, 244).

Hinweis auf weiterführende Literatur: *Elsing/Schmidt*, Individuelle Informationsrechte von Aufsichtsratsmitgliedern einer Aktiengesellschaft, BB 2002, 1705 ff.; *Fischer*, Zur Bedienung aktienbasierter Vergütungsmodelle für Aufsichtsräte mit rückerworbenen Aktien, ZIP 2003, 282 f.; *Grunewald*, Die Haftung von Organmitgliedern nach Deliktsrecht, ZHR 157 (1993), 451 ff.; *Kahler*, Die Rechtsfolgen bei Verstoß gegen § 105 AktG, BB 1984, 1382 ff.; *Lange*, Das Unternehmensinteresse der Zielgesellschaft und sein Einfluss auf die Rechtsstellung der die Übernahme fördernden Aufsichtsratsmitglieder, WM 2002, 1737 ff.; *Lutter*, Auswahlpflichten und Auswahlverschulden bei der Wahl von Aufsichtsratsmitgliedern, ZIP 2003, 417 ff.; *Lutter/Krieger*, Rechte und Pflichten des Aufsichtsrats, 4. Aufl. 2002, S. 25 ff.; *Krejci*, Zum Minderheitsrecht nach § 87 AktG auf Einzelabstimmung bei der Aufsichtsratswahl, GesRZ 2001, 58 ff.; *Meier*, Inkompatibilität und Interessenwiderstreit von Verwaltungsangehörigen in Aufsichtsräten, NZG 2003, 54 ff.; *Müller*, Aufsichtsratsmandat und anwaltliche Tätigkeit, NZG 2002, 797 ff.; *Mutter*, Zur Anpassung der Vergütung von Aufsichtsräten an den Deutschen Corporate Governance Kodex, ZIP 2002, 1230 f.; *Neufang*, Die Haftung der Arbeitnehmervertreter im Aufsichtsrat, ZGR 1999, 49 ff.; *Potthoff/Trescher*, Das Aufsichtsratsmitglied, 6. Aufl. 2003; *Ramm*, Gegenantrag und Vorschlagsliste – Zur Gestaltung des aktienrechtlichen Verfahrens für die Wahlen zum Aufsichtsrat, NJW 1991, 2753 ff.; *Rellermeyer*, Ersatzmitglieder des Aufsichtsrats, ZGR 1987, 563 ff.; *U. H. Schneider*, Die Teilnahme von Vorstandsmitgliedern an Aufsichtsratssitzungen, ZIP 2002, 873 ff.; *Semler*, Arbeitshandbuch für Aufsichtsratsmitglieder, 1999; *Semler/Stengel*, Interessenkonflikte bei Aufsichtsratsmitgliedern von Aktiengesellschaften am Beispiel von Konflikten bei Übernahme, NZG 2003, 1 ff.; *Stadler/Berner*, Die gerichtliche Abberufung von Aufsichtsratsmitgliedern im dreiköpfigen Aufsichtsrat – ein bisher ungelöstes Problem, NZG 2003, 49 ff.; *Wiechers*, Die Beteiligung von Aufsichtsratsmitgliedern am Unternehmenserfolg über die Ausgabe von Wandelschuldverschreibungen und die Bedienung von Aktienbezugsrechten, DB 2003, 595 ff.

Hinweis auf weitere Stichwörter

→ *Anstellungsverhältnis*　　　→ *Organschaft*
→ *Aufsichtsrat*　　　　　　　→ *Vorstandsmitglieder*
→ *Haftung*

Ausgleich

1. Begriff 121
2. Arten des Ausgleichs 121
3. Angemessenheit 122

1. Begriff

▷ Ausgleich bedeutet **Entschädigung für den (teilweisen) Verlust des Dividendenanspruchs** aufgrund eines Beherrschungs- oder Gewinnabführungsvertrags. Dieser muss für den Zeitraum nach Registereintragung einen angemessenen Ausgleich für außenstehende Aktionäre vorsehen (§§ 304 Abs. 1, 291 Abs. 1 Satz 1 AktG). Ein Beherrschungs- und Gewinnabführungsvertrag, der überhaupt keinen Ausgleich vorsieht, ist nichtig (§ 304 Abs. 3 Satz 1).

▷ **Anspruch:** Der sich aus einem Unternehmensvertrag ergebende Anspruch auf Ausgleich entsteht am Stichtag der Jahresbilanz der beherrschten Gesellschaft. Anspruchsberechtigt sind die außenstehenden Aktionäre (→ *Entschädigung der Aktionäre*). Auch wer nach Abschluss oder Inkrafttreten des Gewinnabführungsvertrages Aktionär geworden ist, kann somit Ausgleich verlangen (vgl. aber § 304 Abs. 1 Satz 3 AktG). Der Anspruch ist mit der Aktie verbunden.

Von der Bestimmung eines angemessenen Ausgleichs kann nur abgesehen werden, wenn die Gesellschaft im Zeitpunkt der Beschlussfassung ihrer → *Hauptversammlung* über den Vertrag keinen außenstehenden Aktionär hat (§ 304 Abs. 1 Satz 3 AktG).

▷ **Anrechnung der Ausgleichszahlung:** Eine Anrechnung der Ausgleichszahlung ist erforderlich, wenn zunächst die Ausgleichszahlung empfangen wurde, der Aktionär sich aber während des Verlaufs des Spruchverfahrens für die Barabfindung entscheidet (→ *Abfindung*).

2. Arten des Ausgleichs

Es gibt 2 Berechnungsmethoden:

▷ **Fester Ausgleich (§ 304 Abs. 2 Satz 1 AktG):** Im Vertrag muss den Aktionären eine bestimmte, auf die Aktiennennbeträge bezogene wiederkehrende Geldleistung als fester Ausgleich zugesagt werden (§ 304 Abs. 1 Satz 1 i.V.m. § 304 Abs. 2 AktG). Ist der aus der Jahresbilanz sich ergebende Gewinnanteil tatsächlich höher, so ist dieser an Stelle des garantierten Anteils maßgebend. Die Höhe des Ausgleichs richtet sich nach einer Fiktion der Vollausschüttung (§ 304 Abs. 2 Satz 1 AktG). Die zur Substanzerhaltung notwendigen angemessenen Abschreibungen dürfen berücksichtigt werden.

▷ **Variabler Ausgleich (§ 304 Abs. 2 Satz 2 AktG):** Ist der „andere Vertragsteil" seinerseits selbst eine Aktiengesellschaft oder KGaA, dann kann als Ausgleichszahlung statt eines festen Ausgleichs auch die Zahlung des Betrages zugesichert werden, der auf Aktien der anderen Gesellschaft mit mindestens dem entsprechenden Nennbetrag jeweils als Gewinnanteil entfällt (§ 304 Abs. 2 Satz 2 AktG). Das Umtauschverhältnis muss stets angemessen sein. Der „wahre innere Wert" beider Gesellschaften ist zu ermitteln. Generell gilt, dass unter „Gewinnanteil" die von der Obergesellschaft tatsächlich ausgeschütteten → *Dividenden* zu verstehen sind.

3. Angemessenheit

▷ **Ermittlung:** Der vertraglich festgelegte Ausgleich muss angemessen sein (§ 304 AktG, zur Berechnung des Ausgleichs s. OLG Düsseldorf AG 1991, 106, 107 f.). Zuzusichern ist als Ausgleich mindestens die jährliche Zahlung des Betrages, der nach der bisherigen Ertragslage der Gesellschaft und ihren künftigen Erfolgsaussichten unter Berücksichtigung angemessener Abschreibungen und Wertberichtigungen, jedoch ohne Bildung anderer Gewinnrücklagen, voraussichtlich als durchschnittlicher Gewinnanteil auf die einzelne Aktie verteilt werden könnte. Bei der Ermittlung des mindestens zu zahlenden Ausgleichs findet eine Durchbrechung des in § 57 Abs. 2 AktG niedergelegten Verzinsungsverbotes statt (§ 304 Abs. 1 AktG). Den außenstehenden Aktionären ist mindestens die jährliche Zahlung des Betrages zuzusichern, der nach der bisherigen Ertragslage der Gesellschaft und ihren künftigen Ertragsaussichten als durchschnittlicher Gewinnanteil auf die Aktie verteilt werden könnte. Der mit Hilfe der → *Ertragswertmethode* errechnete Unternehmenswert wird mit dem Kapitalisierungszins multipliziert und noch um die Körperschaftssteuer gekürzt.

Beispiel

Ein durchschnittlicher jährlicher Zukunftsertrag vor Körperschaftssteuer von 7 Euro pro Aktie führt bei einem Kapitalisierungswert von 7 % zu einem Ertragswert von 100 Euro pro Aktie.

Die jährliche Ausgleichszahlung wird infolgedessen festgelegt mit:

Brutto	7,00 Euro
25 % Körperschaftsteuerbelastung	1,75 Euro
Ausgleichszahlung pro Aktie	5,25 Euro

▷ Bei **schwankenden Erträgen** tritt durch diese Berechnungsweise eine Nivellierung auf ein Durchschnittsniveau ein, wobei eine Begünstigung oder Benachteiligung der Aktionäre durch die vorherige Abzinsung der schwankenden Erträge auf den Bewertungsstichtag ausgeschlossen wird. Fällt der Beginn des Unternehmensvertrages in eine überdurchschnittlich ertragsstarke Periode, so liegt die Ausgleichszahlung anfänglich niedriger als die ohne Unternehmensvertrag zu erwartende Dividende. Wird der Unternehmensvertrag in einer Verlustphase abgeschlossen, erhält der außenstehende Aktionär zunächst eine Ausgleichszahlung, die höher ist als die Dividende, die er ohne Unternehmensvertrag hätte erwarten können. Ist aber eine Gesellschaft dauernd ertraglos, ist der Ausgleich auf Null festzusetzen, da mit der Ausschüttung eines Gewinnanteils auch zukünftig nicht gerechnet werden kann. Die Höhe des Ausgleichsanspruches wird durch den zum Bilanzstichtag zutreffend ausgewiesenen Fehlbetrag bestimmt (BGH AG 2000, 129, es erfolgt keine Festlegung durch den festgestellten Jahresabschluss).

▷ **Anpassung des Ausgleichs:** Falls die Ausgleichszahlung nicht angemessen ist, ist der Vertrag wirksam, die Berechnung oder die Angemessenheit des Ausgleichs kann aber beanstandet werden. Die Korrektur findet in einem besonderen gerichtlichen Verfahren statt (§§ 304 Abs. 3 Satz 2 und 3, 306 AktG; § 12 FGG; → *Spruchverfahren*).

Eine Anfechtung des Zustimmungsbeschlusses der Hauptversammlung der Gesellschaft ist nicht möglich (vgl. § 243 Abs. 2 AktG; → *Anfechtung von Hauptversammlungsbeschlüssen*).

Eine nachträgliche Anpassung aufgrund der Unternehmenssteuerreform 2001 (→ *Halbeinkünfteverfahren*) ist nicht gerechtfertigt, weil diese Änderung sowohl die außenstehenden Aktionäre als auch die hinter dem anderen Vertragsteil stehenden natürlichen Personen trifft.

Tabelle: Übersicht über den verteilbaren Gewinn vor und nach der Unternehmenssteuerreform

	Anrechnungsverfahren	Halbeinkünfteverfahren
Verteilbarer Gewinn vor KSt	200 Euro	200 Euro
KSt	– 60 Euro (30 %)	– 50 Euro (25 %)
Verteilbarer Gewinn nach KSt	140 Euro	150 Euro
Bardividende bei 50 % außenstehende Aktionäre	70 Euro	75 Euro
Bardividende auf herrschendes Unternehmen	70 Euro	75 Euro

Aus wirtschaftlicher Sicht führt der steuerliche Systemwechsel vom Anrechnungsverfahren zum *Halbeinkünfteverfahren* zu einer wirtschaftlichen Verschiebung nur insoweit, als der verteilungsfähige Gewinn nach Körperschaftsteuer um 5 %-Punkte steigt und diese Veränderung in der Bemessung des Ausgleichs von Alt-Ergebnisabführungsverträgen nicht berücksichtigt ist. Aus rechtlicher Sicht wäre eine Anpassung erst bei einer wesentlichen Veränderung (ab ca. 50 %) möglich aufgrund ergänzender Vertragsauslegung oder eines Wegfalls der Geschäftsgrundlage. Einen solchen Anpassungsanspruch könnte der außenstehende Aktionär nur durch eine Leistungsklage geltend machen. Ein Spruchverfahren ist unzulässig (keine vergleichbare Sach- und Rechtslage mit § 1 Nr. 1 SpruchG, da kein Hauptversammlungsbeschluss).

Hinweis auf weiterführende Literatur: *Beckmann*, Ist ein Ausgleich gemäß § 304 AktG nach der Unternehmenssteuerreform anzupassen?, ZIP 2001, 1906 ff.; *Hötzel/Beckmann*, Zur Ermittlung des angemessenen Ausgleichs gemäß § 304 AktG nach Einführung des Halbeinkünfteverfahrens, WPg 2001, 1249 ff.; *Kort*, Das Verhältnis von Ausgleich und Abfindung beim Abschluss aktienkonzernrechtlicher Beherrschungs- und Gewinnabführungsverträge, NZG 2002, 1139 ff.; *Meilicke*, Zum Verhältnis von Ausgleichs- und Abfindungsansprüchen nach §§ 304, 305 AktG, AG 1999, 103 ff.; *Schulz*, Der Ausgleichsanspruch für erloschene und beseitigte Mehrstimmrechte gemäß § 5 Abs. 3 EGAktG, NZG 2002, 996 ff.; *E. Vetter*, Die Verzinsung der Barabfindung nach § 305 Abs. 3 Satz 3 AktG und die Ausgleichszahlung nach § 304 AktG, AG 2002, 383 ff.; *Wasmann*, Erlöschen und Beseitigung von Mehrstimmrechten nach § 5 EGAktG: Gerichtliche Prüfung des Ausgleichs im Spruchstellenverfahren, BB 2002, 57 ff.

Hinweis auf weitere Stichwörter

→ *Abfindung*

→ *Entschädigung der Aktionäre*

→ *Gewinnabführungsvertrag*

→ *Verschmelzung*

Auskunftsrecht

1. Auskunftsrecht der Aktionäre ..... 124 | 2. Auskunftsrecht des Aufsichtsrats .. 131

1. Auskunftsrecht der Aktionäre

▷ **Umfang:** Die Aktionäre erhalten Informationen grundsätzlich in der Hauptversammlung, sie können allerdings auch über die Internetseite der Gesellschaft den Aktionären zur Verfügung gestellt werden. Gegenstand und Umfang der so verfügbar gemachten Informationen bestimmt der Vorstand der Gesellschaft, ein Rechtsanspruch der Aktionäre auf Zurverfügungstellung besteht nicht. Auskünfte können nur aus den abschließend in § 131 Abs. 3 AktG genannten Gründen verweigert werden.

Jedem Aktionär ist auf Verlangen in der Hauptversammlung

– vom Vorstand Auskunft zu geben über Angelegenheiten der Gesellschaft einschließlich der rechtlichen und geschäftlichen Beziehungen der Gesellschaft zu einem verbundenen Unternehmen, soweit sie zur sachgemäßen Beurteilung des Gegenstandes der Tagesordnung erforderlich ist (§ 131 Abs. 1 Satz 1 und 2 AktG);

– im Falle der Inanspruchnahme der Erleichterungen nach §§ 266 Abs. 1 Satz 3, 276 oder 288 HGB, Vorlage des Jahresabschlusses der Gesellschaft in der Form, die er ohne Anwendung dieser Vorschriften hätte.

– Auskunfts- und Vorlagerecht („Auskunftsrecht") können als Ausdruck der aktienrechtlichen → *Publizität* bezeichnet werden.

▷ **Auskunftsberechtigter:** Zum Kreis der auskunftsberechtigten Personen gehören

– alle Aktionäre, auch die Inhaber von Stamm- und Vorzugsaktien, die Legitimationsaktionäre, sowie auch die außenstehenden Aktionäre; das Auskunftsrecht eines Aktionärs besteht unabhängig von der Höhe seiner Beteiligung. Es genügt also der Besitz einer einzigen Aktie;

– Stellvertreter der Aktionäre, die eine Stimmrechtsvollmacht besitzen. Bei der Bevollmächtigung eines Dritten mit der Ausübung des Stimmrechts ist implizit anzunehmen, dass der Aktionär dem Vertreter auch sein Auskunftsrecht überträgt, weil nur so die sachgemäße Ausübung des Stimmrechts gewährleistet wird.

Ein persönliches eigenes Interesse der auskunftsberechtigten Person ist grundsätzlich nicht erforderlich, solange das Interesse an einer sachgemäßen Beurteilung des Gegenstandes der Tagesordnung erkennbar ist.

▷ **Gegenstand und Umfang des Auskunftsrechts:** Der Vorstand muss Auskunft erteilen über alle Angelegenheiten der Gesellschaft (§ 131 Abs. 1 Satz 1 AktG). Der Begriff umfasst alles, was sich auf die Aktiengesellschaft und ihre Tätigkeit bezieht (*Hüffer*, AktG, 7. Aufl. 2006, § 131 Rn. 11; a.A. *Zöllner* in KK. AktG, 1. Aufl. 1985, § 131 Rn. 18). Die Auskunft ist vom Vorstand umfassend und erschöpfend zu erteilen.

Das Auskunftsrecht erstreckt sich auch auf die rechtlichen und geschäftlichen Beziehungen der Gesellschaft zu einem verbundenen Unternehmen (vgl. § 326 AktG). Über die Lage des verbundenen Unternehmens ist aber nur dann Auskunft zu erteilen, wenn diese Auswirkungen auf die Kapitalverhältnisse der Aktiengesellschaft hat.

Beispiele

Auswirkungen auf die Kapitalverhältnisse der Aktiengesellschaft haben der Abschluss oder die Beendigung eines Unternehmensvertrages, eines Vertrages zur Errichtung eines Gleichordnungskonzerns oder die Eingliederung.

▷ Das Auskunftsrecht der Aktionäre besteht jedoch unter folgenden **Einschränkungen:**

- Die Auskunft beschränkt sich grundsätzlich nur auf Geschäftsvorfälle für den Zeitraum, auf den sich die betreffende Hauptversammlung bezieht;
- die Auskunft muss zur sachgemäßen Beurteilung eines Gegenstandes der Tagesordnung erforderlich sein, d.h. die Auskunft wird benötigt, um den Tagesordnungspunkt zu beurteilen und mitzuentscheiden. Die Erforderlichkeit der Auskunft bedarf der Überprüfung im Einzelfall. Generell gelten Auskünfte auf Fragen, die sich auf wichtige Angelegenheiten der Gesellschaft oder auf das Verhältnis zwischen Vorstand bzw. Aufsichtsrat zur Gesellschaft oder nach der Zugehörigkeit deren Mitglieder zu Organen anderer Gesellschaften beziehen, stets als erforderlich. Dagegen wird das Erfordernis einer Auskunft verneint, soweit die fragegegenständlichen Sachverhalte bereits aus dem Jahresabschluss der Gesellschaft entnommen werden können. Außerhalb des Aktienrechts liegende Gründe vermögen die Auskunftsverweigerung generell nicht zu rechtfertigen;
- es besteht kein Anspruch auf Vorlage von Unterlagen und auf Einsichtnahme in Bücher oder Gutachten der beherrschten Gesellschaft oder des anderen Vertragsteils (BGHZ 122, 211, 236);
- persönliche Angaben zu den Mitgliedern des Vorstands und des Aufsichtsrats sind zu erteilen, wenn diese für die Beurteilung und Eignung als Verwaltungsorgan von Einfluss sind, wie z.B. berufliche Erfahrungen oder Nebentätigkeiten;
- Vorgänge in Aufsichtsratssitzungen können nicht Gegenstand des Auskunftsverlangens sein, weil der Inhalt dieser Sitzungen grundsätzlich geheim ist;

Auskunftsrecht

– über Einzelheiten der innerbetrieblichen Kalkulation besteht kein Auskunftsrecht: das Auskunftsrecht umfasst lediglich einzelne Bilanzpositionen oder Gewinne bzw. Verluste der Gesellschaft, soweit sie nach dem Zahlenverhältnis von Bedeutung sind;

– über länger zurückliegende Vorfälle kann ein Aktionär Auskunft nur verlangen, wenn und soweit diese Vorgänge sich gerade in dem Geschäftsjahr ausgewirkt haben, auf das sich die betreffende Hauptversammlung bezieht oder um einen Vergleich mit dem Vorjahr herzustellen.

Redebeiträge und Fragen zu allgemeinpolitischen, karitativen oder sonstigen weltanschaulichen Themen in einer Gesellschaft mit erwerbswirtschaftlicher Zielsetzung sind i.d.R. ausgeschlossen.

▷ **Ausübung des Auskunftsrechts:** Die → *Hauptversammlung* ist Ausübungsort des Auskunftsrechts (§ 118 Abs. 1 AktG). Das Auskunftsverlangen soll an den Vorstand so frühzeitig gestellt werden, dass dieser sich die notwendigen Unterlagen beschaffen kann und noch eine gewisse Vorbereitungszeit für die Beantwortung zur Verfügung hat. Eine Begründung der Fragestellung kann nur dann verlangt werden, wenn die Erforderlichkeit der Auskunft für die sachgerechte Beurteilung eines Tagesordnungspunktes nicht oder schwer erkennbar ist. Der Aktionär muss die Auskunft konkret zu dem Tagesordnungspunkt verlangen, der gerade abgehandelt wird. Er kann sein Auskunftsbegehren nicht vortragen und dem Vorstand die Entscheidung darüber überlassen, welcher Punkt der Tagesordnung davon betroffen ist und in welchem Tagesordnungspunkt die Antwort gegeben wird (BGHZ 119, 1, 13 f.). Eine Buchführung der Auskunftsbegehren erfolgt aus Wirtschaftlichkeitsgründen nicht.

Das Auskunftsverlangen kann sich auf folgende Auskunftsmodalitäten beziehen:

– mündliche Auskunft,

– Einsicht in die vorbereiteten Aufzeichnungen bzw. Unterlagen,

– Verlesung von Urkunden, dies aber nur, wenn der aus der Urkunde ersichtliche Vorgang von außerordentlicher Bedeutung ist und die inhaltliche Wiedergabe nicht ausreichen würde, den Aktionär zutreffend und umfassend zu unterrichten.

Neben der Hauptversammlung ist nach § 131 Abs. 6 AktG auch die Internetseite der Gesellschaft bzw. in Durchbrechung des Mündlichkeitsgrundsatzes ein während der Hauptversammlung zugängliches Computerterminal Medium für das Auskunftsrecht der Aktionäre.

Gemäß § 131 Abs. 6 AktG kann die Satzung oder die Geschäftsordnung den Vorstand ermächtigen, in der Einberufung der Hauptversammlung für einzelne Tagesordnungspunkte Fragen in Textform zuzulassen. In diesem Fall hat der Vorstand in der Einberufung eine Stelle anzugeben, an welche die Fragen zu richten sind, und den Aktionären eine Frist zu setzen, bis zu der die Fragen bei dieser Stelle eingegangen sein müssen. Die zulässigen schriftlichen Fragen müssen stets auf der Internetseite und in der Hauptversammlung zugänglich gemacht werden. Diese Antworten können auf der Internetseite gegeben werden, die Beantwortung kann aber auch oder nur in der Hauptversammlung erfolgen, und zwar mündlich, durch schriftliche Auslage oder auf Terminals, dies insbesondere dann, wenn die Fragen inklusive Antworten auch schon vor der Hauptversammlung zugänglich gemacht worden waren. Sind Fragen und Antworten anschließend in der Hauptversammlung ausgelegt oder über Internet/Intranet zugänglich oder werden gleichlautende Fragen nochmals mündlich in der Hauptversammlung gestellt, so brauchen diese Fragen in der Hauptversammlung nicht mehr mündlich beantwortet zu werden.

▷ **Auskunftsverpflichteter:** Schuldner der Auskunftspflicht ist die Gesellschaft. Die Auskunft ist vom Vorstand, vom Versammlungsleiter oder dem Aufsichtsrat zu erteilen (BGHZ 101, 1, 15). Der Vorstand entscheidet mangels anders lautender Satzungsregelung oder Geschäftsordnung einstimmig (§ 77 Abs. 1 AktG; BGHZ 36, 121, 129) über ein Auskunftsverlangen. Der Vorstand hat keine Auskunftspflicht, wenn ein Fall der Unmöglichkeit der Auskunftserteilung vorliegt (§ 275 BGB). Das sind insbesondere Auskünfte über Sachverhalte, über die sich die Gesellschaft zwar nach Beendigung der Hauptversammlung Informationen beschaffen kann, die der Vorstand in der Hauptversammlung mangels der erforderlichen Vorankündigung aus Zeitgründen aber nicht haben konnte.

Wenn das Unvermögen des Vorstandes zur Auskunftserteilung zu vertreten ist, kann im Verfahren nach § 132 AktG die Auskunftserteilung angeordnet werden.

Beispiele

Der Vorstand hat das Unvermögen einer Auskunftserteilung in der Hauptversammlung zu vertreten, wenn
- sich der Vorstand auf die Frage hätte einrichten müssen,
- die notwendigen Unterlagen in der Hauptversammlung unschwer beschafft werden können.

Die Auskunft ist in der Hauptversammlung mündlich zu erteilen und muss einer gewissenhaften und getreuen Rechenschaft entsprechen. Sie muss umfassend und sachlich zutreffend sein. Erhebliche Tatsachen dürfen nicht verschwiegen werden. Bei Urkunden genügt es im Allgemeinen, den wesentlichen Inhalt der Urkunden mitzuteilen. Ihre Verlesung ist jedoch erforderlich, wenn die Kenntnis des genauen Wortlauts zur sachgerechten Beurteilung des Gegenstands der Tagesordnung notwendig ist und es sich um Angelegenheiten von besonderer Bedeutung für die Entwicklung der Gesellschaft handelt und die Verlesung keinen übermäßigen Zeitaufwand erfordert (BGH NJW 1967, 1462, 1463). Den Aktionären kann auch eine Einsichtnahme in die vorbereiteten Aufzeichnungen gewährt werden, wenn dadurch die Unterrichtung schneller und zuverlässiger ist, als es eine mündliche Information ermöglicht.

▷ **Auskunftsverweigerungsgründe:** Der Vorstand darf die Auskunft unter bestimmten Voraussetzungen verweigern; es kann sogar eine Pflicht zur Auskunftsverweigerung bestehen (§§ 131 Abs. 3, 93 Abs. 1 AktG). Die Verweigerungsgründe ergeben sich ausschließlich aus dem Gesetz (abschließender Katalog des § 131 Abs. 3 AktG). Ob ein Verweigerungsgrund vorliegt, kann das Gericht nachprüfen, da die Auskunftsverweigerung keine Ermessensfrage des Vorstands ist. Die Richtigkeit der gegebenen Auskunft wird vom Gericht nicht überprüft (§ 132 Abs. 1 Satz 1 AktG). Dem Vorstand steht ein Auskunftsverweigerungsrecht in den folgenden Fällen zu:

- *Besondere Nachteilszufügung:* die Erteilung der Auskunft ist bei vernünftiger kaufmännischer Beurteilung geeignet, der Gesellschaft oder einem verbundenen Unternehmen einen nicht unerheblichen Nachteil zuzufügen. Ausreichend ist, dass der Nachteil droht. Erheblichkeit liegt vor bei gewichtigen Beeinträchtigungen des Gesellschaftsinteresses, so z.B. die Verletzung von Geheimhaltungspflichten, die nachteilige Beeinflussung von Verhandlungen, Rechtsgeschäften, Rechtsstreitigkeiten oder Störungen von technischen oder strategischen Entwicklungen. Eine gerichtliche Überprüfung der Nachteilsfrage ist möglich, Probleme ergeben sich aber hinsichtlich der Darlegungs- und Beweislast (*Semler* in MünchHdb. AG, 2. Aufl. 1999, § 37 Rn. 24);

- *Steuerliche Wertansätze und Höhe einzelner Steuern:* die Erteilung der Auskunft verstößt gegen Grundsätze der Wahrung des Steuergeheimnisses auch im Verhältnis zwischen der Gesellschaft und den Aktionären (*Henn*, Hdb. AktR, 7. Aufl. 2002, Rn. 889);

- *Stille Reserven:* der Vorstand darf die Auskunft verweigern über den Unterschied zwischen dem Wert, mit dem die Vermögensgegenstände in der Bilanz der Gesellschaft ausgewiesen sind und deren höheren Zeitwerten, es sei denn, die Hauptversammlung stellt den Jahresabschluss gemäß § 173 AktG fest; die Auskunft darf nicht verweigert werden, wenn der begründete Verdacht besteht, dass die Geschäftsleitung erheblich gegen ihre kaufmännische Sorgfaltspflicht verstoßen hat und die begehrten Auskünfte diesen Verdacht zu bestätigen oder zu erhärten geeignet sind (§§ 93, 116 AktG); der persönlich haftende Gesellschafter einer KGaA hat kein Auskunftsverweigerungsrecht hinsichtlich stiller Reserven, da der Jahresabschluss zwingend von der Hauptversammlung festgestellt wird (§ 286 Abs. 1 AktG);

- *Bilanzierungs- und Bewertungsmethoden:* derartige Angaben (vgl. § 284 Abs. 2 Nr. 1 HGB) können verweigert werden, soweit die Angabe der Methoden im Anhang ausreicht, um ein den tatsächlichen Verhältnissen entsprechendes Bild der Vermögens-, Finanz- und Ertragslage i.S.v. § 264 Abs. 2 HGB der Gesellschaft zu vermitteln; dies gilt nicht, wenn die Hauptversammlung den Jahresabschluss feststellt. Kein Auskunftsverweigerungsrecht besteht deshalb für den persönlich haftenden Gesellschafter einer KGaA (§ 286 Abs. 1 AktG);

- *Strafbarkeit des Vorstandes* im Falle der Auskunftserteilung;

Beispiel

Die Offenbarung eines Staatsgeheimnisses (Landesverrat: §§ 93 ff. StGB).

- *Überschreitung der Rede- und Fragezeit:* ein Auskunftsverweigerungsrecht steht dem Vorstand dann zu, wenn ein Aktionär seine Rede- und Fragezeit, die der Versammlungsleiter zuvor willkürfrei und sachangemessen festgelegt hatte, überschritten hat;

- *Verfügbarkeit der Information:* die begehrte Information war bereits 7 Tage unmittelbar vor Beginn der Hauptversammlung über die Internetseite der Gesellschaft für den Aktionär verfügbar und ist während der Hauptversammlung zugänglich. Zusatzfragen, die sich aus den Vorabinformationen im Internet ergeben, sind im Rahmen des § 131 AktG in der Hauptversammlung zu stellen und zu beantworten;

- *bereits erfolgte Auskunftserteilung:* schriftlich gestellte Fragen brauchen in der Hauptversammlung nicht mehr mündlich beantwortet zu werden, wenn sie und die entsprechenden Antworten in schriftlicher Form in der Hauptversammlung ausgelegt oder über Internet/Intranet zugänglich gemacht werden. Werden gleichlautende Fragen nochmals mündlich in der Hauptversammlung gestellt, so brauchen diese Fragen in der Hauptversammlung nicht mehr mündlich beantwortet zu werden.

- *Sonderregelung für Aktienbanken:* der Vorstand der Aktienbanken ist zur Auskunftsverweigerung berechtigt, soweit bei einem Kreditinstitut oder Finanzdienstleistungsinstitut Angaben über angewandte Bilanzierungs- und Bewertungsmethoden sowie vorgenommene Verrechnungen im Jahresabschluss, Lagebericht, Konzernabschluss oder Konzernlagebericht nicht gemacht zu werden brauchen; die Auskunftspflicht erstreckt sich nur soweit, wie die Pflicht zu Angaben im Jahresabschluss und Lagebericht reicht;

- *Auskunftsmissbrauch:* Der Auskunftsmissbrauch ist ein allgemeiner Auskunftsverweigerungsgrund und wird mit der Begründung bejaht, dass das Verbot jeden Rechtsmissbrauchs selbstverständlich auch für das Aktienrecht gilt (§ 242 BGB; BayObLGZ 1974, 208, 213).

▷ **Auskunft außerhalb der Hauptversammlung:** Auskünfte, die einem Aktionär außerhalb der Hauptversammlung im Hinblick auf seine Eigenschaft als Aktionär gegeben worden sind, sind den anderen Aktionären auf Verlangen in der Hauptversammlung zu erteilen, und zwar auch dann, wenn die Auskünfte nicht zur sachgemäßen Beurteilung des Gegenstands der Tagesordnung erforderlich sind. Auskünfte, die aus anderen Gründen (z.B. rechtliche Beziehungen zur Gesellschaft) erteilt wurden, brauchen nicht mitgeteilt zu werden. Dabei kann der Vorstand ein Auskunftsverweigerungsrecht nach § 131 Abs. 3 Nr. 1 bis 4 AktG nicht geltend machen. Diese Offenbarungspflicht gilt auch, wenn die Auskunft einem Großaktionär erteilt wurde.

Vorstehendes gilt nicht

- in konzernrechtlichen Rechtsverhältnissen (§§ 290, 310, 311 HGB),
- im Vertragskonzern, in dem die Auskunftspflicht der abhängigen Gesellschaft bereits aus dem Vertrag folgt (§ 291 Abs. 1 Satz 1 1. Alt. AktG),
- im faktischen Konzern für den Fall, dass zwischen dem herrschenden und dem abhängigen Unternehmen ein Unternehmensvertrag besteht und Auskünfte an Repräsentanten des herrschenden Unternehmens in den Organen der abhängigen Aktiengesellschaft oder im Rahmen der Konzernrechnungslegung erteilt werden (§§ 291 Abs. 1 Satz 1 2. Alt., 131 Abs. 4 Satz 3 AktG).

Die Auskunft ist auf Verlangen, durch präzise Konkretisierung des Auskunftsbegehrens, in der Hauptversammlung zu wiederholen. Soweit ein Aktionär in seiner Eigenschaft als solcher Auskünfte außerhalb der Hauptversammlung erhalten hat, entfällt für ihn das Rechtsschutzbedürfnis für den Antrag auf eine gerichtliche Entscheidung über sein Auskunftsrecht.

▷ **Niederschrift:** Jede Auskunftsverweigerung ist in der Hauptversammlung zu begründen, um eine gerichtliche Nachprüfung zu ermöglichen. Der auskunftsbegehrende Aktionär kann verlangen, dass seine Frage und der Grund, aus dem heraus der Vorstand die Auskunft verweigert hat, in die Niederschrift aufgenommen werden (§§ 130, 131 Abs. 5 AktG). Die Niederschrift dient zu Beweiszwecken. Unabhängig davon sind die sich aus der Auskunftsverweigerung resultierenden Rechtsfolgen (s.u.).

▷ **Rechtsbehelfe gegen die Verweigerung der Auskunft:** Die Rechtschutzmöglichkeiten eines Aktionärs, dem eine Auskunft in der Hauptversammlung nach Maßgabe des § 131 AktG vom Vorstand verweigert, nicht vollständig oder nicht richtig erteilt worden ist, sind

— das *Auskunftserzwingungsverfahren* (§ 132 AktG): der Anspruch auf Auskunftserteilung ist im beschleunigten Rechtsschutz im Rahmen der freiwilligen Gerichtsbarkeit gerichtlich durchsetzbar (§§ 132 i.V.m. 99 Abs. 1 AktG). Ausschließlich zuständig ist das Landgericht (Handelskammer), in dessen Bezirk sich der Sitz der Gesellschaft befindet (§ 14 AktG). Erforderlich ist ein formloser Antrag (ohne Begründung) des Aktionärs, der an der Hauptversammlung teilgenommen hat oder vertreten war. Antragsberechtigt ist jeder Aktionär, dem die Auskunft verweigert worden ist, sowie andere Aktionäre, die anwesend waren und gegen die Verweigerung der Auskunft Widerspruch zur Niederschrift erklärt haben: Die übrigen Aktionäre sind nicht antragsberechtigt, haben aber ein Anfechtungsrecht (§ 245 Nr. 2 AktG). Nicht antragsberechtigt ist der Legitimationsaktionär, der in der Hauptversammlung aufgrund offener oder versteckter Stellvertretung vertreten hat sowie ein von der Hauptversammlung bis zur Entscheidung des Gerichts ausscheidender oder werdender Aktionär. Die Antragsfrist beträgt 2 Wochen und beginnt am Tag der Beendigung der Hauptversammlung, in der die Auskunft abgelehnt worden ist. Antragsgegner ist die Gesellschaft (nicht der Vorstand); sie darf im Verfahren Auskunftsverweigerungsgründe nachschieben. Gibt das Gericht im Auskunftserzwingungsverfahren dem Antrag des Aktionärs statt, so muss der Vorstand die Auskunft auch außerhalb der Hauptversammlung erteilen; sonst kann der Beschluss zwangsvollstreckt werden (§ 132 Abs. 4 AktG, § 888 ZPO). Nach der Verhandlung entstehende Einwendungen können mit der Vollstreckungsgegenklage geltend gemacht werden (§ 767 ZPO). In Frage kommt praktisch nur der nachträgliche Verlust der Aktionärseigenschaft, weil die Gesellschaft auch nach der Verhandlung nur einem Aktionär Auskunft erteilen muss. Im Auskunftserzwingungsverfahren gilt die KostO (§ 135 Abs. 5 Satz 1 AktG); der Geschäftswert ist regelmäßig mit 5000 Euro anzunehmen (§ 30 Abs. 2 Satz 2 KostO); für jede Instanz fallen 2 volle Gebühren an; Anwaltskosten sind stets erstattungsfähig (§ 91 Abs. 2 ZPO analog).

— *Anfechtungsklage* (§ 243 Abs. 1 AktG): Wird eine Auskunft zu Unrecht verweigert, so ist der zu dem Tagesordnungspunkt ergehende Beschluss der Hauptversammlung anfechtbar, sofern die verweigerte Auskunft den Beschlussgegenstand und nicht einen anderen Punkt der Tagesordnung betrifft. Die Gesellschaft kann den Nachweis führen, dass die Verletzung des Auskunftsrechts ohne Einfluss auf den angefochtenen Hauptversammlungsbeschluss gewesen ist (BGHZ 36, 121, 139; → *Anfechtung von Hauptversammlungsbeschlüssen*).

▷ **Abgrenzung zwischen den Rechtsschutzmöglichkeiten:** Angesichts der unterschiedlichen Voraussetzungen und Zielsetzungen beider Verfahren gibt es keinen Vorrang des Erzwingungsverfahrens vor dem Anfechtungsprozess, vielmehr ist von einem unabhängigen Nebeneinander von Anfechtungsklage und Auskunftsverfahren auszugehen (BGHZ 86, 1, 3 ff.).

Tabelle: **Unterschiede zwischen den Klagearten**

Erfordernisse	Anfechtungsklage §§ 242 ff. AktG	Klageerzwingungsverfahren § 132 AktG
Widerspruch zu Protokoll	allgemein erforderlich	für auskunftsbegehrenden Aktionär nicht erforderlich
Ziel	erstrebt die Vernichtung des angegriffenen Beschlusses	erstrebt die Erteilung der verweigerten Auskunft
Frage nach der Berechtigung der Auskunftsverweigerung	vorgreifliche Frage, kann geklärt werden	darüber muss entschieden werden
Erzwingung des Vorstands zur Auskunftserteilung	nicht möglich	ausschließlich in diesem Verfahren möglich
Bindung an die Entscheidung im anderen Verfahren	keine Bindung an die Entscheidung im Erzwingungsverfahren (§ 132 Abs. 3 Satz 1 AktG)	die Entscheidung des Anfechtungsprozess ist bindend (§ 248 Abs. 1 Satz 1 AktG)

2. Auskunftsrecht des Aufsichtsrats

Das Auskunftsrecht des Aufsichtsrats ist das Pendant zu der Berichtspflicht des Vorstandes (→ *Bericht: 3. Vorstand an Aufsichtsrat*). Dem Vorstand obliegen gegenüber dem Aufsichtsrat eine Fülle von Berichtsaufgaben, damit dieser seine Aufgaben der allgemeinen Überwachung des Vorstands und dessen Geschäftsführung und Leitung der Gesellschaft verantwortlich erfüllen kann (§ 90 AktG). Der Vorstand hat aus eigener Initiative und regelmäßig zu berichten. Der Aufsichtsrat hat das Recht, jederzeit zusätzliche Berichte einzufordern. Der Umfang dieser Berichtspflichten und Vorlagen ist nicht abschließend geregelt.

Hinweis auf weiterführende Literatur: *Adler/Düring/Schmaltz*, Rechnungslegung und Prüfung der Unternehmen, 6. Aufl. 1995, § 286 Rn. 52 ff.; *Ebenroth*, Das Auskunftsrecht des Aktionärs und seine Durchsetzung im Prozess unter besonderer Berücksichtigung des Rechtes der verbundenen Unternehmen, 1970, S. 148 ff.; *Großfeld/Möhlenkamp*, Zum Auskunftsrecht des Aktionärs, ZIP 1994, 1425 ff.; *Joussen*, Auskunftspflicht des Vorstandes nach § 131 AktG und Insiderrecht, DB 1994, 2485 ff.; *Kämter*, Zum Recht des Vorstandes, keine Angaben über die Gesamtbezüge von Organen der Gesellschaft zu machen, BB 1996, 1419 ff.; *Schaaf*, Die Praxis der Hauptversammlung, 1996.

Hinweis auf weitere Stichwörter

→ *Aktionär*
→ *Aufsichtsrat*

→ *Bericht*
→ *Vorstand*

Auslagenersatz

Aufsichtsratsmitglieder erhalten für Auslagen, die ihre Verwaltungstätigkeit mit sich bringt, Ersatzleistungen, sog. *Auslagenersatz*.

Hinweis auf weitere Stichwörter

→ *Aufsichtsrat*

→ *Aufsichtsratsmitglieder*

Ausschluss

1. Bezugsrechtsausschluss 132
2. Stimmrechtsausschluss 133
3. Ausschluss eines Aktionärs........ 134
4. Ausschluss eines Aufsichtsratsmitglieds 135
5. Ausschluss eines Vorstandsmitglieds 135

1. Bezugsrechtsausschluss

▷ **Gesetzlicher Bezugsrechtsausschluss:** Ein gesetzlicher Bezugsrechtsausschluss ist gegeben,

– wenn die Wahrnehmung von Rechten aus den Aktien gemäß § 71b AktG nicht möglich ist,

– wenn der Erwerb von Aktien oder ihr Besitz nach § 56 AktG nicht zulässig ist,

– wenn es dem Zweck der bedingten Kapitalerhöhung widersprechen würde (§ 192 Abs. 2 Nr. 1–3 AktG) oder

– im Sonderfall einer Erhöhung des Grundkapitals zur Durchführung einer Verschmelzung (§§ 69 Abs. 1 Satz 1 UmwG i.V.m. 186 AktG).

In allen anderen Fällen muss das gesetzliche → *Bezugsrecht* durch die Aktiengesellschaft ausgeschlossen werden. Die Entscheidung über den Ausschluss (vollständig oder teilweise) des Bezugsrechts erfolgt grundsätzlich durch Beschluss der → *Hauptversammlung* (§§ 186 Abs. 3 und 4, 221 Abs. 4 Satz 2 AktG).

Geht es um einen → *Beschluss* der Hauptversammlung über die Erhöhung des Grundkapitals, besteht eine zwingende Einheit zwischen Zustimmungsbeschluss und Entscheidung über das Bezugsrecht, d.h. das Bezugsrecht kann nur im Rahmen des Kapitalerhöhungsbeschlusses ausgeschlossen werden.

Handelt es sich um eine *Ermächtigung des Vorstandes zur Durchführung einer Kapitalerhöhung* (§ 221 Abs. 2 Satz 1 AktG), hat die Hauptversammlung 2 Möglichkeiten:

– Sie beschließt selbst über den Ausschluss des Bezugsrechts oder
– sie ermächtigt den → *Vorstand* zur Entscheidung über den Ausschluss.

Im Übrigen s. → *Bezugsrecht*.

2. Stimmrechtsausschluss

▷ **Fälle:** Grundsätzlich darf jeder Aktionär sein → *Stimmrecht* in der Hauptversammlung ausüben. In einzelnen Fällen ist jedoch die Ausübung des Stimmrechts ausgeschlossen (§ 136 Abs. 1 AktG), z.B. bei

– Interessenkollision allgemein,
– Sitten- oder Treuwidrigkeit der Abstimmung,
– eigenen Aktien der Aktiengesellschaft oder
– stimmrechtslosen Vorzugsaktien.

▷ **Interessenkollision:** Eine Interessenkollision besteht nur, wenn die Gefahr besteht, dass die Interessen der Gesellschaft nicht objektiv wahrgenommen werden. Der Aktionär kann für sich oder für einen anderen das Stimmrecht nicht ausüben, wenn ein Beschluss darüber gefasst wird, ob

– er zu entlasten ist,
– er von einer Verbindlichkeit zu befreien ist oder
– die Gesellschaft gegen ihn einen Anspruch geltend machen soll (§ 136 Abs. 1 Satz 1 AktG).

Dies gilt auch für Bevollmächtigte, Legitimationszessionäre, offene und verdeckte Vertreter sowie Untervertreter, Treugeber und Treuhänder einer fremdnützigen Gesellschaft. Von dem Stimmrecht nicht ausgeschlossen ist der eigennützige Treuhänder, weil keine Interessenkollision gegeben ist. Ist eine *Miteigentumsgemeinschaft* oder eine Personengesellschaft Inhaber von Aktien, so dürfen die Miteigentümer bzw. die Gesellschafter mit den im Miteigentum stehenden Aktien nicht mitstimmen, wenn in der Person eines Miteigentümers oder Gesellschafters die Voraussetzungen für den Stimmrechtsausschluss vorliegt und das Mitglied beherrschenden Einfluss auf die Drittgesellschaft hat (BGHZ 126, 226, 229 ff.).

Aktien einer Drittgesellschaft: Gehören Aktien einer Drittgesellschaft, so wird zunächst nach der rechtlichen Eigenart der Drittgesellschaft unterschieden:

- bei der Personenhandelsgesellschaft (OHG, KG, GbR): Die Personenhandelsgesellschaften werden den anderen Gesamthands- sowie Bruchteilsgemeinschaften hinsichtlich der Anwendung der Stimmverbote gleichgestellt (s.o.);
- bei der juristische Person (AG, GmbH): Handelt es sich bei der juristischen Person um die Entlastung ihrer gesetzlichen Vertretung in der Eigenschaft als Organ einer Aktiengesellschaft, so ist das Stimmrecht grundsätzlich gegeben (BGHZ 56, 47, 53 ff.). Nur wenn das zu entlastende Organ einen maßgeblichen Einfluss auf die Willensbildung der juristischen Person hat, ist das Stimmrecht ausgeschlossen.

Der Stimmrechtsausschluss greift *nicht* ein, wenn

- die Beseitigung einer Nebenpflicht durch Satzungsänderung erfolgt oder
- die Pflicht zur Zahlung von außenstehenden Einlagen durch Kapitalherabsetzung erfolgt.

Dies gilt, falls die Pflichten alle Aktionäre gleich treffen, aber auch, wenn die Aktionäre unterschiedlich betroffen sind. Die nicht oder minder begünstigten Aktionäre müssen durch → *Sonderbeschluss* zustimmen (§ 179 Abs. 3 AktG).

Eine analoge Anwendung auf sonstige Interessenkollisionen ist nicht möglich. In Einzelfällen kann das Stimmrecht jedoch ausgeschlossen sein, wenn die Beteiligung an einer Abstimmung sitten- oder treuwidrig ist.

▷ **Eigene Aktien der Aktiengesellschaft:** Für Aktien, die der Gesellschaft oder einem abhängigen Unternehmen oder einem anderen für Rechnung der Gesellschaft oder eines abhängigen Unternehmens gehören, kann das Stimmrecht nicht ausgeübt werden (→ *eigene Aktien*). In diesem Fall ruht das Stimmrecht. Dadurch soll verhindert werden, dass die Gesellschaft selbst die Willensbildung in ihrer Hauptversammlung beeinflusst (§§ 71b, 71c, § 328 AktG).

▷ **Vorzugsaktien ohne Stimmrecht:** Für bestimmte → *Aktien* kann das Stimmrecht durch die Satzung ausgeschlossen werden (→ *Vorzugsaktien*). Bei Verschmelzungsbeschlüssen lebt das Stimmrecht nicht wieder auf, da der Schutz der Inhaber von stimmrechtslosen Vorzugsaktien abschließend geregelt ist (§§ 23, 65 Abs. 2 UmwG). Bei Konzernverschmelzungen findet das Stimmverbot aufgrund des organisationsrechtlichen Charakters der Verschmelzung keine Anwendung.

3. Ausschluss eines Aktionärs

▷ **Gesetzlich vorgeschriebene Möglichkeiten** für den Ausschluss eines Aktionärs:

- Nichtleistung der → *Einlage* (§§ 64, 65 AktG),
- → *Einziehung* (§ 237 AktG)
- → *Squeeze-Out* (§§ 327a ff. AktG).

Die Frage, ob ein Aktionär darüber hinaus aus wichtigem Grund aus der Aktiengesellschaft ausgeschlossen werden kann, wird überwiegend verneint.

▷ Um den Anschluss an **internationale Standards** im Interesse der Wettbewerbsgleichheit deutscher Unternehmen zu finden (→ *Minderheitsrechte*), besteht weitgehender Konsens über die Notwendigkeit der Regelung über den Ausschluss von Minderheitsaktionären (→ *Squeeze-Out*-Regelung). Die Anpassung an das britische und amerikanische Recht durch die Vorschriften zum Squeeze-Out bildet einen Baustein auf dem Weg zur Annäherung des deutschen Marktes an internationale Standards und der Gleichstellung der unterschiedlichen Aktionärsgruppen. Zur Verfassungsmäßigkeit OLG Hamburg, Urteil v. 11.4.2003 – 11 U 215/02, DB 2003, 1499.

▷ **Formelle Voraussetzungen** für den Ausschluss eines Aktionärs:

- ausdrückliche und ordnungsgemäße Bekanntmachung (§§ 186 Abs. 4, 124 Abs. 1 AktG) und
- Vorlage eines schriftlichen Berichts; hierauf kann auch in der Hauptversammlung nicht verzichtet werden.

Im Übrigen s. → *Squeeze-Out*.

4. Ausschluss eines Aufsichtsratsmitglieds

Erfolgt die Wahl eines → *Aufsichtsratsmitglieds* ohne Beachtung der Ausschlusstatbestände, so ist diese nichtig (§ 134 BGB). Gesetzliche Ausschlusstatbestände bei der Wahl eines Aufsichtsratsmitglieds (*Negativvoraussetzungen*) sind

- die *Beschränkung der Aufsichtsratsmandate* (§ 100 Abs. 2 Nr. 1 AktG): → *Aufsichtsratsmitglieder: 2. Persönliche Voraussetzungen;*
- keine *Organstellung* in einem abhängigem Unternehmen (§ 100 Abs. 2 Nr. 2 AktG): Der zu Bestellende darf nicht gesetzlicher Vertreter eines von der Gesellschaft abhängigen, auch ausländischen, Unternehmens sein (§ 100 Abs. 2 Nr. 2 AktG);
- *Verbot der Überkreuzverflechtung* (§ 100 Abs. 2 Nr. 3 AktG): Der zu Bestellende darf nicht gesetzlicher Vertreter einer anderen Kapitalgesellschaft sein, deren Aufsichtsrat ein Vorstandsmitglied der Aktiengesellschaft angehört. Von dem Verbot betroffen sind nur inländische Gesellschaften, die kraft Gesetzes einen Aufsichtsrat bilden müssen. Es gilt der Grundgedanke, dass derjenige, der überwachen soll, nicht selbst in einer anderen Gesellschaft der Überwachung durch den Überwachten unterstehen kann.

5. Ausschluss eines Vorstandsmitglieds

Erfolgt die Bestellung eines → *Vorstandsmitglieds* ungeachtet des Vorliegens eines Ausschlusstatbestandes, so ist diese nichtig (§ 134 BGB). Die Aufzählung der Ausschließungsgründe ist im Gesetz (§ 76 Abs. 3 AktG) abschließend. Ausschlussgründe sind

- die Verurteilung wegen einer Insolvenzstraftat (§§ 283–283d StGB),
- gerichtliche oder behördliche Berufsverbote (§§ 70 StGB, 35 GewO).

Eine Differenzierung hinsichtlich der Schwere der Tat, des Schuldvorwurfs oder des konkret verwirklichten Delikts ist nicht zulässig (§ 76 Abs. 3 Satz 3 AktG).

Aus der Funktionstrennung zwischen Aufsichtsrat und Vorstand ergibt sich zusätzlich die Inkompatibilität einer Mitgliedschaft im Aufsichtsrat mit der Mitgliedschaft im Vorstand (§ 105 AktG). Dies gilt auch für das Amt eines stellvertretenden Vorstandsmitglieds (§ 94 AktG, *Ausn.* § 105 Abs. 2 AktG; s. auch → *Vorstandsmitglieder*).

Hinweis auf weitere Stichwörter

- → *Aktie*
- → *Aktionär*
- → *Arbeitnehmer*
- → *Aufsichtsratsmitglieder*

- → *Bezugsrecht*
- → *Stimmrecht*
- → *Vorstandsmitglieder*
- → *Vorzugsaktie*

Bank

1. Effektengiroverkehr.................. 136
2. Berechtigungsnachweis 137
3. Bestätigung........................... 137

1. Effektengiroverkehr

Nach der Grundkonzeption des Gesetzes erfolgt bei der Übereignung von Wertpapieren neben der Einigung die Übergabe des Papiers und damit die Abtretung der in dem Papier verkörperten Rechte auf den Erwerber. Diese Form der Übereignung würde den modernen Aktienhandel unmöglich machen. Die Girosammelverwahrung rationalisiert die Übertragung von Wertpapieren erheblich, indem der Besitz aller → *Aktien* bei einer Person (in Deutschland in der Regel die *Clearstream Banking AG* – vormals Kassenverein –, welche den beteiligten Banken den Besitz mittelt; diese wiederum mitteln dem → *Aktionär* den Besitz) verbleibt und nur noch Miteigentumsanteile durch Einigung und Übergang des Besitzmittlungsverhältnisses übertragen werden (sog. „*Effektengiroverkehr*"). Die Aushändigung der einzelnen Stücke wird dadurch entbehrlich.

Für die Dokumentation dieser Übereignungen sind nur Buchungsvorgänge erforderlich: Der Übergang vollzieht sich entweder durch bankinterne Umbuchung (Bank mittelt den Besitz nicht mehr für Kunde A, sondern für Kunde B) oder, wenn mehrere Kreditinstitute beteiligt sind, in der Weise, dass die *Clearstream Banking AG* der Bank des bisherigen Aktionärs deren Depotkonto belastet, dem Depotkonto der Bank des Erwerbers den entsprechenden Sammelbestandteil gutschreibt und damit ihr Besitzmittlungsverhältnis vom Veräußerer auf den Erwerber umstellt (vgl. Nr. 8 Abs. 1 AGB *Deutsche Börse Clearing/Clearstream Banking AG*).

2. Berechtigungsnachweis

Für die Geltendmachung der Rechte aus der Aktie bzw. sonstigen Wertpapieren genügt die Vorlage eines Berechtigungsnachweises des depotführenden Kreditinstituts (vgl. § 123 Abs. 3 Satz 1 AktG). Dies kann auch ein ausländisches Finanzinstitut sein. Anstatt durch das Wertpapier wird der Aktionär somit durch den Berechtigungsnachweis legitimiert (z.B. für den Beweis der Aktionärseigenschaft bei Inhaberaktien in der Hauptversammlung; hier muss sich der Nachweis auf den vierzehnten Tag vor der Versammlung beziehen).

3. Bestätigung

Der Nachweis gegenüber dem Registergericht, dass die eingezahlten Bareinlagen zur endgültigen freien Verfügung des → *Vorstands* stehen, ist mit einer schriftlichen Bestätigung des Kreditinstituts zu führen, wenn der Betrag durch Gutschrift auf ein Konto der Gesellschaft oder des Vorstands bei der Deutschen Bundesbank oder einem Kreditinstitut eingezahlt worden ist (§ 37 Abs. 1 Satz 3 und 4 AktG). Das Registergericht braucht keine weiteren Nachforschungen über die Kapitalaufbringung durchzuführen, soweit kein konkreter Anlass besteht, an der Richtigkeit zu zweifeln.

Der Verantwortlichkeit des Kreditinstituts für die Richtigkeit seiner Bestätigung wird allgemein die Bedeutung zuerkannt, dass es den fehlenden Betrag nach Maßgabe seiner Bestätigung selbst zu leisten hat, sofern die geschuldete Bareinlage entgegen seiner Erklärung ganz oder teilweise nicht aufgebracht worden ist (§ 37 Abs. 1 Satz 4 AktG). Die Kenntnis des Vorstandes der Aktiengesellschaft von der Unrichtigkeit der Bankbestätigung entlastet die Bank nicht. Die Richtigkeit einer Bankbestätigung kann jedoch nur insoweit erwartet werden, als dass die Bank nur für solche Umstände verantwortlich ist, die ihre eigene Sphäre betreffen.

Hinweis auf weiterführende Literatur: *Burki*, E-Banking: Fernabsatz von Finanzdienstleistungen in der EU, SJZ 2001, 391 ff.; *Hanenberg/Schneider*, Bankaufsichtliche Rahmenbedingungen für interne Überwachungssysteme, WPg 2001, 1058 ff.; *Herdegen*, Bundesbank und Bankenaufsicht: Verfassungsrechtliche Fragen, WM 2000, 2121 ff.; *Hirte/Heinrich*, Entwicklungen im europäischen Bankrecht – Eine Bestandsaufnahme, ZBB 2001, 388 ff.; *Hopt*, Übernahmen, Geheimhaltung und Interessenkonflikte: Probleme für Vorstände, Aufsichtsräte und Banken, ZGR 2002, 333 ff.; *Leisner*, Auskunftspflicht der Banken über treuhänderisch verwaltete ausländische Wertpapierdepots?, DB 2002, 2015 ff.; *Sauer*, Zum Unrecht der so genannten Bankenuntreue, wistra 2002, 365 ff.; *Scherpe*, Der Bankenombudsmann – Zu den Änderungen der Verfahrensordnung seit 1992, WM 2001, 2321 ff.; *Vaupel*, Die Haftung der Banken für die Richtigkeit der Angebotsunterlage bei Umtauschangeboten nach dem WpÜG, WM 2002, 1170 ff.

Hinweis auf weitere Stichwörter

→ *Einlage*
→ *Übertragung*

→ *Verdeckte Sacheinlage*

Bedingte Kapitalerhöhung

1. Begriff 138
2. Bedingtes Kapital 138
3. Zweck der bedingten Kapitalerhöhung............................. 138
4. Kapitalerhöhungsbeschluss 140
5. Durchführung der bedingten Kapitalerhöhung..................... 141
6. Sacheinlage......................... 141
7. Stock Options....................... 142

1. Begriff

Eine bedingte Kapitalerhöhung liegt vor, wenn die Hauptversammlung eine Erhöhung des Grundkapitals beschließt (→ *4. Kapitalerhöhungsbeschluss*), die nur insoweit durchgeführt werden soll, wie von einem Umtausch- oder Bezugsrecht Gebrauch gemacht wird, das die Gesellschaft auf die neuen → *Aktien (Bezugsaktien)* einräumt (§§ 192–201 AktG). Die Kapitalerhöhung wird ohne Einschränkung beschlossen, ist jedoch bzgl. der Durchführung bedingt durch die Ungewissheit des Umfangs der Ausübung von Bezugs- oder Umtauschrechten. Wegen der Zweckgebundenheit entfällt auch ein gesetzliches → *Bezugsrecht*. Die Gesellschaft kann die einmal beschlossene und eingetragene bedingte Kapitalerhöhung nicht mehr rückgängig machen (§ 192 Abs. 4 AktG).

Durch eine bedingte Kapitalerhöhung ist die Gesellschaft nicht gezwungen, sich die für einen Umtausch bzw. eine Bedienung des Bezugsrechts erforderlichen Aktien erst auf dem Kapitalmarkt zu erwerben, zumal dies nur für Bezugsrechte von Arbeitnehmern zulässig ist (§ 71 Abs. 1 Nr. 2 AktG).

2. Bedingtes Kapital

Das bedingte Kapital ist das in der Satzung aufgrund einer bedingten Kapitalerhöhung eingetragene Kapital. Es ist die Höchstgrenze des Betrags, der aufgrund der Durchführung der bedingten Kapitalerhöhung als Kapitalerhöhungsbetrag entstehen kann.

Der Nennbetrag des bedingten Kapitals darf die Hälfte des Grundkapitals, das zur Zeit der Beschlussfassung über die bedingte Kapitalerhöhung vorhanden ist, nicht übersteigen, um einen übertriebenen Gebrauch der bedingten Kapitalerhöhung im Interesse der Aktionäre und der Öffentlichkeit zu verhindern (§ 192 Abs. 3 AktG).

3. Zweck der bedingten Kapitalerhöhung

Mit der Form einer bedingten Kapitalerhöhung soll lediglich die Verfügbarkeit von Aktien für ein Umtausch- oder Bezugsrecht, dessen Ausübungsumfang ungewiss ist, bewirkt werden.

▷ **Fälle:** Die bedingte Kapitalerhöhung soll nur zu folgenden Zwecken beschlossen werden (§ 192 Abs. 2 AktG):

– **Gewährung von Umtausch- oder Bezugsrechten an Gläubiger von Wandelschuldverschreibungen** (Wandel- und Optionsanleihen sowie Gewinnschuldverschreibungen oder Genussscheine, § 221 Abs. 1 und 3 AktG): mit der Ausgabe von Wandelschuldverschreibungen sind die Gläubiger berechtigt, diese in Aktien umzutauschen oder neben der Schuldverschreibung Aktien zu beziehen; die Kapitalerhöhung kann aber nicht zur Bedienung fremder Wandelschuldverschreibungen beschlossen werden; einen Sonderfall bilden die sog. Warrant-Anleihen (→ *Wandelschuldverschreibungen*, die im Konzern von einer ausländischen Tochtergesellschaft ausgegeben werden);

– **Vorbereitung des Zusammenschlusses mehrerer Unternehmen:** durch die bedingte Kapitalerhöhung werden potentielle Mitgliedschaftsrechte bereitgestellt, die für einen beabsichtigten Unternehmenszusammenschluss benötigt werden (§ 192 Abs. 2 Nr. 2 AktG); dabei ist jede Verbindung von Unternehmen als Unternehmenszusammenschluss zu verstehen. Damit soll das Recht der Aktionäre der übertragenen Gesellschaft gesichert werden. Zur Durchführung von Unternehmenszusammenschlüssen kommt überdies die Kapitalerhöhung gegen Einlagen sowie das genehmigte Kapital in Betracht, bei der bedingten Kapitalerhöhung wird aber das Unternehmen zu einer frühzeitigen Offenlegung des Zusammenschlussvorhabens gezwungen. Ein Zusammenschluss kommt in Betracht durch: Eingliederung (§ 320 AktG), Verschmelzung durch Aufnahme, Erwerb sämtlicher Mitgliedschaftsrechte oder Beherrschungs- und Gewinnabführungsvertrag oder wenn Gesellschaften eines anderen Unternehmens ein Tausch ihrer Anteile gegen Aktien angeboten wird (*nicht* aber die Verschmelzung zweier Unternehmen durch Neugründung, §§ 2 Nr. 2, 36 ff., 73 ff. UmwG);

– **Gewährung von Bezugsrechten an Arbeitnehmer** der Gesellschaft oder eines verbundenen Unternehmens zum Bezug neuer Aktien aufgrund eines Zustimmungs- oder Ermächtigungsbeschlusses der Hauptversammlung (→ *7. Stock Options*, § 192 Abs. 2 Nr. 3 AktG): dadurch werden Arbeitnehmeraktien geschaffen; dies ist mit einem wenn auch geringfügigen Steuervorteil zugunsten der Arbeitnehmer verbunden (§ 19a EStG). Die Bezugsrechte dürfen ausschließlich auf den Bezug neuer Aktien gerichtet sein. Zugelassen sind seit dem NaStraG (18. Januar 2001) auch schlichte Bezugsrechte, wie nackte Optionen, sog. Stock Options, die unentgeltlich an die Mitarbeiter ausgegeben werden können;

– **Gewährung von Bezugsrechten an die Mitglieder der Geschäftsführung** der Gesellschaft oder eines verbundenen Unternehmens: Aktienoptionen können auch als Vergütungsbestandteile für Vorstände oder leitende Angestellte unterhalb des Vorstandes einschließlich der Geschäftsführungsorgane verbundener Unternehmen sowie an sonstige Mitarbeiter erteilt werden (§ 192 Abs. 2 Nr. 3 AktG);

– **weitere Zwecke, insbesondere Umtausch von Komplementär- in Grundkapital bei der KGaA:** Die Regelung der Zwecke der bedingten Kapitalerhöhung ist trotz seiner Ausgestaltung als Soll-Vorschrift grundsätzlich abschließend. Es werden aber einzelfallbezogene Analogien zugelassen, falls gerechtfertigt. Zu nennen ist dabei insbesondere ein in der Satzung vorgesehenes oder von der Hauptversammlung beschlossenes Umtauschrecht des Komplementärs einer KGaA, seine Vermögenseinlage oder einen Teil davon im Wege der Sachkapitalerhöhung in Aktien der Gesellschaft umzutauschen (*Martens*, AG 1989, 69, 71).

In den genannten Fällen liegt eine besondere Situation vor, der die Durchführung einer normalen Kapitalerhöhung gegen Einlagen nicht gerecht wird.

▷ Werden mit dem Beschluss **andere Zwecke**, die auch nicht mit den gesetzlich aufgezählten vergleichbar sind, verfolgt, ist der Beschluss anfechtbar. Das Registergericht ist unabhängig vom Ablauf der Anfechtungsfrist verpflichtet, die Eintragung der bedingten Kapitalerhöhung abzulehnen, wenn es solche unzulässigen Zwecke feststellt.

4. Kapitalerhöhungsbeschluss

▷ **Form:** Da die bedingte Kapitalerhöhung eine *Satzungsänderung* ist, müssen sämtliche Voraussetzungen einer solchen vorliegen. Dabei ist lediglich eine Verschärfung (keine Erleichterung) des Erfordernisses der Kapitalmehrheit durch → *Satzung* möglich (§§ 192 Abs. 1, 179 ff. AktG).

▷ **Inhalt:** Im *Beschluss der Hauptversammlung* sind festzustellen (§ 193 Abs. 2 AktG)

– der *Zweck* der bedingten Kapitalerhöhung,

– der *Nennbetrag:* der Nennbetrag des bedingten Kapitals darf i.d.R. 50 % bzw. bei der Gewährung von Stock Options 10 % des bei der Beschlussfassung vorhandenen Grundkapitals nicht übersteigen (§ 192 Abs. 3 AktG);

– die *Aktienart*;

– der *Kreis der Bezugsberechtigten* und

– der *Ausgabebetrag* (Basispreis, zu dem die Bezugsberechtigten ausüben können bzw. Ausübungspreis) oder die *Grundlagen*, nach denen sich dieser Betrag errechnet (zur streitigen Unzulässigkeit der Festsetzung nur eines Mindestbetrags *Maul*, NZG 2000, 679), sowie

– bei Gewährung von → *Bezugsrechten* an *Arbeitnehmer oder Geschäftsführungsmitglieder* (§ 192 Abs. 2 Nr. 3 AktG) ist zusätzlich zu beschließen über

  – die Aufteilung der Bezugsrechte auf Mitglieder der Geschäftsführung und Arbeitnehmer,

  – die Erwerbs- und Ausübungszeiträume für die Bezugsrechte,

  – die Erfolgsziele,

  – die Ausübungszeiträume (mind. 2 Jahre),

  – die Wartezeit für die erstmalige Ausübung.

▷ **Umtausch- und Bezugsrechte:** Der Hauptversammlungsbeschluss kann zeitlich unbegrenzt ausübbare Umtausch- oder Bezugsrechte vorsehen (anders bei Kapitalerhöhung durch → *genehmigtes Kapital*, die nur für höchstens 5 Jahre zulässig ist).

Eine Befristung der Umtausch- oder Bezugsrechte ist aber zulässig und aus praktischen Gründen zweckmäßig.

▷ **Anmeldung:** Der Beschluss über die bedingte Kapitalerhöhung muss durch den → *Vorstand* und den Aufsichtsratsvorsitzenden zur Eintragung in das Handelsregister angemeldet werden (§ 195 Abs. 1, 2 AktG). Vorher dürfen Aktienurkunden nicht ausgegeben werden. Der Beschluss ist vom → *Handelsregister* bekannt zu machen (§ 196 AktG).

5. Durchführung der bedingten Kapitalerhöhung

Die Durchführung des im Handelsregister eingetragenen Erhöhungsbeschlusses erfolgt durch die dem Zeichnungsschein (→ *Zeichnung: 2. Zeichnungsschein*) gleichgestellte Bezugserklärung des Bezugsberechtigten und die entsprechende Ausgabe der Bezugsaktien (§§ 198 f. AktG). Damit ist das Kapital erhöht (§ 200 AktG). Dabei ist der Vorstand – anders als bei der *ordentlichen* oder der → *genehmigten Kapitalerhöhung* – streng an die Bestimmungen des bedingten Kapitalerhöhungsbeschlusses gebunden. Die Ausgabe der Bezugsaktien an die Inhaber von Wandelschuldverschreibungen kann von einer vorherigen Zuzahlung abhängig sein (§ 199 Abs. 2 AktG). Die Durchführung der bedingten Kapitalerhöhung kann sukzessive erfolgen. Der Eintragung der Durchführung im Handelsregister kommt – abweichend von den sonst geltenden Grundsätzen der Kapitalerhöhungen – nur noch deklaratorische Bedeutung zu (§ 201 AktG). Aus diesem Grund ist die Anmeldung der Ausgabe von Bezugsaktien nur einmal im Geschäftsjahr mit einer Frist von einem Monat nach dessen Ablauf und nur durch den Vorstand vorzunehmen (§ 201 AktG).

6. Sacheinlage

Eine bedingte Sachkapitalerhöhung kommt nur im Falle der Vorbereitung des Zusammenschlusses mehrerer Unternehmen in Betracht (§§ 194, 192 Abs. 2 Nr. 2 AktG). Wird ein Unternehmen (in Form einer Sach- und Rechtsgesamtheit) oder Anteile an einer unternehmenstragenden Gesellschaft zum Zwecke des Unternehmenszusammenschlusses eingebracht, so stellt dies eine Sachkapitalerhöhung dar.

Dabei muss die Sacheinlage bereits zum Zeitpunkt des Beschlusses hinreichend individualisiert sein (§ 193 Abs. 2 Nr. 1 und 2 AktG). Im Falle der bedingten Kapitalerhöhung gegen Sacheinlagen müssen im Kapitalerhöhungsbeschluss festgesetzt werden

– ihr Gegenstand,
– die Person, von der die Gesellschaft den Gegenstand erwirbt, und
– der Nennbetrag, bei Stückaktien die Zahl der bei der Sacheinlage zu gewährenden Aktien im Kapitalerhöhungsbeschluss.

Im Übrigen gelten die Vorschriften über die Sachkapitalerhöhung, insbesondere deren → *Prüfung* entsprechend. Dem Problem, dass sich der Wert der Sacheinlage zw. Beschluss und Ausgabe der Bezugsaktien verändern kann, wird vielfach dadurch begegnet, dass zum Zeitpunkt der Ausgabe der Bezugsaktien eine weitere Sachkapitalerhöhungsprüfung durchgeführt wird. Dies sollte in der Satzung entsprechend vorgesehen werden.

Ein Verstoß führt zur Unwirksamkeit der zugrunde liegenden Verträge gegenüber der Gesellschaft und zu einer Bareinlagenverpflichtung des Empfängers von Bezugsaktien.

7. Stock Options

▷ **Inhalt des Ausgabebeschlusses:** Bei der Ausgabe von → *Stock Options* hat der Ermächtigungs- oder Zustimmungsbeschluss folgende Eckdaten zu beinhalten (§ 193 Abs. 2 Nr. 4 AktG):

– Den *Ausgabebetrag* der Bezugsaktien oder die Grundlagen, nach denen dieser Betrag errechnet wird,

– den *Kreis der Bezugsberechtigten*: Bezugsberechtigte können Vorstandsmitglieder der AG, Geschäftsführungsmitglieder verbundener Unternehmen, Arbeitnehmer der Aktiengesellschaft oder Arbeitnehmer eines mit der Aktiengesellschaft verbundenen Unternehmens sein. Ausreichend ist die Aufteilung der Bezugsberechtigten in Gruppen (Vorstand/Arbeitnehmer etc). Nicht zu nennen sind die einzelnen Bezugsberechtigten,

– die *Definition der Erfolgsziele*, die erreicht werden müssen, bevor die Bezugsrechte begründet werden können, dabei ist die Anknüpfung an den Börsenkurs als Erfolgsziel zulässig (OLG Stuttgart AG 1998, 529; *Aha*, BB 1997, 2225, 2226 f.),

– die Festlegung der *Erwerbs- und Ausübungszeit* (mind. 2 Jahre ab Einräumung des Aktienoptionsrechts), d.h. den Zeitraum, in dem die Bezugsrechte ausgeübt werden können. In der Praxis üblich sind Laufzeiten von 3 bis 10 Jahren,

– die *Wartezeit* für die erstmalige Ausübung, d.h. der Zeitpunkt, zu dem frühestens bezogen werden kann: Die Wartezeit muss mindestens 2 Jahre betragen (§ 193 Abs. 2 Nr. 4 AktG).

Beispiele

Die Auszahlung der Vergütung kann davon abhängig gemacht werden, dass der Bezugskurs der Aktien über einem zuvor festgelegten Börsenkurs liegt. Üblich sind Steigerungen von 5–20 %. Damit „windfall profits" bei allgemeinen Kursanstiegen vermieden werden, sollte die Kursentwicklung an einen Index angeknüpft werden. In Betracht kommen insoweit Branchen- und Gesamtmarktindizes, die auch ausländische Unternehmen berücksichtigen können. Möglich ist auch die Anknüpfung an den Mittelwert des Börsenkurses (z.B. Kurs 6 Monate vor der Ausübungszeit); dies führt zu einer Beschränkung der Einflussmöglichkeiten der Bezugsberechtigten auf den Kurs der Aktie.

▷ **Anfechtbarkeit:** Die Verletzung des § 193 Abs. 2 Nr. 4 AktG ist bloßer Anfechtungsgrund. Die Regelung verfolgt kein Schutzanliegen, das demjenigen von § 193

Abs. 2 Nr. 1–3 AktG vergleichbar wäre, sondern betrifft lediglich die Kompetenzunterschreitung durch die Hauptversammlung (vgl. *Hüffer*, AktG, 7. Aufl. 2006, § 193 Rn. 7); dabei geht es weder um das öffentliche Interesse noch um das Wesen der Aktiengesellschaft (§ 241 Nr. 3 AktG).

▷ **Fakultativer Inhalt:** Im Stock-Option-Plan können weitere Einzelheiten festgelegt werden. Zur näheren Ausgestaltung der Aktienoptionen können vorgesehen werden:

– *Haltefristen*, die einen sofortigen Verkauf nach der Ausübung der Option verbieten, wobei 3 Jahre als angemessen angesehen werden;

– *Rückzahlungsklauseln*, wonach ein Bezugsberechtigter, der das Unternehmen innerhalb einer bestimmten Frist nach Ausübung des Wandlungsrechts verlässt, einen gewissen Teil seines persönlichen Gewinns zurückzuzahlen hat (z.B. durch die Pflicht, Aktien zum eigenen Einstandspreis an die Gesellschaft zu verkaufen);

– Regelungen zur *Unterbindung von Insidergeschäften*, welche die Ausübung des Optionsrechts auf Zeiträume beschränken, in denen auch den übrigen Marktteilnehmern die relevanten Informationen – wie der Jahresabschluss – zur Verfügung stehen.

▷ **Zuständigkeit:** Handelt es sich bei den Begünstigten um → *Vorstandsmitglieder*, so hat der → *Aufsichtsrat* über die weitere Ausgestaltung der Aktienoptionen zu entscheiden (§§ 84 Abs. 3 Satz 5, 112, 87 Abs. 1 AktG; vgl. OLG Braunschweig BB 1998, 2022). Handelt es sich demgegenüber um → *Arbeitnehmer*, hat der Vorstand nach den allgemeinen Vorschriften zu entscheiden.

▷ **Besonderheiten:**

Bei der bedingten Kapitalerhöhung besteht ein Bezugsrechtsausschluss kraft Gesetzes, so dass ein Vorstandsbericht über den Ausschluss des Bezugsrechts nicht erforderlich ist (§ 186 Abs. 4 AktG ist i.d.R. § 193 AktG nicht anwendbar).

Eine Erfordernis der zusätzlichen Bekanntmachung des wesentlichen Inhalts der Ermächtigung zur Gewährung von Aktienoptionen besteht nicht (Aktienoptionspläne gehören nicht zu den Grundlagengeschäften des Vorstandes gemäß §§ 119 Abs. 2, 124 Abs. 2 Satz 2 AktG).

Angaben über den Gesamtwert des Aktienoptionplans sind nicht zu erteilen, insbesondere haben Aktionäre keinen Auskunftsanspruch hierauf (der Gesamtwert des Optionsplans gehört nicht zu den Eckpunkten nach § 193 Abs. 2 AktG).

Hinweis auf weiterführende Literatur: *Knoll*, Kumulative Nutzung von bedingtem Kapital und Aktienrückkauf zur Bedienung von Aktienoptionsprogrammen – sind 10 % nicht genug?, ZIP 2002, 1382 ff.; *Thiele*, Die Bilanzierung von Aktienoptionsplänen auf der Basis bedingter Kapitalerhöhungen vor dem Hintergrund des GoB-Systems, WPg 2002, 766 ff.; *Weiss*, Aktienoptionsprogramme nach dem KonTraG, WM 1999, 353; *Zeidler*, Aktienoptionspläne – nicht nur für Führungskräfte – im Lichte neuester Rechtsprechung, NZG 1998, 789. Im Übrigen s. → *Kapitalerhöhung: Hinweis auf weiterführende Literatur*.

Hinweis auf weitere Stichwörter

- → *Aktie: 13. Preis*
- → *Kapitalerhöhung*
- → *Prüfung*

- → *Einlage: 3. Sacheinlage*
- → *Satzung*
- → *Stock-Options*

Befreiungsverbot

1. Grundsatz 144
2. Aufrechnungsverbot 144
3. Abtretung und Pfandrechte 145
4. Erlassverbot 145
5. Zulässigkeit 146
6. Entsprechende Anwendung 146
7. Folgen bei Verstoß 146

1. Grundsatz

Die → *Aktionäre* und ihre Vormänner können von der Leistung der → *Einlage* nicht befreit werden (§§ 66 Abs. 1 Satz 1, 54, 65 AktG, Grundsatz der realen Kapitalaufbringung). Nur durch eine ordentliche → *Kapitalherabsetzung* oder die Kapitalherabsetzung durch die Einziehung von Aktien können Aktionäre von der Einlageverpflichtung befreit werden, jeweils jedoch beschränkt auf die Höhe des herabgesetzten Betrages (§ 66 Abs. 3 AktG).

2. Aufrechnungsverbot

Eine Aufrechnung gegen eine Forderung der Gesellschaft auf Leistung der Einlage ist unzulässig (passives Aufrechnungsverbot). Auch die Aktiengesellschaft kann im Hinblick auf den Grundsatz der realen Kapitalaufbringung nicht ohne Einschränkungen die Aufrechnung erklären (aktives Aufrechnungsverbot). Die Aufrechnung ist vielmehr nur zulässig, wenn sie tatsächlich ein nutzloses Hin- und Herzahlen ersetzt, was voraussetzt, dass die Forderung des Aktionärs gegen die Gesellschaft fällig, liquide und vollwertig ist (ständige Rechtsprechung, vgl. etwa BGHZ 15, 52; BGHZ 42, 89; BGH WM 1982, 1200).

– Vor *Fälligkeit* der Gegenforderung kann nicht aufgerechnet werden,

– *Liquidität* der Forderung des Aktionärs setzt voraus, dass die Forderung nach Grund und Höhe unbestritten sein muss und ihrer Durchsetzbarkeit seitens der Aktiengesellschaft keinerlei Einwendungen oder Einreden entgegenstehen dürfen,

– *Vollwertigkeit* der Forderung liegt nur dann vor, wenn das Vermögen der Gesellschaft ausreicht, um alle fälligen Forderungen der Gläubiger vollständig zu befriedigen, die Aktiengesellschaft sich auch sonst nicht in nachhaltigen Zahlungsschwierigkeiten befindet und der Anspruch des Aktionärs auch noch nicht verjährt ist bzw. eigenkapitalersetzenden Charakter hat (RGZ 134, 262; BGHZ 90, 370; *Hüffer*, AktG, 7. Aufl. 2006, § 66 Rn. 7).

> **Beispiele**
>
> – Die Gegenforderung des Aktionärs resultiert aus einem mit der Aktiengesellschaft geschlossenen Pachtvertrag. Zwischen der Aktiengesellschaft als der Pächterin und dem Aktionär als dem Verpächter besteht jedoch Streit über die Frage der Mangelhaftigkeit des verpachteten Gegenstandes. Die Aktiengesellschaft kann nicht aufrechnen, weil es der Gegenforderung an der Liquidität fehlt.
> – Die Aktiengesellschaft befindet sich in der Krise und ist nicht mehr in der Lage, alle fälligen Forderungen ihrer Gläubiger in voller Höhe zu befriedigen. Sie kann gegen eine Forderung des Aktionärs nicht aufrechnen, weil es dieser Forderung an der Vollwertigkeit fehlt.

3. Abtretung und Pfandrechte

Einlageansprüche einer Aktiengesellschaft sind nur unter der Voraussetzung abtretbar und pfändbar, dass der Gesellschaft dafür eine vollwertige Gegenleistung zufließt (Grundsatz der realen Kapitalaufbringung). Die Pfändung der Einlageforderung durch einen gesellschaftsfremden Gläubiger soll ebenfalls nur dann zulässig sein, wenn seine Forderung – woran es bei der Pfändung allerdings regelmäßig fehlen wird (z.B. wenn die Gesellschaft in Vermögensverfall gerät bzw. ihre Verbindlichkeiten nicht erfüllen kann) – selbst vollwertig ist (BGHZ 53, 71; BGH BB 1976, 852; BGH NJW 1992, 2229; zweifelhaft, a.A. *Karsten Schmidt*, ZHR 157 (1993), 291, 300). Eine Pfändung durch den Einlageschuldner selbst ist ausgeschlossen (KG JW 1930, 3779).

4. Erlassverbot

Das gesetzliche Verbot eines Erlasses ist im Hinblick auf das ihm zugrunde liegende Prinzip der realen Kapitalaufbringung weit auszulegen. Es umfasst nicht nur den echten Erlassvertrag (§ 397 Abs. 1 BGB) – und zwar unabhängig davon, ob die Forderung ganz oder teilweise erlassen wird –, sondern darüber hinaus auch alle Geschäfte, die im Ergebnis auf die Wirkung eines Erlasses hinauslaufen.

> **Beispiele**
>
> Unzulässig sind daher (vgl. *Hüffer*, AktG, 7. Aufl. 2006, § 66 Rn. 4)
> – ein negatives Schuldanerkenntnis (§ 397 Abs. 2 BGB),
> – die Annahme einer anderen Leistung an Erfüllungsstatt (§ 364 Abs. 1 BGB) (OLG Köln ZIP 1989, 174),
> – die Novation (Umschaffung der Einlageforderung in eine Forderung anderer Art), z.B. Einlageforderung in eine Darlehensforderung,
> – Leistung der Einlage durch einen von der Aktiengesellschaft gewährten Kredit,
> – Leistung der Einlage durch einen von dritter Seite gewährten Kredit, für den die Aktiengesellschaft eine Sicherheit bestellt hat (BGHZ 28, 77; OLG Köln WM 1984, 740),
> – Annahme von Zahlungsmitteln in fremder Währung,

- Stundungsabreden (= Befreiung auf Zeit),
- die Umwandlung einer Bareinlagepflicht in eine Sacheinlagepflicht nach Eintragung der Gesellschaft (vgl. § 27 Abs. 4 AktG, *Hüffer*, AktG, 7. Aufl. 2006, § 27 Rn. 31; *Pentz* in MüKo. AktG, 2. Aufl. 2000, § 27 Rn. 106 i.V.m. Rn. 81 ff.; *a.A. Röhricht* in GK. AktG, 4. Aufl. 1997, § 27 Rn. 219).

5. Zulässigkeit

Zulässig ist die Leistung erfüllungshalber, die die Einlageforderung der Aktiengesellschaft zunächst unberührt lässt und sie erst dann zum Erlöschen bringt, wenn der geschuldete Gegenstand der Aktiengesellschaft auch tatsächlich zugeflossen ist.

Als zulässig angesehen wird auch die Hinterlegung, sofern die gesetzlichen Voraussetzungen vorliegen (§ 372 BGB, *Hüffer*, AktG, 7. Aufl. 2006, § 66 Rn. 4 m.w.N.; aber zweifelhaft, da es hier schon an der Leistung zur endgültigen freien Verfügung des Vorstands fehlt).

6. Entsprechende Anwendung

Die o.g. Beschränkungen finden entsprechende Anwendung auf

- die Pflicht zur Rückgewähr unzulässig empfangener Leistungen (§ 66 Abs. 2 AktG, § 62 Abs. 1 AktG),
- die Ausfallschuld des kaduzierten Aktionärs (§ 64 Abs. 4 Satz 2 AktG, → *Kaduzierung*) und
- die Schadenersatzpflicht des Aktionärs wegen nicht gehöriger Leistung einer Sacheinlage (z.B. Unmöglichkeit, Verzug, Mängelhaftung etc.).

7. Folgen bei Verstoß

Rechtsgeschäfte, die den genannten Beschränkungen widersprechen (§ 66 Abs. 1 oder 2 AktG), sind nichtig (§ 134 BGB). Etwaige Gegenansprüche des Aktionärs können weder zur Aufrechnung verwendet werden (§§ 812 ff. BGB), noch gewähren sie ein Zurückbehaltungsrecht (§ 273 BGB).

Hinweis auf weitere Stichwörter

→ *Aktionär*
→ *Einlage*
→ *Konzern*

→ *Verdeckte Gewinnausschüttung*
→ *Verdeckte Sacheinlage*

Beherrschungsvertrag

1. Begriff 147
2. Vertragsabschluss 148
3. Kompetenzen 148
4. Besondere Verträge 148
5. Weisungsrecht 149
6. Haftung im Beherrschungsverhältnis 152
7. Fehlerhafter Vertrag 154
8. Vertragsbeendigung 155

1. Begriff

▷ **Inhalt:** Ein Beherrschungsvertrag ist ein Vertrag, durch den eine – dann abhängige – Aktiengesellschaft/KGaA ihre Leitung einem anderen – dem herrschenden – Unternehmen unterstellt (§ 291 Abs. 1 Satz 1 1. Alt. AktG).

Durch den Beherrschungsvertrag wird die Abhängigkeit zwischen mehreren Unternehmen und ein Vertragskonzern begründet (§§ 17 ff. AktG). Er kann immer nur für die Zukunft eingegangen werden. Auf der Grundlage eines solchen Unternehmensvertrages wird eine absolute Leitungsmacht begründet, die im Beherrschungsvertrag konkret umschrieben werden kann (§ 308 AktG, *Henn*, Hdb. AktR, 7. Aufl. 2002, Rn. 257 ff.).

Das System der Vermögensbindung ist bei der abhängigen Gesellschaft zugunsten des herrschenden Unternehmens aufgehoben (§§ 57, 58, 60 AktG). Das im Zeitpunkt des Abschlusses eines solchen Unternehmensvertrages vorhandene Vermögen der abhängigen Gesellschaft bleibt aber ungeachtet der Eingriffsmöglichkeiten des herrschenden Unternehmens erhalten (§§ 291 Abs. 3, 300 ff. AktG).

Der Vertrag muss grundsätzlich, auch wenn daneben kein → *Gewinnabführungsvertrag* besteht, Garantiebestimmungen über angemessene → *Ausgleichszahlungen* und Abfindungsangebote enthalten (→ *Abfindung*).

▷ **Vertragsart:** Der Beherrschungsvertrag wird insgesamt als Organisationsvertrag (nicht nur als schuldrechtlicher Vertrag) betrachtet, weil es bei äußerlich unveränderter Fortgeltung der Satzung der beherrschten Gesellschaft durch die bestehende Weisungsbefugnis des herrschenden Unternehmens und die Unterordnung unter das Konzerninteresse zur Strukturänderung kommt.

Nicht Inhalt und Zweck eines Vertrages qualifizieren diesen als Beherrschungsvertrag, sondern allein die Tatsache, dass der Vertrag als Beherrschungsvertrag in das Handelsregister eingetragen ist (§ 294 AktG).

▷ **Kein Beherrschungsvertrag** liegt vor, wenn sich Unternehmen, die nicht voneinander abhängig sind, unter eine einheitliche Leitung stellen, ohne dass dadurch eines von ihnen von einem anderen vertragsschließenden Unternehmen abhängig wird (§ 291 Abs. 2 AktG). Ein Beherrschungsvertrag kann neben einer → *Eingliederung* nicht bestehen; etwa vorhandene Beherrschungsverträge enden deshalb mit der Eingliederung.

2. Vertragsabschluss

Der Beherrschungsvertrag muss von der Hauptversammlung der abhängigen Aktiengesellschaft mit qualifizierter Mehrheit beschlossen werden (§ 293 Abs. 1 AktG). Bei der KGaA müssen außerdem der/die persönlich haftende(n) Gesellschafter zustimmen (§ 285 Abs. 2 Satz 1 AktG). Die Ankündigung der Tagesordnung muss der Hauptversammlung ersichtlich machen, dass über einen Beherrschungsvertrag abgestimmt werden soll (§ 124 Abs. 2 Satz 2 AktG).

Handelt es sich bei dem herrschenden Unternehmen ebenfalls um eine Aktiengesellschaft/KGaA mit inländischem Sitz, so ist zusätzlich die Zustimmung der Hauptversammlung dieser Gesellschaft eine Wirksamkeitsvoraussetzung (§ 293 Abs. 2 Satz 1 AktG). Dies gilt nach allgemeiner Auffassung auch, wenn das herrschende Unternehmen seinen Sitz im Ausland hat. Vertragspartner der beherrschten Gesellschaft kann nur ein Unternehmen sein. Dies kann auch eine Personengesellschaft, eine reine Holding-Gesellschaft oder sogar ein Einzelkaufmann sein. Lediglich Privatpersonen scheiden als mögliche Vertragspartner aus (s.u. → *7. Fehlerhafter Vertrag*). Ein Beherrschungsvertrag kann keine rückwirkende Gestaltungskraft haben (s.u.).

Im Übrigen gelten die Voraussetzungen für den Abschluss eines → *Unternehmensvertrags*.

3. Kompetenzen

Die abhängige Aktiengesellschaft bedient sich weiterhin ihrer eigenen Organe (→ *Vorstand*, → *Aufsichtsrat*, → *Hauptversammlung*). Indem die abhängige Aktiengesellschaft sich aber der Leitungsmacht des herrschenden Unternehmens unterstellt, ist ihre Autonomie zumindest funktional eingeschränkt. Das herrschende Unternehmen ist berechtigt, dem Vorstand der Gesellschaft hinsichtlich deren Leitung zu befolgende Weisungen zu erteilen, diese können grundsätzlich sogar nachteilig sein (§ 308 AktG). Soweit keine Weisung erteilt wird, handelt der Vorstand der abhängigen Gesellschaft nach wie vor eigenverantwortlich nach seinem pflichtgemäßen Ermessen.

Das herrschende Unternehmen gewinnt folglich durch einen Beherrschungsvertrag allein nicht die vollständige Kontrolle über die Gesellschaft (anders wenn es auch über eine Hauptversammlungsmehrheit verfügt, mit der es die Zusammensetzung des Aufsichtsrats kontrollieren kann).

4. Besondere Verträge

In der Praxis finden sich folgende Sonderformen:

▷ **Teilbeherrschungsverträge**, wonach die abhängige Gesellschaft die Leitung nur eines Teils ihrer Tätigkeit (einzelne unternehmerische Leitungsfunktionen) den Weisungen eines anderen Unternehmens unterstellt. Teilbeherrschungsverträge sind im Gesetz nicht vorgesehen. Sie sind keine Beherrschungsverträge i.S.d. Gesetzes. Sie können auch nicht als schuldrechtliche Verträge i.S.d. §§ 675, 611, 276

BGB Geltung erlangen, weil sie gegen die §§ 76 ff. AktG verstoßen würden (streitig, vgl. *Emmerich/Habersack*, KonzernR, 8. Aufl. 2005, S. 169).

▷ **Mehrstufige Unternehmensverbindungen**, wonach die Obergesellschaft Beherrschungsverträge gleichzeitig mit der Tochter- und der Enkelgesellschaft abschließt. Es ist allerdings darauf zu achten, dass widersprüchliche Weisungen ausgeschlossen sind. In der Praxis entstehen mehrstufige Unternehmensverbindungen häufig durch Ausgründung von Enkelgesellschaften, aber auch durch die Übernahme ganzer Unternehmensgruppen. In der Praxis sind Beherrschungsverträge auf allen Stufen der Unternehmensverbindungen üblich. Bei mehrstufigen Unternehmensverbindungen muss dafür Sorge getragen werden, dass einander widersprechende Weisungen ausgeschlossen sind. Zu den Rechtsfolgen bei widersprechenden Weisungen s.u. → *7. Haftung im Beherrschungsverhältnis*.

▷ **Mehrmütterherrschaft**, wonach die Leitung des Gemeinschaftsunternehmens mehreren Müttern zugleich unterstellt wird. Dies setzt voraus, dass die Mütter das Gemeinschaftsunternehmen auch gemeinsam beherrschen, um so die Gefahr sich widersprechender Weisungen auszuschließen. Zwischen dem Gemeinschaftsunternehmen und den Müttern wird eine BGB-Gesellschaft als Holding oder eine Stiftung eingeschaltet (§§ 293 ff. AktG; *Timm*, Die Aktiengesellschaft als Konzernspitze, 1980; *Hommelhoff*, Die Konzernleitungspflicht, 1982, S. 149 ff.). Steuerlich hat die Mehrmütterorganschaft ihre Bedeutung verloren.

5. Weisungsrecht

Die durch den Beherrschungsvertrag erlangte sog. absolute Leitungsmacht beinhaltet das Weisungsrecht i.S. eines Eingriffsrechts. Der Beherrschungsvertrag begründet einen gerichtlich durchsetzbaren Anspruch auf Befolgung von erteilten Weisungen (§ 308 Abs. 1 Satz 2 i.V.m. Abs. 2 Satz 1 AktG).

▷ **Weisungsbefugnis:** Weisungsbefugt ist nur das herrschende Unternehmen, mit dem der Unternehmensvertrag abgeschlossen worden ist (§§ 308 Abs. 1, 309 Abs. 1 AktG). Das Weisungsrecht kann im Einzelfall von den gesetzlichen Vertretern des herrschenden Unternehmens ausgeübt werden oder auf rechtsgeschäftliche Vertreter delegiert werden. (*Emmerich/Habersack*, KonzernR, 8. Aufl. 2005, S. 340 f.). Hat das herrschende Unternehmen einen Aufsichtsrat, so kann die Weisung nur mit dessen Zustimmung wiederholt werden (§ 308 Abs. 3 Satz 2 AktG).

▷ **Weisungsempfänger:** Weisungsempfänger ist primär nur der Vorstand der abhängigen Gesellschaft (§ 308 Abs. 1 Satz 1 AktG). Er hat den Weisungen des herrschenden Unternehmens Folge zu leisten (§ 308 Abs. 2 AktG). Der Vorstand darf nur rechtlich zulässige Weisungen befolgen. Vor ihrer Befolgung hat er die Zulässigkeit mit der Sorgfalt eines ordentlichen und gewissenhaften Geschäftsleiters zu prüfen (§ 310 Abs. 1 und § 308 Abs. 2 Satz 2 AktG). Nur Weisungen, die „offensichtlich" nicht den genannten Konzerninteressen dienen, sind nicht zu befolgen (§ 308 Abs. 2 Satz 2 a.E. AktG). Die Beweislast dafür, dass eine solche Ausnahme gegeben ist, obliegt dem Vorstand des abhängigen Unternehmens. Daraus folgt, dass der Vorstand im Zweifel den gegebenen Weisungen zu folgen hat.

Der Vorstand des beherrschten Unternehmens ist daher verpflichtet

- die Weisungen des herrschenden Unternehmens auf ihre Zulässigkeit hin zu überprüfen und
- den zulässigen Weisungen des herrschenden Unternehmens nachzukommen.

Folgt der Vorstand einer Weisung nicht, ohne dazu berechtigt zu sein, so haftet er persönlich dem herrschenden Unternehmen auf Schadenersatz.

Die Hauptversammlung und der Aufsichtsrat der beherrschten Gesellschaft unterliegen keinen Weisungen.

▷ **Umfang des Weisungsrechts:** Das Weisungsrecht bezieht sich nur auf die Leitung der Gesellschaft (§§ 76 ff. AktG). In die zwingenden gesetzlichen Zuständigkeiten der anderen Organe Aufsichtsrat und Hauptversammlung kann auch beim Vorliegen eines Beherrschungsvertrages nicht eingegriffen werden (§§ 293, 395, 296, und 299 AktG). Inhalt und Umfang des Weisungsrechts liegen insoweit im unternehmerischen Ermessen des herrschenden Unternehmens, falls Inhalt und Schranken des Weisungsrechts nicht im Beherrschungsvertrag konkret ausgestaltet sind. Das Weisungsrecht umfasst jede einzelne Einflussnahme. Die Weisung erfolgt vom Ratschlag der „unverbindlichen Empfehlung" bis zur ausdrücklich als bindend gekennzeichneten „Anweisung". Bemessungsgrundlage dieses Eingriffsrechts ist das Konzerninteresse. Was unter Konzerninteresse zu subsumieren ist, bestimmt das herrschende Unternehmen allerdings weitgehend selbst, sofern nicht das Gesetz oder der Beherrschungsvertrag andere Grenzen vorgibt. Im übergeordneten Konzerninteresse sind bestimmte nachteilige Weisungen des herrschenden Unternehmens zulässig. Wurde eine Weisung mit der Sorgfalt eines ordentlichen und gewissenhaften Geschäftsleiters im Konzerninteresse angerechnet, so ist sie zulässig, auch wenn sich im Nachhinein herausstellt, dass die Maßnahme dem Konzerninteresse tatsächlich nicht gedient hat; so z.B. wenn sich der mit der Weisung unternehmerisch bezweckte Erfolg nicht einstellt. Weil der Begriff des sog. *Konzerninteresses* komplex und in unterschiedlicher Weise konkretisierbar ist, sollte der Umfang des Weisungsrechts sowohl hinsichtlich des Gegenstandes, als auch der Schranken so konkret wie möglich im Beherrschungsvertrag geregelt werden, so dass im Einzelfall nicht nur auf die gesetzlichen Vorschriften zurückgegriffen werden muss.

Das herrschende Unternehmen kann dem Vorstand ebenso für alle Maßnahmen im gesellschaftsinternen Bereich bindende Weisungen erteilen.

Beispiele

Weisungen können erteilt werden bei

- der Einberufung einer Hauptversammlung,
- dem Umfang der Rücklagendotierung,
- der Ausübung von Bewertungswahlrechten bei der Erstellung des Jahresabschlusses,
- der Durchführung von Kapitalerhöhungen.

▷ **Beschränkungen des Weisungsrechts:** Grenzen der Weisungsgebundenheit sind neben dem Konzerninteresse die Überlebensfähigkeit der abhängigen Gesellschaft. Eine nachteilige Weisung muss den Belangen des herrschenden und/oder der mit ihm und der Gesellschaft konzernverbundenen Unternehmen „dienen" (§ 308 Abs. 1 Satz 2 a.E. AktG). Ein Ausschluss des Weisungsrechts im Beherrschungsvertrag ist nicht möglich (§ 299 AktG).

Das Weisungsrecht findet seine Grenze stets an den allgemeinen Grundsätzen des Aktienrechts:

– Das herrschende Unternehmen darf nicht etwas anweisen, was ein Vorstand kraft Gesetzes nicht tun darf.

Beispiele

- → *Unterpariemissionen,*
- Erlass von Einlagen,
- Kreditgewährung an Verwaltungsmitglieder des herrschenden Unternehmens (§§ 66, 71 ff., 89, 113 ff. AktG)

– Weisungen dürfen nicht gegen die speziellen Bestimmungen für Unternehmensverträge verstoßen (z.B. §§ 299, 300, 302 AktG);
– alle Weisungen, die sich auf Änderung, Aufrechterhaltung oder Beendigung des Beherrschungsvertrages beziehen, sind nichtig (§ 299 AktG);
– Weisungen dürfen nicht zu einer unverhältnismäßigen Schädigung der abhängigen Gesellschaft oder zur Insolvenzreife führen. Das Überleben der abhängigen Gesellschaft muss bei allen Weisungen sichergestellt sein. Ein Konzerninteresse, das darauf gerichtet ist, einzelne Konzernmitglieder zu vernichten oder existentiell zu schädigen, wird mit Rücksicht auf den Schutz der Gläubiger auch bei 100 %-igen Töchtern nicht anerkannt (Folgerung aus § 309 AktG);

Beispiele

- Rücksichtsloser Abzug von Liquidität,
- Einstellung lebenswichtiger Produktionen,
- Übertragung der ertragreichsten Betriebszweige auf andere Konzernunternehmen,
- benachteiligender Effektentausch; Vergabe ungesicherter Kredite an Konzernunternehmen,
- Vergabe von Krediten zu ungünstigsten Konditionen an Konzernunternehmen,
- Aufnahme von Krediten unter Belastung des Gesellschaftsvermögens im Interesse anderer Konzernunternehmen,
- Unterlassung der für den Fortbestand der Gesellschaft am Markt unerlässlichen Erneuerungsinvestitionen.

- Weisungen, die in den Kompetenzbereich der Gesellschafter fallen, insbesondere solche, die gegen die Satzung der beherrschten Gesellschaft verstoßen, sind nicht möglich.

> **Beispiel**
>
> Weisung zur Aufnahme von Tätigkeiten außerhalb des bisherigen Unternehmensgegenstandes oder zur dauerhaften Aufgabe von Tätigkeiten, die zum in der Satzung vorgesehenen Unternehmensgegenstand gehören (vgl. OLG Düsseldorf DB 1990, 1394).

- Weisungen sind auch dann unzulässig und daher unverbindlich, wenn ihre Ausführung eine unerlaubte Handlung darstellen würde (auf dem Gebiet des Wettbewerbs-, Marken- und Patentrechts).
- Sittenwidrige Weisungen und solche, die gegen Gesetze verstoßen, sind verboten (§§ 134, 138 BGB).

> **Beispiele**
>
> - Weisungen zur verdeckten Gewinnausschüttung an Dritte, d.h. an Personen, die nicht im Konzernverbund mit der abhängigen Gesellschaft stehen;
> - Weisung, den Anspruch auf Verlustausgleich nicht geltend zu machen.

Im Bereich des Kreditwesens und der Versicherungswirtschaft bzw. in anderen Bereichen, wo Gesellschaften aufgrund gesetzlicher Vorschriften einer besonderen Aufsicht unterliegen, bestehen zusätzliche Schranken des Weisungsrechts (KWG, VAG).

6. Haftung im Beherrschungsverhältnis

Für Schäden Dritter können sowohl das herrschende als auch das beherrschte Unternehmen samt ihrer Organe gesamtschuldnerisch haften. Für Schäden bei der beherrschten Gesellschaft haftet das herrschende Unternehmen. Sicherungsmechanismen des Aktienrechts greifen zugunsten der abhängigen Gesellschaft, ihrer Minderheitsgesellschafter und ihrer Gläubiger ein (§§ 300–303, 304–307 AktG).

▷ **Haftung der herrschenden Gesellschaft und ihrer Organe:** Der Ersatzanspruch der abhängigen Gesellschaft gegen das herrschende Unternehmen lässt sich in entsprechender Anwendung von § 309 Abs. 3–5 AktG begründen. Die Aktivlegitimation der außenstehenden Aktionäre und Gläubiger ist in analoger Anwendung von § 309 AktG ebenfalls gegeben. Als weitere Anspruchsgrundlage gegen das herrschende Unternehmen bei einem Missbrauch des Weisungsrechts kommt die Verletzung der Treuepflicht in Betracht (§§ 242 BGB vgl. BGHZ 103, 183 – Linotype-Entscheidung von 1988). Das herrschende Unternehmen haftet darüber hinaus bei Weisungen gegen das Konzerninteresse für solche – dann rechtswidrigen – Eingriffe seiner gesetzlichen Vertreter aus § 309 AktG i.V.m. § 31 BGB oder aus Pflichtverletzung nach § 280 BGB.

Eine besondere Haftung der rechtsgeschäftlichen Vertreter des herrschenden Unternehmens ist nicht vorgesehen. Die gesetzlichen Vertreter des herrschenden Unternehmens haften für den Schaden, der der beherrschten Gesellschaft dadurch entstanden ist, dass sie ihre Pflichten verletzt haben. Die gesetzlichen Vertreter des herrschenden Unternehmens dürfen zum Schaden der abhängigen Gesellschaft nur dann handeln, wenn und soweit dies im Konzerninteresse liegt, andernfalls ist die Weisung rechtswidrig. Dabei ist jede unverhältnismäßige Schädigung der abhängigen Gesellschaft, der keine vergleichbaren Vorteile für die Konzernunternehmen gegenüberstehen, verboten.

Soweit Prokuristen oder Handlungsbevollmächtigte im Rahmen eines Beherrschungsvertrages Weisungen erteilen, kommt die Haftung aus allgemeinen bürgerlichen Gesichtspunkten (§ 826 BGB) und die Haftung aus § 117 AktG in Betracht. Soweit rechtsgeschäftliche Vertreter den Organen gleichzusetzen sind oder sie infolge eines Organisationsmangels tätig werden, haftet das herrschende Unternehmen (§§ 30, 31, BGB).

Neben dieser Haftung des herrschenden Unternehmens tritt zusätzlich noch die Organhaftung der Aufsichtsratsmitglieder der beherrschten Gesellschaft (§§ 310, 116, 93 AktG) und ihres Vorstands (§ 310 AktG) als Gesamtschuldner hinzu.

▷ **Haftung der beherrschten Gesellschaft und ihrer Organe:** Die Mitglieder des Vorstands und des Aufsichtsrats der abhängigen Gesellschaft (letztere als Verwaltungsmitglieder) haften für den durch eine Pflichtverletzung entstandenen Schaden (§§ 310 Abs. 1 Satz 1, 309 Abs. 3–5 AktG). Eine eigene Haftung des Vorstandes ist entgegen §§ 76, 117 AktG nur gegeben, wenn die Organe Weisungen nachkommen, die nicht durch das Konzerninteresse gedeckt sind und der „Sorgfalt eines ordentlichen und gewissenhaften Geschäftsleiters" widersprechen (§ 309 AktG). Die Vorstände der abhängigen Gesellschaft haften neben den Vorständen der herrschenden Gesellschaft als Gesamtschuldner, wenn sie die ihnen obliegenden Pflichten verletzt haben (§ 310 Abs. 1 AktG). Aufgabe des Vorstandes der abhängigen Gesellschaft ist die Prüfung der erteilten Weisung auf ihre Zulässigkeit. Gelangt der Vorstand nach erfolgter Prüfung zu dem Schluss, dass sie zulässig ist, ist sie für ihn bindend (§ 308 Abs. 2 Satz 1 AktG); bei solchen Weisungen entfällt die Haftung des Vorstands (§ 310 Abs. 3 AktG). Durch die Installierung von so genannten Vorstands-Doppelmandaten gerät diese Prüfungspflicht gelegentlich in Gefahr. Ein Doppelmandat ändert indes trotz der möglicherweise bestehenden Interessenkollision nichts daran, dass der Vorstand der abhängigen Gesellschaft allein deren Interesse zu vertreten hat.

Er ist nicht berechtigt, die Befolgung einer Weisung zu verweigern, weil sie nach seiner Auffassung nicht den Belangen des herrschenden Unternehmens oder der mit ihm und der Gesellschaft konzernverbundenen Unternehmen dient, es sei denn, solche Umstände sind offensichtlich (§ 308 Abs. 2 AktG). Die Billigung des Vorstandshandelns durch den Aufsichtsrat oder die Hauptversammlung des beherrschten Unternehmens führt nicht zu einer Enthaftung des Vorstandes (§ 310 Abs. 2 AktG). Folgt der Vorstand, ohne dazu berechtigt zu sein, einer Weisung nicht, so haftet er persönlich dem herrschenden Unternehmen auf Schadenersatz. Die abhängige Gesellschaft haftet für ihn (§ 31 BGB).

▷ **Geltendmachung der Ansprüche:** Die Ansprüche können neben der beherrschten Gesellschaft auch von Aktionären und Gläubigern geltend gemacht werden. Über § 93 AktG hinaus eröffnet § 309 Abs. 4 AktG eine Aktivlegitimation der Aktionäre und der Gläubiger für die Durchsetzung von Ersatzansprüchen in begrenztem Umfang. Geschädigte Gläubiger der beherrschten Gesellschaft können einen eigenen Anspruch auf Leistung an sich selbst gegen das herrschende Unternehmen geltend machen (§ 309 Abs. 4 Satz 3 AktG). Dies ist dann von Bedeutung, wenn die geschädigte beherrschte Gesellschaft im Konzerninteresse ihre Ersatzansprüche nicht gegen die herrschende Gesellschaft geltend macht und außenstehende Gläubiger deshalb keine Befriedigung von der abhängigen Gesellschaft erlangen können.

▷ **Verzicht oder Vergleich bei Schadenersatzansprüchen:** Die beherrschte Gesellschaft kann nur unter engen Voraussetzungen auf einen Schadenersatzanspruch, der ihr gegen die herrschende Gesellschaft oder gegenüber deren verantwortlichen Verwaltungsmitgliedern zusteht, verzichten oder sich über diesen vergleichen (§ 309 Abs. 3 und § 310 Abs. 4 AktG). Der Verzicht bzw. der Vergleich ist nur möglich, wenn

– seit Entstehung des Anspruchs mehr als 3 Jahre vergangen sind (bzw. ohne zeitliche Beschränkung, wenn der Ersatzpflichtige zahlungsunfähig wird und sich zur Vermeidung eines Insolvenzverfahrens mit seinen Gläubigern vergleicht oder wenn die Ersatzpflicht in einem Insolvenzplan geregelt wird),

– die außenstehenden Aktionäre dem durch einen Sonderbeschluss zustimmen *und*

– kein Widerspruch einer Minderheit von 10 % des bei der Beschlussfassung vertretenen Grundkapitals existiert.

Ein Verzicht auf Ersatz des Jahresfehlbetrages gegenüber der anderen Gesellschaft ist möglich, wenn (§ 302 Abs. 3 AktG):

– 3 Jahre nach Bekanntgabe der Beendigungseintragung des Beherrschungsvertrages in das Handelsregister gemäß § 10 HGB verstrichen sind (*Ausn.* bei Zahlungsunfähigkeit des Ausgleichspflichtigen, wenn der Verzicht bzw. der Vergleich der Abwendung des Insolvenzverfahrens dient oder durch einen Insolvenzplan ausgeglichen wird),

– die außenstehenden Aktionäre dem durch einen Sonderbeschluss zustimmen *und*

– kein Widerspruch einer Minderheit von 10 % des bei der Beschlussfassung vertretenen Grundkapitals existiert.

7. Fehlerhafter Vertrag

Fehlt die Unternehmereigenschaft (i.S.d. § 15 AktG) des herrschenden Unternehmens, so ist der Beherrschungsvertrag nichtig. Das Registergericht muss die Eintragung in das Handelsregister ablehnen. Trägt es dennoch ein, bleibt der Vertrag dennoch unwirksam (*Nirk* in Nirk/Ziemons/Binnewies, Handbuch der AG, Loseblatt, Rn. 2233; *a.A. Würdinger* in GK. AktG, 3. Aufl. 1971, § 291 Anm. 16: Erlangt der Vertrag mit Eintragung im Handelsregister Wirksamkeit, kann er mit der Nichtigkeitsklage angefochten werden, §§ 275, 277 AktG analog).

Ist ein bereits in Vollzug gesetzter Beherrschungsvertrag gesetzwidrig und damit nichtig, so sind auf einen solchen Vertrag die Regeln über die sog. *fehlerhafte Gesellschaft* anzuwenden (*Hüffer*, AktG, 7. Aufl. 2006, § 291 Rn. 20 f.). Der Beherrschungsvertrag wird für diese Zeit als wirksam angesehen.

Eine in dem Beherrschungsvertrag enthaltene Vertragsbestimmung, die dem Vertrag rückwirkende Geltungskraft verleiht, ist nichtig. Der Bestand des Beherrschungsvertrages und des Zustimmungsbeschlusses der Hauptversammlung bleiben aber unberührt.

8. Vertragsbeendigung

Der Beherrschungsvertrag endet durch

– Kündigung,

– Eintritt außenstehender Aktionäre, oder

– Eingliederung.

▷ **Kündigung:** Die Kündigung umfasst immer den gesamten Vertrag. Teilkündigungen hinsichtlich einzelner Vertragsbestandteile sind unzulässig. Der Beherrschungsvertrag kann durch außerordentliche Kündigung des → *Unternehmensvertrages* beendet werden. Fehlt eine vertragliche Regelung, nimmt die herrschende Meinung an, dass es kein Recht zur ordentlichen Kündigung gibt. In den Beherrschungsvertrag können jedoch Bestimmungen über die ordentliche Kündigung aufgenommen werden.

Beispiele

– Die ordentliche Kündigung wird vertraglich ausgeschlossen (regelmäßig zu Lasten des herrschenden Vertragsteils),

– die ordentliche Kündigung soll erst nach einer Frist zulässig sein,

– der Vertrag wird auf unbestimmte Zeit geschlossen und die ordentliche Kündigung vertraglich vorbehalten,

– bestimmte Tatsachen, die jede Partei herbeiführen kann, gelten als wichtige Gründe für eine außerordentliche Kündigung (vgl. BGH DB 1993, 1074),

– die ordentliche Kündigung wird an die Zustimmung außenstehender Aktionäre gebunden (nur vertraglich aufgestellte Voraussetzung für die Wirksamkeit der ordentlichen Kündigung und keine Einschränkung der Vertretungsmacht des Vorstandes).

▷ **Eintritt außenstehender Aktionäre:** Der Beherrschungsvertrag kann von Regelungen bzgl. Entschädigungen absehen, wenn bei der Beschlussfassung der Hauptversammlung keine außenstehenden Aktionäre vorhanden sind. Der bis dahin wirksame Vertrag findet kraft Gesetzes spätestens zum Ende des laufenden Geschäftsjahres seine Beendigung (§§ 304 Abs. 1 Satz 3, 307 AktG, eine frühere Beendigung aus anderen Gründen ist möglich). Der Abschluss eines neuen, den o.g. gesetzlichen Vorgaben entsprechenden Vertrages ist zulässig.

Beispiele für den Eintritt eines außenstehenden Aktionärs

– Veräußerung von Aktien seitens des allein beteiligten anderen Vertragsteils,
– Übernahme von Aktien durch Dritte bei einer Kapitalerhöhung oder bei einem Verschmelzungs- oder Umwandlungsvorgang,
– Beendigung eines Unternehmensvertrages zwischen dem anderen Vertragsteil und einem weiteren Aktionär, durch welchen dieser zum Außenstehenden wird.

▷ **Auflösende Bedingung:** Die Aufnahme einer auflösenden Bedingung in einen Beherrschungsvertrag wird wegen dessen organisationsrechtlichen Charakters für unzulässig gehalten. Wird in einem Beherrschungsvertrag eine auflösende Bedingung verabredet, kann diese u.U. in einen vertraglich vereinbarten wichtigen Grund zur Kündigung umgedeutet werden.

▷ **Eingliederung:** Ein Beherrschungsvertrag kann neben einer → *Eingliederung* nicht bestehen; etwa vorhandene Beherrschungsverträge enden deshalb mit der Eingliederung.

Zu den übrigen Beendigungsgründen vgl. → *Unternehmensvertrag*.

Hinweis auf weiterführende Literatur: *Bayer*, Der grenzüberschreitende Beherrschungsvertrag, 1988; *Biehler*, Personen- und Kapitalverflechtung zwischen Unternehmen, 1982; *Dembus*, Haftungsregelungen im Konzernrecht, 1990; *Eschenbruch*, Konzernhaftung, Haftung der Unternehmer und der Manager, 1996; *Exner*, Beherrschungsvertrag und Konzernfreiheit, 1984; *Glaser*, Grenzen des Weisungsrechts im Vertragskonzern, 1982; *Grobecker*, Der Teilbeherrschungsvertrag, DStR 2002, 1953 ff.; *Kort*, Das Verhältnis von Ausgleich und Abfindung beim Abschluss aktien-konzernrechtlicher Beherrschungs- und Gewinnabführungsverträge, NZG 2002, 1139 ff.; *Würdinger*, Aktienrecht und das Recht der verbundenen Unternehmen, 4. Aufl. 1981.

Hinweis auf weitere Stichwörter

→ *Abhängige Gesellschaften*
→ *Anfechtung von Hauptversammlungsbeschlüssen*
→ *Gewinnabführungsvertrag*

→ *Konzern*
→ *Nachteilsausgleich*
→ *Unternehmensvertrag*

Beirat

Beiräte sind fakultative Gremien, die jedoch keine organschaftliche Funktion haben. Solche Gremien werden von dem Vorstand oder den Gründern eingesetzt (nicht vom → *Aufsichtsrat*). Eine gesetzliche Regelung gibt es nicht, eine Regelung in der Satzung ist möglich. Es besteht weitgehend Gestaltungsfreiheit. Ein derartiges Gremium kann aber keinesfalls Befugnisse zu Lasten des Aufsichtsrats erhalten. Der Beirat kann seinerseits Beiratsausschüsse bilden.

Hinweis auf weiterführende Literatur: *Dietrich/Hoffmann*, Der Aufsichtsrat, ein Handbuch für die Praxis, 2. Aufl. 1985, Rn. 161 ff.; *Huber*, Der Beirat, 2004; *Möhring/Schwarz*, Die Aktiengesellschaft und ihre Satzung, 1966, S. 159 ff.

Hinweis auf weitere Stichwörter

→ *Aufsichtsrat* | → *Satzung*

Bekanntmachungen

1. Begriff 157
2. Bekanntmachungen der Gesellschaft 157
3. Bekanntmachungen des Registergerichts 158
4. Fehlerhafte Bekanntmachungen ... 160

1. Begriff

Die Bekanntmachung ist die öffentliche Kundgabe von Tatsachen, welche die Aktiengesellschaft betreffen.

2. Bekanntmachungen der Gesellschaft

▷ **Arten:** Bei den Bekanntmachungen der Gesellschaft ist zu unterscheiden zwischen

- *freiwilligen Bekanntmachungen:* freiwillige Bekanntmachungen sind solche, die Gesetz oder Satzung vorschreiben, ohne zugleich als Publikationsorgan die Gesellschaftsblätter zu bestimmen (§ 23 Abs. 4 AktG) und
- *Pflichtbekanntmachungen:* Pflichtbekanntmachungen sind von Gesetz oder Satzung vorgeschriebene Bekanntmachungen, die in dem *elektronischen* → *Bundesanzeiger* als zwingendes Gesellschaftsblatt erfolgen müssen (§ 25 Satz 1 AktG); die Bestimmung weiterer Gesellschaftsblätter ist nur durch Satzung und nur in bestimmten Fällen möglich (z.B. § 63 Abs. 1 AktG).

▷ **Bekanntmachungspflicht** besteht

- bei jedem Wechsel der → *Aufsichtsratsmitglieder* oder der Wahl des Vorsitzenden (§§ 106 Abs. 1, § 107 Abs. 1 Satz 2 AktG),
- wenn der → *Vorstand* der Auffassung ist, dass der Aufsichtsrat nicht nach den für ihn maßgeblichen Vorschriften besetzt ist (§ 97 Abs. 1 AktG),
- bzgl. der Tagesordnung bei der → *Einberufung* der → *Hauptversammlung* (§§ 121 Abs. 3, 124 Abs. 1 AktG),

- bei Entstehung oder Wegfall einer wesentlichen Beteiligung eines Unternehmens (min. ¼ der Aktien der Aktiengesellschaft) unverzüglich nach der erfolgten Mitteilung (§ 20 Abs. 6 AktG, → *Mitteilungspflichten*),
- bei Nachfristsetzung säumiger Aktionäre (§ 64 Abs. 2 AktG, → *Einlage*),
- bei Aufforderung der Aktionäre zur Zahlung der Einlage (§ 63 Abs. 1 Satz 2 AktG, unter Satzungsvorbehalt),
- bei Einreichung des Jahresabschlusses, des Lageberichts, des Berichts des Aufsichtsrats und des Verwendungsvorschlags beim Handelsregister (§ 325 Abs. 1 Satz 2 HGB).

Der Vorstand hat jeden bekanntmachungspflichtigen Tatbestand unverzüglich in den Gesellschaftsblättern mitzuteilen und die Bekanntmachung zum → *Handelsregister* einzureichen. Es genügt jeweils ein Handeln von Vorstandsmitgliedern in vertretungsberechtigter Zahl. Für die Anmeldung ist die Form der öffentlichen Beglaubigung nicht erforderlich, weil keine Anmeldung zur Eintragung i.S.d. § 12 HGB in das Handelsregister vorliegt.

▷ **Form der Bekanntmachungen:** Die → *Satzung* muss Bestimmungen über die Form der Bekanntmachungen der Gesellschaft enthalten (§ 23 Abs. 4 AktG). Darin müssen die Gesellschaftsblätter angegeben werden, durch welche die Bekanntmachungen erfolgen sollen. Fehlt eine ordnungsgemäße Angabe, so ist das kein Nichtigkeitsgrund (§ 275 Abs. 1 AktG). Soweit das Gesetz oder die Satzung die Bekanntmachung in den Gesellschaftsblättern vorsehen, ist darunter stets der „Bundesanzeiger" (seit dem 1.1.2003 der „elektronische Bundesanzeiger") zu verstehen (§ 25 Satz 1 AktG). Zusätzlich können in der Satzung andere Blätter als „Gesellschaftsblätter" bezeichnet werden (§ 25 Satz 2 AktG). Ist die Bekanntmachung in den Gesellschaftsblättern weder durch Gesetz noch durch Satzung vorgeschrieben, so ist die Satzung gänzlich frei, die Form der Bekanntmachung festzulegen. Sie kann den Bundesanzeiger als Publikationsorgan ausschließen und statt dessen Rundschreiben, Briefe und ähnliches als Publikationsmittel bestimmen. Das WertpapierhandelsG ermöglicht bereits die Verbreitung von Ad-hoc-Publizitätsmeldungen in elektronischer Form (§ 15 Abs. 3 Satz 1 Nr. 2 WpHG). Bereits seit dem NaStraG 2001 können elektronische Informationsverbreitungssysteme, insbesondere das Internet, in rechtlich zulässiger Weise für Bekanntmachungen der Gesellschaft nutzbar gemacht werden.

▷ **Bekanntmachungssperre:** Eine Bekanntgabe des Vorstands über die Zusammensetzung des Aufsichtsrats kann während eines anhängigen Verfahrens nach §§ 98, 99 AktG nicht erfolgen (§ 97 Abs. 1 AktG). Die Bekanntgabe würde nur zur Verdoppelung des Verfahrens führen. Die gleichwohl erfolgte Bekanntgabe bleibt rechtlich bedeutungslos.

3. Bekanntmachungen des Registergerichts

▷ **Inhalt:** Durch das Registergericht ist jede → *Eintragung* des Handelsregisters bekannt zu machen (§ 10 HGB). Ausgenommen hiervon ist die Eröffnung des Insolvenzverfahrens. Diese wird zwar eingetragen, aber nicht bekannt gemacht (§§ 32 Abs. 2, 34 Abs. 5 HGB, §§ 9 Abs. 1, 30 Abs. 1 Satz 2, 31 InsO). Gleiches gilt für bestimmte Angaben über Zweigniederlassungen im Register der Zweigniederlassung. Die Bekanntmachung hat unverzüglich im Anschluss an die Eintragung zu erfolgen. Mit dem Ablauf des Tages, an welchem das letzte der die Bekanntmachung enthaltenen Blätter erschienen ist, gilt die Bekanntmachung als erfolgt (§ 10 Abs. 2 HGB). Ein Verzicht auf die Bekanntmachung ist unzulässig. Fehler bei der Veröffentlichung können eine Staatshaftung begründen (§§ 34 GG, 831 BGB analog). Die Aktiengesellschaft hat aber eine Pflicht zur Prüfung des über sie Veröffentlichten (weitergehende Folgen s. → *Publizität*). Das Registergericht hat die Pflicht, die Eintragungen in den Bundesanzeiger und in mindestens einem anderen Blatt zu veröffentlichen, welches das betreffende Registergericht bestimmt, meist eine größere lokale Tageszeitung (§ 11 HGB, zu den Auswahlkriterien vgl. LG Berlin BB 1997, 955). Damit sind oft erhebliche Kosten für die Aktiengesellschaft verbunden. Das Registergericht ist für die Dauer eines Jahres an seine Entscheidung über Auswahl und Bezeichnung des Bekanntmachungsblattes neben dem Bundesanzeiger gebunden. Gegen die Entscheidung kann die Beschwerde erhoben werden (§ 19 FGG, OLG Celle BB 1997, 2293, *streitig*).

Bei der Bekanntmachung sind bei folgenden einzutragenden Tatsachen Besonderheiten zu berücksichtigen:

- Gründung der Gesellschaft (§ 40 AktG),
- Durchführung der Kapitalerhöhung (§§ 190 ff. AktG),
- Formwechsel (§ 201 UmwG) und
- Verschmelzung (§ 19 ff. UmwG).

▷ **Bekanntmachung bei der Gründung:** Bei der Gründung sind bekannt zu machen (im elektronischen Bundesanzeiger und mindestens einem anderen Blatt i.S.d. § 11 HGB)

- der Inhalt der → *Eintragung* (§ 40 Abs. 1 AktG i.V.m. § 10 HGB),
- die in § 40 AktG vorgegebenen Angaben:
  - Festsetzungen der Satzung (§§ 23 Abs. 3 und 4, 24, 25 Satz 2, 26, 27 AktG),
  - Bestimmungen der Satzung über Zusammensetzung des Vorstands,
  - Ausgabebetrag der Aktien,
  - Name und Wohnort der Gründer,
  - Name, Beruf und Wohnort der Mitglieder des ersten Aufsichtsrats sowie
  - die Möglichkeit der Einsichtnahme in die Prüfungsberichte der Mitglieder des Vorstands, des Aufsichtsrats und der Gründungsprüfer beim Gericht für jedermann.

▷ **Bekanntmachung bei der Kapitalerhöhung:** Zusätzlich zum Inhalt der Eintragung sind vom Registergericht bekannt zu geben (§§ 190, 196 AktG)

- Ausgabebetrag der Aktien,
- Festsetzungen im Falle einer Kapitalerhöhung mit Sacheinlagen und
- Hinweis über die Prüfung der Sacheinlagen.

▷ **Bekanntmachung beim Formwechsel:** Das für die Anmeldung der neuen Rechtsform oder des Rechtsträgers neuer Rechtsform zuständige Gericht hat die Eintragung der neuen Rechtsform oder des Rechtsträgers neuer Rechtsform ihrem ganzen Inhalt nach bekannt zu machen (§ 201 Satz 1 UmwG). Die Festlegung des zweiten Veröffentlichungsblatts richtet sich grundsätzlich nach dem Gesellschaftsvertrag oder der Satzung des Rechtsträgers neuer Rechtsform. Sind dort keine entsprechenden Regelungen vorhanden, sind die Bekanntmachungsblätter des Handelsregisters heranzuziehen (§§ 10, 11 HGB). Die Bekanntmachung gilt mit dem Ablauf des Tages als erfolgt, an dem das letzte der die Bekanntmachung enthaltenden Blätter erschienen ist (§ 201 Satz 2 UmwG). Sie hat keine Bedeutung für die Wirksamkeit des → *Formwechsels*, da insoweit allein die Eintragung maßgeblich ist.

▷ **Bekanntmachung bei der Verschmelzung:** Der Verschmelzungsvertrag ist, noch vor dem Hauptversammlungsbeschluss darüber, zum Handelsregister einzureichen (§ 61 Satz 1 UmwG). Vom Gericht wird ein Hinweis auf die Einreichung, nicht aber der Text des Verschmelzungsvertrags selbst bekannt gemacht (§ 61 Satz 2 UmwG). Durch die Einreichung wird es indessen jedem Interessenten ohne Glaubhaftmachung eines berechtigten Interesses ermöglicht, den Vertragstext einzusehen und eine Abschrift zu verlangen (§ 9 HGB). Das Gericht hat die von ihm vorgenommene Eintragung der Verschmelzung ihrem ganzen Inhalt nach – also einschließlich „Vorläufigkeits- und Wirksamkeitsvermerk" – bekannt zu machen (§ 19 Abs. 3 UmwG). Die Bekanntmachung hat den Hinweis an die Gläubiger der beteiligten Rechtsträger zu enthalten, dass sie unter Umständen Sicherheitsleistung verlangen können (§ 22 Abs. 1 Satz 3 UmwG). Der Zeitpunkt der Bekanntmachung (§ 19 Abs. 3 Satz 2 UmwG) hat Bedeutung für den Lauf verschiedener Fristen (§§ 22 Abs. 1, 25 Abs. 3, 27, 31 45 Abs. 2 UmwG), nicht aber für das Wirksamwerden der Verschmelzung.

4. Fehlerhafte Bekanntmachungen

Unrichtig bekannt gemacht ist eine Tatsache dann, wenn sie mit der tatsächlichen materiellen Rechtslage nicht übereinstimmt. Ist eine einzutragende Tatsache unrichtig bekannt gemacht, so kann sich der Dritte dem Eintragungspflichtigen gegenüber auf die bekannt gemachte Tatsache berufen, es sei denn, dass er die Unrichtigkeit kannte (*positive Publizität*, § 15 Abs. 3 HGB). Für einen gutgläubigen Dritten gilt also die fehlerhafte Bekanntmachung als richtig (→ *Handelsregister*).

Hinweis auf weiterführende Literatur: *Noack*, Der elektronische Bundesanzeiger im Aktienrecht – Ein Überblick, BB 2002, 2025 ff.

Hinweis auf weitere Stichwörter

→ *Bundesanzeiger*
→ *Eintragung*
→ *Handelsregister*

→ *Publizität*
→ *Vorstand*

Belegschaftsaktie

→ *Arbeitnehmer: 4. Belegschaftsaktie*

Bericht

1. Begriff 161
2. Anforderungsbericht 161
3. Bericht des Vorstands an den Aufsichtsrat 161
4. Bericht des Vorstands an die Aktionäre 165
5. Bericht des Aufsichtsrats an Dritte 166
6. Bericht des Abschlussprüfers an den Aufsichtsrat 166
7. Bericht der Prüfer 166

1. Begriff

Aufgrund der hohen Anonymität der Aktiengesellschaft gegenüber ihren Gesellschaftern und der Eigenverantwortung des → *Vorstands* legt das Aktiengesetz ein hohes Augenmerk an ein institutionalisiertes Berichtswesen, durch das die Organe untereinander sowie von den Organen eingesetzte Hilfspersonen über die Erfüllung ihrer Aufgaben Rechenschaft ablegen.

2. Anforderungsbericht

Der Aufsichtsrat, als Organ mit Überwachungsfunktion gegenüber dem Vorstand, kann (und muss gegebenenfalls zur Erfüllung seiner Aufgaben) von diesem jederzeit einen Bericht über wesentliche Vorgänge verlangen (§ 90 Abs. 3 Satz 1 AktG). Ebenso kann ein einzelnes Mitglied des Aufsichtsrats die Abgabe eines Berichts verlangen, jedoch nur an den Aufsichtsrat (§ 90 Abs. 3 Satz 2 AktG). Berichterstattung kann gefordert werden über Angelegenheiten der Aktiengesellschaft und über ihre rechtlichen und geschäftlichen Beziehungen zu verbundenen Unternehmen, soweit diese die Lage der Aktiengesellschaft erheblich beeinflussen können. Bei missbräuchlichem Verlangen kann der Vorstand die Abgabe verweigern (*streitig*). In der Praxis sollte bei Verdacht des Missbrauchs eine Aufsichtsratsentscheidung herbeigeführt werden, die vom Vorstand akzeptiert werden sollte.

3. Bericht des Vorstands an den Aufsichtsrat

▷ **Berichtspflicht:** Der Vorstand hat dem Aufsichtsrat ohne besondere Anforderung zu berichten über (§ 90 Abs. 1 Nr. 1–4 AktG)

- die beabsichtigte Geschäftspolitik und andere grundsätzliche Fragen der Unternehmensplanung (insbesondere: die Finanz-, Investitions- und Personalplanung);

- die Rentabilität der Gesellschaft, insbesondere die Rentabilität des Eigenkapitals;
- den Gang der Geschäfte, insbesondere den Umsatz, und die Lage der Gesellschaft;
- Geschäfte, die für die Rentabilität oder Liquidität der Gesellschaft von erheblicher Bedeutung sein können;
- sonstige wichtige Ereignisse, wozu auch geschäftliche Vorgänge bei einem → *verbundenen Unternehmen* gehören, die auf die Lage der Gesellschaft einen erheblichen Einfluss haben können.

▷ **Häufigkeit:** Die vom Gesetz vorgegebene Mindesthäufigkeit beträgt

- einmal jährlich über die beabsichtigte Geschäftspolitik und andere grundsätzliche Fragen der Unternehmensplanung, sofern nicht Änderungen der Lage oder neue Fragen eine unverzügliche Berichterstattung gebieten (§ 90 Abs. 2 Nr. 1 AktG);
- einmal jährlich in der Sitzung des Aufsichtsrats, in der über den Jahresabschluss verhandelt wird, über die Rentabilität des Eigenkapitals (*Rentabilitätsbericht:* § 90 Abs. 2 Nr. 2 AktG);
- mindestens vierteljährlich und regelmäßig über den Gang der Geschäfte, insbesondere über den Umsatz und die Lage der Gesellschaft (*Quartalsbericht:* § 90 Abs. 2 Nr. 3 AktG).

Es ist zu berichten

- so rechtzeitig, dass der Aufsichtsrat Gelegenheit hat, dazu vorher Stellung zu nehmen bei Berichten, die für die Rentabilität oder Liquidität der Gesellschaft von erheblicher Bedeutung sein können (§ 90 Abs. 2 Nr. 4 AktG);
- jederzeit dem Vorsitzenden des Aufsichtsrats aus allen sonstigen wichtigen Anlässen (§ 90 Abs. 1 Satz 3 1. Halbsatz AktG).

Das Gesetz erlaubt den Aufbau eines maßgeschneiderten und umfassenden Aufsichtsrats-Informationssystems, das die Erstattung der Berichte auch für kürzere Zeiträume ermöglicht. Der Vorstand hat grundsätzlich kein Recht, irgendwelche Angelegenheiten vor dem Aufsichtsrat oder einem von ihm beauftragten Sachverständigen geheim zu halten, vielmehr besteht eine Pflicht zur Offenheit. Ein Recht zur Verschwiegenheit kann nur in besonderen Fällen aus Gründen des Gemeinwohls oder gesetzlicher Geheimhaltungspflichten bestehen (*Henze*, Aktienrecht, 5. Aufl. 2002, Rz. 298 ff.).

▷ **Allgemeine Berichtspflichten:** Ohne Anforderung sind regelmäßig zu erstatten

- der Bericht über die *Geschäftspolitik* (§ 90 Abs. 1 Satz 1 Nr. 1, Abs. 2 Nr. 1 AktG, s. BGHZ 136, 133): der Vorstand hat mindestens einmal jährlich (*Ausn.:* Änderungen der Lage oder neue Fragen gebieten eine unverzügliche Berichterstattung) dem Aufsichtsrat über grundsätzliche Fragen künftiger Geschäftsführung und Geschäftspolitik (d.h. Produkt- und Absatzplanung, Investitions- und Finanzplanung, Entwicklungsplanung, Personalplanung) zu berichten,

– der *Rentabilitätsbericht* (§ 90 Abs. 1 Satz 1 Nr. 2, Abs. 2 Nr. 2 AktG): der Vorstand hat zur jährlichen Bilanzsitzung des Aufsichtsrats einen Bericht über die Rentabilität (gegebenenfalls Liquidität) der Gesellschaft vorzulegen. Hierzu gehören insbesondere die in § 90 Abs. 1 Satz 1 Nr. 2 AktG ausdrücklich erwähnte Eigenkapitalrentabilität, die Rentabilität des Gesamtkapitals, des Umsatzes und wesentlicher Investitionen.

– der *Quartalsbericht* (§ 90 Abs. 1 Satz 1 Nr. 3, Abs. 2 Nr. 3 AktG): Der Vorstand hat mindestens vierteljährlich dem Aufsichtsrat über den Gang der Geschäfte, vor allem über den Umsatz und die Lage der Gesellschaft zu berichten (nicht zu verwechseln mit dem Lagebericht, § 289 HGB). Diese Angaben müssen im Periodenvergleich stehen und sachgemäß aufgegliedert sein (d.h. mindestens nach Sparten oder gar nach Produkten/Produktgruppen nach In- und Auslandsmärkten u.a. Mit dem Gang der Geschäfte ist die allgemeine Entwicklung im Hinblick auf Abweichungen gegenüber den früheren Berichten und Vergleichsperioden und insbesondere gegenüber den vorgelegten Plänen der Geschäftsführung gemeint. Dabei ist die Ertragslage konkret darzustellen, d.h. aussagefähige Angaben zur Umsatzentwicklung und deren Auswirkungen auf die Ertragsentwicklung sind vorzulegen; nicht erforderlich ist dagegen eine vollständige Darstellung der Rentabilität. Mit der Lage der Gesellschaft hat der Vorstand die Situation am Markt und insbesondere die finanzielle Situation, also die Liquidität zu erörtern. Die Mitteilung von Planrechnungen ist hierbei unerlässlich, nicht zu erfüllen sind aber die Anforderungen, die an den Anhang (§§ 284 ff. HGB, 160 AktG) zu stellen sind.

▷ **Pflichten zu Sonderberichten** (Erklärungen des Vorstandes gegenüber dem Aufsichtsratsvorsitzenden): Sonderberichte muss der Vorsitzende des Aufsichtsrats den anderen Aufsichtsratsmitgliedern nur nach pflichtgemäßem Ermessen mitteilen, er kann also eine solche Unterrichtung zeitlich hinausschieben (gesteigertes Diskretionsbedürfnis der Gesellschaft). Sonderberichtsgegenstände sind

– *Rechtsgeschäfte von erheblicher Bedeutung*: die erhebliche Bedeutung hängt von Umständen des Einzelfalles, von Größe, Gegenstand und wirtschaftlicher Lage des Unternehmens der Gesellschaft ab;

> **Beispiele**
>
> – Geschäfte, die für die Rentabilität oder Liquidität der Gesellschaft von besonderer Bedeutung sein können: der Vorstand hat dem Aufsichtsrat so rechtzeitig Bericht zu erstatten, dass dieser vor der Vornahme solcher Geschäfte Gelegenheit hat, zu ihnen Stellung zu nehmen (§ 90 Abs. 1 Satz 1 Nr. 4 AktG);
> – Geschäfte, die in ihren möglichen Rückwirkungen auf die Lage der Gesellschaft erheblichen Einfluss haben können: der Vorstand hat hierbei auch über eine beabsichtigte Einflussnahme auf ein verbundenes Unternehmen zu berichten.

– *wichtige Anlässe* (§ 90 Abs. 1 Satz 2 AktG): Diese Generalklausel erfasst solche Fälle, in denen eine Kenntnis des Aufsichtsrats notwendig, erstrebenswert oder zweckmäßig erscheint; hierzu zählen erhebliche Betriebsstörungen, wesentliche Verluste oder die Gefährdung größerer Außenstände; eine Berichtspflicht aus wichtigem Anlass besteht auch bzgl. der Konzernleitungsmacht.

▷ **Pflichten zu Vorlageberichten:** Der Vorstand hat über die o.g. Berichtspflichten hinaus im Rahmen von Vorlagen dem Aufsichtsrat stets dann zu berichten, wenn er einen bestimmten Beschluss des Aufsichtsrats erstrebt oder herbeiführen muss:

- *Jahresabschluss* (§§ 170, 171 AktG): Der Jahresabschluss und der Lagebericht sowie der Gewinnverwendungsvorschlag und der Prüfungsbericht des Abschlussprüfers sind dem Aufsichtsrat zur selbständigen Prüfung vorzulegen. Der Vorstand muss darüber hinaus unaufgefordert und in besonderer Weise zum Prüfungsbericht des Abschlussprüfers Stellung nehmen, wobei er zu den angesprochenen Fragen seine Auffassung darlegen und seine Zustimmung oder Ablehnung gegenüber dem Prüfungsbericht des Abschlussprüfers begründen muss.

- *Abhängigkeitsbericht* (§§ 312, 313 AktG): Der Vorstand einer abhängigen Gesellschaft hat mit dem Prüfungsbericht des Abschlussprüfers dem Aufsichtsrat einen Abhängigkeitsbericht vorzulegen. Diese Unterlagen hat der Aufsichtsrat selbständig zu prüfen und Beschluss zu fassen. Soweit aus der Sicht des Vorstandes Divergenzen zwischen ihm und dem Abschlussprüfer bestehen, muss der Vorstand dem Aufsichtsrat hierüber gesondert berichten.

- *Zustimmungsbedürftige Geschäftsführungsmaßnahmen* (§ 111 Abs. 4 AktG): Gesonderte Berichte werden noch gesetzlich vorausgesetzt bei

    - mitwirkungsbedürftigen Rechtsgeschäften (§ 111 Abs. 4 AktG),
    - Befreiung vom Wettbewerbsverbot (§ 88 AktG),
    - Kreditgewährung an Vorstandsmitglieder,
    - Antrag des Vorstandes an die Hauptversammlung (§§ 111 Abs. 4 Satz 3 i.V.m. 124 Abs. 3 AktG),
    - bestimmten Maßnahmen in → *abhängigen Gesellschaften* (§ 32 MitbestG oder § 15 MontanMitbestErgG).

▷ **Grundsätze ordnungsmäßiger Berichterstattung:** Die Berichte sind in aller Regel schriftlich zu erstatten, um eine effiziente Überwachung durch den Aufsichtsrat zu gewährleisten. Mündliche Berichterstattung kann aber z.B. bei Eilbedürftigkeit erforderlich sein. Der Vorstand hat, je nach den konkreten Umständen einer Gesellschaft, des Unternehmens und der Aktivitäten und Märkte, an denen das Unternehmen im Wettbewerb teilnimmt, die erforderlichen organisatorischen Vorkehrungen zu treffen, um existenzgefährdende Risiken möglichst frühzeitig zu erkennen. Aus der Leitungspflicht des Vorstandes folgt auch die Verpflichtung, für die Einrichtung eines Kontrollsystems in funktionsfähiger Gestalt zu sorgen (§ 76 Abs. 1 AktG).

▷ **Verletzung der Berichtspflicht:** Eine Verletzung der Berichtspflicht liegt vor, wenn sie überhaupt nicht, zu spät, unvollständig oder unrichtig erfüllt wird. Die Verletzung der Berichtspflicht des Vorstandes ist zwangsgeldbewehrt (§ 407 Abs. 1 AktG). Bei gravierenden und wiederholten Verstößen gegen die Berichtspflicht ist eine Abberufung aus wichtigem Grunde praxisnah (§ 84 Abs. 3 AktG). Theoretisch ist die Erfüllung der Berichtspflicht auch durch eine Klage erzwingbar. Die rechtliche Konstruktion einer solchen Durchsetzung von Berichtspflichten ist besonders umstritten (Hinweise hierzu bei *Nirk* in Nirk/Ziemons/Binnewies, Handbuch der AG, Loseblatt, Rz. 753 ff.).

4. Bericht des Vorstands an die Aktionäre

Berichtspflichten des Vorstandes gegenüber den Aktionären kommen bei einem Bezugsrechtsausschluss und bei einem → *Unternehmensvertrag* in Betracht.

▷ **Bezugsrechtsausschluss:** Bei einem vollständigen oder teilweisen Ausschluss des → *Bezugsrechts* der Altaktionäre sieht das Aktiengesetz die Vorlage eines schriftlichen Berichts über den Grund des Ausschlusses des Bezugsrechts durch den Vorstand vor (§ 186 Abs. 4 Satz 2 AktG). Ein Verzicht auf diesen Bericht ist nicht möglich. Diese Berichtspflicht gilt bei einem Bezugsrechtsausschluss sowohl im Rahmen der → *Kapitalerhöhung* gegen Einlagen, als auch für das → *genehmigte Kapital* und für → *Wandelschuldverschreibungen*, → *Gewinnschuldverschreibungen* und → *Genussrechte* (§§ 203 Abs. 1, und 2 und 221 Abs. 4 AktG). Der Vorstand hat besondere Informationspflichten gegenüber den Aktionären auch dann, wenn er von einer durch die Hauptversammlung erteilten Ermächtigung zum Bezugsrechtsausschluss im Rahmen des genehmigten Kapitals Gebrauch macht (*Bosse*, ZIP 2001, 104: in Analogie zu §§ 124, 125, 128, 175 Abs. 2 AktG ist eine vorherige Bekanntmachung, Mitteilung und Zusendung des Berichts erforderlich; bei börsennotierten Gesellschaften wird ein Bericht im Rahmen der Hauptversammlung ausreichend sein).

▷ **Unternehmensverträge:** Bei Unternehmensverträgen, die der Zustimmung der Hauptversammlung bedürfen, muss der Vorstand einen schriftlichen Bericht erstellen, der von allen Vorstandsmitgliedern eigenhändig zu unterschreiben ist (§ 293a AktG). Für die Untergesellschaft gilt dies bei sämtlichen Formen von Unternehmensverträgen, bei einer Obergesellschaft nur bei → *Beherrschungs-* oder → *Ergebnisabführungsverträgen*. Gesetzlich vorgeschriebener Mindestinhalt des Berichts ist

- die Erläuterung des Abschlusses des Unternehmensvertrages,
- die Erläuterung des Inhalts des Unternehmensvertrages und
- die Erläuterung von Art und Höhe des Ausgleichs und der Abfindung in rechtlicher und wirtschaftlicher Hinsicht.

Der Bericht muss eine solche Informationsdichte aufweisen, dass ein Aktionär über die Angabe von Bewertungsgrundsätzen hinaus, gegebenenfalls durch in der Hauptversammlung vermittelte Informationen, die Wertrelationen und die Ermittlung von Ausgleich und Abfindung nachvollziehen kann.

Tatsachen, deren Bekanntwerden geeignet ist, einem der vertragschließenden Unternehmen oder einem verbundenen Unternehmen einen nicht unerheblichen Nachteil zuzufügen, müssen nicht in den Bericht aufgenommen werden. Dies ist beispielsweise dann gegeben, wenn es um Einzelheiten der Ertragsprognose und der Aufdeckung stiller Reserven geht (§ 293a Abs. 2 AktG).

5. Bericht des Aufsichtsrats an Dritte

▷ **Berichtspflicht:** Der Aufsichtsrat prüft den Jahresabschluss, den Lagebericht sowie gegebenenfalls den Konzernabschluss und den Konzernlagebericht (§ 171 Abs. 1 AktG). Über das Ergebnis seiner Prüfung hat der Aufsichtsrat einen schriftlichen Bericht zu fertigen (§ 171 Abs. 2 AktG). Dieser Bericht ist von der Einberufung der Hauptversammlung an, die über die Verwendung des Bilanzgewinns beschließt, in dem Geschäftsraum der Gesellschaft sowie in der Hauptversammlung im Versammlungsraum auszulegen (§§ 175 Abs. 2, 176 Abs. 1 AktG). In dem Bericht hat der Aufsichtsrat auch mitzuteilen, in welcher Art und in welchem Umfang er die Geschäftsführung der Gesellschaft während des Geschäftsjahres geprüft hat. Bei börsennotierten Gesellschaften hat der Aufsichtsrat darüber hinaus anzugeben, welche Ausschüsse gebildet worden sind, sowie die Anzahl seiner Sitzungen und die der Ausschüsse mitzuteilen (§ 3 Abs. 2 AktG).

▷ **Schlusserklärung:** Ist der Jahresabschluss der Gesellschaft durch einen Abschlussprüfer zu prüfen, hat der Aufsichtsrat außerdem zu dem Ergebnis der Prüfung Stellung zu nehmen. Am Schluss seines Berichts hat der Aufsichtsrat zu erklären, ob nach dem abschließenden Ergebnis seiner Prüfung Einwendungen zu erheben sind und ob er den vom Vorstand aufgestellten Jahresabschluss billigt. Der Aufsichtsrat hat seinen Bericht dem Vorstand zuzuleiten. Für die Zuleitung seines Berichts an den Vorstand hat der Aufsichtsrat einen Monat Zeit, gerechnet ab Zugang der Unterlagen. Geht der Bericht dem Vorstand nicht innerhalb dieser Frist zu, hat dieser dem Aufsichtsrat für die Vorlage unverzüglich (d.h. ohne schuldhaftes Zögern) eine Nachfrist von maximal einem Monat zu setzen. Wird der Bericht dem Vorstand nicht innerhalb dieser Frist zugeleitet, gilt der Jahresabschluss als vom Aufsichtsrat nicht gebilligt.

6. Bericht des Abschlussprüfers an den Aufsichtsrat

Handelt es sich bei der Aktiengesellschaft um eine mittelgroße oder große Kapitalgesellschaft und müssen Jahresabschluss und Konzernabschluss deshalb durch einen Abschlussprüfer (→ *Abschlussprüfung: 4. Abschlussprüfer*) geprüft werden, hat der Abschlussprüfer (der seinen Prüfungsbericht dem Aufsichtsrat zuleiten muss, § 321 Abs. 5 Satz 2 HGB) an den Verhandlungen des Aufsichtsrats bzw. seines Ausschusses über diese Vorlagen teilzunehmen und über die wesentlichen Ergebnisse seiner → *Prüfung* zu berichten (§ 171 Abs. 1 Satz 2 AktG, → *Abschlussprüfung*). Dieser Prüfungsbericht ist die wesentliche Unterlage für die Prüfung des Abschlusses und des Lageberichts durch den Aufsichtsrat. Die reine Erläuterung und Aufgliederung der Posten des Jahresabschlusses ist dabei nicht ausreichend. Den Adressaten sollen neben der Analyse der Vergangenheitsdaten vielmehr die künftigen Entwicklungen und Risiken aufgezeigt werden. Der gesamte Prüfungsbericht muss in der gebotenen Klarheit erfolgen. Er soll auch von nichtsachverständigen Aufsichtsratmitgliedern verstanden werden.

7. Bericht der Prüfer

→ *Prüfungsbericht*

Hinweis auf weiterführende Literatur: *Assmann*, Negativberichterstattung als Gegenstand der Nachforschungs- und Hinweispflichten von Anlageberatern und Anlagevermittlern, ZIP 2002, 637 ff.; *Bosse*, Informationspflichten des Vorstands beim Bezugsrechtsausschluss im Rahmen des Beschlusses und der Ausnutzung eines genehmigten Kapitals, ZIP 2001, 104 ff.; *Ebenroth*, Das Auskunftsrecht des Aktionärs und seine Durchsetzung im Prozess unter besonderer Berücksichtigung des Rechtes der verbundenen Unternehmen, 1970, S. 148; *Geiger*, Ansatzpunkte zur Prüfung der Segmentberichterstattung nach SFAS 131, IAS 14 und DRS 3, BB 2002, 1903 ff.; *Göhner/Breitweg*, Die Zwischenberichterstattung als Element einer kapitalmarktrechtlichen Rechnungslegung, BBK 2002, 355 ff.; *Henze*, Prüfung und Kontrollaufgaben des Aufsichtsrats in der Aktiengesellschaft, NJW 1998, 3309 ff.; *Kirsch*, Segmentberichterstattung nach IAS 14 als Basis eines kennzahlengestützten Unternehmenscontrolling, DB 2001, 1513 ff.; *Lenz/Focken*, Die Prüfung der Segmentberichterstattung, WPg 2002, 853 ff.; *Lutter/Krieger*, Rechte und Pflichten des Aufsichtsrats, 4. Aufl. 2002; *Schindler/Schurbohm/Böckem*, Praktische Fragestellungen der Rechnungslegung und Prüfung von Zwischenberichten, KoR 2002, 88 ff.; *Semler*, Leitung und Überwachung der Aktiengesellschaft, 2. Aufl. 1996; *Siebel/Gebauer*, Prognosen im Aktien- und Kapitalmarktrecht – Lagebericht, Zwischenbericht, Verschmelzungsbericht, Prospekt usw. Teil I, WM 2001, 118 ff.; *Sinewe*, Die Berichtspflicht beim Ausschluss des Bezugsrechts, zugleich Replik auf *Bosse* (ZIP 2001, 104), ZIP 2001, 403 ff.; *Theisen*, Grundsätze einer Informationsversorgung des Aufsichtsrats, 1991; *Wagner*, Kapitalanlagerechtliche Aufklärungspflichten über jede Art von Negativberichterstattungen, WM 2002, 1037 ff.; *Zimmermann*, Die Berichterstattung über Beziehungen zu nahe stehenden Personen nach DRS 11, StuB 2002, 889 ff.

Hinweis auf weitere Stichwörter

→ *Auskunftsrecht*
→ *Aufsichtsrat*
→ *Gründungsbericht*
→ *Jahresabschluss*

→ *Mitteilungspflichten*
→ *Prüfung*
→ *Vorstand*

Beschluss

1. Begriff 167
2. Mängel 168
3. Aufsichtsratsbeschluss 168
4. Hauptversammlungsbeschluss 172
5. Beschlussfassung des Vorstandes .. 177

1. Begriff

Die Willensbildung und -äußerung der Verwaltungsorgane sowie der Hauptversammlung der Aktiengesellschaft erfolgt nur im Rahmen einer Beschlussfassung. Der Beschluss dient der Bildung und Äußerung organschaftlichen Willens und erfolgt durch → *Abstimmung*.

Beschluss

2. Mängel

Die Mangelhaftigkeit eines Beschlusses beruht auf

- Verfahrensfehlern,
- inhaltlichem Verstoß gegen Gesetz oder Satzung.

Ist ein Beschluss fehlerhaft, kann dies unterschiedliche Folgen haben:

- *Nichtigkeit:* Der Beschluss entfaltet keine Wirkung (→ *Nichtigkeit*),
- *Anfechtbarkeit:* Der Beschluss entfaltet zunächst die beabsichtigte Wirkung, kann jedoch durch eine Anfechtungsklage vernichtet werden (→ *Anfechtung von Hauptversammlungsbeschlüssen*),
- *Unwirksamkeit:* Der Beschluss kann aus irgendeinem Grunde nicht vervollständigt werden und ist daher bis zum Eintritt des Vervollständigenden schwebend unwirksam,
- *Nicht- oder Scheinbeschluss:* Es liegt nur der Anschein eines Beschlusses vor, aber nicht dessen Tatbestand (extrem schwerer Verfahrensverstoß).

3. Aufsichtsratsbeschluss

▷ **Form:** Der Aufsichtsrat bildet seinen Willen grundsätzlich in Sitzungen durch Beschluss (§ 108 Abs. 1 AktG). Eine schriftliche, telegrafische oder fernmündliche Beschlussfassung des Aufsichtsrats ist zulässig, wenn kein Mitglied diesem Verfahren widerspricht und dies nicht durch Gesetz oder Satzung ausgeschlossen ist (§ 108 Abs. 4 AktG). Nach dem Namensaktiengesetz – NaStraG 2001– besteht die Möglichkeit, durch Satzung oder Geschäftsordnung des Aufsichtsrats für die Sitzung schriftliche, fernmündliche oder andere vergleichbare Formen – insbesondere also auch eine Videokonferenz – zuzulassen (*Hüffer*, AktG, 7. Aufl. 2006, § 108 Rn. 16); auf die Zustimmung des einzelnen Mitglieds kommt es dann nicht mehr an.

▷ **Beschlussfähigkeit:** Soweit keine gesetzliche Regelung zur Beschlussfähigkeit existiert, ist eine Regelung durch Satzung möglich (§ 108 Abs. 2 Satz 1 AktG). Ist weder dem Gesetz noch der Satzung eine Regelung zu entnehmen, so ist der Aufsichtsrat beschlussfähig, wenn neben ordnungsgemäßer Ladung bzw. Erscheinen aller Aufsichtsratsmitglieder in der Sitzung, mindestens ½ der gesetz- oder satzungsmäßigen, zwingend jedoch mindestens 3 Aufsichtsratsmitglieder an der Beschlussfassung teilnehmen (§ 108 Abs. 2 Satz 2 und 3 AktG, § 28 Satz 1 MitbestG, § 10 MontanMitbestG). Diese Mindestanforderung kann durch die Satzung nicht abbedungen werden. Die Teilnahme eines bestimmten Aufsichtsratmitglieds kann nicht vorgeschrieben werden. Ebenso kann der Aufsichtsratsvorsitzende oder sein Stellvertreter kein *Vetorecht* haben, d.h. das Recht, Mehrheitsentscheidungen auch endgültig zu blockieren. Dafür kann die → *Satzung* (nicht jedoch die → *Geschäftsordnung*) des Aufsichtsrats) diesen das Recht zum *Stichentscheid* – d.h. das Recht, durch ihre Stimme den Ausschlag zu geben – einräumen (Vetorecht, BGHZ 83, 151, 156).

> **Beispiele**
>
> Der Aufsichtsrat erreicht die Beschlussfähigkeit bei einer Gesellschaft, die dem MitbestG unterliegt, ab der Zahl von
>
> - 6 Mitgliedern bei einem 12-köpfigen Aufsichtsrat (bis zu 10 000 Arbeitnehmer),
> - 8 Mitgliedern bei einem 16-köpfigen Aufsichtsrat (bis zu 20 000 Arbeitnehmer),
> - 10 Mitgliedern bei einem 20-köpfigen Aufsichtsrat (mehr als 20 000 Arbeitnehmer).
>
> Der Aufsichtsrat erreicht die Beschlussfähigkeit bei einer Gesellschaft, die dem MontanMitbestG unterliegt, ab einer Zahl von
>
> - 6 Mitgliedern bei einem 11-köpfigen Aufsichtsrat (bis zu 10 000 Arbeitnehmer),
> - 8 Mitgliedern bei einem 15-köpfigen Aufsichtsrat (bis zu 20 000 Arbeitnehmer),
> - 11 Mitgliedern bei einem 21-köpfigen Aufsichtsrat (mehr als 20 000 Arbeitnehmer).

Die bloße Unterbesetzung des Aufsichtsrats führt nicht zur Beschlussunfähigkeit. Die Beschlussfähigkeit des Aufsichtsrats hängt nicht davon ab, ob dieser zur Zeit der Beschlussfassung vollständig besetzt ist, oder ob das paritätische Zahlenverhältnis zwischen den Aktionärs- und Arbeitnehmervertretern und der Proporz innerhalb der Gruppe der Arbeitnehmervertreter gewahrt ist (§§ 7 Abs. 1, Abs. 2, 15 Abs. 2 MitbestG). Die Parität muss nur bezüglich der Gesamtmitgliederzahl des Aufsichtsrats vorhanden sein. Satzungsbestimmungen dahingehend, dass die Beschlussfähigkeit von der Teilnahme des Aufsichtsratsvorsitzenden oder mindestens der gleichen Zahl von Vertretern der Aktionäre wie von Arbeitnehmervertretern abhängig gemacht wird, sind unzulässig (BGHZ 83, 151, 153 f.). Offen bleibt, ob die Satzung andere über die gesetzlichen hinausgehende Erfordernisse an die Beschlussfähigkeit des Aufsichtsrats stellen kann.

▷ **Stimmabgabe:** → *Abstimmung: 2. Abstimmung im Aufsichtsrat*

▷ **Mehrheiten:** Jedes Aufsichtsratsmitglied hat grundsätzlich eine Stimme; Mehrstimmrechte sind unzulässig. Aufsichtsratsbeschlüsse kommen mit der Mehrheit der abgegebenen Stimmen zustande. Stimmenthaltungen werden grundsätzlich nicht mitgezählt (§ 32 Abs. 1 Satz 3 BGB analog, *Ausn.:* Regelung durch Satzung, dass Stimmenthaltungen wie Nein-Stimmen zu behandeln sind). Ungültige Stimmen bleiben unberücksichtigt (→ *Abstimmung*).

Eine Pattsituation durch Stimmengleichheit im Aufsichtsrat ist aufzulösen, der betreffende Antrag gilt als abgelehnt (s. hierzu *Jaeger* in Nirk/Ziemons/Binnewies, Handbuch der AG, Loseblatt, Rn. 9.236). In Pattsituationen kann die Stimme des Vorsitzenden doppelt gelten, nicht aber die des Stellvertreters (§§ 31 Abs. 4 Satz 1, 29 Abs. 2 Satz 3 MitbestG). Die Satzung kann bestimmen, dass bei Stimmengleichheit die Stimme des Vorsitzenden den Ausschlag gibt; ansonsten ist in einem solchen Fall der Beschluss nicht zustande gekommen.

Die erforderliche Mehrheit bei der Beschlussfassung kann durch Mitbestimmungsgesetze geregelt sein.

> **Beispiel**
>
> ⅔-Mehrheit der Stimmen der Aufsichtsrat-Mitglieder ist erforderlich bei
> - der Wahl des Aufsichtsratsvorsitzenden und des Stellvertreters (§ 27 Abs. 2 MitbestG),
> - der Bestellung und Abberufung von Vorstandsmitgliedern (§ 31 Abs. 2–5 MitbestG).

Bei Gesellschaften, die dem MitbestG unterliegen, sind die im MitbestG geregelten Mehrheitserfordernisse in jeder Richtung zwingend. *Ausn.:* bei Beschlüssen zu Änderungen der Organisation des Aufsichtsrats, wie etwa der → *Geschäftsordnung* (Regelung einer qualifizierten Mehrheit durch Satzung möglich, streitig). Bei nicht mitbestimmten Gesellschaften kann die Satzung qualifizierte Mehrheiten für bestimmte Beschlüsse vorschreiben (*Ausn.:* bei Entscheidungen, die der Aufsichtsrat kraft Gesetzes zu treffen hat, ist § 108 Abs. 1 AktG abschließend, anders bei Entscheidungen, die dem Aufsichtsrat kraft Satzung obliegen (vgl. § 111 Abs. 4 Satz 2, *Ausn.:* § 29 Abs. 1 MitbestG). Die Geschäftsordnung des Aufsichtsrats kann keine Mehrheitserfordernisse festlegen (streitig).

> **Beispiel**
>
> Qualifizierte Mehrheit kann in der Satzung für folgende Beschlüssen festgesetzt werden:
> - Zustimmungsvorbehalte des Aufsichtsrats für bestimmte Geschäfte,
> - Änderung der vom Aufsichtsrat beschlossenen Geschäftsordnung.

▷ **Vetorecht:** Ein Vetorecht im Bereich der Geschäftsführung des Vorstandes hat der Aufsichtsrat bereits durch die Einführung von Zustimmungsvorbehalten (§ 111 Abs. 4 Satz 2 AktG, durch Satzungsregelung oder Geschäftsordnung). Im Übrigen bestehen widersprüchliche Aussagen in der Literatur (vgl. BGHZ 83, 151, 156, Aufsichtsratsausschüsse betreffend).

Tabelle: Übersicht über die Beschlussfassung

Beschlussfassung	Grundsatz	Ausnahme
Nachträgliche Stimmabgabe	Wirkungslos	Bei einstimmigem Beschluss des Aufsichtsrats ist die nachträgliche Stimmabgabe zuzulassen.
Geheime Abstimmung	Zulässig, um eine unabhängige und unbeeinflusste Meinungsbildung im Aufsichtsrat zu ermöglichen (*Mertens* in KK.AktG, 2. Aufl. 1996, § 108 Rn. 38).	Unzulässig, damit die Haftung der Aufsichtsratsmitglieder feststellbar bleibt (*Hoffmann/Preu*, Der Aufsichtsrat, 5. Aufl. 2003, Rn. 424).

Beschlussfassung	Grundsatz	Ausnahme
Stimmenthaltung	Wird grundsätzlich nicht als Stimmabgabe gewertet.	Die Satzung kann die Behandlung als Nein-Stimme anordnen und Stimmenthaltung verbieten.
Zweitstimme	Jedes Mitglied	Keine
Konkludente oder stillschweigende Beschlussfassung	Nicht möglich, Aufsichtsratsbeschlüsse müssen ausdrücklich gefasst werden (§ 89 Abs. 1 AktG).	Keine
Größere Mehrheiten bei der Beschlussfassung	Bei Gesellschaften, die dem MitbestG unterliegen, sind die im MitbestG geregelten Mehrheitserfordernisse in jeder Richtung zwingend (§§ 25, 27 29, 31 und 32 MitbestG). Bei nicht mitbestimmten Gesellschaften kann die Satzung qualifizierte Mehrheiten für bestimmte Beschlüsse vorschreiben.	Beschlüsse zur Änderungen der Organisation des Aufsichtsrats, etwa der Geschäftsordnung (insoweit kann aber die Satzung eine qualifizierte Mehrheit für erforderlich erklären, streitig).

▷ **Fehlerhafte Beschlüsse:** Aufsichtsratsbeschlüsse sind fehlerhaft, wenn das Beschlussverfahren unter einem Mangel leidet oder der Beschluss seinem Inhalt nach gegen Gesetz oder Satzung verstößt.

Im Fall von Ersatzansprüchen der Gesellschaft gegen den Aufsichtsrat aus der Gründung oder der Geschäftsführung kann eine Minderheit der Aktionäre, deren Anteile im Zeitpunkt der Antragstellung zusammen den einhundersten Teil des Grundkapitals oder einen Börsenwert von 100 000 Euro erreichen, nach § 147 Abs. 1 Satz 1 Alt. 2 AktG die Geltendmachung der Ansprüche beantragen und nach erfolgreichem Zulassungsverfahren Klage erheben.

Nichtigkeit: Die Nichtigkeit des Aufsichtsratsbeschlusses liegt bei wesentlichen Verfahrensfehlern und inhaltlichen Verstößen gegen Gesetz oder Satzung vor (BGH NZG 2000, 945, 946).

Beispiele

- Fehlende Zuständigkeit des Aufsichtsrats,
- Fehlen der erforderlichen Mehrheit,
- Beschlussfassung über einen nicht angekündigten Tagesordnungspunkt,
- Verstoß gegen unverzichtbare Verfahrensvorschriften, wie nicht erfolgte Ladung zur Aufsichtsratssitzung oder gravierend mangelhafte Ladung (→ *Sitzung: 1. Sitzung des Aufsichtsrats*),
- Nichtigkeit der Wahl der Mitglieder des Aufsichtsrats durch die Hauptversammlung.

Ist die Wahl der Mitglieder des Aufsichtsrats durch die Hauptversammlung nichtig, so sind damit auch die Beschlüsse dieses Aufsichtsrats nichtig (§ 250 AktG). Ist die Wahl der Aufsichtsratsmitglieder dagegen nur anfechtbar, kann der Aufsichtsrat wirksame Beschlüsse fassen, solange seine Wahl nicht durch rechtskräftiges Urteil für nichtig erklärt worden ist (§§ 251, 252 AktG).

Die Nichtigkeit der einzelnen Stimmabgabe führt nur dann zur Nichtigkeit des Aufsichtsratsbeschlusses, wenn die nichtige Stimmabgabe für den Beschluss nicht unerheblich war.

Fehlerhafte Aufsichtsratsbeschlüsse können durch eine allgemeine zivilrechtliche Feststellungsklage gemäß § 256 ZPO gerichtlich für nichtig erklärt werden. Eine aktienrechtliche Nichtigkeitsklage ist nicht statthaft.

▷ **Keine Nichtigkeit** der Aufsichtsratsbeschlüsse tritt ein bei

- einem Verfahrensverstoß, der weniger gravierend ist (z.B. unzulässige Sitzungsteilnahme Dritter, BGHZ 47, 341, 349 f.),
- Ablehnung der Geltendmachung von Ersatzansprüchen der Gesellschaft gegen Vorstandsmitglieder (vgl. jedoch BGHZ 135, 244, 251 ff.).

▷ **Anfechtbarkeit:** Eine aktienrechtliche Anfechtungsklage gegen einen Beschluss des Aufsichtsrates ist grundsätzlich nicht zulässig (BGH NJW 1997, 1296). Nach neuerer Lehre und vereinzelt in der Rechtsprechung sollte jedoch, unter Übernahme der Grundsätze zur Anfechtbarkeit von Hauptversammlungsbeschlüssen, ein Aufsichtsratsbeschluss analog § 243 AktG bei weniger schwerwiegenden Verstößen gegen Gesetz oder Satzung anfechtbar sein (OLG Hamburg AG 1992, 197 f.; *Lutter/Krieger*, Rechte und Pflichten des Aufsichtsrats, 4. Aufl. 2002, § 6 Rn. 251; a.A. OLG Frankfurt/Main AG 2003, 276 f.; *Hüffer*, AktG, 7. Aufl. 2006, § 108 Rn. 19).

Beispiel

Die Anfechtbarkeit des Aufsichtsratsbeschlusses liegt vor bei Verstoß gegen Verfahrensvorschriften, auf deren Einhaltung die Aufsichtsratsmitglieder verzichten können, wie z.B. bei Verletzung einer Einberufungsfrist.

▷ **Verfahrensrüge:** Aufsichtsratsbeschlüsse, die an einem leichten Verfahrensfehler leiden, sind durch die Erhebung der Verfahrensrüge vernichtbar (*Semler* in MüKo.AktG, 2. Auf. 2004, § 108 Rn. 279 ff. m.w.N.). Die Rüge kann von einem Aufsichtsratsmitglied erklärt werden. Sie ist formlos und unverzüglich gegenüber dem Aufsichtsratsplenum oder dem Aufsichtsratsvorsitzenden abzugeben.

4. Hauptversammlungsbeschluss

▷ **Begriff:** Der Beschluss ist die Zusammenfassung von Einzelerklärungen der an der → *Hauptversammlung* teilnehmenden stimmberechtigten Aktionäre zu einem bestimmten Antrag. Er ist daher als mehrseitiges Rechtsgeschäft eigener Art zu qualifizieren (BGHZ 14, 264–267; BGHZ 65, 93, 97 f.). Sie sind keine „Sozialakte körperschaftlicher Willensbildung" und kein Vertrag, weil die Stimmabgaben nicht auf Konsensbildung gerichtet sind. Die Willensbildung und -äußerung erfolgt nur im Rahmen einer Beschlussfassung, die Beschlussfassung durch → *Abstimmung*.

Nur innerhalb der durch Gesetz und Satzung geregelten Zuständigkeitsbereiche sind die von der Hauptversammlung gefassten Beschlüsse für die Aktionäre als Gesellschafter und die Organe verbindlich. Andere Beschlüsse stellen keine rechtlich beachtlichen Willensäußerungen der Gesellschafter dar. Sie sind deshalb rechtlich nicht existent und entfalten keinerlei rechtliche Bindungswirkung.

▷ **Voraussetzungen** für das Zustandekommen eines fehlerfreien Hauptversammlungsbeschlusses:

- Ordnungsgemäße → *Einberufung der Hauptversammlung:* Auf die Form- und Fristvorschriften kann im Falle einer → *Vollversammlung* verzichtet werden (§§ 121 f. AktG),
- Zuständigkeit der Hauptversammlung (Katalog in § 119 AktG),
- Beschlussfähigkeit der Hauptversammlung: Es genügt die Teilnahme eines einzigen → *Aktionärs*, wenn die Satzung keine besonderen Erfordernisse an eine Mindestpräsenz aufstellt,
- Stellung eines Antrages zur Abstimmung durch den Versammlungsleiter,
- Abstimmung (grundsätzlich formfrei, sofern durch Satzung nicht geregelt),
- Feststellung des Ergebnisses der Abstimmung durch den Vorsitzenden (§ 130 Abs. 2 AktG),
- Protokollierung der Feststellung (§ 130 Abs. 1 AktG, maßgeblich ist der Beschluss, wie er niedergeschrieben wurde),
- privatschriftliche Dokumentation oder notarielle → *Beurkundung* der Beschlüsse in der Niederschrift der Hauptversammlung.

▷ **Form der Beschlüsse der Hauptversammlung:** Grundsätzlich müssen Beschlüsse protokolliert und notariell beurkundet werden. *Ausn.:* § 130 Abs. 1 Satz 3 AktG, wonach bei nicht börsennotierten Aktiengesellschaften eine vom Vorsitzenden des Aufsichtsrats zu unterzeichnende Niederschrift der Hauptversammlung ausreicht, soweit keine Beschlüsse gefasst werden, für die das Gesetz eine ¾ oder größere Mehrheit bestimmt. Werden in einer Hauptversammlung Beschlüsse gefasst, die der notariellen Beurkundung bedürfen, so sind alle Beschlüsse dieser Hauptversammlung notariell zu beurkunden (§§ 130 Abs. 1, 241 Nr. 2 AktG).

▷ **Sonderbeschluss:** Für → *Sonderbeschlüsse* gelten die Bestimmungen über die Hauptversammlungsbeschlüsse sinngemäß. Sie sind in einer Versammlung der stimmberechtigten Aktionäre oder in einer gesonderten → *Abstimmung* zu fassen (§ 138 Satz 1 AktG). Die Einberufung einer gesonderten Versammlung kann auch von einer Aktionärsminderheit, deren Anteile, mit denen sie an der Abstimmung über den Sonderbeschluss teilnehmen kann, zusammen 10 % der Anteile, aus denen bei der Abstimmung über den Sonderbeschluss das Stimmrecht ausgeübt werden kann, erreichen, einberufen werden. Diese Aktionärsminderheit ist auch berechtigt, die Bekanntmachung eines Gegenstandes zur gesonderten Abstimmung zu verlangen (§ 138 Satz 3 AktG).

▷ Ein **negativer Beschluss** liegt vor

– bei Ablehnung des Antrages,

– wenn die Stimmenmehrheit der Ja-Stimmen fehlt,

– wenn zusätzliche Voraussetzungen fehlen, obwohl Stimmenmehrheit erzielt wurde.

▷ **Fehlerhafte Beschlüsse:** Alle Hauptversammlungsbeschlüsse unterliegen den Nichtigkeits- und Anfechtungsregelungen: einfache (positive oder negative) ebenso wie satzungsändernde oder sonst einer qualifizierten Mehrheit bedürfende Beschlüsse (§§ 241 ff. AktG). Andere als die im Gesetz erwähnten Mängel können nicht geltend gemacht werden. Auch jede andere Art als die vom AktG geregelten oder zugelassenen Arten der Geltendmachung von Nichtigkeits- oder Anfechtungsgründen ist nicht möglich. Je nach der Art eines besonders schweren Mangels können sowohl inhaltliche als auch verfahrensmäßige Mängel entweder zur Nichtigkeit des gefassten Beschlusses oder zur Anfechtbarkeit desselben führen.

Ein *nichtiger Beschluss* ist dadurch gekennzeichnet, dass die erstrebte und vom Beschlussorgan gewollte Rechtsverbindlichkeit nicht eintritt, der Beschluss also von Anfang an keinerlei Rechtswirkungen entfaltet. Die Folge des Mangels tritt in diesem Fall selbst ein. Jedermann kann sich dann auf die → *Nichtigkeit* berufen.

Beschlüsse der Hauptversammlung über Fragen der Geschäftsführung des Vorstandes sind, wenn kein ursprünglicher Antrag des Vorstandes vorliegt, nicht gesetzmäßig und deshalb nichtig (vgl. § 119 Abs. 2 AktG, *Hüffer*, AktG, 7. Aufl. 2006, § 93 Rn. 11, aber Heilung ist möglich, *a.A. Godin/Wilhelmi*, AktG, 4. Aufl. 1971, § 93 Anm. 22: wollen diese Beschlüsse den gesetzlichen gleichstellen, weil es widersinnig sei, einem Vorstand, der dem Beschluss Folge leisten wolle, die Berufung darauf zu versagen und zu verlangen, dass für einen solchen Schutz kein Bedarf besteht).

Ein *anfechtbarer Beschluss* entfaltet zwar zunächst die beabsichtigte Rechtswirkung; er kann jedoch durch eine Anfechtungsklage vernichtet werden und steht dann einem nichtigen Beschluss gleich. Hierzu ist erforderlich, dass das Gericht den Beschluss durch rechtskräftiges Urteil für nichtig erklärt (§§ 248, 252 AktG).

Die Anfechtbarkeit eines *Entlastungsbeschlusses* war bislang in Rechtsprechung und Literatur streitig (OLG Hamm ZIP 1993, 119; *Zöllner* in KK. AktG, 1. Aufl. 1985, § 120 Rn. 47; *a.A.* OLG München AG 1991, 358, OLG Düsseldorf AG 1996, 273, *Mülbert* in GK. AktG, 4. Aufl. 1999, § 120 Rn. 76). Klarstellung schaffte der BGH mit seinem Urteil vom 25.11.2002 – „Ingram Macrotron Aktiengesellschaft" (BGH AG 2003, 273). Danach ist der Entlastungsbeschluss auch dann anfechtbar, wenn Gegenstand der Entlastung ein Verhalten von Vorstand oder Aufsichtsrat ist, das eindeutig einen schwerwiegenden Gesetztes- oder Satzungsverstoß beinhaltet.

> **Beispiel**
>
> Verletzt der Aufsichtsrat seine Berichtspflicht nach § 314 Abs. 2 AktG, ist der diesem Entlastung gewährende Hauptversammlungsbeschluss nach BGH anfechtbar (BGH WM 1967, 503; BGH AG 2003, 273).

▷ Eine **Heilung** ist nur möglich, wenn der Beschluss in das → *Handelsregister* eingetragen worden ist (§ 242 AktG). Erschwerend ist bei besonderen Nichtigkeitsgründen zusätzlich ein Verstreichen von 3 Jahren seit der Eintragung des nichtigen Beschlusses notwendig (§§ 241 Nr. 1, 3 und 4 i.V.m. 242 Abs. 2 Satz 1 AktG). Dies gilt nicht, wenn der Beschluss aufgrund Anfechtungsklage durch Urteil für nichtig erklärt oder durch rechtskräftige Entscheidung als nichtig gelöscht wird (§§ 241 Nr. 5 und 6 i.V.m. 242 Abs. 2 Satz 2 und 3 AktG). Ist bei Ablauf der 3-Jahres-Frist eine Klage auf Feststellung der Nichtigkeit des Beschlusses rechtshängig, verlängert sich die Frist, bis über die Klage rechtskräftig entschieden ist oder sie sich auf andere Weise endgültig erledigt hat (§ 242 Abs. 2 Satz 2 AktG).

Die Heilung eines Ladungsfehlers kann auch die Genehmigung des Beschlusses durch den nicht geladenen Aktionär bewirken (§§ 121 Abs. 2 und 3 i.V.m. 241 Nr. 1, 242 Abs. 2 Satz 4 AktG; *Ausn.* § 121 Abs. 4 i.V.m. 242 Abs. 2 Satz 4 AktG). Wird ein nichtiger Beschluss geheilt, so ist er voll wirksam, sobald die Anfechtungsfrist verstrichen ist.

> **Beispiele für schwebend unwirksame Beschlüsse**
>
> – Beschlüsse, die der staatlichen → *Genehmigung* bedürfen;
> – Beschlüsse bestimmter Aktionärsgruppen, die der Zustimmung eines oder mehrerer einzelner oder aller betroffenen Aktionäre bedürfen (§§ 138, 141 Abs. 1, 179 Abs. 3, 180 Abs. 1 und 2 AktG);
> – Beschlüsse, die zu ihrer Wirksamkeit eines zustimmenden Sonderbeschlusses (Mehrheitsbeschluss) von einem Teil der Aktionäre bedürfen (§§ 180 Abs. 1, 182 Abs. 2, 222 Abs. 2 AktG u.a.).

▷ **Erforderliche Mehrheiten für die Beschlussfassung:**

Tabelle: Die erforderlichen Stimm- und/oder Kapitalmehrheiten

Beschlüsse über	Einfache Stimmen-Mehrheit (§133 AktG)	¾ Stimmen-Mehrheit	¾ Kap-Mehrheit, Erschwerung durch Satzung möglich	¾ Kap-Mehrheit, Minderung durch Satzung möglich
Gegenstand des Unternehmens (§ 179 Abs. 2 AktG)	ja	nein	Ja	nein
Kapitalerhöhung unter Ausschluss des gesetzlichen Bezugsrechts der Aktionäre (§ 186 Abs. 3 Satz 2 AktG)	ja	nein	ja	nein

Beschlüsse über	Einfache Stimmen-Mehrheit (§133 AktG)	¾ Stimmen-Mehrheit	¾ Kap-Mehrheit, Erschwerung durch Satzung möglich	¾ Kap-Mehrheit, Minderung durch Satzung möglich
Bedingte Kapitalerhöhung (§ 182 Abs. 1 Satz 1 AktG)	ja	nein	ja	nein
Genehmigtes Kapital (§ 193 Abs. 1 AktG)	ja	nein	ja	nein
Kapitalerhöhung unter Ausgabe von Vorzugsaktien (§ 202 Abs. 2 Satz 2 AktG)	ja	nein	ja	nein
Kapitalerhöhung gegen Einlagen (§ 182 Abs. 1 Satz 1 AktG)	ja	nein	ja	nein
Erhöhung des Grundkapitals bis zu einem bestimmten Nennbetrag durch Ausgabe neuer Aktien gegen Einlagen (§ 202 Abs. 2 Satz 2 AktG)	ja	nein	ja	nein
Kapitalerhöhung aus Gesellschaftsmitteln (§ 207 Abs. 2 AktG)	ja	nein	ja	ja
Ausgabe von Wandelschuldverschreibungen, Gewinnschuldverschreibungen und Genussrechten (§ 221 Abs. 1 Satz 2, Abs. 3 AktG)	ja	nein	ja	ja
Ordentliche Kapitalherabsetzung (§ 222 Abs. 1 Satz 1 AktG)	ja	nein	ja	nein
Vereinfachte Kapitalherabsetzung (§ 229 Abs. 2 AktG)	ja	nein	ja	nein
Kapitalherabsetzung durch Einziehung von Aktien (§ 237 Abs. 1 Satz 2 AktG)	ja	nein	nein	nein
Sonstige Satzungsänderungen (§ 179 AktG)	ja	nein	ja	nein
Auflösung (§ 262 Abs. 1 Nr. 2 AktG)	ja	nein	ja	nein
Fortsetzung einer aufgelösten Gesellschaft (§ 274 Abs. 1 Satz 2 AktG)	ja	nein	ja	nein
Unternehmensverträge (§ 293 Abs. 1 Satz 2 AktG)	ja	nein	ja	nein
Abschluss von Unternehmensverträgen (§ 293 Abs. 1 Satz 2 AktG)	nein	nein	ja	nein
Eingliederung (§ 319 Abs. 2 Satz 2 AktG)	ja	nein	ja	nein

Beschlüsse über	Einfache Stimmen-Mehrheit (§133 AktG)	¾ Stimmen-Mehrheit	¾ Kap-Mehrheit, Erschwerung durch Satzung möglich	¾ Kap-Mehrheit, Minderung durch Satzung möglich
Verschmelzung (§§ 2, 13, 36, 65 Abs. 1 Satz 1, 66 UmwG)	ja	nein	ja	nein
Formwechselnde Umwandlung (§§ 233 Abs. 2 Satz 1, 240 Abs. 1 Satz 1, 252 Abs. 2 Satz 1 UmwG)	nein	ja	ja	nein
Übertragung des gesamten Vermögens der Aktiengesellschaft (§ 179a AktG)	ja	nein	ja	nein
Nachgründung (§ 52 Abs. 5 Satz 2 AktG)	ja	nein	ja	nein
Spaltung (§ 125 UmwG)	ja	nein	ja	nein
Beschluss über Geschäftsführungsmaßnahmen der Hauptversammlung (§ 111 Abs. 4 Satz 4 AktG)	nein	ja	nein	nein
Abberufung von frei gewählten Aufsichtsratsmitglieder (§ 103 Abs. 1 Satz 2 AktG)	nein	ja	nein	nein

5. Beschlussfassung des Vorstandes

▷ **Einstimmige Beschlussfassung:** Die Willensbildung des Vorstandes innerhalb der Geschäftsführung erfolgt durch einstimmigen Beschluss, d.h. der Vorstand darf nur handeln, wenn alle Mitglieder der Maßnahme ausdrücklich oder konkludent zugestimmt haben (*Prinzip der Gesamtgeschäftsführung*, § 77 Abs. 1 AktG). Mehrheitsbeschlüsse bieten also grundsätzlich keine hinreichende Grundlage für eine Maßnahme der Geschäftsführung (§§ 28, 32 Abs. 1 Satz 3 BGB). Sie muss vielmehr unterbleiben, wenn auch nur ein Mitglied des Vorstandes widerspricht (*Ausn.* § 77 Abs. 1 Satz 2 AktG). Der Vorstandsvorsitzende hat hierbei kein Alleinentscheidungsrecht.

Für die Beschlussfassung bestehen keine Formvorschriften. Beschlüsse, die in Vorstandssitzungen gefasst werden, bedürfen auch keiner Protokollierung. Möglich ist auch die mündliche, fernmündliche, telegrafische oder konkludente Beschlussfassung. Ein förmlicher Widerspruch zur Verhinderung einer Maßnahme ist nicht erforderlich (da einstimmige Beschlussfassung erforderlich).

Bei Gefahr in Verzug sind die allgemeinen Regelungen für Personengesellschaften analog anzuwenden (§ 115 Abs. 2 HGB, § 744 Abs. 2 BGB). Abwesende und auch nicht erreichbare Vorstandsmitglieder dürfen deswegen ausnahmsweise übergangen werden. Sie sind jedoch umgehend nachträglich zu unterrichten und können bis zur Durchführung der Maßnahme widersprechen.

▷ **Mehrheitliche Beschlussfassung:** Für eine flexiblere Geschäftsführung ist eine abweichende Regelung vom Prinzip der Gesamtgeschäftsführung durch Satzung oder Geschäftsordnung möglich (§ 77 Abs. 1 AktG).

Beispiele

- Gesamtgeschäftsführung mit mehrheitlicher Willensbildung,
- Einzelgeschäftsführung ohne Beschränkung der Geschäftsführungsbefugnis,
- Einzelgeschäftsführung mit funktionsbezogener Beschränkung der Geschäftsführungsbefugnis (Produktion, Vertrieb, Recht und Personal, Pharma Bereich, Stahlhandel, Kfz-Versicherungen usw.),
- Einzelgeschäftsführung mit lokaler oder regionaler Beschränkung der Geschäftsführungsbefugnis (Geschäfte einer Filiale, einer Ländergruppe).

Die → *Satzung* und die → *Geschäftsordnung* kann neben der mehrheitlichen Beschlussfassung auch das Mehrheitserfordernis regeln (einfache oder qualifizierte Mehrheit). Bei Stimmengleichheit gilt aber der Beschlussantrag als abgelehnt. Für diesen Fall kann ein Stichentscheid vorgesehen werden, also das Recht eines Vorstandsmitglieds (meist, aber nicht notwenig, des Vorsitzenden), durch seine Stimme den Ausschlag zu geben. Bei einem 2-gliedrigen Vorstand ist nach herrschender Meinung der Stichentscheid unzulässig, da er dort auf ein Alleinentscheidungsrecht des Begünstigten hinausliefe (*Hefermehl/Spindler* in MüKo. AktG, 2. Aufl. 2004, § 77 Rn. 14). Zulässig ist auch die Bildung von Vorstandsausschüssen. Geregelt werden kann auch das Recht eines Vorstandsmitglieds, Mehrheitsentscheidungen zu blockieren (→ *Vetorecht*). Eine Willensbildung gegen die Mehrheit kann aber nicht wirksam durch Satzung oder Geschäftsordnung geregelt werden (§ 77 Abs. 1 Satz 2 2. Halbsatz AktG).

Die aktienrechtliche Anfechtungsklage bzw. Nichtigkeitsklage ist auf Beschlüsse des Vorstandes nicht anwendbar (vgl. OLG Frankfurt/Main AG 2003, 276 f.).

Hinweis auf weiterführende Literatur: *Hüffer*, Beschlussmängel im Aktienrecht und im Recht der GmbH – eine Bestandsaufnahme unter Berücksichtigung der Beschlüsse von Leistungs- und Überwachungsorganen, ZGR 2001, 833 ff.; *Schaaf*, Die Praxis der Hauptversammlung, 1996; *Karsten Schmidt*, Rechtsschutz des Minderheitsgesellschafters gegen rechtswidrige ablehnende Beschlüsse, NJW 1986, 2018 ff.; *Steiner*, Die Hauptversammlung der Aktiengesellschaft, 1995; *Tröger*, Vorbereitung von Zustimmungsbeschlüssen bei Strukturmaßnahmen, ZIP 2001, 2029 ff.; *Zöllner*, Zur positiven Beschlussfeststellungsklage im Aktienrecht, ZGR 1982, 623.

Hinweis auf weitere Stichwörter

- → *Abstimmung*
- → *Anfechtung von Hauptversammlungsbeschlüssen*
- → *Aufsichtsrat*

- → *Hauptversammlung*
- → *Nichtigkeit*
- → *Vorstand*

Besserungsschein

Rechte aus Besserungsscheinen oder Besserungsrechte sind aufschiebend bedingte Forderungen gegen die Aktiengesellschaft (§ 160 Abs. 1 Nr. 6 AktG). Mit einem Besserungsschein wird regelmäßig versprochen, die Forderungen des Gläubigers der Gesellschaft wieder zu bedienen, sobald sich die Vermögens- und Ertragsverhältnisse der Gesellschaft – gegebenenfalls in der im Besserungsschein vereinbarten Art und Weise – so geändert haben, dass die Bedienung der Forderungen des Gläubigers wieder möglich ist. Mit dem Eintritt der Besserung, also dem Eintritt der Bedingung, ist die Bedienung der Forderungen des Gläubigers durch die Gesellschaft dann Pflicht (vgl. BGH NJW 1984, 2762, 2763). Keine Besserungsvereinbarung sind bloße Stundungsabreden, auch dann nicht, wenn sie als Besserungsklausel bezeichnet werden.

Bestätigungsvermerk

1. Begriff 179
2. Erklärungsinhalt 179
3. Grundbestandteile des Bestätigungsvermerks 180
4. Widerruf 180
5. Abhängige Gesellschaften 180

1. Begriff

Der Bestätigungsvermerk ist Gesamturteil zum Jahres- und Konzernabschluss aufgrund der Prüfung (§ 322 HGB). Die Aktiengesellschaft hat Rechtsanspruch auf einen uneingeschränkten Bestätigungsvermerk, wenn nach dem abschließenden Ergebnis der Prüfung keine (wesentlichen) Einwendungen zu erheben sind. Der Bestätigungsvermerk ist für die Öffentlichkeit bestimmt (anders der → *Prüfungsbericht*, § 321 HGB). Der Bestätigungsvermerk beinhaltet die Beschreibung von Gegenstand, Art und Umfang der Prüfung und die Beurteilung des Prüfungsergebnisses (§ 322 Abs. 1 Satz 2 HGB).

2. Erklärungsinhalt

Bei einem uneingeschränkten Bestätigungsvermerk muss die Erklärung beinhalten,
– dass keine Einwendungen zu erheben waren und
– dass der Abschluss aufgrund der bei der Prüfung gewonnenen Erkenntnisse des Abschlussprüfers nach seiner Beurteilung unter Beachtung der Grundsätze ordnungsgemäßer Buchführung (GoB) ein den tatsächlichen Verhältnissen entsprechendes Bild der Vermögens-, Finanz- und Ertragslage des Unternehmens bzw. des Konzerns vermittelt (§ 322 Abs. 3 HGB).

Sind (nicht nur geringfügige) Einwendungen zu erheben, ist die Erklärung je nach Art und Schwere der Einwendungen einzuschränken oder zu versagen (Eingeschränkter Bestätigungsvermerk, Versagungsvermerk). Ein bloßer Nichterteilungsvermerk ist nach deutschem Recht nicht zulässig (obwohl international verbreitet).

3. Grundbestandteile des Bestätigungsvermerks

– Überschrift,

– einleitender Abschnitt,

– beschreibender Abschnitt,

– Beurteilung durch den Abschlussprüfer,

– ggf. Hinweis zur Beurteilung des Prüfungsergebnisses,

– ggf. Hinweis auf Bestandsgefährdungen.

Über die Prüfung des Überwachungssystems (§ 91 Abs. 2 AktG) ist nicht im Bestätigungsvermerk, sondern in einem besonderen Berichtsteil zu berichten (§ 321 Abs. 4 HGB).

4. Widerruf

Der Widerruf des Bestätigungsvermerks ist möglich, wenn der Abschlussprüfer das Fehlen der Voraussetzungen für die Erteilung erkennt und die Aktiengesellschaft den Abschluss nicht ändern und entsprechend informieren will. Eine Pflicht zum Widerruf kann bei unrichtiger Vollständigkeitserklärung vorliegen.

5. Abhängige Gesellschaften

Für abhängige Gesellschaften gilt § 313 Abs. 3 bis 5 AktG (*Ausn.* kleine Aktiengesellschaften, § 267 Abs. 1 HGB). Das Ergebnis der Prüfung des → *Abhängigkeitsberichts* ist in einem sog. Bestätigungsvermerk des Abschlussprüfers (→ *Abschlussprüfung: 4. Abschlussprüfer*) zum Abhängigkeitsbericht zusammenzufassen (§ 313 Abs. 3 bis 5 AktG). Dieser Bestätigungsvermerk bzw. ein eingeschränkter Bestätigungsvermerk, falls der Abschlussprüfer Beanstandungen feststellt, wird in dem Bericht des → *Aufsichtsrats* an die → *Hauptversammlung* veröffentlicht (§ 314 Abs. 2 Satz 3 AktG). Auf die Einschränkung des Bestätigungsvermerks können außenstehende → *Aktionäre* einen Antrag auf → *Sonderprüfung* stützen. Der Bestätigungsvermerk ist vom Abschlussprüfer mit Angabe von Ort und Tag zu unterzeichnen und auch in den → *Prüfungsbericht* aufzunehmen (§ 313 Abs. 5 AktG). Gegenüber dem Aufsichtsrat ist ein vom Abschlussprüfer erteilter Bestätigungsvermerk in den → *Bericht* des Vorstandes an den Aufsichtsrat aufzunehmen. Eine Versagung des Bestätigungsvermerks muss dem Aufsichtsrat ausdrücklich mitgeteilt werden (§ 314 Abs. 2 Satz 3 AktG).

Hinweis auf weiterführende Literatur: *Adler/Dürig/Schmalz*, Rechnungslegung und Prüfung der Unternehmen, 6. Aufl. 1997; *Emmerich/Habersack*, Konzernrecht, 8. Aufl. 2005.

Hinweis auf weitere Stichwörter

- → *Abhängigkeitsbericht*
- → *Abschlussprüfung: 4. Abschlussprüfer*
- → *Sonderprüfung*
- → *Prüfung*

Bestellung

1. Zuständigkeit 181
2. Bestellung des Aufsichtsrats 181
3. Bestellung des Vorstands 181
4. Bestellung der Prüfer 181
5. Bestellung der Abwickler 181

1. Zuständigkeit

Die Bestellung von Verwaltungsmitgliedern der Aktiengesellschaft und von Prüfern erfolgt durch die Aktiengesellschaft oder das Gericht.

2. Bestellung des Aufsichtsrats

→ *Aufsichtsratsmitglieder*
→ *Gerichtliche Bestellung*

3. Bestellung des Vorstands

→ *Vorstandsmitglieder*
→ *Gerichtliche Bestellung*

4. Bestellung der Prüfer

→ *Abschlussprüfung: 4. Abschlussprüfer*
→ *Sonderprüfer*
→ *Prüfer*
→ *Gerichtliche Bestellung*

5. Bestellung der Abwickler

→ *Abwickler*

Beteiligung

1. Begriff 182
2. Höhe der Beteiligung 182
3. Beteiligungsrechte 182
4. Beteiligung Minderjähriger 183
5. Beteiligungsgesellschaften 184
6. Wechselseitige Beteiligung 185
7. Mitarbeiterbeteiligung 187
8. Beteiligung der Verwaltungsmitglieder 187

1. Begriff

Jeder → *Aktionär* ist an dem Grundkapital der Aktiengesellschaft beteiligt. Darüber hinaus kann sich die Aktiengesellschaft an anderen Gesellschaften beteiligen.

2. Höhe der Beteiligung

Die Höhe der Beteiligung an einer Aktiengesellschaft kann mit unterschiedlichen Folgen behaftet sein. Ab einer Beteiligung von 1 % an dem Grundkapital der Aktiengesellschaft ist seit dem 1. Januar 2002 eine Steuerverhaftung gegeben (§ 17 EStG).

Bei Unternehmen bestehen zusätzlich → *Mitteilungspflichten* ab einer Beteiligung von 25 % (§§ 20, 21, 328 Abs. 4 AktG). Bei der Berechnung der 25 % Aktien werden in den o.g. Fällen solche Aktien hinzugerechnet,

– deren Übereignung das Unternehmen, ein von ihm abhängiges Unternehmen oder ein anderer für Rechnung des Unternehmens oder eines von diesem abhängigen Unternehmens verlangen kann oder

– zu deren Abnahme es verpflichtet ist (§ 20 Abs. 2 AktG).

Umfasst sind Aktien, die einem Pool- oder Stimmbindungsvertrag unterliegen, wenn das betreffende Unternehmen dadurch in die Lage versetzt wird, zumindest wirtschaftlich über die hinzuzurechnenden Aktien verfügen zu können, sowie Aktien, für die das Unternehmen nur eine Erwerbsoption besitzt.

Bei börsennotierten Gesellschaften besteht eine Offenlegungspflicht der Beteiligungsverhältnisse bei Stimmrechtsanteilen von 5 %, 10 %, 25 %, 50 %, 75 % (§§ 21 ff. WpHG). Relevant ist dabei das Erreichen, Unterschreiten und Überschreiten dieser Schwellen.

3. Beteiligungsrechte

Die Beteiligungsrechte richten sich nach der entsprechenden Beteiligungsform (→ *Aktionär*, → *Unternehmensvertrag*) bzw. für die Beteiligung der Arbeitnehmer an der Leitung der Aktiengesellschaft (→ *Mitbestimmung*).

4. Beteiligung Minderjähriger

▷ **Voraussetzungen:** Soll sich ein Minderjähriger an einer Gesellschaft beteiligen – als Gründer oder durch späteren Eintritt in die Gesellschaft – ist Folgendes erforderlich:

- Die Mitwirkung seines gesetzlichen Vertreters (Eltern/Vormund) bzw. stattdessen eines Ergänzungspflegers, wenn die Eltern/der Vormund selbst Gesellschafter sind sowie
- eine Genehmigung durch das Vormundschaftsgericht.

Ist der gesetzliche Vertreter Mitgesellschafter, muss beim Abschluss des Gesellschaftsvertrags wegen des Verbots eines Insichgeschäfts ein Pfleger bestellt werden (sog. *Ergänzungspfleger*, §§ 1909 Abs. 1, 1629 Abs. 2 Satz 1, 1795 Abs. 2, 181 BGB). Die Ergänzungspflegschaft endet mit der Entstehung der Gesellschaft bzw. mit dem Eintritt des Minderjährigen in die Gesellschaft (§ 1918 Abs. 3 BGB). Eine Dauerpflegschaft während der Mitgliedschaft des Minderjährigen in der Gesellschaft ist dagegen nicht erforderlich, da der gesetzliche Vertreter währenddessen grundsätzlich sowohl im eigenen Namen als auch im Namen des Kindes mitwirken kann. Der gesetzliche Vertreter bzw. der Vormund übt für den Minderjährigen die Aktionärsrechte aus. Ein Minderjähriger kann nicht zum → *Vorstand* oder → *Aufsichtsrat* bestellt werden.

▷ **Vormundschaftsgerichtliche Genehmigung:** Bei der Beteiligung des Minderjährigen als Gründer ist bei der Aktiengesellschaft/KGaA die Genehmigung des Vormundschaftsgerichts erforderlich, wenn ein Erwerbsgeschäft bezweckt wird (BGHZ 38, 26). Erwerbsgeschäft ist jede berufsmäßig ausgeübte, auf selbständigen Erwerb gerichtete Tätigkeit, gleichgültig, ob es sich um Handel, Fabrikation, handwerkliche, landwirtschaftliche, wissenschaftliche, künstlerische oder sonstige Erwerbstätigkeit handelt (*Palandt/Diederichsen*, BGB, 65. Aufl. 2006, § 1822 Rn. 8); auch freiberufliche Tätigkeit gehört dazu (KG NJW 1976, 1946) sowie die Verwaltung gewerblich nutzbarer Grundstücke (in Form einer Gesellschaft bürgerlichen Rechts, BayObLG FamRZ 1996, 119). Bei der Beteiligung an einer bestehenden Aktiengesellschaft besteht normalerweise keine Genehmigungspflicht. Eine vormundschaftsgerichtliche Genehmigung ist dagegen erforderlich bei Erteilung einer Prokura (§ 1822 Nr. 11 BGB), ansonsten ist die Maßnahme unwirksam und entfaltet auch bei Eintragung ins Handelsregister keinen zurechenbaren Rechtsschein (RGZ 127, 158).

▷ **Unwirksame Beteiligung:** Wird die Genehmigung des gesetzlichen Vertreters oder des Vormundschaftsgerichts verweigert oder die Gesellschaft ohne diese Genehmigungen in Vollzug gesetzt, so ist die Beteiligung des Minderjährigen an der Gesellschaft unwirksam. Die Einwilligung des gesetzlichen Vertreters oder die Genehmigung des Vormundschaftsgerichts bei schwebend unwirksamer Beteiligung können jedoch noch nachträglich erteilt werden und dann den Beitrittsmangel rückwirkend heilen (§§ 184, 108, 1829 BGB). Die Grundsätze der fehlerhaften Gesellschaft finden auf Minderjährige keine Anwendung: Der Minderjährige wird nicht Gesellschafter, geleistete Einlagen sind zurückzugewähren (§§ 812 ff. BGB). Zwischen den übrigen Gesellschaftern, d.h. nur bei mehrgliedriger Gesellschaft, kommen dagegen die Regeln über die fehlerhafte Gesellschaft zur Anwendung: Die im Erwerbsgeschäft abgeschlossenen Rechtsgeschäfte bleiben wirksam, die volljährigen Gesellschafter haften im Gegensatz zum Minderjährigen für diese Rechtsgeschäfte (BGH NJW 1983, 748).

5. Beteiligungsgesellschaften

Aktionäre können nicht nur natürliche Personen, sondern auch andere Gesellschaften sein (z.B. GbR, OHG, KG, GmbH & Co. KG, GmbH, Aktiengesellschaft, KGaA, EWIV, Partnerschaftsgesellschaft). Die Aktiengesellschaft kann ihrerseits ebenfalls an unterschiedlichen Gesellschaften beteiligt sein. Eine Ausnahme gilt für die Partnerschaftsgesellschaft, an der nur die Beteiligung natürlicher Personen möglich ist. Für die Gesellschaft, die Gesellschafterin einer anderen Gesellschaft ist, handeln die natürlichen Personen, die zur Vertretung der Gesellschaft berechtigt sind (je nach Gesellschaft: Geschäftsführer, Gesellschafter oder Vorstandsmitglieder).

Grundsätzlich können sich ausländische Gesellschaften an inländischen Gesellschaften beteiligen oder auch in Deutschland 100 %-ige → *Tochtergesellschaften* errichten. Die dabei entstehenden (inländischen) Gesellschaften sind im Verhältnis zu der ausländischen Muttergesellschaft rechtlich selbständig. Ausländische Unternehmen können in Deutschland unter Beachtung der außenwirtschaftlichen Beschränkungen für grenzüberschreitende Kapitalbewegungen (§§ 6a, 22 Außenwirtschaftsgesetz) Tochtergesellschaften errichten. Ob die Beteiligung einer Auslandsgesellschaft an einer inländischen Gesellschaft zulässig ist, beurteilt sich nach überwiegender Ansicht in Rechtsprechung und Literatur sowohl nach deutschem Recht als auch nach dem ausländischen Recht der Erwerbergesellschaft (BayObLG DB 1986, 1325; OLG Saarbrücken NJW 1990, 647). Zu prüfen ist daher, ob in der jeweiligen Rechtsordnung Beteiligungsverbote bestehen.

Tabelle: Beteiligungsmöglichkeiten bei deutschen Gesellschaften

Gesellschafter	Gesellschaft, an der der Gesellschafter sich beteiligt	GbR	OHG	KG, GmbH & Co KG	Kapitalgesellschaften (GmbH, AG), KGaA)	EWIV	PartG
GbR		ja (streitig)	nein	Nein	ja	ja	nein
OHG		ja	ja	Ja	ja	ja	nein
KG, GmbH & Co KG		ja	ja	Ja	ja	ja	nein
Kapitalgesellschaften (GmbH, AG, KGaA)		ja	ja	Ja	ja	ja	nein
EWIV		ja	ja	Ja	ja	nein	nein
PartG		ja	ja	Ja	ja	nein	nein

Die Beteiligung einer ausländischen Aktiengesellschaft als Komplementärin an einer inländischen KG ist zulässig (Auslands-Kapitalgesellschaft & Co. KG).

> **Beispiel**
>
> Die Komplementärfähigkeit einer schweizerischen Aktiengesellschaft an einer deutschen KG wurde als zulässig angesehen (OLG Saarbrücken NJW 1990, 647; weitere Fälle: BayObLG DB 1986, 1325; *Baumbach/Hopt*, HGB, 32. Aufl. 2006, Anh. § 177a Rn. 11).

6. Wechselseitige Beteiligung

▷ **Voraussetzungen:** Wenn 2 Unternehmen wechselseitig Beteiligungen halten, führt dies zur Anwendung der Regeln über die → *verbundenen Unternehmen*. Eine wechselseitige Beteiligung setzt voraus, dass

- es sich um Kapitalgesellschaften mit Sitz im Inland handelt und
- jede an der anderen eine Kapitalbeteiligung von mehr als 25 % hält (§ 19 AktG).

Ohne Belang bei der Mehrheitsberechnung ist, ob ein Unternehmen bei wechselseitig beteiligten Unternehmen seiner → *Mitteilungspflicht* nachgekommen ist und daher die Rechte aus seinen Aktien geltend machen kann.

▷ **Beteiligungsformen:**

- *Einfache wechselseitige Beteiligungen* (§ 328 AktG), d.h. jeweils wechselseitige Beteiligungen mit mehr als 25%, ohne dass zugleich eine Abhängigkeit oder Mehrheitsbeteiligung besteht;
- *beiderseitig qualifiziert wechselseitige Beteiligungen*, d.h. jeweils wechselseitige Beteiligung von mehr als 50 % (vgl. §§ 16, 17, 18, 19 Abs. 2 und 3 AktG);
- *einseitig qualifiziert wechselseitige Beteiligungen:* eine einseitige qualifizierte wechselseitige Beteiligung zwischen Kapitalgesellschaften mit Sitz im Innland liegt vor, wenn eine einseitige Abhängigkeit oder eine Mehrheitsbeteiligung des herrschenden vom abhängigen Unternehmen vorhanden ist (§ 19 Abs. 2 AktG), d.h. ein Unternehmen ist einfach, das andere qualifiziert wechselseitig beteiligt;
- *mehrseitige wechselseitige Beteiligungen* (sog. „ringförmige Mehrheitsbeteiligungen"): eine beidseitig oder mehrseitig qualifizierte wechselseitige Beteiligung liegt vor, wenn eine beidseitige unmittelbare oder mittelbare Abhängigkeit der Gesellschaften voneinander gegeben oder jede Gesellschaft an der anderen mehrheitlich beteiligt ist (§ 16 AktG). Hier gelten die für die Abhängigkeit angeordneten Rechtsfolgen, wenn zwischen sämtlichen Gliedern der Kette – mit Ausnahme des letzten Glieds – Abhängigkeitsverhältnisse bestehen.

▷ **Einfache wechselseitige Beteiligung:** Einfache wechselseitige Beteiligungen gibt es nur, wenn wechselseitige Beteiligungen ohne gleichzeitige Abhängigkeitsbeziehungen oder Mehrheitsbeteiligungen bestehen (§ 19 Abs. 4 AktG). Die wechselseitige Beteiligung muss unmittelbar sein, keine der beteiligten Kapitalgesellschaften verfügt über eine Mehrheitsbeteiligung an der anderen oder ist von ihr abhängig. Die Rechtsfolgen der Abhängigkeit und der Mehrheitsbeteiligung treten nicht ein. Hier gilt:

- Werden die Mitteilungspflichten erfüllt, existieren zunächst keine Beschränkungen in der Ausübung der aus dem Anteilsbesitz herrührenden Rechte; bei Unterlassen der Mitteilungen können aus den Aktien der mitteilungspflichtigen Gesellschaft keinerlei Rechte ausgeübt werden (vgl. §§ 20 Abs. 6, 21 Abs. 4 i.V.m. 328 AktG).

- Erwirbt dann eine zweite Gesellschaft mehr als 25% der Anteile der ersten Gesellschaft, bleiben die Rechte der ersten Gesellschaft unberührt, während die zweite Gesellschaft nur Rechte aus bis zu 25 % ihrer Anteile ausüben kann. Alle darüber hinausgehenden Rechte an den Aktien werden gekappt (§ 328 Abs. 1 Satz 1 AktG). Diese Beschränkung wird bei *börsennotierten Gesellschaften* insofern verschärft, als eine Gesellschaft, der die wechselseitige Beteiligung bekannt ist, in der Hauptversammlung einer börsennotierten Gesellschaft ihr Stimmrecht zur Wahl von Aufsichtsratsmitgliedern nicht ausüben darf (§ 328 Abs. 3 AktG).

- Die Beschränkung auf die Rechte aus 25% der Aktien gilt nicht, wenn das Unternehmen, das als zweites den kritischen Anteilsbesitz von mehr als 25% erwarb und dadurch die wechselseitige Beteiligung erst begründete, dem ersten mit seiner Mitteilung zuvorkam, sofern es zu diesem Zeitpunkt noch gutgläubig war. Denn dann hat es durch den Erwerb der Anteile an der ersten Gesellschaft die wechselseitige Beteiligung nicht bewusst herbeigeführt, da es von der Beteiligung der ersten Gesellschaft an ihm selbst noch nichts wusste.

Die Beschränkung der Ausübung der Rechte an den Aktien trifft diejenige Gesellschaft, die als erste durch die ihr gegenüber erstattete Mitteilung oder durch Kenntnis in anderer Weise bösgläubig wurde.

Die Beschränkung auf 25% der Aktien gilt nicht für das Recht auf neue Aktien bei einer → *Kapitalerhöhung* aus Gesellschaftsmitteln (§ 328 Abs. 1 Satz 2 AktG).

▷ **Qualifiziert wechselseitige Beteiligungen:** Beide → *verbundenen Unternehmen* sind mehrheitlich aneinander beteiligt oder zwischen den verbundenen Unternehmen bestehen Abhängigkeitsbeziehungen. Bei einer einseitig qualifizierten wechselseitigen Beteiligung ist das eine Unternehmen stets als herrschendes und das andere als abhängiges Unternehmen anzusehen.

Unter 2- oder mehrseitige wechselseitige Beteiligungen sind Sachverhalte zu subsumieren, bei denen jede Gesellschaft an der anderen mehrheitlich beteiligt ist (§ 16 AktG) oder eine mittelbare oder unmittelbare Abhängigkeit zwischen jedem der Unternehmen vorliegt, wonach eine beiderseitige Abhängigkeit oder Mehrheitsbeteiligung gegeben ist (§ 19 Abs. 3 AktG).

▷ Die **Widerlegbarkeit der Abhängigkeitsvermutung** wird im Falle einer Mehrheitsbeteiligung ausgeschlossen (§ 17 Abs. 2 AktG). In Bezug auf die Beziehungen solcher verbundener Unternehmen kann neben die Rechtsfolge der Mehrheitsbeteiligung zusätzlich stets noch die der Abhängigkeit treten (→ *Abhängige Gesellschaft*). Sämtliche beteiligten Unternehmen unterliegen den Beschränkungen für abhängige Unternehmen mit der Folge, dass keine von ihnen aus ihren Aktien ein Stimmrecht in der Hauptversammlung der anderen ausüben kann (vgl. §§ 71d Satz 4, 71b AktG). Bei den sog. ringförmigen Beteiligungen dürfte das Verbot zunächst die Muttergesellschaft erfassen, die von dieser abhängigen Tochter- oder Enkelgesellschaften hingegen nur, wenn diese im Austausch an der anderen Gesellschaft mit Mehrheit beteiligt sind oder in sonstiger Weise ein Abhängigkeitsverhältnis gegeben ist (*Nirk* in Nirk/Ziemons/Binnewies, Handbuch der AG, Loseblatt, Rn. 2153 ff.).

Bei beiderseitig qualifiziert wechselseitigen Beteiligungen besteht die unwiderlegbare Vermutung, dass beide Unternehmen jeweils abhängig und beherrschend sind (§ 19 Abs. 3 AktG), bei einseitig qualifiziert wechselseitiger Beteiligung die unwiderlegbare Vermutung der Abhängigkeit (§ 19 Abs. 2 AktG). Damit treten jeweils die aus der Abhängigkeit resultierenden Rechtsfolgen ein. Ein abhängiges oder ein im Mehrheitsbesitz einer Aktiengesellschaft stehendes Unternehmen darf Aktien dieser Gesellschaft nur erwerben oder besitzen, soweit dies der Gesellschaft selbst gestattet wäre, d.h. grundsätzlich nur bis zur Höhe von maximal 10 % des Grundkapitals der Gesellschaft. Der überschießende Anteil ist innerhalb eines Jahres zu veräußern (§ 71d AktG). Ferner ruhen sämtliche Mitgliedschaftsrechte aus dem Anteilsbesitz der abhängigen Gesellschaft an der herrschenden Gesellschaft (§§ 71d Satz 4 i.V.m. 71b AktG). Sobald die Beteiligung eine bestimmte Größe über- oder unterschreitet, muss das Unternehmen dies mitteilen (→ *Mitteilungspflichten*).

7. Mitarbeiterbeteiligung

→ *Arbeitnehmer: 3. Arbeitnehmerbeteiligung*

→ *Stock Options*

8. Beteiligung der Verwaltungsmitglieder

→ *Incentivprogramm*

→ *Stock Options*

Hinweis auf weiterführende Literatur: *Haas*, Gewerbesteuerpflicht von Dividenden aus Streubesitz nach § 8 Nr. 5 GewStG und Auswirkungen auf 100 % Beteiligungen, DB 2002, 549 ff.; *Haun/Winkler*, Klarstellung und Unklarheiten bei der Besteuerung von Beteiligungserträgen nach der Neufassung des § 8b KStG, GmbHR 2002, 192 ff.; *Heerstraßen/Reinhard*, Die Verjährung von Rechtsmängelansprüchen beim Beteiligungskauf nach der Schuldrechtsreform, BB 2002, 1429 ff.; *Hoffmann*, Beteiligungen an Kapitalgesellschaften als Sanierungsobjekte in der Steuerbilanz, DStR 2002, 1233 ff.; *Hohaus*, Die steuerliche Anerkennung von Treuhandklauseln im Rahmen von Mitarbeiterbeteiligungen, DStR 2002, 789 ff.; *Hohaus*, Die Treuhandlösung bei Mitarbeiterbeteiligungen – steuerliche Grundsätze, DB 2002, 1233 ff.; *Leip*, Die Veräußerung von Anteilen an Kapitalgesellschaften durch Kapitalgesellschaften, BB 2002, 1839 ff.; *Milatz/Kuhlemann*, Zeitpunkt der wesentlichen Beteiligung i.S.d. § 17 EStG am Beispiel einer Kapitalerhöhung, GmbHR 2001, 966 ff.; *Pupeter*, Abzugsfähigkeit von Finanzierungskosten und anderen Aufwands zu Gunsten einer Organbeteiligung, GmbHR 2002, 768 ff.; *Seibt/Reiche*, Unternehmens- und Beteiligungskauf nach der Schuldrechtsreform, Teil II, DStR

2002, 1181 ff.; *Schulte/Waechter*, Atypische stille Beteiligung und § 294 AktG – neue Fassung, alte Probleme?, GmbHR 2002, 189 ff.; *Siegels/Kraus*, Verlustabzug bei sukzessiver und mehrfacher Übertragung von Geschäftsanteilen?, GmbHR 2002, 828 ff.; *Stein/ Becker*, Steuerplanung beim Erwerb von Auslandsbeteiligungen im Kapitalgesellschaftskonzern, GmbHR 2003, 84 ff.; *Stoschek/Lauermann/Peter*, Anwendbarkeit von § 8b Abs. 7 KStG auf Holding- und Beteiligungsgesellschaften, NWB 2002, 3015 ff.; *Thiel*, Abzugsverbot für Finanzierungskosten einer Organbeteiligung, DB 2002, 1340 ff.; *Wagner*, Kapitalanlagerechtliche Aufklärungspflichten bei betrieblichen Mitarbeiter Kapitalbeteiligungen und Private Equity-Beteiligungen im Mittelstand, BKR 2002, 17 ff.; *Weitnauer*, Der Beteiligungsvertrag, NZG 2001, 1065 ff.; *Wiese*, Gewerblicher Handel mit Beteiligungen an Kapitalgesellschaften, GmbHR 2002, 293 ff.

Hinweis auf weitere Stichwörter

→ *Abhängige Gesellschaften*
→ *Aktionär*
→ *Mitbestimmung*

→ *Mitteilungspflichten*
→ *Stille Beteiligung*
→ *Tochtergesellschaft*

Betriebsvertrag

1. Begriff 188
2. Betriebspachtvertrag 189
3. Betriebsüberlassungsvertrag 189
4. Betriebsführungsvertrag 189

1. Begriff

Betriebsverträge sind (neben → *Beherrschungsvertrag* und → *Gewinnabführungsvertrag*) Betriebspacht-, Betriebsüberlassungs- und Betriebsführungsverträge (§ 292 Abs. 1 Nr. 3 AktG). Sie können isoliert, aber auch i.V.m. sonstigen Unternehmensverträgen, insbesondere mit Beherrschungsverträgen, auftreten (§ 291 AktG).

Sonstige Austauschbeziehungen, wie Liefer- und Kreditverträge, die die Gesellschaft und ihr Unternehmen vom Vertragspartner abhängig machen können, etwa durch längerfristige Exklusivbindungen, fallen nicht unter Betriebsverträge (§ 292 AktG).

Der Betriebspacht- und Betriebsüberlassungsvertrag müssen der Gesellschaft eine angemessene Gegenleistung gewähren. Erforderlich ist, dass der Ertragswert des Unternehmens langfristig erhalten bleibt. Zurückbleiben der Gegenleistung hinter dem erforderlichen Maß führt nicht zur Nichtigkeit (§ 292 Abs. 3 AktG). Zulässig ist aber die Anfechtung der den Verträgen zustimmenden Hauptversammlungsbeschlüsse (§ 292 Abs. 3 Satz 2 AktG; → *Anfechtung von Hauptversammlungsbeschlüssen*). Neben der Anfechtung ist auch ein → *Nachteilsausgleich* möglich (§§ 302, 311 ff. AktG).

2. Betriebspachtvertrag

Beim Betriebspachtvertrag überlässt die verpachtende Gesellschaft die Führung ihrer sämtlichen Betriebe dem anderen Vertragsteil (Pächter) gegen Entgelt (§§ 581 ff. BGB). Der Pächter führt die Betriebe der Gesellschaft im eigenen Namen und auf eigene Rechnung.

3. Betriebsüberlassungsvertrag

Die Betriebsüberlassung ist dadurch gekennzeichnet, dass die Betriebe der Gesellschaft von dem anderen Vertragsteil nicht wie bei Pacht im eigenen, sondern im Namen der Gesellschaft geführt werden. Damit der andere Vertragsteil im Namen der Gesellschaft handeln kann, wird ihm → *Prokura* oder Generalhandlungsvollmacht erteilt (§§ 48, 54 HGB). Der andere Vertragsteil wird dabei für eigene Rechnung tätig (§§ 667, 670 BGB).

4. Betriebsführungsvertrag

Der Betriebsführungsvertrag ist dadurch gekennzeichnet, dass der andere Vertragsteil Betriebe der Gesellschaft für deren Rechnung (Unterschied zur Betriebspacht und zur Betriebsüberlassung) und auch in deren Namen (Unterschied zur Betriebspacht) führt. Beim echten Betriebsführungsvertrag ist Vollmacht erforderlich, damit der andere Vertragsteil im Namen der Gesellschaft tätig werden kann (§§ 164 ff. BGB). Der Betriebsführer ist für fremde Rechnung tätig (§ 292 Abs. 1 Nr. 3 AktG analog).

Hinweis auf weitere Stichwörter

- → *Ausgleich*
- → *Beherrschungsvertrag*
- → *Gewinnabführungsvertrag*
- → *Unternehmensvertrag*

Beurkundung

1. Begriff 189
2. Beurkundungspflicht 190
3. Beurkundungsmängel 191
4. Notar 192

1. Begriff

Durch die Beurkundung wird die Urkunde als solche, d.h. in ihrem gesamten Inhalt, von der Urkundsperson errichtet und dadurch zu einer öffentlichen Urkunde. Sie erbringt vollen Beweis des beurkundeten Vorganges.

2. Beurkundungspflicht

▷ Bei der **Gründung** der Aktiengesellschaft/KGaA ist eine notarielle Beurkundung erforderlich bei der

- Feststellung der Satzung,
- Bestellung des ersten → *Aufsichtsrats* (§§ 30, 31 AktG),
- Bestellung der Abschlussprüfer (→ *Abschlussprüfung: 4. Abschlussprüfer*) für das erste Geschäftsjahr (§§ 119 Abs. 1 Nr. 4 AktG, 318 Abs. 1 HGB).

▷ **Feststellung der Satzung:** Die → *Satzung* muss durch notarielle Beurkundung festgestellt werden (§ 23 AktG). Die Erklärungen können auch in getrennten, inhaltlich aufeinander verweisenden Urkunden enthalten sein. Einer notariellen Beurkundung bedarf es auch bei Feststellung der Satzung im Ausland, wenn sich der Verwaltungssitz der Gesellschaft im Inland befindet (Art. 11 Abs. 1 EGBGB, wenig praxisrelevant). Bei einer Auslandsbeurkundung ist Gleichwertigkeit mit der Inlandsbeurkundung ausreichend (s.u.).

▷ Ein **Vorgründungsvertrag**, mit dem sich die künftigen → *Gründer* zur → *Gründung* einer Aktiengesellschaft verbindlich verpflichten, bedarf wegen der Warnfunktion ebenfalls der notariellen Form (§ 23 Abs. 1 Satz 1 AktG, → *Vorgründungsgesellschaft*). Der Abschluss eines formlosen Vorvertrages ist hingegen dann möglich, wenn sich die Gründer unter Zusammenschluss zu einer BGB-Gesellschaft lediglich verpflichten, eine Gründung vorzubereiten und den Abschluss des Gesellschaftsvertrages zu erreichen (*Ziemons* in Nirk/Ziemons/Binnewies, Handbuch der AG, Loseblatt, 2.243 ff.). Auch Nebenabreden, die nicht Inhalt der Satzung werden sollen, sind formfrei gültig.

▷ **Vertretung:** Bei gesetzlicher Vertretung ist eine notarielle Beglaubigung nicht erforderlich. Bei rechtsgeschäftlicher Vertretung der Gründer bedarf die Vollmacht der notariellen Beglaubigung.

> **Beispiel**
>
> Tritt für einen Gründer ein rechtsgeschäftlich Bevollmächtigter auf, muss seine Vollmacht notariell beglaubigt sein (öffentliche Beglaubigung). Für den Prokuristen genügt die Vorlage eines Handelsregisterauszuges.

▷ **Beschlüsse der Hauptversammlung:** Grundsätzlich bedarf jeder Hauptversammlungsbeschluss der notariellen Beurkundung (§ 130 Abs. 1 AktG; *Ausn.:* bei nicht börsennotierten Aktiengesellschaften kann ein privatschriftliches Protokoll ausreichend sein, → *Niederschrift: 3. Niederschrift über Hauptversammlung*). Die Beurkundungspflicht bezweckt die rechtssichere Dokumentation der Willensbildung in der Hauptversammlung. Beurkundungspflichtig sind daher

- die Annahme oder das Scheitern eines Antrags bei Sachbeschlüssen, Verfahrensbeschlüssen und Wahlbeschlüssen (§ 130 Abs. 1 AktG),
- Minderheitsverlangen (§ 130 Abs. 1 Satz 2 AktG).

Die im Gesetz geregelten Beurkundungsvorgänge sind zwingend, jedoch nicht abschließend. Der Notar muss in die Urkunde alles aufnehmen, was zur Beurteilung der Wirksamkeit eines Beschlusses oder seines ordnungsmäßigen Zustandekommens erheblich sein könnte. Die Niederschrift muss vom Notar unterschrieben werden und ist in öffentlich beglaubigter Form mit Anlagen vom Vorstand zum Handelsregister einzureichen (§ 130 Abs. 4 und 5 AktG). Die Niederschrift des Notars erbringt gemäß § 415 Abs. 1 ZPO zunächst den vollen Beweis dafür, dass die in ihr beurkundeten Erklärungen wie niedergelegt abgegeben worden sind. Der Gegenbeweis ist jedoch zulässig (§ 415 Abs. 2 ZPO). Unterbleibt die Beurkundung überhaupt oder fehlen die notwendigen Inhaltsangaben (→ *Beschluss: 4. Hauptversammlungsbeschluss*), die Unterschrift des Notars oder gegebenenfalls die Unterschrift des Aufsichtsratsvorsitzenden (→ *Aufsichtsrat*), führt dies zur → *Nichtigkeit* des gefassten Beschlusses. Beurkundungsmängel werden aber durch die Eintragung im → *Handelsregister* sofort geheilt (§ 242 AktG).

Beispiel

- Bei Auskunftsverweigerung: Frage und Verweigerungsgrund, wenn der Aktionär es verlangt,
- Widersprüche von Aktionären (§§ 245 Nr. 1, 50 Satz 1, 93 Abs. 4 Satz 3, 116, 302 Abs. 3 Satz 3, 309 Abs. 3 Satz 1, 310 Abs. 4, 317 Abs. 4, 318 Abs. 4, 323 Abs. 1 Satz 2 AktG, § 318 Abs. 3 Satz 2 HGB),
- Ordnungsmaßnahmen des Vorsitzenden (vgl. § 129 AktG),
- erkennbare Verstöße gegen Stimmverbote (§ 136 AktG).

▷ **Sonderbeschlüsse:** Die Grundsätze der notariellen Beurkundung von Hauptversammlungsbeschlüssen gelten für Sonderbeschlüsse sinngemäß (§ 138 Satz 2 AktG).

3. Beurkundungsmängel

Ein Beurkundungsmangel bei der Feststellung der Satzung führt grundsätzlich zur Formnichtigkeit der Satzung (§ 125 BGB). Die Nichtigkeitsfolge bei fehlender Beurkundung einer Hauptversammlungsniederschrift tritt nur ein, wenn das Gesetz die Beurkundung ausdrücklich bestimmt (sonst nur Beweisproblem). Die Beurkundung sollte sich aber mindestens auf unmittelbar beschlussrelevante Vorgänge erstrecken, da sich sonst der Notar wegen schuldhafter Verletzung der Amtspflicht schadenersatzpflichtig macht.

Bei einem Beurkundungsmangel der Niederschrift der Hauptversammlung ist danach zu unterscheiden, ob der Gesetzesverstoß einen Hauptversammlungsbeschluss oder ein Minderheitsverlangen betrifft:

- Hauptversammlungsbeschlüsse sind nichtig, wenn die Beurkundung unvollständig oder unrichtig ist. Der Mangel kann jedoch durch Eintragung in das Handelsregister geheilt werden. Dies kommt aber nur bei eintragungsbedürftigen → *Beschlüssen* in Betracht. Soweit ein Verschulden des Notars vorliegt, ist eine Schadenersatzpflicht des Notars wegen Amtspflichtverletzung möglich (§ 19 BNotO).

– Minderheitsverlangen bleiben auch dann gültig, wenn sie nicht oder nicht ordnungsgemäß beurkundet wurden. Die Niederschrift, die ein Minderheitsverlangen nicht ausweist, indiziert, dass kein Minderheitsverlangen gestellt wurde. Der Notar kann sich daher gegenüber den Minderheitsaktionären schadenersatzpflichtig machen (§ 19 BNotO).

4. Notar

▷ **Pflichten:** Die erforderliche Urkundsperson für eine notarielle Beurkundung ist der Notar. Der als Urkundsperson zugezogene Notar hat in dieser Eigenschaft keine Beratungs-, Prüfungs-, Belehrungs- oder Einwirkungspflicht. Jedoch darf er über evidente Rechtsverstöße nicht hinweggehen (dies folgt aus dem die Wahrung der gesetzlichen Anforderungen umfassenden Regelungszweck). Der Notar muss eine Beurkundung ablehnen, wenn erkennbar unerlaubte oder unredliche Zwecke verfolgt werden. Der Notar muss eine → *Niederschrift* fertigen, in der die beurkundungspflichtigen Vorgänge festgehalten sind und diese eigenhändig unterzeichnen. Die Unterschrift des Notars muss unverzüglich nach der Hauptversammlung erfolgen.

▷ **Ausschluss:** Der Notar ist von der Beurkundungstätigkeit ausgeschlossen (§ 3 Abs. 1 BeurkG), wenn er

– dem Vorstand der Aktiengesellschaft angehört,
– Mitglied des Aufsichtsrats ist,
– als Aktionär an der Hauptversammlung teilnimmt oder sich vertreten lässt.

Die Beurkundung durch einen ausgeschlossenen Notar begründet nicht die Nichtigkeit der Hauptversammlungsbeschlüsse, weil die Beurkundung trotz ihres Mangels den gesetzlichen Anforderungen genügt (§ 130 AktG), sondern eine Schadenersatzpflicht des Notars bei schuldhafter Amtspflichtverletzung.

▷ **Ausländischer Notar:** Die Beurkundung vor einem ausländischem Notar wird dann als ausreichend angesehen, wenn die ausländische der deutschen Beurkundung gleichwertig ist. Gleichwertigkeit der Auslands- mit der Inlandsbeurkundung ist gegeben, wenn die ausländische Urkundsperson nach Vorbildung und Stellung im Rechtsleben eine der Tätigkeit des deutschen Notars entsprechende Funktion ausübt und ein Verfahrensrecht zu beachten hat, das den tragenden Grundsätzen des deutschen Urkundenrechts entspricht (BGHZ 80, 76, 78, z.B. Österreich und die Mehrzahl der Schweizer Kantone). Im Übrigen kann nur ein deutscher Konsul im Ausland gültig beurkunden (§ 10 Konsulargesetz). Bei Tätigkeit eines deutschen Notars im Ausland ist das Rechtsgeschäft formnichtig (§ 125 BGB).

▷ **Notarbestellung:** Der Notar wird für die Beurkundung der Hauptversammlungsbeschlüsse vom Vorstand im Namen der Gesellschaft beauftragt (§ 78 AktG).

▷ **Notarbescheinigung:** Bei der Anmeldung einer Satzungsänderung zur Eintragung ins Handelsregister muss die einzureichende Satzung mit einer Bescheinigung des Notars versehen sein, dass die geänderten Satzungsbestimmungen mit dem Beschluss/den Beschlüssen über die Satzungsänderung(en) und unveränderte Bestimmungen mit dem zuletzt zum Handelsregister eingereichten und wirksam gewordenen vollständigen Wortlaut der Satzung übereinstimmen (§ 181 Abs. 1 Satz 2 AktG). Die Bescheinigung dient der Entlastung des Registergerichts und kann von jedem Notar ausgestellt werden. Zweckmäßig ist es, den Notar zu beauftragen, der die Satzungsänderung beurkundet hat, da die Bescheinigung dann ein gebührenfreies Nebengeschäft ist (§ 47 Satz 1 2. Halbsatz KostO). Die Form der Notarbescheinigung richtet sich nach dem Beurkundungsgesetz (§ 39 BeurkG).

▷ **Kosten:** Der Geschäftswert bestimmt sich nach §§ 26, 27 KostO. Der Notar erhält

- 2 Gebühren bis zur Höchstgrenze von 5000 Euro (§ 47 KostO);
- gegebenenfalls Reisekosten und Auslagen sowie die Auswärtsgebühr (§ 58 KostO);
- gegebenenfalls für zusätzliche beratende Tätigkeit eine weitere ½ Gebühr (§ 147 KostO);
- gegebenenfalls für die Erstellung des Teilnehmerverzeichnisses eine weitere ½ Gebühr (§ 147 KostO).

Hinweis auf weiterführende Literatur: *Goette*, Auslandsbeurkundungen im Kapitalgesellschaftsrecht in FS Boujong, 1996 = DStR 1996, 709 ff.; *Grage*, Notarrelevante Regelungen des Transparenz- und Publizitätsgesetzes im Überblick, RNotZ 2002, 326 ff.; *Haerendel*, Die Beurkundung gesellschaftsrechtlicher Akte im Ausland, DStR 2001, 1802 ff.; *Hellwig*, Auslandsbeurkundungen im Gesellschaftsrecht, RWS-Forum 10, 1997; *Reul*, Die notarielle Beurkundung einer Hauptversammlung, AG 2002, 543 ff.; *Wilhelmi*, Der Notar in der Hauptversammlung der Aktiengesellschaft, BB 1987, 1331; *Will*, Die notarielle Niederschrift über die Hauptversammlung einer Aktiengesellschaft, BaWüNotZ 1977, 133; Zu ausländischen gleichwertigen Notariatsverfassungen *Pentz* in MüKo. AktG, 2. Aufl. 2000, § 23 Rn. 35.

Hinweis auf weitere Stichwörter

→ Beschluss
→ Hauptversammlung
→ Niederschrift

→ Sonderbeschluss
→ Vertretung
→ Vorgründungsgesellschaft

Bezugsrecht

1. Begriff 194
2. Gesetzliches Bezugsrecht 194
3. Vertragliches Bezugsrecht 195
4. Bezugsaktien 195
5. Bezugsberechtigte 195
6. Ausübung des Bezugsrechts 196
7. Ausgabebetrag 198
8. Bezugsrechtsausschluss 198
9. Mittelbares Bezugsrecht 201

1. Begriff

Jeder → *Aktionär* hat das Recht, bei einer Kapitalerhöhung eine Zuteilung der neuen → *Aktien* im Verhältnis zu seinem bisherigen Anteil am Grundkapital zu verlangen (§ 186 AktG). Im Zusammenhang damit steht das gesetzliche Bezugsrecht auf → *Wandelschuldverschreibungen*, → *Gewinnschuldverschreibungen* und → *Genussrechte* (§ 221 Abs. 3 AktG). Diese sind ebenso zu behandeln wie das Recht der Aktionäre auf den Bezug von Aktien (§ 221 Abs. 4 Satz 2, 186 AktG, → *Obligationen*). Bei der Ausgabe neuer Aktien wird zwischen dem gesetzlichen Bezugsrecht der Aktionäre (*absoluter Regelfall*) und dem vertraglichen Bezugsrecht unterschieden (§§ 186, 187 AktG). Vertraglich vereinbarte Bezugsrechte können immer erst nach der Erfüllung der gesetzlichen Bezugsansprüche zum Zuge kommen.

Das gesetzliche Bezugsrecht schützt den Aktionär vor einer Schmälerung seiner Herrschaftsrechte (vor allem seiner → *Stimmrechte*) und eröffnet ihm die Möglichkeit, sein bisheriges prozentuales Beteiligungsverhältnis beizubehalten.

2. Gesetzliches Bezugsrecht

Bei der Ausgabe von jungen Aktien muss jedem Aktionär auf sein Verlangen ein seinem Anteil an dem bisherigen Grundkapital entsprechender Teil der neuen Aktien zugeteilt werden (§ 186 AktG). Sofern die Aktiengesellschaft von ihr selbst gehaltene eigene Aktien veräußert, gilt § 186 AktG weder direkt noch analog, sondern ausschließlich § 71c AktG.

Tabelle: Gesetzliche Bezugsrechte der Aktionäre

Ausgabetatbestände von jungen Aktien	Bezugsrecht der Aktionäre
Kapitalerhöhung gegen Einlagen/ordentliche Kapitalerhöhung (§§ 182 ff. AktG)	Eigentlicher Regelungsbereich des Bezugsrechts (§ 186 AktG)
Bedingte Kapitalerhöhung (§ 192 Abs. 2 AktG)	*Kein* Bezugsrecht aufgrund Zweckbindung der neuen Aktien; aber ein indirektes Bezugsrecht, wenn der Zweck gerade die Gewährung von Bezugsrechten vorschreibt (§§ 192 Abs. 2 Nr. 1 i.V.m. 221 Abs. 4 AktG)
Kapitalerhöhung durch bereits genehmigtes Kapital (§ 203 Abs. 1 Satz 1 AktG)	Aktionäre haben ein Bezugsrecht (§ 186 AktG)
Kapitalerhöhung aus Gesellschaftsmitteln (§ 212 AktG)	Ein Bezugsrecht erübrigt sich, da *automatischer Zuwachs* der Aktien im Verhältnis der Beteiligung der Aktionäre
Ausgabe von Wandelschuldverschreibungen, Gewinnschuldverschreibungen und Genussrechten (§§ 192 Abs. 2 Nr. 1, 221 Abs. 3 AktG)	Aktionäre haben Umtausch- oder Bezugsrecht

3. Vertragliches Bezugsrecht

Rechtsgeschäftliche Bezugsrechte können durch Satzung oder vertragliche Vereinbarungen auch Nichtaktionären zugewendet werden. Anwendungsfälle sind Zusagen an

– Arbeitnehmer der Gesellschaft,

– Sacheinleger der Gesellschaft sowie

– eigene Aktionäre der Gesellschaft.

Zuständig für den Abschluss solcher Verträge ist ausschließlich der Vorstand. Vertragliche Bezugsrechte stehen immer unter dem Vorbehalt der grundsätzlich nicht ausschließbaren gesetzlichen Bezugsrechte der Altaktionäre (§ 186 Abs. 3 AktG).

4. Bezugsaktien

Bezugsaktien sind Aktien, auf die ein Bezugsrecht besteht (die z.B. aufgrund einer → *bedingten Kapitalerhöhung* ausgegeben werden). Der Bezugsberechtigte nimmt an der → *Kapitalerhöhung* in dem gleichen prozentualen Umfang teil, in dem er bisher am Grundkapital beteiligt war. Es besteht keine Verpflichtung des Aktionärs, junge Aktien zu beziehen. Der Aktionär nimmt auch nicht automatisch an der Kapitalerhöhung teil (*Ausn.* § 212 AktG). Er kann vielmehr selber entscheiden, ob er von seinem Recht Gebrauch macht oder nicht.

5. Bezugsberechtigte

Zu den Bezugsberechtigten zählen

▷ **der Aktionär:** Bezugsberechtigt sind die Aktionäre (auch Vorzugsaktionäre ohne Stimmrecht), deren Mitgliedschaftsrecht zum Zeitpunkt des Wirksamwerdens des Kapitalerhöhungsbeschlusses besteht;

▷ **der Sicherungseigentümer:** Grundsätzlich ist er zur Ausübung des Bezugsrechts verpflichtet, falls ihm der Sicherungsgeber die erforderlichen Mittel zur Verfügung gestellt hat. Anderenfalls kann er wählen, ob er den Bezugsanspruch veräußert oder das Bezugsrecht mit eigenen Mitteln ausübt. Das wirtschaftliche Ergebnis steht demjenigen zu, der die Mittel zur Ausübung des Bezugsrechts zur Verfügung stellt (vorbehaltlich abweichender Sicherungsabreden).

▷ **Kein Bezugsrecht** besteht also für

– die Aktiengesellschaft an → *eigenen Aktien* (§ 71b AktG),

– Dritte, die Aktien für Rechnung der Aktiengesellschaft halten,

– ein *abhängiges oder in Mehrheitsbesitz stehendes Unternehmen:* dieses darf das Bezugsrecht aus Aktien des herrschenden Unternehmens nicht ausüben, es kann aber das Bezugsrecht veräußern. Bei einer Kapitalerhöhung von Tochtergesellschaften im Konzern besteht keine Verpflichtung der Muttergesellschaft, die ihr zustehenden neuen Aktien an ihre Aktionäre weiterzuleiten (*Hüffer*, AktG, 6. Aufl. 2004, § 186 Rn. 8, *a.A. Martens*, ZHR 147 (1983), 377, 413),

- *Dritte*, die für abhängige oder in Mehrheitsbesitz stehende Unternehmen Aktien halten,

- den *Nießbraucher* (§ 1068 BGB; BGHZ 58, 316): Die Aktie kann als Mitgliedschaftsrecht an einer Aktiengesellschaft insoweit mit einem Nießbrauch belastet werden, als sie übertragbar ist (§ 1069 BGB). Dies ist bei Inhaberaktien stets und bei Namensaktien grundsätzlich möglich (*Ausn.* bei vinkulierten Namensaktien). Weil das Bezugsrecht keine Nutzung i.S.d. §§ 1030 Abs. 1, 1068 Abs. 2, 100 BGB ist, bedarf es keiner Zustimmung des Nießbrauchers zur Ausübung oder Veräußerung des Bezugsanspruchs. An dem wirtschaftlichen Ergebnis der Kapitalerhöhung muss der Nießbraucher entsprechend der Verwässerung seines Rechts partizipieren. Für den Fall der Veräußerung des Rechts billigt man dem Nießbraucher einen schuldrechtlichen Anspruch gegen den Aktionär auf Bestellung eines Nießbrauchs am Veräußerungserlös zu (*Hüffer*, AktG, 7. Aufl. 2006, § 186 Rn. 10; *a.A. Lutter* in KK. AktG, 2. Aufl. 1995, § 186 Rn. 20: der Nießbrauch setzt sich an der Gegenleistung fort). Dem Nießbraucher gebührt der Nießbrauch an demjenigen Teil der jungen Aktien, der dem Verhältnis des Wertes des Bezugsrechts zum Gesamtwert der neuen Aktien entspricht. Der Aktionär ist verpflichtet, den Nießbrauch an dem entsprechenden Teil der jungen Aktien herzustellen (*Hüffer*, AktG, 7. Aufl. 2006, § 186 Rn. 10; *a.A.* BGH GmbHR 1983, 148, 149: für eine Nießbrauchserstreckung ipso iure). Will der Aktionär das Bezugsrecht nicht ausüben, so muss er es bestmöglich verwerten, sonst macht er sich gegenüber dem Nießbraucher schadenersatzpflichtig. Von der Frage der Ausübung des Bezugsrechts ist die Frage zu trennen, wem die Ausübung des Stimmrechts zusteht (gesetzlich nicht geregelt). Der Gesellschaft gegenüber ist aber der Aktionär als stimmberechtigt anzusehen (*Staudinger/Frank*, BGB, 14. Bearb. 2002, Anh. zu §§ 1068, 1069 Rn. 103),

- den *Pfandrechtsinhaber* (die Aktie ist mit einem (Nutzungs-)Pfandrecht belastet, § 1273, 1293 BGB; BGHZ 58, 316): hierbei ist auch nur der Aktionär bezugsberechtigt, er bedarf keiner Zustimmung des Pfandgläubigers. Dieser muss dem Aktionär die Ausübung des Bezugsrechts durch Einreichung der Aktie oder des Dividendenscheins bei der Gesellschaft ermöglichen. Zur Aushändigung der Aktie ist er jedoch nicht verpflichtet. Das Pfandrecht erstreckt sich auf den Gegenwert der Veräußerung des Bezugsrechts. Im Übrigen gilt das zu dem *Nießbraucher* Gesagte (s.o.).

6. Ausübung des Bezugsrechts

Außer bei der → *Kapitalerhöhung aus Gesellschaftsmitteln*, wird der Aktionär nicht automatisch aufgrund seiner Inhaberschaft der alten Aktie Aktionär der jungen Aktien. Vielmehr muss das Bezugsrecht ausgeübt werden.

▷ **Bezugserklärung:** Der Bezugsberechtigte muss die entsprechende Zuteilung junger Aktien verlangen. Die Bezugserklärung nach § 186 AktG ist eine formlose empfangsbedürftige Willenserklärung, die nach Fassung des Kapitalerhöhungsbeschlusses gegenüber der Aktiengesellschaft abzugeben ist. Mit ihr wird die Gesellschaft aufgefordert, dem Berechtigten entweder ein Zeichnungsangebot zu unterbreiten oder die Informationen und Unterlagen zur Verfügung zu stellen, die dem Berechtigten die Abgabe einer Zeichnungserklärung nach § 185 Abs. 1 AktG als Offerte ermöglichen. Der Bezugsberechtigte hat, wenn er das Bezugsrecht ausübt und einen wirksamen Zeichnungsschein einreicht, einen durchsetzbaren Anspruch auf Abschluss eines Zeichnungsvertrags.

Die Bezugserklärung nach § 198 AktG entspricht in wesentlichen Punkten dem Zeichnungsschein der gewöhnlichen Kapitalerhöhung (→ Zeichnung). Die Bezugserklärung, das heißt das Verlangen nach Zuteilung der Bezugsaktien, und die Zeichnung sind also hier in einer Erklärung zusammengefasst. Die Bezugserklärung soll doppelt ausgestellt werden; sie hat die Beteiligung nach der Zahl, dem Nennbetrag und, wenn mehrere Gattungen ausgegeben werden, der Gattung der Aktien sowie die Feststellungen nach §§ 193, 194 AktG und den Tag anzugeben, an dem der Beschluss über die bedingte Kapitalerhöhung gefasst worden ist. Die Bezugserklärung hat die gleiche Wirkung wie die Abgabe einer Zeichnungserklärung. Bezugserklärungen, deren Inhalt nicht den zuvor aufgeführten Erfordernissen entspricht oder die Beschränkungen der Verpflichtung des Erklärenden enthalten, sind nichtig. Werden Bezugsaktien ungeachtet der Nichtigkeit einer Bezugserklärung ausgegeben, so kann sich der Erklärende auf die Nichtigkeit nicht berufen, wenn er aufgrund der Bezugserklärung als Aktionär Rechte ausübt oder Verpflichtungen erfüllt hat.

▷ **Frist der Ausübung des Bezugsrechts:** Für die Ausübung des Bezugsrechts ist eine Frist von mindestens 2 Wochen zu bestimmen. Die Frist kann in der Satzung im Erhöhungsbeschluss oder durch den Vorstand in der Bezugsaufforderung bestimmt werden. Die Frist beginnt mit der Bekanntmachung in den Gesellschaftsblättern (§ 186 Abs. 2 AktG). Eine nicht fristgerechte Ausübung des Bezugsrechts führt zum Verlust des Bezugsrechts. Der Aktionär muss sich für die Ausübung des Bezugsrechts durch die Einreichung des Gewinnanteilscheins oder durch Vorlage der Aktienurkunde legitimieren.

▷ **Rechtsfolgen der Ausübung des Bezugsrechts:** Die Aktien sind entsprechend der bisherigen Beteiligung zuzuteilen. Ausnahmsweise kann eine abweichende Zuteilung beim Ausschluss des Bezugsrechts erfolgen. Falls Bruchteilsrechte entstehen, so verbleiben die Möglichkeiten

– der Veräußerung des Bruchteilsrechts,
– des Hinzuerwerbs neuer Bruchteile oder
– der gemeinsamen Ausübung mit anderen Aktionären gemäß § 69 AktG.

Übt der Aktionär sein Recht aus, hat er einen Anspruch gegen die Gesellschaft auf Abschluss eines Zeichnungsvertrages.

▷ **Klagbarkeit:** Das Bezugsrecht kann vor der Eintragung des Kapitalerhöhungsbeschlusses durch Klage gegenüber der Aktiengesellschaft verfolgt werden. Auch kann mit Hilfe der einstweiligen Verfügung verhindert werden, dass junge Aktien an Nicht-Bezugsberechtigte ausgegeben werden. Nach der Eintragung der Kapitalerhöhung kann der Aktionär die Gesellschaft nur auf Schadenersatz in Anspruch nehmen (§ 280 BGB oder § 823 Abs. 2 BGB i.V.m. § 186 AktG).

7. Ausgabebetrag

Sofern der Nennbetrag der Aktien gleich ist oder das neue Kapital im selben Verhältnis in Aktien gestückelt werden soll wie das alte, ist bei der Berechnung des Bezugsrechts die Zahl der jungen Aktien durch die Zahl der alten Aktien zu dividieren. Differiert der Nennbetrag der alten Aktien von dem der neuen, so müssen die unterschiedlichen Nennbeträge zusätzlich ins Verhältnis gesetzt werden.

Rechenbeispiel

Zahl der alten Aktien: 100 000
Gesamtkapital: 100 000 Euro

a)
Zahl der neuen Aktien: 500 000
Kapitalerhöhung: 500 000 Euro
Ergebnis: 500 000:100 000 = 5 → für jede alte Aktie erhält der Inhaber 5 neue Aktien

b)
Zahl der neuen Aktien: 200 000
Kapitalerhöhung: 500 000 Euro
Ergebnis: 200 000:100 000 = 2 → für jede alte Aktie erhält der Inhaber 2 neue Aktien

---

8. Bezugsrechtsausschluss

Der Bezugsrechtsausschluss kann für den Erhöhungsbetrag in vollem Umfang oder einen bestimmten Teil desselben angeordnet werden. Nicht möglich ist es, einzelne Aktionäre vom Bezugsrecht auszuschließen, dies würde gegen den *Gleichbehandlungsgrundsatz* verstoßen (→ *Gleichbehandlung der Aktionäre*).

▷ **Zuständigkeit:** Für den Bezugsrechtsausschluss besteht eine exklusive Zuständigkeit der Hauptversammlung. Der Bezugsrechtsausschluss ist untrennbarer Bestandteil des Kapitalerhöhungsbeschlusses. Der Beschluss bedarf einer Mehrheit von ¾ des bei der Beschlussfassung vertretenen Grundkapitals und kann ausdrücklich oder konkludent gefasst werden. Das Mehrheitserfordernis entspricht der grundsätzlich beim Kapitalerhöhungsbeschluss erforderlichen Mehrheit (§ 182 Abs. 1 AktG). Eine Erhöhung des Quorums ist durch Satzungsbestimmung möglich, nicht aber eine Verringerung. Daneben können statuarisch weitere Erschwernisse in der Satzung vorgesehen werden.

▷ **Gesetzlicher Bezugsrechtsausschluss:** Ein gesetzlicher Bezugsrechtsausschluss ist nur möglich,

– wenn die Wahrnehmung von Rechten aus den Aktien gemäß § 71b AktG nicht möglich ist, oder

– der Erwerb von Aktien oder ihr Besitz nach § 56 AktG nicht zulässig ist, oder

– es dem Zweck der bedingten Kapitalerhöhung widersprechen würde (§ 192 Abs. 2 Nr. 1–3 AktG) sowie

– im Sonderfall einer Erhöhung des Grundkapitals zur Durchführung einer → *Verschmelzung* (§§ 69 Abs. 1 Satz 1 UmwG i.V.m. § 186 AktG).

Beim Bezugsrechtsausschluss ist zu unterscheiden zw. der ordentlichen Kapitalerhöhung und der Kapitalerhöhung im Wege des genehmigten Kapitals. Bei einer → *Kapitalerhöhung: 7. Kapitalerhöhung aus Gesellschaftsmitteln* kann ein Bezugsrechtsausschluss angesichts des automatischen Rechtserwerbs nicht eingreifen (§ 212 Satz 1 AktG).

▷ **Ausschluss bei der ordentlichen Kapitalerhöhung:** Bei einer ordentlichen → *Kapitalerhöhung* ist ein Bezugsrechtsausschluss möglich, wenn folgende formelle und materielle Kriterien erfüllt sind:

- Das Bezugsrecht muss *im Beschluss über die Kapitalerhöhung* ausgeschlossen werden (§ 186 Abs. 3 AktG). Neben den sonstigen Beschlusserfordernissen muss eine Mehrheit von ¾ des vertretenen Kapitals bei der Beschlussfassung vorliegen. Die Satzung kann auch eine höhere Mehrheit oder sonstige Erfordernisse bestimmen.

- Die Ausschließungsabsicht ist ausdrücklich *in den Gesellschaftsblättern bekannt zu machen* (mit Einberufung der Hauptversammlung und Bekanntmachung der Tagesordnung, §§ 186 Abs. 4 Satz 1 AktG i.V.m. § 124 AktG). Ein Verstoß dagegen macht den Erhöhungsbeschluss anfechtbar.

- Der Vorstand hat der Hauptversammlung einen *schriftlichen Bericht* vorzulegen, der den Bezugsrechtsausschluss und den vorgeschlagenen Aktienausgabebetrag begründet. Der Bericht hat im Einzelnen die Tatsachen zu enthalten, die für die materielle Rechtfertigung des Bezugsrechtsausschlusses erforderlich sind (BGHZ 83, 319). Eine abstrakte Umschreibung der Gründe reicht nicht aus. Der Ausgabebetrag ist im Einzelnen unter Offenlegung der Bewertungsgrundlagen und -kriterien zu begründen. Der Bericht ist von der Einberufung der Hauptversammlung an in den Geschäftsräumen auszulegen (§ 175 Abs. 2 AktG analog). Auf Verlangen sind Abschriften an die Aktionäre zu übersenden. Die Bekanntgabe des wesentlichen Inhalts des Berichts ist ausreichend (BGHZ 120, 141). Ein Verzicht auf diesen Bericht ist nicht möglich.

- Der Ausschluss der Bezugsrechts muss einem Zweck dienen, der im Interesse der Gesellschaft liegt (*sachlicher Grund*),

  ┌─ **Beispiel für ein sachliches Interesse** ─────────────────────────
  │ Die Zulassung der Aktie einer größeren Aktiengesellschaft an der ausländischen
  │ Börse.
  └───

- Es müssen konkrete Anhaltspunkte dafür vorliegen, dass der Bezugsrechtsausschluss zur Erreichung des genannten Zwecks geeignet, erforderlich und verhältnismäßig ist (*Interessenabwägung*).

Beachte: Im Hinblick auf diese *formellen Voraussetzungen* ist es erforderlich, dass der Ermächtigungsbeschluss mit einer Mehrheit von ¾ des bei der Beschlussfassung vertretenen Grundkapitals gefasst und ein schriftlicher Bericht des Vorstandes vorgelegt wird. Die Angabe eines konkreten Vorhabens ist nicht mehr erforderlich, eine allgemeine abstrakte Umschreibung der Maßnahme ist ausreichend.

▷ **Ausschluss bei genehmigtem Kapital:** Macht der Vorstand von seiner Ermächtigung Gebrauch, das Grundkapital der Aktiengesellschaft durch die Ausgabe neuer Aktien zu erhöhen (→ *genehmigtes Kapital*), so steht den Aktionären ein Bezugsrecht auf die jungen Aktien zu, die aufgrund des Vorstandsbeschlusses ausgegeben werden.

▷ **Ausschluss im Ermächtigungsbeschluss:** Das Bezugsrecht kann in dem Ermächtigungsbeschluss, der dem Vorstand das Recht einräumt, das Kapital zu erhöhen, ausgeschlossen werden (§ 203 Abs. 1 AktG). Dies kann schon *in der Gründersatzung oder durch Satzungsänderung* erfolgen. Im ersten Fall sind keine Besonderheiten zu beachten, die Voraussetzungen des § 186 Abs. 3 und 4 AktG sind nicht einzuhalten. Im zweiten Fall sind die oben dargestellten formellen und materiellen Kriterien des Bezugsrechtsausschlusses nur teilweise anzuwenden (§ 186 Abs. 3, 4 AktG). Materiell ist es ausreichend, dass die Maßnahme im Interesse der Gesellschaft liegt und in abstrakter Form bekannt gegeben wird (BGH NJW 1997, 2815). Dementsprechend genügen zum Bezugsrechtsausschluss beim genehmigten Kapital allgemeine Angaben oder abstrakte Umschreibungen, soweit der Vorstand zum Zeitpunkt des Bezugsrechtsausschlusses keine konkreten Vorstellungen hat. Bestehen konkrete Vorstellungen, dann sind diese offen zu legen.

> **Beispiel**
>
> Ausreichend für die materielle Rechtfertigung ist, dass die Aktien
> - den Arbeitnehmern angeboten werden können oder
> - genutzt werden können, um in geeigneten Fällen Beteiligungen gegen Überlassung von Stammaktien erwerben zu können.

▷ **Ermächtigung des Vorstandes zum Ausschluss:** Der Beschluss über das genehmigte Kapital kann dem Vorstand die Befugnis einräumen, das Bezugsrecht der Aktionäre durch eine eigene Entscheidung auszuschließen. Erfolgt dies bereits in der Gründersatzung, gelten keine Besonderheiten (s.o.). Erfolgt die Ermächtigung jedoch durch Satzungsänderung, reicht materiell aus, dass die Maßnahme im Interesse der Gesellschaft liegt und in abstrakter Form bekannt gegeben wird. Formell ist erforderlich, dass der Ermächtigungsbeschluss mit einer Mehrheit von ¾ des bei der Beschlussfassung vertretenen Grundkapitals gefasst und ein schriftlicher Bericht durch den Vorstand vorgelegt wird, der eine allgemeine und abstrakte Umschreibung der Maßnahme enthält. Der Beschluss bedarf der Zustimmung des Aufsichtsrats (§ 204 Abs. 1 Satz 2 AktG). Der Hauptversammlungsbeschluss, der den Vorstand zum späteren Bezugsrechtsausschluss ermächtigt, bedarf der sachlichen Rechtfertigung.

▷ **Vereinfachter Bezugsrechtsausschluss:** Eine Kapitalerhöhung kann, bei Bestehen von Bezugsrechten aus → *genehmigtem Kapital*, nicht unter 50 Tagen Vorlauf, eine bezugsrechtsfreie Kapitalerhöhung jedoch in 2 bis höchstens 11 Tagen durchgeführt werden. Ziel des Gesetzes ist, zwischen dem Interesse der Gesellschaft an einer flexibleren Eigenkapitalbeschaffung und dem schutzwürdigen Interesse von Alt- und Kleinaktionären einen Ausgleich zu finden. Der vereinfachte Bezugsrechtsausschluss ist zulässig, wenn (§ 186 Abs. 3 Satz 4 AktG)

- es sich um eine Barkapitalerhöhung handelt,
- die Kapitalerhöhung höchstens 10 % des Grundkapitals beträgt,
- die Aktien einen Börsenpreis haben, also zum Amtlichen Handel, zum Geregelten Markt oder Freiverkehr zugelassen sind,
- der Ausgabebetrag den Börsenpreis nicht wesentlich (5 %-Grenze) unterschreitet; der Börsenpreis wird anhand eines Durchschnittswertes (mindestens 5 Tage) berechnet und
- darüber hinaus noch die o.g. formellen Voraussetzungen vorliegen.

▷ **Fehlerhafter Bezugsrechtsausschluss:** Wird das Bezugsrecht durch die Hauptversammlung ausgeschlossen, so führen Fehler i.d.R. zur Anfechtbarkeit, gegebenenfalls auch zur Nichtigkeit des gesamten Erhöhungsbeschlusses (LG Braunschweig AG 1993, 194). Hat die Hauptversammlung den Vorstand zum Bezugsrechtsausschluss ermächtigt, so ist zu unterscheiden, ob die Verwaltung ihren Plan zum Bezugsrechtsausschluss in der vorgeschriebenen Weise bekannt gemacht hat oder nicht. Wurde der Plan bekannt gemacht, besteht für die Aktionäre bei Fehlerhaftigkeit die Möglichkeit, Unterlassungsklage oder Feststellungsklage zu erheben. Die Ausschlussfrist beträgt 1 Monat ab Bekanntmachung des Berichts (§ 246 AktG analog). Bei nicht ordnungsmäßiger Bekanntgabe des Plans, d.h. bei Kenntniserlangung nach dem Kapitalerhöhungsbeschluss, kann Unterlassungsklage gegen die weitere Durchführung bzw. die Anmeldung im Handelsregister erhoben werden. Darüber hinaus können Ersatzansprüche gegenüber Vorstand und Aufsichtsrat geltend gemacht werden (§§ 93, 116 AktG).

Beispiele für Anfechtbarkeit von Beschlüssen mit Bezugsrechtsausschluss

- Der Beschluss wurde nicht ausdrücklich oder nicht ordnungsgemäß bekannt gegeben,
- der Bericht des Vorstandes lag nicht ordnungsgemäß oder gar nicht vor,
- der Bericht des Vorstandes entspricht nicht den Anforderungen,
- die materiellen Voraussetzungen waren nicht gegeben,
- der Ausgabebetrag war unangemessen niedrig.

Beispiel für die Nichtigkeit des Beschlusses

Verstoß gegen die guten Sitten (§ 241 Nr. 4 AktG).

---

9. Mittelbares Bezugsrecht

▷ **Begriff:** Beim mittelbaren Bezugsrecht wird zwischen der Aktiengesellschaft und den bezugsberechtigten Aktionären eine Bank oder ein Bankenkonsortium zwischengeschaltet. Übernimmt ein Kreditinstitut die jungen Aktien mit der Verpflichtung, sie den Aktionären zum Bezug anzubieten, so ist dies nicht als Bezugsrechtsausschluss anzusehen (§ 186 Abs. 5 AktG). Hierbei müssen formelle und materielle Voraussetzungen des Bezugsrechtsausschlusses nicht mehr beachtet werden. Grund für diese Regelung ist, dass die Kreditinstitute unter der Aufsicht des Bundesaufsichtsamts für das Kreditwesen stehen und daher die Ansprüche der Aktionäre nicht weniger sicher sind als bei einem unmittelbaren Bezugsrecht. Das Kreditinstitut ist Zeichner der Aktien (§§ 185, 188, 189 AktG). Es wird Aktionär mit allen Rechten und Pflichten, solange, bis die Aktien im Rahmen des mittelbaren Bezugsrechts an die Altaktionäre weiterveräußert werden (Im Übrigen s. *Nirk* in Nirk/Ziemons/Binnewies, Handbuch der AG, Loseblatt, Rn. 539 ff.).

▷ **Voraussetzungen** für die Wirksamkeit des mittelbaren Bezugsrechts:
- Das Bezugsrecht muss im Kapitalerhöhungsbeschluss festgesetzt werden,
- bei dem Mittler der Aktien muss es sich um ein Unternehmen i.S.d. § 1 Abs. 1 KWG (*Ausn.* § 2 Abs. 1 KWG) handeln,
- das Kreditinstitut muss durch einen den Bezugskurs festlegenden Vertrag mit der Aktiengesellschaft die Verpflichtung übernommen haben, die jungen Aktien den Aktionären anzubieten (Vertrag zugunsten Dritter, BGHZ 114, 203) und
- im Erhöhungsbeschluss muss festgelegt werden, dass die jungen Aktien von einem Kreditinstitut übernommen werden, um sie den Aktionären zum Bezug anzubieten.

Tabelle: Voraussetzungen für den Bezugsrechtsausschluss

Bezugs-rechtsaus-schluss	Art	Materielle Voraussetzungen	Formelle Voraussetzungen
Bei *ordentlicher Kapitalerhöhung*	Der Ausgabebetrag liegt nicht in der Nähe des Börsenpreises	Zweck des Bezugsrechtsausschlusses: ein besonderes Interesse der Gesellschaft (BGHZ 71, 40, 45). Verhältnismäßigkeit: der Ausschluss ist zur Erreichung dieses Zwecks geeignet erforderlich und verhältnismäßig (BGHZ 125, 239).	§ 186 Abs. 3 AktG: Ausschluss *im Beschluss über die Kapitalerhöhung* enthalten, *Mehrheit von ¾* des vertretenen Grundkapitals (oder erhöhte Erfordernisse laut Satzung), (sonstige Beschlusserfordernisse, *Bekanntmachung* der Ausschließungsabsicht,
	Der Ausgabebetrag liegt in der Nähe des Börsenpreises	Vereinfachter Bezugrechtsausschluss *(ein besonderes Interesse der Aktiengesellschaft ist nicht erforderlich)* § 186 Abs. 3 Satz 4 AktG:	
		nur Barkapitalerhöhung auf höchstens 10 % des Grundkapitals, Aktien haben einen Börsenpreis (d.h. zum Amtlichen Handel, Geregelten Markt oder Freiverkehr zugelassen), Ausgabebetrag unterschreitet den Börsenpreis nicht wesentlich (bis zu 5 %).	*schriftlicher Bericht* des Vorstandes (Tatsachen zur Rechtfertigung des Bezugsrechtsausschlusses), *Auslegung* des Berichts zur Ansicht und *Abschriften* auf Verlangen zusenden.

Bezugs-rechtsausschluss	Art	Materielle Voraussetzungen	Formelle Voraussetzungen
Bei *genehmigtem Kapital*	In der *Gründersatzung:* durch Ermächtigungsbeschluss oder Ermächtigung des Vorstandes im Beschluss über das genehmigte Kapital	Keine besonderen Voraussetzungen (§ 186 Abs. 3, 4 AktG gilt nicht, da kein Erhöhungsbeschluss vorhanden).	
	Durch *Satzungsänderung:* aufgrund Ermächtigungsbeschluss	Maßnahme muss im *Interesse der Gesellschaft* liegen: wenn konkrete Vorstellungen des Vorstandes bestehen, sind diese offen zu legen, sonst sind allgemeine Angaben oder abstrakte Umschreibungen ausreichend. *Bekanntgabe* der Maßnahme in abstrakter Form (BGH NJW 1997, 2815).	*Ermächtigungsbeschluss* (mit ¾ Mehrheit des bei der Beschlussfassung vertretenen Grundkapitals). *Schriftlicher Bericht* des Vorstands, mit einer allgemeinen und abstrakten Umschreibung der Maßnahme.
	Durch *Satzungsänderung:* aufgrund Ermächtigung des Vorstandes in dem Beschluss über das genehmigte Kapital		*Ermächtigungsbeschluss* (s.o.), *schriftlicher Bericht* (s.o.), Beschluss bedarf der *Zustimmung des Aufsichtsrats* (§ 204 Abs. 1 Satz 2 AktG).

Hinweis auf weiterführende Literatur: *Bezzenberger*, Das Bezugsrecht der Aktionäre und sein Ausschluss, ZIP 2002, 1917 ff.; *Busch*, Aktuelle Rechtsfragen des Bezugsrechts und Bezugsrechtsausschlusses beim Greenshoe im Rahmen von Aktienemissionen, AG 2002, 230 ff.; *Hirte*, Bezugsrecht, Berichtspflicht, genehmigtes Kapital und europäisches Recht, DStR 2001, 577 ff.; *Kort*, Bezugsrechtsfragen und „Holzmüller"-Fragen einer Tochter-Kapitalerhöhung aus Sanierungsgründen, AG 2002, 369 ff.; *Martens*, Die Entscheidungsautonomie des Vorstandes und die „Basisdemokratie" in der Aktiengesellschaft, ZHR 147 (1983), 377, 413; *Martens*, Richterliche und gesetzliche Konkretisierung des Bezugsrechtsausschlusses, ZIP 1994, 669 ff.; *Meilicke/Heidel*, Pflicht zur Unterrichtung der Aktionäre vor dem Bezugsrechtsausschluß bei genehmigtem Kapital, DB 2000, 2358 ff.; *Sinewe*, Die Berichtspflicht beim Ausschluss des Bezugsrechts, ZIP 2001, 403 ff.; *Schwark*, Der vereinfachte Bezugsrechtsausschluss – Zur Auslegung des § 186 Abs. 3 Satz 4 AktG in FS Claussen, 1997, S. 357, 361 ff.; *Terstege*, Vorteile für Altaktionäre durch Bezugsrechtsausschluß?, ZBB 2001, 141 ff.; *Wilsing/Kruse*, Zur Behandlung bedingter Aktienbezugsrechte beim Squeeze-Out, ZIP 2002, 1465 ff.

Bilanzierung

Hinweis auf weitere Stichwörter

→ *Arbeitnehmer*
→ *Aktionär*
→ *Kapitalerhöhung*

→ *Obligationen*
→ *Verdeckte Sacheinlage*

Bilanzierung

1. Grundsätze 204
2. Besonderheiten bei der Aktiengesellschaft 205
3. Gewinn/Verlust 206
4. Bilanzpolitik 207
5. Bilanzpublizität 208

1. Grundsätze

Die Bilanzierung im weiteren Sinne umfasst die Frage des Ansatzes der Vermögensgegenstände und Schulden, deren Ausweis in der Bilanz und ihre Bewertung.

▷ **Ansatz der Vermögensgegenstände und Schulden:** Es gilt das sog. *Vollständigkeitsprinzip*, wonach sämtliche Vermögensgegenstände, Schulden und Rechnungsabgrenzungsposten anzusetzen, also dem Grunde nach in die Bilanz aufzunehmen sind, sofern nicht Ansatzverbote (wie z.B. für selbst geschaffene immaterielle Vermögensgegenstände) oder Ansatzwahlrechte (z.B. für Bilanzierungshilfen) bestehen (§ 246 Abs. 1 Satz 1 HGB).

▷ **Ausweis der Vermögensgegenstände und Schulden:** Zuerst ist zu klären, ob Vermögensgegenstände dem Anlage- oder dem Umlaufvermögen zuzurechnen sind und unter welchem Posten sie dort jeweils zu verzeichnen sind. Als Anlagevermögen werden alle Vermögensgegenstände bezeichnet, die bestimmt sind, dauernd dem Geschäftsbetrieb zu dienen, § 247 Abs. 2 HGB, als Umlaufvermögen alle übrigen Vermögensgegenstände. Für die Schulden ist zu klären, ob sie als Verbindlichkeiten, d.h. als unbedingte Verpflichtungen der Gesellschaft gegenüber Dritten, oder als Rückstellungen, d.h. als ungewisse Verpflichtungen gegenüber Dritten (Rückstellungen für ungewisse Verbindlichkeiten), oder gegenüber der Gesellschaft selbst (Aufwandsrückstellungen) auszuweisen sind. Für die Zuordnung zu einzelnen Posten innerhalb des Anlage- und des Umlaufvermögens sowie der Verbindlichkeiten und der Rückstellungen ist § 266 HGB einschlägig. § 265 HGB enthält detaillierte Ausweisvorschriften, welche die Aktiengesellschaft und die KGaA als Kapitalgesellschaften zu beachten haben.

▷ **Bewertung:** Die Bewertung betrifft die Frage der Darstellung der Vermögensgegenstände und Schulden der Höhe nach. Vermögensgegenstände sind im Zeitpunkt ihres Zugangs (höchstens) zu Anschaffungs- (§ 255 Abs. 1 HGB) oder Herstellungskosten (§ 255 Abs. 2 HGB) zu bewerten (sog. *Höchstwertprinzip* § 253 Abs. 1 Satz 1 HGB). Zum Bilanzstichtag kann ein niedriger Wertansatz in Betracht kommen. Abnutzbare Vermögensgegenstände des Anlagevermögens sind zum Bilanzstichtag mit den um planmäßige Abschreibungen fortgeführten Anschaffungs- oder Herstellungskosten zu bewerten. Ihr niedrigerer beizulegender Wert ist maßgeblich, wenn die Wertminderung voraussichtlich von Dauer ist (§ 253 Abs. 2 HGB); für Vermögensgegenstände des Finanzanlagevermögens besteht ein Abschreibungswahlrecht bei voraussichtlich nicht dauernder Wertminderung (sog. *gemildertes Niederstwertprinzip*, § 279 Abs. 1 Satz 2 HGB). Vermögensgegenstände des Umlaufvermögens sind zum Bilanzstichtag mit dem niedrigeren beizulegenden Wert zu bewerten (sog. *strenges Niederstwertprinzip*, § 253 Abs. 3 HGB). Verbindlichkeiten sind zu ihrem Rückzahlungsbetrag, Rückstellungen in Höhe des nach vernünftiger kaufmännischer Beurteilung notwendigen Betrages zu bewerten (§ 253 Abs. 1 Satz 2 HGB).

Weitere tragende Prinzipien des Bilanzrechts sind

– das *Vorsichtsprinzip* (§ 252 Abs. 1 Nr. 4 1. Halbsatz HGB) und

– das *Realisationsprinzip* (§ 252 Abs. 1 Nr. 4 2. Halbsatz HGB).

2. Besonderheiten bei der Aktiengesellschaft

▷ **Besondere Bestimmungen**, welche die handelsrechtlichen Vorschriften bei der Bilanzierung des Vermögens und der Schulden der Aktiengesellschaft ergänzen (§§ 152 AktG, 266 HGB), bestehen zu folgenden Posten:

– Grundkapital,

– Kapitalrücklage,

– Gewinnrücklagen.

▷ **Grundkapital:** Beim Grundkapital gilt (§ 152 Abs. 1 AktG, § 266 Abs. 3 A I. HGB):

– Das Grundkapital ist als gekennzeichnetes Kapital auszuweisen,

– der auf die einzelnen Aktiengattungen entfallende Betrag ist jeweils gesondert anzugeben,

– bedingtes Kapital ist mit dem Nennbetrag zu vermerken,

– die auf die Mehrstimmrechtsaktien und auf die übrigen Aktien entfallende Gesamtstimmenzahl ist zu vermerken.

▷ **Kapitalrücklage:** Bei dem Posten Kapitalrücklage sind gesondert anzugeben (§ 152 Abs. 2 AktG, §§ 266 Abs. 3 A II., 272 Abs. 2 HGB)

– der Betrag, der während des Geschäftsjahres in diese Rücklage eingestellt wurde (§§ 229 Abs. 1, 231 Abs. 1, 232, 237 Abs. 5 AktG),

– der Betrag, der dieser Rücklage für das Geschäftsjahr entnommen wird.

▷ **Gewinnrücklagen:** Zu den Gewinnrücklagen zählen

– die gesetzliche Rücklage (§ 266 Abs. 3 A III. 1. HGB; § 150 AktG),

– die Rücklagen für eigene Anteile (§ 266 Abs. 3 A III. 2. HGB; § 272 Abs. 4 HGB),

Bilanzierung

- satzungsmäßige Rücklagen (§ 266 Abs. 3 A III. 3. HGB),
- andere Gewinnrücklagen (§ 266 Abs. 3 A III. 4. HGB; § 58 AktG).

▷ **Zusätzlich** sind in der Bilanz oder wahlweise im Anhang jeweils gesondert anzugeben

- die Beträge, die von der Hauptversammlung aufgrund ihres Gewinnverwendungsbeschlusses aus dem Bilanzgewinn des Vorjahres eingestellt worden sind (§§ 58 Abs. 3 Satz 1 1. Alt., 174 Abs. 2 Nr. 3 AktG),
- die Beträge, die aus dem Jahresabschluss des Geschäftsjahres von Vorstand und Aufsichtsrat nach oder aufgrund einer besonderen Satzungsbestimmung eingestellt werden,
- die Beträge, die für das Geschäftsjahr entnommen werden, etwa
  - zur Deckung eines Jahresfehlbetrags,
  - zum Ausgleich eines Bilanzverlustes,
  - zur Kapitalerhöhung aus Gesellschaftsmitteln.

3. Gewinn/Verlust

▷ **Bilanzgewinn:** Der Posten Bilanzgewinn ist der letzte Posten der fortgeführten Gewinn- und Verlustrechnung, wobei die Fortführung der Gewinn- und Verlustrechnung auch im Anhang gemacht werden kann Die Verwendung des Bilanzgewinns wird durch die Hauptversammlung beschlossen (→ *Hauptversammlung: 3. Zuständigkeiten*). Der Bilanzgewinn ist ausgehend vom Jahresergebnis der Gesellschaft (Jahresüberschuss/Jahresfehlbetrag) wie folgt zu ermitteln:

Jahresüberschuss/Jahresfehlbetrag
+ Entnahmen aus der Kapitalrücklage
+ Entnahmen aus Gewinnrücklagen
<u>– Einstellungen in Gewinnrücklagen</u>
= Bilanzgewinn.

Verluste aus früheren Jahren mindern den Bilanzgewinn (Verlustvortrag), soweit nicht durch Auflösung von offenen Rücklagen ein Ausgleich erfolgt. Ein Bilanzgewinn kann also erst nach Ausgleich früherer Verluste entstehen.

▷ **Anspruch des Aktionärs:** Der Verteilungsanspruch des → *Aktionärs* ist auf den zu ermittelnden Bilanzgewinn gerichtet. Ist ein solcher Bilanzgewinn tatsächlich erzielt und festgestellt worden, so haben die Aktionäre auf diesen grundsätzlich einen Anspruch, es sei denn, der Bilanzgewinn ist durch Gesetz, → *Satzung*, → *Beschluss* der → *Hauptversammlung*, als zusätzlicher Aufwand oder kraft Rechtsgeschäfts von der Verteilung an die Aktionäre ausgeschlossen.

Der Gewinnanspruch kann ausgeschlossen oder beschränkt sein

- von *Gesetzes* wegen, insbesondere im Zusammenhang mit Maßnahmen der Kapitalherabsetzung: Gewinne, die aus der Kapitalherabsetzung resultieren, dür-

fen während der ersten 6 Monate nicht und danach erst nach Befriedigung oder Sicherstellung aller Gläubiger ausgeschüttet werden;
- durch die *Satzung*, soweit Gründervorteile bzw. Genussrechte vorgesehen sind oder ein Ausschluss oder Teilausschluss der Aktionäre vom Gewinn vereinbart ist;
- durch den *Gewinnverwendungsbeschluss* der Hauptversammlung, und zwar bei Einstellung in die Gewinnrücklagen, in den Gewinnvortrag oder Verwendung für andere Zwecke, sowie Verwendung für den zusätzlichen Aufwand, der sich aufgrund der Beschlüsse ergibt;
- durch eine wirksame *Verfügung* über den Gewinnanspruch, etwa bei Gewinnabführungsverträgen oder Gewinngemeinschaften.

Der Gewinnanspruch stellt den konkreten mitgliedschaftlichen Anspruch auf Ausschüttung des Bilanzgewinns dar, der von dem allgemeinen mitgliedschaftlichen Anspruch auf Gewinnbeteiligung zu unterscheiden ist. Der Gewinnanspruch entsteht, sobald ein → *Jahresabschluss* ordnungsgemäß festgestellt und in ihm ein Bilanzgewinn ausgewiesen ist (BGHZ 65, 230, 235). Solange der Anspruch sich aufgrund eines Gewinnverwendungsbeschlusses der Hauptversammlung noch nicht zu einem Zahlungsanspruch konkretisiert hat, gewährt er dem Aktionär keinen unmittelbaren Zahlungsanspruch (→ *Dividende*). Vielmehr resultiert aus ihm das Recht auf Herbeiführung eines Gewinnverwendungsbeschlusses. Er ist als das generelle Recht auf die Beteiligung am Gewinn nicht selbständig übertragbar.

▷ **Durchsetzung des Anspruchs auf Bilanzgewinn:** Einklagbar ist der Anspruch mit Ablauf der achtmonatigen Frist für die Einberufung der Hauptversammlung. Klagegegner ist die Gesellschaft. Die Klage kann nur auf die Fassung eines Gewinnverwendungsbeschlusses, nicht aber auf einen Gewinnverwendungsbeschluss mit bestimmtem Inhalt gerichtet sein. Bei einem obsiegenden Urteil ist nach § 888 ZPO zu vollstrecken. Darüber hinaus hat der Aktionär aufgrund eines Gewinnverwendungsbeschlusses der Hauptversammlung (§ 174 AktG) oder ausnahmsweise eines Beschlusses der Verwaltung (§ 59 AktG) einen Zahlungsanspruch gegen die Aktiengesellschaft (→ *Dividende: 2. Zahlungsanspruch*).

4. Bilanzpolitik

▷ **Begriff:** Die Bilanzpolitik ist die zielgerichtete Gestaltung des Jahresabschlusses im Rahmen der Rechnungslegungsvorschriften. Sie kann dabei nur den Spielraum ausfüllen, den die gesetzlichen Bestimmungen und die Grundsätze ordnungsmäßiger Buchführung und Bilanzierung vorsehen. Sie verfolgt das Ziel, die Adressaten des Jahresabschlusses hinsichtlich ihres Verhaltens gegenüber der Unternehmung zu beeinflussen. Die Ansatz- und Bewertungswahlrechte sind die wichtigsten Instrumente der Bilanzpolitik. Neben ihren Auswirkungen auf die Höhe des ausgewiesenen Gewinns und damit auf die Ertragslage in der Gewinn- und Verlustrechnung können die Vermögens- und die Kapitalstruktur der Bilanz beeinflusst werden.

▷ **Teilbereiche der Bilanzpolitik:** Die Bilanzpolitik lässt sich aufgrund ihrer Ansatzpunkte in 3 Teilbereiche unterteilen:

– *Ausweispolitik:* Mit Hilfe der Ausweispolitik kann durch bewusste Zuordnung einzelner Vermögensgegenstände zum Anlage- oder Umlaufvermögen die Einhaltung bestimmter Finanzierungsregeln erreicht werden;

– *Gewinnermittlungspolitik*: Mit dem Instrumentarium der Gewinnermittlungspolitik wird versucht, die Höhe des Jahresergebnisses entsprechend den Zielsetzungen der Unternehmensleitung zu beeinflussen, wobei das Jahresergebnis bei gutem Geschäftsverlauf tendenziell zu niedrig, bei schlechtem tendenziell zu hoch ausgewiesen wird;

– *Gewinnverwendungspolitik:* Die Gewinnverwendungspolitik umfasst alle Maßnahmen und Möglichkeiten der Unternehmensleitung, die Verwendung der entstandenen Gewinne ihren Vorstellungen entsprechend zu gestalten (z.B. die Kompetenz, über den Bestand an offenen Rücklagen, der zur Erhöhung des Bilanzgewinns herangezogen werden kann, zu entscheiden, oder die Freiheit, maximal die Hälfte des Jahresüberschusses in die Gewinnrücklagen einzustellen, § 58 Abs. 2 AktG).

5. Bilanzpublizität

→ *Publizität*

Hinweis auf weiterführende Literatur: *Budde/Clemm/Ellrott,* Beck'scher Bilanzkommentar: Handels- und Steuerrecht §§ 238–339 HGB, 4. Aufl. 1999; *Böcker,* Bewertung und Bilanzerfordernis, DB 2002, 1949 ff.; *Crezelius,* Was ist Recht im Bilanzrecht?, ZIP 2003, 461 ff.; *Hellermann,* Private Standardsetzung im Bilanzrecht – öffentlich-rechtlich gesehen, NZG 2000, 1097 ff.; *Hommel,* Bilanzierung von Goodwill und Badwill im internationalen Vergleich, RIW 2001, 801 ff.; *Kley,* Die Fair Value Bilanzierung in der Rechnungslegung nach den Internationalen Accounting Standards, DB 2001, 2257 ff.; *Kuhner,* Die Neuregelung zur Bilanzierung des derivativen Goodwill nach SFAS 141 und 142 auf dem Prüfstand, WPg 2002, 273 ff.; *Lüdenbach,* Geplante Neuregelung bei Bilanzierung und Ausweis von Finanzinstrumenten nach IAS 32 und IAS 39, BB 2002, 2113 ff.; *Neuling,* Präsenzpflicht in der Bilanzsitzung des Aufsichtsrats, AG 2002, 610 ff.; *Wiedmann,* Bilanzrecht, Kommentar z.d.§§ 239–342a HGB, 2. Aufl. 2003.

Hinweis auf weitere Stichwörter

→ *Gewinn: 6. Rücklagen*
→ *Hauptversammlung*
→ *Jahresabschluss*

→ *KGaA*
→ *Rücklagen*

Börse

Die Börse ist ein organisierter Markt für Aktien und andere Vermögenswerte. Träger der Frankfurter Wertpapierbörse ist die Deutsche Börse AG, die den organisierten Aktienhandel ermöglicht. Aus Finanzierungszwecken kann sich die Aktiengesellschaft dem breiten Publikum durch den Gang an die Börse öffnen

(→ *Börsengang*). Um Aktien an der Börse anbieten zu können (→ *Börsennotierung*), ist vorerst die Börseneinführung (→ *Emission*) der Aktien einer Aktiengesellschaft erforderlich.

In Deutschland gibt es neben Frankfurt 7 weitere Regionalbörsen (Berlin, Bremen, Düsseldorf, Hamburg, Hannover, München, Stuttgart).

Im technischen Sinn ist unter der Börseneinführung die Aufnahme der ersten Notierung an der Börse zu verstehen (vgl. § 37 BörsG). Die Börseneinführung bildet somit den Schlusspunkt des *Börsenganges*. Im allgemeinen Sprachgebrauch versteht man unter den Begriff der Börseneinführung allerdings auch den vorgelagerten Vorgang der Zulassung der Wertpapiere und deren Platzierung bei den Zeichnern.

Schematische Darstellung der zeitlichen Reihenfolge

Börsengang (inkl. Börsenzulassung, → *Börsengang*)
↓
Börseneinführung (→ *Emission*)
↓
Börsennotierung (→ *Börsensegmente*)

Hinweis auf weiterführende Literatur: *Beck*, Die Reform des Börsenrechts im Vierten Finanzmarktförderungsgesetz, BKR 2002, 662 ff.; *Bischoff*, Internationale Börsenprospekthaftung, AG 2002, 489 ff.; *Döhmel*, Die Unternehmen des Neuen Marktes als börsennotierte Gesellschaften, WM 2002, 2351 ff.; *Hammen*, „Best" – Was ist Börsenhandel?, WM 2002, 2129 ff.; *Hammen*, Börsen- und kreditwesengesetzliche Aufsicht über börsenähnliche Handelssysteme, Wertpapierbörsen und Börsenträger, WM 2001, 929 ff.; *Harrer/Wilsing*, Aktuelle Aspekte des Rückzugs von der Wertpapierbörse (sog. Delisting), DZWIR 2002, 485 ff.; *Kümpel*, Zur öffentlichrechtlichen Organisation der deutschen Wertpapierbörsen, BKR 2003, 3 ff.; *Lenzen*, Das neue Recht der Kursmanipulation, ZBB 2002, 279 ff.; *Plitz*, Unternehmensbewertung und Börsenkurs im aktienrechtlichen Spruchstellenverfahren – zugleich Besprechung der Entscheidung, ZGR 2001, 185 ff.; *Reuter*, Börsenkurs und Unternehmenswertvergleich aus Eignersicht – Gleichbehandlung der Aktionäre, Synergie und die Lage bei Verschmelzungen nach BGH – „DAT/Altana", DB 2001, 2483 ff.; *Riehmer/Heuser*, Börsen und Internet, NZG 2001, 385 ff.; *Ritz*, Die Änderungen verkaufsprospektlicher Vorschriften im Jahr 2002 und aufsichtsrechtliche Praxis, AG 2002, 662 ff.; *Ruschle/Fleckner*, Börsenähnliche Einrichtungen – die privatrechtliche Organisation einer Börse im materiellen Sinne, BKR 2002, 617 ff.; *Schlitt*, Die neuen Marktsegmente der Frankfurter Wertpapierbörse – Struktur, Zulassungsvoraussetzungen und Folgepflichten, AG 2003, 57; *Schlitt/Seiler*, Einstweiliger Rechtsschutz im Recht der börsennotierten Aktiengesellschaft, ZHR 2002, 544 ff.; *Schmitz*, Aktuelles zum Kursbetrug gemäß § 88 BörsG, Wistra 2002, 208 ff.; *Spindler*, Elektronische Finanzmärkte und Internet-Börsen – Teil I und II –, WM 2002, 1325–1341 und 1365 ff.; *Spindler/Hüther*, Börse ohne Parkett – oder: Alternative Trading Systems – elektronische Handelssysteme in den USA, RIW 2002, 649 ff.; *Stilz*, Börsenkurs und Verkehrswert – Besprechung der Entscheidung BGH, ZIP 2001, 734 – DAT/Altana, ZGR 2001, 875 ff.; *Weiler/Meyer*, Heranziehung des Börsenkurses zur Unternehmensbewertung bei Verschmelzungen, ZIP 2002, 18 ff.; *Zietsch/Holzborn*, Zulassungsfolgepflichten börsennotierter Unternehmen (Teil I und II), WM 2002, 2356–2367 und 2393 ff.; *Ziouvas/Walter,* Das neue Börsenstrafrecht mit Blick auf das Europarecht, WM 2002, 1483 ff.

Hinweis auf weitere Stichwörter

→ *Börsengang*
→ *Börsennotierung*
→ *Börsensegmente*

→ *Bookbuilding-Verfahren*
→ *Emission*

Börsengang

1. Begriff 210
2. Börsenfähigkeit von Unternehmen 210
3. Börsenfähigkeit von Wertpapieren 211
4. Vorteile des Börsengangs 212
5. Nachteile des Börsengangs 213
6. Ablauf des Börsengangs 214
7. Hauptversammlungsbeschluss..... 215
8. Börsenzulassung 215

1. Begriff

Die Aktien der Aktiengesellschaft/KGaA werden durch den Börsengang dem breiten Publikum zugänglich gemacht („Going Public" bzw. neuere Terminologie: „Initial Public Offering" oder IPO).

2. Börsenfähigkeit von Unternehmen

▷ **Grundentscheidung:** Bevor ein Unternehmen an die Börse geht, sollte es die damit verbundenen Vor- und Nachteile gegeneinander abwägen. Erst dann sollte es, soweit es die entsprechenden Voraussetzungen erfüllt, den Gang an die Börse vornehmen. Neben bestimmten wirtschaftlichen Voraussetzungen muss es den vorgegebenen rechtlichen Rahmen beachten. Dieser rechtliche Rahmen hängt insbesondere von dem → *Börsensegment* ab, in dem die Aktien gehandelt werden.

▷ **Wirtschaftliche Voraussetzungen:** Um seine Aktien erfolgreich am Kapitalmarkt abzusetzen, muss das börsenwillige Unternehmen eine überzeugende Unternehmensstrategie *(„Equity Story")* sowie ein ansprechendes Unternehmenskonzept vermitteln.

– *Gewinnträchtigkeit:* Das Unternehmen sollte daher, unabhängig von der Rechtsform, über mehrere Jahre hinweg ausreichende *Erträge* sowie eine mindestens branchendurchschnittliche *Umsatzrendite* erzielt haben, wobei im Einzelfall auch die Gewinnerwartung eine maßgebliche Rolle spielen kann (z.B. bei Zukunftstechnologien).

– *Umsatzgrenze und Wachstumspotential:* Für bedeutsam wird i.d.R. ein Mindestumsatzvolumen von 20–25 Mio. Euro erachtet; ein solcher Mindestumsatz ist aber nicht zwingend, wie die Tatsache zeigt, dass gerade in jüngerer Zeit immer mehr kleine Unternehmen mit Umsatzerlösen von < 10 Mio. Euro erfolgreich an der Börse eingeführt werden. Bei reinen Wachstumswerten sollte der Planung besonderes Augenmerk geschenkt werden.

- *Emissionsvolumen*: Dieses sollte nicht unter 5 Mio. Euro liegen, da andernfalls keine ausreichende Liquidität sichergestellt ist und bereits geringe Umsätze mit Aktien unerwünschte Kursbewegungen verursachen können.

- *Transparente und funktionsfähige Unternehmensorganisation*: Die Führungs-, Organisations- und Beteiligungsstruktur sollten geordnet und transparent sein; die Führungsebene sollte ferner personell gut besetzt sein. Controlling, Rechnungs- und Berichtswesen sollten gut funktionieren.

Merkliche Defizite bei der Erfüllung dieser wirtschaftlichen Voraussetzungen sollten vor dem Börsengang ausgeräumt werden. Die Umsatz- und Ertragskennziffern können kurzfristig nur unwesentlich beeinflusst werden, Änderungen in der Organisationsstruktur können dagegen grundsätzlich in wenigen Monaten ohne weiteres vollzogen werden. Betriebsnotwendiges Vermögen, wie Grundstücke, gewerbliche Schutzrechte, Beteiligungen, welches sich eventuell in den Händen der Altgesellschafter befindet (bei Personengesellschaften oft üblich), sollte auf die Gesellschaft übertragen werden.

▷ **Rechtliche Voraussetzungen:** Nur bestimmte Unternehmen können überhaupt an die Börse gehen. Dies hängt neben der Rechtsform insbesondere von dem Marktsegment ab, in dem die Aktien gehandelt werden sollen. Grundvoraussetzung für einen Börsengang ist, dass das Unternehmen in der Form einer Aktiengesellschaft oder KGaA strukturiert ist. Anteile an GmbH oder an Personengesellschaften sind nach gegenwärtiger Rechtslage nicht an der Börse handelbar. In diesen Formen geführte Unternehmen sind daher vor dem Börsengang in eine Aktiengesellschaft umzuwandeln (§§ 174, 190 ff. UmwG, → *Formwechsel*).

Weitere Voraussetzung ist die sog. Börsenzulassung (→ *Börsennotierung: 2. Börsenzulassung*, → *Börsensegmente*).

3. Börsenfähigkeit von Wertpapieren

▷ **Fungibilität:** Nur bestimmte Wertpapiere können an der Börse gehandelt werden: Wertpapiere, die durch ihre mengen- und qualitätsmäßige Vereinheitlichung gegenseitig austausch- bzw. ersetzbar (*„fungibel"*) sind. Es sind also nur standardisierte (vertretbare) Wertpapiere an der Börse handelbar. Die an den Wertpapierbörsen gehandelten (Kapital) Wertpapiere werden als → *Effekten* bezeichnet.

Beispiele

An der Börse handelbar sind (vgl. *Schwark*, Kapitalmarktrechts-Komm., 3. Aufl. 2004, § 30 BörsG Rn. 8)

- Aktien einschließlich der Bezugsrechte,
- Genussscheine, die einen bestimmten Kapitalanspruch darstellen,
- Optionsscheine,
- Kuxe neueren Rechts,

- Hypothekenpfandbriefe,
- Wandelschuldverschreibungen,
- Schuldverschreibungen des Staates und öffentlich rechtlicher Körperschaften, Investmentanteile,
- Industrieobligationen,
- die in Globalurkunden verbrieften Einzelrechte, wenngleich diese selbst keine Wertpapiere, sondern durch das Depotgesetz verdinglichte Miteigentumsrechte sind.

Wertpapiere mit individuellem Charakter können *nicht an der Börse gehandelt* werden.

Beispiele

- Hypothekenbriefe,
- Grundschuldbriefe,
- als Wertpapier ausgestattete GmbH-Anteile.

▷ **Druck:** Börsengehandelte Wertpapiere müssen eine Druckausstattung aufweisen, die einen ausreichenden Schutz vor Fälschung bietet und eine sichere und leichte Abwicklung des Wertpapierverkehrs ermöglicht (vgl. § 8 Abs. 1 BörsZulV; § 60 Abs. 2 Börsenordnung FWB). Die deutschen Wertpapierbörsen haben gemeinsame Grundsätze für den Druck von Wertpapieren aufgestellt, die detaillierte Vorschriften über das Format, den Aufbau und die Gestaltung, den Druck usw. der Papiere enthalten. Unter anderem ist hierin vorgesehen, dass die Mäntel aller Wertpapiere auf der Vorderseite einen Hinweis auf eine handschriftlich zu vollziehende Kontrollunterschrift tragen (B V 5.1 der gemeinsamen Grundsätze für den Druck von Wertpapieren). Vor der Zulassung der Wertpapiere und der endgültigen Drucklegung sind Probedrucke der Papiere der *Clearstream Banking* Aktiengesellschaft zur Prüfung vorzulegen (C I 1 der gemeinsamen Grundsätze für den Druck von Wertpapieren).

4. Vorteile des Börsengangs

▷ **Erhöhung des Eigenkapitals:** Die Erhöhung des Grundkapitals kann zur Finanzierung künftiger Unternehmensaktivitäten oder Verselbständigung von Unternehmensteilen (*Spin-off*) benutzt werden. Sie ist regelmäßig notwendige Voraussetzung einer weiteren Fremdfinanzierung, da die finanzierenden Banken ein Kreditengagement meist von einer adäquaten Eigenmittelausstattung abhängig machen.

▷ **Nachfolgerbestimmung:** Die Sicherung der Unternehmensnachfolge kann beim Börsengang von Familiengesellschaften eine Rolle spielen:

– Die hohe Fungibilität der Aktien erleichtert die Vererbung und Aufteilung des Unternehmensvermögens. Das Unternehmen wird auch nicht durch Liquiditätsabflüsse geschwächt.

– Mit dem Gang an die Börse verbessern sich überdies die Chancen, qualifizierte Nachfolger für geschäftsführende Gesellschafter zu finden, denn die Position als Vorstandsmitglied einer börsennotierten Aktiengesellschaft ist für externe Führungskräfte angesichts des hiermit einhergehenden Sozialprestiges besonders attraktiv.

▷ **Altgesellschafter – Ausstieg:** Die Börseneinführung eröffnet den Altgesellschaftern, die oft fast ihr gesamtes Vermögen in dem Unternehmen gebunden haben, die Möglichkeit, die hiermit verbundene Abhängigkeit von der Ertragslage des Unternehmens und das daraus folgende finanzielle Risiko zu reduzieren, indem sie einen Teil ihrer Unternehmensbeteiligung auf dem Kapitalmarkt veräußern. Ein reines „Kasse machen" der Altgesellschafter, dem kein Mittelzufluss beim Unternehmen gegenübersteht, wird vom Markt allerdings schlecht aufgenommen. Die Neuemission sollte daher überwiegend aus einer Kapitalerhöhung stammen.

▷ **Weitere Finanzierungsmöglichkeiten:** Zusätzlich eröffnen sich dem börsennotierten Unternehmen weitere Finanzierungsmöglichkeiten über die Ausgabe von Wandel- oder Optionsanleihen, Genussrechten oder Industrieanleihen.

5. Nachteile des Börsengangs

▷ **Publizitätsanforderungen:** Die Publizitätsanforderungen des Unternehmens sind erhöht.

▷ **Kosten:** Bei einem Börsengang entstehen zusätzliche Kosten und Verwaltungsaufwendungen:

– Beratungskosten (Rechtsanwalt, Wirtschaftsprüfer, Steuerberater, Unternehmensberater),

– Notarkosten,

– Übersetzungskosten,

– Kosten der Unternehmensbewertung (due diligence),

– Kosten der Werbeaktionen, Informationsbroschüren,

– Aufwendungen für die Erstellung des Emissionsprospektes,

– Kosten von Pressekonferenzen,

– Kosten der Kapitalerhöhung etc.

▷ **Steuerbelastung:** Der Börsengang führt zu einer erhöhten Steuerbelastung (→ *Börsennotierung: 5. Steuerbelastung*).

▷ **Einflussverlust der Altgesellschafter:** Die mit der Börseneinführung verbundene Öffnung des Unternehmens gegenüber dem Publikum hat naturgemäß einen Einflussverlust auf Seiten der Alt- bzw. Familiengesellschafter zur Folge. Dem lässt sich allerdings durch diverse gesellschaftsrechtliche Gestaltungsmaßnahmen entgegenwirken. Durch folgende Maßnahmen können die Altgesellschafter verhindern, dass ihr Einfluss in der Aktiengesellschaft durch eine Börseneinführung zu sehr geschmälert wird.

> **Beispiele für Maßnahmen gegen eine Schmälerung des Einflusses von Altaktionären in der Aktiengesellschaft**
>
> – *Ausgabe von Vorzugsaktien ohne Stimmrecht:* Die Altgesellschafter können dadurch ihren Einfluss sichern. Solche → *Vorzugsaktien* dürfen aber nur bis zur Hälfte des Grundkapitals ausgegeben werden (§ 139 Abs. 2 AktG). Die Altgesellschafter können sich danach mit einer Kapitalbeteiligung von nur 37,5 % die für Grundsatzbeschlüsse erforderliche Stimmenmehrheit sichern;
>
> – *Sonderrechte:* Flankierend können in der Satzung Sonderrechte für die Altgesellschafter verankert werden (z.B. das Entsendungsrecht von bis zu ⅓ der Aufsichtsratsmitglieder, § 101 Abs. 2 AktG, oder die Aufstellung eines Katalogs zustimmungsbedürftiger Geschäfte zugunsten des Aufsichtsrats).
>
> – Der Abschluss von *Stimmbindungsverträgen*, die Bildung von *Stimmenpools* oder die Gründung von *Familien-Holdings:* Da die Erhaltung des Einflusses der Altgesellschafter eine einheitliche Willensbildung voraussetzt, kann mit Hilfe dieser Maßnahmen der Gefahr der Stimmenzersplitterung begegnet werden (→ *Stimmrecht*).
>
> – Börsengang in der Rechtsform einer *KGaA:* Dies ist mit Vorteilen für den Altgesellschafter, der als persönlich haftender Gesellschafter die Unternehmensführung maßgeblich steuern kann, verbunden, die neuen Gesellschafter haben demgegenüber eine Mehrheit in der Hauptversammlung (→ *KGaA*).

▷ **Räuberische Aktionäre:** Vom Phänomen der räuberischen Aktionäre wird gesprochen, wenn die Aktionäre mit Widersprüchen und Anfechtungsklagen gegen bedeutsame Hauptversammlungsbeschlüsse, wie Verschmelzungen oder Kapitalerhöhungen, vorgehen, um deren Durchführung zu blockieren und sich dann anschließend diese „Rechte" von der Gesellschaft abkaufen zu lasssen (BGHZ 103, 184, 195 – Linotype; BGHZ 129, 136, 142 ff. – Girmes; → *Räuberische Aktionäre*).

▷ **Blockierung des Hauptversammlungsablaufs:** Aufgrund ihrer Frage- und Redeexzesse blockieren manche Kleinaktionäre den Hauptversammlungsablauf mit dem Ziel, die Hauptversammlung zu boykottieren oder sie als politisches Forum zu nutzen.

6. Ablauf des Börsengangs

▷ **System:** Das aktuelle Börsenhandelssystem ist das *Xetra-System*, das 1997 eingeführt wurde und das in Deutschland bis dahin genutzte *Ibis-System* ablöste. Unter Xetra können die Aktien theoretisch rund um die Uhr gehandelt werden. Das Xetra-System bietet dem Anleger mehr Transparenz und führt zu einer fairen Preisbildung. Der Xetra-Handel könnte in Zukunft zur Abschaffung des Parkett-Handels führen.

▷ **Segment:** Das Unternehmen muss zuerst das *Marktsegment* wählen, in dem es die Aktien handeln will (→ *Börsensegmente*). Diese Wahl entscheidet darüber, welche Zulassungsvoraussetzungen der Emittent zu erfüllen hat. Bevor die Aktien des Emittenten an der Börse gehandelt werden können, müssen sie an einer oder mehreren der 8 *Regionalbörsen* (→ *Börse*) zum Börsenhandel zugelassen werden.

▷ **Zustimmung:** Des Weiteren ist regelmäßig die *Zustimmung* der → *Hauptversammlung* zu dem Börsengang erforderlich (s.u. → 7. *Hauptversammlungsbeschluss*).

▷ **Konzept:** Danach wird i.d.R. ein *Emissionskonzept* erarbeitet und die *Emissionsbank* ausgewählt. Das Unternehmen muss im Rahmen des Emissionsprospektes umfassend dargestellt werden. Darauf folgend kommt es zur *Platzierung der Aktien* (→ *Bookbuilding-Verfahren*). Nach erfolgreicher Platzierung werden die Aktien zum Handel an der Börse aufgenommen (→ *Börsennotierung*).

7. Hauptversammlungsbeschluss

▷ **Erforderlichkeit:** Bei der Frage, ob die Börseneinführung der Zustimmung der Hauptversammlung bedarf, ist wie folgt zu unterscheiden:

- Soll die Emission (auch) aus einer Kapitalerhöhung stammen, ist bereits deshalb ein Hauptversammlungsbeschluss erforderlich.
- Unabhängig davon kann ein Hauptversammlungsbeschluss aber auch wegen den mit der Börseneinführung verbundenen Strukturänderungen erforderlich sein (vgl. *Picot/Land*, BB 1999, 570). So kann die Gesellschaft u.a. nicht mehr die z.B. bei der Einberufung und Durchführung der Hauptversammlung bestehenden Erleichterungen für die kleine Aktiengesellschaft in Anspruch nehmen. Ferner unterliegt sie im Hinblick auf die *Ad-hoc-Publizität* strengeren Publizitätspflichten.

▷ **Mehrheit:** In der Literatur (vgl. *Picot/Land*, DB 1999, 570) wird daher verschiedentlich empfohlen, einen zustimmenden Hauptversammlungsbeschluss einzuholen, wobei allerdings Uneinigkeit darüber besteht, mit welcher Mehrheit dieser zu fassen ist. Da der Börsengang zwar rechtlich und faktisch erhöhte Belastungen mit sich bringt, eine der Satzungsänderung vergleichbare Umgestaltung der Gesellschaftsgrundlagen aber nicht erfolgt, wird man die einfache Mehrheit genügen lassen müssen (so auch *Vollmer/Grupp*, ZGR 1995, 459; a.A. *Picot/Land*, DB 1999, 570).

8. Börsenzulassung

→ *Börsennotierung*
→ *Börsensegmente*

Hinweis auf weiterführende Literatur: *Becker/Fett*, Börsengang im Konzern – Über ein „Zuteilungsprivileg" zum Schutz von Aktionärsinteressen, WM 2001, 549 ff.; *Ehlers/Jurcher*, Der Börsengang von Mittelstandsunternehmen, 1999; *Fleischer/Kalss*, Kapitalmarktrechtliche Schadensersatzhaftung und Kurseinbrüche an der Börse, AG 2002, 329 ff.; *Halasz/Kloster*, Börsengang – eine Entscheidung der Hauptversammlung, ZBB 2001, 474 ff.; *Holler/Gold*, Steuerplanung von Kapitalerhöhungsmaßnahmen zur Vorbereitung und Durchführung des Börsengangs, DStR 2001, 8 ff.; *Jäger*, Thema Börse (9): Wiege für die New Economy, NZG 2000, 1049 ff.; *Picot/Land*, Typische Rechtsfragen beim Gang an die Börse, DB 1999, 570; *Schürmann/Körfgen*, Familienunternehmen auf dem Weg zur Börse, 1997; *Wackerbarth*, Aktionärsrechte beim Börsengang einer Tochter – obey the law, if not the spirit, AG 2002, 14 ff.; *Wintzer*, Pro und Contra Börsengang, in Der Börsengang des Familienunternehmens, Arbeitsunterlagen zu den Kölner Tagen, 1998.

Hinweis auf weitere Stichwörter

→ *Arbeitnehmer*
→ *Börsennotierung*
→ *Emission*

→ *Hauptversammlung*
→ *Publizität*

Börsennotierung

1. Begriff 216
2. Börsenzulassung 216
3. Publizität 217
4. Börsenkurs 218

5. Steuerbelastung 218
6. Prospekthaftung 219
7. Rückzug von der Börse 221

1. Begriff

Börsennotiert i.S.d. Aktiengesetzes ist eine Aktiengesellschaft, wenn ihre Aktien an einem Markt gehandelt werden, der von staatlich anerkannten Stellen geregelt und überwacht wird, regelmäßig stattfindet und für das Publikum mittelbar oder unmittelbar zugänglich ist (§ 3 Abs. 2 AktG). Hierunter fallen nach gegenwärtiger Rechtslage nur Gesellschaften, deren Aktien im *Amtlichen Handel* und am *Geregelten Markt* einer deutschen Börse oder einer vergleichbaren Börse im Ausland gehandelt werden (BegrRegE zum KonTraG, BT-Drucks. 13/9721, ZIP 1997, 2059). Kein Markt in diesem Sinne ist der *Freiverkehr*. Für börsennotierte Gesellschaften gelten in manchen Zusammenhängen Sonderregeln. Die Differenzierung zwischen börsennotierten und nicht börsennotierten Gesellschaften trägt dann vor allem dem Umstand Rechnung, dass viele der für Publikumsgesellschaften sinnvollen Formalien und Satzungszwänge für personalistisch strukturierte Nicht-Börsen-Gesellschaften unpassend sind.

2. Börsenzulassung

Mit der Zulassung wird die öffentliche Erlaubnis erteilt, für den Handel mit den betreffenden Wertpapieren die Börseneinrichtung zu benutzen. Sinn und Zweck des Zulassungsverfahrens ist es, dem Anlagepublikum die Beurteilung des Für und Wider einer Investition in die angebotenen Papiere zu ermöglichen. Das Gesetz erfordert daher die *Offenlegung* bestimmter Tatsachen und die *Überprüfung* durch die Zulassungsstelle der Deutschen Börse Aktiengesellschaft (§§ 30 Abs. 3, Abs. 4, 32 BörsG).

Weitere Anforderungen einer Börsenzulassung (§§ 1–12 BörsZulVO):

- Der voraussichtliche *Kurswert* der zugelassenen Aktien muss min. 1,25 Mio. Euro betragen,
- der *Nennwert* anderer Wertpapiere muss mind. 250 000 Euro oder *Mindeststückzahl* von 10 000 betragen,
- es dürfen keine Umstände vorliegen, die bei der Zulassung der Wertpapiere zu einer Übervorteilung des Publikums oder zu einer Schädigung erheblicher *öffentlicher Interessen* führen würden.

Für Einzelheiten bei den unterschiedlichen Marktsegmenten → *Börsensegmente*.

3. Publizität

▷ **Pflichten:** Börsennotierte Aktiengesellschaften unterliegen hohen handels- und börsenrechtlichen Publizitätsanforderungen. Diese hohen Publizitätsanforderungen mögen zwar im Einzelfall unerwünscht sein, sind jedoch unabdingbar, um das Vertrauen der Anleger zu gewinnen. Die Publizitätsanforderungen börsennotierter Gesellschaften beinhalten insbesondere folgende Pflichten:

- Strenge handelsrechtliche Rechnungslegungs- und Bewertungsvorschriften, da börsennotierte Aktiengesellschaften, ungeachtet des Schwellenwerts, stets als „große Kapitalgesellschaften" gelten (§ 267 Abs. 3 Satz 2 HGB);
- die *Ad-hoc-Publizität* (§ 15 WpHG) ist eine unregelmäßige, den Jahresabschluss einschließlich Lagebericht und den Zwischenbericht ergänzende börsenrechtliche Offenlegungspflicht. Sie beinhaltet die Verpflichtung zur unverzüglichen Veröffentlichung besonderer kursrelevanter Daten. Diese Verpflichtung besteht für alle Emittenten von Wertpapieren, die zum Handel an einer inländischen Börse zugelassen sind.;
- die Gesellschaften sind der *Pflichtprüfung* durch einen Abschlussprüfer (→ *Abschlussprüfung: 4. Abschlussprüfer*) unterworfen;
- die Gesellschaften haben ihren *Jahresabschluss* nebst Lagebericht und anderen Unterlagen im Bundesanzeiger bekannt zu machen und beim Handelsregister einzureichen;
- eine Zulassung zum Amtlichen Handel oder zum geregelten Markt setzt börsenrechtlich die Veröffentlichung zahlreicher Unternehmensdaten in einem *Emissionsprospekt* bzw. einem *Unternehmensbericht* voraus.

Als Folge der Börsenzulassung hat die Gesellschaft zusätzlich fortlaufende Berichtspflichten zu erfüllen. Diese sind vom → *Jahresabschluss* zu unterscheiden, der alle Aktiengesellschaften zur Offenlegung der wesentlichen Finanz-, Vermögens- und Ertragsdaten des Unternehmens verpflichtet (§ 264 Abs. 2 Satz 1 HGB). Nach den börsenrechtlichen Bestimmungen bestehen zusätzlich unterjährige Offenlegungspflichten, die sich überdies auch vom Lagebericht unterscheiden, bei dem der Geschäftsverlauf und die Lage der Kapitalgesellschaft darzustellen sind (§ 289 Abs. 1 HGB). So muss jede Gesellschaft, die im *Prime Standard* geführt wird, Quartalsberichte erstellen, die die Beurteilung ermöglichen müssen, wie sich die Geschäftstätigkeit des Emittenten im jeweiligen Quartal entwickelt hat (→ *Börsensegmente*).

▷ **Börsenzulassungs-/Emissionsprospekt:** Für die Börsenzulassung ist ein Börsenzulassungsprospekt vorgeschrieben, der die erforderlichen Angaben enthält, um dem Publikum ein zutreffendes Bild über den Emittenten und die Wertpapiere zu ermöglichen. Im Prospekt müssen nach dem BörsZulG enthalten sein

- umfangreiche Daten über die Vermögens-, Finanz- und Ertragslage der Gesellschaft,
- Angaben zur Geschäftstätigkeit des Emittenten, wobei auch eine Berichterstattung nach Tätigkeitsbereichen (*Divisionen*) und geographisch bestimmten Märkten erforderlich ist,
- detaillierte Angaben über die Geschäftsführungs- und Aufsichtsorgane des Emittenten,
- allgemeine Ausführungen über die Geschäftsentwicklung nach dem Schluss des Geschäftsjahres, auf das sich der letzte veröffentlichte Jahresabschluss bezieht.

▷ **Verkaufsprospekt:** Der Gesetzgeber hat mit dem *VerkaufsprospektG* vom 13.12.1990 und der *VerkaufsprospektVO* vom 17.12.1990 auch für das erstmalige öffentliche Angebot von Wertpapieren, die nicht zugelassen sind, eine Prospektpflicht eingeführt (*Verkaufsprospekt*). Diese sollen sicherstellen, dass die Anleger unabhängig von der späteren Zulassung bei einer Börse, die für die sachgemäße Beurteilung der Anlageentscheidung erforderlichen Informationen erhalten. Verkaufsprospekt und Börsenzulassungsprospekt sind i.d.R. identisch: der Emittent unterliegt nicht der doppelten Prospektpflicht und es ist sichergestellt, dass die bei Emission und unmittelbar anschließender Börsenzulassung zu veröffentlichenden Informationen übereinstimmen (§ 5 VerkaufsprospektG, § 32 BörsG).

4. Börsenkurs

→ *Aktie: 13. Preis*
→ *Emission: 3. Kurs/Preis*

5. Steuerbelastung

▷ **Erbschafts- und Schenkungsteuer:** Die erbschafts- oder schenkungsteuerrechtliche Belastung von Gesellschaftern börsennotierter Aktiengesellschaften ist deutlich höher als die der Gesellschafter nicht börsennotierter Kapitalgesellschaften oder sogar von Personengesellschaften.

- Bei börsennotierten Aktiengesellschaften ist der Börsenkurs bei der Ermittlung der Erbschaft- und Schenkungsteuer zugrunde zu legen, und zwar auch für die

Aktien, die nicht an der Börse gehandelt werden. Auch eine Vermeidung der Zulassung führt zu keinem Wertabschlag (§ 11 Abs. 1 BewG).

– Der Börsenwert eines Unternehmens liegt regelmäßig deutlich über dem nach dem *Stuttgarter Verfahren* ermittelten Wert (maßgebend für die Wertermittlung einer nicht börsennotierter Aktiengesellschaft) und meist gar um ein Vielfaches über dem *Einheitswert* des Betriebsvermögens (maßgebend für die Wertermittlung einer Personengesellschaft).

Beachte: Dieser erhöhten Steuerlast kann zwar u.a. durch Schenkung von Anteilen vor dem Börsengang entgegengewirkt werden; angesichts der mit einem solchen Schritt verbunden erbrechtlichen und gesellschaftsrechtlichen Konsequenzen kann eine solche Maßnahme nicht unbedacht empfohlen werden.

Eine weitere Möglichkeit zur erheblichen Verringerung der Erbschaft- und Schenkungsteuer besteht in der Wahl der → KGaA als Rechtsform und einer Beschränkung des Grundkapitals auf den tatsächlich an der Börse gehandelten Kapitalanteil. Der Rest wird als Anteil des persönlich haftenden Gesellschafters mit dem Einheitswert des Betriebsvermögens bewertet (*Niedner/Kusterer*, DB 1997, 1451–1454).

▷ **Umsatz-/Vorsteuer:** Da die Ausgabe von Wertpapieren von der Umsatzsteuer befreit ist, wird der Vorsteuerabzug für im Vorfeld hierfür bezogene Leistungen (insbesondere der Emissionsbank und von Beratern) diskutiert. Ist der Empfänger der Aktien jedoch Unternehmer im umsatzsteuerrechtlichem Sinne, kann zur Umsatzsteuer optiert werden (§ 9 Abs. 1 UStG). Dabei sind die ansonsten umsatzsteuerbefreiten Leistungen der Umsatzsteuer zu unterwerfen mit der Folge, dass die damit im Zusammenhang stehenden Vorsteuerbeträge auf jeden Fall abgezogen werden können. Das bedeutet, dass die Ausgabe der Aktien umsatzsteuerlich zu Verkehrswerten erfolgt und Umsatzsteuer gesondert ausgewiesen werden muss. Ist der Empfänger der Aktien ein Unternehmen mit Sitz im Drittland, so ist der Abzug der auf die Aktienausgabe entfallenden Vorsteuern möglich (§ 15 Abs. 3 Nr. 2b i.V.m. Abs. 2 Nr. 2 UStG). Ist der Empfänger der Aktien hingegen kein Unternehmer im umsatzsteuerlichen Sinne, erfolgt die Ausgabe ohne Umsatzsteuer. Die Tätigkeit von Beratern, die nicht unmittelbar mit dem Börsengang geleistet wird, sondern die allgemeine Umstrukturierung eines Unternehmens betrifft und dies auch auf den Rechnungen deutlich macht, unterliegt ebenfalls auf jeden Fall dem Vorsteuerabzug. Weitere Einzelheiten sind noch weitgehend offen (Stellungnahme der Oberfinanzdirektion München, OFD München v. 25.5.2000 – S 7304 - 7 St 431; EuGH-Urteil v. 6.4.1995 – C-4/94).

6. Prospekthaftung

▷ **Unrichtige/unvollständige Angaben:** Im Falle von unrichtigen und unvollständigen Prospektangaben im Emissions-/Börsenzulassungsprospekt bzw. im Unternehmensbericht können die Erwerber bestimmter Wertpapiere den ihnen entstandenen Schaden ersetzt verlangen. Unrichtig sind Angaben, die zum Zeitpunkt der Prospektveröffentlichung nicht der Wahrheit entsprechen. Bei Werturteilen ist dies dann der Fall, wenn sie nicht durch Tatsachen gedeckt oder kaufmännisch nicht vertretbar sind. Die Unvollständigkeit stellt einen Unterfall der Unrichtigkeit dar. Sie ist gegeben, wenn der Prospekt nicht alle für die Anlageentscheidung erheblichen Angaben enthält, d.h. nicht über alle tatsächlichen und rechtlichen Verhältnisse, die für die Beurteilung der zuzulassenden Wertpapiere wesentlich sind, Auskunft gibt; so z.B. wenn im Prospekt nicht angegeben ist, ob ein im Jahresabschluss ausgewiesener Gewinn aus der Auflösung stiller Reserven oder offenen Rücklagen stammt. Wesentlich für die Beurteilung der Unrichtigkeit der Wertanganben ist, ob sie die wertbildenden Faktoren der Wertpapiere betreffen.

▷ **Haftender/Anspruchsgegner:** Haftende sind die tatsächlichen Urheber des Prospektes (§ 44 Abs. 1 Satz 1 Nr. 1 und 2 BörsG, RegE BT-Drs. 13/8933, S. 78). Im Regelfall handelt es sich hierbei um Personen, die ein wirtschaftliches Interesse an der Emission haben. Dies können die Konzernmuttergesellschaft, Großaktionäre oder Beirats- und Aufsichtsratsmitglieder sein. Darüber hinaus sind der Emittent sowie diejenigen Mitglieder des Emissionskonsortiums, welche den Prospekt unterzeichnet haben, für die Richtigkeit und Vollständigkeit des Prospekts verantwortlich und daher haftbar (§ 30 Abs. 2 BörsG i.V.m. § 13 Abs. 1 Satz 5 BörsZulV). Der Haftende muss vorsätzlich oder grob fahrlässig gehandelt haben. Es besteht jedoch insofern eine Beweislastumkehr, als die Haftung ausgeschlossen ist, wenn der Anspruchsgegner nachweist, dass er die Unrichtigkeit des Prospektes nicht positiv gekannt hat und die Unkenntnis auch nicht auf grober Fahrlässigkeit beruht (§ 45 Abs. 1 BörsG). Daneben gibt es weitere Haftungsausschlusstatbestände, für deren Vorliegen jeweils der Anspruchsgegner die Beweislast trägt (§ 45 Abs. 2 BörsG).

▷ **Von Haftung betroffene Wertpapiere:** Die Haftung bezieht sich nur auf

- Wertpapiere, die aufgrund des Prospektes emittiert wurden bzw.
- ausstattungsgleiche Wertpapiere aus einer anderen Emission, die von den aufgrund des Prospektes emittierten Wertpapieren nicht unterschieden werden können, was bei der heute üblichen Girosammelverwahrung von Wertpapieren regelmäßig der Fall ist (§ 44 Abs. 1 Satz 3 BörsG).

Sind die Wertpapiere des Emittenten auch im Ausland zum Börsenhandel zugelassen, muss das Erwerbsgeschäft überdies einen Inlandsbezug aufweisen (§ 44 Abs. 3 BörsG). Dies ist dann der Fall, wenn die Wertpapiere im Rahmen eines börslichen oder außerbörslichen Geschäftes im Inland oder einer zumindest teilweise im Inland erbrachten Wertpapierdienstleistung erworben worden sind.

▷ **Anspruchsinhaber:** Die Prospekthaftung setzt voraus, dass der Anspruchsteller die Wertpapiere entgeltlich innerhalb von 6 Monaten nach ihrer erstmaligen Einführung und nach der Veröffentlichung des Prospektes erworben hat. Der Nachweis, dass der Erwerb aufgrund des Prospektes erfolgte, ist somit nicht erforderlich. Die Haftung ist allerdings ausgeschlossen, wenn der Anspruchsgegner den Negativbeweis führt, dass die Wertpapiere nicht aufgrund des Prospektes erworben wurden (§ 45 Abs. 2 Nr. 1 BörsG). Abweichend vom früheren Recht ist für die Geltendmachung von Ansprüchen der Besitz des Papiers nicht mehr erforderlich. Der Erwerber ist somit nicht an einem Notverkauf der Wertpapiere nach bekannt werden der Unrichtigkeiten des Prospektes gehindert.

▷ **Anspruchsinhalt:** Der Anspruchsinhaber kann von den Ersatzpflichtigen als Gesamtschuldnern Zug um Zug gegen Übernahme der Papiere verlangen

- die Erstattung des *Erwerbspreises* (soweit dieser nicht den ersten Ausgabepreis der Wertpapiere überschreitet) und
- die Erstattung der *mit dem Erwerb verbundenen üblichen Kosten* (§ 44 Abs. 1 Satz 1 BörsG).

Ist kein Ausgabepreis festgelegt worden, gilt als Ausgabepreis der erste nach der Einführung der Wertpapiere festgestellte oder gebildete Börsenpreis, im Falle gleichzeitiger Feststellung oder Bildung an mehreren inländischen Börsen der höchste Börsenpreis (§ 44 Abs. 1 Satz 2 BörsG). Ist der Erwerber nicht mehr im Besitz der Wertpapiere, kann er die Differenz zwischen dem Erwerbspreis, soweit dieser nicht den ersten Ausgabepreis überschreitet, und dem Veräußerungspreis der Papiere sowie die Erstattung der mit dem Erwerb und der Veräußerung verbundenen üblichen Kosten verlangen (§ 44 Abs. 2 Satz 1 BörsG). Weiter gehende Ansprüche können sich aus anderen Anspruchsgrundlagen (z.B. §§ 823 ff. BGB) ergeben. Ausgeschlossen ist jedoch im Anwendungsbereich der börsengesetzlichen Prospekthaftung die allgemeine zivilrechtliche Prospekthaftung (OLG Frankfurt NJW-RR 1997, 749).

▷ **Verjährung:** Die Prospekthaftungsansprüche verjähren in 6 Monaten seit dem Zeitpunkt, zu dem der Erwerber von der Unrichtigkeit oder Unvollständigkeit der Angaben des Prospektes Kenntnis erlangt hat, spätestens jedoch in 3 Jahren seit der Veröffentlichung des Prospektes (§ 46 BörsG). Die Ansprüche können nicht im Voraus ermäßigt oder erlassen werden (§ 47 BörsG).

▷ **Zuständigkeit:** Für die Entscheidung über die Prospekthaftungsansprüche ist unabhängig vom Streitwert das Landgericht ausschließlich zuständig, in dessen Bezirk die Börse ihren Sitz hat, deren Zulassungsstelle den Prospekt gebilligt bzw. den Emittenten von der Pflicht zur Veröffentlichung eines Prospektes befreit hat. Innerhalb des Landgerichts ist die Kammer für Handelssachen zuständig. Ist keine Zulassung zur amtlichen Notierung oder zum Geregelten Markt beantragt, ist das Landgericht zuständig, in dessen Bezirk die Bundesanstalt für Finanzdienstleistungsaufsicht ihren Sitz hat (§ 13 Abs. 2 Satz 1 Nr. 2 VerkProspG).

7. Rückzug von der Börse

▷ **Arten:** Abzugrenzen ist zwischen

- *Downgrading:* Rückzug von einzelnen Börsenplätzen und
- *Delisting:* Totalrückzug von der Börse.

▷ **Zustimmungspflicht:** In einem vollständigen Rückzug von der Börse wird eine strukturändernde Maßnahme gesehen und insoweit ein Zustimmungsbeschluss der → *Hauptversammlung* sowie ein Pflichtangebot für erforderlich gehalten (*Bungert*, BB 2000, 53, 55; BGH AG 2003, 273 – *Macrotron*. Für das Downgrading gelten keine Zustimmungspflichten.).

▷ **Widerruf der Zulassung:** Der Rückzug von der Börse erfolgt auf Antrag des Emittenten durch Widerruf der Zulassung zur amtlichen Notierung seitens der Zulassungsstelle (§ 38 Abs. 4 BörsG). Der Widerruf darf nicht dem Schutz des Emittenten widersprechen (§ 38 Abs. 4 Satz 1 und 2 BörsG). Bei der insoweit zu treffenden Ermessensentscheidung sind lediglich die Interessen des Emittenten und die der Anleger zu berücksichtigen, nicht jedoch Interessen der Börsen (vgl. *Wirth/Arnold*, ZIP 2000, 111, 112 m.w.N.). Die näheren Bestimmungen über den Widerruf sind den jeweiligen Börsenordnungen vorbehalten (§ 38 Abs. 4 Satz 5 BörsG). Von dieser Ermächtigung haben die deutschen Börsen durchgängig Gebrauch gemacht.

Beispiel

§ 54a der Börsenordnung der Frankfurter Wertpapier Börse (FWB) bestimmt, dass der Anlegerschutz einem Widerruf dann nicht entgegensteht, wenn weiterhin der Handel an einem in- oder ausländischen Markt gewährleistet ist oder den Inhabern der Wertpapiere ein Kaufangebot unterbreitet wird. Dabei gelten unterschiedliche Fristen für das Wirksamwerden des Widerrufs, je nachdem, ob lediglich ein Rückzug von einzelnen Börsenplätzen (sog. *Degrading*) oder ein Totalrückzug von der Börse (sog. *Delisting*) erfolgt.

Hinweis auf weiterführende Literatur: *Ehlers/Jurcher*, Der Börsengang von Mittelstandsunternehmen, 1999; *Hüttermann*, Börsenkurs und Unternehmensbewertung, ZGR 2001, 454 ff.; *Schwichtenberg*, Downgrading oder Delisting? Der Wechsel vom regulierten Markt in das Segment M:access der Börsenkunden, AG 2005, 911; *Steinhauer*, Der Börsenpreis als Bewertungsgrundlage für den Abfindungsanspruch von Aktionären, AG 1999, 299 ff.; *Koch/Wegmann*, Praktikerhandbuch Börseneinführung, 1996; *Sinewe*, Relevanz des Börsenkurses im Rahmen des § 255 Abs. 2 AktG, NZG 2002, 314 ff.; v. *Öttingen*, Die Planung des Ganges an die Börse – unter besonderer Berücksichtigung steuerlicher Aspekte, 1992; *Vetter*, Börsenkurs und Unternehmensbewertung, DB 2001, 1347 ff.; *Wieselhuber & Partner*, Börseneinführung mit Erfolg – Voraussetzungen, Maßnahmen und Konzepte, 1996; *Zietsch/Holzborn*, Zulassungsfolgepflichten börsennotierter Unternehmen (Teil I, II), WM 2002, 2356 ff., 2393 ff.

Hinweis auf weitere Stichwörter

- → *Aktien*
- → *Börsengang*
- → *Börsensegmente*
- → *Effekten*
- → *Emission*
- → *Squeeze-Out*

Börsensegmente

1. Begriff 223
2. Amtlicher Markt 223
3. General Standard am amtlichen Markt 225
4. Prime Standard am amtlichen Markt 226
5. Geregelter Markt 227
6. Freiverkehr 229
7. Aktienindizes 230

1. Begriff

▷ **Segmente:** Der organisierte Aktienhandel (*Börse*) ist kein einheitlicher Markt, sondern unterteilt sich in verschiedene Marktplätze bzw. *Segmente*, die sich insbesondere durch Art und Größe der dort gehandelten Unternehmen abgrenzen. Neben der Frage des Ob ist die Frage des richtigen Segments bei einer → *Emission* eine wichtige Weichenstellung.

An jeder der *8 deutschen Regionalbörsen* gibt es mindestens 3 *Marktsegmente*, den

- *Amtlichen Handel*,
- *Geregelten Markt* und
- *Freiverkehr*.

Bezogen auf die Anzahl der Aktiengesellschaften war der Schwerpunkt jedoch im Marktsegment Freiverkehr zu erkennen.

▷ Einzelne Regionalbörsen haben daneben weitere Marktsegmente eingerichtet, wovon überregionale Bedeutung der *Neue Markt* an der **Frankfurter Wertpapierbörse** (*FWB*) und das dort (1999–2003) eingeführte Qualitätssegment *SMAX* genossen hatten. Diese wurden jedoch Juni 2003 wegen der Änderungen der Börsenordnung der Frankfurter Weltpapierbörse eingestellt. Neu eingeführt wurde der Entry Standard.

▷ Im Freiverkehr der **Bayerischen Börse** in München verdient der M:access Aufmerksamkeit. Um in dieses Qualitätssegment aufgenommen zu werden, verpflichten sich die Unternehmen, durch verschiedene Folgepflichten eine den Anforderungen des amtlichen Handels vergleichbare Transparenz zu schaffen. Derzeit befinden sich 16 Unternehmen aus verschiedenen Branchen in diesem Marktsegment.

2. Amtlicher Markt

▷ **Zulassungsvoraussetzungen:** Der Handel mit amtlicher Notierung (*Amtlicher Markt*) ist nach wie vor der wichtigste und imagestärkste Marktbereich, in dem vor allem die Anteile der großen und bekannten inländischen und zunehmend auch ausländischen Unternehmen gehandelt werden. Für die Zulassung zum Amtlichen Handel ist Folgendes zu beachten:

- Das Unternehmen muss bei der Börse einen Zulassungsantrag stellen,
- das Unternehmen hat bestimmte Zulassungskriterien zu erfüllen,
- es ist ein Emissionsprospekt zu erstellen.

▷ **Der Zulassungsantrag** muss folgende Voraussetzungen erfüllen:

- Er muss sich grundsätzlich auf alle Aktien derselben Gattung beziehen (§ 9 Abs. 1 BörsenZulV);

– er muss gemeinsam mit einem Kredit-, Wertpapierhandels- oder Finanzdienstleistungsinstitut, welches seinerseits an der Börse zugelassen sein muss, bei der Börsenzulassungsstelle gestellt werden (§ 30 Abs. 2 BörsG);

– dem Antrag sind u.a. ein beglaubigter Handelsregisterauszug, die Satzung des Emittenten, Jahresabschlüsse und Lageberichte sowie der Entwurf eines Emissionsprospekts beizufügen (§ 48 Abs. 2 BörsZulV).

▷ **Zulassungskriterien:** Für eine Zulassung zum Handel mit amtlicher Notierung sind folgende Kriterien zu beachten:

– Der Emittent muss mindestens 3 Jahre als Unternehmen bestanden und seine Jahresabschlüsse für die dem Antrag vorangegangenen 3 Geschäftsjahre offen gelegt haben (§ 3 Abs. 1 BörsZulV);

– der voraussichtliche Kurswert der zuzulassenden Aktien muss mindestens 1,25 Mio. Euro betragen (§ 2 Abs. 1 BörsZulV);

– die zuzulassenden Aktien müssen ausreichend gestreut sein; dies ist anzunehmen, wenn

– mindestens 25 % des Gesamtnennbetrages (bzw. bei nennwertlosen Aktien 25 % der Stückzahl) der zuzulassenden Aktien vom Publikum erworben sind oder

– aufgrund der großen Anzahl von Aktien und ihrer breiten Streuung im Publikum ein ordnungsgemäßer Börsenhandel auch mit einem niedrigeren Prozentsatz gewährleistet ist (§ 9 Abs. 1 BörsZulV).

▷ **Emissionsprospekt:** Der Prospekt hat über die tatsächlichen und rechtlichen Verhältnisse, die für die Beurteilung der zuzulassenden Papiere maßgeblich sind, richtig, umfassend und verständlich zu informieren (§ 30 Abs. 3 Nr. 2 BörsG, §§ 13–42 BörsZulV). Insbesondere hat der Prospekt Angaben über die auszugebenden Wertpapiere, über den Emittenten (Firma, Sitz, Unternehmensgegenstand u.a.), dessen Kapitalstruktur, Geschäftstätigkeit, Vermögens-, Finanz- und Ertragslage, Rechnungslegung und Beteiligungen zu enthalten. Schuldhaft unrichtige oder unvollständige Angaben verpflichten den Emittenten und das emissionsbegleitende Institut gegenüber dem Erwerber von Wertpapieren zum Schadenersatz (vgl. OLG Frankfurt DB 1997, 264–266, → *Börsennotierung: 6. Prospekthaftung*).

▷ **Publizitätspflichten:** Die Zulassung zum Amtlichen Handel zieht weitere Publizitätsverpflichtungen nach sich, nämlich

– die Pflicht zur Veröffentlichung eines *Zwischenberichts* mindestens einmal innerhalb des Geschäftsjahres über die Entwicklung der Finanz- und Geschäftslage in den ersten 6 Monaten des Geschäftsjahres (§ 40 BörsG, § 53 BörsZulV),

– weitere *Mitteilungs- und Veröffentlichungspflichten* (§§ 63 ff. BörsZulV),

– die Pflicht zur Veröffentlichung nicht bekannter Tatsachen, die die Kursentwicklung erheblich beeinflussen können (im Rahmen der sog. *Ad-hoc-Publizität:* § 15 Abs. 1 WpHG).

> **Beispiele für erhebliche Tatsachen**
> - Verschmelzungen,
> - bedeutende Erfindungen,
> - große Haftungsfälle,
> - Aufgabe von Kerngeschäftsfeldern u.v.m.

- Es bestehen Mitteilungspflichten über den Erwerb und über wesentliche Veränderungen von *Stimmpaketen und Großaktionären* (§§ 21–30 WpHG).

3. General Standard am amtlichen Markt

▷ Seit 1.1.2003 gibt es bei der **FWB** im Marktbereich Amtlicher Markt 2 Segmente mit unterschiedlichen Transparenzanforderungen, den General Standard und Prime Standard. Nur die im Prime Standard vertretenen Unternehmen werden in den DAX (Deutscher Aktienindex) aufgenommen.

Der General Standard bezeichnet das Grundsegment in der Frankfurter Wertpapierbörse seit 1.1.2003 im Amtlichen Handel und bietet ein kostengünstiges Listing für überwiegend national ausgerichtete Unternehmen mit am gesetzlichen Mindestmaß orientierten Publizitätspflichten.

▷ **Merkmale** des General Standards:
- Er ist auf kleinere oder mittlere Unternehmen ausgerichtet,
- Ansprache überwiegend nationaler Unternehmen,
- kostengünstiges Pricing.

▷ **Zulassungsvoraussetzungen** des General Standards:
- Zulassung durch die Zulassungsstelle der Börse,
- Zulassungen entsprechen den bisher bestehenden Standards für den Amtlichen Markt,
- Börsenzulassungsprospekt,
- keine Übervorteilung des Publikums oder Schädigung allgemeiner Interessen,
- Unternehmen muss grundsätzlich mindestens 3 Jahre bestanden haben,
- Offenlegung der 3 letzten Geschäftsberichte,
- der voraussichtliche Kurswert soll bei ca. 1,25 Mio. Euro liegen,
- bei Stückaktien: Ausgabe von mindestens 10 000 Wertpapieren,
- Antrag muss sich auf alle Aktien einer Gattung beziehen,
- Streubesitz bei ca. 25 %,
- die Zulassung hängt *nicht* von einer „Nichtveräußerungspflicht" durch die Gesellschafter ab,

– Transparenzgebot (lediglich Beschreibung derartig geplanter Aktionen im Emissionsprospekt).

▷ **Folgepflichten** bei Zulassung im General Standard des Amtlichen Handels:
- Publizität des Jahresabschlusses:
  - Jahresabschluss,
  - Lagebericht,
  - Konzernabschlussbericht;
- Zwischenbericht:
  - mindestens ein Zwischenbericht,
  - keine Verpflichtung zur Erstellung eines Quartalberichts;
- Ad-hoc-Publizität:
  - Vergleich mit den zuletzt genutzten Kennzahlen;
- Mitteilungspflichten:
  - Veröffentlichung in einem überregionalen Börsenpflichtblatt;
- Directors' dealings:
  - Meldepflicht bei Erwerb oder Veräußerung,
  - Bekanntmachung durch den Emittenten (Internet oder Börsenpflichtblatt);
- Veröffentlichungspflicht:
  - Einberufung der Hauptversammlung,
  - Mitteilung über Ausschüttung und Auszahlung der Dividende,
  - Ausübung von Umtausch-, Bezugs- und Zeichnungsrechten,
  - Beabsichtigung der Änderung der Satzung;
- Weitere Pflicht:
  - Bestimmung einer Zahl- und Hinterlegungsstelle für die Zulassungsdauer.

4. Prime Standard am amtlichen Markt

Der Prime Standard überlagert die traditionellen Segmente und erfordert zusätzliche, den internationalen Standards entsprechende Transparenzpflichten, um für die Emittenten den Zugang zu internationalen Investoren zu gewährleisten.

▷ **Merkmale** des Prime Standards:
- Zulassung nur für Aktien und Aktienzertifikate,
- es gelten internationale Standards,
- ermöglicht Emittenten den Zugang zum internationalen Kapitalmarkt,
- erhöhte Kostentragung,

– weitere Zulassungsfolgepflichten zusätzlich zu den Folgepflichten des *General Standards*.

▷ **Zulassungsvoraussetzungen** des Prime Standards:

– Zulassung zum Amtlichen Markt (*General Standard*) oder zum Geregelten Markt,
– Antrag des Emittenten auf Zulassung (Entscheidungsgremium ist die Zulassungsstelle),
– der Zulassungsstelle sind keine Umstände bekannt, wonach der Emittent die *Zulassungsfolgepflichten* nicht ordnungsmäßig erfüllen wird (§§ 60 ff. BörsO FWB, so aber die Vermutung bei Einreichung eines Insolvenzantrags).

▷ **Folgepflichten** bei Zulassung zum Prime Standard:

– Abschluss nach den International Financial Reporting Standards (IFRS/IAS oder US-GAAP),
– Bereitstellung des Berichts bis spätestens 4 Monate nach Ende des Berichtszeitraums,
– Quartalberichte,
– sonstige Pflichten:
  – Erstellung eines Unternehmenskalenders,
  – Analyseveranstaltung außerhalb der Bilanzpressekonferenz,
  – Erstellen in deutscher und englischer Sprache.

▷ Mögliche **Sanktionen** bei Verstoß gegen o. g. Pflichten:

– Geldstrafen,
– Ausschluss aus dem Börsensegment (evtl. ersatzweise im *General Standard* geführt).

▷ **DAX**: Die Zulassung zum Prime Standard ist eine Voraussetzung für die Aufnahme in die Auswahlindizes der Deutschen Börse.

5. Geregelter Markt

▷ **Zielsetzung** des *Geregelten Marktes* ist, kleineren und mittleren Unternehmen die Eigenkapitalfinanzierung über die Börse zu ermöglichen. Die Zulassungsvoraussetzungen zum Geregelten Markt ergeben sich im Einzelnen aus den jeweiligen Börsenordnungen der Wertpapierbörsen. Sie sind im Hinblick auf die Zielsetzung weniger streng als im Amtlichen Handel. Bei der Zulassung zum Geregelten Markt sind im Vergleich zum Amtlichen Handel folgende Kriterien zu beachten (vgl. hierzu beispielhaft die Börsenordnung der FWB):

– Der *Zulassungsantrag* kann anstatt mit einem Kreditinstitut auch mit einem anderen fachlich geeigneten Unternehmen gestellt werden, welches nicht an der Börse zugelassen sein muss (§§ 47 Abs. 2, 30 Abs. 2 BörsG);

– der *Nennbetrag der zu emittierenden Aktien* muss sich auf mind. 0,25 Mio. Euro belaufen. Durch das Abstellen auf den Nennbetrag kann das effektive Mindestemissionsvolumen bei mehrfacher Überzeichnung der Aktien allerdings das Mindestemissionsvolumen im Amtlichen Handel erreichen oder gar übersteigen;

– die Zulassung kann auf nur eine *Aktiengattung* beschränkt werden;

– dem Zulassungsantrag ist anstelle eines Prospektes ein weniger umfassender *Unternehmensbericht* beizufügen, der Angaben über den Emittenten und die Wertpapiere enthält, die für die Anlageentscheidung von wesentlicher Bedeutung sind (§ 51 Abs. 1 Nr. 2 BörsG, § 69 Abs. 1 BörsO FWB). Die Vorschriften über die Prospekthaftung gelten für unrichtige und unvollständige Unternehmensberichte entsprechend (§ 77 BörsG).

Ein Mindestalter des Unternehmens und eine ausreichende Streuung der Aktien werden nicht vorausgesetzt.

Die Zulassungsvoraussetzungen wurden mit der Reform der Börsenordnung zum 1.1.2003 an die Zulassungsvoraussetzungen des amtlichen Marktes angeglichen.

▷ **Publizitätspflichten:** Für eine Zulassung am Geregelten Markt gelten grundsätzlich ähnliche Anforderungen wie bei der Zulassung zum Amtlichen Handel. Die Pflicht zur *Ad-hoc-Publizität* gilt auch hier (§ 15 Abs. 1 WpHG, → *Börsennotierung: 3. Publizität*). Ansonsten besteht keine Verpflichtung zur Zwischenberichterstattung sowie keine Mitteilungspflichten über den Erwerb bzw. über wesentliche Veränderungen von Stimmpaketen und Großaktionären (§§ 21 ff. WpHG). Dem Zulassungsantrag muss auch ein sog. Unternehmensbericht beigefügt sein, der einem Börsenzulassungsprospekt in vielerlei Hinsicht entspricht (§ 51 Abs. 1 Nr. 2 BörsG).

▷ Seit 1.1.2003 gibt es bei der **FWB** auch den Marktbereich Geregelter Markt, in 2 Segmente mit unterschiedlichen Transparenzanforderungen unterteilt, den General Standard und den Prime Standard.

▷ **General Standard:** Die Zulassungsvoraussetzungen und die Zulassungsfolgepflichten des General Standards des Geregelten Marktes wurden, bis auf wenige Ausnahmen, an die des amtlichen Marktes angeglichen. Für Teilbereiche können zusätzliche Zulassungsvoraussetzungen und Zulassungsfolgepflichten erlassen werden (Marktkapitalisierung, Berichterstattung).

Wertpapiere sind zugelassen, wenn (§§ 49 ff. BörsG)

– Emittent und Papiere den Anforderungen entsprechen, die für einen ordnungsmäßigen Handel notwendig sind,

– ein Unternehmensbericht zur Veröffentlichung beigefügt ist, um dem Publikum die Möglichkeit zu geben, sich ein Bild über die Papiere zu machen,

– keine Umstände bekannt sind, die zu einer Übervorteilung des Publikums bzw. Verschlechterung anderweitiger Interessen führen.

Die Zulassungsvoraussetzungen der General Standards des Amtlichen Marktes gelten mit 3 Erleichterungen:

- keine 3-jährige Bestehensdauer,
- Antrag kann sich auf einen Teil der Gattung beziehen,
- es muss kein 25 %-iger Streubesitz bestehen.

Für den General Standard des Geregelten Marktes gelten die Zugangsvoraussetzungen des General Standards des Amtlichen Marktes entsprechend (s.o.), insbesondere die Verpflichtung zur Erstellung eines Zwischenberichts.

▷ Für den **Prime Standard** bestehen gleiche Zulassungsvoraussetzungen wie für den General Standard, das Segment ist jedoch charakterisiert durch erweiterte Folgevorschriften:

- Aktien sind zuzulassen, wenn die Zulassungsstelle keine Bedenken hat,
- der Antrag muss sich nicht auf alle Aktien beziehen.

Es bestehen auch gleiche Zulassungsvoraussetzungen wie im Prime Standard des amtlichen Marktes mit folgenden Folgepflichten:

- Konzernabschluss (IFRS, US-GAAP),
- Pflicht zur Erstellung von Quartalsberichten,
- Veröffentlichung eines Unternehmenskalenders,
- Sanktionen (gleiche Sanktionsmöglichkeit wie im amtlichen Markt),
- Einbeziehung in den Handel des Geregelten Marktes (Adressat der Unterrichtungspflichten ist nicht der Emittent selbst, sondern der Handelsteilnehmer, der den Einbeziehungsantrag gestellt hat).

6. Freiverkehr

▷ **Begriff:** Der Freiverkehr ist im Gegensatz zum Amtlichen Handel und dem Geregelten Markt kein öffentlich-rechtlich organisierter Markt, sondern ein von den jeweiligen Wertpapierbörsen angebotenes, privatrechtlich geregeltes Marktsegment. Die Teilnahme am Handel im Freiverkehr setzt demnach anstelle eines hoheitlichen Zulassungsaktes eine Einbeziehung durch privatrechtliche Vereinbarung voraus, deren Einzelheiten in den von den einzelnen Börsen erlassenen Richtlinien geregelt sind. Im Unterschied zum Amtlichen Handel sind die hier gelisteten Aktiengesellschaften jedoch nicht verpflichtet, regelmäßig über die Geschäftsentwicklung zu berichten und kursbeeinflussende Faktoren durch *Ad-hoc-Mitteilungen* zu publizieren.

▷ **Voraussetzungen** für die Einbeziehung in den Freiverkehr (z.B. Freiverkehrsrichtlinien der FWB):

- Einfacher schriftlicher Antrag, der allein vom Emittenten gestellt werden kann (§ 3 Freiverkehrsrichtlinien);

- der Inhalt des Antrags muss eine genaue Bezeichnung der einzubeziehenden Wertpapiere und Angaben darüber enthalten, ob diese bereits an anderen organisierten Wertpapiermärkten gehandelt wurden (§ 4 Abs. 1 Richtlinien);
- hat bislang kein solcher Handel stattgefunden, ist darüber hinaus ein Exposé mit näheren Angaben über den Emittenten einzureichen (§ 4 Abs. 2 Richtlinien).

▷ **Zuständigkeit:** Über den Antrag entscheidet die Deutsche Börse Aktiengesellschaft als Trägerin der FWB (§ 1 Richtlinie) nach Prüfung, ob ein ordnungsgemäßer Börsenhandel in den angebotenen Papieren gewährleistet ist (vgl. § 57 BörsG, §§ 6 ff. Richtlinien).

▷ **Pflichten nach Zulassung:** Die im Amtlichen Handel und im Geregelten Markt bestehenden Publizitätspflichten sind im Freiverkehr nicht zu beachten. Es besteht allerdings grundsätzlich die Verpflichtung, beim ersten öffentlichen Angebot der Wertpapiere einen Verkaufsprospekt zu veröffentlichen, der beim Aufsichtsamt für den Wertpapierhandel zu hinterlegen ist und die Angaben zu enthalten hat, die notwendig sind, um dem Publikum ein zutreffendes Bild über den Emittenten und die Wertpapiere zu verschaffen (§§ 1 und 7 VerkProspG).

7. Aktienindizes

Die Deutsche Börse berechnet Aktienindizes, um die Märkte transparent und vergleichbar zu gestalten. Auswahlindizes sind: DAX, TecDax, NEMAX 50, MDAX, SDAX, HDAX, Midcap Market Index.

▷ Der **DAX-Index** bildet das Segment der deutschen Bluechips, der größten und umsatzstärksten deutschen Unternehmen an der Frankfurter Wertpapierbörse (FWB), ab. Er enthält 30 Werte, die im Prime Standard zugelasssen sind.

▷ Der **TecDAX-Index** wurde zum 24.3.2003 eingeführt und beinhaltet die 30 größten und liquidesten Werte (sowohl deutscher als auch ausländischer Emittenten) aus den Technologie-Branchen des Prime Standard – Segments unterhalb von DAX. Er stellt damit den verkleinerten Nachfolgeindex von NEMAX 50 (der Bluechip-Index des Neuen Marktes, lediglich bis Ende 2004 erhalten) dar.

▷ Der **MDAX-Index** besteht aus den 50 Midcap-Werten (nur aus dem Prime Standard – Segment), die hinsichtlich Größe und Umfang auf die DAX-Werte folgen. Er beinhaltet ausschließlich (deutsche und ausländische) Werte der klassischen Sektoren.

▷ Der **SDAX-Index** enthält seit März 2003 (seit Wegfall des SMAX-Index) die folgenden 50 Werte der klassischen (deutschen und ausländischen) Sektoren aus dem Prime Standard unterhalb von MDAX.

▷ Der **HDAX-Index** besteht aus den Werten von DAX (30), MDAX (50) und TecDAX (30) und stellt den direkten Nachfolger des DAX 100 dar.

▷ Der **Midcap Market Index** setzt sich aus den Werten von MDAX und TecDAX zusammen und dient vorrangig als Benchmark.

Hinweis auf weiterführende Literatur: *Blättchen*, Marktsegmente, Börsenplätze und Konzeption des Börsenganges, in Der Börsengang des Familienunternehmens, Arbeitsunterlagen zu den Kölner Tagen 1998; *Brückner*, Geregelter Markt macht Börseneintritt eher möglich, Geschäftswelt 1989, 3 ff.; *Hammen*, Börsen- und Kreditwesen – gesetzliche Aufsicht über börsenähnliche Handelssysteme, Wertpapierbörsen und Börsenträger, WM 2001, 929 ff.; *Heyder*, Die einseitige Abänderung des Regelwerks Neuer Markt, BKR 2002, 806 ff.; *Schlitt*, Die neuen Marktsegmente der Frankfurter Weltpapierbörse, Struktur, Zulassung und Folgepflichten, AG 2003, 57 ff.; *Wolf*, Der Ausschluß vom Neuen Markt und die Aufnahme von Ausschlussgründen in das Regelwerk Neuer Markt, WM 2001, 1785 ff.

Hinweis auf weitere Stichwörter

→ *Börsengang*
→ *Börsennotierung*

→ *Emission*

Bookbuilding-Verfahren

Das Bookbuilding-Verfahren ist das Verfahren zur Ermittlung eines realistischen Emissionspreises von Aktien (früher wurde das → *Festpreisverfahren* angewandt).

Beim Bookbuilding-Verfahren werden die Anleger aufgefordert, während eines festgelegten Zeitraumes ein Angebot zum Erwerb von Aktien abzugeben, welches von dem Konsortialführer in ein Orderbuch eingetragen wird. Die Preisbildung und die Zuteilung der Aktien bleiben bis zum Abschluss der Orderhereinnahme offen, was eine marktgerechtere Preisfindung als beim Festpreisverfahren ermöglicht. Im Zusammenhang mit der Vereinbarung des Bookbuilding-Verfahrens im Übernahmevertrag lassen sich die Emissionsbanken regelmäßig eine so genannte „Greenshoe-Option" einräumen (→ *Greenshoe*).

▷ **Ablauf:** Das Bookbuilding läuft im Regelfall in 4 Phasen ab:

- *Pre-Marketing-Phase:* In der ersten Phase wird die vorgesehene Emission potentiellen Großanlegern vorgestellt. Aus den Reaktionen der potentiellen Großanleger ergibt sich ein erster Richtwert für den Emissionskurs. Hierbei werden sowohl das Unternehmensprofil wie auch die aktuelle Marktlage und die Vorstellung über Preis und Nachfrage mit berücksichtigt. Als Ergebnis dieser ersten Phase resultiert eine sog. Bookbuilding-Spanne (*Zeichnungsspanne*).

- *Marketingphase:* In der Marketingphase wird das Unternehmen mit verschiedenen Präsentationen (sog. „Road-Shows") durch Repräsentanten der Emittenten und der Emissionsbanken unmittelbar bei den Investoren auf dem Finanzmarkt bekannt gemacht.

- *Order-taking-period:* Die „order-taking-period" ist die bis zu 14 Tage dauernde Periode des eigentlichen Bookbuilding. Aufgrund einer vorangegangenen Unternehmensbewertung wird durch den Konsortialführer in Übereinstimmung mit dem Emittenten ein Preisrahmen festgelegt und veröffentlicht. In diesem Rahmen können potentielle Investoren Kaufaufträge abgeben, die von dem Konsortialführer gesammelt und ausgewertet werden. Diese werden bei dem Konsortialführer der Emission in einem Zeichnungsbuch eingetragen. Die Investoren – Großinvestoren wie auch Kleinanleger – geben hierbei an, zu welchem Preis sie welche Anzahl der Aktien übernehmen würden. Hieraus ergibt sich eine Schichtung der Aktiennachfrage in verschiedenen Preisstufen mit unterschiedlichen Mengen. Darüber hinaus wird es ab einer gewissen Größenordnung der Zeichnung notwendig, dass insbesondere institutionelle Anleger Angaben über ihre Anlegerstruktur und Qualitätsmerkmale machen. Dies ermöglicht es dem Konsortialführer über ein Rating der Investoren hinsichtlich ihrer Anlagestrategie diese bei der Zuteilung der Aktien zu berücksichtigen.

– *Pricing:* In der letzten Phase legen der Konsortialführer und der Emittent bzw. die Altgesellschafter den Emissionspreis fest. Anschließend werden die Aktien an die Investoren verteilt. Es liegt im Interesse des Emittenten, dass eine breite Streuung der Aktien erreicht wird und insbesondere langfristig orientierte Anleger mit berücksichtigt werden. Zugunsten von privaten Kleinanlegern wird deren langfristig orientierte Strategie vermutet. Ein Teil der Aktien wird dem Konsortium als frei verfügbare Masse zugeteilt. Im Anschluss werden die Aktien den Zeichnern zugeteilt.

Beispiele zur Veranschaulichung des Mechanismus des Bookbuilding-Verfahrens

1. 1 Mio. Aktien sollen verkauft werden, Preis 21–23 Euro. Es werden gezeichnet

a) 300 000 Aktien zu 23 Euro.
b) 200 000 Aktien zu 22 Euro.
c) 500 000 Aktien zu 21 Euro.

Im Bookbuilding-Verfahren ergibt sich daraus ein Preis von 21 Euro pro Aktie, wobei die Orders a)–c) alle eine Zuteilung erhalten.

2. 1 Mio. Aktien sollen verkauft werden, Preis 21–23 Euro. Es werden gezeichnet:

a) 500 000 Aktien zu 23 Euro.
b) 1 000 000 Aktien zu 22 Euro.
c) 500 000 Aktien zu 21 Euro.

Im Bookbuilding-Verfahren ergibt sich in diesem Fall kein arithmetisch exakt kalkulierbarer Preis, da mehr Zeichnungen als Aktien existieren. Es ist keinesfalls so, dass in diesem Beispiel der Preis auf 22 Euro festgesetzt wird und die Zeichner der Gruppe a) eine Zuteilung zu 100 % erhalten und diejenigen der Gruppe b) zu 50 %. Vielmehr kommt es im Falle der Überzeichnung darauf an, die institutionellen Anleger qualitativ zu beurteilen. Dafür verfügt die beurteilende Bank über ein internes System von Bewertungskategorien. Wichtigstes Kriterium ist die Dauer der Anlage: prinzipiell werden Anleger bevorzugt, bei denen eine langfristige Anlagestrategie erwartet wird.

Hinweis auf weiterführende Literatur: *Wieselhuber & Partner*, Börseneinführung mit Erfolg – Voraussetzungen, Maßnahmen und Konzepte, 1996; *Jäger*, Thema Börse (9): Wiege für die New Economy, NZG 2000, 1049 ff.

Hinweis auf weitere Stichwörter

→ *Aktie*
→ *Aktiengesellschaft*
→ *Börsengang*

→ *Emission*
→ *Festpreisverfahren*
→ *Greenshoe*

Buchführung

1. System 233
2. Buchführungspflicht 235
3. Aufbewahrungspflicht 236
4. Inventarpflicht 237

1. System

▷ **Zweck:** Mit Hilfe der Buchführung werden sämtliche Geschäftsvorfälle des Geschäftsjahres aufgezeichnet. Sie dient als Grundlage für die Erstellung des → *Jahresabschlusses*. Welche Bücher im Einzelnen zu führen sind, bestimmt sich nach den *Grundsätzen ordnungsmäßiger Buchführung*. Allgemein werden die Geschäftsvorfälle in Systembüchern und Hilfsbüchern dargestellt.

▷ **Systembücher** stellen den Wertzufluss von der Eröffnungsbilanz bis zur Schlussbilanz dar. Zu den Systembüchern zählen das

– Inventarbuch,
– Grundbuch (auch *Journal*, *Tagebuch* oder *Primanota* genannt) und
– Hauptbuch.

Im *Inventarbuch* verzeichnet die Aktiengesellschaft ihre Vermögensgegenstände und Schulden.

Im *Grundbuch* werden die Geschäftsvorfälle in ihrer zeitlichen Reihenfolge erfasst. Dadurch kann ein Geschäftsvorfall jederzeit bis zu seinem Beleg zurückverfolgt werden. Die laufenden Buchungen des Grundbuchs werden anschließend im Hauptbuch auf systematisch geführte Konten übertragen. Nach Kontenabschluss am Jahresende werden deren Salden im Jahresabschluss ausgewiesen.

Aus den Eintragungen im *Hauptbuch* kann während des Geschäftsjahres die Vermögens-, Finanz- und Ertragslage ersehen werden. Inhalt des Hauptbuches sind

– aktive Bestandskonten,
– passive Bestandskonten einschließlich Kapitalkonten,
– Erfolgskonten.

▷ In den **Hilfsbüchern** werden bestimmte Geschäftsvorfälle gesammelt, die in periodischen Abständen auf ein Sachkonto des Hauptbuches in Sammelbuchungen übertragen werden. Die Hilfsbücher dienen der Klarheit und der Aussagefähigkeit der Buchführung, da das Grund- und Hauptbuch für die Erfassung einer Vielzahl

Buchführung

von Geschäftsvorfällen nicht ausreicht. Besonders abgegrenzte Geschäftsvorfälle werden dann aus der Hauptbuchung ausgegliedert. Die wichtigen Sachkonten können so übersichtlicher geführt werden. Die Hauptbücher enthalten insoweit nur noch Sammelbuchungen.

Als Hilfsbücher kommen in Betracht

- das Kassenbuch,
- das Kontokorrentbuch,
- das Lagerbuch,
- die Lohn- und Gehaltskonten,
- die Anlagekartei,
- die Wareneingangs- und Warenausgangskonten.

Die Grundsätze ordnungsmäßiger Buchführung verlangen die zeitnahe Aufzeichnung eines jeden einzelnen Handelsgeschäfts.

Lagerbücher dienen der mengenmäßigen Kontrolle der Waren- und Materialbestände. Die Führung dieser Bücher ist gängige Praxis, weil sie die jederzeitige Feststellung des buchmäßigen Bestandes ermöglichen. Eine funktionsfähige Lagerbuchhaltung kann die jährliche Inventur erheblich vereinfachen (§ 241 HGB).

Die *Lohn- und Gehaltsbuchhaltung* dient dem Nachweis der Bruttobezüge, der Abzugsbeträge und der Nettobezüge für jeden Arbeitnehmer. Für jeden Arbeitnehmer muss außerdem ein Lohnkonto geführt werden (§ 41 EStG, § 4 LStDV). Es enthält alle für die Lohnsteuer wichtigen Angaben.

Während das *Wareneingangskonto* ein Bestandskonto ist, handelt es sich beim *Warenausgangskonto* um ein reines Erfolgskonto. Beim Wareneingangskonto ergibt sich als Saldo auf der Habenseite der so genannte Wareneinsatz. Demgegenüber ist der sich aus dem Warenausgangskonto ergebende Saldo der Rohgewinn. Dieser wird auf das Gewinn- und Verlustkonto übertragen. Der Bruttoabschluss der beiden Warenkonten entspricht weitgehend der Gliederung der Gewinn- und Verlustrechnung (§ 275 HGB). Beim Bruttoabschluss wird der Wareneinsatz aus dem Wareneinkaufskonto direkt auf das Gewinn- und Verlustkonto übertragen. Ebenso wird der Saldo des Warenausgangskontos in die Gewinn- und Verlustrechnung übernommen.

▷ **Form der Buchführung:** Das Gesetz schreibt keine bestimmte Buchführungsform vor. Man unterscheidet folgende Buchführungsformen:

- die Offene-Posten-Buchführung,
- die Speicherbuchführung mit Hilfe der EDV,
- die Buchführung in gebundener Form (veraltet),
- die Loseblatt-Buchführung.

Die Praxis bedient sich jedoch anstatt der herkömmlichen Bücher heute praktisch stets der EDV-Datenträger, eventuell verbunden mit der Loseblatt-Buchführung.

2. Buchführungspflicht

▷ **Grundlage:** Da die Aktiengesellschaft kraft Gesetzes unabhängig von ihrer Tätigkeit als Handelsgesellschaft gilt, ist sie verpflichtet, Bücher zu führen und in diesen ihre Handelsgeschäfte und die Lage ihres Vermögens nach den Grundsätzen ordnungsmäßiger Buchführung ersichtlich zu machen (§§ 238 ff. HGB). Als Kapitalgesellschaft gelten für sie auch die ergänzenden Vorschriften für den Jahresabschluss (§§ 264 ff. HGB). Verantwortlich für die Führung der erforderlichen Handelsbücher sind der Vorstand (§ 91 Abs. 1 AktG) und die stellvertretenden Vorstandsmitglieder (§ 94 AktG). Bei der → *Abwicklung* trifft die Buchführungspflicht die Abwickler (*Liquidatoren*, § 268 AktG).

▷ **Übertragung auf Dritte:** Die Buchführungspflicht kann grundsätzlich nicht mit befreiender Wirkung auf Dritte übertragen werden. In der Praxis wird jedoch meist die Buchführung im Rahmen der Geschäftsverteilung unter mehreren Vorstandsmitgliedern auf ein einzelnes Mitglied übertragen. Die Übertragung befreit jedoch nicht die anderen Mitglieder von ihrer Buchführungspflicht. Deren Pflicht reduziert sich vielmehr auf die Mitwirkung an einer sachgemäßen Auswahl der Person und ihrer angemessenen Überwachung. Werden Mitarbeiter sorgfältig ausgesucht und angemessen überwacht, können auch Mitarbeiter mit der Buchführung betraut werden. Ebenso können Steuerberater, Wirtschaftsprüfer oder Buchführungshelfer mit den Buchführungsarbeiten betraut werden. Auch durch diese Delegation wird die Buchführungspflicht nicht übertragen, sie verbleibt vielmehr trotz der bestehenden besseren Sachkompetenz der selbständigen Dritten beim Vorstand bestehen. In der Praxis ist die Übertragung einzelner Buchungsarbeiten auf Rechenzentren gängige Regel und als Handelsbrauch zulässig (BFH BStBl. II 1979, 20).

▷ **Buchführungspflicht vor der Gründung der Aktiengesellschaft:** Vor der Feststellung der Satzung ist die Vorgründungsgesellschaft eine Gesellschaft bürgerlichen Rechts bzw. eine OHG, wenn sie ihre gewerbliche Tätigkeit schon aufgenommen hat. Die Buchführungspflicht richtet sich in diesem Gründungsstadium nach dem Recht dieser Gesellschaftsformen. Mit Abschluss der notariellen Satzung endet die Vorgründungsgesellschaft und es entsteht die sog. → *Vor-AG*, die nach dem Recht der Aktiengesellschaft buchführungspflichtig ist. Bücher und Buchungsbelege gehen auf die eingetragene Gesellschaft über.

▷ **Steuerrechtliche Buchführungspflicht:** Die Aktiengesellschaft ist aufgrund der sog. abgeleiteten Buchführungspflicht unabhängig von den steuerlichen Schwellenwerten zur Führung von Büchern verpflichtet (§§ 6 Abs. 1, 238 ff. HGB, 150 ff. AktG). Die Finanzbehörde kann die Erfüllung der Buchführungspflicht zwangsweise durchsetzen (§§ 328 f. AO). Wenn der Steuerpflichtige seine Buchführungspflichten nicht beachtet oder seine Bücher unvollständig oder unrichtig führt, werden die Besteuerungsgrundlagen geschätzt (§ 162 AO). Werden buchungspflichtige Geschäftsvorfälle vorsätzlich oder leichtfertig unrichtig verbucht und wird dadurch die Verkürzung von Steuereinnahmen ermöglicht, so liegt hierin eine Steuergefährdung (§ 379 Abs. 1 AO), die mit einer Geldbuße bis zu 5000 Euro geahndet werden kann (§ 379 Abs. 4 AO). Ist die Tat als leichtfertige Steuerverkürzung zu qualifizieren, erhöht sich die Geldbuße auf bis zu 50 000 Euro (§ 378 AO).

Buchführung

Außerdem kann in krassen Fällen sogar eine Bestrafung wegen Steuerhinterziehung in Betracht kommen (§ 370 AO).

▷ **Insolvenzverfahren:** Bei Einleitung eines Insolvenzverfahrens besteht die Buchführungspflicht weiter fort mit der Maßgabe, dass deren Erfüllung nunmehr dem Insolvenzverwalter obliegt (BFH BStBl. II 1979, 89 für den Konkursverwalter). Mit Abschluss des Verfahrens endet die Buchführungspflicht des Insolvenzverwalters.

3. Aufbewahrungspflicht

▷ **Begriff:** Die Gesellschaft ist verpflichtet, Unterlagen sowie zugehörige Arbeitsanweisungen und Organisationsunterlagen über eine bestimmte Dauer hin aufzubewahren. Für den Fall einer gerichtlichen oder anderen Auseinandersetzung muss das Unternehmen seine Handelsbücher vorlegen. Die Gesellschaft ist sowohl nach handelsrechtlichen als auch nach steuerrechtlichen Bestimmungen verpflichtet, bestimmte Unterlagen aufzubewahren.

Im Steuerrecht finden sich entsprechende Regelungen zur Aufbewahrung von Unterlagen (§§ 97, 147 Abs. 5 AO, § 85 FGO). Die von 6 Jahren auf 10 Jahre verlängerte Aufbewahrungspflicht für Buchungsbelege gilt erstmals für Belege, deren Aufbewahrungspflicht am 23. Dezember 1998 noch nicht abgelaufen war (Art. 973 § 19a EGAO).

Tabelle: Art und Dauer der Aufbewahrungspflicht

Betroffene Unterlagen	Aufbewahrungsdauer in Jahren Handelsrechtlich nach § 257 Abs. 4 HGB	Aufbewahrungsdauer in Jahren Steuerrechtlich nach § 147 Abs. 3 AO	Vorlagepflicht
Handelsbücher	10	10	ja
Inventare	10	10	nein
Eröffnungsbilanzen	10	10	nein
Jahresabschlüsse	10	10	nein
Lageberichte	10	10	nein
Konzernabschlüsse	10	–	nein
Konzernlageberichte	10	–	nein
Empfangene Handels- und Geschäftsbriefe	6	6	nein
Wiedergaben der abgesandten Handels- und Geschäftsbriefe	6	6	nein
Buchungsbelege	10	10	nein
Sonstige Unterlagen mit Relevanz für die Besteuerung	–	6	nein

Aufzubewahren sind ebenfalls die zum Verständnis dieser Unterlagen erforderlichen Arbeitsanweisungen und Organisationsunterlagen.

▷ **Frist:** Die Aufbewahrungsfrist beginnt mit dem Schluss des Kalenderjahres, in dem die letzte Eintragung in das Handelsbuch gemacht, das Inventar aufgestellt, die Eröffnungsbilanz oder der Jahresabschluss festgestellt, der Konzernabschluss aufgestellt, der Handelsbrief empfangen oder abgesandt worden oder der Buchungsbeleg entstanden ist (§ 257 Abs. 5 HGB). Das gegebenenfalls abweichende Geschäftsjahr ist nicht maßgebend.

▷ **Verstoß gegen die Aufbewahrungspflicht:** Das Handelsrecht kennt keine Sanktionen zur Sicherung der Aufbewahrungspflicht. Steuerrechtlich wird allerdings die Verletzung der Aufbewahrungspflicht die Schätzung der Besteuerungsgrundlagen nach sich ziehen (§ 162 AO). Im Einzelfall kann die Verletzung der Aufbewahrungspflicht als *Steuerhinterziehung* oder zumindest als *fahrlässige Steuerverkürzung* strafbar sein (§§ 370, 378 AO).

4. Inventarpflicht

▷ **Inventar:** Als Inventar bezeichnet man ein Verzeichnis zu einem bestimmten Zeitpunkt, in dem alle Vermögensgegenstände und Schulden nach Art, Menge und Wert genau katalogisiert werden (§ 240 Abs. 1 HGB). Ein Inventar ist zu Beginn des Handelsgewerbes und für den Schluss eines jeden Geschäftsjahres aufzustellen (§ 240 Abs. 2 Satz 1 HGB). Die jährliche Aufnahme des Inventars wird als Inventur bezeichnet. Das Inventar muss den Nachweis darüber ermöglichen, dass die bilanzierten Bestände vollständig aufgenommen worden sind (BFH BStBl. II 1972, 400). Ein ordnungsgemäßes Inventar muss in der Regel folgende Posten enthalten:

- die Menge (Maß, Zahl oder Gewicht),
- die Bezeichnung (Artikelnummer, Größe),
- den Wert pro bewerteter Einheit,
- den Gesamtwert unter Berücksichtigung der Menge,
- den Gesamtwert des gesamten Vorratsbestands.

▷ **Durchführung der Inventur:** Bei körperlichen Gegenständen (z.B. Bargeld, Sachanlagen oder Vorräte) erfolgt die Inventur durch Zählen, Messen oder Wiegen. Unkörperliche Vermögensgegenstände (wie Forderungen und Schulden) können wertmäßig nur durch Buchinventur ermittelt werden. Sie ergeben sich aus Belegen, Kontoauszügen, Saldenbestätigungen und Buchungen.

▷ **Pflichtverletzung:** Bei fehlender Bestandsaufnahme liegt keine ordnungsgemäße Buchführung vor. Da ohne Inventar die Überprüfung der Bestände nicht möglich ist, ist die Beweiskraft der Buchführung nicht mehr gegeben. Das Finanzamt wird die Besteuerungsgrundlagen schätzen (§ 162 AO). Eine Schätzung erfolgt auch dann, wenn es nach einer Verprobung usw. unwahrscheinlich ist, dass die angesetzten Werte mit den tatsächlichen Verhältnissen übereinstimmen.

Hinweis auf weiterführende Literatur: *Budde/Clemm u.a.*, Beck'scher Bilanz-Kommentar, Handelsrecht und Steuerrecht, §§ 238–339 HGB, 6. Aufl. 2005; *Glanegger/Güroff u.a.*, HGB Handelsrecht, Bilanzrecht, Steuerrecht, 6. Aufl. 2002; *Falterbaum/Beckmann/Bolz*, Buchführung und Bilanz, 19. Aufl. 2003.

Hinweis auf weitere Stichwörter

- → *Bilanzierung*
- → *Euro*

- → *Jahresabschluss*
- → *Rechnungslegung*

Bundesanzeiger

▷ **Pflicht-Gesellschaftsblatt** ist seit dem 1.1.2003 der *elektronische Bundesanzeiger*, soweit Gesetz und → *Satzung* die → *Bekanntmachungen* der Aktiengesellschaft in den Gesellschaftsblättern vorschreiben (§ 25 Satz 1 AktG). (TransPuG vom 19.7.2002, BGBl. I 2002, 2681 i.V.m. §§ 1, 2, 6 Gesetz über Bekanntmachungen vom 17.5.1950, BGBl. I 1950, 183). Hinsichtlich des konkreten Mediums gilt die Einführung des Bundesanzeigers ausschließlich in elektronischer Form. Die Druckversion des Bundesanzeigers ist für Gesellschaftsmitteilungen damit endgültig abgeschafft. Aktienrechtliche Pflichtveröffentlichungen sind daher nur dann rechtmäßig publiziert, wenn sie im elektronischen Bundesanzeiger abgedruckt sind. Ein Abdruck in der Printausgabe des Bundesanzeigers würde den gesetzlichen Anforderungen nicht entsprechen.

▷ In der **Druckversion** erscheinen aber derzeit weiterhin

- die Bekanntmachungen der Registergerichte (vgl. §§ 225 Abs. 1 Satz 1, 303 Abs. 1 Satz 1, 320b Abs. 1 Satz 6, 321 AktG) und
- die Rechnungslegung der börsennotierten Aktiengesellschaften (§ 325 Abs. 2 HGB).

Im Hinblick auf Bekanntmachungen aufgrund umwandlungsrechtlicher und mitbestimmungsrechtlicher Vorschriften, welche die Aktiengesellschaft betreffen, ist die Rechtslage noch ungeklärt (*Noack*, BB 2001, 2025).

▷ Der elektronische Bundesanzeiger ist seit August 2002 im **Internet** abrufbar unter: *www.ebundesanzeiger.de*.

Hinweis auf weiterführende Literatur: *Noack*, Online-Hauptversammlung – Stand der Dinge und wichtige Reformvorschläge, NZG 2001, 1057 ff.; *Noack*, Der elektronische Bundesanzeiger im Aktienrecht – ein Überblick, BB 2002, 2025 ff.; *Noack*, Hauptversammlung der Aktiengesellschaft und moderne Kommunikationstechnik – aktuelle Bestandsaufnahme und Ausblick, NZG 2003, 241 ff.

Hinweis auf weitere Stichwörter

- → *Eintragung*

- → *Handelsregister*

Cash-Flow

▷ **Begriff:** Als Cash-Flow wird eine bestimmte Kennzahl zur Beurteilung der Finanz- und Ertragskraft eines Unternehmens bezeichnet. Mit dieser Kennzahl soll ein möglichst sicherer und korrekter Einblick in die tatsächliche Lage eines Unternehmens gewonnen werden. Aus betriebswirtschaftlicher Sicht versteht man darunter den Nettozugang an liquiden Mitteln (Einnahmen – Ausgaben), den ein Unternehmen innerhalb eines bestimmten Zeitraumes aus Umsatz und anderen laufenden Operationen erwirtschaftet hat. Damit könnte die Liquiditätslage genau erfasst werden, wenn eine eigenständige Zahlungsmittelbewegungsrechnung, basierend auf Einnahmen und Ausgaben, erstellt würde.

▷ Die **Kennzahl** wird in ihrer Grundform wie folgt ermittelt:

Jahresüberschuss/-fehlbetrag
+ Abschreibungen
./. Zuschreibungen
+ Zuführungen zu den Rückstellungen
./. Auflösung von Rückstellungen
+ Bildung von Posten mit Rücklageanteil
./. Auflösung von Posten mit Rücklageanteil
= Cash-Flow

▷ **Inhalt:** Der Cash-Flow stellt somit nur eine Größe dar, die den Einnahmeüberschuss aus der laufenden unternehmerischen Tätigkeit aufzeigt. Aufgrund dieses Ermittlungsschemas sind die nicht erfolgswirksamen Zahlungsströme, die während eines Jahres stattfinden, in der Cash-Flow-Größe nicht enthalten. Im Wesentlichen sind dies

– Kapitaleinlagen,

– Darlehensaufnahmen,

– Anlageverkäufe zum Buchwert, als weitere Einnahmequellen und Investitionsausgaben,

– Schuldentilgung und

– Gewinnausschüttung.

Den so ermittelten sog. Brutto-Cash-Flow kann man noch um außerordentliche und betriebsfremde zahlungswirksame Aufwendungen und Erträge bereinigen, um den Netto-Cash-Flow darzustellen.

Hinweis auf weitere Stichwörter

→ *Finanzierung* | → *Unternehmen*

Control-Concept

▷ **Begriff:** Von dem Vorliegen eines Control-Verhältnisses wird gesprochen, wenn eine Konzernrechnungslegungspflicht gemäß § 290 Abs. 2 HGB besteht. Die gesetzlichen Vertreter einer inländischen Kapitalgesellschaft (Mutterunternehmen) sind zur Aufstellung eines Konzernabschlusses und eines Konzernlageberichts verpflichtet, wenn das Verhältnis zu dem anderen Unternehmen (Tochterunternehmen), dessen Rechtsform unerheblich ist, eines der folgenden Kriterien erfüllt:

– Dem Mutterunternehmen steht bei dem Tochterunternehmen die Mehrheit der Stimmrechte der Gesellschaft zu (§ 290 Abs. 2 Nr. 1 HGB),
– dem Mutterunternehmen steht das Recht zu, die Mehrheit der Mitglieder des Verwaltungs-, Leitungs-, oder Aufsichtsorgans des Tochterunternehmens zu bestellen oder abzuberufen, und das Mutterunternehmens ist gleichzeitig Gesellschafterin, (§ 290 Abs. 2 Nr. 2 HGB) oder
– wenn dem Mutterunternehmen das Recht zusteht, einen beherrschenden Einfluss aufgrund eines mit dem Tochterunternehmen geschlossenen Beherrschungsvertrags oder aufgrund einer Satzungsbestimmung dieses Unternehmens auszuüben (§ 290 Abs. 2 Nr. 3 HGB).

Das in § 290 Abs. 2 HGB genannte Control-Concept steht neben dem in § 290 Abs. 1 HGB genannten Konzept der einheitlichen Leitung, bei deren Vorliegen die gesetzlichen Vertreter des Mutterunternehmens ebenfalls zur Aufstellung eines Konzernabschlusses und eines Konzernlageberichts verpflichtet sind.

▷ Der für die Konzernrechnungslegungspflicht relevante **handelsrechtliche Konzernbegriff** des § 290 Abs. 1 und 2 HGB ist streng von dem aktienrechtlichen Konzernbegriff des § 18 AktG zu unterscheiden.

Hinweis auf weiterführende Literatur: *Adler/Düring/Schmaltz*, Rechnungslegung und Prüfung der Unternehmen, TB 3, 6. Aufl. 1996, § 290 Rn. 12 ff.; Muster bei *Hopt*, Vertrags- und Formularbuch zum Handels-, Gesellschafts-, Bank- und Transportrecht, 2. Aufl. 2000, Form II H 11, Beherrschungs- und Ergebnisabführungsvertrag.

Hinweis auf weitere Stichwörter

→ *Konzern* | → *Rechnungslegung*

Corporate Governance

1. Begriff 241
2. Grundsätze 241
3. Corporate Governance Kodex 241

1. Begriff

Der Begriff „Corporate Governance" ist kein Rechtsbegriff, sondern ein international angewendeter Begriff mit zahlreichen Ausprägungen. Das Zusammenwirken der gesellschaftsrechtlichen Organe, die Rollenverteilung zwischen ihnen und ihren einzelnen Mitgliedern, die Effizienz der unterschiedlichen Systeme und ihr Beitrag zum Unternehmenserfolg, aber auch zum Erfolg ganzer Volkswirtschaften sind unter dem Schlagwort „Corporate Governance" bekannt geworden. Auch im international akzeptierten Kern versteht man darunter eine verantwortliche, auf langfristige Wertschöpfung ausgerichtete Unternehmensleitung und -kontrolle. Sie wird durch die institutionellen Rahmenbedingungen sowie die Wirtschafts- und Unternehmenskultur des betreffenden Landes geprägt. Corporate Governance ist daher mehr als die Darstellung der rechtlichen Strukturen der Entscheidungs- und Überwachungsorganisation von Unternehmen.

Corporate Governance ist die allgemeine Bezeichnung für Unternehmensführung und -verfassung. Konkret geht es dabei um die Kontrolle des Unternehmensmanagements bzw. die Schaffung von diesbezüglichen Mechanismen mit dem Ziel, die Stellung eines Unternehmens im Wettbewerb um die Kapitalgeber zu stärken.

Die in § 147 AktG geregelten Möglichkeiten zur Klageerzwingung des Vorstandes oder des Aufsichtsrats gegen schadenersatzpflichtige Vorstandsmitglieder stellen ein wichtiges Element im System der Corporate Governance der Aktiengesellschaft dar.

2. Grundsätze

Nahezu alle großen Kapitalmarktländer haben schon seit einigen Jahren Corporate Governance Grundsätze entwickelt, die in der Praxis Anwendung finden. Abgesehen von der Übereinstimmung in den grundsätzlichen Zielen gibt es kein global einheitliches Modell, sondern eine Vielzahl von Modellen mit länderspezifischen Besonderheiten. Diese beinhalten Regeln, an die sich Vorstand, Aufsichtsrat und leitende Mitarbeiter des Unternehmens durch entsprechende Verpflichtungserklärungen binden. Darüber hinaus werden gesetzliche Regelungen bestimmter Grundfragen dargestellt und unbestimmte Rechtsbegriffe der deutschen Gesetzgebungskultur konkretisiert. Diese Grundsätze bedürfen jedoch einer maßgeschneiderten Anpassung an jedes einzelne Unternehmen. Dabei sind die Größe des Unternehmens, der Konzernierungsgrad, die jeweilige Branche und andere Kriterien zu berücksichtigen. Die Umsetzung der Grundsätze erfolgt im Wege der Anerkennung durch die einzelnen Organmitglieder sowie den erweiterten Führungskreis des Unternehmens.

3. Corporate Governance Kodex

▷ **DKGC:** Ein praxisgerechtes Modell für Corporate Governance Grundsätze stellt in Deutschland der Deutsche Corporate Governance Kodex (DCGK) der Regierungskommission Deutscher Corporate Governance Kodex v. 26.2.2002 dar (*Uwe H. Schneider/Strenger*, AG 2000, 106 ff.; letzte Änderung zum 12.6.2006). Der Kodex ist kein Gesetz, sondern enthält über das Gesetz hinausgehende verbindliche Pflichten für → *Vorstand* und → *Aufsichtsrat*.

▷ **Inhalt:** Der Kodex besteht aus (50 Verhaltensempfehlungen und 15 Anregungen)

- wesentlichen gesetzlichen Vorschriften (aus AktG, HGB, WpHG, MitbestG) zur Unternehmensleitung und Überwachung börsennotierter Aktiengesellschaften,
- Empfehlungen internationaler und nationaler Verhaltensstandards,
- Anregungen für eine gute Unternehmensführung.

▷ **Verbindlichkeit:** Der Kodex findet Eingang in das verbindliche Gesetzesrechtsnetz durch die Verankerung einer sog. *Entsprechenserklärung (Comply or Explain)* in § 161 AktG (TransPuG). Demzufolge müssen sich Vorstand und Aufsichtsrat börsennotierter Unternehmen jährlich darüber erklären, ob diese die DCGK-Verhaltensempfehlungen einhalten. Die Entsprechenserklärung begründet eine Darstellungs-, aber keine Begründungspflicht.

▷ **Zuständigkeit:** Über die Befolgung der Kodex-Verhaltensempfehlungen entscheidet der Vorstand grundsätzlich unter Zustimmung des Aufsichtsrates, soweit die Verhaltensempfehlungen den Aufsichtsrat betreffen oder in seinen Kompetenzbereich fallen würden. Falls keine Einigung zwischen Vorstand und Aufsichtsrat besteht, kann der Vorstand die Entscheidung der Hauptversammlung verlangen (§ 119 Abs. 2 AktG). Die Entscheidung über die Befolgung einzelner Kodex-Empfehlungen liegt im pflichtgemäßem Ermessen der Verwaltungsorgane. Eine Pflicht der Verwaltungsorgane besteht bei der Organisation für die Sicherstellung der Einhaltung der beschlossenen Corporate Governance Grundsätze und bei der Dokumentation der getroffenen Maßnahmen sowie der Ergebnisse der Untersuchung zur Befolgung dieser Grundsätze.

▷ **Befolgung der Empfehlungen:** Die Entscheidung der Verwaltung hinsichtlich der Befolgung einer bestimmten Empfehlung ist nicht pflichtwidrig, wenn die Verwaltungsorgane

- sich vor der Entscheidung in ausreichendem Maße informiert haben,
- sich nicht im Interessenkonflikt befinden,
- subjektiv im besten Interesse der Aktiengesellschaft handeln,
- die Risikobereitschaft nicht überspannen,
- das Handeln nicht aus anderen Gründen pflichtwidrig ist.

Eine Ermessensreduzierung kommt aber in Betracht, wenn eine fast einheitliche Befolgung einer bestimmten Kodexempfehlung im Markt allgemein und auch in der Branche der betreffenden Aktiengesellschaft vorliegt und keine unternehmensspezifischen Gründe für die Abweichung dargetan werden können.

▷ **Kontrolle:** Der Aufsichtsrat kann einen Corporate Governance Ausschuss einrichten. Der Vorstand kann einen Corporate Governance Beauftragten (*compliance-officer*) benennen, der dem Vorstand unmittelbar berichtet. Dessen Kontrolltätigkeit darf sich jedoch nicht auf die Tätigkeit des Aufsichtsrates erstrecken.

▷ **Haftung der Organe:** Die Haftung der Verwaltungsmitglieder gegenüber den Aktionären wegen Verletzung der Verhaltensregeln kommt in Betracht bei der

– wahrheitswidrigen Erklärung über die Einhaltung des Kodex bzw. den Umfang der Abweichungen,

– pflichtwidrigen Entscheidung über die Kodex-Einhaltung,

– Nichtveröffentlichung der in § 161 AktG geforderten Erklärung.

Die Organe haften bei Verletzung der Verhaltensregeln auch gegenüber der Aktiengesellschaft auf Schadenersatz.

Beachte: Der Nachweis eines kausal verursachten Schadens durch die Organmitglieder bereitet jedoch Schwierigkeiten bei der Geltendmachung des Anspruchs wegen Verletzung von Verhaltenspflichten (§§ 93 Abs. 1 Satz 1, Abs. 2–6, 116 AktG).

Hinweis auf weiterführende Literatur: *Bachmann*, Der „Deutsche Corporate Governance Kodex" Rechtswirkungen und Haftungsrisiken, WM 2002, 2137–2143; *Bassen*, Einflussnahme institutioneller Anleger auf Corporate Governance und Unternehmensführung – Ergebnisse einer empirischen Untersuchung, ZBB 2002, 430 ff.; *Bernhard*, Der Deutsche Corporate Governance Kodex: Zuwahl (comply) oder Abwahl (explain)?, DB 2002, 1841 ff.; *Bernhard/v. Werder*, Der German Code of Corporate Governance (GCCG) – Konzeption und Voraussagen, ZfB 2000, 1269 ff.; *Berrar*, Die zustimmungspflichtigen Geschäfte nach § 111 Abs. 4 AktG im Lichte der Corporate Governance-Diskussion, DB 2001, 2181 ff.; *Claussen/Bröcker*, Der Corporate Governance Kodex aus der Perspektive der kleinen und mittleren Börsen-Aktiengesellschaft, DB 2002, 1199 ff.; *Erhardt/Nowak*, Die Durchsetzung der Corporate Governance Regeln, AG 2002, 336 ff.; *Escher-Weingart*, Corporate Governance Strukturen – ein deutsch-amerikanischer Rechtsvergleich, ZvglRWiss 2000, 387 ff.; *Fleischer*, Aktienrechtliche Sonderprüfung und Corporate Governance, RIW 2000, 809 ff.; *Gelhausen/Hönsch*, Der Deutsche Corporate Governance Kodex und Abschlussprüfung, AG 2002, 529 ff.; *Hakelmacher*, Die korpulente Gouvernante II – Corporate Governance mit Aussicht auf KonTraG II, WPg 2001, 177 ff.; *Hommelhoff*, Die OECD-Principles on Corporate Governance – ihre Chancen und Risiken aus dem Blickwinkel der deutschen Corporate Governance-Bewegung, ZGR 2001, 238 ff.; *Hommelhoff/Mattheus*, Corporate Governance nach dem KonTraG, AG 1998, 249, 258 f.; *Hopt*, Gemeinsame Grundsätze der Corporate Governance in Europa? – Überlegungen zum Einfluß der Wertpapiermärkte auf Unternehmen und ihre Regulierung und zum Zusammenwachsen von common law und civil law im Gesellschafts- und Kapitalmarktrecht, ZGR 2000, 779 ff.; *Hütten*, Unternehmenseigener Corporate Governance Kodex – Zulässigkeit und Sinnhaftigkeit in Zeiten von TransPuG und Deutschem Kodex, BB 2002, 1740 ff.; *Ihrig/Wagner*, Corporate Governance: Kodex-Erklärung und ihre unterjährige Korrektur, BB 2002, 2509 ff.; *Kamann/Simpkins*, Sarbanes-Oxley Act – Anlass zu verstärkter internationaler Kooperation im Bereich der Corporate Governance?, RIW 2003, 183 ff.; *Kollmann*, Aktuelle Corporate-Governance-Diskussion in Deutschland, WM 2003, 1 ff.; *Lutter*, Die Erklärung zum Corporate Governance Kodex gemäß § 161 AktG, ZHR 166 (2002), 523 ff.; *Lutter*, Vergleichende Corporate Governance – die deutsche Sicht, ZGR 2001, 224 ff.; *Lutter*, Die Kontrolle der gesellschaftsrechtlichen Organe: Corporate Governance – ein internationales Thema, Jura 2002, 83 ff.; *Merkt*, Zum Verhältnis von Kapitalmarktrecht und Gesellschaftsrecht in der Diskussion um die Corporate Governance, AG 2003, 126; *Mutter*, Zur Anpassung der Vergütung von Aufsichtsräten an den Deutschen Corporate Governance Kodex, ZIP 2002, 1230 f.; *Peltzer*, Handlungsbedarf in Sachen Corporate Governance, NZG 2002,

593 ff.; *Pohle/Werder,* Die Einschätzung der Kernthesen des German Code of Corporate Governance (GCCG) durch die Praxis – Ergebnisse einer Befragung der DAX 100-Unternehmen, DB 2001, 1101 ff.; *Roth,* Corporate Governance: Gesetz und Selbstverpflichtung, GesRZ 2001, 63 ff.; *Seibert,* Im Blickpunkt: Der Deutsche Corporate Governance Kodex ist da, BB 2002, 581 ff.; *Seibert,* OECD Principles of Corporate Governance – Grundsätze der Unternehmensführung und -kontrolle für die Welt AG 1999, 337 ff.; *Seibt,* Deutscher Corporate Governance Kodex und Entsprechens-Erklärung (§ 161 AktG) AG 2002, 249 ff.; *Schiessl,* Deutsche Corporate Governance post Enron, AG 2002, 593 ff.; *Uwe H. Schneider/Strenger,* Corporate Governance Grundsätze für börsennotierte Gesellschaften, AG 2000, 106 ff.; *Uwe H. Schneider,* Kapitalmarktorientierte Corporate Governance-Grundsätze, DB 2000, 2413 ff.; *Schwarz/Holland,* Enron,WorldCom ... und *die* Corporate Governance-Diskussion, ZIP 2002, 1661 ff.; *Strenger,* Corporate Governance: Entwicklung in Deutschland und internationale Konvergenz, DStR 2001, 2225 ff.; *Tanski,* WorldCom: Eine Erläuterung zu Rechnungslegung und Corporate Governance, DStR 2002, 2003 ff.; *Ulmer,* Der Deutsche Corporate Governance Kodex – ein neues Regulierungsinstrument für börsennotierte Aktiengesellschaften, ZHR 166 (2002), 150 ff.; *Volk,* Deutsche Corporate Governance-Konzepte, DStR 2001, 412 ff.; *Werder,* Der Deutsche Corporate Governance Kodex – Grundlagen und Einzelbestimmungen, DB 2002, 801 ff.; *Wolf,* Corporate Governance, ZRP 2002, 59 ff.

Hinweis auf weitere Stichwörter

→ *Aktiengesellschaft*
→ *Aufsichtsrat*
→ *Culpa in contrahendo*

→ *Organschaft*
→ *Vorstand*

Coupon

Der Coupon, auch *Dividendenschein* oder *Gewinnanteilsschein* genannt, ist ein Wertpapier, das das Recht des Aktionärs auf die festgestellte → *Dividende* verbrieft (allgemein anerkannter Anspruch auf Verbriefung, der aber durch die Satzung ausgeschlossen werden kann, vgl. auch § 10 Abs. 5 AktG). Coupons werden als Inhaberpapiere ausgestellt, selbst dann, wenn die Aktien auf den Namen lauten (§§ 793 ff. BGB). Sie werden als Zusammendruck von mehreren durch Nummern gekennzeichneten Scheinen als sog. Bogen zusammen mit dem Erneuerungsschein (→ *Talon*) und der → *Aktie* ausgegeben. Bei Ausgabe von Coupons ist jeder Inhaber berechtigt, die Zahlung der Dividende an sich zu verlangen. Gewinnanteilsscheine sind selbständig übertragbar. Gutgläubiger Erwerb ist möglich (§§ 932, 935 Abs. 2 BGB). Es besteht eine eingeschränkte Akzessorietät des Gewinnanteilsscheins zur Aktie, so dass die Gesellschaft dem Inhaber des Coupons alle Einreden, die sie gegen den Aktionär hätte, entgegenhalten kann. Sie werden mit Kraftloserklärung der Aktien kraftlos. Die Beschränkung auf einen bestimmten Zeitraum und die Ausgabe neuer zeitbegrenzter Gewinnanteilsscheine ist erforderlich, wenn durch die Ausgabe der Scheine die Vorlage der Aktienurkunden erspart werden soll. Coupons sind nicht aufgebotsfähig (§ 799 Abs. 1 Satz 2 BGB: keine gerichtliche Kraftloserklärung möglich). Möglich ist aber eine Verlustanzeige gegenüber dem Aussteller, mit der Wirkung, dass der Betroffene die Leistung des Dividendenanspruchs verlangen kann (§ 804 BGB).

Hinweis auf weiterführende Literatur: *Seibert*, Der Ausschluss des Verbriefungsanspruchs des Aktionärs in Gesetzgebung und Praxis, DB 1999, 267.

Hinweis auf weitere Stichwörter

→ *Aktionär*
→ *Dividende*

→ *Talon*

Culpa in contrahendo (cic)

▷ **Begriff:** Durch die Rechtsprechung und Lehre entwickelt und gewohnheitsrechtlich anerkannt war der Grundsatz, dass bereits durch die Aufnahme von Vertragsverhandlungen oder einen dieser gleichzustellenden geschäftlichen Kontakt ein vertragsähnliches Verhältnis entsteht, das die Partner zur Sorgfalt gegenüber Schuldnern verpflichtet (§§ 122, 179, 307 a.F., 309 a.F., 463 Satz 2, 663 BGB analog, BGH NJW 1979, 1983). Die Kodifizierung dieses ungeschriebenen Rechtsinstituts erfolgte durch die Schuldrechtsreform 2001. Die normative Grundlage für Ansprüche aus culpa in contrahendo (*cic*) liegt nun in § 311 Abs. 2 und 3 BGB, wenn zwischen den Parteien ein vorvertragliches Schuldverhältnis begründet wird.

Die Aktiengesellschaft bzw. ihre Verwaltungsmitglieder können neben der gesetzlichen Haftung nach dem AktG auch der Haftung aus cic unterfallen.

▷ **Voraussetzung für die Haftung** ist ein Verhalten, das auf den Abschluss eines Vertrages oder die Anbahnung geschäftlicher Kontakte abzielt.

▷ **Umfang der Haftung:** Gehaftet wird nach cic grundsätzlich, wie in einem bestehenden Schuldverhältnis, für Vorsatz und Fahrlässigkeit (§§ 276 ff. BGB). Das Verschulden kann in der Verletzung einer Pflicht zur Aufklärung, Beratung, Schutz, Obhut oder Fürsorge bestehen. Die Haftung erstreckt sich der Höhe nach auf den Vertrauensschaden/das negative Interesse, ohne Beschränkung auf das Erfüllungsinteresse/positives Interesse.

Grundsätzlich haftet nur die Aktiengesellschaft, wenn der Vertreter der Gesellschaft schuldhaft vorvertragliche Schutzpflichten, z.B. Aufklärungspflichten gegenüber dem Vertragspartner verletzt. Das Verwaltungsmitglied haftet jedoch, wenn es dem Verhandlungspartner gegenüber die Kreditwürdigkeit der Gesellschaft unrichtig darstellt, obwohl dazu eine vorvertragliche Aufklärungspflicht besteht (BGH WM 1992, 735), oder wenn er dem Vertragspartner eine zusätzliche Gewähr für die Vertragsdurchführung gibt, wenn ihn das Geschäft nicht nur mittelbar über das Gesellschaftsvermögen, sondern unmittelbar in seinem eigenen Vermögen betrifft, etwa weil er für die Gesellschaft eine Bürgschaft übernommen hat oder weil er beabsichtigt, die Gegenleistung des anderen Teils direkt in sein Vermögen zu leiten (BGH NJW 1988, 2234; BGH NJW 1990, 389; BGH BB 1991, 1587; BGH WM 1992, 735).

▷ Der **Vertreter der Aktiengesellschaft** haftet ausnahmsweise auch unter dem rechtlichen Gesichtspunkt des Verschuldens bei Vertragsschluss, wenn er

- persönlich in besonderem Maße das Vertrauen des Vertragspartners in Anspruch genommen hat oder
- persönlich wirtschaftlich am Vertragsschluss interessiert ist.

▷ Wenn das **vorvertragliche Schuldverhältnis beendet** ist (durch Abbruch der Verhandlungen oder mit Abschluss des Vertrages), bleiben bereits entstandene Schadenersatzansprüche aus cic bestehen, Grundlage für weitere Pflichten der Vertragsparteien ist jedoch der Vertrag (§ 241 Abs. 2 BGB).

Hinweis auf weiterführende Literatur: *Palandt*, BGB, 65. Aufl. 2006, § 311 Rn. 11 ff., vor § 145 Rn. 18; vor § 241 Rn. 62, § 195 Rn. 16.

Hinweis auf weitere Stichwörter

- → *Aufsichtsrat*
- → *Aufsichtsratsmitglieder*
- → *Haftung*
- → *Vorstand*
- → *Vorstandsmitglieder*

Darlehen

1. Gewährung eines Darlehens .... 246 | 2. Erhalt eines Darlehens 246

1. Gewährung eines Darlehens

▷ **Voraussetzungen:** Die Gewährung eines Darlehens durch die Aktiengesellschaft an Verwaltungsmitglieder (→ *Vorstandsmitglieder*, → *Aufsichtsratsmitglieder*), Prokuristen und Handlungsbevollmächtigte der Aktiengesellschaft sowie deren Ehegatten und minderjährige Kinder ist unter besonderen Bedingungen möglich (§§ 89, 115 AktG).

▷ **Schranken:** Die Gewährung eines Darlehens an → *Aktionäre* ist nur in engen Grenzen möglich (*Ausn.* bei Kreditinstituten). Zu beachten sind die Regelungen über die *Kapitalerhaltung*, das *Verbot der Einlagerückgewähr* und die *Gleichbehandlung der Aktionäre* (§§ 53a, 57, 62, 66, 71a AktG).

2. Erhalt eines Darlehens

▷ **Eigenkapitalersetzender Charakter:** Die von den Aktionären an die Aktiengesellschaft gewährten Darlehensbeträge (Aktionärskredite) werden unter bestimmten Voraussetzungen wie nachrangiges Eigenkapital behandelt (sog. *Umqualifikation*, ebenso im GmbH-Recht). Ein eigenkapitalersetzender Charakter des Darlehens liegt vor, wenn das Darlehen dazu dient, die Insolvenz der Aktiengesellschaft abzuwenden oder hinaus zu schieben. An die Einstufung von Gesellschafterdarlehen als haftendes Kapital sind allgemein strengere Anforderungen zu stellen als in der GmbH (§§ 30, 31 GmbHG, eigenkapitalersetzendes Darlehen).

▷ Eine **Einbeziehung kapitalersetzender Darlehen** in das haftende Vermögen im Falle eines Zusammenbruchs der Aktiengesellschaft setzt voraus, dass der Aktionär (Darlehensgläubiger) an der Aktiengesellschaft „unternehmerisch beteiligt" ist. Davon muss in aller Regel bei einem Aktienbesitz von mehr als 25 % des Grundkapitals ausgegangen werden. Bei einer darunter liegenden, jedoch noch wesentlichen → *Beteiligung*, kann ein Gesellschafterdarlehen nur dann als haftendes Eigenkapital einzustufen sein, wenn die Beteiligung dem Aktionär i.V.m. weiteren Umständen Einfluss auf die Unternehmensleitung sichert und der Aktionär zudem ein entsprechendes unternehmerisches Interesse erkennen lässt. Ein solcher weiterer Umstand für eine derartige unternehmerische Beteiligung kann etwa in einem → *Konsortialvertrag* mit einem anderen Aktionär zu sehen sein, der seinerseits eine wesentliche Beteiligung hält. Ganz generell ist bei der Darlehensgewährung seitens eines Aktionärs an die Gesellschaft zu prüfen, ob ihm durch seine Beteiligung eine Unternehmerstellung vermittelt wird. Der beherrschende Einfluss des (Aktionär-)Kreditgebers muss also stets gesellschaftsrechtlich bedingt oder zumindest gesellschaftsrechtlich vermittelt sein (Besserstellung gegenüber dem GmbH-Gesellschafter). Wie begrenzt die Möglichkeiten eines Aktionärs sein können, rechtlich und tatsächlich auf die Kapitalentwicklung Einfluss zu nehmen, veranschaulicht sich am deutlichsten am Beispiel einer großen Publikumsgesellschaft.

▷ **Haftendes Kapital:** Entschließt sich ein Aktionär zu einem Finanzierungsbeitrag in Gestalt eines Darlehens, statt im Wege einer Kapitalerhöhung, so wird hierin regelmäßig eine unternehmerische Entscheidung zu sehen sein, wenn der Aktionär über eine Beteiligung verfügt, die ihm die Sperrminorität sichert; in diesem Fall ist das Darlehen bei Vorliegen der übrigen Voraussetzungen als haftendes Kapital einzustufen. Denn ein Aktienbesitz von mehr als 25 % sichert seinem Inhaber ein unter Umständen ausschlaggebendes Mitspracherecht gerade auch in Angelegenheiten, die für die Geschicke der Gesellschaft besonders wichtig sind und über die daher die Hauptversammlung mit qualifizierter Mehrheit zu beschließen hat. Der damit gegebene Einfluss lässt erfahrungsgemäß auf Seiten des Aktionärs ein ihm entsprechendes Unternehmensinteresse vermuten. Dem trägt auch das Gesetz Rechnung, indem es an eine solche Beteiligung besondere Rechtsfolgen knüpft (vgl. §§ 19, 20, 21, 328 AktG; § 17 Abs. 1 Satz 3 EStG 1983).

Hinweis auf weiterführende Literatur: *Frese*, Kredite und verdeckte Sacheinlage – Zur Situation von Emissionsbanken, AG 2001, 5 ff.; *Kaiser*, Gesellschafterdarlehen mit Rangrücktritt und deren Behandlung unter dem neuen § 5 Abs. 2a EStG, GmbHR 2001, 103 ff.; *L. Schmidt/Hageböke*, Der Verlust von eigenkapitalersetzenden Darlehen und § 8b Abs. 3 KStG, DStR 2002, 1202 ff.; *Vogt*, Steuerliche Behandlung des Verzichts auf eigenkapitalersetzende Darlehen, DStR 2001, 1881 f.

Hinweis auf weitere Stichwörter

- → *Beteiligung*
- → *Einlagen*
- → *Entnahmen*
- → *Finanzierung*
- → *Konzern*
- → *Verwaltung*

Delisting

▷ **Begriff:** Delisting bedeutet die Rücknahme der Börsenzulassung (Rückzug von der Börse). Ein Delisting erfordert den Antrag des Vorstandes der Emittentin an die Börsenaufsicht zur Rücknahme der Börsenzulassung ihrer Aktien. Das Börsengesetz (§ 38 Abs. 4 BörsG) und die darauf beruhenden Börsenordnungen enthalten eine umfassende spezialgesetzliche Regelung des *Delisting*, welche die Aktionäre schützt.

▷ **Zustimmung:** Ein Antrag auf vollständigen Börsenrückzug von allen Handelsplätzen erfordert die Zustimmung der Hauptversammlung und ein Pflichtangebot (BGH AG 2003, 273 – *Macrotron*).

▷ **Aktienrechtliche Relevanz:** Die Börsennotierung ist kein rechtliches Wesensmerkmal einer Aktiengesellschaft und hat daher aktienrechtlich nur für bestimmte Vorschriften, die nur für börsennotierte Gesellschaften gelten, Relevanz (§ 317 Abs. 4 HGB, Prüfungspflicht für das → *Risikofrüherkennungssystem*).

Hinweis auf weiterführende Literatur: *Beck/Hedtmann*, Ausgewählte Rechtsfragen des börsenrechtlichen Delistings, BKR 2003, 190 ff.; *Groß*, Rechtsprobleme des Delisting, ZHR 165 (2001), 141 ff.; *Harrer/Wilsing*, Aktuelle Aspekte des Rückzugs von der Wertpapierbörse (sog. Delisting), DZWIR 2002, 485 ff.; *Kruse*, Gerichtliche Kontrolle des obligatorischen Aktienkaufangebots beim börsenrechtlichen Delistingverfahren, NZG 2000, 1112–1114; BB 2000, 2271 ff.; *Mülbert*, Rechtsprobleme des Delisting, ZHR 165 (2001), 104 ff.; *Schwichtenberg*, Downgrading oder Delisting? Der Wechsel vom regulierten Markt in das Segment M:access der Börsenkunden, AG 2005, 911; *Seibel*, Delisting von Anleihen sowie Folgen eines Delisting bei verbrieften Bezugsrechten und Indexzertifikaten, ZGR 2002, 842 ff.; *Streit*, Delisting Light – Die Problematik der Vereinfachung des freiwilligen Rückzugs von der Frankfurter Wertpapierbörse, ZIP 2002, 1279 ff.; *Zetsche*, Reguläres Delisting und deutsches Gesellschaftsrecht, NZG 1065 ff.

Hinweis auf weitere Stichwörter

→ *Börsengang* | → *Börsennotierung*

Depot

▷ **Prüfung:** Jährlich werden von der Bundesanstalt für Finanzdienstleistungsaufsicht (BaFin) für das Kreditwesen Fachkräfte ernannt, die im Schutzinteresse der Kunden eine Überprüfung des Depot- und Effektengeschäfts einer Bank vornehmen.

▷ **Stimmrechte:** s. → *Stimmrechte*

Hinweis auf weitere Stichwörter

→ *Bank*
→ *Börsengang*
→ *Effekten*
→ *Stimmrechte*

Differenzhaftung

Bleibt der Wert der Sacheinlage erheblich hinter dem Wert der → *Einlage* zurück und wurde die Gesellschaft trotz dieses Mangels eingetragen, haftet der Aktionär unabhängig von einer etwaigen Haftung nach § 46 AktG auf die Differenz zum Nennbetrag seiner Beteiligung (Differenzhaftung). Die Differenzhaftung entsteht unabhängig vom Verschulden. Der Anspruch der Gesellschaft verjährt in 5 Jahren seit der Eintragung der Gesellschaft ins → *Handelsregister*. Die Berufung auf die Nichtigkeit der → *Satzung* ist nach Eintragung der Gesellschaft nicht mehr möglich.

Hinweis auf weitere Stichwörter

→ *Durchgriffshaftung*
→ *Einlage*
→ *Haftung*
→ *Prüfung*

Disagio

Das Disagio ist der Abschlag, um den der Wert eines Wertpapiers vom Nennbetrag (bei → *Stückaktien* der rechnerische Nennbetrag) bei der Ausgabe bzw. beim Handel vermindert wird (Nennbetrag ./. Disagio = Kurs). Die Ausgabe von Aktien mit Disagio ist verboten (Verbot der sog. *Unterpariemission*, § 9 Abs. 1 AktG). Bei einer zu geringen Sacheinlage sind die Gründer oder Kapitalübernehmer zur Aufstockung bis zum Nennbetrag verpflichtet (allgemeine Meinung, BGHZ 64, 52). Ein Disagio kann sich daher nur bei einem späteren Handel ergeben. Je höher das Disagio, desto geringer ist der Kapitalbedarf beim Erwerb der gleichen Menge Wertpapiere und desto größer ist die Erhöhung der Rendite bei späterer Einlösung zum Nennwert bzw. zur Parität.

Hinweis auf weitere Stichwörter

→ *Agio*

Dividende

1. Begriff 250
2. Zahlungsanspruch 250
3. Garantie 252
4. Dividendenschein 253
5. Besteuerung 253

1. Begriff

Die Dividende ist der Auszahlungsbetrag an die → *Aktionäre* der Aktiengesellschaft bei der Ausschüttung des Bilanzgewinns (→ *Bilanzierung: 3. Gewinn/Verlust*).

2. Zahlungsanspruch

▷ **Rechtsnatur:** Der konkrete Anspruch der Aktionäre auf Auszahlung des anteiligen Bilanzgewinns (Dividende) ist ein Gläubigerrecht, das von dem mitgliedschaftlichen Anspruch auf Gewinnbeteiligung bzw. auf Ausschüttung zu unterscheiden ist. Er entsteht nur durch einen Gewinnverwendungsbeschluss der → *Hauptversammlung* (§ 174 AktG) oder ausnahmsweise einen → *Beschluss* der Verwaltung (§ 59 AktG) und gleichzeitig mit diesem. Dieser Zahlungsanspruch erwächst aus der Mitgliedschaft, verselbständigt sich aber mit seiner Entstehung zu einem autonomen Gläubigerrecht und kann durch die Gesellschaft ohne Zustimmung des einzelnen Aktionärs nicht mehr geändert werden.

▷ **Entstehung:** Aus der Mitgliedschaft resultiert für den Aktionär der Anspruch auf Gewinnbeteiligung (§ 58 Abs. 4 AktG). Auf der Grundlage des festgestellten → *Jahresabschlusses* muss die → *Hauptversammlung* einen Gewinnverwendungsbeschluss fassen. Mit Wirksamwerden des Gewinnverwendungsbeschlusses, der eine Ausschüttung vorsieht, steht dem Aktionär ein Zahlungsanspruch gegenüber der Gesellschaft zu (§ 58 Abs. 4 AktG i.V.m. dem Beschluss).

Falls anstelle des Inhabers der Aktie der Nominé im Aktienregister eingetragen wird (damit der Aktionär verdeckt bleiben kann), muss der Nominé den Auszahlungsanspruch an den Inhaber der Aktie abtreten.

Will sich ein Aktionär gegen den Gewinnverwendungsbeschluss wehren, so kann er den Beschluss anfechten (→ *Anfechtung von Hauptversammlungsbeschlüssen*).

▷ **Fälligkeit:** Der Zahlungsanspruch wird mangels abweichender Vereinbarung in der → *Satzung* oder im Gewinnverwendungsbeschluss sofort fällig (§ 271 BGB). Während der zur Auszahlung benötigten Zeit (in aller Regel 1–2 Tage) kann die Gesellschaft jedoch nicht in Verzug geraten (§ 286 BGB).

▷ **Übertragbarkeit:** Anders als das mitgliedschaftliche Recht auf Gewinnbeteiligung ist der Zahlungsanspruch selbständig übertragbar, und zwar unabhängig davon, ob er bereits fällig ist oder nicht. Auch können zukünftige Ansprüche übertragen werden. Der Anspruch kann auch ver- oder gepfändet werden. Das Recht des Aktionärs auf die Gewinnauszahlung wird in der Regel in einem Gewinnanteilschein (→ *Coupon*) verbrieft. Enthält die Satzung keine abweichende Regelung, hat der Aktionär auf diese Verbriefung seines Dividendenanspruchs einen eigenen Anspruch.

▷ **Durchsetzung des Anspruchs:** Der Zahlungsanspruch ist gegenüber der Gesellschaft im Wege der Leistungsklage einzuklagen. Anspruchsgrundlage ist § 58 Abs. 4 AktG i.V.m. dem Beschluss.

▷ **Höhe des Anspruchs:** Die Höhe des Zahlungsanspruchs ergibt sich aus dem Gesetz bzw. der Satzung. Nach dem gesetzlichen Verteilungsschlüssel ist zu unterscheiden (§ 60 AktG):

- Sind die Einlagen auf alle → *Aktien* in gleichmäßigem Umfang erbracht worden, so bestimmt sich der Gewinnanspruch nach dem Anteil der Aktionäre am Grundkapital. Die Aktionäre sind also nach ihrer quotenmäßigen Beteiligung am Kapital zu bedienen. Die auf den Anteil geleisteten Einzahlungen sind zu berücksichtigen, denn § 60 Abs. 1 AktG geht von Leistungen aus, die nach Höhe und Zeitpunkt verhältnismäßig übereinstimmen. Ein etwaiges Aufgeld ist dagegen nicht zu berücksichtigen, weil es nicht Bestandteil der Einlage ist;
- bei ungleichmäßiger Erbringung der Einlagen auf das Grundkapital erhält jeder Aktionär eine *Vorabdividende* von 4 % auf die geleistete Einlage. Reicht der Gewinn nicht aus, erhält der Aktionär einen entsprechend niedrigeren Satz. Im Laufe des Geschäftsjahres erfolgte Einlageleistungen sind von ihrer Leistung an verhältnismäßig zu berücksichtigen. Ein nach Verteilung der *Vorabdividende* noch verbleibender Gewinn wird nach den Anteilen der Aktionäre am Grundkapital verteilt.

Junge Aktien aus Kapitalerhöhungen, die im Laufe des Geschäftsjahres durchgeführt worden sind, erhalten eine Vorausdividende von 4 % für die Zeit seit der Leistung der Einlage.

▷ Die gesetzlichen Regelungen sind aber **abdingbar**; in der Satzung können abweichende Regelungen festgelegt werden. Die Satzung kann

- Vorzugsaktien einführen. Sie bilden eine eigene Aktiengattung und gewähren von den Stammaktien verschiedene Rechte, sog. Vorzüge, die als Ausgleich für die regelmäßige Stimmrechtslosigkeit von Vorzugsaktien dienen (→ *Vorzugsaktien*);
- einen anderen Verteilungsschlüssel vorsehen, etwa bestimmen, dass sich der Gewinnanteil nach den Lieferungen der Aktionäre im letzten Geschäftsjahr richten soll (bei Nebenleistungs-AG);
- eine Gewinnverteilung nach der Inanspruchnahme von Leistungen durch die Aktionäre vorsehen (bei genossenschaftlich strukturierten Gesellschaften);
- die Gewinnbeteiligung für einzelne oder alle Aktien vollständig ausschließen;
- die Gewinnbeteiligung für diejenigen Aktien ausschließen, auf die die → *Einlage* nicht voll eingezahlt ist;
- den gesamten Gewinn nach dem Verhältnis der Einlage und ihrer Leistungszeit berechnen.

▷ Diese Regelungen können in der Gründersatzung oder im Wege der **Satzungsänderung** (→ *Satzung: 5. Satzungsänderung*) angeordnet werden. Soweit hierdurch die Gewinnverteilung zu Ungunsten eines Aktionärs nachträglich geändert wird, bedarf es seiner Zustimmung; ein satzungsändernder Beschluss ist nicht ausreichend. Eine solche Neuordnung des Gewinnbezugsrechts kann ebenfalls im Rahmen eines Kapitalerhöhungsbeschlusses, der satzungsändernden Charakter hat, angeordnet werden. Insoweit sind Regelungen zulässig, die die jungen Aktien im Vergleich zu dem gesetzlichen Verteilungsschlüssel und damit gegenüber den alten Aktien bevorzugen. Die Zustimmung der Altaktionäre zu jungen Vorzugsaktien ist nicht erforderlich, da sie durch das → *Bezugsrecht* geschützt sind. Wird das Bezugsrecht ausgeschlossen, ist streitig, ob die bisherigen Aktionäre der Wirksamkeit des Vorzugs zustimmen müssen oder ob die mit dem Ausschluss verbundene Ungleichbehandlung nur bei der Prüfung der Zulässigkeit des Bezugsrechtsausschlusses zu berücksichtigen ist; empfehlenswert ist deshalb eine ausdrückliche Satzungsbestimmung hierüber (vgl. *Hüffer*, AktG, 7. Aufl. 2006, § 60 Rn. 9 f.).

▷ In **steuerlicher Hinsicht** ist bei derartigen *disquotalen Gewinnverteilungen* zu beachten, dass sich die Besteuerung nach dem zugrunde liegenden Rechtsgrund richtet (Schenkung bei Bevorzugung von Familienmitgliedern, Gehaltszahlung bei Bevorzugung von Arbeitnehmern, verdeckte Gewinnausschüttung bei fehlender wirtschaftlicher Rechtfertigung o.Ä.).

3. Garantie

▷ **Zweck:** Die Dividendengarantie ist ein angemessener Ausgleich zusätzlich zu der von der Gesellschaft ausgeschütteten Dividende wegen Vorliegens eines → *Beherrschungsvertrages* (§ 304 Abs. 1 Satz 1 AktG). Das Gesetz will damit die außenstehenden Aktionäre vor Beeinträchtigungen ihres Dividendenanspruchs durch die vertraglichen Beherrschungsrechte des herrschenden Unternehmens schützen. Ist zugleich mit dem Beherrschungsvertrag ein Gewinnabführungsvertrag vereinbart worden, so ist anstelle der Dividendengarantie eine *wiederkehrende Ausgleichzahlung* zu gewähren. Der angemessene Ausgleich ist vom *Abfindungsanspruch (→ Abfindung: 2.Anspruch)* zu unterscheiden.

▷ **Anspruchsinhaber:** Der Anspruch beschränkt sich auf außenstehende Aktionäre. Außenstehende Aktionäre sind sämtliche Aktionäre mit Ausnahme der die Gesellschaft beherrschenden Vertragspartei (anderer Vertragsteil), deren Anteilseigner, deren 100 %-igen Töchter und Unternehmen, die mittels Beherrschungsvertrag oder Gewinnabführungsvertrag verbunden sind. Andere Gläubiger der Gesellschaft – auch wenn deren Ansprüche gewinnabhängig sind – haben nach h.M. keinen Gewinnanspruch. Dividendengarantien kommen als *Rentengarantien* und als *Rentabilitätsgarantien* vor.

▷ **Schuldner:** Als Schuldner des Zahlungsanspruchs kommt mangels des klaren Wortlauts des § 304 Abs. 1 Satz 1 AktG die beherrschende Vertragspartei (der andere Vertragsteil) und die Gesellschaft selbst in Betracht. Herrschend ist die Auffassung, dass jedenfalls der andere Vertragsteil Schuldner des Zahlungsanspruchs sein muss. Das schließt indessen nicht aus, dass die Gesellschaft selbst die Auszahlung leistet.

▷ **Anspruchshöhe:** Eine Begrenzung nach oben hin ist nicht zulässig (§ 58 Abs. 4 AktG). In Höhe der Mindestdividende besteht der Anspruch in jedem Fall. Die Berechnung hat sich am voraussichtlichen durchschnittlichen Gewinnanteil zu orientieren. Im Allgemeinen ist hierfür ein Zeitraum von 3 bis 5 Jahren maßgeblich. Im Regelfall wird die Garantie als *fester Ausgleich* vereinbart. Handelt es sich bei dem herrschenden Unternehmen um eine Aktiengesellschaft oder eine KGaA, kann statt dessen auch der Betrag garantiert werden, der bei einer den Verhältnissen der Unternehmenswerte entsprechenden Umrechnung der Aktien als Gewinnanteil entfällt (*variabler Ausgleich*). Die Mindestdividende kann je nach Ertragslage unter Umständen auch Null sein. Es kann daher – unabhängig von der Höhe des Garantieanspruchs – ein gestaffelter Ausgleich vereinbart werden. Zwingend ist dies jedoch nicht, denn den unterschiedlichen Gewinnerwartungen des Unternehmens kann durch die Festsetzung eines Durchschnittsbetrages Rechnung getragen werden. Eine angemessene Verzinsung des Gesellschaftskapitals kann nicht als Untergrenze angesehen werden, da der außenstehende Aktionär durch den Beherrschungsvertrag nicht besser gestellt werden soll. Maßgeblich bei der Berechnung des variablen Ausgleichs ist der auf die Aktien des beherrschenden Vertragsteils entfallende ausgeschüttete Gewinn. Bei mehrstufigen Konzernen bleibt es fragwürdig, ob ein variabler Ausgleich vereinbart werden kann (Lösung: Anpassung des variablen Ausgleichs).

4. Dividendenschein

Der Dividendenschein ist ein → *Coupon.*

5. Besteuerung

▷ **Besteuerung bei der Aktiengesellschaft:** Die Steuerlast auf Gewinne (offene Ausschüttung) einer unbeschränkt steuerpflichtigen Kapitalgesellschaft ist nicht mehr gegeben, lediglich Kapitalertragssteuer muss einbehalten werden, § 43 EStG. Diese wird an das Finanzamt abgeführt. Die Aktiengesellschaft erteilt ihren Anteilseignern eine Bescheinigung hierüber.

▷ **Besteuerung bei dem Aktionär:** Die Dividendenbesteuerung erfolgte letztmals für das Wirtschaftsjahr 2000 (bzw. bei abweichendem Wirtschaftsjahr 2000/2001) betreffende Gewinne nach dem sog. *Anrechnungsverfahren* (bei Unternehmen, deren Wirtschaftsjahr mit dem Kalenderjahr übereinstimmt). Für Gewinne aus 2001 (bzw. bei abweichendem Wirtschaftsjahr aus 2001/2002) wird dieses Verfahren durch das → *Halbeinkünfteverfahren* ersetzt (§ 3 Nr. 40 EStG). Bei dem Aktionär stellen die Dividenden Kapitaleinkünfte dar (§ 20 EStG). Die Kapitalertragssteuer wird auf die Steuerlast der Anteilseigner angerechnet bzw. erstattet (§§ 44a und b EStG). Die Körperschaftssteueranrechnung entfällt mit der Anwendung des Halbeinkünfteverfahrens.

Hinweis auf weiterführende Literatur: *Eisgruber*, Unternehmenssteuerreform 2001: Das Halbeinkünfteverfahren auf der Ebene der Körperschaft, DStR 2000, 1493 ff.; *Graf Kerssenbrock/Rodewald*, Steuerliches Verbot der phasengleichen Aktivierung von Dividenden – Aufgaben für die Vertragsgestaltungspraxis, DStR 2002, 653 ff.; *Günkel*, Diskussionsforum Unternehmenssteuerreform: Steuerliche Überlegungen zum Übergang auf ein neues Körperschaftssteuersystem, insbesondere zum Ausschüttungsverhalten bei Kapitalgesellschaften, DStR 2000, 445 ff.; *Haas*, Gewerbesteuerpflicht von Dividenden aus Streubesitz nach § 8 Nr. 5 GewStG und Auswirkungen auf 100 %-Beteiligungen, DB 2002, 549 ff.; *List*, Die phasengleiche Aktivierung von Dividendenansprüchen – ein Problem zwischen EuGH, BGH und BFH – Zugleich eine Besprechung des Beschlusses des Großen Senats des BFH v. 7.8.2000 – GrS 2/99, WM 2001, 941 ff.; *W. Müller*, Die Änderungen im HGB und die Neuregelung der Sachdividende durch das Transparenz- und Publizitätsgesetz, NZG 2002, 752 ff.; *Pyszka/Brauer*, Einschränkung der Steuerbefreiung von Dividenden und Veräußerungsgewinnen bei Holdinggesellschaften (§ 8b Abs. 7 KStG), BB 2002, 1669 ff.; *Rogall*, Zur Systematik des Abzugs von Refinanzierungsentgelten im Zusammenhang mit Dividenden unter Berücksichtigung der Steuerreform, DB 2001, 1903 ff.; *Schnorbus*, Die Sachdividende, ZIP 2003, 509 ff.; *Schulze-Osterloh*, Phasengleiche Aktivierung von Dividendenansprüchen – Besprechung des Beschlusses des Großen Senats des Bundesfinanzhofs BStBl. II 2000, 632 –, ZGR 2001, 497, 513; *Sorgenfrei*, Einzelaspekte des Dividenden-Stripping, FR 2001, 291 ff.

Hinweis auf weitere Stichwörter

→ *Abfindung: 2. Anspruch*
→ *Aktie*
→ *Aktionär*
→ *Anfechtung*

→ *Bezugsrecht*
→ *Bilanzierung*
→ *Jahresabschluss*
→ *Steuerliche Behandlung*

D&O-Versicherung

1. Begriff 254
2. Deckungsschutz 255
3. Beschränkungen 255
4. Versicherungsprämien 256
5. Kostenübernahme 256

1. Begriff

D&O-Versicherungen (= **Directors' and Officers' Liability**) sind in der Regel Rechtsschutz- und Haftpflichtversicherungen, die für die Vorstands- und Aufsichtsratsmitglieder abgeschlossen werden. Leitende Angestellte sind, nicht zuletzt im Hinblick auf deren arbeitsrechtliche Haftungsprivilegien, nicht versichert. Die Notwendigkeit ergibt sich aus der → *Haftung*, der die Mitglieder des → *Vorstands* und des → *Aufsichtsrats* wegen schuldhaft verursachten Schäden gegenüber der Aktiengesellschaft ausgesetzt sind. Die Versicherung soll die Befriedigung von begründeten Schadenersatzansprüchen und die gerichtliche oder außergerichtliche Abwehr von unbegründeten Ansprüchen decken. Die Bemessungsgrundlage ist die Bilanzsumme des Unternehmens, vor allem weil Schadensstatistiken und andere Erfahrungswerte dieser Versicherungsart in Deutschland bislang nicht vorliegen.

2. Deckungsschutz

In aller Regel umfasst der Deckungsschutz einer D&O-Versicherung

– die Befriedigung berechtigter Ansprüche aufgrund erlittener Vermögensschäden, für die Unternehmensleiter nach den speziellen Rechtsvorschriften einzustehen haben (Innenhaftung und Außenhaftung) sowie

– die Prüfung der Haftungsfrage und die Abwehr unberechtigter Ansprüche. Im Vergleich zu der Rechtschutzversicherung liegt hinsichtlich der Kosten der Abwehr des Anspruchs eine Erweiterung üblicherweise darin, dass auch die vor- und außergerichtlichen Verteidigungskosten gedeckt sind. Ebenfalls sind die Kosten einer allfälligen strafrechtlichen Verteidigung, die präjudiziell für zivilrechtliche Ansprüche gegen das Verwaltungsmitglied sein könnte, erfasst.

Von einer D&O-Versicherung sind jedoch die Kosten solcher strafrechtlicher Prozesse nicht erfasst, die zu keinen Schadenersatzansprüchen der Gesellschaft führen können, insbesondere weil kein Schaden entstanden ist.

> **Beispiel**
>
> Vorsätzliche Verletzung eines Waffenembargos, an welcher die Gesellschaft letztlich gut verdient hat.

Durch die Definition des Umfangs des Versicherungsschutzes sind Ansprüche ausgeschlossen, die nicht als Schadenersatzansprüche zu qualifizieren sind, daher insbesondere Ansprüche auf Rückerstattung verdeckter Gewinnausschüttungen.

3. Beschränkungen

Die D&O-Versicherung bedeutet aber keinen lückenlosen Schutz. Eine Reihe von Einschränkungen können den Versicherungsschutz reduzieren:

– Selbstbehalt ist vorgesehen,

– möglicherweise Ausschluss des Versicherungsschutzes bei wissentlicher Pflichtverletzung, bei vorsätzlichen Handlungen oder Unterlassungen oder bei strafbarer vorsätzlicher Schädigungshandlung,

– Haftungsausschluss bei wissentlichem Abweichen von Gesetzen, Verordnungen, Satzungen, aber auch Beschlüssen, Vollmachten und Weisungen,

– Einzelausschlüsse z.B. wegen Umweltschäden oder Produkthaftung,

– Einschränkungen des Versicherungsschutzes (z.B. durch eine „*Öffentlichkeitsklausel*") für Ansprüche aus der Innenhaftung, d.h. die Ansprüche des Unternehmens gegen das versicherte Organmitglied (Grund: es besteht die Gefahr, dass Gesellschaften missbräuchlich im Zusammenspiel mit ihren Organen Schadenersatzansprüche gegen die Organmitglieder geltend machen und den Schaden aus unternehmerischen Fehlentscheidungen auf die Versicherungen abwälzen),

- möglicherweise kein Schutz ausgeschiedener Organmitglieder,
- Einschränkungen im zeitlichen Geltungsbereich.

4. Versicherungsprämien

Die lohnsteuerrechtliche Behandlung dieser Kosten war früher kontrovers behandelt worden (FinMin Berlin, Verwaltungsanweisung v. 2.7.2001 – III A 14 - S 2245 - 1/00).

Die Lohnsteuerreferenten des Bundes und der Länder vertreten nunmehr die Auffassung (vgl. FinMin Bayern v. 4.2.2002, 34 – S 2332 - 171 - 5 719/02), dass die Zahlung von Versicherungsprämien für D&O-Versicherungen durch den Arbeitgeber in überwiegend eigenbetrieblichem Interesse des Arbeitgebers erfolgt, wenn

- es sich bei der *D&O-Versicherung* um eine Vermögensschaden-Haftpflichtversicherung handelt, die in erster Linie der Absicherung des Unternehmens oder des Unternehmenswertes gegen Schadenersatzforderungen Dritter gegenüber dem Unternehmen dient, die ihren Grund in dem Tätigwerden oder Untätigbleiben der für das Unternehmen verantwortlich handelnden und entscheidenden Organe und Leitungsverantwortlichen haben,
- die *D&O-Verträge* besondere Klauseln zur Firmenhaftung oder sog. Company Reimbursement enthalten, die im Ergebnis dazu führen, dass der Versicherungsanspruch aus der Versicherungsleistung dem Unternehmen als Versicherungsnehmer zusteht,
- das Management als Ganzes versichert ist und Versicherungsschutz für einzelne Personen nicht in Betracht kommt und
- Basis der Prämienkalkulation nicht individuelle Merkmale der versicherten Organmitglieder sind, sondern Betriebsdaten des Unternehmens und dabei die Versicherungssummen deutlich höher sind als typischerweise Privatvermögen.

Sind sämtliche vorgenannten Merkmale erfüllt, ist von einem überwiegend eigenbetrieblichen Interesse des Arbeitgebers auszugehen, so dass beim Versicherten weder Zufluss von Arbeitslohn vorliegt, noch die Prämienzahlungen steuermindernd als Werbungskosten berücksichtigt werden können.

Ein überwiegend eigenbetriebliches Interesse des Arbeitgebers ist hingegen zu verneinen, wenn Risiken versichert werden, die üblicherweise durch eine individuelle Berufshaftpflichtversicherung abgedeckt werden. Bei Versicherten, die nicht Arbeitnehmer sind (Aufsichtsratsmitgliedern), ist im Einvernehmen mit den obersten Finanzbehörden des Bundes und der anderen Länder entsprechend zu verfahren. Die Zahlung von Versicherungsprämien für *D&O-Versicherung* durch die Gesellschaft führt unter den vorgenannten Voraussetzungen weder zu Betriebseinnahmen noch zu Betriebsausgaben des versicherten Aufsichtsratsmitglieds.

5. Kostenübernahme

Die Gesellschaft kann die Prämien für die *D&O-Versicherung* übernehmen. Bei den Vorstandsmitgliedern gehören diese dann zu den Gesamtbezügen des Vorstandsmitglieds (§ 87 AktG). Die Zusage der Kostenübernahme kann nur durch den Aufsichtsrat oder seinen Ausschuss erfolgen. Bei Übernahme der Versicherungsprämien für die Aufsichtsräte handelt es sich der Sache nach um eine Vergütung an die Aufsichtsratsmitglieder (Nebenleistungen der Vergütung, s. *Theisen*, DB 1999, 1665, 1668). Es bedarf hierzu einer Festsetzung in der Satzung oder einer Bewilligung der Hauptversammlung (§ 113 Abs. 1 Satz 2 AktG).

Aufgrund des hohen Haftungsrisikos als Vorstand einer Aktiengesellschaft ist eine Versicherung der Verwaltungsorgane inzwischen eine weit verbreitete Praxis. Dies gilt auch für die Kostenübernahme durch die Aktiengesellschaft.

Hinweis auf weiterführende Literatur: *Dreher*, Die Besteuerung der Prämienleistungen bei gesellschaftsfinanzierten Directors and Officers-Versicherungen, DB 2001, 996 ff.; *Dreher*, Der Abschluss von D&O-Versicherungen und die aktienrechtliche Zuständigkeitsordnung, ZHR 165 (2001), 293 ff.; *Kästner*, Abzugsfähigkeit von D&O-Prämien für Aufsichtsratsmitglieder als Betriebsausgaben, DStR 2001, 422 ff.; *Kästner*, Aktienrechtliche Probleme der D&O-Versicherung, AG 2000, 113 ff.; *Kästner*, Steuerrechtliche Probleme der D&O-Versicherung, DStR 2001, 195 ff.; *Kiethe*, Persönliche Haftung von Organen der Aktiengesellschaft und der GmbH – Risikovermeidung durch D&O-Versicherung?, BB 2003, 537 ff.; *Küppers/Dettmeier/Koch*, D&O-Versicherung: Steuerliche Implikationen für versicherte Person, DStR 2002, 199 ff.; *Lange*, Die Eigenschadenklausel in der D&O-Versicherung, ZIP 2003, 466 ff.; *Lange*, Praxisfragen der D&O-Versicherung (Teil I und II), DStR 2002, 1626–1631 und 1674 ff.; *Lange*, Zulässigkeitsvoraussetzungen einer gesellschaftsfinanzierten Aufsichtsrats-D&O-Versicherung, ZIP 2001, 1524 ff.; *Mertens*, Bedarf der Abschluss einer D&O-Versicherung durch die Aktiengesellschaft der Zustimmung der Hauptversammlung?, AG 2000, 447 ff.; *Semler/v. Schenck*, Arbeitshandbuch für Aufsichtsratsmitglieder, 2. Aufl. 2004, § 13 IV 3; *Schüppen/Sanna*, D&O-Versicherung: Gute und schlechte Nachrichten!, ZIP 2002, 550 ff.; *Vetter*, Aktienrechtliche Probleme der D&O-Versicherung, AG 2000, 453 ff.

Hinweis auf weitere Stichwörter

- → *Aufsichtsratsmitglieder*
- → *Haftung*
- → *Organe*
- → *Schadenersatz*
- → *Vorstandsmitglieder*

Doppelzählung

Die Doppelzählung ist für die Erfüllung der persönlichen Voraussetzungen der Aufsichtsratsmitglieder relevant. Eine Doppelzählung kommt bei Vorsitzmandaten im Aufsichtsrat vor: Auf die Höchstzahl der Mandate (§ 100 Abs. 2 Nr. 1 AktG) werden die Vorsitzmandate doppelt angerechnet (§ 100 Abs. 2 Satz 3 AktG). Dadurch soll sowohl die Effizienz der Arbeit des Aufsichtsrats gefördert, als auch das Amt des Vorsitzenden aufgewertet werden.

Im Konzern bleiben bis zu 5 Mandate unberücksichtigt, welche ein gesetzlicher Vertreter des herrschenden Unternehmens in zum Konzern gehörenden Gesellschaften, die gesetzlich einen Aufsichtsrat zu bilden haben, inne hat (§ 100 Abs. 2 Satz 2 AktG).

Hinweis auf weitere Stichwörter

→ *Aufsichtsrat*
→ *Beschluss: 3. Aufsichtsratsbeschluss*

→ *Vorsitzender*

Durchführung von Kapitalmaßnahmen

Bei der Kapitalerhöhung → *Kapitalerhöhung*
Bei der Kapitalherabsetzung → *Kapitalherabsetzung*

Durchgriffshaftung

▷ **Grundsatz:** Die Durchgriffshaftung kennzeichnet die Haftung der Aktionäre bzw. der gesetzlichen Vertreter der Aktiengesellschaft gegenüber Dritten für Schulden der Gesellschaft. Grundsätzlich handelt es sich bei der Aktiengesellschaft um ein selbständiges Zuordnungssubjekt für Rechte und Pflichten. Die Rechtssphären von Aktiengesellschaft und Aktionären sind getrennt. In aller Regel haften die Aktionäre nicht für Verbindlichkeiten der Gesellschaft (§ 1 Abs. 1 Satz 2 AktG).

▷ Nur im **Ausnahmefall** kann im Interesse des Gläubigerschutzes ein Durchgriff auf die hinter der Aktiengesellschaft stehenden Personen stattfinden. Dies ist dann möglich, wenn entweder ein Missbrauch der juristischen Person in der Absicht zur Gesetzesumgehung bzw. der Schädigung Dritter vorliegt oder bei objektiv zweckwidriger Verwendung der Aktiengesellschaft. Zudem kann es zur Durchgriffshaftung kommen, wenn eine konkrete Norm mit dem Sinn und Zweck vereinbar ist, zwischen der juristischen Person und den Mitgliedern zu unterscheiden. Nicht um einen Fall der Durchgriffshaftung handelt es sich, wenn die Verpflichtung der Aktionäre auf einem besonderen Verpflichtungsgrund beruht (z.B. Bürgschaft, Garantie, Patronatserklärung, Verschulden bei Vertragsverhandlungen).

▷ Das Schwergewicht der Haftungstatbestände in diesem Problembereich liegt im **GmbH-Recht**. Die dort entwickelten Grundsätze gelten aber für Aktiengesellschaften entsprechend:

– *Unterkapitalisierung der Aktiengesellschaft:* d.h. der Gesellschaft wurde keine ausreichende Kapitalausstattung zur Verfügung gestellt;

- *Vermögensvermischung:* d.h. die Grenzen von Gesellschaftsvermögen und Privatvermögen sind durch falsche oder unzureichende Buchführung verschleiert worden. Dies ist bei der Aktiengesellschaft aufgrund der detaillierteren Schutzvorschriften weniger relevant;
- *Institutsmissbrauch zum Zwecke der Schädigung von Gläubigern:* beim bewussten Einsatz der Haftungstrennung kann durch das Abwälzen der Risiken auf die Aktiengesellschaft unter Ausschluss von Gewinnchancen unter Umständen auf die Aktionäre zurückgegriffen werden;
- sog. *faktische Konzernlage:* dabei werden die Eigeninteressen einer abhängigen Aktiengesellschaft beeinträchtigt, ohne eine entsprechende Kompensation für die entstandenen Nachteile zu gewähren (→ *Konzern*);
- für die Steuerschulden der Aktiengesellschaft haften die gesetzlichen Vertreter (§ 69 AO).

Hinweis auf weitere Stichwörter

→ *Aktionär*
→ *D&O-Versicherung*

→ *Eigenkapital*
→ *Haftung*

Effekten

Effekten sind vertretbare Wertpapiere mit einer Laufzeit von mehreren Jahren oder einer unbestimmten Laufzeit, insbesondere

- → *Aktien,*
- Teilschuldverschreibungen (→ *Inhaberschuldverschreibung*),
- Optionsscheine (→ *Option: 7. Optionsschein*) und
- → *Genussrechte.*

Die Effekten sind meist als → *Inhaberaktien* ausgestattet (§§ 793 ff. BGB). Nur der jeweilige Inhaber kann dann die Rechte aus dem Wertpapier ausüben.

Hinweis auf weitere Stichwörter

→ *Aktien*
→ *Börsengang*
→ *Börsensegmente*

→ *Genussrechte*
→ *Emission*

Eigene Aktien

1. Erwerb 260
2. Rechte aus eigenen Aktien 260
3. Veräußerungspflicht und Einziehung 261
4. Berichtspflicht 261

1. Erwerb

Rechtsdogmatisch kann die Aktiengesellschaft nicht ihr eigener → *Aktionär* sein, deshalb kann sie im Grunde genommen keine eigenen → *Aktien* innehaben. Durch die Stimmrechtsausübung seitens des Vorstandes würde die Balance zwischen Verwaltung und Hauptversammlung verschoben (Problem der sog. **Verwaltungsaktien**, → *Vorratsaktien*). Eine Investition in eigene Aktien drückt aber Vertrauen des Managements in die eigene Gesellschaft aus. Durch die hierdurch erzielte Signalwirkung auf dem Kapitalmarkt kann das Halten eigener Aktien deshalb auch im Zusammenhang mit Fragen der → *Corporate Governance* bedeutsam werden. S. auch → *Erwerb eigener Aktien*.

2. Rechte aus eigenen Aktien

Die Aktiengesellschaft kann keine Rechte aus eigenen Aktien geltend machen. Dies gilt für

- sämtliche eigenen Aktien der Aktiengesellschaft, die
  - zulässig oder unzulässig erworben,
  - derivativ oder zulässig originär (soweit Heilung möglich) erworben wurden;
- abhängige oder in Mehrheitsbesitz stehende Unternehmen. Ein Dividendenanspruch für Tochtergesellschaften ist seit 1994 ausgeschlossen;
- einen Dritten, der eigene Aktien der Aktiengesellschaft für Rechnung der Gesellschaft hält;
- alle → *Mitgliedschaftsrechte* (Vermögens- und Verwaltungsrechte), nicht aber die Mitgliedschaft als solche.

Beispiele

- Es besteht kein Anspruch auf den Gewinnanteil (→ *Dividende*): Die Aktien sind bereits bei der Berechnung des Gewinnanteils nicht zu berücksichtigen, so dass sich der Gewinnanteil der anderen Aktionäre erhöht. Maßgeblich ist der Zeitpunkt der Hauptversammlung, in der der Gewinnverwendungsbeschluss gefasst wird, denn ab diesem Zeitpunkt verwandelt sich das mitgliedschaftliche Recht des Aktionärs auf Gewinnbeteiligung in einen Zahlungsanspruch. Hat die Gesellschaft die Aktie erst kurz vorher erworben, so entfällt der Anspruch dennoch, obwohl während des größten Teils des Geschäftsjahres ein Fall des § 71 AktG nicht gegeben war. Der Anspruch entsteht aber in vollem Umfang, wenn die Gesellschaft die Aktien kurz vorher veräußert. Der Gewinnanspruch ist nicht verselbständigt selbst wenn Gewinnanteilsscheine (Dividendenschein, → *Coupon*) ausgegeben sind.

- Es besteht kein → *Stimmrecht:* Die eigenen Aktien bleiben dennoch Bestandteil des Grundkapitals. Diese Aktien werden also mitgezählt, wenn für bestimmte Vorschriften die Höhe des Grundkapitals maßgeblich ist. Dagegen sind eigene Aktien vom Grundkapital abzuziehen, wenn das vertretene Grundkapital maßgeblich ist.
- Es besteht kein → *Bezugsrecht:* Eigene Aktien nehmen aber an einer → *Kapitalerhöhung* aus Eigenmitteln teil (§ 215 Abs. 1 AktG).

3. Veräußerungspflicht und Einziehung

In unzulässiger Weise erworbene Aktien müssen wieder veräußert werden oder unterfallen der Einziehung (§§ 71c, 237 AktG). Auch ein an sich zulässiger Bestand an eigenen Aktien bei der Aktiengesellschaft oder bei einem mittelbaren Stellvertreter, der die Aktien für Rechnung der Gesellschaft hält, darf dauerhaft nicht mehr als 10 % des Grundkapitals betragen (§ 71c Abs. 2 AktG). Die Aktien, welche nicht innerhalb der angegebenen Fristen veräußert werden (1 Jahr bzw. 3 Jahre) sind einzuziehen (§§ 71c Abs. 3 i.V.m. 237 AktG). Falls die Einziehung scheitern sollte, hat der Vorstand im pflichtgemäßem Ermessen die erforderliche Anzahl von Aktien unverzüglich zu veräußern. Dabei ist das *Gleichbehandlungsgebot* zu beachten (§ 53a AktG).

4. Berichtspflicht

Über eigene Aktien der Gesellschaft, welche erworben oder als Pfand genommen wurden, ist im Anhang (→ *Jahresabschluss*) zu berichten (§ 160 Abs. 1 Satz 1 Nr. 2 AktG).

▷ **Berichtspflichtig** sind

- die Aktiengesellschaft selbst,
- ein von der Aktiengesellschaft abhängiges oder in ihrem Mehrheitsbesitz stehendes Unternehmen oder
- ein anderer, der für Rechnung der Aktiengesellschaft oder eines von der Aktiengesellschaft abhängigen oder in ihrem Mehrheitsbesitz stehenden Unternehmens handelt.

▷ **Zu berichten ist über**

- die Zahl dieser Aktien und den auf sie entfallenden Betrag des Grundkapitals,
- ihr Anteil am Grundkapital,
- den Zeitpunkt des Erwerbs, Erwerbspreis und die Gründe hierfür bei erworbenen Aktien,
- den Veräußerungspreis und die Verwendung des Erlöses bei Veräußerung von Aktien.

Zu berichten ist über den Erwerb auch dann, wenn er nach den Vorschriften über den Erwerb eigener Anteile nicht zugelassen war (vgl. §§ 71 ff. AktG).

Eigenkapital

Hinweis auf weiterführende Literatur: *Krause*, Zur „Pool- und Frontenbildung" im Übernahmekampf und zur Organzuständigkeit für Abwehrmaßnahmen gegen „feindliche" Übernahmeangebote, AG 2000, 217 ff. (219); *Reichert/Harbarth*, Veräußerung und Einziehung eigener Aktien, ZIP 2001, 1441 ff.; *Riegger*, Das Schicksal eigener Aktien beim Squeeze-Out, DB 2003, 541 ff.; *Schmidbauer*, Die Bilanzierung eigener Aktien im internationalen Vergleich, DStR 2002, 187 ff.

Hinweis auf weitere Stichwörter

- → *Aktie*
- → *Aktiengesellschaft*
- → *Bericht*
- → *Einziehung*

- → *Erwerb eigener Aktien*
- → *Kapitalerhöhung*
- → *Kapitalherabsetzung*

Eigenkapital

1. Begriff 262
2. Gliederung des Eigenkapitals 262
3. Eigenkapitalersatz 263

1. Begriff

Betriebswirtschaftlich stellt das Eigenkapital den Teil der Finanzierung eines Unternehmens dar, dessen Vergütung sich primär an dem Erfolg des Unternehmens und nicht an der Höhe des Kapitals orientiert. Juristisch ist das Eigenkapital der Teil der Geldmittel, die vor einer Rückzahlung gesetzlich besonders geschützt sind.

2. Gliederung des Eigenkapitals

Für Kapitalgesellschaften ist eine Aufgliederung des Eigenkapitals zwingend vorgeschrieben. Das Eigenkapital der Aktiengesellschaft wird aufgegliedert in

- gezeichnetes Kapital (Grundkapital), aufgegliedert nach Aktiengattungen (§§ 266 Abs. 3 i.V.m. 272 Abs. 1 HGB, 152 AktG),
- Kapitalrücklage mit Einstellung und Entnahme des Geschäftsjahres (§§ 266 Abs. 3 i.V.m. 272 Abs. 2 HGB, 152 AktG),
- Gewinnrücklagen mit Einstellungen und Entnahmen (§§ 266 Abs. 3 i.V.m. 272 Abs. 3 HGB),
- Gewinnvortrag/Verlustvortrag (§§ 266 Abs. 3 i.V.m. 268 Abs. 1 HGB),
- Jahresüberschuss/Jahresfehlbetrag (§ 266 Abs. 3 HGB).

Ein *Bilanzverlust* darf nicht auf der Aktivseite ausgewiesen werden. Auf der Aktivseite kommt ein Ansatz unter der Bezeichnung „nicht durch Eigenkapital gesetzter Fehlbetrag" nur dann in Betracht, wenn das gesamte Eigenkapital durch

Verluste aufgebraucht ist und sich ein Überschuss der Passivposten über die Aktivposten ergibt (§ 268 Abs. 3 HGB).

3. Eigenkapitalersatz

▷ **Hauptfall** sind die eigenkapitalersetzenden Gesellschafterdarlehen, die in der Gesellschaftskrise gewährt werden. Unter der Krise der Gesellschaft wird die Situation verstanden, in der die Gesellschaft überschuldet ist oder von dritter Seite zu marktüblichen Bedingungen ohne Besicherung durch ihre Gesellschafter keinen Kredit mehr erhalten könnte und ohne die Zuführung von Eigenkapital oder Gesellschafterdarlehen liquidiert werden müsste (*Hüffer*, AktG, 7. Aufl. 2006, § 57 Rn. 16 ff. m.w.N., → *Liquidation*). Der Darlehensgewährung steht der Fall gleich, dass ein außerhalb der Krise gewährtes Darlehen in der Krise nicht zurückgefordert wird (stehen gelassene Darlehen), wobei insoweit dem Gesellschafter eine etwa 3-wöchige Überlegungsfrist zusteht (BGHZ 127, 336; BGH NJW 1995, 457; BGH NJW 1996, 722). Die Lehre von den eigenkapitalersetzenden Gesellschafterdarlehen ist darüber hinaus zwischenzeitlich zu einem umfangreichen Recht eigenkapitalersetzender Gesellschafterleistungen ausgebaut worden, wobei es insoweit zu Erweiterungen in persönlicher und sachlicher Hinsicht gekommen ist.

In sachlicher Hinsicht werden der Darlehensgewährung gleichgestellt

- Forderungsstundungen (BGHZ 81, 252),
- Forderungsstundungen entsprechende Fälligkeitsvereinbarungen,
- „sale and lease back" (*Rowedder/Schmidt-Leithoff*, GmbHG, 4. Aufl. 2002, § 32a Rn. 160 m.w.N.) sowie
- eigenkapitalersetzende Gebrauchsüberlassung.

▷ **Personelle Voraussetzungen:** Im Aktienrecht wird ganz überwiegend im Anschluss an BGHZ 90, 381 die Auffassung vertreten, dass das Recht des Eigenkapitalersatzes nur auf Aktionäre anwendbar ist, die einen Beteiligungsbesitz von über 25% des Grundkapitals innehaben (*Hüffer*, AktG, 7. Aufl. 2006, § 57 Rn. 18 m.w.N.). Neuerdings ist jedoch zu Recht darauf verwiesen worden, dass es auf die Höhe des Beteiligungsbesitzes nicht ankommt, sondern lediglich darauf, ob die Gesellschaftskrise für den einzelnen Aktionär erkennbar gewesen ist (*Habersack*, ZHR 162 (1998), 201, Fn. 22), was durch die schwächere Rechtsstellung eines Aktionärs gegenüber einem GmbH-Gesellschafter zu erklären ist, vgl. *Pentz*, GmbHR 1999, 437 ff. In personeller Hinsicht wird dem Gesellschafter gleichgestellt

- der *Treugeber* des Gesellschafters, und zwar unabhängig davon, ob es sich um eigen- oder fremdnützige Treuhand handelt (BGHZ 75, 334; BGH NJW 1989, 1219),
- *Nießbraucher*, wenn sich ihre Rechte auf den gesamten Anteil beziehen (*Rowedder/Schmidt-Leithoff*, GmbHG, 4. Aufl. 2002, § 32a Rn. 74 m.w.N.),

– *Pfandgläubiger* nur dann, wenn ihnen zusätzliche Befugnisse eingeräumt sind, die ihnen die Einflussnahme auf die Gesellschaft ermöglichen (BGHZ 119, 191, streitig),
– Entsprechendes gilt bei der **Unterbeteiligung** und *atypisch stillen Gesellschaftern* (BGHZ 106, 7).
– *Familienangehörige*, wenn das verwandtschaftliche Näheverhältnis in Verbindung mit weiteren Indizien einen Anscheinsbeweis dahin rechtfertigt, dass das Darlehen causa societatis gewährt wurde (vgl. hierzu BGHZ 81, 365); gegebenenfalls kommt hier auch eine Verstrickung unter dem Aspekt der mittelbaren Stellvertretung in Betracht (*Rowedder/Schmidt-Leithoff*, GmbHG, 4. Aufl. 2002, § 32a Rn. 78);
– Darlehen von *verbundenen Unternehmen* sollen wegen der hier gegebenen wirtschaftlichen Einheit in jedem Falle Darlehen eines Gesellschafters gleichgestellt werden (BGH NJW 1984, 1036; BGH ZIP 1990, 1467; BGH NJW-RR 1991, 744; vorsichtiger BGHZ 105, 168); wegen der unterschiedlichen Ausgestaltung von Unternehmensverbindungen sollte hier jedoch von einer widerlegbaren Vermutung in diesem Sinne ausgegangen werden (*Rowedder/Schmidt-Leithoff*, GmbHG, 4. Aufl. 2002, § 32a Rn. 81 m.w.N.).

▷ **Gebrauchsüberlassung:** Unter der eigenkapitalersetzenden Gebrauchsüberlassung wird der Fall verstanden, dass ein Gesellschafter der Gesellschaft in der Krise einen Gegenstand (insbesondere miet- oder pachtweise) überlässt oder er es unterlässt, diesen Gegenstand in der Krise abzuziehen („*Stehenlassen*"). Fehlt es an einer Vereinbarung über die Nutzungsdauer oder ist sie mangels Ernstlichkeit unwirksam (§ 118 BGB), bestimmt sich die Überlassungsdauer nach dem hypothetischen Parteiwillen. Bei der Ermittlung dieses hypothetischen Parteiwillens ist einerseits das Interesse des Vermieters/Verpächters zu berücksichtigen, der seine Investitionskosten zzgl. eines etwaigen Gewinns abzudecken beabsichtigt, andererseits aber auch das Interesse der Gesellschaft an der fraglichen Nutzung. Das Nutzungsrecht an einem Grundstück, das vor der Krise mit einem Grundpfandrecht belastet worden ist, endet mit Wirksamwerden des im Wege der Zwangsverwaltung erlassenen Beschlagnahmebeschlusses ohne weiteres (entsprechend §§ 146 ff. ZVG, §§ 1123, 1124 Abs. 2 BGB, vgl. BGH NJW 1999, 577).

▷ **Rechtsfolgen:** Die Rechtsfolgen des eigenkapitalersetzenden Gesellschafterdarlehens bestehen darin, dass die Bindung des Darlehens entsprechend § 57 AktG (Verbot der Einlagenrückgewähr) erfolgt. Umstritten ist der Umfang. Zutreffend erscheint es, das Darlehen insgesamt zu binden, da im Aktienrecht die Ausschüttung von Gesellschaftsvermögen insgesamt unzulässig ist, soweit es sich nicht um Bilanzgewinn oder zulässige Abschlagszahlungen hierauf handelt; nach anderer Auffassung soll auf das Grundkapital zzgl. der gesetzlichen Rücklage abzustellen sein (vgl. etwa *Hüffer*, AktG, 7. Aufl. 2006, § 57 Rn. 19 m.w.N.). Besichert ein Aktionär oder ein ihm gleichgestellter Dritter in der Krise ein von der Gesellschaft aufgenommenes Darlehen oder sorgt er nicht umgehend für seine Befreiung von dieser Verpflichtung gegenüber der Gesellschaft, ist der Darlehensgeber verpflichtet, vorrangig auf ihn zuzugreifen, und kann gegen die Gesellschaft nur insoweit vorgehen, wie er gegen den Aktionär ausgefallen ist. Hat die Gesellschaft gleichwohl an den Gläubiger gezahlt, kann sie den Aktionär in Regress nehmen, allerdings nur in Höhe der von diesem gewährten Sicherheit; der Gesellschafter kann sich von diesem Anspruch dadurch befreien, dass er die zur Sicherheit eingeräumten Gegenstände an die Gesellschaft zur Verwertung herausgibt (vgl. auch §§ 32a Abs. 2, 32b GmbHG). Die Rechtsfolgen der eigenkapitalersetzenden Gebrauchsüberlassung liegen zunächst darin, dass die Miet- bzw. Pachtzinsraten eigenkapitalersetzenden Charakter haben und deshalb für die Dauer der Krise gegenüber der Gesellschaft nicht durchgesetzt werden können (BGH NJW 1993, 2179; BGHZ 127, 1). Hinsichtlich der überlassenen Gegenstände wirkt sich der eigenkapitalersetzende Charakter der Leistungen dahin aus, dass sich der Gesellschafter so behandeln lassen muss, als ob er das Nutzungsrecht in Form einer Sacheinlage in die Gesellschaft eingebracht hätte, und zwar unabhängig von der Frage, ob eine solche Sacheinlage überhaupt rechtlich zulässig gewesen wäre. Er muss den eigenkapitalersetzend überlassenen Gegenstand deshalb der Gesellschaft für die vertraglich vorgesehene Dauer überlassen.

▷ **Verjährung:** Die Verjährung der Ansprüche der Gesellschaft im Zusammenhang mit kapitalersetzenden Gesellschafterdarlehen beträgt 5 Jahre (entsprechend § 62 Abs. 3 AktG).

Hinweis auf weitere Stichwörter

→ *Eigene Aktien*
→ *Finanzierung*
→ *Grundkapital*

→ *Kapital: 2. Beschaffung*
→ *Liquidität*
→ *Rechnungslegung*

Eigentümerkontrolle

Durch die Ausgabe von → *Namensaktien* hat die Gesellschaft die Möglichkeit die Eigentümer der Aktien der Gesellschaft namentlich zu kennen.

Durch die → *Vinkulierung* der Namensaktien hat die Gesellschaft die Möglichkeit die Veräußerung der Aktien zu steuern.

Hinweis auf weitere Stichwörter

→ *Aktionär*
→ *Namensaktie*

→ *Vinkulierung*

Einberufung der Hauptversammlung

1. Begriff 266
2. Zuständigkeit 266
3. Einberufungspflicht 267
4. Einberufungsgründe 268
5. Form und Frist 269
6. Einberufungsmängel 270

1. Begriff

Die Hauptversammlung ist grundsätzlich nur nach ordnungsgemäßer Einberufung beschlussfähig (§§ 121 ff., 175 AktG). Ausnahmsweise kann die Hauptversammlung auch ohne Einberufung Beschlüsse fassen, wenn alle Aktionäre erschienen oder vertreten sind und kein Aktionär der Beschlussfassung widerspricht (→ *Vollversammlung* im Rechtssinne; vgl. → *Kleine Aktiengesellschaft*).

2. Zuständigkeit

▷ **Befugnis:** Die Satzung kann das gesetzliche Einberufungsrecht nicht einschränken. Zur Einberufung einer Hauptversammlung sind befugt

– der *Vorstand:* Für die Einberufung der Hauptversammlung ist grundsätzlich der Vorstand zuständig (§ 121 Abs. 2 Satz 1 AktG); er entscheidet durch → *Beschluss*. Um die Gefahr einer Unwirksamkeit der Einberufung zu vermeiden, gelten alle in das Handelsregister als Vorstandsmitglieder eingetragenen Personen als zur Einberufung der Hauptversammlung befugt, und zwar gleichgültig, ob sie noch Vorstandsmitglieder sind oder zwischenzeitlich abberufen wurden (unwiderlegbare Rechtsvermutung, § 121 Abs. 2 Satz 2 AktG);

– der *Abwickler einer aufgelösten AG* (§ 121 Abs. 2 Satz 2 AktG): Der Abwickler einer aufgelösten Aktiengesellschaft ist zur Einberufung der Hauptversammlung „als Vorstand" befugt (§ 268 Abs. 2 Satz 1 AktG);

– *ein durch das Gericht bestellter Notvorstand* (§ 121 Abs. 2 Satz 2 AktG);

– der *Aufsichtsrat:* Der Aufsichtsrat ist befugt eine Hauptversammlung einzuberufen, wenn das „Wohl der Gesellschaft" dies erfordert (§ 111 Abs. 3 AktG); er entscheidet mit einfacher Mehrheit, anders lautende Bestimmungen über die Beschlussfassung im Aufsichtsrat sind insoweit unmaßgeblich. Die Übertragung dieser Zuständigkeit auf einen Aufsichtsratsausschuss ist nicht möglich (§ 107 Abs. 3 Satz 2 AktG). Des Weiteren kann die Satzung dem Aufsichtsrat eine Einberufungsbefugnis, ohne die gesetzliche Beschränkung, einräumen;

– die *Aktionäre*, deren Anteile zusammen mindestens 5% des Grundkapitals erreichen und durch das Gericht zur Einberufung einer Hauptversammlung ermächtigt wurden (§ 122 Abs. 3 AktG);

– *sonstige Personen:* Die Satzung kann zur Einberufung der Hauptversammlung berechtigen (§ 121 Abs. 2 Satz 3 AktG); eine solche Ermächtigung kann auch insbesondere für bestimmte Aktionäre vorgesehen werden (§ 121 Abs. 2 Satz 3 AktG); einberufungsbefugt sind auch gerichtlich dazu bestimmte Personen

(§ 121 Abs. 2 Satz 2 AktG); die Delegation dieser Befugnis ist indes nicht gestattet.

> **Beispiele**
>
> Durch die Satzung kann folgenden Personen eine Befugnis zur Einberufung der Hauptversammlung eingeräumt werden:
> - dem Vorsitzenden oder einzelnen Mitgliedern des Aufsichtsrats,
> - einzelnen Aktionären, deren Einberufungsrecht auf die Inhaberschaft bestimmter Aktien begrenzt sein kann sowie
> - gesellschaftsfremden Personen.

▷ **Verstöße** gegen die diesbezüglichen Zuständigkeiten führen zur → *Nichtigkeit* gefasster Hauptversammlungsbeschlüsse.

3. Einberufungspflicht

▷ **Fälle:** Die Hauptversammlung ist in allen durch Gesetz oder Satzung bestimmten Fällen und wenn das Wohl der Gesellschaft es erfordert, einzuberufen (§§ 119 Abs. 1 Nr. 1–8, 121 Abs. 1, 111 Abs. 3 AktG).

▷ Sobald der **Bericht des Aufsichtsrats zum Jahresabschluss** eingegangen ist (§§ 121 Abs. 1, 175 Abs. 1 AktG) besteht eine Einberufungspflicht. Der Vorstand ist zur unverzüglichen Einberufung der ordentlichen Hauptversammlung verpflichtet. Die ordentliche Hauptversammlung hat innerhalb der ersten 8 Monate des Geschäftsjahres stattzufinden (§ 175 Abs. 1 Satz 2 AktG).

▷ Wenn das **Wohl der Gesellschaft** dies erfordert, ist der Vorstand zur Einberufung verpflichtet (§ 121 Abs. 1 AktG); wenn das Wohl der Gesellschaft dies erfordert, ist auch der Aufsichtsrat dazu verpflichtet (§ 111 Abs. 3 AktG). Dies ist dann der Fall, wenn eine Maßnahme ansteht, für die die Hauptversammlung zuständig ist (z.B. die Bestellung eines Abschlussprüfers wird erforderlich, weil der gewählte weggefallen ist; der Aufsichtsrat ist wegen Wegfalls von Mitgliedern zu ergänzen etc.).

▷ Wenn dies von **Aktionären**, deren Anteile zusammen mindestens 5 % des Grundkapitals erreichen, verlangt wird (§ 122 Abs. 1 AktG), ist der Vorstand zur Einberufung einer (außerordentlichen) Hauptversammlung verpflichtet. Die Satzung kann die Berechtigung, die Einberufung einer Hauptversammlung zu fordern, aber auch an einen geringeren Aktienbesitz knüpfen. Eine Hauptversammlung ist dann einzuberufen, wenn Aktionäre, deren Anteile zusammen 5 % des Grundkapitals (einfache Minderheit) erreichen, vom Vorstand die Einberufung schriftlich unter Angabe des Zwecks und der Gründe verlangen (§ 122 Abs. 1 Satz 1 1. Halbsatz AktG, § 126 BGB). Auch die Inhaber stimmrechtsloser Aktien oder teilweise eingezahlter Aktien können die Einberufung verlangen. Das Quorum errechnet sich aus dem gesamten Grundkapital zur Zeit der Geltendmachung. Angegeben werden müssen Zweck und Gründe des Verlangens. Rechtsmissbräuchlich ist das Verlangen, wenn

Einberufung der Hauptversammlung

– Gegenstände, die verhandelt werden sollen, auf einer ohnehin bevorstehenden Hauptversammlung erledigt werden können,

– die von der Minderheit angestrebte Beschlussfassung erst vor kurzem von der Hauptversammlung abgelehnt oder hierüber bei gleich bleibenden Umständen bereits entschieden wurde oder

– der angestrebte Beschluss gesetz- oder satzungswidrig wäre.

Kommt der Vorstand dem Verlangen nicht nach, kann das Amtsgericht am Sitz der Gesellschaft die Aktionäre, die das Verlangen gestellt haben, ermächtigen, die Hauptversammlung einzuberufen (§§ 122 Abs. 3 Satz 1, 14 AktG, 145 Abs. 1 FGG). Falls die Voraussetzungen des § 122 Abs. 1 AktG vorliegen und der Vorstand dem Verlangen nicht entsprochen hat, muss das Gericht dem Antrag stattgeben. Eine Zurückweisung des Antrags durch das Gericht kommt nur in Frage, wenn

– die Hauptversammlung zur Entscheidung über den gewünschten Gegenstand nicht zuständig ist oder

– der Antrag offensichtlich rechtsmissbräuchlich ist.

Das Gericht kann zugleich den Vorsitzenden der Versammlung bestimmen (§ 122 Abs. 3 Satz 2 AktG). Bei der Einberufung der Hauptversammlung müssen die Aktionäre auf diese gerichtliche Entscheidung und die darin enthaltene Ermächtigung hinweisen, da die Einberufung sonst nicht ordnungsgemäß ist und die darin gefassten Beschlüsse daher anfechtbar sind (§§ 122 Abs. 3 Satz 3, 243 Abs. 1 AktG). Unzulässig ist das Einberufungsverlangen dann, wenn der Themenbereich außerhalb der Zuständigkeit der Hauptversammlung liegt.

▷ Einberufungspflicht besteht außerdem, wenn ein **Verlust in Höhe der Hälfte des Grundkapitals** besteht; wenn das Vermögen der Gesellschaft zu Buchwerten nur noch die Hälfte des ausgewiesenen Grundkapitals deckt, muss der Vorstand eine Hauptversammlung einberufen (§ 92 Abs. 1 AktG).

Die Kosten der Hauptversammlung trägt auch im Falle der Einberufung aufgrund Aktionärsverlangens die Gesellschaft, damit die Ausübung der Minderheitsrechte nicht aus Kostenrisikogründen scheitert (§ 122 Abs. 4 AktG). Wenn das Gericht dem Antrag der Minderheit entsprochen hat, fallen auch die Kosten des gerichtlichen Verfahrens zu Lasten der Gesellschaft.

4. Einberufungsgründe

Einberufungsgründe sind die durch Gesetz oder → *Satzung* vorgeschriebenen und das Wohl der Gesellschaft.

▷ **Das Wohl der Gesellschaft:** Fälle, in denen das Wohl der Gesellschaft die Einberufung der Hauptversammlung durch den → *Aufsichtsrat* erfordert, sind nicht häufig. Sie kommen etwa dann in Betracht, wenn der Vorstand eine gesetzlich vorgeschriebene Einberufung nicht vornimmt, beispielsweise also bei einem Verlust in Höhe der Hälfte des Grundkapitals (§ 92 Abs. 1 AktG), oder die Hauptversammlung Gelegenheit erhalten soll, dem Vorstand das Vertrauen zu entziehen, um dem Aufsichtsrat die Möglichkeit zu geben, den Vorstand vorzeitig abzuberufen.

Auch in den „Holzmüller-Fällen", in denen die Hauptversammlung zur Abstimmung über eine Geschäftsführungsmaßnahme berufen ist, kommt dies in Betracht, oder dann, wenn ein weggefallener Abschlussprüfer zu ersetzen oder der Aufsichtsrat wegen des Wegfalls von Mitgliedern ergänzt werden muss. Ob eine solche Einberufung durch den Aufsichtsrat auch dann gerechtfertigt ist, wenn die Hauptversammlung nur einen bestimmten Gegenstand erörtern soll, ist streitig, dürfte jedoch zu verneinen sein (*Hüffer*, AktG, 7. Aufl. 2006, § 111 Rn. 14).

▷ **Sonstige Gründe:** Im Übrigen rechtfertigt nicht jedes wichtige Geschäft eine Einberufung der Hauptversammlung. → *Vorstand* und → *Aufsichtsrat* entscheiden darüber nach pflichtgemäßem Ermessen. Eine Einberufung nur zum Zwecke bloßer Erörterung von Geschäftsführungsfragen darf nicht erfolgen. Die Satzung kann zudem im gesetzlichen Rahmen die Einberufungsgründe erweitern oder zusätzliche Einberufungsgründe statuieren (§ 23 Abs. 5 Satz 2 AktG).

Beispiel

Die Satzung kann regeln, dass es zur Veräußerung vinkulierter Namensaktien der Zustimmung der Hauptversammlung bedarf (§ 68 Abs. 3 Satz 3 AktG).

---

5. Form und Frist

▷ Die Einberufung geschieht durch **Bekanntgabe** in den *Gesellschaftsblättern* (→ *Gesellschaft: 4. Gesellschaftsblätter*; § 121 Abs. 3 AktG). Sie ist erst mit ihrer Bekanntgabe wirksam. Anzugeben sind dabei

- Firma,
- Sitz der Gesellschaft (zur Bestimmung der Firma, falls mehrere gleichnamige Firmen im Bundesgebiet vorhanden),
- Zeit und Ort der Hauptversammlung,
- Bedingungen, von denen die Teilnahme an der Hauptversammlung und die Ausübung des Stimmrechts abhängen, soweit nicht nachweisbar bekannt (insb. Art der Hinterlegung der Aktien sowie Einzelheiten über die Eintritts- und Stimmkarten) und
- Unterschrift desjenigen, von dem die Einberufung ausgeht.

Bei nicht ordnungsgemäßer → *Bekanntgabe* sind die Beschlüsse der Hauptversammlung nichtig, es sei denn, es hat eine → *Vollversammlung* stattgefunden, in der sich alle Aktionäre mit der Durchführung der Versammlung einverstanden erklärt haben (§ 241 Nr. 1 AktG, BGHZ 36, 207, 211).

▷ Die Angabe der **voraussichtlichen Dauer** einer Hauptversammlung gehört nicht zu den vom Gesetz vorgeschriebenen Erfordernissen einer wirksamen Einberufung (OLG Koblenz ZIP 2001, 1093 f.).

▷ **Frist:** Die Einberufung hat mindestens 1 Monat vor dem Tage der Hauptversammlung zu erfolgen (§ 123 Abs. 1 AktG, §§ 186 ff. BGB). Die Satzung kann eine längere Frist vorschreiben.

6. Einberufungsmängel

▷ **Nichtigkeit:** Bei Mängeln der Einberufung (§§ 241 Nr. 1, 121 Abs. 1, 3 und 4 AktG) entfällt eine Nichtigkeitsfolge nur im Ausnahmefall einer Vollversammlung (alle Aktionäre sind erschienen oder vertreten) und wenn kein Aktionär der Beschlussfassung widerspricht (§ 121 Abs. 6 AktG), sonst ist jede Beschlussfassung nichtig bei

- fehlender Einberufungsbefugnis (§ 121 Abs. 2 AktG),
- fehlenden Mindestangaben in der Bekanntgabe (§§ 121 Abs. 3, 124 AktG),
- Fehlen der Bedingungen, von denen die Teilnahme an der Hauptversammlung und die Ausübung des Stimmrechts abhängen (§ 121 Abs. 3 AktG).

▷ **Anfechtbarkeit:** Soweit Mängel in diesem Bereich nicht bereits die Nichtigkeit der Beschlüsse nach sich ziehen (wie bei einigen Einberufungsfehlern, § 241 Nr. 1 AktG), führen sie zur Anfechtbarkeit eines gleichwohl gefassten Hauptversammlungsbeschlusses, sofern nicht ausgeschlossen werden kann, dass der Mangel auf das Stimmverhalten eines objektiv urteilenden Aktionärs Auswirkungen hätte haben können.

Beispiele

- Einberufung an nicht zulässigem Hauptversammlungsort (BGH AG 1985, 188);
- Einberufung durch Minderheit ohne den notwendigen Hinweis auf gerichtliche Ermächtigung gemäß § 122 Abs. 3 AktG;
- Nichteinhaltung der Einberufungsfrist;
- fehlerhafte Bekanntmachung;
- Verstoß gegen die Mitteilungspflichten für Aktionäre und an Aufsichtsratsmitglieder aus § 125 AktG.,
- Einberufung an einem anderen Ort als dem Sitz der Gesellschaft oder dem satzungsmäßig bestimmten Ort,
- Nichteinhaltung der Einberufungsfrist,
- nichtordnungsgemäße Ankündigung der Gegenstände der Verhandlung.

Keine Anfechtbarkeit besteht bei unterlassener Weitergabe von Informationen durch ein Kreditinstitut oder eine Aktionärsvereinigung (§ 243 Abs. 3 AktG).

▷ Eine **unberechtigte Nichtzulassung** zur Hauptversammlung und ein unberechtigter Ausschluss von derselben oder der unberechtigte Ausschluss vom Fragerecht machen den Hauptversammlungsbeschluss unter Relevanzaspekten ebenfalls anfechtbar; auf die Kausalität des Verstoßes für das Zustandekommen des Beschlussergebnisses kommt es insoweit nicht an.

Hinweis auf weiterführende Literatur: *Sünner,* Die Einberufung der Hauptversammlung und die Zugänglichmachung von Gegenanträgen nach dem Entwurf des Transparenz- und Publizitätsgesetzes, AG 2002, 1 ff.

Hinweis auf weitere Stichwörter

→ *Aktionäre*
→ *Beschluss*

→ *Hauptversammlung*
→ *Minderheitsrechte*

Einbringung, insbesondere eines Unternehmens

1. Begriff 271
2. Gesellschaftsrechtliche Bewertung 272
3. Einbringungsbericht 273
4. Mitbestimmung 273
5. Steuerrechtliche Behandlung 274

1. Begriff

▷ **Grundsatz:** Als Einbringung wird allgemein ein Rechtsgeschäft bezeichnet, das als Gegenleistung für die Übereignung von Sachen oder Übertragung von Rechten die Ausgabe von neuen Anteilen an Kapitalgesellschaften vorsieht. Die Einbringung eines Unternehmens in eine Aktiengesellschaft ist für diese der Erwerb des Unternehmens als *Sacheinlage (→ Einlage: 3. Sacheinlage)*.

▷ **Gegenstand** der Einbringung sind in der Regel Unternehmen oder Teile davon sowie Anteile an Personen- und Kapitalgesellschaften.

▷ Die Einbringung erfolgt durch **Einzelrechtsübertragung** aller eingebrachten Sachen und Rechte. Die Übertragung der einzelnen Vermögensgegenstände ist oft umständlich. Statt der Einbringung eines Unternehmens als Sacheinlage wird daher häufig auf die → *Umwandlung* nach dem UmwG zurückgegriffen.

▷ Möglich und üblich ist die Einbringung eines **Unternehmens** (Sach- und Rechtsgesamtheit) als Ganzes mit allen Aktiven und Passiven. Die Einzelheiten darüber, welche Gegenstände davon nicht erfasst sein sollen und welche Schulden übergehen, sind im *Einbringungsvertrag* und der → *Satzung* besonders festzulegen. Eine aus dem Gesellschaftsvertrag oder aus einer zu ihm gehörenden Anlage (z.B. der Übernahmebilanz) nicht ersichtliche Nebenabrede ist nicht ausreichend. Sofern keine Festlegung darüber erfolgt, welche Verbindlichkeiten übernommen werden sollen, ist das Unternehmensvermögen unbelastet einzubringen (vgl. *Scholz/Priester*, GmbHG, 9. Aufl. 2002, § 54 Rn. 54). Die Einbringung eines lebenden Unternehmens mit fortlaufendem Geschäftsbetrieb erfordert die Festsetzung eines Zeitpunkts für den Übergang der Aktiven und gegebenenfalls der Passiven, da diese laufenden Veränderungen unterliegen. Die Einbringung muss vor der Handelsregisteranmeldung (→ *Handelsregister*) vollständig vollzogen sein (vgl. § 7 Abs. 3 GmbHG). Die Geschäfte werden im Falle der → *Gründung* dann von der → *Vorgesellschaft* oder dem Einbringenden für Rechnung der zukünftigen Aktiengesellschaft geführt (vgl. *Lutter/Bayer* in Lutter/Hommelhoff, GmbHG, 16. Aufl. 2004, § 5 Rn. 19). Einbringungsstichtag ist regelmäßig der Stichtag der letzten → *Bilanzierung*. Möglich ist auch ein anderer Einbringungsstichtag. In diesem Fall ist eine besondere Einbringungsbilanz zu erstellen.

▷ **Zeitliche Abfolge** der Einbringung bei fortlaufendem Geschäftsbetrieb:

– Abschluss des Einbringungs- und Gesellschaftsvertrags,

– Einbringung des Unternehmens und

– Handelsregisteranmeldung.

2. Gesellschaftsrechtliche Bewertung

▷ **Ertragswert:** Bei Handelsgeschäften bzw. Unternehmen ist als Wert der (abgezinste) → *Ertragswert* anzusetzen. Der Ertragswert ist in diesem Fall unter Berücksichtigung des in der Vergangenheit von diesem Unternehmen erzielten durch Abzinsung der in Zukunft erzielbaren Erlöses zu ermitteln. Wegen der zukünftigen Erträge haben die Gesellschafter einen Ermessensspielraum. Allerdings ist den zeitlich näheren Erträgen ein größeres Gewicht beizumessen als den zeitlich späteren (LG Berlin AG 2000, 284–287).

Beispiel

Ein Unternehmen erzielte in den letzten fünf Jahren einen Gewinn von durchschnittlich 1 Mio. Euro. Wegen der Insolvenz des schärfsten Konkurrenten ist in den kommenden 5 Jahren eine Gewinnsteigerung auf 1,2 Mio. Euro/Jahr zu erwarten.

▷ **Zeitwert:** Im Falle der → *Abwicklung* (*Liquidation*) des Unternehmens sind mangels eines zukünftig erzielbaren Erlöses die Zeitwerte (Zerschlagungswerte) der einzelnen Vermögensgegenstände anzusetzen. Soweit die Maßstäbe des Wiederbeschaffungs- bzw. Reproduktionskostenwertes wegen der einmaligen Natur des Gegenstandes, insbesondere bei gewerblichen Schutzrechten (Patent, Gebrauchsmuster, Markenrecht, Urheberrecht, Know-how usw.), nicht anwendbar sind, ist auf den zu schätzenden Ertragswert abzustellen (vgl. *Scholz/Winter*, GmbHG, 9. Aufl. 2000, § 5 Rn. 57). Für Gegenstände des Umlaufvermögens (z.B. der gesamte Warenbestand, fertige Erzeugnisse, Rohstoffe usw.) gilt der Einzelveräußerungswert (*Rowedder/Schmidt-Leithoff*, GmbHG, 4. Aufl. 2002, § 5 Rn. 36).

▷ **Buchwert:** Bei Unternehmen ist in der Praxis unabhängig von der Bewertung die Übernahme der Buchwerte der letzten → *Jahresbilanz* üblich. Dies ist dann zulässig, solange nicht durch zwischenzeitliche Verluste der Zeitwert des Unternehmens bei Anmeldung unterschritten wird. Durch Vereinbarung einer Ausgleichungspflicht der Differenz zwischen dem Zeitwert und Stammeinlagebetrag in Geld kann diesem Fall der Unterdeckung begegnet werden.

▷ Als **Bewertungsstichtag** kann auch der Zeitpunkt der tatsächlichen Einbringung des Unternehmens im Gesellschaftsvertrag bestimmt werden mit der Maßgabe, dass der Einleger eine sich nach der Einbringungsbilanz ergebende Unterdeckung des Stammeinlagebetrages nachzuzahlen oder die Gesellschaft ihm eine entsprechende Überdeckung zu erstatten hat. Auch in diesem Fall darf der Betrag der Stammeinlage den Zeitwert des Unternehmens nicht überschreiten (*Scholz/Winter*, GmbHG, 9. Aufl. 2000, § 5 Rn. 59).

3. Einbringungsbericht

Falls im Falle der Einbringung ein Einbringungsbericht erstellt werden sollte, dann sollten darin Hinweise erfolgen auf

- *grundlegende Änderungen der Beteiligungsstruktur:* etwa wenn eine Sperrminorität, eine Kapitalmehrheit oder eine satzungsändernde Mehrheit eines bestimmten Gesellschafters entsteht, aber auch, wenn durch die Verschmelzung eine Abhängigkeit von einem herrschenden Unternehmen begründet wird,
- *die rechtlichen Änderungen für die Beteiligung:* bei sog. Mischverschmelzungen sind lediglich die wichtigsten Änderungen zu beschreiben,
- *die Satzung:* unter Umständen können Angaben zur Stückelung und Gattung der gewährten Aktien, zur Börseneinführung und zur Vinkulierung genügen, da bei Aktiengesellschaften der Inhalt der Mitgliedschaft weitgehend durch das Aktiengesetz vorbestimmt ist. Gravierende Abweichungen vom gesetzlichen Normalstatut, die im übertragenden Rechtsträger nicht bestanden, sind besonders zu erläutern.

> **Beispiele**
>
> - Abweichungen vom gesetzlichen Kompetenzgefüge, insbesondere zu Lasten der Gesellschafter,
> - gesetzlich nicht vorgesehene Verfügungsbeschränkungen oder
> - Sonderrechte einzelner Gesellschafter.

4. Mitbestimmung

▷ **Gründung/Umwandlung:** Wird im Rahmen der → *Gründung* ein Unternehmen oder der Teil eines Unternehmens in die Gesellschaft eingebracht (sog. *qualifizierte Gründung,* vgl. auch → *Übernahme: 3. Unternehmen*), so berücksichtigt § 31 AktG hinsichtlich der Bestellung des Aufsichtsrats, dass mit dem Unternehmen auch die Arbeitsverhältnisse auf die Aktiengesellschaft übergehen und bei der Zusammensetzung des Aufsichtsrats entgegen § 30 Abs. 2 AktG die Mitbestimmungsregeln beachtet werden müssen. Im Falle der übertragenen → *Umwandlung* findet § 31 AktG entsprechende Anwendung, da hier die Vorschriften der → *Sachgründung* Anwendung finden (§§ 73 ff. i.V.m. 60 ff. UmwG). In diesen Fällen dürfen nur so viele Aufsichtsratsmitglieder bestellt werden, wie es die gesetzlichen Vorschriften nach Einbringung des Unternehmens vorsehen. Die Mindestzahl von 3 Aufsichtsräten ist einzuhalten.

> **Beispiel**
>
> Es wird ein Unternehmen mit 3000 Arbeitnehmer eingebracht. Die Zahl der durch die Gründer zu berufenden Aufsichtsratsmitglieder richtet sich nach §§ 96 Abs. 1 AktG i.V.m. §§ 1 Abs. 1, 7 MitbestG. Danach haben die Gründer 12 Aufsichtsratsmitglieder, davon 6 der Arbeitnehmer, zu bestellen.

▷ **Nach Einbringung** (ebenso bei → *Übernahme*) des Unternehmens (maßgebend ist der Tag, an dem die Gesellschaft gemäß § 613a BGB in die Rechte und Pflichten aus den bestehenden Arbeitsverhältnissen eintritt) hat der Vorstand unverzüglich bekannt zu machen, nach welchen gesetzlichen Vorschriften seiner Ansicht nach der → *Aufsichtsrat* zusammengesetzt sein muss (§§ 97–99 AktG). Das Amt der bisherigen Aufsichtsratsmitglieder bleibt grundsätzlich bis zur Beendigung der ersten ordentlichen Hauptversammlung bestehen, wenn die Gründer die zutreffenden gesetzlichen Grundlagen angewandt haben (§ 30 Abs. 3 Satz 1 AktG). Dies wird entweder durch die unangefochtene Bekanntmachung des Vorstandes oder durch eine gerichtliche Entscheidung verbindlich festgestellt (§ 97 Abs. 2 AktG bzw. § 99 Abs. 5 Satz 2 AktG). In einem solchen Falle sind Ergänzungswahlen von Arbeitnehmervertretern nach dem einschlägigen MitbestimmungsG durchzuführen. Haben die Gründer die gesetzliche Grundlage verkannt, erlischt das Amt aller Aufsichtsratsmitglieder und es findet eine Neuwahl des gesamten Aufsichtsrates statt. Eine Neuwahl ist erforderlich, wenn die Gründer 3 Aufsichtsratsmitglieder bestellt haben, der Aufsichtsrat aber auch aus Aufsichtsratsmitgliedern der Arbeitnehmer zu bestehen hat (§§ 31 Abs. 1 Satz 2, 31 Abs. 3 Satz 3 Alt. 2 AktG). In diesem Falle erlischt das Amt aller Aufsichtsratsmitglieder, wenn nicht die Gründer bereits bei der Bestellung bestimmt haben, wer für ein später zu wählendes Mitglied auszuscheiden hat, oder nach der nunmehr verbindlichen gesetzlichen Vorschrift mindestens 3 Vertreter der Anteilseigner zu bestellen sind. Wird binnen Monatsfrist (§ 97 Abs. 2 Satz 1 AktG) keine gerichtliche Entscheidung über die Zusammensetzung des Aufsichtsrats gemäß § 98 AktG beantragt, sind die Arbeitnehmervertreter nach den in der Bekanntmachung angegebenen gesetzlichen Bestimmungen zu wählen. Erfolgt die Neu- oder Ergänzungswahl noch vor Amtsende des *ersten Aufsichtsrats*, so werden auch die Arbeitnehmervertreter Mitglieder desselben, mit der Folge, dass ihr Amt sehr zeitig, mit Beendigung der ersten ordentlichen Hauptversammlung erlischt (§§ 31 Abs. 5, 30 Abs. 3 Satz 1 AktG). Eine erneute Bekanntmachung durch den Vorstand über die Zusammensetzung des nächsten Aufsichtsrats ist nicht mehr erforderlich (§ 30 Abs. 3 Satz 2 AktG wegen § 31 Abs. 5 AktG nicht anzuwenden). Wird das Unternehmen/Unternehmensteil erst nach der Bekanntmachung durch den Vorstand über die Zusammensetzung des zweiten Aufsichtsrats eingebracht (§ 30 Abs. 3 Satz 2 AktG ebenso bei Übernahme), findet § 31 Abs. 3 AktG keine Anwendung, so dass es grundsätzlich keiner nochmaligen Bekanntmachung bedarf. Die Pflicht zu einer erneuten Bekanntmachung bleibt bestehen (§ 97 AktG), wenn sich die tatsächlichen Voraussetzungen für die Art der Zusammensetzung geändert haben. Dies gilt insbesondere dann, wenn durch die Einbringung aufgrund einer gestiegenen Arbeitnehmerzahl nunmehr ein anderes Mitbestimmungsmodell maßgeblich ist und der Vorstand dies noch nicht berücksichtigt hatte.

5. Steuerrechtliche Behandlung

Unabhängig von der gesellschaftsrechtlichen Bewertung des Einbringungsgegenstands kann unter bestimmten Voraussetzungen die Einbringung durch die sog. Buchwertfortführung steuerrechtlich neutral ohne Auflösung und Versteuerung der stillen Reserven vollzogen werden (§§ 20 ff. UmwStG). Im Gegenzug entstehen die erworbenen Aktien als sog. einbringungsgeborene Anteile, deren spätere Veräußerung über dem Buchwert des Einbringungsgegenstands einen steuerpflichtigen Gewinn auslöst (§ 21 Abs. 1 Satz 1 UmwStG). Voraussetzung für die Buchwertfortführung ist

- ein geeigneter Einbringender (i.d.R. unbeschränkt Steuerpflichtiger),
- ein geeigneter Einbringungsgegenstand (Betrieb, Mitunternehmeranteil, mehrheitsvermittelnder Anteil an einer Kapitalgesellschaft) sowie
- die Gegenleistung für die Einbringung überwiegend in Gesellschaftsanteilen (§ 20 UmwStG).

Hinweis auf weiterführende Literatur: *Kirchner/Sailer*, Rechtsprobleme bei Einbringung und Verschmelzung, NZG 2002, 305 ff.

Hinweis auf weitere Stichwörter

→ *Einlage*
→ *Umwandlung*

→ *Unternehmensvertrag*
→ *Verschmelzung*

Eingliederung

1. Begriff 275
2. Voraussetzungen 276
3. Arten der Eingliederung 277
4. Rechtsfolgen der Eingliederung 280
5. Beendigung der Eingliederung 281
6. Steuerrechtliche Behandlung 282

1. Begriff

▷ **Wirkung:** Die Eingliederung ist die intensivste im Aktiengesetz vorgesehene Form der Unternehmensverbindung zwischen Aktiengesellschaften. Sie ist eine nur zwischen inländischen Aktiengesellschaften mögliche Form des Zusammenschlusses (§§ 319–327 AktG). Eine KGaA kann nicht eingegliedert werden (vgl. § 278 AktG). Die eingegliederte und die aufnehmende Aktiengesellschaft bleiben selbständige und unabhängige Rechtspersonen. Sie bilden einen → *Unterordnungskonzern* (§ 18 Abs. 1 Satz 3 AktG). Bei der eingegliederten Gesellschaft handelt es sich um eine → *abhängige Gesellschaft*, weil diese notwendigerweise in Mehrheitsbesitz steht (vgl. die Vermutung gemäß § 17 Abs. 2 AktG).

Eine solche Konzerneinbeziehung einer Aktiengesellschaft in eine aufnehmende Aktiengesellschaft (sog. *Hauptgesellschaft*) stellt einen sog. *Eingliederungskonzern* (§ 18 Abs. 1 Satz 2 AktG) dar und steht in ihren Wirkungen zwischen dem → *Beherrschungsvertrag* (Vertragskonzern, §§ 18 Abs. 1 Satz 2, 291–310 AktG) und einer → *Verschmelzung* (Fusion, §§ 2 ff. UmwG). Die Regeln über die → *verbundenen Unternehmen* finden Anwendung (§ 17 AktG).

▷ Die Eingliederung erfordert **keine vertragliche Regelung** (*Eingliederungsvertrag*) und deshalb auch keine Mitwirkung des Vorstandes der einzugliedernden Aktiengesellschaft (im Gegensatz zum Beherrschungsvertrag). Vielmehr vollzieht sich die Eingliederung durch die Willensbildung und Willensäußerung der Hauptversammlung der einzugliedernden Aktiengesellschaft (§ 319 Abs. 1 Satz 1 AktG).

▷ Ein **Beherrschungsvertrag** kann neben einer Eingliederung nicht bestehen; etwa vorhandene Beherrschungsverträge enden deshalb mit der Eingliederung. Ein → *Gewinnabführungsvertrag* unter erleichterten Bedingungen kann mit der Eingliederung verbunden sein, wodurch ein steuerlich begünstigtes Organschaftsverhältnis begründet wird (s.u. *6. steuerrechtliche Behandlung*). Der → *Ergebnisabführungsvertrag* bleibt durch die Eingliederung unberührt. Im Fall der Eingliederung einer bereits abhängigen Gesellschaft in das herrschende Unternehmen oder in ein drittes Unternehmen wird ein Beherrschungsvertrag durch die noch weiter gehenden Folgen der Eingliederung gegenstandslos.

▷ **Praxis:** Das Rechtsinstitut der Eingliederung hat in der Praxis allerdings kaum Beachtung gefunden. Dies liegt zum einen an ihren engen Anwendungsvoraussetzungen und zum anderen daran, dass das Rechtsinstitut der Verschmelzung in der Regel einfacher zu handhaben ist und wirtschaftlich dem Ergebnis der Eingliederung gleichkommt. Die Verschmelzung ist indes nicht mehr rückgängig zu machen, so dass die Eingliederung im Repertoire der Kautelarpraxis verstärkt bedacht werden sollte.

2. Voraussetzungen

▷ **Hauptversammlungsbeschluss:** Die Eingliederung erfolgt nicht durch einen Vertrag zwischen den beiden Gesellschaften, sondern durch einen einfachen → *Beschluss* der → *Hauptversammlung* der einzugliedernden Gesellschaft und einen Zustimmungsbeschluss der zukünftigen Hauptgesellschaft.

▷ **§ 319 AktG:** Für die Durchführung der Eingliederung sind folgende Voraussetzungen erforderlich:

– Beide Gesellschaften sind Aktiengesellschaften,

– der Sitz der Gesellschaften ist im Inland,

– ein sog. Eingliederungsbeschluss, d.h. ein Hauptversammlungsbeschluss der einzugliedernden Gesellschaft (§ 319 Abs. 2 AktG),

– ein mit qualifizierter Mehrheit gefasster Zustimmungsbeschluss der Hauptversammlung der aufnehmenden (zukünftigen Haupt-)Gesellschaft, sowie

– die Anmeldung und → *Eintragung* der Eingliederung in das → *Handelsregister* des Sitzes der einzugliedernden Gesellschaft. Diese Eintragung ist konstitutiv (vgl. hierzu §§ 294, 319 Abs. 7 AktG).

▷ **Eingliederungsbeschluss:** Für den Beschluss der Hauptversammlung (§§ 319 Abs. 1 Satz 1, 320 Abs. 1 Satz 1 AktG) genügt ein Beschluss mit einfacher Stimmenmehrheit. Dieser wird jedoch nur wirksam, wenn die Hauptversammlung der zukünftigen Hauptgesellschaft zustimmt (§§ 319 Abs. 2 Satz 1, 320 Abs. 1 Satz 3 AktG). Die gesetzlichen oder satzungsmäßigen Vorschriften über die Satzungsänderung sind nicht anwendbar (§§ 319 Abs. 1 Satz 2, 320 Abs. 1 Satz 3 AktG).

▷ **Zustimmungsbeschluss:** Der Zustimmungsbeschluss der Hauptgesellschaft muss mit einfacher Stimmenmehrheit und ¾-Mehrheit des bei der Beschlussfassung vertretenen Grundkapitals gefasst werden (§ 319 Abs. 2 Satz 2 und 3 AktG). Die Satzungsvorschriften können jedoch eine noch höhere Kapitalmehrheit bzw. zusätzliche Erfordernisse vorsehen, wie z.B. eine größere Stimmenmehrheit (→ *Satzung*). Der Zustimmungsbeschluss kann ohne weiteres schon vor dem Eingliederungsbeschluss gefasst werden. In welcher Reihenfolge die beiden Beschlüsse gefasst werden, ist unbeachtlich (vgl. OLG München DB 1993, 1351).

▷ **Anmeldung und Eintragung:** Die Eingliederung wird erst mit Eintragung des Eingliederungsbeschlusses in das → *Handelsregister* der eingegliederten Gesellschaft wirksam (§§ 320 Abs. 1 Satz 3 i.V.m. 319 Abs. 7 AktG). In diesem Falle der Eingliederung durch Mehrheitsbeschluss gehen mit der Eintragung alle Aktien, die sich nicht in der Hand der aufnehmenden Gesellschaft befinden, auf die Hauptgesellschaft über (§ 320a Satz 1 AktG). Bei der Anmeldung ist eine sog. Negativerklärung erforderlich, d.h. eine Erklärung des Vorstands, dass eine Klage gegen die Wirksamkeit eines Hauptversammlungsbeschlusses nicht oder nicht fristgerecht erhoben oder eine solche Klage rechtskräftig abgewiesen oder zurückgenommen worden ist (§ 319 Abs. 5 Satz 1, 320 Abs. 1 Satz 3 AktG). Solange eine solche Erklärung fehlt, darf die Eingliederung (§ 319 Abs. 5 Satz 2 Halbsatz 1, 320 Abs. 1 Satz 3 AktG) nicht eingetragen werden. Nur unter engen Voraussetzungen ist eine Negativerklärung entbehrlich, wenn

- ein notariell beurkundeter Anfechtungsverzicht aller klageberechtigten Aktionäre vorliegt (§ 319 Abs. 5 Satz 2 Halbsatz 2 AktG) oder
- eine durch Beschluss ergangene rechtskräftige Feststellung des Prozessgerichts vorliegt, dass die Erhebung der Klage gegen die Wirksamkeit des Hauptversammlungsbeschlusses der Eintragung nicht entgegensteht (§ 319 Abs. 6 Satz 1 AktG).

Ein solcher Beschluss darf nur ergehen, wenn die Klage unzulässig oder offensichtlich unbegründet ist oder wenn das Interesse der Gesellschaft und ihrer Aktionäre am alsbaldigen Wirksamwerden der Eingliederung schwerer wiegen als das Interesse des Klägers (§ 319 Abs. 6 Satz 2 AktG). Die Eingliederung ist erst mit der Eintragung in das Handelsregister der einzugliedernden Gesellschaft vollzogen (§ 319 Abs. 7 AktG). Sie ist vom Registergericht bekannt zu machen (§ 10 HGB).

3. Arten der Eingliederung

Man unterscheidet 2 Arten der aktienrechtlichen Eingliederung:

▷ **Eingliederung einer 100 %-igen Tochter-Aktiengesellschaft (Eingliederung ohne außenstehende Aktionäre):** Voraussetzungen für die Eingliederung einer 100 %-igen Tochter sind (§ 319 AktG):

- Alle → *Aktien* der einzugliedernden Aktiengesellschaft befinden sich in der Hand der zukünftigen Hauptgesellschaft: Der späteren Hauptgesellschaft muss tatsächlich jede einzelne Aktie unmittelbar gehören; eine Zurechnung über Tochtergesellschaften ist ausgeschlossen. Wenn die einzugliedernde Aktiengesellschaft → *eigene Aktien* hält, ist die Eingliederung ausgeschlossen und

– beide beteiligten Gesellschaften müssen inländische Aktiengesellschaften sein.

In mehrstufigen → *Konzernen* treten hinsichtlich der Hauptversammlungszuständigkeit Probleme auf, wenn in einem Mutter-Tochter-Enkelverhältnis aufeinander folgende Eingliederungen vorgenommen werden sollen. Da die Hauptgesellschaft zwingend die gesamtschuldnerische Mithaftung für sämtliche Alt- und Neuschulden der eingegliederten Gesellschaft übernimmt (§ 322 AktG), ist die Eingliederung der Hauptversammlungskompetenz der Muttergesellschaft unterworfen. Dies gilt

— im „Normalfall" der Eingliederung der Enkelgesellschaft in die Tochtergesellschaft und nachfolgender Eingliederung der Tochtergesellschaft in die Muttergesellschaft sowie
— im Fall der vorherigen Eingliederung der Tochtergesellschaft in die Muttergesellschaft und nachfolgender Eingliederung der Enkelgesellschaft in die Tochtergesellschaft.

Bei der sog. *vereinfachten Eingliederung* befinden sich alle Aktien der einzugliedernden Gesellschaft bereits vor der Eingliederung im Eigentum der aufnehmenden Aktiengesellschaft. Sofern ein Eingliederungsbeschluss gefasst wird, obgleich sich nicht alle Aktien im Besitz der aufnehmenden Gesellschaft befinden, ist der Beschluss nichtig (§ 241 Nr. 3 AktG) und damit auch der Zustimmungsbeschluss hinfällig. Eine Heilung nach § 242 Abs. 2 AktG kann nicht erfolgen. Zum Schutz der Aktionäre bestehen Informationspflichten gegenüber Aktionären der künftigen Hauptgesellschaft (§ 319 Abs. 3 AktG). Das allgemeine Auskunftsrecht der Aktionäre ist erweitert.

> **Beispiel für Informationspflichten des Vorstands**
>
> – Die Pflicht des Vorstands der zukünftigen Hauptgesellschaft, einen schriftlichen Bericht mit ausführlicher Erläuterung und Begründung der Vor- und Nachteile der Eingliederung (Eingliederungsbericht) zu erstellen, der im Geschäftsraum der Gesellschaft zur Einsicht der Aktionäre auszulegen ist (§ 319 Abs. 3 Satz 1 Nr. 3 AktG);
> – auf Verlangen ist jedem Aktionär in der Hauptversammlung Auskunft auch über alle im Zusammenhang mit der Eingliederung wesentlichen Angelegenheiten der einzugliedernden Gesellschaft zu geben (§ 319 Abs. 3 Satz 4 AktG).

▷ **Eingliederung einer 95 %-igen Tochter-Aktiengesellschaft (Eingliederung mit außenstehenden Aktionären):** Hält die Muttergesellschaft nur zwischen 95% und 100 % der Aktien, ist eine Eingliederung ebenfalls möglich. Mit der Eintragung der Eingliederung in das Handelsregister gehen die Aktienrechte der außenstehenden Aktionäre auf die Hauptgesellschaft über. Die dadurch ausscheidenden Aktionäre erhalten als Kompensation einen Abfindungsanspruch (→ *Abfindung*, § 320b Abs. 1 Satz 1 AktG). Eigene Aktien, welche der einzugliedernden AG an sich selbst gehören, sowie solche Aktien, die einem Dritten für Rechnung der einzugliedernden AG gehören, sind vom Grundkapital abzusetzen. Die Eingliederung ist in diesen Fällen neben den o.g. Voraussetzungen an besondere Verfahrensvorschriften geknüpft. Dazu gehört, dass die Bekanntmachung der Eingliederung als

Gegenstand der Tagesordnung ein Abfindungsangebot für die ausscheidenden Aktionäre enthält (§ 320 Abs. 2 AktG). Der Eingliederungsbeschluss ist anfechtbar, wenn eine Abfindung nicht angeboten wurde. Die *Anfechtung* kann allerdings nicht darauf gestützt werden, dass das Abfindungsangebot nicht angemessen sei. Glaubt ein Aktionär dies, kann er ein → *Spruchverfahren* zur Bestimmung der Abfindung einleiten. Dieses lässt aber die Wirksamkeit der Eingliederung unberührt.

Als Abfindung erhalten die ausscheidenden Aktionäre der Tochter-Aktiengesellschaft (§ 320b AktG)

- eigene Aktien der Hauptgesellschaft (§ 320b Abs. 1 Satz 2 AktG, im Regelfall) bzw.
- eine (angemessene) Barabfindung, insbesondere wenn es sich bei der Hauptgesellschaft um eine abhängige Gesellschaft handelt (§ 320b Abs. 1 Satz 3 AktG).

Wird die Abfindung gezahlt, sind die Aktienurkunden der Hauptgesellschaft auszuhändigen (§ 320a Satz 2 AktG). Die Ausübung des Wahlrechts zwischen Abfindung in Aktien und der Barabfindung ist nicht fristgebunden (aber: vgl. § 264 Abs. 2 BGB).

Die Eingliederung einer 95 %-igen Tochter-AG ist durch sachverständige Prüfer zu kontrollieren – sog. *Eingliederungsprüfer* – (§ 320 Abs. 3 AktG). Diese werden vom Vorstand der künftigen Hauptgesellschaft bestellt (§§ 293a Abs. 3, 293c–293e i.V.m. 320 Abs. 3 Satz 3 AktG).

Der Inhaber eines von einer Aktiengesellschaft im Rahmen einer Optionsanleihe ausgegebenen Optionsscheines hat nach einer Mehrheitseingliederung der Gesellschaft in eine Hauptgesellschaft keinen Anspruch mehr auf Verschaffung von Aktien der eingegliederten Gesellschaft, sondern (analog §§ 320a und 320b AktG) nur einen äquivalenten Anspruch auf Abfindung gegen die Hauptgesellschaft (§ 320b Abs. 1 Satz 3 AktG). Aktien der aufnehmenden Gesellschaft sind so zu gewähren, als finde eine Verschmelzung statt. Eine Barabfindung hat sich nach den Verhältnissen der Gesellschaft zu richten, muss sich also am inneren Wert der Beteiligung orientieren (§ 320b Abs. 1 Satz 5 AktG).

Für die Höhe der Abfindung in Aktien sowie der Barabfindung ist grundsätzlich die *Verschmelzungswertrelation*, also das Umtauschverhältnis, das bei Verschmelzung beider Unternehmen angemessen wäre, entscheidend. Bei Barabfindung oder barer Zuzahlung einer Abfindung in Aktien ist ab dem Zeitpunkt der Bekanntmachung der Eintragung der Eingliederung eine Verzinsungspflicht in Höhe von jährlich 2 % über dem jeweiligen Basiszinssatz der Europäischen Zentralbank (§§ 320b Abs. 1 Satz 6, 1 Abs. 1 EuroEG i.V.m. § 247 BGB) gesetzlich vorgesehen. Sofern die Hauptgesellschaft eine Abfindung überhaupt nicht oder nicht in der nach § 320b Abs. 1 Satz 2 und 3 AktG vorgeschriebenen Art anbietet, ist der Zustimmungsbeschluss mangels besonderer Regelung anfechtbar (§§ 243 ff. AktG). Die Anfechtung des Eingliederungsbeschlusses kann aber nicht auf § 243 Abs. 2 AktG (§ 320b Abs. 2 Satz 1 Halbsatz 1 AktG) gestützt werden. Bei Unangemessenheit der Abfindung als solche (§ 320b Abs. 2 Satz 1 Halbsatz 2 AktG) findet auf Antrag ein einfacheres Spruchverfahren statt einer Anfechtung statt (§§ 320b Abs. 2

Satz 2, SpruchG). Der Mehrheitsaktionär kann die Eingliederung ohne Rücksicht auf etwaige Rechte der Minderheit aus einem Beherrschungsvertrag betreiben (BGH WM 1974, 713, 715 ff.).

4. Rechtsfolgen der Eingliederung

Eine Eingliederung hat neben dem erweiterten Schutz der Gläubiger auch Folgen für die eingegliederte Gesellschaft.

▷ **Änderungen bei der eingegliederten Gesellschaft:**

– Die eingegliederte Gesellschaft verliert ihre gesetzlichen Organe;

– die eingegliederte Gesellschaft unterliegt der vollständigen Kontrolle durch die Muttergesellschaft; das Maß ihrer wirtschaftlichen Selbständigkeit wird somit stärker eingeschränkt als im Falle eines → *Beherrschungsvertrages* (§ 291 AktG);

– die *Leitungsmacht* der Hauptgesellschaft ist unbeschränkt (§§ 323 Abs. 1 Satz 1, §§ 308 Abs. 1 AktG), nachteilige Weisungen gegenüber der eingegliederten AG sind ohne Rücksicht auf das Vorhandensein eines Konzerninteresses zulässig. Eine Grenze gibt es indes für gesetzes- oder sittenwidrige Weisungen oder Weisungen solcher Art, durch die die eingegliederte Aktiengesellschaft grundlos bewusst geschädigt wird;

– die Bindung des Vermögens der eingegliederten Gesellschaft wird aufgehoben (§ 323 Abs. 2 AktG); die vermögensmäßige Substanz der eingegliederten Gesellschaft steht uneingeschränkt zur Disposition der Hauptgesellschaft (anders beim Beherrschungsvertrag); die Hauptgesellschaft kann mit dem Vermögen der eingegliederten Aktiengesellschaft nach Belieben verfahren. Die im Aktienrecht besonders strengen Kapitalschutzvorschriften gelten nicht (§§ 57, 58, 60 AktG). Z.B.: die Hauptgesellschaft kann den gesamten Gewinn der eingegliederten Aktiengesellschaft an sich abführen lassen;

– ein Konzernbericht ist nicht zu erstellen und eine Haftung aus den §§ 317, 318 AktG ist ausgeschlossen;

– es entfällt die Pflicht der eingegliederten Gesellschaft zur Bildung gesetzlicher Rücklagen (§ 324 Abs. 1 AktG). Eine bestehende gesetzliche Rücklage kann durch die Hauptgesellschaft aufgelöst werden;

– kaufmännisch betrachtet wird die eingegliederte Gesellschaft zu einer Art Betriebsabteilung der aufnehmenden Aktiengesellschaft;

– in bilanzrechtlicher Hinsicht bleibt die rechtliche Selbständigkeit der eingegliederten Aktiengesellschaft gewahrt.

▷ **Schutz der Gläubiger der eingegliederten Gesellschaft:**

– Die Gläubiger der eingegliederten Gesellschaft haben unter bestimmten Bedingungen einen Anspruch auf Sicherheitsleistung gegen die Hauptgesellschaft (§ 321 AktG); der Anspruch der Gläubiger richtet sich gegen die eingegliederte – selbständig gebliebene – Gesellschaft, kann aber auch aufgrund der Mithaftung der Hauptgesellschaft gegen diese geltend gemacht werden (§ 322 AktG) und

– die Hauptgesellschaft haftet neben der eingegliederten Gesellschaft gesamtschuldnerisch für sämtliche Alt- und Neuschulden der eingegliederten Gesellschaft (§ 322 Abs. 1 AktG); beide Gesellschaften haften für die Erfüllung der einzelnen Forderungen (*Henn*, Aktienrecht, 7. Aufl. 2002, Rn. 393). Die Haftung der Hauptgesellschaft ist akzessorisch. Diese Haftung der Hauptgesellschaft wird jedoch dadurch gemildert, dass ihr alle Einreden zustehen, die durch die eingegliederte Gesellschaft erhoben werden können (§ 322 Abs. 3 AktG). Die Haftung der Hauptgesellschaft bleibt für fünf Jahre nach dem Tag der Eintragung des Endes der Eingliederung in das Handelsregister bestehen (§ 327 Abs. 4 AktG).

▷ **Rechnungslegungspflicht:** Die eingegliederte Gesellschaft hat einen Jahresabschluss und einen Lagebericht aufzustellen, prüfen zu lassen und zu veröffentlichen. Jedem Aktionär der Hauptgesellschaft ist über Angelegenheiten der eingegliederten Aktiengesellschaft Auskunft zu erteilen und über Angelegenheiten der Hauptgesellschaft zu berichten (§ 326 AktG).

5. Beendigung der Eingliederung

▷ Das Ende der Eingliederung tritt **kraft Gesetzes** ein und wirkt nur für die Zukunft. Es gibt keine Eingliederung auf Zeit oder eine Beendigung durch Kündigung (§ 327 Abs. 1 AktG). Das Ende der Eingliederung, sein Grund und sein Zielpunkt sind zum Handelsregister anzumelden (§ 15 HGB). Die vorgeschriebene Anmeldung zum Handelsregister hat nur eine deklaratorische Funktion (§ 327 Abs. 3 AktG). Die Mithaftung der bisherigen Hauptgesellschaft für die Verbindlichkeiten der eingegliederten AG bleibt bestehen und verjährt in 5 Jahren (§ 327 Abs. 4 AktG). Die Eingliederung ist damit beendet, wenn

– die Hauptversammlung der eingegliederten Gesellschaft durch einen einfachen Mehrheitsbeschluss die Eingliederung beendet (Auflösungsbeschluss § 327 Abs. 1 Nr. 1 AktG),

– die Hauptgesellschaft nicht mehr eine Aktiengesellschaft mit Sitz im Inland ist (§ 327 Abs. 1 Nr. 2 AktG),

– sich nicht mehr alle Aktien der eingegliederten Gesellschaft in der Hand der Hauptgesellschaft befinden (§ 327 Abs. 1 Nr. 3 AktG),

– die Hauptgesellschaft aufgelöst wird (§ 327 Abs. 1 Nr. 4 AktG, → *Auflösung*), die Gesellschaft infolge einer → *Verschmelzung* gemäß § 2 UmwG 1994 oder einer → *Umwandlung* endet: bei einer Umwandlung entfallen die Voraussetzungen der Eingliederung (§§ 319 Abs. 1 Satz 1, 320 Abs. 1 Satz 1 AktG); bei der Verschmelzung wiederum erlischt die übertragene Gesellschaft (§ 20 Abs. 1 Nr. 2 UmwG).

▷ Die vorgeschriebene **Eintragung** des Endes der Eingliederung ins Handelsregister hat nur deklaratorische Bedeutung (ist nicht Voraussetzung für die Wirksamkeit der Beendigung der Eingliederung).

▷ Auf den Zeitpunkt des Endes der Eingliederung ist eine **Zwischenbilanz** aufzustellen, um eine mögliche Verlustausgleichspflicht der Hauptgesellschaft feststellen zu können.

6. Steuerrechtliche Behandlung

▷ **Organschaft:** Die steuerliche Eingliederung ist von der aktienrechtlichen Eingliederung zu unterscheiden. Die steuerliche Eingliederung hat eine sog. → *Organschaft* zur Folge; hierdurch werden herrschende (Organträger) und eingegliederte Gesellschaft (Organgesellschaft) steuerlich wie ein Steuersubjekt behandelt.

Für die Wirtschaftsjahre bis einschließlich 2000 gilt für die körperschaftsteuerliche Organschaft: die Organgesellschaft muss finanziell, wirtschaftlich und organisatorisch in das Unternehmen des Organträgers eingegliedert sein und es muss ein fünfjähriger Gewinnabführungsvertrag bestehen (§ 14 Nr. 1 und 2 KStG). Ähnliche Voraussetzungen gelten für die gewerbesteuerliche und umsatzsteuerliche Organschaft (§ 2 Abs. 2 Satz 2 GewStG; § 2 Abs. 2 Nr. 2 UStG).

Ab den in 2001 beginnenden Wirtschaftsjahren genügt lediglich die finanzielle Eingliederung; wirtschaftliche und organisatorische Eingliederung sind dann nur noch Organschaftsvoraussetzungen für die gewerbesteuerliche Organschaft.

▷ **Finanzielle Eingliederung:** Eine finanzielle Eingliederung liegt vor, wenn ein Organträger vom Beginn des Wirtschaftsjahres an ununterbrochen und unmittelbar in einem solchen Maß an der Organgesellschaft beteiligt ist, dass ihm mehr als die Hälfte der → *Stimmrechte* aus den Anteilen an der Organgesellschaft zustehen.

Der Organträger muss keine Kapitalmehrheit an der Organgesellschaft halten. Mittelbar zustehende Stimmrechte oder Anteile werden hinzugerechnet, wenn der Organträger über die Mehrheit der Anteile tatsächlich verfügen kann, ohne zivilrechtlich das Eigentum daran zu besitzen (vgl. § 39 AO, sog. *wirtschaftlicher Eigentümer*). Eigene Anteile der Organgesellschaft zählen bei der Ermittlung der Gesamtzahl nicht mit.

▷ **Wirtschaftliche Eingliederung:** Die wirtschaftliche Eingliederung liegt vor, wenn die Organgesellschaft

– nach dem Gesamtbild der tatsächlichen Verhältnisse in der Art einer unselbständigen Betriebsabteilung in das Unternehmen des Organträgers eingegliedert ist und

– in dieser Funktion – zumindest überwiegend – die eigene gewerbliche Betätigung des herrschenden Unternehmens wirtschaftlich fördert und ergänzt (§ 14 Nr. 2 KStG).

Indizien für eine wirtschaftliche Eingliederung sind:

– Bestimmung der Ein- und Verkaufspreise der Organgesellschaft,

– Überwachung der betriebswirtschaftlichen Kalkulation,

- Bestimmung der betriebswirtschaftlichen oder betrieblichen Abläufe, der Produktpalette, des Marktauftretens, des Absatzes,
- Genehmigungsvorbehalte für die Geschäftsführung der Organgesellschaft.

Bei *Holdinggesellschaften* gelten folgende Besonderheiten:

- Ein herrschendes Unternehmen, das die einheitliche Leitung über mehrere abhängige Kapitalgesellschaften in einer durch äußere Merkmale erkennbaren Form betreibt (geschäftsleitende Holding), übt eine eigene gewerbliche Tätigkeit aus;
- eine Holding, die sich auf reine Vermögensverwaltung beschränkt, erfüllt die Voraussetzungen einer Organträgerin nicht, da das herrschende Unternehmen keine gewerbliche Tätigkeit ausübt.

▷ **Organisatorische Eingliederung:** Eine organisatorische Eingliederung liegt vor, wenn gewährleistet ist, dass der Wille des Organträgers bei der Organschaft durchgesetzt werden kann (Abschnitt R 51 KStR). Dies ist der Fall

- bei Vorliegen eines → *Beherrschungsvertrages* bzw.
- bei einer aktienrechtlichen Eingliederung (s.o.).

Neben dem Beherrschungsvertrag oder der aktienrechtlichen Eingliederung sind weitere Indizien für eine organisatorische Eingliederung

- eine Personalunion bzw. eine personelle Verflechtung der geschäftsführenden Organe der Organgesellschaft und des Organträgers,
- Genehmigungsvorbehalte in den Bereichen Bilanzierung, Personal, Steuer- und Rechtsangelegenheiten,
- einheitliche Buchführung und Korrespondenz,
- gemeinsame Büro- und Geschäftsräume,
- Reporting- und Controlling-System,
- gemeinsame Planung.

▷ **Zeitliche Voraussetzungen:** Die Organgesellschaft muss vom Beginn ihres Wirtschaftsjahres an ununterbrochen in das Unternehmen des Organträgers eingegliedert sein.

Die organisatorische Eingliederung ist auch dann ab Beginn des Wirtschaftsjahres der Organgesellschaft anzuerkennen, wenn der Beherrschungsvertrag erst bis zum Ende des folgenden Wirtschaftsjahres zivilrechtlich wirksam wird (§ 14 Nr. 2 Satz 3 KStG). Veräußert ein Organträger seine Beteiligung an einer Organgesellschaft zum Ende eines Wirtschaftsjahres an ein anderes gewerbliches Unternehmen, so wird im Interesse des Veräußerers und des Erwerbers die Beteiligung:

- beim Veräußerer noch bis zum Ende des Wirtschaftsjahres (24 Uhr) und
- beim Erwerber ab Beginn des folgenden Wirtschaftsjahres (0 Uhr) zugerechnet (Abschnitt R 53 Abs. 2 KStG).

Tabelle: Unterschiede zwischen Eingliederung und Beherrschungsvertrag

	Eingliederung	Beherrschungsvertrag
Organe	Verlust der eigenen Organe der AG	Organe der AG bleiben bestehen
Leitungsmacht	Die Leitungsmacht über die eingegliederte Gesellschaft ist unbeschränkt.	Die Leitungsmacht über die beherrschte Gesellschaft ist beschränkt (§ 308 AktG, Weisungsrecht nur gegenüber dem Vorstand).
Rechtliche Selbständigkeit	bleibt gewahrt	bleibt gewahrt
Wirtschaftliche Selbständigkeit	Die vermögensmäßige Substanz steht uneingeschränkt zur Disposition der Hauptgesellschaft.	Die Disposition der Gesellschaft über die vermögensmäßige Substanz bleibt neben der Eingriffsmöglichkeit des herrschenden Unternehmens bestehen (§§ 291 Abs. 3, 300 f. AktG).
Vertrag	Eingliederungsvertrag nicht erforderlich	Abschluss eines Vertrages erforderlich (Beherrschungsvertrag)
Vorstand	keine Mitwirkung des Vorstandes erforderlich	Mitwirkung des Vorstandes
Verbindung mit anderen Verträgen	keine Verbindung mit einem Beherrschungsvertrag möglich. Verbindung mit Gewinnverwendungsvertrag möglich	Verbindung mit Gewinnverwendungsvertrag möglich und üblich
Entstehung	durch einfachen Beschluss der HV der einzugliedernden AG und Zustimmungsbeschluss der Hauptversammlung der Haupt-Aktiengesellschaft	durch Beschluss der Hauptversammlung über den Beherrschungsvertrag
Beendigung	Entscheidung der Hauptversammlung	außerordentliche Kündigung

Hinweis auf weiterführende Literatur: *Kowalski*, Eingliederung: Abfindung durch Ausnutzung genehmigten Kapitals, AG 2000, 555 ff.

Hinweis auf weitere Stichwörter

→ *Beherrschungsvertrag*
→ *Konzern*
→ *Organschaft*

→ *Unternehmen*
→ *Verschmelzung*

Einlage

1. Begriff 285
2. Bareinlage 285
3. Sacheinlage 288
4. Rückgewähr 291

1. Begriff

Bei der → *Gründung* der Aktiengesellschaft müssen alle → *Aktien* durch die Gründer gegen Einlagen übernommen werden. Ausgangspunkt ist stets, dass Einlagen Leistungen auf Aktien sind (§ 2 AktG).

Das Gesetz unterscheidet 2 *Einlageformen:*

- die Bareinlage bei der Bargründung und bei der Barkapitalerhöhung,
- die Sacheinlage bei der Sachgründung und bei der Sachkapitalerhöhung.

Die (Mindest-)Einlagen werden durch den → *Vorstand* eingefordert. Die Bareinlagen und die Sacheinlagen sind zur endgültigen Verfügung des Vorstands zu leisten.

Ansprüche der Gesellschaft auf die Zahlung der Einlagen gegen die Gründer verjähren in 5 Jahren (§ 51 AktG). Bei Nicht- oder nicht rechtzeitiger Leistung der Einlage durch Aktionäre drohen Zinszahlungen, Vertragsstrafen und Verlust der Aktie (§§ 64, 65 AktG).

2. Bareinlage

▷ **Einlage des Aktionärs:** Die Leistung einer Bareinlage bei der Gründung ist der gesetzliche Regelfall (Bargründung). Dabei erbringt der Aktionär seine Einlage in bar bzw. in einer der zugelassenen Leistungsformen (§ 54 Abs. 3 AktG):

- Gesetzliche Zahlungsmittel,
- von der Deutschen Bundesbank bestätigte *Schecks,*
- *Gutschrift* auf Inlandskonto bei der Deutschen Bundesbank sowie bei einem Kreditinstitut oder auf ein Postgirokonto der Gesellschaft oder des Vorstands (nicht bei einer → *Kapitalerhöhung*).

Andere Leistungsformen sind ausgeschlossen. Eine Bareinlage in ausländischer Währung ist nicht möglich. Eine Befreiung des Gesellschafters von seiner Einlagepflicht ist nicht möglich (→ *Befreiungsverbot*, § 66 Abs. 1 Satz 2 AktG). Der eingeforderte Betrag muss min. ¼ des geringsten Ausgabebetrages und – sofern die Satzung ein → *Aufgeld (Agio)* vorsieht – das Aufgeld in voller Höhe umfassen (§§ 36 Abs. 2, 36a Abs. 1 AktG). Es genügt nicht, dass betragsmäßig insgesamt ¼ des Grundkapitals aufgebracht wird. Nicht ausreichend ist es, dass fehlende Einzahlungen einzelner Aktionäre durch eventuelle Überzahlungen anderer ausgeglichen werden.

Einlage

> **Beispiel**
>
> Werden Aktien mit einem Nennbetrag von 100 Euro und einem Aufgeld (Agio) von 50 Euro ausgegeben, so hat der Vorstand min. ¼ des Nennbetrages = 25 Euro zuzüglich das gesamte Aufgeld i.H.v. 50 Euro, also insgesamt 75 Euro einzufordern. Dieser Betrag muss auf jede Aktie eingezahlt werden.

Die Leistung höherer Beiträge vor der Eintragung der Gesellschaft kann durch → *Satzung* bestimmt werden.

Der *geringste Ausgabebetrag* ist

– der Nennbetrag bei → *Nennbetragsaktien*,

– der auf die einzelne → *Stückaktie* entfallende anteilige Betrag des → *Grundkapitals* bei der Stückaktie.

▷ **Mittelzufluss:** Erforderlich ist ein effektiver und endgültiger Mittelzufluss. Von einem Mittelzufluss ist dann auszugehen, wenn der Vorstand weder rechtlich noch tatsächlich gehindert ist, über den eingezahlten Betrag endgültig zu verfügen. An der Endgültigkeit des Mittelzuflusses fehlt es, wenn die Einlage an den Einleger/Inferenten zurückfließt (s.u. *4. Rückgewähr*). Der Zeichner wird erst frei, wenn er die versprochene Leistung tatsächlich und endgültig in das Vermögen der Aktiengesellschaft überführt hat. Zahlungen an Gesellschaftsgläubiger oder an Dritte haben keine schuldbefreiende Wirkung, nur die Zahlung an den Vorstand. Der Nachweis, dass die eingezahlten Bareinlagen „zur endgültigen freien Verfügung des Vorstandes" stehen, ist mit einer schriftlichen Bestätigung eines Kreditinstituts zu führen, dass der Betrag durch Gutschrift auf ein Konto der Gesellschaft oder des Vorstandes bei der Deutschen Bundesbank oder dem Kreditinstitut eingezahlt worden ist. Dieser Bestätigungserklärung kommt eine weitreichende Bedeutung zu (s. → *Bank: 3. Bestätigung*).

▷ **Freiheit der Mittelverwendung, Verwendungsabsprachen:** Der Vorstand ist mit Ermächtigung aller Gründer nicht daran gehindert, auch schon vor der Gründung solche Geschäfte zu betreiben, die nicht lediglich dazu dienen, die Eintragung herbeizuführen. Die Gläubiger sind dadurch geschützt, dass die Gründer für eine hierdurch eintretende *Unterbilanz* (→ *Unterbilanzhaftung*) nach der Eintragung der Gesellschaft haften. Zur Vornahme der Geschäfte können die eingezahlten Mittel auch schon vor Anmeldung verwendet werden, wenn – wie i.d.R. – der Gesellschaft eine wertgleiche Deckung zufließt. In der Anmeldung kann dann nur noch versichert werden, dass der Betrag dem Vorstand wertmäßig zur freien Verfügung steht. Ist dies nicht der Fall, sondern liegt eine Unterbilanz vor, so entsteht ein Eintragungshindernis. Trägt das Registergericht trotzdem ein, hat dies die oben angesprochene Unterbilanzhaftung aller Gründer zur Folge. Bei der Bareinlage (Gründung oder Kapitalerhöhung) verbietet das Gesetz nicht, dass von vorn herein eine bestimmte Absicht verfolgt oder ein Konsens zwischen den Interferenten und dem Vorstand besteht, wofür die eingezahlten Mittel verwendet werden. Auch Verwendungsabsprachen sind in gewissem Umfang zulässig. Erforderlich ist aber stets, dass der Einleger seine Verfügungsmacht über die von ihm zu leistenden Barmittel endgültig und ohne Vorbehalte zugunsten der Gesellschaft aufgibt (Schwierigkeiten bei der Abgrenzung zu → *verdeckten Sacheinlagen*). Im Grundsatz gilt nach höchstrichterlicher Rechtsprechung, dass eine freie Verfügbarkeit des Vorstandes zu verneinen ist, wenn die Gesellschaft hinsichtlich der Verwendung der Mittel gegenüber dem Einleger dergestalt gebunden wird, dass in Wirklichkeit eine Sacheinlage vorliegt.

Beachte: Diese Frage ist noch nicht ausdiskutiert, deshalb wird zur Sicherung der realen Kapitalaufbringung bei nicht zweifelsfreien Verwendungsabsprachen eine „endgültige freie Verfügung des Vorstands" zu verneinen sein.

▷ **Mittelverwendung vor Anmeldung:** Bei der Aktiengesellschaft gilt *der Grundsatz der Unterbilanzhaftung* (zuerst bei der GmbH angewandt, statt des früher geltenden Vorbelastungsverbots: BGHZ 105, 300, 303). Danach besteht vor Anmeldung kein Verbot der Einlagenverwendung.

▷ **Einzahlung:** Einzahlungen auf Bankkonten: dem Aktionär stehen mehrere Konten zur Verfügung (§ 54 Abs. 3 AktG). *Nicht zulässig* ist jedoch die Einzahlung des eingeforderten Betrags

- auf ein für die Gesellschaft geführtes *Kreditkonto:* die Zahlung auf ein solches Konto steht der Leistung an einen Gesellschaftsgläubiger gleich (BGHZ 119, 177, 188 f.),

- auf ein *Kontokorrentkonto* der Gesellschaft, auf welchem eine Kreditforderung der Bank fällig gestellt ist und die Bank den Einzahlungsbetrag mit ihrer offenen Darlehensforderung unmittelbar nach dem Eingang und ohne Einwirkungsmöglichkeit des Vorstandes verrechnen kann, oder

- auf ein *im Debet geführtes laufendes Geschäftskonto,* wenn die Gesellschaft keine Möglichkeit erhält, über Mittel in entsprechender Höhe zu verfügen (BGH NJW 1991, 1294, 1295).

▷ **Zahlung der Resteinlage:** Hierunter sind die Barbeträge zu verstehen, die den eingeforderten Betrag (§ 36 Abs. 2 AktG) übersteigen. Die restliche Einlage (max. ¾ des Nennbetrags der Aktien) muss nach Aufforderung eingezahlt werden (§ 63 AktG). Die *Aufforderung* ist eine Erklärung der Gesellschaft, dass die Zahlungen auf die Einlage nunmehr restlich zu erbringen sind. Anzugeben sind Betrag je Aktie und Zahlungstermin, ferner Einzahlungsmodalitäten (z.B. Angabe der Bankverbindung oder der Gesellschaftskasse). Sie ist als Maßnahme der Geschäftsführung stets durch den Vorstand vorzunehmen (ebenso auch vor der Eintragung). Die Satzung bestimmt die Form der Aufforderung. Diese muss sich gleichmäßig an alle Aktionäre richten, welche die Einlage noch nicht voll geleistet haben (*Grundsatz der Gleichbehandlung der Aktionäre*). Mit Einverständnis des Vorstandes kann dieser Betrag auch unmittelbar an einen Gesellschaftsgläubiger zur Tilgung der Forderung geleistet werden. Damit eine Erfüllungswirkung gegenüber der Aktiengesellschaft eintritt, ist aber erforderlich, dass die Forderung

- vollwertig,

- fällig und

- liquide ist.

3. Sacheinlage

▷ **Begriff:** Die Aufbringung des in der Satzung festgelegten Grundkapitals kann außer durch Bareinlage auch durch Sacheinlagen geleistet werden. Bei der Sacheinlage leistet der Aktionär seine Einlage in anderer Weise als durch bare oder als Barzahlung zugelassene unbare Zahlung (→ *Sachgründung*). Alles was nicht Geldeinlage ist, also nicht durch Zahlung des Nennbetrages erbracht wird, ist Sacheinlage. Sacheinlagen können bewegliche oder unbewegliche Sachen sein. Nicht ordnungsgemäß in der Satzung festgesetzte Sacheinlagen sowie die Rechtshandlungen zu deren Ausführung sind der Gesellschaft gegenüber unwirksam, mit der Folge, dass der Aktionär verpflichtet bleibt, den Nennbetrag oder den höheren Ausgabebetrag der Aktie in bar einzuzahlen, wenn die Aktiengesellschaft trotzdem in das Handelsregister eingetragen wird (BGH NJW 1992, 3167, 3172).

▷ **Voraussetzung** bei einer Sacheinlage ist

– die Gleichwertigkeit der eingebrachten Sacheinlagen mit dem der Einlageverpflichtung entsprechenden Nennbetrag zuzüglich eines eventuellen Agios sowie

– die Wahrung der vorgeschriebenen Satzungspublizität.

Das Verbot der Unterpariemission gilt auch für Sacheinlagen.

▷ Der **Bewertungsstichtag** der Sacheinlage ist maßgeblich für die Frage, ob und gegebenenfalls wie viel der Gründer in bar einzahlen muss, weil der Wert der Sacheinlage unter dem Nennbetrag der für die Sacheinlage zu gewährenden Aktien zurückbleibt. Im Schrifttum werden verschiedene Zeitpunkte als maßgebliche Bewertungsstichtage diskutiert, so der Tag der

– Satzungsfeststellung,

– vereinbarten Einbringung,

– tatsächlichen Einbringung,

– Gründungsprüfung,

– Anmeldung zur Eintragung ins Handelsregister sowie

– Eintragung der Gesellschaft ins Handelsregister.

Den Vorzug verdient der Zeitpunkt der Anmeldung zur Eintragung ins Handelsregister (entsprechend auch im Recht der GmbH § 9 Abs. 1 GmbHG).

▷ **Formen** der Sacheinlage:

– die reine Sacheinlage,

– die gemischte Sacheinlage,

– die Mischeinlage.

▷ Von einer **gemischten Sacheinlage** spricht man, wenn der Aktionär auf die Gesellschaft einen Vermögensgegenstand als Einlage überträgt, dessen Wert den Betrag der übernommenen Einlage übersteigt und für den der Gründer deshalb zum

Teil Aktien der Gesellschaft, zum Teil ein anderes Entgelt erhält. Sie ist von der Mischeinlage zu unterscheiden.

▷ Bei der **Mischeinlage** leistet der Gründer auf eine Aktie gleichzeitig eine Bareinlage und eine Sacheinlage. Hierbei stehen Geld- und Sachleistung nebeneinander. Den Leistungen sollte in der Satzung jeweils eine bestimmte Aktienzahl zugeordnet werden.

▷ **Einlagefähigkeit:** Einlagefähig sind nur solche Gegenstände, die einen feststellbaren Vermögenswert haben (*Bewertbarkeit*) und die als solche zu einem bestimmten Stichtag zur freien Verfügung in das Vermögen der Gesellschaft überführt werden können (*Übertragbarkeit*). Nicht relevant ist die Aktivierungsfähigkeit des Gegenstandes (streitig, vgl. BGHZ 29, 300; *Hüffer*, AktG, 7. Aufl. 2006, § 27 Rn. 22; *Pentz* in MüKo. AktG, 2. Aufl. 2000, § 27 Rn. 18 f.; a.A. *Kraft* in KK. AktG, 2. Aufl. 1988, § 27 Rn. 14). Die Einlagegegenstände müssen ferner derart übertragen sein, dass sie zur freien Verfügung der Gesellschaft stehen, also vom Sacheinleger nach ihrer Einbringung nicht einseitig entzogen werden können. Letztlich bedarf es noch der Aussonderung aus dem Vermögen des Sacheinlegers.

Einlagefähig sind

- bewegliche und unbewegliche Sachen,
- gegen die Gesellschaft oder gegen Dritte gerichtete Forderungen (nicht Forderungen gegen Gründer, § 54 AktG),
- grundstücksgleiche Rechte, z.B. Erbbaurecht, Bergwerkseigentum,
- gewerbliche Schutzrechte, z.B. übertragbare Lizenzen oder Konzessionen, Urheber- und Patentrechte, Gebrauchs- und Geschmacksmuster,
- nicht patentierte Herstellungsverfahren und Know-how, insoweit auch Warenzeichen (BGH NJW 1994, 174 f.),
- Fabrikationsgeheimnisse,
- Sachgesamtheiten, z.B. Unternehmen oder Unternehmensteile,
- Mitgliedschaftsrechte z.B. Aktien oder GmbH-Anteile,
- obligatorische Nutzungsrechte, aufgrund Miet- oder Pachtvertrages.

Beispiele für zulässige Sacheinlagen

- Die *Übernahme* eines Vermögensgegenstands, für den die Aktiengesellschaft eine Vergütung gewährt, die auf die Einlage des Aktionärs anzurechnen ist.
- Die *Verpflichtung*, einen Vermögensgegenstand (nur Ansprüche gegen Dritte) auf die Gesellschaft zu übertragen: In diesem Falle hat die dingliche Übertragung binnen fünf Jahren nach Eintragung der Gesellschaft ins Handelsregister zu erfolgen.
  - *Obligatorische Nutzungsrechte:* Hierbei ist zu unterscheiden:
    - Befristete Nutzungsrechte können als Sacheinlage in Frage kommen, weil diese für einen festen Zeitraum gewährten Rechte gegen Risiken relativ unempfindlich sind und deshalb als wirtschaftliche Vermögenswerte zuverläs-

sig feststellbar sein dürften. Erforderlich ist, dass die Gesellschaft Besitz erlangt.
- Unbefristete, also jederzeit kündbare Nutzungsrechte: Im Hinblick auf ihren kaum feststellbaren wirtschaftlichen Wert wird solchen Nutzungsrechten die Sacheinlagefähigkeit abgesprochen.

- *Forderung gegen die (Vor-)Aktiengesellschaft:* Forderungen gegen die Aktiengesellschaft selbst können ausnahmsweise auch Einlagegegenstand sein, wenn sie bereits der Vor-AG gegenüber bestanden haben. Bedeutung hat dies insbesondere, wenn ein Unternehmen in die Aktiengesellschaft eingebracht worden ist und zu den übernommenen Verbindlichkeiten eine Forderung des Gründers gehört und der Gründer die Erstattung der Gründungskosten verlangen kann, bzw. bei der → *Kapitalerhöhung*, wenn das zusätzliche Kapital mit Mitteln finanziert werden soll, die der Aktiengesellschaft zuvor als Darlehen zur Verfügung gestellt wurden. Die Verpflichtung zur Leistung der Sacheinlage wird hierbei erfüllt durch
  - Abtretung der Forderung auf die Gesellschaft, so dass sie durch Konfusion erlischt (§ 398 BGB), oder
  - Erlass der Forderung durch den Aktionär (§ 397 BGB).

- Die *Einbringung eines Unternehmens* oder Unternehmensteils (bedeutendster Fall der Sacheinlage): Hierbei müssen alle zum einbringenden Unternehmen gehörenden Sachen und Rechte im Wege der Einzelübertragung auf die Aktiengesellschaft übertragen werden (in geeigneten Fällen empfiehlt sich daher eine → *Umwandlung*). Eine → *Sachgründung* kann aber vorteilhafter sein, etwa in den Fällen, in denen die Beteiligungsverhältnisse neu geordnet oder zusätzliche Gesellschafter aufgenommen werden sollen. Es muss sowohl der Umfang der Übertragung als auch der Zeitpunkt, zu dem das eingebrachte Unternehmen für Rechnung der Aktiengesellschaft fortgeführt wird, genau festgelegt werden. Mit den Grundsätzen realer Kapitalaufbringung vereinbar ist auch der Ansatz eines originären Firmen- oder Geschäftswertes (*good will*), d.h. die Differenz zwischen dem Wert des Unternehmens als Ganzes und der Summe aktivierungsfähiger Vermögensgegenstände abzüglich der zu passivierenden Schulden.

▷ **Nicht einlagefähig sind**

- Dienstleistungen (§ 27 Abs. 2 AktG) unabhängig davon, ob sie von einem Gründer oder einem Dritten erbracht werden sollen,
- eigenkapitalersetzende Gesellschafterdarlehen,
- Gründerlohn,
- künftige Dividendenansprüche,
- Bürgschaftsübernahmen,
- Wechselakzepte,
- gegen einen Gründer gerichtete Forderungen.

▷ **Sacheinlagevereinbarung:** (s. → *Sachgründung*, → *Verschleierte Sacheinlage*)

4. Rückgewähr

▷ Die vom Gründer/Aktionär geleistete Einlage kann aus **Gläubigerschutzgründen** nicht ohne weiteres an diesen zurückfließen (*Einlagenrückgewähr*).

▷ Folgende Leistungen der Aktiengesellschaft an jemandem zum Zwecke des Erwerbs von Aktien der Aktiengesellschaft durch Einlage sind **unzulässig**:

- Vorschuss,
- Darlehen,
- Sicherheit.

▷ Die mit den Gründern geschlossenen **Verträge** der Aktiengesellschaft müssen besonderen Voraussetzungen entsprechen, damit sie Gültigkeit erlangen. Sonst bleibt der Einleger Schuldner der Einlage (vgl. § 52 AktG, s. → *Nachgründung*, → *Verdeckte Gewinnausschüttung*, → *Verdeckte Sacheinlage*).

Hinweis auf weiterführende Literatur: *Dziadkowski*, Vorsteuerabzug aus Sacheinlagen? – Plädoyer für eine systemkonforme Normierung einer „Einlagensteuerung" in § 15a UStG, DStR 2002, 486 ff.; *Frey*, Einlagen in Kapitalgesellschaften, 1990; *Hallweger*, Die freie Verfügbarkeit von Bareinlagen aus Kapitalerhöhungen in der Aktiengesellschaft, DStR 2002, 2131 ff.; *Kirsch*, Außerplanmäßige Abschreibung von Sacheinlagen und Immateriellen Vermögenswerten nach IAS 36 und nach § 6 Abs. 1 EStG, DStR 2002, 645 ff.; *Reuter*, Unternehmensbewertung bei Sacheinlagen: der neue IDW Standard S 1 auf dem Prüfstand des Kapitalaufbringungsrechts, BB 2000, 2298 ff.; *Semler*, Die Körperschaftsteuerminderung und -erhöhung sowie die Einlagenrückgewähr nach dem StSenkG, DStR 2001, 1337 ff.; *Schorr*, Die Verjährung von Einlageforderungen im Kapitalgesellschaftsrecht, DStR 2002, 1269 ff.; *Sosnitza*, Die Einlagefähigkeit von Domain-Namen bei der Gesellschaftsgründung, GmbHR 2002, 821 ff.; *Uhl/Geißelmaier*, „Leg-ein-Hol-zurück-Verfahren" zur optimalen Nutzung des Körperschaftsteueranrechnungsguthabens, DStR 2001, 385 ff.

Hinweis auf weitere Stichwörter

- → *Aktie*
- → *Bank: 3. Bestätigung*
- → *Gründung*
- → *Nachgründung*

- → *Prüfung*
- → *Sachgründung*
- → *Verdeckte Gewinnausschüttung*
- → *Verdeckte Sacheinlage*

Einpersonen-AG

1. Begriff 292
2. Gründer 292
3. Haftung in der Einpersonen-AG ... 292
4. Kapitalaufbringung 293
5. Sacheinlagen 294
6. Organe 294
7. Registeranmeldung 294
8. Mitteilungspflicht 295

1. Begriff

Eine → *Aktiengesellschaft* kann auch durch ein einseitiges Rechtsgeschäft eines Alleingründers entstehen (seit der Neufassung des § 2 AktG durch das Gesetz für kleine Aktiengesellschaften und zur Deregulierung des Aktienrechts vom 2.8.1994: Einpersonen-AG). Bei der Einpersonengründung einer Aktiengesellschaft stellt der → *Gründer* die → *Satzung* alleine fest (§§ 2, 23 Abs. 1 Satz 1, 28 AktG). Die Einpersonen-Aktiengesellschaft ist genauso wie die Aktiengesellschaft mit mehreren Aktionären eine juristische Person. Grundsätzlich gelten für sie dieselben Regeln wie für die mehrgliedrige Aktiengesellschaft. Nachfolgend werden die zu beachtenden Besonderheiten dargestellt:

2. Gründer

Als Gründer kommen neben natürlichen Personen auch juristische Personen oder Personengesellschaften (auch BGB-Gesellschaften) in Betracht. Die → *Gründung* der Einpersonen-AG erfolgt wie bei der mehrgliedrigen Gesellschaft durch Feststellung der → *Satzung*. Die Erklärung wird mit ihrer notariell beurkundeten (§ 23 AktG) Abgabe wirksam. Mit der Errichtung (Feststellung der Satzung) entsteht eine Einpersonen-Vor-AG, die vom sonstigen Vermögen des einzigen Aktionärs zu trennen und an die die Einlage zu leisten ist. Der Gründer einer Einpersonen-AG kann auch Verwaltungsmitglied sein (s.u. *Organe*).

3. Haftung in der Einpersonen-AG

Eine Haftung des alleinigen Aktionärs für Verbindlichkeiten der Gesellschaft allein aufgrund des Umstandes, dass es sich bei ihm um den einzigen Gesellschafter handelt, kommt nicht in Betracht. Auch eine Zurechnung von Wissen des einzigen Aktionärs zu Lasten der Gesellschaft kommt nicht ohne weiteres, sondern nur entsprechend den allgemeinen Grundsätzen zur Wissenszurechnung in Frage (vgl. BGH ZIP 1997, 1023). Bei der Einpersonen-Aktiengesellschaft handelt es sich nicht, wie früher vereinzelt angenommen worden ist, um ein Sondervermögen ihres alleinigen Aktionärs. Zuordnungssubjekt des Vermögens ist ausschließlich die Einpersonen-Aktiengesellschaft, weshalb diese insoweit auch gegenüber ihrem alleinigen Aktionär strafrechtlichen Schutz genießt. Bei der Einpersonen-Vor-AG ist – was unter anderem im Hinblick auf die Kapitalaufbringung praktische Auswirkungen hat – *sehr streitig*, ob entsprechend der Rechtslage zur mehrgliedrigen Vor-AG bereits mit der Satzungsfeststellung ein vom einzigen Gründer zu unterscheidendes Zuordnungssubjekt entsteht oder lediglich ein ihm zugeordnetes Sondervermögen (vgl. *Hüffer*, AktG, 7. Aufl. 2006, § 41 Rn. 17a ff.). Im Hinblick auf die gesetzlichen Bestimmungen, die offensichtlich von einem eigenen Zuordnungssubjekt auch bei der Einpersonengründung ausgehen, ist der erstgenannten Auffassung zu folgen (§§ 36 Abs. 2, § 36a Abs. 1 AktG und die Strafvorschriften in § 399 AktG).

4. Kapitalaufbringung

▷ **Sicherheit:** Wird die Gesellschaft nur durch eine Person errichtet, so hat der Gründer zusätzlich für den Teil der Geldeinlage, der den eingeforderten Betrag übersteigt, eine *Sicherheit* zu bestellen (§ 36 Abs. 2 Satz 2 AktG, Gleichlauf mit der entsprechenden Regelung des GmbH-Rechts: § 7 Abs. 2 Satz 3 GmbHG). Dies gilt nicht für die nachträgliche Entstehung einer Einpersonen-AG. Der eingeforderte Betrag muss bei Bareinlagen mindestens ein Viertel des Nennbetrages und bei Ausgabe der Aktien für einen höheren als den Nennbetrag auch den Mehrbetrag umfassen.

> **Beispiel**
>
> Nennbetrag der Aktie 10 Euro, Aufgeld (Agio) 20 Euro. Zu leisten sind 22,50 Euro, da das Aufgeld voll zu zahlen ist. Für die ausstehende Einlage von 7,50 Euro ist eine Sicherung zu bestellen.

Die Vorschrift ist nicht (auch nicht analog) auf Fälle anwendbar, in denen sich mehrere Personen an der Gründung beteiligen, es sich bei den weiteren Aktionären aber um Strohleute, Treuhänder oder ein vom einzigen Aktionär abhängiges Unternehmen handelt (*Lutter*, AG 1994, 430). Die Notwendigkeit einer Sicherheitsleistung ist in diesen Fällen nicht erkennbar, da die Mitgründer die allgemeinen Gründerverantwortlichkeiten treffen (§§ 46, 399 AktG).

Nicht erforderlich ist es, dass eine Sicherheit auch dann gestellt wird, wenn sich alle Anteile innerhalb von 3 Jahren nach der Eintragung der Gesellschaft in das Handelsregister in der Hand eines Gesellschafters oder daneben in der Hand der Gesellschaft vereinigen (*nachträgliche Entstehung einer Einmann-Aktiengesellschaft*, abweichend zum GmbH-Recht). Vor diesem Hintergrund sind auch heute noch Strohmanngründungen in Form einer Aktiengesellschaft von Interesse (keine Übernahme der GmbH-Regelung: § 19 Abs. 4 GmbHG, vgl. *Lutter*, AG 1994, 429).

▷ Die **Art der Sicherheitsleistung** ist gesetzlich nicht geregelt (vgl. § 36 AktG). Es sind aber die bei der GmbH entwickelten Grundsätze heranzuziehen (§ 7 Abs. 2 Satz 3 GmbHG). Ausreichende Sicherheiten sind daher

– die zivilrechtlichen Sicherheiten des § 232 BGB,

– Bankbürgschaften,

– Grundschulden,

– Garantien und

– andere wirtschaftlich gleichwertige Sicherungsmittel.

Nicht zugelassen ist jedoch die zusätzliche schuldrechtliche Verpflichtung des einzigen Aktionärs (*Lutter*, AG 1994, 429).

▷ Mit der vollständigen Leistung der → *Einlage* erledigt sich auch der **Sicherungszweck**. Der Beitritt eines weiteren Aktionärs führt nicht zur Erledigung des Sicherungszweckes, da es im Aktienrecht an einer Ausfallhaftung der übrigen Mitgesellschafter für nicht einbringliche Einlagen fehlt (anders bei der GmbH, vgl. § 24 GmbHG). Der Verkauf einer einzigen Aktie im Nennwert von 1 Euro an einen Dritten würde ansonsten zur Freigabe der Sicherheit genügen, ohne dass der neue Aktionär für die Kapitalaufbringung verantwortlich wäre. Auch die Gründerverantwortlichkeit träfe den neuen Aktionär nicht (§ 46 Abs. 1 AktG). Der Sicherungszweck wäre somit verfehlt, zumal Umgehungen vorprogrammiert wären.

▷ Die Verpflichtung zur Sicherheitsleistung gilt über die Gründung hinaus nunmehr auch für die **offene Einlageverpflichtung** aus einer → *Kapitalerhöhung* durch den Einmann-Aktionär (§ 188 Abs. 2 i.V.m. § 36 Abs. 2 AktG).

5. Sacheinlagen

Ob bei *Sacheinlagen* ebenfalls eine Sicherung zu bestellen ist, ist umstritten und von der Rechtsprechung nicht geklärt (missverständlicher Wortlaut des § 36a Abs. 2 AktG). Da nach der einen Auffassung Sacheinlagen stets vollständig vor Anmeldung zu leisten sind, verneint sie auch das Bedürfnis für eine Sicherheitsleistung (*Lutter*, AG 1994, 429, 433). Folgt man hingegen einer zweiten Auffassung, ist ein Sicherungsbedürfnis zu bejahen, wenn die Sacheinlage nicht in einer Gebrauchs- oder Nutzungsüberlassung, sondern in einer erst in 5 Jahren nach Eintragung zu bewirkenden Leistung besteht (§ 36 Abs. 2 Satz 2 AktG entsprechend, *Hüffer*, AktG, 7. Aufl. 2006, § 36 Rn. 15).

6. Organe

Der Gründer einer Einpersonen-AG kann auch Mitglied von → *Vorstand* oder → *Aufsichtsrat* sein. Ist er dies, wird allerdings eine → *Prüfung* des Gründungshergangs durch externe Gründungsprüfer erforderlich. Bei der Bemessung der Vergütung des alleinigen Gründers für seine Tätigkeit als Verwaltungsmitglied ist insbesondere das *Verbot der Einlagerückgewähr* zu beachten (→ *Einlage*). Das *Verbot des Insichgeschäfts* gilt auch für Rechtsgeschäfte zwischen dem alleinigen Aktionär und der Gesellschaft (vgl. § 181 BGB). Die → *Hauptversammlung* des alleinigen Gesellschafters ist naturgemäß eine → *Vollversammlung* und kann deshalb ad hoc, also ohne Einhaltung der beschriebenen Einberufungsanforderungen, abgehalten werden. Ein Stimmverbot findet auf Beschlüsse des einzigen Aktionärs keine Anwendung, da hier ein Interessenkonflikt zwischen dem Einzelgesellschafter und der Gesellschaftergesamtheit von vornherein ausscheidet (§ 136 AktG, vgl. hierzu auch *Hüffer*, AktG, 7. Aufl. 2006, § 136 Rn. 5, → *Stimmrecht*). Dementsprechend ist beispielsweise ein Entlastungsbeschluss entbehrlich, soweit der Alleinaktionär auch Vorstandsmitglied ist (BGHZ 105, 324, → *Entlastung*).

7. Registeranmeldung

In der Anmeldung der Gesellschaft zur → *Eintragung* ins → *Handelsregister* ist zu erklären, dass die eben genannten Voraussetzungen der Kapitalaufbringung erfüllt sind (§ 37 AktG). Bei nicht vollständiger Einlageleistung ist somit zu erklären, dass die Sicherheit bestellt wurde. Dies umfasst die genauen Angaben welcher Art die Sicherung ist, wie sie bestellt wurde und wie hoch der Wert anzusetzen ist. Die fehlende oder ungenügende Bestellung von Sicherheiten stellt ein Eintragungshindernis dar (§ 38 Abs. 1 Satz 2 AktG). Bei behebbaren Eintragungshindernissen ist das Gericht allerdings gehalten, den Beteiligten durch eine Zwischenverfügung Abhilfe zu ermöglichen, bevor es die Eintragung ablehnt (§ 26 Satz 2 HRV).

8. Mitteilungspflicht

▷ **Publizität:** Mit einer besonderen Publizitätspflicht bei der Einpersonen-AG soll in erster Linie der Schutz der gegenwärtigen und künftigen Gesellschaftsgläubiger verbessert werden, → *Mitteilungspflichten.* Gehören alle Aktien allein oder neben der Gesellschaft einem Aktionär, ist unverzüglich eine entsprechende schriftliche Mitteilung unter Angabe von Name, Vorname, Geburtsdatum und Wohnort des alleinigen Aktionärs beim zuständigen Registergericht einzureichen (§ 42 AktG). In ihr ist ausdrücklich der Umstand, dass alle Aktien allein oder neben der Gesellschaft einem Aktionär gehören, zu nennen. Es genügt nicht, pauschal das Vorliegen einer Einpersonen-AG mitzuteilen. Der Zeitpunkt des Entstehens der Einpersonen-Gesellschaft muss dabei mit angegeben werden. Dem Handelsregister ist ebenfalls mitzuteilen, wenn aus einer mehrgliedrigen Aktiengesellschaft später eine eingliedrige wird (*nachträgliche Anteilsvereinigung*).

Die Aktien gehören allein oder neben der Gesellschaft einem Aktionär, wenn er bzw. neben ihm die Gesellschaft Inhaber des Vollrechts ist, wobei Sicherungseigentum genügt, nicht aber beschränkte dingliche Rechte wie Nießbrauch. Umstritten ist, ob die Zurechnungsregelung des § 16 Abs. 4 AktG für verbundene Unternehmen auch hier Anwendung findet. Das würde bedeuten, dass § 42 AktG auch zur Anwendung kommt, wenn ein Gesellschafter nicht alle Aktien unmittelbar hält, sondern lediglich über mittelbare Beteiligungen oder Tochterunternehmen. Die wohl überwiegende Auffassung bejaht dies (*Kindler*, NJW 1994, 3041, 3043; *Hoffmann-Becking*, ZIP 1995, 1, 3; *Lutter*, AG 1994, 429; a.A. *Hüffer*, AktG, 7. Aufl. 2006, § 42 Rn. 4; *Blanke*, BB 1994, 1505; *Pentz* in MüKo.AktG, 2. Aufl. 2000, § 42 Rn. 21).

> **Beispiel**
>
> A hält 90 % der Aktien und ist außerdem Alleingesellschafter der X-GmbH, die Inhaberin der restlichen 10 % Aktien ist.

▷ Eine Eintragung der publizitätspflichtigen Tatsachen ins Handelsregister erfolgt indes nicht, sie können aber den **Registerakten**, die jedermann zur Einsicht offen stehen, entnommen werden (§ 9 Abs. 1 HGB).

▷ Die Pflicht die Mitteilung vorzunehmen, trifft die **Vorstandsmitglieder**. Da die Vorstandsmitglieder die Identität der Aktionäre nicht kennen müssen, ist von einer entsprechenden Mitteilungspflicht des alleinigen Aktionärs gegenüber dem Vorstand auszugehen (*Hoffmann-Becking*, ZIP 1995, 1). Die Mitteilungspflicht des alleinigen Aktionärs kann dagegen vom Registergericht nicht zwangsweise durchgesetzt werden. Die Unterlassung der Mitteilung durch den Aktionär kann aber

Schadenersatzpflichten gegen den Mitteilungspflichtigen auslösen (§ 42 AktG ist Schutzgesetz i.S.d. § 823 Abs. 2 BGB; *Lutter*, AG 1994, 429), sie erfüllt jedoch nicht den Straftatbestand des § 399 AktG i.V.m. § 13 StGB.

Hinweis auf weiterführende Literatur: *Bachmann*, Die Einmann-Aktiengesellschaft, NZG 2001, 961 ff.; *Lutter*, Das neue „Gesetz für kleine Aktiengesellschaften und zur Deregulierung des Aktienrechts", AG 1994, 429.

Hinweis auf weitere Stichwörter

- → *Aktiengesellschaft*
- → *Aktionär*
- → *Gesellschaft*

- → *Gründung*
- → *Unternehmen*
- → *Vollversammlung*

Eintragung

1. Allgemein 296
2. Eintragungsarten 297
3. Eintragungspflicht 298
4. Folgen der Eintragung 299
5. Ablehnung der Eintragung 299
6. Fehlerhafte Eintragung 300
7. Kosten 300

1. Allgemein

▷ **Publizität:** Die Eintragung der Aktiengesellschaft sowie aller relevanter eintragungspflichtigen Tatsachen, welche die Aktiengesellschaft betreffen, in das → *Handelsregister* ist ein den Amtsgerichten obliegender hoheitlicher Akt und dient insbesondere der → *Publizität* und somit dem Schutz des Rechtsverkehrs mit der Gesellschaft (§ 8 HGB, § 125 Abs. 1 FGG).

▷ **Eintragungsfähigkeit:** Im Handelsregister können nur bestehende oder nur noch von der Eintragung selbst abhängige Tatsachen eingetragen werden. Voraussetzung für die Eintragung ist in der Regel die Anmeldung zur Eintragung (→ *Handelsregister: 2. Anmeldung*). Die Eintragung kann nicht erfolgen, wenn die Anmeldung nicht den gesetzlichen Anforderungen entspricht.

> **Beispiel**
>
> Wird die Aktiengesellschaft trotz fehlender Anmeldung eingetragen, so ist sie von Amts wegen zu löschen, da es sich hierbei um eine wesentliche Voraussetzung der Eintragung handelt (§ 142 FGG).

▷ **Prüfung:** Das Registergericht prüft die Anmeldung in formeller und materieller Hinsicht auf ihre Ordnungsmäßigkeit. Eine fehlerhafte Anmeldung kann es nach nicht befolgter Zwischenverfügung zurückweisen (§ 26 HRV). Liegt eine ordnungsgemäße Anmeldung vor und bestehen auch sonst keine Gründe zu Beanstandungen, veranlasst das Gericht die Eintragung im Handelsregister.

▷ **Entscheidung:** Jede Anmeldung beim Registergericht, die auf eine Eintragung mit konstitutiver Wirkung gerichtet ist, erfolgt im Namen der Aktiengesellschaft. Bei Ablehnung der Eintragung durch das Registergericht ist die Vor-AG deshalb als solche selbst beschwert und beschwerdeberechtigt (gemäß §§ 20 Abs. 2, 19 Abs. 1 FGG, vertreten durch ihren → *Vorstand*; BGHZ 117, 323, 325 ff.). Eine Zwischenverfügung des Registergerichts kann ebenso mit der einfachen Beschwerde angefochten werden. Gegen die Entscheidung des Registergerichts steht dann die weitere Beschwerde zum Oberlandesgericht, beschränkt auf die Geltendmachung von Gesetzesverletzungen der Vorinstanz, zur Verfügung (§§ 27, 28 FGG).

▷ **Benachrichtigung des Antragstellers:** Der Antragsteller ist von der Eintragung zu benachrichtigen (§ 130 Abs. 2 FGG). Durch diese Mitteilung soll es dem Antragsteller ermöglicht werden, die Vollständigkeit und Richtigkeit der Eintragung zu überprüfen, etwaige Fehler vom Registergericht berichtigen zu lassen und damit etwaige Schäden abzuwenden. Bei schuldhaft falschen oder verspäteten Eintragungen sowie bei der Nichtanzeige offenbar unrichtiger Eintragungen kann sich der Eintragende schadenersatzpflichtig machen.

2. Eintragungsarten

▷ **Konstitutive Eintragung:** Bestimmte rechtserhebliche Tatsachen werden erst durch die Registereintragung wirksam (konstitutive, d.h. rechtsbegründende Eintragung). Die rechtsbegründende Wirkung ist jeweils gesetzlich angeordnet.

Beispiele für die konstitutive Wirkung der Eintragung

- Die Aktiengesellschaft als juristische Person existiert erst ab Eintragung, → *Gründung*.
- Der Unternehmensvertrag entfaltet erst ab Eintragung Wirksamkeit.
- Der Formwechsel wird erst mit Eintragung wirksam.
- Kapitalerhöhungen und Kapitalherabsetzungen werden erst mit Eintragung wirksam.
- Satzungsänderungen werden erst mit Eintragung wirksam.
- Umwandlungsvorgänge (Formwechsel) werden erst mit Eintragung wirksam.

▷ **Deklaratorische Eintragung:** Ansonsten werden die Rechtsverhältnisse unabhängig von ihrer Handelsregistereintragung wirksam (deklaratorische, d.h. rechtsbekundende Eintragung). Hier ist das Handelsregister bis zu ihrer Eintragung inhaltlich unrichtig (→ *Publizität*).

Beispiele für deklaratorische Wirkung der Eintragung

- Zweigniederlassung,
- Aufhebung eines Unternehmensvertrages
---

3. Eintragungspflicht

Die Gründung, jede Änderung und das Erlöschen der Aktiengesellschaft müssen in das Handelsregister eingetragen werden. Eintragungspflichtig sind ferner folgende Tatsachen, die die Aktiengesellschaft betreffen:

- Firma, Sitz, Gegenstand, Grundkapital, Vorstandsmitglieder, Vertretung der Aktiengesellschaft (§ 39 Abs. 1 AktG),
- jede Änderung der o.g. Tatsachen (§§ 45 Abs. 1, 81 Abs. 1, 184 Abs. 1, 188 Abs. 1, 195 Abs. 1, 207 Abs. 2, 223, 227 Abs. 1 AktG),
- übrige Satzungsänderungen (§ 181 Abs. 1 Satz 1 AktG),
- Nachgründungsvertrag (§ 52 Abs. 6 AktG),
- Zweigniederlassung (§§ 13, 13a, 13e, 13f HGB),
- Anteilsvereinigung (§ 42 Abs. 1 AktG),
- Unternehmensverträge (§§ 294, 295 Abs. 1, 298 AktG),
- Eingliederung (§§ 319 Abs. 4, 327 Abs. 3 AktG),
- Nichtigkeit aufgrund rechtskräftigem Urteil (§ 275 Abs. 4 Satz 3 AktG),
- Auflösung (§ 263 Satz 1 AktG),
- Abwicklung (Abwickler, Vertretungsbefugnis und Schluss der Abwicklung, § 266 Abs. 1 AktG),
- Verschmelzung (§§ 16, 66, 77 UmwG),
- Spaltung (§§ 129, 130, 137, 146 UmwG),
- Formwechsel (§ 198 UmwG).

> **Beispiele**
>
> Die Aktiengesellschaft wird bei der → *Gründung* in das Handelsregister mit folgenden Daten eingetragen:
>
> - Firma und der Sitz der Gesellschaft,
> - Gegenstand des Unternehmens,
> - Höhe des Grundkapitals,
> - Tag der Feststellung der Satzung,
> - Vorstandsmitglieder (Vorname, Familienname, Beruf und Wohnort gemäß § 43 Nr. 4 HRV) und welche Vertretungsbefugnis diese haben und
> - Dauer der Gesellschaft und genehmigtes Kapital, falls die Satzung darüber Bestimmungen enthält.
>
> Die Namen der Aufsichtsratsmitglieder werden nicht eingetragen, sie werden nur bekannt gemacht (→ *Bekanntmachung*).

Der → *Unternehmensvertrag* wird in das Handelsregister der Untergesellschaft mit folgenden Daten eingetragen:
- Vertrag,
- Art des Unternehmensvertrages,
- Firma des Vertragspartners und
- Datum des Zustimmungsbeschlusses.

4. Folgen der Eintragung

▷ **Heilung:** In bestimmten Fällen heilt die Eintragung formelle oder materielle Mängel (z.B. § 242 Abs. 1 AktG bei Beurkundungsmängeln). Sind bei kapitalverändernden Beschlüssen formelle Mängel vorhanden, werden auch diese 3 Jahre nach der Eintragung geheilt (§ 242 Abs. 2, 3 AktG). Eine erfolgreiche Anfechtungsklage gegen den Zustimmungsbeschluss der Hauptversammlung führt allerdings auch bei einer zuvor erfolgten Eintragung (die Eintragung steht bei einer anhängigen Anfechtungsklage im pflichtgemäßen Ermessen des Registergerichts) rückwirkend zur Unwirksamkeit des Hauptversammlungsbeschlusses und beseitigt damit auch die Wirksamkeit des Beschlusses rückwirkend.

▷ **Publizität:** → *Publizität*

▷ **Rechtsbegründung:** konstitutive Wirkung s.o. → *2. Eintragungsarten*

▷ **Erfüllung von materiellen Voraussetzungen:**

- Wenn die Aktiengesellschaft 2 Jahre im Handelsregister eingetragen ist, ist eine Abspaltung möglich (§ 141 UmwG).
- Aktienurkunden und Zwischenscheine dürfen erst ab der Eintragung der Gesellschaft in das Handelsregister ausgegeben werden (§ 41 Abs. 4 AktG).
- Bezugsaktien können erst nach Eintragung des Beschlusses über die bedingte Kapitalerhöhung ausgegeben werden (§ 197 AktG).

▷ **Änderung des Haftungssystems:** Im Zeitpunkt der Eintragung erlischt die → *Haftung* der Gründer und die der Vorstandsmitglieder. An ihre Stelle tritt die Unterbilanzhaftung der Gründer (→ *Unterbilanzhaftung*). Gleichzeitig entsteht mit der Eintragung der Gesellschaft in das Handelsregister die Haftung der Gründer und der Verwaltungsmitglieder sowie des Gründungsprüfers und gegebenenfalls auch anderer Personen (Hintermänner, Emittenten), sofern im Zusammenhang mit der Gründung insbesondere unrichtige Angaben gemacht worden sind (§§ 46–49 AktG).

5. Ablehnung der Eintragung

▷ Das Registergericht darf nur bei Erfüllung gewisser Voraussetzungen eintragen, ansonsten besteht ein **Eintragungshindernis** und die Eintragung muss abgelehnt werden.

> **Beispiel**
>
> War die Sitzbestimmung von Anfang an unzulässig (z.B. wenn eine solche überhaupt fehlt oder bei Wahl eines ausländischen Sitzes), muss das Registergericht die Eintragung der Aktiengesellschaft ablehnen.

Ist aber der Mangel behebbar, dann erlässt das Registergericht eine Zwischenverfügung mit Fristsetzung. Ist der Mangel nicht behebbar, kann das Gericht nicht eintragen, die Anmeldung wird dann zurückgewiesen (vorher Aufklärungspflicht gemäß § 139 ZPO).

▷ Trägt das Registergericht trotz einer **Registersperre** in das Handelsregister ein, ist die Eintragung wirksam. Die positive Eintragung kann nicht mit Rechtsmitteln angegriffen werden. Die Aktiengesellschaft kann aber eine → *Löschung* bewirken.

> **Beispiel**
>
> Ist die Aktiengesellschaft trotz unzulässiger Sitzbestimmung eingetragen worden, ist sie zwar zunächst wirksam entstanden. Das Registergericht hat jedoch das Verfahren nach § 144a FGG auf Amtsauflösung einzuleiten (BayObLG BB 1981, 870 für die GmbH; *Müther*, BB 1996, 2212; → *Auflösung*).

▷ **Rechtsweg:** Trägt das Register trotz Vorliegen aller Voraussetzungen nicht ein, steht der Rechtsweg der freiwilligen Gerichtsbarkeit offen (→ *Publizität*). Gegen die Ablehnung der Eintragung oder den Erlass einer Zwischenverfügung kann Beschwerde zum Landgericht (§ 19 Abs. 1 FGG) und gegebenenfalls die weitere Beschwerde zum OLG eingelegt werden (§§ 27 f. FGG).

6. Fehlerhafte Eintragung

▷ Bei einer fehlerhaften Eintragung muss zumindest die **Bekanntgabe** richtig erfolgt sein, dann gilt die tatsächliche Rechtslage, ein darüber hinaus gehender Schutz des Dritten ist insoweit nicht erforderlich. Ist die Bekanntgabe ebenfalls falsch, kann sich der Gläubiger auf die Eintragung berufen (positive → *Publizität*).

▷ Bei einem **Verschulden** des Registergerichts kann ein Schadenersatzanspruch gegen den Staat als Träger des Gerichts entstehen (Art. 34 GG, § 839 BGB).

▷ Eine **Beschwerde** gegen Handelsregistereintragungen ist nicht möglich. Unzulässige Eintragungen sind aber von Amts wegen zu löschen (§§ 142, 144, 144a FGG; → *Löschung*).

7. Kosten

Die Kosten für die Handelsregistereintragung richteten sich bisher nach der Kostenordnung. Die dortige Regelung war jedoch mit europäischem Gemeinschaftsrecht nicht vereinbar:

Die EU-Gesellschaftsteuer-Richtlinie verbietet Steuern und Abgaben für Eintragungen oder sonstige Formalitäten, die der Ausübung der Tätigkeit vorangehen und denen die Gesellschaft aufgrund ihrer Rechtsform unterworfen ist (Art. 10c, Richtlinie 69/335/EWG in der Fassung der Richtlinie 85/303/EWG v. 10.6.1985). Erlaubt sind nur Abgaben mit Gebührencharakter (Art. 12 Abs. 1 Buchstabe e der Richtlinie). In der Auslegung der Richtlinie durch den EuGH sind danach nur Gebühren erlaubt, die sich an dem tatsächlichen Aufwand für die Eintragung orientieren (EuGH EuZW 1998, 172 – *Fantask* – zu dänischer Kapitalgesellschaft). Deshalb sind Gebühren, die aufgrund eines pauschalen Geschäftswerts und nicht aufgrund des tatsächlichen Aufwands dieser Förmlichkeiten berechnet werden, wegen Verstoßes gegen Gemeinschaftsrecht unwirksam. Gerichtsentscheidungen liegen bereits für die Fälle der Eintragung einer Kapitalgesellschaft bzw. deren Zweigstelle oder der Erhöhung des Kapitals dieser Gesellschaften vor (BayObLG NJW 1999, 652), Eintragung und Löschung von Prokuren (OLG Köln BB 2000, 370) u.a. Daher hat der Gesetzgeber eine Neuregelung der Gebühren vorgenommen (§ 79a KostO), der mit dem tatsächlichen Aufwand korrespondiert.

Eine rückwirkende Geltendmachung von zuviel gezahlten Gebühren ist grundsätzlich möglich. Der Rückerstattungsanspruch verjährt 4 Jahre nach Ablauf des Jahres, in dem er entstanden ist (§ 17 Abs. 2 KostO); statthafter Rechtsbehelf ist die (nicht fristgebundene) Erinnerung (§ 14 KostO). Eine Verwirkung des Rückerstattungsanspruchs vor Ablauf der Verjährungsfrist kommt nur in seltenen Ausnahmefällen unter besonderen Umständen in Betracht (OLG Schleswig-Holstein, Beschluss v. 22.12.1999 – 9 W 137/99).

Hinweis auf weiterführende Literatur: *Roth*, Die wertgleiche Deckung als Eintragungsvoraussetzung, ZHR 167 (2003), 89–102.

Hinweis auf weitere Stichwörter

→ *Aktie: 9. Aktienregister*
→ *Bekanntmachungen*
→ *Bundesanzeiger*
→ *Europäische Gesellschaftsformen*

→ *Gründung*
→ *Handelsregister*
→ *Publizität*

Einzelverbriefung

→ *Verbriefung*
→ *Aktie*

Einziehung von Aktien

1. Begriff 302
2. Zwangseinziehung 302
3. Einziehung nach Erwerb durch die Gesellschaft 304
4. Einziehungsverfahren 304
5. Fehlerhafte Einziehung 305

1. Begriff

▷ **Kapitalherabsetzung:** Die Einziehung von → *Aktien* ist eine besondere Art der → *Kapitalherabsetzung* (§§ 237 ff. AktG).

Es gibt 2 Fälle der Kapitalherabsetzung durch Einziehung von Aktien,

- die Zwangseinziehung und
- die Einziehung von Aktien nach ihrem Erwerb durch die Gesellschaft.

Eine andere Form der Einziehung ist nicht möglich (anders im GmbHG, z.B. § 34). Die Einziehung erfolgt durch empfangsbedürftige Willenserklärung von → *Vorstandsmitgliedern* in vertretungsberechtigter Zahl, die insoweit für die Gesellschaft handeln (*Einziehungshandlung*). Die Einziehungshandlung ist wirkungslos, wenn der zugrunde liegende Hauptversammlungsbeschluss nichtig oder unwirksam ist oder, im Falle der angeordneten Zwangseinziehung, der → *Vorstand* die Einziehungsvoraussetzungen zu Unrecht bejaht hat.

▷ **Einziehungszwecke** können sein (eine gesetzliche Beschränkung gibt es nicht):

- Sanierung,
- Rückzahlung an Aktionäre,
- Einstellung in die Kapitalrücklage usw.

▷ **Eintragung:** Die Durchführung der Einziehung ist zur → *Eintragung* in das → *Handelsregister* anzumelden; mit der Anmeldung und Eintragung der Einziehung können die Anmeldung und die Eintragung des Beschlusses der Hauptversammlung über die Herabsetzung des Grundkapitals verbunden werden (§ 239 AktG).

▷ **Wirksam** wird die Kapitalherabsetzung mit der Eintragung des Beschlusses oder, wenn die Einziehung der Aktien zeitlich nachfolgt, mit der Einziehung. Im Falle der in der Satzung angeordneten Zwangseinziehung ist, wenn nicht die → *Hauptversammlung* über die Kapitalherabsetzung beschließt, das Grundkapital bereits mit der Zwangseinziehung herabgesetzt.

2. Zwangseinziehung

▷ **Zulässigkeit:** Die Zwangseinziehung ist nur zulässig, wenn

- sie in der → *Satzung* vor Übernahme oder Zeichnung der Aktien angeordnet wurde (ursprüngliche oder nachträgliche Satzungsbestimmung) oder

– die → *Aktionäre* der im Wege der *Satzungsänderung* erfolgten Einfügung der Einziehungsbestimmung in die Satzung zugestimmt haben (insoweit über den Wortlaut des Gesetzes hinaus, h.M. *Schilling* in GK. AktG, 3. Aufl. 1973, § 237 Rn. 10; *Lutter* in KK. AktG, 2. Aufl. 1995, § 237 Rn. 30; *a.A. Krieger* in MünchHdb. AG, 2. Aufl. 1999, § 62 Rn. 6).

Im Rahmen der Zwangseinziehung ist zu unterscheiden zwischen der

– angeordneten und

– gestatteten Zwangseinziehung.

▷ **Angeordnete Zwangseinziehung:** Bei der angeordneten Zwangseinziehung müssen die tatbestandlichen Voraussetzungen in der → *Satzung* präzise umschrieben sein.

Beispiel

In die Satzung ist aufzunehmen:

– Einziehung auf Verlangen eines Aktionärs,

– Einziehung einer nach Ablauf einer bestimmten Zeit durch Los zu bestimmenden Aktienanzahl,

– Insolvenz des Aktionärs,

– Einziehungsentgelt.

Nicht in der Satzung zu regeln ist:

– Abstimmung in Abweichung von der Mehrheit,

– verweigerte Übernahme weiterer Verpflichtungen o.Ä.

Bei Erfüllung der in der Satzung für eine angeordnete Zwangseinziehung vorgesehenen Voraussetzungen hat die Zwangseinziehung zu erfolgen, ohne dass insoweit ein Entscheidungsspielraum besteht. Die Einziehung wird vom → *Vorstand* beschlossen (§ 237 Abs. 6 AktG).

▷ **Gestattete Zwangseinziehung:** Eine gestattete Zwangseinziehung liegt vor, wenn die Satzung die Zwangseinziehung zulässt, ohne gleichzeitig das Verfahren anzuordnen. Einziehungsgründe können in der Satzung bezeichnet werden, müssen es aber nicht; gleiches gilt für das Einziehungsentgelt. Über die gestattete Zwangseinziehung entscheidet die → *Hauptversammlung*. Sie ist allerdings hinsichtlich ihrer Entscheidung nicht frei, sondern darf die Zwangseinziehung wegen der mit ihr verbundenen Vernichtung von Mitgliedschaftsrechten nur beschließen, wenn dies den Maßstäben der Erforderlichkeit und der Verhältnismäßigkeit entspricht. Ein hiergegen verstoßender Beschluss ist anfechtbar (→ *Anfechtung von Hauptversammlungsbeschlüssen*).

3. Einziehung nach Erwerb durch die Gesellschaft

Die Einziehung nach Erwerb der Aktien durch die Gesellschaft bedarf keiner Satzungsermächtigung. Zugelassen ist der Erwerb von → *eigenen Aktien* aufgrund eines Einziehungsbeschlusses der → *Hauptversammlung* (§ 71 Abs. 1 Nr. 6 AktG). Die Aktiengesellschaft muss dann selbst Inhaberin des einzuziehenden Mitgliedsrechts sein. Eine Pflicht zur Einziehung eigener Aktien ist möglich (§ 71c Abs. 3 AktG). Soweit nicht eine angeordnete Zwangseinziehung vorliegt, bei der der → *Vorstand* für die Entscheidung zuständig ist, entscheidet die Hauptversammlung hierüber.

4. Einziehungsverfahren

Das Gesetz unterscheidet zwischen dem

– ordentlichen und

– vereinfachten Einziehungsverfahren.

▷ **Ordentliches Einziehungsverfahren:** Die Einziehung von Aktien ist eine Satzungsänderung (§ 23 Abs. 3 Nr. 3 und 4 AktG). Das ordentliche Einziehungsverfahren entspricht den Bestimmungen über die ordentliche → *Kapitalherabsetzung* (§ 237 Abs. 2 AktG). Notwendig ist ein Hauptversammlungsbeschluss, der einer Mehrheit von mindestens ¾ des bei der Beschlussfassung vertretenen Grundkapitals bedarf. Der aus wichtigem Grund auszuschließende Aktionär hat bei der Beschlussfassung → *Stimmrecht* (grundsätzlich abschließender Katalog in § 136 Abs. 1 AktG bzgl. Stimmverbot *Hüffer*, AktG, 7. Aufl. 2006, § 237 Rn. 23a). Der Beschluss muss bestimmen, dass das Grundkapital durch Einziehung von Aktien herabgesetzt werden soll und welche Aktien hiervon betroffen sind. Er muss den Zweck, die Höhe der Herabsetzung, die Voraussetzungen der Zwangseinziehung und die Einzelheiten ihrer Durchführung festsetzen (§§ 222 Abs. 3, 237 Abs. 2 Satz 1 und Abs. 4 Satz 4 AktG). Der Beschluss ist zur → *Eintragung* in das → *Handelsregister* anzumelden.

Für das Einziehungsentgelt gilt (§ 225 Abs. 2 AktG analog):

– Auszahlung an Aktionäre erst nach 6 Monaten und

– Auszahlung erst nach Befriedigung bzw. Sicherung der Gläubiger.

▷ **Vereinfachtes Einziehungsverfahren:** Das vereinfachte Einziehungsverfahren ist nur zulässig, wenn (§ 237 Abs. 3–5 AktG)

– die Aktien einschließlich eines → *Agios* voll geleistet sind und

– entweder die Aktiengesellschaft die Aktien unentgeltlich erworben hat oder

– die Einziehung zu Lasten des Bilanzgewinns oder einer anderen Gewinnrücklage erfolgt.

In diesem Falle kann der Hauptversammlungsbeschluss mit einfacher Mehrheit gefasst werden (sofern keine abweichende Bestimmung der Satzung vorliegt; die Vorschriften über die ordentliche Kapitalherabsetzung sind nicht anzuwenden).

Der Beschluss muss jedoch deutlich machen, dass die Kapitalherabsetzung durch die Einziehung von Aktien in vereinfachter Form erfolgt, und er muss den Betrag bezeichnen, der in die Kapitalrücklage einzustellen ist. Dieser Betrag kommt dem Gesamtbetrag der eingezogenen Aktien gleich (§ 237 Abs. 5 Satz 2 AktG).

▷ **Einziehung durch den Vorstand:** Bei bereits in der Satzung angeordneter Zwangseinziehung entscheidet der Vorstand über die Einziehung ohne Hauptversammlungsbeschluss (§ 237 Abs. 6 AktG). Die Hauptversammlung kann auf Verlangen des Vorstands an seiner Stelle beschließen (§ 119 Abs. 2 AktG). Strittig ist, ob die Entscheidung des Vorstands zur Eintragung in das Handelsregister anzumelden und einzutragen ist (bejahend: *Baumbach/Hueck*, AktG, 13. Aufl. 1968, § 237 Rn. 13; *Schilling* in GK. AktG, 3. Aufl. 1973, § 237 Rn. 40; *verneinend* mit dem Argument §§ 238 Satz 2, 239 Abs. 1 Satz 2 AktG, *Lutter* in KK. AktG, 2. Aufl. 1995, § 237 Rn. 116; *Hüffer*, AktG, 7. Aufl. 2006, § 237 Rn. 41).

5. Fehlerhafte Einziehung

▷ **Fälle:** Die Einziehung ist fehlerhaft, wenn

- die Hauptversammlung die Zwangseinziehung ohne Satzungsermächtigung beschließt oder
- die Ermächtigung die Zwangseinziehung nicht deckt.

▷ **Rechtsfolgen:** Ob Nichtigkeit oder nur Anfechtbarkeit des Hauptversammlungsbeschlusses gegeben ist, ist streitig (*Hüffer*, AktG, 7. Aufl. 2006, § 237 Rn. 42 und 43).

▷ **Praxis:** Zu empfehlen ist eine differenzierende Betrachtung:

Beim ordentlichen Einziehungsverfahren ist der

- Hauptversammlungsbeschluss *nichtig*, wenn die Ermächtigung in der Satzung fehlt (§ 241 Nr. 3 3. Var. AktG),
- Hauptversammlungsbeschluss *anfechtbar*, wenn die Voraussetzungen der Ermächtigung nicht vorliegen (§§ 243 ff. AktG).

Beim vereinfachten Einziehungsverfahren ist der

- Hauptversammlungsbeschluss *nichtig*, wenn nicht voll eingezahlte Aktien eingezogen wurden oder wenn Voraussetzungen für die Nichtbeachtung der Vorschriften für die ordentliche Kapitalherabsetzung nicht vorliegen (§ 237 Abs. 3, § 241 Nr. 3 AktG),
- Hauptversammlungsbeschluss *anfechtbar*, wenn die Einziehung zu Lasten einer anderen Gewinnrücklage erfolgt, die zu diesem Zweck nicht hätte verwandt werden dürfen, wenn die Verwendung des Bilanzgewinns unter Verletzung des Gewinnanspruchs der Aktionäre erfolgt oder wenn eine notwendige sachliche Rechtfertigung fehlt (§§ 243 ff. AktG).

Hinweis auf weiterführende Literatur: *Reinisch,* Der Ausschluss von Aktionären aus der Aktiengesellschaft, 1992, S. 20 ff.

Hinweis auf weitere Stichwörter

- → *Aktie*
- → *Ausschluss*
- → *Eigene Aktien*
- → *Kapitalherabsetzung*

Emission

1. Begriff 306
2. Emissionskonzept 306
3. Kurs/Preis 307
4. Emissionsvertrag 307
5. Emissionskosten................... 307

1. Begriff

Die Emission ist die Ausgabe von → *Effekten* an der → *Börse* (Platzierung). Emission im kapitalmarktrechtlichen Sinne ist die Ausgabe der Wertpapiere durch den Aussteller sowie die gesamte Tätigkeit der emissionsbegleitenden Banken sonstiger Finanzintermediäre. Emittent ist der Aussteller der Aktien. Die Emission endet, sofern die Papiere an der Börse gehandelt werden sollen, mit dem Antrag auf Zulassung zum Börsenhandel, während die nach dem BörsG erforderliche Zulassung auf die Herbeiführung der ersten Kursfeststellung gerichtet ist (→ *Börsennotierung,* → *Börsengang*).

Soweit das Zulassungsverfahren abgeschlossen ist und die Aktien von den Emissionsbanken bei den Zeichnern platziert sind, findet die eigentliche Börseneinführung, das heißt die Aufnahme des Handels im Sekundärmarkt statt.

2. Emissionskonzept

Das Emissionskonzept legt die Rahmenbedingungen für den → *Börsengang* fest. Es wird in der Regel von Steuer- und Rechtsberatern des Unternehmens in Zusammenarbeit mit einem oder mehreren projektverantwortlichen Führungskräften und einem erfahrenen Emissionsberater erarbeitet.

Die im Konzept enthaltenen Schritte sind

– Erforderlichkeit *rechtlicher Umstrukturierungsmaßnahmen,*

> **Beispiele**
>
> – Die Einbringung betriebsnotwendiger Wirtschaftsgüter oder
> – die Umwandlung in die Rechtsform einer Aktiengesellschaft u.a.

– Ermittlung des *Kapitalbedarfs* des Unternehmens,

- Entscheidung, inwieweit die zu emittierenden Aktien aus einer *Kapitalerhöhung* oder aus einer *Umplatzierung*, d.h. aus dem Altbesitz der bisherigen Gesellschafter, stammen sollen. Eine reine Umplatzierung ohne Mittelzufluss bei dem Unternehmen ist wegen der Vermutung des „Kasse machens" bei Anlegern und Banken unbeliebt,
- Ermittlung des *Platzierungsvolumens*,
- Entscheidung über *Art und Gattung* der auszugebenden Aktien, insbesondere, ob Namens- oder Inhaberaktien emittiert und inwieweit diese als Stammaktien oder Vorzugsaktien ohne Stimmrecht ausgestaltet werden (§ 139 Abs. 2 AktG),
- Wahl des → *Börsensegmentes* und der Börsenplätze, an welchen die Aktien eingeführt werden sollen, die maßgeblich von Kapitalbedarf und Größe des Unternehmens sowie davon abhängen, welchen Publizitäts- und Transparenzanforderungen sich das Unternehmen stellen will.

3. Kurs/Preis

Wichtigster Abschnitt im Rahmen der Platzierung ist die Festlegung des Emissionspreises (→ *Aktie: 13. Preis*). Während die Ermittlung eines realistischen Emissionspreises von Aktien früher durch das sogenannte → *Festpreisverfahren* erfolgte, hat sich inzwischen das sog. → *Bookbuilding-Verfahren* durchgesetzt.

4. Emissionsvertrag

Üblicherweise wird mit der Börseneinführung ein Emissionskonsortium mit mehreren Kreditinstituten, von denen eines federführend ist, beauftragt. Nach Abschluss der Emissionsverhandlungen werden die Einzelheiten der Emission sowie die Beziehungen zwischen Emissionsbanken und Emittenten in einem sog. *Übernahmevertrag* geregelt. Dessen Kernbestimmung ist die Verpflichtung der Emissionsbanken zur Übernahme der zu platzierenden Aktien. Die → *Zeichnung* der Aktien durch die Konsortialbanken erfolgt in der Regel zum Nennbetrag. Die Differenz zwischen dem Nennbetrag und dem Emissionspreis wird aufgrund einer schuldrechtlichen Verpflichtung im Übernahmevertrag von den Konsortialbanken an den Emittenten abgeführt. Die Übernahmeverpflichtung steht regelmäßig unter verschiedenen Bedingungen, wie die der Richtigkeit der im Vertrag abgegebenen Zusicherungen der Altaktionäre und der Gesellschaft.

5. Emissionskosten

▷ **Kosten und Verwaltungsaufwand:** Die Börseneinführung verursacht nicht unerhebliche Kosten: Zum einen sind es einmalige Kosten der Emission, zum Teil aber auch jährlich anfallende Kosten für die laufende Verwaltung.

▷ **Einmalige Kosten der Emission:** Im Zusammenhang mit einer Aktienemission entstehen folgende einmalige Kosten:
- Provisionen der Emissionsbanken für die Emissionsvorbereitung und -durchführung,

– Beratungskosten (Rechtsanwalt, Wirtschaftsprüfer, Steuerberater, Unternehmensberater),
– Notarkosten,
– Übersetzungskosten,
– Kosten für rechtliche Strukturmaßnahmen, wie die im Vorfeld oft notwendige → *Umwandlung* in die Rechtsform der Aktiengesellschaft oder einer → *Kapitalerhöhung*,
– Kosten für die Börsenzulassung,
– Kosten für die Prospekterstellung und -veröffentlichung sowie
– Kosten für sonstige Veröffentlichungen (Informationsbroschüren, Pressekonferenzen) und für die Finanzwerbung.

Insgesamt muss mit Emissionskosten von rund 5–10 % des Emissionserlöses gerechnet werden. Diese Kosten sind unter bestimmten Voraussetzungen als *Betriebsaufwand* steuerlich abzugsfähig (*Förschle/Kofahl* in Beck'scher Bilanz-Komm., 6. Aufl. 2006, § 272 Rn. 51, vgl. auch § 26 Abs. 2 und 3 AktG).

▷ **Vorsteuerabzug:** Problematisch und Gegenstand heftiger Diskussionen ist auch der umsatzsteuerliche *Vorsteuerabzug* (OFD München, Verfügung v. 25.5.2000 - S 7304 - 7 St 431).

Grundsätzlich ist die Ausgabe von Aktien einer Aktiengesellschaft umsatzsteuerbefreit (§ 4 Nr. 8e UStG). Vorsteuerbeträge können somit nicht abgezogen werden (§ 15 Abs. 2 Nr. 1 UStG). Der Vorsteuerabzug ist nur möglich, wenn der Empfänger der Aktien seinen Sitz bzw. Wohnsitz in einem Drittland hat (obwohl der Leistungsaustausch nicht steuerbar ist, § 15 Abs. 3 Nr. 2b i.V.m. Abs. 2 Nr. 2 UStG). Bei Unternehmen, die nicht in Deutschland ansässig sind, kann zur Umsatzsteuer optiert werden, mit der Folge, dass der Vorsteuerabzug in Anspruch genommen werden kann (§ 9 Abs. 1 UStG). Erforderlich ist dann, dass das Unternehmen vorsteuerabzugsberechtigt ist.

▷ **Laufende Verwaltungskosten:** Laufende Kosten entstehen für den Emittenten bei der

– jährlich durchzuführenden ordentlichen Hauptversammlung sowie der außerordentlichen Hauptversammlungen (Raummiete, Organisation, Einladung, notarielle Beurkundung usw.),
– Veröffentlichung und Prüfung der Jahresabschlüsse,
– Zwischenberichterstattung,
– Vergütung der Aufsichtsratsmitglieder (diese sind jedoch nur zur Hälfte steuerlich abzugsfähig, § 10 Abs. 4 KStG).

Diese Kosten ergeben sich indessen überwiegend aus der Rechtsform der Aktiengesellschaft und nur zum Teil unmittelbar aus der Börseneinführung, weshalb sie vorrangig die bisher nicht als Aktiengesellschaft betriebenen Unternehmen treffen.

Hinweis auf weiterführende Literatur: *Jäger*, Thema Börse: Vorüberlegungen aus Berater- und Unternehmersicht, NZG 1998, 496 ff.; *Köhler/Weiser*, Die Bedeutung von Comfort Letters im Zusammenhang mit Emissionen, DB 2003, 565 ff.; *A. Meyer*, Anlegerschutz und Förderung des Finanzplatzes Deutschland durch die Going Public Grundsätze der Deutschen Börse AG, WM 2002, 1864 ff.; *Renzenbrink/Holzner*, Nachbesserungspflichten des Bieters beim Reverse IPO von Penny-Stock-Unternehmen, NZG 2003, 200 ff.; *Roth/Schoneweg*, Emission selbständiger Aktienoptionen durch die Gesellschaft, WM 2002, 677 ff.; *Schlitt*, Die Going Public-Grundsätze der Deutschen Börse AG, AG 2002, 478 ff.; *Schwichtenberg*, Going Private und Squeeze-Outs in Deutschland, DStR 2001, 2075 ff.; *Spindler*, Emissionen im Internet: Kapitalmarktrecht und Kollisionsrecht, NZG 2000, 1058 ff.; *Tobritz/Wilhelm*, Going Public aus der Sicht einer emissionsbegleitenden Bank, in Betriebswirtschaftliche Forschung und Praxis 1996, 164 ff.; *Vater*, Bilanzielle und steuerliche Aspekte des Reverse IPO, DB 2002, 2445 ff.; *Wieselhuber und Partner*, Börseneinführung mit Erfolg – Voraussetzungen, Maßnahmen und Konzepte, 1996; *Willamowski*, Die strategische Allokation von Aktien bei Emissionen, WM 2001, 653 ff.

Hinweis auf weitere Stichwörter

- → *Aktie*
- → *Aktie: 3. Ausgabe von Aktien*
- → *Aktienmarkt*
- → *Börsengang*
- → *Börsennotierung*

- → *Börsensegmente*
- → *Effekten*
- → *Publizität*
- → *Wertpapier*

Emissionsbank

- → *Verdeckte Sacheinlage*
- → *Bank*
- → *Emission*

Entherrschungsvertrag

▷ **Begriff:** Mit Hilfe eines Entherrschungsvertrages wird die Unabhängigkeit verbundener Unternehmen entgegen der gesetzlichen Vermutung der Abhängigkeit bewiesen (§ 17 Abs. 2 AktG, sonstige Widerlegungsmöglichkeit der Abhängigkeit: Stimmbindungsverträge, Satzungsregelungen bzgl. → *Stimmrechte*). Motive für eine derartige Widerlegung können die Vermeidung einer Konzernhaftung oder die Vermeidung eines Abhängigkeitsberichts sein. Im Entherrschungsvertrag verzichtet das mit Mehrheit beteiligte Unternehmen gegenüber den betreffenden Unternehmen auf die Ausübung eines Teils seiner Stimmrechte. Eine darauf gerichtete einseitige Erklärung des herrschenden Unternehmens genügt nicht.

▷ **Voraussetzungen:** Der Entherrschungsvertrag muss

- so viele Stimmen erfassen, dass eine → *Mehrheit* in der → *Hauptversammlung* bei durchschnittlicher Präsenz auf Dauer ausgeschlossen ist und insbesondere die Zusammensetzung des → *Aufsichtsrats* nicht beeinflusst werden kann,
- schriftlich abgeschlossen sein,
- eine Laufzeit von mindestens 5 Jahre vorsehen (Einflussmöglichkeit auf die Aufsichtsratswahl) und
- nur aus wichtigem Grund vorzeitig kündbar sein (§ 102 AktG).

▷ **Zuständigkeit:** Grundsätzlich sind die → *Vorstände* der beteiligten Unternehmen für den Abschluss des Entherrschungsvertrages zuständig (Geschäftsführungsmaßnahme). Die Zustimmung der Hauptversammlung der beteiligten Gesellschaften zu einem Entherrschungsvertrag ist nicht erforderlich.

Hinweis auf weiterführende Literatur: *Götz*, Der Entherrschungsvertrag im Aktienrecht, 1991.

Hinweis auf weitere Stichwörter

→ *Abhängige Gesellschaften* → *Beteiligung*
→ *Beherrschungsvertrag*

Entlastung

▷ **Begriff:** Die Hauptversammlung hat alljährlich in den ersten 8 Monaten des Geschäftsjahres über die Entlastung von Vorstand und Aufsichtsrat für das vergangene Geschäftsjahr zu beschließen (§§ 119 Abs. 1 Nr. 3, 120 AktG). Die Entscheidung über die Entlastung der Verwaltungsmitglieder der Aktiengesellschaft ist eine Erklärung der → *Hauptversammlung*, sie billige die Tätigkeit der Verwaltung als im Großen und Ganzen gesetz- und satzungsmäßig (Formalakt der Hauptversammlung). Sie bedeutet nicht den Verzicht auf etwaige Ersatzansprüche und beinhaltet auch keine sonstigen vertraglichen Regelungen (§§ 120 Abs. 2 Satz 2, 93 Abs. 4 AktG).

Neben der eher beschränkten rechtlichen Komponente hat die Entscheidung über die Entlastung eine hohe psychologische Bedeutung für die Organmitglieder und vor allem auch Öffentlichkeitswirkung.

Letztendlich knüpft die Entlastung der Aufsichtsratsmitglieder formal an das Ende der Bestellung zum Aufsichtsrat an (§ 120 Abs. 1 AktG). Die Amtszeit der Aufsichtsratsmitglieder kann aber durch den Verzicht auf den Tagesordnungspunkt „Entlastung des Aufsichtsrats" weit über 5 Jahre hinaus verlängert werden (bei funktionslosen Aktiengesellschaften wie z.B. Spaltgesellschaften oder inaktiven Vorratsgesellschaften).

▷ **Entlastungsbeschluss:** Die Bedeutung des Entlastungsbeschlusses besteht im Wesentlichen darin, den Aktionären im Rahmen dieses Tagesordnungspunktes ausgiebig Gelegenheit zu geben, von ihrem → *Auskunftsrecht* Gebrauch zu machen; damit ist jedoch keine Anspruchspräklusion oder Beweislastumkehr verbunden (anders bei der GmbH, sog. *Präklusionswirkung*).

Über die Entlastung von Vorstand und Aufsichtsrat ist jeweils getrennt abzustimmen. Ein Beschluss muss über die Entlastung sämtlicher Mitglieder des → *Vorstands* und ein weiterer über die Entlastung sämtlicher Mitglieder des → *Aufsichtsrats* gefasst werden, ein einheitlicher Beschluss, der beide Gremien betrifft, ist nicht zulässig (*Henn*, Aktienrecht, 7. Aufl. 2002, Rz. 818).

▷ Das Gesetz sieht innerhalb eines Organs die **Gesamtentlastung**, also die Entlastung der Organmitglieder von Vorstand bzw. Aufsichtsrat insgesamt, als den Regelfall vor. Möglich ist aber auch die *Einzelentlastung*, also die gesonderte Beschlussfassung über die Entlastung einzelner Mitglieder von Vorstand und Aufsichtsrat. Die Einzelentlastung ist durchzuführen, wenn (§ 120 Abs. 1 Satz 2 AktG)

- es der Vorsitzende der Hauptversammlung für sachgerecht hält,
- die Hauptversammlung dies beschließt,
- Aktionäre, deren Anteile zusammen 10 % des Grundkapitals oder einen Betrag von mindestens einer Million Euro erreichen, es verlangen.

▷ Zu beachten sind die **Stimmverbote** (§ 136 Abs. 1 AktG). Insbesondere kann niemand für sich oder einen anderen das Stimmrecht ausüben, wenn über seine Entlastung abgestimmt wird. In diesem Falle kann das Stimmrecht aus den Aktien desjenigen, der davon ausgeschlossen ist, auch nicht durch Dritte ausgeübt werden. Das Organmitglied kann grundsätzlich über die Entlastung anderer Mitglieder seines Organs abstimmen. Anderes gilt aber dann, wenn der dem betreffenden Organmitglied gemachte Vorwurf sich der Sache nach auch gegen dieses Mitglied richtet; in diesem Falle besteht ebenfalls ein Stimmverbot.

▷ Die Hauptversammlung kann ihre Entscheidung jederzeit **widerrufen** oder neu über die Entlastung entscheiden.

▷ **Anfechtbarkeit von Entlastungsbeschlüssen:** Der Hauptversammlungsbeschluss zur Entlastung kann von Aktionären wegen formeller oder materieller Mängel angefochten werden (§§ 243 ff. AktG). Die Anfechtung kann insbesondere mit dem Argument begründet werden, dass die Entlastung wegen vorgekommener Pflichtverstöße der Verwaltungsmitglieder nicht hätte erteilt werden dürfen (BGH AG 2003, 273, → *Beschluss: 4. Hauptversammlungsbeschluss*).

▷ **Entlastungsverweigerung:** Eine unberechtigte Entlastungsverweigerung diskriminiert das Organmitglied und trifft ihn in seinem persönlichen wie beruflichen Ansehen. Eine Klage der Organmitglieder gegen die Aktiengesellschaft auf Erteilung der Entlastung (*Entlastungsklage*) ist wegen der fehlenden Präklusionswirkung der Entlastung nicht möglich. Verwaltungsmitglieder haben auch kein Recht, den unberechtigt verweigerten Hauptversammlungsbeschluss über die Entlastung anzufechten (§ 245 Nr. 4 und 5 AktG). Sie haben aber bei ungerechtfertigter Verweigerung der Entlastung einen wichtigen Grund für die → *Amtsniederlegung* (§ 84 AktG), unter Umständen verbunden mit Schadenersatzansprüchen.

▷ **Vertrauensentzug:** Zu unterscheiden ist die Entlastungsverweigerung vom Vertrauensentzug durch die Hauptversammlung, der die fristlose → *Abberufung* eines Vorstandsmitglieds durch den Aufsichtsrat rechtfertigen kann. Insoweit gilt, dass die Entlastung die Vergangenheit betrifft und der Vertrauensentzug die Zukunft; eine versagte Entlastung bedeutet deshalb nicht grundsätzlich den Entzug des Vertrauens (*Zimmermann* in FS Rowedder, 1994, S. 593 ff.). Wird aber dem Vorstand oder einzelnen → *Vorstandsmitgliedern* keine Entlastung erteilt, kann dies als Vertrauensentzug angesehen werden. Der Aufsichtsrat kann deshalb verpflichtet sein, die Bestellung aus wichtigem Grund zu widerrufen (§ 84 Abs. 3 Satz 2 Fall 3 AktG). Erfolgt der Widerruf nicht, ist jedes nicht entlastete Vorstandsmitglied zur Niederlegung seines Amtes und zur fristlosen Kündigung seines Dienstverhältnisses berechtigt; dasselbe Recht steht auch jedem nicht entlasteten Aufsichtsratsmitglied zu; für weitere Einzelheiten s. *Nirk* in Nirk/Ziemons/Binnewies, Handbuch AG, Loseblatt, Rn. 1059, 1062 f.

Beachte: Wenn ein Vertrauensentzug gewollt ist, empfiehlt sich eine entsprechend klare, am Gesetz orientierte Fassung des Beschlussantrages (§ 84 Abs. 3 Satz 2 Fall 3 AktG).

Hinweis auf weitere Stichwörter

→ *Aufsichtsrat*
→ *Organe*

→ *Vorstand*

Entnahmen

▷ **Aktionäre:** Das Aktienrecht gestattet den Aktionären keine Entnahmen aus der Gesellschaft (im Gegensatz hierzu das Recht der Personenhandelsgesellschaften: § 122 HGB, bei der KGaA: § 288 AktG und das GmbH-Recht: der Gesellschaftsvertrag ist maßgebend; die Gesellschafter einer GmbH sind rechtlich in der Lage, nicht nur die Gewinne, sondern auch das übrige Vermögen der Gesellschaft auf sich zu übertragen, wenn sie sich einig sind und nicht zum Nachteil der Gläubiger gegen Kapitalerhaltungsvorschriften verstoßen, § 43a GmbHG). Aktionäre können nur in der Hauptversammlung im Rahmen des Gewinnverwendungsbeschlusses über Auszahlungen in Form von Dividenden einheitlich zugunsten aller Aktionäre beschließen. Es besteht eine starre Kapitalisierung des Inhalts, dass jede Einlagenrückgewähr ohne → *Kapitalherabsetzung* schlechthin verboten und nur die Ausschüttung von Bilanzgewinn erlaubt ist (§§ 57 ff., 62, 71 ff., 92 Abs. 1 sowie §§ 117, 302, 309, 317 AktG, *Grundsatz der Erhaltung des Grundkapitals*).

▷ **Sonstige Entnahmen:** Das Gesellschaftsvermögen muss primär für die Bildung von → *Rücklagen* (gesetzliche und Kapitalrücklagen) verwandt werden. Übersteigen die gesetzliche Rücklage und die Kapitalrücklagen nach § 272 Abs. 2 Nr. 1–3

HGB zusammen 10% oder den in der → *Satzung* bestimmten höheren Teil des Grundkapitals, darf der in die Rücklage eingestellte höhere Betrag nur verwandt werden (§ 150 Abs. 4 Satz 1 AktG)

– zum Ausgleich eines nicht durch Gewinnvortrag aus dem Vorjahr gedeckten Jahresfehlbetrags;
– zum Ausgleich eines nicht durch Jahresüberschuss gedeckten Verlustvortrags aus dem Vorjahr;
– zur Kapitalerhöhung aus Gesellschaftsmitteln (§§ 207, 220 AktG).

Eine Entnahme zu den ersten beiden Zwecken ist nicht zulässig, wenn gleichzeitig Gewinnrücklagen zur Gewinnausschüttung aufgelöst werden (§ 150 Abs. 4 Satz 2 AktG). Die Gesellschaft muss also auf Gewinnausschüttungen verzichten, solange zum Verlustausgleich Beträge aus der gesetzlichen oder den gebundenen Kapitalrücklagen verwandt werden müssen, da eine Verlustdeckung aus der gesetzlichen Kapitalrücklage bei gleichzeitiger Auflösung von Gewinnrücklagen zur Gewinnausschüttung im Ergebnis darauf hinausliefe, dass zu Lasten der gesetzlichen Rücklage Gewinne ausgeschüttet werden. Verstöße gegen die Bestimmungen über die Bildung der gesetzlichen Rücklage und der Kapitalrücklage führen zur → *Nichtigkeit* des → *Jahresabschlusses* (§ 150 AktG).

▷ Folge einer **unzulässigen Entnahme** ist die Fehlerhaftigkeit des Jahresabschlusses (§ 256 AktG).

Hinweis auf weitere Stichwörter

→ *Aktionäre*
→ *Ausgleichszahlung*
→ *Darlehen*
→ *Dividende*

→ *Finanzierung*
→ *Hauptversammlung*
→ *Kreditgewährung*
→ *Rücklagen*

Entschädigung der Aktionäre

1. Allgemein 313
2. Beherrschungs-/Gewinnabführungsvertrag 314
3. Eingliederung/Umwandlung 315

1. Allgemein

Eine Entschädigung der Aktionäre für einen Eingriff in ihr → *Mitgliedschaftsrecht* ist gesetzlich vorgesehen bei

– Beherrschungsverträgen (§§ 304 ff. AktG),
– Gewinnabführungsverträgen (§§ 304 ff. AktG),

– Eingliederungen (§ 320b AktG),

– Umwandlungen: Verschmelzung, Formwechsel (§§ 29 ff., 207 ff. UmwG).

Der Aktionär erhält einen → *Ausgleich* für einen Eingriff in sein Gewinnbezugsrecht und eine → *Abfindung* für den Verlust seiner Mitgliedschaft.

Bei der Bestimmung der Abfindung oder des Ausgleichs stellt der Börsenkurs in der Regel die Untergrenze für die Bewertung von börsennotierten Aktiengesellschaften dar, da der Verkehrswert (grundsätzlich mit dem Börsenkurs der Aktie identisch) die Untergrenze der von Art. 14 Abs. 1 GG geforderten wirtschaftlich vollen Entschädigung bildet (BVerfG ZIP 1999, 1436; → *Unternehmen: 2. Bewertung*; → *Börse*).

2. Beherrschungs-/Gewinnabführungsvertrag

▷ **Minderheitenschutz:** Die durch den → *Beherrschungs-* und → *Gewinnabführungsvertrag* fast schrankenlos mögliche Disposition über das Vermögen der abhängigen Gesellschaft ist auch unter Berücksichtigung der Eigentumsgarantie nur möglich, wenn gleichzeitig für die außenstehenden Aktionäre eine volle Entschädigung in Form einer → *Abfindung* oder eines → *Ausgleichs* geleistet wird (Art. 14 GG). Es handelt sich um ein Rechtsinstitut des Minderheitenschutzes, das nicht spezifisch dem Vertragskonzern zu eigen ist (→ *Konzern*). Den außenstehenden Aktionären steht das absolut freie Wahlrecht zwischen einer Abfindung und einem Ausgleich zu (BGH AG 1974, 53). Bei einer 100%-igen Tochtergesellschaft, kann auf die Festsetzung solcher Entschädigungs- bzw. Ausgleichszahlungen in Beherrschungs- und Gewinnabführungsverträgen verzichtet werden, da es keine außenstehenden Aktionäre gibt (§§ 304 Abs. 1 Satz 3, 35 Abs. 1 AktG).

▷ **Anspruchsverpflichtet** ist im Innenverhältnis stets das herrschende Unternehmen (§ 302 AktG, *Verlustübernahmepflicht*).

▷ **Verhältnis der Ausgleichs- und Abfindungsansprüche (§§ 304, 305 ff. AktG):** Der Anspruch auf Ausgleich und das Recht, Abfindung zu verlangen, bestehen zunächst nebeneinander, der Aktionär hat also ein Wahlrecht. Probleme ergeben sich nicht, wenn eine Abfindung in Aktien stattfindet, wohl aber dann, wenn eine Barabfindung vorgenommen wird. In diesem Fall muss nämlich der Abfindungsbetrag vom Tage der Wirksamkeit des Vertrages an verzinst werden (§ 305 Abs. 3 Satz 3 AktG als Sonderfall zu § 57 Abs. 2 AktG). Der Aktionär wird so gestellt, als hätte er von Anfang an eine Abfindung gewählt (*Liebscher*, AG 1996, 455, 457 ff.).

▷ **Ergänzungsanspruch:** Sofern durch einen Spruchstellenbeschluss der Ausgleich oder die Abfindung höher festgesetzt wurden, wird damit zugleich der Unternehmensvertrag rückwirkend geändert (§ 305 Abs. 5 Satz 2 AktG i.V.m. § 13 SpruchG, → *Spruchverfahren*). Die „außenstehenden" Aktionäre, welche sich nicht an diesem Verfahren beteiligt haben, können sich auf die nachträgliche Erhöhung der Barabfindung oder die nachträgliche Gewährung weiterer Aktien berufen (sog. *Abfindungsergänzungsanspruch*, BGHZ 112, 382, 386).

3. Eingliederung/Umwandlung

Außerhalb eines Beherrschungs- und eines Gewinnabführungsvertrages ist die Entschädigung der Aktionäre nur durch Gewährung einer → *Abfindung* möglich.

Hinweis auf weiterführende Literatur: *Liebscher*, Einschränkungen der Verzinslichkeit des Abfindungsanspruchs dissentierender Gesellschafter gemäß §§ 30 Abs. 1 Satz 2, 208 UmwG; § 305 Abs. 3 Satz 3 1. Halbsatz AktG, AG 1996, 455, 457 ff.

Hinweis auf weitere Stichwörter

- → *Abfindung*
- → *Aktionär*
- → *Ausgleich*

Erben

▷ Die Aktionärsstellung ist **vererblich**. Die → *Satzung* kann die Vererbbarkeit als solche nicht ausschließen. Sie kann jedoch eine Einziehung der Aktien bei Eintritt gewisser Umstände (z.B. Erbfall, Erbfall an bestimmte Personen) vorsehen (§ 237 AktG).

▷ **Erbe:** Im Erbfall gehen die Aktien kraft Gesetzes auf die Erben über (§§ 1922, 1967 BGB). Der einzelne Erbe tritt in vollem Umfang in die Rechtsstellung des Erblassers ein. Die Eintragung des Rechtsübergangs in das Aktienbuch für Namensaktien ist für den erbrechtlichen Erwerb nicht erforderlich (§§ 67, 68 AktG). Der Erbe kann mithin, ohne dass es einer Umschreibung im Aktienbuch bedürfte, die aus der Aktie fließenden Rechte (Stimmrecht, Teilnahmerecht etc.) geltend machen, ist aber auch zur Erfüllung der sich aus ihr ergebenden Pflichten (Zahlung rückständiger Einlage, Erbringung von Nebenpflichten) verpflichtet. Der durch die Eintragung in das Aktienbuch begründete Rechtsschein gilt auch für den Erben.

▷ **Erbengemeinschaft:** Eine Erbengemeinschaft entsteht beim Tod des Erblassers/Aktionärs, wenn dieser mehrere Erben hinterlässt (§§ 2032 ff. BGB). Eine Erbengemeinschaft kann Gesellschafterin werden. Das Mitgliedsrecht des Aktionärs ist unteilbar (§ 8 Abs. 3 AktG). In der Erbengemeinschaft sind die Aktien gemeinschaftlich gebunden, so dass die Gesellschafterrechte von allen Mitgliedern der Erbengemeinschaft nur gemeinschaftlich ausgeübt werden können (§ 2038 Abs. 1 BGB). Die Miterben erben die Aktie zur gesamten Hand (§ 69 Abs. 1 AktG). Ihre Rechte können nur über einen gemeinsamen Vertreter ausgeübt werden (z.B. Testamentsvollstrecker oder Nachlassverwalter). Dieser muss durch die Miterben bestellt werden. Bis zur Bestellung ruhen die Aktionärsrechte. Vermächtnisnehmern stehen nur schuldrechtliche Ansprüche gegenüber den Erben zu. Sie können die Übertragung der Aktien und Berichtigung des Aktienbuchs von diesen verlangen.

Eine Erbengemeinschaft kann sich als solche nach überwiegender (allerdings zunehmend in Frage gestellter) Meinung nicht an der Gründung einer Aktiengesellschaft beteiligen; hier kommt nur eine Beteiligung der Erben selbst in Betracht.

Das Stimmrecht der Erbengemeinschaft entfällt insgesamt, soweit ein Miterbe vom Stimmverbot betroffen ist und einen maßgeblichen Einfluss ausübt (BGHZ 49, 183).

▷ Die Erben können sich auf die Beschränkung der **Erbenhaftung** berufen (§§ 1975, 2059 BGB). Dies gilt unabhängig davon, ob die Umschreibung im Aktienbuch erfolgt ist oder nicht (*strittig*, wenn Eintragung erfolgt ist).

▷ **Steuerrechtlich:** Bei Veräußerung einer wesentlichen Beteiligung, die sich im Vermögen einer Erbengemeinschaft befindet, ist für die Frage, ob eine wesentliche Beteiligung vorliegt, nicht auf die Gemeinschaft als solche, sondern auf die einzelnen Mitglieder der Gemeinschaft abzustellen, da die Beteiligung nach § 39 Abs. 2 Nr. 2 AO den einzelnen Mitgliedern der Gesamthandsgemeinschaft zuzurechnen ist.

Hinweis auf weiterführende Literatur: *Wiedemann*, Die Übertragung und Vererbung von Mitgliedschaftsrechten bei Handelsgesellschaften, 1965.

Hinweis auf weitere Stichwörter

→ *Aktie* | → *Aktionär*

Ergebnisabführungsvertrag

→ *Gewinnabführungsvertrag*

Eröffnungsbilanz

Die Aktiengesellschaft muss zu Beginn ihres Handelsgewerbes eine Eröffnungsbilanz aufstellen. Unter „Beginn" im Sinne des § 242 Abs. 1 Satz 1 HGB ist dabei der Beginn des Geschäftsbetriebes zu verstehen. Liegt die tatsächliche Geschäftsaufnahme vor der Eintragung, ist der frühere Zeitpunkt maßgeblich. Der gegebenenfalls zufallsbedingte Eintragungstermin ist nachrangig. Die Erstellung der Eröffnungsbilanz erfolgt nach den allgemeinen Bilanzierungsgrundsätzen. Vor Entstehung der Vor-AG (notarielle Beurkundung der → *Satzung*) ist keine Eröffnungsbilanz aufzustellen.

Hinweis auf weitere Stichwörter

→ *Bilanzierung*
→ *Buchführung*
→ *Rechnungslegung*

→ *Satzung*
→ *Vor-AG*

Ermächtigung

▷ **Ermächtigung des Vorstands:** Eine Ermächtigung des Vorstands kann von der → *Hauptversammlung* beschlossen werden

- zur → *Kapitalerhöhung* (§§ 202 ff. AktG, die Ermächtigung des → *Vorstandes* zur Kapitalerhöhung heißt → *Genehmigtes Kapital*; im Übrigen ist die → *Hauptversammlung* für eine → *Kapitalerhöhung* zuständig);
- zum Ausschluss des → *Bezugsrechts* im Rahmen eines genehmigten Kapitals (§ 203 Abs. 2 Satz 1 AktG);
- zum Erwerb von → *eigenen Aktien* (§ 71 Abs. 1 Satz 1 Nr. 8 AktG, maximal 18 Monate Dauer);
- zur → *Einziehung* von Aktien nach → *Erwerb eigener Aktien* (§ 237 Abs. 1 Satz 1 2. Alt AktG);
- zur Ausgabe von → *Wandelschuldverschreibungen*, → *Gewinnschuldverschreibungen*, → *Optionen* und → *Genussrechten* (§ 221 Abs. 1 AktG, für maximal 5 Jahre Dauer);
- zum Abschluss eines → *Unternehmensvertrages* (§ 293 Abs. 1 und 2 AktG).

Eine gesetzliche Ermächtigung wird dem Vorstand bei satzungsgemäßer Zwangseinziehung von Aktien gewährt (§ 237 Abs. 6 Satz 2 AktG).

Der → *Aufsichtsrat* kann einzelnen Vorstandsmitgliedern eine Ermächtigung zur Vornahme bestimmter Geschäfte oder bestimmter Arten von Geschäften gewähren (§ 78 Abs. 4 Satz 1 AktG). Die Ermächtigung ist jederzeit widerrufbar.

▷ **Ermächtigung des Aufsichtsrats:** Der Aufsichtsrat kann aufgrund → *Satzung* ermächtigt sein, die Vertretungsbefugnis der Vorstandsmitglieder zu regeln (ursprünglich oder durch *Satzungsänderung*).

▷ **Ermächtigung der Aktionäre:** Aktionäre können durch das Gericht ermächtigt werden

- zur → *Einberufung der Hauptversammlung* (§ 122 Abs. 3 AktG, Anteile der Aktionäre mind. i.H.v. 5 % des Grundkapitals, kleinere Minderheit aufgrund Satzung möglich);
- zur Bekanntmachung eines Gegenstandes der Beschlussfassung der Hauptversammlung (§ 122 Abs. 3 AktG).

Aktionäre können durch die Satzung zur Einberufung der Hauptversammlung ermächtigt werden (§ 121 Abs. 2 Satz 3 AktG).

Hinweis auf weitere Stichwörter

- → *Aufsichtsrat*
- → *Bezugsrecht*
- → *Eigene Aktien*
- → *Genehmigtes Kapital*

- → *Hauptversammlung*
- → *Kapitalerhöhung*
- → *Vertretung*
- → *Vorstand*

Erneuerungsschein

→ *Talon*

Errichtung

Die Errichtung der Aktiengesellschaft setzt 2 Teilakte voraus,
- die **Feststellung** der → *Satzung* und
- die **Übernahme** der → *Aktien*.

Beide Erklärungen müssen in einer Urkunde zusammengefasst sein (sog. *Einheitsgründung*, § 23 Abs. 2 AktG) und bedürfen der notariellen → *Beurkundung* (§ 23 Abs. 1 Satz 1 AktG). Bei der Errichtung durch mehrere Personen wird von einem *Errichtungsvertrag*, im Falle einer Einmanngründung von einer *Errichtungserklärung* (einseitiges, formbedürftiges Rechtsgeschäft) gesprochen. Die Satzungsfeststellung und die Aktienübernahme stellen die obligatorischen Bestandteile des Errichtungsaktes dar. Die Aktiengesellschaft entsteht aber erst mit Eintragung der Gesellschaft im Handelsregister (→ *Gründung*).

Hinweis auf weitere Stichwörter

- → *Beurkundung*
- → *Einpersonen-AG*
- → *Gründung*

- → *Zweigniederlassung*
- → *Umwandlung*

Ersatzmitglieder

1. Begriff 319
2. Ersatzmitglieder im Aufsichtsrat .. 319
3. Ersatzmitglieder im Vorstand 320

1. Begriff

Für den Fall des Wegfalls eines Organmitglieds besteht die Möglichkeit, ein Ersatzmitglied mit den Aufgaben des Organs zu betrauen.

2. Ersatzmitglieder im Aufsichtsrat

▷ **Bestellung:** Für den Fall des Wegfalls eines → *Aufsichtsratsmitglieds* kann ein sog. *Ersatzmitglied* gleichzeitig mit dem Aufsichtsratsmitglied, das es gegebenenfalls ersetzen soll, nach denselben Regeln wie dieses bestellt werden. Bei Ausscheiden des Aufsichtsratsmitglieds, z.B. durch Tod oder → *Amtsniederlegung*, rückt das Ersatzmitglied dann automatisch nach. Die → *Amtsdauer* eines Ersatzmitglieds dauert höchstens so lange wie die des weggefallenen Aufsichtsratsmitglieds, das es ersetzt (§ 102 Abs. 2 AktG). Es ist zulässig, das Ersatzmitglied von vornherein nur für die Zeit zu bestellen, bis ein Nachfolger für das weggefallene Aufsichtsratsmitglied bestimmt worden ist. Da dadurch das Ersatzmitglied der Sache nach abberufen wird und das Gesetz für diesen Fall, vorbehaltlich einer abweichenden Bestimmung in der → *Satzung*, einen Beschluss mit einer Mehrheit von ¾ der in der Hauptversammlung abgegebenen Stimmen verlangt, muss auch das nachfolgende Mitglied mit dieser Mehrheit bestellt werden (§ 103 Abs. 1 Satz 2 AktG; BGH NJW 1988, 1214). Sofern die Satzung eine abweichende Regelung enthält, genügt die hiernach notwendige Mehrheit (erhebliche Praxisrelevanz).

▷ **Ergänzung:** Einen Sonderfall der Bestellung von Aufsichtsratsmitgliedern stellt die Ergänzung eines unvollständig besetzten Aufsichtsrats durch das Gericht dar (§ 104 AktG). Das Gesetz unterscheidet zwischen der Ergänzung des Aufsichtsrats wegen Beschlussunfähigkeit und wegen Unterschreitens der Mitgliederzahl:

- Ist der Aufsichtsrat beschlussunfähig, hat ihn das Gericht auf Antrag insoweit zu ergänzen, als dies zur Herbeiführung der Beschlussfähigkeit erforderlich ist (§ 104 Abs. 1 AktG).
- Ist der Aufsichtsrat länger als 3 Monate unterbesetzt, gehören ihm also weniger Mitglieder als die durch Gesetz oder Satzung festgesetzte Zahl an, hat ihn das Gericht auf Antrag auf diese Zahl zu ergänzen (§ 104 Abs. 2 AktG).

▷ **Eilfälle:** In dringenden Fällen muss das Gericht auf Antrag den Aufsichtsrat auch schon vor Ablauf der 3-monatigen Frist vervollständigen. Ein dringender Fall wird im Anwendungsbereich des MitbestG, des MontanMitbestG und des MitbestErgG (nicht aber des DrittelBG) bei einer Unterbesetzung des Aufsichtsrats unwiderleglich vermutet, so dass hier die 3-monatige Frist nicht abgewartet werden muss (§ 104 Abs. 3 Nr. 2 AktG). Das nach diesen Gesetzen notwendige weitere „neutrale" Mitglied kann durch das Gericht nicht ersetzt werden (§ 104 Abs. 3

Nr. 2 AktG). Hinsichtlich der Antragstellung ist zu unterscheiden: Der Vorstand ist verpflichtet, den Antrag unverzüglich zu stellen, sofern die rechtzeitige Ergänzung des Aufsichtsrats vor der nächsten Aufsichtsratssitzung nicht zu erwarten ist. Antragsberechtigt sind außerdem die Aufsichtsratmitglieder und jeder Aktionär sowie die Betriebsräte, Arbeitnehmer, Angestellte der Aktiengesellschaft, Spitzenorganisationen und Gewerkschaften unter den gesetzlichen Voraussetzungen (§ 104 Abs. 1 Satz 3 und 4 AktG). Zuständig ist das Amtsgericht am → *Sitz* der Gesellschaft (§ 14 AktG, § 145 FGG). Das Gericht entscheidet im FGG-Verfahren. Ein gerichtlich bestelltes Aufsichtsratsmitglied hat Anspruch auf den Ersatz getätigter Auslagen und gegebenenfalls auf Zahlung einer Vergütung (§ 104 Abs. 6 AktG). Das Amt der gerichtlich bestellten Aufsichtsratsmitglieder erlischt in jedem Falle automatisch, sobald der Mangel behoben ist (Wahl zum Aufsichtsrat, Änderung der Satzungsbestimmungen über die Beschlussfähigkeit des Aufsichtsrats). Das Gericht kann das bestellte Aufsichtsratsmitglied unabhängig davon aber auch vorher schon abberufen.

3. Ersatzmitglieder im Vorstand

Die in § 94 AktG erwähnten Stellvertreter von Vorstandsmitgliedern sind – anders als es ihre Bezeichnung nahe legt – echte Mitglieder des Vorstands mit allen Rechten und Pflichten. Durch die Bezeichnung soll lediglich ausgedrückt werden, dass das stellvertretende Vorstandsmitglied in der internen Hierarchie des Vorstands nach näherer Maßgabe der Geschäftsordnung hinter den anderen Vorstandsmitgliedern zurückstehen soll (vgl. *Hüffer*, AktG, 7. Aufl. 2006, § 94 Rn. 2).

Hinweis auf weitere Stichwörter

- → *Aufsichtsrat*
- → *Aufsichtsratsmitglieder*
- → *Vorstand*
- → *Vorstandsmitglieder*

Ersetzungsverfahren

Die Ersetzung des von der Hauptversammlung bestellten Abschlussprüfers (→ *Bestellung: 4. Bestellung der Abschlussprüfer*) kann nur durch das Gericht erfolgen, um die Unabhängigkeit des Prüfers zu sichern.

▷ **Zuständigkeit:** Zuständig ist das Amtsgericht am → *Sitz* der Gesellschaft (§ 14 AktG, § 145 FGG), nicht etwa das → *Registergericht*. Das Gericht wird nur auf Antrag und von Amts wegen tätig (*Amtermittlungsgrundsatz*, § 12 FGG). Die Antragsteller sind jedoch nicht von der Pflicht entbunden, an der Aufklärung des Sachverhalts mitzuwirken (*Beibringungsgrundsatz*).

▷ **Verfahrensbeteiligte:**

Antragsberechtigt sind

– der → *Vorstand*.

- der → *Aufsichtsrat*.
- die → *Aktionäre*, deren Anteile zusammen 10% des Grundkapitals oder den anteiligen Betrag von 1 Mio. Euro erreichen, sofern sie gegen die Wahl des Abschlussprüfers in der Hauptversammlung Widerspruch zur Niederschrift erklärt haben. Sie müssen glaubhaft machen, dass sie seit mindestens 3 Monaten Inhaber dieser Aktien sind; zur Glaubhaftmachung ist die eidesstattliche Versicherung vor einem Notar zugelassen.
- die *Aufsichtsbehörde*, sofern die Aktiengesellschaft der staatlichen Aufsicht unterliegt (z.B. durch die BAFin).

Antragsgegner ist die Aktiengesellschaft, nicht der Abschlussprüfer; er ist lediglich Beteiligter des Verfahrens. Beide sind durch das Gericht von Amts wegen am Verfahren zu beteiligen, und es ist beiden rechtliches Gehör zu gewähren.

▷ **Antragsfrist:** Der Antrag kann nur binnen einer Frist von 2 Wochen seit dem Tage der Wahl des Abschlussprüfers durch die → *Hauptversammlung* gestellt werden. Innerhalb dieser Frist sind auch die Gründe vorzutragen, auf die der Antrag gestützt wird.

▷ **Begründung:** In dem Antrag ist zur Begründung darzulegen, dass die Abberufung des bestellten Prüfers und die Bestellung eines neuen Prüfers durch das Gericht aus einem in der Person des bestellten Prüfers liegenden Grund geboten erscheint. Allgemein erscheint die Abberufung des bisherigen und die Bestellung eines neuen Abschlussprüfers dann geboten, wenn in der Person des gewählten Prüfers Gründe vorliegen, die seine Beibehaltung unzumutbar machen.

> **Beispiel**
>
> Antragsgrund ist die Besorgnis der Befangenheit des bestellten Abschlussprüfers, wobei bei der Bestellung einer Wirtschaftsprüfungsgesellschaft genügt, wenn die Befangenheitsgründe bei einem anderen ihrer Wirtschaftsprüfer bestehen (BayObLG NJW-RR 1988, 163).

Da die Hauptversammlung grundsätzlich allein für die Bestellung des Abschlussprüfers zuständig ist und ihr im Wege des Mehrheitsbeschlusses gebildeter Wille nicht ohne weiteres durch den Willen einer Aktionärsminderheit bzw. den Willen der Verwaltung ersetzt werden darf, ist für die Beurteilung der Frage, ob der bestellte Abschlussprüfer gegen einen anderen auszutauschen ist, ein strenger Maßstab anzulegen.

> **Beispiele**
>
> Gründe, die die Besorgnis der Befangenheit rechtfertigen, sind
> - eine wirtschaftlich enge Verbindung zwischen dem Abschlussprüfer und Vorstandsmitgliedern der Aktiengesellschaft,
> - Äußerungen des Abschlussprüfers nach seiner Bestellung, die Zweifel an seiner Unparteilichkeit rechtfertigen.

Gründe für eine Abberufung außerhalb der Besorgnis der Befangenheit sind

- Verhinderung des Abschlussprüfers,
- verzögerte Abschlussprüfung,
- Straftaten (insbesondere prüfungsrelevante),
- schwerer Vertrauensbruch.

Keine Abberufungsgründe sind

- die frühere Beratertätigkeit einer Wirtschaftsprüfungsgesellschaft (BayObLG NJW-RR 1988, 163),
- frühere Fehler des Abschlussprüfers (LG Köln NJW-RR 1998, 247).

▷ **Gerichtsentscheidung:** Bei der Entscheidung hat das Gericht die gegen die Person des bestellten Abschlussprüfers vorgebrachten Gründe gegen folgende Gründe abzuwägen:

- Verzögerung des Prüfungsablaufs,
- erheblicher Eingriff in die Interessen des bestellten Abschlussprüfers,
- Aufhebung eines Mehrheitsbeschlusses der Hauptversammlung im Wege eines hoheitlichen Eingriffs (materielle Bedeutung der Abberufung),
- weitere mögliche erhebliche Außenwirkungen der Abberufung.

Gibt das Gericht dem Antrag statt, endet die Bestellung des von der Hauptversammlung bestellten Abschlussprüfers mit Rechtskraft der gerichtlichen Entscheidung. Der neue Prüfer wird durch das Gericht nach pflichtgemäßem Ermessen bestellt. Das Gericht ist an die Vorschläge der Verfahrensbeteiligten nicht gebunden. Die Vergütung des neuen Prüfers richtet sich nach § 318 Abs. 5 HGB. Wird der Antrag als unzulässig verworfen oder als unbegründet zurückgewiesen, bleibt es bei der Bestellung des von der Hauptversammlung gewählten Abschlussprüfers. Für die *Kostenentscheidung* gilt § 13a FGG.

Hinweis auf weitere Stichwörter

→ *Abberufung*   → *Prüfung*
→ *Abschlussprüfung*

Ertragswertmethode

▷ **Begriff:** Nach der Ertragswertmethode bestimmt sich der Unternehmenswert primär nach dem Ertragswert des betriebsnotwendigen Vermögens (OLG Celle AG 1999, 128, 129; BayObLG AG 1999, 43, 44). Sie wird ergänzt durch gesonderte Bewertung von Beteiligungsbesitz und von sog. *nichtbetriebsnotwendigem (neutralem)* Vermögen, das regelmäßig mit dem Liquidationswert angesetzt wird. Für die

Unternehmensbewertung ist das sog. *Stichtagsprinzip* anzuwenden, so dass die Verhältnisse am Stichtag maßgebend sind (so z.B. § 305 Abs. 3 Satz 2 AktG).

> **Beispiel**
>
> Es ist der Tag maßgebend, an dem die → *Hauptversammlung* der → *abhängigen Gesellschaft* zu dem zwischen den Gesellschaften abgeschlossenen → *Unternehmensvertrag* (z.B. → *Beherrschungs-* und → *Gewinnabführungsvertrag*) ihre Zustimmung erteilt hat.

▷ **Ermittlung:** Maßgebend für die Ermittlung des Ertragswerts sind die zu erwartenden Zukunftserfolge des Unternehmens, wenn und soweit sie im Unternehmen zum Bewertungszeitpunkt bereits angelegt sind (sog. *stand-alone-Prinzip*, vgl. OLG Celle AG 1999, 128, 130). Die Zukunftserfolge sind dabei definiert als die zukünftigen Einzahlungsüberschüsse des Unternehmens, da nur sie verzinslich angelegt werden können (im Gegensatz zu Ertragsüberschüssen – handelsrechtliche Bilanzierung – und zu Überschüssen von Erlösen über Kosten – Kostenrechnung). Die Entwicklung der Einzahlungen und der Auszahlungen in der Vergangenheit stellen Schätzgrundlagen für die künftige Entwicklung der Ein- und Auszahlungen dar. Die zukünftigen Einzahlungsüberschüsse werden auf den Bewertungsstichtag mit einem Zinssatz (sog. Diskontierungsfaktor) abgezinst. Die Summe der auf den Bewertungsstichtag abgezinsten künftigen Einzahlungsüberschüsse bildet dann den Ertragswert des Unternehmens.

▷ Heute werden vor allem **3 Methoden** zur Ermittlung von Unternehmenswerten unterschieden, die nach theoretischer Auffassung zu identischen Ergebnissen führen und sich lediglich in der Handhabung unterscheiden (vgl. hierzu im Einzelnen IDW, HFA Stellungnahmen, 2/1983 S. 99–130; *Drukarczyk*, Unternehmensbewertung):

– *„discounted-Cash-Flow"-Methode,*

– *„weighted average cost of capital"-* (bzw. *„WACC")-Methode* und

– *„adjusted present value"-Methode.*

Hinweis auf weiterführende Literatur: *Drukarczyk*, Unternehmensbewertung, 2001; *HFA des Instituts für WP*, Grundsätze zur Durchführung von Unternehmensbewertungen, HFA 2/1983, WPg 1983, 468 ff.; *Kallmeyer*, Ausschluss von Minderheitsaktionären, AG 2000, 59 ff.

Wichtige Urteile und Erlasse: BayObLG AG 1996, 177: Festsetzung Unternehmenswert; BayObLG AG 1999, 43, 44: zur Höhe der angemessenen Abfindung; der Börsenkurs als Untergrenze der angemessenen Abfindung; LG Berlin AG 2000, 284, 285: Berechnung des Ertragswertes, des Kapitalisierungszinsfußes und des Ausgleichs bei Pensionsrückstellungen; BVerfGE 100, 289. AG 1999, 566: die generelle Nichtberücksichtigung des Börsenkurses als Untergrenze der Bewertung verstößt gegen das Gebot der vollen Entschädigung der Aktionäre; OLG Stuttgart AG 2000, 428: Bedeutung des Börsenkurses, der Ertragswertmethode, von Synergieeffekten und des Bestehens eines qualifiziert faktischen Konzerns bei der Unternehmensbewertung; Berechnung des Kapitalisierungszinsfußes.

Hinweis auf weitere Stichwörter

→ *Cash-Flow* | → *Unternehmen: 2. Bewertung*

Erwerb eigener Aktien

1. Begriff 324
2. Zulässigkeit 324
3. Voraussetzungen 327
4. Motive 328
5. Rechtsfolgen 329
6. Erwerb eigener Aktien durch Dritte 329
7. Inpfandnahme 331

1. Begriff

▷ Unter dem *Erwerb eigener Aktien* ist jedes **obligatorische oder dingliche Rechtsgeschäft** zu verstehen, das den Übergang der Mitgliedschaft auf die Gesellschaft zum Gegenstand hat (§ 71 Abs. 1 AktG). Dazu zählen

– Kauf,

– Tausch,

– Schenkung,

– Sicherungsübereignung,

– unregelmäßige Verwahrung.

▷ Solche Erwerbsvorgänge stellen eigentlich eine **verbotene Rückgewähr** von → *Einlagen* dar, weil die Zahlung des Erwerbspreises letztlich den Aktionären zufließt, ohne aus einem Bilanzgewinn zu stammen (§ 57 Abs. 1 Satz 1 AktG).

2. Zulässigkeit

▷ **Grundsatz:** Grundsätzlich besteht für die Aktiengesellschaft ein *Erwerbsverbot* eigener Aktien (Umkehrschluss: § 71 Abs. 1 AktG). Der *originäre Erwerb* (die → *Zeichnung*) eigener Aktien ist nie zulässig (§ 56 AktG). Dieses Verbot erstreckt sich auch auf → *Kapitalerhöhungen*. Ein Verstoß gegen das Erwerbsverbot führt zur Nichtigkeit der Zeichnungserklärung (§ 134 BGB). Die fälschliche Eintragung der Aktiengesellschaft in das Handelsregister führt aber zur Heilung des Erwerbs mit den Folgen der §§ 71b, 71c AktG, → *Schuldverschreibungen* fallen grundsätzlich nicht unter das Erwerbsverbot. Möglich ist auch der *derivative Erwerb* schon bestehender Aktien in gesetzlich vorgesehenen Ausnahmetatbeständen (§ 71 Abs. 1 AktG).

▷ **Zulässigkeit des derivativen Erwerbs:** Der Ausnahmen-Katalog für den derivativen *Erwerb eigener Aktien* ist abschließend und eng auszulegen (§ 71 Abs. 1 AktG). Eine Erweiterung des Katalogs durch Analogien ist nicht möglich. Folgende Erwerbstatbestände sind *zulässig*:

- **Erwerb zur Abwendung eines schweren Schadens** (§ 71 Abs. 1 Satz 1 Nr. 1 AktG): Die der Aktiengesellschaft drohende Vermögenseinbuße muss im Verhältnis zur Größe der Gesellschaft beachtlich sein, eine Existenzgefährdung der Gesellschaft ist aber nicht notwendig. Der Erwerb muss das einzige taugliche Mittel sein, um den Schaden abzuwenden. Existieren noch andere vernünftige Möglichkeiten, so hat die Gesellschaft diese wahrzunehmen.

> **Beispiele**
>
> Zulässiger *Erwerb eigener Aktien*
> - zum Zwecke der Deckung einer sonst nicht zu befriedigenden Forderung der Gesellschaft,
> - zur Abwehr kreditgefährdender Kursstürze,
> - zur Abwehr von Marktstörungen (BGH NJW 1994, 1410, 1411).
>
> Nicht zulässiger *Erwerb eigener Aktien*
> - zur normalen Kurspflege,
> - kurz vor einer Börseneinführung oder einer Neuemission,
> - zu dem Zweck, eine Anfechtungsklage zu verhindern,
> - um einen Machtkampf zw. den Aktionären zu unterstützen,
> - wegen Liquidation der Aktiengesellschaft,
> - wegen einer drohenden Überfremdung oder feindlichen Übernahme der Gesellschaft (derzeit stark diskutiert).

- **Erwerb zwecks Ausgabe von Belegschaftsaktien** (§ 71 Abs. 1 Satz 1 Nr. 2 AktG): Der *Erwerb eigener Aktien* ist zulässig, wenn die Aktien Personen, die im Arbeitsverhältnis zu der Gesellschaft oder einem mit ihr verbundenen Unternehmen (§ 15 AktG) stehen oder standen, zum Erwerb angeboten werden sollen (sog. *Belegschaftsaktien*). Zu dem bezugsberechtigten Personenkreis können auch ausgeschiedene Mitarbeiter, z.B. Betriebsrentner, gehören (2. Finanzmarktförderungsgesetz v. 26.7.1994). Erforderlich ist der ernstliche Wille des Vorstands im Zeitpunkt des Erwerbs, die Aktie der Belegschaft innerhalb eines Jahres nach ihrem Erwerb anzubieten (§ 71 Abs. 3 Satz 2 AktG). Erforderlich ist weiterhin ein gesonderter Beschluss der Hauptversammlung über alle Modalitäten des Programms für dieses anreizkompatible Entlohnungssystem (LG Berlin AG 2000, 328).

- **Erwerb zu Zwecken der Abfindung** außenstehender oder ausgeschiedener Aktionäre (§ 71 Abs. 1 Satz 1 Nr. 3, §§ 305 Abs. 2, 320b AktG, §§ 29 Abs. 1, 125 Satz 1, 207 Abs. 1 Satz 1 UmwG).

- **Unentgeltlicher Erwerb und Kommissionsgeschäft** (§ 71 Abs. 1 Satz 1 Nr. 4 AktG): Der Gesellschaft können Aktien als Geschenk oder als Vermächtnis zukommen. Belastungen mit Erbschaft- oder Schenkungsteuer schließen die Unentgeltlichkeit nicht aus. Der Erwerb in Ausübung einer Einkaufskommission ist nur Kreditinstituten gestattet. Diese wären ansonsten gezwungen, ihre Kunden, welche Aktien ihrer Bank erwerben wollen, an andere Kreditinstitute zu verweisen. Es besteht keine Begrenzung auf 10% des Grundkapitals.

- **Erwerb durch Gesamtrechtsnachfolge** (§ 71 Abs. 1 Satz 1 Nr. 5 AktG): In Betracht kommt vor allem, dass die Gesellschaft *Erbin* eines früheren Aktionärs wird (§ 1922 BGB). Mit einem solchen Aktienerwerb können auch Lasten für die Gesellschaft verbunden sein, wie z.B.

  - Pflichtteilsansprüche,
  - Vermächtnisse,
  - Erbschaftsteuer.

  Es obliegt dem pflichtgemäßen Ermessen des Vorstandes, eine solche Erbschaft anzunehmen oder auszuschlagen. In Betracht kommt weiterhin eine *Verschmelzung* (§§ 20 Abs. 1 Nr. 2, 73 UmwG). Als Fall des Erwerbs durch Gesamtrechtsnachfolge werden auch die Folgen des Anwachsungsprinzips im Recht der Personengesellschaften angesehen (§ 142 HGB). Der Vorgang der *Anwachsung* wird als Rechtsnachfolge bezeichnet. Der mittelbare Erwerb, der dadurch entsteht, dass die Gesellschaft ein Unternehmen, an dem sie beteiligt war und das Aktien der Gesellschaft besitzt, infolge des Ausscheidens des Partners ganz erwirbt, wird von den §§ 71 ff. AktG nicht erfasst. Es besteht keine Begrenzung auf 10 % des Grundkapitals.

- **Erwerb zur Einziehung** (§ 71 Abs. 1 Satz 1 Nr. 6 AktG): Der *Erwerb eigener Aktien* ist aufgrund eines Beschlusses der Hauptversammlung zur Einziehung nach den Vorschriften über die → *Kapitalherabsetzung* gestattet. Voraussetzung ist demnach immer ein Kapitalherabsetzungs- und Einziehungsbeschluss der Hauptversammlung (§ 237 AktG). Der Beschluss muss dem Erwerb zeitlich voran gehen und den Umfang des Erwerbs festlegen. Eine Begrenzung auf 10 % des Grundkapitals besteht nicht.

- **Erwerb zum Zwecke des Wertpapierhandels** (§ 71 Abs. 1 Satz 1 Nr. 7 AktG): Der *Erwerb eigener Aktien* durch Kredit- und Finanzinstitute ist aufgrund eines Hauptversammlungsbeschlusses zum Zwecke des Wertpapierhandels zulässig. Ein Handelsbestand an eigenen Aktien ist notwendig, damit eine Bank im Eigenhandel außerhalb der Börse Kauf- und Verkaufskurse für ihre eigenen Aktien erstellen kann. Die Banken müssen sich im Kundeninteresse am Handel mit Aktien beteiligen und hierfür einen gewissen Vorrat an eigenen Aktien halten dürfen. Der Bestand an eigenen Aktien zum Zwecke des Wertpapierhandels darf 5 % des Grundkapitals am Ende jeden Tages nicht übersteigen. Der Hauptversammlungsbeschluss muss dies neben dem niedrigsten und höchsten Gegenwert festlegen. Die Ermächtigung gilt höchstens für 18 Monate. Die zum Zwecke des Wertpapierhandels erworbenen eigenen Aktien dürfen zusammen mit anderen im Besitz der Aktiengesellschaft befindlichen eigenen Aktien 10 % des Grundkapitals nicht übersteigen.

- **Erwerb aufgrund Ermächtigung der Hauptversammlung** (§ 71 Abs. 1 Satz 1 Nr. 8 AktG): Die Gesellschaft darf aufgrund einer zeitlich begrenzten (höchstens 18 Monate) Ermächtigung der Hauptversammlung eigene Aktien erwerben. Die Ermächtigung muss den niedrigsten und höchsten Gegenwert sowie den Anteil am Grundkapital (max. 10 %) festlegen, der Verwendungszweck braucht aber nicht genannt zu werden (LG Berlin AG 2000, 328). Als Zweck des Erwerbs eigener Aktien ist der Handel mit ihnen ausgeschlossen (aber s.o. *Erwerb zum Zwecke des Wertpapierhandels*).

Tabelle: Zulässigkeitskatalog

Grund (Beispiel)	Besonderheit	Gesetzliche Normen
Abwendung von Schaden	Insgesamt maximal 10 % des Grundkapitals, Gewinnrücklage notwendig, nur einbezahlte Aktien, Information an Hauptversammlung	§ 71 Abs. 1 Satz 1 Nr. 1, Abs. 2, 3 AktG
Weiterverkauf an Arbeitnehmer innerhalb eines Jahres	Insgesamt maximal 10 % des Grundkapitals, Gewinnrücklage notwendig, nur einbezahlte Aktien	§ 71 Abs. 1 Satz 1 Nr. 2, Abs. 3 AktG
Verwendung für Abfindungen	Insgesamt maximal 10 % des Grundkapitals, Gewinnrücklage notwendig	§§ 71 Abs. 1 Satz 1 Nr. 3 AktG, 305 Abs. 2, 320b, §§ 29 Abs. 1, 125 Satz 1, 207 Abs. 1 Satz 1 UmwG
Schenkung oder Erbschaft	Nur einbezahlte Aktien	§ 71 Abs. 1 Satz 1 Nr. 4 und 5 AktG
Einkaufskommission einer Bank	keine	§ 71 Abs. 1 Satz 1 Nr. 4 AktG
Einziehung zur Kapitalherabsetzung	Beschluss der Hauptversammlung erforderlich	§ 71 Abs. 1 Satz 1 Nr. 6 AktG
Handel einer Bank mit eigenen Aktien	Beschluss der Hauptversammlung mit Bestimmung der Preisspanne erforderlich; maximal 5 % des Grundkapitals, insgesamt maximal 10 % des Grundkapitals; Geltung max. 18 Monate, Gewinnrücklage notwendig, nur einbezahlte Aktien	§ 71 Abs. 1 Satz 1 Nr. 7 AktG
Freier Erwerb außer Handel sowie Einziehung	Beschluss der Hauptversammlung mit Bestimmung der Preisspanne erforderlich, maximal 10 % des Grundkapitals, Geltung max. 18 Monate, Gleichbehandlung beim Erwerb z.B. über Börse, Gewinnrücklage notwendig, nur einbezahlte Aktien, Information an Hauptversammlung, Unterrichtung an Bundesaufsichtsamt für den Wertpapierhandel	§ 71 Abs. 1 Satz 1 Nr. 8, Abs. 2, 3 AktG

3. Voraussetzungen

Voraussetzungen für den zulässigen *Erwerb eigener Aktien* sind demgemäß

– das Vorliegen eines der Ausnahmetatbestände des § 71 Abs. 1 AktG,

- der Aktienerwerb darf zusammen mit anderen in Besitz der Aktiengesellschaft befindlichen eigenen Aktien, welche diese bereits erworben hat, 10% des Grundkapitals nicht übersteigen (§ 71 Abs. 2 Satz 1 AktG, *Ausn.:* § 71 Abs. 1 Satz 1 Nr. 4, 5 und 6 AktG),
- die nach § 272 Abs. 4 HGB (sog. *Kapitalgrenze*) für eigene Aktien vorgeschriebene Rücklage muss in voller Höhe bestehen (§ 71 Abs. 2 Satz 2 AktG),
- auf die Aktien muss der Nennbetrag oder der höher Ausgabebetrag voll geleistet sein (§ 71 Abs. 2 Satz 3 AktG),
- substantiierte Berichterstattung durch den Vorstand an die nächste Hauptversammlung (§ 71 Abs. 3 Satz 1 AktG).

4. Motive

▷ Vom Finanzmanagement eingesetzt, dient der derivative Erwerb (*Rückerwerb*) vor allem der Maximierung der → *Shareholder value* durch **Optimierung der Eigenkapitalstruktur** und der Einflussnahme auf den Börsenkurs; seine Einsetzung kann aber auch einen Liquiditätsüberhang abbauen oder auf die Eigentümerstruktur der Gesellschaft Einfluss nehmen. Eigene Aktien werden oft aber auch deshalb erworben, um sie im Rahmen von Aktienoptionsplänen (→ *Stock Options*) an Mitarbeiter weiterzugeben. Der *Erwerb eigener Aktien* könnte auch die Abwehr feindlicher Übernahmeversuche ermöglichen. Ob und unter welchen Voraussetzungen der Vorstand, der von der → *Hauptversammlung* zum Rückerwerb oder zur Weiterveräußerung eigener Aktien ermächtigt ist, im Übernahmekampf von dieser Ermächtigung Gebrauch machen darf, ist ungeklärt (§ 71 Abs. 1 Satz 1 Nr. 8 AktG). Folgende Motive kommen in der Praxis am häufigsten vor:

▷ **Einflussnahme auf den Börsenkurs:** Ein stetiger Börsenkurs ohne größere Kurssprünge ist aus Sicht der Unternehmen wünschenswert. Die geringe Volatilität des Aktienkurses drückt die von den Aktionären geforderte Risikoprämie und die damit verbundenen Eigenkapitalkosten durch Dividendenzahlungen. Hierzu ermöglichen Aktientransaktionen über die Börse eine Einflussnahme auf den Börsenkurs durch gezielte Käufe bzw. Wiederverkäufe.

▷ **Ausschüttung liquider Mittel:** Mit dem Aktienrückkauf steht dem Management neben der Liquiditätsreduzierung durch Dividendenausschüttung und Kapitalherabsetzung eine dritte Variante zum Abbau eines Liquiditätsüberhangs zur Verfügung. Die Vorteile der Aktienrückkäufe gegenüber einmalig erhöhten Dividendenausschüttungen liegen in der

- Aufrechterhaltung der Dividendenkontinuität und
- der steuerlichen Bevorteilung von Veräußerungsgewinnen gegenüber Dividenden, soweit die Anteile im Privatvermögen gehalten werden.

▷ **Einflussnahme auf die Eigentümerstruktur:** Verringert eine Gesellschaft die Anzahl der umlaufenden Aktien durch einen Rückkauf und erfolgt dieser nicht auf pro rata Basis, so ändern sich mit der Eigentümerstruktur auch die relativen Stimmrechtsverhältnisse. Dies ermöglicht der Unternehmensleitung, aktiv auf den Ausgang eines Übernahmeversuchs einzuwirken, freundliche Übernahmen und Fusionen vorzubereiten und „Shareholder servicing"-Kosten zu senken. Rückkaufprogramme können zur Beseitigung der Hauptanreize einer feindlichen Übernahme eingesetzt werden. Die frei disponiblen Mittel werden gesenkt und gleichzeitig erhöht sich der Verschuldungsgrad der Unternehmung. Darüber hinaus erhöht sich der relative Stimmrechtsanteil, der zumindest zum angebotenen Rückkaufspreis nicht verkaufsbereiten Aktionären in der Hauptversammlung. Gerade für → *Kleine Aktiengesellschaften* mit breit gestreutem Anteilsbesitz kann ein gezieltes Auskaufen der Kleinaktionäre (sog. „odd lot repurchases") aus verschiedensten Gründen interessant sein.

▷ **„Signaling" des Managements:** Das Management kann den Anteilseignern durch einen Aktienrückkauf signalisieren, dass es den gegenwärtigen Börsenkurs, gemessen an den absehbaren Zukunftsperspektiven des Unternehmens, für unterbewertet hält. Das Instrument des Aktienrückkaufs dient hier den besser informierten „agents" dazu, private (geheime) Informationen über den zu erwartenden positiven Unternehmensverlauf an die schlechter informierte Seite der „principals" zu übermitteln.

5. Rechtsfolgen

▷ **Der zulässige Erwerb eigener Aktien** durch die Aktiengesellschaft führt zu dem Ruhen der → *Mitgliedschaftsrechte* aus diesen Aktien, s. auch → *Eigene Aktien*.

▷ **Der unzulässige Erwerb eigener Aktien:** Verstößt die Aktiengesellschaft gegen § 71 Abs. 1 oder 2 AktG ist der Erwerb der Aktien nicht unwirksam (§ 71 Abs. 4 Satz 1 AktG). Die Gesellschaft wird somit Eigentümerin der verbotswidrig erworbenen Aktien auch dann, wenn auf diese der Nennbetrag oder der höhere Ausgabebetrag noch nicht voll geleistet worden ist. Das schuldrechtliche Geschäft (Grundgeschäft) ist jedoch unheilbar und von Anfang an nichtig (§ 71 Abs. 6 Satz 2 AktG). Aktionäre, die ihre Leistung bereits erbracht haben, können einen Anspruch aus den §§ 812 ff. BGB gegen die Aktiengesellschaft auf Rückgewähr der Aktien machen. Hat die Gesellschaft bereits ihrerseits erfüllt (den Erwerbspreis für die Aktie gezahlt), so hat sie einen Anspruch auf Rückgewähr dieser Leistung (§ 62 AktG). Ansprüche aus Bereicherungsrecht bestehen für die Aktiengesellschaft insoweit daneben nicht. Des Weiteren hat die Aktiengesellschaft eine Veräußerungspflicht der nicht zulässig erworbenen Aktien innerhalb Jahresfrist (§ 71c Abs. 1 AktG). Bei einem Erwerb von eigenen Aktien über 10 % des Grundkapitals besteht für die Aktiengesellschaft eine Veräußerungspflicht innerhalb einer 3-Jahresfrist (§ 71c Abs. 2 AktG). Bei Nichtbefolgung dieser Veräußerungspflichten sind die unrechtmäßig erworbenen Aktien einzuziehen (§§ 71c Abs. 3 i.V.m. 237 AktG, → *Einziehung*).

6. Erwerb eigener Aktien durch Dritte

▷ **Fälle:** Dem Aktienerwerb durch die Gesellschaft wird gleichgestellt
– der Erwerb eigener Aktien durch Dritte für Rechnung der Gesellschaft,
– der Erwerb eigener Aktien durch Dritte für Rechnung der in Mehrheitsbesitz stehenden Unternehmen,

- der Erwerb durch abhängige Unternehmen,
- der Erwerb durch in Mehrheitsbesitz stehende Unternehmen.

Diese Dritten dürfen insoweit nur unter den Voraussetzungen der §§ 71 Abs. 1 Satz 1 Nr. 1–5, 7, 8 und Abs. 2 AktG Aktien der Gesellschaft erwerben.

▷ **Umgehungsgeschäfte** der Aktiengesellschaft mit Dritten sind nichtig (§ 71a Abs. 1 AktG). Darunter fällt z.B. die Zahlung einer Kurspflegevergütung an Dritte. Von der Nichtigkeitsfolge werden auch die Fälle mittelbarer Stellvertretung erfasst (s.u.). Von der Nichtigkeitsfolge betroffen ist aber nur das schuldrechtliche Geschäft. *Ausn.* von der Nichtigkeitsfolge bestehen, sofern die Kapitalgrenze beachtet wird, für

- Rechtsgeschäfte im Rahmen der laufenden Geschäfte von Kreditinstituten,
- Darlehens- oder Vorschussgewährung oder
- Sicherheitsleistung zum Zweck des Aktienerwerbs durch Arbeitnehmer der Gesellschaft oder eines mit ihr verbundenen Unternehmens.

Die erforderliche *Rücklage* braucht nicht tatsächlich gebildet werden (anders bei § 71 AktG). Es ist ausreichend, wenn die Gesellschaft die Aktien selbst erwerben würde. Die Rückabwicklung bereits erbrachter Leistungen erfolgt i.d.R. über § 812 BGB. Wenn der Empfänger der Leistung ein Aktionär ist, greift § 62 AktG ein.

▷ **Mittelbare Stellvertretung:** Fälle mittelbarer Stellvertretung sind

- der Auftrag (§§ 662 ff. BGB),
- die Geschäftsbesorgung (§ 675 BGB).

Durch die Einschaltung eines mittelbaren Stellvertreters zum *Erwerb eigener Aktien* und die Begleichung seiner Ansprüche auf Aufwendungsersatz oder Vergütung kann die gleiche Wirkung wie beim offenen *Erwerb eigener Aktien* erzielt werden. Die Begleichung der Ausgleichsansprüche ist ein Verstoß gegen das *Verbot der Einlagenrückgewähr* (§ 57 AktG). Diese ist nur in den Grenzen des § 71 Abs. 1 und 2 AktG erlaubt. Falls der Handelnde im Namen der Gesellschaft gehandelt hat, gelten §§ 71, 71d Satz 2 1. Alt. AktG.

▷ **Voraussetzungen bei der AG:** Die gesetzlichen Voraussetzungen müssen nur in der Aktiengesellschaft begründet sein bei (§ 71 Abs. 1 Satz 1 Nr. 1–3, 7, 8 AktG)

- drohendem Schaden für die Aktiengesellschaft,
- Ausgabe von Belegschaftsaktien für Mitarbeiter der Aktiengesellschaft oder eines mit ihr verbundenen Unternehmens,
- Abfindung der Aktiengesellschaft für außenstehende oder ausgeschiedene Aktionäre,
- Ermächtigung durch einen Beschluss der Hauptversammlung der Aktiengesellschaft zum Zweck des Wertpapierhandels,
- ermächtigenden Hauptversammlungsbeschluss für maximal 18 Monate.

Die erforderliche *Rücklage* muss nicht tatsächlich gebildet werden. Ausreichend ist, wenn die Aktiengesellschaft der Rücklagenpflicht aus freien Mitteln genügen könnte.

▷ **Voraussetzungen bei Dritten:** Auf den Dritten abzustellen ist jedoch bei (§ 71 Abs. 1 Satz 1 Nr. 4 und 5 AktG)

- unentgeltlichem Erwerb oder
- Erwerb im Wege der Gesamtrechtsnachfolge,
- Einkaufskommissionen in Aktien der Aktiengesellschaft im eigenen Namen und für eigene Rechnung (wenn der Dritte ein Kreditinstitut ist).

Bei der Feststellung der **10 %-Grenze**, sind die eigenen Aktien der Gesellschaft und alle Aktien der Aktiengesellschaft, die sich im Besitz der vorgenannten Personen und Unternehmen befinden, zusammenzuzählen. Entsprechendes gilt auch, wenn ein mittelbarer Stellvertreter für ein Tochterunternehmen der Aktiengesellschaft tätig wird. Es ist dabei unerheblich, ob die Tochtergesellschaft die Aktien für eigene Rechnung oder für die Rechnung der Muttergesellschaft erwirbt.

7. Inpfandnahme

▷ Der **rechtsgeschäftliche Erwerb zum Pfand** wird dem Erwerb eigener Aktien gleichgestellt (§ 71e i.V.m. § 71 Abs. 1 und 2 AktG). *Ausn.* bei Kreditinstituten und Finanzdienstleistern: diese können im Rahmen der laufenden Geschäfte bis zu 10 % ihres Grundkapitals als Aktien in Pfand nehmen.

▷ **Erwerb zur Abwendung von Schäden:** In Betracht kommt an sich nur der gesetzliche Tatbestand des Erwerbs zur Abwendung von Schäden, wenn die Gesellschaft die Aktien zum Pfand nimmt, um eine gefährdete Forderung zu sichern, die anders nicht ausreichend gesichert werden kann (§ 71 Abs. 1 Satz 1 Nr. 1 AktG). Bei der Berechnung der 10%-Grenze sind eigene Aktien und Pfandaktien zu addieren (§ 71 Abs. 2 Satz 1 AktG). Die erforderliche Rücklage muss nicht tatsächlich gebildet werden. Es ist ausreichend, wenn die Aktiengesellschaft der Rücklagepflicht in Höhe des Verkehrswertes der Aktie, maximal bis zur Höhe der gesicherten Forderung, aus freien Mitteln genügen könnte.

▷ Bei einem **Verstoß** gegen § 71e Abs. 1 AktG ist die Inpfandnahme nur dann unwirksam, wenn die Aktien nicht voll eingezahlt sind (§ 71e Abs. 2 AktG). Die Inpfandnahme voll eingezahlter Aktien bleibt wirksam. Das der Inpfandnahme zugrunde liegende Rechtsgeschäft (die Sicherungsabrede) ist nichtig.

▷ Nicht verboten ist der Erwerb eines Pfandrechts im Wege der **Zwangsvollstreckung** oder **kraft Gesetzes**.

Hinweis auf weiterführende Literatur: *Grobecker/Michel*, Rückkauf eigener Aktien: Die Grenzen des § 71 Abs. 1 AktG, DStR 2001, 1757 ff.; *Groner/Meier*, Aktienrückkäufe und Kursbeeinflussung, SZW/RSDA 2002, 279 ff.; *Kellerhals/Rausch*, Liberalisierung von Aktienrückkäufen: Bundesdeutsche Erfahrungen, AG 2000, 222 ff.; *Kiem*, Der Erwerb eigener Aktien bei der kleinen Aktiengesellschaft, ZIP 2000, 209 ff.; *Koch*, Der Erwerb eigener Aktien – kein Fall des WpÜG, NZG 2003, 61 ff.; *Krüger*, Seminar E: Erwerb eigener Aktien durch die Gesellschaft, IStR 2002, 552 ff.; *Lenz/Linke*, Rückkauf eigener Aktien nach dem Wettbewerbs- und Übernahmegesetz, AG 2002, 420 ff.; *Markwardt*, Erwerb eigener Aktien, in der Falle des § 71 Abs. 1 Nr. 8 AktG, BB 2002, 1108 ff.; *Paefgen*, Die Gleichbehandlung beim Aktienrückerwerb im Schnittfeld von Gesellschafts- und Übernahmerecht, ZIP 2002, 1509 ff.; *Rogall*, Das Ausmaß der steuerlichen Attraktivität beim Rückkauf eigener Aktien im Rahmen der Eigenfinanzierung, WPg 2001, 867 ff.; *Saria*, Der Erwerb eigener Aktien nach dem Aktienoptionengesetz, GesRZ 2001, 79 ff.; *Singhof*, Zur finanziellen Unterstützung des Erwerbs eigener Aktien durch Kreditinstitute, NZG 2002, 745 ff.; *Süßmann*, Anwendung des WpÜG auf öffentliche Angebote zum Erwerb eigener Aktien, AG 2002, 424 ff.

Hinweis auf weitere Stichwörter

- → *Aktie*
- → *Aktiengesellschaft*
- → *Bericht*
- → *Eigene Aktien*

- → *Einziehung*
- → *Kapitalerhöhung*
- → *Kapitalherabsetzung*

Euro

▷ **Umstellung:** Der Euro ist in allen Mitgliedsstaaten der Europäischen Union, außer in Großbritannien, Dänemark und Schweden eingeführt. Die Umstellung der Zahlungsmittel von DM auf Euro brachte auch bei der Aktiengesellschaft/KGaA Veränderungen mit sich (Umrechnungskurs *1 Euro = 1,95583 DM*).

▷ **Nicht börsennotierte Aktiengesellschaften** und → *KGaA* müssen die Umstellung auf glatte Euro-Beträge zwingend vornehmen, wenn sie ab 2002 ihr Kapital erhöhen, da zwingende Voraussetzung für die Eintragung ins Handelsregister (Nennbeträge auf glatte Euro-Zahlen).

▷ **Börsennotierte Aktiengesellschaften** und KGaA mussten innerhalb des Jahres 2001 ihr Geschäftkapital und die Aktiennennbeträge auf Euro umstellen (→ *Börsennotierung*). Bei Nichteinhaltung dieser Frist greift ab 2002 eine Handelsregistersperre für alle Eintragungen (→ *Handelsregister*).

▷ Das **Rechnungswesen** durfte letztmals bis zum 31.12.2001 in DM geführt werden (→ *Buchführung*, → *Jahresabschluss*, → *Rechnungslegung*).

▷ **Durchführung:** Die Aktiengesellschaft kann die Umrechnung des Grundkapitals in Euro, seine Glattstellung auf volle Euro, die Einführung von Stückaktien und eine vereinfachte Kapitalherabsetzung verbinden (OLG Frankfurt, Beschluss v. 15.3.2001 – 20 W 147/00). Die einzelnen Schritte müssen dabei jedoch in eine logische Reihenfolge gebracht und transparent gemacht werden, damit sie bei der Beschlussfassung und der → *Eintragung* ins Handelsregister nachvollziehbar sind.

▷ **Methoden zur Euro-Glättung** sind die

- Umstellung der Aktiennennbeträge auf volle Euro (erfordert *Kapitalveränderung*) oder
- Umwandlung der Nennbetragsaktien in nennbetragslose → *Stückaktien*.

▷ **Verfahren bei Kapitalerhöhung:** Die Nennbetragsglättung setzt zunächst einen satzungsändernden → *Beschluss* der Hauptversammlung voraus, mit dem die Nennbeträge der Aktien und des Grundkapitals rechnerisch auf Euro umgestellt werden (§ 179 Abs. 1 AktG). Die Hauptversammlung hat eine Kapitalerhöhung aus Gesellschaftsmitteln zu beschließen, um die Aufrundung des Grundkapitals auf volle Eurobeträge zu gewährleisten. Für diesen Beschluss genügt die einfache Mehrheit des bei der Beschlussfassung vertretenen Grundkapitals, wenn das Grundkapital nur bis zum nächst höheren Betrag, mit dem die Nennbeträge der Aktien auf volle Euro gestellt werden können, erhöht wird (§ 4 Abs. 2 EGAktG). Weiterhin gelten für diesen Beschluss insofern Erleichterungen, als auch die Kapitalrücklage und die gesetzliche Rücklage sowie deren Zuführungen, auch soweit sie zusammen 10 % oder den in der Satzung bestimmten höheren Teil des bisherigen Grundkapitals nicht übersteigen, in Grundkapital umgewandelt werden können (§ 4 Abs. 5 EGAktG). Auch für sonstige mit der Kapitaländerung verbundene Beschlüsse gelten Erleichterungen. Hat die Gesellschaft beispielsweise Aktien im Nennbetrag von 5 DM ausgegeben, wäre das Grundkapital so weit zu erhöhen, dass es in Aktien im Nennbetrag von 3 Euro eingeteilt werden kann. Da der Mindestnennbetrag der Aktien nur auf einen Euro lauten muss (§ 8 Abs. 2 Satz 1 AktG), können die so geschaffenen Aktien überdies durch einen weiteren Hauptversammlungsbeschluss in Aktien im Nennbetrag von 1 Euro geteilt werden. Auch für diesen Aktiensplitt genügt die einfache Kapitalmehrheit (§ 4 Abs. 2 Satz 2 EGAktG). Das Gleiche gilt für sonstige Änderungen der Satzungsfassung, wenn diese Beschlüsse mit der Kapitaländerung verbunden sind.

Hinweis auf weitere Stichwörter

- → *Aktie*
- → *Aktiengesellschaft*
- → *Börsennotierung*
- → *Kapitalerhöhung*
- → *Kapitalherabsetzung*

Europäische Gesellschaftsformen

1. Allgemein 333
2. Rechtsangleichung 334
3. Die Europa-AG 335

1. Allgemein

Über die Rechtsangleichung der nationalen Gesellschaftsformen mit Hilfe von umsetzungspflichtigen Richtlinien hinaus sollen europäische Rechtsformen geschaffen werden, die neben den nationalen Gesellschaftsformen existieren. Dies geschieht durch Erlass einer in den Mitgliedstaaten unmittelbar geltenden Verordnung. Wichtigstes Projekt war die Schaffung einer Europäischen Aktiengesellschaft (abgekürzt *SE, Societas Europaea*, s.u.).

2. Rechtsangleichung

Die bislang erlassenen Richtlinien zur Rechtsangleichung ähnlicher Gesellschaftsformen innerhalb der EU betreffen hauptsächlich die Aktiengesellschaft, aber auch die KGaA und die GmbH. Im Folgenden eine Auflistung der vorhandenen Richtlinien der EU (spätere Änderungen der erlassenen Richtlinien sind nicht aufgeführt):

Nr.	Richtlinie	Datum	Fundstelle	Inhalt
1.	Richtlinie 68/151/EWG (**Publizitätsrichtlinie**)	9.3.1968	ABlEG L 65 v. 14.3.1968, 8	Offenlegung bestimmter Urkunden, die Gültigkeit eingegangener Verpflichtungen und die Nichtigkeit der Gesellschaft bei AG, KGaA und GmbH
2.	Richtlinie 77/91/EWG (**Kapitalrichtlinie**)	13.12.1976	ABlEG L 26 v. 31.1.1977, 1	Gründung, Kapitalerhaltung, -erhöhung und -herabsetzung bei der AG
3.	Richtlinie 78/855/EWG (**Fusionsrichtlinie**)	9.10.1978	ABlEG L 295 v. 20.10.1978, 36	Fusionen und andere fusionsähnliche Vorgänge bei der AG
4.	Richtlinie 78/660/EWG (**Bilanzrichtlinie**)	25.7.1978	ABlEG L 222 v. 14.8.1978, 11	Jahresabschluss, Bewertungsregeln, Offenlegung, Prüfung bei AG, KGaA und GmbH, auch bei Personengesellschaften, deren persönlich haftende Gesellschafter ausschließlich Kapitalgesellschaften sind (insbesondere GmbH & Co. KG)
4a.	Richtlinie 90/605/EWG (**GmbH & Co. KG-Richtlinie**)	8.11.1990		
5.	Richtlinie 82/891/EWG (**Spaltungsrichtlinie**)	17.12.1982	ABlEG L 378 v. 31.12.1982, 47	Spaltung von AGs
6.	Richtlinie 83/349/EWG (**Konzernabschluss-Richtlinie**)	13.6.1983	ABlEG L 193 v. 18.7.1983, 1	AG, KGaA und GmbH im Konzernverbund, Konzernabschluss und Lagebericht
7.	Richtlinie 89/666/EWG (**Zweigniederlassungs-Richtlinie**)	21.12.1989	ABlEG L 395 v. 30.12.1989, 36	Offenlegung bestimmter Unterlagen bei Zweigniederlassungen von Kapitalgesellschaften in anderen EU-Ländern

Nr.	Richtlinie	Datum	Fundstelle	Inhalt
8.	Richtlinie 89/667/EWG (**Einpersonen-GmbH-Richtlinie**)	22.12.1989	ABlEG L 395 v. 30.12.1989, 40	Zulässigkeit der Einpersonen-GmbH
9.	Richtlinie 90/604/EWG (**Mittelstands-Richtlinie**)	8.11.1990	ABlEG L 317 v. 16.11.1990, 57	bilanzielle Erleichterungen für kleine und mittelgroße Kapitalgesellschaften
10.	Richtlinie 2004/25/EG (**Übernahme-Richtlinie**)	21.4.2004	ABlEG L 142 v. 30.4.2004, 1	Übernahmeangebote für Aktien und andere Wertpapiere bei AG und KGaA
11.	Richtlinie 2005/56/EG (**Internationale Fusions-Richtlinie**)	26.10.2005	ABlEG L 310 v. 25.11.2005	grenzüberschreitende Verschmelzung von Kapitalgesellschaften

Nr.	Richtlinienvorschläge	Datum	Fundstelle	Inhalt
1.	Richtlinie (**Konzernrechts-Richtlinie**)	1985	KOM III/1639/84	materielles Konzernrecht in der EU bei AG, KGaA und GmbH
2.	Richtlinie über die grenzüberschreitende Sitzverlegung (**Sitzverlegungs-Richtlinie**)	–	KOM XV/6002/97 v. 20.4.1997	identitätswahrende grenzüberschreitende Sitzverlegung in der EU
3.	Richtlinie (**Stimmrechts-Richtlinie**)	5.1.2006	KOM 2005/685	Stimmrechtsausübung bei Gesellschaften mit Sitz in einem Mitgliedstaat, deren Aktien zum Handel auf einem geregelten Markt zugelassen sind.

3. Die Europa-AG

▷ **Rechtsgrundlagen:** EU-Regelungen für eine Europa-AG (*Societas Europaea*, „*SE*") wurden von der EU (Arbeits- und Sozialminister) am 8.10.2001 verabschiedet. Mit der Europäischen Aktiengesellschaft wurde die erste supranationale Rechtsform für eine gemeinschaftsrechtliche Kapitalgesellschaft geschaffen. Die EU-Regierungen hatten für die Übertragung der Regelungen in nationales Recht 3 Jahre Zeit. In Deutschland ist am 29.12.2004 das SEEG in Kraft getreten. Die Verordnung sieht in bestimmten Bereichen Verweisungen auf nationales Recht vor, so dass die Societas Europaea in den einzelnen Mitgliedstaaten unterschiedlich ausgestaltet ist. Mit der Rechtsform der Societas Europaea können Unternehmen, die in mehreren Mitgliedstaaten tätig sind, eine Unternehmensverfassung nach dem Gemeinschaftsrecht wählen und sich in allen EU-Mitgliedsstaaten nach einheitlichen Regeln mit einer einheitlichen Geschäftsführung und einem einheitlichen Berichtssystem wirtschaftlich betätigen (statt Tochtergesellschaften in den anderen Mitgliedstaaten zu gründen, die den dort geltenden Bestimmungen unterliegen).

▷ **Vorteile:** Eine einheitliche gemeinschaftsweite Rechtsform hat folgende Vorteile:

– Unabhängigkeit der Standortwahl innerhalb der Gemeinschaft von gesellschaftsrechtlichen Erwägungen nach rein wirtschaftlichen Überlegungen,

– Senkung der Rechtsberatungskosten (Konzernstruktur mit Tochtergesellschaften ist sehr kostenintensiv),

– Steigerung der Effizienz geschäftspolitischer Entscheidungen und damit der Wettbewerbsfähigkeit des Unternehmens (bei einer Tochtergesellschaft ist der gesellschaftspolitische Entscheidungsprozess wegen mehreren Leistungsebenen schwerfällig),

– die Satzungsstrenge des deutschen Aktienrechts besteht nicht, die Societas Europaea genießt weitreichende Gestaltungs- und Satzungsfreiheit,

– die grenzüberschreitende Sitzverlegung innerhalb der EU ist identitätswahrend ohne Liquidation (→ *Auflösung*) möglich,

– Unternehmen aus verschiedenen Mitgliedsstaaten können mit der Gründung einer *Societas Europaea* fusionieren (→ *Verschmelzung*), dabei ist keine nationale Rechtsform zu wählen.

▷ Die **Gründung** einer *Societas Europaea* kann durch 4 verschiedene *Verfahren* erfolgen (Art. 2 Abs. 1–4 SE-Verordnung):

– Verschmelzung,

– Errichtung einer Holdinggesellschaft,

– in Form einer gemeinsamen Tochtergesellschaft,

– Umwandlung einer Aktiengesellschaft nationalen Rechts.

▷ Das **Mindestkapital** der *Societas Europaea* beträgt 120 000 Euro, nationale Vorschriften können für bestimmte Tätigkeiten ein höheres Kapital vorsehen. Für die Kapitalerhaltung und -änderung sowie für die Aktien gibt es keine eigenständigen Regelungen. Für das Kapital der *Societas Europaea* gelten die Vorschriften des Mitgliedstaates, in dem die *Societas Europaea* eingetragen ist (Art. 5 SE-VO). Als Organe sind vorgesehen: die Hauptversammlung der Aktionäre sowie entweder ein Leitungs- und ein Aufsichtsorgan (dualistisches System) oder ein Verwaltungsorgan (monistisches System). Die Vertretung der Societas Europaea richtet sich nach mitgliedstaatlichem Recht (Art. 9 Abs. 1 C SE-VO). Vor-SE: die Haftung der Vor-SE ist in Form einer Handelndenhaftung geregelt: natürliche und juristische Personen sowie Gesellschaften, die vor Eintragung der Societas Europaea in deren Namen handeln, haften unbeschränkt und gesamtschuldnerisch für die daraus entstandenen Verpflichtungen (*Ausn.* die eingetragene *Societas Europaea* hat die

Haftung übernommen). Für Auflösung, Liquidation, Zahlungsunfähigkeit und Zahlungseinstellung gilt ausschließlich das nationale Recht. Die Mitbestimmung der Arbeitnehmer (das Hauptandernis für die Einigung unter den Mitgliedstaaten) ist in einer gesonderten Richtlinie geregelt (SE-ErgRL in der Fassung v. 1.2.2001): Mehrere Modelle stehen zur Wahl: Vertretung der Arbeitnehmer im Aufsichts- oder Verwaltungsorgan, Vertretung in einem separaten Organ sowie andere Modelle, die durch Vereinbarung zwischen den Leitungs- bzw. Verwaltungsorganen der Gründungsgesellschaften und den Arbeitnehmern festgelegt werden. Die *Societas Europaea* kann erst nach Festlegung des Mitbestimmungsmodells gegründet werden.

Hinweis auf weiterführende Literatur: *Blanquet,* Das Statut der Europäischen Aktiengesellschaft (Societas Europaea, „SE") – ein Gemeinschaftsinstrument für die grenzübergreifende Zusammenarbeit im Dienste der Unternehmen, ZGR 2002, 20 ff.; *Bungert/Beier,* Die Europäische Aktiengesellschaft, EWS 2002, 1 ff.; *Brandt,* Ein Überblick über die Europäische Aktiengesellschaft (SE) in Deutschland, BB-Spezial 3/2005, 1 ff.; *Dejmek,* Neue Dynamik im Europäischen Gesellschaftsrecht – eine Europäische Privatgesellschaft als Ergänzung zur Europäischen Aktiengesellschaft?, GmbHR 2002, 107 ff.; *Ebert,* Die Europäische Aktiengesellschaft auf dem level playing field der Gemeinschaft, IWB 2002, 977 ff.; *Förster/Lange,* Grenzüberschreitende Sitzverlegung der Europäischen Aktiengesellschaft aus ertragssteuerlicher Sicht, RIW 2002, 585 ff.; *Förster/Lange,* Steuerliche Aspekte der Gründung einer Europäischen Aktiengesellschaft, DB 2002, 288 ff.; *Heinze,* Die Europäische Aktiengesellschaft, ZGR 2002, 66 ff.; *Hellwig,* Angleichung des Gesellschaftsrechts in Europa – Notwendigkeit, Schwerpunkte und Wege aus der Sicht des Kapitalmarkts, EWS 2001, 580 ff.; *Herzig/Griemla,* Steuerliche Aspekte der Europäischen Aktiengesellschaft/Societas Europaea (SE), StuW 2002, 55 ff.; *Hirte,* Die Europäische Aktiengesellschaft, NZG 2002, 1 ff.; *Hommelhoff/Teichmann,* Die Europäische Aktiengesellschaft – das Flagschiff läuft vom Stapel, SZW/RSDA 2002, 1 ff.; *Hommelhoff,* Einige Bemerkungen zur Organisationsverfassung der Europäischen Aktiengesellschaft, AG 2001, 279 ff.; *Kellerhals/Trüten,* Neues zur Europäischen Aktiengesellschaft, SJZ 2001, 337 ff.; *Kersting,* Societas Europaea: Gründung und Vorgesellschaft, DB 2001, 2079 ff.; *Lutter/Hommelhoff* (Hrsg.), Die Europäische Gesellschaft – Prinzipien, Gestaltungsmöglichkeiten und Grundfragen aus der Praxis, 2005; *Neye,* Kein neuer Stolperstein für die Europäische Aktiengesellschaft, ZGR 2002, 377 ff.; *Pluskat,* Die neuen Vorschläge für die Europäische Aktiengesellschaft, EuZW 2001, 524 ff.; *Pluskat,* Die Arbeitnehmerbeteiligung in der geplanten Europäischen Aktiengesellschaft, DStR 2001, 1483 ff.; *Ruge,* Goldene Aktien und EG-Recht, EuZW 2002, 421 ff.; *Schulz/Geismar,* Die Europäische Aktiengesellschaft – Eine kritische Bestandsaufnahme, DStR 2001, 1078 ff.; *Schulz/Petersen,* Die Europa-Aktiengesellschaft: Steuerlicher Handlungsbedarf bei Gründung und Sitzverlegung, DStR 2002, 1509 ff.; *Schwarz,* Zum Statut der Europäischen Aktiengesellschaft, ZIP 2001, 1847 ff.; *Teichmann,* Vorschläge für das Deutsche Ausführungsgesetz zur Europäischen Aktiengesellschaft, ZIP 2002, 1109 ff.; *Teichmann,* European Company Law Review – Corporate Governance in Europa, ZGR 2001, 634 ff.; *Thoma/Leuering,* Die Europäische Aktiengesellschaft – Societas Europaea, NJW 2002, 1450 ff.; *Tumpel,* Steuerrechtliche Rahmenbedingungen der Europäischen Aktiengesellschaft, GesRZ 2002, 162 ff.; *Wagner,* Die Bestimmung des auf die SE anwendbaren Rechts, NZG 2002, 985 ff.

Hinweis auf weitere Stichwörter

→ *Aktiengesellschaft*   → *Verschmelzung*
→ *Holding*

Faktische Satzungsänderung

Eine faktische Satzungsänderung ist immer dann anzunehmen, wenn die Handlungen der Verwaltung gegen ausdrückliche Satzungsregelungen verstoßen. Für die Wirksamkeit einer faktischen Satzungsänderung ist eine tatsächliche → *Satzungsänderung* erforderlich.

Hinweis auf weitere Stichwörter

→ *Satzung*

Faktischer Konzern

1. Begriff 338
2. Zulässigkeit 338
3. Arten des faktischen Konzerns 339
4. Ausgleichspflicht im faktischen Konzern 339
5. Abhängigkeitsbericht 341

1. Begriff

Ein faktischer Konzern liegt vor, wenn zwischen einem herrschenden Unternehmen i.S.d. Vorschriften der §§ 311 ff. AktG und einer abhängigen Aktiengesellschaft oder KGaA i.S.v. § 17 AktG ein dieses Verhältnis begründender Beherrschungsvertrag fehlt oder eine Eingliederung von einem oder mehreren abhängigen Unternehmen rein faktisch über eine einheitliche Leitung durch das herrschende Unternehmen besteht. Durch den faktischen Konzern können außenstehenden Aktionären der → *abhängigen Gesellschaft* Nachteile entstehen, die abgewehrt werden müssen. Dies erfolgt insbesondere durch entsprechende Anwendung der konzernrechtlichen Haftungsvorschriften (§§ 311–318 AktG).

2. Zulässigkeit

Die Rechtsfigur des faktischen Konzerns beschreibt primär einen rechtlichen Zustand, insbesondere der aktiv ausgeübten Mehrheitsbeteiligung, und dessen Rechtsfolgen. Da es de lege lata keine Verpflichtung zum Abschluss eines Beherrschungsvertrags und damit einer Legitimation des Weisungsrechts gibt und der faktische Konzern durch die Erfüllung seiner Voraussetzungen und tatsächlichen Umständen entsteht, stellt sich die Frage der Zulässigkeit an sich nicht. Lediglich der Umfang der dem herrschenden Unternehmen zustehenden Leitungsmacht ist umstritten (*Deilmann*, Die Entstehung des qualifizierten faktischen Konzerns, 1990, S. 47 ff., 78 ff.). Die Leitungsmacht des herrschenden Unternehmens wird innerhalb des faktischen Konzerns unter der Voraussetzung der Nachteilsausgleichung anerkannt (§ 311 AktG).

3. Arten des faktischen Konzerns

▷ **Einfacher faktischer Konzern:** Wenn eine beherrschte Aktiengesellschaft oder KGaA von einzelnen nachteiligen Rechtsgeschäften/Weisungen seitens eines anderen Unternehmens betroffen ist, ohne dass es einen Beherrschungsvertrag gibt, handelt es sich um einen einfachen faktischen Konzern. Die beiden Unternehmen treffen folgende Pflichten:

– Das herrschende Unternehmen muss die Nachteile ausgleichen, die dem beherrschten Unternehmen aufgrund seiner Veranlassung entstanden sind;

– der Vorstand des beherrschten Unternehmens muss zum einen die Weisungen des herrschenden Unternehmens auf ihre Rechtmäßigkeit hin prüfen und ist zum anderen verpflichtet, einen *Abhängigkeitsbericht* (s.o.) zu erstellen, der dem Aufsichtsrat und den Abschlussprüfern vorzulegen ist.

▷ Beim *einfachen faktischen Konzern* fehlt eine **vertragliche Regelung der Abhängigkeitsstruktur**. Durch die Mehrheitsbeteiligung verschafft sich die Obergesellschaft auch ohne die gesetzliche Legitimation eines Weisungsrechts i.S.v. § 308 AktG eine tatsächliche (faktische) Machtstellung, wodurch die Einflussnahme ermöglicht wird. Ein in der Praxis häufig praktizierter Weg zur Ausübung der (faktischen) Leitungsmacht besteht darin, den → *Vorstand* und → *Aufsichtsrat* des abhängigen Unternehmens (Untergesellschaft) mit Personen zu besetzen, die mit dem herrschenden Unternehmen eng verbunden oder gar Doppelmandatsträger sind. Die Leitungsmacht liegt auch im faktischen Konzern nach wie vor bei dem Vorstand der Untergesellschaft (§ 76 AktG). Er hat das Unternehmen in der Substanz zu erhalten und in seiner Rentabilität zu stärken.

▷ Der **Vorstand** der → *abhängigen Gesellschaft* ist dem Gesellschaftsinteresse uneingeschränkt verpflichtet und darf seine Geschäftsführung nur im Rahmen und in den vorgesehenen Schranken des § 311 AktG am Interesse des herrschenden Unternehmens ausrichten. Der Vorstand der *abhängige Gesellschaft* ist im faktischen Konzern jedoch nicht verpflichtet, einer nachteiligen Weisung, die nicht durch das „Konzerninteresse" gedeckt sind, Folge zu leisten, wenn hiermit ein Verstoß gegen die Sorgfaltspflichten eines ordentlichen und gewissenhaften Kaufmanns verbunden ist (§ 311 AktG).

▷ **Qualifiziert faktischer Konzern:** Nimmt die Einflussnahme des herrschenden Unternehmens auf die abhängige Gesellschaft bei faktischen Konzern ein solches Ausmaß an, dass einzelne Maßnahmen oder Rechtsgeschäfte nicht mehr isoliert werden können, bezeichnet man die Unternehmensverbindung als einen „qualifiziert faktischen" Konzern.

4. Ausgleichspflicht im faktischen Konzern

▷ **Zweck:** Nachteilige Auswirkungen der von einem herrschenden Unternehmen „veranlassten Maßnahmen" auf die Vermögens- und Ertragslage einer abhängigen Gesellschaft sollen nach Möglichkeit vermieden werden, zumindest durch Gewährung von Vorteilen im Einzelfall. Alle Veranlassungen, deren Nachteile das herrschende Unternehmen nicht ausgleichen kann oder will, sind oder bleiben unzulässig. Nicht ausgleichspflichtig sind lediglich die sog. passiven Konzerneffekte,

Faktischer Konzern

d.h. die etwaigen Folgen, die sich für die abhängige Aktiengesellschaft/KGaA aus der Tatsache der Konzerneinbeziehung eventuell ergeben. Der abhängigen Gesellschaft sind daher Vorteile zu verschaffen, welche die Nachteile wirtschaftlich ausgleichen.

> **Beispiele**
>
> – Nachteile wirken sich auf die Liquidität aus: der abhängigen Gesellschaft müssen dann auch die fehlenden Mittel zugeführt werden, der rein rechnerische Ausgleich genügt nicht.
> – Nachteile wirken sich bilanzmäßig aus: die Vorteile müssen sich ebenfalls auf die Bilanz auswirken und die Nachteile in der Bilanz neutralisieren.

▷ **Grenzen:** Die Ausgleichspflicht besteht nur, soweit

– die Nachteiligkeit der Maßnahme im Zeitpunkt der Beeinflussung voraussehbar war und
– der Vorstand einer selbständigen Gesellschaft durch diese Maßnahme seine Sorgfaltspflicht verletzt hätte.

▷ **Veranlassung:** „Veranlassen" ist i.S.v. „verursachen" zu verstehen. Jede Verlautbarung seitens des herrschenden Unternehmens, die von der abhängigen Aktiengesellschaft/KGaA als Verhaltensanleitung verstanden werden muss, ist von diesem Begriffsinhalt erfasst und deckt sich deshalb letztlich mit dem Weisungsbegriff (§ 308 AktG).

> **Beispiel**
>
> – Weisungen von gesetzlichen Vertretern oder leitenden Angestellten des herrschenden Unternehmens als Aufsichtsratsmitglieder der abhängigen Gesellschaft oder
> – Fälle, in denen das herrschende Unternehmen durch seine Stimmenmehrheit in der Hauptversammlung der abhängigen Gesellschaft eine Verhaltensanleitung vornimmt.

▷ **Nachteilsgeschäfte:** Unter dem Begriff der Nachteilsgeschäfte (Rechtsgeschäfte oder Maßnahmen) ist jede Geschäftsführungshandlung zu verstehen, die Auswirkungen auf die Ertrags- oder Vermögenslage der Gesellschaft haben kann. Der Vornahme einer nachteiligen Maßnahme steht das Unterlassen einer vorteilhaften Maßnahme gleich, wenn die Veranlassung kausal für einen Schaden war.

> **Beispiele**
>
> – Handlungen und Unterlassungen, die anderen Teilen des Konzerns zugute kommen: so etwa Kreditgewährungen zu verbilligten Zinssätzen, außergewöhnlich langfristige Warenkredite;
> – Beeinträchtigungen, die außerhalb der Konzernpolitik liegen;

- Der Verzicht auf ein Warenzeichen zugunsten eines Dritten, damit von diesem der Verzicht auf einen Widerspruch gegen eine Warenzeichenanmeldung einer anderen Konzerngesellschaft erreicht werden kann;
- Risikogeschäft: dessen Risiko tritt nicht gleich hervor, die Obergesellschaft bestimmt die abhängige Gesellschaft zu einer Unterlassung, etwa von Investitionen;
- Preis- und Gebietsbeschränkungen innerhalb des Konzerns, die zwischen wirtschaftlich unselbständigen Unternehmen zwar grundsätzlich kartellrechtlich zulässig sind, doch zu Lasten der abhängigen Gesellschaft gehen können.

▷ **Ausgleich:** Der abhängigen Gesellschaft sind Vorteile zu verschaffen, die den Nachteil wirtschaftlich ausgleichen. Wenn sich der Nachteil liquiditätsmäßig auswirkt, genügt der rein rechnerische Ausgleich nicht. Es müssen der abhängigen Gesellschaft auch die fehlenden Mittel zugeführt werden. Schlägt sich der Nachteil bilanzmäßig nieder, so muss der Vorteil sich ebenfalls auf die Bilanz auswirken und den Nachteil in der Bilanz neutralisieren. Das herrschende Unternehmen hat die Möglichkeit,

- den Nachteil durch die Gewährung entsprechender Vorteile auszugleichen,
- bis spätestens zum Ende des Geschäftsjahres der abhängigen Gesellschaft für entstandene Nachteile einen Rechtsanspruch auf diesen Ausgleich durch ganz bestimmte Vorteile in einem Vertrag einzuräumen (§ 311 Abs. 2 Satz 2 AktG).

Die Möglichkeit eines ausreichenden Nachteilsausgleichs wird auch für solche Fälle eröffnet, in denen sich der Nachteil bis zum Ende des Geschäftsjahres noch nicht beziffern lässt (§ 311 Abs. 2 AktG).

5. Abhängigkeitsbericht

Bei einem faktischen Konzern besteht eine Pflicht des Vorstandes auf die Erstellung eines → *Abhängigkeitsberichts* über die Unternehmensverbindung (§ 312 AktG).

Der Abhängigkeitsbericht muss Auskunft darüber enthalten, ob die abhängige Gesellschaft infolge der Beziehung zu → *verbundenen Unternehmen*, insbesondere durch Maßnahmen und Rechtsgeschäfte, benachteiligt wurde und ob diese Nachteile ausgeglichen wurden (s.o.). Diese Erklärung ist Bestandteil des Lageberichts und wird in diesem Punkt auch den Aktionären publik (§ 312 Abs. 3 AktG).

Bei einem einfachen faktischen Konzern besteht neben der Prüfung des → *Jahresabschlusses* auch die Pflicht zur Prüfung des → *Abhängigkeitsberichts* gemäß § 313 AktG (→ *Abschlussprüfung*). S. → *Sonderprüfung* gemäß § 315 AktG.

Hinweis auf weiterführende Literatur: *Kropff,* Das TBB-Urteil und das Aktienkonzernrecht, AG 1993, 485 ff.; *Lutter,* Der qualifizierte faktische Konzern, AG 1990, 179.

Festpreisverfahren

Hinweis auf weitere Stichwörter

→ Abhängige Gesellschaft
→ Aufsichtsrat
→ Beteiligung

→ Konzern
→ Vorstand

Festpreisverfahren

Das Festpreisverfahren ist ein Verfahren zur Ermittlung eines realistischen Preises für eine → *Aktie* bei der → *Emission*. Dabei wird der Emissionspreis zwischen den Emissionsbanken und dem Unternehmen „fest" ausgehandelt. Ein Bankenkonsortium garantiert dem Emittenten die Übernahme der gesamten Emission – und zwar zu einem bereits vor der Veröffentlichung des Verkaufsangebotes festgelegten Platzierungspreises, der aus einer Unternehmensbewertung hervorgegangen ist. Problematisch ist an dem Festpreisverfahren, dass die tatsächlich vorhandene Investorennachfrage erst nach der Verkaufsfrist ermittelt werden kann. Daher war der Emissionskurs bei dieser Art von Emissionen nicht immer marktgerecht. Da bei diesem Verfahren für den Konsortialführer zudem nicht nachprüfbar ist, wie viel der von den einzelnen Konsorten übernommenen Garantiequoten tatsächlich durch Zeichnungswünsche von Anlegern abgedeckt sind, kann es durch die nicht platzierten Aktien zu einer unvorhergesehenen Destabilisierung des Aktienkurses kommen.

Das → *Bookbuilding-Verfahren* setzt sich in der neueren Zeit gegenüber dem Festpreisverfahren bei der Ermittlung immer mehr durch.

Hinweis auf weitere Stichwörter

→ *Aktie*
→ *Börse*

→ *Emission*

Feststellung

1. Feststellung der Satzung 342
2. Feststellung des Jahresabschlusses 343

1. Feststellung der Satzung

Die Feststellung der → *Satzung* bedeutet den Abschluss eines Gesellschaftsvertrages oder ein einseitiges Rechtsgeschäft des Alleingründers (→ *Einpersonen-AG*). Die Satzung muss durch notarielle → *Beurkundung* feststellt werden (§ 23 Abs. 1 Satz 1 AktG). Die Gesellschaft wird durch die Feststellung und die → *Übernahme der Aktien* errichtet (§ 29 AktG), es entsteht eine → *Vor-AG* bis zur → *Eintragung* in das → *Handelsregister* (s. → *Gründung*).

2. Feststellung des Jahresabschlusses

▷ **Zweck:** Die Feststellung des → *Jahresabschlusses* bezweckt die rechtliche Verbindlichkeit desselben für alle Beteiligten. Es handelt sich dabei um einen ausschließlich gesellschaftsrechtlichen Vorgang. Vor Verteilung des erwirtschafteten → *Gewinns* muss zunächst die genaue Höhe des Gewinns festgestellt werden. Die Gesellschaft muss zudem prüfen, welcher Anteil am erwirtschafteten Gewinn an die Anteilseigner ausgeschüttet werden soll. Im Feststellungsverfahren prüfen die Gesellschafter, ob das zur Aufstellung zuständige Organ alle ihm zur Verfügung stehenden Beurteilungsspielräume ausgeschöpft und die ihm zur Verfügung stehenden Bewertungswahlrechte sachgerecht ausgeübt hat.

▷ **Zuständigkeit:** Grundsätzlich sind → *Vorstand* und → *Aufsichtsrat* gemeinsam für die Feststellung des Jahresabschlusses zuständig. Sie erfolgt durch Aufstellung und Vorlage durch den Vorstand und Billigung durch den Aufsichtsrat (§ 172 AktG). Vorlage und Billigung stellen ein kooperationsrechtliches Rechtsgeschäft eigener Art dar (BGH BB 1994, 107).

Die Hauptversammlung ist nur ausnahmsweise für die Feststellung des Jahresabschlusses zuständig,

- wenn Vorstand und Aufsichtsrat beschließen, die Feststellung des Jahresabschlusses der → *Hauptversammlung* zu überlassen (§ 172 Satz 1 AktG),
- wenn der Aufsichtsrat den Jahresabschluss nicht gebilligt hat (§ 173 Abs. 1 AktG),
- wenn der → *Bericht* des Aufsichtsrats nicht innerhalb einer ihm vom Vorstand gesetzten Nachfrist dem Vorstand zugeleitet wird (§ 171 Abs. 3 Satz 2 und 3 AktG, unwiderlegliche Vermutung, dass Aufsichtsrat den Jahresabschluss nicht gebilligt hat),
- bei der → *Kommanditgesellschaft auf Aktien* (§ 286 Abs. 1 AktG).

▷ **Rechtsfolge** der Feststellung ist eine Verbindlichkeitserklärung für

- die *Gewinnverteilung* in Verbindung mit dem Ergebnisverwendungsbeschluss,
- Verpflichtungen zur *Gewinnabführung*,
- die Verpflichtung für *Gewinnbeteiligung* (z.B. Tantiemen) und
- die Beurteilung der ordnungsgemäßen Erfüllung der allgemeinen handelsrechtlichen Pflicht zur Rechenschaftslegung durch das Geschäftsführungsorgan.

▷ **Rechtsschutz:** Jeder einzelne Gesellschafter kann die Feststellung des Jahresabschlusses wegen Irrtums anfechten (§§ 119, 123 BGB). Mit der Feststellung des Jahresabschlusses wird dieser mit allen Ansätzen, Bewertungen, bilanzpolitischen Maßnahmen sowie mit den eingestellten und aufgelösten Rücklagen verbindlich. Seine Endbestände werden in die Eröffnungsbilanz des Folgejahres vorgetragen.

Hinweis auf weitere Stichwörter

→ *Gewinn*
→ *Jahresabschluss*

→ *Satzung*

Feststellungsklage

→ *Aktionärsklagerecht*

Finanzierung

1. Finanzausschuss 344
2. Möglichkeiten 344
3. Finanzplankredit 345

1. Finanzausschuss

Neben dem Personalausschuss ist der Finanzausschuss einer der wichtigsten Ausschüsse des → *Aufsichtsrats* der Aktiengesellschaft. Aus ökonomischen Gründen ist die Errichtung eines Finanzausschusses in einer größeren Aktiengesellschaft notwendig.

2. Möglichkeiten

Über das Startkapital von mind. 50 000 Euro hinaus benötigt die Aktiengesellschaft mit wachsender Größe und/oder Aufgaben weiteres Kapital. Hierfür gibt es eine Reihe von Möglichkeiten:

▷ **Innenfinanzierung:** Die Innenfinanzierung kann erfolgen durch

- *Kapitalerhöhung aus Gesellschaftsmitteln* z.B. durch Umwandlung von offenen Rücklagen (§§ 207–220 AktG);
- Bildung von *Gewinnrücklagen* (§ 58 Abs. 1 und 2 AktG): die Gewinnrücklagen werden dabei ganz oder teilweise nicht ausgeschüttet (§ 266 Abs. 3 A III HGB, → *Rücklagen*). Die gesetzliche Schranke bildet die „Hälfte des Jahresüberschusses" (§ 58 Abs. 1 Satz 2 und Abs. 2 Satz 3 AktG);
- → *stille Reserven*;
- *Vermögensumschichtung* (durch Verkauf von Vermögensgegenständen).

▷ **Außenfinanzierung:** Als Außenfinanzierung ist das sog. „Risikokapital" als Wagniskapital (→ *Venture Capital*) bzw. Innovationsfinanzierung vor allem in den sog. High-Tech-Branchen und Schlüsseltechnologien (Softwarebereich, Biotechnologie, Informationstechnologie, Nanotechnologie und Automatisierung) relevant. Die Außenfinanzierung der Aktiengesellschaft kann erfolgen durch

– Eigenfinanzierung:

– *Einlage* (Kapitalerhöhung gegen → *Einlagen*; aus → *genehmigtem Kapital*; → *bedingte Kapitalerhöhung*),

> **Beispiel**
>
> Finanzierung durch Ausgabe von *Vorzugsaktien ohne Stimmrecht* (§§ 139 ff. AktG): Dabei ist die gesetzlich vorgesehene Begrenzung zu beachten, wonach Vorzugsaktien ohne Stimmrecht nur bis zur Hälfte des Grundkapitals ausgegeben werden dürfen (§ 139 Abs. 2 AktG).

– *Zuschüsse* (Zuzahlungen) ihrer Aktionäre (§ 272 Abs. 2 Nr. 3 und 4 HGB).

– Fremdfinanzierung:

– *Darlehen*,

– *eigenkapitalersetzende Darlehen* (→ *Darlehen*, es besteht eine rechtliche Nähe zur Eigenfinanzierung),

– → *Genussrechte* (bei aktienrechtlich ausgestalteten Genussrechten besteht rechtliche Nähe zur Eigenfinanzierung).

Die Abgrenzung zwischen Eigenkapital und Fremdkapital ist schwierig und folgenreich, insbesondere auch für den Bilanzausweis.

3. Finanzplankredit

Von den Grundsätzen über die eigenkapitalersetzenden Gesellschafterleistungen zu unterscheiden ist die *Lehre vom Finanzplankredit*. Ähnlich wie bei eigenkapitalersetzenden Leistungen kommt es hier zu einer Verstrickung von Leistungen eines Gesellschafters, die allerdings ihre Grundlage nicht in der Gewährung bzw. dem Stehenlassen in der Krise findet, sondern in dem Willen des Gesellschafters, durch diese Leistungen das Kapital der Gesellschaft zu ergänzen. Inhaltlich geht es um die Zur-Verfügung-Stellung von Finanzmitteln durch die Gesellschafter, auf welche die Gesellschaft ihrer Finanzplanung nach angewiesen ist. Inwieweit die Gesellschafter die aus einer solchen Finanzplanvereinbarung resultierenden Pflichten zur Gewährung von Darlehen wieder aufheben können, richtet sich nach der von ihnen hierfür gewählten Grundlage:

– Regelung in der Satzung: Für eine Aufhebung ist eine Satzungsänderung notwendig.

– Schuldrechtliche Nebenabrede: Alle Beteiligten müssen einer Aufhebung zustimmen.

Für die Verstrickung von bereits gewährten Mitteln gelten die auch für sonstige Leistungen einschlägigen allgemeinen Grundsätze des Eigenkapitalersatzrechts.

Im Aktienrecht hat der Finanzplankredit bislang keine große Bedeutung erlangt.

Hinweis auf weiterführende Literatur: *Ball/Diekmann,* Share Sponsoring – ein innovatives Finanzierungskonzept für steuerbegünstigte Körperschaften aus steuerlicher Sicht, DStR 2002, 1602 ff.; *Fleischer,* Finanzplankredite und Eigenkapitalersatz im GmbH-Recht, 1995; *Habersack,* Der Finanzplankredit und das Recht der eigenkapitalersetzenden Gesellschafterhilfen, ZHR 161 (1997), 457 ff.; *Habersack,* Grundfragen der freiwilligen oder erzwungenen Subordination von Gesellschafterkrediten, ZGR 2000, 384 ff.; *Hagemeister,* Die neue Bundesanstalt für Finanzdienstaufsicht, WM 2002, 1773 ff.; *Krebs/Blumenberg,* Zum Abzug von Finanzierungskosten für eine Organbeteiligung, BB 2002, 1721 ff.; *Kuhner,* Soll der Einsatz derivativer Finanzierungsinstrumente in Unternehmenssatzungen, Management und Kreditverträgen geregelt werden?, DBW 2001, 25 ff.; *Pupeter,* Abzugsfähigkeit von Finanzierungskosten und anderen Aufwands zu Gunsten einer Organbeteiligung, GmbHR 2002, 768 ff.; *Scheffler,* Der Einfluß der Steuerreform auf die Finanzierung von deutschen Kapitalgesellschaften, BB 2000, 2453 f.; *Schrell/Kirchner,* Mezzanine Finanzierungsstrategien, BKR 2003, 13 ff.; *Schorling/Vogel,* Schuldrechtliche Finanzierungsvereinbarungen neben Kapitalerhöhungsbeschluss und Zeichnung – Zugleich Besprechung des Beschlusses des BayObLG vom 27.2.2002 – 3 Z BR 35/02, AG 2003, 86; *Steinbeck,* Zur systematischen Einordnung des Finanzplankredits – Besprechung des Urteils BGH WM 1999, 1568, ZGR 2000, 503 ff.; *Wilkens/Röder,* „Geschützte" Aktienanleihen als Innovation im Bereich strukturierter Finanzprodukte, ZBB 2002, 77 ff.; *Zahn/Lemke,* Anleihen als Instrument der Finanzierung und Risikostreuung, BKR 2002, 527 ff.

Hinweis auf weitere Stichwörter

→ *Aktie*
→ *Darlehen*
→ *Entnahmen*
→ *Genussrechte*

→ *Kapitalerhöhung*
→ *Rücklagen*
→ *Stille Reserven*
→ *Stock Options*

Firma

▷ **Begriff:** Die Firma (§§ 4, 23 Abs. 3 Nr. 1 AktG) ist der Name der Aktiengesellschaft als Handelsgesellschaft, unter der sie ihre Geschäfte betreibt (§ 17 Abs. 1 HGB). Dieser Name der Gesellschaft muss zur *Kennzeichnung geeignet* sein und *Unterscheidungskraft* besitzen (§ 18 Abs. 1 HGB). An ihrem Namen hat die Aktiengesellschaft ein absolutes subjektives Recht, das zugleich Persönlichkeits- und Immaterialgüterrecht ist (BGHZ 85, 755).

▷ Für die **Firmenbildung** genügt jede Bezeichnung, die zur Kennzeichnung geeignet und unterscheidungskräftig ist (§ 18 HGB). Seit der Neuregelung des Firmenrechts (HRefG v. 22.6.1998) besteht kein Vorrang des Namens einer Sachfirma vor dem Namen einer Personenfirma mehr.

▷ Nach neuerem Recht ist eine **Phantasiefirma** zulässig, wenn sie von Natur aus originell und einprägsam ist und dadurch Unterscheidungskraft besitzt. Ausreichend sind auch Abkürzungen oder aussprechbare Buchstabenkombinationen, sofern diese nach allgemeiner Verkehrsauffassung auf eine Aktiengesellschaft hinweisen. Dies gilt auch für Marken, wenn diese Wortzeichen sind und auf die von der Gesellschaft hergestellten Ware hinweisen oder die angebotenen Dienstleistungen der Aktiengesellschaft bezeichnen.

▷ **Grundsatz:** Hinsichtlich der Zulässigkeit und der Eintragungsfähigkeit der Firma (§ 41 Abs. 1 Satz 1 AktG) sind folgende *Grundsätze* zu beachten:

- Kennzeichnungs- und Unterscheidungskraft,
- Firmenwahrheit,
- Firmenunterscheidbarkeit,
- Rechtsformzusatz,
- Firmeneinheit,
- Firmenbeständigkeit,
- Firmenöffentlichkeit.

▷ **Rechtsformzusatz:** Zusätzlich zur Firma ist bei der Aktiengesellschaft ein *Rechtsformzusatz* erforderlich (§ 4 AktG): Die Bezeichnung „*Aktiengesellschaft*" muss ausgeschrieben oder in allgemein verständlicher Form abgekürzt sein (z.B. *AG*). Sie muss in deutscher Sprache an jeder Stelle der Firma enthalten sein. Im Rechtsverkehr muss offen gelegt werden, dass der Geschäftspartner es mit einer juristischen Person mit beschränkter Haftungsmasse zu tun hat. Jeden, der unter Weglassung des AG-Zusatzes zeichnet und damit das berechtigte Vertrauen des Geschäftsgegners auf die Haftung mindestens einer natürlichen Person hervorruft, trifft eine Rechtsscheinhaftung (§ 179 BGB analog).

▷ Bei **Firmenbestandteilen** oder besonderen Unternehmensgegenständen sind überdies die spezialgesetzlichen Bestimmungen zu beachten (z.B. §§ 39–43 KWG, § 31 WPO, § 53 StBerG, §§ 18, 36, 200 UmwG).

▷ Bei der Bildung einer **Zweigniederlassung** ist die Aktiengesellschaft berechtigt, dieser eine Zweigniederlassungsfirma zuzuweisen, sofern sich klar erkennen lässt, dass es sich um eine solche → *Zweigniederlassung* handelt. Die Firma einer Zweigniederlassung bedarf nicht der Aufnahme in die → *Satzung* der Gesellschaft, wenn diese Firma entweder

- mit der Firma der Hauptniederlassung identisch ist oder
- ergänzend hierzu nur den erklärenden Zusatz enthält, dass es sich um eine Zweigniederlassungsfirma an einem bestimmten Ort handelt.

In allen anderen Fällen muss die Firma der Zweigniederlassung in die → *Satzung* aufgenommen werden.

▷ **Schutz der Firma:** Die Firma der Aktiengesellschaft stellt ein Namens- und Kennzeichnungsrecht der Gesellschaft dar und genießt nach den allgemeinen Grundsätzen *Namensschutz* (§§ 12 BGB, 18 Abs. 1 und 2, 30 Abs. 1, 37 Abs. 2 HGB und §§ 1 Nr. 2, 5, 15 MarkenG). Die Aktiengesellschaft kann einen unzulässigen Firmengebrauch entgegentreten, wenn eine Rechtsverletzung durch diesen bewirkt wird (§§ 37 HGB, 12, 823, 1004 BGB, 1, 3, 13 UWG). Der Namensschutz der Aktiengesellschaft beginnt grundsätzlich mit der → *Eintragung* im Handelsregister. Vorher aber Führung der Firma als Geschäftsbezeichnung der → *Vor-AG* bzw. der → *Vorgründungsgesellschaft*. Hierbei entsteht der Namensschutz originär bereits durch die Annahme und den Gebrauch der Firma (BGHZ 21, 88).

Hinweis auf weitere Stichwörter

- → *Aktiengesellschaft*
- → *Handelsregister: 2. Handelsregisteranmeldung*
- → *KGaA*
- → *Publizität*

Formwechsel

1. Begriff 348
2. Rechtsträger 349
3. Ablauf des Formwechsels 350
4. Bericht 352
5. Beschluss des Formwechsels 354
6. Vertrag 355
7. Vollzug des Formwechsels 356
8. Beispiele 357

1. Begriff

▷ **Identität:** Der Begriff „Formwechsel" wird wesentlich durch die Identität des Rechtsträgers charakterisiert (sog. *Identitätsprinzip:* am Formwechsel ist immer nur ein Rechtsträger beteiligt). Vor und nach dem Formwechsel ist ein identischer Personenkreis am formwechselnden Rechtsträger beteiligt (*Ausn.* beim Formwechsel in eine → *KGaA*). Der Formwechsel vollzieht sich im Übrigen unter Ausschluss außenstehender Dritter nur unter den bisher beteiligten Anteilsinhabern.

▷ Vom Formwechsel ebenfalls **unberührt** bleiben die

- Anteilsverhältnisse (sog. *verhältniswahrender Formwechsel*),
- Beteiligungen des formwechselnden Rechtsträgers an anderen Rechtsträgern,
- dinglichen Rechte Dritter an den Anteilen des formwechselnden Rechtsträgers,
- vom formwechselnden Rechtsträger abgeschlossene Verträge,
- öffentlich-rechtlichen Genehmigungen und Erlaubnisse,
- Vollmachten und Prokuren sowie
- Prozesse und sonstige Verfahren.

▷ Lediglich das unrichtig gewordene **Grundbuch** ist nach Wirksamwerden des Formwechsels zu berichtigen.

▷ Der Formwechsel ist eine **Sachgründung** ohne Vermögenstransfer. Es erfolgt keine Vermögensübertragung auf einen anderen Rechtsträger. Ein Vertrag ist deshalb nicht erforderlich (anders bei → *Verschmelzung* und → *Spaltung*). Erforderlich ist jedoch ein Umwandlungsbeschluss der Gesellschafter bzw. der Hauptversammlung der formwechselnden Gesellschaft. Der Umwandlungsbeschluss muss ein Angebot der Barabfindung enthalten (vgl. §§ 194 Abs. 1 Nr. 6, 207 UmwG).

▷ **Mängel** des Formwechsels lassen die Wirkungen der Eintragung der neuen Rechtsform oder des Rechtsträgers neuer Rechtsform in das Register unberührt (§ 202 Abs. 3 UmwG).

▷ **Keine Genehmigung:** Für den Umtausch der Anteile (Geschäftsanteile, Aktien) bedarf es keiner Genehmigung des Gerichts (§ 248 Abs. 3 UmwG, bei Aktien greift die → *Kraftloserklärung* durch die Gesellschaft).

▷ **Gründungsvorschriften:** Die Vorschriften, die für die Gründung eine Mindestzahl der Gründer vorschreiben, sowie die Vorschriften über die Bildung und Zusammensetzung des ersten Aufsichtsrats sind ausdrücklich nicht anzuwenden (§ 197 UmwG).

▷ **Schadenersatz:** Die Mitglieder des Vertretungsorgans und – wenn ein Aufsichtsrat vorhanden ist – die des Aufsichtsorgans des formwechselnden Rechtsträgers sind als Gesamtschuldner zum Ersatz des Schadens verpflichtet, den der Rechtsträger, seine Anteilsinhaber oder seine Gläubiger durch den Formwechsel erleiden (§ 205 Abs. 1 Satz 1 UmwG). Diese Schadenersatzhaftung ergänzt den Gläubigerschutz im Rahmen des Gründungsrechts. Beim Formwechsel von Personenhandelsgesellschaften ist die Fortdauer der persönlichen Haftung der OHG-Gesellschafter und KG-Komplementäre grundsätzlich auf 5 Jahre begrenzt (§ 224 Abs. 1–5 UmwG). Für den persönlich haftenden Gesellschafter einer formwechselnden KGaA besteht auch eine Nachhaftungsbegrenzung (§§ 237, 249, 224 UmwG).

2. Rechtsträger

▷ **Rechtsträger** eines Formwechsels können sein (§§ 191 Abs. 1 Nr. 1–6 UmwG)

– Personenhandelsgesellschaften und Partnerschaftsgesellschaften (§ 3 Abs. 1 Nr. 1 UmwG),

– Kapitalgesellschaften (§ 3 Abs. 1 Nr. 2 UmwG),

– eingetragene Genossenschaften,

– rechtsfähige Vereine,

– Versicherungsvereine auf Gegenseitigkeit,

– Körperschaften und Anstalten des öffentlichen Rechts.

▷ Der Formwechsel ist auch bei **aufgelösten Rechtsträgern** möglich, wenn ihre Fortsetzung in der bisherigen Rechtsform noch beschlossen werden könnte (§ 191 Abs. 3 UmwG). Eine aufgelöste *Personenhandelsgesellschaft* kann die Rechtsform aber dann nicht mehr wechseln, wenn die Gesellschafter eine andere Art der Auseinandersetzung als die → *Abwicklung* oder als den Formwechsel vereinbart haben (vgl. § 214 Abs. 2 UmwG).

▷ In **die Rechtsform einer Aktiengesellschaft** können folgende Gesellschaften umgewandelt werden:
- Personenhandelsgesellschaften: OHG, KG, Co. KG (§ 214 Abs. 1 UmwG),
- Partnerschaftsgesellschaften (§ 225a UmwG),
- GmbH (§§ 226, 238 f. UmwG),
- KGaA,
- eingetragene Genossenschaften (§ 258 UmwG),
- rechtsfähige Vereine (§ 272 UmwG),
- Versicherungsvereine auf Gegenseitigkeit (§ 291 UmwG),
- Körperschaften des öffentlichen Rechts (§ 301 UmwG).

▷ Der Formwechsel **in eine KGaA ist** möglich bei folgenden Rechtsträgern:
- Personenhandelsgesellschaften: OHG, KG, Co. KG (§ 214 Abs. 1 UmwG),
- Partnerschaftsgesellschaften (§ 225a UmwG),
- GmbH (§§ 226, 238 f. UmwG),
- Aktiengesellschaft,
- eingetragene Genossenschaften (§ 258 UmwG),
- rechtsfähige Vereine (§ 272 UmwG),
- Körperschaften des öffentlichen Rechts (§ 301 UmwG).

▷ Die **Aktiengesellschaft/KGaA als formwechselnder Rechtsträger** kann durch einen Formwechsel nur folgende Rechtsformen erlangen (§ 191 Abs. 2 Nr. 1–4 UmwG):
- Gesellschaften bürgerlichen Rechts,
- Personenhandelsgesellschaften und Partnerschaftsgesellschaften,
- GmbH,
- eingetragene Genossenschaft (§§ 1 Abs. 2, 190 Abs. 2 UmwG).

3. Ablauf des Formwechsels

Der Formwechsel findet in 4 Phasen statt:
- Planungsphase,
- Vorbereitungsphase,
- Beschlussphase,
- Vollzugsphase.

▷ **Planungsphase:** Für die Planungsphase bestehen keine zwingenden Vorschriften. Grundsätzlich muss nur die Monatsfrist für die Übersendung des Entwurfs des Umwandlungsbeschlusses an den (Gesamt-)Betriebsrat beachtet werden (vgl. § 194 Abs. 2 UmwG, einfacher als bei der → *Verschmelzung* und → *Spaltung*).

▷ **Vorbereitungsphase:**

- Entwurf des Umwandlungsbeschlusses (ohne Prüfung, anders bei → *Verschmelzung* und → *Spaltung*),
- Anfertigung von Umwandlungsbericht und Vermögensaufstellung,
- gegebenenfalls Prüfung der Angemessenheit einer anzubietenden Barabfindung durch den „Verschmelzungsprüfer" und Durchführung einer Unternehmensbewertung (§§ 30 Abs. 2, 208 UmwG, → *Abfindung*),
- Beachtung von Gründungsvorschriften für die neue Rechtsform (§ 197 UmwG, bei einer Aktiengesellschaft → *Gründung*),
- Aufstellung von Übertragungs- und Eröffnungsbilanzen höchstens 8 Monate vor der Anmeldung des Formwechsels zur Eintragung in das Handelsregister (beim Formwechsel zwischen Kapital- und Personengesellschaften §§ 14, 25 UmwStG),
- gegebenenfalls → *Statusverfahren* bei Bildung eines → *Aufsichtsrats*,
- Ladung zur Gesellschafterversammlung (bei der Aktiengesellschaft → *Hauptversammlung: 4. Einberufung*),
- Auslegung des Umwandlungsberichts sowie der Vermögensaufstellung und gegebenenfalls des Barabfindungsangebots in den Geschäftsräumen der Gesellschaft oder Übersendung an die Gesellschafter (vgl. §§ 216, 230, 231, 238 UmwG).

▷ **Beschlussphase:**

- Beschluss der Gesellschafterversammlung über den Formwechsel (§ 193 Abs. 1 UmwG, bei der Aktiengesellschaft → *Hauptversammlung*),
- Zustimmungserklärungen von Gesellschaftern, die besondere Rechte in der Gesellschaft innehaben und die aufgrund des Formwechsels persönlich haften sollen (§§ 221, 233 Abs. 1 und 2, 240, 262 Abs. 1, 275 Abs. 2 i.V.m. 50 Abs. 2 UmwG),
- notarielle Beurkundung des Beschlusses und der Zustimmungserklärungen (§ 193 Abs. 3 UmwG).

▷ **Vollzugsphase:**

- Anmeldung des Formwechsels zur Eintragung in das Register des Sitzes des formwechselnden Rechtsträgers,
- Anmeldung des Rechtsträgers neuer Rechtsform in das für diesen maßgebenden Register (bei Änderung des Registers und der Eintragungspflichtigkeit),
- Berichtigung von Grundbüchern etc.

4. Bericht

▷ **Ausnahmen von der Berichtspflicht:** Beim Formwechsel ist die Erstattung eines ausführlichen schriftlichen Berichts erforderlich. *Ausn.:* es ist kein Bericht erforderlich

- bei Einpersonen-Gesellschaften;
- beim notariell beurkundeten Verzicht sämtlicher Gesellschafter auf den Umwandlungsbericht, § 192 Abs. 3 UmwG oder
- wenn alle Gesellschafter der formwechselnden Gesellschaft zur Geschäftsführung berechtigt sind, da insoweit kein Informationsinteresse der Gesellschafter besteht (vgl. § 215 UmwG).

Der Bericht dient der ausführlichen Information vor allem der von der Geschäftsführung ausgeschlossenen Anteilsinhaber des formwechselnden Rechtsträgers.

▷ **Zuständigkeit:** Der Umwandlungsbericht ist durch das Vertretungsorgan des formwechselnden Rechtsträgers in seiner Gesamtheit schriftlich zu erstatten (§ 192 Abs. 1 Satz 1 UmwG). Der Umwandlungsbericht ist von sämtlichen Mitgliedern des Vertretungsorgans eigenhändig zu unterzeichnen (vgl. § 126 Abs. 1 BGB, die Mitglieder des Vertretungsorgans müssen den Umwandlungsbericht nicht notwendig selbst erstellen). Eine Stellvertretung ist unzulässig, da der Umwandlungsbericht keine Willenserklärung, sondern nur eine Wissenserklärung darstellt (vgl. *Meister/Klöcker* in Kallmeyer, UmwG, 3. Aufl. 2006, § 192 Rn. 36).

▷ **Inhalt und Umfang:** Im Umwandlungsbericht sind der Formwechsel und insbesondere die künftige Beteiligung der Anteilsinhaber an dem Rechtsträger rechtlich und wirtschaftlich zu erläutern und zu begründen (§ 192 Abs. 1 Satz 1 UmwG). Außerdem müssen die wirtschaftlichen Hintergründe dargelegt werden, die für eine Umstrukturierung, insbesondere auch für den Formwechsel, sprechen. Darüber hinaus sind die mit dem Formwechsel verbundenen Vor- und Nachteile im Einzelnen aufzuzeigen. Im Umwandlungsbericht müssen alle sonstigen für die Entscheidung der Anteilsinhaber erheblichen Tatsachen und Informationen enthalten sein, die eine Plausibilitätskontrolle ermöglichen. Er sollte tendenziell eher umfangreich gefasst werden, um Unwirksamkeitsklagen zu verhindern (vgl. §§ 195, 198 Abs. 3, 16 Abs. 2 und 3 UmwG).

Der Bericht muss folgenden Inhalt aufweisen:

- Eine Vermögensaufstellung (§ 192 Abs. 2 UmwG, *Ausn.* bei Formwechsel unter Kapitalgesellschaften: § 238 Satz 2 UmwG),
- Darstellung der für die einzelnen Anteilsinhaber vorgesehenen künftigen Beteiligungen an dem Rechtsträger neuer Rechtsform (§ 192 Abs. 1 Satz 1 UmwG):
  - Bei wertmäßig unveränderter Beteiligung reicht die Erklärung der neuen Qualität der Beteiligung sowie der damit verbundenen Rechtsfolgen aus;
  - bei Veränderung der Beteiligungsquote muss eine Stellungnahme zu Art und Ausmaß der Veränderung sowie zu deren Gründen erfolgen.

- Gegebenenfalls Angaben über alle für den Formwechsel wesentlichen Angelegenheiten von verbundenen Unternehmen (§ 15 AktG i.V.m. §§ 192 Abs. 1 Satz 2, 8 Abs. 1 Satz 3 UmwG),
- Entwurf des Umwandlungsbeschlusses mit rechtlicher und wirtschaftlicher Erläuterung und Begründung (§ 192 Abs. 1 Satz 3 UmwG),
- Erläuterung der wesentlichen Vorschriften von Satzung oder Gesellschaftsvertrag der neuen Rechtsform, falls der Entwurf des Umwandlungsbeschlusses zugleich den Gesellschaftsvertrag oder die Satzung des Rechtsträgers neuer Rechtsform enthält oder der Gesellschaftsvertrag bzw. die Satzung zugleich mit der Umwandlung beschlossen werden sollen,
- Hinweis auf besondere Schwierigkeiten bei der Bewertung des Rechtsträgers (§ 192 Abs. 1 Satz 2 und 3, 8 Abs. 1 Satz 2 UmwG), insbesondere
  - Erläuterung über Höhe des Barabfindungsangebots,
  - Erläuterung über die Ermittlung des Barabfindungsangebots u.a.

Inhalt und Umfang des Umwandlungsberichts ergeben sich im Übrigen – über die vorgenannten Anforderungen hinaus – aus dem Zweck der Berichtspflicht selbst, nämlich der ausführlichen Information der Anteilsinhaber.

▷ **Einschränkung:** In den Umwandlungsbericht brauchen all die Tatsachen nicht aufgenommen zu werden, deren bekannt werden geeignet ist, dem formwechselnden Rechtsträger oder einem verbundenen Unternehmen einen nicht unerheblichen *Nachteil* zuzufügen. Allerdings sind die Gründe, aus denen die Tatsachen nicht aufgenommen worden sind, darzulegen (vgl. §§ 192 Abs. 1 Satz 2, 8 Abs. 2 UmwG). Das Informationsinteresse der Anteilsinhaber ist in diesen Fällen gegenüber dem Geheimhaltungsinteresse des formwechselnden Rechtsträgers und der mit ihm verbundenen Unternehmen nachrangig.

▷ **Verzicht:** Der Verzicht sämtlicher Anteilsinhaber auf die Erstattung des Umwandlungsberichts ist von großer Bedeutung, da mit der Aufstellung des Berichts erhebliche Kosten verbunden sind und im Übrigen Dritte nach Anmeldung des Formwechsels zum Handelsregister Einblick in interne Informationen des formwechselnden Rechtsträgers nehmen können. Der Verzicht ist ein bedingungsfeindliches Gestaltungsrecht und muss gegenüber dem Vertretungsorgan des formwechselnden Rechtsträgers abgegeben werden. Er bedarf der notariellen Beurkundung (§ 192 Abs. 3 Satz 2 UmwG). Zur Vermeidung mehrerer Notartermine sollte der Verzicht mit der Beschlussfassung über den Formwechsel beurkundet werden.

▷ **Vermögensaufstellung:** Dem Umwandlungsbericht ist eine Vermögensaufstellung beizufügen, in der die Gegenstände und Verbindlichkeiten des formwechselnden Rechtsträgers mit dem wirklichen Wert anzusetzen sind, der ihnen am Tage der Erstellung des Berichts beizulegen ist (§ 192 Abs. 2 Satz 1 und 2 UmwG). Eine Umwandlungsbilanz ist nicht aufzustellen. Die Vermögensaufstellung dient der Ergänzung des Umwandlungsberichts hinsichtlich Information der Anteilsinhaber des formwechselnden Rechtsträgers. In der Vermögensaufstellung sind sämtliche Vermögensgegenstände und Verbindlichkeiten des formwechselnden Rechtsträgers ohne Rücksicht auf ihre Bilanzierungsfähigkeit und Bilanzierungspflichtigkeit unter Aufdeckung stiller Reserven und Lasten mit ihrem Verkehrswert anzugeben. In den Fällen des Formwechsels einer KGaA ist die Vermögensaufstellung in der Form einer Auseinandersetzungsbilanz zu erstellen, so dass andere Wertansätze in Betracht kommen können (§ 229 UmwG).

Die Vermögensaufstellung ist in folgenden Fällen nicht notwendig:
- bei Entbehrlichkeit des Umwandlungsberichts, da die Vermögensaufstellung Bestandteil des Berichts ist (§ 192 Abs. 2 Satz 2 UmwG);
- bei isoliertem Verzicht auf die Vermögensaufstellung;
- beim Formwechsel unter Kapitalgesellschaften (§ 238 Satz 2 UmwG).

Beachte: Zweckmäßig ist es, den Formwechsel nah am Bilanzstichtag zu planen, um die Vermögensaufstellung aus der Bilanz zu entwickeln.

5. Beschluss des Formwechsels

▷ **Zwingender Beschlussinhalt:** Der Inhalt des Umwandlungsbeschlusses sollte entsprechend der folgenden Reihenfolge gefasst werden (vgl. § 194 Abs. 1 Nr. 1–7 UmwG):

- neue Rechtsform des Rechtsträgers durch den Formwechsel unter Beachtung der gesetzlich zulässigen Rechtsformen (§§ 194 Abs. 1 Nr. 1 i.V.m. 191 Abs. 2 UmwG),
- Name oder Firma des Rechtsträgers neuer Rechtsform,
- Beteiligung der bisherigen Anteilsinhaber an dem Rechtsträger neuer Rechtsform,
- Zahl, Art und Umfang der künftigen Anteile,
- Sonder- und Vorzugsrechte,
- Barabfindungsangebot,
- Folgen für die Arbeitnehmer und ihre Vertretungen,
- weitere Angaben bei Formwechsel in eine Kapitalgesellschaft (§ 126 Abs. 1 Nr. 3, 4 und 10 UmwG, s.u.).

Jedes Tatbestandsmerkmal ist ausdrücklich anzusprechen. Liegen die Voraussetzungen eines Tatbestandsmerkmals nicht vor, soll eine entsprechende Negativerklärung aufgenommen werden. Auf diese Weise wird eine problemlose → *Eintragung* des Formwechsels in das → *Handelsregister* gewährleistet.

▷ **Mehrheitserfordernisse:** Die Mehrheitserfordernisse hängen beim Formwechsel einer Kapitalgesellschaft davon ab, welche Rechtsform die Kapitalgesellschaft durch den Formwechsel erhalten soll.

> **Beispiele**
>
> – **Formwechsel in eine GbR oder OHG:** Der Formwechsel einer AG/KGaA in eine Gesellschaft bürgerlichen Rechts oder in eine OHG ist nur durch einstimmigen Beschluss möglich (§ 233 Abs. 1 UmwG). Das Erfordernis der Einstimmigkeit ergibt sich aus der mit dem Formwechsel verbundenen Übernahme der künftigen persönlichen Haftung. Es genügt damit also nicht, dass nur die erschienenen Gesellschafter zustimmen; vielmehr ist auch eine ausdrückliche Zustimmung der nicht erschienenen Anteilsinhaber erforderlich.
>
> – **Formwechsel in eine KG:** Der Formwechsel einer AG/KGaA in eine KG ist mit einer Mehrheit von mindestens ¾ des bei der Beschlussfassung einer Aktiengesellschaft oder einer KGaA vertretenen Grundkapitals möglich (§ 233 Abs. 2 Satz 1 UmwG). Eine größere Mehrheit und weitere Erfordernisse können in der Satzung bestimmt werden (§ 233 Abs. 2 Satz 2 UmwG). Außerdem müssen die Vorschriften über die Zustimmung bestimmter Gesellschafter (§ 50 Abs. 2 UmwG) und die gesonderte Beschlussfassung jeder Aktiengattung (§ 65 Abs. 2 UmwG) beachtet werden.

▷ Die nach dem UmwG erforderlichen **Zustimmungserklärungen** einzelner Anteilsinhaber einschließlich der erforderlichen Zustimmungserklärungen nicht erschienener Anteilsinhaber müssen notariell beurkundet werden (§ 193 Abs. 3 Satz 1 UmwG). Auf Verlangen ist jedem Anteilsinhaber auf seine Kosten unverzüglich eine Abschrift der Niederschrift des Beschlusses zu erteilen (§ 193 Abs. 3 Satz 2 UmwG).

▷ Der **Mangel der notariellen Beurkundung** des Umwandlungsbeschlusses und der gegebenenfalls erforderlichen Zustimmungs- oder Verzichtserklärungen einzelner Anteilsinhaber wird zwar geheilt (vgl. § 202 Abs. 1 Nr. 3 UmwG, in der Praxis jedoch nicht relevant, da ein derart gravierender Mangel nicht so leicht übersehen werden kann).

6. Vertrag

▷ Ein Vertrag ist **nicht erforderlich**, da keine Vermögensübertragung stattfindet. Der Rechtsträger bleibt auch nach dem Formwechsel identisch, nur die Rechtsform ändert sich.

▷ **Ausnahmen** ergeben sich nur bei der KGaA: Der persönlich haftende Gesellschafter der KGaA ist für einen Formwandlungsvertrag zuständig. In dem Beschluss müssen die Folgen des Formwechsels für die Arbeitnehmer und ihre Vertretungen sowie die insoweit vorgesehenen Maßnahmen im Umwandlungsbeschluss bestimmt werden (§ 194 Abs. 1 Nr. 7 UmwG). In der Regel reicht eine Negativerklärung, dass der Formwechsel auf die Arbeitnehmer und ihre Vertretungen keine Auswirkungen hat (vgl. aber OLG Düsseldorf DB 1998, 1399).

▷ **Arbeitsrechtliche Folgen** sind nur im Bereich der Unternehmensmitbestimmung denkbar:

– Der Formwechsel einer Kapitalgesellschaft in eine Personengesellschaft kann den Wegfall der Unternehmensmitbestimmung bewirken;

- der Formwechsel in eine Kapitalgesellschaft kann die Errichtung eines Aufsichtsrats zur Folge haben.

▷ Eine **Negativerklärung** sollte im Übrigen auch für den Fall abgegeben werden, dass beim formwechselnden Rechtsträger gar kein Betriebsrat besteht (→ *Arbeitnehmer: 5. Folgen der Umwandlung*).

7. Vollzug des Formwechsels

▷ **Eintragung:** Der Formwechsel wird erst mit der → *Eintragung* in das zuständige Register wirksam. Neben der Anmeldung ist die → *Negativerklärung* des → *Vorstands* erforderlich, dass keine Anfechtungsklage gegen den formwechselnden Beschluss anhängig ist. Die Negativerklärung kann ersetzt werden durch (§§ 198 Abs. 3, 16 Abs. 3 Satz 1 UmwG, → *Anfechtung von Hauptversammlungsbeschlüssen*):

- Eine notariell beurkundete Verzichtserklärung sämtlicher klageberechtigter Anteilsinhaber auf eine Klage gegen die Wirksamkeit des Umwandlungsbeschlusses oder
- einen rechtskräftigen Beschluss des für eine Anfechtungsklage zuständigen Prozessgerichts über die Feststellung, dass die Erhebung der Klage der Eintragung des Formwechsels nicht entgegensteht.

▷ **Wirkung der Eintragung:** Der Formwechsel wird vom Registergericht nach Überprüfung der Eintragungsvoraussetzungen anhand der Handelsregisteranmeldung und der eingereichten Unterlagen eingetragen. Die Eintragung der neuen Rechtsform in das Register hat folgende Wirkungen (§ 202 Abs. 1 UmwG):

- *Identität des Rechtsträgers:* der formwechselnde Rechtsträger besteht in der in dem Umwandlungsbeschluss bestimmten Rechtsform weiter,
- *Kontinuität der Mitgliedschaft und dingliche Surrogation:* die Anteilsinhaber des formwechselnden Rechtsträgers sind an dem Rechtsträger nach den für die neue Rechtsform geltenden Vorschriften beteiligt, soweit ihre Beteiligung nicht nach den gesetzlichen Vorschriften entfällt. Rechte Dritter an den Anteilen oder Mitgliedschaften des formwechselnden Rechtsträgers bestehen an den an ihre Stelle tretenden Anteilen oder Mitgliedschaften des Rechtsträgers neuer Rechtsform weiter,
- *Heilung von Mängeln des Umwandlungsbeschlusses:* der Mangel der notariellen Beurkundung des Umwandlungsbeschlusses und gegebenenfalls der erforderlichen Zustimmungs- oder Verzichtserklärungen einzelner Anteilsinhaber wird geheilt.

▷ Bei **fehlender Eintragung** oder bei einer *Änderung* der Art des Registers oder des Sitzes (vgl. § 198 Abs. 2 UmwG) treten die vorstehend genannten Wirkungen mit der Eintragung des Rechtsträgers neuer Rechtsform in das Register ein (§ 202 Abs. 2 UmwG).

▷ Beim **Formwechsel einer Aktiengesellschaft/KGaA** in eine Gesellschaft bürgerlichen Rechts (GbR) wird der Rechtsträger neuer Rechtsform nicht im → *Handels-*

register eingetragen, so dass insoweit der Formwechsel mit der Eintragung in das Register, in dem die formwechselnde Kapitalgesellschaft eingetragen ist, wirksam wird (vgl. § 235 UmwG).

8. Beispiele

▷ **Formwechsel in eine Personengesellschaft:** Zwingender Inhalt des Umwandlungsbeschlusses:

- die Bestimmung des Sitzes der Personengesellschaft,
- beim Formwechsel in eine KG: die Kommanditisten und deren Einlagebetrag (§ 234 UmwG).

Der Gesellschaftsvertrag braucht nicht Bestandteil des Umwandlungsbeschlusses zu sein. In der Praxis wird jedoch bereits in der Vorbereitungsphase der künftige Gesellschaftsvertrag entworfen und informell den Anteilsinhabern zugeleitet, so dass diese über die Zustimmung zum Formwechsel bzw. gegebenenfalls über einen Widerspruch entscheiden können. Ohne den Entwurf bzw. Abschluss eines Gesellschaftsvertrags würden im Übrigen auf den Rechtsträger neuer Rechtsform – zunächst – die gesetzlichen Bestimmungen Anwendung finden (HGB, BGB).

Nachteile einer Beschlussfassung über den künftigen Gesellschaftsvertrag im Rahmen des Umwandlungsbeschlusses:

- Entstehung zusätzlicher Beurkundungskosten,
- Einsichtnahme des Betriebsrates in den Gesellschaftsvertrag über die Zuteilung (§ 194 Abs. 2 UmwG),
- Einsichtnahme durch Dritte in den Gesellschaftsvertrag über die Registerakten (vgl. § 199 UmwG).

▷ **Formwechsel zwischen Kapitalgesellschaften:** Der Formwechsel in eine Kapitalgesellschaft anderer Rechtsform bedarf einer Mehrheit von mindestens ¾ des bei der Beschlussfassung einer Aktiengesellschaft/KGaA vertretenen Grundkapitals (entsprechend bei der GmbH). Die Vorschrift über die gesonderte Beschlussfassung jeder Aktiengattung ist entsprechend anzuwenden (vgl. § 65 Abs. 2 UmwG). Der Gesellschaftsvertrag oder die Satzung der formwechselnden Gesellschaft kann eine größere Mehrheit und weitere Erfordernisse bestimmen (beim Formwechsel einer KGaA in eine Aktiengesellschaft ist die Festsetzung auch einer geringeren Mehrheit möglich). In der Niederschrift über die Beschlussfassung sind die Personen, die den Gründern der Gesellschaft gleichstehen, namentlich aufzuführen (§ 244 Abs. 1 UmwG). Festsetzungen über Sondervorteile, Gründungsaufwand, Sacheinlagen und Sachübernahmen, die in der Satzung der formwechselnden Gesellschaft enthalten sind, sind in den Gesellschaftsvertrag oder in die Satzung der Gesellschaft neuer Rechtsform zu übernehmen (§ 243 Abs. 1 Satz 2 und 3 UmwG i.V.m. § 26 Abs. 4 und 5 AktG). Der Beschluss zur Umwandlung in eine → *KGaA* muss vorsehen, dass mindestens ein vorhandener oder beitretender Gesellschafter persönlich haftender Gesellschafter wird (§ 218 Abs. 2 UmwG).

Beim Formwechsel einer Aktiengesellschaft/KGaA in eine GmbH muss der Gesellschaftsvertrag von den Gesellschaftern nicht unterzeichnet werden (§ 244 Abs. 2 UmwG).

Der Formwechsel unter Kapitalgesellschaften hat folgende Wirkungen (§ 247 UmwG):

- Das *Stammkapital der GmbH* wird durch den Formwechsel zum *Grundkapital der Aktiengesellschaft/KGaA* und umgekehrt (bei einer quotenwahrenden Umwandlung kann eine Aufrechterhaltung der bisherigen Beteiligung dadurch sichergestellt werden, dass der Nennbetrag nicht verändert wird);
- eine *vereinfachte Kapitalherabsetzung* kann nach dem Formwechsel durchgeführt werden;
- *persönlich haftende Gesellschafter* scheiden beim Formwechsel einer KGaA in eine Aktiengesellschaft/GmbH aus.

Für den *Umtausch der Anteile* (Geschäftsanteile, Aktien) greift die → *Kraftloserklärung* von Aktien durch die Gesellschaft. Einer Genehmigung des Gerichts bedarf es jedoch nicht (§ 248 Abs. 3 UmwG).

▷ **Formwechsel in eine Aktiengesellschaft/KGaA:** Bei jedem Formwechsel einer anderen Rechtsform in eine Kapitalgesellschaft ist zu beachten, dass die → *Satzung* der Aktiengesellschaft/KGaA zwingend in den Entwurf des Umwandlungsbeschlusses aufzunehmen bzw. festzustellen ist (§ 243 Abs. 1 Satz 1, 218 Abs. 1 UmwG). Es empfiehlt sich, einen Beschluss über die Zusammensetzung des Aufsichtsrats zu fassen. Gründe für die Beschlussfassung:

- Die Aufsichtsratsmitglieder müssen einen der Anmeldung des Formwechsels beizufügenden Prüfungsbericht über den Hergang des Formwechsels erstellen (§ 197 Satz 1 UmwG, §§ 278 Abs. 3, 33, 34 AktG),
- Pflicht des Aufsichtsrats zur Anmeldung des Formwechsels (§ 222 Abs. 1 UmwG),
- Vorlagepflicht der Urkunde über die Bestellung des Aufsichtsrats bei der Anmeldung zum Registergericht (§ 197 Satz 1 UmwG, §§ 278 Abs. 3, 37 Abs. 4 Nr. 3 AktG),
- die Zuständigkeit für die Bestellung des künftigen Vertretungsorgans liegt beim Aufsichtsrat.

Bei einem Formwechsel in eine Aktiengesellschaft/KGaA ist es im Übrigen zweckmäßig, zugleich einen Beschluss über die Bestellung eines Abschlussprüfers zu fassen (vgl. § 197 UmwG, §§ 278 Abs. 3, 30 Abs. 1 AktG).

Hinweis auf weiterführende Literatur: *Grüter/Mitsch*, Keine Steuerneutralität des Formwechsels eines eingetragenen Vereins in eine Kapitalgesellschaft?, DStR 2001, 1827 ff.; *Lauermann/Sprenger*, Ertragsteuerliche Nachwirkungen des Formwechsels einer Kapital- in eine Personengesellschaft, GmbHR 2001, 601 ff.; *Rinnert*, Auswirkung eines Formwechsels von einer AG in eine GmbH auf das bedingte Kapital zur Sicherung von Bezugsrechten, NZG 2001, 865 ff.; *Rose*, Gewerbesteuerpflicht von Veräußerungsgewinnen aus § 18 Abs. 4 UmwStG nach einem Formwechsel vor 1999, DB 2001, 1635 ff.

Hinweis auf weitere Stichwörter

- → *Beschluss*
- → *Börsengang*
- → *Umwandlung*
- → *Vertretung*
- → *Vorstand*

Fortsetzung nach Auflösung

→ *Auflösung*

Förderung gemeinnütziger Zwecke

→ *Gesellschaft: 7. Gesellschaftszweck*

Fragerecht

→ *Aktionär: 2. Rechte und Pflichten*

Geheimnis

1. Gesellschaftsgeheimnis .... 359 | 2. Abstimmung im Aufsichtsrat 360

1. Gesellschaftsgeheimnis

Geheimnisse der Gesellschaft sind Tatsachen, die nicht offenkundig sind und nach dem geäußerten oder aus dem Unternehmensinteresse ableitbaren mutmaßlichen Willen der Gesellschaft auch nicht offenkundig werden sollen. Das entscheidende Merkmal für die Beurteilung der Geheimhaltungsbedürftigkeit ist das Bedürfnis der Geheimhaltung im Interesse des Unternehmens. Dieses ist gegeben, wenn dem Unternehmen aus der Weitergabe einer Information ein nicht ganz unerheblicher materieller oder immaterieller Schaden entstehen kann. Unter die Verschwiegenheitspflicht fallen

- Betriebs- und Geschäftsgeheimnisse,
- vertrauliche Angaben, insbesondere über den Verlauf von Aufsichtsratssitzungen oder über Einzelheiten der Beschlussfassungen im Aufsichtsrat.

2. Abstimmung im Aufsichtsrat

Ob eine geheime Stimmabgabe zulässig ist, ist streitig, wird von der heute herrschenden Meinung jedoch bejaht (*Hüffer*, AktG, 7. Aufl. 2006, § 108 Rn. 5; zweifelhaft).

Hinweis auf weitere Stichwörter

→ *Beschluss: 3. Aufsichtsratsbeschluss* | → *Abstimmung: 2. Abstimmung im Aufsichtsrat*

Gemeinschaftsunternehmen

Einen Sonderfall des → *Entherrschungsvertrages* bilden die sog. Gemeinschaftsunternehmen, die unter bestimmten Voraussetzungen zu einer mehrfachen Abhängigkeit von einer Gesellschaft führen können (vgl. BGH NJW 1974, 855); so z.B.

- Einkaufs- oder Verkaufsgemeinschaften,
- gemeinsame Forschungseinrichtungen oder
- gemeinsame Tochtergesellschaften, die zur Entwicklung neuer Produkte gegründet werden.

Regelmäßig koordinieren in diesen Fällen die → *Muttergesellschaften* ihr Vorgehen gegenüber dem Gemeinschaftsunternehmen, um gemeinsam auf dieses Einfluss nehmen zu können.

Hinweis auf weitere Stichwörter

→ *Abhängige Gesellschaften* | → *Konzern*

Gemeinwohlgefährdung

Das Gemeinwohl bezeichnet die Interessen der Öffentlichkeit insgesamt oder jedenfalls breiter Verkehrskreise. Interessen der Aktionäre oder Gesellschaftsgläubiger genügen nicht. Der Oberbegriff Gemeinwohl umfasst alle Zwecke, die auf die Erfüllung einer der Allgemeinheit gestellten, also öffentlichen Aufgabe gerichtet sind. Im pluralistischen Rechtsstaat muss letztlich der Gesetzgeber in dem verfassungsrechtlich vorgegebenen Rahmen definieren, in welchem Umfang er gemeinwohlfördernde Tätigkeiten außerhalb des Staates zulassen und unterstützen will. Eine Gefährdung liegt vor, wenn der gegebene Zustand im konkreten Fall ohne

Eingriff bei vernünftiger Prognose zur nachteiligen Beeinträchtigung der geschützten Interessen führen würde.

Bei einer Gemeinwohlgefährdung durch das Handeln der Verwaltungsträger der Aktiengesellschaft/KGaA kann das Gericht auf Antrag der obersten Landesbehörde (z.B. Wirtschaftsministerium) des jeweiligen Sitzlandes die → *Auflösung* der Gesellschaft anordnen (§ 396 Abs. 1 AktG).

Hinweis auf weitere Stichwörter

→ *Auflösung*

Gemeinnützigkeit

Eine Aktiengesellschaft verfolgt gemeinnützige Zwecke, wenn ihre Tätigkeit darauf gerichtet ist, die Allgemeinheit auf materiellem, geistigem oder sittlichem Gebiet selbstlos zu fördern (§§ 52, 55 f. AO). Es lassen sich 4 Stufen von *gemeinnützigen Zwecken* unterscheiden:

▷ **Einfache gemeinnützige Zwecke:** Körperschaft- und Gewerbesteuer entfallen; Zuwendungen an die Aktiengesellschaft unterliegen nicht der Erbschaftsteuer, können aber nicht als Spenden abgezogen werden.

> **Beispiele**
>
> Feuerbestattung, bestimmte Freizeitzwecke

▷ **Besonders förderungswürdige gemeinnützige Zwecke:** Mitgliedsbeiträge und andere satzungsmäßige Zuwendungen an die Aktiengesellschaft können nicht als Spende steuerlich geltend gemacht werden (Abschnitt B Anlage 1 zu § 48 EStDV).

> **Beispiele**
>
> Sport, freizeitbestimmende kulturelle Zwecke bzw. sonstige Freizeitbetätigungen.

▷ **Besondere, besonders förderungswürdige gemeinnützige Zwecke:** Satzungsmäßige Beiträge können als Spende steuerlich geltend gemacht werden; der Höchstbetrag für Zuwendungen ist auf 5 % des Einkommens beschränkt.

> **Beispiele**
>
> Förderung der Jugendpflege, der Jugendfürsorge, der Erziehung; Volks – und Berufsbildung, Studentenhilfe, Förderung des Tierschutzes, Förderung der Fürsorge für politisch, rassisch oder religiös Verfolgte.

▷ **Wissenschaftliche, mildtätige und kulturelle Zwecke:** Spenden können bis zu 10 % des Gesamtbetrages der Einkünfte in einem Veranlagungsjahr steuerlich geltend gemacht werden; bei einer Zuwendung über 25 565 Euro besteht die Möglichkeit, die Spenden in den auf das Jahr der Zuwendung folgenden 6 Veranlagungszeiträumen steuerlich geltend zu machen (§ 10b EStG, § 9 Abs. 1 Nr. 2 KStG).

▷ Die **Verfolgung mehrerer gemeinnütziger Zwecke** nebeneinander und gleichzeitig ist zulässig. Jedoch kann der erhöhte Steuerabzug nur erfolgen, wenn die Erfüllung der privilegierten gemeinnützigen Zwecke von der Erfüllung der übrigen gemeinnützigen Zwecke eindeutig abgrenzbar ist. Darüber hinaus muss die Gesellschaft getrennte Aufzeichnungen führen.

▷ **Satzung:** Auf Grund der unterschiedlichen Folgen, je nachdem, welcher gemeinnützige Zweck verfolgt wird, ist es notwendig, in die Satzung der Aktiengesellschaft den tatsächlich verfolgten gemeinnützigen Zweck genau zu bezeichnen (§§ 59, 60 AO). Aus der Satzung selbst muss sich auch ergeben, wie der jeweils genannte gemeinnützige Zweck tatsächlich gefördert werden soll, damit das Finanzamt aus der Satzung ersehen kann, dass die Art der Förderung den Gemeinnützigkeitsvorschriften entspricht. Darüber hinaus muss die Satzung regeln, dass der Gemeinnützigkeitszweck dem Gebot der Selbstlosigkeit entspricht und dass er ausschließlich und unmittelbar verfolgt wird. Aus der Satzung muss sich auch ermitteln lassen, ob die gemeinnützige Aktiengesellschaft die gemeinnützigen Zwecke entweder selbst oder durch Förderung anderer gemeinnütziger Körperschaften verwirklichen möchte (Fördergesellschaften bzw. Spendensammelgesellschaften).

Hinweis auf weiterführende Literatur: *Schauhoff*, Handbuch der Gemeinnützigkeit, 2. Aufl. 2005.

Hinweis auf weitere Stichwörter

→ *Gesellschaft: 7. Gesellschaftszweck*

Genehmigtes Kapital

1. Begriff 362
2. Zuständigkeit 363
3. Zweck der Ermächtigung 363
4. Beschränkung 364
5. Kapitalerhöhung 364

1. Begriff

Unter dem Begriff des genehmigten Kapitals ist die Ermächtigung des → *Vorstandes* zu verstehen, das → *Grundkapital* bis zu einem bestimmten → *Nennbetrag* durch → *Ausgabe* neuer → *Aktien* gegen → *Einlage* zu erhöhen, der aber die Hälfte des Grundkapitals, das zur Zeit der Ermächtigung vorhanden ist, nicht übersteigen darf (§ 202 AktG, → *Kapitalerhöhung*). Aufgrund einer solchen Ermächtigung entscheidet der Vorstand an Stelle der → *Hauptversammlung*, die ansonsten über die Kapitalerhöhung zu entscheiden hätte (§ 119 Abs. 1 Nr. 5 AktG). Für die Ausgabe der neuen Aktien ist die Zustimmung des → *Aufsichtsrats* erforderlich (§ 202 Abs. 3 Satz 2 AktG). Dem Vorstand kann dabei auch die Festsetzung des Aktienkurses für die neuen Aktien überlassen werden. Eine Vorratsermächtigung liegt vor, wenn der Vorstand im Rahmen seiner Geschäftsführungsbefugnis ohne Vorgaben des Ermächtigungsbeschlusses entscheiden kann über (§ 77 AktG)

– die Ausgabe von neuen Aktien,

– den Inhalt der neuen Aktien,

– die Bedingungen der Aktienausgabe, soweit die Hauptversammlung ihn nicht gebunden hat (§ 204 Abs. 1 Satz 1 AktG).

2. Zuständigkeit

Die → *Gründer* können die Ermächtigung in die Gründungssatzung aufnehmen, jedoch nur für die Dauer von höchstens 5 Jahren nach Eintragung der Gesellschaft. Die → *Hauptversammlung* kann nachträglich die Ermächtigung durch Satzungsänderung begründen (§§ 179–181 AktG). Das Erfordernis der ¾-Mehrheit des vertretenen Kapitals für den satzungsändernden → *Beschluss* kann durch die Satzung nur verschärft werden (§ 202 Abs. 2 Satz 2 und 3 AktG). Zusätzlich ist einfache → *Stimmenmehrheit* erforderlich (§ 133 Abs. 1 AktG). Der Beschluss der Hauptversammlung enthält noch keine Kapitalerhöhung. Diese wird erst durch den Gebrauch der Ermächtigung begründet.

3. Zweck der Ermächtigung

▷ **Flexible Kapitalerhöhung:** Zweck der Ermächtigung des Vorstandes ist es, das Verfahren der Kapitalerhöhung flexibler zu gestalten. Der Vorstand kann den Zeitpunkt der Kapitalerhöhung nach seinem Ermessen unter Berücksichtigung der Lage am Kapitalmarkt bestimmen. Die Vorratsermächtigung bietet insbesondere die Möglichkeit, ein anderes Unternehmen oder eine Beteiligung gegen Gewährung eigener Aktien flexibel und den jeweiligen Markterfordernissen entsprechend rasch zu erwerben. Der Gesetzgeber hat jedoch keine inhaltliche Beschränkung des genehmigten Kapitals in dem Sinne vorgesehen, dass genehmigtes Kapital nur für bestimmte Zwecke ausgegeben werden darf.

▷ In der **Praxis** wird das *genehmigte Kapital* insbesondere verwendet werden zur

– **Aktienausgabe:** Es können neue Aktien ausgegeben werden, ohne eine aufwendige Hauptversammlung durchführen zu müssen. Der Vorstand hat hierdurch die Möglichkeit, die Lage am Kapitalmarkt zu berücksichtigen sowie darauf unternehmerisch und flexibel zu reagieren.

– **Vorbereitung von Unternehmenszusammenschlüssen:** Der Vorstand hat hierbei einen größeren Handlungsspielraum als beim bedingten Kapital. Eine Bekanntmachung der Zusammenschlussabsicht muss im Zeitpunkt des Hauptversammlungsbeschlusses noch nicht erfolgen (Vorteil gegenüber der → *bedingten Kapitalerhöhung*, §§ 192 ff. AktG).

– **Ausgabe von jungen Aktien an Arbeitnehmer:** Mit der ausdrücklichen Zulässigkeit solcher Aktienausgaben ist zugleich eine Zuständigkeitsverteilung zwischen Hauptversammlung und der Verwaltung geregelt (vgl. §§ 202 Abs. 4, 203 Abs. 4, 204 Abs. 3, 205 Abs. 4 AktG). Die Satzung kann auch die Ausgabe von Belegschaftsaktien vorsehen, der Vorstand kann aber durch die Ermächtigung nicht dazu verpflichtet werden.

4. Beschränkung

▷ **Zeitlich:** Die Ermächtigung des Vorstandes kann nur für die Dauer von 5 Jahren nach Eintragung der Gesellschaft bzw. der Satzungsänderung erteilt werden.

▷ **Inhaltlich:** Der Vorstand ist nur zur regulären Kapitalerhöhung gegen Einlagen ermächtigt (nicht auch zur → *bedingten Kapitalerhöhung* oder einer → *Kapitalerhöhung aus Gesellschaftsmitteln*).

▷ **Kapitalgrenze:** Der Nennbetrag des genehmigten Kapitals darf 50 % des Grundkapitals, das zur Zeit der Ermächtigung vorhanden ist, nicht überschreiten (§ 202 Abs. 3 Satz 1 AktG). Bei Überschreitung des zulässigen Höchstbetrages ist der Beschluss nichtig. Der Beschluss kann aber geheilt werden, mit der Folge, dass die gesetzlichen Höchstgrenzen gelten (§ 242 Abs. 2 AktG). Bei einem Bezugsrechtsausschluss darf die Kapitalerhöhung gegen Bareinlage 10 % des Grundkapitals nicht übersteigen und der Ausgabebetrag den Börsenpreis nicht wesentlich unterschreiten (§ 186 Abs. 3 Satz 4 AktG). Ein dagegen verstoßender Hauptversammlungsbeschluss ist auf eine Anfechtungsklage hin für nichtig zu erklären (§ 243 AktG). Es ist nicht zulässig, den Vorstand zu ermächtigen, die Kapitalerhöhung unter Ausschluss des Bezugsrechts der Aktionäre in Tranchen vorzunehmen, um die 10 % Grenze jedes Mal zu unterschreiten, da sonst ein systematischer Bezugsrechtsausschluss möglich wäre (LG München AG 1996, 138 ff. – *Bayerische Hypobank*).

5. Kapitalerhöhung

→ *Kapitalerhöhung: 6. genehmigtes Kapital*

Hinweis auf weiterführende Literatur: *Bosse*, Informationspflichten des Vorstands beim Bezugsrechtsausschluss im Rahmen des Beschlusses und der Ausnutzung eines genehmigten Kapitals, ZIP 2001, 104 ff.; *Butters*, Genehmigte Kapitalerhöhung im romanischen Rechtskreis, ZBB 2002, 44 ff.; *Hirte*, Bezugsrecht, Berichtspflicht, genehmigtes Kapital und europäisches Recht, DStR 2001, 1316 ff.; *Natterer*, Sachkontrolle und Berichtspflicht beim genehmigten Kapital – Nold/Siemens abermals auf dem Weg durch die Instanzen?, ZIP 2002, 1672 ff.; *Pentz*, Genehmigtes Kapital, Belegschaftsaktien und Sacheinlagefähigkeit obligatorischer Nutzungsrechte – das „adidas-Urteil" des BGH – Besprechung des Urteils NJW 2000, 2354, ZGR 2001, 901 ff.

Hinweis auf weitere Stichwörter

→ *Bedingtes Kapital*	→ *Nachgründung*
→ *Bezugsrecht*	→ *Vorratsermächtigung*
→ *Kapitalerhöhung*	→ *Vorstand*

Genehmigung (staatliche Genehmigung)

1. Begriff 365
2. Genehmigung einer Satzungsänderung 365
3. Genehmigung des Unternehmensgegenstandes 365

1. Begriff

Eine staatliche Genehmigung kann in den Fällen der → *Gründung* oder der Änderung des Unternehmensgegenstandes oder einer anderen Satzungsänderung (s.u.) relevant sein. Die Zulässigkeit von → *Mehrstimmrechten* aufgrund einer staatlichen Genehmigung ist obsolet, da Mehrstimmrechte unzulässig sind (§ 12 Abs. 2 AktG).

2. Genehmigung einer Satzungsänderung

Die *Satzungsänderung* (→ *Satzung: 5. Satzungsänderung*) bedarf in einzelnen Fällen der staatlichen Genehmigung.

> **Beispiele**
> - Bei Versicherungs-Aktiengesellschaften (§§ 13 Abs. 1, 5 Abs. 3 Nr. 1 VAG).
> - Wenn ein geänderter Unternehmensgegenstand der staatlichen Genehmigung bedarf (§ 23 Abs. 3 Nr. 2 AktG, s.u.).

Bei der Anmeldung der Satzungsänderung zum → *Handelsregister* ist die Genehmigungsurkunde beizufügen (§ 181 Abs. 1 Satz 3 AktG).

3. Genehmigung des Unternehmensgegenstandes

Der Gegenstand des Unternehmens bedarf in (vereinzelt) gesetzlich geregelten Fällen der behördlichen Genehmigung (vgl. § 37 Abs. 4 Nr. 5 AktG). Abzustellen ist auf die nach objektiven Kriterien feststellbare, konkret beabsichtigte Tätigkeit. Die Genehmigung muss der Aktiengesellschaft (nicht den Gründern oder den Verwaltungsmitgliedern) erteilt sein und zum Zeitpunkt der Anmeldung der Gesellschaft zur Eintragung ins Handelsregister vorliegen. Die Genehmigung ist für das Registergericht bindend, ebenso ein Testat der Behörde, dass eine Genehmigung nicht erforderlich ist.

> **Beispiele für genehmigungspflichtige Unternehmensgegenstände**
> - Arzneimittelherstellung (§ 13 ArzneimittelG),
> - Bankgeschäfte (§ 32 KWG),
> - Bewachungsgewerbe (§ 34a GewO),
> - Gast- und Schankwirtschaften (§ 2 GastG),

- Gewerbsmäßige Beförderung von Personen und Sachen durch Luftfahrzeuge (§ 20 LuftverkehrsG),
- Güterbeförderung mit KfZ (§ 8 GüterkraftverkehrsG),
- Gewerbsmäßige Personenbeförderung mit Straßenbahnen, Omnibussen, KfZ (§ 2 PersBefG),
- Makler, Bauträger oder Baubetreuer (§ 34c GewO),
- Pfandleihgewerbe (§ 34 GewO),
- Privatkrankenanstalt (§ 30 GewO),
- Spielbanken (§ 33h GewO),
- Steuerberatung (§§ 49 ff. StBerG),
- Versicherungsgeschäfte (§ 5 VAG),
- Versteigerungsgewerbe (§ 34b GewO),
- Waffenherstellung, Waffenhandel, Waffeneinfuhr (§§ 7, 27 WaffenG),
- Wahrnehmung von Urheberrechten und verwandten Schutzrechten (§§ 1, 2 des Ges. über die Wahrnehmung von Urheberrechten und verwandten Schutzrechten v. 9.9.1965),
- Wirtschaftsprüfung (§§ 27 ff., 130 WPO).

Hinweis auf weitere Stichwörter

→ *Mehrstimmrechte*
→ *Satzung: 5. Satzungsänderung*

→ *Unternehmensgegenstand*

Generaldebatte

Die Generaldebatte findet im Rahmen der → *Hauptversammlung* statt. Die Generaldebatte ist die Aufrufung mehrerer *Tagesordnungspunkte* (→ *Tagesordnung*) und die Aussprache darüber einschließlich der Ausübung des → *Fragerechts*. Entsprechend müssen auch die mündlich erteilten Auskünfte nicht unmittelbar an die Frage anschließen, sondern können auch blockweise erteilt werden. Zuständig für die Aufrufung einer Generaldebatte ist der → *Versammlungsleiter*.

Hinweis auf weitere Stichwörter

→ *Aktionär*
→ *Auskunftsrecht*

→ *Hauptversammlung*
→ *Versammlungsleiter*

Generalhandlungsbevollmächtigter

Der Generalhandlungsbevollmächtigte ist ein zum gesamten Geschäftsbetrieb ermächtigter Handlungsbevollmächtigter (§ 54 Abs. 1 1. Fall HGB). Die Stellung als Generalhandlungsbevollmächtigter und die Mitgliedschaft im Aufsichtsrat sind inkompatibel (§ 105 Abs. 1 4. Fall AktG). Eine interne Vollmachtsbeschränkung ist dabei unerheblich. Ein Aufsichtsratsmitglied kann daher nicht Generalbevollmächtigter sein.

Hinweis auf weitere Stichwörter

→ Prokurist | → Vertretung der AG

Genussrechte (Genussscheine)

1. Begriff 367
2. Ausgestaltung 367
3. Rechtsverhältnis 368
4. Ausgabe von Genussrechten 369
5. Bilanzierung 370
6. Steuerliche Behandlung 370

1. Begriff

Das Genussrecht ist ein Recht, das sich in einem bestimmten geldwerten Anspruch erschöpft. Die Einräumung von Genussrechten seitens der Aktiengesellschaft ist ein Mittel zur Kapitalbeschaffung. Es gibt

- nicht verbriefte Genussrechte und
- verbriefte Genussrechte (*Genussscheine*).

2. Ausgestaltung

▷ **Arten:** Genussrechte sind schuldrechtlicher Natur, sie können aber auch aktienähnlich ausgestaltet sein:

- *schuldrechtlich:* ein Recht, das sich in einem bestimmten geldwerten Anspruch erschöpft,
- *aktienähnlich:* durch Einräumung vermögensrechtlicher Rechte und Pflichten, die den Inhaberrechten an Aktien angenähert sind (gewähren keine Stimmrechte oder Anfechtungsrechte),
- *aktiengleich.*

▷ **Abgrenzung zur Obligation:** Die Grenze vom Genussrecht zur reinen Obligation ist erst dann überschritten, wenn das Genussrecht nur noch die normale Fremdkapitalaufnahme gegen kapitalmarktangemessenen Zins darstellt (Folge: § 221 AktG nicht mehr anwendbar).

▷ **Aktiengleiche Genussrechte:** Aktiengleiche Genussrechte sind solche Genussrechte, bei denen das Genusskapital durch die Genussscheinbedingungen nahezu wie Eigenkapital der Aktiengesellschaft ausgestaltet ist. Teilweise werden Genussrechte mit Eigenkapitalcharakter für unbegrenzt zulässig gehalten (*Sethe*, AG 1993, 293, 300 ff.). Ein striktes Verbot gilt nicht. Eine Umgehung der §§ 139 ff. AktG (*Sperrwirkung*) wird nur in besonderen Fällen angenommen (BGHZ 119, 305, 310 f.). Eine Einschränkung der vertraglichen Gestaltungsfreiheit ist nicht gerechtfertigt. Der Aktionärsschutz ist über § 221 Abs. 3 AktG gewährleistet.

Das Genussrecht kann vermögensrechtliche Rechte und Pflichten einräumen, die denen entsprechen, die an die Inhaberschaft der Aktie geknüpft sind, d.h. *aktionärstypische Vermögensrechte*.

Beispiele

Aktionärstypische Rechte, die durch Genussrechte eingeräumt werden können, sind die
- Beteiligung am Gewinn (jeder gewinnabhängige Anspruch),
- Beteiligung am Liquidationserlös und
- Gewährung von → *Bezugsrechten* auf → *Aktien*.

Die Höhe des Anspruchs an der Gewinnbeteiligung kann sich richten nach
- dem Jahresüberschuss,
- dem ausschüttungsfähigen Gewinn,
- dem Bilanzgewinn oder
- der Dividende.

Nicht eingeräumt werden können die mit der Aktie verbundenen, auf der Mitgliedschaft beruhenden Mitverwaltungsrechte.

Beispiele

- Das Stimmrecht,
- das Anfechtungsrecht.
---

3. Rechtsverhältnis

▷ **Dauerschuldverhältnis:** Bei dem schuldrechtlichen Verhältnis zwischen Aktiengesellschaft und Genussrechtsinhaber handelt es sich um ein *Dauerschuldverhältnis eigener Art*. Das Genussrecht ist auf wiederkehrende Leistung gerichtet. Hauptleistungspflichten sind die

- Erbringung der versprochenen Geldleistung durch den Genussrechtsinhaber und
- Leistung der vereinbarten Gewinnbeteiligung durch die Gesellschaft.

▷ **Schutzpflichten:** Bei der aktienrechtlichen Ausgestaltung des Genussrechts ergeben sich neben den o.g. Pflichten weitere Schutz- und Verhaltenspflichten. Die Gesellschaft hat demnach grundsätzlich die Pflicht, vertragswidrige Beeinträchtigungen des Genusskapitals zu unterlassen bzw. zu unterbinden. Bei Verletzung dieser Pflicht kann eine Schadenersatzverpflichtung aus positiver Vertragsverletzung entstehen. Die mit der Aktie verbundenen, auf der Mitgliedschaft beruhenden Mitverwaltungsrechte gewährt das Genussrecht jedoch nicht.

▷ **Genussrechtsbedingungen:** Regelmäßig wird der Inhalt des Genussrechtsverhältnisses durch Genussrechtsbedingungen näher und in Abhängigkeit vom verbrieften Recht ausgestaltet.

Beispiel

Es können Regelungen bzgl. des eventuell verbrieften Gewinnanspruchs vereinbart werden über

- Laufzeit,
- Kündigung,
- Fälligkeit.

▷ **Änderung:** Genussrechtsbedingungen können nur durch eine vertragliche Regelung nachträglich geändert werden. Wenn aber schon von vornherein ein Änderungsvorbehalt zugunsten der Hauptversammlung vereinbart ist, dann ist die Hauptversammlung ermächtigt, eine Änderung durch Beschluss herbeizuführen.

▷ Das **Recht der allgemeinen Geschäftsbedingungen** findet Anwendung, weil die Verträge über die Gewährung von Genussrechten keine gesellschaftsrechtlich geprägten → *Mitgliedschaftsrechte* sind, sondern sich in einem bestimmten geldwerten Anspruch erschöpfen (§§ 305 ff. BGB). Soweit sie aktienrechtlich ausgestaltet sind, unterliegen sie auch einer an aktienrechtlichen Normen und Grundsätzen ausgerichteten Inhaltskontrolle (BGHZ 119, 305, 312).

4. Ausgabe von Genussrechten

Zur Ausgabe von Genussrechten bedarf es eines Hauptversammlungsbeschlusses (§ 221 Abs. 1, Abs. 3 AktG). Durch den Beschluss wird der → *Vorstand* ermächtigt, die entsprechenden Genussrechtsverträge mit den Erwerbern abzuschließen. Ein → *Sonderbeschluss* (§§ 221 Abs. 1 Satz 4, 182 Abs. 2 AktG) kommt nur bei Aktionären besonderer Aktiengattungen in Betracht, nicht aber bei Vorzugsaktionären (BGHZ 119, 305, 312 ff.). Die Gesellschaft darf eigene Genussrechte erwerben (§ 221 Abs. 2 AktG analog). Darüber hinaus gelten für Kreditinstitute Einschränkungen.

5. Bilanzierung

Das überlassene Genussrechtskapital ist beim Genussrechtsemittenten grundsätzlich je nach Sachverhalt

- als Fremdkapital zu passivieren,
- unmittelbar in das Eigenkapital einzustellen, wenn ausreichende Haftungsqualität gewährleistet wird (§§ 265 Abs. 5, 266 Abs. 3, 272 HGB) oder
- erfolgswirksam zu vereinnahmen.

Die Kapitalüberlassung durch den Genussrechtsinhaber stellt bei diesem die Anschaffung eines eigenständigen Vermögensgegenstandes „Genussrecht" dar. Erfolgt die Kapitalüberlassung durch Kapitalzufuhr, so bildet die geleistete Zahlung die Anschaffungskosten der Genussrechte (→ *Bilanzierung*).

6. Steuerliche Behandlung

▷ **Bei der Aktiengesellschaft:** Ausschüttungen auf Genussrechte sind bei der Aktiengesellschaft grundsätzlich abziehbar (*Ausn.* § 8 Abs. 3 Satz 2 KStG, Genussrechte, mit denen das Recht auf Beteiligung am → *Gewinn* und am Liquidationserlös der Kapitalgesellschaft verbunden ist).

▷ **Bei dem Aktionär:** Gewinnanteile, die aufgrund der Genussrechte bezahlt werden, sind bei den Aktionären als Einkünfte aus Kapitalvermögen zu erfassen (§ 20 Abs. 1 Nr. 1 EStG). Die Veräußerung von Genussscheinen kann steuerpflichtig sein (§ 17 EStG). Von den Gewinnanteilen der Genussrechtsinhaber ist Kapitalertragssteuer einzubehalten (§ 43 Abs. 1 Nr. 1 EStG).

Hinweis auf weiterführende Literatur: *Lutter,* Zur Bilanzierung von Genussrechten, DB 1993, 2441; *Luttermann,* Anlegerschutz und Bezugsrechtsausschluss bei Genussrechten, DB 1993, 1809; *Sethe,* Genussrechte: Rechtliche Rahmenbedingungen und Anlegerschutz, AG 1993, 293 ff. u. 351 ff.; *Wengel,* Die handelsrechtliche Eigen- und Fremdkapitalqualität von Genussrechtskapital, DStR 2001, 1316 ff.

Hinweis auf weitere Stichwörter

- → *Aktie*
- → *Aktionär*
- → *Bilanzierung*
- → *Kapital*
- → *Obligationen*
- → *Wandelschuldverschreibung*

Gerichtliche Bestellung

1. Begriff 371
2. Gerichtliche Bestellung von Aufsichtsratsmitgliedern 371
3. Gerichtliche Bestellung von Vorstandsmitgliedern 372
4. Gerichtliche Bestellung der Abschlussprüfer 372

1. Begriff

Die Bestellung von Verwaltungsorganen durch das Gericht dient der Wahrung der Handlungs- und Prozessfähigkeit der als juristischen Person entstandenen Aktiengesellschaft sowie der Handlungsfähigkeit des Aufsichtsrats als Überwachungsorgan.

2. Gerichtliche Bestellung von Aufsichtsratsmitgliedern

▷ **Fälle:** Das Gericht kann Aufsichtsratmitglieder lediglich in 2 Fällen bestellen (§ 104 AktG):

- Die zur Beschlussfähigkeit notwendige Anzahl von Aufsichtsratmitgliedern ist nicht mehr vorhanden: der Vorstand ist dann verpflichtet, unverzüglich die gerichtliche Ergänzung des Aufsichtsrats zu beantragen, es sei denn, die Ergänzung ist ohne das Gericht vor der nächsten Aufsichtsratssitzung zu erwarten;
- dem Aufsichtsrat gehört nicht die nach Gesetz oder Satzung erforderliche Zahl von Aufsichtsratsmitgliedern an (§§ 98, 99 AktG, *Statusverfahren*). Dies gilt gemäß § 6 Abs. 2 MitbestG auch für die dem MitbestG unterliegenden Aktiengesellschaften (→ *Mitbestimmung*).

▷ **Antragsberechtigt** sind bei den vom MitbestG erfassten Gesellschaften (§ 104 Abs. 1 AktG)

- der Vorstand,
- jedes Aufsichtsratsmitglied,
- jeder Aktionär,
- der (Konzern-, Gesamt-)Betriebsrat,
- min. $1/10$ oder 100 der Arbeitnehmer, die an der Wahl teilnehmen,
- $1/10$ der wahlberechtigten Arbeiter, Angestellten oder leitenden Angestellten,
- jede im Unternehmen vertretene Gewerkschaft.

▷ **Gerichtliche Ergänzung:** Das Gericht muss den Aufsichtsrat so ergänzen, dass das für seine Zusammensetzung maßgebliche zahlenmäßige Verhältnis hergestellt wird (§ 104 Abs. 4 AktG). Grundsätzlich ist eine gerichtliche Ergänzung des Aufsichtsrats vorgesehen, wenn diesem länger als 3 Monate weniger als die durch Gesetz oder Satzung festgelegte Anzahl von Mitgliedern angehören (§§ 7 Abs. 1 MitbestG, §§ 4 Abs. 1, 9 MontanMitbestG, §§ 5 Abs. 1, 12 MitbestErgG oder § 95 AktG). In dringenden Fällen ist eine gerichtliche Ergänzung auch vor Ablauf der 3-Monats-Frist möglich (§ 104 Abs. 2 Satz 2 AktG).

> **Beispiel**
>
> Ein dringender Fall liegt vor, wenn ein nach dem MitbestG, dem MontanMitbestG oder dem MitbestErgG zusammengesetzter Aufsichtsrat – mit Ausnahme des sog. weiteren Mitglieds – nicht vollständig besetzt ist (§ 104 Abs. 3 Nr. 1 und 2 AktG).

3. Gerichtliche Bestellung von Vorstandsmitgliedern

▷ **Ersatzmitglied:** Das Gericht kann das Fehlen eines erforderlichen Vorstandsmitglieds durch Bestellung eines Ersatzmitglieds beheben. Die bloße Verhinderung eines Vorstandsmitgliedes genügt aber hierbei nicht (vgl. § 105 Abs. 2 AktG).

▷ **Stellung:** Das gerichtlich bestellte Vorstandsmitglied hat grundsätzlich die vollen Rechte und Pflichten eines Vorstandsmitglieds. Sein Amt dauert längstens bis der Aufsichtsrat das fehlende Vorstandsmitglied bestellt und dieses die Bestellung angenommen hat (§ 85 Abs. 2 AktG). Es hat Anspruch auf Ersatz angemessener Auslagen und auf Vergütung (§ 85 Abs. 3 AktG).

▷ **Dringlichkeit:** Die Behebung des Organmangels muss dringlich sein. Dringlichkeit liegt vor, wenn der Aktiengesellschaft, ihren Aktionären oder Gläubigern, der Belegschaft oder der Öffentlichkeit erhebliche Nachteile drohen und der Aufsichtsrat nicht oder nicht schnell genug tätig werden kann. Ist ein Pfleger bestellt, so fehlt die Dringlichkeit, soweit dessen Befugnisse reichen. Die bloße Möglichkeit der Pflegerbestellung schließt Dringlichkeit jedoch nicht aus (§ 57 ZPO, OLG Celle NJW 1965, 504, 505).

Beispiel

Eine Spaltgesellschaft (§ 15 ZustErgG) braucht einen Notvorstand für die Einberufung der Hauptversammlung (§ 121 Abs. 2 Satz 1 AktG, BGH AG 1990, 78). Fehlerhaft wäre in diesem Fall die Bestellung eines Not-Aufsichtsrats, damit dieser den Vorstand bestellt (BayObLGE 1987, 29, 33 f.).

▷ Der **Antrag auf gerichtliche Bestellung** kann von jedem gestellt werden, der ein schützwürdiges Interesse aufweisen kann. Das Gericht entscheidet durch begründeten Beschluss, prüft aber nicht, ob die geplante Rechtsverfolgung Erfolgsaussichten hat (§§ 16, 20, 22 FGG).

4. Gerichtliche Bestellung der Abschlussprüfer

▷ **Voraussetzungen:** Auf Antrag kann der Abschlussprüfer gerichtlich bestellt werden (§ 318 Abs. 4 HGB), wenn

- keine rechtzeitige Wahl des Abschlussprüfers stattgefunden hat (§ 318 Abs. 1 Satz 3 HGB),
- der Prüfungsauftrag nicht angenommen wurde, z.B. wegen Zeitmangel, Krankheit, und keine rechtzeitige Ersatzwahl stattgefunden hat (§ 318 Abs. 4 Satz 2 HGB),
- die Wahl des Abschlussprüfers nichtig ist,
- eine Anfechtungsklage gegen den Prüfer rechtshängig ist.

▷ **Annahme:** Die gerichtliche Bestellung bedarf der Annahme durch den Prüfer. Dieser hat ein Vergütungsanspruch gegen die Aktiengesellschaft (§ 318 Abs. 5 AktG). Nach Eintragung der Gesellschaft ist die gerichtliche Ersatzbestellung des ersten Abschlussprüfers ebenso möglich, falls die Gründer die Bestellung unterlassen haben (§ 318 Abs. 4 HGB).

Hinweis auf weitere Stichwörter

→ *Abschlussprüfer*
→ *Aufsichtsrat*
→ *Beschluss*
→ *Vorstand*

Gerichtliche Entscheidung/Ermächtigung

1. Streit über die Zusammensetzung des Aufsichtsrats 373
2. Streit über das Umsatzverhältnis .. 373
3. Einberufung der Hauptversammlung 374

1. Streit über die Zusammensetzung des Aufsichtsrats

Über die Zusammensetzung des → *Aufsichtsrats* findet eine gerichtliche Entscheidung statt, falls streitig oder ungewiss ist, nach welchen Vorschriften der Aufsichtsrat zusammenzustellen ist (§§ 98 f. AktG).

▷ **Antragsberechtigt** sind (§ 98 Abs. 2 Nr. 5–9 AktG)

– der Vorstand,
– jedes Aufsichtsratsmitglied,
– jeder Aktionär,
– der Betriebsrat/Gesamtbetriebsrat der Aktiengesellschaft

Wenn Belange von Wahlberechtigten oder Vorschlagsberechtigten wahrgenommen werden, sofern sich ein Streit oder eine Ungewissheit gerade auf diese Vorschriften beziehen, sind ebenfalls antragsberechtigt

– der Betriebsrat/Gesamtbetriebsrat eines anderen Unternehmens, dessen Arbeitnehmer an der Wahl teilnehmen,
– Gewerkschaften und Spitzenorganisationen der Gewerkschaften, die ein Vorschlagsrecht hätten.

▷ **Örtlich und sachlich ausschließlich zuständig** ist das Landgericht, in dessen Bezirk die Aktiengesellschaft ihren Sitz hat (§ 98 Abs. 1 Satz 1 AktG). Die detaillierte Regelung des Verfahrens findet sich in § 99 AktG.

2. Streit über das Umsatzverhältnis

Das Umsatzverhältnis ist maßgebend für die Bestimmung des Unternehmenszwecks des Konzerns (§ 3 Abs. 2 Nr. 1 MitbestErgG). Wenn streitig ist, ob der Abschlussprüfer das Umsatzverhältnis richtig ermittelt hat, kann eine gerichtliche

Entscheidung ebenfalls beantragt werden (§ 98 Abs. 3 AktG). Zur Antragsberechtigung gilt das Gleiche wie bei einem Streit über die Zusammensetzung des Aufsichtsrats (s.o.).

3. Einberufung der Hauptversammlung

Das Gericht kann die Aktionäre ermächtigen, die → *Hauptversammlung* selbst einzuberufen oder Beschlussgegenstände bekannt zu machen, wenn ein diesbezügliches Verlangen an die Aktiengesellschaft erfolglos geblieben ist (§ 122 Abs. 3 AktG).

Hinweis auf weitere Stichwörter

- → *Abschlussprüfung: 4. Abschlussprüfer*
- → *Aufsichtsrat*
- → *Einberufung der Hauptversammlung*
- → *Hauptversammlung*

Gerichtsstand

Den allgemeinen Gerichtsstand sowie den Gerichtsstand besonderer Verfahren des AktG hat die Gesellschaft an ihrem → *Sitz* (§ 5 Abs. 1 AktG). In der → *Satzung* kann eine ausschließliche Gerichtsstandsvereinbarung für alle Fälle der streitigen Gerichtsbarkeit und der Zwangsvollstreckung dergestalt aufgenommen werden, dass ein bestimmtes Gericht über Rechtsstreitigkeiten der Gesellschaft mit ihren → *Aktionären* ausschließlich entscheiden soll. Eine solche Gerichtsstandsklausel ist in der Satzung aber nur dann zulässig, wenn diese dem in Art. 17 Abs. 1 Satz 1 des Brüsseler Übereinkommens (EuGVÜ) aufgestellten Bestimmtheitserfordernis (hinreichende Bestimmtheit des Rechtsverhältnisses) gerecht wird. Zulässig ist eine in der Satzung verankerte Gerichtsstandsvereinbarung nur dann, wenn diese auf Rechtsstreitigkeiten zwischen Aktiengesellschaft und ihren Aktionären als solche, also auf das Gesellschaftsverhältnis, beschränkt wird.

Hinweis auf weiterführende Literatur: *Bork*, Gerichtsstandsklauseln in Satzungen von Kapitalgesellschaften, ZHR 157 (1993), 48 ff.; *Maul*, Gerichtsstände und Vollstreckungsfragen bei konzernrechtlichen Ansprüchen gegenüber einem herrschenden Unternehmen im EG-Ausland, AG 1998, 404, 406 f.; *Kropholler*, Europäisches Zivilprozessrecht, 6. Aufl. 1998.

Hinweis auf weitere Stichwörter

- → *Aktionär*
- → *Satzung*
- → *Sitz*

Geschäftsbriefe

▷ **Begriff:** Geschäftsbriefe sind sämtliche nach außen gerichtete Mitteilungen der Gesellschaft in Schriftform, die sich an einen bestimmten Empfänger richten.

Beispiele für Geschäftsbriefe

- Preislisten,
- Rechnungen,
- Quittungen,
- Lieferscheine,
- Empfangsbestätigungen u.v.m.

▷ **Keine Geschäftsbriefe** sind Mitteilungen der Gesellschaft, die sich nicht an einem bestimmten Adressatenkreis richten.

Beispiele

Keine Geschäftsbriefe sind
- öffentliche Bekanntmachungen,
- Werberundschreiben,
- Anzeigen u.v.m.

▷ **Mindestangaben:** In den Geschäftsbriefen müssen gesetzliche Mindestangaben gemacht werden (§ 80 AktG), über

- die Rechtsform: „AG" ausreichend,
- den Gesellschaftssitz,
- das Registergericht und Nummer der Gesellschaft,
- die → *Vorstandsmitglieder* und den → *Aufsichtsratsvorsitzenden*: unter vollständiger Nennung des Nachnamens und mindestens eines Vornamens sowie Bezeichnung des → *Vorstandsvorsitzenden*, soweit vorhanden.

▷ **Fehlen:** Die vorgeschriebenen Angaben sind jedoch keine Gültigkeitsvoraussetzung für Erklärungen der Aktiengesellschaft. Ein Fehlen dieser Angaben kann jedoch zur Irrtumsanfechtung, Rechtsscheinhaftung oder Haftung aus c.i.c. führen (→ *Haftung*, → *Publizität*). Die Nichteinhaltung der Mindestangaben kann vom Registergericht durch Festsetzung von Zwangsgeld durchgesetzt werden (§ 407 Abs. 1 AktG).

Hinweis auf weitere Stichwörter

→ *Bekanntmachungen*
→ *Haftung*

→ *Publizität*
→ *Vorstand*

Geschäftsführung

1. Begriff 376
2. Geschäftsführungsbefugnis 376
3. Geschäftsführungsvertrag 378

1. Begriff

Die Geschäftsführung ist jede tatsächliche oder rechtsgeschäftliche Tätigkeit für die Aktiengesellschaft. Die Leitung der Aktiengesellschaft ist ein herausgehobener Teilbereich der Geschäftsführung. Umfasst wird aber auch jede Einzelmaßnahme, die der Vorstand intern oder gegenüber Dritten trifft (§§ 76, 78 AktG). Zur Geschäftsführung gehören daher alle Entscheidungen in Bezug auf Kunden, Lieferanten, Geldgeber, Arbeitnehmer und Öffentlichkeit und ihre Umsetzung durch Vertretung der Gesellschaft nach außen.

2. Geschäftsführungsbefugnis

▷ **Gesetzlich:** Die Geschäftsführungsbefugnis liegt grundsätzlich beim → *Vorstand* (§ 77 AktG, vgl. auch §§ 76 Abs. 1, 78, 82 Abs. 2 AktG). Hat die Aktiengesellschaft einen mehrgliedrigen Vorstand, so sind die Vorstandsmitglieder nur gemeinschaftlich zur Geschäftsführung befugt (*Gesamtgeschäftsführung*, § 77 Abs. 1 Satz 1 AktG). Die Satzung oder die → *Geschäftsordnung* des Vorstandes kann aber das gesetzliche Modell der Gesamtgeschäftsführung durch eine flexiblere Lösung ersetzen (§ 77 Abs. 1 Satz 2 AktG). Vertretung und Geschäftsführung können auch unterschiedlich ausgestaltet sein.

▷ **Abweichende Regelungen:** Im Vergleich zum gesetzlichen Modell einer Gesamtgeschäftsführung mit Einstimmigkeitserfordernis sind folgende Abweichungen, die auch miteinander verknüpft werden können, bei der Geschäftsführung denkbar:

– Gesamtgeschäftsführung mit mehrheitlicher Willensbildung,

– Einzelgeschäftsführung ohne Beschränkung der Geschäftsführungsbefugnis,

– Einzelgeschäftsführung mit funktionsbezogener Beschränkung der Geschäftsführungsbefugnis (Produktion, Vertrieb, Recht, Personal usw.),

– Einzelgeschäftsführungsbefugnis mit spartenbezogener Beschränkung der Geschäftsführungsbefugnis (Kfz-Versicherung, Pharmabereich, Stahlhandel usw.),

– Einzelgeschäftsführung mit lokaler oder regionaler Beschränkung der Geschäftsführungsbefugnis (Geschäfte einer Hauptfiliale, einer Ländergruppe usw.)

▷ Der → *Aufsichtsrat* hat lediglich **Überwachungsaufgaben** über Geschäftsführungsmaßnahmen. Maßnahmen der Geschäftsführung können dem Aufsichtsrat nicht übertragen werden (§ 111 Abs. 4 Satz 1 AktG). Ausnahmsweise kann der Aufsichtsrat bei Geschäftsführungsaufgaben mitwirken. Dies muss jedoch im Einzelnen und ausdrücklich in der → *Satzung* geregelt sein.

▷ Die **Mitwirkung** des Aufsichtsrats **bei der Geschäftsführung** erfolgt

– durch das Zustimmungserfordernis (geregelt durch Satzung oder Aufsichtsratsbeschluss),

Beispiele für Geschäftsarten, die als zustimmungspflichtig in der Satzung festgelegt werden können

– Wesentliche Veränderung der Produktions- und Absatzstruktur,
– wesentliche Änderung der Organisation des Unternehmens,
– Investitionen, die im Einzelfall einen Anschaffungs- oder Herstellungswert von ... Euro (Schwellenwert) übersteigen,
– Erwerb, Veräußerung, Belastung oder Verpfändung von Grundstücken, Gebäuden oder grundstücksgleichen Rechten,
– Übernahme oder Erwerb von Beteiligungen,
– Errichtung und Aufhebung von Zweigniederlassungen,
– Aufnahme von Anleihen oder Krediten (Betrag über ... Euro, Laufzeit über 3 Jahren), Übernahme von Bürgschaften oder sonstigen Gewährleistungen oder Haftungen außerhalb des gewöhnlichen Geschäftsverkehrs, sofern das Geschäft nicht in einem bereits vom Aufsichtsrat genehmigten Budgetplan vorgesehen ist,
– Ausgabe von Schuldverschreibungen,
– Gewährung von Darlehen oder Krediten,
– Abschluss, Änderung oder Aufhebung von Unternehmens- oder Kooperationsverträgen,
– Abschluss oder wesentliche Änderung von sonstigen Verträgen mit einer Bindung von mehr als ... Jahren oder Verpflichtung i.H.v. über ... Euro (z.B.: über Lizenzen, Gebrauchsmuster, ähnliche Rechte, Miet- und Pachtverträge, Entgegennahme von Beratungsleistungen, Arbeitsverträge),
– Abschluss von wesentlichen Betriebsvereinbarungen, Aufnahme von Verhandlungen über Haustarifverträge,
– Ruhegehaltsverträge,
– Erteilung von Generalvollmachten oder Prokuren,
– Einleitung von Rechtsstreitigkeiten (Streitwert über einem Betrag von ... Euro),
– Verzicht auf Forderungen durch Erlass oder Vergleich ab einer Summe von ... Euro,
– Zusagen und Gewährung von Spenden und sonstigen Unterstützungen mit einem Betrag von über ... Euro,
– Verträge der Gesellschaft mit Mitgliedern des Aufsichtsrats oder mit Angehörigen der Mitglieder des Aufsichtsrats oder des Vorstands,

- Bestellung von Vorstandsmitgliedern oder Geschäftsführern in einer Tochtergesellschaft, soweit keine Bindung an Wahlvorschläge besteht,
- Maßnahmen der Tochtergesellschaft, die für den Konzern von grundsätzlicher oder präjudizieller Bedeutung sind,
- Unternehmensplanung (z.B. in Form einer Informationsordnung o.Ä.) u.v.m.

– wegen Bindung an die vorherige Beschlussfassung des Aufsichtsrats,

Beispiele

Ein besonders qualifizierter Beschluss des Aufsichtsrats ist erforderlich, um Missbräuche zu erschweren oder Interessen der Anteilseigner und Kapitalanleger zu wahren, bei

- Kreditgewährung an Vorstandsmitglieder, Aufsichtsratsmitglieder und leitende Angestellte,
- Verträgen mit Aufsichtsratsmitgliedern über einen Dienst- oder Werkvertrag, der zu einer Tätigkeit höherer Art verpflichtet.

– durch → *Vertretung* der Gesellschaft (gegenüber Vorstandsmitgliedern, wenn der Aufsichtsrat es zur Erfüllung seiner Aufgabe für nötig hält (§ 112 AktG), gegenüber dem Abschlussprüfer, bei Anfechtungs- oder Nichtigkeitsprozessen).

▷ **Beratung:** Darüber hinaus kann der Aufsichtsrat durch kritische Erörterung der Vorstandsberichte und die ihm obliegende Beratung des Vorstands seine Meinung zu allen wichtigen Fragen der Geschäftsführung zur Geltung bringen. Auf Grund der starken Mitwirkungsbefugnisse des Aufsichtsrats lässt sich ein Unternehmen auf Dauer nicht gegen die Meinung des Aufsichtsrats führen (→ *Abberufung: 6. Abberufung des Vorstands*). Die gesetzliche Zuständigkeitsordnung verpflichtet jedoch jedes Aufsichtsratsmitglied, Eingriffe in das Tagesgeschäft zu vermeiden.

3. Geschäftsführungsvertrag

Ein Vertrag, durch den eine Aktiengesellschaft/KGaA sich verpflichtet, ihre gesamte geschäftliche Tätigkeit zwar im eigenen Namen, aber für Rechnung eines anderen Unternehmens zu führen, so dass bei der verpflichteten Gesellschaft Gewinne und Verluste nicht mehr entstehen bzw. anfallen, gilt als → *Gewinnabführungsvertrag* (§ 291 Abs. 1 Satz 2 AktG). Die Wirkungen eines Geschäftsführungsvertrages entsprechen denen des Gewinnabführungsvertrages. Deshalb behandelt das Gesetz beide Verträge gleich. Der Unterschied besteht nur darin, dass beim Gewinnabführungsvertrag der Gewinn und Verlust zunächst für das verpflichtete Unternehmen entsteht und nur aufgrund des Vertrages von dem anderen Unternehmen dann übernommen wird. Geschäftsführungsverträge sind in der Praxis allerdings selten, weil sie nicht Grundlage einer steuerlichen Organschaft sein können.

Hinweis auf weitere Stichwörter

→ *Aufsichtsrat*
→ *Geschäftsordnung*
→ *Gewinnabführungsvertrag*

→ *Vorstand*
→ *Vorstandsmitglieder*

Geschäftsjahr

Grundsätzlich können die Gründer bzw. die Hauptversammlung bestimmen, wann das Geschäftsjahr der Aktiengesellschaft beginnen und enden soll. Die Dauer eines Geschäftsjahres muss jedoch einem Kalenderjahr entsprechen. Relevant ist das Geschäftsjahr für die → *Buchführung* und → *Bilanzierung* der Geschäftsvorfälle und somit auch für die Steuererhebung. Die → *Hauptversammlung* muss in den ersten 8 Monaten des Geschäftsjahres stattfinden (§ 175 Abs. 1 Satz 2 AktG). Die → *Satzung* kann diese Frist nicht verändern (*Semler* in MünchHdb. AG, 2. Aufl. 1999, § 34 Rn. 31).

Hinweis auf weitere Stichwörter

→ *Bilanzierung*
→ *Buchführung*

→ *Hauptversammlung*

Geschäftsmäßig Handelnde

Geschäftsmäßig Handelnde sind Personen, die sich gegenüber → *Aktionären* geschäftsmäßig zur Ausübung des Stimmrechts erbieten. Jedoch soll auch insoweit das → *Stimmrecht* entsprechend dem Aktionärswillen ausgeübt werden. Entscheidendes Merkmal der Geschäftsmäßigkeit ist die Wiederholungsabsicht des Sich-Erbietens. Die berufsmäßige oder gewerbliche Betreibung der Stimmrechtsausübung ist nicht erforderlich. In Betracht kommen Herausgeber von Börsendiensten und entsprechenden Presseerzeugnissen, wenn sie die Wahrnehmung von Hauptversammlungsterminen in ihr Leistungsangebot generell oder für den Einzelfall aufnehmen. Rechtsanwälte und solche Vermögensverwalter, die nicht von sich aus an ihre potenziellen Kunden herantreten, können nicht geschäftsmäßig Handelnde sein. Die geschäftsmäßig Handelnden sind insoweit den Kreditinstituten gleichgestellt (§ 135 Abs. 9 Satz 1 Nr. 3 AktG, *Ausn.* wenn die Wahrung der Aktionärsinteressen nicht gefährdet erscheint, z.B. bei Angehörigen, § 135 Abs. 9 Satz 2 AktG). Daher bedarf der geschäftsmäßig Handelnde jedenfalls einer schriftlichen Vollmacht (§ 135 Abs. 2 AktG). Der geschäftsmäßig Handelnde hat nach den Weisungen des Aktionärs zu handeln. Falls solche nicht bestehen hat er das Stimmrecht nach den eigenen, dem Aktionär mitgeteilten Vorschlägen auszuüben. Bei Nichtbefolgung dieser Vorschläge, muss er dies mit Angabe von Gründen dem Aktionär mitteilen (§ 135 Abs. 5 und 8 AktG). Verwehrt ist die Ausübung des Stimmrechts im eigenen Namen (*Legitimationsübertragung*, Ausn. § 135 Abs. 7 Satz 1 1. Halbsatz AktG).

Hinweis auf weitere Stichwörter

→ *Aktionär* | → *Vertretung*

Geschäftsordnung

1. Begriff 380
2. Bedeutung für den Vorstand 380
3. Erlass durch den Aufsichtsrat 382
4. Regelung durch die Hauptversammlung 382
5. Geschäftsordnung der Abwickler .. 384

1. Begriff

Die Geschäftsordnung regelt die internen Angelegenheiten der Organe der Aktiengesellschaft. Soweit eine Satzungsregelung zulässig ist, geht diese als höherrangige Verhaltensnorm der Geschäftsordnung vor (so auch bei nachfolgender Satzungsbestimmung, → *Satzung: 5. Satzungsänderung*).

2. Bedeutung für den Vorstand

Die Geschäftsordnung hat insbesondere Bedeutung für die Verantwortlichkeit des → *Vorstands* und seine → *Haftung*.

▷ **Zuständigkeit:** Grundsätzlich ist der Vorstand befugt, sich eine Geschäftsordnung zu geben (§ 77 Abs. 2 Satz 1 AktG), dies jedoch nur insoweit, als weder der Satzungsgeber noch der Aufsichtsrat die sog. Erlasskompetenz an sich gezogen haben (§ 77 Abs. 2 Satz 1 und 2 AktG). Die Satzung kann Einzelfragen der Geschäftsordnung bindend regeln. Der Aufsichtsrat kann zwar eine vom Vorstand erlassene Geschäftsordnung nicht ändern, er kann aber eine andere, neue Geschäftsordnung beschließen. Die Satzung kann nicht bestimmen, dass nur der Vorstand, nicht aber auch der Aufsichtsrat die Geschäftsordnung erlassen kann (§§ 77 Abs. 2, 23 Abs. 5 Satz 1 AktG). Der Vorstand muss, soweit er tätig werden kann, den Beschluss über die Geschäftsordnung einstimmig fassen. Kommt die Einstimmigkeit nicht zu Stande, muss der Aufsichtsrat entscheiden. Entscheidungen des Aufsichtsrats über die Geschäftsordnung des Vorstands können nur vom Plenum (kein Ausschuss) getroffen werden. Für den Aufsichtsratsbeschluss genügt die einfache Mehrheit.

▷ **Inhalt:** Der Inhalt der Geschäftsordnung muss den Bedürfnissen des Einzelfalls angepasst werden. Üblicherweise regelt die Geschäftsordnung Folgendes:

- Geschäftsbereiche der jeweiligen Vorstandsmitglieder (→ *Geschäftsverteilung*),
- Befugnisse des Vorstandsvorsitzenden,

- gegenseitige Information im Vorstand,
- Information des Aufsichtsrats und allgemeine Zusammenarbeit mit ihm,
- Entscheidungszuständigkeiten (einzelne Mitglieder oder Gesamtvorstand),
- Modalitäten der Vorstandssitzungen,
- Katalog von Geschäften, die der Zustimmung des Aufsichtsrats bedürfen.

Beispiele für Themen, die in der Geschäftsordnung geregelt werden können

- Bestimmungen über die Geschäftsführungsbefugnis, sofern die Satzung diese Frage nicht schon regelt;
- das Verfahren, welches der Vorstand bei Meinungsverschiedenheiten einzuschlagen hat;
- eine Einteilung der Arbeitsgebiete, die nicht mit der Regelung der Geschäftsführungsbefugnis identisch sein muss;
- die abweichende Regelung der Geschäftsführung von der Vertretung (eine Auslegung der Satzung dahingehend, dass mit der Regelung der Vertretung gleichzeitig stillschweigend die Geschäftsführungsbefugnis geregelt werden sollte, ist nicht zulässig; *Ausn.* bei Satzungen, die schon vor 1965 bestanden);
- Entscheidung durch die Mehrheit oder eine qualifizierte Mehrheit der Vorstandsmitglieder;
- bei Stimmengleichheit gibt die Stimme eines Vorstandsmitglieds (meistens des Vorsitzenden) den Ausschlag;
- Entscheidung durch die Mehrheit der abgegebenen Stimmen.

▷ **Zulässigkeit:** Von besonderer Bedeutung ist die Möglichkeit, einem Vorstandsmitglied (im Regelfall dem Vorstandsvorsitzenden) das Recht zum Stichentscheid bei Stimmengleichheit einzuräumen (*Ausn.* beim 2-gliedrigen Vorstand ist dies unzulässig, weil es im Ergebnis auf ein Alleinentscheidungsrecht des Betreffenden hinausliefe). In jedem Falle unzulässig ist demgegenüber eine Bestimmung in der Geschäftsordnung, wonach ein oder mehrere Vorstandsmitglieder bei Meinungsverschiedenheiten gegen die Mehrheit entscheiden können (§ 77 Abs. 1 Satz 2 AktG). Unterliegt die Aktiengesellschaft der Arbeitnehmermitbestimmung und hat deshalb einen Arbeitsdirektor, muss die Geschäftsordnung dessen Zuständigkeit für die Bereiche Arbeit und Soziales beachten; würde sie dem widersprechen, wäre sie in diesem Punkt unbeachtlich. Umstritten ist, ob eine Änderung der vom Aufsichtsrat erlassenen Geschäftsordnung des Vorstands, die den Vorstandsmitgliedern bestimmte Kompetenzbereiche zuweist und auf die im Anstellungsvertrag des Vorstandsmitglieds Bezug genommen ist, ohne Mitwirkung des Vorstandsmitglieds zulässig ist. Richtig erscheint – gegen die *herrschende* Meinung – die Auffassung, den Aufsichtsrat zur Änderung ohne die Zustimmung des betroffenen Vorstandsmitglieds für berechtigt zu halten und diesem dafür ein außerordentliches Kündigungsrecht (§ 626 BGB) wegen Verletzung seines Anstellungsvertrags einzuräumen.

Beachte: Um die Anwendung der Vorschriften über die *Satzungsänderung* zu vermeiden, sollte sich die Satzung im Allgemeinen darauf beschränken anzuordnen, dass eine Geschäftsordnung durch den Vorstand aufzustellen ist.

3. Erlass durch den Aufsichtsrat

▷ **Selbstorganisation:** Der Erlass der Geschäftsordnung liegt in der Zuständigkeit des Aufsichtsrats, als wesentliches Instrument der Selbstorganisation (vgl. § 82 Abs. 2 AktG). Alle Mitglieder des Aufsichtsrats sind zur Mitwirkung an der Selbstorganisation verpflichtet. Eine diesbezügliche Entscheidung kann deswegen nicht von einem Ausschuss getroffen werden. Der Gesetzgeber gibt nur den organisatorischen Rahmen vor (§§ 107–110 AktG). Die Geschäftsordnung kann diejenigen Fragen regeln, die nicht gesetzlich vornormiert und nicht vom Satzungsgeber in zulässiger Weise geordnet worden sind. Insbesondere in Aufsichtsräten mit hoher Mitgliederzahl werden die Arbeitsweise des Aufsichtsrats und das Verhältnis der Mitglieder untereinander in der Geschäftsordnung geregelt.

▷ **Persönliche Anforderungen:** In einer Geschäftsordnung sind nicht nur die konkreten Regelungen über die Organisation des Aufsichtsratsgremiums aufzunehmen, sondern auch die persönlichen Anforderungen an die einzelnen Aufsichtsratsmitglieder, um eine professionelle Tätigkeit zu gewährleisten (in der Praxis verfügen nur wenige Aufsichtsräte über ein solches Reglement).

▷ **Änderung:** Die Geschäftsordnung des Aufsichtsrats bleibt in Kraft, bis der Aufsichtsrat sie durch neuerlichen Mehrheitsbeschluss aufhebt oder ändert. Die Geltung der Geschäftsordnung endet nicht mit Ablauf der Amtsperiode; ein Bestätigungsbeschluss des neuen Aufsichtsrats ist entbehrlich. Der Aufsichtsrat kann im Einzelfall die Geschäftsordnung durch Mehrheitsbeschluss durchbrechen. Dies bewirkt jedoch keine Selbstbindung.

Beispiele

Durch die Geschäftsordnung können aufgestellt werden

– Regeln über die Sitzungseinladung,
– Regeln über die Bekanntgabe der Tagesordnung und die dazugehörigen Fristen,
– Regeln über das Verfahren zur Erstattung von Auslagen,
– die Teilnahmeberechtigung,
– Abstimmungsmodalitäten,
– die Arbeit von Ausschüssen: Einsetzung, Besetzung und Arbeitsweise, Zweitstimmrecht des Vorsitzenden,
– Richtlinien zur Wahrung der Verschwiegenheitspflicht (erläuternde Hinweise).

---

4. Regelung durch die Hauptversammlung

▷ Die Hauptversammlung hat die Befugnis, **Verfahrensfragen** im Wege der Selbstorganisation mittels Geschäftsordnung zu regeln (§ 129 Abs. 1 Satz 1 AktG). Die

Satzung kann zwar Fragen der Geschäftsordnung regeln, aber nicht als solche eine Geschäftsordnung für die Hauptversammlung erlassen. Die Hauptversammlung entscheidet durch Beschluss (¾-Kapitalmehrheit erforderlich). Eine Änderung der Geschäftsordnung, die einer Neufassung gleichzustellen ist, bedarf ebenfalls einer ¾-Kapitalmehrheit. Die völlige Aufhebung der Geschäftsordnung kann schon mit einer einfachen Stimmenmehrheit erfolgen (§ 133 Abs. 1 AktG). Eine zulässige Regelung kann entweder in der Satzung oder in der Geschäftsordnung der Hauptversammlung getroffen werden.

Beispiele für zulässige Regelungen

- Person des Versammlungsleiters,
- Zuständigkeit zur Strukturierung der Debatte,
- Form der Stimmrechtsausübung,
- Vertagung und Absetzung von Tagesordnungspunkten,
- Verhinderung der Schließung der Hauptversammlung,
- einzelne freiwillige Regelungen: z.B. die Erstellung eines stenografischen Protokolls.

▷ In einzelnen Fällen ist eine bloße Regelung in der Geschäftsordnung ausgeschlossen und eine **Satzungsregelung** unabdingbar.

Beispiele

- Teilnahmevoraussetzungen (§ 123 Abs. 2 AktG),
- Reduzierung der Formerfordernisse der Vollmachtserteilung (§ 134 Abs. 3 Satz 2 AktG).

▷ Vollständig **dem Eingriff** durch eine Geschäftsordnung **entzogen** sind Regelungsinhalte des Gesetzes sowie auch satzungsmäßige Beschränkungen.

Beispiel

- Aktionärsrechte: Frage- oder Auskunftsrecht, Persönlichkeitsrecht;
- Rechte des Versammlungsleiters: Leitungs- und Ordnungsrecht (vgl. § 130 Abs. 2 AktG).

Beachte: Eine nennenswerte Konkretisierung einer situationsbedingten Entscheidungsnotwendigkeit ist von einer Geschäftsordnung nicht zu erwarten. Sie birgt vielmehr die Gefahr, neuere Entwicklungen nicht angemessen zu reflektieren oder lediglich Allgemeinplätze wiederzugeben. Die wenigen Themen, deren Regelung sich als zweckmäßig aufdrängt, werden in aller Regel bereits in der Satzung behandelt. Die Möglichkeit der Hauptversammlung, sich eine Geschäftsordnung zu geben, hatte in der Praxis bislang nur eine geringe praktische Resonanz. Es liegt letztendlich nahe, auf die Einführung einer Geschäftsordnung der Hauptversammlung zu verzichten (*Schaaf*, ZIP 1999, 1339 ff., 1341 f.).

5. Geschäftsordnung der Abwickler

Die → *Abwickler* können sich eine eigene Geschäftsordnung geben. Eine von der Hauptversammlung erlassene Geschäftsordnung hat jedoch demgegenüber Vorrang. Satzung oder Hauptversammlung können den Aufsichtsrat ermächtigen, eine Geschäftsordnung für die Abwickler zu erlassen. Ansonsten kann der Aufsichtsrat keine Geschäftsordnung für die Abwickler erlassen (die Abwickler werden nicht von dem Aufsichtsrat bestellt, vgl. § 77 Abs. 2 Satz 1 AktG).

Hinweis auf weiterführende Literatur: *Happ*, Aktienrecht – Handbuch – Mustertexte – Kommentar 2. Aufl. 2004; *Obermüller*, Gültigkeitsdauer der Geschäftsordnung für den Vorstand und für den Aufsichtsrat, DB 1971, 952 ff.; *Säcker*, Die Geschäftsordnung für das zur gesetzlichen Vertretung eines mitbestimmten Unternehmens befugte Organ, DB 1977, 1993 ff.

Hinweis auf weitere Stichwörter

→ *Aufsichtsrat*
→ *Geschäftsverteilung*
→ *Hauptversammlung*

→ *Stimmrechtsausübung*
→ *Vorstand*

Geschäftsverteilung

1. Begriff 384
2. Geschäftsverteilung im Vorstand .. 384
3. Geschäftsverteilung im Aufsichtsrat 385

1. Begriff

Die Geschäftsverteilung der Zuständigkeiten innerhalb eines Verwaltungsorgans der Aktiengesellschaft soll diesem helfen, die Masse der Aufgaben zu bewältigen. Bezüglich der Geschäftsverteilung haben Satzung oder Geschäftsordnung weitgehenden Spielraum.

2. Geschäftsverteilung im Vorstand

▷ **Zuständigkeiten:** Für die Verteilung der Zuständigkeiten ist die Bildung von Vorstandsausschüssen zulässig, dies allerdings nur vorbehaltlich der Mindestzuständigkeiten des Gesamtorgans und der Gleichberechtigung seiner Mitglieder. Es handelt sich zwingend um Rechte und Pflichten des Gesamtvorstands, soweit das Gesetz dem Vorstand bestimmte Einzelaufgaben zuweist. Insoweit muss er als Kollegialorgan tätig werden. Einzelne Mitglieder können zwar mit der Vorbereitung, nicht jedoch mit der Durchführung betraut werden. Der Vorstand kann die ihm zugewiesene Unternehmensleitung nicht auf seine Mitglieder delegieren (§ 76 Abs. 1 AktG). Nicht delegierbar ist die

- Unternehmensplanung,
- Unternehmenskoordination,
- Unternehmenskontrolle,
- Besetzung der Führungsstellen,
- Pflicht zur Selbstkontrolle.

▷ In der Geschäftsverteilung kann gleichzeitig die Regelung über die **Geschäftsführungsbefugnis** liegen (→ *Geschäftsführung*).

▷ Die Vorstandsbereiche sind regelmäßig in **Ressortverantwortlichkeiten** nach funktionalen Gesichtspunkten aufgeteilt. Üblich ist eine Gliederung in 7 Bereiche, für die jeweils ein Vorstandsmitglied zuständig ist:

- Unternehmensleitung,
- Forschung und Entwicklung,
- Finanzressort,
- Einkauf und Logistik,
- Produktion,
- Marketing/Absatz,
- Personal (Arbeitsdirektor).

▷ Bei größeren Unternehmen setzt sich immer mehr die Aufteilung der Aufgaben nach dem System der **Spartenorganisation** (*Divisionalisierung*) durch. Danach erfolgt eine Unterteilung z.B. nach verschiedenen Produktgruppen in Sparten, in denen jeweils die vorgenannten Aufgabenbereiche zusammengefasst sind und dem einzelnen Vorstandsmitglied eigenverantwortlich zugewiesen werden.

▷ **Befugnisse:** Die Vorstandsmitglieder müssen im Grunde gleichberechtigt sein. Eine unterschiedliche Ausgestaltung ihrer Befugnisse ist aber möglich. Insoweit muss die gemeinsame Verantwortung für die Leitung der Aktiengesellschaft und ihres Unternehmens jedoch erhalten bleiben.

3. Geschäftsverteilung im Aufsichtsrat

→ *Aufsichtsrat: 5. Ausschüsse*

Hinweis auf weitere Stichwörter

→ *Aufsichtsrat* → *Vorstand*
→ *Geschäftsordnung*

Gesellschaft

1. Begriff 386
2. Gesellschaftsgröße 386
3. Börsennotierte Gesellschaft 387
4. Gesellschaftsblätter 387
5. Gesellschaftsstatut 388
6. Gesellschaftsvertrag 388
7. Gesellschaftszweck 388

1. Begriff

Die Aktiengesellschaft ist eine rechtlich und wirtschaftlich selbständige Einheit. Sie ist auf der Grundform des rechtsfähigen Vereins aufgebaut (§§ 1 AktG, 22 ff. BGB). Die Aktiengesellschaft kann daher unabhängig von der konkreten Zusammensetzung ihrer Mitglieder (Aktionäre) die Zielsetzung und die Geschäftspolitik durch ihre Organe selbst bestimmen.

2. Gesellschaftsgröße

▷ **Klassen:** Die Aktiengesellschaft ist eine Kapitalgesellschaft (§ 1 Abs. 2 AktG, § 264 HGB). Kapitalgesellschaften werden für die Zwecke der Erstellung und Prüfung der Jahresabschlüsse in verschiedene Größenklassen eingeteilt (§ 267 HGB). Es wird unterschieden zwischen

- *großen Kapitalgesellschaften,*
- *mittelgroßen Kapitalgesellschaften* und
- *kleinen Kapitalgesellschaften.*

▷ Die **Merkmale** für die Klassifizierung ergeben sich aus folgender Übersicht. Es müssen jeweils mind. 2 der 3 Merkmale vorliegen.

Kriterien Größenklasse	Bilanzsumme abzüglich aktiviertem Fehlbetrag	Umsatzerlöse in 12 Monaten vor Abschlussstichtag	Zahl der Arbeitnehmer im Jahresdurchschnitt
kleine Kapitalgesellschaft	bis 4 015 000 Euro	bis 8 030 000 Euro	bis 50
mittelgroße Kapitalgesellschaft	bis 16 060 000 Euro	bis 32 120 000 Euro	bis 250
große Kapitalgesellschaft	über 16 060 000 Euro	über 32 120 000 Euro	über 250

▷ Für **Kapitalgesellschaften mit Sitz in EU-Staaten** ergeben sich die vergleichbaren Größenkriterien aus Art. 1 der Publizitätsrichtlinie (1. Gesellschaftsrechtliche Richtlinie 68/151/EWG, Abl. EG Nr. L 65/8) sowie insbesondere für die GmbH aus Art. 1 der Einpersonengesellschaftsrichtlinie (12. Gesellschaftsrechtliche Richtlinie 89/667/EWG, Abl. EG Nr. L 395/40), → *Europäische Gesellschaftsformen. Für ausländische Kapitalgesellschaften s.* → *Zweigniederlassung.*

3. Börsennotierte Gesellschaft

▷ **Begriff:** Das Aktienrecht differenziert in börsennotierte und nicht börsennotierte Aktiengesellschaften. Börsennotierte Aktiengesellschaften sind strengeren Vorschriften unterstellt. Börsennotiert (§ 3 Abs. 2 AktG, → *Börsennotierung*) sind Aktiengesellschaften, die an einem Markt gehandelt werden, der

– von staatlich anerkannten Stellen geregelt und überwacht wird,

– regelmäßig stattfindet und

– für das Publikum mittelbar oder unmittelbar zugänglich ist.

Hierunter fallen nur Gesellschaften, deren Aktien im Amtlichen Handel (§§ 30 ff. BörsG) und am Geregelten Markt (§§ 49 ff. BörsG) einer deutschen Börse oder einer vergleichbaren Börse im Ausland gehandelt werden.

▷ **Kein Markt** in diesem Sinne sind

– der Freiverkehr,

– NASDAQ, EASDAQ.

▷ **Sonderregeln** für börsennotierte Gesellschaften betreffen v.a. folgende im jeweiligen Zusammenhang beschriebenen Vorgänge:

– Hauptversammlungsniederschrift (§ 130 Abs. 1 Satz 3 AktG),

– Höchststimmrechte (§ 134 Abs. 1 Satz 2 AktG),

– Mitteilungen an Aktionäre/Aufsichtsrat bei Wahlvorschlägen für den Aufsichtsrat (§ 125 Abs. 1 Satz 3 AktG),

– Einberufung des Aufsichtsrats (§ 110 Abs. 3 AktG),

– Prüfungsbericht des Aufsichtsrats zum Jahresabschluss (§ 171 Abs. 2 Satz 2 2. Halbsatz AktG),

– Wechselseitig beteiligte Unternehmen (§ 328 Abs. 3 AktG).

4. Gesellschaftsblätter

Gesetzlich wird der → *Bundesanzeiger* für Pflichtbekanntmachungen als Pflichtblatt und somit als Gesellschaftsblatt bestimmt, damit einem unbestimmten Adressatenkreis eine allgemein zugängliche Quelle zur Verfügung steht, die über die wesentlichen Tatsachen und Verhältnisse der Aktiengesellschaft unterrichtet (§ 25 Satz 1 AktG, → *Bekanntmachungen*). Die → *Gründer* bzw. die → *Hauptversammlung* kann in der Satzung neben dem Bundesanzeiger weitere Gesellschaftsblätter bestimmen (§ 25 Satz 2 AktG). Bestimmt werden können alle in Deutschland erscheinenden Tages-, Wochen-, Monatszeitungen oder -zeitschriften, auch fremdsprachige.

5. Gesellschaftsstatut

Bei Sachverhalten mit Auslandsberührung stellt sich die Frage, welches Recht anwendbar ist (Gesellschaftsstatut, Personalstatut, Heimatrecht der Aktiengesellschaft). Das Gesellschaftsstatut wird grundsätzlich durch den → *Sitz* der Gesellschaft bestimmt. Maßgeblich ist insoweit der effektive Sitz, der nach dem Ort der Hauptverwaltung zu bestimmen ist.

6. Gesellschaftsvertrag

Die → *Satzung* der Aktiengesellschaft kann nur durch Gesellschaftsvertrag festgestellt werden (*Ausn.* bei der → *Einpersonen-AG* durch einseitige Gründungserklärung).

7. Gesellschaftszweck

▷ **Zweck-Mittel-Relation:** Durch den Gesellschaftszweck werden die von den Aktionären und der Gesellschaft verfolgten Ziele bezeichnet. Unternehmensgegenstand und Gesellschaftszweck stehen in einer „Mittel-Zweck-Relation". Der Zweck ist im Regelfall auf Gewinnerzielung gerichtet, er kann aber auch ideeller oder gemeinnütziger Art sein. Der Zweck des Unternehmens ist vom Gegenstand des Unternehmens (→ *Unternehmensgegenstand*) zu unterscheiden.

▷ **Steuerliche Begünstigung:** Eine steuerliche Begünstigung erfährt die Aktiengesellschaft wenn sie gemeinnützige, mildtätige oder religiöse Zwecke verfolgt (§§ 53, 54, 55 AktG, → *Gemeinnützigkeit*).

▷ **Auflösung:** Mit der insolvenzbedingten Auflösung der Gesellschaft ändert sich dieser Zweck stets. Er ist dann nur noch auf die Verwertung des Gesellschaftsvermögens gerichtet (→ *Auflösung*).

▷ **Zweckänderungen:** Änderungen des Zwecks sind stets Satzungsänderungen (→ *Satzung*), d.h. nur mit Zustimmung aller Aktionäre (§ 33 Abs. 1 Satz 2 BGB) zulässig. In Ausnahmefällen sind aber auch Mehrheitsentscheidungen möglich (§§ 262 Abs. 1 Nr. 2 Halbsatz 2, 274 Abs. 1 Satz 2, 293 AktG). Eine eindeutige Zweckänderung ist z.B. ein Wechsel von erwerbswirtschaftlicher zu gemeinnütziger Tätigkeit.

Hinweis auf weiterführende Literatur: *Reuter*, Die Änderung des Vereinzwecks – Besprechung von BGHZ 96, 245 ff., ZGR 1987, 475, 477.

Hinweis auf weitere Stichwörter

| → *Aktiengesellschaft* | → *Kapital* |
| → *Börsennotierung* | → *Unternehmen* |

Gewinn

1. Begriff 389
2. Gewinnermittlung 389
3. Feststellung des Gewinns 389
4. Anspruch auf Gewinn 389
5. Ausschüttung des Gewinns 390
6. Rücklagen 390
7. Besteuerung 390

1. Begriff

Unter dem Begriff Gewinn der Gesellschaft wird aktienrechtlich der Bilanzgewinn verstanden (§ 58 Abs. 4 AktG). Er stellt ökonomisch den Betrag dar, der aus dem Vermögen der Aktiengesellschaft zu einem bestimmten Stichtag zur Disposition der Aktionäre steht.

2. Gewinnermittlung

Der *Bilanzgewinn* ermittelt sich aus

- dem Jahresüberschuss (§ 275 Abs. 2, Abs. 3 HGB) oder dem Jahresfehlbetrag aus der Gewinn- und Verlustrechnung,
- zu- oder abzüglich Gewinn- oder Verlustvortrag aus dem Vorjahr,
- zuzüglich Entnahmen aus Gewinnrücklagen,
- abzüglich vorgeschriebener oder erlaubter Einstellung in Gewinnrücklagen (§ 158 AktG, → *Rücklagen*).

Der so ermittelte Bilanzgewinn wird in der Jahresbilanz ausgewiesen (→ *Jahresabschluss*, § 256 AktG). Die Bildung einer Kapitalrücklage bewirkt keine Veränderung des Bilanzgewinns, da die Kapitalrücklage weder aus dem Jahresüberschuss entnommen wird noch in ihn einfließt.

3. Feststellung des Gewinns

Die Feststellung des Gewinns erfolgt mittelbar durch die Feststellung des Jahresabschlusses.

4. Anspruch auf Gewinn

▷ **Inhalt:** Aus der Mitgliedschaft resultiert für den Aktionär der Anspruch auf Teilhabe am Bilanzgewinn (§ 58 Abs. 4 AktG). Dieser mitgliedschaftliche, aber auf eine Mehrheitsentscheidung bedingte Gewinnanspruch entsteht erst mit Feststellung des → *Jahresabschlusses*, der den Bilanzgewinn ausweist (§ 58 Abs. 4 AktG), und dem nachfolgenden Gewinnverwendungsbeschluss der Hauptversammlung. Mit diesen Beschlüssen wandelt sich der Bilanzgewinn in der von der Hauptversammlung beschlossenen Höhe in einen Zahlungsanspruch (Dividendenanspruch) des Aktionärs gegen die Aktiengesellschaft um (§§ 58 Abs. 3, 174 Abs. 2 AktG).

Auf die Herbeiführung eines Gewinnverwendungsbeschlusses hat der Aktionär einen klagbaren Anspruch gegen die Gesellschaft, der durch Erhebung einer Leistungsklage geltend gemacht werden kann (BGHZ 124, 111, 123; BGHZ 124, 27, 31, → *Gewinnverwendung*). Er hat aber keinen Anspruch auf einen bestimmten Gewinnverwendungsbeschluss, insbesondere keinen Anspruch auf einen Vollausschüttungsbeschluss.

▷ **Ausschluss/Beschränkung:** Der Gewinnanspruch der Aktionäre kann ausgeschlossen oder beschränkt sein

– von *Gesetzes* wegen, insbesondere im Zusammenhang mit Maßnahmen der → *Kapitalherabsetzung*: Gewinne, die aus der Kapitalherabsetzung resultieren, dürfen während der ersten 6 Monate nicht und danach erst nach Befriedigung oder Sicherstellung aller Gläubiger ausgeschüttet werden (§§ 225 Abs. 2, 235 AktG);

– durch die *Satzung*, soweit Gründervorteile bzw. → *Genussrechte* vorgesehen sind oder ein Ausschluss oder Teilausschluss der → *Aktionäre* vom Gewinn vereinbart ist;

– durch den *Gewinnverwendungsbeschluss* der → *Hauptversammlung*, und zwar bei Einstellung in die offenen Gewinnrücklagen, Verwendung als Gewinnvortrag oder Verwendung für andere Zwecke, sowie bei Verwendung für den zusätzlichen Aufwand, der sich aufgrund der Beschlüsse ergibt (→ *Gewinnverwendung*);

– durch eine wirksame Verfügung über den Gewinnanspruch, etwa bei → *Gewinnabführungsverträgen* oder Gewinngemeinschaften.

5. Ausschüttung des Gewinns

→ *Dividende*

→ *Verdeckte Gewinnausschüttung*

→ *Steuerrecht*

6. Rücklagen

→ *Rücklagen*

7. Besteuerung

Gewinne der Aktiengesellschaft aus dem Geschäftsjahr 2000 (bzw. bei abweichenden Wirtschaftsjahren 2000/2001) konnten letztmals nach dem körperschaftsteuerlichen Anrechnungsverfahren an die Aktionäre ausgeschüttet werden. Im Ergebnis bedeutete dies die Endbelastung des ausgeschütteten Gewinns nach Gewerbesteuer mit dem jeweiligen individuellen Einkommensteuersatz des Aktionärs. Für Gewinne aus 2001 wird dieses Verfahren durch das → *Halbeinkünfteverfahren* ersetzt. Dabei wird im Ergebnis der ausgeschüttete Gewinn der Aktiengesellschaft nach Gewerbesteuer mit 25 % Körperschaftsteuer zzgl. der Hälfte der mit dem individuellen Steuersatz des Aktionärs ermittelten Einkommensteuer belastet. Das besteuerte Körperschaftsteuerguthaben wird bei Ausschüttungen bis zu ca. 15 Jahren nach Abschaffung des Anrechnungsverfahrens erstattet (§ 37 KStG).

Hinweis auf weiterführende Literatur: *Fey/Neye,* Veräußerungsgewinne und -verluste im gewerbesteuerlichen Organkreis; Bedeutung eines Ergebnisabführungsvertrags, DB 2001, 2009 ff.; *Förster,* Die steuerneutrale Übertragung von Gewinnen aus der Veräußerung von Anteilen an Kapitalgesellschaften durch Personenunternehmen, DStR 2001, 1913 ff.; *Kort,* Das Verhältnis von Ausgleich und Abfindung beim Abschluss aktienkonzernrechtlicher Beherrschung- und Gewinnabführungsverträge, NZG 2002, 1139 ff.; *Kropp,* Aktienoptionen statt finanzielle Gewinnbeteiligung: Wann und in welcher Höhe werden sie wirksam?, DStR 2002, 1960 ff.; *Trendelenburg,* Der Gewinnabführungs- und der Beherrschungsvertrag in der Krise der Obergesellschaft, NJW 2002, 647 ff.

Hinweis auf weitere Stichwörter

- → *Bilanzierung*
- → *Halbeinkünfteverfahren*
- → *Hauptversammlung*

- → *Jahresabschluss*
- → *Rechnungslegung*
- → *Rücklagen*

Gewinnabführungsvertrag

1. Begriff 391
2. Vertragsparteien 391
3. Organschaft 392
4. Inhalt 392
5. Gewinnabführung 393
6. Abgrenzung von ähnlichen Verträgen 393

1. Begriff

Ein Gewinnabführungsvertrag ist ein → *Unternehmensvertrag,* durch den sich eine inländische Aktiengesellschaft/KGaA verpflichtet, ihren gesamten Gewinn an ein anderes Unternehmen abzuführen (§ 291 Abs. 1 Satz 1 AktG). Dieser Vertrag verschafft keine Leitungsmacht und kein Weisungsrecht (§ 308 AktG). Es handelt sich aber um einen Organisationsvertrag, der satzungsgleich den rechtlichen Status der Aktiengesellschaft/KGaA verändert. Mit der Gewinnabführungspflicht ist zwangsweise auch die Verlustdeckungspflicht gekoppelt, weshalb der Gewinnabführungsvertrag oft auch – eigentlich korrekt – als sog. *Ergebnisabführungsvertrag* bezeichnet wird (§ 302 Abs. 1 AktG).

Für den Gewinnabführungsvertrag gelten prinzipiell die gleichen gesetzlichen Vorschriften und Problemfelder wie für → *Beherrschungsverträge.*

2. Vertragsparteien

Neben inländischen Unternehmen kann auch ein ausländisches Unternehmen einen Gewinnabführungsvertrag mit einer deutschen Gesellschaft schließen, weil es für die Pflicht zur Gewinnabführung und Anspruch auf Verlustausgleich nur auf das Rechtsstatut der „unteren Gesellschaft" ankommt. Privatpersonen kommen als Vertragspartner nicht in Betracht („anderes Unternehmen"). Der Gewinnabführungsvertrag findet weite Verbreitung auch zwischen Unternehmen anderer Rechtsformen, insbesondere der GmbH, ohne dass diese Fälle gesetzlich geregelt sind. Die aktienrechtlichen Vorschriften werden insoweit analog angewendet, als keine rechtsformspezifischen Besonderheiten entgegenstehen. In der Praxis finden sich dabei allerdings nur selten Gewinnabführungsverträge mit Personengesellschaften als verpflichteten Unternehmen, wohl auch deshalb, weil nur Kapitalgesellschaften steuerlich Organgesellschaften sein können (§§ 14, 17 KStG). Im Falle mehrstufiger Unternehmensverbindungen sind Gewinnabführungsverträge zugunsten Dritter unzulässig. Betroffen sind Fälle, in denen ein Gewinnabführungsvertrag zwischen einer Tochter- und einer Enkelgesellschaft zugunsten der Muttergesellschaft abgeschlossen wird. In solchen Fällen müssen auch zwischen jeder Stufe Gewinnabführungsverträge abgeschlossen werden.

3. Organschaft

Gewinnabführungsvertrag und Beherrschungsvertrag werden i.d.R. als sog. Organschaftsvertrag verknüpft. Bei einer steuerlichen Organschaft werden Organträger und Organgesellschaft steuerlich wie eine Gesellschaft behandelt. Eine derartige Organschaft ist mit unterschiedlichen Voraussetzungen für Körperschaft-, Gewerbe- und Umsatzsteuer möglich. Ein körperschaftsteuerliches Organschaftsverhältnis liegt nach der derzeitigen Rechtslage vor, wenn die Aktiengesellschaft/KGaA (Organgesellschaft) mit dem mehrheitlich beteiligten Organträger (Obergesellschaft) für die Dauer von mindestens 5 Jahren einen Gewinnabführungsvertrag abgeschlossen hat (§§ 14, 17 KStG 2001). Für die gewerbesteuerliche Organschaft muss – wie für die körperschaftsteuerliche Organschaft bis 2000 – eine finanzielle und organisatorische Eingliederung vorhanden sein, deren Fundament zumeist ein Organschaftsvertrag darstellt (§ 2 Abs. 2 Satz 2 GewStG). Für die umsatzsteuerliche Organschaft gilt in abgeschwächter Form das gleiche (§ 2 Abs. 2 Nr. 2 UStG).

4. Inhalt

Gesetzlicher Mindestinhalt eines Ergebnisabführungsvertrages ist, dass

- sich die Aktiengesellschaft dazu verpflichtet, ihren gesamten Gewinn an ein anderes Unternehmen beliebiger Rechtsform abzuführen,

- ein angemessener Ausgleich für außenstehende Aktionäre aufgenommen wird, indem eine – auf die Anteile am Grundkapital bezogene – wiederkehrende Geldleistung vorgesehen ist (diese ersetzt den wegfallenden Dividendenanspruch; § 304 Abs. 1 Satz 1 AktG), und

- außenstehende Aktionäre verlangen können, dass das Unternehmen ihre Aktien gegen Zahlung einer angemessenen Abfindung erwirbt.

5. Gewinnabführung

Maximal möglicher Höchstbetrag der Gewinnabführung ist der Bilanzgewinn, der sich ergäbe, wenn kein Ergebnisabführungsvertrag bestünde (§ 301 AktG; fiktiver Bilanzgewinn). Dieser Betrag ist zu vermindern um:

- den Verlustvortrag des Vorjahres sowie
- die in die gesetzliche Rücklage einzustellenden Beträge (§ 300 Nr. 1 AktG).

6. Abgrenzung von ähnlichen Verträgen

Gewinnabführungsverträge sind von Gewinngemeinschaften (§ 292 Abs. 1 Nr. 1 AktG) und von Verträgen, die nur Teile des Gewinns betreffen (§ 292 Abs. 1 Nr. 2 AktG), zu unterscheiden. Beide sind auch Unternehmensverträge; ihrer rechtlichen Struktur nach handelt es sich aber nur um schuldrechtliche Austauschverträge, die jedoch – da durch § 292 AktG gesondert erfasst – den allgemeinen Bestimmungen der Unternehmensverträge unterworfen sind (§§ 293–299 AktG). Von den Gewinnabführungsverträgen sind auch die reinen Verlustübernahmeverträge zu unterscheiden. Bei diesen verpflichtet sich ein Unternehmen, den Verlust einer anderen Gesellschaft zu übernehmen; das geschieht regelmäßig, um die Kreditwürdigkeit des Tochterunternehmens zu verbessern oder einen Insolvenzgrund abzuwenden. Ein solcher Vertrag ist kein Unternehmensvertrag i.S.d. Aktiengesetzes.

Hinweis auf weitere Stichwörter

- → *Abhängige Unternehmen*
- → *Beherrschungsvertrag*
- → *Organschaft*
- → *Teilgewinnabführungsvertrag*
- → *Unternehmensvertrag*

Gewinnschuldverschreibung

1. Begriff 393
2. Ausgabe 394
3. Publizität 394

1. Begriff

▷ **Inhalt:** Gewinnschuldverschreibungen sind echte → *Schuldverschreibungen* (§§ 793 ff. BGB), die neben einem bestimmten Rückzahlungsanspruch weitere Rechte verbriefen, die mit Gewinnanteilen der Aktionäre in Verbindung gebracht werden (§ 221 Abs. 1 Satz 1 2. Fall AktG). Diese Verbindung kann bestehen in

- einer dividendenabhängigen Verzinsung, wobei anstelle des Dividendensatzes der emittierenden Gesellschaft auch der einer anderen Aktiengesellschaft oder das Durchschnittsergebnis mehrerer Gesellschaften zugrunde gelegt werden kann oder

– einem Anteil am Bilanzgewinn oder am Liquidationserlös.

▷ **Verzinsung:** Neben diese ergebnisorientierten Rechte kann eine feste Verzinsung treten. Zulässig sind auch Typenvermischungen von Gewinn- und → *Wandelschuldverschreibungen* durch Kombination von ergebnisorientierten Faktoren und Umtausch- oder Bezugsrechten.

▷ **Gestaltung:** Sie verbriefen also eine Hauptforderung gegen die Gesellschaft und statt oder neben einer festen Verzinsung dieser Hauptforderung einen Anteil am Bilanzgewinn der Gesellschaft. Möglich ist es auch, sich an dem Dividendensatz eines anderen Unternehmens oder mehrerer Gesellschaften zu orientieren. Gewinnschuldverschreibungen können darüber hinaus auch der Aktie angenähert werden. Diese Annäherung erfolgt durch

– Orientierung an dem Dividendensatz eines anderen Unternehmens oder mehrerer Gesellschaften oder

– Zusagung eines Anteils am Liquidationserlös für den Inhaber.

Die Gewinnschuldverschreibung hat jedoch stark an Bedeutung verloren. In der heutigen Finanzierungspraxis wird sie fast völlig von den → *Genussrechten* verdrängt.

2. Ausgabe

Zur Ausgabe von Gewinnschuldverschreibungen bedarf es eines zustimmenden Hauptversammlungsbeschlusses, weil die Maßnahme in die Gewinnverteilungs- und Beteiligungsverhältnisse eingreift und daher unmittelbar Aktionärsinteressen berührt. Die Hauptversammlung ist in der Lage, den Vorstand sogar zur Ausgabe von Anleihen zu verpflichten (§§ 221 Abs. 1 Satz 1, 119 Abs. 1 Nr. 6 AktG). Der Beschluss bedarf der einfachen Stimmenmehrheit und mindestens ¾ des bei der Beschlussfassung vertretenen Grundkapitals (§ 221 Abs. 1 Satz 2 AktG). Die Kapitalmehrheit kann durch Satzung geändert werden. Untergrenze bleibt die einfache Stimmenmehrheit (§ 133 Abs. 1 AktG). Im Übrigen s. → *Wandelschuldverschreibungen*.

3. Publizität

Erforderlich ist die Hinterlegung des Beschlusses über die Ausgabe der Gewinnschuldverschreibungen sowie einer Erklärung über die Ausgabe (Publizitätserfordernis: § 221 Abs. 2 Satz 2 AktG analog). Im Übrigen s. → *Wandelschuldverschreibungen*.

Hinweis auf weitere Stichwörter

- → *Genussrechte*
- → *Inhaberschuldverschreibung*
- → *Obligationen*
- → *Schuldverschreibung*

Gewinnverwendung

1. Begriff 395
2. Gewinnverwendungsbeschluss 395
3. Ausschüttung 397
4. Rücklagen 397

1. Begriff

Nach der Ermittlung des Bilanzgewinns muss die → *Hauptversammlung* einen Beschluss über die Gewinnverwendung fassen. Nur im Falle eines Gewinnausschüttungsbeschlusses steht dem → *Aktionär* ein Zahlungsanspruch gegen die Gesellschaft zu (→ *Dividende*). Der Vorstand kann der Hauptversammlung einen Gewinnverwendungsvorschlag unterbreiten. Der Gewinn kann innerhalb der aktienrechtlichen Vorschriften als Rücklage in das Eigenkapital der Gesellschaft verwendet werden (§ 58 Abs. 2 AktG). Die Hauptversammlung ist an den Vorschlag des Vorstandes jedoch nicht gebunden, sie kann auch eine andere Verwendung des Bilanzgewinns beschließen. Insbesondere kann sie weitere Beträge in die Gewinnrücklage einstellen oder als Gewinn vortragen bzw. auch Zuwendungen an Dritte beschließen (sofern eine entsprechende Satzungsermächtigung hierfür besteht, § 58 Abs. 2 und 3 AktG). Fasst sie einen abweichenden Beschluss, sind die bilanziellen Auswirkungen erst im nächsten Jahresabschluss aufzuzeigen, so dass bis dahin der (offen zu legende) Gewinnverwendungsbeschluss als Ergänzung der Bilanz zu lesen ist (§ 174 Abs. 3 AktG; vgl. auch § 152 Abs. 3 Nr. 1 AktG, § 325 Abs. 1 Satz 1 und 3 HGB).

2. Gewinnverwendungsbeschluss

▷ **Zuständigkeit:** Über die Verwendung des Bilanzgewinns beschließt die Hauptversammlung durch → *Beschluss* (§§ 119 Abs. 1 Nr. 2, 174 Abs. 1 Satz 1 AktG).

▷ **Verfahren:** Die Hauptversammlung ist bei dem Beschluss über die Gewinnverwendung an den vom Vorstand und Aufsichtsrat festgestellten Jahresabschluss gebunden (§§ 172, 174 Abs. 1 Satz 2 AktG). In der Hauptversammlung sind der Jahresabschluss, der Lagebericht, der Bericht des Aufsichtsrats und der Gewinnverwendungsvorschlag des Vorstands durch den Vorstand vorzulegen, was durch die Auslage von Mehrfertigungen der Unterlagen im Versammlungsraum erfolgt (§ 176 Abs. 1 AktG; *Hüffer*, AktG, 7. Aufl. 2006, § 176 Rn. 2). Ist der Jahresabschluss von der Hauptversammlung festzustellen, weil Vorstand und Aufsichtsrat dies beschlossen haben oder weil der Aufsichtsrat den Jahresabschluss nicht gebilligt hat, ist in der Hauptversammlung der Beschlussvorschlag des Vorstands in Mehrfertigung auszulegen. Der Beschluss über die Feststellung des Jahresabschlusses und der Beschluss über die Gewinnverwendung sind zusammenhängend in der gleichen Hauptversammlung zu verhandeln (*Hüffer*, AktG, 7. Aufl. 2006, § 175 Rn. 7).

▷ **Inhalt:** In dem Gewinnverwendungsbeschluss ist die Verwendung des Bilanzgewinns (§ 158 Abs. 1 AktG) im Einzelnen darzulegen, wobei insbesondere anzugeben sind (§ 174 Abs. 2 AktG)

- der Bilanzgewinn,
- der an die Aktionäre auszuschüttende Betrag,
- die in Gewinnrücklagen einzustellenden Beträge,
- ein Gewinnvortrag,
- der zusätzliche Aufwand aufgrund des Beschlusses.

▷ **Anspruch der Aktionäre** auf den Gewinnverwendungsbeschluss: Aus dem Gewinnanspruch des Aktionärs (s.o.) resultiert das Recht auf Herbeiführung eines Gewinnverwendungsbeschlusses. Dieser Anspruch entsteht mit der Feststellung des Jahresabschlusses, soweit dieser einen Bilanzgewinn ausweist (BGHZ 124, 27). Er ist als das generelle Recht auf die Beteiligung am Gewinn nicht selbständig übertragbar. Einklagbar ist der Anspruch mit Ablauf der achtmonatigen Frist für die Einberufung der Hauptversammlung. Klagegegner ist die Aktiengesellschaft. Die Klage kann nur auf die Fassung eines Gewinnverwendungsbeschlusses, nicht aber auf einen mit bestimmtem Inhalt gerichtet sein. Bei einem obsiegenden Urteil ist nach § 888 ZPO zu vollstrecken.

▷ **Anfechtung:** Will sich ein Aktionär gegen den Gewinnverwendungsbeschluss der Hauptversammlung wehren, kann er den Beschluss anfechten (§§ 243 ff. AktG). Anfechtbar sind solche Gewinnverwendungsbeschlüsse, die Mängel aufweisen, die nicht so schwerwiegend sind, dass sie zur Nichtigkeit führen (s.u.). Diese sind (zumindest vorläufig) wirksam und nur „vernichtbar". Neben den allgemeinen Anfechtungsgründen gemäß § 243 AktG gibt es bei Gewinnverwendungsbeschlüssen weitere besondere Anfechtungsgründe (§ 254 Abs. 1 AktG):

- die anderweitige Verwendung des Bilanzgewinns ohne die hierfür erforderliche Satzungsgrundlage;

> **Beispiel**
>
> Wenn die Hauptversammlung aus dem Bilanzgewinn Beträge in Gewinnrücklagen einstellt oder als Gewinn vorträgt (die nicht nach Gesetz oder Satzung von der Verteilung unter die Aktionäre ausgeschlossen sind), obwohl die genannten Verwendungsformen bei vernünftiger kaufmännischer Betrachtung nicht notwendig sind, um die Lebens- und Widerstandsfähigkeit der Gesellschaft für einen hinsichtlich der wirtschaftlichen und finanziellen Notwendigkeiten übersehbaren Zeitraum (bis etwa fünf Jahre) zu sichern, und dadurch unter die Aktionäre kein Gewinn von mindestens 4 % des Grundkapitals abzüglich von noch nicht geforderten Einlagen verteilt werden kann (Gewinnthesaurierung).

- die Nichteinhaltung des vorgeschriebenen Beschlussinhaltes.

Anfechtungsbefugt sind Aktionäre, deren Anteile zusammen mindestens 5 % des Grundkapitals oder den anteiligen Betrag von 500 000 Euro erreichen. Für das Verfahren gelten grundsätzlich dieselben Vorschriften wie bei sonstigen Beschlussanfechtungen (§§ 244–248 AktG). Die Anfechtungsfrist beginnt mit dem Beschluss der Hauptversammlung, auch wenn der Jahresabschluss wegen nachträglicher Änderungen nochmals geprüft werden muss (§ 316 Abs. 3 HGB, § 254 Abs. 2 Satz 1 AktG).

▷ **Nichtigkeit:** Der Gewinnverwendungsbeschluss ist dann nichtig, wenn die Feststellung des → *Jahresabschlusses*, auf dem er beruht, nichtig ist (§ 256 AktG, *Akzessorietät*). Ein Beruhen ist gegeben, wenn der im nichtigen Jahresabschluss ausgewiesene Bilanzgewinn zugrunde gelegt wird. Kann die Nichtigkeit der Feststellung des Jahresabschlusses nicht mehr geltend gemacht werden, entfällt diese Möglichkeit auch für den Gewinnverwendungsbeschluss (§ 253 Abs. 1 Satz 2 AktG). Ist eine Heilung des fehlerhaft festgestellten Jahresabschlusses möglich, so ist der Gewinnverwendungsbeschluss wirksam (§§ 256 Abs. 6, 242 AktG). Verbleibt es aber bei der Nichtigkeit des Gewinnverwendungsbeschlusses, dann haben die Aktionäre keinen Anspruch auf Dividendenzahlungen, weil erst durch den Gewinnverwendungsbeschluss ein Zahlungsanspruch entsteht (§§ 58 Abs. 4, 174 Abs. 2 AktG).

3. Ausschüttung

Formen der Gewinnausschüttung:

- offene Gewinnausschüttung (→ *Dividende*),
- verdeckte Gewinnausschüttung (→ *verdeckte Gewinnausschüttung*).

4. Rücklagen

Neben den Kapitalrücklagen stellen auch die Gewinnrücklagen Eigenkapital der Aktiengesellschaft dar (§ 266 Abs. 3 A II und III HGB, → *Rücklagen*). Die → *Satzung* kann vorsehen, Vorstand und Aufsichtsrat zu ermächtigen, mehr als die Hälfte des Jahresüberschusses in andere Gewinnrücklagen einzustellen. Eine Verpflichtung zur erhöhten Rücklagenbildung ist nicht möglich. Eine Höchstgrenze besteht nicht, so dass die Verwaltung ermächtigt werden kann, den vollen Jahresüberschuss zu thesaurieren. Die Satzung muss aber eine feste Obergrenze angeben, um den Aktionären die Tragweite ihrer Entscheidung vor Augen zu führen (die Wiederholung des Gesetzeswortlautes genügt nicht).

Hinweis auf weiterführende Literatur: *Prinz/Thurmayr*, Die „doppelte EK 45-Umgliederungsfalle". Ist die Saldierung von empfangenen und geleisteten Gewinnausschüttungen einer Kapitalgesellschaft gesetzlich ausgeschlossen?, GmbHR 2001, 798 ff.; *Wassermeyer*, Können organschaftliche Mehrabführungen Gewinnausschüttungen sein?, GmbHR 2003, 313 ff.

Hinweis auf weitere Stichwörter

→ *Beschluss*	→ *Jahresabschluss*
→ *Dividende*	→ *Rücklagen*
→ *Hauptversammlung*	

Girosammelverwahrung

Girosammelverwahrung bedeutet die Verwahrung aller → *Aktien* derselben Art auf einem Depotkonto. Der → *Aktionär* ist dadurch am Sammelbestand lediglich Miteigentümer nach Bruchteilen. Üblich ist die zentrale Verwahrung bei einer Wertpapiersammelbank. Dadurch können Übertragungen zwischen Banken ohne Übergabe von Urkunden durch bloße Umbuchung erfolgen (Effektengiroverkehr). Aufgrund der Möglichkeit der Girosammelverwahrung ist eine Einzelverbriefung von Aktien nicht mehr notwendig und heute auch nicht mehr üblich.

Hinweis auf weitere Stichwörter

→ *Effekten* | → *Verbriefung*

Gläubigerpapiere

Zur Bereitstellung von Kapital werden Wertpapiere ausgegeben. Dies kann in Form von Beteiligungspapieren oder Gläubigerpapieren erfolgen. Gläubigerpapiere sind Unterpfand einer Forderung, im Gegensatz zu Beteiligungspapieren, die einen Anteil am Unternehmen gewähren (z.B. Aktien). Gläubigerpapiere einer Aktiengesellschaft sind

- Industrieobligationen,
- Gewinnschuldverschreibungen,
- Optionsschuldverschreibungen (Grenzbereich zu Beteiligungspapieren) sowie
- Wandelschuldverschreibungen (Grenzbereich zu Beteiligungspapieren)

Hinweis auf weitere Stichwörter

→ *Aktie* | → *Schuldverschreibung*
→ *Option*

Gläubigerrechte

▷ **Rechte der AG:** Neben ihren eigenen Ansprüchen gegen die Aktiengesellschaft können Gläubiger auch Ansprüche der Aktiengesellschaft gegen → *Verwaltungsmitglieder* oder → *herrschende Gesellschaften* und deren Verwaltungsmitglieder im eigenen Namen geltend machen (§§ 62 Abs. 2, 93 Abs. 5, 309 Abs. 4, 310 Abs. 4, 317 Abs. 4, 318 Abs. 4 AktG, → *Prozessstandschaft*). Dabei haben die

Gläubiger nur Anspruch auf Leistung an die Gesellschaft (*Ausn.* § 93 Abs. 5 AktG, vgl. *Hüffer*, AktG, 7. Aufl. 2006, § 93 Rn. 32). Die Rechtsstellung der Gläubiger wird dadurch im Vergleich zu allgemeinen Regeln der Rechtsverfolgung deutlich verbessert.

▷ **Aktionäre** werden zu Gläubigern der Gesellschaft, wenn sie ihren Dividendenzahlungsanspruch oder den Anspruch auf Abwicklungsüberschuss gegen die Gesellschaft geltend machen (§§ 58, 174, 271 AktG).

Hinweis auf weitere Stichwörter

- → *Abwicklung*
- → *Dividende*
- → *Prozessstandschaft*
- → *Schadenersatz*

Gleichbehandlung der Aktionäre

1. Begriff 399
2. Maßstäbe 399
3. Ausnahme 400
4. Verstoß gegen den Gleichbehandlungsgrundsatz 400

1. Begriff

Der *Gleichbehandlungsgrundsatz* ist ein wesentliches Grundprinzip der Aktiengesellschaft und stellt ein Instrument der sog. Einwirkungskontrolle des Aktionärs in Form der Abwehrbefugnis dar. Das Recht auf gleichmäßige Behandlung kann nachträglich nicht ohne Zustimmung aller Beteiligten beseitigt werden. Ein Mehrheitsbeschluss, auch wenn er mit satzungsändernder Mehrheit zustande kommt, genügt keinesfalls.

2. Maßstäbe

▷ Steht die Ausübung von **Hauptrechten** in Frage, so ist hinsichtlich der Rechtstellung des Aktionärs grundsätzlich das Verhältnis der Kapitalbeteiligung maßgeblich.

Beispiele für Hauptrechte

- → *Stimmrecht* (§§ 12, 134 AktG),
- Dividendenanspruch (→ *Dividende*).

▷ Bei der Ausübung sog. **Hilfsrechte** gilt die Gleichbehandlung nach Köpfen ohne Rücksicht auf das Maß der Beteiligung am Grundkapital.

Gleichbehandlung der Aktionäre

> **Beispiele für Hilfsrechte**
> - Recht auf Teilnahme an der Hauptversammlung (→ *Teilnahmerecht*),
> - Anfechtungsrecht (→ *Anfechtung*),
> - Auskunftsrecht (→ *Auskunftspflicht*).

▷ Das Willkürverbot wird noch durch die gesellschaftsrechtliche **Treuepflicht** ergänzt (→ *Treuepflicht*).

3. Ausnahme

▷ **Sachliche Rechtfertigung:** Eine ungleiche Behandlung von Aktionären ist nur dann zulässig, wenn sie sachlich gerechtfertigt ist und somit nicht Züge der Willkür trägt (§ 53a AktG). Eine sachliche Rechtfertigung für eine Ungleichbehandlung (Eingriff in die Mitgliedschaft) wird dann angenommen, wenn

- ein bestimmtes Gesellschaftsinteresse dies erfordert und
- die Ungleichbehandlung auch unter Berücksichtigung der Aktionärsinteressen als gerechtfertigt erscheint.

Darüber hinaus kann die → *Satzung* von vornherein ungleich berechtigte Aktionäre schaffen.

> **Beispiele**
> - Ausgabe von → *Vorzugsaktien*,
> - Einräumung des Rechts auf Entsendung von → *Aufsichtsratsmitgliedern* oder
> - Gewährung sonstiger → *Sonderrechte*.

4. Verstoß gegen den Gleichbehandlungsgrundsatz

▷ **Gleichbehandlungsgebot:** Bei dem Gleichbehandlungsgrundsatz handelt es sich um eine an die Aktiengesellschaft gerichtete Verhaltensregel, die sowohl bei der Rechtsausübung als auch bei seiner Inanspruchnahme zu beachten ist. Eine Verletzung dieser Verhaltensregel wird vom Gesetz mit verschiedenen Sanktionen, insbesondere der Anfechtbarkeit von Hauptversammlungsbeschlüssen, geahndet (§ 243 Abs. 1 AktG, BGHZ 120, 41, 150 ff.). Liegt eine Ungleichbehandlung vor und ist eine sachliche Rechtfertigung (s.o.) nicht gegeben, verstößt die Maßnahme gegen das Gleichbehandlungsgebot.

▷ **Rechtsfolgen:**
- Eine *Maßnahme des Vorstandes*, die gegen das Gleichbehandlungsgebot verstößt, ist grundsätzlich unwirksam und kann z.B. Leistungsverweigerungsrechte der betroffenen Aktionäre begründen;

– Beruht der Verstoß auf einem *Beschluss der Hauptversammlung*(→ *Beschluss: 4. Hauptversammlung*), so ist dieser anfechtbar (§ 243 Abs. 1 AktG). Eine Nichtigkeitsfolge wäre unangemessen, weil die betroffenen Aktionäre den Verstoß nachträglich durch ihre Zustimmung sanktionieren können (OLG Oldenburg AG 1994, 417, 418). Nichtig, weil mit dem Wesen einer Aktiengesellschaft unvereinbar, ist aber ein Hauptversammlungsbeschluss, der das Gleichbehandlungsgebot allgemein außer Kraft setzt (§ 241 Nr. 3 AktG).

Hinweis auf weitere Stichwörter

→ *Aktionär*
→ *Beschluss: 4. Hauptversammlungsbeschluss*

→ *Prinzipien*
→ *Vorstand*

Gleichordnungskonzern

Unter dem Begriff Gleichordnungskonzern ist die Zusammenfassung mehrerer vertraglich oder auch nur faktisch verbundener Unternehmen unter einer einheitlichen Leitung zu verstehen, ohne dass dabei das eine Unternehmen zu dem anderen in einem Abhängigkeitsverhältnis steht. Dabei muss die einheitliche Leitung nicht durch ein eigenes geschaffenes gemeinschaftliches Leitungsorgan erfolgen, sondern kann auch von der Konzernspitze ausgeübt werden. Eine solche Zusammenfassung der Leitungsfunktion setzt auch eine – gegebenenfalls konkludent getroffene – vertragliche Abrede voraus (BGH AG 1999, 181, 182). Fehlt eine solche Absprache, so kommt ein faktischer *Gleichordnungskonzern* dann in Betracht, wenn die Begründung einheitlicher Leitung der nicht abhängigen Unternehmen sich aus den Gesamtumständen, insbesondere personellen Verflechtungen, einheitlichen Zielvorgaben und gleichgerichtetem Verhalten der Konzerngesellschaften ergibt. Eine vollständige Identität ist hierbei nicht wesensnotwendig.

Hinweis auf weitere Stichwörter

→ *Faktischer Konzern*
→ *Konzern*

Greenshoe

Bei dem Greenshoe handelt es sich um eine kurspflegende Maßnahme, mit der einem Sinken des Börsenkurses unter den Ausgabepreis begegnet werden soll. Er gibt den Emissionsbanken die Möglichkeit, mehr → *Aktien* zuzuteilen, als sie zunächst von der Gesellschaft oder den abgebenden Aktionären beziehen. Üblich ist eine – durch Wertpapierleihe zu beschaffende – Mehrzuteilung bis zu 15 % des Emissionsvolumens.

- Bei *fallenden Aktienkursen* nehmen die Emissionsbanken im Wege von Stützungskäufen Aktien wieder vom Markt, um damit ihre Rückgabeverpflichtung aus der Wertpapierleihe zu erfüllen.

- Bei *steigenden Aktienkursen* würde ein Ankauf auf dem Markt für die Emissionsbanken allerdings ein Verlustgeschäft bedeuten, da sie sich zu über dem Bezugspreis liegenden Preisen eindecken müssten. Deshalb wird ihnen über die Bereitstellung durch ein bedingtes Kapital oder durch eine verbindliche Zusage der Altaktionäre für einen Zeitraum von ca. 30 bis 45 Tagen eine Option auf den Bezug weiterer Aktien zu Original-Konditionen eingeräumt.

Hinweis auf weiterführende Literatur: *Busch*, Aktuelle Rechtsfragen des Bezugsrechts und Bezugsrechtsausschlusses beim Greenshoe im Rahmen von Aktienemissionen, AG 2002, 230 ff.; *Groß*, Das Ende des sog. „Greenshoe"?, ZIP 2002, 160 ff.; *A. Meyer*, Der Greenshoe und das Urteil des Kammergerichts, WM 2002, 1106 ff.; *Schanz*, Zur Zulässigkeit des Greenshoe-Verfahrens nach deutschem Aktienrecht, BKR 2002, 439 ff.

Hinweis auf weitere Stichwörter

→ *Bookbuilding-Verfahren* → *Festpreisverfahren*
→ *Emission*

Große Aktiengesellschaft

▷ **Große Aktiengesellschaften** sind Aktiengesellschaften, die entweder an einem organisierten Markt gehandelt werden bzw. die Zulassung hierfür beantragt haben oder mindestens 2 der folgenden Merkmale erfüllen (§ 267 Abs. 3 HGB):

- Bilanzsumme größer als 16 060 000 Euro nach Abzug eines auf der Aktivseite ausgewiesenen Fehlbetrags (§ 268 Abs. 3 HGB);
- Umsatzerlöse höher als 32 120 000 Euro in den 12 Monaten vor dem Abschlussstichtag;
- Zahl der Arbeitnehmer mehr als 250 im Jahresdurchschnitt.

Die → *Abschlussprüfung* kann bei großen Aktiengesellschaften nur durch Wirtschaftsprüfer bzw. Wirtschaftsprüfungsgesellschaften erfolgen (§ 319 Abs. 1 Satz 1 HGB).

▷ **Mittelgroße Aktiengesellschaften** sind Aktiengesellschaften, die mindestens 2 der o.g. Werte unterschreiten und min. 2 der folgenden Werte erfüllen (§ 267 Abs. 2 HGB):

- Bilanzsumme über 4 015 000 Euro nach Abzug eines auf der Aktivseite ausgewiesenen Fehlbetrags (§ 268 Abs. 3 HGB),
- über 8 030 000 Euro Umsatzerlöse in den 12 Monaten vor dem Abschlussstichtag,
- mehr als 50 Arbeitnehmer im Jahresdurchschnitt.

Die Rechtsfolgen dieser Merkmale treten erst ein, wenn sie an 2 aufeinander folgenden Geschäftsjahren vorliegen (§ 267 Abs. 4 HGB).

Hinweis auf weitere Stichwörter

→ *Aktiengesellschaft*
→ *Börsennotierung*

→ *Börsensegmente*
→ *Kleine Aktiengesellschaft*

Gründer

1. Begriff 403
2. Gründerzahl 403
3. Gründerfähigkeit 404
4. Gründerhaftung 405

1. Begriff

Gründer sind diejenigen Personen, welche die → *Satzung* feststellen und die → *Aktien* übernehmen (§§ 28, 29 AktG). Personen, die zwar an der Feststellung des Gesellschaftsvertrages, also der Errichtung der Satzung, beteiligt sind, ohne Aktien gegen Einlagen zu übernehmen, sind keine Gründer (§ 2 AktG).

2. Gründerzahl

Eine → *Aktiengesellschaft* kann durch eine oder mehrere Personen errichtet werden (seit der Zulassung der Einmanngründung durch das Gesetz zur Deregulierung des Aktienrechts v. 2.8.1994, BGBl. I, 1961).

▷ Bei **Beteiligung mehrerer Personen** wird die Satzung durch Vertrag festgestellt. Die Aktien müssen von den Gründern gegen → *Einlage* übernommen werden. Die Gründer müssen alle Aktien zugleich mit der Satzungsfeststellung übernehmen (*Grundsatz der Einheitsgründung*).

▷ Bei einer **Einmann-Gründung** der Aktiengesellschaft ist die einseitige Erklärung des Gründers erforderlich und ausreichend (Feststellung der Satzung durch eine Person). In diesem Falle müssen die Aktien vom alleinigen Gründer übernommen werden. Die früher oft praktizierte → *Strohmanngründung* (die rechtlich nicht zu beanstanden ist und insbesondere kein Scheingeschäft nach § 117 BGB darstellt), hat damit weitgehend ihre Bedeutung verloren. Die Kapitalaufbringung wird dadurch gewährleistet, dass bei der Gründung durch eine Person der Gründer für den Teil der Geldeinlage, der den eingeforderten Betrag übersteigt, eine Sicherheit zu bestellen hat (§ 36 Abs. 2 AktG). Die Zahl der Gründer kann im Stadium vor der Errichtung der Gesellschaft und der → *Eintragung* weder vergrößert noch verkleinert werden, da vor der Eintragung Anteilsrechte an der → *Vor-AG* nicht übertragen werden können (§ 41 Abs. 4 Satz 1 AktG). Nach der Eintragung steht einer Veränderung der Zahl der Aktionäre nichts entgegen.

3. Gründerfähigkeit

▷ **Grundsatz:** Gründer können natürliche oder juristische Personen sein, aber auch Personenhandelsgesellschaften, eine AG & Co. KG/GmbH & Co. KG, eine Erbengemeinschaft oder ein nicht rechtsfähiger Verein. Die Gründer müssen grundsätzlich voll geschäftsfähig oder gesetzlich vertreten sein. Fehlt die Geschäftsfähigkeit oder ist das Vertretungsverhältnis nicht ordnungsgemäß, wird dieser Gründer nicht verpflichtet. Daran ändert sich auch durch die → *Eintragung* der Gesellschaft ins → *Handelsregister* nichts. Durch die Geschäftsunfähigkeit wird zwar die Entstehung der Aktiengesellschaft nicht gehindert (→ *Gründung*), jedoch genießt der Schutz des Geschäftsunfähigen Vorrang gegenüber dem Verkehrs- oder Vertrauensinteresse.

▷ **Natürliche Personen:** Jede natürlich Person kann sich an der Gründung beteiligen, unabhängig von der Staatsangehörigkeit und der Geschäftsfähigkeit. Für Angehörige von Drittstaaten besteht eine Meldepflicht, die für Angehörige der Mitgliedstaaten der EU nicht gilt. Bei Geschäftsunfähigkeit muss sich der Gründer durch seinen gesetzlichen Vertreter vertreten lassen (§ 104 BGB). Bei beschränkter Geschäftsfähigkeit ist ebenfalls eine Vertretung erforderlich, da durch die Gründung der Aktiengesellschaft nicht lediglich ein rechtlicher Vorteil erlangt wird, sondern auch Verpflichtungen eingegangen werden (§ 106 BGB, z.B. Haftung gemäß §§ 41 Abs. 1, 46 AktG, aktienrechtliche → *Treuepflichten*). Der gesetzliche Vertreter bedarf regelmäßig der Genehmigung des Vormundschaftsgerichts (§§ 1822 Nr. 3, 1643 Abs. 1 BGB). Die Genehmigung ist auf jeden Fall dann zu erteilen, wenn die Vor-AG ihre Geschäfte bereits aufnimmt. Sofern die Einlagen bei Übernahme nicht voll eingezahlt werden, ergibt sich das Genehmigungserfordernis aus § 46 Abs. 4 AktG i.V.m. § 1822 Nr. 10 BGB. Zu beachten ist darüber hinaus die Erfordernis einer Pflegschaft (§ 1909 BGB), wenn ein Selbstkontrahierungsverbot besteht (§ 181 BGB).

Beispiel

Die Pflegschaft ist erforderlich, wenn ein Vater für mehrere minderjährige Kinder oder für sich und gleichzeitig mindestens ein minderjähriges Kind als Gründer handeln will.

▷ **Juristische Personen:** Nur inländische juristische Personen können Gründer sein. Dies gilt selbst für Idealvereine, die sich im Rahmen ihres Netzwerkprivilegs an einer Aktiengesellschaft mit erwerbswirtschaftlichem Gegenstand beteiligen wollen.

▷ **Personengemeinschaften:** Gründer einer Aktiengesellschaft können insbesondere Personengesellschaften in der Rechtsform einer OHG oder KG sein. Auch eine Gesellschaft bürgerlichen Rechts (GbR) kann Gesellschafter und damit Gründer einer Aktiengesellschaft sein (§§ 705 ff. BGB, vgl. BGHZ 118, 83, 99 für die GmbH und Genossenschaft). Ihre Haftung ist allerdings für die Gründung unbeschränkbar. Auch eine Erbengemeinschaft/Alleinerbe kann Gründer einer Aktiengesellschaft sein, wenn der Erbfall nach Errichtung der Aktiengesellschaft eintritt (§ 29 AktG; *Hüffer*, AktG, 7. Aufl. 2006, § 2 Rn. 11, str.). In diesem Fall besteht die

Möglichkeit, die Haftung auf den Nachlass zu beschränken. Die Beteiligung der Erbengemeinschaft/des Alleinerben für den Erbfall vor Errichtung der Aktiengesellschaft wird trotz der Möglichkeit, die Haftung auf den Nachlass zu beschränken, überwiegend bejaht. Wenn der Erbfall zwischen Errichtung und Eintragung eintritt, ist die Einsetzung eines Testamentsvollstreckers unproblematisch (§ 39 AktG). Der Testamentsvollstrecker verwaltet die in den Nachlass gefallenen Aktien (§ 2209 BGB, gegebenenfalls auch § 2203 BGB); er übt ferner die aus den Aktien resultierenden Mitgliedschaftsrechte und insbesondere die Stimmrechte aus. Sollen die Aktien dem Publikum angeboten werden, beteiligt sich in der Regel ein Bankenkonsortium in der Rechtsform einer Gesellschaft des bürgerlichen Rechts an der Gründung. Die *Konsortialbanken* übernehmen die Aktien und bieten sie anschließend auf dem Markt an. Diese Banken sind dann Gründer mit allen straf- und zivilrechtlichen Haftungsrisiken (§§ 46, 399 Abs. 1 Nr. 1 und 2 AktG).

▷ **Treuhänder und Strohmänner:** Gründer dürfen auch im eigenen Namen und für fremde Rechnung handeln, wenn von vornherein das Ziel verfolgt wird, eine Einpersonen-AG zu gründen (→ *Strohmanngründung*). Heimlichkeit ist hierfür nicht erforderlich. Das Handeln durch einen Strohmann lässt die erklärte Rechtsfolge (Gründung) auch tatsächlich eintreten, da der Geschäftswille zur Errichtung einer Aktiengesellschaft vorhanden ist und der angestrebte Erfolg ernstlich gewollt ist. Ein nichtiges Scheingeschäft ist deswegen nicht anzunehmen. Der Strohmann wird als Gründer mit allen gesetzlichen (auch haftungsrechtlichen) Folgen behandelt, selbst wenn alle anderen Mitgründer seine Strohmanneigenschaft kannten (§ 46 Abs. 1–4 AktG). Die Tätigkeit für fremde Rechnung berührt die Stellung des Strohmannes nach außen nicht. Hinzu kommt die Haftung seines Hintermannes, so dass die Sicherung der Aufbringung des Grundkapitals bei einer Strohmanngründung eher noch in höherem Maße als bei einer Einmann-Gründung sichergestellt ist (§ 46 Abs. 5 AktG). Die Gründer können aber auch für Rechnung anderer Personen Aktien übernehmen (§§ 32 Abs. 3, 33 Abs. 2 Nr. 2, Abs. 5 Satz 2, 46 Abs. 5 AktG, *treuhänderische Gründung*). Der Treuhänder ist dann Aktionär mit allen Rechten und Pflichten.

4. Gründerhaftung

▷ **Haftung gegenüber der Aktiengesellschaft:** Die Gründer (und ihre Hintermänner) sind gegenüber der eingetragenen Aktiengesellschaft verantwortlich für die Richtigkeit und Vollständigkeit der Angaben, die zum Zwecke der Gründung der Gesellschaft gemacht worden sind über (§ 46 AktG)

- die Übernahme der Aktien,
- die Einzahlung auf die Aktien,
- die Verwendung eingezahlter Beträge,
- Sondervorteile,
- Gründungsaufwand,
- Sacheinlagen und Sachübernahmen.

Außerdem sind die Gründer verantwortlich (§ 54 Abs. 3 AktG)

- für die Geeignetheit der für die Annahme von Einzahlungen auf das Grundkapital bestimmten Stelle und
- dafür, dass die eingezahlten Beträge zur freien Verfügung des Vorstands stehen. Das erforderliche Verschulden wird gesetzlich vermutet und ist gegebenenfalls zu widerlegen.

Falls **Verluste** zum Zeitpunkt der Eintragung der Aktiengesellschaft bestehen, haften die Gründer der Gesellschaft gegenüber nur auf anteilige Verlustübernahme im Innenverhältnis. Die Fälligkeit dieses Verlustausgleichsanspruchs der Vorgesellschaft tritt erst zum Zeitpunkt des Scheiterns der Eintragung, Eröffnung des Insolvenzverfahrens oder der Liquidation ein (→ *Vor-AG*).

Nach der Eintragung der Gesellschaft in das Handelsregister ist anhand einer Vermögensbilanz zu ermitteln, ob und inwieweit das Vermögen der Gesellschaft wertmäßig hinter dem Grundkapital zurückbleibt. Die Vermögensgegenstände sind dabei unter Auflösung der stillen Reserven anzusetzen. Bei Unternehmen sind Fortführungswerte zugrunde zu legen, sofern mit einer → *Fortführung* des Unternehmens tatsächlich gerechnet werden kann; ist dies nicht der Fall, ist auf die Zerschlagungswerte abzustellen (vgl. BGH NJW 1999, 283 – allerdings insoweit zweifelhaft, als bei Unternehmen hiernach augenscheinlich in jedem Falle auf die Ertragswertmethode zur Bestimmung des Unternehmenswerts abgestellt werden soll; BGHZ 124, 282). Noch ausstehende Einlagen und etwaige Ansprüche (§§ 46 ff. AktG) sind ebenso wie alle anderen Vermögensgegenstände zu aktivieren. Der in der Satzung ordnungsgemäß festgesetzte Gründungsaufwand, der das Vermögen der eingetragenen Gesellschaft belasten darf, ist entweder in der Vermögensbilanz unberücksichtigt zu lassen oder durch einen Gegenposten auf der Aktivseite in gleicher Höhe zu neutralisieren (§ 26 Abs. 2 AktG). Für einen sich hiernach ergebenden Fehlbetrag haften die Gründer der Aktiengesellschaft gegenüber anteilig entsprechend ihrer Beteiligung an der Aktiengesellschaft (§ 46 AktG).

Zahlungsausfall: Entsteht der Gesellschaft ein Ausfall, weil ein Aktionär zahlungsunfähig oder unfähig ist, die versprochene Sacheinlage zu leisten, schulden ihr diejenigen Gründer, welche die Beteiligung des Aktionärs in Kenntnis seiner Zahlungsunfähigkeit oder Leistungsunfähigkeit angenommen haben, Ersatz. Der Aktiengesellschaft obliegt die Beweislast der notwendigen Kenntnis.

Verzicht und Vergleich: Ein Verzicht auf oder Vergleich über die der Gesellschaft zustehenden Ansprüche (§§ 46–48 AktG – nicht: § 49 AktG) ist erst dann möglich, wenn die Gesellschaft 3 Jahre in das Handelsregister eingetragen ist, die Hauptversammlung dem zustimmt und nicht eine Aktionärsminderheit, deren Anteile zusammen 10 % des Grundkapitals erreichen, zur Niederschrift Widerspruch erhebt (§ 50 AktG). Die zeitliche Beschränkung gilt nicht, wenn der Ersatzpflichtige zahlungsunfähig ist und sich zur Abwendung des Insolvenzverfahrens mit seinen Gläubigern vergleicht oder wenn die Ersatzpflicht in einem Insolvenzplan geregelt ist.

Verjährung: Die Ansprüche der Gesellschaft gegen die Gründer, andere Personen, den Vorstand und den Aufsichtsrat sowie die Gründungsprüfer verjähren in 5 Jahren. Die Verjährungsfrist beginnt mit der Eintragung der Gesellschaft in das Handelsregister oder – wenn die zum Ersatz verpflichtende Behandlung später begangen worden ist – mit der Vornahme der Handlung (§ 51 AktG).

▷ **Haftung gegenüber Dritten:** Eine Außenhaftung der Gründer ist grundsätzlich ausgeschlossen (BGHZ 134, 333 zu dem entsprechenden GmbH-Recht, sehr streitig). *Ausn.* die Gesellschaft verfügt über kein Vermögen mehr, es gibt keine Vertretungsorgane mehr oder neben dem Anspruchsteller existieren keine anderen Gläubiger der Gesellschaft mehr (zur Haftung wegen fehlerhafter Angaben und zur Vorbelastungshaftung s.o.). Im Gründungsstadium ist vorzugsweise von einer Haftung der Gründer entsprechend der OHG-Regelung auszugehen, wobei diese Haftung mit → *Eintragung* der Gesellschaft erlischt und im Insolvenzverfahren nur noch durch den Insolvenzverwalter geltend gemacht werden kann (§ 93 InsO).

▷ **Vertragliche Haftung:** In der Praxis spielen vertragliche Haftungsvereinbarungen insbesondere bei der Kreditvergabe eine Rolle, da die Banken das Gesellschaftsvermögen in der Regel als nicht ausreichende Haftungsmasse ansehen. Als zusätzliche Sicherheit wird daher häufig eine Mithaftung oder Ausfallhaftung der Gesellschafter in Form von Bürgschaften, Garantien oder Schuldbeitritten gefordert. Daneben sind so genannte Patronatserklärungen üblich geworden. Hierin gibt die Muttergesellschaft gegenüber dem oder den Gläubigern ihrer Tochtergesellschaft bestimmte Versicherungen hinsichtlich deren Fähigkeit, ihre Verbindlichkeiten zu erfüllen, ab. Grundsätzlich wird dabei zwischen weichen („wir werden unser möglichstes tun, ...") und harten („wir haften ...") Patronatserklärungen unterschieden (IdW, HFA 2/1976 idF. 1990, BFA 1/1977). Im Übrigen gelten die Grundsätze der Rechtsscheinhaftung und des Verschuldens bei Vertragsschluss (§§ 311 ff. BGB, → *culpa in contrahendo*).

Hinweis auf weitere Stichwörter

→ *Aktie*
→ *Gründung*

→ *Gründungsbericht*
→ *Gründungsprüfung*

Gründung

1. Begriff 407
2. Gründungsverfahren 408
3. Beteiligte 409
4. Aktienübernahme 409
5. Gründungsurkunde 409
6. Anmeldung 410
7. Mängel 411
8. Haftung 413

1. Begriff

Bevor die Aktiengesellschaft als juristische Person entsteht, muss sie eine Gründungsphase durchlaufen.

Gründung

2. Gründungsverfahren

Der Gründungsvorgang lässt sich in 9 zeitlich aufeinanderfolgende Abschnitte unterteilen:

▷ **Feststellung der Satzung** (§ 23 Abs. 5 AktG): Beginn der Gründung ist die Feststellung der → *Satzung* durch notarielle → *Beurkundung*. An der Feststellung der Satzung müssen eine oder mehrere Personen beteiligt sein, welche bereit sind, alle Aktien gegen Einlagen zu übernehmen (§ 28 AktG). Die → *Gründer* können sich durch einen mit notariell beglaubigter Vollmacht ausgestatteten Dritten vertreten lassen (§ 23 Abs. 1 Satz 2 AktG, §§ 164 ff. BGB).

▷ **Übernahme der Aktien** (§ 29 AktG, *Grundsatz der Einheitsgründung*): Zugleich mit der notariellen Beurkundung der Satzung erfolgt die Übernahme aller Aktien durch die → *Gründer*. Mit der Übernahme der Aktien ist die Aktiengesellschaft errichtet. Bis zur Errichtung besteht eine → *Vorgründungsgesellschaft*, nach der Errichtung eine → *Vor-AG*.

▷ **Bestellung des ersten Aufsichtsrats und des Abschlussprüfers** (§§ 30, 31 AktG): Die Gründer bestellen die ersten Aufsichtsratsmitglieder (→ *Aufsichtsrat*). Die Bestellung ist bis zur Beendigung der → *Hauptversammlung* begrenzt, die über die Entlastung über das erste Voll- oder Rumpfgeschäftsjahr beschließt (§ 30 Abs. 3 AktG). Im Falle einer → *Sachgründung* gilt für die Aufsichtsratsmitglieder der Arbeitnehmer diese zeitliche Beschränkung nicht.

▷ **Bestellung des ersten Vorstandes** (§ 30 Abs. 4 AktG): Der Aufsichtsrat bestellt den ersten → *Vorstand*. Der Aufsichtsrat der Gesellschaft konstituiert sich in einer ersten Sitzung, bestellt einen Aufsichtsratsvorsitzenden und den ersten Vorstand.

▷ **Leistung der Einlagen** (§§ 36 Abs. 2, 36a, 54 Abs. 3 AktG): Die Gründer haben nach der Bestellung des Vorstandes die Mindesteinlagen zur Verfügung des Vorstandes zu leisten. Zu unterscheiden ist zwischen der Bargründung und der → *Sachgründung (→ Einlage)*.

▷ **Bericht der Gründer:** Die Gründer haben über den Hergang der Gründung einen schriftlichen Bericht zu fertigen (§ 32 AktG). Dieser muss alle für die Entstehung der Aktiengesellschaft wesentlichen Umstände enthalten (z.B. Grundkapital, Höhe der jeweiligen Einlagen, Datum der Feststellung der Satzung, Wahl der ersten Organe etc., s. → *Gründungsbericht*).

▷ **Prüfung durch Vorstand und Aufsichtsrat** (§§ 33 Abs. 1 und 2, 34 Abs. 1 und 2 AktG) sowie gegebenenfalls durch einen oder mehrere *externe Gründungsprüfer*: Vorstand und Aufsichtsrat und in bestimmten Fällen ein oder mehrere externe Gründungsprüfer überprüfen die ordnungsgemäße Gründung (→ *Gründungsprüfung*).

▷ **Anmeldung:** die Gesellschaft ist von den Gründern und den Mitgliedern von Vorstand und Aufsichtsrat beim Amtsgericht (Registergericht) anzumelden.

▷ **Prüfung, Eintragung und Bekanntmachung durch das Gericht:** Das Registergericht prüft die Ordnungsmäßigkeit der Errichtung und Anmeldung (§ 38 AktG,

→ *7. Mängel*). Bei Mängellosigkeit erfolgt die tatsächliche Eintragung der Aktiengesellschaft. Ab der Eintragung ist die Gründung der Aktiengesellschaft, als eine eigenständige juristische Person, vollendet.

3. Beteiligte

→ *Gründer*

4. Aktienübernahme

Die Aktienübernahme durch den einzelnen → *Gründer* ist eine einseitige, empfangsbedürftige Willenserklärung. Sie bedarf der notariellen Beurkundung und ist in ein und derselben Urkunde in das Gründungsprotokoll als wesentlicher Bestandteil zusammen mit der Satzungsfeststellung aufzunehmen (§ 23 Abs. 1 und 2 AktG). Die Gesellschaft ist mit der Übernahme aller Aktien durch die Gründer errichtet (§ 29 AktG). Es entsteht, als notwendiges Durchgangsstadium bis zur Eintragung in das Handelsregister eine Vorgesellschaft, die *„Vor-AG"*. Durch die Erklärung der Aktienübernahme erwirbt der Erklärende die Rechtsstellung eines Gründers, die sowohl bei der Einmanngründung als auch bei der Gründung durch mehrere Personen mit → *Mitgliedschaftsrechten* und -pflichten verbunden ist. Der Umfang der Mitgliedschaftsrechte richtet sich grundsätzlich (wenn nichts anderes vereinbart ist) nach der Höhe der Kapitalbeteiligung, die im Errichtungsstadium anhand des Nennbetrages der übernommenen Aktien zu bestimmen ist, bei Stückaktien anhand der übernommenen Gesamtzahl sowie ihres Ausgabebetrages und gegebenenfalls der Gattung.

5. Gründungsurkunde

Die Gründungsurkunde ist die notarielle Beurkundung der Satzungsfeststellung (§ 23 AktG). In der Gründungsurkunde sind folgende Angaben zwingend (§ 23 Abs. 2, 3, 4 AktG):

- die Namen der oder des Gründers,
- bei Nennbetragsaktien der Nennbetrag (§ 8 Abs. 2 AktG),
- bei Stückaktien die Angabe der Zahl (§ 8 Abs. 3, Abs. 4 AktG),
- die Summe der Ausgabebeträge für jeden einzelnen Gründer,
- sofern mehrere Gattungen bestehen, die Gattung der Aktien, die jeder Gründer übernimmt,
- die von dem/den Gründer(n) zum Zeitpunkt der Satzungsfeststellung auf das Grundkapital tatsächlich eingezahlte (Gesamt-)Betrag des Grundkapitals,
- Firma und Sitz der Gesellschaft,
- Gegenstand des Unternehmens,
- Höhe des Grundkapitals,

Gründung

- Zerlegung des Grundkapitals (Nennbetragsaktien: Nennbeträge; Stückaktien: Zahl),
- Inhaber- oder Namensaktien,
- Anzahl der Vorstandsmitglieder oder Bestimmbarkeitsregel,
- Form der Bekanntmachungen der Gesellschaft.

Die Gründungsurkunde ist bei der Anmeldung der Errichtung der Aktiengesellschaft beim Handelsregister vorzulegen.

6. Anmeldung

▷ **Durchführung:** Die Gesellschaft ist bei dem Gericht, in dessen Bezirk sie ihren Sitz hat, von sämtlichen Gründern und Mitgliedern des Vorstands und Aufsichtsrats zur → *Eintragung* in das Handelsregister anzumelden (§ 36 Abs. 1 AktG). Die Anmeldung ist von den Anmeldenden *persönlich* in öffentlich beglaubigter Form zu bewirken (§ 12 HGB). Bevollmächtigte können nicht anmelden, auch der Notar nicht. Dieser leitet die Anmeldung in der Regel nur an das Registergericht weiter. Mit der Anmeldung geben die Anmeldenden ihren Willen kund, dass die Gesellschaft in das Handelsregister eingetragen werden soll (§ 36 Abs. 1 AktG).

▷ **Inhalt:** Bei der Anmeldung der Gründung sind anzugeben (§ 37 AktG)

- der Betrag, zu dem die Aktien ausgegeben werden, und der darauf eingezahlte Betrag;
- der Nachweis darüber, dass der eingezahlte Betrag endgültig zur freien Verfügung des Vorstands steht: der Nachweis ist im Falle der Einzahlung durch Gutschrift auf ein Konto der Gesellschaft oder des Vorstands (§ 54 Abs. 3 AktG) bei der Deutschen Bundesbank oder bei einem Kreditinstitut durch Vorlage einer schriftlichen Bestätigung des Instituts zu führen (§ 37 Abs. 1 Satz 3 AktG); für die Richtigkeit der Bestätigung ist das Institut verantwortlich;
- der Nachweis über Art und Höhe der gezahlten Steuern und Gebühren aus dem eingezahlten Betrag: wenn die Einzahlungen in anderer Weise als durch Gutschrift auf ein Bankkonto erfolgt sind, so kann der Nachweis der freien Verfügungsbefugnis z.B. auch durch übereinstimmende Erklärung sämtlicher Anmeldenden erbracht werden;
- die Versicherung der Vorstandsmitglieder, dass keine Umstände vorliegen, die ihrer Bestellung nach § 76 Abs. 3 Satz 3 und 4 AktG entgegenstehen, und dass sie über ihre unbeschränkte Auskunftspflicht gegenüber dem Gericht belehrt worden sind (§ 37 Abs. 2 Satz 1 AktG); ausreichend ist die Versicherung, dass keine Umstände vorliegen, die der Bestellung nach § 76 Abs. 3 Satz 3 und 4 AktG entgegenstehen (a.A. BayObLG, BayObLGZ 1981, 396, 398 ff.: der vollständige Text der Vorschriften ist zu versichern, eine Bezugnahme auf § 76 Abs. 3 Satz 3 und 4 genügt nicht).
- welche Vertretungsbefugnis die Vorstandsmitglieder haben (§ 37 Abs. 3 AktG): ob *abstrakte* (Wiedergabe der Regelung des Gesellschaftsvertrages) oder *konkrete* (bezogen auf das einzelne Vorstandsmitglied: „Hans Maier vertritt gemein-

sam mit.") Eintragung der Vertretungsbefugnis zu erfolgen hat, ist umstritten (die konkrete Eintragung wird eine schnellere und sicherere Kenntnis über die Vertretungsbefugnis vermitteln als die abstrakte Eintragungsweise); ob die Befreiung des gesetzlichen Vertreters einer Kapitalgesellschaft von dem Verbot des Selbstkontrahierens (§ 181 BGB) anzumelden und in das Handelsregister einzutragen ist, ist ebenso umstritten (BGHZ 87, 59); dies gilt auch für die Eintragung der Befreiung von den Beschränkungen des § 181 BGB, wenn sie *Prokuristen* erteilt ist.

▷ **Unterlagen:** Der Anmeldung sind folgende *Unterlagen* beizufügen (§ 37 Abs. 4 AktG):

- die Satzung und die Urkunden, in denen die Satzung festgestellt worden ist und die Aktien von den Gründern übernommen worden sind;
- die Verträge, die den Festsetzungen zugrunde liegen oder zu ihrer Ausführung geschlossen sind, und eine Berechnung des der Gesellschaft zur Last fallenden Gründungsaufwands; in der Berechnung sind die Vergütungen nach Art und Höhe und die Empfänger einzeln anzuführen (im Fall der §§ 26 und 27 AktG);
- die Urkunden über die Bestellung des Vorstands und des Aufsichtsrats;
- die Zeichnung der Namensunterschrift durch Vorstandsmitglieder zur Aufbewahrung beim Gericht (§ 37 Abs. 5 AktG, § 12 HGB);
- der Gründungsbericht und die Prüfungsberichte der Mitglieder des Vorstands und Aufsichtsrats sowie des oder der Gründungsprüfer(s) nebst ihren urkundlichen Unterlagen;
- die Genehmigungsurkunde, wenn der Gegenstand des Unternehmens oder eine sonstige Satzungsbestimmung der staatlichen Genehmigung bedarf.

▷ **Aufbewahrung:** Die eingereichten Schriftstücke werden beim Gericht in Urschrift, Ausfertigung oder öffentlich beglaubigter Abschrift aufbewahrt (§ 37 Abs. 6 AktG).

7. Mängel

▷ **Keine Eintragung:** Die Eintragung der Aktiengesellschaft in das Handelsregister wird abgelehnt, wenn keine ordnungsgemäße Errichtung der Gesellschaft vorliegt aufgrund (§ 38 Abs. 1 AktG)

- beachtlicher Mängel bei der Satzungsfeststellung oder der Aktienübernahmeerklärung ebenso wie
- inhaltlicher Mängel der Satzung.

▷ **Vor der Eintragung:** Solange die Gesellschaft nicht eingetragen, aber in Vollzug gesetzt worden ist, findet auf Willensmängel das Sonderrecht der fehlerhaften Gesellschaft Anwendung (nicht §§ 275 ff. AktG): die → *Vor-AG* wird mit Wirkung für die Zukunft aufgelöst und nach aktienrechtlichen Grundsätzen liquidiert (in analoger Anwendung der §§ 264 f. AktG, soweit diese Regelungen nicht bereits die Eintragung voraussetzen).

Gründung

Andere Möglichkeiten sind

- die Anwendung der Vorschriften über die Abwicklung einer GbR (BGHZ 86, 122, 127) oder
- die Anwendung der Vorschriften über die Abwicklung einer OHG, wenn die Vor-AG ein vollkaufmännisches Handelsgewerbe betrieben hat.

Scheitert die Eintragung endgültig, so ist die Gesellschaft aufgelöst (→ *Auflösung*).

Führt die Gesellschaft ein Handelsgeschäft fort, obwohl feststeht, dass sie nicht eingetragen wird, so wird aus der Vor-AG eine OHG. Die Gesellschafter haften den Gläubigern dann unbeschränkt.

▷ **Nach der Eintragung:** Nach der Eintragung ist die Berufung auf Willensmängel grundsätzlich ausgeschlossen, selbst wenn sie bereits vor der Eintragung geltend gemacht wurden. Willensmängel, die nach der allgemeinen Grundsätzen des BGB zur Nichtigkeit des Rechtsgeschäfts führen würden, können den Bestand der Aktiengesellschaft nicht mehr beeinträchtigen.

> **Beispiele**
>
> - Anfechtung wegen Drohung, *Ausn.:* Drohung mit Gewalt (§ 123 BGB),
> - sonstige Willensmängel (§§ 116–119 BGB),
> - Verstöße gegen §§ 134, 138 BGB.

Dies ergibt sich aus den abschließenden aktiengesetzlichen Nichtigkeits- und Auflösungsregeln ab dem Zeitpunkt der Eintragung (§ 275 Abs. 1 AktG, §§ 144a FGG i.V.m. 262 Abs. 1 Nr. 5 AktG). Die Öffentlichkeit muss sich auf die in der Aktienübernahmeerklärung enthaltene Kapitaldeckungszusage verlassen können. *Ausn.:* Von diesen Grundsätzen werden aber im Interesse des Individualschutzes Ausnahmen zugelassen:

- **Minderjährigenschutz:** Der Schutz der Geschäftsunfähigen hat grundsätzlich Vorrang vor dem Verkehrsschutz. Ist die Beitrittserklärung wegen fehlender Geschäftsfähigkeit eines Gründers nichtig (§ 105 BGB), so erwachsen hieraus keine Rechtsfolgen. Ist der Gründer bei Abgabe seiner Beitrittserklärung in der Geschäftsfähigkeit beschränkt (§ 106 BGB), so bleibt seine Beteiligung trotz Eintragung der Aktiengesellschaft schwebend unwirksam. Der notwendige Schutz des Minderjährigen geht den Interessen des Rechtsverkehrs vor. Das Geschäft wird nicht automatisch wirksam, sondern bedarf der Genehmigung entweder durch den gesetzlichen Vertreter nach § 108 Abs. 1 BGB und der Genehmigung des Vormundschaftsgerichts (§§ 1822 Nr. 3, 1643 Abs. 1 BGB) oder durch den inzwischen unbeschränkt Geschäftsfähigen nach § 108 Abs. 3 BGB. Die Genehmigung bedarf nach dem Grundgedanken des § 182 Abs. 2 BGB nicht der Form des § 23 Abs. 1 Satz 1 AktG und ist auch durch schlüssiges Verhalten möglich. Anderenfalls hilft nur eine Neuvornahme unter Beachtung der in § 23 Abs. 1, Abs. 2 AktG vorgeschriebenen Form der notariellen Beurkundung.
- **Vertretung:** Tritt ein Vertreter ohne Vertretungsmacht auf, fehlt es an einer zurechenbaren Erklärung des angeblich Vertretenen. Sofern der angeblich Vertre-

tene die Genehmigung der Errichtungserklärung verweigert, haftet der Vertreter ohne Vertretungsmacht für die ausstehenden Einlagen entsprechend § 179 BGB, ohne dass § 179 Abs. 2 und 3 BGB zur Anwendung kommt. Ein Vertreter ohne Vertretungsmacht unterliegt der Gründerhaftung (§§ 46, 399 AktG).

— **Zurechenbarkeit:** An einer zurechenbaren Willenserklärung fehlt es auch, wenn der angebliche Gründer mit Gewalt zur Abgabe der Willenserklärung gebracht oder seine Unterschrift schlicht gefälscht wurde. Eine Ausdehnung auf andere Fälle wird im Interesse des Verkehrsschutzes nicht zugelassen.

Beachte: Ist eine abgegebene Beitrittserklärung nach den oben genannten Grundsätzen unwirksam, dann ist der Betroffene nicht Aktionär geworden und kann eine eventuell schon geleistete Einlage zurückfordern. Findet die Gesellschaft keinen neuen Gründer, der die freiwerdenden Anteile übernimmt, ist das Grundkapital herabzusetzen (→ *Kapitalherabsetzung*). Sollte dies ohne Verletzung des Mindestnennbetrages nicht möglich sein, hat die Liquidierung der Aktiengesellschaft zu erfolgen (§§ 7 bzw. 228 AktG, → *Auflösung*). Wird der Aktionär nach den obigen Grundsätzen an seiner Erklärung festgehalten, so berührt das eventuell bestehende Schadenersatzansprüche gegen seine Mitgründer nicht (→ *culpa in contrahendo*, wegen Drohung oder Täuschung). Darüber hinaus besteht unter Umständen eine Pflicht der übrigen Aktionäre, bei einer Satzungsänderung zur Heilung eines etwa bestehenden Mangels unter dem Gesichtspunkt der aktienrechtlichen → *Treuepflicht* mitzuwirken.

8. Haftung

▷ **Haftung der Gründer und ihrer Hintermänner:** Die Gründer und ihre Hintermänner haften grundsätzlich nur gegenüber der Aktiengesellschaft im Innenverhältnis und nicht gegenüber den Gläubigern der Gesellschaft (→ *Gründer: 4. Gründerhaftung*). Diese können ihre Rechte stets nur „über" die Aktiengesellschaft geltend machen.

▷ **Haftung des Vorstands und des Aufsichtsrats:** Die Mitglieder des Vorstands und des Aufsichtsrats, die bei der Gründung ihre Pflichten verletzt haben, haften ebenfalls, wenn die zur Annahme von Einzahlungen auf die Aktien bestimmte Stelle (§ 54 Abs. 3 AktG) hierzu nicht geeignet gewesen ist bzw. die eingezahlten Beträge nicht zur freien Verfügung des Vorstands gestanden haben (§ 48 AktG). Die Vorstandsmitglieder haften auch gegenüber den Gläubigern der Gesellschaft (§ 41 Abs. 1 Satz 2 AktG). Die Haftung erlischt mit der → *Eintragung* der Gesellschaft in das → *Handelsregister*. Befindet sich die Gesellschaft in der Krise, kommt eine Haftung in Betracht, wenn

— das Vorstandsmitglied trotz einer Offenbarungspflicht bei Verhandlungen die Vermögenslage der Gesellschaft verschweigt (BGH GmbHR 1992, 363);

— wenn es zum Schaden der Gläubiger den Insolvenzantrag verzögert (BGHZ 108, 134);

— wenn es durch Unterstützungsmaßnahmen um eigener Vorteile willen den Insolvenzantrag hinausschiebt, obwohl ihm bekannt ist, dass die Insolvenz auf Dauer nicht zu verhindern ist (BGHZ 90, 381).

Gründung

▷ **Verantwortlichkeit der Gründungsprüfer:** Die Gründungsprüfer, ihre Gehilfen und – sofern es sich bei dem Gründungsprüfer um eine Prüfungsgesellschaft handelt – die gesetzlichen Vertreter dieser Gesellschaft haften, wenn die → *Gründungsprüfung* schuldhaft nicht gewissenhaft und unparteiisch erfolgt ist oder es zu Verstößen gegen die Verschwiegenheitspflicht bzw. das Verwertungsverbot gekommen ist (§ 49 AktG, § 323 Abs. 1–4 HGB). Die Haftung ist bei Fahrlässigkeit (auch bei grober Fahrlässigkeit) auf 1 Mio. Euro beschränkt (die in § 323 Abs. 2 Satz 2 HGB geltende Ausnahme bei börsennotierten Gesellschaften spielt bei der Gründung einer Aktiengesellschaft keine Rolle). Bei vorsätzlichem Handeln ist der entstandene Schaden in voller Höhe zu ersetzen (die Beweislast liegt bei der Gesellschaft).

▷ **Verantwortlichkeit anderer Personen:** Außerdem haften diejenigen Personen,

– die beim Empfang einer Vergütung, die entgegen den Vorschriften nicht in den Gründungsaufwand aufgenommen worden ist, wussten oder nach den Umständen annehmen mussten, dass die Verheimlichung beabsichtigt oder erfolgt war, oder die an der Verheimlichung wesentlich mitgewirkt haben,

– die im Falle einer vorsätzlichen oder grob fahrlässigen Schädigung der Gesellschaft durch Einlagen oder Sachübernahme an der Schädigung wissentlich mitgewirkt haben oder

– die vor Eintragung der Gesellschaft in das Handelsregister oder in den ersten 2 Jahren hiernach die Aktien der Gesellschaft öffentlich zur Einführung in den Verkehr angekündigt haben, sofern sie um die Unrichtigkeit oder Unvollständigkeit der Angaben gewusst haben oder wenn sie die Schädigung der Gesellschaft durch Einlagen oder Sachübernahmen gekannt haben oder hierum bei Anwendung der Sorgfalt eines ordentlichen Geschäftsmannes hätten wissen müssen (§ 147 AktG).

▷ **Deliktische Haftung:** In der Praxis bedeutsam sind die Fälle sittenwidriger Gläubigerbenachteiligung (§ 826 BGB). Ein solcher Fall kann dann vorliegen, wenn die Festsetzung eines für die beabsichtigten Geschäfte unzureichenden Stammkapitals Teil eines Gesamtplans zur Gläubigerbenachteiligung im Insolvenzfall ist. In Betracht kommen weiterhin Fälle, in denen die Gesellschaft und ihre Rechtsbeziehungen zu Gläubigern und Gesellschaften so gestaltet werden, dass die Risiken zum Nachteil der Gläubiger verschoben werden (BGHZ 107, 7).

Hinweis auf weiterführende Literatur: *Hermanns*, Erleichterungen bei der Gründung von Aktiengesellschaften durch das Transparenz- und Publizitätsgesetz, ZIP 2002, 1785 ff.

Hinweis auf weitere Stichwörter

→ *Einlage*
→ *Gründer*
→ *Gründungsaufwand*
→ *Gründungsbericht*

→ *Gründungsprüfung*
→ *Nachgründung*
→ *Sachgründung*

Gründungsaufwand

▷ **Begriff:** Unter den Begriff des Gründungsaufwands fallen die zu zahlenden Gründungskosten für (§§ 26 Abs. 2, 32 Abs. 3, 33 Abs. 2 Nr. 3 AktG)

- Gericht,
- Notar und Anwalt,
- den Druck von Aktien,
- den „Gründungslohn", der Aktionären oder Dritten für Vorarbeiten und geleistete Tätigkeiten gewährt wird und
- die Vergütungen der Mitglieder des ersten Aufsichtsrats.

▷ **Festsetzung in Satzung:** Zur Kennzeichnung des Gesamtaufwandes reicht es nicht aus, die Kosten, aus denen sich dieser zusammensetzt, ihrer Art nach im Einzelnen aufzuführen. Vielmehr sind die einzelnen Kosten als Gesamtbetrag zusammengefasst in der Satzung auszuweisen. Beträge, die noch nicht genau beziffert werden können, dürfen geschätzt werden. Wird dabei zu niedrig geschätzt, sind alle in Betracht kommenden Einzelposten anteilsmäßig zu kürzen. Enthält die → *Satzung* keine Festsetzungen über Gründungsaufwand oder gewährte Sondervorteile, so darf die Gesellschaft keinerlei Leistungen erbringen. Verträge, die derartige Ansprüche zum Gegenstand haben, sind der Gesellschaft gegenüber ebenso unwirksam wie die zu deren Ausführung vorgenommene Rechtshandlungen (§ 26 Abs. 3 Satz 1 AktG). Soweit die Satzung über den Gründungsaufwand nichts aussagt, sind hierfür im Verhältnis zur Aktiengesellschaft die → *Gründer* Schuldner. Sie haben deshalb im Außenverhältnis für Rechnung der Aktiengesellschaft zu leisten und dieser etwaige Aufwendungen zu erstatten, welche diese an Gründungsaufwand aufgebracht hat. Nach Eintragung der Gesellschaft kann die unterbliebene Festsetzung nicht nachgeholt werden (§ 26 Abs. 3 Satz 2 AktG). Dem Vorstand ist es untersagt, den nicht in der Satzung festgesetzten Gründungsaufwand nachträglich zu erstatten oder nicht festgesetzte Sondervorteile zu gewähren. Ebenso kann die Gesellschaft nach ihrer Entstehung auf den Erstattungsanspruch für von ihr verauslagte Kosten nicht verzichten. Bei einem Verstoß gegen § 26 AktG hat das Registergericht die Eintragung abzulehnen (§ 38 Abs. 1 AktG). Falsche Angaben über den Gründungsaufwand oder ihrer Sondervorteile sind strafbar (§ 399 Abs. 1 Nr. 1 AktG).

Hinweis auf weitere Stichwörter

→ *Einlage*
→ *Gründer*
→ *Gründung*

→ *Gründungsprüfung*
→ *Sachgründung*

Gründungsbericht

▷ **Zweck:** Die → *Gründer* müssen einen schriftlichen Gründungsbericht über den Vorgang der Gründung verfassen (§ 32 AktG). Der zu erstattende Gründungsbericht bezweckt den Schutz gegen unzulängliche Gründungen, er dient überdies als Grundlage für die → *Gründungsprüfung*. Zeitlich gesehen ist dieser Bericht von den Gründern nach der Bestellung des → *Vorstandes*, aber vor der Gründungsprüfung zu erstellen. Der von den Gründern anzufertigende schriftliche Gründungsbericht ist gleichermaßen für Bar- oder → *Sachgründungen* zu erstatten (→ *Einlage*). Es soll vor allem dem Registergericht die Prüfung erleichtern, ob die Gesellschaft ordnungsgemäß errichtet worden ist. In der Regel wird ein gemeinsamer Bericht erstattet, den alle Gründer persönlich unterzeichnen (§ 126 BGB beachten). Die Gründer können auch getrennt berichten. Die Gründer haben den Bericht persönlich zu erstatten, können sich aber zur beratenden Unterstützung sachkundiger Personen bedienen. Sie müssen jedoch die volle Verantwortung für den Bericht übernehmen. Rechtsgeschäftliche Vertretung ist ausgeschlossen. Die Gründer haften wegen der Berichtspflicht straf- und zivilrechtlich gegenüber der Gesellschaft (§ 46 AktG), gegenüber den Aktionären und Gesellschaftsgläubigen (§ 823 Abs. 2 BGB i.V.m. § 399 Abs. 1 Nr. 2 AktG, → *Gründer: 4. Gründerhaftung*).

▷ **Inhalt:** Der Gründungsbericht hat den tatsächlichen und rechtlichen Hergang der Gründung zu enthalten, vor allem alle hinsichtlich der Entstehung der Gesellschaft wesentlichen Umstände (§ 32 AktG). Hierher gehören

- alle für die Aktiengesellschaft wesentlichen Umstände, wie
  - Grundkapital,
  - Höhe der jeweiligen Einlagen,
  - wie der Einzahlungspflicht genügt werden soll,
  - die für die Kontrolle der Grundkapitalaufbringung wesentlichen Angaben,
  - Datum der Feststellung der Satzung,
  - Wahl der ersten Organe, etc.;
- ob und in welchem Umfang bei der Gründung für Rechnung eines Verwaltungsmitglieds von einem Gründer Aktien übernommen worden sind;
- ob und in welchem Umfang für Rechnung eines Mitglieds des Aufsichtsrats oder des Vorstandes Aktien durch einen Dritten übernommen worden sind;
- ob und in welcher Weise für Verwaltungsmitglieder besondere Vorteile oder für die Gründung der Gesellschaft oder ihre Vorbereitung Entschädigungen oder Belohnungen (auch von Dritten) ausgehandelt worden sind;
- Strohmannverhältnisse, soweit für den Rechtsverkehr von Interesse (z.B. inwieweit die Gesellschaft von einzelnen Mitgliedern des Vorstandes oder Aufsichtsrats beherrscht wird, falls für ein Mitglied des Vorstands oder des Aufsichtsrats ein Strohmann gehandelt hat);

– Bei der → *Sachgründung* sind Besonderheiten zu berücksichtigen: der Bericht muss eine Beschreibung jeder Sacheinlage oder Sachübernahme enthalten und die jeweils angewandten Bewertungsmethoden bei der Ermittlung des Wertes angeben; Geschäfts- oder Betriebsgeheimnisse dürfen jedoch nicht offenbart werden. Im Bericht ist zusätzlich anzugeben:

– ob der Wert der Sacheinlage den Nennbetrag der dafür zu gewährenden Aktien erreicht (bei der sog. qualifizierten Gründung),

– die Rechtsgeschäfte (Zwischengeschäfte), die auf den Erwerb des Einbringungsgegenstandes abzielen,

– die Anschaffungs- und Herstellungskosten der letzten beiden Jahre für den Einbringungsgegenstand,

– die Betriebserträge aus den letzten beiden Geschäftsjahren, sofern ein Unternehmen eingebracht werden soll.

▷ **Eintragung:** Der Gründungsbericht muss bei der Anmeldung der Eintragung der Aktiengesellschaft dem Handelsregister vorgelegt werden (§ 37 Abs. 4 Nr. 4 AktG).

Hinweis auf weitere Stichwörter

→ *Bericht*
→ *Einlage*
→ *Eintragung*
→ *Gründer*

→ *Gründung*
→ *Handelsregister*
→ *Offenlegungspflicht*

Gründungsprüfung

1. Begriff 417
2. Prüfung durch die Verwaltung 418
3. Prüfung durch externe Gründungsprüfer 419
4. Prüfung durch das Gericht 421
5. Sonderprüfung 423
6. Nachgründungsprüfung 423

1. Begriff

Die Prüfung der → *Gründung* erfolgt grundsätzlich durch die Verwaltung. Wenn aber aus gesetzlich vermuteten Gründen die Objektivität der Prüfung beeinflusst werden könnte, muss eine externe Prüfung der Gründung durch sog. externe Gründungsprüfer stattfinden (§ 33 Abs. 1 und 2 AktG). Bei der Anmeldung zur Eintragung der Gesellschaft in das Handelsregister prüft das Gericht die ordnungsgemäße Gründung der Aktiengesellschaft. Die Aktionäre können auch noch nach Eintragung der Aktiengesellschaft eine Sonderprüfung beantragen, wenn Zweifel an der Ordnungsmäßigkeit der Gründung bestehen. Bei der sog. Nachgründungsprüfung sind die Vorschriften über die Gründungsprüfung entsprechend anzuwen-

417

den. Sind notwendige Gründungsprüfungen nicht durchgeführt worden, besteht ein Eintragungshindernis, das – wenn es nicht aufgrund einer Zwischenverfügung des Registergerichts behoben wird – zur Zurückweisung des Eintragungsantrags führt (§ 26 HVR).

2. Prüfung durch die Verwaltung

▷ **Zuständigkeit:** Alle in der Anmeldung zum Handelsregister aufgeführten Mitglieder des Vorstandes (auch deren Stellvertreter) und des Aufsichtsrats haben persönlich den Hergang der Gründung zu prüfen (§ 33 Abs. 1 AktG). Rechtsgeschäftliche Vertretung ist nicht zulässig.

▷ **Prüfungsumfang:** Die Prüfung muss sich auf alle Umstände erstrecken, die für die späteren Aktionäre und Gläubiger von Belang sein können, insbesondere muss kontrolliert werden (§ 34 AktG), ob

- die Angaben der Gründer über die Übernahme der Aktien, über die Einlagen auf das Grundkapital und über die Festsetzungen von Sondervorteilen und Sacheinlagen/Übernahmen richtig und vollständig sind,
- der Wert der Sacheinlagen bzw. Sachübernahmen den geringsten Ausgabebetrag der dafür zu gewährenden Aktien oder den Wert der dafür zu gewährenden Leistungen erreicht und
- Sondervorteile und Gründungsaufwand angemessen sind.

▷ **Prüfungsbericht:** Über die Prüfung ist ein schriftlicher Bericht anzufertigen. Dies geschieht zweckmäßigerweise (aber nicht zwingend) in einem gemeinsamen → *Prüfungsbericht* der Mitglieder des Vorstandes und des Aufsichtsrats, der von jedem einzelnen Verwaltungsmitglied mit einer eigenen Unterschrift versehen werden muss. Zulässig ist jedoch auch die Anfertigung mehrerer Berichte, was insbesondere bei Meinungsverschiedenheiten zu empfehlen ist.

Muster: Prüfungsbericht der Mitglieder des Vorstands und des Aufsichtsrats

Gründungsbericht

Wir sind die Mitglieder des Vorstands und des Aufsichtsrats der ... – AG i. Gr. in ... Als solche erstatten wir über den Hergang der Gründung den nachfolgenden Bericht:

I. An Unterlagen haben uns vorlegen:

  a) eine Ausfertigung des notariellen Protokolls über die Gründung der Gesellschaft und die Bestellung des ersten Aufsichtsrats vom ...

  b) das Protokoll über die Bestellung des Vorstands durch den Aufsichtsrat vom ...

  c) die Bestätigung der ...-Bank vom ... über die Einzahlung des Grundkapitals in Höhe von ... Euro sowie des Aufgelds in Höhe von ... Euro, insgesamt also in Höhe von ... Euro, auf das dort unter der Kontonummer ... geführte Bankkonto der Gesellschaft und darüber, dass die eingezahlten Beträge endgültig zur freien Verfügung des Vorstands stehen.

  d) der Gründungsbericht der Gründer vom ....

II. (Eingehender Bericht über den Gründungshergang)

III. Nach unseren Feststellungen sind die Angaben der Gründer über die Übernahme der Aktien, über die Einlagen auf das Grundkapital und die Festsetzungen nach §§ 26 und 27 AktG richtig und vollständig, und der Wert der Sacheinlage erreicht den Ausgabebetrag der dafür zu gewährenden Aktien.

Der Hergang der Gründung entspricht nach unseren Feststellungen den gesetzlichen Vorschriften.

..., den ...

(Unterschriften aller Mitglieder des Vorstands und des Aufsichtsrats)

3. Prüfung durch externe Gründungsprüfer

▷ **Erforderlichkeit:** Eine externe Gründungsprüfung hat in folgenden Fällen zu erfolgen (§ 33 Abs. 2 AktG):

- Bei einer Gründung mit Sacheinlagen und Sachübernahmen,
- wenn ein Mitglied des Aufsichtsrats oder des Vorstandes zu den Gründern gehört,
- wenn bei der Gründung für Rechnung eines Verwaltungsmitglieds Aktien übernommen worden sind,
- wenn sich ein Verwaltungsmitglied einen besonderen Vorteil oder für die Gründung oder ihre Vorbereitung eine Entschädigung oder Belohnung ausbedungen hat,
- wenn sich an der Gründung eine juristische Person beteiligt und ein geschäftsführendes (vertretungsberechtigtes) Organmitglied der (Mit-)Gründerin einem Verwaltungsgremium (Vorstands- oder Aufsichtsratsmitglied) der neu gegründeten Gesellschaft angehört.

▷ **Bestellung:** Die Bestellung eines externen Gründungsprüfers erfolgt nur auf Antrag durch Beschluss des Amtsgerichts, in dessen Bezirk der künftige Sitz der Gesellschaft liegt (§ 14 AktG). Antragsberechtigt ist in jedem Falle die → *Vorgesellschaft*, vertreten durch ihren Vorstand, aber auch jeder einzelne Gründer (Letzteres ist streitig). Der vom Gericht bestellte Gründungsprüfer ist nicht zur Annahme des Amts verpflichtet und kann sie auch von einem Vorschuss abhängig machen. Die Annahme kann formlos erfolgen. Welche Personen zum Gründungsprüfer bestellt werden, entscheidet das Gericht nach pflichtgemäßem Ermessen. Es muss hierbei jedoch berücksichtigen, dass im Regelfall nur Personen, die in der Buchführung ausreichend vorgebildet und erfahren sind, oder Prüfungsgesellschaften, von deren gesetzlichen Vertretern mindestens einer diese Voraussetzungen erfüllt, als Gründungsprüfer bestellt werden sollen (§ 33 Abs. 4 AktG).

Zum Gründungsprüfer darf nicht bestellt werden

- wer nicht Sonderprüfer sein kann (§ 33 Abs. 5 Satz 2 AktG): Es sind dies die Fälle, in denen zu befürchten ist, dass die Prüfung nicht unabhängig durchgeführt wird (§ 319 Abs. 2 und 3 HGB),

- Personen und Personengesellschaften, auf deren Geschäftsführung die Gründer oder Personen, für deren Rechnung die Gründer Aktien übernommen haben, maßgebenden Einfluss haben. Worauf die Einflussmöglichkeit beruht, ist unerheblich, es kommen insoweit sowohl rechtliche als auch tatsächliche oder persönliche Verhältnisse in Betracht (z.B. Dienstverhältnisse, wirtschaftliche Abhängigkeit, verwandtschaftliche Beziehungen).

▷ **Eignung:** Bei Wirtschaftsprüfern oder Wirtschaftsprüfungsgesellschaften sowie vereidigten Buchprüfern oder Prüfungsgesellschaften können die für die Prüfung notwendigen Kenntnisse vorausgesetzt werden. Andere Personen können zu Gründungsprüfern nur dann bestellt werden, wenn die Prüfung besondere Kenntnisse auf anderem Gebiet erfordert; zweckmäßigerweise wird das Gericht in diesem Falle jedoch einen weiteren Prüfer mit der erforderlichen Vorbildung und Erfahrung in Buchführungsangelegenheiten bestellen. Ein Verstoß gegen die Bestellungsverbote führt zur Unwirksamkeit der Bestellung des Gründungsprüfers (streitig, vgl. *Pentz* in MüKo. AktG, 2. Aufl. 2000, § 33 Rn. 69 ff.).

▷ Die **Vergütung** der Gründungsprüfer und der Ersatz ihrer Auslagen werden durch das Gericht festgesetzt (§ 35 Abs. 3 AktG).

▷ Eine **Amtsniederlegung** ist jederzeit möglich und gegenüber dem Gericht zu erklären; sie kann jedoch zum Verlust des Vergütungsanspruchs und des Anspruchs auf Ersatz der Auslagen führen.

▷ **Prüfungsumfang:** Der Umfang der vom externen Gründungsprüfer durchzuführenden Prüfung entspricht dem Umfang der Prüfung durch die Verwaltungsmitglieder. Der Gründungsprüfer haftet zivilrechtlich wie ein Abschlussprüfer (§ 49 AktG, BGHZ 64, 52).

▷ **Prüfungsbericht:** Die besonderen Gründungsprüfer haben einen schriftlichen Gründungsbericht zu fertigen, der dem Vorstand und dem Registergericht (nicht mehr bei der IHK, da unnötiger Formalismus) einzureichen ist. Die Prüfungsberichte sind beim Registergericht von jedermann einsehbar (Kontrolle durch die Öffentlichkeit).

Muster: Antrag auf Bestellung eines Gründungsprüfers

An das
Amtsgericht ...

Betr.: ... – AG i. Gr.

Als vertretungsberechtigte Vorstandsmitglieder der ... – AG i.Gr. mit Sitz in ... überreichen wir eine beglaubigte Abschrift des Protokolls des Notars/der Notarin ..., ... vom ... über die Feststellung der Satzung und teilen mit, dass die Gründer ... und ... zu Mitgliedern des ersten Aufsichtsrats bestellt worden sind und dass eine Gründung mit Sacheinlagen vorliegt. Gemäß § 33 Abs. 2 Nr. 1 und 4 AktG hat daher eine Prüfung durch einen externen Gründungsprüfer stattzufinden.

> Wir schlagen im Einverständnis mit den Gründern und den Mitgliedern des Aufsichtsrats vor, die ...-Wirtschaftsprüfungsgesellschaft, (Ort) zum Gründungsprüfer zu bestellen. Die ...-Wirtschaftsprüfungsgesellschaft ist, wie sie auf Anfrage der Unterzeichner mitgeteilt hat, mit ihrer Bestellung einverstanden.
>
> ..., den ...
>
> (Unterschriften)

4. Prüfung durch das Gericht

▷ **Gegenstand:** Das Registergericht prüft bei der → *Eintragung* der → *Gründung*, ob die Gesellschaft ordnungsgemäß errichtet und angemeldet ist, da ansonsten die Eintragung abzulehnen ist (§ 38 AktG).

▷ **Prüfungsumfang:** Die Prüfung erstreckt sich auf alle formalen und materiellen Eintragungsvoraussetzungen; das Gericht ermittelt von Amts wegen (§ 12 FGG). Das Prüfungsrecht und die Prüfungspflicht des Registergerichts umfassen

– die Einhaltung der Formalien,

– alle Fragen der materiellen Gesetzmäßigkeit der Gründung und

– die Vereinbarkeit der Satzung mit dem materiellen Recht.

▷ In **formeller Hinsicht** prüft das Gericht insbesondere

– die Einhaltung der für die → *Anmeldung* erforderlichen Form,

– die Beteiligung der erforderlichen Personen (Gründer und Verwaltungsmitglieder),

– die ordnungsgemäße Leistung der Einlagen einschließlich der gegebenenfalls nach § 36 Abs. 2 Satz 2 AktG erforderlichen Sicherung bei einer Einpersonen-AG,

– das Vorliegen der bei der Anmeldung notwendigen Erklärungen, Nachweise und Versicherungen sowie der Anlagen.

▷ In **materieller Hinsicht** hat das Gericht insbesondere die Satzung darauf zu überprüfen, ob sie alle notwendigen Bestandteile enthält. Der Prüfungsumfang ist diesbezüglich allerdings beschränkt (§ 38 Abs. 3 AktG). Das Gericht darf wegen einer fehlerhaften Satzung die Eintragung nur ablehnen, wenn

– eine Bestimmung, ihr Fehlen oder ihre Nichtigkeit Tatsachen oder Rechtsverhältnisse betrifft, deren Aufnahme in die Satzung, deren Eintragung in das Handelsregister oder deren Bekanntmachung durch das Gericht zwingend vorgeschrieben ist,

– die Bestimmung Vorschriften verletzt, die ausschließlich oder überwiegend zum Schutz der Gläubiger der Gesellschaft oder sonst im öffentlichen Interesse gegeben sind oder

– die Bestimmung, ihr Fehlen oder ihre Nichtigkeit die Nichtigkeit der Satzung zur Folge hat.

Gründungsprüfung

Ohne Einschränkung zu prüfen sind die Wirksamkeit der Satzungsfeststellung, insbesondere die Einhaltung der erforderlichen notariellen Form, und die Wirksamkeit sowie die Ordnungsmäßigkeit der abgegebenen Erklärungen.

> **Beispiele**
>
> Die Frage
>
> – der Aufbringung des satzungsmäßigen Grundkapitals,
> – ob durch bereits getätigte Geschäfte Anlaufverluste getätigt wurden, die zu einer Unterbilanz geführt haben,
> – ob der eingeforderte Betrag ordnungsgemäß eingezahlt worden ist und zur endgültigen freien Verfügung des Vorstands steht oder ob eine *Bankbestätigung* über die Einzahlung des eingeforderten Kapitals (§ 37 Abs. 1 Satz 3 AktG) vorliegt.

▷ Das Registergericht ist nicht zuständig für die **wirtschaftliche Überprüfung** der Gründung. Das Gericht prüft daher nicht, ob das Unternehmen für die Vornahme des beabsichtigten Geschäftsbetriebes wirtschaftlich lebensfähig ist und mit den geeigneten Betriebsmitteln ausgestattet ist.

▷ **Ablehnungsgründe:** Der Anspruch der Anmeldenden auf Eintragung der Aktiengesellschaft, kann registerrechtlich nicht unverhältnismäßig eingeschränkt werden. Das Gericht ermittelt von Amts wegen, falls es Zweifel an der Richtigkeit der Angaben hat. Bei sachlich gerechtfertigten Zweifeln an der Richtigkeit der ihm gegenüber gemachten Angaben ist das Gericht verpflichtet, Nachforschungen anzustellen. Ist die Errichtung oder die Anmeldung fehlerhaft und kann der Fehler behoben werden, gibt das Gericht Gelegenheit, den Fehler zu beseitigen (§ 26 HRV). Ist der Fehler nicht behebbar oder wird er nicht beseitigt, lehnt das Gericht die Eintragung der Gesellschaft in das → *Handelsregister* ab (§ 38 Abs. 1 Satz 2 AktG).

> **Beispiele**
>
> Das Registergericht kann die Eintragung ohne weiteres ablehnen (§ 38 Abs. 2 AktG), wenn
>
> – die Gründungsprüfer erklären oder es offensichtlich ist, dass der Gründungsbericht oder der Prüfungsbericht der Verwaltungsmitglieder unrichtig oder unvollständig ist oder den gesetzlichen Vorschriften sonst nicht entspricht;
> – die Gründungsprüfer erklären oder das Gericht der Auffassung ist, dass der Wert der Sacheinlagen oder Sachübernahmen nicht unwesentlich hinter dem geringsten Ausgabebetrag der hierfür zu gewährenden Aktien oder der dafür zu gewährenden Leistungen zurückbleibt (bei Einbringung von Patenten oder Unternehmensanteilen erfolgt eine Wertschätzung durch das Gericht);
> – der Gründungsbericht oder der Prüfungsgericht der Mitglieder des Vorstandes und des Aufsichtsrats unrichtig oder unvollständig ist oder nicht den gesetzlichen Vorschriften entspricht und von Einfluss auf die Gründung ist.

▷ **Rechtsmittel:** Gegen die Ablehnung der Eintragung kann die Vor-AG selbst, vertreten durch ihren Vorstand in vertretungsberechtigter Zahl (§ 78 Abs. 1 AktG), Beschwerde einlegen (§ 20 Abs. 2 FGG). Eine Mitwirkung der Gründer, des Gesamtvorstandes oder des Aufsichtsrates ist nicht erforderlich.

5. Sonderprüfung

Bestehen zu einem Zeitpunkt Zweifel an der Ordnungsmäßigkeit der Gründung, kann die Hauptversammlung oder das Registergericht auf Antrag von Aktionären, die mindestens 1 % des Grundkapitals oder einen Börsenwert von 100 000 Euro vertreten, einen → *Sonderprüfer* bestellen (§ 142 AktG). Die Bestimmungen über die Prüfung gelten entsprechend.

6. Nachgründungsprüfung

Da die → *Nachgründung* der Gründung weitgehend gleichgestellt wird, muss hier auch eine Prüfung durch den Aufsichtsrat sowie zwingend durch einen externen Nachgründungsprüfer stattfinden. Auch hier gelten die Vorschriften über die Gründungsprüfung entsprechend (§ 52 Abs. 3 und 4 AktG).

Hinweis auf weiterführende Literatur: *Heckschen*, Gründungsprüfung durch den Notar, BNotZ 2002, 429 ff.

Hinweis auf weitere Stichwörter

- → *Abschlussprüfung*
- → *Anmeldung*
- → *Gründung*
- → *Handelsregister*
- → *Nachgründung*
- → *Prüfung*
- → *Sonderprüfung*

Grundkapital

1. Begriff 423
2. Höhe 424
3. Erhaltung 424
4. Änderung 425

1. Begriff

Das Grundkapital der Aktiengesellschaft ist der in der → *Satzung* festgesetzte Kapitalbetrag, den aufzubringen sich die → *Gründer* durch Übernahme von → *Aktien* verpflichten (§ 23 AktG). Es ist nicht mit dem Gesellschaftsvermögen identisch und streng von diesem zu unterscheiden. Das Grundkapital der Aktiengesellschaft ist in Aktien zerlegt (§ 1 Abs. 2 AktG). Eine → *Aktie* stellt einen Bruchteil hiervon dar, sie lautet jedoch nicht auf einen Bruchteil, sondern entweder auf einen bestimmten Nennbetrag (§ 8 Abs. 1 AktG) oder ist ohne Nennwert (§ 8 Abs. 1 i.V.m. Abs. 3 AktG). Das Grundkapital ist in der Satzung konkret in

Ziffern anzugeben und entspricht der Summe der Nennbeträge bzw. bei Stückaktien der Summe des anteiligen Betrags am Grundkapital aller Aktien. Das Grundkapital muss konkret in Euro (§ 6 AktG) angegeben werden.

2. Höhe

Das Grundkapital muss mindestens 50 000 Euro betragen (§§ 6, 7 AktG). In Einzelfällen sind aufgrund spezieller gesetzlicher Regelungen höhere Mindestziffern erforderlich, z.B. grundsätzlich bei

- Hypothekenbanken,
- Kapitalanlagegesellschaften,
- Versicherungsunternehmen und
- Bausparkassen.

Auch wenn Aktien über ihren Nennwert ausgegeben werden (§ 9 Abs. 2 AktG) wird lediglich der → *Nennbetrag* angegeben. Das Aufgeld (→ *Agio*) wird nicht als Grundkapital ausgewiesen, der überschießende Betrag wird vielmehr in die gesetzliche → *Rücklage* (§ 150 Abs. 1, Abs. 2 AktG i.V.m. §§ 266 Abs. 3 A II, 272 Abs. 2 Nr. 1 HGB) eingestellt. Bei der Gründung geschaffenes → *genehmigtes Kapital* (§§ 202 ff. AktG) beeinflusst die Höhe des Grundkapitals nicht. Der Nennbetrag des Grundkapitals gibt nur Auskunft über die Summe der Einlagen, zu deren Leistung sich die Aktionäre bindend verpflichtet haben, und nicht darüber, welche Einzahlungen im Einzelnen auf das Kapital geleistet wurden (hierzu → *Gründungsbericht*).

3. Erhaltung

Im Aktienrecht herrscht der *Grundsatz der Kapitalerhaltung*. Der Nennbetrag des Grundkapitals, der auf der Passivseite in der Jahresbilanz eingetragen wird, gewährt die Bildung und Erhaltung des Gesellschaftsvermögens (§§ 242, 264, 266 Abs. 3 A I HGB). Das gezeichnete Kapital ist die Grundlage für das Vertrauen, welches die Gesellschaft im Wirtschaftsleben genießt. Garantie und Erhaltung des Grundkapitals wird gewährleistet durch

- das *Erfordernis einer Beschlussfassung der Hauptversammlung*: jede Änderung des Grundkapitals bedarf einer Entscheidung der → *Hauptversammlung*;
- die *Bindung des Kapitals*: ein verteilungsfähiger Gewinn entsteht erst, wenn die Summe der Aktiven die Summe der Passiven einschließlich des Grundkapitals übersteigt (§ 266 HGB); ist das Grundkapital durch Verluste der Vorjahre angegriffen, so kann eine Dividende erst dann ausgeschüttet werden, wenn die künftigen Jahreserträge den Verlust am Grundkapital ausgeglichen haben und zu überschießenden Erträgen führen;
- das *Verbot der Einlagenrückgewähr* (→ *Einlagen*).

4. Änderung

Kapitaländernde Maßnahmen bedürfen einer Entscheidung der Hauptversammlung durch → *Beschluss*. Die → *Kapitalerhöhung* erlaubt eine Korrektur des Grundkapitals nach oben (§§ 182–221 AktG). Das → *genehmigte Kapital* bildet nur scheinbar eine Ausnahme von dem Grundsatz, dass es zu einer Herauf- oder Herabsetzung des Grundkapitals eines satzungsändernden Beschlusses bedarf, weil es die Kapitalerhöhung in die Händen des Vorstandes legt. Eine solche Ermächtigung des Vorstandes bedarf gleichfalls der Feststellung in der Satzung.

Die → *Kapitalherabsetzung* berechtigt zu einer Korrektur des Grundkapitals nach unten (§§ 222–240 AktG). Diese Verringerung des als gezeichnetes Kapital ausgewiesenen Grundkapitals bewirkt einen Buchertrag, der in der Gewinn- und Verlustrechnung als „Ertrag aus der Kapitalherabsetzung" gesondert auszuweisen ist (§§ 240 AktG, 266 Abs. 3 A I HGB).

Hinweis auf weitere Stichwörter

- → *Bedingte Kapitalerhöhung*
- → *Einziehung*
- → *Finanzierung*
- → *Genehmigtes Kapital*
- → *Kapitalerhöhung*
- → *Kapitalherabsetzung*
- → *Nennbetrag*
- → *Stückaktie*

Gutgläubiger Erwerb

Wesentlich für die Umlauffähigkeit von Aktien ist die Möglichkeit des gutgläubigen Erwerbs (§§ 932 ff. BGB, § 366 HGB). Bei der *Inhaberaktie* ist der gutgläubiger Erwerb an die Erlangung des Besitzes geknüpft (§ 932 BGB). Auch *abhanden gekommene* Aktien können gutgläubig erworben werden (§ 935 Abs. 2 BGB). *Namensaktien* können ebenfalls gutgläubig erworben werden, wenn sie durch Indossament übertragen wurden (§ 68 Abs. 1 AktG i.V.m. Art. 16 WG).

Hinweis auf weitere Stichwörter

- → *Aktie*
- → *Erwerb*
- → *Inhaberaktie*
- → *Namensaktie*
- → *Übertragung*
- → *Zeichnung*

Haftung

→ *Abwickler: 6. Haftung*
→ *Aufsichtsrat: 9. Haftung des Aufsichtsrats*

→ *Aufsichtsratsmitglieder: 4. Haftung der Aufsichtsratsmitglieder*

→ *Beherrschungsvertrag: 6. Haftung im Beherrschungsverhältnis*

→ *Corporate Governance*

→ *Gründer: 4. Haftung*

→ *Gründung: 8. Haftung*

→ *Handelndenhaftung*

→ *Kommanditgesellschaft auf Aktien: 3. Persönlich haftender Gesellschafter (Komplementär)*

→ *Konzern: 8. Haftung im Konzern*

→ *Schadenersatzpflicht*

→ *Strafrechtliche Verantwortung*

→ *Vorstandsmitglieder: 6. Haftung der Vorstandsmitglieder*

Hinweis auf weiterführende Literatur: *Bachmann*, Der „Deutsche Corporate Governance Kodex" – Rechtswirkungen und Haftungsrisiken, WM 2002, 2137 ff.; *Erbel-Borges*, Die Haftung des herrschenden Unternehmens für Schulden einer konzernabhängigen Personengesellschaft, WM 2003, 105 ff.; *Fuchs/Dühn*, Deliktische Schadenersatzhaftung für falsche Ad-hoc-Mitteilungen, BKR 2002, 1063 ff.; *Groß*, Haftung für fehlerhafte oder fehlende Regel- oder Ad-hoc-Publizität, WM 2002, 477 ff.; *Heimbach/Boll*, Führungsaufgabe und persönliche Haftung der Vorstandsmitglieder und des Vorstandsvorsitzenden im ressortaufgeteilten Vorstand, VersR 2001, 801 ff.; *Medicus*, Die Außenhaftung des Führungspersonals juristischer Personen im Zusammenhang mit Produktmängeln, GmbHR 2002, 809 ff.; *Reichert/Weller*, Haftung von Kontrollorganen, ZRP 2002, 49 ff.; *Renzenbrink/Holzner*, Das Verhältnis von Kapitalerhaltung und Ad-hoc-Haftung, BKR 2002, 434 ff.; *Rützel*, Der aktuelle Stand der Rechtsprechung zur Haftung bei Ad-hoc-Mitteilungen, AG 2003, 69; *Tripmaker*, Der subjektive Tatbestand des Kursbetrugs, wistra 2002, 288- ff.; *Wilhelm*, Zurück zur Durchgriffshaftung – des „KBV"-Urteil des II. Zivilsenats des BGH vom 24.06.2002, NJW 2003, 175 ff.; *Wenusch*, Die Haftung der Abschlussprüfer, AnwBl 2003, 10 ff.

Halbeinkünfteverfahren

1. Begriff 426
2. Inhalt 427
3. Auskehrung des Körperschaftsteuerguthabens 427
4. Auswirkung 428

1. Begriff

Das *Halbeinkünfteverfahren* ist eine Steuerbefreiung zur Vermeidung einer übermäßigen Doppelbesteuerung nach Abschaffung des Anrechnungsverfahrens. Die Regelung gilt erstmals für Kapitalerträge, die nach dem 31.12.2000 zufließen (§ 52 Abs. 53 Satz 3 EStG). Danach bleiben u.a. Gewinnausschüttungen von Kapitalgesellschaften i.S.d. § 17 EStG (wesentliche Beteiligung) sowie i.S.d. § 23 EStG („Spekulationsgeschäft") zur Hälfte steuerfrei (§ 3 Nr. 40 EStG).

2. Inhalt

Inhalt des *Halbeinkünfteverfahrens*:

▷ **Definitive Besteuerung der Gewinne** einer Kapitalgesellschaft unabhängig davon, ob sie ausgeschüttet oder einbehalten werden, mit einem einheitlichen Körperschaftssteuersatz i.H.v. 25 %: der Körperschaftsteuersatz bleibt definitiv und reduziert sich nicht mehr, wenn und soweit Gewinnausschüttungen vorgenommen werden;

▷ **Aufteilung** des steuerlichen Eigenkapitals der Gesellschaft vollzieht sich nicht mehr in den Gliederungsstufen des „verwendbaren Eigenkapitals": das Gesetz unterscheidet nur noch zwischen dem eingezahlten Kapital, dem „Einlagekonto", und den sonstigen → *Rücklagen*;

▷ Besteuerung der **Dividenden und Veräußerungsgewinne** beim Organträger gemäß § 15 Nr. 2 KStG durch Anwendung des § 3 Nr. 40 und § 3c EStG bei der Ermittlung des Einkommens des Organträgers;

▷ die von einer **natürliche Person oder einem Personenunternehmen** erhaltene Dividende wird nur noch zur Hälfte angesetzt (§ 3 Nr. 40d EStG): Betriebsvermögensminderungen, Betriebsausgaben, Veräußerungskosten oder Werbungskosten, die mit dem den § 3 Nr. 40 EStG zu Grunde liegenden Betriebsvermögensmehrungen oder Einnahmen in wirtschaftlichem Zusammenhang stehen, werden bei der Ermittlung der Einkünfte nur zur Hälfte abgezogen, unabhängig davon, in welchem Veranlagungszeitraum die Betriebsvermögensmehrungen oder Einnahmen anfallen (§ 3c Abs. 2 EStG);

▷ eine **Körperschaftsteueranrechnung** für ausgeschüttete Dividenden auf Anteilseignerebene findet nicht mehr statt (seit 2002, wenn das Wirtschaftsjahr gleich dem Kalenderjahr ist);

▷ Dividendenzahlungen an **nicht körperschaftsteuerpflichtige Anteilseigner** (natürliche Personen einschließlich Personenhandelsgesellschaften) sowie deren Gewinn aus der Veräußerung ihrer Kapitalgesellschafts-Anteile unterliegen nur zur Hälfte der Einkommensteuer nach dem sog. Halbeinkünfteverfahren gemäß § 3 Nr. 40 EStG (StSenkG, für inländische Dividenden schon seit dem Jahr 2001).

3. Auskehrung des Körperschaftsteuerguthabens

Auf Grund des Übergangs vom Anrechnungs- zum Halbeinkünfteverfahren ist die bisherige Gliederung des für Ausschüttungen verwendbaren Eigenkapitals entbehrlich (EK). Nach dem Willen des Gesetzgebers kommt es jedoch nicht zu einem abrupten Übergang auf das neue Besteuerungssystem. Vielmehr werden – zumindest für den Übergangszeitraum von 15 Wirtschaftsjahren – Teile des Anrechnungsverfahrens in modifizierter Form auf der Gesellschaftsebene beibehalten. Während des Übergangszeitraums kommt es nämlich noch zu Minderungen oder Erhöhungen der Körperschaftsteuer, sofern Gewinnausschüttungen vorgenommen werden. Zu diesem Zweck wird im Rahmen einer Übergangsregelung ein Körperschaftsteuer-Guthaben ermittelt, das bei offen Ausschüttungen und Vorabausschüttungen (nicht jedoch bei verdeckten Gewinnausschüttungen) während des 15-jährigen Übergangszeitraums mobilisiert werden kann. Daneben wird der Endbestand des bisherigen Teilbetrags EK 02 festgestellt, bei dessen Verwendung für eine Ausschüttung (auch bei einer verdeckten Gewinnausschüttung) es während des 15-jährigen Übergangszeitraums noch zu einer Erhöhung der Körperschaftsteuer kommt. Zu berücksichtigen ist, dass eine Körperschaftsteuer-Minderung nur eintritt, wenn Gewinnausschüttungen auf einem den gesellschaftsrechtlichen Vorschriften entsprechenden Gewinnverteilungsbeschluss beruhen. Dagegen kommt es zu einer Körperschaftsteuer-Erhöhung in allen Fällen der Gewinnausschüttung (das heißt auch bei → *verdeckten Gewinnausschüttungen*). Einzelheiten der Übergangsregelungen → *Steuerrecht: 2. Körperschaftsteuer* (§§ 36–40 KStG).

4. Auswirkung

▷ **Wirkungen auf Gesellschaftsebene:** Die ab dem Jahre 2001 abgesenkte Tarifbelastung entfaltet für Kapitalgesellschaften unmittelbar folgende Wirkungen:

- Die Selbstfinanzierungsmöglichkeiten werden deutlich verbessert, da thesaurierte Gewinne nur noch mit 25 % Körperschaftsteuer (zzgl. Gewerbesteuer) belastet sind;
- die Thesaurierungsquote wird ab 2001 – verglichen mit dem Jahr 2000 – um ca. 13 Prozentpunkte verbessert (unter Einbeziehung der Gewerbesteuer sowie des Solidaritätszuschlags);
- die körperschaftsteuerrechtliche Definitivbelastung sonstiger nichtabziehbarer Ausgaben wird von bisher 66,67 % auf 33,33 % vermindert.

Die Gesamtsteuerbelastung mit Körperschaftsteuer, Gewerbesteuer und Solidaritätszuschlag liegt z.B. bei einem Gewerbesteuer-Hebesatz von 400 % bei 38,65 % bzw. bei einem Gewerbesteuer-Hebesatz von 450 % bei 39,9 %.

▷ **Wirkungen beim Anteilsbesitzer:** Zusammengefasst ergeben sich beim Systemwechsel vom Anrechnungsverfahren zum Halbeinkünfteverfahren folgende Änderungen:

- Hälftige Besteuerung von Dividendeneinnahmen (§ 3 Nr. 40 Satz 1d i.V.m. § 20 Abs. 1 EStG)
- hälftiger Abzug der Werbungskosten, die mit diesen Dividendeneinnahmen in wirtschaftlichem Zusammenhang stehen (§ 3c Abs. 2 EStG)
- Verdoppelung des anderweitig noch nicht in Anspruch genommenen Sparerfreibetrags
- das bis zum Veranlagungszeitraum 2001 bestehende eigenständige Anrechnungsverfahren beim Solidaritätszuschlag kommt nicht mehr zur Anwendung

- für den unbeschränkt steuerpflichtigen Anteilseigner ist die Kapitalertragsteuer nach wie vor vollständig anrechnungsfähig.

▷ **Nachteile:** Die Einführung des Halbeinkünfteverfahrens ist jedoch nicht in jedem Fall von Vorteil. Bei unbeschränkt einkommensteuerpflichtigen Aktionären mit einem individuellen Einkommensteuersatz von *weniger als 38 %* ist die Gesamtsteuerbelastung von Ausschüttungen während der Geltung des Anrechnungsverfahrens geringer als bei Anwendung des Halbeinkünfteverfahrens.

Beispiel

Bei einem Einkommensteuersatz von 48,5 % und einem Gewerbesteuerhebesatz von 400 % ergibt sich folgende Berechnung:

	Anrechnungsverf. %	Halbeinkünfteverf. %
Gesellschaftsebene		
Vorläufiger Gewinn	100,00	100,00
– Gewerbesteuer	– 16,67	– 16,67
= Gewinn nach Gewerbesteuer	83,33	83,33
– Körperschaftsteuer	– 25,00	– 20,83
– Solidaritätszuschlag	– 1,37	– 1,14
= Gewinn nach KSt und GewSt	56,96	61,36
Gesamtsteuerbelastung	**43,04**	**38,64**
Gesellschafterebene		
Dividende	81,96	61,36
– Einkommensteuer	– 39,75	– 14,87
– Solidaritätszuschlag	– 2,18	– 0,81
Verbleiben	40,03	45,68
Gesamtsteuerbelastung	**59,97**	**54,32**

Hinweis auf weiterführende Literatur: *Binz/Sorg*, Die vGA nach der Unternehmenssteuerreform, DStR 2001, 1457 ff.; *Dötsch/Pung*, Ausgewählte Fragen zu der letztmaligen Anwendung des Anrechnungsverfahrens sowie zu der erstmaligen Anwendung des Halbeinkünfteverfahrens, GmbHR 2001, 641 ff.; *Häuselmann/Wagner*, Grenzen der Einziehung von Aktienderivaten in das Halbeinkünfteverfahren, BB 2002, 2170 ff.; *Nacke/Intemann*, Ausgewählte Probleme des Halbeinkünfteverfahrens, DB 2002, 756 ff.; *Neye*, Zur Reichweite des Halbeinkünfteverfahrens – Organschaft, Mitunternehmerschaft, GmbHR 2002, 102 ff.; *Neye*, Zur Reichweite des Halbeinkünfteverfahrens – Gewerbesteuer, GmbHR 2002, 153 ff.; *Pyszka*, Durchbrechung des Halbeinkünfteverfahrens bei steuerfreien ausländischen Beteiligungserträgen einer Organschaft?, GmbHR 2002, 468 ff.; *Schmitz*, Die vGA im Konzern und systemgerechte Besteuerung nach der Unternehmenssteuerreform, DB 2001, 1166 ff.

Hinweis auf weitere Stichwörter

→ *Aktionär*   → *Steuerrecht*
→ *Dividende*

Handelndenhaftung

→ *Verwaltung: 3. Haftung*

→ *Vorstandsmitglieder: 6. Haftung*

→ *Gründung: 8. Haftung*

Handelsregister

1. Begriff 430
2. Handelsregisteranmeldung 430
3. Handelsregistereintragung 440
4. Bekanntmachung 440
5. Einsicht ins Handelsregister 440
6. Abschriften, Bescheinigungen 441

1. Begriff

Das Handelsregister wird als hoheitliche Aufgabe von den Gerichten geführt und obliegt dort den Amtsgerichten (§ 8 HGB, § 125 FGG). Für jeden Amtsgerichtsbezirk existiert ein gesondertes Register (§ 2 HRV). Örtlich zuständig ist in der Regel das Amtsgericht, in dessen Bezirk sich der → *Sitz* der Aktiengesellschaft befindet. Die Öffentlichkeit des Handelsregisters wird dadurch verstärkt, dass seine Eintragungen öffentlich bekannt gemacht werden (→ *Bekanntmachungen*). Eine rechtliche Vermutung der Richtigkeit des im Handelsregister Verlautbarten gibt es nicht. Die Eintragung liefert einen Beweis des ersten Anscheins. Dritte werden zudem durch Rechtsscheinhaftung und durch die sog. positive und negative → *Publizität* des Handelsregisters geschützt (§ 15 HGB). Derzeit läuft ein Gesetzgebungsverfahren zur Umstellung auf ein elektronisches Handelsregister (Entwurf eines Gesetzes über elektronische Handelsregister und Genossenschaftsregister sowie das Unternehmensregister (EHUG) v. 15.3.2006).

2. Handelsregisteranmeldung

▷ **Form:** Anmeldungen zum Handelsregister sind grundsätzlich in öffentlich beglaubigter Form einzureichen (§§ 12 HGB, 129 Abs. 1 BGB, §§ 39, 40 BeurkG, 20 BNotO). Die Beglaubigung kann ersetzt werden durch

– notarielle Beurkundung (§ 129 Abs. 2 BGB),

– Aufnahme in einen protokollierten gerichtlichen Vergleich (§ 127a BGB).

Anmeldungen zum Handelsregister können bis zur Eintragung des angemeldeten Vorgangs formlos zurückgenommen werden. Die Zurückweisung einer Anmeldung kann mit einer unbefristeten Beschwerde angegriffen werden (§§ 19 ff. FGG).

▷ **Anmeldepflicht:** Die Anmeldungspflicht dient dem Zweck, die Verlässlichkeit des Handelsregisters auf Vollständigkeit zu gewährleisten. Anmeldepflichtig ist grundsätzlich der → *Vorstand* in vertretungsberechtigter Zahl (*Ausn.* bei Gründung: nur zusammen mit den Gründern und den Mitgliedern des Aufsichtsrates, bei Anteilsvereinigung: auch der Anteilseigner, bei Kapitalerhöhung und bei Kapitalherabsetzung: kumulativ Vorstand und der Vorsitzende des Aufsichtsrates hinsichtlich Beschlusses der Hauptversammlung). Eine Stellvertretung bei der Anmeldung der → *Gründung* scheidet aus, weil der Anmeldende Erklärungen abgeben muss, für deren Richtigkeit er sowohl in strafrechtlicher als auch in zivilrechtlicher Hinsicht persönlich einzustehen hat (§§ 46, 48 AktG). Ansonsten ist eine unechte Gesamtvertretung bzw. eine Bevollmächtigung zur Anmeldung möglich. Die Erfüllung der Anmeldungspflicht ist durch das Registergericht nur durch Verhängung von Zwangsgeld erzwingbar (§§ 14, 335 HGB). Für die Gründer resultiert jedoch eine solche Pflicht aus der Satzungsfeststellung, die einen Vertrag zur Gründung einer Aktiengesellschaft darstellt. Eine klageweise Einhaltung dieser Pflicht ist zu bejahen, wenn sich die Gründer nicht auf einen berechtigten Verweigerungsgrund berufen können.

Beispiel

Ein berechtigter Verweigerungsgrund liegt vor, wenn der Gründer durch Anmeldung in die Haftung gemäß §§ 46 oder 399 AktG i.V.m. § 823 Abs. 2 BGB geraten könnte.

Eine privatrechtliche Pflicht der Vorstands- und Aufsichtsratsmitglieder zur Anmeldung der Gesellschaft ergibt sich aus deren Rechtsverhältnis zur → *Vor-AG*.

▷ Die **Offenlegungspflicht** der Aktiengesellschaft erstreckt sich auf Gründung, Nachgründungsverträge, Änderung in der Organstruktur des Vorstandes, Kapitalbeschaffungsmaßnahmen, Satzungsänderungen, Beschlüsse der Hauptversammlung über den Jahresabschluss, Unternehmensverträge, Abspaltung, Verschmelzung etc.

▷ **Gründung:** Die Anmeldung zur Eintragung in das Handelsregister muss von allen Gründern und den Mitgliedern der Verwaltungsgremien (§§ 30, 94 AktG) vorgenommen werden (§ 36 Abs. 1 AktG). In der Anmeldung sind anzugeben

- die Firma und der Sitz der Gesellschaft,
- der Gegenstand des Unternehmens,
- die Höhe des Grundkapitals, der Tag der Feststellung der Satzung,
- die Vorstandsmitglieder sowie deren Vertretungsbefugnis,
- die Dauer der Gesellschaft und das genehmigte Kapital, falls die Satzung darüber Bestimmungen enthält.

▷ Bei der Anmeldung zur Eintragung der Gesellschaft in das Handelsregister sind folgende **Unterlagen** nebst Anmeldung einzureichen:
- Ausfertigung der notariellen Niederschrift des diese Anmeldung beglaubigenden Notars über die Errichtung der Gesellschaft mit Feststellung der Satzung, vollständige Aktienübernahme durch die Gründer und die Bestellung des Aufsichtsrats,

- die Niederschrift der Sitzung über die Bestellung der Vorstandsmitglieder durch den Aufsichtsrat,
- der Gründungsbericht der Gründungsprüfer,
- die Bescheinigung der Bank über die dem Vorstand zur Verfügung stehenden eingezahlten Beträge, abzüglich Steuern und Gebühren, und nicht durch Gegenforderungen begrenzt,
- Aufstellung der gezahlten Steuern und Gebühren mit einer Quittung für jeden bezahlten Betrag,
- Unterschriftenbeglaubigung der Gründer, der Mitglieder des Aufsichtsrates und des Vorstandes.

Einzureichen sind auch die Urkunden über die Bestellung des ersten Aufsichtsrats.

▷ Darüber hinaus haben die Vorstandsmitglieder besondere **Angaben** zu machen:
- Hinsichtlich der Vertretungsbefugnis
  - eine in der Satzung vorgegebene Ermächtigung des Aufsichtsrats, Einzelvertretung oder gemischte Gesamtvertretung anzuordnen,
  - eine Befreiung einzelner Vorstandsmitglieder vom Verbot des § 181 BGB.
- Eine Versicherung nach § 37 Abs. 2 Satz 1 AktG, dass keine Umstände vorliegen, die ihrer Bestellung entgegenstehen, dabei sollen die einzelnen Varianten ausdrücklich angegeben werden, d.h. sämtliche Vorstandsmitglieder müssen erklären, nicht wegen einer Insolvenzstraftat gemäß §§ 283–283d StGB vorbestraft und nicht mit einem behördlichen oder gerichtlichen Berufsverbot belegt zu sein (§ 76 Abs. 3 Satz 3 und 4 AktG).
- Die Einreichung der Unterschrift aller Vorstandsmitglieder und ihrer Stellvertreter zur Sicherung der Schriftprobe zwecks Prüfungsmöglichkeit der Echtheit beim Registergericht in öffentlich beglaubigter Form (Beglaubigung beim Notar § 129 Abs. 1 BGB).

▷ **Bargründung:** Im Falle der → *Bargründung* darf die Anmeldung erst erfolgen, wenn auf jede Aktie der eingeforderte Betrag ordnungsgemäß eingezahlt worden ist und zur endgültigen freien Verfügung des Vorstandes steht, soweit er nicht zur Bezahlung der bei der Gründung angefallenen Steuern und Gebühren bereits ausgegeben worden ist (§§ 36 Abs. 2, 54 Abs. 3 AktG). Dies ist in der Anmeldung zu erklären und nachzuweisen. Bei der Gutschrift auf ein Bankkonto ist ein solcher Nachweis durch eine Bankbestätigung zu führen (→ *Bank*).

▷ **Sachgründung:** Im Falle der → *Sachgründung* darf die Anmeldung erst erfolgen, wenn die Sacheinlagen vollständig geleistet sind. Es ist deren ordnungsgemäße, d.h. „vollständige" Leistung zu erklären. Insbesondere muss der dingliche Vollzug des Sacheinlagevertrages nachgewiesen sein.

> **Formulierungsbeispiel für die Anmeldung der AG**
>
> An das Amtsgericht...
> – Registergericht –
>
> Wir, die unterzeichnenden Gründer, Mitglieder des Vorstandes und des Aufsichtsrats, melden die
>
> X-AG
>
> mit dem Sitz in Y-Stadt zur Eintragung in das Handelsregister an.
>
> Gründer der Gesellschaft sind: (Personalien)
> Mitglieder des Aufsichtsrats sind: (Personalien)
> Mitglieder des Vorstandes sind: (Personalien)
>
> Das Grundkapital der Gesellschaft beträgt 5 000 000 Euro und ist eingeteilt in 50 000 Aktien im Nennbetrag von je 100 Euro, die auf den Inhaber lauten und gegen Bareinlagen zum Nennbetrag ausgegeben wurden.
>
> Auf jede Aktie ist der Nennbetrag in voller Höhe auf das Konto der Gesellschaft bei der Z-Bank eingezahlt. Der Gesamtbetrag von 5 Millionen Euro steht abzüglich der bei der Gründung anfallenden Gebühren, die bezahlt werden, endgültig zur freien Verfügung des Vorstandes.
>
> Die Gesellschaft wird durch 2 Mitglieder des Vorstandes oder ein Mitglied des Vorstandes in Gemeinschaft mit einem Prokuristen vertreten. Der Aufsichtsrat kann jedem Vorstandsmitglied die Befugnis zur Alleinvertretung erteilen. Die bestellten Vorstandsmitglieder A und B vertreten die Gesellschaft gemeinschaftlich oder jeweils in Gemeinschaft mit einem Prokuristen. Sie zeichnen ihre Unterschrift wie folgt:
>
> (Zeichnung der Unterschriften)
>
> Die Vorstandsmitglieder wurden vom Notar über ihre unbeschränkte Auskunftspflicht gegenüber dem Gericht belehrt. Sie versichern, dass ihrer Bestellung keine gesetzlichen Hindernisse entgegenstehen, dass sie also weder wegen eines Insolvenzdeliktes vorbestraft sind, noch dass gegen sie ein Berufs- oder Gewerbeverbot eines Gerichts oder einer Behörde besteht.

▷ **Nachgründung:** Jeder Nachgründungsvertrag ist anzumelden (§ 52 Abs. 6–8 AktG, → *Nachgründung*). Der Anmeldung sind folgende Anlagen beizufügen:

– Nachgründungsvertrag in Urschrift, Ausfertigung oder beglaubigter Abschrift,

– Nachgründungsbericht des Aufsichtsrats,

– Gründungsbericht des externen Gründungsprüfers einschließlich der dazugehörigen Urkunden,

– Niederschrift der Hauptversammlung.

Eine Zurückweisung der Anmeldung eines Nachgründungsvertrages ist dann möglich, wenn die Gründungsprüfer erklären oder es offensichtlich ist, dass der Nachgründungsbericht unrichtig oder unvollständig ist oder den gesetzlichen Vorschriften sonst nicht entspricht, oder aber die im Vertrag vorgesehene Vergütung unangemessen hoch ist.

▷ In die **Bekanntmachung** der Eintragung sind aufzunehmen der Tag des Vertragsabschlusses, der Tag der Zustimmung der Hauptversammlung, der zu erwerbende Vermögensgegenstand, die Person des Vertragspartners (Vor- und Nachname bzw. Firma, Gemeinde oder Sitz ohne genaue Adresse) und die zu gewährende Vergütung. Bis zur Eintragung im Handelsregister ist der Nachgründungsvertrag schwebend unwirksam und verpflichtet im Grundsatz weder die Gesellschaft noch den anderen Vertragsteil. Gleichwohl besteht auch während dieser Schwebezeit eine Bindung des anderen Vertragsteils insoweit, als dieser zunächst an seine Erklärungen gebunden ist. Mit der Eintragung des Nachgründungsvertrags im Handelsregister wird der bis dahin schwebend unwirksame Vertrag wirksam, sofern die übrigen Wirksamkeitsvoraussetzungen vorliegen.

▷ **Änderung des Vorstands:** Anzumelden sind hinsichtlich der → *Vorstandsmitglieder* (§ 81 AktG)

- die → *Bestellung*,
- die → *Abberufung*
- die → *Amtsniederlegung* und
- jede Änderung ihrer Vertretungsbefugnis (→ *Vertretung*, → *Satzungsänderung*).

Beim Handelsregister ist die Anmeldung evtl. nebst notarieller Zeichnung der Namensunterschriften der neu bestellten Vorstandsmitglieder und zusätzlich folgende Urkundsbeilagen in Urschrift oder öffentlich beglaubigter Abschrift einzureichen:

- Aufsichtsratsbeschluss über die Bestellung/Abberufung des Vorstandsmitglieds, bzw.
- Schreiben des ausgeschiedenen Vorstandsmitglieds an die Gesellschaft im Falle der Amtsniederlegung oder Kündigung, bzw.
- Sterbeurkunde des Vorstandsmitglieds, bzw.
- Beschluss der Hauptversammlung über die Änderung der Vertretungsbefugnis der Vorstandsmitglieder.

▷ Das **ausgeschiedene Vorstandsmitglied** kann grundsätzlich an der Anmeldung seines Ausscheidens nicht mehr mitwirken. Es kann die Aktiengesellschaft auf Anmeldung seines Ausscheidens verklagen, da es hierauf einen Anspruch hat. Ein der Klage stattgebendes Urteil ersetzt nach § 894 ZPO die Anmeldung durch die Gesellschaft. Bei der Amtsniederlegung ist es möglich, dass das Vorstandsmitglied sein Amt aufschiebend bedingt mit der Anmeldung beim Handelsregister niederlegt und dann, da es zu diesem Zeitpunkt noch zum Vorstand gehört, an der Anmeldung selbst mitwirkt.

▷ **Hauptversammlung:** Bei *Anteilsvereinigung* (→ *Einpersonen-AG*) ist der Vorstand oder der Alleinaktionär anmeldepflichtig. Die Anmeldung muss die Mitteilung der Anteilsvereinigung unter Angabe von Name, Vorname, Geburtsdatum und Wohnort beinhalten. Bei Ausstellung neuer Aktienurkunden, falls die alten Aktienurkunden wegen Veränderung rechtlicher Verhältnisse unrichtig werden, ist die Anmeldung der Aushändigung bzw. Hinterlegung, falls der Berechtigte unbekannt ist, erforderlich (§ 73 Abs. 3 AktG). Beschlüsse über den *Jahresabschluss* der Aktiengesellschaft sind ebenfalls beim Handelsregister anzumelden (→ *Jahresabschluss*). Einzureichen sind hierfür (§ 325 HGB)

– die beglaubigte Abschrift über die Niederschrift der Hauptversammlung (bei nicht börsennotierten Gesellschaften: eine vom Vorsitzenden des Aufsichtsrats unterschriebene Niederschrift, § 130 Abs. 1 und 5 AktG),

– Jahresabschlussunterlagen, Bestätigungsvermerk oder Vermerk über Versagung, Lagebericht, Vorschlag und Beschluss über die Ergebnisverwendung innerhalb von 9 Monaten nach dem Bilanzstichtag (bei der *kleinen Aktiengesellschaft*: verkürzte Bilanz und bereinigter Anhang innerhalb von 12 Monaten),

– Bekanntmachung des Abschlusses (bei der → *großen Aktiengesellschaft*).

Im Falle sonstiger *satzungsändernder Beschlüsse* der Hauptversammlung ist der vollständige Wortlaut der Satzung nebst Bescheinigung des Notars, dass die Änderungen mit dem Beschluss und unveränderte Bestimmungen mit dem zuletzt eingereichten Wortlaut der Satzung übereinstimmen und evtl. der Genehmigungsurkunde anzumelden (§ 181 Abs. 1 Satz 2 AktG). Hat der → *Aufsichtsrat* von einer in der Satzung vorgesehenen Befugnis Gebrauch gemacht, deren Fassung zu ändern, genügt die Niederschrift über den Beschluss des Aufsichtsrats mit der Unterschrift des Aufsichtsratsvorsitzenden (§ 107 Abs. 2 AktG).

▷ **Unternehmensverträge:** Eine Anmeldung ist sowohl bei Abschluss wie auch bei Änderung, Aufhebung oder Kündigung von Unternehmensverträgen erforderlich. Der → *Unternehmensvertrag* kann nur ab → *Eintragung* Wirkung entfalten. Die Anmeldung erfolgt bei dem Registergericht der Aktiengesellschaft, die

– ihre Leitung einem anderen Unternehmen unterstellt,

– sich zur Gewinnabführung verpflichtet oder

– ihren Betrieb verpachtet.

▷ Der **Vorstand der Untergesellschaft** muss folgende Angaben zur Eintragung in das Handelsregister anmelden:

– Das Bestehen und die Art des Unternehmensvertrages,

– den Namen der Obergesellschaft sowie

– bei Teilgewinnabführungsverträgen außerdem die Vereinbarung über die Höhe des abzuführenden Gewinns (§ 294 Abs. 1 AktG).

▷ Bei einer **Mehrmütter-Konstruktion** ist nicht die zwischen ihnen stehende Gesellschaft des bürgerlichen Rechts (GbR) anzumelden, sondern der Name jeder Muttergesellschaft.

▷ Der **Anmeldung des Unternehmens** sind folgende Unterlagen beizufügen:

– Der Unternehmensvertrag,

Handelsregister

– bei Beherrschungs- und Ergebnisabführungsverträgen zusätzlich die Niederschrift des Beschlusses und ihre Anlagen in Urschrift, Ausfertigung oder öffentlich beglaubigter Abschrift (→ *Gewinnabführungsvertrag*).

▷ Soweit **Aktiengesellschaften an einer Verschmelzung beteiligt** sind, ist der Verschmelzungsvertrag oder sein Entwurf vor der Einberufung der über die Verschmelzung beschließenden Hauptversammlung zum Handelsregister einzureichen (§ 61 Satz 1 UmwG). Eine Frist ist hierfür nicht vorgesehen, so dass auch eine „ganz kurze Zeitspanne" genügen soll (vgl. *Stratz* in Schmitt/Hörtnagl/Stratz, UmwG 4. Aufl. 2006, § 61 Rn. 2).

▷ Bei der **ordentlichen Kapitalerhöhung** ist anzumelden (§§ 182–191 AktG)

– der Beschluss der Hauptversammlung über die Kapitalerhöhung mit Erklärung über die fehlenden → *Einlagen* auf das → *Grundkapital*,

– die Durchführung der Kapitalerhöhung,

– die Satzungsänderung, die durch die Kapitalerhöhung erforderlich geworden ist.

▷ Mit der **Anmeldung der Kapitalerhöhung** sind folgende Anlagen einzureichen:

– Das Protokoll über die Hauptversammlung,

– die Zweitschrift der Zeichnungsscheine,

– das Verzeichnis der Zeichner unter Angabe der auf jeden Zeichner entfallenden Aktien und der geleisteten Einzahlungen, vom Vorstand unterschrieben,

– die Berechnung der Kosten, die wegen der Ausgabe der Aktien anfallen,

– die vollständige Satzung mit Notarbescheinigung (§ 181 Abs. 1 Satz 2 AktG),

– bei Sacheinlagen: zusätzlich diesbezügliche Verträge und der Prüfungsbericht (§§ 184 Abs. 1 Satz 2, 183 Abs. 3 AktG).

▷ Bei der **bedingten Kapitalerhöhung** ist anzumelden (§§ 192–201 AktG)

– der Beschluss der Hauptversammlung über die Kapitalerhöhung,

– in welchem Umfang im abgelaufenen Geschäftsjahr Aktien ausgegeben worden sind (§ 201 Abs. 3 AktG, eine Erklärung über Ausgabezweck und Gegenwert innerhalb eines Monats nach Beendigung des Geschäftsjahres),

– die Satzungsänderung, die zur Anpassung an die jeweils eingetretene Erhöhung des Grundkapitals nötig ist.

Hierbei ist zu beachten, dass die Anmeldung des Beschlusses über die Kapitalerhöhung nach § 195 AktG nicht mit der Anmeldung der Ausgabe von Bezugsaktien nach § 201 AktG und auch nicht mit der Anmeldung der Satzungsänderung nach § 23 Abs. 3 Nr. 3 und 4 AktG, die sich nach § 181 AktG bestimmt, verbunden werden kann (*Hüffer*, 7. Aufl. 2006, § 195 Rn. 1).

▷ **Anmeldung der bedingten Kapitalerhöhung:** Zusätzlich sind folgende Anlagen einzureichen:

– Die Zweitschrift der Bezugserklärungen,

- das vom Vorstand unterschriebene Verzeichnis der Personen, die das Bezugsrecht ausgeübt haben, unter Angabe der jeweiligen Aktien und Einzahlungen,
- Genehmigungsurkunde, falls erforderlich,
- der Aufsichtsratsbeschluss über die Satzungsänderung (§ 179 Abs. 1 Satz 2 AktG),
- die vollständige Satzung mit Notarbescheinigung,
- die Berechnung der Kosten, die wegen der Ausgabe der Aktien anfallen,
- bei Sacheinlagen: zusätzlich diesbezügliche Verträge und der Prüfungsbericht (§§ 195 Abs. Nr. 1, 194 AktG).
- Niederschrift über die Hauptversammlung.

▷ Bei der **Kapitalerhöhung aus genehmigtem Kapital** ist anzumelden (§§ 202–206 i.V.m. 188 AktG)
- die Satzungsänderung (Ermächtigung des Vorstandes über Erhöhung des Grundkapitals),
- Durchführung der Kapitalerhöhung,
- Erklärung, welche Einlagen auf das Grundkapital noch nicht geleistet sind und warum sie nicht erlangt werden können.

▷ **Anmeldung der Kapitalerhöhung aus genehmigtem Kapital:** Der Anmeldung müssen folgende Unterlagen beigefügt sein
- die vollständige Satzung mit Notarbescheinigung (§ 181 Abs. 1 Satz 2 AktG),
- die Zweitschrift der Zeichnungsscheine,
- das vom Vorstand unterschriebene Verzeichnis der Zeichner unter Angabe der auf jeden entfallenden Aktien und der geleisteten Einzahlungen,
- die Berechnung der Kosten, die wegen der Ausgabe der Aktien anfallen,
- bei Sacheinlagen: zusätzlich diesbezügliche Verträge und der Prüfungsbericht (§§ 184 Abs. 1 Satz 2, 183 Abs. 3 AktG).

▷ Bei der **Kapitalerhöhung aus Gesellschaftsmitteln** ist durch Vorstand und den Vorsitzenden des Aufsichtsrats anzumelden (§§ 207–220 i.V.m. 182 Abs. 1, 184 Abs. 1 AktG)
- der Beschluss der Hauptversammlung über die Kapitalerhöhung mit der Versicherung nach § 210 Abs. 1 Satz 2 AktG,
- die Satzungsänderung, die durch die Erhöhung eingetreten ist.

▷ **Anmeldung der Kapitalerhöhung aus Gesellschaftsmitteln:** Als Anlagen sind einzureichen (§ 210 AktG)
- das Protokoll der Hauptversammlung,
- die letzte Jahresbilanz und die der Kapitalerhöhung zugrunde gelegte Bilanz,
- die vollständige Satzung mit Notarbescheinigung.

▷ **Abspaltung:** Die Abspaltung einzelner Vermögensteile oder die Abspaltung zur Neugründung müssen vom Vorstand der übertragenden Gesellschaft zum Handelsregister angemeldet werden. Zusätzlich vorgelegt werden müssen (§§ 129 ff., 135 ff. UmwG)

– die Ausfertigung der notariellen Urkunde über den Spaltungsentschluss mit Spaltungsplan und Stichtagsbilanz sowie dem Gesellschaftsvertrag der neu gegründeten Gesellschaft mit beschränkter Haftung samt Bestellung der Geschäftsführung,

– der Spaltungsbericht,

– die Durchführungsbericht der Spaltungsprüfung,

– ein Nachweis über die Zuleitung des Spaltungsplans an den Betriebsrat des übertragenden Rechtsträgers,

– die Unterschriftenbeglaubigung.

▷ Bei **Neugründung** muss vorgelegt werden

– evtl. die Urkunde über staatliche Genehmigung,

– die Liste der Gesellschafter,

– der Sachgründungsbericht,

– die Unterschriftenbeglaubigung.

▷ Die **Umwandlung als Verschmelzung zur Neugründung oder als Formwechsel** muss zum Handelsregister angemeldet werden (§§ 2 Nr. 2, 56 ff., 191, 226 ff., 238 ff. UmwG). Vorgelegt werden müssen

– die Ausfertigung der notariellen Urkunde über den Umwandlungsbeschluss mit dem Gesellschaftsvertrag der neu gegründeten Gesellschaft mit beschränkter Haftung samt Bestellung der Geschäftsführung,

– der Umwandlungsbericht,

– der Bericht über die Durchführung der Umwandlungsprüfung,

– die Zustimmungserklärungen von Anteilseignern,

– der Nachweis über die Zuleitung des Entwurfs des Umwandlungsbeschlusses an den Betriebsrat des formwechselnden Rechtsträgers,

– evtl. die Urkunde über die staatliche Genehmigung,

– die Liste der Gesellschafter,

– die Unterschriftenbeglaubigung.

▷ Die **Anmeldung des Formwechsels** muss die Erklärung enthalten, dass eine Klage gegen die Wirksamkeit des Umwandlungsbeschlusses nicht oder nicht fristgemäß erhoben oder eine solche Klage rechtskräftig abgewiesen oder zurückgenommen worden ist (§§ 198 Abs. 3, 16 Abs. 2 und 3 UmwG, sog. → *Negativerklärung*). Beim *Formwechsel einer Aktiengesellschaft* in eine andere Gesellschaftsform sind die Regeln des entsprechenden Gesellschaftsrechts anwendbar (vgl. § 197 Satz 1 UmwG). Beim *Formwechsel einer anderen Gesellschaftsform* in eine Aktiengesellschaft muss die Anmeldung folgende Angaben enthalten (§ 197 Satz 1 UmwG):

- Die Bestellung der Vorstandsmitglieder (§ 246 Abs. 2 UmwG),
- die Art der Vertretungsbefugnis der Vorstandsmitglieder,
- die Zeichnung der Namensunterschriften durch die Vorstandsmitglieder,
- die Zusammensetzung des Aufsichtsrates,
- die Versicherungen gemäß § 37 Abs. 1 und 2 AktG (§ 37 Abs. 1 AktG nicht beim Formwechsel von Kapitalgesellschaften in die Aktiengesellschaft, § 246 Abs. 3 UmwG),
- die Angabe des Geschäftszweigs und der Lage der Geschäftsräume (§ 24 HRV),
- sofern alle Aktien allein oder neben der Gesellschaft einem Aktionär gehören, dieser Umstand, sowie Name, Vorname, Geburtsdatum und Wohnort des alleinigen Aktionärs.

Bei der *Anmeldung eines Formwechsels* in eine KGaA sind folgende Angaben erforderlich:

- Die Angabe der persönlich haftenden Gesellschafter (§ 246 Abs. 2 UmwG),
- die Art der Vertretungsbefugnis der persönlich haftenden Gesellschafter,
- die Zeichnung der Namensunterschriften durch die persönlich haftenden Gesellschafter,
- die Zusammensetzung des Aufsichtsrats,
- die Versicherungen gemäß §§ 283 Nr. 1, 37 Abs. 1 und 2 AktG (§ 37 Abs. 1 AktG nicht beim Formwechsel von Kapitalgesellschaften in die KGaA, § 246 Abs. 3 UmwG),
- der Geschäftszweig und die Lage der Geschäftsräume (§ 24 HRV).

▷ **Zweigniederlassung:** Die Anmeldung einer Zweigniederlassung muss zum Handelsregister der Haupt- und der Zweigniederlassung erfolgen (§§ 13–13g, 325a HGB). Die Anmeldung ist in so vielen Stücken einzureichen, wie Niederlassungen (Haupt- und Zweigniederlassungen) bestehen (§ 13c HGB). Dazu sind folgende Unterlagen erforderlich:

- Zeichnung der Unterschrift des Vertretungsberechtigten zur Aufbewahrung in öffentlich beglaubigter Form beim Gericht der Zweigstelle; Unterschrift der Prokuristen nur, wenn sich ihre Vertretungsmacht auch auf die Zweigniederlassung erstreckt (*Röhricht/Graf v. Westphalen*, HGB, 2. Aufl. 2001, § 13 Rn. 13);
- die öffentlich beglaubigte Abschrift der Satzung (§ 13a Abs. 2 Satz 2 HGB); ferner sind die Angaben erforderlich, die auch bei der Eintragung einer neu gegründeten Aktiengesellschaft erforderlich sind (s.o.).

▷ **Erlöschen:** Da der Übergang von der werbenden Gesellschaft zur Abwicklungsgesellschaft für jedermann erkennbar sein soll, hat der Vorstand die Auflösung der

Gesellschaft zur Eintragung in das Handelsregister anzumelden, sofern nicht, wie bei der Eröffnung des Insolvenzverfahrens, eine Eintragung bereits von Amts wegen erfolgt (§ 263 AktG).

3. Handelsregistereintragung

Bei ordnungsgemäßer Anmeldung muss das Registergericht die eintragungsfähige Tatsache in das Handelsregister eintragen.

→ *Eintragung*

4. Bekanntmachung

Im Anschluss an die Eintragung müssen die eingetragenen Tatsachen bekannt gemacht werden.

→ *Bekanntmachung*

5. Einsicht ins Handelsregister

▷ **Berechtigung:** Der Zugang zum Handelsregister ist für jedermann gestattet (§ 9 HGB). Ein rechtliches Interesse für die Einsicht oder die Erteilung von Abschriften ist nicht nötig. Insoweit wird der besonderen Eigenschaft der Öffentlichkeit des Handelsregisters Rechnung getragen. Von dem Recht auf Einsicht ist auch die Durchsicht des gesamten Registers erfasst einschließlich der Fertigung von Abschriften durch technische Reproduktionsgeräte (BGH NJW 1989, 2818).

▷ **Schranken:** Es sind nur die Eintragungen und die zum Handelsregister eingereichten Unterlagen frei zugänglich, also solche, die der Anmeldende für die Eintragung und nach § 8a Abs. 4 HGB vorzulegen hat. Andere Schriftstücke, wie Gutachten der Industrie- und Handelskammern, die sich etwa bei den Registerakten befinden, können nur mit Glaubhaftmachung eines berechtigten Interesses eingesehen werden (§ 34 FGG).

▷ Bei **Streitigkeiten** über das Einsichtsrecht ist noch unklar, wer darüber entscheidet. Urteile gibt es für

– die Justizverwaltung (BGH NJW 1989, 2818) und
– das Registergericht (OLG München CR 1988, 1000).

▷ **Online-Verfahren:** Der Zugang zum Handelsregister wurde durch die Möglichkeit des Datenabrufes von außen im Online-Verfahren erweitert (§ 9a HGB). Ein automatischer Abruf ist aufgrund der Öffentlichkeit des Registers im Rahmen der nach § 9 Abs. 1 AktG erlaubten Einsicht zulässig und beschränkt sich auf die Eintragungen in das Handelsregister sowie die zum Handelregister eingereichten aktuellen Gesellschafterlisten (§§ 8 Abs. 1 Nr. 3, 40 GmbHG) und jeweils gültigen Satzungen. Sonstige zum Handelsregister eingereichten Daten, z.B. nach § 37 Abs. 4 AktG, § 8 GmbHG, sind nur in den Räumen des Registergerichts einsehbar, so dass der Online-Abruf nach § 9a HGB weniger weit reicht als das Einsichtsrecht nach § 9 HGB. Der Nutzer ist darauf hinzuweisen, dass er die Daten nur zu Informationszwecken verwenden darf. Er kann bereits bei drohendem Missbrauch oder drohender Überschreitung der Einsicht von der Teilnahme ausgeschlossen werden (§ 9a Abs. 3 HGB).

▷ Die Einsicht in das Handelsregister ist **kostenfrei**. Onlinerecherchen sind seit 2003 möglich (kostenpflichtig) über die Homepage des Bundesanzeigers, Datenbank: Zentralhandelsregister.

6. Abschriften, Bescheinigungen

▷ Der **Nachweis bestimmter Eintragungen** kann neben der Einsicht auch durch ein Zeugnis des Registergerichts geführt werden (§ 9 Abs. 2 HGB, *Abschrift*, § 9 Abs. 3 HGB, positive *Bescheinigung* über Vertretungsberechtigungen). Die Abschrift sowie die Bescheinigung sind ein ausreichendes Beweismittel gegenüber Behörden. Sie beziehen sich nur auf den Zeitpunkt ab Eintragung im Handelsregister (OLG Köln GmbHR 1990, 399). Jedermann hat das Recht, vom Registergericht eine Bescheinigung darüber zu erhalten, dass bezüglich des Gegenstandes einer Eintragung weitere Eintragungen nicht vorhanden sind oder eine bestimmte Eintragung nicht erfolgt ist (§ 9 Abs. 4 HGB, → *Negativbescheinigung*). Diese ist bedeutsam für die negative → *Publizität* des Handelsregisters.

▷ Für Abschriften, Zeugnisse und Bescheinigungen sind nach der Kostenordnung **Gebühren** zu bezahlen.

Hinweis auf weiterführende Literatur: *Gustavus*, Handelsregister – Anmeldungen, 6. Aufl. 2004; *Klöhn*, Dürfen Registergerichte Rechtsfragen offen lassen, weil sie „bei realistischem Prüfungsaufwand" nicht beantwortet werden können? ZIP 2003, 420 ff.

Hinweis auf weitere Stichwörter

→ *Bekanntmachungen*
→ *Bundesanzeiger*
→ *Eintragungen*
→ *Löschung*
→ *Nichtigkeitsklage*

→ *Publizität*
→ *Umwandlung*
→ *Unternehmensvertrag*
→ *Vertretung*
→ *Vorstand*

Hauptversammlung

1. Begriff 442	5. Mitteilungen 448
2. Arten 442	6. Ablauf der Hauptversammlung 450
3. Zuständigkeiten 443	7. Beurkundung 451
4. Einberufung 448	8. Hauptversammlungsbeschluss 452

1. Begriff

Die Hauptversammlung kann als Gesetzgeber der Gesellschaft charakterisiert werden, denn sie ist für alle → *Satzungsänderungen* und Strukturmaßnahmen zuständig. Sie ist das Willensbildungsorgan der Gesellschaft, weil die → *Aktionäre* ihre Rechte in den Angelegenheiten der Gesellschaft nur in der Hauptversammlung ausüben können, soweit das Gesetz nichts anderes bestimmt (§ 118 Abs. 1 AktG). Diese Willensbildung erfolgt durch Gesellschafterbeschlüsse; die Mitwirkung des einzelnen Aktionärs an dieser Willensbildung erfolgt durch die Ausübung des → *Stimmrechts*. Deshalb wird die Hauptversammlung als eine Einrichtung der Aktionärsdemokratie bezeichnet. Die Hauptversammlung ist nur von der Eröffnung einer solchen Aktionärsversammlung bis zu ihrer Schließung durch den Versammlungsleiter existent. Die Hauptversammlung wird innerhalb dieser zeitlichen Grenze zum Forum der Aktionäre zur Ausübung ihnen obliegender Verwaltungsrechte (§ 118 Abs. 1 AktG). Die Handlungsmodalität der Hauptversammlung ist nur auf die Beschlussfassung beschränkt. Die Ausführung der Beschlüsse ist Sache des Vorstandes. Die Hauptversammlung kann nicht gesetzlicher Vertreter der Gesellschaft sein. Sie hat nur das Recht zur Beschlussfassung.

2. Arten

▷ **Ordentliche Hauptversammlung:** Die Hauptversammlung findet grundsätzlich 1 Mal pro Geschäftsjahr statt. Sie verläuft nach einem sich jährlich wiederholenden Ritual von Tagesordnungspunkten (→ *Tagesordnung*).

Beispiele für Tagesordnungspunkte

- Entgegennahme des festgestellten Jahresabschlusses und des Lageberichts,
- Verwendung des Bilanzgewinns,
- Entlastung von Vorstand und Aufsichtsrat,
- Wahl des Abschlussprüfers und
- Wahl von Aufsichtsratmitgliedern gemäß den entsprechenden Zeitabständen.

▷ **Außerordentliche Hauptversammlung:** Die Hauptversammlung kann neben der ordentlichen Hauptversammlung unter bestimmten Voraussetzungen zusätzlich beantragt und einberufen werden. Eine Hauptversammlung zu reinen Informationszwecken wird nur ausnahmsweise für zulässig erachtet, ansonsten muss für die Hauptversammlung immer eine Beschlussfassung vorgesehen sein (*Hüffer*, AktG, 7. Aufl. 2006, § 119 Rn. 2, 4). Die Abhaltung einer informierenden Hauptversammlung ist aber möglich, wenn „ein späterer Beschluss vorbereitet werden soll" (*Zöllner* in KK. AktG, § 121 Rn. 16). Ferner wird dem → *Vorstand* und dem → *Aufsichtsrat* das Recht zuerkannt, eine Hauptversammlung auch nur zur Information und Diskussion über bevorstehende Maßnahmen oder Projekte einzuberufen, ohne dass eine Beschlussfassung erfolgen muss (*Werner* in GK. AktG, 4. Aufl. 1993, § 121 Rn. 13, 17).

▷ **Vollversammlung:** Eine → *Vollversammlung* ist nur dann gegeben, wenn sämtliche Aktionäre (auch die ohne → *Stimmrecht*) erschienen oder vertreten sind. → *Eigene Aktien* der Gesellschaft müssen nicht vertreten werden, dagegen aber Aktien von unabhängigen Unternehmen. Nicht vertreten werden müssen Aktien, deren Stimmrecht nicht ausgeübt werden kann (§ 136 Abs. 2 AktG). Die Vollversammlung kann die Nichtigkeit von Beschlüssen heilen (§ 121 Abs. 4 AktG, → *Beschluss: 2. Mängel*)

3. Zuständigkeiten

▷ **Grundsatz:** Die Hauptversammlung ist neben dem Vorstand und dem Aufsichtsrat das dritte unabhängige Organ der Aktiengesellschaft. Sie kann aber ihre organschaftlichen Aufgaben und Befugnisse nur in den im Gesetz oder in der → *Satzung* ausdrücklich bestimmten Fällen wahrnehmen (§ 119 AktG). Die Zuständigkeit der Hauptversammlung beschränkt sich im Wesentlichen auf die Fragen, die den rechtlichen oder wirtschaftlichen Aufbau, insbesondere die Kapitalgrundlagen der Gesellschaft betreffen.

▷ **Gesetzliche Zuständigkeiten:** Nach der gesetzlich *zwingenden und abschließenden Regelung* sind der Hauptversammlung folgende Aufgaben und Befugnisse zugewiesen:

- **Bestellung der Mitglieder des Aufsichtsrats** (§§ 101, 137 AktG), soweit diese nicht nach dem DrittelBG, MitbestG oder MitbestErgG als Aufsichtsratsvertreter der Arbeitnehmer zu wählen sind: die Zuständigkeit zur Wahl und damit auch zur Abberufung von Aufsichtsratsmitglieder ist begrenzt durch die Bestimmungen des DrittelBG, des MitbestG und des MitbestErgG; sie kann weiter durch eine Satzungsbestimmung begrenzt werden, wonach einzelnen Aktionären das Recht eingeräumt werden kann, Aufsichtsratsmitglieder zu entsenden;

- **Verwendung des Bilanzgewinns** (§§ 174, 58 Abs. 4 AktG): Die Hauptversammlung ist bei dem Beschluss über die Verwendung des Bilanzgewinns an den festgestellten Jahresabschluss gebunden; die Verwendung des Bilanzgewinns muss in dem Beschluss im Einzelnen dargelegt werden (BGHZ 124, 111, 123);

- **Entlastung der Mitglieder des Vorstands und des Aufsichtsrats** (§ 120 AktG): über die Entlastung für das vergangene Geschäftsjahr ist innerhalb der ersten 8 Monate des neuen Geschäftsjahres zu beschließen. Die Entlastung ist zu erteilen, wenn die Hauptversammlung der Auffassung ist, dass die Verwaltung im Großen und Ganzen gesetzes- und satzungskonform gehandelt und keine erheblichen Pflichtverstöße begangen hat (*Hüffer*, AktG, 7. Aufl. 2006, § 120 Rn. 11 f.);

- **Bestellung der Abschlussprüfer** (§§ 318 Abs. 1 Satz 1, Abs. 3 und 4 HGB): Die Wahl der Abschlussprüfer (→ *Abschlussprüfung: 4. Abschlussprüfer*) ist zwingend (anders bei der GmbH); die Wahl des Abschlussprüfers soll in der ordentlichen Hauptversammlung vor Ablauf des Geschäftsjahres erfolgen, auf das sich die Prüfungstätigkeit zu erstrecken hat; nur der Aufsichtsrat ist vorschlagspflichtig und -berechtigt; der Vorschlag hat Name, Beruf, und Wohnort des Prüfers zu enthalten (§ 124 Abs. 3 Satz 3 AktG);

- **Satzungsänderungen** (§ 179 AktG): Nur die Hauptversammlung kann über die Änderung der Satzung beschließen. Eine Fassungsänderung, die nur die sprachliche Form der Satzung betrifft und nicht deren Inhalt, kann die Hauptversammlung dem Aufsichtsrat übertragen; der Beschluss zur Satzungsänderung bedarf der einfachen Stimmenmehrheit der abgegebenen Stimmen und einer Mehrheit, die mindestens ¾ des bei der Beschlussfassung vertretenen Grundkapitals umfasst; Kapital, das freiwillig oder aus gesetzlichen Gründen nicht an der Beschlussfassung mitwirkt, zählt nicht mit (*Hüffer*, AktG, 7. Aufl. 2006, § 179 Rn. 14). Die Zustimmung der betroffenen Aktionäre ist für die Wirksamkeit der Satzungsänderung erforderlich, wenn die Änderung in die Sonderrechte einzelner Aktionäre eingreift. Die Satzungsänderung wird erst mit dem Zeitpunkt ihrer Eintragung in das Handelsregister des Sitzes der Gesellschaft wirksam (→ *Satzungsänderung*);

- **Maßnahmen der Kapitalbeschaffung und Kapitalherabsetzung** (§§ 182 ff., 221, 222 ff. AktG): Alle diese Maßnahmen sind zugleich Satzungsänderungen; die Hauptversammlung beschließt deshalb über alle Maßnahmen der → *Kapitalbeschaffung* und der → *Kapitalherabsetzung* einschließlich der Ausgabe von → *Wandel-* und → *Gewinnschuldverschreibungen*;

- **Bestellung von Sonderprüfern** (§§ 142 ff. AktG): unabhängig von der jährlichen Prüfung des Jahresabschlusses durch Abschlussprüfer können bei sämtlichen Vorgängen bei der Gründung der Gesellschaft, der Geschäftsführung sowie bei Strukturänderungen Sonderprüfer bestellt werden (§§ 142 ff. AktG). Zuständig für die Bestellung ist die Hauptversammlung, für deren Beschluss eine einfache Stimmenmehrheit erforderlich ist.

  Sofern die Hauptversammlung einen gestellten Antrag auf Bestellung von Sonderprüfern abgelehnt hat, hat das Gericht unter bestimmten Voraussetzungen einen Sonderprüfer zu bestellen. Erforderlich ist dafür der Antrag einer qualifizierten → *Minderheit*, d.h. die Anteile der antragstellenden Aktionäre müssen bei Antragstellung zusammen den hundertsten Teil des Grundkapitals oder einen Börsenwert von 100 000 Euro erreichen (§ 142 Abs. 2 Satz 1 AktG). Zu berücksichtigen sind dabei auch Aktien ohne Stimmrecht.

- **Auflösung der Gesellschaft** (§§ 262 Abs. 1 Nr. 2 AktG): Die Hauptversammlung kann die → *Auflösung* der Gesellschaft jederzeit beschließen. Der Beschluss bedarf einer Mehrheit von mindestens ¾ des bei der Beschlussfassung vertretenen Grundkapitals; größere Kapitalmehrheiten und weitere Erfordernisse können durch die Satzung angeordnet werden. Der Beschluss der Hauptversammlung über eine Auflösung ist keine Satzungsänderung, selbst wenn in der Satzung ein anderer Auflösungstermin steht.

- **Geltendmachung von Ersatzansprüchen:** Die Hauptversammlung kann beschließen, dass Ersatzansprüche geltend gemacht werden (§ 147 AktG). Ersatzansprüche müssen geltend gemacht werden, wenn die Hauptversammlung das mit einfacher Stimmenmehrheit beschließt. Die Geltendmachung der Ersatzansprüche kann nach § 147a Abs. 1 Satz 1 AktG auch von Aktionären beantragt werden, deren Anteil im Zeitpunkt der Antragstellung zusammen den einhundertsten Teil des Grundkapitals oder einen Börsenwert von 100 000 Euro erreichen. Um den Aktionären die Gelegenheit zur Organisation zu geben, besteht für sie nach § 127a AktG die Möglichkeit, durch eine Veröffentlichung im elektronischen Bundesanzeiger in einem Aktionärsforum andere Aktionäre aufzufordern, sich ihrem Begehren anzuschließen, und so den erforderlichen Schwellenwert zu erreichen.

Vor Erhebung der Klage auf Schadenersatz ist im Rahmen eines 2-stufigen Verfahrens ein Klagezulassungsverfahren vor dem Prozessgericht, dem Landgericht des Gesellschaftssitzes, zu durchlaufen, § 147a AktG.

Im Falle der Zulassung der Klage können die am Klagezulassungsverfahren beteiligten Aktionäre innerhalb von 3 Monaten Klage im eigenen Namen auf Leistung an die Gesellschaft erheben, § 147a Abs. 3 AktG. Die Nebenintervention ist ausgeschlossen. Die Kosten des Verfahrens trägt bei Zulassung der Klage die Gesellschaft, bei Nichtzulassung haben die Antragsteller die Kosten des Zulassungsverfahrens zu tragen.

- Auf Grund **besonderer gesetzlicher Bestimmungen** ist die Hauptversammlung für folgende weitere Aufgaben gesetzlich zuständig:
  - Zustimmung zu einer Nachgründung (§ 52 AktG),
  - Zustimmung zum Verzicht oder Vergleich über Regressansprüche (§§ 50, 93 Abs. 4 Satz 3 AktG),
  - Beschlüsse über die Vorbereitung der Hauptversammlung und von zustimmungsbedürftigen Verträgen (§ 83 Abs. 1 AktG),
  - Vertrauensentzug (§ 84 Abs. 3 AktG),
  - Abberufung von Aufsichtsratsmitgliedern (§ 103 Abs. 1 AktG),
  - Zustimmung zu Geschäftsführungsmaßnahmen, denen der Aufsichtsrat widersprochen hat (§ 111 Abs. 4 AktG),
  - Festsetzung der Vergütung des Aufsichtsrats (§ 113 Abs. 1 AktG),
  - Feststellung der Jahresbilanz, wenn Vorstand und Aufsichtsrat sich über die Bilanz nicht einigen (§ 173 Abs. 1 AktG),
  - Feststellung des Jahresabschlusses im Falle einer vereinfachten Kapitalherabsetzung (§ 234 Abs. 2 AktG),
  - Bestellung und Abberufung von Abwicklern (§ 265 Abs. 2 AktG),
  - Mitwirkung bei der Festlegung der Vertretungsbefugnis der Abwickler in Ausnahmefällen (§ 269 AktG),
  - Bilanzfeststellungen in der Abwicklung und Entlastung der Abwicklungsorgane (§ 270 Abs. 2 Satz 1 AktG),
  - Fortsetzung der im Abwicklungsstadium befindlichen Gesellschaft (§ 274 Abs. 1 und 2 AktG),
  - Feststellung der Bilanz der KGaA (§ 286 Abs. 1 Satz 1 AktG),
  - Abschluss und Änderung von Unternehmensverträgen und Beherrschungs- und Gewinnabführungsverträgen (§§ 293, 295 AktG),
  - Eingliederung der Gesellschaft in eine andere Aktiengesellschaft mit Sitz im Inland (§ 319 AktG),

- Beendigung der Eingliederung (§ 327 Abs. 1 Nr. 1 AktG),
- Zustimmung zu einem Verschmelzungsvertrag (§ 13 UmwG),
- Zustimmung zu einer Vermögensspaltung (§ 125, 13 UmwG),
- Zustimmung zu einer Vermögensübertragung (§§ 174 ff., § 13 UmwG),
- Umwandlungsbeschluss (§ 193 UmwG).

▷ **Zustimmung der Hauptversammlung:** Soweit das rechtliche oder wirtschaftliche Schicksal der Aktiengesellschaft insgesamt in Frage steht, ist die Zustimmung der Hauptversammlung gesetzlich vorgeschrieben. Zustimmungserfordernis ist gegeben bei

- Abschluss von Unternehmensverträgen, soweit die Gesellschaft daraus verpflichtet wird (§§ 291, 292, 293 AktG),
- Abschluss von Beherrschungs- und Gewinnabführungsverträgen im Hinblick auf die gesetzliche Verlustübernahmepflicht (§§ 291 Abs. 1 und Abs. 2, 302, 293 Abs. 2 AktG),
- Übertragung des gesamten Vermögens der Aktiengesellschaft (§ 179a AktG),
- Verschmelzung mit einer anderen Gesellschaft (§§ 13, 36, 60 ff. UmwG),
- Spaltung (§ 125 UmwG),
- Wechsel der Aktiengesellschaft in eine andere Rechtsform (§§ 193 f., 232 ff. UmwG).
- folgenden Maßnahmen des Vorstandes:
  - Unternehmensverträgen (§ 293 AktG),
  - Verschmelzungsverträgen (§ 13 UmwG),
  - wenn der Vorstand den Vertrag von der Zustimmung der Hauptversammlung abhängig gemacht hat, obwohl er umfassende Vertretungsmacht inne hatte (§ 119 Abs. 2 AktG); solche Verträge werden endgültig unwirksam, wenn sie die Hauptversammlung ablehnt.

▷ **Satzungsmäßige Zuständigkeiten:** Über die gesetzlichen Zuständigkeiten hinaus können durch Satzung Zuständigkeiten der Hauptversammlung in ausdrücklich bestimmten Fällen hinzutreten. In Betracht kommen einzelne Strukturentscheidungen, die mit dem wirtschaftlichen und rechtlichen Aufbau der Gesellschaft zusammenhängen (seit der → *Holzmüller-Entscheidung*), also insbesondere Entscheidungen der Hauptversammlung über

- Unternehmensgegenstand (§ 23 Abs. 3 Nr. 2 AktG),
- Kapitalausstattung (§ 23 Abs. 3 Nr. 3 AktG),
- Streitigkeiten zwischen Vorstand und Aufsichtsrat (Letztentscheidungsrecht)
- Abschluss von Unternehmensverträgen (§§ 293, 295 AktG),
- Eingliederung (§§ 319 ff. AktG),
- Verschmelzung (§§ 2 ff. UmwG),

- Spaltung (§§ 123 ff. UmwG),
- Vermögensübertragung (§§ 174 ff. UmwG) und
- Formwechsel (§§ 226 ff. UmwG).

▷ **Zuständigkeit auf Verlangen des Vorstandes:** Die Hauptversammlung kann ohne satzungsmäßige Regelung ausnahmsweise in Fragen der Geschäftsführung dann eingreifen, wenn der Vorstand durch einstimmigen Beschluss als Kollegialorgan dies ausdrücklich verlangt (§§ 77 Abs. 1, 119 Abs. 2 AktG). Der Vorstand kann somit bei besonders wichtigen Maßnahmen seine Verantwortlichkeit mindern. Wenn die durchgeführte Maßnahme durch einen gesetzmäßig ergangenen Hauptversammlungsbeschluss gedeckt ist, trifft den Vorstand keine Ersatzpflicht gegenüber der Gesellschaft (§ 93 Abs. 4 Satz 1 AktG, → *Ersatzansprüche*). Bestimmen Satzung oder Geschäftsordnung nichts anderes über die Willensbildung im Vorstand, müssen alle Vorstandsmitglieder einverstanden sein.

Die Hauptversammlung ist grundsätzlich nicht verpflichtet, auf Verlangen des Vorstands über eine Frage der Geschäftsführung abzustimmen (*Ausn.* § 111 Abs. 4 AktG). Sie kann eine Beschlussfassung ablehnen. Der Vorstand muss den Beschluss der Hauptversammlung vollziehen, auch wenn dieser vom Vorschlag des Vorstandes abweicht (§ 83 Abs. 2 AktG). Er kann von der Ausführung des Geschäfts nur dann absehen, wenn ihm neue Umstände bekannt werden, die das Geschäft zweifelhaft erscheinen lassen. Dann muss der Vorstand diese Sache mit neuem Antrag unverzüglich der Hauptversammlung erneut zur Beschlussfassung vorlegen. Ein Beschluss über Fragen der Geschäftsführung ohne Aufforderung durch den Vorstand ist rechtlich belanglos.

▷ Eine **Ausführungspflicht des Vorstands** nach § 83 Abs. 2 AktG im Hinblick auf § 93 Abs. 4 Satz 1 AktG besteht nur bei gesetzmäßigen Hauptversammlungsbeschlüssen, die Haftung des Vorstandsmitglieds entfällt nach § 93 Abs. 4 Satz 1 im Hinblick auf § 83 Abs. 2 AktG nur, wenn es sich um einen gesetzmäßigen Beschluss handelt, den die Hauptversammlung im Rahmen ihrer Zuständigkeit erlassen hat.

Auf einen Beschluss der Hauptversammlung über Fragen der Geschäftsführung kann sich daher ein Vorstandsmitglied nur berufen, wenn der Beschluss gemäß § 119 Abs. 2 AktG auf Verlangen des Vorstands gefasst wurde oder im Anschluss an die von der Rechtsprechung zu den ungeschriebenen Kompetenzen der Hauptversammlung entwickelten Grundsätzen gefasst werden musste.

Beschließt die Hauptversammlung über Fragen der Geschäftsführung, ohne dass der Vorstand ihre Entscheidung verlangt hat, so kann ein solcher Beschluss die Ersatzpflicht eines Vorstandsmitglieds bei pflichtwidrigem Handeln nicht ausschließen. Auch auf einen auf Veranlassung des Aufsichtsrats nach § 111 Abs. 4 Satz 3 AktG gefassten Beschluss der Hauptversammlung kann sich ein Vorstandsmitglied nicht berufen. Es besteht kein Grund Vorstandsmitglieder von ihrer Verantwortung zu befreien, wenn die Hauptversammlung zwar einen gesetzmäßigen, jene aber in keiner Weise bindenden Beschluss gefasst hat. Unbenommen bleibt es dem Vorstand, in einem solchen Fall über dieselbe Angelegenheit eine Entscheidung der Hauptversammlung nach § 119 Abs. 2 AktG zu verlangen (*Hefermehl/ Spindler* in MüKo.AktG, 2. Aufl. 2004 § 93 Rn. 110 ff.).

▷ **Ungeschriebene Zuständigkeiten:** Die dargestellte rechtliche Zuständigkeit der Hauptversammlung ist durch die Rechtsprechung erweitert worden. So bedarf ein mit einer abhängigen GmbH abgeschlossener → *Beherrschungsvertrag* der Zustimmung der Hauptversammlung der beherrschenden Aktiengesellschaft oder KGaA (§ 293 Abs. 2 AktG; beachte auch BGHZ 83, 122, 131, → *Holzmüller-Entscheidung*); ähnliches gilt für den vollständigen Rückzug von allen Börsen (BGH AG 2003, 273 – *Macrotron*).

4. Einberufung

Die Einberufung der Hauptversammlung kann durch den Vorstand, den Aufsichtsrat, Aktionäre und sonstige Personen erfolgen (→ *Einberufung der Hauptversammlung*).

▷ **Ort der Hauptversammlung:** Die Hauptversammlung hat am Sitz der Gesellschaft oder, wenn die Aktien der Gesellschaft an einer deutschen Börse zum Handel zugelassen sind, auch am Sitz der Börse stattzufinden, wenn die Satzung nichts anderes vorschreibt. Die Satzung kann einen oder mehrere bestimmte Orte oder lediglich eine geografische Lage (Stadt in Bayern) nennen. Hierbei muss aber die Rechtssicherheit der Aktionäre hinsichtlich der Nachprüfbarkeit und der ordentliche Ablauf der Hauptversammlung gewährleistet sein (BGH NJW 1994, 320, 322).

▷ **Absage/Rücknahme einer Änderung der Hauptversammlung:** Die Hauptversammlung kann jederzeit von dem, der sie einberufen hat, widerrufen werden (RGZ 166, 129, 133).

▷ **Bekanntgabe der Einberufung:**
- In den Gesellschaftsblättern,
- durch eingeschriebenen Brief, wenn der Vorstand oder sonst zur Einladung berufene Personen die Namen und Anschriften der Aktionäre kennen.

▷ **Frist:** Gemäß § 123 Abs. 1 AktG beträgt die Frist für die Einberufung der Hauptversammlung mindestens 30 Tage vor dem Tag der Versammlung.

5. Mitteilungen

Damit die Aktionäre ihre Rechte in der Hauptversammlung sinnvoll wahrnehmen können, müssen sie durch rechtzeitige Bekanntgabe der Entscheidungspunkte und der Anträge (§§ 124–128 AktG) Gelegenheit bekommen, sich auf die Hauptversammlung vorzubereiten. Durch Satzung können die Anforderungen erhöht, aber nicht vermindert werden.

▷ **Einberufung und Tagesordnung:** Die Aktionäre i.S.d. § 125 Abs. 2 AktG sind über die → *Einberufung* und → *Tagesordnung* der Hauptversammlung binnen 12 Tagen nach der Bekanntgabe der Einberufung in den Gesellschaftsblättern zu unterrichten (§ 125 AktG). Der Vorstand hat die Mitteilungen an Kreditinstitute und Aktionärsvereinigungen, die in der letzten Hauptversammlung Stimmrechte für Aktionäre ausgeübt oder eine Übersendung verlangt haben, zu übersenden (§§ 125 Abs. 1 und Abs. 5 AktG; §§ 1, 2, 53 Abs. 1 Satz 1, 53b Abs. 1 Satz 1, Abs. 7 KWG).

▷ **Gegenanträge:** Um die möglichst frühzeitige Information der Aktionäre über eine beabsichtigte Opposition zu erreichen, werden Anträge von Aktionären und deren Begründung dann vom Vorstand den gesamten Aktionären mitgeteilt, wenn der Aktionär spätestens 2 Wochen vor dem Tag der Hauptversammlung einen Gegenantrag mit Begründung übersandt hat (§§ 125, 126 Abs. 1 AktG). Die Begründung des Gegenantrags muss ebenfalls mitgeteilt werden, wenn sie bis zu 5000 Zeichen beinhaltet (§ 126 Abs. 2 Satz 2 AktG).

Ein Gegenantrag liegt vor, wenn sich der Antrag des Aktionärs mit dem Vorschlag der Verwaltung nach dessen Veröffentlichung in Widerspruch setzt. Ausnahmsweise liegt auch dann ein Gegenantrag vor, wenn die Verwaltung es unterlassen hat, einen Vorschlag zu machen, obwohl sie gemäß § 124 Abs. 3 AktG dazu verpflichtet gewesen wäre. Zu jedem Vorschlag der Verwaltung darf der Aktionär nur einen Gegenantrag stellen (auch Hilfsantrag). Alternativanträge sind unzulässig. Ein Gegenantrag ist rechtsmissbräuchlich und braucht deshalb nicht mitgeteilt werden, wenn (§§ 126 Abs. 2, 23 Abs. 5 AktG, *abschließende Regelung*)

- sich der Vorstand durch die Mitteilung strafbar macht,
- der Gegenantrag zu einem gesetzes- oder satzungswidrigen Beschluss der Hauptversammlung führt,
- die Begründung des Gegenantrages falsche oder irreführende Angaben oder Beleidigungen enthält,
- ein auf den selben Sachverhalt gestützter Gegenantrag bereits zu einer Hauptversammlung mitgeteilt wurde,
- derselbe Gegenantrag bereits 2 Mal innerhalb der letzten 5 Jahren in der Hauptversammlung mitgeteilt wurde mit dem Ergebnis, dass nur weniger als 20 % der Stimmen dafür waren,
- der Aktionär erkennbar nicht an der Hauptversammlung teilnehmen oder sich vertreten lassen wird,
- der Aktionär einen bereits mitgeteilten Gegenantrag in den letzten 2 Jahren in mindestens 2 Hauptversammlungen nicht gestellt hat.

▷ **Wahlvorschläge der Aktionäre:** Die Wahlvorschläge der Aktionäre zur Wahl von Aufsichtsratsmitgliedern, Abschlussprüfern, Abwicklern und Sonderprüfern müssen Name, Beruf und Wohnort der zu wählenden Personen neben den Pflichtangaben aus § 125 Abs. 1 Satz 3 AktG angeben. Ist der Vorschlag begründet, ist die Begründung zugänglich zu machen. Der Wahlvorschlag ist nach § 127 Satz 3 nicht zu veröffentlichen, wenn er die Angaben nach § 124 Abs. 3 Satz 3 AktG oder § 125 Abs. 1 Satz 3 AktG nicht enthält oder ein Ausschlussgrund i.S.d. § 126 Abs. 2 AktG vorliegt.

▷ **Mitteilungspflicht seitens der Kreditinstitute:** Verwahrt ein Kreditinstitut für Aktionäre Aktien der Gesellschaft, so ist es verpflichtet, die empfangenen Mitteilungen unverzüglich an die Aktionäre weiterzugeben (§§ 128 Abs. 1, 125 Abs. 2 AktG, 121 BGB). Die Mitteilungspflicht besteht unabhängig davon, ob das Kreditinstitut das Stimmrecht für den Aktionär ausüben will oder nicht. Die Weiterleitung der Mitteilungen erfüllt so lange ihren Zweck, als anzunehmen ist, dass die Post den Aktionär noch vor dem Hauptversammlungs-Termin erreicht (*Semler* in MünchHdb. AG, 2. Aufl. 1999, § 35 Rn. 76). Erforderlichenfalls ist das Kreditinstitut verpflichtet, ein Verlangen auf Übersendung der Mitteilungen an die Gesellschaft zu richten (*Hüffer*, AktG, 7. Aufl. 2006, § 128 Rn. 6; *a.A. Eckardt* in GHEK, AktG, 1973, § 128 Rn. 21). Ein Verzicht auf das Mitteilungsrecht durch den Aktionär ist möglich, jedoch nicht unwiderruflich, formularmäßig und nicht über die kommende Hauptversammlung hinaus. Während die Weitergabe der Mitteilungen des Vorstandes der Gesellschaft an die Depotkunden stets erforderlich ist, kann die Mitteilung eigener Vorschläge und die Bitte um Erteilung von Weisungen dann unterbleiben, wenn nach Einberufung der Hauptversammlung der Aktionär dem Kreditinstitut bereits schriftliche Weisungen zu den einzelnen Gegenständen der Tagesordnung erteilt hat (§ 128 Abs. 3 AktG). Verletzt das Kreditinstitut seine Verpflichtung, so ist es gegenüber dem Aktionär schadenersatzpflichtig. Der Hauptversammlungsbeschluss bleibt aber von dieser Pflichtverletzung unberührt (§ 243 Abs. 3 AktG). Falls die *Aktionärsvereinigung* für ihre Mitglieder das Stimmrecht ausüben will, so entsprechen ihre Verpflichtungen denen eines Kreditinstituts (§ 128 Abs. 5 Satz 2 AktG). Finanzdienstleistungsinstitute und die nach §§ 53 Abs. 1 Satz 1 oder 53b Abs. 1 Satz 1, Abs. 7 KWG tätigen Unternehmen sind den Kreditinstituten gleichgestellt (§§ 128 Abs. 7, 125 Abs. 5 AktG).

6. Ablauf der Hauptversammlung

▷ **Versammlungsleiter:** Den Ablauf der Hauptversammlung bestimmt der → *Versammlungsleiter*. Der Leiter der Hauptversammlung kann bestimmen, nach welcher Reihenfolge die *Tagesordnungspunkte* (→ *Tagesordnung*) debattiert werden oder ob eine → *Generaldebatte* stattfindet.

▷ **Verzeichnis der Teilnehmer:** In der Hauptversammlung ist ein Verzeichnis der Teilnehmer aufzustellen (§ 129 Abs. 1 AktG). Bei der Einmann-Gesellschaft erübrigt sich das Verzeichnis. Die Pflicht zur Vorbereitung und Durchführung des Verzeichnisses liegt bei der Aktiengesellschaft, der Versammlungsleiter ist nur dafür verantwortlich dass das Verzeichnis überhaupt und ordnungsgemäß geführt wird (*Hüffer*, AktG, 7. Aufl. 2006, § 129 Rn. 6 und 7; *a.A. Semler* in MünchHdb. AG, 2. Aufl. 1999, § 36 Rn. 28: verantwortlich sei nur der Vorsitzende). Der Versammlungsleiter bescheinigt die Fehlerfreiheit der Dokumentation mit seiner Unterschrift. Der Notar ist für die zweckentsprechende Form des Verzeichnisses verantwortlich. Das Teilnehmerverzeichnis ist in der Hauptversammlung zu fertigen und den Aktionären publik zu machen (§ 129 Abs. 4 AktG). In dem Verzeichnis sind die erschienenen oder vertretenen Aktionäre sowie deren Vertreter namentlich mit Angabe des Wohnortes und des Betrages der vertretenen Aktien unter Mitteilung ihrer Gattung aufzuführen (§ 129 Abs. 1 AktG). Nicht angegeben werden muss das Stimmrecht, welches jedem Aktionär zusteht. Ist jemand ermächtigt, im eigenen Namen das Stimmrecht für eine ihm nicht gehörende Aktie auszuüben, dann hat er den Betrag und die Gattung dieser Aktie zur Aufnahme in das Verzeichnis gesondert anzugeben (§ 129 Abs. 3 AktG). Übt ein Kreditinstitut aufgrund seiner Vollmacht oder eine gemäß § 135 Abs. 9 AktG dazu berechtigte Person das Stimmrecht im Namen dessen, den es angeht, aus, so sind lediglich der Betrag und die Gattung der Aktien, für die Vollmacht erteilt worden ist, zur Aufnahme in das Verzeichnis gesondert anzugeben (§ 129 Abs. 2 AktG).

▷ **Dokumentation:** Über den Ablauf der Hauptversammlung muss eine → *Niederschrift* gefertigt werden; auch im Falle einer Einmanngründung. Bei Beschlussgegenständen der ordentlichen Hauptversammlung von Gesellschaften ohne Börsenzulassung genügt ein privatschriftliches Protokoll, falls in der Hauptversammlung keine Grundlagenbeschlüsse, die mindestens eine → *Mehrheit* von ¾ des vertretenen Grundkapitals erfordern, gefasst wurden (§ 130 Abs. 1 Satz 3 AktG). In die → *Niederschrift* sind alle Vorgänge aufzunehmen, die für die Wirksamkeit und Ordnungsmäßigkeit von Beschlüssen von Bedeutung sind. Neben dem Pflichtinhalt kann die Niederschrift einen fakultativen Inhalt haben.

Beispiel

Ein fakultativer Inhalt ist die namentliche Aufzählung der Teilnahme von Verwaltungsmitgliedern und Abschlussprüfern.

Eine *schriftliche Niederlegung* des Versammlungsablaufs durch Aktionäre ist zulässig. Die Gesellschaft kann den Ablauf der Hauptversammlung auch ohne Zustimmung der Hauptversammlungsteilnehmer stenografisch aufzeichnen.

Tonbandaufnahmen seitens der Gesellschaft sind zulässig (BGHZ 127, 107, 114, 116 ff.). Eine heimliche Tonbandaufnahme des Ablaufs der Hauptversammlung darf aber weder von der Gesellschaft noch vom einzelnen Aktionär vorgenommen werden.

▷ **Abschriften:** Der einzelne Aktionär hat das Recht, eine Abschrift seiner Ausführungen und Anträge sowie die von den Vorstandsmitgliedern dazu abgegebenen Stellungnahmen und Antworten zu verlangen. Ihm steht aber nicht das Recht zu, eine vollständige Abschrift der in einer Hauptversammlung vorgenommenen Wortprotokoll- oder Tonbandaufzeichnungen zu verlangen.

7. Beurkundung

▷ **Umfang der Beurkundungspflicht:** Der Beurkundungspflicht unterliegen nur die in der Hauptversammlung gefassten Beschlüsse, die in der Hauptversammlung gestellten Verlangen einer Minderheit gemäß §§ 120 Abs. 1 Satz 2, 137 und 147 Abs. 1 AktG sowie einzelne rechtserhebliche Vorgänge, die für die Bestandskraft der gefassten Beschlüsse von Bedeutung sind oder sein können. Die Beurkundung stellt eine Gültigkeitsvoraussetzung für die Hauptversammlungsbeschlüsse dar (§§ 241 Nr. 2, 250 Abs. 1, 253 und 256 Abs. 2 Nr. 2 AktG).

▷ **Zweck:** Bei Gesellschaften mit Börsenzulassung sollen die Anwesenheit des Notars und seine Niederschrift gewährleisten, dass die gesetzlichen Vorgaben bei der Beschlussfassung beachtet werden. Ein Notar soll aber an einer Beurkundung nicht mitwirken, wenn er dem Vorstand der Gesellschaft angehört oder in einem ständigen Auftrags- oder Dienstverhältnis zu der Gesellschaft steht.

> **Beispiel**
>
> Der Notar ist Mitglied des Aufsichtsrats der Gesellschaft (§ 3 Abs. 1 Nr. 4 und 5 BeurkG).

Der Notar ist nach § 3 Abs. 1 Satz 1 Nr. 9 BeurkG von der Beurkundung ausgeschlossen, wenn er mit mehr als 5% der Stammaktien oder mit mehr als einem Nennbetragsanteil von 2500 Euro an der Aktiengesellschaft beteiligt ist. Auf die Teilnahme oder die Ausübung von Stimmrechten in der gegenständlichen Hauptversammlung kommt es nicht an (*Kubis* in MüKo.AktG, 2. Aufl. 2004, § 130 Rn. 11).

Ein Verstoß des Notars gegen § 3 BeurkG berührt die Wirksamkeit der Niederschrift jedoch nicht.

▷ Ein **Verstoß** gegen die Vorschriften über die Niederschrift führt zur → *Nichtigkeit* der Hauptversammlungsbeschlüsse (§ 241 Nr. 2 AktG). Die Beschlussfassung durch eine → *Vollversammlung* ändert nichts an der Nichtigkeit des Beschlusses. Der Mangel der fehlenden Beurkundung wird nur durch Eintragung in das → *Handelsregister* geheilt (§ 242 Abs. 1 AktG). Im Falle einer Einmanngesellschaft oder eines einstimmigen Beschlusses einer Vollversammlung erübrigt sich die Feststellung des Vorsitzenden und die Verkündung des Beschlusses. Als Anlage zur Niederschrift sind das Teilnehmerverzeichnis und die Einberufungsbelege beizufügen (§ 130 Abs. 3 AktG).

▷ **Handelsregister:** Der Vorstand muss unverzüglich nach der Hauptversammlung eine öffentlich beglaubigte Abschrift der Niederschrift und ihrer Anlagen zum Handelsregister einreichen (§ 130 Abs. 5 AktG). Die erforderliche Einreichung zum Handelsregister bezweckt die Publizität, die durch das Recht zur Einsichtnahme sichergestellt wird (§ 9 Abs. 1 HGB). Allein die Gesellschaft hat gegenüber dem Notar ein Recht auf Ausfertigung von Niederschriften. Jeder kann aber die Niederschrift nebst Anlagen im Handelsregister einsehen und eine Abschrift verlangen (§ 9 Abs. 1 und 2 HGB). Dieses Recht besteht aber nicht gegenüber der Aktiengesellschaft, da es an einem rechtlichen Interesse fehlt (*Schaaf*, Die Praxis der Hauptversammlung, 2. Aufl. 1999, Rn. 865, a.A. *Zöllner*, in KK. AktG, 1985, § 130 Rn. 89).

8. Hauptversammlungsbeschluss

→ *Beschluss: 4. Hauptversammlungsbeschluss*

Bei einem Verstoß gegen das *Gleichbehandlungsgebot* durch einen Beschluss der Hauptversammlung ist dieser anfechtbar (§ 243 Abs. 1 AktG, → *Anfechtung*). Der Hauptversammlungsbeschluss ist jedoch nichtig, wenn das Gleichbehandlungsgebot allgemein außer Kraft gesetzt wird, da ein solcher Beschluss mit dem Wesen der Aktiengesellschaft unvereinbar ist (§ 241 Nr. 3 AktG, → *Nichtigkeit*, → *Heilung*).

Hinweis auf weiterführende Literatur: *Fleischhauer*, Hauptversammlung und Neue Medien, ZIP 2001, 1133 ff.; *Hanloser*, Proxy-Voting, Remote-Voting und Online-Hauptversammlung: § 134 Abs. 3 Satz 3 AktG nach dem NaStraG, NZG 2001, 355 ff.; *Hartmann*, Vollmachtslose Vertretung in der Hauptversammlung, DNotZ 2002, 253 ff.; *Henze*, Pünktlich zur Hauptversammlungssaison: Ein Rechtssprechungsrückblick zu Informations- und Auskunftsrechten, BB 2002, 893 ff.; *Krause*, Die Abwehr feindlicher Übernahmeangebote auf der Grundlage von Ermächtigungsbeschlüssen der Hauptversammlung, BB 2002, 1053 ff.; *Krieger*, Muss der Hauptversammlungsnotar die Stimmauszählung überwachen?, ZIP 2002, 1597 ff.; *Lommatzsch*, Vorbereitung der Hauptversammlung durch Mitteilungen und Weisungen nach §§ 125, 128 AktG n.F., NZG 2001, 1017 ff.; *Martens*, Leitfaden für die Leitung der Hauptversammlung einer AG, 3. Aufl. 2002; *Max*, Die Leitung der Hauptversammlung, AG 1991, 77 ff.; *Messer*, Der Vertreter des verhinderten Leiters der Hauptversammlung in der mitbestimmten Aktiengesellschaft, in FS Kellermann, 1991, S. 299 ff.; *Mutter*, Gegenanträge – was sind 5000 Zeichen?, ZIP 2002, 1759 ff.; *Noack*, Stimmrechtsvertretung in der Hauptversammlung nach NaStraG, ZIP 2001, 57 ff.; *Noack*, „Holzmüller" in der Eigenverwaltung – Zur Stellung von Vorstand und Hauptversammlung im Insolvenzverfahren, ZIP 2002, 1873 ff.; *Noack*, Online-Hauptversammlung – Stand der Dinge und richtige Reformvorschläge, NZG 2001, 1057 ff.; *Pikó/Preissler*, Die Online-Hauptversammlung bei Publikationsaktiengesellschaften mit Namensaktien, AG 2002, 223 ff.; *Preissler*, Wahrnehmung der Aktionärsrechte in der Hauptversammlung einer deutschen Aktiengesellschaft mit globalen Namensaktien durch in den USA ansässige Aktionäre, WM 2001, 113 ff.; *Priester*, Aufgaben und Funktionen des Notars in der Hauptversammlung, DNotZ 2001, 661 ff.; *Renner*, Holzmüller-Kompetenz der Hauptversammlung beim Erwerb einer Unternehmensbeteiligung, NZG 2002, 1091 ff.; *Reul*, Die notarielle Beurkundung einer Hauptversammlung, AG 2002, 543 ff.; *Schockenhoff*, Informationsrechte der HV bei Veräußerung eines Tochterunternehmens, NZG 2001, 921 ff.; *Schulte*, Die Niederschrift über die Verhandlung der Hauptversammlung einer Aktiengesellschaft, AG 1985, 33 ff.; *Seibert*, Aktienrechtsnovelle NaStraG tritt in Kraft – Übersicht über das Gesetz und Auszüge aus dem Bericht des Rechtsausschusses, ZIP 2001, 53 ff.; *Stützle/Walgenbach*, Leitung der Hauptversammlung und Mitspracherechte der Aktionäre in Fragen der Versammlungsleitung, ZHR 155 (1991), 516, 534; *Weber*, Der Eintritt des Aktienrechts in das Zeitalter der elektronischen Medien – Das NaStraG in seiner verabschiedeten Fassung, NZG 2001, 337 ff.; *Wendt*, Die Auslegung des letzten Jahresabschlusses zur Vorbereitung der Hauptversammlung – Strukturmaßnahmen als „Saisongeschäft"?, DB 2003, 191 ff.; *Zetzsche*, NaStraG – ein erster Schritt in Richtung virtuelle Hauptversammlung für Namens- und Inhaberaktien, ZIP 2001, 682 ff.

Hinweis auf weitere Stichwörter

→ *Abstimmung*
→ *Anfechtung*
→ *Auskunftsrecht*
→ *Beschluss*

→ *Geschäftsordnung*
→ *Nichtigkeit*
→ *Organisation*
→ *Tagesordnung*

Herrschende Gesellschaft

→ *Abhängige Gesellschaft*
→ *Beherrschungsvertrag*
→ *Gewinnabführungsvertrag*
→ *Konzern*
→ *Unternehmensvertrag*

Hinterlegung

Früher konnte Teilnahme an der Hauptversammlung oder Stimmrechtsausübung gemäß Satzung von einer Hinterlegung der Aktien abhängig gemacht werden. Nach der Änderung des § 123 AktG durch das UMAG v. 22.9.2005 (BGBl. I S. 2802) ist keine Hinterlegung der Aktienurkunde mehr erforderlich, sondern nur noch *Anmeldung* (§ 123 Abs. 2 AktG) und *Berechtigungsnachweis* (§ 123 Abs. 3 AktG) für Inhaberaktien; bei Namensaktien ergibt sich die Berechtigung bereits aus Abgleich mit dem Namensregister. Durch Satzung kann Näheres zur Art der Berechtigung vorgegeben werden, zum Schutz der Aktionäre sieht § 123 Abs. 3 AktG aber vor, dass unabhängig vom Satzungsinhalt jedenfalls der Nachweis des depotführenden Instituts ausreichend ist. Dies kann auch ein ausländisches Finanzinstitut sein. Die Gesellschaft ist nicht gehindert, zweifelhafte Nachweise zu überprüfen und bei schwerwiegendem Verdacht eines gefälschten oder fälschlich ausgestellten Nachweises den betreffenden Aktionär zurückzuweisen. Dies wird freilich nur in Fällen praktische Relevanz haben, in denen der behauptete Stimmrechtsanteil Einfluss auf das Abstimmungsergebnis hat. Die gesetzliche Stichtagsregelung sieht vor, dass der Nachweis stets auf den 21. Tag vor der Versammlung zu beziehen ist. Nach § 123 Abs. 3 Satz 5 AktG ist es ausreichend, wenn der Nachweis der Gesellschaft nicht später als am 7. Tag vor der Versammlung zugeht; durch Satzung kann ein späterer Zeitpunkt festgelegt werden.

Die Stichtagsregelung für den Nachweis und die damit verbundene Vermutung der Mitgliedschaft führen zu einem „Record Date" bezogen auf den 21. Tag vor der Hauptversammlung (wenn man auf das Datum des Berechtigungsnachweises abstellt und nicht auf das Datum der Anmeldung bei der Gesellschaft). Das bedeutet, dass Aktionäre, die ihre Aktien nach Ausstellung des Nachweises erwerben, nicht zur Teilnahme an der Hauptversammlung und zur Ausübung des Stimmrechts berechtigt sind.

Holding

1. Begriff 455
2. Zweck 455
3. Vorteile 455
4. Steuern 456

1. Begriff

Eine (reine) Holdinggesellschaft ist eine Gesellschaft, die selbst keinen eigenen operativen Geschäftsbetrieb unterhält, jedoch dazu bestimmt ist, Anteile an Kapital- und Personengesellschaften zu halten und zu verwalten. Eine Holdinggesellschaft ist ein Unternehmen im konzernrechtlichen Sinne, wenn sie verschiedene → *Tochtergesellschaften* leitet.

Mithin stellen Anteile an anderen Gesellschaften die bedeutendsten Vermögensgegenstände einer Holdinggesellschaft dar, deren Aufgabe sich regelmäßig auf die Verwaltungs-, Finanzierungs- und gegebenenfalls Führungsfunktion beschränkt. Finanzinvestments treten häufig als weiterer Holdingzweck hinzu. Operative Geschäftstätigkeiten werden dagegen dezentral in den Beteiligungs- bzw. Tochtergesellschaften ausgeübt.

2. Zweck

Die organisatorische Zusammenfassung von Beteiligungen in Holdinggesellschaften kann sehr unterschiedlichen Zwecken dienen. Gesprochen wird somit je nach Erscheinungsform und Einsatzbereich u.a. von der

- geschäftsleitenden Holding,
- Managementholding,
- Auslandsholding,
- Zwischenholding oder
- Landesholding.

Diese Aufzählung ist bei weitem nicht abschließend, es sind durchaus Doppelfunktionen (z.B. Landes- und Managementholding) sowie Mischformen möglich.

3. Vorteile

Die Schaffung einer Holdingstruktur mit einer Dachholding und rechtlich verselbständigten dezentralen Profit Centers verspricht im Vergleich zu einer herkömmlichen Geschäftsorganisation mit einzelnen unselbständigen Abteilungen bzw. Niederlassungen eine Vielzahl an Vorteilen:

- Transparente Unternehmensstruktur mit eindeutiger Ergebnisverantwortung,
- erhöhte Motivation der Führungskräfte,

- Wegfall der scheinbaren Sicherheit, die aus der Zugehörigkeit zu einer großen Organisation resultiert,
- Möglichkeit der Thesaurierung erwirtschafteter Gewinne,
- Lösung von Hierarchieproblemen,
- Konzentration der Aktivitäten auf die jeweiligen Produkte und den jeweiligen Kunden (*customer focus* und *Marktnähe*),
- Haftungstrennung und Risikoverlagerung,
- einfachere Integration neuer bzw. neu erworbener Unternehmen,
- die Möglichkeit selektiver Beteiligung als Anreiz für Kapitalanleger und/oder Arbeitnehmer,
- Flexibilität bei Umstrukturierung und Kooperationen.

4. Steuern

Wichtige neue steuerliche Parameter mit Blick auf eine Holding-Kapitalgesellschaft:

▷ **Körperschaftsteuer:** Das Körperschaftsteuer-Anrechnungssystem (Anrechnungsverfahren) ist abgeschafft worden (→ *Halbeinkünfteverfahren*): Die nach Thesaurierung und Ausschüttung differenzierende Körperschaftsteuer (zuletzt 40 % für thesaurierte und 30 % für ausgeschüttete Gewinne) wurde einheitlich auf 25 % gesenkt (seit dem Veranlagungsjahr 2001, wenn das Wirtschaftsjahr dem Kalenderjahr entspricht). Gewerbesteuer und Solidaritätszuschlag bleiben unverändert. Die Gesamtsteuerbelastung bei Kapitalgesellschaften wird sich folglich auf durchschnittlich 38 % belaufen;

▷ **Gewinnausschüttungen** an eine Holding-Kapitalgesellschaft sind zu 95% steuerfrei (§ 8b Abs. 1, 3 KStG)

▷ Die **Kapitalertragsteuer** auf inländische Dividenden wurde von 25 % auf 20 % gesenkt (seit dem Veranlagungsjahr 2002). Die Kapitalertragsteuer von 20 % bezieht sich nach wie vor auf die Gesamthöhe der Dividende ungeachtet der Tatsache, dass die Dividende letztendlich entweder zu 95 oder zu 50 % (→ *Halbeinkünfteverfahren*) auf der Aktionärsebene steuerbefreit ist;

▷ **Gewinne aus der Veräußerung von Anteilen** an anderen inländischen Kapitalgesellschaften sind zu 95 % von der Körperschaftsteuer befreit (§ 8b Abs. 2 KStG; **beachte:** Sonderregelung bei einbringungsgeborenen Anteilen i.S.v. § 21 Abs. 1 Satz 1 UmwStG);

▷ bei **Kreditinstituten** (§ 1 Abs. 1 KWG), **Finanzdienstleistungsinstituten** (§ 1 Abs. 1a KWG) und **Finanzunternehmen** (§ 1 Abs. 3 KWG) wird zukünftig sowohl die Veräußerung von Anteilen als auch der Dividendenabzug als steuerpflichtiges Einkommen behandelt, wenn die Bestände dem Handelsbuch (§ 1 Abs. 12 KWG) zugehören oder bei sog. Nicht-Handelsbuch-Instituten „mit dem Ziel der kurzfristigen Erzielung" (Eigenhandelsteuerfolgengesetz) gehalten werden;

▷ Einschränkungen der **Gesellschafter-Fremdfinanzierung** von Kapitalgesellschaften durch Änderung des § 8a KStG (StSenkG), insbesondere Reduzierung der Fremd-/Eigenkapitalquoten (sog. *safe haven*). Danach ist eine nicht gewinnabhängige Fremdfinanzierung von inländischen Kapitalgesellschaften steuereffizient/ einkommensteuermindernd bei Holdinggesellschaften nur noch bis zu einem Verhältnis von Fremdkapital zu Eigenkapital von 1,5:1 möglich (im Jahr 2000 noch 9:1);

▷ **Erleichterung der Organschaftsbildung**, nach der nur noch die sog. finanzielle Eingliederung der Organgesellschaft in das Unternehmen des Organträgers vorausgesetzt wird (§ 14 KStG, Wegfall der Erfordernisse von wirtschaftlicher und organisatorischer Eingliederung, → *Organschaft*).

Hinweis auf weiterführende Literatur: *Cahn*, Die Holding als abhängiges Unternehmen?, AG 2002, 30 ff.; *Eilers*, Der Holdingstandort Deutschland nach der Steuerreform, ZIP 2001, 8 ff.; *Eggers/Korf*, Umfang des Vorsteuerabzugs von Holdinggesellschaften, DB 2002, 1238 ff.; *Endres*, Typische Holdingstrukturen anhand von Beispielfällen, WPg (Sonderheft) 2003, 56 ff.; *Götz*, Unternehmerische Mitbestimmung in der multinationalen Holdinggesellschaft, AG 2002, 552 ff.; *Günkel*, Standortwahl für eine europäische Holdinggesellschaft, WPg (Sonderheft) 2003, 40 ff.; *Haarmann*, Gesellschafts- und Zivilrecht bei Holdingstrukturen, WPg (Sonderheft) 2003, 75 ff.; *Krawitz/Büttgen/Hick*, Zwischenholdinggesellschaften inländisch beherrschter internationaler Konzerne unter dem Einfluss der Reformen des Unternehmenssteuerrechts, WPg 2002, 85 ff.; *Lutter*, Holding – Handbuch, 4. Aufl. 2004; *Mensching*, Holdinggesellschaft als Finanzunternehmen i.S.d. § 1 Abs. 3 KWG, DB 2002, 2347 ff.; *Pyszka/Brauer*, Einschränkung der Steuerbefreiung von Dividenden und Veräußerungsgewinnen bei Holdinggesellschaften (§ 8b Abs. 7 KStG), BB 2002, 1669 ff.; *Rosenbach*, Organschaft und Holding, WPg (Sonderheft) 2003, 3 ff.; *Rottnauer*, Gesellschaftsrechtliche Treupflichten bei Holdingbildung durch Anteilseinbringung, NZG 2001, 115 ff.; *Stoschek/Lauermann/Peter*, Anwendbarkeit von § 8b Abs. 7 KStG auf Holding- und Beteiligungsgesellschaften, NWB 2002, 3015 ff.

Hinweis auf weitere Stichwörter

- → *Aktiengesellschaft*
- → *Gesellschaft*
- → *Halbeinkünfteverfahren*
- → *Joint Venture*

- → *Konzern*
- → *Organschaft*
- → *Steuerrecht*

Holzmüller-Entscheidung

▷ **Tragende Grundsätze** der Holzmüller-Entscheidung des BGH (BGHZ 83, 122, 131 ff.): Die Gerichtsentscheidung betraf die Ausgliederung des wertvollsten Betriebsteils (Seehafen) auf eine zu diesem Zweck gegründete Tochtergesellschaft. Die Grundsätze dieser Entscheidung werden jedoch heute von der überwiegenden Meinung auch auf andere bedeutende Geschäftsvorfälle erstreckt. Auf Grund der Holzmüller-Entscheidung ist der → *Vorstand* ausnahmsweise verpflichtet, bei Geschäftsführungsmaßnahmen die → *Hauptversammlung* anzurufen, wenn grundlegende Entscheidungen von solcher Bedeutung für die Rechte und Interessen der → *Aktionäre* zu treffen sind, dass der Vorstand „vernünftigerweise nicht annehmen kann, er dürfte sie in ausschließlich eigener Verantwortung treffen" (§ 119 Abs. 2 AktG). Der Holzmüller-Fall bedeutet daher das ungeschriebene Zustimmungserfordernis der Hauptversammlung bei (besonderen) Geschäftsführungsmaßnahmen.

▷ **Fortführung:** Der BGH hat in 2 weiteren Entscheidungen an diesen Grundsätzen festgehalten und eine abgeleitete allgemeine Konzernbildungs- und Konzernleitungskontrolle abgelehnt (*Hefermehl/Spindler* in MünchKomm. AktG, 2. Aufl. 2004, § 119 Rn. 31 ff.). Eine Mitwirkung der Hauptversammlung kommt deshalb weiter nur in Ausnahmefällen in Betracht (BGH-Urteile v. 26.4.2004 – II ZR 154/02 und II ZR 155/02, ZIP 2004, 1001 und 993).

▷ **Besondere Geschäftsführungsmaßnahmen:** Streitig ist allerdings nach wie vor, wo die genauen Grenzen für diese besonderen Maßnahmen liegen (im Schrifttum und vereinzelt auch in der Rechtsprechung werden als Kriterien Beträge von 10, 20 oder 25 % der Aktiva, bezogen auf Bilanz-, Substanz- oder Ertragswerte, genannt, daneben aber auch der Umsatz, die Beschäftigungszahlen und die historische Prägung des Unternehmens), und wie die vom BGH vertretene Mitwirkung der Aktionäre methodisch zu begründen ist (Mediatisierungseffekte als Auslöser oder ungeschriebene Hauptversammlungskompetenzen).

Beachte: Im Hinblick auf die mit den „Holzmüller-Grundsätzen" verbundene Rechtsunsicherheit empfiehlt es sich, vorsorglich in jedem Fall, in dem eine solche Befassung der Hauptversammlung in Frage kommt, auch einen derartigen Beschluss herbeiführen zu lassen.

Beispiele für die Mitwirkung der Hauptversammlung auslösende Maßnahmen

- Das → *Listing* oder → *Delisting* einer Aktie,
- die Ausgliederung eines Betriebes, der den wertvollsten Teil des Gesellschaftsvermögens bildet, auf eine dazu gegründete Tochtergesellschaft,
- die Gründung gemeinsamer Tochterunternehmen,
- der Verkauf wesentlicher Beteiligungen,
- Erwerb und Veräußerung von wichtigen Beteiligungen (wohl auch das „Umhängen" von Tochtergesellschaften),
- Ausgliederung im Wege der Einzelrechtsnachfolge („*asset-deal*") oder sonstige Vermögensübertragungen (vgl. aber auch die Sonderbestimmung in § 179a AktG für die Übertragung des ganzen Gesellschaftsvermögens),
- Verlustübernahmezusagen zugunsten von Konzerngesellschaften oder Dritten,
- Maßnahmen in Konzerngesellschaften, sofern diese auch auf die Aktiengesellschaft Auswirkungen haben oder für den Konzern von besonderer Bedeutung sind.

▷ **Erforderliche Mehrheit:** Mit welcher Mehrheit solche Beschlüsse zu fassen sind, ist streitig:

– Die einfache Mehrheit der Stimmen genügt (allg. Grundsätze, § 119 Abs. 2 AktG analog);
– notwendig ist neben der einfachen Stimmenmehrheit (§ 133 Abs. 1 AktG) außerdem die ¾-Kapitalmehrheit (Grund: Einordnung als Maßnahme mit strukturänderndem Charakter; str., z.B. *Krieger* in MünchHdb.AG, 2. Aufl. 1999, § 69 Rn. 11; a.A. *Hüffer*, AktG, 7. Aufl. 2006, § 119 Rn. 20 m.w.N.).

▷ **Rechtswirkung:** Holt der Vorstand die erforderliche Zustimmung der Hauptversammlung nicht ein, so kann ein Aktionär auf Feststellung der Nichtigkeit oder Unzulässigkeit der Maßnahme, auf Rückgängigmachung der vom Vorstand getroffenen Maßnahme sowie auf Schadenersatz klagen. Die Verletzung der internen Vorlagepflicht beeinträchtigt jedoch nach außen hin nicht die Wirksamkeit der vom Vorstand vorgenommenen Maßnahme, da dessen Vertretungsmacht nur durch Gesetz beschränkbar ist (§ 82 AktG).

Ob auch die dinglichen Ausführungsgeschäfte ohne die erforderliche Befassung der Hauptversammlung hiermit tatsächlich als wirksam angesehen werden können, ist streitig. Hat der Vorstand den wertvollsten Teil des Gesellschaftsvermögens in eine zu diesem Zwecke errichtete Tochtergesellschaft eingebracht, so ist die Aktiengesellschaft nach der „Holzmüller-Entscheidung" gegenüber jedem ihrer Aktionäre verpflichtet, für Kapitalerhöhungen bei der Tochtergesellschaft die Zustimmung ihrer Hauptversammlung mit der Mehrheit einzuholen, die für eine entsprechende Maßnahme in der Aktiengesellschaft selbst erforderlich wäre; ob dies auch dann gilt, wenn die Hauptversammlung der Maßnahme (vorher oder nachträglich) mit satzungsändernder Mehrheit zugestimmt hat, ist in der Entscheidung offen geblieben, dürfte aber wohl zu bejahen sein.

▷ **Abgrenzung:** Zu unterscheiden ist diese ungeschriebene Kompetenz von der Analogie zu § 291 Abs. 2 AktG, wonach ein Zustimmungsbeschluss der Hauptversammlung der Gesellschaft dann erforderlich ist, wenn auf der Ebene der Tochtergesellschaften Unternehmensverträge geschlossen werden, die wegen § 302 Abs. 1 AktG (Verlustübernahmepflicht) im Ergebnis zu einer entsprechenden Verpflichtung der Aktiengesellschaft führen können.

Beispiel

Die Muttergesellschaft M-AG ist über einen Beherrschungs- und/oder Gewinnabführungsvertrag mit der Tochter T-AG verbunden, die jetzt mit einer anderen Gesellschaft, der Enkelgesellschaft E-AG einen Beherrschungs- und/oder Gewinnabführungsvertrag abschließen will. Da die die T-AG treffende Pflicht nach § 302 Abs. 1 AktG auf die M-AG durchschlagen kann, ist hier ein Zustimmungsbeschluss von deren Hauptversammlung erforderlich.

Hinweis auf weiterführende Literatur: *Brondics*, Die Aktionärsklage, 1988; *Habersack*, „Holzmüller" und die schönen Töchter – Zur Frage eines Vorerwerbsrechts der Aktionäre beim Verkauf von Tochtergesellschaften, WM 2001, 545 ff.; *Kort*, Bekanntmachungs-, Berichts- und Informationspflichten bei „Holzmüller"-Beschlüssen der Mutter im Falle von Tochter-Kapitalerhöhungen zu Sanierungszwecken, ZIP 2002, 685 ff.; *Kort*, Bezugsrechtsfragen und „Holzmüller"-Fragen einer Tochter-Kapitalerhöhung aus Sanierungsgründen, AG 2002, 369 ff.; *Noack,* „Holzmüller" in der Eigenverwaltung – Zur Stellung von Vorstand und Hauptversammlung im Insolvenzverfahren, ZIP 2002, 1873 ff.; *Renner,* Holzmüller-Kompetenz der Hauptversammlung beim Erwerb einer Unternehmensbeteiligung, NZG 2002, 1091 ff.; *Steiner,* Die Hauptversammlung der Aktiengesellschaft, 1995.

Wichtige Urteile und Erlasse: BGH ZIP 2001, 416; NJW 2001, 1277 (1279) – Altana/Milupa; BGHZ 83, 122, 131 ff. – Holzmüller; BGH v. 20.11.2002 – II ZR 133/01, AG 2003, 273; BGH v. 26.4.2004 – II ZR 154/02, ZIP 2004, 1001; BGH v. 26.4.2004 – II ZR 154/02, ZIP 2004, 993.

Hinweis auf weitere Stichwörter

→ *Genehmigtes Kapital*
→ *Beschluss: 4. Hauptversammlungsbeschluss*

→ *Hauptversammlung*
→ *Vorstand*
→ *Geschäftsführung*

Incentivprogramm

▷ **Begriff:** Das Incentivprogramm stellt ein leistungsanreizendes Entlohnungssystem für Mitarbeiter und Verwaltung einer Aktiengesellschaft dar. Der Begriff des *Incentiv* schließt verschiedenste Möglichkeiten ein, die Mitarbeiter so zu entlohnen, dass sie ein Interesse am Unternehmenserfolg haben. Insbesondere zählen hier neben den sog. reinen Aktienoptionen (→ *Stock Option*) → *Wandelschuldverschreibung* und *Optionsanleihen* (→ *Optionen*). Diese 3 Formen des Incentives werden durch sog. echte Eigenkapitalinstrumente gesichert. Die Schaffung eines → *bedingten Kapitals*, die Bedienung aus einem Bestand an sog. → *eigenen Aktien* der Gesellschaft oder die Schaffung eines → *genehmigten Kapitals* kommen hierfür in Betracht (§§ 192 ff., §§ 71 ff., § 202 ff. AktG). Kombinationen dieser Instrumente sind ebenfalls denkbar.

▷ **Eigenkapitalinstrumente:** Daneben greifen Unternehmen teilweise auch auf sog. *unechte oder virtuelle* Eigenkapitalinstrumente zurück, um den einzelnen Mitarbeiter über die Möglichkeit, am Unternehmenserfolg teilzuhaben, nachhaltig zu motivieren. In diesem Sinne werden folgende Beteiligungsarten kreiert, die sich an die Unternehmensentwicklung nur anlehnen, etwa

– „Stock Appreciation Rights" oder

– „Phantom Stocks".

▷ Der zentrale **Nachteil** dieser virtuellen oder unechten Entlohnungssysteme ist jedoch darin zu sehen, dass ihre Umsetzung zu einem erheblichen Liquiditätsabfluss führen kann. So erfolgt die Bedienung eines solchen Programms am Ende einer festgelegten Periode nicht im Wege der Übertragung von Aktien, sondern zumeist durch Zahlung von Geld.

▷ Als Form der Mitarbeiterbcteiligung wird die **Wandelschuldverschreibung** wegen steuerlicher Vorteile und einer erhöhten Flexibilität bei der Ausgestaltung des Incentivprogramms im Einzelnen bevorzugt.

Hinweis auf weitere Stichwörter

→ *Arbeitnehmer*
→ *Eigene Aktien*
→ *Kapitalerhöhung*

→ *Optionen*
→ *Stock Options*
→ *Wandelschuldverschreibungen*

Inhaberaktie

▷ **Begriff:** Die Inhaberaktie verbrieft ein → *Mitgliedschaftsrecht*, dessen Inhalt sich nach dem Aktienrecht richtet und als sog. *Inhaberpapier* zu qualifizieren ist (analog §§ 793 ff. BGB). Die Inhaberaktie darf erst ausgegeben werden, wenn der → *Nennbetrag* oder der höhere Ausgabebetrag geleistet worden ist (§ 10 Abs. 2 AktG). Inhaberaktien haben nicht nur den großen Vorzug einer anonymen und einfachen Übertragbarkeit, sondern erfordern auch erheblich weniger Verwaltungsaufwand als die Namensaktien. Sie werden von den Banken in Sonderverwahrung (sog. Streifbanddepot) oder in Sammelverwahrung genommen (§§ 6, 9a DepotG). Als Depotkunde sieht der Aktionär seine Aktien nie. Zur Teilnahme an der Hauptversammlung erhält er einen Berechtigungsnachweis des Kreditinstituts, der i.V.m. der Anmeldung als Teilnahmebescheinigung genügt (§ 123 Abs. 2 und 3 AktG).

▷ Die **Legitimationswirkung** der Inhaberaktie folgt daraus, dass das Gesetz an den allgemeinen Begriff des Inhaberpapiers anknüpft. Der Besitz einer Inhaberaktie begründet die widerlegbare Vermutung, dass der Besitzer Inhaber des materiellen Mitgliedschaftsrechts ist (§§ 793 Abs. 1 Satz 1, 1006 Abs. 1 Satz 2 BGB).

▷ **Legitimationsübertragung:** Die Legitimationsübertragung ist verboten, sofern das Stimmrecht ausgeübt werden soll durch (§ 135 Abs. 1, Abs. 9 AktG)

– ein Kreditinstitut,

– eine ihm nahe stehende Person,

– eine Aktionärsvereinigung,

– eine Person, die sich gegenüber Aktionären geschäftsmäßig zur Ausübung des Stimmrechts in der Hauptversammlung erbietet.

Damit hat die Legitimationsübertragung keine große praktische Bedeutung mehr.

▷ Die **Eigentumsübertragung** erfolgt durch schlichte Einigung und Übergabe (§ 929 BGB) oder eines der Übergabesurrogate (§§ 930, 931 BGB). Zur Übertragung der Mitgliedschaft ist nur die Übereignung der Aktie erforderlich. Das Recht aus dem Papier folgt dem Recht am Papier, d.h. dem Eigentum an der Aktienurkunde.

Hinweis auf weitere Stichwörter

→ *Aktie*
→ *Depot*

→ *Verbriefung*

Inhaberschuldverschreibungen

→ *Obligationen*
→ *Schuldverschreibungen*

Inkompatibilitätsregel

Die Inkompatibilitätsregel bedeutet die strikte Trennung von Leitung und Kontrolle der beiden Pflichtorgane der Aktiengesellschaft: → *Vorstand* und → *Aufsichtsrat*. Danach kann ein Aufsichtsratsmitglied nicht zugleich Vorstandsmitglied, dauernder Stellvertreter von Vorstandsmitgliedern, Prokurist oder zum gesamten Geschäftsbetrieb ermächtigter Handelsbevollmächtigter (Generalhandlungsbevollmächtigter) der Gesellschaft sein (*Ausn.* nur gemäß § 105 Abs. 2 AktG).

Hinweis auf weitere Stichwörter

→ *Aufsichtsrat* | → *Vorstand*

Insichgeschäft

Das Insichgeschäft ist nur in den Grenzen des § 181 BGB zulässig. § 181 BGB kann bei der Aktiengesellschaft tatbestandlich nur in der Variante der Mehrfachvertretung verwirklicht sein. Selbstkontrahieren (*Insichgeschäft*) ist bei der Aktiengesellschaft immer unzulässig (§ 181 BGB). Eine Befreiung von dem Selbstkontrahierungsverbot kann durch → *Satzung* nicht geregelt werden. Die → *Vorstandsmitglieder* werden gegenüber der Aktiengesellschaft durch den → *Aufsichtsrat* vertreten (vgl. § 112 AktG).

Hinweis auf weitere Stichwörter

→ *Aufsichtsrat* | → *Vorstandsmitglieder*
→ *Vertretung*

Insolvenz

1. Insolvenzfähigkeit 463
2. Verfahren 464
3. Organe 466
4. Haftung 467

1. Insolvenzfähigkeit

▷ Uneingeschränkt dem Regelinsolvenzverfahren unterworfen sind **natürliche und juristische Personen**, also auch die Aktiengesellschaft.

▷ Eine Kapitalgesellschaft ist vor ihrer Eintragung als sog. **Vorgesellschaft** jedenfalls dann insolvenzfähig, wenn sie ihren Geschäftsbetrieb begonnen hat (§ 123 Abs. 2 HGB).

▷ Etwas Ähnliches gilt auch für **fehlerhafte Gesellschaften**. Im unmittelbaren Verhältnis zu den Gläubigern der Gesellschaft kann sich der Gesellschafter nicht auf die Nichtigkeit oder wirksame Anfechtung seiner Gründungserklärung oder auf die Nichtigkeit der gesamten Gründungsvereinbarung berufen, sobald die Gesellschaft im Verkehr aufgetreten ist. Etwas anderes gilt nur dann, wenn die Gründungserklärung wegen Geschäftsunfähigkeit (z.B. Geisteskrankheit) nichtig ist (BGHZ 17, 160).

▷ Auch nach → *Auflösung* einer Gesellschaft (**Liquidationsgesellschaft**) kann die Insolvenzfähigkeit noch gegeben sein, solange die Gesellschaft nicht vollständig liquidiert ist. Dies gilt selbst für den Fall der Insolvenzbeendigung, wenn noch Vermögenswerte der Gesellschaft verbleiben, die nicht im Wege einer Nachtragsverteilung an die Insolvenzgläubiger auszuschütten sind.

▷ **Umwandlung:** Bei einer → *Umwandlung*, z.B. einer Aktiengesellschaft in eine KGaA, finden nach Eintragung der Umwandlung ins Handelsregister die für die neue Rechtsform maßgeblichen Insolvenzvorschriften Anwendung.

▷ **Verschmelzung:** Bei einer → *Verschmelzung* von Aktiengesellschaften im Wege der Aufnahme oder Neubildung erlöschen mit der Eintragung der Verschmelzung im Handelsregister die ursprünglichen Gesellschaften. Von diesem Zeitpunkt an ist eine Insolvenz nur noch über das Vermögen der neuen Gesellschaft möglich. Eine Verschmelzung ist allerdings ausgeschlossen, wenn über das Vermögen einer an der Verschmelzung beteiligten Gesellschaften bereits das Insolvenzverfahren eröffnet worden ist.

Insolvenz

2. Verfahren

▷ **Verfahrensübersicht**

Verfahrensschritt	Durch das Gericht bestimmte Fristen
Insolvenzantrag	
Eröffnungsverfahren	
Prüfung der Zulässigkeitsvoraussetzungen	
Sicherungsmaßnahmen, z.B. vorläufige Insolvenzverwaltung	
Auskunftspflichten der Aktiengesellschaft als Schuldnerin	
Eröffnung des Insolvenzverfahrens	
Eröffnungsgründe: Zahlungsunfähigkeit, drohende Zahlungsunfähigkeit, Überschuldung	
Auskunfts- und Mitwirkungspflichten des Schuldners, aber auch der Mitglieder des Vertretungs- oder Aufsichtsorgans und der vertretungsberechtigten persönlich haftenden Gesellschafter	
Anmeldeverfahren (Ablauf der Anmeldefrist)	Frist für die Anmeldung von Gläubigerforderungen: 2 Wochen, höchstens 3 Monate (§ 28 Abs. 1 InsO)
Insolvenzverwalter erstellt Gläubigerverzeichnis und Insolvenztabelle	
Berichtstermin für die Entscheidung der Gläubigerversammlung über den Fortgang des Insolvenzverfahrens (kann mit Prüfungstermin verbunden werden, § 29 Abs. 2 InsO)	Berichtstermin: innerhalb von 6 Wochen, nach 3 Monaten nicht mehr möglich (§ 29 Abs. 1, Nr. 1 InsO)
Prüfungstermin (kann mit Berichtstermin verbunden werden, § 29 Abs. 2 InsO)	mindestens 1 Woche, höchstens 2 Monate (§ 29 Abs. 1, Nr. 2 InsO)
Verwertung/Liquidation	
Verteilung/Verteilungsverzeichnis	
Schlusstermin/Schlussverteilung = abschließende Gläubigerversammlung	
Aufhebung des Verfahrens	

▷ **Gründe für die Eröffnung des Insolvenzverfahrens:** Insolvenzeröffnungsgründe können sein

– drohende Zahlungsunfähigkeit,

- Zahlungsunfähigkeit,
- Überschuldung.

Der Begriff der *Zahlungsunfähigkeit* ist in § 17 Abs. 2 InsO legaldefiniert. Hauptfall der Zahlungsunfähigkeit ist die Zahlungseinstellung, die vorliegt, wenn die Gesellschaft ihre fälligen, auf Geld gerichteten Verbindlichkeiten im großen und ganzen nicht mehr erfüllt. Falls sich die Zahlungsunfähigkeit auf diese Weise nicht feststellen lässt, kommt es drauf an, ob die Gesellschaft im großen und ganzen dauerhaft außerstande ist, ihre fälligen Geldschulden zu erfüllen („Zeitpunkt-Illiquidität"; *Hüffer*, AktG, 7. Aufl. 2006, § 92 Rn. 7 f.). Eine bloße Zahlungsstockung stellt keine Zahlungsunfähigkeit, auch keine drohende, dar.

Die *drohende Zahlungsunfähigkeit* nach § 18 InsO ist dann gegeben, wenn unter Berücksichtigung der gesamten Entwicklung der Finanzlage der Gesellschaft bis zur Fälligkeit aller bestehenden Verbindlichkeiten der Eintritt der Zahlungsunfähigkeit wahrscheinlicher ist als deren Vermeidung.

Überschuldung liegt nach der Legaldefinition des § 19 Abs. 2 InsO dann vor, wenn sich aufgrund einer Überschuldungsbilanz ergibt, dass die Passiva nicht mehr von den Aktiva gedeckt sind. Diese rechnerische Überschuldung genügt; der 2-stufige Überschuldungsbegriff, nach dem Überschuldung eine negative Fortführungsprognose und die rechnerische Überschuldung voraussetzt, lässt sich mit dem Wortlaut des § 19 Abs. 2 InsO nicht vereinbaren. Die Bewertung spielt nur im Rahmen der Bewertung der Liquidations- oder Fortführungswerte eine Rolle (*Hess* in Hess/Weis/Wienberg, InsO, 2. Aufl. 2001, § 19 Rn. 21 ff.; *Altmeppen* in Roth/Altmeppen, GmbHG, 5. Aufl. 2005, § 64 Rn. 13 ff.).

▷ **Insolvenzantrag:** Das Insolvenzverfahren wird nur auf Antrag eröffnet (§ 13 InsO). Antragsberechtigt sind jedes Mitglied des Vorstandes, jeder Abwickler und die Gläubiger der Aktiengesellschaft. Bei der KGaA ist zusätzlich jeder persönlich haftender Gesellschafter berechtigt (§ 15 Abs. 1 InsO). Der Gläubiger hat seine Forderung und den Eröffnungsgrund glaubhaft zu machen (§ 14 InsO). Der Vorstand muss spätestens 3 Wochen nach Eintritt der Zahlungsunfähigkeit oder Überschuldung der Gesellschaft die Eröffnung des Insolvenzverfahrens beantragen (§ 92 Abs. 2 AktG).

Bei *drohender Zahlungsunfähigkeit* ist ein Insolvenzverfahren nur auf Antrag des Schuldners (ohne Antragspflicht) möglich. Die frühzeitige Eröffnung des Verfahrens ermöglicht eine aussichtsreiche Entscheidung über die Sanierung und Fortführung des Unternehmens. Dem Insolvenzantrag sind folgende Anlagen beizulegen:

- Vermögensverzeichnis,
- Gläubiger- und Schuldnerverzeichnis,
- Liquiditätsplan.

Bei *Zahlungsunfähigkeit* oder *Überschuldung* besteht Antragspflicht innerhalb einer 3-Wochen-Frist. Bei Deckung der Massekosten ist die Eröffnung eines einheitlichen Verfahrens vorgesehen.

▷ **Ziele des Insolvenzverfahrens:** Ziel des Insolvenzverfahrens ist die gemeinschaftliche Befriedigung der Gläubiger durch

- abweichende Regelung ⇒ Sanierung,
- Insolvenzplan ⇒ Einstellung mangels Masse, oder
- Vermögensverwertung ⇒ Liquidation (→ *Abwicklung*).

▷ **Abgrenzung Insolvenzverfahren – Abwicklung:** Das Insolvenzverfahren ist zwar auf Liquidation der Insolvenzmasse angelegt, muss aber nicht zur Zerschlagung führen. Das Insolvenzplanverfahren kann unter Befreiung des Schuldners und damit auch der Aktiengesellschaft von der Restschuld in Aufhebung des Insolvenzverfahrens einmünden (§§ 258, 217 ff. InsO). Das Insolvenzverfahren geht grundsätzlich vom Prinzip der Vollabwicklung aus. Wird jedoch die Insolvenzeröffnung mangels Masse abgelehnt, so verbleibt es von vornherein bei der → *Abwicklung* (§§ 262 Abs. 1 Nr. 4 AktG, 26 Abs. 1 InsO). Wenn nach Beendigung des liquidierenden Insolvenzverfahrens noch Vermögen vorhanden ist, findet die Abwicklung statt. Die früher noch erforderliche Anmeldung des Abwicklungsschlusses durch die Abwickler ist entfallen (§§ 265 Abs. 1, 273 AktG).

3. Organe

Neben dem Insolvenzverwalter sind die Organe der Aktiengesellschaft in Bereichen, die die Insolvenz nicht betrifft, weiterhin tätig.

▷ **Vorstand:** Die Gesellschaft muss auch während des Insolvenzverfahrens einen Vorstand haben. Dieser behält insbesondere Zuständigkeiten im innergesellschaftlichen Bereich. Er hat etwa die Hauptversammlung einzuberufen. Schließlich kann die Mitwirkung des Vorstands als Leitungsorgan auch in „Überschneidungsbereichen" notwendig sein. In diesen Bereichen sind zwar innergesellschaftliche Zuständigkeiten betroffen, die sich aber zugleich nachteilig auf die Insolvenzmasse auswirken können. Hier ist ein Zusammenwirken von Insolvenzverwalter und Vorstand (gegebenenfalls weiterer Gesellschaftsorgane) unumgänglich. Das gilt z.B. für die erforderliche Zustimmung bei der Übertragung von → *Namensaktien*, sofern es sich um Aktien handelt, die nur teilweise eingezahlt sind (§ 68 Abs. 2 Satz 2 AktG, → *Einlage*). Der Vorstand der Aktiengesellschaft hat darüber hinaus die Rechte und Pflichten des Schuldners wahrzunehmen, insbesondere

- Beschwerderecht gegen die Entscheidungen des Insolvenzgerichts,
- Antragsbefugnis auf Einstellung des Insolvenzverfahrens,
- Befugnis, die Schlussrechnung des Insolvenzverwalters zu beanstanden,
- Beantragung der Eigenverwaltung,
- Erteilung von Auskünften,
- Versicherung über die Richtigkeit und Vollständigkeit der inventarisierten Aktivwerte,
- Anwesenheits- und Erklärungspflicht über die angemeldeten Forderungen im Prüfungstermin,

– Verwaltung von insolvenzfreiem Vermögen, z.B. Gegenstände, die vom Insolvenzverwalter freigegeben wurden oder durch Kapitalerhöhung beschaffte neue Mittel.

Die *Dienstverträge* der Vorstandsmitglieder bleiben zunächst von der Insolvenzeröffnung unberührt. Der Insolvenzverwalter kann das Dienstverhältnis der Vorstandsmitglieder kündigen. Er kann jedoch ihre Organstellung nicht angreifen. Die Kündigung des Anstellungsverhältnisses der Organmitglieder lässt deren Organstellung unberührt.

Laufen Anstellungsverträge mit Vorstandsmitgliedern *aus*, stellt sich die Frage, ob neue Verträge nur vom Aufsichtsrat mit Wirkung gegen die insolvenzfreie Masse geschlossen werden können, was in der Regel unmöglich sein wird, oder ob der Insolvenzverwalter eine entsprechende Vergütung als Masseschulden oder -kosten gewähren kann. Besteht für die Durchführung des Insolvenzverfahrens ein entsprechendes Interesse, muss es dem Insolvenzverwalter möglich sein, auch neue Anstellungsverträge mit angemessener Vergütungsregelung zu schließen und zu diesem Zweck Masseschulden bzw. -kosten zu begründen.

▷ **Aufsichtsrat:** Die Insolvenzeröffnung tangiert nicht die Organstellung des → *Aufsichtsrates*. Dieser überwacht weiterhin die Tätigkeit des Vorstandes im insolvenzfreien Bereich und ist ebenfalls berechtigt, die Hauptversammlung einzuberufen. Gegenüber dem Insolvenzverwalter steht ihm jedoch keine Aufsichtsbefugnis zu.

▷ **Hauptversammlung:** Die → *Hauptversammlung* kann nach wie vor die ihr durch Gesetz und Satzung zugewiesenen Aufgaben wahrnehmen. Sie kann insbesondere über die Beibehaltung der Vorstands- und Aufsichtsratsmitglieder, die Fortsetzung der Gesellschaft und über den Antrag auf Insolvenzeinstellung abstimmen. Auch → *Satzungsänderungen* können im Einzelfall notwendig und zulässig sein, soweit sie mit dem Insolvenzzweck vereinbar sind, wie z.B. eine → *Kapitalerhöhung* zur Vorbereitung eines Fortführungsbeschlusses oder eines Antrages auf Einstellung des Insolvenzverfahrens.

▷ **Haftung der Organe:** Mitglieder des Vorstandes und deren Stellvertreter sowie Mitglieder des Aufsichtsrates können aus Gründerhaftung bzw. Zusammenhang mit Nachgründungen (§ 48, 53 AktG) und wegen Pflichtverletzungen bei der Geschäftsführung bzw. deren Überwachung (§§ 93, 116 AktG) sowie aus gesamtschuldnerischer Mithaftung bei schädigender Einflussnahme auf die Gesellschaft (§ 117 AktG) vom Insolvenzverwalter in Anspruch genommen werden.

4. Haftung

Der Vorstand haftet bei einer Verletzung der Pflicht zum Antrag auf Eröffnung eines Insolvenzverfahrens (s.o.). Es besteht eine gesetzliche Vermutung, dass die Organe schuldhaft ihre Pflicht verletzt haben, wenn sie nicht rechtzeitig Insolvenzantrag stellen (§ 26 Abs. 3 InsO). Die Organe haben die Möglichkeit sich zu exkulpieren durch den Nachweis besonderer Umstände, aufgrund derer die Verzögerung der Antragsstellung nicht pflichtwidrig oder schuldhaft war (vgl. § 92 Abs. 2 AktG, § 130a Abs. 1 HGB).

Hinsichtlich des Haftungsinhalts ist dabei zu unterscheiden:

- Gläubiger, deren Forderungen bereits vor der Antragspflicht nach § 92 Abs. 2 AktG begründet worden sind (sogenannte *Altgläubiger*), haben einen Anspruch auf Ersatz des Quotenschadens, also der Differenz zwischen dem tatsächlichen und dem bei rechtzeitiger Antragstellung erzielbaren Masseerlös (vgl. BGHZ 126, 181 zur GmbH). Dieser kann grundsätzlich nur vom Insolvenzverwalter für die Masse als Verbindlichkeit der Gesellschaft geltend gemacht werden. Der einzelne Altgläubiger kann diesen Anspruch nur nach Insolvenzbeendigung oder nach Antragsablehnung mangels Masse selbst geltend machen.

- Gläubiger, deren Forderungen nach der Antragspflicht begründet worden sind (sogenannte *Neugläubiger*), haben Anspruch auf Ersatz ihres vollen Schadens, soweit sie im Insolvenzverfahren ausfallen (BGHZ 126, 181; BGH WM 1995, 108; BGH ZIP 1995, 124; BGH ZIP 1995, 211 jeweils zur GmbH). Diesen Anspruch können nur sie selbst gegenüber den Vorstandsmitgliedern geltend machen (BGB BB 1998, 969 zur GmbH).

- Außerdem kann sich eine Schadenersatzpflicht des Vorstands gegenüber Gläubigern der Gesellschaft aus *culpa in contrahendo* (cic), § 311 Abs. 2 und 3 BGB, ergeben (BGHZ 126, 181);

> **Beispiel**
>
> Ein Vorstandsmitglied versichert einem Geschäftspartner während der Vertragsverhandlungen die Werthaltigkeit angebotener Geschäftsanteile an einer anderen Gesellschaft und zerstreut die Zweifel des Geschäftspartners unter Hinweis darauf, man sei doch seit langem bekannt, der Geschäftspartner könne sich auf das Wort des Vorstandsmitglieds verlassen.

- Ersatzpflicht bei *Verfahrenskostenvorschüssen des Gläubigers:* Die Vorstandsmitglieder der Aktiengesellschaft können zur Erstattung des vom Gläubiger gezahlten Vorschusses wegen Masseinsuffizienz herangezogen werden (§§ 26 Abs. 1 Satz 1, Abs. 3 Satz 3, 207 Abs. 1 Satz 2 InsO). Der Erstattungsanspruch verjährt in 5 Jahren.

Hinweis auf weiterführende Literatur: *Bork*, Die Rolle der Banken in der vorläufigen Insolvenz, ZBB 2001, 271 ff.; *Ehricke*, Die neue europäische Insolvenzordnung und grenzüberschreitende Konzerninsolvenzen, EWS 2002, 101 ff.; *Götze*, Die Auswirkungen der Eröffnung eines Insolvenzverfahrens auf die Durchführung einer beschlossenen Kapitalerhöhung, ZIP 2002, 2204 ff.; *Gottwald*, Insolvenzrechts-Handbuch, 3. Aufl. 2006; *Hasselbach/Veigel*, Internet und Neue Medien im Kapitalgesellschaftsrecht. Neue Entwicklungen in Italien am Beispiel der Entscheidung des Tribunale di Sassari vom 19.5.2000, GmbHR 2001, 65 ff.; *Hess/Binz*, Formulare und Muster zum Insolvenzrecht, 2. Aufl. 2001; *Petersen*, Insolvenzrechtlicher Sukzessionsschutz durch verschmelzungsbedingte Sondermasse?, NZG 2001, 836 ff.; *Prütting/Huhn*, Kollision von Gesellschaftsrecht und Insolvenzrecht bei der Eigenverwaltung, ZIP 2002, 777 ff.; *Weber*, Börsennotierte Gesellschaften in der Insolvenz, ZGR 2001, 422 ff.; *Wilmowsky*, Termingeschäfte und Insolvenz: Die gesetzliche Regelung, WM 2002, 2264 ff.

Hinweis auf weitere Stichwörter

→ *Abwicklung*
→ *Aufsichtsrat*
→ *Haftung*

→ *Vorstand*
→ *Vorstandsmitglieder*

Jahresabschluss

1. Begriff 469
2. Aufstellung des Jahresabschlusses 469
3. Feststellung des Jahresabschlusses 470
4. Prüfung des Jahresabschlusses 472
5. Fehler 473
6. Offenlegungspflicht 473
7. Anhang 474
8. Lagebericht 475

1. Begriff

Die Bilanz, die Gewinn- und Verlustrechnung und der Anhang bilden den Jahresabschluss der Gesellschaft (§§ 256 AktG, 264 Abs. 1 Satz 1, 242 Abs. 3, 284 ff. HGB). Der → *Abhängigkeitsbericht* ist nicht Bestandteil des Jahresabschlusses (§ 312 AktG). Der Jahresabschluss der Aktiengesellschaft dient der Darstellung ihrer Vermögens-, Finanz- und Ertragslage.

2. Aufstellung des Jahresabschlusses

▷ Seit 1.1.2002 muss der Jahresabschluss in **Euro** aufgestellt werden (§ 244 HGB).

▷ **Für kleine und mittelgroße Kapitalgesellschaften** bestehen im Hinblick auf die Erstellung des Jahresabschlusses Erleichterungen.

Bei der → *kleinen Aktiengesellschaft* besteht die Möglichkeit, einen verkürzten Jahresabschluss aufzustellen (§ 266 Abs. 1 Satz 3 HGB, nur die gemäß Gliederungsschema mit Buchstaben und römischen Zahlen bezeichneten Posten müssen gesondert und in der vorgeschriebenen Reihenfolge aufgenommen werden). *Kleine Aktiengesellschaften* sind außerdem befreit von folgenden Pflichten (§ 274a HGB):

- Aufstellung eines Anlagengitters,
- Erläuterung bestimmter Forderungen im Anhang,
- Erläuterung bestimmter Verbindlichkeiten im Anhang,
- Ausweis eines Disagios und
- Erläuterung der Aufwendungen für die Ingangsetzung und Erweiterung des Geschäftsbetriebs.

Jahresabschluss

Bei *mittelgroßen Aktiengesellschaften* gilt das gleiche wie bei den kleinen Aktiengesellschaften (§ 327 Nr. 1 Satz 1, 266 Abs. 1 Satz 3 HGB). Zusätzlich haben sie jedoch in der Bilanz oder im Anhang die in § 327 Nr. 1 Satz 2 HGB genannten Posten gesondert anzugeben. Nach § 327 Nr. 2 HGB darf der Anhang ohne die Angaben nach § 285 Nr. 2, 5 und 8a, Nr. 12 HGB zum Handelsregister eingereicht werden.

▷ **Aktienrecht:** Bei der Aufstellung des Jahresabschlusses sind *aktienrechtliche Besonderheiten* zu berücksichtigen (vgl. allgemein → *Rechnungslegung*):

- **Bilanz:** Bezüglich des Grundkapitals, zur Kapitalrücklage und zu den Gewinnrücklagen bestehen besondere Bestimmungen, welche die handelsrechtlichen Vorschriften für alle Kaufleute ergänzen (§§ 58, 150, 152 AktG, § 266 HGB).
- **Gewinn- und Verlustrechnung:** Das im Handelsgesetzbuch (§ 275 HGB) für die Gewinn- und Verlustrechnung vorgegebene Gliederungsschema wird für das Aktienrecht für die Ergebnisverwendung dahin gehend ergänzt, dass die Gewinn- und Verlustrechnung unter Fortführung der Nummerierung um bestimmte Posten zu ergänzen ist (§§ 158, 240 AktG). Wahlweise können diese Angaben auch im Anhang gemacht werden, sie müssen dann jedoch dort ebenfalls in der vorgegebenen Gliederung erfolgen (§ 158 AktG).
- **Anhang:** Über die allgemein vorgeschriebenen Angaben eines Anhangs (§§ 284, 285 AktG) hinaus sind für die Aktiengesellschaft zusätzliche Angaben erforderlich (§ 160 AktG, s.u. 7. *Anhang*).

3. Feststellung des Jahresabschlusses

▷ **Zuständigkeit:**

- *Grundsatz:* der → *Aufsichtsrat* ist für die Feststellung des Jahresabschlusses grundsätzlich zuständig;
- *Ausn.:* In bestimmten gesetzlich angeordneten Fällen ist die → *Hauptversammlung* für die Feststellung des Jahresabschlusses zuständig.

▷ **Verfahren im Aufsichtsrat:**

- **Weiterleitung des Jahresabschlusses** und des *Lageberichts* an den Aufsichtsrat und den Abschlussprüfer: Nach der Aufstellung des Jahresabschlusses und der Erstellung des Lageberichts muss der → *Vorstand* diese Unterlagen unverzüglich dem Aufsichtsrat und dem Abschlussprüfer (nur bei mittelgroßen oder großen Aktiengesellschaften i.S.d. § 267 Abs. 2 und 3 HGB) vorlegen (§ 170 AktG, § 320 Abs. 1 Satz 1 HGB). Zugleich hat der Vorstand dem Aufsichtsrat den Vorschlag vorzulegen, den er der Hauptversammlung für die Verwendung des Bilanzgewinns machen will (§ 170 Abs. 2 Satz 1 AktG).
- **Prüfung durch den Aufsichtsrat und Bericht** hierüber: Der Aufsichtsrat prüft den Jahresabschluss, den Lagebericht sowie gegebenenfalls den Konzernabschluss und den Konzernlagebericht (§ 171 Abs. 1 AktG, → *Abschlussprüfung*). Ist der Jahresabschluss der Gesellschaft durch einen Abschlussprüfer zu prüfen, hat der Aufsichtsrat außerdem zu dem Ergebnis dieser Prüfung Stellung zu nehmen. Am Schluss seines Berichts hat der Aufsichtsrat zu erklären, ob nach dem

abschließenden Ergebnis seiner Prüfung Einwendungen zu erheben sind und ob er den vom Vorstand aufgestellten Jahresabschluss billigt (*Schlusserklärung*).

- **Zuleitung des Berichts an den Vorstand:** Der Aufsichtsrat hat seinen Bericht innerhalb eines Monats ab Zugang der Unterlagen dem Vorstand zuzuleiten. Geht der Bericht dem Vorstand nicht innerhalb dieser Frist zu, hat dieser dem Aufsichtsrat für die Vorlage unverzüglich (d.h. ohne schuldhaftes Zögern) eine Nachfrist von maximal einem Monat zu setzen.

- **Feststellung des Jahresabschlusses:** Mit der Billigung des Jahresabschlusses durch den Aufsichtsrat gilt der vom Vorstand aufgestellte Jahresabschluss als festgestellt (§ 172 AktG; anders im GmbH-Recht, § 46 Nr. 1 GmbHG). Bei Nichtbilligung oder Untätigkeit des Aufsichtsrats muss der Vorstand die Hauptversammlung zur Feststellung des Jahresabschlusses einberufen (s.u.).

- **Einberufung der Hauptversammlung:** Unverzüglich nach Eingang des Berichts des Aufsichtsrats und der darin enthaltenen Billigung des Jahresabschlusses hat der Vorstand eine Hauptversammlung (innerhalb der ersten 8 Monate des Geschäftsjahres) zur Entgegennahme des festgestellten Jahresabschlusses und des Lageberichts sowie zur Beschlussfassung über die Verwendung des Bilanzgewinns einzuberufen (§ 175 Abs. 1 AktG). Der Jahresabschluss, der Lagebericht, der Bericht des Aufsichtsrats und der Gewinnverwendungsvorschlag des Vorstands müssen in dem Geschäftsraum der Gesellschaft (am Ort der Hauptverwaltung) ausgelegt und den Aktionären muss auf Verlangen unverzüglich eine Abschrift überlassen werden (§ 175 Abs. 2 AktG).

▷ **Verfahren in der Hauptversammlung:** Die Hauptversammlung stellt den Jahresabschluss *in 3 vom Gesetzgeber ausdrücklich genannten Fällen* fest:

- Wenn Vorstand und Aufsichtsrat beschließen, die Feststellung der Hauptversammlung zu überlassen (§§ 172 Satz 1, 173 Abs. 1 Satz 1 1. Halbsatz AktG);
- wenn der Aufsichtsrat den Jahresabschluss nicht gebilligt hat (§ 173 Abs. 1 Satz 1 2. Halbsatz AktG);
- im Falle der → *Kapitalherabsetzung* (§§ 234 Abs. 2, 229 AktG).

Der *Beschluss über die Feststellung* des Jahresabschlusses und der Beschluss über die Gewinnverwendung sind in der innerhalb der ersten 8 Monate des Geschäftsjahres einzuberufenden Hauptversammlung gemeinsam zu verhandeln (§ 175 Abs. 1–3 AktG). Die Tagesordnung und die Bekanntmachung sind in diesem Fall auf die Feststellung des Jahresabschlusses hin zu formulieren. Bei der Feststellung des Jahresabschlusses hat sich die Hauptversammlung in gleicher Weise an das materielle Bilanzrecht zu halten, wie dies der Vorstand bei der Aufstellung zu tun hat (§ 173 Abs. 2 AktG). Bilanzrechtliche Ermessensentscheidungen (Ausübung von Wahlrechten, Ausnutzen von Bewertungsspielräumen) kann sie auch anders ausüben, als dies vom Vorstand vorgeschlagen worden ist. Zu beachten ist, dass bei prüfungspflichtigen Gesellschaften (§ 316 Abs. 1 Satz 1 HGB) ein Beschluss der Hauptversammlung über die Feststellung des Jahresabschlusses, der einen testierten Jahresabschluss ändert, und ein hiermit verbundener Gewinnverwendungsbeschluss nichtig werden, wenn nicht binnen 2 Wochen ein uneingeschränkter Bestätigungsvermerk nachfolgt (§ 173 Abs. 3 Satz 2 AktG). Bis zum Vorliegen eines uneingeschränkten Bestätigungsvermerks nach einer erneuten Abschlussprüfung sind die Beschlüsse unwirksam (§§ 316 ff. HGB). Ist der Jahresabschluss von einem Abschlussprüfer zu prüfen, weil es sich bei der Aktiengesellschaft um eine mittelgroße oder große Kapitalgesellschaft handelt, hat der Abschlussprüfer an den Verhandlungen über die Feststellung des Jahresabschlusses teilzunehmen (§ 176 Abs. 2 AktG). Eine Auskunftspflicht gegenüber den Aktionären besteht nicht.

▷ **Zuständigkeit bei der KGaA:** Nach § 286 Abs. 1 Satz 1 AktG beschließt (zwingend) die → *Hauptversammlung* über die Feststellung des Jahresabschlusses. Allerdings bedarf dieser Beschluss der *Zustimmung der persönlich haftenden Gesellschafter* (§ 286 Abs. 1 Satz 2 AktG).

Umstritten ist, welcher Beschluss zur rechtswirksamen Feststellung des Jahresabschlusses der KGaA führt. Nach der einen Auffassung ist der Feststellungsbeschluss der Hauptversammlung entscheidend. Nach der anderen Auffassung steht der Feststellungsbeschluss der Hauptversammlung unter der aufschiebenden Bedingung des Zustimmungsbeschlusses der persönlich haftenden Gesellschafter. Nach vermittelnder und hier vertretener Ansicht ist in der Vorlage des Jahresabschlusses von den persönlich haftenden Gesellschaftern, die den Jahresabschluss aufstellen müssen, der (vorweggenommene) Zustimmungsbeschluss im Sinne von § 286 Abs. 1 Satz 2 AktG enthalten, so dass es für die rechtswirksame Feststellung des Jahresabschlusses nur auf den Feststellungsbeschluss der Hauptversammlung ankommt (*Adler/Düring/Schmalz*, Rechnungslegung und Prüfung der Unternehmer, 6. Aufl. 1995 ff., § 286 HGB Rz. 18 ff.). Diese Differenzierung ist von Bedeutung für die Frage, ob § 58 Abs. 1 oder § 58 Abs. 2 AktG Anwendung findet.

Im Übrigen wird für das Verfahren auf die Feststellung des Jahresabschlusses der Aktiengesellschaft durch die Hauptversammlung verwiesen (s.o.).

4. Prüfung des Jahresabschlusses

▷ **Das Ergebnis der Geschäftstätigkeit eines Geschäftsjahres,** so wie es sich im Jahresabschluss darstellt, muss abschließend geprüft werden (→ *Abschlussprüfung*). Die *Abschlussprüfung* umfasst auch die Bewertung der im Jahresabschluss dargestellten wirtschaftlichen Lage des Unternehmens sowie dessen mögliche künftige Entwicklung.

▷ **Zuständig** für die Prüfung des Jahresabschlusses ist der → *Aufsichtsrat* (Überwachungsaufgabe des Aufsichtsrats). Er ist zur Prüfung der → *Rechnungslegung* und zur Berichterstattung gegenüber der Hauptversammlung, insbesondere über das Ergebnis seiner Prüfung, verpflichtet (§ 171 Abs. 2 und Abs. 3 AktG). Als sachverständige Auskunftsperson steht dem Aufsichtsrat für diese Tätigkeit der Abschlussprüfer (→ *Abschlussprüfung: 4. Abschlussprüfer*) zur Verfügung, der an der Bilanzsitzung teilnehmen und über die wesentlichen Ergebnisse seiner Prüfung berichten muss (§ 171 Abs. 1 Satz 2 AktG). Weil der Abschlussprüfer kein Organ der Gesellschaft ist, soll durch ihn eine objektive Kontrolle gewährleistet sein.

▷ **Börsennotierte Gesellschaften:** Bei börsennotierten Gesellschaften hat der Aufsichtsrat die Ergebnisse der Prüfung des Risikomanagements sowie dessen Überwachung in einem besonderen Teil des Prüfungsberichts oder in einem eigenen

Bericht darzustellen (§§ 3 Abs. 2, 91 Abs. 2 AktG, → *Börsennotierung*). Dabei ist darzulegen, ob das eingerichtete interne Überwachungssystem seine Aufgabe erfüllt oder welche Mängel bestehen.

Für weitere Einzelheiten → *Abschlussprüfung*.

5. Fehler

▷ **Folge:** Verstößt der Inhalt des von der Verwaltung festgestellten Jahresabschlusses gegen Gesetz oder Satzung, so ist er entweder nichtig oder es kann eine → *Sonderprüfung* durchzuführen sein (§§ 257 Abs. 1 Satz 1, 258 ff. AktG). Eine Anfechtung ist insoweit ausdrücklich ausgeschlossen (§ 257 AktG).

▷ **Rechtsmittel:** Die → *Anfechtung* des Feststellungsbeschlusses ist aber möglich, sofern die Feststellung des Jahresabschlusses ausnahmsweise durch die Hauptversammlung erfolgt (§§ 173, 234 Abs. 2, 235, 270 Abs. 2, 286 Abs. 1 AktG). Die Anfechtungsfrist beginnt mit der Beschlussfassung, sofern der Jahresabschluss erneut zu prüfen ist (§§ 316 Abs. 3 HGB, 257 Abs. 2 Satz 2 AktG; → *Beschluss: 4. Hauptversammlung*).

6. Offenlegungspflicht

▷ **Handelsregister:** Der festgestellte Jahresabschluss und der Lagebericht einschließlich des Bestätigungsvermerks (oder der versagten Bestätigung) sind unverzüglich nach der Hauptversammlung vom Vorstand zum → *Handelsregister* einzureichen, wo er von jedermann eingesehen werden kann (§ 325 HGB). Zudem müssen die einzureichenden Unterlagen im Bundesanzeiger veröffentlicht werden. Die Offenlegungsvorschriften werden derzeit im Gesetzgebungsverfahren überarbeitet (→ *Handelsregister*).

▷ **Frist:** Zur Einhaltung der seit Inkrafttreten des NaStraG (25.1.2001) einheitlichen Offenlegungspflicht ist der Jahresabschluss spätestens vor Ablauf des 12. Monats des dem Abschlussstichtag nachfolgenden Geschäftsjahrs einzureichen, die Sanktionen bei Nichteinhaltung wurden verschärft. Dies gilt bereits für ab dem 1.1.2000 beginnende Geschäftsjahre. Die Schwellenwerte für die Verpflichtung zur Aufstellung eines Konzernabschlusses wurden für die Abschlussstichtage seit dem 1.1.2000 um die Hälfte gesenkt, so dass für die Geschäftsjahre seit 2000 viele mittelständische Konzerne der Konsolidierungspflicht unterliegen.

▷ Es wird je nach **Größenklasse** der Aktiengesellschaft unterschieden (→ *Bekanntmachungen*):

- *Kleine Aktiengesellschaft*: einzureichen sind nur die Bilanz und der Anhang spätestens vor Ablauf des 12. Monats des dem Abschlussstichtag nachfolgenden Geschäftsjahres (§ 326 HGB). Der Anhang braucht in diesem Falle auch nicht die die Gewinn- und Verlustrechnung betreffenden Angaben zu enthalten. Im Bundesanzeiger ist bekannt zu machen, bei welchem Handelsregister und unter welcher Nummer die Unterlagen eingereicht worden sind (§ 325 Abs. 1 Satz 2 HGB);

Jahresabschluss

- *mittelgroße Aktiengesellschaft:* eingereicht werden kann eine verkürzte Bilanz (§ 327 HGB). Im Bundesanzeiger ist bekannt zu machen, bei welchem Handelsregister und unter welcher Nummer die Unterlagen eingereicht worden sind (§ 325 Abs. 1 Satz 2 HGB);
- *große Aktiengesellschaft:* es müssen die Unterlagen zunächst selbst im Bundesanzeiger bekannt gemacht und die Bekanntmachung unter Beifügung der Unterlagen zum Handelsregister eingereicht werden (§ 325 Abs. 2 AktG). Eine weitere Bekanntmachung hiernach ist nicht erforderlich.

7. Anhang

Bei Aktiengesellschaften muss der Anhang über die in §§ 284, 285 HGB geforderten Angaben hinaus Zusatzangaben beinhalten über

▷ **Übernahme und Verwertung** (Bestand und Zugang sowie jede Art der Übertragung) von Aktien: es ist zu berichten (§ 160 Abs. 1 Nr. 1 AktG), welche Aktien

- ein Aktionär für Rechnung der Aktiengesellschaft oder eines von ihr abhängigen oder in Mehrheitsbesitz stehenden Unternehmens oder
- ein von der Aktiengesellschaft abhängiges oder in ihrem Mehrheitsbesitz stehendes Unternehmen (sog. → *Vorratsaktien*)
- als Gründer oder Zeichner oder in Ausübung eines bei einer bedingten Kapitalerhöhung eingeräumten Umtausch- oder Bezugsrecht übernommen hat.

Beachte: Zwar ist ein solcher Erwerb verboten (§ 56 Abs. 2 und 3 AktG), er steht aber der dinglichen Übertragung der Aktien nicht entgegen.

▷ **Eigene Aktien** der Gesellschaft (§ 160 Abs. 1 Nr. 2 AktG): Zu berichten ist über die *Zahl* dieser Aktien und den auf sie entfallenden *Betrag* des Grundkapitals sowie deren *Anteil am Grundkapital*, für erworbene Aktien ferner über den *Zeitpunkt* des Erwerbs und die *Gründe* hierfür, für veräußerte Aktien ferner über den Erwerbs- bzw. Veräußerungspreis. Dies gilt für Aktien, welche

- die Aktiengesellschaft selbst,
- ein von der Aktiengesellschaft abhängiges oder in ihrem Mehrheitsbesitz stehendes Unternehmen oder
- ein anderer für Rechnung der Gesellschaft oder eines von der Aktiengesellschaft abhängigen oder in ihrem Mehrheitsbesitz stehenden Unternehmens

erworben oder als Pfand genommen hat;

Beachte: Da der originäre Erwerb von eigenen Aktien (Erwerb im Wege der Zeichnung) nichtig ist (§ 56 Abs. 1 AktG), muss hierüber nicht berichtet werden.

▷ **Zahl** und bei Nennbetragsaktien den **Nennbetrag** der Aktien jeder Gattung, sofern sich diese Angaben nicht bereits aus der Bilanz ergeben (§ 160 Abs. 1 Nr. 3 AktG);

Beachte: Aus der Bilanz können sich diese Angaben ergeben, sofern – was zulässig ist – schon Zahl und Nennbeträgen angegeben wurden (§ 152 Abs. 1 Satz 2 AktG).

Aktien, die bei einer bedingten Kapitalerhöhung oder einem bedingten Kapital im Geschäftsjahr gezeichnet worden sind, müssen jeweils gesondert angegeben werden.

▷ **Betrag** des → *genehmigten Kapitals* und den weiteren Inhalt des Ermächtigungsbeschlusses, damit anhand der Angaben überprüft werden kann, ob sich der Vorstand an seine Ermächtigung zur → *Kapitalerhöhung* gehalten hat (§§ 160 Abs. 1 Nr. 4, 202 AktG);

▷ **Zahl** der → *Bezugsrechte* bei der → *bedingten Kapitalerhöhung* (sog. → *Stock Options*; § 192 Abs. 2 Nr. 3 AktG), der → *Wandelschuldverschreibungen* (§ 221 Abs. 1, 1. Variante AktG) und der vergleichbaren Rechte (z.B. → *Gewinnschuldverschreibungen*; § 221 Abs. 1, 2.Variante AktG) unter Angabe der Rechte, die sie verbriefen (§ 160 Abs. 1 Nr. 5 AktG);

▷ jeweilige **Gläubigerrechte**: sie sind unter Angabe von Art und Zahl der jeweiligen Rechte sowie unter Angabe der im Geschäftsjahr neu entstandenen Rechte darzulegen (§ 160 Abs. 1 Nr. 6 AktG);

▷ Bestehen einer **wechselseitigen Beteiligung** und der Beteiligung anderer Unternehmen an der Aktiengesellschaft mit mehr als 25 % (§§ 160 Abs. 1 Nr. 7, 19 AktG). Die Angabe der Höhe der Beteiligung ist nach überwiegender Meinung nicht erforderlich.

Beachte: Die der Aktiengesellschaft gegenüber gemachten Mitteilungen über das Bestehen einer Beteiligung (§ 160 Abs. 1 Nr. 8, 20 Abs. 1 und 4 AktG) sind darzulegen (Inhalt gemäß § 20 Abs. 6 AktG bzw. § 25 Abs. 1 WpHG); nicht mitgeteilte Beteiligungen sind nicht zu erwähnen. Überschneidungen können sich bei wechselseitigen Beteiligungen ergeben; in diesem Falle genügt die zusammengefasste Berichterstattung (§ 160 Abs. 1 Nr. 7 AktG). Die Berichterstattung hat insoweit zu unterbleiben, als es für das Wohl der Bundesrepublik Deutschland oder eines ihrer Länder erforderlich ist (§ 160 Abs. 2 AktG entsprechend § 286 Abs. 1 HGB). Sind die o.g. Voraussetzungen erfüllt, darf im Anhang auch nicht darauf hingewiesen werden, dass von dieser Ausnahmeregelung Gebrauch gemacht worden ist (*Baumbach/Hopt*, HGB, 32. Aufl. 2006, § 286 Rn. 1).

8. Lagebericht

▷ **Inhalt:** Der Lagebericht ist ein Wortbericht, der Folgendes zu enthalten hat (§ 289 HGB):

– *Darstellung des Geschäftsverlaufs* der Kapitalgesellschaft (§ 289 Abs. 1 1. Halbsatz HGB),

– *Darstellung der Lage* der Kapitalgesellschaft (§ 289 Abs. 1 1. Halbsatz HGB), wobei ein den tatsächlichen Verhältnissen entsprechendes Bild vermittelt und auf die *Risiken der künftigen Entwicklung* eingegangen wird (§ 289 Abs. 1 2. Halbsatz HGB),

– *Vorgänge von besonderer Bedeutung*, die nach dem Schluss des Geschäftsjahres eingetreten sind (§ 289 Abs. 2 Nr. 1 HGB),

- die *voraussichtliche Entwicklung* der Kapitalgesellschaft (§ 289 Abs. 2 Nr. 2 HGB),
- den *Bereich der Forschung und Entwicklung* (§ 289 Abs. 2 Nr. 3 HGB) und
- die *bestehenden Zweigniederlassungen* der Gesellschaft (§ 289 Abs. 2 Nr. 4 HGB).
- Bei börsennotierten Gesellschaften übernahmerelevante Daten (§ 289 Abs. 4 HGB).

▷ **Eigenständigkeit:** Der *Lagebericht* gehört nicht zum Inhalt des Jahresabschlusses, da er einen eigenständigen Teil der Rechnungslegung bildet (§ 264 Abs. 1 Satz 2 HGB).

Hinweis auf weiterführende Literatur: *Berndt*, Vorsichtsprinzip und Grundsatz der Bilanzwahrheit im Rahmen der Jahresabschlussrichtlinie, ZfBf 2001, 366 ff.; *Eggemann/Petry*, Fast Close – Verkürzung von Aufstellungs- und Veröffentlichungszeiten für Jahres- und Konzernabschlüsse, BB 2002, 1635 ff.; *Erhardt*, Internationalisierung des Jahresabschlusses nach HGB und verbleibende Problemfelder, BBK 2003, 205 ff.; *Hüttche*, Virtual Close – Ordnungsmäßigkeit virtueller Jahresabschlüsse, BB 2002, 1639 ff.; *Klöbb*, Das interne Kontrollsystem im Rahmen der Jahresabschlussprüfung, IDW PS 260 versus ISA 400, DStR 2002, 415 ff.; *Kowalski*, Der nichtige Jahresabschluss – was nun?, AG 1993, 502, 504 liSp.; *Lutter*, Der Streit um die Gültigkeit des Jahresabschlusses einer Aktiengesellschaft, in FS Helmrich, 1994, S. 685, 695 ff.; *Orth*, Ausschüttungsbedingte Änderung des Körperschaftsteueraufwands – Zur Bedeutung des Steuersenkungsgesetzes für den handels-rechtlichen Jahresabschluß, WPg 2001, 947 ff.; *Rabenhorst*, Externe Bestätigung bei der Jahresabschlussprüfung, WPg 2002, 16 ff.; *Roß/Pommerening*, Angabepflichten zu Aktienoptionsplänen im Anhang und Lagebericht – Bestandsaufnahme und Regierungsentwurf des TransPuG, WPg 2002, 371 ff.; *Willeke*, Möglichkeiten zur Änderung von Jahresabschlüssen und Anpassung der Handelsbilanz an die Steuerbilanz, StuB 2002, 88 ff.

Hinweis auf weitere Stichwörter

→ *Beschluss*
→ *Prüfung*

→ *Rechnungslegung*
→ *Sonderprüfung*

Jahresfehlbetrag

Ein im → *Jahresabschluss* festgestellter Jahresfehlbetrag und dem entsprechend auch ein Verlust, der das Jahresergebnis wesentlich beeinträchtigt hat, muss in der → *Hauptversammlung* durch den → *Vorstand* erläutert werden (§§ 175, 176 Abs. 1 Satz 3 AktG).

Hinweis auf weitere Stichwörter

→ *Jahresabschluss*

Jahresüberschuss

Der Jahresüberschuss ist die Veränderung der Aktivposten gegenüber den Passivposten der Bilanz (§§ 266 Abs. 3 A V., 275 Abs. 2 Nr. 20, Abs. 3 Nr. 19 HGB). Er ist die Ausgangsgröße für die Berechnung des in die gesetzliche → *Rücklage* einzustellenden Jahresbetrages. Für die Ermittlung dieses der gesetzlichen Rücklage zuzuführenden Betrages wird der Jahresüberschuss um den Verlustvortrag aus dem Vorjahr gemindert (§ 158 Abs. 1 Satz 1 AktG, eine Erhöhung um den Gewinnvortrag aus dem Vorjahr findet nicht statt).

Hinweis auf weitere Stichwörter

→ *Jahresabschluss*

Joint Venture

▷ **Begriff:** Üblicherweise versteht man unter Joint Venture ein Unternehmen unter dem Einfluss mehrerer Gesellschaften oder Privatpersonen.

▷ **Zulässigkeit:** Nach deutschem Recht können Joint Ventures Kapitalgesellschaften, Personenhandelsgesellschaften, BGB-Gesellschaften oder Bruchteilsgemeinschaften sein.

▷ Möglich ist der Abschluss einer **Grundvereinbarung** (Joint Venture-Vertrag). Durch sie entsteht in der Regel eine Gesellschaft bürgerlichen Rechts (GbR) in Form einer Innengesellschaft, die das Verhältnis der Gesellschafter zueinander und ihren gemeinsamen Einfluss auf das Joint Venture Unternehmen regelt. Das eigentliche Gemeinschaftsunternehmen wird allerdings meist in Form einer Kapitalgesellschaft gegründet. Deren Satzung regelt dann das Verhältnis der Gesellschaft zu ihren Gesellschaftern. Regelungen zwischen den Gesellschaftern können auch in die Satzung aufgenommen werden. Sie haben dann jedoch keinen satzungsmäßigen, sondern schuldrechtlichen Charakter; ihre Änderung bzw. Aufhebung vollzieht sich außerhalb des für Satzungsveränderungen vorgeschriebenen Verfahrens (*Hüffer*, AktG, 7. Aufl. 2006, § 23 Rn. 4).

Hinweis auf weitere Stichwörter

→ *Faktischer Konzern* → *Konzern*
→ *Holding* → *Unternehmensvertrag*

Kaduzierung

▷ **Begriff:** Die Kaduzierung stellt den entschädigungslosen Entzug des → *Mitgliedschaftsrechts* eines säumigen → *Aktionärs* dar (§ 64 AktG). Eine Kaduzierung erfolgt, wenn Aktionäre ihrer Pflicht zur Zahlung von → *Einlagen* nicht rechtzeitig nachgekommen sind. Dadurch bleibt die Aktie als solche erhalten, der Aktionär verliert aber die gesamte Mitgliedschaft und alle hiervon abhängigen Rechte und Pflichten. Soweit ihm Dividendenansprüche aus einem → *Gewinnverteilungsbeschluss* bereits zustehen, bleiben diese erhalten. Der ausgeschlossene Aktionär ist nicht mehr Schuldner der Einlagepflicht, jedoch haftet er der Gesellschaft weiterhin für deren Ausfall (§ 64 Abs. 4 AktG). Die Kaduzierung ist nur bei Bareinlagen und nur bei Verletzung von Hauptpflichten möglich. Eine erweiterte Anwendung auf → *Sacheinlagen* ist auch nicht durch Regelung in der → *Satzung* möglich.

▷ **Voraussetzungen** für eine Kaduzierung:

- Es handelt sich um eine Geldeinlage, nicht um eine Sacheinlage (*Ausn.* wenn eine verdeckte Sacheinlage als Geldeinlage aktualisiert wird),
- es liegt eine Zahlungsaufforderung des Vorstands gegenüber dem Aktionär vor,
- der eingeforderte Betrag wird durch den Aktionär nicht rechtzeitig bezahlt,
- die Aktiengesellschaft muss noch Inhaberin der Forderung sein (z.B. nach Pfändung oder Verpfändung, nicht nach Abtretung).

▷ **Verfahren:** Die Kaduzierung erfordert eine ordnungsgemäße Ausschlusserklärung. Die Erklärung erfolgt durch Bekanntmachung in den Gesellschaftsblättern (§ 64 Abs. 3 AktG). Die Erklärung darf erst nach 3-maliger Zahlungsaufforderung mit Nachfrist und Androhung der Kaduzierung erfolgen. Die Nachfrist beträgt mindestens 3 Monate und muss 3 Mal in den Gesellschaftsblättern bekannt gemacht werden (§ 64 Abs. 2 AktG). Die Rechtsfolgenseite der Ausschlusserklärung ist Anspruch gegen die Vormänner (§ 65 Abs. 1 AktG) oder die Verwertung der Aktie mit dem Ziel, die Zahlung der rückständigen Geldeinlage zu erreichen (Grundsatz der Sicherung der realen Kapitalaufbringung). Ein etwaiger Überschuss aus der Verwertung der Aktie steht nicht dem ausgeschlossenen Aktionär, sondern nach ordnungsgemäßer Ausschlusserklärung nur noch der Gesellschaft zu.

▷ **Fehlerhafte Ausschließung:** Die fehlerhafte Ausschließung (es fehlt eine formelle Voraussetzung oder die ausschließliche Zuständigkeit des Vorstandes wurde nicht beachtet) ist unwirksam. Der zu Unrecht Ausgeschlossene ist weiterhin Aktionär mit allen Auswirkungen. Ist der Fehler behebbar, kann das Verfahren wiederholt werden.

▷ **Abgrenzung:** Die Kaduzierung ist von der Zwangseinziehung der Aktien zu unterscheiden (§§ 237 ff. AktG, → *Einziehung*). Bei der Zwangseinziehung von Aktien werden die Aktien kraftlos, die Mitgliedschaftsrechte bleiben jedoch bestehen und sind der Gesellschaft zuzuordnen. Die Kaduzierung führt zum Ausschluss der Mitgliedschaftsrechte; die Aktie als solche bleibt jedoch bestehen.

Hinweis auf weitere Stichwörter

→ *Ausschluss*

Kapital

1. Grundkapital 479
2. Kapitalbeschaffung 479
3. Kapitalaufbringung 479
4. Mehrheit 480
5. Bedingtes Kapital 481
6. Genehmigtes Kapital 481

1. Grundkapital

Das Grundkapital als Haftungsgrundlage und zugleich als Betriebskapital ist das Äquivalent für die Beschränkung der Haftung auf das Vermögen der Aktiengesellschaft als juristische Person. Das Grundkapital ist das Kapital der Aktiengesellschaft, das durch die ausgegebenen → *Aktien* verkörpert ist (§ 1 Abs. 2 AktG). Der Mindestbetrag des Grundkapitals beträgt 50 000 Euro (§ 7 AktG). Die Höhe des Grundkapitals ist Satzungsbestandteil. Eine Erhöhung des Grundkapitals erfordert eine ¾-Mehrheit des bei der Beschlussfassung vertretenen Grundkapitals (→ *Satzung*). In der Bilanz der Aktiengesellschaft wird das Grundkapital als gezeichnetes Kapital ausgewiesen (§ 152 Abs. 1 Satz 1 und 2 AktG, § 266 Abs. 3 A I. HGB), wobei der auf die einzelnen Aktiengattungen entfallende Betrag des Grundkapitals jeweils gesondert anzugeben ist (→ *Rechnungslegung*, → *Bilanzierung*).

2. Kapitalbeschaffung

Bei der wirtschaftlich tätigen Aktiengesellschaft kann es notwendig werden, einen zusätzlichen Kapitalbedarf zu befriedigen. Da bei jedem Unternehmen ein angemessenes Verhältnis von Eigenkapital und Fremdkapital erforderlich ist, muss dann zumindest teilweise weiteres Eigenkapital beschafft werden. Eigenkapitalbeschaffung ist stets mit einer → *Kapitalerhöhung* verbunden (ordentliche Kapitalerhöhung, bedingtes Kapital, genehmigtes Kapital). Darüber hinaus kommt die Ausgabe von → *Genussrechten*, von → *Gewinnschuldverschreibungen* oder von → *Wandelschuldverschreibungen* in Betracht.

Da in allen Fällen das in der → *Satzung* ausgewiesene Grundkapital (§ 23 Abs. 3 Nr. 3 AktG) geändert wird, handelt es sich bei allen Maßnahmen um eine der Zuständigkeit der → *Hauptversammlung* unterliegende Satzungsänderung (§ 179 Abs. 1 AktG; → *Satzung: 5. Satzungsänderung*).

3. Kapitalaufbringung

▷ **Möglichkeiten:** Die Kapitalaufbringung ist bei der → *Gründung* und bei der → *Kapitalerhöhung* erforderlich. Möglichkeiten der Kapitalaufbringung sind (→ *Einlage*)

Kapital

– die Geldeinlage (§ 54 Abs. 2 AktG, Bareinlage) oder
– die einlagefähige und werthaltige → *Sacheinlage*.

▷ **Wirtschaftliche Sacheinlage:** Leistet ein Einleger zwar rein äußerlich eine Bareinlage, wirtschaftlich indes eine Sacheinlage, dann liegt eine unzulässige sog. → *verdeckte Sacheinlage* vor, mit der Folge, dass der Aktionär weiterhin zur Bareinzahlung unabhängig von der bereits erbrachten Sachleistung verpflichtet bleibt (§ 27 Abs. 3 Satz 3 AktG, *Grundsatz der Fortdauer der Geldleistungspflicht*).

▷ **Bei Gründung:** Es ist ein tragender Bestandteil des Kapitalgesellschaftsrechts, eine juristische Person nur mit einem garantierten Mindestkapital als notwendigen Betriebs- und Haftungsfonds zur Eintragung zuzulassen (§§ 36 Abs. 2, 36a AktG). Durch die notwendige Kapitalaufbringung wird die Gesellschaft erst in den Stand gesetzt, den geplanten Geschäftsbetrieb aufzunehmen (→ *Gründung*).

▷ **Bei Kapitalerhöhung:** Bei einer → *Kapitalerhöhung* kommt der eingeschalteten Bank lediglich die Funktion einer Abwicklungsstelle zu, so dass das erhöhte Kapital im Ergebnis von den Aktionären aufgebracht wird (§ 186 Abs. 5 AktG, wirtschaftliche Gesamtbetrachtung). Die Kapitalaufbringung fehlt, wenn die Altaktionäre das erforderliche Kapital von der Gesellschaft erstattet bekommen. In diesem Fall hat die Gesellschaft die Kapitalerhöhung selbst finanziert, denn ihr ist im Ergebnis kein Kapital zugeflossen (→ *eigene Aktien*).

▷ **Sicherungen der Kapitalaufbringung:** Die Aufbringung des Kapitals wird durch folgende Instrumentarien unter Beachtung des Gleichbehandlungsgrundsatzes gesichert:

– Verbot der Zeichnung eigener Aktien (§ 56 AktG);
– Verbot der Einlagenrückerstattung (§ 57 Abs. 1 AktG);
– Verzinsungspflicht der eingeforderten Geldeinlage (§ 63 Abs. 2 AktG, keine Anwendung auf Nebenleistungspflichten, Nebenansprüche, Vertragsstrafen, Sacheinlagen oder Schadenersatzansprüche);
– Vertragsstrafen (§ 63 Abs. 3 AktG);
– → *Kaduzierung* (§ 64 AktG);
– Rückgriff auf Vormänner (§ 65 AktG);
– Erhaltung der Leistungspflicht der Einlage (keine Aufrechnung oder sonstige Befreiung möglich).

▷ Die Geltendmachung eines **höheren Schadens** durch die Gesellschaft ist nur nach den allgemeinen Regeln des BGB möglich (§§ 284 ff. BGB).

4. Mehrheit

Bei Beschlüssen der Hauptversammlung ist im Einzelfall neben der Stimmenmehrheit auch eine Kapitalmehrheit erforderlich. Darüber hinaus gibt es gesetzlich vorgeschriebene qualifizierte Mehrheitserfordernisse. Das Erfordernis einer ¾-*Kapitalmehrheit* besteht insbesondere bei

- → *Nachgründung* (§ 52 Abs. 5 AktG),
- Satzungsänderung (§ 179 Abs. 2 AktG, → *Satzung*),
- → *Kapitalerhöhung* gegen → *Einlagen* (§ 182 Abs. 1 AktG),
- Bezugsrechtsausschluss (§ 186 Abs. 3 AktG, → *Bezugsrecht*),
- → *bedingter Kapitalerhöhung* (§ 193 Abs. 1 AktG),
- Kapitalerhöhung aus → *genehmigtem Kapital* (§ 202 Abs. 2 AktG),
- → *Kapitalerhöhung* aus Gesellschaftsmitteln (§ 207 Abs. 2 AktG),
- Ausgabe von → *Schuldverschreibungen* (§ 221 Abs. 1 AktG),
- ordentlicher → *Kapitalherabsetzung* (§ 222 Abs. 1 AktG),
- vereinfachter → *Kapitalherabsetzung* (§ 229 Abs. 3 AktG),
- → *Auflösung* der Aktiengesellschaft (§ 262 Abs. 1 Nr. 2 AktG),
- → *Fortsetzung* einer aufgelösten Aktiengesellschaft (§ 274 Abs. 1 AktG),
- Abschluss und Änderung eines → *Unternehmensvertrages* (§§ 293 Abs. 1, 295 Abs. 1 AktG),
- Zustimmung der Hauptversammlung zur → *Eingliederung* (§ 319 Abs. 2 AktG),
- → *Sonderbeschluss* betroffener Aktionäre bei der Aufhebung von Unternehmensverträgen (§ 296 Abs. 2 AktG),
- Sonderbeschluss betroffener Aktionäre bei der Kündigung von Unternehmensverträgen (§ 297 Abs. 2 Satz 2 AktG).

5. Bedingtes Kapital

Bedingtes Kapital wird im Rahmen einer → *bedingten Kapitalerhöhung* für die Kapitalaufbringung der Aktiengesellschaft zur Verfügung gestellt.

6. Genehmigtes Kapital

→ *Genehmigtes Kapital*

Hinweis auf weiterführende Literatur: *Cahn*, Kapitalaufbringung im Cash Pool, ZHR 166 (2002), 278 ff.; *Henze*, Die Rechtsprechung des BGH zu den Kapitalaufbringungsgrundsätzen im GmbH- und Aktienrecht, DB 2001, 1469 ff.; *Renzenbrink/Holzner*, Das Verhältnis von Kapitalerhaltung und Ad-hoc-Haftung, BKR 2002, 434 ff.

Hinweis auf weitere Stichwörter

→ *Aktie*	→ *Kapitalerhöhung*
→ *Eigenkapital*	→ *Kapitalherabsetzung*
→ *Einlagen*	→ *Obligationen*
→ *Gesellschaft*	→ *Rücklagen*

Kapitalerhaltung

1. Begriff 482
2. Kapitalerhaltungsschutz 482
3. Verstoß gegen die Kapitalerhaltungsvorschriften 484

1. Begriff

Der Grundsatz der Kapitalerhaltung stellt eine notwendige Ergänzung des Grundsatzes der realen Kapitalaufbringung dar (→ *Kapital: 3. Kapitalaufbringung*).

2. Kapitalerhaltungsschutz

▷ **Vorschriften:** Der Kapitalerhaltungsschutz wird gewährleistet durch

- das Verbot der Einlagenrückgewähr (§ 57 Abs. 1 AktG);
- das Verbot jedweder Zusage oder Auszahlung von Zinsen (§ 57 Abs. 2 AktG);
- die Beschränkung des Erwerbs eigener Aktien (§ 56 AktG,→ *Eigene Aktien*);
- die Rückgabepflicht der zu Unrecht gewährten Leistungen an Aktionäre (§ 62 AktG);

▷ **Verbot der Einlagenrückgewähr:** Was nicht Verteilung von Bilanzgewinn ist, bedeutet Einlagenrückgewähr.

Beispiele

Als unzulässige Rückgewähr von Einlagen werden gewertet

- Dividendenzahlungen ohne Gewinnverwendungsbeschluss oder aufgrund eines nichtigen Gewinnverwendungsbeschlusses (§ 174 AktG),
- Vorauszahlungen auf die Dividende, ohne dass ein ausreichender Bilanzgewinn gegeben ist,
- Prämienzahlungen für langjährige Mitgliedschaften,
- Abkauf von Anfechtungsklagen,
- jedes Versprechen zu einer der o.g. Leistungen,
- → *verdeckte Gewinnausschüttung* bei objektivem Missverhältnis zw. Leistung und Gegenleistung: zu hohe oder zu niedrige Kaufpreise, Pachtzinszahlungen, Werk- oder Dienstleistungsentgelte, Lizenzzahlungen, Beratungshonorar ohne erkennbare Beratung, Übernahme von erhöhten Verfahrenskosten,
- Zuwendungen der Aktiengesellschaft an den Ehegatten oder an minderjährige Kinder eines Aktionärs,
- Leistungen an Verwandte des Aktionärs, nur wenn dem Aktionär durch die Zuwendung zumindest mittelbar ein Vorteil erwächst,
- Sondervorteile für Aktionäre, die nicht statthaft sind oder die Aktiengesellschaft erkennbar benachteiligen (§ 26 AktG),
- zinslose Darlehen an Aktionäre, die keinem Fremdvergleich standhalten,

- Darlehensgewährung, wenn die Rückzahlung des Darlehens gefährdet ist,
- kapitalersetzende Aktionärsdarlehen, wenn die Kredite notwendiges Eigenkapital ersetzen und der Aktionär als Darlehensgläubiger an der Aktiengesellschaft zugleich „unternehmerisch beteiligt" (mehr als 25 % des Grundkapitals) ist,
- jedwelche Kursgarantie, welche die Aktiengesellschaft bzgl. ihrer Aktien abgibt,
- Leistungen an frühere oder künftige Aktionäre, wenn die Leistung in einem sachlichen und zeitlichen Zusammenhang mit der Aktionärsstellung stehen.

Es ist nicht erforderlich, dass die Leistung dem Aktionär selbst zugute kommt. Auch Leistungen an Dritte auf Veranlassung des Aktionärs sind Rückgewähr von Einlagen.

Beispiele

Einzelfälle aus der Rechtsprechung (zum Recht der GmbH):
- Zuwendungen an ein Unternehmen, dessen Alleingesellschafter der Aktionär ist,
- Leistungen an einen Dritten für Rechnung des Aktionärs,
- Zuwendungen an nahe Verwandte, soweit sie nicht ohnehin von der vorstehenden Fallgruppe erfasst werden,
- Leistungen an einen Dritten, der als Vertreter des Aktionärs agiert und dessen mitgliedschaftliche Stellung ausnutzt, um Leistungen für sich selbst zu erlangen.

▷ **Verbot der Einlagenverzinsung:** Den Aktionären dürfen Zinsen auf die Einlagen von der Gesellschaft weder zugesagt noch ausgezahlt werden (§ 57 Abs. 2 AktG), weil neben dem Grundkapital auch das übrige Vermögen der Gesellschaft geschützt werden soll. Unter Zinsen (§ 57 AktG) werden alle wiederkehrenden, in der Höhe bestimmten oder bestimmbaren Zahlungen verstanden, die einem Aktionär ohne Rücksicht auf den Bilanzgewinn im Hinblick auf seine Mitgliedschaft als Vergütung für geleistete Einlagen gewährt werden sollen. Dazu sind auch Leistungen zu rechnen, die eine Garantie für einen Mindestgewinn oder eine Mindestdividende seitens der Gesellschaft beinhalten.

Zulässig sind jedoch neben Zinsen auf reguläre Darlehensverträge Zinszahlungen *aus dem Gewinn:* in der Satzung kann bestimmt werden, dass bestimmte Aktien (→ *Vorzugsaktien*) aus dem Bilanzgewinn vorab mit einem bestimmten Prozentsatz bedient werden. Auch kann die Gesellschaft Verträge schließen, durch die ein Dritter eine Dividendengarantie (Renten- oder Rentabilitätsgarantien) übernimmt.

▷ **Eigene Aktien:** Die Zahlung des Erwerbspreises durch die Aktiengesellschaft für eigene Aktien stellt eine verbotene Einlagenrückgewähr dar und ist nur unter bestimmten Voraussetzungen zulässig (→ *eigene Aktien*). Nach dem *Grundsatz der Aktienfundierung* muss jeder ausgegebenen Aktie die Einlageverpflichtung eines Dritten gegenüberstehen.

▷ **Rückgabepflicht zu Unrecht gewährter Leistungen:** Haben Aktionäre trotz der Verbote Leistungen erhalten, sollen diese nicht bei den Aktionären verbleiben (§ 62 AktG). Ausnahmen gibt es nur zugunsten des gutgläubigen Dividendenempfängers, § 62 Abs. 1 Satz 2 AktG, und nach Ablauf der Verjährung, § 62 Abs. 3 AktG. § 62 AktG umfasst Leistungen ohne Rücksicht auf ihren Gegenstand, also nicht nur Zahlungen, sondern z.B. auch Sachleistungen, Inanspruchnahme von Gesellschaftseinrichtungen und Beratungs- und sonstigen Serviceleistungen, soweit sie üblicherweise vergolten werden und nicht oder zu niedrig bezahlt worden sind (*Hüffer*, AktG, 7. Aufl. 2006, § 62 Rn. 6).

3. Verstoß gegen die Kapitalerhaltungsvorschriften

▷ **Nichtigkeit:** Vereinbarungen zwischen dem Aktionär und der Gesellschaft, die gegen Kapitalerhaltungsvorschriften verstoßen, sind grundsätzlich nichtig (§ 134 BGB i.V.m. § 57 Abs. 1 Satz 1 oder 57 Abs. 2 AktG). Soweit es sich um *offene Verstöße* handelt, gilt dies ohne weiteres auch für das dingliche Vollzugsgeschäft, so dass die Gesellschaft Eigentümerin des übertragenen Gegenstands bleibt. Im Falle der *verdeckten Einlagerückgewähr* ist ebenso grundsätzlich von der Nichtigkeit des Vollzugsgeschäfts auszugehen. Hierbei ist jedoch der Zweck der Kapitalerhaltungsvorschriften zu beachten, die das Grundkapital erhalten und nicht durch Nichtigkeitsfolgen in Bezug auf die Einlage gefährden sollen.

> **Beispiel**
>
> Den Gründern wird eine verbotene Verzinsung ihrer Einlage zugesagt oder seitens der Gesellschaft mit ihnen eine Abrede getroffen, die auf eine Rückzahlung von Einlagen hinausläuft. In einem solchen Falle ist die Übernahme der Aktien trotz Verstoßes gegen § 57 AktG wirksam, wenn eindeutig feststeht, dass ein Gründer die Aktien mit Rücksicht auf die Zusage gezeichnet hat.

▷ Bei einem **Austauschvertrag** zwischen Aktiengesellschaft und Aktionär fällt das Erfüllungsgeschäft von vornherein nicht unter das Verbot der Einlagenrückgewähr und ist somit rechtswirksam.

▷ **Hauptversammlungsbeschlüsse**, die gegen Kapitalerhaltungsvorschriften verstoßen, sind regelmäßig nichtig und eröffnen eine Nichtigkeitsklage (§ 241 Nr. 3 2. Variante AktG; § 57 AktG hat Gläubigerschutzfunktion, → *Nichtigkeit*).

▷ **Folgen der Nichtigkeit:** Falls kapitalschädigende Maßnahmen zur Nichtigkeit des Vollzugsgeschäfts führen, bestehen folgende Ansprüche zugunsten der Aktiengesellschaft:

- Dingliche Herausgabeansprüche (§ 985 BGB);
- Rückforderungsanspruch aus § 62 AktG (wenn der dingliche Herausgabeanspruch aus § 985 BGB wegen Untergang der Sache oder wegen Wirksamkeit der Übereignung ausscheidet). Dieser verdrängt als selbständiger aktienrechtlicher Anspruch sämtliche obligatorischen Ansprüche (vor allem solche aus ungerechtfertigter Bereicherung, §§ 812 ff. BGB);
- Schadenersatzansprüche gegen den Aufsichtsrat (§ 116 AktG);

Kapitalerhaltung

- Schadenersatzansprüche gegen einzelne Aktionäre (§ 117 AktG);
- Schadenersatzansprüche aus unerlaubter Handlung (§ 823 ff. BGB).

▷ **Rückforderungsanspruch:** Die Aktionäre haben alle Leistungen, die sie entgegen den Vorschriften des Aktiengesetzes empfangen haben, der Gesellschaft zurückzugewähren. Darunter fallen

- alle Leistungen, die einen Verstoß gegen § 57 AktG darstellen,
- Zahlungen an Aktionäre als Gegenleistung für den Verzicht oder die Rücknahme einer Anfechtungsklage,
- überhöhte Abschlagszahlungen auf den Bilanzgewinn (§§ 57 Abs. 3, 59 AktG),
- überhöhte Vergütung von Nebenleistungen (§ 61 AktG),
- Dividendenzahlung aufgrund eines nichtigen Gewinnverwendungsbeschlusses (§ 174 AktG),
- verbotener → *Erwerb eigener Aktien* (§§ 57 Abs. 1 Satz 2, 71 ff. AktG),
- Zahlungen aus dem Bilanzgewinn, die gegen die satzungsmäßig angeordnete Gewinnverteilung verstoßen (§ 60 AktG).

Bei Leistungen, die auf Hauptversammlungsbeschlüsse beruhen, kommt es darauf an, ob diese nichtig sind oder angefochten wurden (→ *Anfechtung*). Falls die Anfechtung unterblieben ist, bildet der anfechtbare Beschluss eine wirksame Rechtsgrundlage für die Zahlung. Haben die Aktionäre Beträge als Gewinnanteile (Dividenden aufgrund § 174 AktG und Abschläge gemäß § 59 AktG) bezogen, so besteht die Rückgewährverpflichtung nur, wenn die Empfänger wussten oder infolge von Fahrlässigkeit nicht wussten, dass sie zum Bezug nicht berechtigt waren. Eine Haftung ohne Verschulden (§§ 812 ff. BGB) scheidet aus. Für die Kenntnis ist der Zeitpunkt des Empfanges der Leistung maßgebend. Wenn eine Bilanz Überbewertungen enthält oder notwendige Wertberichtigungen nicht vorgenommen worden sind, ist das für den Aktionär schwerlich erkennbar, daher auch keine Fahrlässigkeit anzunehmen. Der Anspruch kann geltend gemacht werden durch

- den → *Vorstand* gegen den Aktionär, der verbotene Leistungen empfangen hat,
- Gläubiger der Gesellschaft als gesetzliche Prozessstandschaft für die Aktiengesellschaft. Der Gläubiger darf aber nicht Leistung an sich, sondern nur Leistung an die Gesellschaft verlangen.

Beispiele für praktische Fälle

- Nach fruchtlosem Vollstreckungsversuch oder
- wenn die Eröffnung des Insolvenzverfahrens mangels Masse abgelehnt wird (bei Durchführung eines Insolvenzverfahrens werden die Gläubigerrechte automatisch vom Insolvenzverwalter wahrgenommen).

Schuldner des Anspruchs ist, wer die Leistung als → *Aktionär* empfangen hat. Vor- und Nachmänner, Rechtsnachfolger, Inhaber von Genussscheinen haften nicht nach § 62 AktG. Ansprüche gegen Nichtaktionäre wegen unberechtigt empfangener Leistungen müssen grundsätzlich nach allgemeinem Zivilrecht geltend gemacht werden (§§ 812 ff., 985 ff. BGB).

Die *Beweislast* liegt bei der Aktiengesellschaft. Die Gesellschaft oder der klagende Gläubiger muss beweisen, dass

- der Aktionär Leistungen entgegen den Vorschriften des AktG empfangen hat und,
- den Aktionär ein Verschulden trifft.

Die Ansprüche nach § 62 AktG *verjähren* in 5 Jahren nach dem Empfang der Leistung (§ 62 Abs. 3 AktG).

Hinweis auf weitere Stichwörter

→ *Aktionär*
→ *Eigene Aktien*

→ *Einlage*
→ *Kapital*

Kapitalerhöhung

1. Arten 486
2. Kosten 487
3. Ordentliche Kapitalerhöhung 488
4. Bedingte Kapitalerhöhung 491
5. Genehmigtes Kapital 491
6. Kapitalerhöhung aus Gesellschaftsmitteln 494
7. Tabelle 497

1. Arten

▷ **Formen:** Das Gesetz unterscheidet zwischen der *effektiven* und der *nominellen* Kapitalerhöhung (→ *Kapital*). Darüber hinaus gibt es 4 unterschiedliche Formen von Kapitalerhöhungen, wovon allerdings nur 3 zu einer wirtschaftlichen Erhöhung des Eigenkapitals führen:

- *Kapitalerhöhung gegen Einlagen* (§§ 182–191 AktG): sie kann als reguläre Kapitalerhöhung bezeichnet werden und bildet eine Grundlage für die Selbstfinanzierung der Aktiengesellschaft; sie eröffnet der Gesellschaft die Möglichkeit ihr Vermögen zu vermehren, ohne dass eine Verzinsungspflicht der Gesellschaft begründet wird.
- *Bedingte Kapitalerhöhung* (§§ 192–201 AktG): sie zählt wie die ordentliche Kapitalerhöhung zur effektiven Kapitalerhöhung, da der Gesellschaft neues Kapital zugeführt wird;
- *Kapitalerhöhung aus genehmigtem Kapital* (§§ 202–206 AktG): sie führt ebenso zu einem Mittelzufluss gegen Einlagen, wie bei der ordentlichen Kapitalerhöhung;

– *Kapitalerhöhung aus Gesellschaftsmitteln* (§§ 207–220 AktG): sie stellt eine nominelle Kapitalerhöhung dar; dabei fließen der Gesellschaft nur insoweit neue Mittel zu, als bereits vorhandenes Gesellschaftsvermögen in sog. Haftkapital umgewandelt wird, was durch Änderung der Bilanzpositionen durch Umbuchung erfolgt (§ 266 Abs. 3 A HGB: Bilanzposten Eigenkapital = Passivseite von A II. und III. nach I.); sie stellt keine echte Maßnahme der Kapitalbeschaffung dar, vielmehr lediglich ein Mittel des besseren Kapitalschutzes im Wege der Umwandlung von → *Rücklagen* in Grundkapital.

▷ Zur **Beseitigung einer Ausschüttungen** verbietenden Unterbilanz und zur Herstellung von Stammeinlagen, die dem tatsächlichen Werten der alten und der neuen Beteiligungen entsprechen, kann die effektive Kapitalerhöhung mit einer nominellen → *Kapitalherabsetzung* verbunden werden.

▷ Die Kapitalerhöhung führt immer zu einer **Satzungsänderung**, da sich die Höhe des Grundkapitals ändert (§ 179 Abs. 2 AktG, → *Satzung: 5. Änderung*). Sie bedarf daher bei der Beschlussfassung der Hauptversammlung neben einer einfachen Stimmenmehrheit einer ¾-Mehrheit des bei der Beschlussfassung vertretenen Grundkapitals. Die Satzung kann eine größere Kapitalmehrheit und weitere Erfordernisse vorsehen. Eine kleinere Kapitalmehrheit kann die Satzung nur in besonderen Fällen bestimmen:

– bei einer ordentlichen Kapitalerhöhung gegen Einlagen ohne Ausschluss des Bezugsrechts und wenn keine → *Vorzugsaktien* ohne Stimmrecht ausgegeben werden (§§ 182 Abs. 1 Satz 2, 186 Abs. 3 AktG),

– bei einer ordentlichen Kapitalerhöhung gegen Bareinlagen, wenn die Erhöhung nicht 10 % des Grundkapitals überschreitet und wenn der Ausgabebetrag der Aktien den Börsenpreis nicht wesentlich unterschreitet (§ 186 Abs. 3 Satz 4 AktG),

– bei einer Kapitalerhöhung aus Gesellschaftsmitteln ohne Ausgabe von Vorzugsaktien ohne Stimmrecht (§ 207 Abs. 2 AktG).

▷ **Einpersonen-AG:** Bei einer Kapitalerhöhung in einer → *Einpersonen-AG* besteht für die offene Einlageverpflichtung des Einmann-Aktionärs die Verpflichtung zur Sicherheitsleistung (§ 188 Abs. 2 i.V.m. § 36 Abs. 2 AktG).

2. Kosten

Kosten, die bei einer Kapitalerhöhung anfallen, sind

– Beurkundungskosten,

– Eintragungskosten (Emissionskosten, § 188 Abs. 3 Nr. 3 AktG).

Kosten, die mit der eigentlichen Kapitalerhöhung zusammenhängen, sind Kosten der Gesellschaft. Ihre Übernahme durch die Gesellschaft führt daher zu keiner → *verdeckten Gewinnausschüttung* durch die Gesellschaft. Umstritten sind die Kosten der Übernahme neuer Aktien (*Kirnberger*, EStB 2002, 373).

Die Ausgabe junger Aktien im Rahmen einer Kapitalerhöhung stellt eine sonstige Leistung im Rahmen des Unternehmens gegen Entgelt dar (§ 4 Nr. 8e UStG).

Grundsätzlich ist die Ausgabe von Aktien einer Aktiengesellschaft umsatzsteuerbefreit (§ 4 Nr. 8e UStG). Der Aktiengesellschaft steht der Vorsteuerabzug aus Leistungsbezügen unumstritten nur dann zu, wenn der Abnehmer der Wertpapiere seinen Sitz (Unternehmer) oder Wohnsitz (Nichtunternehmer) im Drittlandsgebiet hat (§ 15 Abs. 3 Nr. 2 UStG). Im Übrigen ist die Diskussion über den Vorsteuerabzug von Kapitalerhöhungskosten im Hinblick auf die Rechtsprechung des EuGH im vollen Gange (*Honisch*, UStB 2002, 41).

3. Ordentliche Kapitalerhöhung

▷ **Einlagen:** Bei einer Kapitalerhöhung gegen Einlagen wird das Grundkapital gegen Bar- oder Sacheinlagen unter Ausgabe neuer → *Aktien* erhöht (§ 182 Abs. 1 Satz 4 AktG). Der Sache nach handelt es sich um eine Erweiterung des Gründungsvorgangs (§§ 23–53 AktG, → *Gründung*). Bei der Kapitalerhöhung gegen Einlagen werden sowohl die Höhe des Grundkapitals als auch die Zahl der Aktien verändert (§§ 1 Abs. 2, 23 Abs. 3 Nr. 3 und 4, § 179 ff. AktG).

▷ **Ablauf:** Die ordentliche Kapitalerhöhung gliedert sich in *2 Verfahrensschritte:*

- Kapitalerhöhungsbeschluss und dessen Anmeldung zum Handelsregister (§§ 182, 184 AktG) und
- Durchführung der Kapitalerhöhung beginnend mit der Zeichnung der Aktien bis zur Anmeldung der Durchführung zum Handelsregister (§§ 185–187 AktG).

▷ **Vollzug:** Die ordentliche Kapitalerhöhung vollzieht sich wie folgt:

- *Einberufung der Hauptversammlung* mit der Aufnahme des vollen Wortlauts der Satzungsänderung in die Bekanntmachung der Tagesordnung,
- *Kapitalerhöhungsbeschluss* der Hauptversammlung (§ 182 Abs. 1 AktG),
- bei der Kapitalerhöhung durch *Sacheinlagen: Prüfung* entsprechend der → *Gründungsprüfung* (§§ 183 Abs. 3, 33 Abs. 3–5, 34 Abs. 2, 35 AktG),
- *Anmeldung des Kapitalerhöhungsbeschlusses* (§ 184 AktG) zum Handelsregister (evtl. erst gemeinsam mit der Anmeldung der Durchführung) durch Vorstandsmitglieder in vertretungsberechtigter Zahl und den Aufsichtsratsvorsitzenden; im Falle der Kapitalerhöhung mit Sacheinlagen ist der Prüfungsbericht der Anmeldung beizufügen;
- *Zeichnung der neuen Aktien* (§ 185 AktG),
- *Leistung der* (Mindest-)*Einlage* (§ 188 Abs. 2, 36 Abs. 2, 36a Abs. 1 AktG), gegebenenfalls mit Bestätigung eines Kreditinstituts (§§ 188 Abs. 2, 37 Abs. 1 Satz 3 AktG). Ob in Sanierungsfällen schon vor einer beschlossenen Kapitalerhöhung eine schuldbefreiende Vorauszahlung zulässig ist, ist streitig und vom BGH bislang nicht ausdrücklich entschieden (BGHZ 96, 231), wird aber mittlerweile als zulässig erachtet,
- Berechnung der durch die Ausgabe entstehenden *Kosten* (§ 188 Abs. 3 Nr. 3 AktG),
- *Anmeldung der Durchführung* der Kapitalerhöhung und der Satzungsänderung zum Handelsregister mit den erforderlichen Anlagen (§ 188 AktG; gegebenen-

falls gemeinsam mit der Anmeldung des Kapitalerhöhungsbeschlusses, § 188 Abs. 4 AktG) durch Vorstandsmitglieder in vertretungsberechtigter Zahl und den Aufsichtsratsvorsitzenden,

- *Eintragung* der Durchführung des Kapitalerhöhungsbeschlusses im Handelsregister nach Prüfung der Anmeldung (ab diesem Zeitpunkt ist die Kapitalerhöhung wirksam und sind die neuen Mitgliedschaftsrechte entstanden) sowie *Bekanntmachung* der Eintragung durch das Registergericht (§ 10 HGB),

- *Ausgabe der Aktienurkunden* (sofern nicht ausgeschlossen),

- beim *mittelbaren Bezugsrecht*: Bekanntmachung des Bezugsangebots des Kreditinstituts (der Emissionsbank) durch den Vorstand in den Gesellschaftsblättern und Annahme des Angebots durch die Aktionäre (§ 186 Abs. 5 Satz 2 AktG).

▷ **Kapitalerhöhungsbeschluss:** mit einfacher Stimmenmehrheit (§ 133 Abs. 1 AktG) und – vorbehaltlich einer abweichenden Satzungsbestimmung – einer Mehrheit von mindestens ¾ des bei der Beschlussfassung vertretenen Grundkapitals (§ 182 AktG) sowie die entsprechende Anpassung des Wortlauts der Satzung (die Anpassung kann bei entsprechender Satzungsgrundlage auch durch den Aufsichtsrat erfolgen), gegebenenfalls auch Sonderbeschlüsse (§ 182 Abs. 2 AktG). Bei der Kapitalerhöhung gegen Sacheinlagen müssen ihr Gegenstand, die Person, von der die Gesellschaft den Gegenstand erwirbt und der Nennbetrag, bei Stückaktien die Zahl der bei der Sacheinlage zu gewährenden Aktien im Kapitalerhöhungsbeschluss festgesetzt werden; ein Verstoß führt zur Unwirksamkeit der zugrunde liegenden Verträge gegenüber der Gesellschaft. Bei der ordentlichen Kapitalerhöhung kann die Satzung für die Beschlussfassung der Hauptversammlung über die Kapitalerhöhung andere Mehrheiten als die erforderlichen ¾-Mehrheit festlegen (§ 182 Abs. 1 Satz 2 AktG, Erschwerung oder Erleichterung sind möglich). Die Satzungsautonomie für Kapitalerhöhungsbeschlüsse ist eingeschränkt (nur höhere Kapitalmehrheit und weitere Erfordernisse möglich) bei

- der Ausgabe von Vorzugsaktien ohne Stimmrecht (§§ 12 Abs. 1 Satz 1, 139, 182 Abs. 1 Satz 2 AktG);

- der Kapitalerhöhung unter Ausschluss des Bezugsrechts der Aktionäre (§ 186 Abs. 3 Satz 3 AktG, *Ausn.* § 186 Abs. 3 Satz 4 AktG, bei Barkapitalerhöhungen von maximal 10 % des Grundkapitals, wenn der Ausgabebetrag den Börsenpreis nicht wesentlich unterschreitet).

Bei Kapitalerhöhungen muss zusätzlich für jede Aktiengattung, bei der stimmberechtigte Aktien vorhanden sind, ein gesonderter Beschluss dieser Aktionäre gefasst werden, für den die Mehrheiten des Gesetzes oder der Satzung gelten (§ 182 Abs. 2 Satz 1 und 2 AktG, → *Sonderbeschluss*). Bei stimmrechtslosen → *Vorzugsaktien* ist ein Sonderbeschluss grundsätzlich nicht erforderlich (*Ausn.* wenn neue Vorzugsaktien ohne Stimmrecht mit der Kapitalerhöhung ausgegeben werden sollen, die in ihren Rechten den schon bestehenden Vorzugsaktien vorgehen oder gleichstehen sollen).

▷ **Sachkapitalerhöhung:** Das Gesetz lässt wie bei der Gründung anstelle der Kapitalerhöhung gegen Bareinlagen eine solche gegen Sacheinlagen zu (§§ 183 Abs. 1,

Kapitalerhöhung

205 Abs. 1 und 2 AktG, → *Einlage*). Bei der Sachkapitalerhöhung hat eine → *Prüfung* durch einen oder mehrere → *Prüfer* stattzufinden, ob der Wert der Sacheinlage den Nennbetrag der im Gegenzug gewährten Aktien erreicht (§ 183 Abs. 3 Satz 1 und 2 AktG). Es steht im Ermessen des Gerichts, die → *Eintragung* abzulehnen, wenn der Wert der Sacheinlage nicht unwesentlich hinter dem Nennbetrag der dafür zu gewährenden Aktien zurückbleibt. Gefahren einer Kapitalerhöhung gegen Sacheinlagen bestehen insbesondere für Gesellschaftsgläubiger, Barzeichner und Altaktionäre, die durch Fehlbewertungen oder verdeckte Manipulationen geschädigt werden können. Zur Kontrolle sind zahlreiche Prüfungs- und Kontrollinstrumentarien vorgesehen (§§ 183 Abs. 1 und 3, 188 Abs. 2 und 3 Nr. 2, 190, 205 Abs. 2 und 3 und 206 AktG).

▷ **Ausgabe der Aktien:** Die Grundregel bei der Ausgabe von → *Stückaktien* ist, dass sich die Zahl der Aktien in demselben Verhältnis wie das Grundkapital erhöhen muss. Das Gesetz sieht eine Verpflichtung zur Einführung eines optimalen Nennbetrags, der es den Aktionären in möglichst weitem Umfang ermöglicht, ihre Bezugsrechte unmittelbar auszuüben, nicht vor. Die Aktionäre sind an den Bezugskurs und die Gattung der neuen Aktien gebunden.

> **Beispiel**
>
> Das Grundkapital von 5 Mio. Euro ist in 50 000 Aktien im Nennbetrag von je 100 Euro eingeteilt. Bei einer Kapitalerhöhung um 500 000 Euro durch Ausgabe von 5000 Aktien im Nennbetrag von je 100 Euro fällt für eine Aktie ein Bezugsrecht auf einen Bruchteil von $^1/_{10}$ einer neuen Aktie zu. Hält ein Aktionär weniger als 10 Altaktien, kann er sein Bezugsrecht mit anderen Aktionären gemeinsam ausüben. Würde der Nennbetrag der neu auszugebenden Aktien in diesem Fall auf 10 Euro festgesetzt, könnte jeder Aktionär sein Bezugsrecht unmittelbar ausüben.

In aller Regel verlangt die Gesellschaft vom Erwerber der neuen Aktien ein **Aufgeld** (§ 9 Abs. 2 AktG, → *Überpariemission*). Der Betrag, unter dem die Aktien nicht ausgegeben werden sollen, ist im Beschluss über die Kapitalerhöhung festzusetzen (§ 182 Abs. 3 AktG), andernfalls müssen die neuen Aktien zum Nennwert ausgegeben werden (§ 23 Abs. 3 Nr. 4 i.V.m. § 9 Abs. 1 AktG, → *Unterpariemission*).

▷ **Bezugsrecht:** Jeder Altaktionär hat das Recht, bei einer Kapitalerhöhung eine Zuteilung der neuen, sog. jungen Aktien im Verhältnis zu seinem bisherigen Anteil am Grundkapital zu erhalten (§§ 182 Abs. 3, 186 AktG, gesetzliches → *Bezugsrecht*). Der Hauptversammlungsbeschluss ist nichtig, wenn er die aus der Kapitalerhöhung entstehenden neuen Aktien den Aktionären nicht strikt im Verhältnis ihrer Anteile am bisherigen Grundkapital zuweist (§ 212 Satz 1 AktG). Die Nichtigkeitsfolge tritt auch bei nur ganz geringfügigen Abweichungen von dieser Regel ein (OLG Dresden, Beschluss v. 9.2.2001 – 15 U 129/01, DB 2001, 584 ff.). Der Aktionär kann, wenn er sich nicht an der Kapitalerhöhung beteiligen will, das ihm zustehende Bezugsrecht auch veräußern. Dieses Recht kann allerdings gesetzlich oder durch Beschluss der Hauptversammlung ausgeschlossen werden (→ *Bezugsrecht: 8. Ausschluss*). Um die Übernahme aller Aktien zu sichern und gleichzeitig zu gewährleisten, dass die Aktionäre die Aktien tatsächlich übernehmen können, wird heute regelmäßig bei der Kapitalerhöhung die Kapitalerhöhung mit mittelbarem Bezugsrecht gewählt, das nicht als Ausschluss des Bezugsrechts gilt (§ 186 Abs. 5 Satz 1 AktG). Bei diesem Verfahren beschließt die Hauptversammlung, dass die neuen Aktien von einem Kreditinstitut oder einem sonst zugelassenen Unternehmen mit der Verpflichtung übernommen werden, sie den Aktionären zum Erwerb anzubieten (→ *Bezugsrecht: 9. Mittelbares Bezugsrecht*).

▷ **Wirksamwerden:** Mit der vollständigen → *Zeichnung* aller Aktien ist die Kapitalerhöhung durchgeführt. Erst mit der → *Eintragung* der Durchführung der Kapitalerhöhung im → *Handelsregister* wird die Kapitalerhöhung wirksam und erhöht das Grundkapital (§§ 189, 188 Abs. 1 und 2 i.V.m. 36 Abs. 2, 36a und 37 Abs. 1 AktG). Danach dürfen die neuen Aktien und → *Zwischenscheine* ausgegeben werden (§ 191 AktG). Vor erfolgter Eintragung ausgegebene neue Aktien und Zwischenscheine sind nichtig (BGH AG 1977, 295). Die Anmeldung der Kapitalerhöhung und die seiner Durchführung können miteinander verbunden werden (§ 188 Abs. 4 AktG). Dies ist überwiegende Praxis und empfiehlt sich insbesondere aus Kostengründen. Die Anmeldungen können in einer Urkunde enthalten sein. Das Gericht kann die Eintragungen seinerseits auch dann miteinander verbinden, wenn die Anmeldungen getrennt erfolgt sind (vgl. § 188 AktG).

▷ **Kombination mit Kapitalherabsetzung:** Die → *Kapitalherabsetzung* mit gleichzeitiger Kapitalerhöhung stellt einen Sonderfall der Kapitalerhöhung gegen Einlagen dar. Insbesondere für die Erleichterung von Sanierungen kann das Grundkapital bis auf Null herabgesetzt werden, sofern durch eine gleichzeitig beschlossene Barkapitalerhöhung der Mindestbetrag des Grundkapitals wieder erreicht wird (*Adler/Düring/Schmaltz*, Rechnungslegung und Prüfung der Unternehmen, 6. Aufl. 1995 ff., § 272 HGB Rn. 40). Die Rechtsprechung nimmt eine Verpflichtung des Mehrheitsaktionärs aufgrund seiner Treuepflicht an, das Entstehen unverhältnismäßig hoher Spitzen dadurch zu vermeiden, dass der Nennwert der neuen Aktien auf den gesetzlichen Mindestbetrag festgelegt wird.

▷ **Ausschluss:** Das Grundkapital soll solange nicht erhöht werden, als ausstehende Einlagen auf das bisherige Grundkapital noch erlangt werden können (§ 182 Abs. 4 AktG). Wird dessen ungeachtet eine ordentliche Kapitalerhöhung beschlossen, so ist ein solcher Beschluss weder nichtig noch anfechtbar. Kommt der Registerrichter bei der Anmeldung des Kapitalerhöhungsbeschlusses zu dem Ergebnis, dass Einlagen auf das bisherige Grundkapital noch erlangt werden können und sind die Rückstände nicht unerheblich, so muss er die Eintragung ablehnen. Macht die Verwaltung der Aktiengesellschaft hierbei falsche Angaben, so machen sich die Verwaltungsmitglieder strafbar (§ 399 Abs. 1 Nr. 4 AktG, → *Sachgründung*, → *verdeckte Sacheinlage*). Ansonsten ist die Kapitalerhöhung mit der → *Eintragung* ihrer Durchführung im Handelsregister wirksam (s.o.).

4. Bedingte Kapitalerhöhung

→ *Bedingte Kapitalerhöhung*

5. Genehmigtes Kapital

Bei der Kapitalerhöhung durch → *genehmigtes Kapital* tritt an die Stelle des Kapitalerhöhungsbeschlusses der Hauptversammlung die Ermächtigung in der → *Sat-*

zung (§§ 202 f. AktG). Diese verpflichtet nicht, sondern berechtigt den → *Vorstand*, eine Kapitalerhöhung bis zu einem bestimmten Umfang vorzunehmen. Der Vorstand bedarf einer zusätzlichen Ermächtigung für

– einen Bezugsrechtsausschluss (§ 203 Abs. 2 Satz 1 AktG) oder
– eine Sachkapitalerhöhung (§ 205 Abs. 1 AktG).

▷ **Ablauf:** Zunächst werden der Aktieninhalt und die Ausgabebedingungen, vorbehaltlich einer Bestimmung im Ermächtigungsbeschluss, durch den → *Vorstand* und den → *Aufsichtsrat* festgesetzt (§ 204 Abs. 1 AktG). Entscheidet sich der Vorstand mit Zustimmung des Aufsichtsrats, von der ihm eingeräumten Ermächtigung zur Kapitalerhöhung Gebrauch zu machen, setzt er die Einzelheiten der Kapitalerhöhung nach pflichtgemäßem Ermessen selbst fest. Er entscheidet im Rahmen seiner Geschäftsführungsbefugnis (§ 77 AktG) über die Ausgabe sowie den Inhalt der neuen → *Aktien* und über die Bedingungen der Aktienausgabe, soweit die → *Hauptversammlung* ihn nicht gebunden hat (§ 204 Abs. 1 Satz 1 AktG). Auch der Ausgabekurs kann, vorbehaltlich einer Regelung in der Ermächtigung, von der Verwaltung bestimmt werden. Die Entscheidung bedarf der Zustimmung des Aufsichtsrats (§ 202 Abs. 3 Satz 2 AktG). Sind → *Vorzugsaktien* ohne → *Stimmrecht* vorhanden, dürfen Vorzugsaktien, die bei der Gewinnverteilung oder der Verteilung von Gesellschaftsvermögen im Liquidationsfalle diesen vorgehen oder ihnen gleichstehen, nur aufgrund einer entsprechenden Grundlage in der Ermächtigung ausgegeben werden.

▷ **Kapitalerhöhung gegen Sacheinlagen:** Sofern die Ermächtigung keine Einzelheiten der Sachkapitalerhöhung gegen Sacheinlagen vorsieht, ist vom Vorstand Folgendes festzusetzen und in den → *Zeichnungsschein* aufzunehmen (§ 205 Abs. 2 AktG):

– der Gegenstand der Sacheinlage,
– die Person, von der die Gesellschaft den Gegenstand erwirbt,
– der → *Nennbetrag* bei Nennbetragsaktien, bei → *Stückaktien* die Zahl der bei der Sacheinlage zu gewährenden Aktien.

Ohne die vorgeschriebene Festsetzung sind Verträge über Sacheinlagen und Rechtshandlungen zu ihrer Ausführung der Gesellschaft gegenüber unwirksam. Eine solche Unwirksamkeit kann durch eine Satzungsänderung nicht geheilt werden, nachdem die Durchführung der Erhöhung des Grundkapitals in das Handelsregister eingetragen worden ist (§ 205 Abs. 4 AktG). Bei der Kapitalerhöhung gegen Sacheinlagen ist eine Prüfung der Werthaltigkeit der Sacheinlage vorgeschrieben, die der Rechtslage bei der *ordentlichen Kapitalerhöhung* (s.o.) entspricht. Hierbei findet die → *Prüfung* der Sachkapitalerhöhung durch unabhängige → *Prüfer* sowie das → *Registergericht* statt (§ 205 Abs. 3 AktG).

▷ **Arbeitnehmeraktien:** Ein Sonderfall der Kapitalerhöhung durch genehmigtes Kapital ist die Ausgabe von jungen Aktien an → *Arbeitnehmer*, wenn aus einem Jahresüberschuss der Gesellschaft Aktien an Arbeitnehmer ausgegeben werden können, die Einlagen also nicht von den bezugsberechtigten Arbeitnehmern zu erbringen sind (§ 204 Abs. 3 AktG, → *Bezugsrecht: 8. Ausschluss*). Der Vorstand bedarf dazu einer ausdrücklichen Ermächtigung (→ *genehmigtes Kapital*, § 202

Abs. 4 AktG). Die Ausgabe von Arbeitnehmeraktien kann auch gegen Eigenleistung seitens der betreffenden Arbeitnehmer erfolgen. Gesetzlich privilegiert ist die Einlageform der Verrechnung mit Forderungen, die Arbeitnehmer der Gesellschaft aus einer ihnen von der Gesellschaft eingeräumten Gewinnbeteiligung zustehen. Diese sog. *Sacheinlage* ist jedoch nur zulässig, wenn die Ermächtigung des Vorstandes dies vorsieht (§ 205 Abs. 1 und 5 AktG, nicht § 205 Abs. 2 und 3 AktG).

▷ **Bezugsrechtsausschluss:** Das genehmigte Kapital verstärkt die Möglichkeit, ein Drittunternehmen oder eine Beteiligung daran gegen Gewährung eigener Aktien flexibel und entsprechend der jeweiligen Markterfordernisse rasch erwerben zu können. Durch die neuere Rechtsprechung des Bundesgerichtshofs wurden die Voraussetzungen für einen Ausschluss des Bezugsrechts insbesondere bei der Kapitalerhöhung gegen Sacheinlagen erheblich erleichtert (BGH NJW 1997, 2815 f.):

– Im Rahmen des genehmigten Kapitals kann die Hauptversammlung das Bezugsrecht der Aktionäre dann ausschließen oder den Vorstand zum Bezugsrechtsausschluss ermächtigen, wenn die Maßnahme, zu deren Durchführung der Vorstand ermächtigt werden soll, im wohlverstandenen Interesse der Gesellschaft liegt und der Hauptversammlung allgemein und in abstrakter Form bekannt gegeben wird;

– der Vorstand darf von der Ermächtigung zur Kapitalerhöhung und zum Bezugsrechtsausschluss nur dann Gebrauch machen, wenn das konkrete Vorhaben seiner abstrakten Umschreibung entspricht und auch im Zeitpunkt seiner Realisierung noch im wohlverstandenen Interesse der Gesellschaft liegt.

Bei einer Kapitalerhöhung gegen Bareinlagen muss die Vereinbarkeit der verringerten Berichtspflicht mit dem europäischen Standard (vgl. Art. 29 Abs. 4 Satz 3 der II. EG-RL 77/91) in Zweifel gezogen werden (*Ziemons/Herchen* in Nirk/Ziemons/ Binnewies, Handbuch der AG, Loseblatt, Rn. 5.937).

▷ **Durchführung der Kapitalerhöhung:** Vor → *Eintragung* der satzungsändernden Ermächtigung kann die Kapitalerhöhung nicht durchgeführt werden (§ 204 Abs. 1 AktG). Die Ermächtigung wird erst mit Eintragung in das → *Handelsregister* wirksam (§§ 41 Abs. 1, 181 Abs. 3 AktG). Der Kapitalerhöhungsbeschluss des Vorstands ist durch Vorstandsmitglieder in vertretungsberechtigter Zahl und den Aufsichtsratsvorsitzenden zur Eintragung in das Handelsregister anzumelden (§ 207 Abs. 2 AktG). Im Übrigen wird auf die Ausführungen bei der ordentlichen Kapitalerhöhung verwiesen (s.o.). Nach der Zeichnung der Aktien sind die Mindesteinlagen zu leisten (*Ausn.* Arbeitnehmeraktien, § 204 Abs. 3 AktG). Im Anschluss hieran ist die Durchführung der Kapitalerhöhung zur Eintragung ins Handelsregister anzumelden (§§ 203 Abs. 1 Satz 1, 188 Abs. 1 AktG, durch Vorstandsmitglieder in vertretungsberechtigter Zahl und den Aufsichtsratsvorsitzenden). Das Registergericht prüft die Ordnungsmäßigkeit der Kapitalerhöhung in formeller und materieller Hinsicht. Bei Vorliegen der Eintragungsvoraussetzungen trägt es die Kapitalerhöhung ein und macht die Eintragung bekannt. Der Registerrichter muss die Eintragung ablehnen, wenn der Vorstand den Rahmen der Ermächtigung überschritten hat.

▷ **Wirksamwerden:** Mit der konstitutiv wirkenden Eintragung der Durchführung der Kapitalerhöhung ist das Grundkapital der Gesellschaft erhöht (§§ 203 Abs. 1,

189 AktG). Der Erhöhungsbetrag muss zu diesem Zeitpunkt vollständig gezeichnet, der eingeforderte Betrag auf jede Aktie ordnungsgemäß eingezahlt sein und dem Vorstand endgültig zur freien Verfügung stehen (§§ 203 Abs. 1, 185, 188 Abs. 2, 36 Abs. 2 AktG). Die neuen Aktien dürfen erst nach der Eintragung ausgegeben werden (§§ 203 Abs. 1 Satz 1, 191 AktG).

▷ **Konkurrenz zu den Gründungsvorschriften:** Macht der Vorstand von der Ermächtigung, eine Kapitalerhöhung durch Sacheinlagen durchzuführen, innerhalb von 2 Jahren nach der Eintragung der Gesellschaft Gebrauch, so kann daneben eine → *Nachgründung* vorliegen. Die Vorschriften über die Kapitalbeschaffung verdrängen nicht die Gründungsvorschriften, so dass gegebenenfalls eine → *Gründungsprüfung* zu erfolgen hat (§ 52 AktG).

6. Kapitalerhöhung aus Gesellschaftsmitteln

▷ **Begriff:** Die Kapitalerhöhung aus Eigenmitteln ist eine eigenständige Art der Kapitalerhöhung und nicht nur eine Eigenkapitalumschichtung (§§ 207–220 AktG). Eine Kapitalerhöhung aus Gesellschaftsmitteln liegt dann vor, wenn bereits vorhandenes Gesellschaftsvermögen (Kapitalrücklage und Gewinnrücklagen) in sog. *Haftkapital* umgewandelt wird. Sie ist keine Maßnahme der Kapitalbeschaffung, weil keine neuen Mittel zufließen, es also nicht zu einer Vermehrung des verfügbaren Kapitals kommt. Bereits vorhandenes Eigenkapital wird aber strengeren, für das Grundkapital geltenden Bindungen unterstellt. Die Höhe des Grundkapitals wird heraufgesetzt (→ *Satzung: 5. Satzungsänderung*).

Beispiele für Gründe einer Kapitalerhöhung aus Gesellschaftsmitteln

– *Dividendenpolitik*, weil durch Erhöhung des dividendenberechtigten Kapitals prozentual die Dividende sinkt,

– *Marktpflege*, weil hierdurch die Zahl der Aktien vermehrt wird und dies wiederum zu einer Kurssenkung führt und die Marktgängigkeit der Aktie erhöht wird,

– *Zuwendung* an die Aktionäre ohne Einsatz von Liquidität (sog. *Stockdividende*).

▷ **Gesellschaftsmittel:** Die Erhöhung des Kapitals erfolgt hier nicht aus Mitteln, die die Aktionäre der Gesellschaft zuführen, sondern dadurch, dass eigene Mittel der Gesellschaft (Kapitalrücklage oder Gewinnrücklage) in Grundkapital umgewandelt werden. Die Umwandlung der Gesellschaftsmittel in Haftkapital erfolgt durch Umbuchung i.d.R. des Bilanzpostens Eigenkapital (§ 266 Abs. 3 A HGB, von den Positionen II. und III. auf die Position I.). Die Bilanzposition „Grundkapital" wird erhöht, ohne dass das Eigenkapital sich in der Summe verändert. Dies hat zur Folge, dass aus verteilungsfähigen → *Rücklagen* nichtverteilungsfähiges, haftendes Grundkapital entsteht. Die Kapital- und Gewinnrücklagen, die in Grundkapital umgewandelt werden sollen, müssen in der zu Grunde gelegten letzten Bilanz ausgewiesen sein (§§ 208 Abs. 1 Satz 1, 209 AktG). Verwendungsfähig sind nur solche → *Rücklagen*, die nicht zur Deckung eines Verlustes erforderlich sind (§ 208 AktG). Die zugrunde gelegte Bilanz darf zum Zeitpunkt der Anmeldung des

Beschlusses nicht älter als 8 Monate sein. Soweit die Bilanz einen Verlust oder einen Verlustvortrag zum Eigenkapital ausweist, kann eine Kapitalerhöhung aus Gesellschaftsmitteln nicht stattfinden, weil kein reales Vermögen zur Aufstockung des Grundkapitals in Höhe der Verlustposten vorhanden ist (§ 208 Abs. 2 Satz 1 AktG). Die umwandlungsfähigen Posten sind um den ausgewiesenen Verlust bzw. Verlustvortrag zu kürzen. Eine vorherige Verrechnung mit anderen nicht umwandlungsfähigen Rücklagen ist unzulässig. Gewinnrücklagen und deren Zuführungen, die für einen bestimmten Zweck verwendet werden sollen, dürfen nur umgewandelt werden, soweit dies mit ihrer Zweckbestimmung vereinbar ist (§ 208 Abs. 2 Satz 2 AktG). Maßgeblich ist dabei, ob die Rücklagen zur Deckung aktivierungsfähiger oder nicht aktivierungsfähiger Aufwendungen bestimmt sind. Wirken die Aufwendungen vermögensmindernd (Rücklagen für soziale Zwecke, Werbemaßnahmen), darf die Umwandlung nicht erfolgen, weil sich das Vermögen der Aktiengesellschaft mit der Aufwendung selbst endgültig vermindert, so dass das Grundkapital möglicherweise nicht mehr gedeckt wäre. Bei aktivierungsfähigen Aufwendungen (Investitionen, Rationalisierung) erfolgt demgegenüber nur eine Umschichtung aktiver Vermögensgegenstände. Die Gestaltung gleicht dem → *Schütt-aus-hol-zurück*-Verfahren. Sofern im Kapitalerhöhungsbeschluss die Erklärung aufgenommen wird, dass die Leistung im Wege des *Schütt-aus-hol-zurück*-Verfahrens durchgeführt werden soll, so sind die Voraussetzungen für eine Kapitalerhöhung aus Gesellschaftsmitteln gegeben, wenn

– bei der Anmeldung dem Registergericht dies offen gelegt wird und
– der Registerrichter in der Lage ist, eine präventive Werthaltigkeitskontrolle der Gewinnausschüttungsforderungen durch Einsichtnahme in die Jahresbilanz der Gesellschaft durchzuführen.

Die Grundsätze, wonach eine Kapitalerhöhung im Wege des *Schütt-aus-hol-zurück*-Verfahrens nur unter Beachtung der Vorschriften über die Leistung von Sacheinlagen möglich ist, gelten hier nicht (BGH AG 1991, 230, 335, 341).

▷ **Durchführung:** Die Kapitalerhöhung aus Gesellschaftsmitteln ist grundsätzlich durch Ausgabe neuer Aktien durchzuführen (§§ 207 Abs. 2, 182 Abs. 1 Satz 4 AktG). Der Jahresabschluss für das letzte, vor der Beschlussfassung über die Kapitalerhöhung abgelaufene Geschäftsjahr muss festgestellt sein (§ 207 Abs. 3 AktG). Der Vorstand und der Aufsichtsratsvorsitzende haben den Kapitalerhöhungsbeschluss der Hauptversammlung zur → *Eintragung* in das → *Handelsregister* anzumelden (§§ 207 Abs. 2, 184 Abs. 1, 210 AktG). Die dem Beschluss zugrundezulegende Bilanz muss durch einen Abschlussprüfer (→ *Abschlussprüfung: 4. Abschlussprüfer*) geprüft werden und mit einem uneingeschränkten → *Bestätigungsvermerk* versehen sein (§§ 150, 152 AktG, §§ 242–256, 264–274, 279–283 HGB). Handlungsmöglichkeiten des Registergerichts:

– Ablehnung, wenn keine ordnungsgemäße Anmeldung vorliegt oder der Erhöhungsbeschluss nichtig ist,
– Eintragung, wenn der Erhöhungsbeschluss lediglich anfechtbar, die Anfechtungsklage aber noch nicht erhoben ist und durch den Beschlussmangel ausschließlich die Interessen der Aktionäre berührt werden (→ *Anfechtung*),
– Ablehnung, wenn Drittinteressen mitbetroffen sind.

Kapitalerhöhung

Ist eine Anfechtungsklage wegen Mangelhaftigkeit des Erhöhungsbeschlusses erhoben worden, so kann der Registerrichter unter Berücksichtigung der Interessen der Gesellschaft an einer baldigen Eintragung über die Aussetzung des Eintragungsverfahrens befinden (§ 127 Satz 2 FGG). Rechtsmittel gegen die Zurückweisung der Anmeldung kann nur die Gesellschaft erheben (§§ 19, 20 FGG).

Die Durchführung der Kapitalerhöhung aus Gesellschaftsmitteln erfolgt

– bei Gesellschaften mit *Nennbetragsaktien* (§ 8 Abs. 2 AktG) grundsätzlich durch Ausgabe neuer Aktien. Eine Erhöhung des Nennbetrags ist ausgeschlossen (*Ausn.* bei teileingezahlten Aktien durch Erhöhung des Nennbetrages der Aktien). Wenn teilweise auch volleingezahlte Aktien bestehen, dann gibt das Gesetz der Hauptversammlung ein Wahlrecht zwischen Erhöhung des Nennbetrags oder Ausgabe neuer Aktien;

– bei Gesellschaften mit *Stückaktien* (§ 8 Abs. 3 AktG) bleibt die Beteiligungsquote unverändert und der auf die Stückaktie entfallende anteilige Betrag des Grundkapitals erhöht sich automatisch mit seiner Anhebung. Eine Kapitalerhöhung kann daher auch ohne Ausgabe neuer Aktien erfolgen.

▷ **Ausgabe der jungen Aktien:** Die Aktien nehmen am Gewinn des gesamten laufenden Geschäftsjahrs teil, an einem Gewinn des Vorjahres dann, wenn dies im Beschluss über die Kapitalerhöhung so festgelegt worden ist (§ 216 AktG). Werden Aktien nicht abgeholt, ist nach Ablauf eines Jahres, gerechnet ab der Bekanntmachung der Aufforderung die Aktien abzuholen, deren Verkauf anzudrohen (§ 216 Abs. 2 und 3 AktG). Auch nach 3-maliger Aufforderung nicht abgeholte Aktien werden auf Rechnung des Aktionärs zum amtlichen Börsenpreis durch Vermittlung eines Kursmaklers verkauft oder – wenn ein Börsenpreis nicht existiert – öffentlich versteigert; der Erlös ist den Berechtigten auszuzahlen oder, wenn die Voraussetzungen zur Hinterlegung vorliegen, zu hinterlegen (§ 214 Abs. 3 Satz 2, 226 Abs. 3 Satz 6 AktG).

▷ **Wirksamwerden:** Mit der Eintragung des Beschlusses über die Kapitalerhöhung im Handelsregister wird die Kapitalerhöhung wirksam (§§ 211–213 AktG). Die neuen Aktien gelten als voll eingezahlt und stehen den Aktionären im Verhältnis ihrer bisherigen Anteile zu. Durch die Kapitalerhöhung entstehen neue → *Mitgliedschaftsrechte*, die zwingend den bisherigen → *Aktionären* zustehen (§ 212 AktG). Sie entstehen mit → *Eintragung* der Kapitalerhöhung automatisch in der Person des Aktionärs, ohne dass es dazu weiterer Schritte (wie → *Zeichnung* oder Ausübung eines → *Bezugsrechts*) bedarf (§ 211 AktG). Bei der Kapitalerhöhung aus Gesellschaftsmitteln wird das Verhältnis der mit den Aktien verbundenen Rechte zueinander nicht berührt (§ 216 Abs. 1 AktG). Führt die Kapitalerhöhung dazu, dass auf einen Anteil am bisherigen Grundkapital nur ein Teil einer neuen Aktie entfällt, so erlangt der betreffende Aktionär ein entsprechendes Teilrecht. Aus einem Teilrecht können aber keine Mitgliedschaftsrechte geltend gemacht werden. Die Ausübungssperre des § 213 Abs. 2 AktG kann dadurch überwunden werden, dass so viele Teilrechte entweder bei einem einzelnen Aktionär oder durch Zusammenschluss mehrerer Aktionäre gebündelt werden, dass sie zusammen eine volle Aktie ergeben. Teilrechte sind ein selbständiger Teil eines Mitgliedsrechts und können verpfändet, gepfändet und in sonstiger Weise belastet werden (§ 213 AktG). Nach der Eintragung der Kapitalerhöhung sind die Aktionäre unverzüglich über die Gesellschaftsblätter aufzufordern, ihre neuen Aktien abzuholen (§ 214 AktG). Das Gesetz sieht einen besonderen Schutzmechanismus zugunsten der Aktionäre mit der automatischen Zuteilung der Aktien und Teilrechte und insbesondere der freien Veräußerbarkeit der Teilrechte vor, so dass eine weiterreichende Schutzbedürftigkeit der Aktionäre nicht besteht. In der Literatur wird ein Anspruch der Aktionäre angenommen, dass die Hauptversammlung den Erhöhungsbetrag oder den Nennbetrag der neuen Aktien so festsetzt, dass nicht mehr Teilrechte als notwendig entstehen (*Hüffer*, AktG, 7. Aufl. 2006, § 213 Rn. 1; *Hirte* in GK. AktG, 4. Aufl. 1999, § 207 Rn. 113 ff., 133; a.A. *Krieger* in MünchHdb. AG, 2. Aufl. 1999, § 59 Rn. 43). Bei Nennbetragsaktien laufe dies auf die Pflicht zur kleinstmöglichen Stückelung hinaus.

▷ **Typenmischung:** Eine Verbindung der Kapitalerhöhung aus Gesellschaftsmitteln mit einer Kapitalerhöhung gegen Einlage zu einem einheitlichen Vorgang in der Weise, dass der Erhöhungsbetrag teilweise durch Umwandlung von Rücklagen, teilweise durch Einlagen aufgebracht wird, ist unzulässig. Eine Typenvermischung darf nicht erfolgen, weil die rechtliche Ausgestaltung einer Kapitalerhöhung aus Gesellschaftsmitteln zu den anderen Formen der Kapitalerhöhung so unterschiedlich ist, dass ein Kapitalerhöhungsvorgang zweierlei Regelungen nicht gleichzeitig gerecht werden kann. Werden aber eine Kapitalerhöhung gegen Einlage und eine Kapitalerhöhung aus Gesellschaftsmitteln gleichzeitig beschlossen, so handelt es sich um 2 verschiedene Beschlüsse, für die jeweils unterschiedliche Voraussetzungen gelten (*Hüffer*, AktG, 7. Aufl. 2006, § 207 Rn. 6).

7. Tabelle

Tabelle: Abgrenzung der Kapitalerhöhungsarten

Kapital-erhöhung	gegen Einlage §§ 182–191 AktG	bedingte §§ 192–201 AktG	aus genehmigtem Kapital §§ 202–206 AktG	aus Gesellschaftsmitteln §§ 207–220 AktG
	Regelfall (§§ 182 ff. AktG)	die Vorschriften über die reguläre KE gegen Einlagen sind nur kraft *ausdrücklicher Verweisung* anwendbar (§ 193 Abs. 1 Satz 3 AktG)		
Erhöhung des Grundkapitals	*auf einmal* mit Eintragung der Durchführung der KE in das HR (§ 189 AktG)	nur *schrittweise* mit Ausgabe der einzelnen Bezugsaktien (§ 200 AktG)		

Kapital-erhöhung	gegen Einlage §§ 182–191 AktG	bedingte §§ 192–201 AktG	aus genehmigtem Kapital §§ 202–206 AktG	aus Gesellschaftsmitteln §§ 207–220 AktG
Durchführung der KE	*erst nach* vollständiger Einzahlung der bish. Einlagen zulässig (*Ausn.* Versicherungsgesellschaften, § 182 Abs. 4 AktG)	*schon vor* der Volleinzahlung der bish. Einlagen zulässig	*erst nach* vollständiger Einzahlung der bish. Einlagen	*erst nach* vollständiger Einzahlung der bish. Einlagen möglich
ausübbare Umtausch- oder Bezugsrechte	der KE-Beschluss *kann diese zeitlich unbegrenzt* vorsehen eine Befristung ist aber zulässig und zweckmäßig (§ 186 AktG)	erst nach Eintragung des KE-Beschlusses in das HR (§ 197 AktG) grundsätzlich zeitlich unbegrenzt, eine Befristung ist aber zulässig und zweckmäßig (§ 192 AktG)	der Vorstand entscheidet mit Zustimmung des Aufsichtsrats, soweit die Ermächtigung keine Bestimmungen enthält (§§ 203 Abs. 1, 186, 204 Abs. 1 AktG)	entsprechend dem bisherigen Anteil am Grundkapital, bis zu einem Jahr nach Aufforderung zur Abholung durch den Vorstand (§ 214 AktG)
Zweckbindung	*keine*	kann nur zu *bestimmten Zwecken* beschlossen werden (§ 192 Abs. 2 AktG)	*keine*	*keine*
erforderliche Mehrheit	¾-Mehrheit des vertretenen Kapitals *Erleichterung oder Verschärfung* dieser Erfordernis durch Satzung möglich (*Ausn.* bei Vorzugsaktien nur Verschärfung, § 182 Abs. 1 Satz 2 und 3 AktG)	¾-Mehrheit des vertretenen Kapitals *nur Verschärfung* dieser Erfordernis durch Satzung möglich (§ 193 Abs. 1 Satz 2 AktG)	¾-Mehrheit des vertretenen Kapitals *nur Verschärfung* dieser Erfordernis durch Satzung möglich (§ 202 Abs. 2 Satz 2, 3 AktG)	¾-Mehrheit des vertretenen Kapitals *Erleichterung oder Verschärfung* dieser Erfordernis durch Satzung möglich (§ 207 Abs. 1 i.V.m. §§ 182 Abs. 1, 184 Abs. 1 AktG)
gesetzliches Bezugsrecht	besteht	*entfällt* wegen der Zweckgebundenheit	besteht	besteht

Kapital-erhöhung	gegen Einlage §§ 182–191 AktG	bedingte §§ 192–201 AktG	aus genehmig-tem Kapital §§ 202–206 AktG	aus Gesell-schaftsmitteln §§ 207–220 AktG
Verbindung der Anmeldung der Ausgabe von Bezugs-aktien und der Anmeldung der Satzungs-änderung	möglich (§ 188 bs. 4 AktG)	nicht *möglich* (vgl. § 197 Satz AktG).	möglich (§ 188 Abs. 4 AktG)	möglich (§ 188 Abs. 4 AktG)
Wirksamkeit der KE	erst durch Ein-tragung der Durchführung der KE (§ 189 AktG)	bereits durch Aus-gabe der Bezugs-aktien (§ 200 AktG)	erst durch Ein-tragung der Durchführung der KE (§ 189 AktG)	bereits durch Ausgabe der Bezugsaktien (§§ 211–213 AktG)
die Eintragung der Durchfüh-rung der KE	ist Wirksam-keitsvorausset-zung für KE	ist gesetzlich *nicht vorgesehen*, da die bedingte KE sukzessiv erfolgen kann (s. aber § 201 Abs. 1 AktG)	ist *Wirksam-keitsvorausset-zung*	ist gesetzlich *nicht vorgese-hen*
über die KE entscheidet	die HV durch Beschluss (§ 182 Abs. 1 AktG)	die HV durch Be-schluss (§ 192 AktG)	der Vorstand aufgrund Sat-zungsermäch-tigung (§§ 202, 119 Abs. 1 Nr. 6 AktG)	die HV durch Beschluss (§ 207 Abs. 1 AktG)

Hinweis auf weiterführende Literatur: *Börner*, Verbindung von Kapitalerhöhung aus Ge-sellschaftsmitteln und Kapitalerhöhung gegen Bareinlagen bei der Aktiengesellschaft, DB 1988, 1254, 1255; *Fett/Spiering*, Typische Probleme bei der Kapitalerhöhung aus Ge-sellschaftsmitteln, NZG 2002, 358 ff.; *Götze*, Die Auswirkung der Erhöhung eines In-solvenzverfahrens auf die Durchführung einer beschlossenen Kapitalerhöhung, ZIP 2002, 2204 ff.; *Grub/Fabian*, Die Anwendung der Nachgründungsvorschriften auf Sach-kapitalerhöhungen, AG 2002, 614 ff.; *Hegeth/Eberl*, Schuldrechtliche Zahlungspflicht bei der Kapitalerhöhung, GmbHR 2002, 1045 ff.; *Heidinger*, Neues zur Voreinzahlung bei der Kapitalerhöhung, DNotZ 2001, 341 ff.; *Heinsius*, Bezugsrechtsausschluss bei der Schaffung von genehmigtem Kapital – Genehmigtes Kapital II, in FS Kellermann, 1991, S. 115 ff.; *Honisch*, Vorsteuerabzug beim Börsengang, UStB 2002, 41; *Kamanabrou*, Der Vorbehalt wertgleicher Deckung bei Kapitalerhöhungen durch Bareinlage in der Aktien-gesellschaft und der GmbH, NZG 2002, 702 ff.; *Kirnberger*, Kosten für den Börsengang, EStB 2002, 373; *Kort*, Voreinzahlungen auf künftige Kapitalerhöhungen bei AG und GmbH, DStR 2002, 1223 ff.; *Mülbert*, Anwendung der Nachgründungsvorschriften auf die Sachkapitalerhöhung, AG 2003, 136; *Quack*, Die Schaffung genehmigten Kapitals unter Ausschluss des Bezugsrechtes der Aktionäre – Besprechung der Entscheidung BGHZ 83, 319 ff., ZGR 1983, 257; *Vetter*, Verpflichtung zur Schaffung von 1 Euro-Aktien, AG 2000, 193 ff.; *Voß/Unbescheid*, Kein Doppelausweis bei Kapitalerhöhun-gen/Keine Anpassung der Rücklagen und kein Übergang des Sonderausweises in Umwandlungsfällen, FR 2002, 507 ff.; *Witt*, Mehrheitsregelnde Satzungsklauseln und Kapitalveränderungsbeschlüsse, AG 2000, 345 ff.; *Zöllner*, Gerechtigkeit bei der Kapitalerhöhung, AG 2002, 585 ff.

Hinweis auf weitere Stichwörter

→ *Aktien*
→ *Arbeitnehmer*
→ *Bedingte Kapitalerhöhung*
→ *Einlagen*
→ *Eintragung*

→ *Genehmigtes Kapital*
→ *Kapital*
→ *Satzung: 5. Satzungsänderung*
→ *Schütt-aus-hol-zurück-Verfahren*
→ *Stock Options*

Kapitalherabsetzung

1. Begriff 500
2. Rechtsfolgen 500
3. Formen der Kapitalherabsetzung .. 501
4. Ordentliche Kapitalherabsetzung .. 502
5. Vereinfachte Kapitalherabsetzung 505
6. Kapitalherabsetzung durch Einziehung von Aktien 509

1. Begriff

Die Kapitalherabsetzung bezweckt die Herabsetzung des satzungsmäßigen Grundkapitals (→ *Kapital: 1. Grundkapital*). Die Vorschriften zur Kapitalherabsetzung sind abschließend, denn nur im Ausnahmefall soll das Grundkapital bzw. gezeichnetes Kapital als Haftungsgrundlage der Aktiengesellschaft verringert werden (§§ 152 Abs. 1 Satz 1 AktG, 272 Abs. 1 HGB).

2. Rechtsfolgen

▷ **Fälle:** Rechtsfolgen einer Kapitalherabsetzung sind

– Senkung der auf der Passivseite der Bilanz ausgewiesenen Ziffer des Grundkapitals (unberührt von der Kapitalherabsetzung bleibt das bedingte oder *genehmigte Kapital*);

– gesonderte Ausweisung des sich aus der Kapitalherabsetzung ergebenden Buchertrags in der Gewinn- und Verlustrechnung für das im Zeitpunkt der Kapitalherabsetzung laufende Geschäftsjahr als Ertrag aus der Kapitalherabsetzung (§ 240 Satz 1 und 2 AktG);

– Erläuterungspflicht im *Anhang* (→ *Jahresabschluss*) darüber, ob und in welcher Höhe die aus einer solchen Kapitalherabsetzung gewonnenen Beträge zum Ausgleich von Wertminderungen, zur Deckung von sonstigen Verlusten oder zur Einstellung in die Kapitalrücklage verwandt werden (das Gleiche gilt für Beträge, die im Zusammenhang mit der Kapitalherabsetzung aus der Auflösung von Gewinnrücklagen gewonnen werden, § 240 Satz 3).

▷ Die unterschiedlichen **Zwecke** einer Kapitalherabsetzung:
- Verfügt die Aktiengesellschaft über zu *viel Grundkapital*, können die überflüssigen Mittel im Wege der Kapitalherabsetzung beseitigt werden. Das den Nennbetrag des Stammkapitals übersteigende Gesellschaftsvermögen wird zur Verteilung frei. Auf diese Weise können Rückzahlungen auf die Einlage erfolgen oder Aktionäre von Rückständen auf die Einlage befreit werden.
- Die Beseitigung einer *Unterbilanz* (auch als Buchsanierung bezeichnet): Ist ein Teil des Grundkapitals durch Verluste aufgezehrt, so vermag die Kapitalherabsetzung die Bilanz auszugleichen. Die Bilanz wird der veränderten wirtschaftlichen Lage mit der Folge angepasst, dass zukünftige Jahresüberschüsse sich als Gewinn niederschlagen und unter Umständen ausgeschüttet werden können.
- *Unternehmenssanierung:* In diesem Zusammenhang ist die Verbindung einer Kapitalherabsetzung mit einer Kapitalerhöhung von besonderer Bedeutung (§§ 228, 235 AktG). Zwingend ist die Verbindung, wenn durch die Kapitalherabsetzung der Mindestnennbetrag des Grundkapitals unterschritten wird (§ 7 AktG). Die sanierende Kapitalerhöhung ist zum einen erforderlich, um dafür zu sorgen, dass die bisherigen Verluste von den Inhabern alter Aktien getragen werden. Zum anderen muss die Ausschüttungssperre für künftige Gewinne überwunden werden. Denn ein Bilanzgewinn darf ausgeschüttet werden, nicht aber der Jahresüberschuss, wenn noch ein Verlustvortrag auszugleichen ist. Erst durch die Verbindung mit der Kapitalherabsetzung kann sich die Ausschüttungssperre nach dem neuen Nennbetrag des Grundkapitals richten (§ 233 AktG). Als Mittel dieser Buchsanierung ist vorzugsweise die vereinfachte Kapitalherabsetzung geeignet, weil die Gläubigerbeziehungen nicht bereinigt werden müssen (§§ 229 ff. AktG, anders bei der ordentlichen Kapitalherabsetzung §§ 222, 225 AktG).
- *Realteilung* (Spaltung, Splitting) eines Unternehmens.
- Erhöhung von *freien Rücklagen* zu Lasten des Kapitals: Da freie Rücklagen jederzeit aufgelöst werden können, ermöglicht ein höherer Bestand an freien Rücklagen eine flexiblere Dividendenpolitik.

▷ Es lässt sich zwischen einer **effektiven und einer nominellen Kapitalherabsetzung** unterscheiden (so auch bei der → *Kapitalerhöhung*):
- Die *effektive Kapitalherabsetzung* hat den Zweck, Teile des zur Erhaltung des bisherigen Grundkapitals erforderlichen Vermögens an die Aktionäre zurück zu zahlen (ohne wesentliche Praxisrelevanz).
- Die *nominelle Kapitalherabsetzung* hat den Zweck, das Grundkapital an zwischenzeitlich eingetretene Verluste anzupassen. Dadurch wird erreicht, dass die Ausschüttungssperre (§ 57 AktG) herabgesenkt wird und früher als bei einem unveränderten Grundkapital wieder Dividendenausschüttungen möglich sind.

3. Formen der Kapitalherabsetzung

Für die Kapitalherabsetzung stehen 3 Formen zur Verfügung:
- die ordentliche Kapitalherabsetzung (§§ 222–228 AktG),

- die vereinfachte Kapitalherabsetzung (§§ 229–236 AktG),
- die Kapitalherabsetzung durch Einziehung von Aktien (§§ 237–239 AktG).

Kapitalherab-setzung	ordentliche	vereinfachte	durch Einziehung der Aktien
Gleichbe-handlung der Aktionäre	alle Aktien sind in gleicher Weise betroffen	alle Aktien sind in gleicher Weise betroffen	richtet sich nur gegen einzelne Aktien
Zweckge-bundenheit	für jeden Zweck geeignet	nur zu bestimmten Zwecken möglich, insbesondere: um Wertminderungen auszugleichen oder sonstige Verluste zu decken	jederzeit und ohne Angabe eines Zwecks möglich (*Ausn.* Zwangseinziehung nur bei Zulassung oder Anordnung durch Satzung)
Gläubiger-belange	die Befriedigung oder Sicherstellung der Gläubiger ist erforderlich (§ 225 AktG)	Wahrung der Belange der Gläubiger durch eine Begrenzung der Dividendenausschüttung (§ 233 AktG)	Gläubigerschutzvorschriften sind zu beachten (§§ 237 Abs. 2 Satz 3, 225 AktG)

Die Kapitalherabsetzung ist sowohl im Stadium der → *Auflösung* als auch in der → *Insolvenz* der Aktiengesellschaft zuzulassen.

4. Ordentliche Kapitalherabsetzung

▷ **Zweck:** Die ordentliche Kapitalherabsetzung ist für jeden Zweck einer Herabsetzung verwendbar, also auch als Rückzahlungen an die Aktionäre. Der in der Praxis häufigste Zweck einer Kapitalherabsetzung besteht in der Behebung einer Unterbilanz, die dann vorliegt, wenn die Summe der Passiva höher als die Summe der Aktiva ist (s.u. auch vereinfachte Kapitalherabsetzung, §§ 229–236 AktG). Sofern die Bilanz der Gesellschaft ausgeglichen ist, dient eine Kapitalherabsetzung dazu, bisher gebundenes Gesellschaftsvermögen von den strengen Kapitalbindungsregeln zu befreien. Dieses dadurch frei gewordene Vermögen kann in beliebiger Weise verwendet werden. In der Praxis wird es zur Einstellung in Gewinnrücklagen ebenso verwandt wie zur Vornahme von Bar- oder Sachausschüttungen an die Aktionäre und schließlich auch zur Rückgabe von Sacheinlagen. Eine Kapitalherabsetzung vermag auch Aktionäre von rückständigen Einlagepflichten zu befreien. Praxisrelevant ist die Kapitalherabsetzung zur Ausschüttung an Aktionäre insbesondere bei einer Spaltung der Gesellschaft (*Krieger* in MünchHdb. AG, 2. Aufl. 1999, § 60 Rn. 1).

▷ **Beschluss:** Die ordentliche Kapitalherabsetzung bedarf eines Beschlusses der Hauptversammlung (§§ 222, 179 AktG). Erforderlich ist neben der Stimmenmehrheit eine Mehrheit von min. ¾ des bei der Beschlussfassung vertretenen Grundkapitals. Die Satzung kann nur Erschwerungen der Beschlussfassung festlegen (bis zur Einstimmigkeit und Erfordernisse). Die Kapitalherabsetzung ist eine Satzungsänderung, so dass die maßgeblichen Voraussetzungen beachtet werden müssen.

Die Hauptversammlung vermag, mit der gesetzlich vorgeschriebenen Mehrheit, die Satzung dahingehend neu festzulegen, dass Kapitalherabsetzungen erschwert werden sollen (§ 222 Abs. 1 AktG). Die Rechtsfolgen mangelhafter Beschlussfassung richten sich nach den allgemeinen Vorschriften über die Anfechtbarkeit und → *Nichtigkeit* von Hauptversammlungsbeschlüssen (§§ 241 ff. AktG, → *Anfechtung*). Der Beschluss der Hauptversammlung muss zwingend festlegen (§ 222 Abs. 3 und 4 AktG)

- die Höhe des Herabsetzungsbetrages,
- auf welche Art sie erfolgt und
- zu welchem Zweck die Kapitalherabsetzung stattfindet (werden mehrere Zwecke verfolgt, müssen alle angegeben werden):
  - Rückzahlung von Teilen des Grundkapitals an Aktionäre,
  - Befreiung der Aktionäre von der Einlagepflicht,
  - Erhöhung der freien oder der gesetzlichen Rücklage,
  - Beseitigung einer Unterbilanz.

▷ Sind **Aktien mehrerer Gattungen** vorhanden, ist die Zustimmung der Aktionäre jeder Gattung durch → *Sonderbeschluss* erforderlich, damit der Herabsetzungsbeschluss wirksam ist (§ 222 Abs. 1 und 2 AktG). Fehlt der Sonderbeschluss einer Aktiengattung, so darf das Gericht den Kapitalherabsetzungsbeschluss nicht eintragen, die Anmeldung ist zurückzuweisen (§§ 138, 223 AktG). Erfolgt dennoch die Eintragung, so kann der Sonderbeschluss nachgeholt werden (Heilung entsprechend § 242 Abs. 2 AktG). Ein fehlerhafter Sonderbeschluss kann isoliert mit der Anfechtungsklage oder Nichtigkeitsklage angegriffen werden (§§ 138 Satz 2, 241 ff. AktG).

▷ **Nichtig** ist ein Beschluss der Hauptversammlung, der die Festsetzung des Herabsetzungsbetrages ganz in das Ermessen des Vorstandes stellt, weil die Hauptversammlung damit ihre ausschließliche Zuständigkeit in unzulässiger Weise auf die Verwaltung delegiert (vgl. § 119 AktG, RGZ 26, 132, 134).

▷ **Anfechtbar** sind Beschlüsse, die

- keine Angaben über den Zweck und die Art der Kapitalherabsetzung oder
- eine falsche Angabe über die Höhe des Herabsetzungsbetrages enthalten oder
- die eine Zusammenlegung von Aktien vorsehen, obgleich die Voraussetzungen dafür nicht gegeben sind.

▷ **Durchführung:** Bei *Nennbetragsaktien* kann das Grundkapital auf 2 verschiedene Arten herabgesetzt werden (§ 222 Abs. 4 AktG):

- durch Herabsetzung des Nennbetrags oder
- im Wege der Zusammenlegung von Aktien, wenn der auf die einzelne Aktie entfallende anteilige Betrag den Mindestbetrag unterschreitet (§§ 8 Abs. 2 Satz 1 und Abs. 3 Satz 3, 222 Abs. 4 AktG).

Kapitalherabsetzung

Bei *Stückaktien* entfällt diese Notwendigkeit, da diese Aktien ohnehin in gleichem Umfang am jeweiligen herabgesetzten Grundkapital beteiligt sind (§ 8 Abs. 3 AktG).

▷ Das **Grundkapital** darf den zulässigen Mindestbetrag i.H.v. 50 000 Euro nicht unterschreiten (§ 7 AktG). Eine Herabsetzung des Grundkapitals unter diesen Betrag ist grundsätzlich nichtig. *Ausn.:* Die Herabsetzung des Grundkapitals unter den gesetzlich festgelegten Mindestnennbetrag ist zulässig, wenn (§ 228 AktG)

– gleichzeitig mit der Kapitalherabsetzung eine → *Kapitalerhöhung* gegen Einlagen beschlossen wird,

– keine Sacheinlagen für die Kapitalerhöhung festgesetzt sind,

– der Mindestnennbetrag des Grundkapitals durch die Kapitalerhöhung wieder erreicht wird und

– die Eintragung der Beschlüsse über die Kapitalherabsetzung, Kapitalerhöhung sowie die Durchführung der Kapitalerhöhung innerhalb von 6 Monaten seit der Beschlussfassung erfolgt (anderenfalls sind alle 3 Beschlüsse nichtig); die Frist wird gehemmt, solange gegen die Kapitalmaßnahmen eine Anfechtungs- oder Nichtigkeitsklage rechtshängig ist oder eine beantragte staatliche Genehmigung zur Kapitalerhöhung noch nicht erteilt ist (§§ 228 Abs. 1 und 2, 241 Nr. 3 AktG); die Beschlüsse sind zusammen in das Handelsregister einzutragen.

▷ Im **Insolvenzverfahren** ist die Kapitalherabsetzung zur Beseitigung einer Unterbilanz (§ 229 AktG) isoliert, d.h. ohne Verbindung mit einer Kapitalerhöhung gegen Einlagen, möglich.

▷ **Wirksamwerden:** Bei der Herabsetzung des Nennbetrages ist die Kapitalherabsetzung durchgeführt, wenn die Herabsetzung des Grundkapitals eingetragen ist. Die → *Eintragung* der Durchführung kann gleichzeitig mit der Eintragung des Beschlusses über die Kapitalherabsetzung erfolgen. Die Anmeldung zur Eintragung ins → *Handelsregister* muss vom → *Vorstand* und dem → *Vorsitzenden* des → *Aufsichtsrats* vorgenommen werden (§§ 223, 227 Abs. 2 AktG). Die Kapitalherabsetzung ist dann mit der darauf folgenden Eintragung wirksam, das Grundkapital ist herabgesetzt (§ 224 AktG). Die Eintragung des Herabsetzungsbeschlusses wirkt konstitutiv. Der Eintragung der Durchführung zur Kapitalherabsetzung kommt nur deklaratorische Bedeutung zu, sie ist keine Voraussetzung für die Wirksamkeit der Kapitalmaßnahme.

Im Falle der Zusammenlegung der Aktien ist die Kapitalherabsetzung i.d.R. mit der → *Kraftloserklärung* der nicht eingereichten Aktien durchgeführt.

▷ **Gläubigerschutz:** Gläubigern, deren Forderung in der Zeit vor der Bekanntmachung der Eintragung des Herabsetzungsbeschlusses ins Handelsregister begründet worden sind, haben die Möglichkeit, sich bei der Gesellschaft zu melden, um Sicherheiten zu erlangen (§ 225 Abs. 1 und 3 AktG). Geschützt sind schuldrechtliche Forderungen jeder Art, nicht dagegen dingliche Rechte. Die Sperrfrist beträgt 6 Monate ab der Bekanntmachung der Kapitalherabsetzung (§§ 187 ff. BGB, § 10 Abs. 2 HGB). Die rechtzeitig bei der Gesellschaft eingegangene Meldung bewirkt, dass der Gläubiger einer fälligen Forderung Befriedigung oder Sicherheit erhält, bevor Zahlungen an die Aktionäre aufgrund der Kapitalherabsetzung getätigt werden dürfen (§ 225 Abs. 2 Satz 2 AktG). Gläubiger nicht fälliger oder bestrittener Forderungen können, wenn sie ihre Forderung rechtzeitig angemeldet haben, Sicherheit verlangen. Sofern die gesetzlichen Voraussetzungen vorliegen, hat der jeweilige Gläubiger einen klagbaren Anspruch auf Sicherheitsleistung (§§ 232 ff. BGB). Bevor die Sicherheit nicht geleistet ist, dürfen keine Zahlungen an Aktionäre vorgenommen werden.

Vermögen der Gesellschaft darf an die Aktionäre frühestens 6 Monate nach der Eintragung des Beschlusses und auch erst dann ausgezahlt werden, wenn Gläubiger, die schon zum Zeitpunkt der Eintragung des Beschlusses Gläubiger der Gesellschaft waren, sich bei der Gesellschaft gemeldet haben, befriedigt worden sind bzw. zu deren Gunsten Sicherheit geleistet worden ist (§ 233 Abs. 2 AktG).

▷ **Verbindung mit einer Kapitalerhöhung:** Das Kapital kann auch auf Null herabgesetzt werden, wenn dies mit einer Kapitalerhöhung verbunden wird, die auf jeden Fall den Mindestbetrag des Grundkapitals erreicht (§ 228 AktG; BGHZ 119, 305, 306, 319 f.). Um möglichst vielen Aktionären der Gesellschaft den Verbleib in der Gesellschaft zu ermöglichen, kann sich in diesem Zusammenhang die Pflicht ergeben, die neuen Aktien auf den Mindestbetrag nach § 8 Abs. 3 AktG (= 1 Euro) festzulegen (BGH NJW 1999, 3197).

5. Vereinfachte Kapitalherabsetzung

▷ **Verfahren:** Die vereinfachte Kapitalherabsetzung ist eine Unterart der ordentlichen Kapitalherabsetzung, die nur zu bestimmten Zecken möglich ist und dazu dient, Wertminderungen auszugleichen, sonstige Verluste zu decken oder Beträge in die Kapitalrücklage und die gesetzliche Rücklage einzustellen (§§ 229, 230 AktG). Sie ist daher ausschließlich zu Sanierungszwecken zulässig und es besteht für die Gesellschaft keine Verpflichtung die Gläubiger zu befriedigen (§§ 229 Abs. 3, 225 AktG). Im Gegensatz zu der ordentlichen Kapitalherabsetzung kann die vereinfachte Kapitalherabsetzung allein oder verbunden mit einer gleichzeitigen Kapitalerhöhung mit Rückwirkung auf den letzten Jahresabschluss erfolgen (§ 235 AktG). Diese Art der Kapitalherabsetzung bietet sich insbesondere bei Unternehmenssanierungen an, da mit ihr keine Sicherheitsleistungen gegenüber Gläubigern verbunden sind, eine (typischerweise mit ihr verbundene) gleichzeitige Kapitalerhöhung rückwirkend auf den letzten Jahresabschluss erfolgen kann und Zahlungen an Aktionäre im Zusammenhang mit der vereinfachten Kapitalherabsetzung verboten sind.

▷ **Zweck:** Die vereinfachte Kapitalherabsetzung ist nur in 2 Fällen zulässig (§ 229 Abs. 1 Satz 1 AktG, die Gründe können auch kumulativ zusammenkommen):
- zum Ausgleich von Wertminderungen oder zur Deckung sonstiger (nachhaltiger) Verluste, die durch eine Zwischenbilanz zu ermitteln sind und auf deren Höhe es nicht ankommt (sie müssen aber nach vernünftiger kaufmännischer Betrachtung eine Kapitalherabsetzung angezeigt erscheinen lassen), oder
- zur Einstellung von Beträgen in die Kapitalrücklage (§ 266 Abs. 3 A II. HGB).

Im Schrifttum wird die Ansicht vertreten, dass nicht jede Wertminderung und nicht jeder Verlust Anlass zu einer vereinfachten Kapitalherabsetzung geben darf. Der Verlust muss vielmehr wesentlich und nicht durch willkürliche Unterbewertungen entstanden sein. Letzteres kann etwa vorliegen, wenn damit gerechnet werden kann, dass der Verlust alsbald wieder ausgeglichen werden wird (*Oechsler* in MüKo.AktG, 2. Aufl. 2001, § 229 Rn. 21, die Verlustfeststellung muss nicht auf einem förmlich festgestellten Jahresabschluss beruhen, BGH ZIP 1998, 692, 693).

▷ **Voraussetzungen:** Da die vereinfachte Kapitalherabsetzung allein der Verlustdeckung dienen soll, ist sie nur dann zulässig, wenn (§ 229 Abs. 2 AktG, anderweitige Beseitigung der Unterbilanz)

– derjenige Teil der gesetzlichen Rücklage und der Kapitalrücklage aufgelöst ist, um den diese zusammen über 10 % des Grundkapitals liegen, das nach der Herabsetzung bestehen soll (auch bei der Verbindung mit einer → *Kapitalerhöhung*),

– Gewinnrücklagen aufgelöst sind und

– die Unterbilanz trotz Verwendung des Gewinnvortrages besteht.

Ein Verstoß gegen die gesetzlichen Beschränkungen macht den Beschluss anfechtbar (§ 229 Abs. 2 AktG). Stellt das Registergericht den Verstoß fest, hat es die Eintragung, auch wenn die Anfechtungsfrist verstrichen ist, abzulehnen.

▷ **Beschluss:** Im Beschluss der Hauptversammlung über die vereinfachte Kapitalherabsetzung ist festzusetzen (§ 229 Abs. 1 Satz 2 AktG)

– die Art der Herabsetzung,

– dass es sich um eine vereinfachte Kapitalherabsetzung handelt und

– zu welchem der in § 229 AktG genannten Zwecke sie erfolgt.

Im Übrigen gelten die Regeln der ordentlichen Kapitalherabsetzung.

▷ **Verwendung:** Die Verwendung der durch die vereinfachte Kapitalherabsetzung gewonnenen Beträge ist nur in der Form zulässig, dass diese zur Deckung von Verlusten oder zur Einstellung von Beträgen in die gesetzliche Rücklage oder die Kapitalrücklage dienen, und auch nur so, wie dies im Einzelnen im Kapitalherabsetzungsbeschluss angegeben worden ist; eine Ausschüttung gewonnener Beträge an Aktionäre ist verboten (§ 230 AktG). Sind die tatsächlichen Verluste geringer, als für eine Kapitalherabsetzung zur Deckung von Verlusten zugrunde gelegt, sind die überschießenden Beträge in die Kapitalrücklage einzustellen; ihre Ausschüttung bleibt verboten (§ 232 AktG). Geboten und zulässig ist die Umbuchung zwischen den Eigenkapitalkonten lediglich bis zur Auffüllung des gesetzlichen Reservefonds. Die Einstellung derjenigen Beträge, die aus der Auflösung von anderen Gewinnrücklagen gewonnen werden, in die gesetzliche Rücklage und derjenigen Beträge, die aus der Kapitalherabsetzung gewonnen werden, in die Kapitalrücklage ist nur zulässig, soweit die Kapitalrücklage und die gesetzliche Rücklage zusammen nicht 10 % des sich nach der Kapitalherabsetzung ergebenden Grundkapitals übersteigen (§§ 150 Abs. 4, 231 AktG, 272 Abs. 2 Nr. 1–3 HGB). Maßgebend für die Berechnung des Grundkapitals ist der Betrag des Grundkapitals nach der Herabsetzung, min. aber der Mindestnennbetrag einer Aktie (§§ 231 Satz 2, 7 AktG). Dies gilt auch, wenn eine gleichzeitige Kapitalerhöhung stattfindet. Hiernach richtet sich die Höhe der zulässigen Kapitalherabsetzung.

▷ **Beschluss:** Die vereinfachte Kapitalherabsetzung setzt ebenso wie die ordentliche Kapitalherabsetzung einen Beschluss der Hauptversammlung voraus (§§ 229 Abs. 3, 222–224 AktG, s.o.).

▷ **Gläubigerschutz:** Bei der vereinfachten Kapitalherabsetzung findet das Gläubigerschutzverfahren nicht statt (§§ 229 Abs. 3, 230, 233, 225 AktG). Der Gläubigerschutz ist dann auch nicht erforderlich, weil an die Aktionäre kein Bargeld ausgeschüttet werden darf, sondern nur eine Umgestaltung des Bilanzbildes erfolgt und damit die Haftungsmasse dieselbe bleibt. Gläubiger werden geschützt durch

- *Ausschüttungsverbot:* Beträge, die aus der vereinfachten Kapitalherabsetzung gewonnen werden, dürfen nicht verwendet werden (§ 230 AktG); Aktionäre, die dennoch eine Zahlung erhalten haben, müssen der Gesellschaft die Leistung wieder zurückgewähren (§ 62 AktG);

- *Einstellungspflicht bei Fehlschätzung:* Ausschlaggebend ist, ob im Zeitpunkt der Beschlussfassung der Vermögensstand ein günstigerer war als angenommen; hierbei ist das Bilanzergebnis insgesamt zu betrachten, so dass die Bewertung unabhängig von den Einzelposten der Bilanz zu erfolgen hat (BGHZ 119, 305, 322). Die Kapitalherabsetzung lässt sich bei einer Fehleinschätzung zwar nicht mehr rückgängig machen, danach ist die Gesellschaft jedoch verpflichtet, den Unterschiedsbetrag der gesetzlichen Rücklage zuzuführen. Die Gesellschaft kann über die Rücklagen nur zum Zwecke des Ausgleichs künftiger Verluste oder zum Zwecke einer Kapitalerhöhung aus Gesellschaftsmitteln verfügen (§ 150 Abs. 4 AktG);

- *Beschränkung der Gewinnausschüttung:* Eine Gewinnausschüttung ist im Interesse der Gläubiger und der Unternehmenssanierung in 3-facher Hinsicht beschränkt:
  - Sie ist *unzulässig*, bevor die gesetzliche Rücklage und die Kapitalrücklage zusammen 10 % des neuen Grundkapitals erreicht haben (§ 233 Abs. 1 Satz 1 AktG); das erhöhte Kapital darf der gesetzlichen Rücklage nicht gleichgesetzt werden (*Lutter* in KK. AktG, 2. Aufl. 1995, § 233 Rn. 1; *a.A. Schilling* in GK. AktG, 4. Aufl. 1996, § 233 Rn. 5 AktG); wird das Kapital erhöht, so steht einer Gewinnausschüttung nur dann nichts entgegen, wenn die gesetzliche Rücklage 10 % des zuvor herabgesetzten Grundkapitals ausmacht;
  - sie ist *aus solchen Beträgen unzulässig*, die aus der Auflösung von Kapital- und Gewinnrücklagen und aus der Kapitalherabsetzung frei geworden sind (§ 272 Abs. 2 und 3 HGB, § 233 Abs. 3 AktG);
  - sie ist *der Höhe nach solange beschränkt*, bis die Gläubigerschutzbestimmungen erfüllt sind (§ 233 Abs. 2 AktG); für das laufende Geschäftsjahr und die 2 nachfolgenden Geschäftsjahre nach der Hauptversammlungsbeschlussfassung über die Kapitalherabsetzung darf höchstens ein Gewinnanteil von 4 % gezahlt werden; das Verbot der Dividendenausschüttung wird erst mit Wirksamwerden der Kapitalherabsetzung wirksam (§§ 229 Abs. 3, 223, 224 AktG); die *Beschränkung* der 4 %-Dividende *entfällt* (§ 233 Abs. 2 Satz 2–4

AktG), wenn die Gläubiger, deren Forderungen vor der → *Bekanntmachung* der → *Eintragung* des Kapitalherabsetzungsbeschlusses bereits begründet waren,

- befriedigt oder sichergestellt sind (*Ausn.* keine Sicherstellung erforderlich bei Gläubigern, die im Insolvenzverfahren bevorzugt zu befriedigen sind),
- sich innerhalb einer Frist von 6 Monaten nach der Bekanntmachung des Jahresabschlusses, aufgrund dessen die Gewinnverteilung beschlossen ist, bei der Gesellschaft zu diesem Zweck gemeldet haben und
- auf die Befriedigung oder Sicherstellung in der Bekanntmachung des Jahresabschlusses hingewiesen wurden.

▷ **Gewinnausschüttung:** Gewinnverwendungsbeschlüsse, die gegen die o.g. Gläubigerschutzvorschriften verstoßen, sind nichtig (§§ 253 Abs. 1, 241 Nr. 3 AktG). Für gleichwohl erhaltene Zahlungen haften die → *Aktionäre* nach § 62 AktG, die Mitglieder von → *Vorstand* und → *Aufsichtsrat* nach §§ 93, 116 AktG.

▷ **Rückbeziehungsmöglichkeit:** Die vereinfachte Kapitalherabsetzung und eine damit verbundene Kapitalerhöhung gegen Bareinlagen können zurückdatiert werden (§§ 234, 235 AktG, anders bei der ordentlichen Kapitalherabsetzung, s.o.). Die Gesellschaft kann bereits in dem → *Jahresabschluss* für das letzte vor der Beschlussfassung abgelaufene Geschäftsjahr das Grundkapital und die Kapital- und Gewinnrücklagen in der Höhe ausweisen, in der sie nach der Kapitalherabsetzung bestehen sollen; die Hauptversammlung muss dann allerdings gleichzeitig über die Feststellung des Jahresabschlusses beschließen (die sonst geltende Zuständigkeit von Vorstand und Aufsichtsrat für die Feststellung wird für diesen Fall durchbrochen; § 234 AktG). Durch diese Rückbeziehungsmöglichkeit wird vermieden, dass die Gesellschaft zunächst Verluste ausweisen muss. Die Wirkungen beschränken sich jedoch in diesem Falle auf die Ausweisung im Jahresabschluss; eine echte Rückwirkung kommt der Änderung der Kapitalverhältnisse demgegenüber nicht zu. Seine Feststellung erfolgt hier ausnahmsweise durch die Hauptversammlung (§ 234 Abs. 2 AktG).

Eine Kapitalerhöhung aus Gesellschaftsmitteln oder aus bedingtem bzw. genehmigtem Kapital genügt diesen Anforderungen ebenso wenig wie eine in einer anderen Hauptversammlung beschlossene Kapitalerhöhung.

▷ **Verbindung mit Kapitalerhöhung:** In der Praxis wird eine vereinfachte Kapitalherabsetzung mit einer regulären → *Kapitalerhöhung* gegen Bareinlagen verbunden (§§ 229 Abs. 3, 228, 182 AktG). Eine Verbindung mit einer Kapitalerhöhung gegen Sacheinlagen ist nicht zulässig (→ *Einlagen*). Beide Vorgänge können in einer → *Hauptversammlung* als Paket beschlossen werden, dies ist in Sanierungsfällen sogar erforderlich (§§ 228, 235 AktG). Durch die Beseitigung der Unterbilanz im Wege der Kapitalherabsetzung wird die Voraussetzung dafür geschaffen, dass bei der sich anschließenden Erhöhung des Grundkapitals die Aktien zumindest zum Aktiennennbetrag ausgegeben werden können (§§ 229 Abs. 3 i.V.m. 228 AktG, s.o.). Bei der gewollten Rückwirkung einer Verbindung der vereinfachten Kapitalherabsetzung mit einer Kapitalerhöhung gegen Einlagen ist folgender Ablauf zu beachten (§§ 234, 235 Abs. 1 Satz 2 und 3, Abs. 2 AktG):

- Zeichnung der neuen Aktien;
- keine Festsetzung von Sacheinlagen für die Kapitalerhöhung;
- Leistung des gesetzlichen Mindestbetrags auf jede Aktie (§§ 36 Abs. 2, 36a i.V.m. 188 Abs. 2 AktG), die Ausstellung einer entsprechenden Bankbestätigung ist dringend anzuraten (§§ 37 Abs. 1 Satz 3 i.V.m. § 188 Abs. 2 AktG);
- Nachweis der Zeichnung und der Einzahlung vor dem Notar, der den Beschluss über die Erhöhung des Grundkapitals beurkundet (§ 235 Abs. 1 Satz 3 AktG);
- Hauptversammlung beschließt über die vereinfachte Kapitalherabsetzung, die reguläre Kapitalerhöhung, die Feststellung des Jahresabschlusses sowie über ergänzende Satzungsänderungen (§§ 229, 182, 234 Abs. 2, 235 Abs. 1 Satz 1, 124 Abs. 2 Satz 2 AktG);
- Eintragung der Beschlussfassung über die Kapitalherabsetzung sowie die Kapitalerhöhung und der Durchführung der Erhöhung spätestens 3 Monate nach Beschlussfassung im Handelsregister; Anfechtungs- oder Nichtigkeitsklagen oder eine erforderliche, aber noch nicht erteilte staatliche Genehmigung hemmen den Lauf der 3-Monats-Frist, nach Ablauf der Frist werden sowohl der Kapitalherabsetzungs- als auch der Kapitalerhöhungsbeschluss nichtig (§§ 235 Abs. 2, 223 i.V.m. 229, 184, 188 AktG).

Mit der Eintragung werden die vereinfachte Kapitalherabsetzung und die Kapitalerhöhung gegen Einlagen wirksam (§§ 224 i.V.m. 229 Abs. 3 und 189 AktG). Die → *Bekanntmachung* der Eintragungen obliegt dem Registergericht. Die Durchführung der Kapitalherabsetzung ist nach Erledigung etwaiger Handlungen (z.B. Zusammenlegung von Aktien, Kraftloserklärung von Aktien u.a.) zur Eintragung in das Handelsregister anzumelden, hat aber nur deklaratorische Bedeutung (§§ 227 Abs. 1 i.V.m. 229 Abs. 3 AktG).

6. Kapitalherabsetzung durch Einziehung von Aktien

Die Kapitalherabsetzung kann auch durch → *Einziehung von Aktien* erfolgen. Diese Form der Kapitalherabsetzung ist ohne Begrenzung eines bestimmten Einziehungszwecks möglich. Einziehen bedeutet, dass das Aktienrecht als solches untergeht und sich das Grundkapital um den Nennbetrag der eingezogenen Aktien reduziert (anders bei → *Kaduzierung* und beim Erwerb → *eigener Aktien*, §§ 64, 71 AktG: hier ruhen die Einzelrechte, solange die Gesellschaft selbst die Aktien innehat, das Aktienrecht als solches bleibt aber bestehen). Durch die Einziehung können bestimmte Aktiengattung beseitigt oder einzelne Aktionäre aus der Gesellschaft ausgeschlossen werden (§§ 237–239 AktG).

Hinweis auf weiterführende Literatur: *Grunewald*, Der Ausschluss aus Gesellschaft und Verein, 1987; *Lutter*, Zur Vorbereitung und Durchführung von Grundlagenbeschlüssen in Aktiengesellschaften, in FS Fleck, 1988, S. 169 ff.; *Reinisch*, Der Ausschluss von Aktionären, 1992; *K. Schmidt*, Umwandlung einer GmbH in eine Aktiengesellschaft zu Kapitaländerungszwecken, AG 1985, 150, 156.

Hinweis auf weitere Stichwörter

→ *Beschluss*
→ *Eintragung*
→ *Einziehung von Aktien*

→ *Kapital*
→ *Kapitalerhöhung*

Kapitalmehrheit

▷ **Arten:** Die Kapitalmehrheit stellt die Mindestkapitalbeteiligung dar, die bei der Beschlussfassung der → *Hauptversammlung* zugestimmt haben muss. Die erforderliche Kapitalmehrheit wird grundsätzlich vom Gesetz vorgegeben. Es gibt

- zwingende,
- halbzwingende (die Satzung kann nur verschärfen) und
- nicht zwingende gesetzliche Regelungen.

Eine ¾-Mehrheit wird gesetzlich grundsätzlich für erforderlich erklärt bei Beschlüssen über

- Maßnahmen der Kapitalbeschaffung,
- Maßnahmen der Kapitalherabsetzung und
- allgemein satzungsändernde Beschlüsse.

▷ Die **Satzung** kann *jede andere Kapitalmehrheit* bestimmen für Beschlüsse über

- eine Kapitalerhöhung aus Gesellschaftsmitteln (§§ 207 Abs. 2 Satz 1, 182 Abs. 1 Satz 2 AktG),
- die Ausgabe von Wandel- oder Gewinnschuldverschreibungen oder von Genussrechten ohne Bezugsrechtsausschluss (§§ 221 Abs. 1 Satz 3, Abs. 3 AktG).

Die Satzung kann *nur eine höhere als* die gesetzlich vorgesehene ¾-Mehrheit bestimmen, bei Beschlüssen über

- die Ausgabe von Anleihen und Genussrechten mit Bezugsrechtsausschluss (§§ 221 Abs. 4 Satz 2, 186 Abs. 3 Satz 3 AktG),
- eine Kapitalherabsetzung durch ordentliche Einziehung von Aktien (§§ 237 Abs. 2 Satz 1, 222 Abs. 1 Satz 1 AktG) und
- sonstige allgemein satzungsändernde Beschlüsse.

Die *Satzung* kann *eine höhere als* die gesetzlich vorgesehene *einfache Stimmenmehrheit* neben einer höheren Kapitalmehrheit bestimmen bei Beschlüssen über eine Kapitalherabsetzung durch vereinfachte Einziehung von Aktien (§§ 237 Abs. 4 Satz 2, 133 Abs. 1 AktG).

Hinweis auf weitere Stichwörter

- → *Beschluss: 4. Hauptversammlungsbeschluss*
- → *Kapital*
- → *Kapitalerhöhung*
- → *Kapitalherabsetzung*
- → *Satzung: 5. Satzungsänderung*
- → *Sonderbeschluss*

Kapitalrücklage

→ *Rücklagen*

Kartell

→ *Verbundene Unternehmen*

Hinweis auf weiterführende Literatur: *Bechtold*, Die Entwicklung des deutschen Kartellrechts 1999 bis 2001, NJW 2001, 3159 ff.; *Lampert*, Gestiegenes Unternehmensrisiko Kartellrecht – Risikoreduzierung Competition-Compliance-Programme, BB 2002, 2237 ff.; *Weitbrecht*, Europäisches Kartellrecht 2000/2001, EuZW 2002, 581 ff.

Kleine Aktiengesellschaft

Zu den kleinen Aktiengesellschaften zählen solche Aktiengesellschaften, bei denen mindestens 2 der folgenden 3 Merkmale vorliegen (§ 267 Abs. 1 HGB):

- Bilanzsumme bis 4 015 000 Euro nach Abzug eines auf der Aktivseite ausgewiesenen Fehlbetrags (§ 268 Abs. 3 HGB),
- Umsatzerlöse unter 8 030 000 Euro in den 12 Monaten vor dem Abschlussstichtag,
- weniger als 50 Arbeitnehmer im Jahresdurchschnitt.

Kleine Aktiengesellschaften haben keine Prüfungspflicht (§§ 316 Abs. 1, 267 Abs. 1 HGB, § 313 Abs. 1 Satz 1 AktG, → *Prüfung*). Sie brauchen auch keinen → *Lagebericht* aufzustellen (§ 264 Abs. 1 Satz 3 HGB). Den Jahresabschluss müssen sie innerhalb der ersten 6 Monate des Geschäftsjahres für das vergangene Geschäftsjahr aufstellen (§ 264 Abs. 1 Satz 3 2. Halbsatz HGB).

Hinweis auf weiterführende Literatur: *Böckler*, Die kleine Aktiengesellschaft als Alternative zur GmbH, RNotZ 2002, 129 ff.; *Hölters/Buchta*, Die „kleine" AG – geeignet für Mittelstand und Konzerne?, DStR 2003, 79 ff.

Hinweis auf weitere Stichwörter

→ *Abhängigkeitsbericht*
→ *Aktiengesellschaft*

→ *Börsennotierung*

Konsortialvertrag

Der Konsortialvertrag ist eine freiwillige Vereinbarung zw. Partnern (natürliche Personen, Gesellschaften) durch die besondere Regelungen zur Ausübung von Rechten sowie Schlichtungs- und Haftungsfragen festgelegt werden. Innerhalb einer Aktiengesellschaft sind die schuldrechtlichen Vereinbarungen/Nebenabreden zwischen den → *Aktionären* relevant. Solche Vereinbarungen können zum Gegenstand haben

– Mitverkaufs- oder Vorkaufsrechte,

– Stimmbindungen (→ *Stimmrecht*),

– Abreden über die Besetzung des *Aufsichtsrats* oder des → *Vorstands*,

– Informationspflichten,

– über die → *Einlage* hinausgehende Leistungsverpflichtungen.

Nicht zulässig sind Nebenabreden über Gegenstände, die notwendiger Satzungsinhalt sind (→ *Satzung*). Entfalten Konsortialverträge bei börsennotierten Gesellschaften übernahmefeindliche Regelungen, sind sie bei Kenntnis des Vorstands im Lagebericht anzugeben (§ 289 Abs. 4 HGB).

Hinweis auf weitere Stichwörter

→ *Stimmrecht: 6. Vertrag*

Kontinuitätsgrundsatz

Nach dem Kontinuitätsgrundsatz muss sich der Aufsichtsrat so lange nach den bisher angewandten mitbestimmungsrechtlichen Vorschriften zusammensetzten, als nicht der Vorstand oder das Gericht andere Normen für anwendbar erklären (Verfahren gemäß §§ 97 Abs. 2, 98 Abs. 2 AktG). Solange das Verfahren nicht abgeschlossen ist, bleibt der Aufsichtsrat rechtmäßig in Amt, und zwar selbst dann, wenn sich alle Beteiligten über die Änderung der gesetzlichen Grundlagen einig sein sollten (§ 96 Abs. 2 AktG, sog. *Status quo Prinzip*, → *Beschluss: 2. Mängel*).

Hinweis auf weitere Stichwörter

→ *Arbeitnehmer*
→ *Aufsichtsrat*
→ *Mitbestimmung*

Kommanditgesellschaft auf Aktien (KGaA)

1. Begriff 513
2. Gründung 514
3. Persönlich haftender Gesellschafter (Komplementär) 514
4. Kommanditaktionäre 519
5. Aufsichtsrat 520
6. Hauptversammlung 522
7. Geschäftsführung und Vertretung 523
8. Jahresabschluss 523
9. Auflösung und Liquidation 524
10. Besondere Arten 525

1. Begriff

▷ **Haftung:** Die Kommanditgesellschaft auf Aktien ist eine Gesellschaft mit eigener Rechtspersönlichkeit, bei der mindestens ein Gesellschafter den Gesellschaftsgläubigern unbeschränkt haftet (*persönlich haftender Gesellschafter bzw. Komplementär*) und die übrigen an dem in → *Aktien* zerlegten → *Grundkapital* beteiligt sind, ohne persönlich für die Verbindlichkeiten der Gesellschaft zu haften (*Kommanditaktionäre*, § 278 Abs. 1 AktG). Persönlich haftende Gesellschafterin kann außer einer (unbeschränkt haftenden) natürlichen Person auch eine Gesellschaft sein, unter deren Gesellschaftern sich keine unbeschränkt haftende natürliche Person befindet, also auch eine AG, KGaA, GmbH oder Kapitalgesellschaft & Co. KG (BGH ZIP 1997, 1027).

▷ **Rechtsgrundlage:** Die KGaA ist eine Verbindung zwischen Kommanditgesellschaft einerseits und Aktiengesellschaft andererseits. Das Recht der KGaA ist in §§ 278–280 AktG geregelt. Das Recht der Kommanditgesellschaft (§§ 161 ff. HGB, 278 Abs. 2 AktG) gilt auch bei der KGaA für

– das Rechtsverhältnis der Komplementäre untereinander,

– das Rechtsverhältnis der Komplementäre zur Gesamtheit der Kommanditaktionäre, sowie

– die Befugnisse des Komplementärs zur Geschäftsführung und Vertretung gegenüber Dritten.

▷ **Formen:** Die Kapitalbeschaffung ist sowohl über eine Kapitalbeteiligung des Komplementärs als auch über Einlagen der Kommanditaktionäre möglich. Neben der Aktiengesellschaft ist die KGaA die einzige börsentaugliche Rechtsform und eignet sich daher für Unternehmen, die sich über den öffentlichen Kapitalmarkt Eigenkapital verschaffen wollen (→ *Börsengang*). Bei der KGaA besteht für den Satzungsinhalt hinsichtlich der Organisations- und Führungsstruktur weitgehende Gestaltungsfreiheit, so dass sie als Rechtsform flexibler als die Aktiengesellschaft ist, bei der das Prinzip der formellen Satzungsstrenge gilt. Jedoch ist sie in konzernrechtlicher Hinsicht der Aktiengesellschaft völlig gleichgestellt, so dass ein Ausweichen in die Rechtsform zur Vermeidung der Vorschriften über die verbundenen Unternehmen nicht in Betracht kommt (§§ 291 ff. AktG).

2. Gründung

▷ **Zulässigkeit:** Die Gründung einer KGaA kann durch eine Person erfolgen, die zugleich persönlich haftender Gesellschafter wird und alle Kommanditaktien der Gesellschaft übernimmt (§ 280 Abs. 1 Satz 1 AktG).

▷ Die Gründung erfolgt durch **Feststellung der Satzung**, die notariell zu beurkunden ist (§§ 6–13, 23–53, 280–282 AktG). Bei der Feststellung der Satzung müssen sich beteiligen:

– alle persönlich haftenden Gesellschafter, und

– alle Kommanditaktionäre, die Aktien gegen Einlagen übernehmen.

Die Gesellschafter, die die Satzung festgestellt haben, sind die Gründer der Gesellschaft (§ 280 Abs. 2 und 3 AktG).

▷ **Eintragung:** In das → *Handelsregister* müssen die persönlich haftenden Gesellschafter (die Komplementäre), nicht aber die Kommanditaktionäre eingetragen werden.

▷ Die **Firma** der KGaA muss die Bezeichnung „Kommanditgesellschaft auf Aktien" enthalten. Dieser volle Firmenzusatz muss im offiziellen Geschäftsverkehr geführt werden. Im täglichen Geschäftsverkehr kann eine Abkürzung (KGaA) unbedenklich verwendet werden. Sofern keine natürliche Person persönlich haftender Gesellschafter ist, muss dies in der Firma der Gesellschaft verdeutlicht werden (z.B. AG & Co. KGaA, GmbH & Co. KGaA; BGH NJW 1997, 1923, 1925).

3. Persönlich haftender Gesellschafter (Komplementär)

▷ **Fähigkeit:** Komplementär einer KGaA kann eine natürliche Person, eine juristische Person (AG, KGaA, GmbH, Stiftung) oder eine Personengesellschaft sein, letztere auch dann, wenn keiner ihrer Gesellschafter persönlich und unbeschränkt haftet (OHG, KG, AG & Co. KG, GmbH & Co. KG, GbR, Einpersonengesellschaft).

▷ Da der Komplementär einer KGaA einen Gewerbebetrieb unterhält, kann ein **gemeinnütziger Verein** die Komplementärstellung in der KGaA nicht übernehmen (§ 22 BGB). Überlegenswert ist aber z.B. bei Fußballvereinen die Ausgliederung der Lizenzspielerabteilung (als 100%ige Tochtergesellschaft) auf eine KGaA. Damit wird dem Verein die Eigenkapitalfinanzierung über die Börse ermöglicht.

> **Beispiel**
>
> Bei einem Fußballverein bedarf es insbesondere auch nach den verbandsrechtlichen Vorgaben einer Mehrheitsbeteiligung am Grundkapital einer Fußballkapitalgesellschaft nicht, wenn auf andere Weise sichergestellt ist, dass der Verein eine ver-

> gleichbare Stellung wie ein an der KGaA mehrheitlich beteiligter Gesellschafter hat. Erforderlich ist daher, dass dem Komplementär die gesetzlich eingeräumte Geschäftsführungs- und Vertretungsmacht uneingeschränkt zusteht.

▷ **Stellung:** Die herausgehobene Stellung des Komplementärs ist für die Struktur der KGaA kennzeichnend. Der Komplementär ist kraft seiner Gesellschafterstellung zur Geschäftsführung und Vertretung der Gesellschaft befugt, ohne dass es einer Bestellung durch den Aufsichtsrat bedarf. Er ist ein sog. geborenes, ohne zeitliche Begrenzung kraft Gesetz zur Leitung der Gesellschaft berufenes Geschäftsführungs- und Vertretungsorgan.

▷ Grundsätzlich kann die **Satzung** der KGaA dem Komplementär auch bei außergewöhnlichen Geschäftsführungsmaßnahmen die alleinige Entscheidungsbefugnis übertragen. Bei einer kapitalistischen KGaA werden Satzungsgestaltungen zu Lasten der Kommanditaktionäre nur in engen Grenzen zugelassen (BGHZ 134, 392, 399). Zugelassen wird jedoch eine satzungsmäßige Verlagerung der Mitwirkungsbefugnisse auf den Aufsichtsrat sowie auf einen besonderen Beirat, auf dessen Zusammensetzung die Kommanditaktionäre Einfluss haben (§ 164 HGB).

▷ **Kapitalbeteiligung:** Die Komplementäre können, müssen aber keine Einlage leisten. Die Satzung kann eine Einlagepflicht bestimmen oder verbieten, dass eine Einlage geleistet wird (§ 705 BGB i.V.m. §§ 105 Abs. 2, 161 Abs. 2 HGB). Bei den Einlagen, die in das Eigentum der Gesellschaft übergehen, ist zu unterscheiden zwischen

- Einlagen auf das Grundkapital, die der Komplementär für die Übernahme der Aktien erbringt und

- Vermögenseinlagen, die der Komplementär nicht auf das Grundkapital leistet (§ 281 Abs. 2 AktG).

▷ **Atypische KGaA:** Bei der KGaA, die dadurch gekennzeichnet ist, dass die Vermögenseinlagen des Komplementärs den Großteil des gesamten aus Vermögenseinlagen und Grundkapital bestehenden Kapitals der KGaA ausmachen, spricht man in der Praxis häufig von atypisch ausgestalteter KGaA. Im Gegensatz dazu ist bei der typisch ausgestalteten KGaA der Anteil der Vermögenseinlagen am Gesamtkapital der Gesellschaft null oder gering und der Anteil des Grundkapitals am Gesamtkapital der Gesellschaft groß.

▷ Der **Kapitalanteil** eines persönlich haftenden Gesellschafters ist durch Stehenlassen von Gewinnen und durch Entnahmen veränderlich (§ 288 AktG, so auch bei einer KG). Falls die Satzung nichts anderes bestimmt, so ist der Kapitalanteil also beweglich und wird zum Kapitalkonto. Veränderungen ergeben sich durch Entnahmen sowie Gut- und Lastschriften von Gewinn- und Verlustanteilen. Auch wenn der Kapitalanteil des Komplementärs negativ wird, entsteht für ihn während der Dauer seiner Zugehörigkeit zur Gesellschaft keine Nachschusspflicht. In der Praxis wird aber für den Komplementär ein Kontensystem eingeführt, das ihm ein mit dem Grundkapital vergleichbares Festkapital zuweist und daneben ein Verlustvortrags-, ein Kapitalrücklage- und ein Gewinnrücklagekonto vorsieht. Darüber hinaus wird für den Komplementär ein Darlehenskonto geführt, auf dem (entnahmefähige) Gewinnanteile gutgebucht und Entnahmen belastet werden. Während die Eigenkapitalkonten des Komplementärs stets unverzinslich sind, wird für das Darlehenskonto immer eine Verzinsung vereinbart. Die Vermögenseinlage des Komplementärs beschreibt dessen Anteil am Vermögen der Gesellschaft. Die relative Vermögensposition des Komplementärs ergibt sich praktisch aus dem Verhältnis seines Festkapitals zum Gesamtkapital der Gesellschaft. Da der Kapitalanteil des Komplementärs nicht Teil des aktienrechtlichen Grundkapitals ist, ist er nach dem Posten *„gezeichnetes Kapital"* gesondert auszuweisen (§ 286 Abs. 2 AktG). Falls mehrere Komplementäre vorhanden sind, ist es üblich, die Kapitalanteile dieser Gesellschafter zu einem Posten zusammenzufassen.

▷ **Eintritt und Ausscheiden:** Der Eintritt eines persönlich haftenden Gesellschafters in die KGaA ist *Satzungsänderung*. Die Satzungsänderung bedarf eines Beschlusses der Hauptversammlung mit qualifizierter Mehrheit und der Zustimmung aller persönlich haftenden Gesellschafter. In der Satzung kann jedoch festgelegt werden, dass ein Komplementär durch Mehrheitsbeschluss der Hauptversammlung oder durch Beschluss der persönlich haftenden Gesellschafter in die Gesellschaft aufgenommen werden kann. Die Befugnis zur Aufnahme persönlich haftender Gesellschafter kann in der Satzung der KGaA auch dem Aufsichtsrat übertragen werden. Damit wird die Organisation der KGaA wesentlich der Aktiengesellschaft angenähert, besonders wenn gleichzeitig bestimmt wird, dass die persönlich haftenden Gesellschafter nach einer bestimmten Zeit ausscheiden oder neu bestellt werden müssen. Dann scheiden die persönlich haftenden Gesellschafter mit dem Ablauf der festgesetzten Zeit bzw. mit Wirksamwerden der Kündigung aus der Gesellschaft aus.

▷ Der **Ausschluss** eines Komplementärs kann durch gerichtliches Urteil erfolgen, wenn ein wichtiger Grund in der Person des Auszuschließenden vorliegt (§§ 140, 133 HGB). Richtiger Ausschließungskläger ist die Gesellschaft (*Nirk*, in Nirk/Ziemons/Binnewies, Handbuch der AG, Loseblatt, Rn. 1935; *a.A. Mertens*, in KK. AktG, 2. Aufl. 1987, § 298 Rn. 37). Klagevoraussetzung bleibt aber auch in diesem Falle ein → *Beschluss* der Hauptversammlung mit qualifizierter Mehrheit und die Zustimmung der übrigen Komplementäre (§ 289 Abs. 4 Satz 3 AktG). In dem Ausschließungsprozess wird die Gesellschaft durch den → *Aufsichtsrat* vertreten (§ 112 AktG). Der Ausschließungsprozess ist aber subsidiär gegenüber anderen Möglichkeiten, die berechtigten Interessen der übrigen Gesellschafter und der Gesellschaft zu wahren. Entziehung der Geschäftsführungs- und Vertretungsmacht des Komplementärs haben Vorrang.

▷ **Nachfolge:** Die Satzung kann bestimmen, dass mit dem Tod eines Komplementärs die Gesellschaft unter den übrigen Gesellschaftern oder mit den Erben fortgesetzt wird (§§ 138, 139 HGB). Die Erben haben dann das Recht, ihr Verbleiben in der Gesellschaft davon abhängig zu machen, dass ihnen die Stellung eines Kommanditaktionärs eingeräumt wird. Das ist nur dann möglich, wenn ihr Rechtsvorgänger über einen Kapitalanteil verfügt hat, denn nur dieser kann in Kommanditaktien umgewandelt werden. Diese Umwandlung wird im Rahmen einer Sachkapitalerhöhung bei der KGaA durch Einlage des Kapitalanteils des persönlich haftenden Gesellschafters gegen Ausgabe von Kommanditaktien vollzogen. Die Hauptversammlung muss den Sachkapitalerhöhungsbeschluss mit einer Mehrheit von ¾ des bei der Beschlussfassung vertretenen Grundkapitals fassen.

Die Komplementäre der KGaA müssen diesem Beschluss zustimmen (§ 285 Abs. 2 AktG).

▷ **Abfindung:** Der ausscheidende Komplementär oder seine Erben haben einen Abfindungsanspruch gegen die Gesellschaft, wenn der Komplementär einen Kapitalanteil hatte (§ 738 BGB). Auch insoweit sind Satzungsgestaltungen, die dem Recht der Personengesellschaften entsprechen, denkbar. Sie betreffen insbesondere die Ermittlung der Höhe des Abfindungsguthabens und die Modalitäten der Auszahlung.

▷ **Rechte in der Hauptversammlung:** Der Komplementär selbst hat als solcher kein → *Stimmrecht* in der Hauptversammlung. Er kann sich aber Stimmrechte durch den Erwerb von Kommanditaktien verschaffen. Wegen des Prinzips des Stimmverbots bei Interessenkollision unterliegt der Komplementär aber auch in seiner Eigenschaft als Aktionär in 6 gesetzlich geregelten Fällen dem Stimmverbot (§ 285 Abs. 1 Satz 2 Nr. 1–6 AktG):

– bei der Wahl und → *Abberufung* des Aufsichtsrats

– bei der Entlastung der Komplementäre und der Mitglieder des Aufsichtsrats

– bei der Bestellung von → *Sonderprüfern*

– bei der Geltendmachung von Ersatzansprüchen

– beim Verzicht auf Ersatzansprüche

– bei der Wahl von Abschlussprüfern (→ *Abschlussprüfung: 4. Abschlussprüfer*)

Bei diesen Beschlussfassungen kann das Stimmrecht des Komplementärs für seine Kommanditaktien auch nicht durch einen anderen ausgeübt werden (§ 285 Abs. 1 Satz 3 AktG).

Hauptversammlungsbeschlüsse bedürfen der *Zustimmung* der Komplementäre, wenn es um Angelegenheiten geht, für die bei einer Kommanditgesellschaft das Einverständnis der Komplementäre und der Kommanditisten erforderlich ist (§ 285 Abs. 2 Satz 1 AktG). Dazu gehören insbesondere

– Satzungsänderungen,

– Grundlagengeschäfte und

– außergewöhnliche Geschäfte.

▷ **Wettbewerbsverbot:** Der Komplementär der KGaA unterliegt wie der Vorstand der Aktiengesellschaft einem Wettbewerbsverbot (→ *Vorstandsmitglieder*). Ihm ist jedoch nur eine Konkurrenztätigkeit verboten, während den Vorstandsmitgliedern das Betreiben jeglichen Handelsgewerbes untersagt ist (§ 284 Abs. 1 AktG). Das Wettbewerbsverbots umfasst jede selbständige Tätigkeit auf eigene oder fremde Rechnung, die Wahrnehmung eines Amtes als Vorstand oder Geschäftsführer bzw. Komplementär einer gleichartigen anderen Handelsgesellschaft (§ 284 Abs. 1 AktG). Eine Befreiung vom Wettbewerbsverbot ist möglich. Erforderlich ist die ausdrückliche Einwilligung der übrigen Komplementäre und des Aufsichtsrats. Bei Verstoß gegen das Wettbewerbsverbot entsteht eine Schadenersatzpflicht des Komplementärs gegenüber der Gesellschaft (§ 284 Abs. 2 AktG). Die Gesellschaft hat auch ein Eintrittsrecht insofern, als sie vom Komplementär verlangen kann, dass er die für eigene Rechnung getätigten Geschäfte als für Rechnung der Gesellschaft eingegangen gelten lässt oder die für Geschäfte auf fremde Rechnung bezogene Vergütung herausgibt bzw. den Anspruch auf Vergütung abtritt. Die Schadensersatzansprüche der Gesellschaft gegenüber dem Komplementär verjähren in 3 Monaten seit Kenntnis der übrigen Komplementäre und des Aufsichtsrats über den Wettbewerbsverstoß; ohne Kenntnis in 5 Jahren ab Entstehung der Ansprüche (§ 284 Abs. 3 AktG).

▷ **Sonstige Rechte und Pflichten des Komplementärs:** Für den Komplementär der KGaA gelten zahlreiche Bestimmungen, die für den Vorstand der Aktiengesellschaft gelten, sinngemäß (§ 283 AktG). Diese sind die Vorschriften über

– die Anmeldungen, Einreichungen, Erklärungen und Nachweise zum Handelsregister sowie Bekanntmachungen (§§ 36, 37, 81, 106, 121 Abs. 3, 125 ff., 130 Abs. 5, 181, 184, 188 AktG);

– die Gründungsprüfung (§§ 33 ff. AktG);

– die Sorgfaltspflicht und Verantwortlichkeit (§§ 53, 93, 399 Abs. 1 Nr. 1, 2, 4, 6 und Abs. 2 AktG);

– die Pflichten gegenüber dem Aufsichtsrat (§ 90 AktG);

– die Zulässigkeit einer Kreditgewährung (§§ 89, 115 AktG);

– die Einberufung der Hauptversammlung (§§ 121, 175, 92 Abs. 1 AktG);

– die Sonderprüfung (§§ 142 ff., 258 ff. AktG);

– die Geltendmachung von Ersatzansprüchen wegen der Geschäftsführung (§ 147 AktG);

– die Aufstellung und Vorlegung des Jahresabschlusses, des Lageberichts und des Vorschlags für die Verwendung des Bilanzgewinns (§§ 286, 150, 152, 158, 160, 170, 316 ff., insb. 320 HGB);

– die Prüfung des Jahresabschlusses (§§ 170 f. AktG);

– die Rechnungslegung im Konzern (§§ 290 ff. HGB);

– die Ausgabe von Aktien bei bedingter Kapitalerhöhung aus Gesellschaftsmitteln (§§ 199, 203, 214 AktG);

– die Nichtigkeit und Anfechtung von Hauptversammlungsbeschlüssen (§§ 241–257 AktG, *Ausn.* § 256 Abs. 2 AktG) sowie

– den Antrag auf Eröffnung des Insolvenzverfahrens (§ 92 Abs. 2 AktG).

▷ **Haftung:** Der Komplementär haftet unbeschränkt, unmittelbar und persönlich mit seinem gesamten Vermögen. Die Gläubiger können ohne vorherige Inanspruchnahme der KGaA vom Komplementär Erfüllung ihrer Verbindlichkeiten verlangen (s. §§ 128–130 HGB i.V.m. §§ 278 Abs. 3, 283 Nr. 3, 93 AktG). Aus der Sorgfaltspflicht und der Verantwortlichkeit des Komplementärs entsprechend den für den Vorstand der Aktiengesellschaft geltenden Vorschriften folgt seine Schadenersatzpflicht wegen pflichtwidriger Geschäftsführung (§ 283 Nr. 3 i.V.m. § 93 AktG).

▷ **Besteuerung:** Der Komplementär einer KGaA ist zwar kein Mitunternehmer, gilt aber als solcher und wird daher wie ein Mitunternehmer behandelt (BFHE 157, 382 AG 1990, 32). Der Komplementär erzielt daher Einkünfte aus Gewerbebetrieb (§ 15 Abs. 1 Nr. 3 EStG). Dies betrifft

- Gewinnanteile
- Geschäftsführervergütungen
- Zinsen für Gesellschafterdarlehen
- Mieten für Gegenstände, die der Gesellschaft überlassen wurden.

Ist der Komplementär gleichzeitig Kommanditaktionär, so sind die erzielten → *Dividenden* Einkünfte aus Kapitalvermögen (§ 20 Abs. 1 Nr. 1 EStG).

4. Kommanditaktionäre

▷ **Begriff:** Wer bei der Gründung der Gesellschaft Aktien übernimmt oder nach Entstehung der Gesellschaft Aktien rechtsgeschäftlich oder von Todes wegen erwirbt, ist Kommanditaktionär. Die Zusammenfassung sämtlicher Kommanditaktionäre ist die Hauptversammlung. Diese ist Pflichtorgan neben dem Komplementär und dem Aufsichtsrat.

▷ **Stellung:** Die Kommanditaktionäre wirken nicht an der laufenden Geschäftsführung der Gesellschaft mit, da dies Vorbehaltsaufgabe des Komplementärs ist, bringen aber jedenfalls bei der typisch ausgestalteten KGaA das notwendige Kapital auf. Strukturell sind sie Gesellschafter, die nur an dem in Aktien zerlegten Grundkapital, dem Gesamtbetrag der Aktiennennbeträge, beteiligt sind, ohne persönlich für die Gesellschaftsschulden zu haften. Ihre Stellung ist nicht zwingend mit der Stellung der Aktionäre einer Aktiengesellschaft vergleichbar. Bei der typisch ausgestalteten KGaA haben die Kommanditaktionäre eine schwächere Rechtsposition als die Aktionäre einer vergleichbaren Aktiengesellschaft, weil der von ihnen gewählte Aufsichtsrat – von Arbeitnehmervertretern und Entsendungsrechten abgesehen – weder über Personalkompetenz noch über ein Initiativrecht bei zustimmungspflichtigen Geschäftsführungsmaßnahmen verfügt. In der atypisch ausgestalteten KGaA geht die faktische Rechtsposition der Kommanditaktionäre über die der Aktionäre einer vergleichbaren Aktiengesellschaft hinaus. Da sich der Komplementär einer atypisch ausgestalteten KGaA vornehmlich in Form von Vermögenseinlagen und nicht von Aktien finanziell engagiert, können die Kommanditaktionäre ihre Rechte (vgl. insbesondere § 285 Abs. 1 AktG) in der Hauptversammlung durchsetzen. Denn der Komplementär würde in einer vergleichbaren Aktiengesellschaft über stimmberechtigte Aktien verfügen und könnte bei entsprechenden Mehrheitsverhältnissen die übrigen Aktionäre überstimmen.

▷ **Besonderheiten:** Eine Einflussnahme der Kommanditaktionäre auf die Geschäftsführung ist möglich und vom Gesetzgeber gewollt und sogar angeordnet. Dem Kommanditaktionär steht nämlich ein Widerspruchsrecht bei außergewöhnlichen Geschäften zu (§§ 278 Abs. 2 AktG i.V.m. 164 HGB). Dieses Widerspruchsrecht beinhaltet ein vorheriges Zustimmungsrecht der Kommanditaktionäre bzw. der Hauptversammlung als Organ der Kommanditaktionäre. Das Widerspruchsrecht kann in der Satzung der KGaA aber zu Gunsten eines Aufsichtsratskatalogs abbedungen werden, was regelmäßig der Fall ist. Die Kommanditaktionäre haben gegenüber den geschäftsführenden Komplementären das Recht, in der Hauptversammlung Auskunft über Angelegenheiten der Gesellschaft zu verlangen (§ 283 Nr. 9, 131 AktG). Das Auskunftsrecht eines Kommanditaktionärs ist stärker ausgestaltet als für den Aktionär einer Aktiengesellschaft (§§ 278 Abs. 3, 131 AktG). Für die KGaA gelten nur folgende Ausnahmefälle, in denen der Komplementär eine Auskunft verweigern kann (anders bei der Aktiengesellschaft für den Vorstand vgl. § 131 Abs. 3 Nr. 1–7 AktG, → *Vorstand*):

- wenn die Auskunft geeignet ist der Gesellschaft oder einem verbundenen Unternehmen einen nicht unerheblichen Nachteil zuzufügen (§ 131 Abs. 3 Nr. 1 AktG);
- wenn sie sich auf steuerliche Wertansätze oder die Höhe der Steuer bezieht (§ 131 Abs. 3 Nr. 2 AktG);
- wenn die Erteilung der Auskunft einen Straftatbestand erfüllen würde (§ 131 Abs. 3 Nr. 5 AktG).

Beispiel

Den Kommanditaktionären ist der Gewinnanteil der persönlich haftenden Gesellschafter und seine Ermittlung bekannt zu geben (OLG Hamm AG 1969, 295, 296).

5. Aufsichtsrat

▷ **Begriff:** Der Aufsichtsrat ist zwingendes Organ der KGaA (§ 287 AktG). Seine Funktionen sind jedoch im Vergleich zu dem Aufsichtsrat der Aktiengesellschaft wegen der Existenz eines Komplementärs als geborenem Geschäftsführungs- und Vertretungsorgan stark eingeschränkt. Komplementäre dürfen nicht gleichzeitig Mitglied des Aufsichtsrats sein (§ 287 Abs. 3 AktG). Ist eine Gesellschaft Komplementär, gilt dies für deren Geschäftsführer, bei Kapitalgesellschaften & Co. KG für die Geschäftsführer der Komplementärkapitalgesellschaft, nicht jedoch für die Kommanditisten, die nicht zugleich Geschäftsführer der Komplementärkapitalgesellschaft sind.

▷ **Aufgabenbereich und Rechte** des Aufsichtsrats:

- *Überwachung der Tätigkeit der Komplementäre* (§§ 278 Abs. 3, 111 Abs. 1 AktG): Der Aufsichtsrat hat, ebenfalls wie das entsprechende Organ bei der Aktiengesellschaft, die Aufgabe, die Tätigkeit der Komplementäre zu überwachen,
- *Servicefunktion* für die Hauptversammlung: der Aufsichtsrat führt die Beschlüsse der Hauptversammlung lediglich aus,
- Prüfungs- und Einsichtsrecht (§§ 278 Abs. 3, 111 Abs. 2 AktG),
- Informationsrecht gegenüber Komplementären: Die Komplementäre haben eine Berichtspflicht gegenüber dem Aufsichtsrat (§§ 278 Abs. 3, 90 AktG).

▷ **Eingeschränkte Kompetenzen** des Aufsichtsrats:
- Der Aufsichtsrat darf kein Initiativrecht für zustimmungspflichtige Geschäftsführungsmaßnahmen ergreifen (§ 111 Abs. 4 AktG, ganz h.M., vgl. *Hesselmann*, BB 1989, 2344; *Ladwig/Motte*, DStR 1996, 800);
- der Aufsichtsrat hat keine Personalkompetenz (Bestellung, Abberufung) hinsichtlich des Geschäftsführungs- und Vertretungsorgans, da dem Komplementär diese Rechte vielmehr kraft seiner Gesellschafterfunktion aufgrund der Satzung erwachsen (§§ 278 Abs. 2 AktG, 140 HGB). Möglich ist in Extremfällen jedoch ein Ausschluss aus wichtigem Grund: dieser erfolgt durch Klage der übrigen Komplementäre und des Aufsichtsrats, der in diesem Fall lediglich die Gesamtheit der Kommanditaktionäre in der Hauptversammlung vertritt. Die Kommanditaktionäre müssen daher zuvor einen Beschluss in der Hauptversammlung mit qualifizierter, das heißt satzungsändernder Mehrheit gefasst haben. Der Ausschluss setzt ferner einen wichtigen Grund voraus (→ *Abberufung: 4. Abberufung des Aufsichtsrats*);
- der Aufsichtsrat darf keine Geschäftsordnung für den Komplementär erlassen;
- der Aufsichtsrat wirkt nicht bei der Feststellung des Jahresabschlusses mit (vgl. § 286 Abs. 1 AktG).

▷ **Mitbestimmungsrecht:** Im Grundsatz gelten auch für die Rechtsform der KGaA sowohl das DrittelBG als auch das Mitbestimmungsgesetz. Wegen der schwachen Stellung des Aufsichtsrats im Vergleich zur Aktiengesellschaft gewinnt aber die KGaA mitbestimmungsrechtlich an Attraktivität. Hat der Aufsichtsrat daher „wenig zu sagen", schmälert dies den Einfluss der unternehmerischen Mitbestimmung der Arbeitnehmer. Eine kleine KGaA, die neu in das → *Handelsregister* eingetragen wird, unterliegt nur dann der Mitbestimmung, wenn sie mehr als 500 Arbeitnehmer hat. Ein Arbeitsdirektor ist, als gleichberechtigtes Mitglied des Vorstands, nicht zu bestellen (anders bei der Aktiengesellschaft, vgl. § 33 Abs. 1 Satz 2 MitbestG). Auch dies steigert die Attraktivität aus Unternehmersicht.

▷ **Wahl und Abberufung:** Der Aufsichtsrat wird von der Hauptversammlung gewählt und abberufen (§ 285 Abs. 1 Satz 2 Nr. 1 AktG). Den ersten Aufsichtsrat wählen die Gründer (§ 30 Abs. 1 AktG). Bei der Wahl und der Abberufung der Aufsichtsratsmitglieder dürfen die Komplementäre nicht mitstimmen, auch wenn sie Inhaber von Aktien sind (§ 285 Abs. 1 Satz 2 AktG). Den Komplementären darf auch kein Entsendungsrecht zustehen. Ist ein solches Recht an bestimmte Aktien geknüpft, so ruht dieses Recht, wenn die Aktien von einem Komplementär erworben werden.

Tabelle: Unterschiede und Gemeinsamkeiten bei der KGaA und AG

Unterschiede	AR der KGaA	AR der AG
Personalkompetenz	nein	Bestellung und Abberufung des Vorstandes (§ 84 AktG)
Geschäftsordnung	keine Befugnis zum Erlass	primär hat der AR die Befugnis, eine Geschäftsordnung für den Vorstand zu erlassen (§ 77 Abs. 2 Satz 1 AktG)
Jahresabschluss	keine Feststellungsbefugnis	Feststellungsbefugnis über den Jahresabschluss durch Billigung (§ 172 AktG)
Zustimmungserfordernis	kein Recht, ein eigenes Zustimmungserfordernis für Geschäftsführungsmaßnahmen der Komplementäre zu begründen	Recht, ein eigenes Zustimmungserfordernis für Geschäftsführungsmaßnahmen des Vorstandes zu begründen (§ 111 Abs. 4 Satz 2 AktG)

Gemeinsamkeiten	AR der KGaA und der AG
Überwachungskompetenz	der AR überwacht die Geschäftsführung der Komplementäre bzw. des Vorstandes (§ 111 Abs. 1 AktG)
Prüfungsrecht	der AR hat ein Prüfungsrecht über die Bücher und die Vermögensgegenstände der Gesellschaft (§ 111 Abs. 2 AktG)
Informationsrecht	die Geschäftsleitung bzw. der Vorstand hat Berichtspflichten gegenüber dem AR (§ 90 AktG)

6. Hauptversammlung

▷ **Pflichtorgan:** Die Hauptversammlung ist das dritte Pflichtorgan der KGaA (§ 287 Abs. 3 AktG). Sie dient der Willensbildung der Kommanditaktionäre in ihrer Gesamtheit. Für persönlich haftende Gesellschafter bestehen Stimmrechtsbeschränkungen (s.o.). Satzungsändernde Beschlüsse bedürfen zusätzlich der Zustimmung jedes einzelnen persönlich haftenden Gesellschafters. Die Satzung kann jedoch einen Mehrheitsbeschluss der persönlich haftenden Gesellschafter genügen lassen. Sie kann aber ebenso die Zustimmung für unnötig erklären (vgl. § 285 AktG). Der Ausschluss der Hauptversammlung von der Geschäftsführung gilt nicht uneingeschränkt. Beschlüsse sind zum Handelsregister erst einzureichen wenn die erforderliche Zustimmung vorliegt (§ 285 Abs. 3 Satz 1 AktG). Die Zustimmung ist in der Verhandlungsniederschrift oder in einem Anhang zur Niederschrift zu beurkunden (§ 285 Abs. 3 Satz 2 AktG).

▷ **Kompetenzen:** Die Hauptversammlung der KGaA hat die Kompetenzen und Rechte wie die Hauptversammlung einer Aktiengesellschaft (§ 119 AktG). Die Satzungsautonomie hat aber Vorrang und kann andere Regelungen vorgeben. Abweichend von der Aktiengesellschaft ist die Feststellungskompetenz des Jahresabschlusses geregelt (§ 286 Abs. 1 AktG). Bei der KGaA stellt die Hauptversammlung den Jahresabschluss fest. Allerdings bedarf der Feststellungsbeschluss der Zustimmung der persönlich haftenden Gesellschafter. Demgegenüber wird der Jahresabschluss der Aktiengesellschaft regelmäßig vom Aufsichtsrat gebilligt und damit festgestellt (§ 172 AktG, *Ausn.* § 173 AktG, in denen die Feststellungskompetenz bei der Hauptversammlung liegt).

7. Geschäftsführung und Vertretung

▷ **Selbstorganschaft:** Der Komplementär ist Organ der KGaA. Es gilt der Grundsatz der Selbstorganschaft. Danach hat die Geschäftsführung und die Vertretung der KGaA zwingend durch die Gesellschafter, hier durch den/die Komplementär(e) zu erfolgen. Daneben gibt es rechtsgeschäftliche Vertreter, wie den Prokuristen oder den Handlungsbevollmächtigten (§§ 49 ff., 54 HGB).

▷ **Geschäftsführungsbefugnis:** Im Bereich der Geschäftsführung ist jeder Komplementär zur Führung der Geschäfte berechtigt und verpflichtet (Einzelgeschäftsführungsbefugnis). Ein Ausschluss von der Geschäftsführungsbefugnis ist aber durch die → *Satzung* möglich (vgl. §§ 114 ff. HGB, § 278 Abs. 2 AktG). Alle anderen geschäftsführenden Gesellschafter haben jedoch ein Widerrufsrecht, nach dessen Ausübung die geschäftsführende Maßnahme zu unterbleiben hat. Eine Gesamtgeschäftsführungsbefugnis kann vereinbart werden. Die Komplementäre können sich selbst eine → *Geschäftsordnung* geben. Die Entziehung der Geschäftsführungsbefugnis durch gerichtliche Entscheidung ist möglich (§ 278 Abs. 2 AktG, § 117 HGB), wenn alle übrigen Komplementäre dies beantragen und die Hauptversammlung durch Beschluss zustimmt. Der zustimmende Beschluss wird vom Aufsichtsrat ausgeführt (§ 287 Abs. 1 AktG).

▷ Hinsichtlich der **Vertretungsmacht** besteht grundsätzlich Einzelvertretungsmacht (§ 278 Abs. 2 AktG, § 125 HGB), Gesamtvertretungsmacht kann vereinbart werden. Der Umfang der Vertretungsmacht umfasst alle gerichtlichen und außergerichtlichen Geschäfte und Rechtshandlungen (einschließlich der Veräußerung und Belastung von Grundstücken sowie der Erteilung und des Widerrufs einer Prokura, s. § 126 HGB). Eine Beschränkung der Berechtigung ist im Außenverhältnis unwirksam (*Grundsatz der handelsrechtlich fest umrissenen Vollmachten*). Die Vertretungsmacht kann aber unter den Voraussetzungen des § 127 HGB entzogen werden. Bei Anmeldungen zum Handelsregister sind die Komplementäre nur unter Mitzeichnung des Aufsichtsratsvorsitzenden zur Vertretung berufen.

8. Jahresabschluss

▷ **Regelung:** Auf den Jahresabschluss der KGaA findet das dritte Buch des HGB (§§ 242 ff. HGB) einschließlich der für Kapitalgesellschaften geltenden Vorschriften (§§ 264 ff. HGB) Anwendung. Ergänzende Bestimmungen bestehen für die Kapitalanteile der persönlich haftenden Gesellschafter und deren Einzahlungsverpflichtungen (§ 281 Abs. 2 AktG). Darüber hinaus gelten die besonderen aktienrechtlichen Vorschriften (§§ 150 ff. AktG). Die Feststellung des Jahresabschlusses erfolgt durch die Hauptversammlung (§ 286 Abs. 1 Satz 1 AktG). Dem Feststellungsbeschluss der Hauptversammlung müssen sämtliche persönlich haftenden Gesellschafter zustimmen (§ 286 Abs. 1 Satz 2 AktG). Ebenso liegt die Entscheidung über die Gewinnverwendung in der Hand der Hauptversammlung (§§ 278 Abs. 3 i.V.m. 172 Abs. 1 AktG). Wenn alle oder einzelne Komplementäre ihre Zustimmung verweigern, erscheint es zweckmäßig, dass die Gesellschaft, vertreten durch den Aufsichtsrat, die persönlich haftenden Gesellschafter auf Zustimmung verklagt (*Würdinger*, Aktienrecht und das Recht der verbundenen Unternehmen, 4. Aufl. 1981, S. 260; a.A. *Adler/Düring/Schmaltz*, Rechnungslegung und Prüfung der Unternehmen, TB 4, 6. Aufl. 1997, § 286 Rn. 23).

▷ **Zuständigkeit:** Die Aufstellung des Jahresabschlusses und dessen Vorlage in der Hauptversammlung ist Aufgabe der geschäftsführenden persönlich haftenden Gesellschafter (§§ 283 Nr. 9 AktG, 242, 264 HGB).

▷ **Gewinn- und Verlustverteilung:** Für die Gewinn- und die Verlustverteilung gilt für die persönlich haftenden Gesellschafter im Verhältnis zur Gesamtheit der Kommanditaktionäre das Recht des HGB. Für Kommanditaktionäre ist dagegen Aktienrecht maßgeblich. Praktisch ist der Gewinn/Verlust nach dem Verhältnis der (festen) Vermögenseinlagen der Komplementäre zum Grundkapital zu verteilen. Die auf die Komplementäre entfallenden Gewinnanteile werden unter dem Posten § 275 Abs. 2 Nr. 8 bzw. § 275 Abs. 3 Nr. 7 HGB als „sonstiger betrieblicher Aufwand" geführt. Die Gewinnanteile/Verlustanteile der Komplementäre sind also dem Bereich der Ergebnisentstehung und nicht der Ergebnisverwendung der KGaA zuzurechnen. Auf den sich nach Berücksichtigung der Gewinnanteile der Komplementäre ergebenden und wirtschaftlich auf die Kommanditaktionäre entfallenden Gewinn finden die üblichen aktienrechtlichen Gewinnverwendungsvorschriften Anwendung (§§ 174 ff. AktG).

▷ **Entnahmen:** Die persönlich haftenden Gesellschafter sind berechtigt, 4% ihres für das letzte Geschäftsjahr festgestellten Kapitalanteils als Vorzugs-Gewinnanteil unabhängig davon zu entnehmen, ob Gewinn erzielt worden ist (§§ 278 Abs. 2 AktG i.V.m. 168, 121 HGB). Sie dürfen einen darüber hinausgehenden Gewinnanteil des letzten Geschäftsjahres entnehmen, wenn dies nicht zum Nachteil der Gesellschaft gereicht.

Entnahmen dürfen nicht getätigt werden (§ 288 Abs. 1 AktG),

– wenn auf den persönlich haftenden Gesellschafter ein Verlust entfällt, der seinen Kapitalanteil übersteigt,

– so lange die Summe aus Bilanzverlust, Einzahlungsverpflichtungen, Verlustanteilen persönlich haftender Gesellschafter und Forderungen aus Krediten an persönlich haftende Gesellschafter und deren Angehörige die Summe aus Gewinnvortrag, Kapital- und Gewinnrücklagen sowie Kapitalanteilen der persönlich haftenden Gesellschafter übersteigt.

9. Auflösung und Liquidation

▷ **Grundsatz:** Grundsätzlich ist das Recht der Kommanditgesellschaft und über diese mittelbar das Recht der OHG anzuwenden (§ 289 Abs. 1 AktG, → *Abwicklung*). Diese Bestimmungen enthalten aber weitgehend dispositives Recht. Die Satzung kann für die meisten Fälle, in denen eine Auflösung erfolgen müsste, *Fortsetzungsklauseln* enthalten. Sie kann für den Fall des Wegfalls des einzigen persönlich haftenden Gesellschafters anordnen, dass die Gesellschaft als Aktiengesellschaft fortgeführt wird.

▷ **Auflösungsgründe** (§ 131 Abs. 1 HGB) sind

– Zeitablauf, § 131 Abs. 1 Nr. 1 HGB,

– Auflösungsbeschluss der Hauptversammlung bzw. Beschluss der Komplementäre mit Zustimmung der Hauptversammlung (¾-Mehrheit des vertretenen Kapitals), (§ 289 Abs. 4 AktG, § 131 Abs. 1 Nr. 2 HGB),

– Ablehnung der Durchführung eines Insolvenzverfahrens mangels Masse, § 289 Abs. 2 Nr. 1 AktG,

– Löschung der Firma im Handelsregister wegen Vermögenslosigkeit, § 289 Abs. 2 Nr. 3 AktG,

– Ausscheiden des einzigen Komplementärs, (§ 131 Nr. 4 HGB),

– satzungsmäßige Regelung,

– rechtskräftige Verfügung des Registergerichts (§ 289 Abs. 2 Nr. 2 AktG).

Auflösungsgründe sind jedoch *nicht*

– der Tod eines von mindestens 2 Komplementären (seit der Handelsrechtsreform vom Juli 1998) sowie

– die Insolvenz eines Kommanditaktionärs (§ 289 Abs. 3 Satz 1 AktG).

▷ **Rechtsfolgen:** Mit Auflösung entsteht eine *Abwicklungsgesellschaft* (§§ 264 ff. i.V.m. 290 AktG). Soweit die Satzung nicht etwas anderes bestimmt, haben alle persönlich haftenden Gesellschafter und eine oder mehrere von der Hauptversammlung gewählte Personen die → Abwicklung zu besorgen. Für die Bestellung oder Abberufung von Abwicklern: → *Abwickler*, → *Abberufung*. Der Schluss der Abwicklung ist zur Eintragung in das Handelsregister anzumelden. Die Gesellschaft wird im Handelsregister gelöscht.

10. Besondere Arten

▷ Die **GmbH & Co. KGaA:** Bestellung und Ausscheiden des GmbH-Geschäftsführers vollzieht sich ohne jede Mitwirkung der Hauptversammlung. Die ausschließliche Zuständigkeit liegt bei der Gesellschafterversammlung der GmbH.

▷ Die **Publikums KGaA:** Eine Publikumsgesellschaft liegt dann vor, wenn sich die KGaA an ein breites, anonymes Anlegerpublikum wendet. Dies ist der Fall bei

– börsennotierten Gesellschaften und

– Gesellschaften, die sich am grauen Kapitalmarkt an einen unbestimmten Interessentenkreis wenden.

In einer Publikums KGaA kann ein potentieller künftiger Gesellschafter auf die Satzung keinen Einfluss nehmen.

Hinweis auf weiterführende Literatur: *Adler/Düring/Schmaltz*, Rechnungslegung und Prüfung der Unternehmen, TB 4, 6. Aufl. 1997; *Balzer*, Die Umwandlung von Vereinen der Fußball-Bundesliga in Kapitalgesellschaften, ZIP 2001, 175 ff.; *Behrens/Schmitt*, § 7 Satz 2 GewStG n.F. – Neue Gewerbesteuer-Tatbestände für Mitunternehmer und KGaA, BB 2002, 860 ff.; *Halasz/Kloster/Kloster*, Die GmbH & Co. KGaA. Eine Rechtsformalternative zur GmbH & Co. KG?, GmbHR 2002, 77 ff.; *Hempe/Siebels/Uhl*, Einkünftequalifikation mittelbarer Gesellschafter einer KGaA, DB 2001, 2268 ff.; *Koch*, Mitwirkungsrechte der Kommanditaktionäre bei der GmbH & Co KGaA: Grenzen satzungsmäßiger Einschränkung, DB 2002, 1701 ff.; *Kroninger/Thies*, Anwendung des check the box-Systems auf die KGaA als Joint Venture-Vehikel, IStR 2002, 397 ff.; *Kusterer*, Gestaltungsalternativen für Unternehmen in der Rechtsform der KGaA nach der Unternehmenssteuerreform, FR 2001, 865 ff.; *Mertens*, Abhängigkeitsbericht bei „Unternehmenseinheit" in der Handelsgesellschaft KGaA?, in FS Claussen, 1997, S. 297 ff.; *Priester*, Die KGaA ohne natürlichen Komplementär, ZHR 160 (1996), 250 ff.; *Sethe*, Die personalistische Kommanditgesellschaft mit Börsenzugang, 1996, s. 283 ff.; *Wehrheim*, Die Einkünftequalifikation der Gesellschafter einer GmbH & Co. KGaA, DB 2001, 947 ff.; *Wichert*, Die GmbH & Co. KGaA nach dem Beschluss BGHZ 134, 392, AG 2000, 268 ff.; *Wiesner*, Die Enthaftung ausgeschiedener persönlich haftender Gesellschafter einer KGaA, ZHR 148 (1984), 56 ff.

Hinweis auf weitere Stichwörter

→ *Abwicklung*
→ *Aktiengesellschaft*
→ *Aufsichtsrat*

→ *Hauptversammlung*
→ *Jahresabschluss*
→ *Vorstand*

Konzern

1. Begriff 526
2. Entstehung eines Konzerns 527
3. Unternehmen 528
4. Konzernarten 530
5. Konzernrecht 532
6. Rechnungslegung 533
7. Mitbestimmung 535
8. Haftung im Konzern 536
9. Steuerrechtliche Beurteilung 538

1. Begriff

▷ **Organisationsform:** Wirtschaftlich betrachtet ist der Konzern eine Organisationsform für ein Unternehmen in der Form der Unternehmensverbindung (→ *verbundene Unternehmen*). Der Konzern ist nur ein Rechtsbegriff für eine Organisationsform mit vielfältigen Facetten, die viel leistungsfähiger ist als eine Einzel-AG. Der Konzern ist ein Unternehmen, das gar keine Rechtsform bzw. Rechtsfähigkeit besitzt. Jeder Konzern unterwirft die ihm verbundenen Unternehmen nicht nur vertraglichen und faktischen Beschränkungen, sondern er unterstellt sie wirtschaftlich, finanziell und organisatorisch in mehr oder weniger vollständiger Weise.

Der Konzern ist eine Unternehmensverbindung ohne Rücksicht auf die Rechtsform der beteiligten Unternehmen. Erfasst werden deshalb Verbindungen mehrerer Unternehmen zu einer eigenen wirtschaftlichen Einheit.

> **Beispiele**
>
> – Zusammenschlüsse von Kapitalgesellschaften,
> – Zusammenschlüsse von Personengesellschaften,
> – Zusammenschlüsse von Einzelunternehmen.

▷ Eine Verbindung von Aktiengesellschaften bezeichnet man als **Aktienkonzern**.

▷ Der **weitere Konzernbegriff** bejaht einen Konzern, wenn eine einheitliche Planung in einem zentralen Unternehmensbereich gegeben ist (z.B. Finanzen, Einkauf, Organisation, Personalwesen, Verkauf), soweit durch diesen Einfluss Rückwirkungen auf das Gesamtunternehmen erzielt werden (BayObLG NZG 1998, 509, 510). Die Zusammenfassung bestimmter Tätigkeitsbereiche, z.B. auf dem Gebiet der Entwicklungsarbeiten, schafft noch keinen Konzern.

▷ Nach dem sog. **engeren Konzernbegriff** wird das Vorliegen eines Konzerns im Rechtssinne nur dann bejaht, wenn die Konzernspitze, also das herrschende Unternehmen, für die sog. zentralen unternehmerischen Bereiche bei den abhängigen Unternehmen, ohne Rücksicht auf deren Selbständigkeit, eine einheitliche Planung durchsetzt, wobei zum zentralen Bereich in erster Linie das Finanzwesen zählt.

Der Konzernbegriff wird durch folgende Merkmale bestimmt:

– die Zusammenfassung von Unternehmen,
– rechtliche Selbständigkeit der zusammengefassten Unternehmen, und
– die einheitliche Leitung aller zusammengefassten Unternehmen.

▷ Charakteristisch für den Konzern ist die **einheitliche Gesamtleitung**, nicht die Zusammenfassung zu einer wirtschaftlichen Einheit.

2. Entstehung eines Konzerns

Konzernierungsformen: Ein Konzern entsteht durch die

– Zusammenfassung von einem herrschenden Unternehmen und einem oder mehreren abhängigen Unternehmen unter der einheitlichen Leitung des herrschenden Unternehmens (*Unterordnungskonzern*, § 18 Abs. 1 Satz 1 AktG, tatsächliche, faktische einheitliche Leitung erforderlich, widerlegbare gesetzliche Fiktion des Konzerns);

– Zusammenfassung von Unternehmen, zwischen denen ein → *Beherrschungsvertrag* besteht (*Unterordnungskonzern*, §§ 18 Abs. 1 Satz 2, 291 AktG);

– Zusammenfassung von Unternehmen, bei denen ein Unternehmen in das andere eingegliedert ist (*Unterordnungskonzern*, §§ 18 Abs. 1 Satz 2, 319 AktG, → *Eingliederung*);
– Zusammenfassung von nicht voneinander abhängige Unternehmen unter einer einheitlichen Leitung (*Gleichordnungskonzern*, § 18 Abs. 2 AktG).

▷ Ein Konzern setzt **kein Abhängigkeitsverhältnis** voraus. Das Bestehen eines Konzerns wird aber gesetzlich fingiert, falls ein Unternehmen von einem anderen abhängig ist (§ 18 Abs. 1 Satz 3 AktG). Das Gesetz geht von der Annahme aus, dass das herrschende Unternehmen im Regelfalle den ihm möglichen Einfluss (Beherrschungsmöglichkeit) zu Konzernbildung ausnutzen wird. Die Fiktion kann widerlegt werden durch den Nachweis, dass:

– eine Gesamtkonzeption fehlt oder nicht durchgeführt wird oder
– die finanzielle Koordination nicht in wesentlichen Bereichen erfolgt.

▷ Eine **unwiderlegliche Konzernvermutung** (gesetzliche Vermutung der einheitlichen Leitung) besteht, wenn

– zwischen verbundenen Unternehmen ein → *Beherrschungsvertrag* besteht (§ 291 Abs. 1 AktG) oder
– das eine Unternehmen in das andere eingegliedert ist (→ *Eingliederung*, § 319 ff. AktG).

3. Unternehmen

▷ **Begriff:** Die einzelnen Unternehmen, die zusammengefasst sind, also sowohl die abhängigen und die herrschenden Unternehmen, als auch die unabhängigen Unternehmen, sind Konzernunternehmen. Die Rechtsform des herrschenden Unternehmens spielt keine Rolle. Eines der abhängigen Unternehmen muss jedoch eine inländische Aktiengesellschaft/KGaA sein (auch auf die GmbH ausgeweitet, BGH NJW 1986, 188; 1989, 1800; 1991, 3142; 1993, 1200). Vertragspartner einer inländischen beherrschten Aktiengesellschaft/KGaA können deshalb sein, sofern die Voraussetzungen eines Unternehmens i.S.d. Konzernrechts gegeben ist:

– eine andere Kapitalgesellschaft,
– eine Holding (BGB-Gesellschaft, sonstige private Rechtsform, BGHZ 135, 107),
– die öffentliche Hand oder auch ein Einzelkaufmann.

▷ **Besondere Tatbestände:**

– **Erbengemeinschaft:** Aus einer Erbengemeinschaft kann ein konzernrelevantes Unternehmen entstehen, wenn sie deshalb nicht auseinandergesetzt wird, um mit Hilfe des in ihrem Vermögen befindlichen gesamten Aktienpakets beherrschenden Einfluss auf eine Gesellschaft ausüben zu können.
– **Stimmrechtsbindungsverträge** sind Unternehmen, wenn der Zweck des Zusammenschlusses darin besteht, die Gesellschaft mittels der zusammengefassten Anteile unternehmerisch zu leiten oder wenn der Zweck eines solchen Zusam-

menschlusses die Marktbeeinflussung ist (§§ 15 ff. AktG). Der Unternehmensbegriff ist aber nicht erfüllt, wenn die Bindung nur darin besteht, dass sich die Vertragsschließenden verpflichten ohne Zustimmung des anderen in einem bestimmten Sinne abzustimmen oder für eine Mindestgewinnausschüttung oder für bestimmte Wahlvorschläge zum Aufsichtsrat zu stimmen.

- **Einzelaktionäre** sind Unternehmer, wenn sie Kaufleute sind (§ 16 Abs. 4 AktG). Ein Zusammenschluss mehrerer Aktionäre zu gemeinsamer Verwaltung ihrer Aktien als solcher ist konzernrechtlich neutral. Sofern ein Unternehmen von einer natürlichen Person in einer solchen Weise beherrscht wird, dass sich infolge der Dichte der Einflussnahme die einzelnen schädigenden Einflüsse nicht mehr isolieren lassen, also die Leitungsmacht durch diese Einzelperson eine solche Intensität und Breite der Einwirkung auf die Belange der abhängigen Gesellschaft hat, dass diese einen objektiven Missbrauch darstellt. Ein solcher objektiver Missbrauch liegt insbesondere stets dann vor, wenn die Leitungsmacht dergestalt ausgeübt wird, dass diese keine angemessene Rücksicht mehr auf die Belange der abhängigen Gesellschaft nimmt. Unabhängig von der Rechtsform ist ein Gesellschafter dann ein Unternehmen im konzernrechtlichen Sinne, wenn er neben der Beteiligung an der Aktiengesellschaft anderweitige wirtschaftliche Interessenverbindungen hat, die nach Art und Intensität die ernsthafte Sorge begründen, er könne wegen dieser Bindung seinen aus der Mitgliedschaft folgenden Einfluss auf die Aktiengesellschaft zu deren Nachteil ausüben. Eine einheitliche Leitung mehrerer Unternehmen kann als solche noch nicht als Unternehmen betrachtet werden.

- **Körperschaften des öffentlichen Rechts** (BGHZ 69, 334 ff.) sind schon dann als Unternehmen im konzernrechtlichen Sinne anzusehen, wenn sie lediglich ein in privater Rechtsform organisiertes Unternehmen beherrschen. Bei öffentlich-rechtlichen Körperschaften ist in der Regel davon auszugehen, dass sie sich bei der Ausübung ihres Einflusses auf die beherrschte Aktiengesellschaft nicht von typischen Aktionärsinteressen, sondern auch von anderen Interessen leiten lassen, diese Interessenkollision ist gleicher Art wie diejenige, die das Konzernrecht steuern soll, und sie ist für den Minderheitsgesellschafter mit ebensolchen Gefahren verbunden, wie bei der Beteiligung eines privaten Mehrheitsaktionärs.

Die öffentliche Hand bewegt sich auf privatwirtschaftlicher Ebene konzernrelevant, wenn für private Aktionäre die Gefahr entsteht, dass das Interesse der Gesellschaft und damit ihr eigenes für fremde Unternehmensziele aufgeopfert werden könnte. Auch bei juristischen Personen des öffentlichen Rechts, insbesondere Gebietskörperschaften, die ihre besonderen Interessen über das allgemein zulässige Maß hinaus auf Kosten der Gesellschaft wahrnehmen, dürfen außenstehende Aktionäre in einer solchen Gesellschaft nicht schlechter gestellt werden als in einer Gesellschaft mit ausschließlich privater Beteiligung. Es gibt also kein Privileg der öffentlichen Hand. Für Gebietskörperschaften, vor allem für den Bund und die Länder, gilt die Konzernvermutung, sofern sie mehrheitlich an privaten Unternehmen beteiligt sind (§§ 17 Abs. 2, 18 Abs. 1 Satz 3 AktG). Dies gilt auch für den Fall der Unternehmensverbindung, bei der die öffentliche Hand auf eine Minderheitsbeteiligung verwiesen ist. Auch für öffentliche Konzerne gelten die Verpflichtungen zur Konzernrechnungslegung (§§ 290 ff. HGB). Die Vorschriften über den Vertragskonzern und für die Folgen unternehmerischer Weisungen des Bundes. Aus der Möglichkeit der mitunternehmerischen und nicht nur kapitalmäßigen Beteiligung einer Privatperson an einem öffentlich rechtlichen Unternehmen, wenn dies durch Gesetz oder auf der Grundlage eines Gesetzes vorgesehen ist, ergibt sich, dass ein Unternehmen in öffentlich rechtlicher Form auch von einer Person des Privatrechts beherrscht und somit abhängig sein kann (§ 17 AktG). Zulässig und üblich ist die Beteiligung stiller Gesellschafter an öffentlich-rechtlichen Kreditinstituten. In diesem Fall ist zu vermuten, dass eine Aktiengesellschaft die herrschende und das Kreditinstitut das abhängige Unternehmen ist (§ 17 Abs. 2 AktG), Gebietskörperschaften aber können, aufgrund ihres Charakteristikums als autonome politische Einheiten mit demokratischer Willensbildung, von vornherein keine abhängigen, sondern allenfalls herrschende Unternehmen sein. Wenn sich Gebietskörperschaften der Rechtsformen der Aktiengesellschaft oder der GmbH bedienen, um sich gewerblich zu betätigen, dann können sich Abgrenzungsschwierigkeiten ergeben. Soweit aber die Organisation der öffentlich-rechtlichen Körperschaften dazu benutzt wird, den bestehenden Anteilsbesitz zu verwalten, sei es auch unter Ausübung des ihr zukommenden Einflusses, fehlt es an einer konzernrechtlichen Unternehmensqualität.

– **Gewerkschaften:** Grundsätzlich sind die Gewerkschaften in der Rechtsform des Vereins tätig. Sobald sie aber über umfangreichen industriellen Besitz verfügen, sind sie auch als Unternehmen i.S.d. Konzernrechts zu qualifizieren. Die konzernrechtliche Unternehmensqualität ist hierbei jedoch in jedem einzelnen Sachverhalt zu prüfen.

4. Konzernarten

In rechtlicher Hinsicht sind 2 Arten von Konzernen zu unterscheiden:

▷ **Vertikaler Konzern oder Unterordnungskonzern** (§§ 18 Abs. 1, 17 Abs. 1 AktG): dieser liegt vor, wenn sich die Zusammenfassung unter einheitlicher Leitung auf herrschende und abhängige Unternehmen bezieht. Unterordnungskonzerne können sein:

– Vertragskonzerne (→ *Unternehmensvertrag*, § 291 Abs. 1 AktG),

– Eingliederungskonzerne oder

– faktische Konzerne.

> **Beispiele**
>
> Von einem Unterordnungskonzern kann die Rede sein, wenn durch einen Poolvertrag ein neues Unternehmen geschaffen oder einem der beiden gepoolten Unternehmen beherrschender Einfluss auf das Stimmrecht des gesamten Pakets gegeben wird.
>
> Ein Unterordnungskonzern kann auch dann gegeben sein, wenn ein Einzelaktionär, der mehrere Unternehmen beherrscht, diese einheitlich leitet (vgl. § 18 Abs. 2 AktG).
>
> Im Falle der Abhängigkeit eines Unternehmens von einem Gemeinschaftsunternehmen liegt ein Unterordnungskonzern nur dann vor, wenn die Unternehmen außerdem unter der einheitlichen Leitung des herrschenden Unternehmens zusam-

mengefasst sind. Eine Personenidentität der Vorstände genügt nicht (BAG ZIP 1996, 292 ff.).

Kein Konzern liegt vor, wenn ein Unternehmen durch 2 Unternehmen, die lediglich ihre Stimmen gepoolt haben, beherrscht wird, da das untergeordnete Unternehmen nicht in einem Abhängigkeitsverhältnis zu einem anderen Unternehmen steht.

▷ **Horizontaler oder Gleichordnungskonzern** (§ 18 Abs. 2 AktG): dieser ist dadurch gekennzeichnet, dass die Zusammenfassung unter einheitlicher Leitung ohne Abhängigkeit des einen von dem anderen Unternehmen zustande kommt. Sobald mehrere Rechtssubjekte beteiligt sind, bedarf es einer besonderen Organisation, einer Interessengemeinschaft, um die auf den gemeinsamen Zweck verpflichtete Willensbildung der Konzernspitze zu verwirklichen. Gleichordnungskonzerne sind deshalb grundsätzlich Gesellschaften bürgerlichen Rechts. In der Regel bedarf es einer besonderen vertraglichen Absprache der Beteiligten über ihre Zusammenfassung unter einheitlicher Leitung, sei es durch die Geschäftsführung einer der Konzerngesellschaften oder die Schaffung gemeinschaftlicher Leitungsorgane. Gleichordnungskonzerne können sein

– Vertragskonzerne (Gleichordnungsverträge, § 291 Abs. 2 AktG),

– faktische Konzerne.

Wenn die Gleichordnung infolge einer rein tatsächlichen einheitlichen Leitung, insbesondere in Form einer personellen Verflechtung oder regelmäßiger Abstimmung der verantwortlichen Leitungsorgane, erfolgt, spricht man von einem faktischen Konzern.

▷ **Eingliederung:** Die → *Eingliederung* ist die engste Form einer Konzernierung; dadurch wird die eingegliederte Gesellschaft praktisch zu einer Betriebsabteilung des herrschenden Unternehmens; bei der Eingliederung kann nur ein Unterordnungskonzern bestehen.

▷ **Der Vertragskonzern:** Der Vertragskonzern kommt durch den Abschluss eines Vertrages über die einheitliche Leitung der zusammenzuschließenden Unternehmen zustande.

Der vertragliche *Gleichordnungskonzern* entsteht durch den Abschluss eines solchen Vertrages zw. nicht voneinander abhängige Unternehmen (§§ 18 Abs. 2, 291 Abs. 1 und 2 AktG). So ist die Bildung einer Kapitalgesellschaft möglich, an der sich Konzerngesellschaften als Interessengemeinschaft beteiligen und sich verpflichten, sich der Leitung der Geschäftsführung dieser Gesellschaft zu unterstellen ohne eine Abhängigkeit zu begründen.

Der vertragliche *Unterordnungskonzern* kommt durch den Abschluss eines → *Beherrschungsvertrages* zustande; dadurch entsteht ein Weisungsrecht gegenüber dem abhängigen Unternehmen (§§ 291, 308 AktG); aus steuerlichen Gründen wird stets zugleich ein → *Gewinnabführungsvertrag* geschlossen (§ 291 Abs. 1 AktG). Ein Unternehmen ist dann als Vertragskonzern zu qualifizieren, wenn zwischen dem herrschenden und dem abhängigen Unternehmen ein Beherrschungsvertrag geschlossen worden ist, durch den eine Aktiengesellschaft/KGaA die gesamte Leitung ihrer Gesellschaft einem anderen Unternehmen unterstellt (§ 291 AktG). Nur ein Beherrschungsvertrag begründet einen Vertragskonzern, ein Gewinnabführungsvertrag reicht nicht aus (§ 18 Abs. 1 Satz 2 AktG). Durch den Beherrschungsvertrag wird ein echtes Weisungsrecht begründet und die Voraussetzungen dafür geschaffen, dass der Einfluss des herrschenden Unternehmens auf die Geschäftsführung der abhängigen Gesellschaft im Konzerninteresse ausdrücklich zugelassen wird (§ 308 AktG). Der Vertrag über den Zusammenschluss ist offen zu legen. Im Vertragskonzern sind Weisungen des herrschenden Unternehmens ausdrücklich erlaubt (§§ 291 Abs. 1 Satz 1, 308 Abs. 1 AktG) und in Konsequenz davon für den Vorstand der abhängigen Aktiengesellschaft/KGaA verbindlich (§ 308 Abs. 2 AktG).

▷ **Faktische Konzerne** (§ 292 AktG): Ein faktischer Konzern liegt vor, wenn zwischen einem herrschenden Unternehmen i.S.d. Vorschriften der §§ 311 ff. AktG und einer abhängigen Aktiengesellschaft/KGaA i.S.v. § 17 AktG ein Beherrschungsvertrag fehlt und eine Eingliederung von einem oder mehreren abhängigen Unternehmen rein faktisch über eine einheitliche Leitung durch das herrschende Unternehmen stattfindet. Der → *faktische Konzern* steht neben dem einfachen Abhängigkeitsverhältnis, bei dem die Unternehmen noch nicht eine einheitliche Leitung haben, und dem Vertragskonzern, bei dem durch den abgeschlossenen Beherrschungsvertrag die abhängige Gesellschaft unter die Leitung des herrschenden Unternehmens gestellt wird (körperschaftlicher Organisationsvertrag). Ein faktischer Konzern kann auch dadurch entstehen, dass das herrschende Unternehmen (Obergesellschaft) Mehrheitsanteile an der abhängigen Aktiengesellschaft/KGaA (Untergesellschaft) erwirbt, oder die Obergesellschaft (Muttergesellschaft) eine Untergesellschaft (Tochtergesellschaft) neu gründet, um dorthin selbständige Unternehmensteile auszugliedern oder um neue Unternehmensteile aufzunehmen. Das Konzerninteresse bei faktischen Konzernen wird nicht dem Interesse der Untergesellschaft vorangestellt. Faktische Konzerne, die in der Praxis häufig durch eine vermögensmäßige Beteiligung der herrschenden an der abhängigen Gesellschaft entstehen, unterliegen Haftungsvorschriften, um Schädigungen der außenstehenden Aktionäre und der Gläubiger zu begegnen. (§§ 311–318 AktG).

5. Konzernrecht

▷ **Verbundene Unternehmen:** Werden einzelne Unternehmen zusammengefasst, miteinander verflochten oder sonst wie verbunden, so löst dies Rechtswirkungen aus (§§ 15, 291 ff. AktG, 290 ff. HGB). Konzernunternehmen sind verbundene Unternehmen, gleichgültig, ob es sich um unabhängige, abhängige oder herrschende Unternehmen handelt (§ 15 AktG).

▷ **Konzernrecht im weiteren Sinne:** Das Konzernrecht im weiteren Sinne ist das eigene Recht für Unternehmensverbindungen.

▷ **Konzernrecht im engeren Sinne:** Das Konzernrecht im engeren Sinne stellt das Konzernrecht als Schutzrecht zur Bekämpfung der mit Abhängigkeits- und Konzernlagen für die betroffenen Aktionären und Gläubiger oftmals verbundenen Gefahren dar.

▷ **Rechtsgrundlage:** Das Konzernrecht ist in den §§ 15–22, §§ 291–338 AktG kodifiziert. Hierbei muss stets eine Aktiengesellschaft/KGaA mit Sitz im Innland beteiligt sein (§ 18 AktG).

Besondere Rechtsfolgen bestehen, wenn

- die Abhängigkeit auf einer Mehrheitsbeteiligung beruht (17 AktG),
- der Konzern aufgrund eines → *Beherrschungsvertrages* gebildet wurde (§§ 291 ff. AktG),
- der Konzern aufgrund einer → *Eingliederung* gebildet wurde (§§ 319 ff. AktG),
- ein → *faktischer Konzern* besteht (§§ 311 ff. AktG).

▷ Hieraus entstehen für die Konzernunternehmen besondere **Pflichten:**

- die Verpflichtung zur Aufstellung eines Konzernabschlusses, für das nach dem 31.12.1989 beginnende Geschäftsjahr (§§ 290 ff. HGB und §§ 1 ff. PublG),
- die Verpflichtung zur Erstellung eines Konzernlageberichts (§ 315 HGB) und
- das Mitbestimmungsrecht s.u.
- besondere Offenlegungspflichten (§§ 312–315 AktG, → *Abhängigkeitsbericht*).

▷ Gesetzliche **Regelungen fehlen** über

- das Konzernorganisations- und Konzernverfassungsrecht,
- die Konzernleitungspflicht,
- die Konzernbildungs- und Konzernleitungskontrolle.

▷ **Richterliche Rechtsfortbildung** (BGH NJW 1994, 446; NJW 1994, 3288; NJW 1996, 1283; NJW 1997, 943):

- Sonderregeln zum Gesellschafterdarlehen (BGH AG 1992, 123; BGH WM 1999, 222, 228),
- Sicherung der Kapitalaufbringung, insbesondere die → *verdeckte Sacheinlage* (AG 2001, 5 ff.),
- materielle Beschlusskontrolle, insbesondere der Schutz des → *Bezugsrechts*, vor allem zu Gunsten der Minderheitsaktionäre,
- die vielfältigen → *Treuepflichten*, auch der Aktionäre untereinander,
- die ungeschriebenen Hauptversammlungszuständigkeiten, → *Holzmüller-Entscheidung*.

6. Rechnungslegung

▷ **Konzernabschluss und Konzernlagebericht:** So wie bei der Einzel-AG ein → *Jahresabschluss* und ein Lagebericht für das vergangene Wirtschaftsjahr aufzustellen ist, ist im Falle eines Konzerns zusätzlich ein Konzernabschluss und ein Konzernlagebericht aufzustellen (§ 337 AktG, §§ 290–312, 315 HGB).

▷ **Mutterunternehmen** sind zur Aufstellung eines Konzernabschlusses und eines Konzernlageberichtes verpflichtet, wenn dem Mutterunternehmen (§ 290 HGB)

- in einem Konzern eine Beteiligung an dem oder den anderen unter der einheitlichen Leitung einer Aktiengesellschaft/KGaA stehenden Unternehmen (Tochterunternehmen) gehört (§ 271 Abs. 1 HGB);
- die Mehrheit der Stimmrechte der Gesellschafter bei einem Tochterunternehmen zusteht;
- das Recht zusteht, die Mehrheit der Mitglieder des Verwaltungs-, Leistungs- oder Aufsichtsorgans zu bestellen oder abzurufen und sie gleichzeitig Gesellschafter ist oder
- das Recht zusteht, einen beherrschenden Einfluss aufgrund eines mit diesem Unternehmen geschlossenen Beherrschungsvertrag oder aufgrund einer Satzungsbestimmung dieses Unternehmens auszuüben (§ 290 Abs. 2 HGB).

▷ **Zuständig** für die Aufstellung eines Konzernabschlusses sind die Vertreter des Mutterunternehmens (bei Aktiengesellschaften der → *Vorstand*). In den Konzernabschluss sind das Mutterunternehmen und alle Tochterunternehmen einzubeziehen (§ 294 HGB, *Ausn.* § 295 HGB: Verbot einer Einbeziehung, § 296 HGB: Verzicht auf die Einbeziehung). Börsennotierte Mutterunternehmen müssen einen Konzernabschluss nach IFRS, § 315a HGB aufstellen. Die Offenlegungspflicht für Jahres- und Konzernabschlüsse beträgt seit Inkrafttreten des NaStraG einheitlich 12 Monate, die Sanktionen bei Nichteinhaltung wurden verschärft und sollen weiter verschärft werden (→ *Offenlegunspflichten*). Nur Kapitalgesellschaften, die bestimmte Größenmerkmale für mindestens 2 aufeinander folgende Bilanzstichtage aufweisen, sind verpflichtet, Konzernabschlüsse aufzustellen. Die Größenmerkmale müssen jeweils am Abschlussstichtag eines vom Mutterunternehmen aufzustellenden Konzernabschlusses sowie am vorhergehenden Abschlussstichtag überschritten sein.

▷ **Befreiung:** Ein Mutterunternehmen ist von der Pflicht, einen Konzernabschluss und einen Konzernlagebericht aufzustellen, befreit, wenn

- auf 2 aufeinander folgende Abschlussstichtage mindestens 2 Größenmerkmale zutreffen (s.u. Tabelle, § 293 Abs. 1 HGB);
- ein Mutterunternehmen zugleich Tochterunternehmen eines Mutterunternehmens ist, den Sitz in der EG oder EuWiG hat und die Voraussetzungen des § 291 Abs. 2 HGB erfüllt (*mehrstufige Konzerne*);
- einem Mutterunternehmen, welches seinen Sitz außerhalb des EG hat und die Voraussetzungen des § 292 HGB erfüllt, vom Bundesminister der Justiz Befreiung erteilt ist (§ 292 HGB);
- am Abschlussstichtag *keine* Aktien oder andere vom Mutterunternehmen oder einem in den Konzernabschluss des Mutterunternehmens einbezogenen Tochterunternehmen ausgegebene Wertpapiere an einer Börse in einem Mitgliedsstaat der Europäischen Wirtschaftsgemeinschaft (EuWiG) zum Amtlichen Handel zugelassen oder in den geregelten Freiverkehr einbezogen sind oder die Zulassung zum Amtlichen Handel beantragt ist (§ 293 Abs. 5 HGB).

Für die Feststellung der Größenmerkmale kann hinsichtlich der Beträge auf die maßgebenden Zahlen vor Konsolidierung (*Bruttomethode*) oder auf die maßgebenden Beträge nach Konsolidierung (*Nettomethode*) zurückgegriffen werden.

Tabelle: Befreiung vom Konzernabschluss und Konzernlagebericht

Bruttomethode (§ 293 Abs. 1 Nr. 1 HGB)	Nettomethode (§ 293 Abs. 1 Nr. 2 HGB)
addierte Bilanzsummen (abzüglich Fehlbeträge) aller einzubeziehenden Unternehmen überschreiten nicht 19,272 Mio. Euro	konsolidierte Bilanzsumme (abzüglich Fehlbetrag) übersteigt nicht 16,06 Mio. Euro
addierte Umsatzerlöse überschreiten in den letzten 12 Monaten vor dem Abschlussstichtag nicht 38,544 Mio. Euro	Umsatzerlöse in den 12 Monaten vor dem Bilanzstichtag der beteiligten Unternehmen übersteigen nicht 32,12 Mio. Euro
nicht mehr als durchschnittlich 250 AN in den letzten 12 Monaten vor dem Abschlussstichtag in Mutter- und Tochterunternehmen beschäftigt	nicht mehr als durchschnittlich 250 AN in den letzten 12 Monaten vor dem Abschlussstichtag in Mutter- und Tochterunternehmen beschäftigt

Legende: Die angegebenen Werte gelten für *Geschäftsjahre seit dem 1.1.2004* (Bilanzrechtsreformgesetz v. 4.12.2004). Die o.g. Größenbefreiungen gelten nicht für Banken und Versicherungsunternehmen.

▷ **Konzernanhang:** (§ 337 AktG, §§ 313, 314 HGB): Der Konzernanhang ist Bestandteil des Konzernabschlusses und bildet mit der Konzernbilanz und mit der Konzern-Gewinn-und-Verlustrechnung eine Einheit (§ 297 Abs. 1 HGB). In den Konzernanhang sind aufzunehmen (§§ 313, 314 HGB):

– Erläuterungen der Konzernbilanz,

– Erläuterungen der Konzern-Gewinn-und -Verlustrechnung,

– Angaben zum Beteiligungsbesitz,

– sonstige Pflichtangaben (§ 314 HGB).

Im Übrigen s. → *Rechnungslegung.*

7. Mitbestimmung

Den → *Arbeitnehmern* eines abhängigen Konzernunternehmens muss ein Mitbestimmungsrecht in der herrschenden Gesellschaft eingeräumt werden, wenn sie auf die Entscheidung der Konzernspitze Einfluss nehmen wollen. Die → *Mitbestimmung* von Arbeitnehmern wird durch ihre Teilnahme am Entscheidungsprozess im Aufsichtsrat ausgeübt:

– § 2 MontanMitbestG;

– §§ 3 Abs. 1, 5–13 MitbestErgG, Voraussetzungen: die Konzernunternehmen und abhängige Konzernunternehmen müssen insgesamt

  – mindestens $\frac{1}{5}$ der Umsätze sämtlicher Konzernunternehmen und abhängigen Unternehmen erzielen, vermindert um die in den Umsätzen enthaltenen

Kosten für fremdbezogene Roh-, Hilfs- und Betriebsstoffe und für Fremdleistungen oder

- i.d.R. mehr als 2000 Arbeitnehmer beschäftigen;
- § 2 Abs. 1 DrittelBG: bei herrschenden Aktiengesellschaft/KGaA mit mehr als 500 Arbeitnehmern bzw. solchen, die vor 10.8.1994 eingetragen und keine Familiengesellschaft sind: an der Wahl der Vertreter der Arbeitnehmer für den Aufsichtsrat des herrschenden Unternehmens nehmen auch die Arbeitnehmer der Betriebe der übrigen Konzernunternehmen teil. Die Arbeitnehmer der Konzernunternehmen gelten hierbei als Arbeitnehmer der herrschenden Aktiengesellschaft/KGaA (§ 2 Abs. 2 DrittelBG);
- § 5 MitbestG, wenn die inländische herrschende Konzern-Aktiengesellschaft mehr als 2000 Arbeitnehmer beschäftigt (§ 1 Abs. 1 Nr. 2 MitbestG): Arbeitnehmer der Konzernunternehmen gelten als Arbeitnehmer des herrschenden Unternehmens, wählen den Aufsichtsrat des herrschenden Unternehmens mit und können in diesen gewählt werden.

8. Haftung im Konzern

▷ **Subsidiarität:** Die Konzernhaftung stellt lediglich eine subsidiäre Anspruchsgrundlage dar, die erst geltend gemacht werden kann, wenn Einzelausgleichsansprüche, etwa Schadenersatzansprüche wegen Treuepflichtverletzung, aus unerlaubter Handlung oder wegen einer Verletzung der Kapitalerhöhungsvorschriften nicht geltend gemacht werden können (→ *Haftung*, → *Schadenersatz*). Dem deutschen Recht ist ein allgemeiner Haftungsdurchgriff im Konzern fremd. Selbst im Vertragskonzern haften für die Verbindlichkeiten der einzelnen Tochtergesellschaften grundsätzlich nur diese und nicht die anderen Konzernunternehmen.

▷ **Tragende Grundsätze** des eigenständigen Konzernhaftungsrechts (§§ 302, 303 AktG):

- Nicht jede Ausübung der Leitungsmacht ist ausreichend, erforderlich ist stets ein objektiver Missbrauch seitens des herrschenden Gesellschafters ohne Verschuldenserfordernis;
- ein beherrschendes Unternehmen/Unternehmensgesellschafter haftet, wenn die Konzernleitungsmacht in einer Weise ausgeübt wird, die keine angemessene Rücksicht auf die Belange der abhängigen Gesellschaft nimmt, ohne dass sich der dieser Gesellschaft insgesamt zugefügte Nachteil durch Einzelausgleichsmaßnahmen kompensieren ließe;
- der Kläger hat immer diejenigen Umstände darzulegen und zu beweisen, die eine Annahme nahe legen, dass keine angemessene Rücksicht auf die Belange der abhängigen Gesellschaft genommen worden sind. Erleichterung seiner Substantiierungslast kann eingeräumt werden, soweit das herrschende Unternehmen im Gegensatz zum Kläger die maßgebenden Tatsachen kennt und diesem Unternehmen die Darlegung des Sachverhalts zumutbar ist;
- für einen Konzernhaftungstatbestand muss im Hinblick auf den beanstandeten objektiven Missbrauch seitens des herrschenden Unternehmens im qualifiziert

faktischen Konzern eine Situation eingetreten sein, die den Gesetzgeber zur Schaffung der Ausgleichspflicht für den Vertragskonzern veranlasst (BGH NJW 1997, 943, 944).

▷ Der **Schutz der abhängigen Gesellschaft** und ihrer Gläubiger werden durch Sondervorschriften gesichert, deren Anwendung zwingend ist, z.B. in Hinblick auf

– Umfang der gesetzlichen Rücklagen (§ 300 AktG);
– Höchstbeträge bei der Gewinnabführung (§ 301 AktG);
– Verlustübernahmepflicht des herrschenden Unternehmens (§ 302 AktG);
– Anspruch der Altgläubiger auf Sicherheitsleistung bzw. bei Insolvenz auf Zahlung (§ 303 AktG).

▷ **Weisungsrecht:** Bei → *abhängigen Gesellschaften* besteht ein → *Weisungsrecht* des herrschenden Unternehmens. Bei Missbrauch des Weisungsrechts haften der abhängigen Gesellschaft gegenüber

– die gesetzlichen Vertreter des herrschenden Unternehmens als Gesamtschuldner, wenn diese die ihnen obliegende Sorgfalt eines ordentlichen und gewissenhaften Geschäftsleiters nicht beachtet haben (§ 317 AktG);
– das herrschende Unternehmen selbst, das für den Schaden verantwortlich ist, den der Vorstand, ein Mitglied des Vorstands oder ein verfassungsmäßig berufener Vertreter durch eine in Ausführung der ihm zustehenden Verrichtungen begangene, zum Schadenersatz verpflichtende Handlung einem anderen zufügt (§ 31 BGB, § 317 AktG);
– die Verwaltungsmitglieder (Vorstand und Aufsichtsrat) der abhängigen Gesellschaft als Gesamtschuldner bei Verletzung ihrer Pflichten entsprechend der Sorgfalt eines ordentlichen und gewissenhaften Geschäftsleiters (§§ 310, 318 AktG).

▷ **Existenzgefährdende und existenzvernichtende Weisungen** sind im Interesse des Gläubigerschutzes stets unzulässig und beeinflussen nicht den Fortbestand des abhängigen Unternehmens (§§ 300 ff., 304 ff., insbesondere 303 AktG). Nach wie vor bleiben aber zahlreiche Ansatz- und Bewertungswahlrechte mit den jeweiligen Spielräumen seitens der Leitung des herrschenden Unternehmens gegeben, die aufgrund des Weisungsrechts (§ 308 AktG) als Maßstab für die Gestaltung eines Jahresüberschusses bei der abhängigen Gesellschaft zugrunde gelegt werden und so die Entstehung eines Jahresüberschusses auch verhindern können, wenn dies der Geschäftspolitik des herrschenden Unternehmens entspricht (Konzernverrechnungspreise). Eine Pflicht, von Einflussnahmemöglichkeiten, die sich aus Unternehmensverbindungen ergeben, in umfassender Weise Gebrauch zu machen und auch abhängige Unternehmen nach den Vorgaben des § 76 Abs. 1 AktG umfassend zu leiten (sog. *Konzernleitungspflicht*), gibt es nicht (ganz h.M., vgl. *Hüffer*, AktG, 7. Aufl. 2006, § 76 Rn. 17).

9. Steuerrechtliche Beurteilung

▷ **Steuerbefreiung:** Die Abschaffung des Anrechnungsverfahrens bedingt die nur durch die Abzugsbeschränkung leicht eingeschränkte Steuerbefreiung von Dividendenerträgen/Beteiligungserträgen im Konzern (§ 8b Abs. 1 KStG, → *Halbeinkünfteverfahren*). Es tritt weder eine Belastung mit Gewerbesteuer noch mit Körperschaftssteuer ein. Die Steuerbefreiung der Dividendenerträge ändert jedoch nichts an der Pflicht zur Einbehaltung der Kapitalertragsteuer im Konzern (§ 43 Abs. 1 Nr. 1b EStG). Sie beträgt 20% des ausgeschütteten Gewinnanteils (§ 43a Abs. 1 Nr. 1 EStG). Zusätzlich zur Kapitalertragsteuer ist der Solidaritätszuschlag einzubehalten, so dass sich der Abzug an der Quelle auf insgesamt 21,1 % beläuft, wodurch sich erhebliche Liquiditätsnachteile ergeben können. Im Konzern wirkt sich die Dividendenfreistellung auch auf Ermittlung des Gewerbeertrags aus, ohne dass es auf die gewerbesteuerlichen Schachtelprivilegien noch ankäme (§ 8b Abs. 1 KStG i.V.m. § 7 GewStG). Diese Bestimmungen finden dementsprechend nur noch Anwendung auf Einzelunternehmer und inländische Personenunternehmen. Gewinne aus der Veräußerung von Anteilen an einer inländischen oder ausländischen Gesellschaft sind steuerbefreit (§ 8b Abs. 2 KStG). Sie unterliegen insoweit der gleichen Behandlung wie die → *Dividenden* der entsprechenden Gesellschaft. Dem liegt die Überlegung zugrunde, dass Veräußerungsgewinne letztlich thesaurierte Gewinne und stille Reserven des veräußerten Unternehmens reflektieren, also Wertschöpfungen der operativen Einheit, die auch nur auf dieser Ebene der Besteuerung zugeführt werden sollen. Insoweit ist die Freistellung der Veräußerungsgewinne nur konsequent.

▷ **Ausschluss von der Steuerbefreiung:** Die Steuerbefreiung wird nicht gewährt für Gewinne aus der Veräußerung (§ 8b Abs. 4 Satz 1 KStG)

- einbringungsgeborener Anteile (§ 21 UmStG) oder
- solcher Anteile, die die Körperschaft zu einem unter dem Teilwert liegenden Wert von einem nicht von § 8b Abs. 2 KStG erfassten Begünstigten erworben hat.

▷ **Rückausnahmen:** Die Steuerbefreiung wird dennoch in 2 Ausnahmetatbeständen gewährt (§ 8 Abs. 4 Satz 2 KStG):

- wenn die Veräußerung bzw. ein dieser gleichgestellten Gewinnrealisierungstatbestand „später als 7 Jahre nach dem Zeitpunkt des Erwerbs" der Anteile stattfindet (*Sperrfrist*, § 8b Abs. 4 Satz 2 Nr. 1 KStG); für die Berechnung der Frist gelten die allgemeine Grundsätze, insbesondere die Vorschriften über die steuerliche Rückwirkung im Falle von Umwandlungen; die Hintereinanderschaltung mehrfacher Einbringungstatbestände führt nicht zur Verlängerung der Frist;
- bei Veräußerung einbringungsgeborener Anteile, deren Erwerb eine Einbringung mehrheitsvermittelnder Anteile zugrunde lag (*Anteilstausch*, § 8b Abs. 4 Satz 2 Nr. 2 KStG).

▷ **Abzugsbeschränkungen:** Abzugsbeschränkungen im Zusammenhang mit der Vereinnahmung steuerfreier Beteiligungserträge und Veräußerungsgewinne sind uneinheitlichen geregelt. Als Grundsatz gilt: 5 % der Erträge werden als nicht abzugsfähige Betriebsausgabe gesetzlich fingiert, unabhängig davon, in welcher Höhe Betriebsausgaben tatsächlich in unmittelbarem wirtschaftlichen Zusammenhang mit den steuerfrei vereinnahmten Dividenden stehen (§ 8b Abs. 5 KStG).

Hinweis auf weiterführende Literatur: *Altmeppen,* Grundlegend Neues zum „qualifiziert faktischen" Konzern und zum Gläubigerschutz in der Einmann-GmbH, ZIP 2001, 1837 ff.; *Antweiler,* Sanierungsverantwortlichkeit für Altlasten im Konzern, BB 2002, 1278 ff.; *Aschenbeck,* Personenidentität bei Vorständen in Konzerngesellschaften (Doppelmandat im Vorstand), NZG 2000, 1015 ff.; *Becker/Fett,* Börsengang im Konzern – Über ein „Zuteilungsprivileg" zum Schutz von Aktionärsinteressen, WM 2001, 549 ff.; *Bezzenberger/Schuster,* Die öffentliche Anstalt als abhängiges Konzernunternehmen, ZGR 1996, 481, 484 ff.; *Busse v. Colbe,* Kleine Reform der Konzernrechnungslegung durch das TransPuG, BB 2002, 1583 ff.; vd. *Crone/Walter,* Konzernerklärung und Konzernverantwortung, SZW/RSDA 2: 2001, 53 ff.; *Ebeling/Baumann/Pöller,* Konzernrechnungslegung mittelständischer Unternehmen unter besonderer Berücksichtigung der Personalhandelsgesellschaften (Teil II), DStR 2001, 1171 ff.; *Ehricke,* Die neue europäische Insolvenzordnung und grenzüberschreitende Konzerninsolvenzen, EWS 2002, 101 ff.; *Emmerich/Habersack,* Kommentar zum Aktien- und GmbH-Konzernrecht, 4. Aufl. 2005; *Emmerich/Habersack,* Konzernrecht, 8. Aufl. 2005; *Fußbroich,* Verlustverrechnung und Verlustverwertung im nationalen Kapitalgesellschaftskonzern, DStR 2002, 697 ff.; *Druey,* Misstrauen in die Vertrauenshaftung? Nochmals zum „Konzernvertrauen", SZW/RSDA 2001, 190 ff.; *Herzig/Dempfle,* Konzernsteuerquote, betriebliche Steuerpolitik und Steuerwettbewerb, DB 2002, 1 ff.; *Joussen,* Gesellschaftskonsortien im Konzernrecht, AG 1998, 329, 331 f.; *Kessler,* Die Konzernhaftung kommunaler Gebietskörperschaften, GmbHR 2001, 320 ff.; *Kessler/Strickmann,* Facelifting für das auslaufende Konzernbilanzrecht, StuB 2002, 629 ff.; *Kleindiek,* Entstehung und Fälligkeit des Verlustausgleichsanspruchs im Vertragskonzern – Besprechung der Entscheidung BGH 142, 382, ZGR 2001, 479 ff.; *Krebühl,* Zur Reform und Reformnotwendigkeit der deutschen Konzernbesteuerung, DStR 2001, 1730 ff.; *Lück,* Das Going-Concern-Prinzip in Rechnungslegung und Jahresabschlußprüfung, DB 2001, 1945 ff.; *Milde,* Der Gleichordnungskonzern im Gesellschaftsrecht, 1996; *Mühlberger,* Die zweckadäquate Bilanzierung von Minderheitsanteilen im ein- und mehrstufigen Konzern nach HGB, IAS und US-GAAP, WPg 2001,1312 ff.; *R. Müller,* Die Konzernsteuerquote – Modephänomen oder ernst zu nehmende neue Kennziffer, DStR 2002, 1684 ff.; *Neye,* Verlustabzug nach Anteilübertragung im Konzern, BB 2003, 73 ff.; *Raiser,* Konzernverflechtungen unter Einschluss öffentlicher Unternehmen, ZGR 1996, 458, 465 ff.; *Rödder/Simon,* Folgen der Änderung der gewerbesteuerlichen Organschaftsvoraussetzungen für die steuerliche Beurteilung von Steuerumlagen im Konzern, DB 2002, 496 f.; *Ruhnke/Schmidt/Seidl,* Anzuwendende Prüfungsnormen bei der Prüfung eines Konzernabschlusses nach § 292a HGB, BB 2002, 138 ff.; *Schlagheck,* Nutzungsvorteile im Konzern nach der Unternehmenssteuerreform, GmbHR 2002, 92 ff.; *Schmidbauer,* Die Bewertung von Konzernen als Problem in der Theorie der Unternehmensbewertung, DStR 2002, 1542 ff.; *Karsten Schmidt,* „Unternehmen" und „Abhängigkeit": Begriffseinheit und Begriffsvielfalt im Kartell- und Konzernrecht, ZGR 1980, 277; *Schmitz,* Verdeckte Gewinnausschüttung im Konzern und systemgerechte Besteuerung nach der Unternehmens-steuerreform?, DB 2001, 1166 ff.; *Uwe H. Schneider/Burgard,* Übernahmeangebote und Konzerngründung – Zum Verhältnis von Übernahme, Gesellschafts- und Konzernrecht, DB 2001, 963 ff.; *Schurbohm/Streckenbach,* Modernisierung der Konzernrechnungslegung durch das Transparenz- und Publizitätsgesetz, WPg 2002, 845 ff.; *Schwörer,* Kein Austrittsrecht nach § 305 AktG im qualifizierten faktischen Aktienkonzern, NZG 2001, 550 ff.; *Seigel,* Rückstellungen nach dem Going Concern-Prinzip – eine unzweckmäßige Innovation, DStR 2002, 1636 f.; *Simon,* Steuerumlagen im (mehrstufigen) Vertragskonzern, ZIP 2001, 1697 ff.; *Stein/Becker,* Steuerplanung beim

Erwerb von Auslandsbeteiligungen im Kapitalgesellschaftskonzern, GmbHR 2003, 84 ff.; *Tischer*, Rechtsformwahl nach der Unternehmenssteuerreform im Endwert-Modell, FR 2001, 1009 ff.; *Wenger/Kaserer/Hecker*, Konzernbildung und Ausschluss von Minderheiten im neuen Übernahmerecht: eine verpasste Chance für einen marktorientierten Minderheitenschutz, ZBB 2001, 317 ff.; *Werner*, Konzernrechtliche Abhängigkeit und einheitliche Leitung in mitbestimmten Konzernen, ZGR 1976, 447, 474 ff.; *Wotschofsky/Heller*, Latente Steuern im Konzernabschluss, IStR 2002, 819 ff.; *Zwingmann*, Grundlegende Anpassungsmaßnahmen für eine Einbeziehung von Tochterunternehmen in den Konzernabschluss unter Berücksichtigung neuester Entwicklungen durch das Transparenz- und Publizitätsgesetz (TransPuG), DStR 2002, 971 ff.

Hinweis auf weitere Stichwörter

→ *Abhängige Gesellschaft*
→ *Beherrschungsvertrag*
→ *Beteiligung*
→ *Gewinnabführungsvertrag*
→ *Holding*

→ *Joint Venture*
→ *Organ*
→ *Unternehmen*
→ *Verbundene Unternehmen*

Kraftloserklärung

Die Kraftloserklärung von Aktien (§§ 72, 73, 226 AktG) bewirkt, dass die Urkunde das Mitgliedschaftsrecht nicht mehr verbrieft. Das unverbriefte Mitgliedschaftsrecht selbst besteht aber fort.

Hinweis auf weitere Stichwörter

→ *Einziehung*
→ *Auslosung*

→ *Kaduzierung*

Kreditgewährung

→ *Darlehen*

Kündigung

1. Kündigung von Vorstandsmitgliedern 541
2. Kündigung von Aufsichtsratsmitgliedern 541
3. Kündigung von Unternehmensverträgen 541

1. Kündigung von Vorstandsmitgliedern

→ *Vorstandsmitglieder*
→ *Anstellungsverhältnis*

2. Kündigung von Aufsichtsratsmitgliedern

→ *Aufsichtsratsmitglieder*
→ *Anstellungsverhältnis*

3. Kündigung von Unternehmensverträgen

▷ **Folgen:** Mit der Kündigung wird der Unternehmensvertrag beendet. Dies hat für das herrschende Unternehmen zur Folge, dass es

- einen Verlustausgleich auf den Jahresfehlbetrag,
- Ausgleichszahlungen und
- Sicherheit

leisten muss.

Der Umstand, dass die durch die Kündigung bewirkte Vertragsbeendigung nicht in das Handelsregister eingetragen worden ist, steht deren Wirksamkeit nicht entgegen.

▷ **Ordentliche Kündigung:** Ob eine ordentliche Kündigung möglich ist, hängt im Wesentlichen davon ab, ob es sich um einen Beherrschungs- und Ergebnisabführungsvertrag oder um einen anderen Unternehmensvertrag handelt.

▷ **Beherrschungs- und Ergebnisabführungsvertrag:** Fehlt eine vertragliche Regelung, nimmt die herrschende Meinung an, dass es kein Recht zur ordentlichen Kündigung gibt. Bestimmungen über die ordentliche Kündigung können in den Vertrag aufgenommen werden, z.B. indem

- die ordentliche Kündigung vertraglich ausgeschlossen wird (regelmäßig zu Lasten des herrschenden Vertragsteils),
- die ordentliche Kündigung erst nach einer Frist zulässig sein soll,
- der Vertrag auf unbestimmte Zeit geschlossen und die ordentliche Kündigung vertraglich vorbehalten wird,
- eine Vereinbarung darüber aufgenommen wird, dass eine bestimmte Tatsache, die herbeizuführen die Parteien jederzeit in der Lage sind, als wichtiger Grund für eine außerordentliche Kündigung gelten soll (vgl. BGH DB 1993, 1074),
- die ordentliche Kündigung an die Zustimmung außenstehender Aktionäre gebunden wird. Darin liegt keine Einschränkung der Vertretungsmacht des Vorstandes, sondern eine vertragliche Voraussetzung für die Wirksamkeit der ordentlichen Kündigung.

Die Auffassung der herrschenden Meinung ist zumindest zweifelhaft, weil sie dazu führt, dass ein auf unbestimmte Zeit geschlossener Vertrag ein Vertrag „auf alle Ewigkeit" wird. Dies scheint aber nach allgemeinem Zivilrecht unvermeidbar, da Dauerschuldverhältnisse auch ohne besondere Regelung zwar immer aus wichtigem Grund lösbar sein müssen, ein entsprechender Grundsatz aber für die ordentliche Kündigung nicht existiert und von der Rechtsprechung ausdrücklich abgelehnt wird.

Wird ein Beherrschungs- oder Ergebnisabführungsvertrag während des laufenden Geschäftsjahres beendet, muss die herrschende Gesellschaft den Verlustausgleich auf den Jahresfehlbetrag sowie die Ausgleichszahlungen zeitanteilig für diesen Teil des Jahres leisten, nicht für das gesamte Jahr (vgl. BGH NJW 1988, 1326).

▷ **Anderer Unternehmensvertrag:** Für Unternehmensverträge i.S.d. § 291 AktG ist die Rechtslage anders, weil dort bei Fehlen vertraglicher Regelungen auf allgemeine zivilrechtliche Vorschriften zurückgegriffen werden muss.

> **Beispiel**
>
> – Die jederzeitige Kündigungsmöglichkeit (§ 723 BGB) für Gewinngemeinschaften,
> – die Kündigung nur zum Schluss des Pachtjahres bei Betriebspacht- oder Betriebsführungsverträgen.

Daneben können für die ordentliche Kündigung vertragliche Regelungen wie für Beherrschungs- und Gewinnabführungsverträge getroffen werden.

▷ **Kündigungszeitpunkt:** Frist und Zeitpunkt der Kündigung sind der Vertragsfreiheit überlassen. Wird kein Kündigungstermin festgelegt, gilt bei Beherrschungs- und Ergebnisabführungsverträgen eine Kündigungsfrist von 6 Monaten zum Ende eines Geschäftsjahres (§ 132 HGB analog i.V.m. § 296 Abs. 1 Satz 1 AktG).

▷ **Sonderbeschluss außenstehender Aktionäre:** Bei einem Beherrschungs- oder Ergebnisabführungsvertrag, der zur Leistung eines Ausgleichs an die außenstehenden Aktionäre der Gesellschaft oder zum Erwerb ihrer Aktien verpflichtet, müssen die außenstehenden Aktionäre durch Sonderbeschluss zustimmen (§ 297 Abs. 2 AktG). Der Vorstand, der ohne Sonderbeschluss kündigt, handelt als Vertreter ohne Vertretungsmacht. Eine ohne Vertretungsmacht ausgesprochene Kündigung kann nicht später genehmigt werden (vgl. § 180 Satz 1 BGB). Sie ist allerdings dann wirksam, wenn der Vertragspartner die fehlende, aber behauptete Vertretungsmacht nicht beanstandet oder er mit dem Handeln als Vertreter ohne Vertretungsmacht einverstanden war (§ 180 Satz 2 BGB). Dadurch, dass die gesetzliche Regelung den Schutz der außenstehenden Aktionäre nur für den Fall der Kündigung durch die verpflichtete Gesellschaft anordnet, kann diese Regelung leicht umgangen werden, indem die Kündigung durch den anderen Vertragsteil erfolgt. Der Schutz außenstehender Aktionäre kann jedoch sichergestellt werden, indem die ordentliche Kündigung auch durch den anderen Vertragsteil im Unternehmensvertrag ausgeschlossen oder vertraglich im Sinne einer Wirksamkeitsvoraussetzung an die Zustimmung der außenstehenden Aktionäre der Gesellschaft gebunden wird.

▷ **Außerordentliche Kündigung:** Unternehmensverträge können bei Vorliegen eines wichtigen Grundes fristlos gekündigt werden (§ 297 Abs. 1 AktG).

Bei *Betriebspacht- oder Betriebsüberlassungsverträgen* ist außerdem eine außerordentliche Kündigung nach den Regeln des Pachtrechts unter Einhaltung einer Kündigungsfrist möglich (§ 569 BGB, § 581 Abs. 2 BGB, § 584a Abs. 2 BGB).

▷ **Wichtiger Grund:** Grundsätzlich liegt ein wichtiger Grund vor, wenn für den kündigenden Vertragsteil die weitere Fortsetzung des Vertragsverhältnisses wegen ernsthafter und nicht oder nicht in angemessener Art und Weise behebbarer Schwierigkeiten unzumutbar ist. Darüber hinaus können weitere wichtige Gründe vertraglich festgelegt werden. Solche vertraglichen Gründe sind grundsätzlich zulässig, dürfen aber nicht zu einer erweiterten Definition der wichtigen Gründe führen, indem sie eine Kündigung auch in einem der unten genannten an sich unzulässigen Fälle gestatten.

Im Einzelnen kann man folgende *Fallgruppen von wichtigen Gründen* unterscheiden:

- Das herrschende Unternehmen ist voraussichtlich nicht in der Lage, seine Verpflichtungen zu erfüllen (§ 297 Abs. 1 Satz 2 AktG); ausreichend dafür ist eine ernsthafte Prognose, welche die Gefahr einer längerfristigen oder sich unzumutbar hinziehenden Störung objektiv begründet erscheinen lässt – allein die Leistungsunwilligkeit des herrschenden Unternehmens genügt hierfür nicht;
- es sind Vertragsverletzungen eingetreten, die eine weitere Fortsetzung des Vertragsverhältnisses unzumutbar machen;
- es besteht die ernsthafte, aus gegenwärtigen Umständen ableitbare und objektiv nachvollziehbare Besorgnis, dass es in der Zukunft nicht zur Erfüllung der Verpflichtungen kommen werde, z.B. anfängliche Erfüllungsverweigerung;
- dem beherrschten Unternehmen werden andauernd nach § 308 AktG unzulässige Weisungen erteilt;
- es tritt ein Auflösungsgrund ein (Liquidation eines Vertragspartners);
- es ergeht eine kartellrechtliche Untersagungsverfügung (§ 24 Abs. 2 Satz 5 GWB, § 24 Abs. 6, 7 Nr. 3 und 4 GWB);

einen wichtigen Grund stellt außerdem die Veräußerung oder die Einbringung der Organbeteiligung durch den Organträger, die Verschmelzung, Spaltung oder Liquidation des Organträgers oder der Organgesellschaft dar (Abschnitt 55 Abs. 7 KStR).

▷ **Keine Gründe** für eine fristlose Kündigung sind grundsätzlich

- das Fehlschlagen der an den Unternehmensvertrag geknüpften wirtschaftlichen Erwartungen,
- kurzfristige Leistungsstockungen des anderen Vertragsteils,
- eine Verschlechterung der Ertragslage der Gesellschaft,

- die Veräußerung der Aktien, die das herrschende Unternehmen am beherrschten Unternehmen hält (streitig, so aber z.B. LG Frankenthal ZIP 1988, 1460; für Kündigungsgrund LG Bochum GmbHR 1987, 24; differenzierend OLG Düsseldorf DB 1994, 2125), soweit dadurch Unternehmereigenschaft nicht entfällt,
- die Auflösung eines Vertragspartners durch Insolvenz (in diesem Fall endet der Unternehmensvertrag von Rechts wegen).

Die Zustimmung der außenstehenden Aktionäre ist bei Kündigung aus wichtigem Grund wegen der grundsätzlichen Eilbedürftigkeit nicht vorgesehen.

Steuerliche Folgen: Die besondere Situation, die zu einer außerordentlichen Kündigung des Unternehmensvertrags berechtigt, wird auch im Steuerrecht privilegiert: entgegen der ansonsten vorgeschriebenen Mindestlaufzeit von 5 Jahren für die steuerliche Anerkennung der → *Organschaft* ist eine fristlose Kündigung steuerunschädlich; sie führt nicht zur Rückgängigmachung der steuerlichen Wirkung (§ 14 Nr. 4 Satz 3 KStG). Voraussetzung der steuerlichen Privilegierung ist, dass die fristlose Kündigung in zeitlichem Zusammenhang mit dem Eintritt des wichtigen Grundes ausgesprochen wird, wobei die einzuhaltende Frist ungewiss ist. Ein allgemeiner Grundsatz, dass eine Frist von 2 Wochen zwischen dem Ereignis und der Kündigung einzuhalten ist (§ 626 Abs. 2 Satz 1 BGB analog), besteht nicht.

Hinweis auf weitere Stichwörter

→ *Aufsichtsratsmitglieder*
→ *Unternehmensvertrag*

→ *Vorstandsmitglieder*

Lagebericht

→ *Jahresabschluss*

Hinweis auf weiterführende Literatur: *Maul/Greinert*, Der Lagebericht im Entwurf des Rahmenkonzepts des DSR, DB 2002, 2605 ff.; *Siebel/Gebauer*, Prognosen im Aktien- und Kapitalmarktrecht – Lagebericht, Zwischenbericht, Verschmelzungsbericht, Prospekt usw., Teil I und II, WM 2001, 118 ff. und 173 ff.

Legitimation

▷ **Begriff:** Die Legitimation ist der Nachweis eines Aktionärs, um bestimmte Rechte in Anspruch nehmen zu können (z.B. Teilnahme an der → *Hauptversammlung* oder Stimmrechtsausübung).

Eine formelle Legitimation ist erforderlich bei

- Teilnahme an der Hauptversammlung (→ *Teilnahmerecht*),
- Stimmrechtsabgabe (→ *Stimmrecht*),
- Einsichtsbegehren in Unterlagen der Aktiengesellschaft (→ *Jahresabschluss*),
- Geltendmachung des Anspruchs aus dem Abwicklungsüberschuss (§ 272 AktG).

▷ **Legitimationsmittel** sind
- der Name bei → *Namensaktien* (§ 67 Abs. 2 AktG),
- der Name bei → *Zwischenscheinen* (§ 67 Abs. 4 AktG),
- → *Aktienurkunde* oder Berechtigungsnachweis, bei → *Inhaberaktien*, (§ 123 Abs. 3 Satz 1 AktG).

▷ **Legitimationsaktionär:** Der Legitimationsaktionär ist gerade nicht Rechtsinhaber, sondern wurde nur vom Inhaber zur Ausübung gewisser Aktionärsrechte im eigenen Namen ermächtigt (→ *Inhaberpapier*, → *Aktionär*).

▷ **Legitimationsübertragung:** Im Falle einer Legitimationszession ist es streitig, ob der Legitimationsaktionär oder der von ihm mittelbar vertretene Rechtsinhaber anfechtungsberechtigt ist (§ 129 Abs. 3 AktG). Der Legitimationszedent, als Inhaber der Aktie, ist grundsätzlich anfechtungsbefugt (wie in den Fällen der Stellvertretung, → *Anfechtung*). Er kann jedoch den Zessionar auch zur Anfechtung ermächtigen, was üblicherweise auch dem Willen des Legitimationszedenten entsprechen dürfte.

▷ **Legitimationspapier:** Der → *Talon* (Erneuerungsschein) ist ein Legitimationspapier und kein → *Inhaberpapier*.

Hinweis auf weiterführende Literatur: *Maul/Greinert*, Der Lagebericht im Entwurf des Rahmenkonzepts des DSR, DB 2002, 2605 ff.; *Noack/Zetzsche*, Die Legitimation der Aktionäre bei Globalaktien und Depotverbuchung, AG 2002, 651 ff.

Hinweis auf weitere Stichwörter

→ *Aktionär*
→ *Hauptversammlung*

→ *Hinterlegung*

Leitungsmacht

Die Leitungsmacht der Aktiengesellschaft befindet sich beim → *Vorstand*. Übergeordnete Kontrollinstanz für die Tätigkeit des Vorstands ist der → *Aufsichtsrat*. Allein aufgrund von → *Beherrschungsverträgen* oder bei einer → *Eingliederung* kann die Leitungsmacht der Aktiengesellschaft auf ein anderes Unternehmen übertragen werden.

Hinweis auf weitere Stichwörter

→ Aufsichtsrat
→ Unternehmensvertrag

→ Vorstand

Leverage-Effekt

Der Leverage-Effekt beschreibt die Erhöhung der Eigenkapitalrentabilität durch eine erhöhte Fremdkapitalquote. Dies bietet sich vor allem während einer Niedrigzinsphase an. Korrespondierend mit der höheren Rendite steigt auch das Risiko des Eigenkapitals, weil eine geringfügige Erhöhung des Aufwands den Übergang von Gewinn auf Verlust verursachen kann.

Hinweis auf weitere Stichwörter

→ Jahresabschluss

→ Bilanzierung

Liquidation

Arten der Liquidation einer Aktiengesellschaft:

– die Abwicklung (§§ 264 Abs. 1, 265 ff. AktG),
– die Nachtragsabwicklung (§ 264 Abs. 2 AktG),
– das Insolvenzverfahren (§§ 11 Abs. 1 und 3, 15, 18 Abs. 3, 19, 31, 101 Abs. 1, 138 Abs. 2, 199 Satz 2 InsO).

Hinweis auf weitere Stichwörter

→ Abwickler
→ Abwicklung

→ Insolvenz
→ Löschung

Liquidität

▷ **Cash-Flow:** Die Liquidität der Aktiengesellschaft bestimmt sich nach dem erwirtschafteten oder durch Dritte eingebrachten Cash-Flow (→ *Jahresabschluss*).

▷ **Eine Liquiditätserhöhung** erreicht die Gesellschaft durch

– Erwirtschaftung eines positiven operativen Cash-Flow,

- Kapitalerhöhung (§§ 182 ff. AktG, → *Kapitalerhöhung*),
- Ausgabe von → *Wandelschuldverschreibungen* und
- Ausgabe von Optionsanleihen (→ *Option*).

▷ **Eine Liquiditätsreduzierung** erreicht die Gesellschaft durch
- Erwirtschaftung eines negativen operativen Cash-Flow,
- Dividendenausschüttung (§§ 58, 172 AktG, → *Dividende*),
- Kapitalherabsetzung (§§ 222 ff. AktG, → *Kapitalherabsetzung*) und
- Aktienrückkauf (§ 71 Abs. 1 AktG, → *Aktie*).

Hinweis auf weitere Stichwörter

→ *Aktie*	→ *Kapitalerhöhung*
→ *Bilanzierung*	→ *Kapitalherabsetzung*
→ *Dividende*	

Listing

Listing bedeutet die Zulassung der → *Aktie* an der Börse (→ *Börsennotierung*).

Hinweis auf weitere Stichwörter

| → *Börsengang* | → *Delisting* |
| → *Börsensegmente* | |

Löschung

1. Begriff 547
2. Löschung bei Nichtigkeit 548
3. Löschung bei Verfahrensfehler 549
4. Löschung bei Vermögenslosigkeit .. 549

1. Begriff

▷ **Wirkung:** Die Löschung der Aktiengesellschaft aus dem Handelsregister bewirkt das Ausscheiden der Aktiengesellschaft aus dem Rechtsleben. Die Löschung bewirkt die Auflösung der Aktiengesellschaft, ohne Eintragung einer Auflösung in das Handelsregister (§ 262 Abs. 1 Nr. 6 AktG). Eine → *Abwicklung* findet grundsätzlich nicht statt (§ 264 Abs. 2 AktG). Ob die Löschung konstitutive oder deklaratorische Wirkung hat, ist *streitig*. Für die konstitutive Wirkung spricht, dass die Aktiengesellschaft ohne Handelsregistereintragung nicht existieren kann.

▷ **Formen:** Zu unterscheiden sind

- die Löschung aufgrund Fehlen oder Nichtigkeit zentraler Satzungsbestimmungen (§ 144 FGG, § 275 AktG);
- die Löschung aufgrund schwerwiegender Verfahrensfehler (§ 142 FGG);
- die Löschung wegen Vermögenslosigkeit (§ 141a FGG, § 262 Abs. 1 Nr. 6 AktG).

▷ **Amtslöschung:** Die Löschung aus dem Handelsregister kann nur von Amts wegen erfolgen. Die Aktionäre oder Organträger der Gesellschaft können vorher die → *Nichtigkeit* der Gesellschaft gerichtlich feststellen lassen (*Nichtigkeitsklage*). Die mangelhafte Gesellschaft existiert aber auch nach Nichtigerklärung weiterhin und hat ein Ende erst durch Löschung im Handelsregister (§ 273 Abs. 1 Satz 2 AktG).

2. Löschung bei Nichtigkeit

▷ **Frist:** Eine im → *Handelsregister* eingetragene Gesellschaft kann als nichtig gelöscht werden, wenn die Voraussetzungen vorliegen, unter denen Klage auf Nichtigkeit erhoben werden kann (§§ 275, 276 AktG). Wenn Aktionäre oder Organträger nicht binnen 3 Jahren nach → *Eintragung* der Gesellschaft Nichtigkeitsklage erheben, bleibt nur noch die Möglichkeit der Amtslöschung, wenn ein öffentliches Interesse gegeben ist (§ 144 Abs. 1 FGG, § 275 Abs. 3 Satz 2 AktG). Eine Löschung durch das Registergericht aus anderen Gründen darf nicht erfolgen (z.B. § 142 FGG).

▷ **Zuständig** ist das Amtsgericht am → *Sitz* der Gesellschaft (§ 125 FGG). Dieses wird von Amts wegen tätig, die zuständige IHK hat ein Antrags- und Beschwerderecht (OLG Düsseldorf DNotZ 1957, 417). Das Gericht ordnet die Löschung an, wenn kein Widerspruch erhoben oder ein erhobener Widerspruch rechtskräftig zurückgewiesen wurde (§ 141 Abs. 4 FGG). Die vollzogene Löschung löst die Gesellschaft auf (→ *Auflösung*).

▷ **Grund:** Fehlen bestimmte zwingende Satzungsbestimmungen oder sind diese nichtig, und wird dieser Mangel nach Aufforderung durch das Registergericht nicht behoben, so kann das Gericht die Auflösung der Gesellschaft herbeiführen (§ 262 Abs. 1 Nr. 5 AktG, § 144a FGG). Es handelt sich um folgende Mängel der Satzung (§ 144a FGG i.V.m. § 23 Abs. 3 AktG):

- Firma und Sitz (Fehlen oder Nichtigkeit),
- Zerlegung des Grundkapitals in Aktien (Fehlen oder Nichtigkeit),
- Inhaber- oder Namensaktien (Fehlen oder Nichtigkeit),
- Zahl der Vorstandsmitglieder oder Regeln für eine Festlegung (Fehlen oder Nichtigkeit),
- Höhe des Grundkapitals (Nichtigkeit).

Sonstige Mängel des Gründungsvertrages werden durch die → *Eintragung* geheilt (z.B. Formfehler). Die Gesellschaft ist dann voll wirksam und kann nicht gelöscht werden.

3. Löschung bei Verfahrensfehler

Mängel des Eintragungsverfahrens können eine Amtslöschung nach sich ziehen, wenn eine wesentliche Eintragungsvoraussetzung fehlt und die Eintragung inhaltlich nicht dem Willen der Beteiligten entspricht (§ 142 FGG).

4. Löschung bei Vermögenslosigkeit

Umfasst werden **2 Fallgruppen** der Vermögenslosigkeit:

- ohne Abwicklung und ohne Durchführung eines Insolvenzverfahrens eintretende Vermögenslosigkeit (§ 141a Abs. 1 Satz 1 FGG) und
- durch liquidierendes Insolvenzverfahren bewirkte Vermögenslosigkeit (§ 141a Abs. 1 Satz 2 FGG).

▷ **Zuständigkeit:** wie im Falle der Löschung bei Nichtigkeit (§ 125 FGG).

▷ **Grund:** Löschungsgrund ist das Fehlen aktivierbarer Vermögensgegenstände. Erfolgt die Löschung nach Durchführung des Insolvenzverfahrens, dann wird die Vermögenslosigkeit vermutet. Ohne Insolvenzverfahren sind jedoch Ermittlungen mit aller Genauigkeit und Gewissenhaftigkeit durchzuführen.

Hinweis auf weiterführende Literatur: *Lindacher*, Prozessuale Fragen bei gelöschten Kapitalgesellschaften, in FS Henkel, 1995, S. 509 ff.; *Karsten Schmidt*, Insolvenzordnung und Gesellschaftsrecht, ZGR 1998, 633 ff.

Hinweis auf weitere Stichwörter

→ *Abwicklung*   → *Nichtigkeit*
→ *Auflösung*

Mantel-AG

1. Begriff 549
2. Gründung 550
3. Kauf/Verwendung 550

1. Begriff

Eine Mantel-AG ist eine wirtschaftlich nicht mehr selbständig tätige Aktiengesellschaft, die ihren Geschäftsbereich eingestellt hat und über kein nennenswertes Vermögen mehr verfügt. Sie ist jedoch nach wie vor im Handelsregister eingetragen und steht bis zur Löschung gewissermaßen als „Hülse" zur etwaigen Wiederverwendung (Mantelverwendung) noch zur Verfügung. Hiervon zu unterscheiden ist die Gründung einer Vorratsgesellschaft, bei deren Verwertung die Gründungsformalitäten nicht nochmals zu durchlaufen sind. Während der Mantelkauf (Mantelverwendung zwecks wirtschaftlicher Neugründung eines Unternehmens) vornehmlich steuerliche und börsenrechtliche Motive hat, findet eine Vorratsgründung vor allem statt, um sofort eine haftungsbeschränkte Kapitalgesellschaft zur Verfügung zu haben. Während der Mantelkauf durch die Verschärfung von steuerlichen Vorschriften zurückgegangen ist, sind in den letzten Jahren vermehrt Vorratsgründungen zu beobachten, die teilweise auch gewerblich betrieben werden. Die Abgrenzung zwischen Vorrats- und Mantel – AG ist nicht eindeutig und wird in der Regel durch ein Auftreten am Markt markiert.

2. Gründung

Die Mantelgründung ist die Errichtung einer Aktiengesellschaft (→ *Vorratsgesellschaft*), die vorerst, abgesehen von der Verwaltung eigenen Vermögens, kein Unternehmen betreiben soll (auch Vorratsgründung genannt). Die Vorratsgesellschaft dient dem Zweck, eine juristische Person auf Vorrat zu schaffen, die erst später, bei Bedarf, einer über die Verwaltung eigenen Vermögens hinausgehenden unternehmerischen Verwendung zugeführt werden soll. Angesichts des komplizierten und in aller Regel zeitaufwendigen Gründungsverfahrens einer Aktiengesellschaft kann hierfür ein wirtschaftlich anerkennenswertes Bedürfnis bestehen, einen Geschäftsbetrieb umgehend aufnehmen zu können. Fehlt es jedoch an der ernsthaften Absicht, den angegebenen Unternehmensgegenstand tatsächlich einmal zu verwirklichen, also eine der Satzung der Gesellschaft entsprechende Geschäftstätigkeit später aufzunehmen (verdeckte Vorratsgründung), so ist nicht nur dieser Teil der Satzung, sondern die gesamte Satzung und damit die Gründung der Aktiengesellschaft insgesamt nichtig, selbst dann, wenn die Gründer nur vorerst nicht die Absicht hatten, einen dem satzungsmäßigen Unternehmensgegenstand entsprechenden Geschäftsbetrieb innerhalb eines absehbaren Zeitraumes zu verwirklichen. Deshalb muss der Charakter einer Vorrats- oder Mantelgesellschaft bei der Gründung durch den Unternehmensgegenstand „Verwaltung des eigenen Vermögens" und eine entsprechende Firmenwahl (z.B. 7. ABC Verwaltungs- AG) offen gelegt werden (offene Vorratsgründung).

3. Kauf/Verwendung

▷ **Durchführung:** Die Verwendung eines AG-Mantels zum Zwecke der wirtschaftlichen Neugründung eines Unternehmens (sog. Mantelverwendung oder Mantelkauf) wird nach allgemeiner Auffassung für zulässig erachtet. Hierbei wird regelmäßig die Änderung der Satzung, insbesondere des Unternehmensgegenstandes, der Firma und des Sitzes erforderlich sein. Der Erwerb des AG-Mantels erfolgt durch Aktienübernahme. Hinsichtlich des Mindestkapitals und der Mindestanlage sind §§ 7 und 36a AktG entsprechend anwendbar. Hinsichtlich der Handelndenhaftung ist die Analogie zu § 41 Abs. 1 Satz 2 AktG zu bejahen (str.; *Hüffer*, AktG, 7. Aufl. 2006, § 23 Rn. 27a; KG NZG 1998, 731 f.; LG Hamburg NJW 1985, 2426; a.A. OLG Brandenburg ZIP 1998, 2095 f.; *Werner*, NZG 1999, 146, 148).

▷ **Für eine spätere wirtschaftliche Neugründung** (Mantelverwendung) müssen die Gründungsvorschriften sinngemäß angewandt werden, damit die gesetzlichen Vorschriften für die Erstgründung nicht umgangen werden (BGHZ 117, 323, 331 ff.). Dies gilt wohl auch für das Vorhandensein des ursprünglichen Grundkapitals. Aus diesem Grund muss auch die Mantelverwendung durch die Durchführung einer Gründungsprüfung offen gelegt werden.

▷ **Abgrenzung:** Bei der bloßen Umorganisation, im Vergleich zur wirtschaftlichen Neugründung, dient die bisherige Tätigkeit als Basis für die Fortführung der Gesellschaft, eine Volleinstellung der früheren Tätigkeit findet dann gerade nicht statt.

Hinweis auf weiterführende Literatur: *Bormann/Halaczinsky*, Vorratsgesellschaft und Kapitalaufbringung – Oder: „Wer schlecht zahlt, zahlt doppelt" (Bespr. von OLG Schleswig v. 20.7.2000, GmbHR 2000, 1045), GmbHR 2000, 1022 ff.; *Emde*, Vorratsgesellschaft und Kapitalaufbringen – Oder: Wer gezahlt hat, hat gezahlt, GmbHR 2000, 1193 ff.; *Fuhrmann*, Einzelfragen zum Mantelkauf bei konzerninternen Umstrukturierungen, DB 2001, 1690 ff.; *Henze*, Aktienrecht – Höchstrichterliche Rechtsprechung, 5. Aufl. 2002, Rn. 59 ff.; *Janssen*, Die Behandlung des Mantelkaufs nach § 8 Abs. 4 KStG, DStR 2001, 837 ff.; *Kober*, Sonderformen des Beteiligungskaufes: der Mantelkauf, 1995; *Olbrich*, Zum Kauf der Mantelgesellschaft mit ertragssteuerlichem Verlustvortrag vor dem Hintergrund des Steuersenkungsgesetzes, WPg 2001, 1326 ff.; *Roser*, Weitere Unklarheiten beim Mantelkauf. Folgerungen und Beratungshinweise aus der Entscheidung des BFH v. 8.8.2001 – I R 29/00, GmbHR 2001, 1153 ff.

Hinweis auf weitere Stichwörter

→ *Aktien*
→ *Gründung*
→ *Satzung*

Mehrheit

1. Beschlussfassung.................... 551
2. Mehrheitsbeteiligung............... 552
3. Macht................................ 554

1. Beschlussfassung

Eine → *Beschluss*fassung kann je nach Gesetzes- oder Satzungsvorschrift mit folgenden Mehrheiten erfolgen:

– *einfache Mehrheit:* die Anzahl der Ja-Stimmen ist größer als die der Nein-Stimmen,

– *qualifizierte Mehrheit:* das Verhältnis der Ja-Stimmen zu den Nein-Stimmen muss eine gewisse, im Gesetz oder in der Satzung bestimmte Grenze erreichen.

– *relative Mehrheit:* der Anteil der Ja-Stimmen an den gesamten Stimmen ist größer als der der Nein-Stimmen und der Stimmenthaltungen,

– *absolute Mehrheit:* die Anzahl der Ja-Stimmen ist größer als 50 % der gesamten Stimmen.

2. Mehrheitsbeteiligung

▷ **Kapital/Stimmrechte:** Die Mehrheitsbeteiligung kann sich aus der Kapitalmehrheit oder der Mehrheit der → *Stimmrechte* ergeben. Beide müssen nicht zusammenfallen (vgl. stimmrechtslose Aktien, § 12 Abs. 1 Satz 2 i.V.m. §§ 139 ff. AktG; Festsetzung von Höchststimmrechten, § 134 Abs. 1 Satz 2 AktG).

▷ **Anteilsmehrheit:** Unter Anteilen sind sämtliche Beteiligungen von Gesellschaftern am Kapital zu verstehen (§ 16 Abs. 1 AktG, z.B. Kapitalanteil, Geschäftsanteil, Anteil am Gesellschaftsvermögen). Bei der Berechnung der Anteilsmehrheit wird auf das Verhältnis des Gesamtnennbetrages der Anteile zum Nennkapital abgestellt, weil bei den Kapitalgesellschaften die einzelnen Anteile verschieden groß sein können (§ 16 Abs. 2 AktG).

Bei der Errechnung der Mehrheit sind eigene Anteile der Gesellschaft, an der die Beteiligung besteht, abzuziehen (§ 16 Abs. 2 Satz 2 und Abs. 3 Satz 2 AktG). Anteile, die einem anderen für Rechnung des Unternehmens gehören, sind ebenfalls abzuziehen, nicht dagegen Anteile, die einem von der Gesellschaft abhängigen Unternehmen gehören (§ 16 Abs. 2 Satz 3, Abs. 3 Satz 2 AktG). Entsprechend wird auch die Mehrheit der Stimmrechte berechnet (§ 16 Abs. 3 AktG). Für die Berechnung der Anteilsmehrheit müssen auch solche Anteile hinzugerechnet werden, die einem vom Unternehmen abhängigen Unternehmen gehören, von diesem aber entweder für Rechnung des beteiligten Unternehmens oder für Rechnung eines von ihm abhängigen Unternehmens gehalten werden.

▷ **Anteile abhängiger Unternehmen:** Als Anteile, die dem beteiligten Unternehmen gehören, gelten auch solche Anteile, die einem von ihm abhängigen Unternehmen oder einem anderen für Rechnung des Unternehmens oder eines von diesen abhängigen Unternehmens gehören (§§ 16 Abs. 4, 17 AktG).

▷ **Anteile eines Einzelunternehmens:** Gehört das Unternehmen einem Einzelkaufmann, sind auch die Anteile hinzuzurechnen, die nicht gewerbliches Vermögen sind, sobald überhaupt Anteile im gewerblichen Vermögen enthalten sind (§ 16 Abs. 4 a.E. AktG). Besitzt der Gesellschafter einer Personengesellschaft, die Anteile innehat, im Privatvermögen weitere Anteile, so sind diese der Gesellschaft nur anzurechnen, wenn der Gesellschafter die Geschäfte der Personengesellschaft führt oder auf sie sonst maßgeblichen Einfluss ausübt. Eine Zurechnung ist dann stets geboten, wenn der Zweck der §§ 16, 17 AktG erkennbar umgangen oder gar ausgeschaltet werden soll. Ansprüche des Unternehmens auf Übereignung von Aktien können erst nach ihrer Befriedigung zu einer Mehrheitsbeteiligung führen.

▷ **Stimmenmehrheit:** Es sind sämtliche Stimmen zu berücksichtigen, welche die Gesellschafter eines Unternehmens bei Beschlussfassungen, etwa in der Hauptversammlung oder Gesellschafterversammlung, besitzen. Die Stimmen können auf Gesetz, Satzung oder Gesellschaftsvertrag beruhen. Um die Stimmenmehrheit zu ermitteln, ist zunächst festzustellen, welche Anteile dem beteiligten Unternehmen gehören oder ihm zuzurechnen sind. Danach kann ermittelt werden, wie viele Stimmrechte das beteiligte Unternehmen aus diesen Anteilen auszuüben vermag. Zu den Eigenanteilen des Unternehmens sind die Anteile hinzuzurechnen, die einem anderen für Rechnung des Unternehmens gehören. Hiervon werden die Vorzugsaktien und die eigennützigen und uneigennützigen Treuhandverhältnisse erfasst (*Hüffer*, AktG, 7. Aufl. 2006, § 16 Rn. 7 und 12). Ein Testamentvollstrecker, der die Stimmrechte des Nachlasses und gleichzeitig die Stimmrechte aus Anteilen ausübt, welche einem eigenen Unternehmen gehören, wird, wenn er auf diese Weise über die Stimmenmehrheit verfügt, dadurch nicht zum Mehrheitsbeteiligten. Die Stimmrechte des Nachlasses stehen ihm selbst nicht zu, er nimmt insoweit fremde Rechte war. Dies gilt auch für jede Art rechtsgeschäftlicher oder gesetzlicher Vertretung.

▷ **Rechtsfolgen einer Mehrheitsbeteiligung:** Ein im Mehrheitsbesitz stehendes Unternehmen und ein an ihm beteiligtes Unternehmen zählen zu den „verbundenen Unternehmen" (§ 15 AktG).

- Für die eine Mehrheitsbeteiligung an einem anderen Unternehmen haltende Gesellschaft bestehen besondere Mitteilungspflichten: bei Nichterfüllung dieser Pflicht wird die Sanktion einer zeitweiligen Rechtsausübungssperre nach § 20 Abs. 7 AktG ausgelöst, was den Verlust des Dividendenbezugsrechts einschließt;
- ein im Mehrheitsbesitz stehendes Unternehmen darf keine Aktien der an ihm mit Mehrheit beteiligten Gesellschaft als Gründer oder Zeichner oder in Ausübung eines bei einer bedingten Kapitalerhöhung eingeräumten Umtausch- oder Bezugsrechts übernehmen (§ 56 Abs. 2 AktG);
- ein abhängiges, d.h. im Mehrheitsbesitz eines anderen stehendes Unternehmen darf Aktien der an ihm mit Mehrheit beteiligten herrschenden Gesellschaft nur erwerben, besitzen oder in Pfand nehmen, soweit dies der Gesellschaft selbst gestattet ist. In den Gesamtbetrag bis zu welchem das Unternehmen eigene Aktien erwerben und halten darf, von 10 % des Grundkapitals, müssen auch die Aktien einbezogen werden, die einem im Mehrheitsbesitz der Gesellschaft stehenden Unternehmen gehören oder die ein Dritter für Rechnung der Gesellschaft hält;
- die Gesellschaft hat im Anhang Angaben zu machen über Aktien, die im Falle einer Neuemission ein im Mehrheitsbesitz der Gesellschaft stehendes Unternehmen oder ein Dritter für Rechnung desselben übernommen hat (§ 160 Abs. 1 Nr. 1 AktG). Die Gesellschaft muss im Anhang berichten, ob ihr eine Mehrheitsbeteiligung angezeigt worden ist (§§ 160 Abs. 1 Nr. 8, 20 Abs. 4 AktG);
- in den Konzernabschluss sind grundsätzlich alle Konzernunternehmen, die ihren Sitz im Inland haben, aufzunehmen, wenn ihre Anteile zu mehr als 50 % dem Konzernunternehmen gehören;
- es besteht die Vermutung, dass ein in Mehrheitsbesitz stehendes Unternehmen von dem an ihm beteiligten Unternehmen abhängig ist; diese Vermutung kann aber widerlegt werden (§ 17 Abs. 2 AktG).

3. Macht

Wer sich an einer Aktiengesellschaft beteiligt, unterwirft sich damit dem in den Kapitalgesellschaften geltenden *Mehrheitsprinzip*. Er muss grundsätzlich die mit der erforderlichen Mehrheit getroffenen Entscheidungen der Hauptversammlung auch dann hinnehmen, wenn er ihnen nicht zugestimmt hat und sie für ihn nachteilig sind. Die Mehrheit muss aber in einer Kapitalgesellschaft auch die Belange der Minderheit in gewissem Umfang respektieren. Sie missbraucht ihre Befugnisse, wenn sie ihre Interessen unter unangemessener Beeinträchtigung der Minderheitsinteressen durchzusetzen sucht. Beschlüsse, denen dieser Makel anhaftet, sind anfechtbar.

Hinweis auf weiterführende Literatur: *Mertens*, Zur Berücksichtigung von Treuhandverhältnissen und Stimmbindungsverträgen bei der Feststellung von Mehrheitsbeteiligung und Abhängigkeit, in FS Beusch, 1993, S. 583 ff.; *Müller*, Zur Zurechnung von Anteilen gemäß § 16 Abs. 4 AktG insbesondere bei der Feststellung der Mehrheitsbeteiligung, AG 1968, 277; *Witt*, Mehrheitsregelnde Satzungsklauseln und Kapitalveränderungsbeschlüsse, AG 2000, 345 ff.

Hinweis auf weitere Stichwörter

→ *Abstimmung* → *Beschluss*
→ *Aufsichtsrat* → *Hauptversammlung*

Mehrmütterorganschaft

Die Mehrmütterorganschaft wird seit Geltung des Steuervergünstigungsabbaugesetzes (StVergAbG 2003) nicht mehr anerkannt.

Mehrstimmrechte

Mehrstimmrechte sind unzulässig (§ 12 Abs. 2 AktG). Die früher geltende Ausnahme bei einer staatlichen Genehmigung ist obsolet (§ 12 Abs. 2 Satz 2 AktG a.F.). Aufgrund Altgenehmigungen geschaffene Mehrstimmrechte hatten bis zum 30.5.2003 Bestand (§ 5 Abs. 1 EGAktG). Eine erteilte Genehmigung konnte nicht wegen nachträglicher Veränderung der Sach- oder Rechtslage zurückgenommen werden, da kein Dauerschuldverhältnis vorlag (BVerwG NJW 1998, 173, 174).

Hinweis auf weiterführende Literatur: *Hering/Olbrich*, Der Wert der Mehrstimmrechte und der Fall „Siemens", ZIP 2003, 104 ff.; *Schulz*, Der Ausgleichsanspruch für erloschene und beseitigte Mehrstimmrechte gemäß § 5 Abs. 3 EGAktG, NZG 2002, 996 ff.; *Wasmann*, Erlöschen und Beseitigung von Mehrstimmrechten nach § 5 EGAktG: Gerichtliche Prüfung des Ausgleichs im Spruchstellenverfahren, BB 2002, 57 ff.

Hinweis auf weitere Stichwörter

→ *Stimmrechte*

Minderheitsrechte

1. Begriff 555
2. Minderheiten 555
3. Beispiele 556

1. Begriff

Unter Minderheitsrechten werden solche Tatbestände verstanden, bei denen eine gesetzlich vorgegebene Minderheitsgruppe von → *Aktionären* in der Lage ist, über dieses → *Stimmrecht* bestimmte aktive Einwirkungsrechte geltend zu machen, durch ihren Widerspruch einen Hauptversammlungsbeschluss zu blockieren oder sogar ihren Willen gegen die ablehnende → *Mehrheit* durchzusetzen. Erweiterte Minderheitsrechte können in der Satzung festgelegt werden.

Strategische Allianzen zwischen Gesellschaften können durch die Einräumung einer Minderheitsbeteiligung des einen Partners am anderen oder auch durch wechselseitige Minderheitsbeteiligungen unterlegt werden (→ *Beteiligung*). Die kapitalmäßige Verflechtung dient der strukturellen Absicherung des Einflusses des einen Partners auf den anderen, soll ein gesundes finanzielles Interesse des die Beteiligung erwerbenden Partners am Wohlergehen des anderen Partners begründen und dient nach außen als Zeichen einer auf lange Sicht angelegten Unternehmensverbindung.

2. Minderheiten

Das Aktiengesetz und das Handelsgesetzbuch kennen 4 Gruppen von rechtlich relevanten Minderheiten:

▷ **einfache Minderheit:** 5 % des Grundkapitals oder 500 000 Euro Nennbetrag (vgl. §§ 122 Abs. 2, 124 Abs. 1 Satz 2, 254 Abs. 2 Satz 3, 260 Abs. 1 Satz 1, 265 Abs. 3 Satz 1 AktG);

▷ **doppelte Minderheit:** 10 % des Grundkapitals oder 1 Mio. Euro Nennbetrag (vgl. §§ 103 Abs. 3 Satz 3, 120 Abs. 1 Satz 2, 147 Abs. 2 Satz 2 AktG);

▷ **einfache qualifizierte Minderheit:** 5 % des Grundkapitals (vgl. §§ 122 Abs. 1 Satz 1, 124 AktG);

▷ **doppelt qualifizierte Minderheit:** 10 % des Grundkapitals (vgl. §§ 93 Abs. 4 Satz 3, 116, 117 Abs. 4, 147 Abs. 1 Satz 1 und beschränkt auf das vertretene Grundkapital §§ 137, 138 Satz 3, 302 Abs. 3 Satz 3, 309 Abs. 3 Satz 1, 310 Abs. 4, 317 Abs. 4, 318 Abs. 4 und 323 Abs. 1 Satz 2 AktG).

Beim Grundkapital sind alle Aktien einzurechnen, auch solche ohne → *Stimmrecht*.

3. Beispiele

Beispiele von Minderheitsrechte sind

▷ **das Einberufungsrecht der Hauptversammlung** (§ 122 Abs. 1 und 3 AktG): die Einberufung einer Hauptversammlung mit bestimmter Tagesordnung ist eines der wichtigsten Minderheitsrechte. Eine Minderheit von 5 % des Grundkapitals ist dafür ausreichend. Zudem kann die Satzung eine geringere Kapitalbeteiligung festlegen. Für die Sonderversammlung gilt die 10 %-Klausel (§ 138 AktG). Maßstab ist dabei aber nicht das Grundkapital, sondern die Anteile, aus denen bei der Abstimmung über den Sonderbeschluss das Stimmrecht ausgeübt werden kann. Davon wird das Minderheitsrecht in § 122 Abs. 1 und 2 AktG nicht berührt, so dass eine Minderheit von 5 % des Grundkapitals eine Einberufung der gesonderten Versammlung oder die Ankündigung von Gegenständen zur gesonderten Abstimmung verlangen kann;

▷ **das Erweiterungsrecht der Tagesordnung** (§ 122 Abs. 2 AktG): die einfache Minderheit kann verlangen, dass die Tagesordnung einer Hauptversammlung um weitere Gegenstände erweitert wird. Auf eine bestimmte Reihenfolge kann jedoch rechtlich kein Einfluss genommen werden;

▷ **das Vorschlagsrecht bei Aufsichtsratswahlen** (§ 137 AktG): das Vorschlagsrecht obliegt dem Aufsichtsrat (§ 124 Abs. 3 Satz 1 AktG). Reichen Aktionäre ihre Vorschläge ein, so sind diese rechtlich als Gegenanträge zu den Vorschlägen des Aufsichtsrats zu behandeln (§ 126 AktG). Über den Antrag auf die Wahl des vom Aktionär vorgeschlagenen Aufsichtsratsmitglied, ist in der Hauptversammlung vor dem Vorschlag des Aufsichtsrats zu beschließen, sofern dies eine doppelte qualifizierte Minderheit von Aktionären verlangt (dabei ist auch der Stimmrechtsausschluss von Bedeutung: § 136 Abs. 1 Satz 2 AktG). Es obliegt ausschließlich der Minderheit bzw. dem betreffenden Aktionär, sich die erforderliche Unterstützung anderer Aktionäre zu verschaffen und die doppelte qualifizierte Minderheit nachzuweisen. Sofern der Antrag einer Minderheit gemäß § 137 AktG übergangen oder fehlerhaft behandelt wird, ist der Hauptversammlungsbeschluss über die Aufsichtsratswahl anfechtbar (§ 243 Abs. 1 AktG);

▷ das **Recht auf Einzelentlastung der Verwaltungsmitglieder** (§ 120 Abs. 1 AktG): Aktionäre können mit der doppelten Minderheit verlangen, dass über die Entlastung von Mitgliedern des Vorstandes und des Aufsichtsrats einzeln abgestimmt wird;

▷ das **Erzwingungsrecht von Sonderprüfern** (§§ 142, 258 AktG): auf Antrag von Aktionären, deren Anteile 1% des Grundkapitals oder einen anteiligen Betrag von 100 000 Euro erreichen, kann das Gericht Sonderprüfer zur Feststellung der tatsächlichen Grundlage für Ersatzansprüche der Gesellschaft gegen Gründer und Verwaltungsmitglieder bestellen, wenn die an sich zuständige Hauptversammlung eine solche Sonderprüfung abgelehnt hat (§ 142 Abs. 2 AktG). Die Sonderprüfer zur Aufdeckung unzulässiger Unterbewertungen im festgestellten Jahresabschluss werden ebenfalls auf Antrag einer solchen Minderheit der Aktionäre durch das Gericht bestellt (§ 258 Abs. 1 und 2 AktG). Die doppelte Minderheit von Aktionären kann auch die Aktenprüfung eines bereits bestellten Abschlussprüfers durch das Gericht beantragen (§ 318 Abs. 3 Satz 1 HGB). Die Antragssteller müssen mindestens seit 3 Monaten Inhaber der Aktien sein;

▷ die **Geltendmachung der Ersatzansprüche aus Gründungsvorgängen** (§ 147 AktG): beim Widerspruch einer doppelten qualifizierten Minderheit der Aktionäre kann die Gesellschaft auf Ansprüche gegen Gründer, Gründergenossen oder Gründungsorgane aus Gründungsvorgängen nicht verzichten (§ 50 Satz 1 AktG). Dasselbe gilt für Ersatzansprüche bei → *Nachgründung* (→ *Sonderprüfung*);.

▷ die **Geltendmachung der Ersatzansprüche gegen Verwaltungsmitglieder** (§ 117 AktG): es gelten dieselben Regelungen wie im Falle der Geltendmachung von Ersatzansprüchen aus Gründungsvorgängen. Ähnliche Regeln bestehen im Konzernverhältnis, sowohl bei Bestehen eines Beherrschungsvertrages als auch bei einer faktischen Konzernierung. Handlungen des herrschenden Unternehmens und seiner Organe können Schadenersatzansprüche des beherrschten Unternehmens auslösen (§§ 309 Abs. 2, 317 Abs. 1 bis 3 AktG). Daneben können unter Umständen die Organe der Untergesellschaft schadenersatzpflichtig werden (§§ 310 Abs. 1–3, 318 Abs. 1–3 AktG). Verzicht und Vergleich sind nur aufgrund eines Sonderbeschlusses der außenstehenden Aktionäre möglich (§§ 304 ff., 309 Abs. 3 AktG). Dieser entfaltet allerdings keine Wirkung, wenn die *doppelt qualifizierte Minderheit* der Aktionäre widersprochen hat (§§ 309 Abs. 3, 310 Abs. 4, 317 Abs. 4, 318 Abs. 4, 323 Abs. 1 Satz 2 AktG). Ebenso kann ein Verzicht oder Vergleich auf einen Anspruch aus Verlustübernahme nach § 302 Abs. 1 AktG verhindert werden (§ 302 Abs. 3 Satz 3 AktG);

▷ das **Recht auf Bestellung eines anderen Abschlussprüfers** (§ 318 Abs. 3 Satz 1 HGB): auf Antrag einer doppelten Minderheit der Aktionäre hat das Gericht einen anderen Abschlussprüfer zu bestellen, wenn dies aus einem in der Person des gewählten Prüfers liegenden Umstand geboten erscheint. Der Antrag ist binnen 2 Wochen seit dem Tage der Wahl des Abschlussprüfers zu stellen. Die Aktionäre können den Antrag aber nur stellen, wenn sie gegen die Wahl des Abschlussprüfers bei der Beschlussfassung Widerspruch erklärt haben. Sie müssen darüber hinaus glaubhaft machen, dass sie seit mindestens 3 Monaten von dem Tage der Hauptversammlung Inhaber der Aktien sind;

▷ das **Recht auf Abberufung von Aufsichtsratsmitgliedern** (§ 103 Abs. 3 Satz 3 AktG): die doppelte Minderheit von Aktionären kann durch einen Antrag beim Gericht die Abberufung eines Aufsichtsratsmitgliedes erreichen, wenn ein wichtiger Grund in dessen Person vorliegt;

▷ das **Recht auf Bestellung von Abwicklern aus wichtigem Grund** (§ 265 Abs. 3 AktG): auf Antrag einer einfachen Minderheit von Aktionären hat das Amtsgericht des Gesellschaftssitzes bei Vorliegen eines wichtigen Grundes die Abwickler zu bestellen bzw. abzuberufen. Die Aktionäre müssen mindestens 3 Monate Inhaber der Aktien sein. Sonderrechte gelten für die Kredit- und Versicherungswirtschaft (§§ 38 Abs. 2 Satz 2 KWG, 81 Abs. 2 Satz 1 VAG);

▷ die **Erzwingung einer Hauptversammlung im Falle der Verschmelzung** (§ 62 Abs. 2 UmwG): die einfache qualifizierte Mehrheit von Aktionären kann im Falle einer → Verschmelzung von Aktiengesellschaften durch Aufnahme die Einberufung der Hauptversammlung, in der über die Zustimmung zu der Verschmelzung beschlossen wird, verlangen. Die → Satzung kann das Recht, die Einberufung der Hauptversammlung zu verlangen, an den Besitz eines geringeren Teils (< als 5 %) am Grundkapital der übernehmenden Gesellschaft knüpfen (§ 62 Abs. 2 Satz 2 UmwG);

▷ das **Anfechtungsrecht des Gewinnverwendungsbeschlusses** (§ 254 AktG): die Minderheit soll vor einer „Aushungerungspolitik" seitens der Mehrheit durch eine nach Lage der Dinge nicht gerechtfertigte Thesaurierung des Bilanzgewinns geschützt werden. Zur Anfechtung des Gewinnverwendungsbeschlusses ist die einfache Mehrheit von Aktionären befugt.

▷ Die **Kontrolle der Mehrheitsentscheidungen**, die in die Rechtsstellung der Minderheit eingreifen, orientiert sich an den Maßstäben der Erforderlichkeit und Verhältnismäßigkeit. Ein Eingriff in die Rechtsstellung der Minderheitsaktionäre liegt stets dann vor, wenn der Hauptversammlungsbeschluss in deren Mitgliedschaftsrechte eingreift und die Beeinträchtigung nicht durch das Geschäftsinteresse sachlich gerechtfertigt ist, oder wenn zwar gerechtfertigt, nach Abwägung der gegenseitigen Interessen jedoch nicht verhältnismäßig ist (BGH 71, 40, 48, → *Anfechtung von Hauptversammlungsbeschlüssen: 4. Anfechtungsgründe*).

Hinweis auf weiterführende Literatur: *Forum Europaeum*, Konzernrecht, ZGR 1998, 672, 733; *Kallmeyer*, Ausschluss von Minderheitsaktionären, AG 2000, 59 ff.; *Krejci*, Zum Minderheitsrecht nach § 87 AktG auf Einzelabstimmung bei der Aufsichtsratswahl, GesRZ 2001, 58 ff.; *Lutter/Leinekugel*, Planmäßige Unterschiede im umwandlungsrechtlichen Minderheitenschutz?, ZIP 1999, 261 ff.; *Schumacher*, Private Veräußerungsgeschäfte nach § 23 EStG für Minderheitsaktionäre als steuerliche Folge beim sog. „Squeeze-out"?, DB 2002, 1626 ff.; *Sieger/Hasselbach*, Ausschluss von Minderheitsaktionären nach den neuen §§ 327a ff. AktG, ZGR 2002, 120ff.; *Sieger/Hasselbach*, Ausschluss von Minderheitsaktionären (Squeeze-out) im ausländischen Recht, NZG 2001, 926 ff.; *Wolf*, Der Minderheitenausschluss qua „übertragener Auflösung" nach Einführung des Squeeze-Out gemäß §§ 327a–f AktG, ZIP 2002, 153 ff.

Hinweis auf weitere Stichwörter
→ *Hauptversammlung*
→ *Mehrheit*

→ *Stimmrecht*

Mindestnennbetrag

→ *Aktie*
→ *Gründung*
→ *Einlage*

Missbrauch

Ein Missbrauch der Anfechtungsbefugnis des Aktionärs liegt vor, wenn ein Aktionär seine Anfechtungsbefugnis in eigensüchtiger und die Gesellschaft schädigender Weise ausübt, etwa zu dem Zweck „die Gesellschaft unter seinem Einfluss zu bringen und zu vernichten oder selbstsüchtig seinen Willen erpresserisch aufzuzwingen" oder bei Verstoß gegen das Verbot widersprüchlichen Verhaltens. Die Anfechtungsklage ist dann auf jeden Fall unbegründet (BGHZ 107, 296, 308 ff.).

Hinweis auf weitere Stichwörter

→ *Aktiengemeinschaften*
→ *Aktionär*

→ *Räuberische Aktionäre*

Mitarbeiter

→ *Arbeitnehmer: 3. Arbeitnehmerbeteiligung*

→ *Aufsichtsratsmitglieder*

→ *Stock Options*

→ *Vorstandsmitglieder*

Mitbestimmung

1. Allgemeines 559
2. Einschlägige Gesetze 560
3. Mitbestimmung in der KGaA 562
4. Mitbestimmung im Konzern 562

1. Allgemeines

▷ **Zusammensetzung der Aufsichtsräte:** Nach den einschlägigen Mitbestimmungsgesetzen (MontanMitbestG, MitbestErgG, MitbestG, DrittelBG) wird die unternehmerische Mitbestimmung in Deutschland dadurch verwirklicht, dass Arbeitnehmervertreter in die → *Aufsichtsräte* gewählt bzw. entsandt werden (→ *Arbeitnehmer*). Zur tatsächlichen Anzahl der Aufsichtsratsmitglieder und deren Zusammensetzung s. → *Aufsichtsratsmitglieder*.

▷ Eine **Umgehung** der Mitbestimmung der Arbeitnehmer – und dafür mehr Entscheidungsfreiheit der Anteilseigner – kann durch eine *Betriebsaufspaltung* erfolgen. Die damit verbundenen Vorteile und Nachteile sind aber abzuwägen.

▷ **Ausnahmen:** Aktiengesellschaften sind von der Mitbestimmung der Arbeitnehmer ausgenommen, wenn sie

– im *Gründungsstadium* sind,

– *weniger als 500 Arbeitnehmer* beschäftigen und im Handelsregister nach dem 10.8.1994 eingetragen wurden,

– sog. *Familiengesellschaften* sind (§ 1 Abs. 1 Nr. 1 Satz 2 DrittelBG: wenn Aktien alleine in der Hand einer natürlichen Person oder sämtliche Aktionäre untereinander verwandt oder verschwägert sind: § 15 Abs. 1 Nr. 2–8, Abs. 2 AO),

– sog. *Tendenzunternehmen* sind (§ 1 Abs. 2 Satz 1 u. 2 DrittelBG: Betriebe mit politischem, erzieherischem oder künstlerischem Zweck, § 118 BetrVG) oder

– *kirchliche Betriebe* sind.

2. Einschlägige Gesetze

▷ **Montanmitbestimmungsgesetz (MontanMitbestG):** Das MontanMitbestG ist anwendbar, wenn

– die Gesellschaft in der Regel mehr als 1000 Arbeitnehmer beschäftigt oder es sich um eine sog. *Einheitsgesellschaft* handelt und

– ihr überwiegender Betriebszweck im Montanbereich liegt (§ 1 MontanMitbestG: Bergbau, Eisen und Stahl erzeugende Industrie).

Der Aufsichtsrat hat darüber hinaus einen *Arbeitsdirektor*, als gleichberechtigtes Mitglied des → *Vorstandes*, zu bestellen.

▷ **Montan-Mitbestimmungsergänzungsgesetz (MitbestErgG):** Voraussetzung für eine Beteiligung der Arbeitnehmer an dem Aufsichtsrat ist, dass (§ 2 MitbestErgG)

– die Aktiengesellschaft ein Unternehmen beherrscht, in dem die Arbeitnehmer ein Mitbestimmungsrecht nach dem MontanMitbestG haben (→ *Konzern*);

– der Unternehmenszweck des Konzerns durch die abhängigen Montanunternehmen gekennzeichnet ist und

– die Aktiengesellschaft nicht selbst dem Anwendungsbereich des MontanMitbestG unterfällt.

Beachte: Die „2000 Arbeitnehmer-Regelung" des § 3 Abs. 2 Satz 1 Nr. 2 MitbestErgG ist wegen Verfassungswidrigkeit nichtig (BVerfG NJW 1999, 1535).

▷ **Mitbestimmungsgesetz (MitbestG):** Das MitbestG ist gegenüber dem MontanMitbestG und dem MitbestErgG subsidiär. Voraussetzung für eine Beteiligung der Arbeitnehmer im Anwendungsbereich des MitbestG ist die Beschäftigung von mehr als 2000 Arbeitnehmern (§ 1 Abs. 1 MitbestG). Ein Statusverfahren ist durchzuführen (s.u.). Zwingend vorgeschrieben ist der Vermittlungsausschuss im Aufsichtsrat (§ 27 Abs. 3 MitbestG). Nach dem MitbestG ist grundsätzlich ein Arbeitsdirektor als gleichberechtigtes Mitglied des Vorstands zu bestellen (§ 33 MitbestG). Diese Bestimmung gilt jedoch nicht für die *KGaA* (§ 33 Abs. 1 Satz 2 MitbestG).

▷ **DrittelBG:** Das Drittelbeteiligungsgesetz findet Anwendung auf Aktiengesellschaften, die nicht vom MitbestG oder MontanMitbestG erfasst werden. Es regelt den Normalfall arbeitnehmerischer Mitbestimmung im Aufsichtsrat.

Das DrittelBG ist anwendbar bei

- Aktiengesellschaften mit weniger als 500 Arbeitnehmer, wenn die Eintragung im Handelsregister vor dem 10.8.1994 erfolgte (§ 1 Abs. 1 Nr. 1, *Ausn.* bei sog. Familiengesellschaften; zu beachten ist auch die Zurechnung von Arbeitnehmern von beherrschungsvertraglich unterworfenen oder eingegliederten Gesellschaften vgl. § 2 Abs. 2 DrittelBG).
- Aktiengesellschaften mit 500 bis 2000 Arbeitnehmern:
  - wenn bereits ein fakultativer Aufsichtsrat besteht, muss ein Statusverfahren durchgeführt werden (s.u.);
  - besteht noch kein Aufsichtsrat und werden die Gesellschafter nicht tätig, so ist *streitig*, ob das Statusverfahren anzuwenden ist (vgl. *Scholz/Uwe H. Schneider*, GmbHG, 9. Aufl. 2002, GmbH-Gesetz, § 52 Rn. 35) oder ob die Arbeitnehmer ihr Aufsichtsratsmitglied wählen und dann eine Ergänzung des Aufsichtsrats beim für den Aktiengesellschaftssitz zuständigen Landgericht nach § 104 AktG beantragen können (vgl. *Lutter/Hommelhoff*, GmbHG, 16. Aufl. 2004, § 52 Rn. 22).

▷ **Statusverfahren:** Ist die Zusammensetzung des Aufsichtsrats streitig oder ungewiss, kann eine gerichtliche Entscheidung beantragt werden (§§ 98, 99 AktG). Zuständig ist das Landgericht (Zivilkammer) am Ort des Gesellschaftssitzes (→ *Sitz*). Antragsberechtigt sind der Vorstand, jedes Aufsichtsratsmitglied, jeder Aktionär, der (Gesamt-)Betriebsrat der Gesellschaft (gegebenenfalls auch eines anderen Unternehmens) sowie eine gewisse Anzahl bestimmter Arbeitnehmer, Gewerkschaften und Spitzenorganisationen der Gewerkschaften (vgl. § 98 Abs. 2 AktG). Das Gericht entscheidet im FGG-Verfahren und ermittelt den notwendigen Sachverhalt von Amts wegen (§ 99 AktG, § 12 FGG). Die gerichtliche Entscheidung (Beschluss) wird erst mit Rechtskraft wirksam und allgemein verbindlich; der → *Vorstand* hat sie unverzüglich zum → *Handelsregister* einzureichen (§ 99 Abs. 5 AktG).

▷ Durch das **Gesetz zur Vereinfachung der Wahl der Arbeitnehmervertreter** soll das Wahlverfahren modernisiert und eine spürbare Kostenentlastung bei der Wahl der Arbeitnehmervertreter in den Aufsichtsrat erreicht werden. Folgende Verfahren sollen zur Vereinfachung des Wahlverfahrens beitragen:

- die Erhöhung der Zahl der Arbeitnehmer eines Betriebes (von 60 auf 90), auf die ein Delegierter entfällt, wodurch eine Verkleinerung der Delegiertenversammlung erreicht wird;
- nur noch eine Abstimmung für die Ermittlung der Kandidaten der leitenden Angestellten;
- die Sprecherausschüsse sollen in das Wahlverfahren direkt einbezogen werden;
- Nutzung moderner Informations- und Kommunikationstechniken bei der Durchführung der Wahl.

Dieses Gesetz schafft den Rahmen für die geplanten Änderungen der 3 Wahlordnungen zum Mitbestimmungsgesetz.

3. Mitbestimmung in der KGaA

Wegen der schwachen Stellung des Aufsichtsrats im Vergleich zur Aktiengesellschaft gewinnt die KGaA mitbestimmungsrechtlich an Attraktivität. Im Grundsatz gelten für die Rechtsform der KGaA sowohl das BetrVG als auch das MitbestG. Nicht bestellt werden muss jedoch der Arbeitsdirektor als gleichberechtigtes Mitglied des Vorstands (§ 33 Abs. 2 MitbestG), da die Geschäftsführung der KGaA nicht durch einen Vorstand, sondern durch den oder die persönlich haftenden Gesellschafter ausgeübt wird (§ 278 Abs. 2 AktG i.V.m. §§ 161 Abs. 2, 164, 114 ff. HGB).

4. Mitbestimmung im Konzern

▷ **Konzernspitze:** Die wirtschaftliche Mitbestimmung der Arbeitnehmer ist bei etwaigen Konzernzusammenhängen auf die dort maßgeblichen, aber möglicherweise unternehmensfremden Entscheidungsträger (Konzernspitze) ausgedehnt. Die Mitbestimmung der Arbeitnehmer im Aufsichtsrat beschränkt sich bei der Konzernspitze nur auf inländische Kapitalgesellschaften (§ 1 Abs. 1 Nr. 1 MitbestG). Bestrebungen über ein europäisches Mitbestimmungsgesetz haben sich bisher nicht konkretisiert. Nicht unter die Mitbestimmungsregelung fallen alle ausländischen Unternehmen. Die Konzernmitbestimmung greift im Falle einer mitbestimmungsfreien Konzernspitze bei demjenigen mitbestimmungsfähigen Konzernunternehmen ein, das der Konzernspitze im Konzernaufbau am nächsten steht. Über die Anforderungen, die an die Einschaltung eines Konzernunternehmens in die Leitungsstruktur des Konzerns zu stellen sind, gehen die Ansichten weit auseinander (vgl. *Raiser*, MitbestG, 4. Aufl. 2002, § 5 Rn. 23, 31).

▷ Bei **mehrstufigen Konzernen** (sog. Konzern im Konzern) sind die Arbeitnehmer der Enkelgesellschaft nur der Konzernspitze und nicht auch noch zusätzlich den etwaigen zwischengeschalteten Tochtergesellschaften zuzurechnen.

▷ Bei **Gemeinschaftsunternehmen** können die Arbeitnehmer ein mehrfaches Wahlrecht zu sämtlichen Aufsichtsräten der Mütter besitzen (§ 5 Abs. 1 Satz 1 MitbestG).

Hinweis auf weiterführende Literatur: *Hanau*, Sicherung unternehmerischer Mitbestimmung insbesondere durch Vereinbarung, ZGR 2001, 75 ff.; *Emmerich/Habersack*, Konzernrecht, 8. Aufl. 2005, § 3 IV 2 und § 4 V, S. 61 ff.; *Junke/Lindenthal*, Gesetzliche Mitbestimmung in Deutschland: Idee, Erfahrungen und Perspektiven aus ökonomischer Sicht, ZGR 2001, 110 ff.; *Kiem/Uhrig*, Der umwandlungsbedingte Wechsel des Mitbestimmungsstatus – am Beispiel der Verschmelzung durch Aufnahme zwischen AGs, NZG 2001, 680 ff.

Hinweis auf weitere Stichwörter

→ *Arbeitnehmer*
→ *Aufsichtsratsmitglieder*

→ *KGaA*
→ *Konzern*

Mitgliedschaftsrechte

1. Begriff 563
2. Umfang 563
3. Verlust 564

1. Begriff

Die Mitgliedschaftsrechte sind das zentrale Element der Aktionärsstellung. Jeder → *Aktionär* ist Inhaber von Mitgliedschaftsrechten (subjektives Recht), die er durch seinen Beitritt (Zeichnung oder Kauf einer → *Aktie*) erwirbt. Die Mitgliedschaft entsteht bereits durch wirksame Teilnahme an einer → *Gründung* oder an einer → *Kapitalerhöhung*. Die Aktie selbst, als Legitimation des Aktionärs, hat nur deklaratorischen, keinen konstitutiven Charakter.

2. Umfang

Mitgliedschaftsrechte sind vor allem Mitverwaltungsrechte und Vermögensrechte.

▷ **Mitverwaltungsrechte** des Aktionärs sind

- das → *Teilnahmerecht* an der Hauptversammlung (§ 118 AktG),
- das → *Auskunftsrecht* (§ 131 AktG),
- das → *Stimmrecht* (§ 134 AktG),
- das Anfechtungsrecht (§ 245 Nr. 1–3 AktG, → *Aktionärsklagerecht*, → *Anfechtung*) sowie
- die → *Minderheitsrechte*.

▷ Das **Vermögensrecht** stellt die Beteiligung des Aktionärs am Gesellschaftsvermögen dar. Die Vermögensrechte des Aktionärs beinhalten

- den Dividendenanspruch (§§ 58 Abs. 4, 60 AktG),
- das Recht zum Bezug junger Aktien (§ 186 AktG),
- das Recht zum Bezug neuer Aktien bei Kapitalerhöhungen (BGHZ 124, 11, 123),
- das Recht auf Teilnahme am Liquidationserlös (§ 271 AktG),
- das Recht auf Abwicklungsüberschuss (§ 271 Abs. 3 AktG).

▷ **Zustimmungserfordernis:** Die Zustimmung jedes betroffenen Aktionärs zum Hauptversammlungsbeschluss ist erforderlich, wenn in die Mitgliedschaftsrechte eines Aktionärs eingegriffen wird (§ 35 BGB).

> **Beispiele**
>
> Die Zustimmung der Aktionäre ist erforderlich, wenn
> - den Aktionären Nebenverpflichtungen auferlegt werden,
> - Aktien vinkuliert werden,
> - die Aktiengesellschaft in eine Personenhandelsgesellschaft, Kapitalgesellschaft anderer Rechtsform oder in eine eingetragene Genossenschaft umgewandelt wird (§§ 233 Abs. 1, 252 Abs. 1, 242 UmwG).

3. Verlust

▷ **Voraussetzungen:** Der Verlust des Mitgliedschaftsrechts ist unter bestimmten engen Voraussetzungen möglich:

- bei der Kapitalherabsetzung durch → *Einziehung* von Aktien (§ 237 AktG, unter voller Beseitigung des Mitgliedschaftsrechts) oder

- bei der → *Kaduzierung* mit anschließender Verwertung (§§ 64, 65 AktG, unter Aufrechterhaltung der entsprechenden Mitgliedschaftsrechte in einer anderen Person) oder

- bei der → *Auslosung* (ist eine Satzungsbestimmung – nicht nur schuldrechtliche Abrede –, die den Aktionär verpflichtet, sein Mitgliedschaftsrecht unter bestimmten Umständen auf einen Dritten oder die Aktiengesellschaft zu übertragen, vgl. § 237 AktG, → *Einziehung*).

▷ **Nicht** möglich ist ein statutarisch verankerter Zwang des Aktionärs zur Übertragung seiner Mitgliedschaftsrechte (Aktien) auf einen anderen Aktionär, die Gesellschaft oder einen Dritten.

Hinweis auf weitere Stichwörter

- → *Aktie*
- → *Aktionärsklagerecht*
- → *Anfechtung*
- → *Dividende*

- → *Einziehung von Aktien*
- → *Kaduzierung*
- → *Kapitalherabsetzung*

Mitteilungspflichten

1. Begriff 565
2. Mitteilungspflichten gegenüber der Aktiengesellschaft 565
3. Mitteilungspflichten gegenüber anderen Unternehmen 566
4. Verstoß 566
5. Mitteilungspflichten wechselseitig beteiligter Unternehmen 567
6. Mitteilungspflichten nach WpHG .. 567
7. Mitteilungspflichten gegenüber dem Handelsregister 568
8. Mitteilungspflichten gegenüber Aktionären 569
9. Ad-hoc-Meldungen 571
10. Mitteilungspflichten gegenüber dem Aufsichtsrat 573

1. Begriff

▷ **Zweck:** Die Mitteilungspflichten dienen allgemeinen Publizitätszwecken. Im Zusammenhang mit der → *Beteiligung* an einer Aktiengesellschaft bzw. einer Aktiengesellschaft an anderen Unternehmen dienen die Mitteilungspflichten (§§ 20, 21 AktG) der besseren Durchsetzung konzernrechtlicher Vorschriften, vor allem im Bereich

- der Abhängigkeit (§ 17 AktG),
- der wechselseitigen Beteiligungen (§ 328 AktG) und
- der Mehrheitsbeteiligungen (§ 16 AktG).

▷ **Abdingbarkeit:** Mitteilungspflichten können nicht abbedungen werden und sind „unverzüglich" und „schriftlich" zu erfüllen, auch dann, wenn der Tatbestand bereits bekannt ist. Sie sind als Obliegenheiten zu qualifizieren, die mit den Anteilen immanent verknüpft sind.

2. Mitteilungspflichten gegenüber der Aktiengesellschaft

▷ **Voraussetzungen:** Ein Aktionär, der → *Unternehmer* ist, hat gegenüber einer nicht börsennotierten Aktiengesellschaft/KGaA Mitteilungspflichten, wenn

- er mehr als 25 % der Aktien einer Aktiengesellschaft mit Sitz im Inland innehat (sog. *Schachtelbeteiligung*, § 20 Abs. 1 AktG); dabei werden auch wirtschaftlich zuzurechnende Aktien hinzugerechnet (§ 20 Abs. 2 AktG),
- er eine Kapitalgesellschaft (AG, KGaA oder bergwerkliche Gewerkschaft) ist und die Beteiligung an einer Aktiengesellschaft/KGaA ohne Hinzurechnung der nach § 20 Abs. 2 AktG Aktien über 25 % beträgt (§ 20 Abs. 3 AktG),
- er im Besitz einer Mehrheitsbeteiligung (Kapital- oder Stimmenmehrheit) an einer Aktiengesellschaft ist (§ 20 Abs. 4 AktG); die Anteile der abhängigen Unternehmen sind mit zu berücksichtigen,
- die Beteiligung in mitteilungspflichtiger Höhe nicht mehr besteht (§ 20 Abs. 5 AktG).

▷ **Umfang:** Erforderlich ist eine unverzügliche schriftliche Mitteilung durch den gesetzlichen Vertreter des Unternehmens. Bei den Erklärungen sind keine Angaben über den Zeitpunkt des Erwerbs oder die Höhe der Beteiligung erforderlich (*Ausn.* bei wechselseitig beteiligten Unternehmen: § 328 Abs. 3 AktG, s.u.). Eine Angabe der Rechtsgrundlage, auf die sich die Mitteilung stützt, ist dagegen geboten. Die erfolgte Mitteilung muss die Aktiengesellschaft/KGaA unverzüglich bekannt geben (§ 20 Abs. 6 AktG → *Bekanntgabe*).

3. Mitteilungspflichten gegenüber anderen Unternehmen

▷ **Voraussetzungen:** Eine *nicht börsennotierte* Aktiengesellschaft ist gegenüber anderen Unternehmen mitteilungspflichtig, wenn (§ 21 Abs. 5 AktG)

- der Aktiengesellschaft bei einer anderen inländischen Kapitalgesellschaft mehr als 25 % der Anteile gehören (§§ 16 Abs. 2 Satz 1, Abs. 4, 21 Abs. 1 AktG),
- der Aktiengesellschaft eine Mehrheitsbeteiligung an einem anderen inländischen Unternehmen jeder Rechtsform gehört (§§ 16 Abs. 1, 21 Abs. 2 AktG),
- eine mitteilungspflichtige Beteiligung wegfällt (§ 21 Abs. 3 AktG).

▷ **Umfang:** Die Mitteilung der Aktiengesellschaft muss unverzüglich nach Eintritt des meldepflichtigen Vorgangs in schriftlicher Form erfolgen. Der Vorstand der Aktiengesellschaft hat die Mitteilung der Gesellschaft gegenüber vorzunehmen, an der die Beteiligung besteht. Eine mündliche, telefonische oder telegrafische Mitteilung (BGH NJW 1993, 1126) oder anderweitig erlangte Kenntnis (BGH NJW 1991, 2765) genügt nicht. Dem Inhalt nach muss die Mitteilung erkennen lassen, welchem Unternehmen die Beteiligung zusteht und um welchen mitteilungspflichtigen Vorgang es sich handelt. Die genaue Höhe der Beteiligung braucht nicht genannt zu werden. Die Angabe kann sich darauf beschränken, dass eine Beteiligung von 25 % oder eine Mehrheitsbeteiligung vorliegt. Die → *Bekanntmachung* der Mitteilung hat dann unverzüglich in den Gesellschaftsblättern der Aktiengesellschaft zu erfolgen, wobei das Unternehmen zu bezeichnen ist, dem die Beteiligung gehört.

▷ **Weitere Pflichten:** Eine *börsennotierte* Aktiengesellschaft unterliegt noch weitergehenden Mitteilungspflichten (§§ 20 Abs. 8, 21 Abs. 5 AktG, §§ 21 ff. WpHG, s.u.).

4. Verstoß

▷ **Rechtsausübungssperre** (§§ 20 Abs. 7, 21 Abs. 4 AktG): Bei einem Verstoß gegen die Mitteilungspflichten können für die Zeit, in der die Mitteilung unterbleibt, keine Rechte aus dem Aktienbesitz, der die Mitteilungspflicht hervorruft, geltend gemacht werden (§§ 20 Abs. 1 und 4, 21 Abs. 1 und 2 AktG). Als Rechte, die nicht ausgeübt werden können, kommen alle aus den Aktien herrührenden Rechte in Betracht.

> **Beispiele**
>
> - Das *Stimmrecht:* Die Mitteilung muss bis zur Hauptversammlung gemacht worden sein, sonst büßt der Aktionär sein Stimmrecht in dieser Hauptversammlung ein; die Stimmabgabe und damit der Beschluss kann auch nicht durch spätere Nachholung der Mitteilung geheilt werden; ein trotzdem ausgeübtes Stimmrecht führt zur Anfechtbarkeit der gefassten Beschlüsse, sofern diese auf den Stimmen aus den Aktien beruhen. Ein Beschluss, an dem ein Aktionär mitgewirkt hat, dessen Stimmrecht aufgrund des Verstoßes gegen die Mitteilungspflichten ausgeschlossen war, ist anfechtbar, gegebenenfalls sogar nichtig (§§ 241, 243 i.V.m. 405 Abs. 3 Nr. 5 AktG).
> - Das *Dividendenrecht:* Das Recht auf seinen Dividendenanspruch büßt der Aktionär nicht ein. Er kann ihn nur für den Zeitraum des Fehlens der Mitteilung nicht geltend machen. Ab dem Zeitpunkt der Mitteilung ist er zur Geltendmachung auch älterer Dividendenansprüche berechtigt. Etwa bezogene → *Dividenden* sind an die Gesellschaft zurückzuzahlen, wenn in der Zwischenzeit keine Mitteilung erfolgt ist (§ 62 AktG). Eine Erhöhung der Gewinnquote der übrigen Aktionäre findet jedoch nicht statt.
> - Das *Bezugsrecht:* die Mitteilung muss noch innerhalb der Bezugsfrist erfolgen, da sonst das Recht auf Bezug neuer Aktien verloren geht. Die Ausübung des → *Bezugsrechts* lässt sich nicht wieder rückgängig machen; für das Bezugsrecht bei Kapitalerhöhungen gegen Einlage bedeutet dies, dass sich die Bezugsquote der übrigen Aktionäre entsprechend erhöht.
> - Das Verlangen auf → *Einberufung* der Hauptversammlung (§ 122 AktG).

▷ **Ordnungswidrigkeit** (§ 405 Abs. 3 Nr. 5 AktG): Die Umgehung des infolge der unterlassenen Mitteilungspflicht angeordneten Stimmrechtsausschlusses stellt eine Ordnungswidrigkeit dar. Die Ordnungswidrigkeit erstreckt sich auch auf die Überlassung von Aktien an Dritte zum Zweck der Ausübung des Stimmrechts und sanktioniert ebenfalls das Verhalten Dritter, die sich Aktien zum Zweck der Ausübung des Stimmrechts übertragen lassen. Eine hierauf gerichtete Geldbuße kann mit bis zu 25 000 Euro geahndet werden.

5. Mitteilungspflichten wechselseitig beteiligter Unternehmen

Mitteilungspflichten bei wechselseitig beteiligten Unternehmen sind gegenüber den gewöhnlichen Mitteilungspflichten erweitert (§§ 20–22, 328 Abs. 2 und 3 AktG). Der genaue Prozentsatz und jede Änderung der → *Beteiligung* sind unverzüglich schriftlich mitzuteilen, wenn es sich um eine Beteiligung an einer Aktiengesellschaft oder KGaA handelt. Bildet sich aus einer wechselseitigen Beteiligung eine Mehrheitsbeteiligung, so ist nach einfacher und qualifizierter wechselseitigen Beteiligung zu differenzieren (§ 19 AktG). Nur einfache wechselseitige Beteiligungen unterfallen der Mitteilungspflicht (§ 328 AktG).

6. Mitteilungspflichten nach WpHG

Nach WpHG sind börsennotierte Aktiengesellschaften über alle kapitalmarktrelevanten Vorgänge mitteilungspflichtig (§§ 21 ff. WpHG, → *Börsennotierung*).

▷ **Mitteilungspflichtiger Vorgang:** Jeder Erwerb, jede Veräußerung oder jedes weitere Geschäft, das dazu führt, dass der Aktionär 5 %, 10 %, 25 %, 50 % oder 75 % der Stimmrechte an einer börsennotierten Gesellschaft erreicht, überschreitet oder unterschreitet, ist mitteilungspflichtig (§ 21 Abs. 1 Satz 1 WpHG). Mitteilungspflichtig ist nicht nur eine direkte Stimmberechtigung, sondern auch die Möglichkeit, auf die Stimmrechtsausübung eines anderen Einfluss zu nehmen. Die börsennotierte Aktiengesellschaft hat spätestens 9 Kalendertage nach Zugang der Mitteilung diese zur Unterrichtung des Publikums in einem Börsenpflichtblatt zu veröffentlichen (§ 25 Abs. 1 WpHG). Zusätzlich ist im Bundesanzeiger die Veröffentlichung unverzüglich bekannt zu machen. Eine weitere Verschärfung ist im Gesetzgebungsverfahren geplant.

▷ **Verpflichtete:** Meldepflichtig sind nicht nur Kapitalgesellschaften, sondern auch Personenhandelsgesellschaften, nicht eingetragene Vereine, Gesellschaften bürgerlichen Rechts (GbR), Erbengemeinschaften und Privataktionäre. Die Mitteilungspflicht kann im Konzern auch durch das Mutterunternehmen, oder wenn das Mutterunternehmen selbst ein Tochterunternehmen ist, durch dessen Mutterunternehmen erfüllt werden (§ 24 WpHG). Im Übrigen gilt der *Grundsatz der doppelten Meldepflicht.*

▷ **Rechtsfolgen bei Verstoß:** Bei Verstoß gegen die Mitteilungspflicht tritt eine umfassende Rechtsausübungssperre hinsichtlich solcher Aktien ein, bezüglich derer die Mitteilungspflichten nicht erfüllt sind (d.h. unter anderem, dass die → *Stimmrechte* an dieser Gesellschaft bis zum Zeitpunkt der Mitteilung ruhen, § 28 WpHG). Der Rechtsverlust erstreckt sich auch auf solche Aktien, die formal im Eigentum eines Dritten stehen, jedoch bei wirtschaftlicher Betrachtung einer eigentümerähnlichen Stellung des Meldepflichtigen oder eines von ihm kontrollierten Unternehmens unterliegen, weil er im Innenverhältnis die wirtschaftlichen Risiken trägt (§ 22 Abs. 1 Nr. 1, Nr. 2 WpHG). Die Rechtsausübungssperre tritt auch bei einem Unterschreiten der Grenzen des § 28 WpHG ein.

7. Mitteilungspflichten gegenüber dem Handelsregister

▷ **Arten:** Die Aktiengesellschaft hat neben der Anmeldungspflicht zur → *Eintragung* in das → *Handelsregister* Mitteilungspflichten gegenüber dem Handelsregister über

- rechtskräftige Entscheidung über die Zusammensetzung des Aufsichtsrats (§ 99 Abs. 5 Satz 3 AktG),
- rechtskräftige Entscheidung über die Höhe der Abfindung bei Beherrschungs- und Gewinnabführungsverträgen (§ 306 Abs. 2 i.V.m. § 99 Abs. 5 Satz 3 AktG),
- Jahresabschluss, Lagebericht, Bericht des Aufsichtsrats, gegebenenfalls Vorschlag für die Verwendung des Ergebnisses nach der Vorlage an die Aktionäre (§ 325 Abs. 1 HGB),
- bei einer *großen Aktiengesellschaft:* Jahresabschluss, Lagebericht, Bericht des Aufsichtsrats, gegebenenfalls Vorschlag für die Verwendung des Ergebnisses und die Bekanntmachung dieser Unterlagen im Bundesanzeiger (§ 325 Abs. 2 HGB),
- die Anteilsvereinigung und Gründung einer → *Einpersonen-AG* (§ 42 AktG).

▷ **Zuständigkeit:** Mitteilungspflichtig ist der → *Vorstand* der Aktiengesellschaft (h.M.). Kommt dieser seiner Pflicht zur Mitteilung nicht nach, kann das Registergericht ein Zwangsgeld festsetzen (§ 14 HGB). Die Mitteilung ist schriftlich vorzunehmen. Eine Unterlassung der Mitteilung kann auch Schadenersatzpflichten gegen den Mitteilungspflichtigen auslösen (wenn das entsprechende Gesetz ein Schutzgesetz i.S.d. § 823 Abs. 2 BGB ist, vgl. *Lutter*, AG 1994, 429).

8. Mitteilungspflichten gegenüber Aktionären

▷ **Hauptversammlung:** Die Aktiengesellschaft hat besondere Mitteilungspflichten in Verbindung mit der Hauptversammlung (§ 125 AktG). Die Mitteilung muss in der Regel binnen 12 Tagen nach → *Bekanntmachung* der → *Einberufung* der Hauptversammlung im Bundesanzeiger abgesendet werden. Sie muss enthalten

- Einberufung der Hauptversammlung,
- Bekanntmachung der Tagesordnung,
- Anträge und Wahlvorschläge der Aktionäre (einschließlich Name des Aktionärs, Begründung, Stellungnahme der Verwaltung),
- Gegenanträge und Wahlvorschläge, sofern sie binnen 1 Woche nach Bekanntgabe der Einberufung zugegangen sind (§ 126 AktG).

▷ **Zuständigkeit:** Mitteilungspflichtig ist der *Vorstand*. Er hat folgenden Empfängern eine Mitteilung zu übersenden:

- Vereinigungen von Aktionären,
- Aktionären, die ihre Aktien ausschließlich bei der Aktiengesellschaft hinterlegt haben,
- Aktionären, die 2 Wochen vor dem Tage der Hauptversammlung bereits als Aktionäre der Aktiengesellschaft im Aktienregister (§ 67 AktG) eingetragen sind,
- Aktionären auf Verlangen,
- Aufsichtsratsmitgliedern auf Verlangen,
- Kreditinstituten und Gleichgestellten (§§ 1, 53 Abs. 1 Satz 1, 53b Abs. 1 Satz 1, Abs. 7 KWG).

▷ **Wegfall:** Die Mitteilungspflicht hinsichtlich eines Gegenantrags und seiner Begründung entfällt, wenn

- der Vorstand sich durch die Mitteilung strafbar machen würde (§ 126 Abs. 2 Satz 1 Nr. 1 AktG),

---

Beispiele

- Veröffentlichung von Betriebsgeheimnissen unter Verstoß gegen § 17 UWG,
- Veröffentlichung von Staatsgeheimnissen,
- Beleidigungen.

- der Gegenantrag zu einem gesetz- oder satzungswidrigem Beschluss der Hauptversammlung führen würde (§ 126 Abs. 2 Satz 1 Nr. 2 AktG),

> **Beispiele**
>
> - Anträge auf Ausschüttung einer den Bilanzgewinn übersteigenden Dividende,
> - Anträge zur Aktienausgabe unter dem geringsten Ausgabebetrag,
> - Anträge zur Abstimmung über einen nicht ordnungsgemäß bekannt gemachten Beschlussgegenstand,
> - Wahlvorschläge für mehr Aufsichtsratsmitglieder als in der Satzung vorgesehen usw.

- diese offensichtlich falsche oder irreführende Angaben oder Beleidigungen enthalten (§ 126 Abs. 2 Satz 1 Nr. 3 AktG),
- Mitteilung eines auf den selben (kernidentischen) Sachverhalt gestützten Gegenantrags bereits erfolgt ist (§ 126 Abs. 2 Satz 1 Nr. 4 AktG),
- derselbe Gegenantrag mit im Wesentlichen gleicher Begründung innerhalb der letzten 5 Jahre bereits zu mindestens 2 Hauptversammlungen mitgeteilt worden ist und weniger als 5 % des vertretenen Grundkapitals dafür gestimmt haben (§ 126 Abs. 2 Satz 1 Nr. 5 AktG),
- der Aktionär nachträglich zu erkennen gibt, dass er an der Hauptversammlung nicht teilnehmen und sich auch nicht vertreten lassen will (§ 126 Abs. 2 Satz 1 Nr. 6 AktG),
- der Aktionär in den letzten 2 Jahren einen von ihm mitgeteilten Gegenantrag in 2 Hauptversammlungen, sei es auch bei unterschiedlichen Aktiengesellschaften, nicht gestellt hat oder nicht hat stellen lassen (§ 126 Abs. 2 Satz 1 Nr. 7 AktG),
- der Wahlvorschlag des Aktionärs nicht ausreichend präzisiert ist (Name, ausgeübter Beruf und Wohnort der zur Wahl vorgeschlagenen Person, § 127 Satz 3 AktG),
- die Begründung mehr als 100 Worte beträgt, in diesem Fall muss lediglich mitgeteilt werden, dass Gegenantrag gestellt wurde (§ 126 Abs. 2 Satz 2 AktG).

▷ Ein **Verstoß** gegen diese Mitteilungspflicht führt zur Anfechtbarkeit eines auf der Hauptversammlung gefassten Beschlusses, sofern die Aktiengesellschaft nicht nachweisen kann, dass das Zustandekommen des angegriffenen Beschlusses nicht auf der unterlassenen Mitteilung beruht.

▷ Mitteilungspflichtig ist der Vorstand auch bei **Vertagung oder Verlegung der Hauptversammlung**. Eine verspätete Mitteilung kann zu Schadenersatzansprüchen der Aktionäre wegen vergeblich aufgewandter Reisekosten etc. führen.

9. Ad-hoc-Meldungen

▷ **Tatbestand:** Mit dem am 1.7.2002 in Kraft getretenen 4. Finanzmarktförderungsgesetz hat der Gesetzgeber einen eigenständigen Haftungstatbestand für fehlerhafte oder unterlassene Ad-hoc-Mitteilungen eingeführt (§ 15 WpHG; → *Aktionärsklagerecht*; → *Schadenersatzklage*). Ereignet sich bei einem deutschen, an einer deutschen Börse zum Handel zugelassenen Unternehmen etwas, das geeignet scheint, den Kurs der Aktie erheblich zu beeinflussen, so ist das Unternehmen verpflichtet, seine Aktionäre unverzüglich darüber aufzuklären.

  ┌─ **Beispiel für Meldungen, die häufig auf diese Art verbreitet werden** ─
  │ – Umsatz- oder Gewinnwarnungen,
  │ – Quartals- oder Jahreszahlen,
  │ – Firmenübernahmen oder
  │ – ein Wechsel in der Unternehmensleitung.
  └

▷ **Zweck:** Diese Meldungen sollen eine gleichmäßige und vor allem gleichzeitige Information aller Aktionäre einer Gesellschaft sicherstellen. Eine Garantenstellung des Emittenten gegenüber dem Anleger wird dadurch jedoch nicht begründet.

▷ **DGAP:** Ein einfaches und kostengünstiges Mittel zur Erreichung des Fach- und Anlegerpublikums ist die Verbreitung der Ad-hoc-Mitteilungen über die Deutsche Gesellschaft für Ad-hoc-Publizität (DGAP).

▷ **Vertragliche Ansprüche der Anleger:** Eine Haftung des Emittenten wegen unrichtiger oder unterlassener Ad-hoc-Meldungen kann in dem seltenen Fall dann bestehen, wenn eine Selbstemission von Wertpapieren durchgeführt und das betreffende Wertpapier bereits an der Börse gehandelt wird. Da sich in dieser Situation die unrichtige oder unterlassene Meldung als eine Verletzung von Aufklärungspflichten darstellte, ist eine Haftung aus Verschulden bei Vertragsschluss (cic) oder positiver Vertragsverletzung möglich. Weitere vertragliche Ansprüche der Anleger sind jedoch nicht möglich.

▷ **Deliktische Ansprüche der Anleger:** Mangels Verletzung eines absoluten Rechts bestehen keine Ansprüche des Anlegers aus § 823 Abs. 1 BGB (die Mitgliedschaft ist zwar als absolutes Recht i.S.d. § 823 Abs. 1 BGB anerkannt, jedoch fällt ein Vermögensschaden in Form eines Kursverlustes nicht darunter). Eine Haftung aus der Verletzung von Schutzgesetzen gemäß § 823 Abs. 2 BGB ist nur bei Verstoß gegen folgende Gesetze möglich (die Vorschriften schützen sowohl Personen, die bereits Aktionäre sind, als auch solche, die erst aufgrund einer Falschaussage Aktionäre werden):

– § 264a StGB (Kapitalbetrug: erforderlich ist jedoch der enge sachliche Zusammenhang der Ad-hoc-Mitteilung mit dem Vertrieb von Wertpapieren);
– § 263 StGB (Betrug: nur durch aktives Handeln möglich, häufig fehlt jedoch die gebotene Stoffgleichheit zwischen Vermögensverfügung des Anlegers und Vermögensvorteil des Emittenten);

- § 400 Abs. 1 Nr. 1 AktG (Falschdarstellung: nicht ausreichend sind jedoch Angaben, die lediglich eine Frage des Vermögensstandes berühren, so OLG München AG 2003, 106, 107 – *Infomatec II* u.a., *a.A. Gross*, WM 2002, 477, 483 f.).

▷ **Keine Schutzgesetze** sind dagegen
- § 15 Abs. 1 WpHG (BVerfG ZIP 2002, 1986, 1988);
- § 88 BörsG a.F. (OLG München AG 2003, 106, 108 – *Infomatec II*).

▷ **§ 826 BGB:** Darüber hinaus kommt eine Haftung der Aktiengesellschaft und seiner Organmitglieder aus § 826 BGB in Betracht. Das Verhalten des Emittenten und seiner Organmitglieder kann als sittenwidrig angesehen werden, wenn sich die fehlerhafte oder unterlassene Ad-hoc-Mitteilung nach den Umständen als leichtfertiges oder gewissenloses Verhalten darstellt.

> **Beispiele**
>
> – Wenn bewusst unrichtige Mitteilungen veröffentlicht oder negative Umstände bewusst zurückgehalten werden;
> – wenn die Information ohne ausreichende tatsächliche Grundlage bloß ins Blaue hinein abgegeben wird, falls dabei die Verfolgung eigensüchtiger Interessen im Vordergrund steht (so BGH NJW 1992, 3167, 3174, die Parallele zum Arbeitszeugnis ist jedoch nicht überzeugend).

Für die Bejahung einer deliktischen Haftung ist auch der ursächliche Zusammenhang zwischen dem schädigenden Verhalten und der Verletzung des geschützten Rechtsguts erforderlich. Die Verletzung besteht darin, dass der Geschädigte seine Anlageentscheidung auf unzutreffender Informationsbasis getroffen und Wertpapiere ge- oder verkauft hat. Die Mitteilung muss damit dem Anleger bekannt gewesen sein und seine Willensentscheidung beeinflusst haben. Bei unterlassener Mitteilung müsste daher bei pflichtgemäßer Veröffentlichung die Anlageentscheidung anders ausfallen sein. Für den Kleinanleger bestehen grundsätzlich Schwierigkeiten bei der Darlegung dieser haftungsbegründenden Kausalität.

▷ **Anderweitige Ansprüche** gegen den Emittenten oder seine Organmitglieder bestehen nicht. Eine Analogie zur Prospekthaftung lässt sich nicht begründen (so OLG München ZIP 2002. 1727, 1728 – *Infomatec I, a.A. Rössner/Bolkart*, ZIP 2002, 1471, 1476: vergleichbare Publizitätswirkung der Ad-hoc-Mitteilung mit dem Börsenprospekt).

▷ **Schaden bei fehlerhafter oder unterlassener Mitteilung:** Wegen dem Erfordernis einer haftungsausfüllenden Kausalität bei den deliktischen Ansprüchen kommt lediglich der Ausgleich eines Vermögensschadens (nicht eines Nichtvermögensschadens: Dispositionsfreiheit) in Betracht (so *Fleischer*, BB 2002, 1869, 1871 f., *a.A. Riekers*, BB 2002, 1213, 1217). Zu ersetzen ist daher die Kursdifferenz zwischen tatsächlichem Kauf- bzw. Verkaufspreis und dem Preis, der sich bei ordnungsgemäßer Ad-hoc-Publizität ergeben hätte.

10. Mitteilungspflichten gegenüber dem Aufsichtsrat

→ *Vorstand*

→ *Aufsichtsrat*

Hinweis auf weiterführende Literatur: *Assmann*, Übernahmeangebote im Gefüge des Kapitalmarktrechts, insbesondere im Lichte des Insiderrechts, der Ad-hoc-Publizität und des Manipulationsverbots, ZGR 2002, 697 ff.; *Fleischer*, Der Inhalt des Schadenersatzanspruchs wegen unwahrer oder unterlassener unverzüglicher Ad-hoc-Mitteilung, BB 2002, 1869 ff.; *Förschle/Helmschrott*, Assurance Engagements bei Ad-hoc-Meldungen?, WPg 2001, 637 ff.; *Förschle/Helmschrott*, Assurance Engagements bei Ad-hoc-Meldungen? – Erwiderung zu den Anmerkungen von Ruhnke, WPg 2001, 1372 ff., WPg 2001, 1375 ff.; *Fuchs/Dühn*, Deliktische Schadensersatzhaftung für falsche Ad-hoc-Mitteilungen, BKR 2002, 1063–1071; *Fürhoff*, Neuregelung der Ad-hoc-Publizitätspflicht auf europäischer Ebene – Auswirkungen auf § 15 WpHG und systematische Einordnung, AG 2003, 80; *Gross*, Kapitalmarktrecht, 2. Aufl. 2002; *Heinsius*, Rechtsfolgen der Verletzung der Mitteilungspflichten nach § 20 AktG, in FS Fischer, 1979, S. 197 ff.; *Hüffer*, Verlust oder Ruhen von Aktionärsrechten bei Verletzung aktienrechtlicher Mitteilungspflichten?, in FS Boujong, 1996, S. 277 ff.; *Koppensteiner*, Einige Fragen zu § 20 AktG, in FS Rowedder, 1994, S. 213 ff.; *Lutter*, Das neue „Gesetz für Kleine Aktiengesellschaften und zur Deregulierung des Aktienrechts", AG 1994, 429 ff.; *Nowak*, Eignung von Sachverhalten in Ad-hoc-Mitteilungen zur erheblichen Kursbeeinflussung, ZBB 2001, 449 ff.; *Rodewald/Siems*, Haftung für die „frohe Botschaft" – Rechtsfolgen faktischer Ad-hoc-Mitteilungen, BB 2001, 2437 ff.; *Rössner/Bolkert*, Schadenersatz bei Verstoß gegen Ad-hoc-Publizitätsvorschriften nach dem 4. Finanzmarktförderungsgesetz, ZIP 2002, 1471 ff.; *Rützel*, Der aktuelle Stand der Rechtsprechung zur Haftung bei Ad-hoc-Mitteilungen, AG 2003, 69 ff.; *Ruhnke*, Assurance Engagements bei Ad-hoc-Meldungen?, – Anmerkungen zum Beitrag von Förschle/Helmschrott, WPg 2001, 637 ff., WPg 2001, 1375 ff.; *Sudmeyer*, Mitteilungs- und Veröffentlichungspflichten nach §§ 21 22, WpHG, BB 2002, 685 ff.; *Thümmel*, Haftung für geschönte Ad-hoc-Meldungen: Neues Risikofeld für Vorstände oder ergebnisorientierte Einzelfall-Rechtsprechung, DB 2001, 2331 ff.; *Tröger*, Neues zur Anfechtung bei Informationspflichtverletzungen – Die Entscheidung des BGH vom 13.11.2001/Sachsenmilch, NZG 2001, 210 ff.; *Weber*, Praxis der SWX Swiss Exchange zur Ad-hoc-Publizität, STW/RSDA 2002, 297 ff.

Hinweis auf weitere Stichwörter

→ *Abhängige Gesellschaft*	→ *Handelsregister*
→ *Bekanntmachungen*	→ *Mehrheit*
→ *Beteiligung*	→ *Publizität*
→ *Eintragung*	→ *Vorstand*

Muttergesellschaft/Mutterunternehmen

Das Mutterunternehmen ist im → *Konzern* die Gesellschaft, unter deren einheitlicher Leitung andere Unternehmen stehen. Die anderen Unternehmen sind die sog. → *Tochterunternehmen* (§§ 290, 271 HGB).

Hinweis auf weitere Stichwörter

→ *Abhängige Gesellschaft*
→ *Beteiligung*
→ *Mehrmütterorganschaft*
→ *Risikofrüherkennungssystem*

Nachgründung

1. Begriff 574
2. Nachgründungsverträge 574
3. Durchführung 576
4. Prüfung 577
5. Nachgründungsbericht 577
6. Haftung 578

1. Begriff

Die Nachgründung stellt keine → *Gründung* im eigentlichem Sinne dar (§§ 52, 53 AktG), sondern verfolgt einen erweiterten Gläubigerschutz in der ersten „Lebensphase" der Aktiengesellschaft bei Erwerbsvorgängen. Die Nachgründungsvorschriften sind Wirksamkeitsvoraussetzung für Nachgründungsverträge sowie für alle Rechtshandlungen, die zu deren Ausführung vorgenommen werden. Sie beinhalten eine Erweiterung des Anwendungsbereichs der für die → *Sacheinlagen* und → *Sachübernahmen* geltenden Formvorschriften.

Ausn. Nachgründungsvorschriften gelten nicht, wenn

– der Erwerb der Vermögensgegenstände den Gegenstand des Unternehmens bildet,

> **Beispiel**
>
> Der Erwerb von Grundstücken durch Grundstücksgesellschaften.

– der Erwerb der Vermögensgegenstände in der Zwangsvollstreckung oder an der Börse erfolgt (§ 52 Abs. 9 AktG).

2. Nachgründungsverträge

▷ **Definition:** Nachgründungsverträge sind schuldrechtliche Verträge der Gesellschaft,

– die mit den *Gründern* oder einer mit mehr als 10 % am Grundkapital beteiligten *Aktionärsminderheit* abgeschlossen werden (seit dem NaStraG v. 18.1.2001 sind Verträge mit echten Dritten nicht mehr einbezogen),

– die in den ersten 2 Jahren nach der Eintragung der Aktiengesellschaft im Handelsregister geschlossen werden; die *2-Jahres-Frist* beginnt mit der Eintragung der Gesellschaft in das Handelsregister und berechnet sich nach § 188 Abs. 2, Abs. 3 BGB; maßgeblicher Zeitpunkt ist das Zustandekommen des Vertrages durch Angebot und Annahme, selbst wenn dieser aufschiebend bedingt (§ 158

Abs. 1 BGB) auf die Zeit nach dem Ablauf der 2-Jahres-Frist geschlossen wird und
- nach denen die Gesellschaft Vermögensgegenstände für eine *10 % des Grundkapitals* übersteigende Vergütung erwerben soll; die 10 %-Grenze ist nach der Grundkapitalziffer der Gesellschaft zu bemessen (*a.M.*: danach zu bemessen, ob die Zahlung konkret aus gebundenem, d.h. für die Erhaltung des Grundkapitals erforderlichem Kapital oder freiem Kapital erfolgt).

▷ Der **Gesetzgeber** geht bei Nachgründungsverträgen von einer beabsichtigten → *verdeckten Sacheinlage* aus. Diese Verträge werden den strengen Vorschriften der Nachgründung unterstellt, um einer Umgehung der Gründungsvorschriften entgegen zu treten (§§ 23 ff. AktG).

Beispiele

Als Nachgründung sind einzustufen

- der Erwerb aller Vermögensgegenstände, d.h. aller Gegenstände, die Objekt einer Sacheinlage sein können, u.a. auch Betriebsanlagen der Gesellschaft,
- die Beteiligung an der Gründung einer anderen Gesellschaft oder an einer dort stattfindenden Kapitalerhöhung, es sei denn, es liegt eine Einzelpersonengründung durch die Aktiengesellschaft vor,
- der Bezug von (nicht einlagefähigen) Dienstleistungen, und zwar unabhängig davon, ob diese durch einen Aktionär oder einen Dritten erbracht werden sollen (streitig),
- die Kapitalerhöhung mit Sacheinlagen, innerhalb von 2 Jahren nach Eintragung ins Handelsregister, da es keinen Unterschied machen kann, ob die Gesellschaft für Vermögenswerte eine Vergütung oder gleichsam Anteile von sich selbst leistet (h.M.),
- der Abschluss von Austauschverträgen, wenn diese vor Ablauf der 2-Jahres-Frist geschlossen wurden, indes erst danach vollzogen werden sollen,
- die Aufspaltung eines Vertrages in mehrere Einzelverträge, wenn diese zusammen die 10 %-Schwelle überschreiten.

▷ **Wirksamkeitsvoraussetzungen** der Nachgründungsverträge sind

- *Schriftformerfordernis:* der Nachgründungsvertrag bedarf der Schriftform, sofern nicht in anderen Vorschriften eine strengere Form bestimmt ist (§ 52 Abs. 2 Satz 1 AktG). Ein Formverstoß führt zur Nichtigkeit des Vertrages (§ 125 BGB).
- *Beschluss der Hauptversammlung:* die Hauptversammlung muss dem Vertrag mit qualifizierter Mehrheit zustimmen. Die Beschlussfassung bedarf einer Mehrheit von ¾ des bei der Beschlussfassung vertretenen Grundkapitals. Im ersten Jahr nach Eintragung der Gesellschaft müssen die Anteile der zustimmenden Mehrheit mindestens ¼ des gesamten Grundkapitals erreichen (§ 52 Abs. 5 AktG). In beiden Fällen kann die Satzung an Stelle dieser Mehrheiten größere Kapitalmehrheiten und auch noch weitere Erfordernisse bestimmen (§ 52 Abs. 5 AktG).

– *Eintragung in das Handelsregister:* das Registergericht prüft die Anmeldung umfassend in materieller und formeller Hinsicht. Bei Bedenken (§ 52 Abs. 7 AktG) muss die Eintragung abgelehnt werden. Die wesentlichen Punkte des Vertrages und des Genehmigungsverfahrens werden bekannt gemacht (§ 52 Abs. 8 AktG). Haben alle erforderlichen Prüfungen stattgefunden und hat die Hauptversammlung dem Nachgründungsvertrag durch Beschluss zugestimmt, ist dieser zur Eintragung bei dem Handelsregister anzumelden.

3. Durchführung

Bei der Nachgründung sind folgende Schritte zu beachten:

▷ **Prüfung:** Der Aufsichtsrat hat den Vertrag zu prüfen und einen schriftlichen Bericht darüber zu erstatten (s.u. 5. *Nachgründungsbericht*). Die Prüfung durch einen oder mehrere externen Gründungsprüfer hat stattzufinden (s.u.);

▷ **Publizität:** Vom Zeitpunkt der Einberufung der Hauptversammlung an ist der Nachgründungsvertrag in den Geschäftsräumen der Gesellschaft zur Einsicht der Aktionäre auszulegen, jeder Aktionär hat das Recht, eine Abschrift des Vertrages zu verlangen; schließlich muss der Vertrag auch in der Hauptversammlung tatsächlich ausgelegt werden, und der Vorstand hat zu Beginn der Verhandlung die rechtliche und wirtschaftliche Bedeutung des Nachgründungsvertrages darzulegen (§ 52 Abs. 2 Satz 5 AktG);

▷ **Beschluss der Hauptversammlung:** Sodann kann der Hauptversammlungsbeschluss gefasst werden. Der Beschluss muss mit der erforderlichen Mehrheit gefasst sein (die Satzung kann an Stelle dieser Mehrheiten größere Kapitalmehrheiten und auch noch weitere Erfordernisse bestimmen, § 52 Abs. 5). Die erforderliche Mehrheit beträgt

– mindestens ¾ des vertretenen und ¼ des gesamten Grundkapitals, im ersten Jahr nach Eintragung der Gesellschaft;

– mindestens ¾ des vertretenen Grundkapitals, nach Ablauf des ersten Jahres seit Eintragung der Gesellschaft.

▷ **Anmeldung:** Der Vorstand hat den Vertrag zur Eintragung in das Handelsregister anzumelden. Der Anmeldung sind beizufügen

– der Nachgründungsvertrag in Urschrift, Ausfertigung oder öffentlich beglaubigter Abschrift;

– das Protokoll über den Beschluss der Hauptversammlung, der die Zustimmung enthält. Nach § 52 Abs. 2 Satz 6 AktG muss der Nachgründungsvertrag auch dem Protokoll als Anlage beigefügt sein (vgl. § 130 Abs. 5 AktG);

– der Nachgründungsbericht des Aufsichtsrats (s.u.);

– der Bericht der Gründungsprüfer mit den Unterlagen (Gutachten, Taxen usw.).

▷ **Prüfung durch das Gericht:** Der Vertrag muss durch das Registergericht geprüft werden (§ 52 Abs. 7 AktG); hat das Gericht etwas zu beanstanden, so soll es nicht sogleich ablehnen, sondern der Gesellschaft vorher Gelegenheit geben, den Beanstandungen abzuhelfen.

▷ **Eintragung:** Ist nichts zu beanstanden, so hat die Eintragung der Nachgründung in das Handelsregister zu erfolgen, die Bezugnahme auf die eingereichten Urkunden genügt (§ 52 Abs. 8 AktG).

> **Beispiel**
>
> Die Eintragung kann etwa lauten: „Die Gesellschaft hat im Wege der Nachgründung 2 Verträge geschlossen. Auf die bei Gericht eingereichten Urkunden wird Bezug genommen."

▷ **Bekanntmachung:** In die → *Bekanntmachung* sind aufzunehmen (§ 52 Abs. 8 Satz 2)

- der Tag des Abschlusses des Nachgründungsvertrages,
- der Tag, an dem die Hauptversammlung durch Beschluss zugestimmt hat,
- der zu erwerbende Vermögensgegenstand,
- der Veräußerer des Vermögensgegenstandes,
- die zu gewährende Vergütung.

Beachte: Angesichts der Problematik der Nachgründung (das Verfahren ist eher komplexer als das ursprüngliche Sachgründungsverfahren) empfiehlt es sich, dass die Gründer von Anfang an völlige Klarheit darüber schaffen, welche Ausstattung an Anlagevermögen die Gesellschaft benötigt, um den Erwerbsvorgang in die Gründung zu integrieren.

4. Prüfung

Erforderlich ist die Prüfung des Vertrages durch den Aufsichtsrat und eine externe Prüfung durch einen oder mehrere Gründungsprüfer, die das Registergericht nach Anhörung der Industrie- und Handelskammer bestellt. Fehlt eine Prüfung durch die externen Gründungsprüfer, so führt dies zur Anfechtbarkeit eines dennoch erfolgten Hauptversammlungsbeschlusses.

5. Nachgründungsbericht

Der Aufsichtsrat hat nach der Prüfung des Nachgründungsvertrages einen schriftlichen Bericht zu erstatten. Für den Nachgründungsbericht gelten die Vorschriften für den Gründungsbericht entsprechend (§§ 52 Abs. 3, 32 Abs. 2 und 3 AktG). Die Gründungsprüfer haben ebenfalls einen schriftlichen Bericht über die Prüfung zu erstatten (→ *Gründungsbericht*).

6. Haftung

▷ **Haftende:** Bei der Nachgründung sind für ihre Handlungen verantwortlich (§ 53 AktG)

- die Mitglieder des Vorstands und des Aufsichtsrat (§§ 53, 46 AktG); sie haben die Sorgfalt eines ordentlichen und gewissenhaften Geschäftsleiters anzuwenden;
- externe Prüfer (§§ 53, 49 AktG),
- dritte Personen gemäß § 53 i.V.m. 47 AktG.

Die Verantwortlichen sind der Gesellschaft gegenüber gesamtschuldnerisch zu Schadenersatz verpflichtet (→ *Schadenersatzpflicht*).

▷ **Ein Verzicht oder ein Vergleich** über die Ersatzansprüche ist nur unter folgenden Voraussetzungen möglich (§ 50 AktG; *Ausn.* Abwendung eines Insolvenzverfahrens oder aufgrund Insolvenzplans):

- 3 Jahre nach Eintragung des Nachgründungsvertrages in das Handelsregister,
- mit Zustimmung der Hauptversammlung,
- ohne zur Niederschrift erklärtem Widerspruch einer Aktionärsminderheit, deren Anteile zusammen 10 % des Grundkapitals erreichen.

Hinweis auf weiterführende Literatur: *Dormann/Fromholzer*, Offene Fragen der Nachgründung nach dem NaStraG, AG 2001, 242 ff.; *Eisolt*, Neuregelung der Nachgründung durch das Namensaktiengesetz, DStR 2001, 748 ff.; *Grub/Fabian*, Die Anwendung der Nachgründungsvorschriften auf Sachkapitalerhöhungen, AG 2002, 614 ff.; *Pentz*, Die Änderungen des Nachgründungsrechts durch das NaStraG, NZG 2001, 346 ff.; *Reichert*, Probleme der Nachgründung nach altem und neuem Recht, ZGR 2001, 554 ff.; *C. Schmidt/Seipp*, Berechnung der Vergütung von Miet- und Leasingverträgen im Rahmen der Nachgründung gemäß § 52 Abs. 1 AktG, ZIP 2000, 2089 ff.; *Walter/Hald*, Nachgründungsvorschriften bei der Holding-AG zu beachten? DB 2001, 1183 ff.; *Werner*, Zum Anwendungsbereich von § 52 AktG nach der Neufassung durch das NaStraG, ZIP 2001, 1403 ff.; *Witte/Wunderlich*, Die Nachgründungsproblematik bei „jungen Aktiengesellschaften", BB 2000, 2213 ff.;

Mustervertrag, -bericht und -protokoll im Falle einer Nachgründung s. *Balser/Bokelmann/Ott/Piorreck*, Die Aktiengesellschaft, 4. Aufl. 2002, Nr. 20 ff.

Hinweis auf weitere Stichwörter

- → *Gründung*
- → *Gründungsbericht*
- → *Haftung*

- → *Prüfung*
- → *Schadenersatzpflicht*
- → *Verdeckte Sacheinlage*

Nachteilsausgleich

§§ 311, 317 AktG

→ *Ausgleich*

Nachtragsabwicklung

→ *Abwicklung*

Nachtragsprüfung

→ *Prüfung*

Naked Warrants

→ *Option*

Namensaktie

1. Begriff 579
2. Übertragung 581
3. Urkunde 582
4. Steuerliche Probleme 582

1. Begriff

▷ **Form:** Die → *Aktie* kann auf den Namen des → *Aktionärs* lauten (§ 10 Abs. 1 AktG). Namensaktien können sowohl bei Nennbetragsaktien als auch bei Stückaktien ausgegeben werden (§ 8 Abs. 1 AktG). Die → *Satzung* muss bestimmen, ob die Aktien auf den Inhaber oder auf den Namen ausgestellt werden (§ 23 Abs. 3 Nr. 5 AktG). Die Satzung kann bestimmen, dass auf Verlangen eines Aktionärs seine Inhaberaktie in eine Namensaktie (oder umgekehrt) umzuwandeln ist (§ 24 AktG).

▷ Die **Ausgabe** von Namensaktien ist **zwingend**, wenn (§ 10 Abs. 2 AktG)

- die Aktien vor der vollen Leistung des Ausgabebetrages in Verkehr gebracht werden (→ *Einlage*),

- eine Volleinzahlung entbehrlich ist oder
- noch ein → *Agio* geschuldet wird.

▷ **Satzung:** Werden Namensaktien vor der vollen Erbringung des Nennbetrages (bei Nennbetragsaktien) oder der auf sie entfallenden anteiligen Beträge des Grundkapitals (bei Stückaktien), beides zuzüglich → *Agio*, ausgegeben (§§ 8 Abs. 2, 9 AktG) und haben die Gründer die Absicht, nach der Entstehung der Aktiengesellschaft Inhaberaktien auszugeben, so ist es gleichwohl notwendig, zunächst die Ausgabe von Namensaktien in der Satzung festzustellen (§ 10 Abs. 2 AktG). Nach der Volleinzahlung der Einlage muss dann eine → *Satzungsänderung* erfolgen, sofern nicht die → *Satzung* von vornherein vorsieht, dass die Namensaktien später in Inhaberaktien umgewandelt werden sollen. Im Falle einer Weiterveräußerung von Namensaktien, auf denen der Betrag der Teilleistung nicht vermerkt ist oder trotz fehlender Volleinzahlung bereits Inhaberaktien ausgegeben wurden, haftet ein gutgläubiger Erwerber für eine noch rückständige Einlage nicht (§ 10 Abs. 2 Satz 1 und 2 AktG).

▷ **Inhalt:** Die Namensaktie beurkundet, dass eine mit bestimmten Namen bezeichnete Person mit einem bestimmten Betrag oder Bruchteil an der Aktiengesellschaft beteiligt ist.

▷ **Orderpapier:** Die Namensaktie zählt zu den sog. geborenen *Orderpapieren* (= eine Aktienurkunde, in der ein bestimmter Berechtigter namentlich benannt ist), also zu den Wertpapieren, die eine namentlich bestimmte Person oder deren Order als Berechtigten dafür ausweisen, das verbriefte Recht geltend zu machen.

▷ **Legitimation:** Bei Namensaktien ist nur derjenige gegenüber der Gesellschaft legitimiert, der als Aktionär in das → *Aktienregister* eingetragen ist (§ 67 Abs. 2 AktG). Die Eintragung muss aber bestimmte Voraussetzungen erfüllen:

- Anmeldung durch den formal Befugten,
- Eintragung des als Aktionär Angemeldeten,
- Eintragung durch den → *Vorstand*.

▷ **Einzutragen** sind die Namensaktien unter Bezeichnung des Inhabers nach (§ 67 Abs. 1 AktG)

- Namen,
- Geburtsdatum,
- Adresse,
- Stückzahl oder Aktiennummer,
- bei Nennbetragsaktien auch die Nennbeträge.

▷ Die **Eintragungspflicht** beginnt mit der Ausgabe der Namensaktien. Auch spätere Übertragungen, durch Rechtsgeschäft oder von Todes wegen oder sonstige Vorfälle, die die Existenz der Namensaktie betreffen (Umwandlungen in → *Inhaberaktien*, → *Kaduzierung*, Zusammenlegungen und → *Einziehung*) sind in das Aktienregister einzutragen. Die späteren Eintragungen erfolgen auf Anmeldung

(Mitteilung und Nachweis, § 67 Abs. 3 AktG). Die Gesellschaft ist zur Eintragung des Übergangs verpflichtet, sie kann hierzu notfalls durch Klage des Aktionärs gezwungen werden.

2. Übertragung

▷ **Indossament:** Die Namensaktie kann durch Indossament übertragen werden; für die Form des Indossaments, den Rechtsausweis des Inhabers und seine Verpflichtung zur Herausgabe gelten die Art. 12, 13 und 16 des Wechselgesetzes sinngemäß (§ 68 Abs. 1 AktG). Sie ist weniger umlauffähig als die Inhaberaktie (selbst wenn man berücksichtigt, dass durch Blankoindossament praktisch derselbe Zustand erreicht wird, wie beim Inhaberpapier). Dies folgt daraus, dass die Eintragung im Aktienbuch notwendig ist, wenn Rechte aus der Aktie ausgeübt werden sollen (§ 67 Abs. 1 und 2 AktG). Die Eintragung ist allerdings keine Übertragungsvoraussetzung.

Auf Grund des NaStraG v. 25.1.2001 ist die Umlauffähigkeit der Namensaktien deutlich verbessert worden:

- Die bei der Namensaktie erforderlichen Aktienregister können auch elektronisch geführt werden;
- der Datenschutz der Aktionäre wird verbessert, da diese nur noch eigene Daten einsehen können;
- Namensaktionäre können auf einer Hauptversammlung nunmehr durch ein Kreditinstitut anonym vertreten werden (→ *Stimmrecht: 3. Stimmrechtsvollmacht*).

▷ **Vinkulierung:** Wenn die Übertragung der Namensaktie an die Zustimmung der Gesellschaft gebunden ist, dann spricht man von einer *vinkulierten Namensaktie* (→ *Vinkulierung*). Die Satzung kann in diesem Falle weiter bestimmen, aus welchen Gründen die Zustimmung verweigert werden darf. Die Zustimmung wird vom Vorstand erteilt, wenn die Satzung nichts anderes bestimmt (z.B. Erteilung durch → *Aufsichtsrat* oder Hauptversammlung, § 68 Abs. 2 AktG).

▷ **Eigentumsübertragung:** Die Eigentumsübertragung erfolgt durch Abtretung des → *Mitgliedschaftsrechts* und Übergabe der Urkunde (§§ 398, 413 BGB). Das Eigentum an der Aktienurkunde (→ *Aktie: 10. Aktienurkunde*) folgt der → *Mitgliedschaft* (analog § 952 BGB). Die praktisch gebräuchlichere Übertragungsform ist die Übertragung durch Indossament, da es bei der Übertragung durch Abtretung keinen Schutz des guten Glaubens gibt (§ 68 AktG).

▷ **Legitimationsübertragung:** Die Legitimationsübertragung dient dem Zweck, dem Berechtigten die Geltendmachung der Rechte aus der Aktie im eigenen Namen, aber für Rechnung des Übertragenden zu ermöglichen. Die Legitimationsübertragung erfolgt durch Übereignung, dabei sind sich die Parteien darüber einig, dass das Eigentum *nicht* übergehen soll. Der Dritte wird lediglich ermächtigt (§ 185 BGB), bestimmte aus der Mitgliedschaft fließende Teilrechte (→ *Stimmrecht*, Recht der → *Anfechtung von Hauptversammlungsbeschlüssen*) nach außen, also der Gesellschaft gegenüber, im eigenen Namen auszuüben. Nach außen gilt der Dritte als Aktionär, bleibt aber Nichtaktionär. Die Aktie ist weiter dem Vermögen des Übertragenden zuzurechnen (wichtig im Insolvenzverfahren und in der Zwangsvollstreckung). Der Legitimierte ist mit dem Betrag und der Gattung der von ihm vertretenen Aktien im Teilnehmerverzeichnis aufzuführen (→ *Hauptversammlung*). Dort werden sie in der Praxis als Fremdbesitz bezeichnet. Der wahre Aktionär bleibt unbenannt. Geht eine Namensaktie auf einen anderen über, so ist dies bei der Gesellschaft anzumelden, die Aktie vorzulegen und der Übergang nachzuweisen. Die Gesellschaft vermerkt sodann den Übergang im Aktienregister. Solange er nicht im Aktienregister eingetragen ist, kann z.B. seine Zulassung zur → *Hauptversammlung* verweigert werden.

▷ **Gutgläubiger Erwerb:** Der gutgläubige Erwerb erfolgt nach § 68 Abs. 1 AktG i.V.m. Art. 16 WechselG, welcher die Garantiefunktion des Indossaments begründet. Der gutgläubige Erwerber haftet nicht für noch ausstehende Einlagen, wenn nicht angegeben ist, dass bisher nur Teilleistungen erbracht worden sind (§ 10 Abs. 2 Satz 2 AktG). Ebenso erwirbt der gutgläubige Erwerber lastenfrei, wenn diese vor der Leistung des Ausgabebetrages ausgegeben wurden (§ 10 Abs. 2 Satz 1 AktG). Die Verpflichtung zur Leistung der Einlage trifft weiterhin den bisherigen Aktionär.

▷ **Negative Orderklausel:** Eine negative Orderklausel ist unzulässig. Falls sie dennoch vorhanden ist, ist sie wirkungslos und berührt die Wirksamkeit der Aktienurkunde nicht. Die Aktie kann daher ungeachtet des Vorhandenseins einer negativen Orderklausel übertragen werden.

3. Urkunde

In der → *Aktienurkunde* steht ursprünglich der Name des Gründers, der die Aktie übernommen hat. Wird die Aktie durch Indossament übertragen, stehen auch die entsprechenden weiteren Namen auf der Rückseite oder auf einer Allonge. Wird die Aktie durch Abtretung des Mitgliedschaftsrechts und der Übergabe des Papiers übertragen oder handelt es sich um eine Übertragung durch Blankoindossament, so treten weitere Namen nicht in Erscheinung.

4. Steuerliche Probleme

Die Finanzverwaltung kann anlässlich einer steuerlichen Außenprüfung bei der betreffenden Aktiengesellschaft Kontrollmitteilungen fertigen, aus denen hervorgeht, welche Personen weniger als ein Jahr Namensaktionäre waren, um Spekulationsgeschäfte (§ 22 Abs. 1 Nr. 2 EStG) aufzudecken (*str.*, ob dies auf einer gesetzlichen Grundlage beruht).

Hinweis auf weiterführende Literatur: *Hüther*, Namensaktien, Internet und die Zukunft der Stimmrechtsvertretung, AG 2001, 68 ff.; *Noack*, Namensaktie und Aktienregister: Einsatz für Investor Relations und Produktmarketing, DB 2001, 27 ff.; *Thiery*, Gesetz zur Namensaktie und zur Erleichterung der Stimmrechtsausübung (NaStraG) – Das deutsche Aktienrecht entdeckt E-Mail und Internet, GesRZ 2001, 118 ff.

Hinweis auf weitere Stichwörter

→ *Aktie*
→ *Aktienregister*
→ *Inhaberaktie*
→ *Nebenleistungspflichten*

→ *Nennbetragsaktie*
→ *Stückaktie*
→ *Vinkulierung*

Nebenabrede

→ *Satzung*

Nebenleistungspflichten

▷ **Unzulässigkeit:** Die Begründung sonstiger Verpflichtungen des Aktionärs, neben der Leistung der Einlage, ist im Regelfall unzulässig (*Barz* in GK. AktG, 4. Aufl. 2001, § 54 Rn. 6). Aktionäre haben daher grundsätzlich keine Nebenleistungspflichten zu erfüllen. Dies entspricht dem Grundbild einer Aktiengesellschaft als kapitalistische Gesellschaft, insbesondere im Falle einer → *Publikumsgesellschaft*.

Ausn.: Wenn die Übertragung der Aktien an die Zustimmung der Gesellschaft gebunden ist (vinkulierte → *Namensaktie*, § 68 Abs. 2 AktG), so kann die Satzung Aktionären Nebenleistungspflichten auferlegen (§ 55 AktG, → *Vinkulierung*).

▷ **Voraussetzungen:** Die Nebenverpflichtung ist nur wirksam, wenn

– sie in der Satzung festgesetzt wurde (§ 55 Abs. 1 Satz 1 AktG),
– sie neben der Einlage besteht (§ 54 AktG, Verpflichtung an Stelle der Einlage ist unzulässig),
– die Übertragung der Aktie an die Zustimmung der Aktiengesellschaft gebunden ist (sog. *vinkulierte Namensaktien*),
– Inhalt und Umfang der Nebenpflicht in der Satzung festgelegt sind und
– die Entgeltlichkeit oder Unentgeltlichkeit der Nebenleistung in der Satzung bestimmt ist.

Ist die Leistung entgeltlich, darf die Vergütung den Wert der Leistung nicht übersteigen (*Verbot der Einlagenrückgewähr*, → *Einlage*). Obergrenze bildet der marktübliche Anschaffungswert zur Zeit der Leistung.

▷ **Umfang:** Die Nebenleistungspflichten der Aktionäre können nur in wiederkehrenden, nicht mittelbar oder unmittelbar auf Geld gerichteten Leistungen bestehen. Sie können wirtschaftliche, künstlerische, wissenschaftliche oder technische Beratungsleistungen zum Gegenstand haben. Die Verpflichtung und der Umfang der Leistungen sind in den Aktien und auch in den Zwischenscheinen anzugeben (§ 55 Abs. 1 Satz 3 AktG).

▷ **Leistungsstörungen** hinsichtlich der jeweiligen Einzelleistungen sind nach den einschlägigen Regeln des BGB abzuwickeln (§§ 275 ff., 323, 433 Abs. 1 Satz 2, 434 BGB). Für den Fall der Nicht- bzw. Schlechterfüllung können in der Satzung Vertragsstrafen festgesetzt werden (§ 55 Abs. 2 AktG).

▷ **Beendigung:** Die Nebenleistungspflicht kann beendet werden durch

– Übertragung der Aktie mit Zustimmung der Aktiengesellschaft (Übergang der Nebenleistungspflicht auf den erwerbenden Aktionär),

– Aufhebungsbeschluss der Hauptversammlung (als → *Satzungsänderung*),

– Kündigung aus wichtigem Grund (RGZ 128, 1, 17) oder

– gutgläubigen lastenfreien Erwerb der Aktie (möglich bei Verstoß gegen § 55 Abs. 1 Satz 3 AktG).

▷ **Nebenleistungs-AG:** Hauptanwendungsfall für die ausnahmsweise zu erfüllenden Nebenleistungsverpflichtungen sind die Nebenleistungs-Aktiengesellschaften der norddeutschen Rübenzuckerindustrie. Außerhalb der Rübenzuckerindustrie hat die Nebenleistungs-AG keine Bedeutung.

Hinweis auf weiterführende Literatur: *Barthelmeß/Braun*, Zulässigkeit schuldrechtlicher Verfügungsbeschränkungen über Aktien zugunsten der Aktiengesellschaft, AG 2000, 172 f.

Hinweis auf weitere Stichwörter

→ *Aktionär*
→ *Einlage*

→ *Namensaktie*
→ *Vinkulierung*

Negativerklärung

▷ **Umwandlung:** Bei der → *Eintragung* einer → *Umwandlung* ist von den Vertretungen der beteiligten Gesellschaften zu erklären, dass eine → *Anfechtungsklage* gegen die Wirksamkeit eines Umwandlungsbeschlusses nicht oder nicht fristgerecht eingereicht wurde oder eine solche Klage rechtskräftig abgewiesen oder zurückgenommen worden ist (§§ 16 Abs. 2, 125, 176 Abs. 1, 198 Abs. 3 UmwG). Eine solche Negativerklärung gehört zu den formalen Eintragungsvoraussetzungen. Die Erklärung muss bei der Aktiengesellschaft der Vorstand abgeben. Ohne Negativerklärung darf die Umwandlung grundsätzlich nicht eingetragen werden. Es besteht eine *Registersperre* (→ *Handelsregister*).

▷ **Eingliederung:** Das Gleiche gilt auch bei einer → *Eingliederung* (§ 319 Abs. 5 AktG).

▷ **Ersetzung:** Die Negativerklärung kann durch einen Beschluss des für die Anfechtungsklage zuständigen Gerichts ersetzt werden, welches auf Antrag der Aktiengesellschaft rechtskräftig feststellt, dass die Erhebung der Anfechtungsklage der Eintragung in das Handelsregister nicht entgegensteht (§§ 16 Abs. 3 UmwG, 319 Abs. 6 AktG, → *Feststellungsklage*).

Hinweis auf weitere Stichwörter

- → *Eingliederung*
- → *Handelsregister*
- → *Umwandlung*

Nennbetrag

1. Begriff 585
2. Nennbetragsaktien 585
3. Festsetzung 586
4. Nennwertlose Aktien 587

1. Begriff

Die Nennbeträge von → *Aktien* und → *Grundkapital* sind in der Weise miteinander verknüpft, dass die Summe der Nennbeträge aller ausgegebenen Aktien dem Grundkapital der Gesellschaft entspricht (§ 1 Abs. 2 AktG). Der Quotient, mit dem der Inhaber beteiligt ist, errechnet sich aus dem Verhältnis von Grundkapital zum Nennbetrag der Aktie (§ 8 Abs. 4 AktG). Er legt den Anteil des Aktionärs am Gesellschaftsvermögen fest, der seinerseits höhenmäßig davon abhängig ist, um wie viel das tatsächliche Vermögen der Aktiengesellschaft das Grundkapital über- oder unterschreitet. Dieser Vermögenswert ist jedoch nicht mit dem Ausgabebetrag bzw. Kurswert der Aktie gleichzusetzen (→ *Aktie: 13. Preis*).

2. Nennbetragsaktien

Die Satzung muss bestimmen, ob das Grundkapital in Nennbetrags- oder → *Stückaktien* zerlegt wird (§ 23 Abs. 2 Nr. 4 AktG). Nennbetragsaktien können nur alternativ und nicht neben den Stückaktien ausgegeben werden. Im Falle der Nennbetragsaktien hat die Satzung die Nennbeträge anzugeben. Der Mindestbetrag beträgt 1 Euro. Für einen geringeren Betrag als den Nennbetrag dürfen Aktien nicht ausgegeben werden (*Verbot der Unterpariemission*, § 9 Abs. 1 AktG). Die Ausgabe *über pari* ist zulässig und vor allem bei einer → *Kapitalerhöhung* üblich (§§ 9 Abs. 2, 182 Abs. 3 AktG). Lauten Nennbetragsaktien nicht auf volle Euro, so führt dies nur zur Nichtigkeit der Aktienurkunden, wenn der Mindestnennbetrag von 1 Euro unterschritten wird (§ 8 Abs. 2 AktG, sog. *Pennystocks*). Werden Aktien mit verschiedenem Nennbetrag ausgegeben, muss die Zahl der Aktien jeden Nennbetrages angegeben werden. Ausreichend ist es auch, wenn das Gesamtkapital jeder Nennbetragsgruppe angegeben wird, weil sich daraus die Zahl der Aktien ohne weiteres ermitteln lässt.

3. Festsetzung

▷ **Stellung der Gesellschafter:** Bei Nennbetragsaktien kann der Nennbetrag neu geschaffener Aktien Einfluss auf die Rechtsstellung der Gesellschafter haben, die Anspruch auf den Bezug oder die Gewährung dieser neu geschaffenen Aktien in einem bestimmten Umtauschverhältnis haben. In der Regel wird die Zuteilung oder Gewährung der Aktien für die Berechtigten umso vorteilhafter sein, je geringer der Nennbetrag der Aktien ist. Auf der anderen Seite können die Gesellschafter, die über den Nennbetrag der neu geschaffenen Aktien entscheiden, ein Interesse daran haben, den Nennbetrag nicht niedriger als den Betrag der bereits bestehenden Aktien festzusetzen.

▷ **Gesetzliche Verpflichtung:** Eine zwingende gesetzliche Verpflichtung zur Einführung von Aktien mit einem für die Berechtigten optimalen geringeren Nennbetrag besteht nur unter 2 Voraussetzungen (z.B. bei → *Kapitalherabsetzung*, → *Formwechsel*):

– Die Maßnahme stellt sich als eine von der Gesellschaftermehrheit bestimmte und damit gesellschafts- oder jedenfalls gruppeninterne Maßnahme dar und
– die Maßnahme hat das Risiko des Ausscheidens von Minderheitsgesellschaftern zur Folge.

Eine gesetzliche Verpflichtung besteht *nicht*, wenn

– entweder ein anderes Unternehmen beteiligt ist, das die neu geschaffenen Aktien gewährt (→ *Unternehmensvertrag*, → *Eingliederung* und → *Verschmelzung*), oder
– es sich zwar um eine gesellschaftsinterne Maßnahme handelt, ein Ausscheiden von Gesellschaftern jedoch ausgeschlossen ist (→ *Kapitalerhöhung*).

▷ **Gesellschaftsrechtliche Treuepflicht:** Soweit keine gesetzliche Regelung besteht, lässt sich eine Verpflichtung zur Festsetzung eines für den Berechtigten optimalen Nennbetrags ausnahmsweise aus der gesellschaftsrechtlichen Treuepflicht begründen. Ein solcher Fall ist insbesondere dann gegeben, wenn es der Gesellschaftermehrheit gerade darum geht, durch die Wahl des Nennbetrages einen bestimmten Minderheitsgesellschafter aus der Gesellschaft auszuschließen oder dessen Beteiligung unter eine für die Ausübung besonderer Minderheitsrechte erforderliche Beteiligungsquote zu mindern.

Bei Kapitalerhöhungen besteht keine derartige gesellschaftsrechtliche Treuepflicht (2. Voraussetzung fehlt, *Ausn.:* Kapitalherabsetzung mit gleichzeitiger Kapitalerhöhung, da Aktionäre aus der Gesellschaft ausscheiden können). Soweit keine besonderen Umstände vorliegen, insbesondere kein sachlicher Grund für einen höheren Aktiennennbetrag, ist der Mehrheitsaktionär aufgrund der Treuepflicht gegenüber den Minderheitsaktionären verpflichtet, den Minderheitsaktionären in möglichst weitgehendem Umfang den Verbleib in der Gesellschaft durch Festsetzung des Nennbetrages der neuen Aktien auf den gesetzlichen Mindestnennbetrag von 1 Euro zu ermöglichen (BGH DB 1999, 1747).

Tabelle: Festsetzung des Nennbetrags

Festsetzung des für den Berechtigten optimalen Nennbetrags	Kapitalherabsetzung § 222 Abs. 4 AktG	Formwechsel § 241 Abs. 1 AktG	Kapitalerhöhung §§ 182 ff. AktG	Verschmelzung §§ 2 ff. UmwG	Unternehmensvertrag §§ 293 ff. AktG	Eingliederung §§ 319 ff. AktG
Gesetzliche Verpflichtung	ja	ja, bei Umwandlung GmbH → AG	nein	nein	nein	nein
Verpflichtung aus gesellschaftsrechtlicher Treuepflicht	ja	ja	nein Ausn. Sonderfall der Kapitalerhöhung mit gleichzeitiger Kapitalherabsetzung	möglich	möglich	möglich

4. Nennwertlose Aktien

Neben Nennbetragsaktien kann der Anteil des Aktionärs am Grundkapital auch durch nennwertlose Aktien ausgedrückt werden (Gesetz über die Zulassung von Stückaktien v. 25.3.1998). Eine nennwertlose Aktie lautet nicht auf einen ziffernmäßig festgelegten Nennbetrag. Die Einteilung in echte und unechte nennwertlose Aktien beruht auf ihrer Beziehung zu einem etwa vorhandenen Grundkapital. Die unechte nennwertlose Aktie wird auch → *Stückaktie* genannt.

Hinweis auf weiterführende Literatur: *Vetter*, Verpflichtung zur Schaffung von 1 Euro-Aktien, AG 2000, 193 ff.

Hinweis auf weitere Stichwörter

- → *Aktie*
- → *Grundkapital*
- → *Stückaktie*
- → *Umwandlung*

Neugründung

Die Neugründung einer Gesellschaft bedeutet die rechtliche Entstehung eines vollkommen neuen Rechtsträgers. Abzugrenzen ist die Neugründung von der Umwandlung.

Hinweis auf weitere Stichwörter

→ *Gründung* | → *Umwandlung*

Nichtigkeit

1. Begriff 588
2. Nichtigkeit der Aktie 588
3. Nichtigkeit des Aufsichtsratsbeschlusses 588
4. Nichtigerklärung der Gesellschaft 589
5. Nichtigkeit des Hauptversammlungsbeschlusses 591
6. Feststellung durch das Gericht 596
7. Nichtigkeit des Jahresabschlusses 598
8. Nichtigkeit von Verträgen 601
9. Nichtigkeit des Zeichnungsscheins 601

1. Begriff

Nichtigkeit bedeutet, dass die gewollten Rechtswirkungen eines Rechtsaktes ohne weitere Aktionen (z.B. Anfechtung) nicht eintreten. Nichtig können Beschlüsse der Hauptversammlung sowie der Organe der Gesellschaft sein, wie auch die Gesellschaft selbst oder ihre Aktien. Auch ein Zeichnungsschein kann nichtig sein.

2. Nichtigkeit der Aktie

Vor der Eintragung der → *Durchführung* der → *Kapitalerhöhung* (→ *ordentliche Kapitalerhöhung*, → *genehmigtes Kapital*) sind ausgegebene neue → *Aktien* und → *Zwischenscheine* nichtig (§ 191 AktG).

Vgl. im Übrigen → *Bezugsrecht*

3. Nichtigkeit des Aufsichtsratsbeschlusses

Auf Grund der Nichtigkeit treten die von den Abstimmenden gewollten Rechtswirkungen wegen des Beschlussmangels nicht ein. Die Nichtigkeit kann durch Feststellungsklage (*Nichtigkeitsklage*) geltend gemacht werden (BGHZ 122, 342, 350). Der Aufsichtsratsbeschluss ist nichtig bei

– wesentlichen Verfahrensfehlern,
– bei inhaltlichen Verstößen gegen Gesetz oder Satzung.

Bei Fehlen eines ordnungsgemäßen Aufsichtsratsbeschlusses ist jedoch die Nichtigkeit des Folgegeschäftes nicht zwingend.

> **Beispiel**
>
> Schließt der Aufsichtsratsvorsitzende einer Aktiengesellschaft im Namen der Gesellschaft mit einem Vorstandsmitglied einen Vertrag, so handelt der Aufsichtsratsvorsitzende zwar ohne Vertretungsmacht (§ 112 AktG), aber nicht unter Verstoß gegen ein gesetzliches Verbot (§ 134 BGB). Der Aufsichtsrat hat daher die Möglichkeit, den Vertrag zu genehmigen (§ 177 BGB; Abweichung OLG Stuttgart, BB 1992, 1669).

Im Übrigen s. → *Beschluss: 3. Aufsichtsratsbeschluss*

4. Nichtigerklärung der Gesellschaft

▷ **Grundsatz:** Vor der Eintragung richtet sich die Berücksichtigung von Gründungsmängeln nach den allgemeinen Vorschriften, insbesondere den Grundsätzen der fehlerhaften Gesellschaft. Gründungsmängel werden grundsätzlich mit der Eintragung der Gesellschaft in das Handelsregister geheilt. Unwirksame Satzungsbestimmungen berühren die Existenz der Gesellschaft nicht. Nur schwerwiegende Mängel können noch geltend gemacht werden, dies aber mit Wirkung ex nunc.

▷ **Nichtigkeitsgründe:** Als Nichtigkeitsgründe kommen nur 3 Tatbestände in Betracht:

- das *Fehlen* einer Satzungsbestimmung über den *Gegenstand* des Unternehmens (§ 23 Abs. 3 Nr. 2 AktG);
- das *Fehlen* einer Bestimmung über die *Höhe des Grundkapitals* (§ 23 Abs. 3 Nr. 3 AktG),
- die *Nichtigkeit* von Bestimmungen der Satzung über den *Gegenstand* des Unternehmens (§ 23 Abs. 3 Nr. 3 AktG).

Die Nichtigerklärung kann nur auf diese 3 Gründe gestützt werden und nur im Klagewege erfolgen (§ 275 AktG, *Nichtigkeitsklage*).

▷ **Heilung:** Heilbar sind alle Mängel mit Ausnahme des Fehlens einer Bestimmung über die Höhe des Grundkapitals (§§ 275 Abs. 1, 276 AktG). Satzungsmängel, die den Gegenstand des Unternehmens betreffen, können durch Satzungsänderung geheilt werden (§§ 23 Abs. 3 Nr. 2 i.V.m. 179–181 AktG). Das Registergericht muss die Möglichkeit der Heilung der Nichtigkeit gewähren (vgl. § 144 FGG). Gegenüber dem Registergericht ist keine Heilung gemäß § 275 Abs. 3 AktG möglich.

▷ **Nichtigerklärung:** Ist noch keine Heilung der Gründungsfehler eingetreten, können die Beteiligten die Nichtigkeit der Gesellschaft klageweise geltend machen. Die Nichtigkeitsklage ist eine Gestaltungsklage. Sie ist gegen die Gesellschaft zu richten (§§ 275 Abs. 4 Satz 1 i.V.m. 246 Abs. 2 Satz 1 AktG). Die Nichtigkeit tritt erst mit der Rechtskraft des Nichtigkeitsurteils ein und wirkt nur für die Zukunft. Erklärt das Gericht die Gesellschaft für nichtig, so wird diese aufgelöst und abgewickelt (→ *Auflösung*, → *Abwicklung*). Die Gesellschaft bleibt bis zur Vollbeendigung als juristische Person bestehen wie bei Eintritt anderer Auflösungsgründe auch. *Klagebefugt* sind ausschließlich die Aktionäre und die Mitglieder von Vorstand und Aufsichtsrat (§ 275 Abs. 1 Satz 1 AktG). Dritte genießen nur den Schutz, dass auch die Gesellschaft sich ihnen gegenüber nicht auf die Nichtigkeit berufen kann (§ 277 Abs. 2 AktG). Die *Klagefrist* beträgt 3 Jahre nach Eintragung der Gesellschaft in das Handelsregister und ist eine Ausschlussfrist (§ 275 Abs. 3 Satz 1 AktG i.V.m. §§ 186, 187 ff. BGB, 222 Abs. 1 ZPO). Bei heilbaren Satzungsmängeln kann erst Klage erhoben werden, wenn die Aktiengesellschaft von einem Klageberechtigten unter genauer Bezeichnung des Mangels zur Mängelbeseitigung aufgefordert wurde und eine 3-Monats-Frist fruchtlos verstrichen ist (§ 275 Abs. 2 AktG). Der Vorstand hat eine beglaubigte Abschrift der Klage sowie eine Ausfertigung des rechtskräftigen Urteils zum Handelsregister einzureichen (§ 275 Abs. 4 AktG). Im Handelsregister ist dann die Nichtigkeit der Gesellschaft aufgrund des rechtskräftigen Urteils einzutragen. Die Nichtigkeit der Gesellschaft wird aber bereits durch das Gerichtsurteil bewirkt, nicht erst durch die Eintragung ins Handelsregister (*Hüffer*, AktG, 7. Aufl. 2006, § 277 Rn. 2).

▷ **Amtslöschung:** Hat das Registergericht das Amtslöschungsverfahren nach § 144 FGG durchgeführt, so erfolgt die Eintragung der Nichtigkeit aufgrund der Entscheidung des Registergerichts. Ist die Nichtigkeit im Handelsregister eingetragen, so findet die → *Abwicklung* statt (§ 277 AktG).

▷ **Wirkung der Nichtigkeit:** Wenn die Nichtigkeit der Aktiengesellschaft aufgrund eines Urteils oder einer Entscheidung des Registergerichts in das Handelsregister eingetragen ist, hat die → *Abwicklung* stattzufinden (§ 277 AktG). Die mangelhafte Gesellschaft existiert auch nach Nichtigerklärung weiterhin und hat ein Ende erst durch → *Löschung* im Handelsregister (§ 273 Abs. 1 Satz 2 AktG). Die Nichtigkeitsfolgen sind nur auf Gründungsmängel der Gesellschaft anzuwenden, die nach der Eintragung ins Handelsregister festgestellt werden.

▷ **KGaA:** Die KGaA besteht als solche, auch wenn sie mangelhaft ist. Sie ist jedoch für die Zukunft vernichtbar. Die Vernichtung kann in 2-facher Weise erfolgen:

– im Amtslöschungsverfahren gemäß § 144 FGG und
– durch Klage auf Nichtigerklärung (§ 275 AktG).

Die KGaA kann auch ebenso wie die Aktiengesellschaft für nichtig erklärt werden (§§ 275–277 AktG). Die Nichtigkeit tritt erst mit der Rechtskraft des Nichtigkeitsurteils ein und wirkt nur für die Zukunft. Die persönlich haftenden Gesellschafter haben eine beglaubigte Abschrift der Klage sowie eine Ausfertigung des rechtskräftigen Urteils zum Handelsregister einzureichen. Im Handelsregister ist sodann die Nichtigkeit der Gesellschaft aufgrund des rechtskräftigen Urteils einzutragen. Hat das Registergericht das Amtslöschungsverfahren nach § 144 FGG durchgeführt, so erfolgt die Eintragung der Nichtigkeit aufgrund der Entscheidung des Registergerichts (→ *Abwicklung*).

5. Nichtigkeit des Hauptversammlungsbeschlusses

▷ **Arten:** Es gibt 3 Arten der Nichtigkeit der Beschlussfassung:

- Nichtigkeit von Anfang an und endgültig,
- Nichtigkeit zwar von Anfang an aber heilbar oder
- zunächst Wirksamkeit, später jedoch wegen Ausbleibens eines bestimmten Ereignisses Nichtigkeit.

▷ **Nichtigkeitsgründe:** Die *Gründe* für die Nichtigkeit von Hauptversammlungsbeschlüssen sind, mit Ausnahme der Fälle der Kompetenzüberschreitung und der Überschreitung der Grenzen der Satzungsautonomie, in § 241 AktG abschließend aufgezählt. Verletzt ein Hauptversammlungsbeschluss aus anderen Gründen das Gesetz oder die Satzung, so kann sich daraus lediglich die Anfechtbarkeit des Beschlusses ergeben (→ *Anfechtung*). Es gibt 3 Gruppen von Nichtigkeitsgründen:

- Verstöße gegen Form- und Verfahrensvorschriften (§ 241 Nr. 1, 2 AktG; Verstöße gegen wesentliche Formvorschriften stellen das weitere Verfahren und die Gültigkeit der Hauptversammlungsbeschlüsse nur dann in Frage, wenn sie in irgendeiner Weise auf die Beschlussfassung Einfluss ausgeübt haben);
- inhaltliche Mängel, insbesondere Verletzung grundlegender materiellrechtlicher Vorschriften (§ 241 Nr. 3 und 4 AktG; die Eintragung solcher Beschlüsse mit verbotenen Bestimmungen ist selbst dann abzulehnen, wenn sie nur eine neue Fassung einer bereits in das Register aufgenommenen Bestimmung darstellen);
- sonstige Fälle der Nichtigkeit (§ 241 Nr. 5 und 6 AktG).

▷ **Beispiele:** Hauptversammlungsbeschlüsse sind nichtig wegen

- Verstoßes gegen die *guten Sitten*, die Sittenwidrigkeit muss sich aus dem Inhalt des Beschlusses ergeben (§ 241 Nr. 4 AktG; BGHZ 101, 113, 116),

> **Beispiel**
>
> Gläubigerschädigender Beschluss (§ 119 Abs. 2 AktG).

- Verstoßes gegen den *Grundsatz der Kapitalerhaltung:* Beschlüsse, die die Erhaltung des Stammkapitals gefährden (§ 241 Nr. 3 AktG),
- Verstoßes gegen zwingende, im *öffentlichen Interesse* oder zum Schutz der Gläubiger der Aktiengesellschaft erlassene Vorschriften, auf deren Einhaltung die Beteiligten nicht verzichten können (§ 241 Nr. 3 AktG; § 23 Abs. 5 AktG, dahinstehen gelassen von BGHZ 99, 211, 216 f.),

> **Beispiele**
>
> - Mehrheitserfordernisse bei Satzungsänderungen;
> - §§ 25 ff. MitbestG (BGHZ 83, 106, 109 ff.);
> - Überschreitung der Amtszeit bei Organmitglieder;

- der Grundsatz der gleichen Berechtigung und Verantwortung aller Aufsichtsratsmitglieder;
- Beschlüsse, deren Inhalt auf einen objektiv unmöglichen Erfolg gerichtet oder die wegen einer unauflöslichen Widersprüchlichkeit (*Perplexität*) oder Unklarheit sachlich undurchführbar sind;
- Gläubigerdiskriminierung, § 241 Nr. 3 AktG analog;
- Vorschriften, die ausschließlich oder überwiegend dem Schutz der Gläubiger dienen (§§ 225, 233, 303, 321 AktG).

- *fehlender Handelsregistereintragung:* z.B. bei Beschlüssen über die Kapitalherabsetzung, Kapitalerhöhung und die Durchführung der Kapitalerhöhung (§ 235 Abs. 2 AktG),
- *Einberufungsmängeln* (§§ 241 Nr. 1, 121 Abs. 2, 3 und 4 AktG, *Ausn.* bei einer Vollversammlung, wobei kein Aktionär der Beschlussfassung widerspricht, § 121 Abs. 6 AktG),

- Beispiele
  - Fehlende Einberufungsbefugnis (§ 121 Abs. 2 AktG),
  - fehlende Mindestangaben in der Bekanntgabe (§§ 121 Abs. 3 und 4 Satz 1, 124 AktG),
  - fehlende oder nicht ordnungsgemäße Ladung, bei Einberufung durch eingeschriebenen Brief (*Ausn.* Genehmigung des Beschlusses durch den nicht oder nicht ordnungsgemäß geladenen Aktionär: § 242 Abs. 2 Satz 4 AktG),
  - das Fehlen der Bedingungen, von denen die Teilnahme an der Hauptversammlung und die Ausübung des Stimmrechts abhängen (§ 121 Abs. 3 AktG).

- *Beurkundungsmängeln* (§§ 241 Nr. 2, 130 Abs. 1, 2 und 4 AktG; *Ausn.* im Falle der Heilung durch → *Eintragung* in das → *Handelsregister:* § 130 Abs. 1 AktG; → *Hauptversammlung:* 7. Beurkundung),

- Beispiele
  - Beschlüsse sind überhaupt nicht beurkundet,
  - Fehlen der Unterschrift des Notars oder des Aufsichtsratsvorsitzenden,
  - Fehlen der förmlich oder inhaltlich notwendigen Angaben.

- Verstoßes gegen das *Wesen der Aktiengesellschaft* (§ 241 Nr. 3 AktG),

- Beispiele

  Das Wesen der Aktiengesellschaft wird bestimmt durch die Vorschriften über
  - die Rechtspersönlichkeit der Gesellschaft (§ 1 Abs. 1 Satz 1 AktG),
  - die entsprechenden Aufhebungsbestimmungen, wie Verschmelzung, Umwandlung, Auflösung,

- die Aufteilung in Aktien,
- den Mindestbetrag von Grundkapital und Aktien (§§ 6, 7, 8 AktG),
- die Einlagepflicht der Aktionäre,
- die Vorschriften über den Minderheitenschutz, auch in der Erscheinungsform der Notwendigkeit qualifizierter Mehrheiten,
- die Begrenzung der Haftung der Aktionäre auf die Einlage,
- die Organisation der Gesellschaft (§§ 1 Abs. 1 Satz 2, 54 AktG) und
- die Abgrenzung der Zuständigkeit der Gesellschaftsorgane (§§ 76, 95, 118 AktG: Kompetenzverteilung).

- *Aufhebung durch rechtskräftiges Urteil* aufgrund einer *Anfechtungsklage* (§ 248 AktG),
- *Löschung aufgrund rechtskräftiger Entscheidung (Nichtigerklärung durch das Gericht)* im Falle von eintragungsfähigen Beschlüssen (§§ 241 Nr. 6 AktG, 144 Abs. 2 FGG).

▷ **Spezialregelungen** der Nichtigkeit von Hauptversammlungsbeschlüssen:

- *Wahl von Aufsichtsratsmitgliedern*,

Beispiele für Nichtigkeit von Wahlbeschlüssen (§ 250 Abs. 1 AktG)

- Der → *Kontinuitätsgrundsatz* ist verletzt (§§ 250 Abs. 1 Nr. 1, 96 Abs. 2 AktG).
- Die Hauptversammlung missachtet eine mitbestimmungsrechtlich bestehende Bindung an Wahlvorschläge (§ 250 Abs. 1 Nr. 2 AktG, § 5 Abs. 3 Satz 2, §§ 6 und 8 MontanMitbestG).
- Durch die Wahl wird die gesetzliche Höchstzahl der Aufsichtsratsmitglieder überschritten (§§ 250 Abs. 1 Nr. 3, 95 AktG).
- Die gewählten Personen durften wegen Fehlens persönlicher Voraussetzungen nicht Aufsichtsratsmitglieder sein (§§ 250 Abs. 1 Nr. 4, 100 Abs. 1 und 2, 105 Abs. 1 AktG).
- Bei falscher Zusammensetzung des Aufsichtsrats.
- Bei Bestehen von Ausschlussgründen.

- *Jahresabschluss* (s.u.),
- Beschluss über die Verwendung des Bilanzgewinns (§ 253 AktG, → *Gewinnverwendung*),

Beispiele

- Versagung des Bestätigungsvermerks bei einem von der Hauptversammlung festgestellten → *Jahresabschluss* (§ 173 Abs. 3 AktG),
- Gewinnverwendung bei → *Kapitalerhöhung* (§ 217 Abs. 2 AktG),

- bei Nichtigkeit des Jahresabschlusses aufgrund Akzessorietät zwischen Jahresabschluss und Gewinnverwendungsbeschluss (§ 241 AktG, → *Gewinnverwendung*).

- *Kapitalerhöhung und -herabsetzung*,

┌─ **Beispiele** ───

Der Kapitalerhöhungs- bzw. -herabsetzungsbeschluss ist zusätzlich nichtig, wenn
- er im Widerspruch zu einem Beschluss über die *bedingte Kapitalerhöhung* (§ 192 Abs. 4 AktG) steht;
- er der anteiligen Berechtigung der Aktionäre nach einer *Kapitalerhöhung aus Gesellschaftsmitteln* entgegen steht (§ 212 Satz 2 AktG),
- keine Eintragung in das Handelsregister binnen 3 Monaten nach Beschlussfassung bei Beschlüssen über die *Erhöhung des Grundkapitals* und über die *Verwendung des Bilanzgewinns* des letzten, vor der Beschlussfassung über die Kapitalerhöhung abgelaufenen Geschäftsjahres erfolgt ist (§ 217 Abs. 2 Satz 4 AktG),
- keine Eintragung von Beschluss und Durchführung in das Handelsregister binnen 6 Monate nach Beschlussfassung bei Beschlüssen über eine ordentliche *Kapitalherabsetzung* unter dem Mindestbetrag mit *gleichzeitiger Kapitalerhöhung* durch Geldeinlagen erfolgt ist (§§ 7, 228 Abs. 2 AktG),
- keine Eintragung binnen 3 Monaten nach Beschlussfassung in das Handelsregister bei Beschlüssen über die *Rückwirkung einer Kapitalherabsetzung* sowie *Rückwirkung einer gleichzeitigen Kapitalerhöhung* erfolgt ist (§§ 234 Abs. 1–3, 235 Abs. 1–2 AktG).

▷ **Heilung:** Bei eintragungsbedürftigen Beschlüssen können Mängel, die zur Nichtigkeit des Beschlusses geführt haben, durch ihre → *Eintragung* im → *Handelsregister* geheilt werden (§ 242 AktG). Auf die Nichtigkeit eines Hauptversammlungsbeschlusses kann sich grundsätzlich jedermann zeitlich unbeschränkt berufen. Im Interesse der Rechtssicherheit sind aber Beschlüsse, die in das → *Handelsregister* eingetragen worden sind, innerhalb von 3 Jahren seit der Eintragung heilbar (§ 242 AktG). Eine vor Fristablauf erhobene Nichtigkeitsklage hemmt den Fristablauf bis zur Erledigung des Rechtsstreits (§ 249 AktG). Wird die Nichtigkeit aber im Rahmen einer allgemeinen Feststellungsklage oder als Einwand gegenüber Ansprüchen der Gesellschaft vorgebracht, tritt diese Hemmwirkung nicht ein. Die Heilung nichtiger Beschlüsse kann erfolgen durch:

- Handelsregistereintragung,

┌─ **Beispiel** ──

Beurkundungsmängel werden durch die Eintragung im Handelsregister sofort geheilt.

– Handelsregistereintragung und Fristablauf (3 Jahre),

> **Beispiele**
>
> Heilung durch Handelsregistereintragung und Fristablauf von 3 Jahren ab Eintragung bei (§ 242 Abs. 2 und 3 AktG)
> - Mängeln der Einberufung,
> - Beschlüssen, die mit dem Wesen der Aktiengesellschaft nicht zu vereinbaren sind,
> - Beschlüssen, die Gläubigerschutzvorschriften oder Vorschriften im öffentlichen Interesse verletzen,
> - sittenwidrigen Beschlüssen,
> - kapitalverändernden Beschlüssen, deren Eintragungen verspätet erfolgt (§§ 217 Abs. 2, 228 Abs. 2, 234 Abs. 3, 235 Abs. 2 AktG).

– bloße Genehmigung des Aktionärs.

> **Beispiel**
>
> Bei fehlender oder nicht ordnungsgemäßer Ladung des Aktionärs, wenn die Einberufung der Hauptversammlung per eingeschriebenem Brief erfolgte (§ 242 Abs. 2 Satz 4 AktG).

▷ **Rechtsfolge der Heilung** ist die rückwirkend eintretende Wirksamkeit des bis dahin nichtigen Hauptversammlungsbeschlusses (§§ 93 Abs. 4, 116 AktG). Die Löschungsbefugnis des Registergerichts bleibt jedoch auch nach Ablauf der 3-Jahres-Frist bestehen (§ 144 Abs. 2 FGG). Der Beschluss kann daher nach seiner Heilung durch das Amtslöschungsverfahren vernichtet werden (aber nicht durch Nichtigkeitsurteil, s.u.). Im Übrigen → *Beschluss: 4. Hauptversammlung.*

▷ **Keine Nichtigkeit:** Rechtsverletzungen im Verlauf des Abstimmungsverfahrens können nicht die Nichtigkeit des notariell beurkundeten Beschlusses bewirken, sondern lediglich im Wege der Anfechtungsklage geltend gemacht werden (vgl. auch BGHZ 14, 25, 35 oder BGHZ 76, 191, 197). Das gilt insbesondere auch für den Fall, dass Stimmen zu Unrecht mitgezählt worden sind (vgl. RGZ 91, 316, 324);

> **Beispiel**
>
> Es liegt keine Nichtigkeit des Beschlusses vor, wenn das Protokoll nichts über die Art der Abstimmung enthält, nach der Gesamtheit des Beurkundeten aber kein Zweifel an der Ordnungsmäßigkeit des Hergangs bestehen kann, als dessen Ergebnis der Vorsitzende in der Niederschrift den Beschluss feststellt (§ 130 AktG).

6. Feststellung durch das Gericht

▷ **Nichtigkeitsklage:** Die Nichtigkeit eines Beschlusses der Hauptversammlung oder des Jahresabschlusses kann durch das Gericht festgestellt werden (§§ 256 Abs. 7 i.V.m. 249 AktG). Die Nichtigkeit kann aber auch inzident, durch Widerklage oder einredeweise geltend gemacht werden. Für die Nichtigkeitsklage gilt die Streitwertbestimmung des § 247 AktG. Mehrere Nichtigkeitsprozesse sind zur gleichzeitigen Verhandlung und Entscheidung zu verbinden (§ 249 Abs. 2 AktG).

▷ **Zuständigkeit:** Für die Klage ist ausschließlich das Landgericht, Kammer für Handelssachen, zuständig.

▷ **Klagebefugnis:** Die Klage auf Feststellung der Nichtigkeit kann jeder Aktionär, der Vorstand, jedes Vorstandsmitglied und jedes Aufsichtsratsmitglied erheben. Ein besonderes Feststellungsinteresse ist nicht erforderlich. Sofern der Vorstand gegen die Gesellschaft klagt, können ihr die Aktionäre als streitgenössische Nebenintervenienten beitreten. Der Vorstand/die Geschäftsführer müssen die Klageerhebung und den Termin zur mündlichen Verhandlung unverzüglich in den Gesellschaftsblättern bekannt machen (§§ 275 Abs. 4 i.V.m. 246 Abs. 4 AktG). Ein *Dritter* ist nur klagebefugt, wenn er ein eigenes besonderes Feststellungsinteresse hat (§ 256 ZPO, einfache zivilrechtliche Feststellungsklage). Die Aktiengesellschaft wird dann durch den Vorstand vertreten und die gerichtliche Zuständigkeit bestimmt sich nach den allgemeinen zivilprozessualen Regeln.

▷ **Rechtsschutzinteresse:** Für die Erhebung der Nichtigkeitsklage ist ein allgemeines Rechtsschutzinteresse erforderlich. Dies kann ausnahmsweise fehlen, wenn der angegriffene Beschluss mangelfrei wiederholt worden ist. Missbräuchlich erhobene Nichtigkeitsklagen sind unzulässig (OLG Frankfurt AG 1991, 208, anders bei der Anfechtungsklage: die missbräuchlich erhobene Anfechtungsklage ist unbegründet!). Das Interesse ergibt sich aus der Stellung des Klägers zur Gesellschaft, solange die Nichtigkeit nicht unstreitig feststeht.

▷ **Frist:** Soweit nicht eine Heilung der Nichtigkeit eingetreten ist (§ 242 AktG), ist die Klage jederzeit zulässig.

▷ **Nichtigkeitsgründe:** Sind die oben genannten Gründe bei der Nichtigkeit des Hauptversammlungsbeschlusses oder des Jahresabschlusses.

▷ **Nichtigkeitsurteil:** Das Nichtigkeitsurteil ist, seiner prozessualen Struktur nach, ein aktienrechtliches Feststellungsurteil (§§ 248 Abs. 1 Satz 1 i.V.m. 249 Abs. 1 Satz 1 AktG). Es führt nicht zur Nichtigkeit, sondern bestätigt den ohnehin schon bestehenden Rechtszustand des Hauptversammlungsbeschlusses bzw. des Jahresabschlusses. Das stattgebende rechtskräftige Nichtigkeitsurteil wirkt für und gegen jedermann (anders bei der Feststellungsklage nach § 256 ZPO). Das klageabweisende Urteil wirkt dagegen nur zwischen den Prozessparteien. Sind mehrere Nichtigkeits- oder Anfechtungsklagen erhoben, aber trotz gesetzlicher Anordnung nicht miteinander verbunden worden, so erledigen sich die noch nicht entschiedenen Prozesse in der Hauptsache, sobald ein Kläger rechtskräftig obsiegt. Im Falle einer allgemeinen Feststellungsklage durch einen Dritten bindet das rechtskräftige Urteil nur die Streitparteien und kann nicht zum Handelsregister angemeldet oder eingetragen werden (§ 256 ZPO, § 78 AktG; *Hüffer*, AktG,

7. Aufl. 2006, § 256 Rn. 31). Die Unteilbarkeit des Streitgegenstandes wegen Identität des Rechtsschutzziels lässt eine Teilentscheidung nur über die Nichtigkeitsgründe (oder nur über die gleichzeitig und fristgerecht geltend gemachten Anfechtungsgründe) nicht zu. Darüber hinaus scheidet auch ein vertikales Teilurteil gegenüber einzelnen von mehreren gemeinsam klagenden Aktionären aus, weil diese mit Rücksicht auf die Urteilswirkungen (§§ 248, 249 AktG) notwendige Streitgenossen (§ 62 ZPO) sind.

▷ **Verhältnis zur aktienrechtlichen Anfechtungsklage:** Die richterliche Klärung der Nichtigkeit von Hauptversammlungsbeschlüssen kann verfolgt werden mit der:

- Anfechtungsklage (§§ 243 ff. AktG, Rechtsgestaltung) und
- Nichtigkeitsklage (§ 249 AktG, Feststellungsklage).

Mit beiden Klagen wird dasselbe materielle Ziel verfolgt. Bei identischer Klagebegründung gegen denselben Hauptversammlungsbeschluss, dem überdies ein identischer Streitgegenstand zugrunde liegt, ist kein Haupt- und Hilfsantrag mehr erforderlich (BGHZ 134, 364, 366 f.). Der Kläger kann aber Anfechtungs- und Nichtigkeitsklage verbinden. Sofern beide Klagen binnen eines Monats seit der Beschlussfassung erhoben wurden und sich mit identischer Begründung gegen denselben Hauptversammlungsbeschluss richten, verfolgen beide Klagen dasselbe materielle Ziel: die richterliche Klärung der Nichtigkeit des Hauptversammlungsbeschlusses mit Wirkung für und gegen jedermann feststellen zu lassen (§ 248 Abs. 1 Satz 2 AktG).

Der **Anfechtungsantrag** umfasst prinzipiell zugleich einen Nichtigkeitsantrag und umgekehrt. Das Gericht hat stets eine doppelte Prüfung vorzunehmen, die entweder zur Nichtigkeit oder mangels Nichtigkeitsgrundes zum Erfolg der Anfechtungsklage führt (§§ 249, 241, 246 AktG). Das Gericht kann künftig offen lassen, ob ein Nichtigkeitsgrund vorliegt, wenn zumindest ein Anfechtungsgrund durchgreift. Der Kläger kann von der Anfechtungs- zur Nichtigkeitsklage jederzeit übergehen, umgekehrt nur, wenn die Frist des § 246 Abs. 1 AktG gewahrt ist.

▷ **Abweisung:** Bei rechtskräftiger Abweisung einer der beiden aktienrechtlichen Klagearten als unbegründet, ist die Erhebung einer weiteren Klage mit identischem Streitgegenstand, gleichgültig in welcher Form, unzulässig. Wird einer solchen Klage stattgegeben, so ist der Wechsel der Klageart ausgeschlossen.

▷ **Besonderheiten bei Wahlen zum Aufsichtsrat:** Die Klage auf Feststellung der Nichtigkeit des Hauptversammlungsbeschlusses kann erhoben werden

- vom Gesamtbetriebsrat der Gesellschaft oder, wenn in der Gesellschaft nur ein Betriebsrat besteht, vom Betriebsrat sowie, wenn die Gesellschaft herrschendes Unternehmen eines Konzerns ist, vom Konzernbetriebsrat (§ 250 Abs. 2 Nr. 1 AktG);
- vom Gesamtbetriebsrat eines anderen Unternehmens, dessen Arbeitnehmer selbst oder durch Wahlmänner an der Wahl teilnehmen, oder falls in dem anderen Unternehmen nur ein Betriebsrat besteht, der Betriebsrat (§ 250 Abs. 2 Nr. 2 AktG);

- jede in der Gesellschaft oder in einem Unternehmen vertretene Gewerkschaft, dessen Arbeitnehmer selbst oder durch Wahlmänner an der Wahl teilnehmen, sowie deren Spitzenorganisationen (§ 250 Abs. 2 Satz 3 AktG, dies gilt auch dann, wenn es sich um die Wahl der Aufsichtsratsmitglieder der Aktionäre handelt).

Im Übrigen ist die **Klagebefugnis beschränkt:**

- Aktionäre können nicht geltend machen, dass Sondervorteile mit der Aufsichtsratswahl verfolgt wurden;
- nur der Vorstand ist als Gremium klagebefugt, nicht einzelne Vorstandsmitglieder.

7. Nichtigkeit des Jahresabschlusses

Die folgenden Grundsätze gelten sowohl bei der Aktiengesellschaft wie auch bei der KGaA (§ 283 AktG).

▷ **Nichtigkeitsgründe:** Der Jahresabschluss kann nichtig sein aufgrund (§ 256 AktG)

- eines Inhaltsfehlers,
- eines Prüfungsfehlers,
- eines Verfahrensfehlers.

Die Nichtigkeit des Jahresabschlusses hat auch die Nichtigkeit eines darauf beruhenden Ergebnisverwendungsbeschlusses zur Folge.

▷ **Beispiele** für die Nichtigkeit von Jahresabschlüssen sind

- die *Versagung des Testats bei Änderung des Jahresabschlusses* (§ 173 Abs. 3 AktG): Ein Beschluss der Hauptversammlung über die Feststellung des Jahresabschlusses, der einen testierten Jahresabschluss ändert, und ein hiermit verbundener Gewinnverwendungsbeschluss ist nichtig, wenn nicht binnen 2 Wochen ein uneingeschränkter Bestätigungsvermerk des Abschlussprüfers folgt (§ 173 Abs. 3 Satz 1 AktG). Es besteht keine Heilungsmöglichkeit (§ 173 Abs. 3 Satz 2 AktG).
- die *Bilanzfeststellung bei fehlender Eintragung der Kapitalherabsetzung* (§§ 234 Abs. 2 und 3, 235 Abs. 2 AktG): Da die Hauptversammlungsbeschlüsse über eine → *Kapitalherabsetzung* und die gleichzeitig beschlossene → *Kapitalerhöhung* nichtig sind, wenn die Eintragung in das Handelsregister nicht binnen 3 Monate nach der Beschlussfassung erfolgt, ist der im Zusammenhang mit der Kapitalherabsetzung festgestellte Jahresabschluss ebenfalls nichtig.
- die Verletzung von *Gläubigerschutzvorschriften* (§ 256 Abs. 1 Nr. 1 AktG): Der Jahresabschluss darf keine Vorschriften verletzen, die ausschließlich oder überwiegend zum Schutz der Gläubiger der Gesellschaft geschaffen sind. Ein Inhaltsverstoß gegen Gesetzesbestimmungen oder Verordnungen liegt nur dann vor, wenn schwerpunktmäßig Gläubigerschutzbestimmungen gerade durch die → *Bilanz*, die Gewinn- und Verlustrechnung oder den Anhang verletzt werden

(BGHZ 124, 111, 117). Dies ist typischerweise der Fall bei Missbrauch der Grundsätze ordnungsgemäßer Buchführung, (§§ 238 Abs. 1 Satz 1, 264 Abs. 2 Satz 1 HGB)

Beispiele

- *Aufbau- oder Gliederungsfehler:* Der Jahresabschluss ist nur nichtig, wenn dadurch seine Klarheit und Übersichtlichkeit beeinträchtigt wird (§ 256 Abs. 4 AktG). Ein Gliederungsverstoß ist gegeben, wenn das *Verrechnungsverbot* missachtet wurde oder die Bilanz bzw. die Gewinn- und Verlustrechnung entspricht nicht der gesetzlich vorgeschriebenen Gliederung (z.B. Nichtbeachtung von Formblättern, Vermögensgegenstand, Kapital oder Verbindlichkeit sind an falscher Stelle ausgewiesen [LG Stuttgart AG 1994, 473 f.]).
- *Fehlerhaftigkeit der Ansätze* oder
- *Fehlerhaftigkeit der Bewertung:* der Jahresabschluss ist bei *Überbewertung* von Bilanzposten grundsätzlich nichtig: Überbewertet sind Aktivposten, wenn sie mit einem höheren Wert, Passivposten, wenn sie mit einem niedrigeren Betrag angesetzt sind als zulässig (§§ 253–256 i.V.m. §§ 279–283 HGB, § 256 Abs. 5 Satz 2 AktG). Der Überbewertung gleichzusetzen sind unzulässige Aktivierungen oder erforderliche, aber unterbliebene Passivierungen sowie nach § 249 HGB gebotene Rückstellungen, da sie zu vergleichbaren Folgen führen. Bei *Unterbewertung* ist Nichtigkeit nur dann gegeben, wenn dadurch die Vermögens- und Ertragslage der Gesellschaft vorsätzlich unrichtig wiedergegeben oder verschleiert wird (§ 256 Abs. 5 Satz 1 Nr. 2 AktG): Unterbewertet sind Aktivposten, wenn sie mit einem niedrigeren Wert, Passivposten, wenn sie mit einem höheren Betrag angesetzt sind, als zulässig (§§ 253–256 i.V.m. §§ 279–283 HGB, § 256 Abs. 5 Satz 3 AktG). Der Unterbewertung gleichzustellen ist eine unterbliebene, aber gebotene Aktivierung oder Passivierung. Bei Kreditinstituten und Versicherungsunternehmen sind besondere Abweichungen zugelassen (für Kreditinstitute: §§ 340e–340g HGB, für Versicherungsunternehmen: §§ 341b–341h HGB).

- *Fehlende oder unvollständige Prüfung* (§ 256 Abs. 1 Nr. 2, 3 AktG)

Beispiele

- Wenn er im Falle einer gesetzlichen Prüfungspflicht nicht geprüft wird (§ 316 Abs. 1 und 3 HGB),
- wenn er von anderen als den zum Abschlussprüfer bestellten Personen geprüft worden ist,
- wenn er von Prüfern geprüft worden ist, die nicht Abschlussprüfer sein können (§ 319 Abs. 1 HGB oder Art. 25 EGHGB),
- bei unvollständiger Prüfung, wenn ganze Bilanzposten nicht geprüft wurden oder der Prüfungsbericht oder der Bestätigungsvermerk bzw. Vermerk über dessen Versagung fehlt (§§ 321, 322 HGB).

- *Verstöße gegen die Bestimmungen über Rücklagen* (§ 256 Abs. 1 Nr. 4 AktG): Werden die Bestimmungen des Gesetzes oder der Satzung über die Einstellung von Beträgen in Kapital- oder Gewinnrücklagen oder die Entnahme aus solchen → *Rücklagen* verletzt, ist der Jahresabschluss nichtig (§§ 58, 150 AktG).

Nichtigkeit

> **Beispiele**
> – Das Unterlassen der Rücklagenbildung;
> – wenn der Jahresabschluss durch seinen Inhalt Vorschriften verletzt, die ausschließlich oder überwiegend zum Schutze der Gläubiger der Gesellschaft gegeben sind (§ 256 Abs. 1 Nr. 1 AktG bei unterbliebener Dotierung der Rücklage oder Verstoß gegen § 150 Abs. 2 bzw. 3 AktG);
> – wenn bei seiner Feststellung die Bestimmungen des Gesetzes oder der Satzung über die Einstellung von Beträgen in Kapital- oder Gewinnrücklagen oder über die Entnahme von Beträgen aus Kapital- oder Gewinnrücklagen verletzt worden ist (§ 256 Abs. 1 Nr. 4 AktG, bei Verstoß gegen weitergehende Satzungsbestimmung, Überschreiten der jährlichen Einstellung oder Überdotierung).

– *Fehler bei der Mitwirkung von Vorstand und Aufsichtsrat* (§ 256 Abs. 2 AktG): Zur Nichtigkeit des Jahresabschlusses führen Fehler bei der
  – Vorlage des Jahresabschlusses durch den Vorstand,

> **Beispiel**
> Befugnis des Vorstands zur Bilanzaufstellung und -feststellung

  – Prüfung und Berichterstattung des Aufsichtsrats,

> **Beispiel**
> Beschlussfähigkeit des Aufsichtsrats

  – ordnungsgemäßen Ladung des Aufsichtsrats zur Beschlussfassung.
– *Fehler bei der Feststellung des Jahresabschlusses durch die Hauptversammlung* (§ 256 Abs. 3 AktG)

> **Beispiele**
> – *Einberufungsfehler* (§§ 121 Abs. 2 und 3 oder 4, 256 Abs. 3 Nr. 1 AktG),
> – *Beurkundungsfehler* (§§ 130 Abs. 1, 2 und 4, § 256 Abs. 3 Nr. 2 AktG),
> – *Anfechtung:* Handelt es sich um Formfehler, ist eine Anfechtung des Hauptversammlungsbeschlusses möglich (§ 257 Abs. 1 Satz 1 AktG). Ist der Beschluss der Hauptversammlung, in der die Feststellung des Jahresabschlusses beschlossen wurde, auf eine Anfechtungsklage hin durch Urteil rechtskräftig für nichtig erklärt worden, so ist auch der festgestellte Jahresabschluss nichtig (§ 256 Abs. 3 Nr. 3 AktG).

▷ **Heilung:** Der Jahresabschluss kann nach Bekanntmachung im Bundesanzeiger geheilt werden (§ 325 Abs. 1 Satz 2, Abs. 2 Satz 1 HGB, § 256 Abs. 7 AktG):

- nach 3 Jahren seit Bekanntmachung: bei Verletzung von gläubigerschützenden Vorschriften, insbesondere bei Gliederungs- und Bewertungsfehlern (§§ 256 Abs. 6 Satz 1 i.V.m. Abs. 1 Nr. 1, Abs. 4 und 5 AktG);
- nach 6 Monaten seit Bekanntmachung: in den übrigen Fällen (§§ 256 Abs. 1 Nr. 3 und 4, Abs. 2 und 3 Nr. 1 und 2, 325 Abs. 1 Satz 2 oder Abs. 2 Satz 1 HGB).

Ist der Jahresabschluss nicht geprüft, dann ist keine Heilung möglich (§ 256 Abs. 1 Nr. 2 AktG). Der Lauf der Fristen wird durch Klageerhebung bis zur Erledigung des Nichtigkeitsprozesses gehemmt (§§ 249, 256 Abs. 7, 256 Abs. 6 Satz 2 AktG). Hat die Nichtigkeitsklage Erfolg, kann eine Heilung nicht mehr eintreten. Wird sie jedoch abgewiesen, so tritt die Heilung mit der Rechtskraft des Urteils ein, sofern die Frist bereits abgelaufen ist.

8. Nichtigkeit von Verträgen

Ein nichtiger Beherrschungs- oder Gewinnabführungsvertrag, der gleichwohl durchgeführt wird, ist nach den Grundsätzen der fehlerhaften Gesellschaft so lange als wirksam zu behandeln und das herrschende Unternehmen ist so lange zu dem Ausgleich des Verlustes verpflichtet, bis sich einer der Vertragspartner auf die Nichtigkeit beruft oder die Beherrschung ein Ende findet.

Vgl. in Übrigen → *Unternehmensvertrag*.

9. Nichtigkeit des Zeichnungsscheins

Im Falle einer Kapitalerhöhung müssen bestimmte Angaben in dem Zeichnungsschein gemacht werden, ohne die der Zeichnungsschein nichtig ist (§ 185 Abs. 2 AktG).

Vgl. auch → *Zeichnungsschein*.

Hinweis auf weiterführende Literatur: *Gehrlein*, Zur streitgenössischen Nebenintervention eines Gesellschafters bei der aktienrechtlichen Anfechtungs- und Nichtigkeitsklage, AG 1994, 103 ff.; *Kowalski*, Der nichtige Jahresabschluss – was nun?, AG 1993, 502, 504 liSp.; *Schulte*, Rechtsnatur und Wirkungen des Anfechtungs- und Nichtigkeitsurteils nach den §§ 246, 248 AktG, AG 1988, 67 ff.

Hinweis auf weitere Stichwörter

- → *Anfechtung von Hauptversammlungsbeschlüssen*
- → *Aufsichtsratsmitglieder*

- → *Jahresabschluss*
- → *Hauptversammlung*

Niederlassung

Niederlassungen einer Aktiengesellschaft können eine Hauptniederlassung (→ *Sitz*) und eine oder mehrere → *Zweigniederlassungen* sein. Die Hauptniederlassung muss sich im Inland befinden, um als Aktiengesellschaft anerkannt zu werden.

Hinweis auf weitere Stichwörter

→ *Zweigniederlassung*

Niederschrift

1. Begriff 602
2. Niederschrift über Aufsichtsratsitzung 602
3. Niederschrift über Hauptversammlung 603
4. Niederschrift über Vorstandssitzung 604

1. Begriff

Für die Beschlussfassung der Gesellschaftsorgane ist eine Versammlung der Organmitglieder erforderlich. Diese muss grundsätzlich in einer Versammlungsniederschrift protokolliert werden.

2. Niederschrift über Aufsichtsratsitzung

▷ **Grundsatz:** Über jede Aufsichtsratsitzung ist eine Niederschrift zu erstellen (§ 107 Abs. 2 Satz 1 AktG). Zur Unterstützung kann ein Tonbandmitschnitt aufgenommen werden, wenn alle Anwesenden einverstanden sind. Üblich ist die Verteilung der Sitzungsniederschrift möglichst bald nach der Sitzung an alle Aufsichtsratsmitglieder (§ 107 Abs. 2 Satz 4 AktG: auf Verlangen muss die Niederschrift ausgehändigt werden).

▷ **Zuständigkeit:** Zuständig für die Protokollierung der Sitzung ist der Aufsichtsratsvorsitzende. Hierzu kann er einen Protokollführer hinzuziehen auch ohne ausdrückliche Zulassung in der → *Geschäftsordnung* des Aufsichtsrats, wenn kein Aufsichtsratsmitglied widerspricht. Der Protokollführer kann weder Mitglied des Aufsichtsrats noch des Vorstands sein. Bei Unstimmigkeiten zwischen Protokollführer und Aufsichtsratsvorsitzendem entscheidet der Vorsitzende.

▷ **Inhalt:** Die Niederschrift einer Sitzung hat zu enthalten (§ 107 Abs. 2 Satz 2 AktG)

– Tag und Ort der Sitzung,

– Teilnehmer,
– Gegenstände der Tagesordnung,
– Beschlussanträge in vollem Wortlaut,
– Abstimmungsergebnis im Einzelnen,
– eigene Erklärungen der Aufsichtsratsmitglieder auf Verlangen.

▷ **Form:** Erforderlich ist die Unterzeichnung der Niederschrift durch den Aufsichtsratsvorsitzenden. Dieser bestätigt mit seiner Unterschrift die Vollständigkeit und die Richtigkeit des Protokolls. Eine Unterzeichnung des Protokollführers ist nicht notwendig, in der Praxis jedoch üblich. Die Niederschrift wird in der nächsten Sitzung durch die Aufsichtsratsmitglieder genehmigt. Wenn kein Aufsichtsratsmitglied widerspricht, gilt sie als genehmigt.

▷ **Fehler:** Tatsächliche Erklärungen können berichtigt werden, dürfen jedoch nicht zur Berichtigung der Niederschrift führen. Wenn ein Aufsichtsratsmitglied seine Meinung ändert, muss er dies in der nächsten Sitzung deutlich machen. Die Abgabe der Stimme für eine Beschlussfassung lässt sich aber nicht korrigieren. Eine fehlende Unterzeichnung der Niederschrift hat keine Auswirkung auf die Wirksamkeit der Beschlussfassungen in der Sitzung; ebenso eine nicht ordnungsgemäße Ausfertigung der Niederschrift.

Muster des Protokolls bei *Semler/v. Schenck*, Arbeitshandbuch für Aufsichtsratsmitglieder, 2. Aufl. 2004, Anlage § 4-1.

3. Niederschrift über Hauptversammlung

▷ **Zuständigkeit:** Bei börsennotierten Gesellschaften ist für die Protokollierung der Notar, bei nicht börsennotierten Aktiengesellschaften der Notar, der Aufsichtsratsvorsitzende oder ein sonst durch die → *Satzung* bestimmter Leiter der Hauptversammlung zuständig.

▷ **Form:** Bei börsennotierten Gesellschaften muss der *Notar* eine Niederschrift der Hauptversammlung fertigen, in der die beurkundungspflichtigen Vorgänge der Hauptversammlung festgehalten sind (§ 130 Abs. 2 AktG; → *Börsennotierung*). Die formularmäßige Vorbereitung der Niederschrift ist zulässig und zweckmäßig. Die Niederschrift wird vom Notar unterzeichnet (§ 130 Abs. 4 Satz 1 AktG). Ein *privatschriftliches Protokoll* der Hauptversammlung mit Unterschrift des Aufsichtsratsvorsitzenden ist bei nicht börsennotierten Aktiengesellschaften ausreichend, wenn keine sog. Grundlagenbeschlüsse (mindestens ¾-Mehrheit des vertretenen Grundkapitals) gefasst werden. Das Protokoll sollte jedenfalls mit Sorgfalt erstellt und durch Entwurf vorbereitet werden. Die Unterzeichnung durch den Aufsichtsratsvorsitzenden ersetzt die Unterschrift des Notars (§ 130 Abs. 1 Satz 3 AktG). Mit der Unterzeichnung übernimmt der Aufsichtsratsvorsitzende die Verantwortung dafür, dass das Protokoll inhaltlich richtig und ordnungsgemäß angefertigt ist. Der Aufsichtsratsvorsitzende muss die Hauptversammlung leiten, da er sonst nicht die Verantwortung für das Versammlungsprotokoll übernehmen kann. Bei Verhinderung des Aufsichtsratsvorsitzenden, muss sein Stellvertreter die Versammlung leiten und das Protokoll unterzeichnen. Wenn die Satzung einen Dritten zum Versammlungsleiter bestimmt, muss dieser unterzeichnen.

▷ **Inhalt:** Die Niederschrift muss Folgendes enthalten (§ 130 Abs. 1 und 2 AktG):

- jeden Beschluss der Hauptversammlung,
- Ort und Tag der Verhandlung,
- Name des Notars,
- die Art der Abstimmung (durch Handheben, Stimmzettel usw.),
- das Ergebnis der Abstimmung (wie viele Für- und Gegenstimmen vorhanden waren),
- die Feststellung des Vorsitzenden über die Beschlussfassung,
- ein Minderheitsverlangen (nach §§ 120 Abs. 1 Satz 2, 137, 147 Abs. 2 AktG),
- die Frage eines Aktionärs, auf die die Auskunft verweigert wurde, und die Begründung der Auskunftsverweigerung auf Verlangen eines Aktionärs (§ 131 Abs. 5 AktG),
- den Widerspruch eines Aktionärs gegen einen Hauptversammlungsbeschluss (§ 245 Nr. 1 AktG),
- den Widerspruch gegen die Wahl des Abschlussprüfers (§ 318 Abs. 3 Satz 2 AktG),
- den Widerspruch einer Minderheit gegen Verzicht oder Vergleich in Bezug auf Ersatzansprüche gegen Organe (§§ 93 Abs. 4, 116 AktG),
- Widersprüche gemäß §§ 302 Abs. 3, 309 Abs. 3, 310 Abs. 4, 317 Abs. 4, 318 Abs. 4, 323 Abs. 1 AktG.

▷ **Kosten:** Die Kosten der Niederschrift sind von der Gesellschaft zu tragen. Der Geschäftswert bestimmt sich nach §§ 26, 27 KostO.

Muster eines Protokolls bei *Happ*, AktR, 2. Aufl. 2004, Muster 10.09

4. Niederschrift über Vorstandssitzung

Eine Niederschrift der Vorstandssitzung ist gesetzlich nicht vorgeschrieben, kann aber durch die → *Geschäftsordnung* für den Vorstand gefordert werden.

Muster bei *Balser/Bokelmann/Ott/Piorreck*, Die Aktiengesellschaft, 4. Aufl. 2002, Muster 33, S. 478.

Hinweis auf weiterführende Literatur: *Schulte*, Die Niederschrift über die Verhandlung der Hauptversammlung einer Aktiengesellschaft, AG 1994, 429; *Stützle/Walgenbach*, Leitung der Hauptversammlung und Mitspracherecht der Aktionäre in Fragen der Versammlungsleitung, ZHR 155 (1991), 516.

Hinweis auf weitere Stichwörter

- → *Aufsichtsrat*
- → *Beschluss*
- → *Beurkundung*
- → *Hauptversammlung*
- → *Organe*
- → *Sitzung*
- → *Vorstand*

Obligationen

1. Begriff 605
2. Wandelschuldverschreibungen i.w.S. 605
3. Gewinnschuldverschreibungen 607
4. Genussrechte 607
5. Bezugsrecht an Obligationen 607

1. Begriff

▷ Die Obligation ist ein **festverzinsliches Wertpapier** (Anleihe oder Schuldverschreibung), in dem sich der Aussteller (Emittent/Schuldner) gegenüber dem Inhaber der Urkunde zur Zahlung eines bestimmten Betrages zuzüglich einer entsprechenden Vergütung (Zinsen) für das zur Verfügung gestellte Kapital verpflichtet. Je nach Herausgeber unterscheidet man zwischen Kommunal-, Bank- und Industrieobligationen.

▷ **Besondere Kapitalbeschaffungsinstrumente** stellen folgende Obligationen (Wertpapiere) dar (§ 221 AktG):

- Wandelschuldverschreibungen i.w.S.,
- Gewinnschuldverschreibungen,
- Genussrechte.

▷ Als **Nebenpapiere** können dazu Zins- und Berechtigungsscheine ausgegeben werden (→ *Coupon*).

2. Wandelschuldverschreibungen i.w.S.

▷ **Begriff:** Wandelschuldverschreibungen i.w.S. sind Schuldverschreibungen, durch die dem Gläubiger ein Umtauschrecht (→ *Wandelschuldverschreibung ieS.*) oder ein Bezugsrecht (→ *Option: 6. Optionsanleihe*) auf *Aktien* eingeräumt wird (§ 221 Abs. 1 Satz 1 1. Alt. AktG, §§ 793 ff. BGB). Sie räumen neben der Verzinsung und Rückzahlung des eingesetzten Kapitals kumulativ das Recht – die Option – ein, Aktien der Gesellschaft, unabhängig vom Schicksal der Schuldverschreibung, zu beziehen. Dabei handelt es sich nicht um eine Wandlung, sondern um einen Hinzuerwerb. Der Gläubiger erwirbt damit ein Recht gegen die Gesellschaft auf den zukünftigen Erwerb von Aktien.

Obligationen

▷ **Typen:**

- Wandelschuldverschreibung/Wandelanleihe (*convertible bond*) und
- Optionsschuldverschreibung/Optionsanleihe (*warrant bond*)

Das jeweilige Rechtsverhältnis ist in den Anleihebedingungen näher ausgestaltet. Durch diese kann eine Vermischung der beiden Anleihearten herbeigeführt werden. Von dem Begriff Wandelschuldverschreibung sind die sog. *Industrieobligationen* nicht erfasst (diese gewähren weder ein Umtausch- noch ein Bezugsrecht und, richten sich allein nach §§ 793 ff. BGB). Der Vorstand kann diese ohne Zustimmung der Hauptversammlung ausgeben.

▷ Bei den **abgetrennten Optionsscheinen** handelt es sich rechtlich um verselbständigte Inhaberschuldverschreibungen (§ 793 BGB), in denen das Recht zum Bezug von Aktien der emittierenden Gesellschaft zu einem festgelegten Preis innerhalb eines bestimmten Zeitraums wertpapiermäßig verbrieft ist.

▷ **Ausübung des Wahlrechts:** Das Umtausch- oder Bezugsrecht wird durch eine zugangsbedürftige Willenserklärung ausgeübt. Je nach Ausgestaltung der Anleihebedingungen liegt in der Umtausch- oder Bezugserklärung entweder das Angebot oder die Annahme eines Zeichnungsvertrages. Welchen Formerfordernissen die Umtausch- oder Bezugserklärung unterliegt, hängt davon ab, auf welche Weise die Gesellschaft die Umtausch- oder Bezugsrechte, für deren Erfüllung sie Aktien bereithalten muss, gesichert hat:

- über eine → *bedingte Kapitalerhöhung* (Regelfall, § 192 Abs. 2 Nr. 1 AktG): die Umtausch- oder Bezugserklärung unterliegt bestimmten Formerfordernissen;
- durch Sicherung der Umtausch- oder Bezugsrechte mit einer regulären → *Kapitalerhöhung* oder mit einer Erhöhung des → *genehmigten Kapitals*: hier wird das Umtausch- oder Bezugsrecht durch die Zeichnung neuer → *Aktien* ausgeübt.

▷ **Laufzeit:** Die Laufzeit einer Wandelschuldverschreibung beträgt regelmäßig 10 Jahre.

▷ **Ausgabe:** Zur Ausgabe von Wandelschuldverschreibungen bedarf es eines zustimmenden Hauptversammlungsbeschlusses. Die → *Hauptversammlung* kann den → *Vorstand* zur Ausgabe (§ 83 Abs. 2 AktG) von Wandelschuldverschreibungen ermächtigen (für höchstens 5 Jahre) und sogar verpflichten (§§ 221 Abs. 1 Satz 1, 119 Abs. 1 Nr. 6 AktG). Ohne Zustimmung der Hauptversammlung ausgegebene Wandelschuldverschreibungen bleiben im Außenverhältnis wirksam, der Vorstand macht sich allerdings schadenersatzpflichtig. Der → *Beschluss* bedarf der einfachen Stimmenmehrheit und zusätzlich (§ 133 Abs. 1 AktG) einer Mehrheit von mindestens ¾ des bei der Beschlussfassung vertretenen → *Grundkapitals* (§ 221 Abs. 1 Satz 2 AktG). Falls mehrere Aktiengattungen bestehen, müssen die → *Aktionäre* jeder Gattung durch → *Sonderbeschluss* zustimmen.

▷ **Publizität:** Vorstand und → *Vorsitzender* des Aufsichtsrats haben den Beschluss über die Ausgabe der Wandelschuldverschreibung sowie eine Erklärung über deren Ausgabe beim Handelsregister zu hinterlegen. Ein Hinweis über den Beschluss und die Erklärung selbst ist in den *Gesellschaftsblättern* (→ *Gesellschaft: 4. Gesellschaftsblätter*) bekannt zu machen.

3. Gewinnschuldverschreibungen

→ *Gewinnschuldverschreibungen* sind Schuldverschreibungen, bei denen die Rechte der Gläubiger mit Gewinnanteilen von Aktionären in Verbindung gebracht werden (§ 221 Abs. 1 Satz 1 2. Alt. AktG). Die Schuldverschreibung ist sodann neben oder anstatt einer festen Verzinsung mit einer Beteiligung am Gewinn ausgestattet.

4. Genussrechte

→ *Genussrechte* stehen zwischen Aktien und Anleihe, sie räumen ohne die Begründung einer Mitgliedschaft aktionärstypische Vermögensrechte ein. Sie sind der Eigenkapitalverbreiterung einer Aktiengesellschaft dienlich (§§ 10 Abs. 5 KWG, 53c Abs. 3a VAG).

5. Bezugsrecht an Obligationen

▷ **Grundsatz:** Den Aktionären steht ein Bezugsrecht auf Wandelschuldverschreibungen, Gewinnschuldverschreibungen und Genussrechte zu (*Ausn.:* Bezugsrechtsausschluss). Dieses Recht wird ebenso behandelt wie das Recht der → *Aktionäre* auf den Bezug von Aktien (§§ 221 Abs. 4 Satz 2, 186 AktG, → *Bezugsrecht*).

▷ **Zweck:** Den Aktionären soll mit dem Bezugsrecht die Möglichkeit gegeben werden, einer zukünftigen Veränderung der Beteiligungsstruktur durch eigenen Erwerb der Anleihen entgegenzuwirken. Den Aktionären ist auf ihr Verlangen ein ihrem jeweiligen Anteil am Grundkapital entsprechender Anteil an den Wandelschuldverschreibungen, Gewinnschuldverschreibungen oder Genussrechten zuzuteilen (§§ 221 Abs. 4 Satz 1, 186 Abs. 1 Satz 1 AktG). Die Ausübungsfrist beträgt mindestens 2 Wochen. Der konkrete Bezugsanspruch entsteht zu dem Zeitpunkt, in dem die Ausgabe von Wandelschuldverschreibungen feststeht:

– bei verpflichtendem Hauptversammlungsbeschluss der Zeitpunkt der Beschlussfassung,

– bei ermächtigendem Hauptversammlungsbeschluss der Zeitpunkt der Entschlussfassung des Vorstandes.

▷ **Ausschluss:** Das Bezugsrecht kann durch → *Hauptversammlungsbeschluss* ausgeschlossen werden (→ *Bezugsrecht: 8. Bezugsrechtsausschluss*). Bei Ausgabe von Wandelschuldverschreibungen ist eine sachliche Rechtfertigung des Ausschlusses erforderlich. *Streitig* ist, ob und inwieweit eine sachliche Rechtfertigung auch bei Genussrechten und Gewinnschuldverschreibungen erforderlich ist. Ausschlaggebend ist, dass der Entzug des Vorrechts zur Investition von Kapital in das Unternehmen, an dem der Aktionär bereits Beteiligungsrechte hat, für ihn im Allgemeinen einen schweren Eingriff in seine → *Mitgliedschaft* darstellt. Je mehr das Genussrecht jedoch zu einer Veränderung der Beteiligungsquote – Stimmrechtsmacht – oder zu einer vermögensmäßigen Verwässerung der Altaktien führt, umso höher müssen die Anforderungen sein, die an einen Ausschluss der Aktionäre vom Bezug der Genussrechte zu stellen sind (BGHZ 120, 141, 145 ff., 149 ff.). Handelt es sich um Genussrechte, deren vertragliche Ausgestaltung die vermögensrechtliche Stellung der Aktionäre nicht beeinträchtigt, bedarf der Bezugsrechtsausschluss keiner sachlichen Rechtfertigung. Gewährt der Genussschein ein Umtausch- oder Bezugsrecht auf Aktien ist eine sachliche Rechtfertigung des Bezugsrechtsausschlusses unumgänglich. Fehlende sachliche Rechtfertigung führt zur Anfechtbarkeit des Beschlusses über den Bezugsrechtsausschluss (→ *Anfechtung*).

Hinweis auf weiterführende Literatur: *Kallrath*, Die Inhaltskontrolle der Wertpapierbedingungen von Wandel- und Optionsanleihen, Gewinnschuldverschreibungen und Genussscheinen, 1993; *Meilicke*, Welchen Genuss gewährt der Genussschein? Eine Analyse einiger Genussscheinbedingungen, BB 1987, 1609 ff.; *Lutter*, Das neue Gesetz für kleine Aktiengesellschaften und zur Deregulierung des Aktienrechts, AG 1994, 429, 440 ff.

Hinweis auf weitere Stichwörter

- → *Aktie*
- → *Bezugsrecht*
- → *Genussrechte (Genussscheine)*

- → *Gewinnschuldverschreibung*
- → *Option: 6. Optionsanleihe*
- → *Wandelschuldverschreibung*

Offenlegungspflichten

1. Begriff 608
2. Offenlegungspflichten bei Gründung 608
3. Offenlegungspflichten in der Satzung 609
4. Offenlegungspflichten im Jahresabschluss 610
5. Offenlegungspflichten bei Kapitalveränderungen 610
6. Unternehmensverträge und Umwandlungen 610

1. Begriff

Die Aktiengesellschaft hat zum Schutz der Aktionäre und der Gläubiger im Vergleich zu anderen Gesellschaften erhöhte Offenlegungspflichten. Dies manifestiert sich dadurch, dass bereits die Satzung neben dem Mindestinhalt (§ 23 Abs. 3 und 4 AktG) auch weitere Regelungen beinhalten muss (§§ 26, 27 AktG) und die Verwaltung zu bestimmten Ereignissen in der Aktiengesellschaft Berichte zu erstellen und zu veröffentlichen hat.

2. Offenlegungspflichten bei Gründung

Bei der Gründung manifestiert sich die Offenlegungspflicht durch die Erfordernisse

– eines → *Gründungsberichts,*

– einer → *Gründungsprüfung,*

– eines gesetzlich vorgeschriebenen Satzungsinhalts (→ *Satzung:* 3. Satzungsinhalt),

– der Anmeldungen in das → *Handelsregister.*

3. Offenlegungspflichten in der Satzung

Neben dem Mindestinhalt der Satzung sind im Wesentlichen folgende Tatbestände offen zu legen:

▷ **Sondervorteile** (§ 26 Abs. 1 AktG): Will die Gesellschaft einem Aktionär oder einem Dritten aus Anlass der Gründung besondere Vorteile (*Sondervorteile*) gewähren, dann muss dies unter Bezeichnung des Berechtigten in der Satzung festgelegt werden.

▷ **Gründungsaufwand** (§ 26 Abs. 2 AktG): In der Satzung ist der Gründungsaufwand festzusetzen. Die Vorschrift dient insofern dem Interesse des Gläubigerschutzes als in der Satzung offen zu legen ist, inwieweit das Grundkapital durch Gründungsaufwand belastet oder gar verbraucht ist.

▷ **Sacheinlagen** (§ 27 Abs. 1 Fall 1 AktG): Die Bewertung solcher Sacheinlagen kann leicht dazu führen, dass der Wert unter dem Nennbetrag der Einlagenverpflichtung liegt und somit der Grundsatz der Kapitalaufbringung verletzt werden kann. Durch eine Reihe von besonderen Vorschriften werden daher abgesichert

– der Gegenstand (§§ 27 Abs. 1–3, 54 Abs. 2 AktG) und der Umfang (§ 36a Abs. 2 AktG) der geschuldeten Leistung,

– die Effektivität der Kapitalaufbringung über die Publizität (§§ 27 Abs. 1, 32 Abs. 2 AktG) und die Registerkontrolle (§§ 36, 37 Abs. 1, Abs. 4 Nr. 2 und 4, 34 Abs. 1 Nr. 2, Abs. 2 Satz 2 AktG),

– eine Werthaltigkeitsprüfung (§§ 33 ff. AktG).

Die Verletzung der Festsetzungspflichten wird sanktioniert durch § 27 Abs. 3 Satz 1 AktG, mit der Folge, dass der Aktionär verpflichtet bleibt, den Nennbetrag oder den höheren Ausgabebetrag der Aktie einzuzahlen (§ 27 Abs. 3 Satz 3 AktG). Weiter wird das Verbot der Unterpari-Emission auf Sacheinlagen erstreckt (§§ 9 Abs. 1, 36a Abs. 2 Satz 3 AktG) und bei wesentlicher Überbewertung hat das Registergericht die Möglichkeit, die Eintragung abzulehnen (§ 38 Abs. 2 Satz 2 AktG).

▷ **Verdeckte Sacheinlagen:** Maßgeblich ist der objektive Tatbestand einer Leistung der Gesellschaft zugunsten eines Gesellschafters in zeitlicher und sachlicher Nähe zum Vorgang einer Leistung auf das Gesellschaftskapital. Im Zweifel ist von einer Sacheinlage auszugehen. Sacheinlagevereinbarungen sowie Vollzugsgeschäfte sind im Falle einer verdeckten Sacheinlage gegenüber der Aktiengesellschaft unwirksam; die Geldleistungspflicht des Einlegers (Inferenten) besteht ungeachtet dessen fort (§ 27 Abs. 3 Satz 1 und 3 AktG). Dies gilt selbst bei einer Insolvenz der

Aktiengesellschaft mit der Folge, dass ohne Rücksicht auf bereits erbrachte Leistungen die Einlagepflicht noch einmal, d.h. durch Zahlung von Geld zu erfüllen ist.

▷ **Sachübernahmen** (§ 27 Abs. 1 Fall 2 AktG): Wie bei der verdeckten Sacheinlage gilt dasselbe für die Leistung von Sachübernahmen. Um der Gefahr der Aushöhlung des zu erbringenden Grundkapitals zu begegnen, finden für Sachübernahmen die oben angeführten besonderen Vorschriften für die Sacheinlagen gleichfalls Anwendung. Zur Vermeidung von Umgehungen stellt § 27 Abs. 1 Satz 2 AktG klar, dass es sich ebenfalls um eine Sacheinlage handelt, wenn die Gesellschaft einen Vermögensgegenstand übernimmt, für den sie zwar eine Vergütung gewährt, die aber auf die Einlage des Aktionärs angerechnet werden soll.

4. Offenlegungspflichten im Jahresabschluss

→ *Jahresabschluss*

→ *Konzernabschluss*

5. Offenlegungspflichten bei Kapitalveränderungen

→ *Kapitalerhöhung*

→ *Kapitalherabsetzung*

6. Unternehmensverträge und Umwandlungen

→ *Gewinnabführungsvertrag*

→ *Beherrschungsvertrag*

→ *Eingliederung*

→ *Umwandlung*

Hinweis auf weiterführende Literatur: *Hunger*, Offenlegungspflichten und Handelsregisterpraxis in Großbritannien und Deutschland, 1993; *Junker*, Der Sondervorteil im Sinne des § 26 AktG, ZHR 159 (1995), 207 ff.

Hinweis auf weitere Stichwörter

→ *Bekanntmachungen*
→ *Bericht*
→ *Gesellschaft: 4. Gesellschaftsblätter*

→ *Handelsregister*
→ *Publizität*

Option

1. Begriff 611
2. Optionsrechte 611
3. Optionsgeschäft 611
4. Preismodell 612
5. Optionsplan 612
6. Optionsanleihe 612
7. Optionsschein 613
8. Umgekehrte Optionsanleihe 614
9. Huckepack-Aktien 614
10. Nackte Optionen/naked warrants.. 614

1. Begriff

Die Option ist das Recht, ein bestimmtes, vertragsmäßig vereinbartes Angebot des sog. Stillhalters an den Optionsinhaber innerhalb einer bestimmten Frist anzunehmen.

2. Optionsrechte

Die häufigste Option im Aktienrecht wird zum Erwerb von Stammaktien ausgegeben. Ein derartiges Bezugs- oder Optionsrecht wird üblicherweise in besonderen Optionsscheinen verbrieft. Solche Optionsrechte können sowohl dem → *Vorstand* wie auch den → *Mitarbeitern* der Aktiengesellschaft gewährt werden. Die Optionen können als reine Optionsrechte, (s.u. 10. *naked warrants*) oder als Anleihen ausgegeben werden.

3. Optionsgeschäft

▷ **Inhalt** des Optionsgeschäfts ist das Recht, eine bestimmte Anzahl (Mindestschluss) von Wertpapieren einer bestimmten Aktienart (Optionspapiere) jederzeit während der Laufzeit der Option zu einem im voraus vereinbarten Preis (Basispreis) entweder vom Kontrahenten (Stillhalter) zu kaufen oder an ihn zu verkaufen. Für dieses Recht hat der Käufer bei Abschluss des Optionsgeschäfts den Optionspreis (Prämie) zu zahlen.

▷ **Arten:** Unterschieden werden Kauf- und Verkaufsoptionen. Der Käufer einer *Kaufoption* erwirbt das Recht, jederzeit während der Laufzeit der Option vom Stillhalter die den Gegenstand des Geschäfts bildenden Aktien zu dem vereinbarten Basispreis zu kaufen. Er wird in der Regel von diesem Recht Gebrauch machen, wenn der Kurs der Aktien innerhalb der Laufzeit der Option steigt. Bleibt er gleich oder fällt er, wird die Option nicht ausgeübt; allerdings ist dann der Optionspreis verloren. Der Verkäufer einer Kaufoption (Stillhalter in Stücken) muss während der Optionszeit auf Verlangen des Käufers die Aktien zu dem vereinbarten Basispreis liefern. Da er deshalb die Aktien im Prinzip vorzuhalten hat, erhält er für diese Leistung den Optionspreis.

Der Käufer einer *Verkaufsoption* erwirbt das Recht, bis zur Fälligkeit der Option jederzeit die Aktien an den Stillhalter zu dem vereinbarten Basispreis zu verkaufen. Er rechnet mit fallendem Kurs und wird die Option dann nicht ausüben, wenn der Kurs der Aktien gegenüber dem Basispreis gleich geblieben oder gestiegen ist.

Der Verkäufer einer Verkaufsoption (Stillhalter in Geld) muss bis zum Ende der Optionszeit auf Verlangen des Käufers die Aktien abnehmen; er erhält für die Eingehung seiner Abnahmeverpflichtung den Optionspreis.

▷ **Abwicklung:** Das Optionsgeschäft wird also in 2 Phasen abgewickelt. Der erste Teilakt besteht aus dem Abschluss des Optionsvertrages und der Zahlung des Optionspreises. Macht der Optionskäufer von seinem Gestaltungsrecht Gebrauch, kommt es zu dem eigentlichen Wertpapiergeschäft. Bei der Kaufoption muss der Stillhalter die Aktien liefern und der Käufer den vollen (Basis-)Preis bezahlen. Wenn der Käufer über diesen Betrag nicht verfügt, stellt er seine Verbindlichkeiten durch Abschluss eines sog. *Gegengeschäftes* glatt. Er veräußert die gekauften Aktien zum (gegenüber dem Basispreis) höheren Tageskurs und begleicht mit dem Erlös seine Zahlungsverpflichtungen aus dem Kaufgeschäft. Die Differenz zwischen dem höheren Verkaufserlös und dem (niedrigeren) Einkaufspreis verbleibt ihm. Einen Gewinn erzielt er allerdings nur, wenn der Differenzbetrag den Optionspreis und die bei der Durchführung des Geschäfts entstehenden Kosten übersteigt.

4. Preismodell

Das Optionspreismodell ist ein mathematisches Modell zur Berechnung des „richtigen" Preises einer Option. Am bekanntesten ist das sog. *Black-Scholes Modell*, das den Optionspreis auf der Basis der Wertschwankungen der Aktie (*Volatilität*) berechnet.

5. Optionsplan

Ein Optionsplan/Optionsprogramm ist die Gestaltung der Durchführung einer Optionsausgabe und ihrer Bedingungen durch die Verwaltung der Aktiengesellschaft (→ *Stock Options*). Bei einer theoretisch richtigen Ausgestaltung der Mitarbeiterbeteiligungsprogramme übersteigt der aus der Auflage eines Mitarbeiterbeteiligungsprogramms resultierende Anstieg des *shareholder value* den Verwässerungsnachteil für die bestehenden → *Aktionäre*.

6. Optionsanleihe

▷ **Begriff:** Die Optionsanleihe (*warrant bond*) ist eine → *Schuldverschreibung* einer Aktiengesellschaft, der eine bestimmte Anzahl von Optionsscheinen beigegeben sind, die für sich an der Börse gehandelt werden können und zum Bezug von Aktien berechtigen (§§ 793 ff. BGB). Optionsberechtigter ist der Anleger. Im Gegensatz zur Wandelanleihe wird eine Optionsanleihe beim Erwerb der Aktien nicht in Zahlung gegeben, sondern am Ende der Laufzeit zum Nennwert zurückgezahlt. Die Optionsanleihe vereint in sich sowohl das reine Bezugsrecht auf Aktien als auch eine selbständige Anleihe, die selbst nach Ausübung des Bezugsrechts als solche fortbesteht (anders bei der → *Wandelschuldverschreibung*).

▷ **Rechte:** Die Optionsanleihe räumt folgende Rechte ein:
- *Verzinsung:* das eingesetzte Kapital wird verzinst,
- *Rückzahlung:* das eingesetzte Kapital wird zurückgezahlt,

- *Hinzuerwerb:* → *Bezugsrecht* auf Aktien der Gesellschaft, unabhängig vom Schicksal der Schuldverschreibung, d.h. das Recht, innerhalb einer bestimmten zukünftigen Zeitspanne Aktien der Gesellschaft zu von vornherein festgelegten Bedingungen (Preis, Zuzahlungsbetrag usw.) zu beziehen,

- *Abschluss eines Zeichnungsvertrages:* Der Gläubiger hat einen Anspruch gegen die Aktiengesellschaft auf Abschluss eines Zeichnungsvertrages (→ *Zeichnung*).

Das Recht auf Bezug der → *Aktien* wird durch einen besonderen *Optionsschein* verbrieft (s.u.).

▷ **Vorteile:** Optionsanleihen haben als Finanzierungsinstrument im Gegensatz zu → *Wandelanleihen* in den letzten Jahrzehnten erheblich an Bedeutung gewonnen. Dies liegt an folgenden Vorteilen für den Anleger:

- Sie haben eine feste Verzinsung.

- Sie bieten die Möglichkeit, bei Kurssteigerungen der Aktien mit begrenztem Risiko überproportionale Spekulationsgewinne zu erzielen. Möglich wird dies durch die sog. Hebelwirkung (→ *Leverage-Effekt*) der Option: Bei *steigendem* Aktienkurs steigt auch der Optionsscheinkurs, und zwar umso stärker, je mehr Aktien auf den Optionsschein bezogen werden können. Bei *fallenden* Aktienkursen kann der Kurs der Option hingegen höchstens auf den Wert der leeren Obligation (Anleihe ex Optionsschein) fallen.

- Der Emittent einer Option hat den Vorteil von zinsgünstigem Fremdkapital, da Optionen aufgrund des spekulativen Aspekts meist mit erheblich niedrigeren Nominalzinssätzen platziert werden können als gewöhnliche Anleihen.

▷ **Börsennotierung:** An der Börse gibt es folgende Notierungen (aufgrund der Selbständigkeit des Optionsscheins):

- die Anleihe mit (cum) Optionsschein,

- die Anleihe ohne (ex) Optionsschein sowie

- den Optionsschein selbst.

7. Optionsschein

▷ **Begriff:** Die Optionsscheine werden von Aktiengesellschaft oder mit ihnen verbundenen Unternehmen als Bestandteil einer Optionsanleihe ausgeben. Die Optionsscheine sind zumeist so ausgestaltet, dass sie ab einem bestimmten Zeitpunkt von der Optionsanleihe losgelöst und als selbständiges Wertpapier gehandelt werden können. Bei den abgetrennten Optionsscheinen handelt es sich rechtlich um verselbständigte Inhaberschuldverschreibungen (§§ 793 f. BGB), in denen das Recht zum Bezug von Aktien der emittierenden Gesellschaft zu einem festgelegten Preis innerhalb eines bestimmten Zeitraums wertpapiermäßig verbrieft ist. Der Optionsschein verbrieft das Recht zum Bezug einer Aktie. Der Erlös aus den Optionsscheinen und den bezogenen Aktien fließt der Gesellschaft als Erhöhung des Eigenkapitals zu; durch diese Ausübung entstehen neue Aktien. Die Optionsfrist beträgt bis zu 10 Jahre. Geschäfte mit abgetrennten Optionsscheinen sind

Kassageschäfte und keine Börsentermingeschäfte (BGHZ 114, 177), so dass gegen sie kein Termin-, Differenz- oder Spieleinwand erhoben werden kann.

▷ Daneben werden **gedeckte Optionsscheine** (*covered warrants*) auf umlaufende Aktien einer Gesellschaft von Banken oder Finanzinstituten ausgegeben. Diese sind durch Aktienbestände institutioneller Investoren oder durch Optionen auf diese Aktien gedeckt. Durch eine Ausübung bleibt die Gesamtzahl der Aktien unverändert. Die Optionsfrist beträgt nur bis zu 2 Jahre.

8. Umgekehrte Optionsanleihe

Die umgekehrte Optionsanleihe (*reverse convertible bond* oder „Aktienanleihe" genannt) ist eine besondere Gestaltung der Optionsanleihe. Der Emittent/Anleiheschuldner erhält in den Anleihebedingungen als facultas alternativa die Befugnis, anstelle der Rückzahlung der Schuldverschreibung zum Nominalbetrag dem Anleger/Anleihegläubiger Aktien zu liefern, deren Menge und Identität gleichfalls im Voraus fixiert sind. Dabei kann die Lieferung eines *basket* (Korb, Sammlung) verschiedener Aktien ausbedungen werden. Optionsberechtigt ist der Emittent und nicht der Anleger. Anders als bei regulären Optionsanleihen ist jedoch bei den *reverse convertibles* die Option nicht gesondert verbrieft. Die Aktienanleihe ist mit einer Anleihe nicht vergleichbar. Im Vergleich zum Erwerb von Kaufoptionen oder -optionsscheinen sind die Gewinn- und Verlustchancen bei Put-Optionen gerade umgekehrt verteilt: der Anleger erleidet schlimmstenfalls den Totalverlust des eingesetzten Kapitals, aber sein Gewinn ist auf die vereinnahmte Optionsprämie begrenzt. Ein Unterschied zur reinen Stillhalteroption liegt allenfalls darin, dass die Ausübung der Option durch den Anleiheemittenten den Anleger nicht zur Beschaffung der zum Erwerb der Aktien notwendigen Mittel nötigt.

9. Huckepack-Aktien

Aktien, die das Recht zum Bezug weiterer Aktien gewähren, werden „Huckepack-Aktien" genannt. Die Zulässigkeit einer solchen Verknüpfung ist noch ungeklärt (vgl. *Martens*, AG 1989, 69, 71 ff.; dagegen *Lutter* in KK. AktG, 2. Aufl. 1995, § 221 Rn. 186).

10. Nackte Optionen/naked warrants

Naked warrants sind reine Optionsrechte, die die Aktiengesellschaft ausgeben kann, ohne sie mit einer Anleihe zu verbinden. Erwerber dieser Optionsrechte erhalten für geringen Kapitaleinsatz eine spekulative Gewinnchance, die sich bei Kurssteigerung der Aktie realisiert. Der Preis für das Optionsrecht kann unmittelbar als Kapitalrücklage verbucht werden. Dadurch verstärkt die Aktiengesellschaft ihre Eigenmittel. Die Ausgabe von naked warrants dient auch der Eigenkapitalplanung der Aktiengesellschaft. Die Zulässigkeit von naked warrants ist durch das *NaStraG* gesetzlich geklärt (§ 221 Abs. 1 Satz 1 AktG analog). Zweifelhaft bleibt, ob die Bedienung der Optionsrechte durch bedingtes Kapital sichergestellt werden kann (§ 192 Abs. 2 Nr. 1 AktG analog).

Hinweis auf weiterführende Literatur: *Adams*, Aktienoptionspläne und Vorstandsvergütungen, ZIP 2002, 1325 ff.; *Bauer/Göpfert/v.Steinau-Steinrück*, Aktienoptionen bei Betriebsübergang, ZIP 2001, 1129 ff.; *Baums*, Aktienoptionen für Vorstandsmitglieder, in FS Claussen, 1997, S. 3 ff.; *Buhr/Radtke*, Internationale Aktienoptionspläne und deren arbeitsrechtliche Behandlung in Deutschland, DB 2001, 1882 ff.; *Dreher/Broer*, Besteuerung von Stillhalterprämien aus Optionsgeschäften, RIW 2002, 216 ff.; *Dreher/Broer*, Gewinnrealisierung bei Stillhalterprämien aus Optionsgeschäften, DStR 2002, 1590 ff.; *Eberhartinger/Engelsing*, Zur steuerrechtlichen Behandlung von Aktienoptionen bei den optionsberechtigten Führungskräften, WPg 2001, 99 ff.; *Einem/Götze*, Die Verwendung wirtschaftlicher Erfolgsziele in Aktienrechtsprogrammen, AG 2002, 72 ff.; *Feddersen*, Aktienoptionsprogramme für Führungskräfte aus kapitalmarktrechtlicher und steuerlicher Sicht, ZHR 161 (1997), 269 ff.; *Groh*, Hände weg von Optionsanleihen? DB 2002, 860 ff.; *Häuselmann/Wagner*, Steuerliche Erfassung aktienbezogener Anleihen: Options-, Wandel-, Umtausch- und Aktienanleihen, BB 2002, 2431 ff.; *Hüffer*, Aktienbezugsrechte als Bestandteil der Vergütung von Vorstandsmitgliedern und Mitarbeitern, ZHR 161 (1997), 214 ff.; *Kohler*, Stock Options für Führungskräfte aus der Sicht der Praxis, ZHR 161 (1997), 246 ff.; *Kropp*, Aktienoptionen statt finanzielle Gewinnbeteiligung: Wann und in welcher Höhe werden sie wirksam?, DStR 2002, 1960 ff.; *Kupka/Süß*, Steuerliche Behandlung von Optionsprämien im Betriebsvermögen, FR 2002, 438 ff.; *Luttermann*, Aktienverkaufsoptionsanleihen, standardisierte Information und Kapitalmarktdemokratie, ZIP 2001, 1901 ff.; *Mutter*, Darf's ein bisschen mehr sein? – Überlegungen zum zulässigen Gesamtvolumen von Aktienoptionsprogrammen nach dem KonTraG, ZIP 2002, 295 ff.; *Portner*, Neueste Rechtsprechung des BFH zur Besteuerung von Arbeitnehmer-Aktienoptionen – sind damit die steuerlichen Fragen beantwortet?, DStR 2001, 1331 ff.; *Ross/Pommerening*, Angabepflichten zu Aktienoptionsplänen im Anhang und Lagebericht – Bestandsaufnahme und Regierungsentwurf des TransPuG, WPg 2002, 371 ff.; *L. Schmidt*, Bilanzierung von Aktienoptionen nach IAS/IFRS, DB 2002, 2657 ff.; *Scholz*, Aktienoptionen und Optionspläne beim grenzüberschreitenden Unternehmenserwerb, ZIP 2001, 1341 ff.; *Wohlfahrt/Brause*, Strukturierte Wertpapiere als Termingeschäfte?, WM 1998, 1859 ff.; *Wollmert/Hey*, Einzelfragen bei der Bilanzierung von echten Aktienoptionen nach US-GAAP, DB 2002, 1061 ff.; *Zahn/Lemke*, Anleihen als Instrument der Finanzierung und Risikostreuung, BKR 2002, 527 ff.

Hinweis auf weitere Stichwörter

- → *Arbeitnehmer*
- → *Bedingte Kapitalerhöhung*
- → *Bezugsrechte*
- → *Kapitalerhöhung*
- → *Schuldverschreibung*
- → *Stock Options*
- → *Wandelanleihe/Wandelschuldverschreibung*

Ordentliche Kapitalherabsetzung

→ *Kapitalherabsetzung*

Order

Eine Order ist ein Börsenauftrag zum Erwerb von Aktien.

→ *Börse*

Organe

1. Begriff 616
2. Organisation 616
3. Organhaftung 618

1. Begriff

Die Aktiengesellschaft kann als juristische Person im Rechts- und Wirtschaftsleben nicht selbst handeln. Dies geschieht vielmehr durch 3 einander kontrollierende, aber voneinander unabhängige Organe, welche die Willensbildung der Gesellschaft und ihre Führung einschließlich Kontrolle und Überwachung übernehmen:

- den → *Vorstand*,
- den → *Aufsichtsrat* und
- die → *Hauptversammlung*.

2. Organisation

▷ **Kontrolle:** Die Gefahr einer zu großen Einflussnahme einzelner Kapitalgeber ist in der Aktiengesellschaft dadurch verringert, dass das Zusammenwirken der 3 Organe aufgrund getrennter Funktionen vorgeschrieben ist:

- Der Vorstand führt die Geschäfte,
- der Aufsichtsrat kontrolliert den Vorstand,
- die Hauptversammlung repräsentiert die Aktionäre, in ihrer Funktion als Eigentümer der AG.

▷ **Machtbalance:** Die strukturelle Zusammensetzung der 3 Organe, ihre Trennung und die damit korrespondierende Zuweisung von Aufgabenbereichen soll ein Gleichgewicht der Kräfte im Sinne einer auf Machtbalance abzielenden Kompetenzordnung gewährleisten. Die geschäftliche Leitung wird nach dem gesetzlichen Leitbild in die Hand von solchen Personen gelegt, die nicht zugleich (Mehrheits-)Aktionäre der Gesellschaft sind (*Grundsatz der Fremdorganschaft*). Die gesetzlich vorgegebenen Kompetenzzuweisungen sind grundsätzlich abschließend und zwingend. Die Unabhängigkeit der Kontrolle wird durch die Inkompatibilität zwischen Mitgliedschaft in Vorstand und Aufsichtsrat verbürgt (§ 105 AktG).

▷ **Funktionen und Pflichten des Vorstands:**

- selbständige Geschäftsführung: Leitung der Gesellschaft unter eigener Verantwortung (§ 76 Abs. 1 AktG),
- keine Bindung an Weisungen des Aufsichtsrats oder der Hauptversammlung (*Ausn.* § 82 AktG).

▷ **Funktionen und Aufgaben des Aufsichtsrats:**

- Überwachung und Kontrolle der Geschäftsführung (auf Rechtmäßigkeit, Zweckmäßigkeit und Wirtschaftlichkeit der Leitungsentscheidungen des Vorstandes, § 111 Abs. 1 AktG);
- eine Reihe unternehmerischer Führungsentscheidungen:
    - Bestellung, Anstellung und Abberufung von Vorstandsmitgliedern (Personalhoheit, §§ 34, 84 AktG),
    - Gestaltung der Vorstandsorganisation (§ 77 Abs. 3 Satz 1 AktG),
    - Mitwirkung bei der Bilanzfeststellung (§§ 170 ff. AktG),
    - Kreditgewährung an Vorstandsmitglieder (§ 89 AktG),
    - Vertretung der Aktiengesellschaft gegenüber den Vorstandsmitgliedern (§ 112 AktG),
    - Bestellung der Bilanzprüfer bei Versicherungsgesellschaften (§§ 208 Abs. 5 Satz 1, 58 VAG),
    - Beauftragung des Abschlussprüfers (§ 111 Abs. 2 Satz 3 AktG),
    - Bestellung von Treuhändern für den Deckungsstock bei Versicherungsgesellschaften (§ 71 Abs. 1 Satz 1 VAG),
    - Einberufung der Hauptversammlung (§ 111 Abs. 3 AktG),
    - Teilnahme an der Hauptversammlung (§ 118 AktG),
    - Erarbeitung von Beschlussvorschlägen für die Hauptversammlung (§ 124 Abs. 3 AktG),
    - Erstellung von Berichten für die Hauptversammlung (§ 118 AktG).

▷ **Funktionen und Pflichten der Hauptversammlung:**

- Satzungsänderungen und Strukturmaßnahmen,
- in der Tagesordnung angekündigte Geschäftsangelegenheiten,
- Geschäftsführungsmaßnahmen, wenn der Vorstand dies verlangt (§ 119 Abs. 2 AktG),
- letztes Entscheidungsrecht bei Differenzen zwischen Vorstand und Aufsichtsrat unter den Voraussetzungen des § 111 Abs. 4 Satz 2 und 3–5 AktG.
- Der Hauptversammlung sind folgende regelmäßig wiederkehrende Maßnahmen zugewiesen:
    - Bestellung der Mitglieder des Aufsichtsrats (§ 101 AktG),

- Entscheidung über die Verwendung des Bilanzgewinns (§§ 174, 158 Abs. 1 Nr. 5 AktG),
- Entlastung der Mitglieder des Vorstandes und des Aufsichtsrats (§ 120 AktG),
- Bestellung der Abschlussprüfer und der Sonderprüfer nach HGB und AktG (§ 318 Abs. 1 HGB),
- Bestellung von Prüfern zur Prüfung von Vorgängen bei der Gründung oder der Geschäftsführung,
- Auflösung der Gesellschaft (§ 262 Abs. 1 Nr. 2 AktG),
- Maßnahmen der Kapitalbeschaffung und Kapitalherabsetzung (§§ 182 ff., 222 ff. AktG),

▷ **Zuständigkeitskompetenzen** zwischen Aufsichtsrat und Vorstand können durch die → *Satzung*, trotz eingeschränkter Gestaltungsfreiheit, unterschiedlich gewichtet werden (über den § 111 Abs. 4 AktG hinaus). Beide Organgremien sind an derartige einschlägige Satzungsklauseln gebunden. Deshalb besteht die Möglichkeit, einen „starken" Aufsichtsrat oder einen „starken" Vorstand zu bilden (über Geschäftsordnungen, Geschäftsverteilungspläne aufgrund einer Satzungsermächtigung oder einer Satzungsvorgabe, § 77 Abs. 1 Satz 2 und Abs. 2 Satz 2 AktG). Solche Wahlmöglichkeiten spielen in der Praxis vor allem bei Familiengesellschaften oder Gesellschaften mit Mehrheitsaktionären eine bedeutende Rolle. Bei der Abgrenzung von Organfunktionen der Gesellschaftsorgane ist stets darauf zu achten, dass der Kernbereich der gesetzlichen Aufgabenzuweisung nicht verletzt wird.

3. Organhaftung

Verletzt ein Vorstandsmitglied die Sorgfalt eines ordentlichen und gewissenhaften Geschäftsleiters, besteht eine gesamtschuldnerische → *Haftung* gegenüber der Aktiengesellschaft, Kunden, Lieferanten und anderen Gläubigern. Um einer Haftung zu entgehen, muss der Nachweis erbracht werden, dass keine Pflichtverletzung vorliegt (§§ 93 Abs. 2 Satz 2, 117 Abs. 2 Satz 2 AktG). Das Haftungsrisiko wird in zunehmenden Maße durch eine sog. → *D&O – Versicherung* (Haftpflichtversicherung für Aufsichtsräte, Vorstände und Geschäftsführer) abgemildert, die eintritt, wenn ein Organ der Gesellschaft einem Dritten Schaden zufügt.

Hinweis auf weiterführende Literatur: *Frank*, Verwaltungskompetenz des Testamentsvollstreckers und Organkompetenz, NZG 2002, 898 ff.; *Kästner*, Aktienrechtliche Probleme der D&O-Versicherung, AG 2000, 113 ff.; *Kiehte*, Persönliche Haftung von Organen der AG und der GmbH – Risikovermeidung durch D&O-Versicherung?, BB 2003, 537 ff.; *Linker/Zinger*, Rechte und Pflichten der Organe einer Aktiengesellschaft bei der Wiedergabe vertraulicher Unternehmensinformationen, NZG 2002, 497 ff.

Hinweis auf weitere Stichwörter

→ *Aufsichtsrat*	→ *Satzung*
→ *Hauptversammlung*	→ *Vorstand*

Organschaft

1. Begriff 619
2. Voraussetzungen der Organschaft 619
3. Organschaftsvertrag 620
4. Körperschaftsteuerrecht (KStG) 620
5. Umsatzsteuerrecht 623
6. Gewerbesteuerrecht 624
7. Umwandlung 625

1. Begriff

Rechtlich selbständige Unternehmen werden grundsätzlich unabhängig von ihrer Konzernzugehörigkeit individuell besteuert (→ *Konzern*). Nur die Organschaftsregelungen tragen bestimmten Unternehmensverbindungen Rechnung (§§ 14–19 KStG, § 2 GewStG, § 2 UStG).

2. Voraussetzungen der Organschaft

▷ **Grundsatz:** Die Voraussetzungen der Organschaft sind im Steuerrecht nicht einheitlich geregelt. Demzufolge gelten unterschiedliche Voraussetzungen für die körperschaftsteuerrechtliche, umsatzsteuerrechtliche bzw. gewerberechtliche Organschaft (seit dem Veranlagungsjahr 2001 ist die körperschaftsteuerrechtliche Organschaft der gewerbesteuerrechtlichen Organschaft gleichgestellt). Trotzdem kann eine globale Zusammenfassung der Vorteile und Nachteile einer steuerrechtlichen Organschaft generiert werden.

▷ **Eine Organschaft hat folgende Vorteile:**

- Sie begünstigt Konzerne im *Wettbewerb*, indem sie ihnen ermöglicht, Anlaufverluste für neue Konzerngesellschaften (z.B. Forschungsunternehmen) unter Beschränkung des Haftungsrisikos aufzufangen;
- sie kann den *Erwerb verlustbringender*, aber sanierungsfähiger oder im Konzerninteresse arbeitender *Unternehmen* attraktiv machen, da zwar hierdurch der Konzerngewinn, ebenso aber auch die Konzernsteuerbelastung gemindert wird.

▷ **Eine Organschaft hat folgende Nachteile:**

Die Organgesellschaft *haftet* für alle Steuern des Organträgers, für welche die Organschaft zwischen ihnen steuerlich von Bedeutung ist (§ 73 AO):

- Bei einer körperschaftsteuerlichen Organschaft haftet der Organträger für die Körperschaftsteuer der Organgesellschaft,
- bei einer gewerbesteuerlichen Organschaft für deren Gewerbesteuer und
- bei einer umsatzsteuerlichen Organschaft für deren Umsatzsteuer.

3. Organschaftsvertrag

Der Organschaftsvertrag ist ein einheitlicher Unternehmensvertrag, bei dem Elemente des → *Beherrschungs-* und → *Gewinnabführungsvertrags* miteinander verknüpft werden, wobei die für beide Verträge geltenden Bestimmungen – also die strengeren Bestimmungen – gelten sollen (§ 291 AktG). Der Vertrag stellt deshalb einen einheitlichen Vertrag dar. Er ist aus steuerlichen Gründen die Regel. Eine Teilkündigung des als Einheit anzusehenden Unternehmensvertrages ist nicht möglich. Eine solche Kündigungserklärung unter Aufrechterhaltung eines Teils des Vertrages ist inhaltlich auf eine Änderung des Organschaftsvertrages gerichtet. Eine derartige Änderung kann jedoch nicht einseitig herbeigeführt werden (OLG Karlsruhe ZIP 2001, 1199 ff.). Eine Änderung des Organschaftsvertrages bedarf zu ihrer Wirksamkeit der Zustimmung der Hauptversammlung/Gesellschafterversammlung beider Vertragsparteien.

4. Körperschaftsteuerrecht (KStG)

▷ **Voraussetzungen:** Eine körperschaftsteuerliche Organschaft liegt nur dann vor, wenn zwischen den Unternehmen ein → *Gewinnabführungsvertrag* (auch *Ergebnisabführungsvertrag* genannt) besteht; dieser muss

- mindestens für eine Dauer von 5 Jahren abgeschlossen sein und während dieser Zeit auch vollzogen werden,
- spätestens am Ende des Wirtschaftsjahres der erstmaligen Anwendung zivilrechtlich wirksam sein (§§ 293 ff. AktG, § 17 KStG, die Eintragung in das Handelsregister der Organgesellschaft muss spätestens bis zum Ende des folgenden Wirtschaftsjahres, für das die Organschaft erstmals in Anspruch genommen wird, vorgenommen werden).

Außerdem muss eine Organgesellschaft vom Beginn ihres Wirtschaftsjahres an ununterbrochen in das Unternehmen des Organträgers *finanziell eingegliedert* sein (§ 14 Nr. 1 KStG: dem Organträger muss die Mehrheit der Stimmrechte aus den Anteilen an der Organgesellschaft zustehen).

▷ **Gewinnabführung:** Um den Gewinnabführungsvertrag zu vollziehen muss die Organgesellschaft ihren ganzen Gewinn tatsächlich abführen (§ 14 Nr. 4 Satz 2 KStG). Die Abführung nur eines Teiles des Gewinns führt dazu, dass nach Auffassung der Finanzverwaltung der Ergebnisabführungsvertrag als nicht durchgeführt und somit als unwirksam gilt. Wird der Gewinnabführungsvertrag in einem Jahr nicht durchgeführt, ist er von Anfang an als steuerrechtlich unwirksam anzusehen, wenn er noch nicht 5 aufeinander folgende Jahre vollzogen worden ist (Abschnitt R 55 Abs. 9 Satz 1 Nr. 1 KStR).

Bei der → *Auflösung* der Organgesellschaft endet die Verpflichtung zur Gewinnabführung. Der im Abwicklungszeitraum erzielte Gewinn unterliegt nicht mehr der vertraglichen Gewinnabführung und muss von der Organgesellschaft selbst versteuert werden (Abschnitt R 56 Abs. 1 Satz 2 KStR). Somit entfallen die steuerlichen Wirkungen der Organschaft. Eine vorzeitige Beendigung des Gewinnabführungsvertrages vor Ablauf von 5 Jahren durch Kündigung oder in gegenseitigem

Einvernehmen hat zur Folge, dass er als von Anfang an steuerlich unwirksam gilt (*Ausn.* bei Beendigung aus wichtigem Grund).

▷ **Finanzielle Eingliederung:** Eine finanzielle Eingliederung liegt vor, wenn ein Organträger vom Beginn des Wirtschaftsjahres an ununterbrochen und unmittelbar in einem solchen Maß an der Organgesellschaft beteiligt ist, dass ihm mehr als die Hälfte (> 50 %) der Stimmrechte aus den Anteilen an der Organgesellschaft zustehen. Die steuerliche Eingliederung einer Organschaft ist nicht zu verwechseln mit der konzernrechtlichen → *Eingliederung*. Mittelbar zustehende Stimmrechte oder Anteile werden hinzugerechnet, wenn der Organträger über die Mehrheit der Anteile tatsächlich verfügen kann, ohne zivilrechtlich das Eigentum daran zu besitzen, sog. „wirtschaftlicher Eigentümer" (vgl. § 39 AO). Eigene Anteile der Organgesellschaft zählen bei der Ermittlung der Gesamtzahl nicht mit. Veräußert ein Organträger seine Beteiligung an einer Organgesellschaft zum Ende eines Wirtschaftsjahres an ein anderes gewerbliches Unternehmen, so wird im Interesse des Veräußerers und des Erwerbers die Beteiligung

– beim Veräußerer noch bis zum Ende (24:00 Uhr) des Wirtschaftsjahres und
– beim Erwerber ab Beginn des folgenden Wirtschaftsjahres (0:00 Uhr) zugerechnet (Abschnitt R 53 Abs. 2 KStG).

Der Organträger muss keine Kapitalmehrheit an der Organgesellschaft halten. Eine finanzielle Eingliederung zweier Kapitalgesellschaften liegt nicht vor, wenn die Anteile dieser Kapitalgesellschaften ausschließlich von natürlichen Personen im Privatvermögen gehalten werden (BFH NJW 1997, 920).

▷ **Beteiligte** der Organschaft sind

– die *Organgesellschaft:* Organgesellschaft kann sein
  – eine Kapitalgesellschaft mit Sitz und Geschäftsführung im Inland (AG, GmbH, KGaA);
  – eine Vorgesellschaft, wenn sie zwar noch nicht in das Handelsregister eingetragen ist, aber die sonstigen Voraussetzungen der finanziellen Eingliederung bereits vorliegen. Es ist nicht erforderlich, dass sie gewerblich tätig ist;
  – eine Vorgründungsgesellschaft, mit der Besonderheit, dass Rechte und Verbindlichkeiten weder auf die spätere Vorgesellschaft noch auf die letztlich entstehende Kapitalgesellschaft automatisch übergehen, dies gilt auch für die Rechtswirkungen eines bereits im Vorgründungsgesellschaftsstadium abgeschlossenen Organschaftsvertrages;

und

– der *Organträger:* Organträger kann jedes inländische gewerbliche Unternehmen sein (§ 14 Nr. 3 KStG), nämlich:
  – eine unbeschränkt steuerpflichtige natürliche Person, wenn diese Unternehmer eines gewerblichen Betriebes ist;
  – eine nicht steuerbefreite Körperschaft, Personenvereinigung oder Vermögensmasse mit Geschäftsleitung und Sitz im Inland (§ 1 KStG);

Organschaft

- eine Personengesellschaft mit Geschäftsleitung und Sitz im Inland (§ 15 Abs. 1 Nr. 2 EStG);
- ein Betrieb gewerblicher Art einer juristischen Person des öffentlichen Rechts (§ 1 Abs. 1 Nr. 6 und § 4 KStG), wenn seine Tätigkeit als gewerbliche Tätigkeit zu qualifizieren ist (§ 2 Abs. 1 GewStG i.V.m. § 1 GewStDV);
- ein ausländisches Unternehmen (Sitz und Geschäftsleitung im Ausland, aber mit einer im Handelsregister eingetragenen Zweigniederlassung in Inland, § 18 KStG).

▷ **Kein Organträger** kann sein

- ein Betrieb gewerblicher Art, der ohne Gewinnerzielungsabsicht geführt wird,
- Freiberufler, Landwirte oder Privatpersonen.

▷ **Zweck:** Der Zweck der körperschaftsteuerlichen Organschaft besteht darin, die Ergebnisse der einzelnen Konzernunternehmen zu saldieren. Hierdurch kann sich im Gesamtkonzern ein erheblicher Steuervorteil ergeben.

▷ **Wirkungen** der körperschaftsteuerlichen Organschaft sind:

- Sicherstellung des Verlustausgleichs im Organkreis (Hauptzweck, *Ausn.:* vororganschaftliche Verluste, § 15 KStG);
- Nichteintritt der Voraussetzungen des § 3c Abs. 1 EStG (beteiligungsbedingte Aufwendungen werden steuerlich wirksam);
- das während der Dauer der körperschaftsteuerlichen Organschaft eingefrorene körperschaftsteuerliche Guthaben der Organgesellschaft kann nicht durch Ausschüttungen an dem Organträger mobilisiert werden;
- Möglichkeit einer Abweichung der steuerlichen Einkommenszurechnung von der handelsrechtlichen Gewinnabführung (§ 14 Abs. 1 Nr. 4 KStG: zulässige Bildung von Rücklagen, Mehrabführung durch Auflösung dieser Rücklagen, § 27 Abs. 6 Satz 1 KStG);
- dem herrschenden Unternehmen (sog. „*Organträger*") wird das volle Einkommen der Organgesellschaft zugerechnet, ohne dass deren rechtliche Selbständigkeit aufgegeben wird (Grundsatz der Einkommenseinheit);
- ein eigenes Einkommen verbleibt der beherrschten Gesellschaft (der sog. „*Organgesellschaft*") grundsätzlich nur zum Zweck der Zahlung von Ausgleichsleistungen an außenstehende Aktionäre aufgrund einer bestehenden Dividendengarantie (§ 16 KStG); *seit 2001* muss sie ihr Einkommen i.H.v. ¾ der geleisteten Ausgleichszahlung selbst versteuern.
- Die Organgesellschaft muss das Einkommen, das für Ausschüttungen an außenstehende Anteilseigner gezahlt wird, selbst versteuern (§ 16 KStG, das Einkommen der Organschaft beträgt stets ¾ der geleisteten Ausgleichszahlung an außenstehende Aktionäre).

▷ **Fehlerhafte Organschaft:** Wird der Ergebnisabführungsvertrag in einem Jahr nicht durchgeführt oder von der Finanzverwaltung als nicht durchgeführt betrachtet, ist entsprechend der bisherigen Laufzeit zu differenzieren:

- Vor Ablauf der 5 Jahre gilt der Ergebnisabführungsvertrag als von Anfang an nicht vollzogen, d.h. auch die zurückliegenden Jahre werden nachträglich nicht mehr anerkannt;
- nach Ablauf der 5 Jahre erstreckt sich die nachteilige Rechtsfolge nur auf das aktuelle Jahr der Nichtdurchführung.

Jedes Unternehmen hat nachträglich sein Einkommen nach allgemeinen Vorschriften ungeachtet einer jetzt nicht mehr anerkannten Ergebnisabführung bzw. Verlustübernahme zu versteuern. Dies bedeutet, dass die Abführungen als → *verdeckte Gewinnausschüttungen* zu behandeln sind, für die nachträglich die Tarifbelastung und bei Vorliegen der Voraussetzungen die Ausschüttungsbelastung herzustellen ist. Der – vermeintliche – Organträger hat die Abführungsbeträge zuzüglich des Körperschaftsteuer-Guthabens zu versteuern. Von ihm übernommene Verluste stellen steuerlich Einlagen dar und erhöhen den Beteiligungsansatz.

▷ **Organschaft bei Betriebsaufspaltung:** In den Fällen der Betriebsaufspaltung liegt regelmäßig keine Organschaft vor, da die Besitzpersonengesellschaft als solche keine gewerbliche Betätigung ausübt. Ausnahmsweise kann eine Organschaft vorliegen,

- wenn das Besitzunternehmen neben der gewerbesteuerpflichtigen Verpachtung eine andere, eigene gewerbliche Tätigkeit ausübt,
- wenn ein Unternehmen in ein Produktionsunternehmen als Organträger und eine Vertriebskapitalgesellschaft als Organgesellschaft aufgespalten ist,
- wenn das Besitzunternehmen eine geschäftsleitende Holding ist (Abschnitt R 50 Abs. 3 Satz 5 KStR).

5. Umsatzsteuerrecht

▷ **Voraussetzungen:** Umsatzsteuerlich setzt eine Organschaft voraus (§ 2 Abs. 2 Satz 2 UStG, Abschnitt 21a UStR, → *Eingliederung: 6. Steuerrechtliche Behandlung*):

- finanzielle Eingliederung
- wirtschaftliche Eingliederung
- organisatorische Eingliederung.

Die umsatzsteuerliche Organschaft beginnt, sobald alle Eingliederungsvoraussetzungen erfüllt sind (d.h. auch im laufenden Wirtschaftsjahr).

▷ **Wirkungen:** Die umsatzsteuerliche Organschaft hat folgende Wirkungen:

- Lieferungs- und Leistungsbeziehungen zwischen den Organgesellschaften werden als nicht steuerbare Innenumsätze behandelt; dies führt zumindest zu verwaltungstechnischen Vorteilen im System der Mehrwertsteuer;
- ein Nachteil kann sich durch die Zusammenrechnung der Umsätze des Organkreises ergeben, wenn dadurch Lieferschwellen überschritten werden und da-

Organschaft

mit eine umsatzsteuerliche Registrierung des Organkreises im Ausland erforderlich wird (§ 3c UStG);

- alle im Inland gelegenen Unternehmensteile des Organkreises sind als ein „Unternehmer" i.S.d. Umsatzsteuerrechts zu behandeln (§ 2 Abs. 2 Satz 2 UStG). Dies bedeutet:
  - Steuerschuldner für alle Unternehmen des gesamten Organkreises ist der Organträger;
  - die Organgesellschaften haben nur noch die Stellung eines unselbständigen Betriebes.
- ein Vorsteuerabzug kann nur aus Leistungen vorgenommen werden, die von außen dem Organkreis erbracht werden: Steuerbeträge, die für einen Innenumsatz innerhalb eines Organkreises gesondert ausgewiesen werden, berechtigen nicht zum Vorsteuerabzug, da diese Innenumsätze innerbetriebliche Vorgänge sind; werden für sie Belege mit gesondertem Steuerausweis ausgestellt, so handelt es sich umsatzsteuerlich nicht um Rechnungen, sondern um unternehmensinterne Buchungsbelege; die darin ausgewiesene Umsatzsteuer wird geschuldet.

Bei im Ausland ansässigen Organträgern beschränken sich die Wirkungen der Organschaft auf die im Inland ansässigen Organgesellschaften und Betriebsstätten (Abschnitt 21a Abs. 7 Satz 1 UStR).

▷ Eine **grenzüberschreitende umsatzsteuerliche Organschaft** ist nach europäischem Recht derzeit noch ausgeschlossen.

6. Gewerbesteuerrecht

▷ **Voraussetzungen:** Die Voraussetzungen für eine gewerbesteuerliche Organschaft stimmen seit dem Erhebungszeitraum 2002 mit den Voraussetzungen für eine körperschaftsteuerliche Organschaft überein (§ 2 Abs. 2 Satz 2 GewStG, s.o.). Gewerbesteuerlich kann jeder Unternehmer beliebiger Rechtsform Organträger sein.

▷ **Wirkungen:**

- Die Gewerbeerträge (und vormals das Gewerbekapital) aller Konzernunternehmen werden getrennt ermittelt (jeweils eine eigene Gewerbesteuererklärung) und beim Organträger zur Errechnung der Steuermessbeträge zusammengerechnet (primärer Zweck der gewerbesteuerlichen Organschaft);
- jede Organgesellschaft gilt als Betriebsstätte (§ 2 Abs. 2 Satz 2 GewStG);
- das von den an der Organschaft beteiligten Unternehmen erzielte Ergebnis wird auf die einzelnen Betriebe zerlegt, um den zutreffenden, jeweils geltenden gemeindlichen Hebesatz zu erfassen;
- ein positiver Zinseffekt aufgrund der bei der Gewerbesteuer fehlenden Möglichkeit eines Verlustrücktrags kann sich durch die unmittelbare Verrechnung von negativen und positiven Gewerbeerträgen ergeben;
- Hinzurechnungen unterbleiben, soweit sie zu einer doppelten steuerlichen Belastung im Organkreis führen (Abschnitt 41 Abs. 1 GewStR);

- Verluste einer Organgesellschaft, die während der Dauer einer gewerbesteuerlichen Organschaft entstanden sind, können auch nach Beendigung der Organschaft nur vom maßgebenden Gewerbeertrag des Organträgers abgesetzt werden (BFHE 161, 157).

7. Umwandlung

▷ **Umwandlung des Organträgers:** Für die Mindestlaufzeit des Gewinnabführungsvertrages ist die Laufzeit gegenüber dem bisherigen und dem künftigen Organträger zusammen zu rechnen, wenn die Übernehmerin aufgrund der Umwandlung in den bestehenden Gewinnabführungsvertrag eintritt. Die Umwandlung des Organträgers stellt einen wichtigen Grund für die Kündigung oder die Beendigung im gegenseitigem Einvernehmen eines noch nicht 5 Jahre durchgeführten Gewinnabführungsvertrages dar, ohne rückwirkende steuerliche Konsequenzen (*Ausn.* Formwechsel von Kapitalgesellschaft auf andere Kapitalgesellschaft oder Personengesellschaft auf andere Personengesellschaft, vgl. Abschnitt 55 Abs. 7 KStR).

▷ **Auswirkungen** einer Umwandlung des Organträgers auf die steuerliche Organschaft:

- Durch → *Verschmelzung:* der übernehmende Rechtsträger tritt automatisch in den Gewinnabführungsvertrag ein;
- durch → *Spaltung* oder → *Ausgliederung:* bei der Abspaltung und Ausgliederung bleibt der Organträger bestehen, der Gewinnabführungsvertrag bleibt unberührt, die Organschaft bleibt bestehen, wenn die Stimmenmehrheit ebenfalls erhalten bleibt; bei der Aufspaltung treten die Übernehmerinnen nach Maßgabe des Spaltungsplans in den Gewinnabführungsvertrag ein, § 131 Abs. 1 Nr. 1 UmwG;
- durch → *Formwechsel:* ein Formwechsel von einer Kapitalgesellschaft auf eine Personengesellschaft lässt den Gewinnabführungsvertrag bestehen und berührt die steuerliche Anerkennung der Organschaft nicht.

▷ **Die Umwandlung der Organgesellschaft** hat folgende Auswirkungen auf die steuerliche Organschaft:

- Durch → *Verschmelzung:* der bestehende Gewinnabführungsvertrag wird mit Verschmelzung beendet; die Organschaft endet zum Übertragungsstichtag; für die Anerkennung der übernehmenden Gesellschaft als Organgesellschaft zum Übertragungsstichtag müssen alle Voraussetzungen der Organschaft vorliegen (erforderlich ist der Abschluss eines neuen Gewinnabführungsvertrages);
- durch → *Spaltung* oder → *Ausgliederung:* bei der Abspaltung oder Ausgliederung bleibt der Gewinnabführungsvertrag bestehen, da die Organgesellschaft bestehen bleibt, jedoch müssen die finanziellen Eingliederungsvoraussetzungen vorliegen (§ 14 Nr. 1 und 2 KStG); bei der Aufspaltung endet der Gewinnabführungsvertrag, die Anerkennung der jeweiligen übernehmenden Gesellschaft als Organgesellschaft kann zum Übertragungsstichtag bei Vorliegen aller Voraussetzungen der Organschaft erfolgen (s.o.);

– durch → *Formwechsel:* der Gewinnabführungsvertrag endet bei Formwechsel der Kapitalgesellschaft in eine Personengesellschaft, im Übrigen wird die steuerliche Anerkennung der Organschaft nicht berührt.

Hinweis auf weiterführende Literatur: *Graf Kerssenbrock,* Organschaft ab 2002: Wichtiger gewordenes Instrument steuerlicher Gestaltung für Konzerne und internationale Investoren, RIW 2002, 889 ff.; *Harle/Bank,* Körperschafts- und gewerbesteuerliche Organschaft nach dem Unternehmenssteuerfortentwicklungsgesetz (UntStFG), BB 2002, 1341 ff.; *Heurung/Oblau/Röker,* Neufassung der Tatbestandvoraussetzungen der ertragssteuerlichen Organschaft durch das UntStFG und das StVBG, GmbHR 2002, 620 ff.; *Kirsch/Grube,* Die Organschaft nach dem Steuersenkungsgesetz – für die Gewerbesteuer noch keine wirkliche Vereinfachung, GmbHR 2001, 371 ff.; *Krebühl,* Besteuerung der Organschaft im neuen Unternehmenssteuerrecht, DStR 2002, 1241 ff.; *Lüdicke,* Abzug von Aufwendungen für eine Organbeteiligung, BB 2002, 1521 ff.; *Meilicke,* Die Neuregelung der ertragssteuerlichen Organschaft über die Grenze, DB 2002, 911 ff.; *Orth,* Schritte in Richtung einer „grenzüberschreitenden Organschaft", IStR 2002, Beiheft 1 ff.; *Pache,* Folgen der Aufgabe des doppelten Inlandsbezugs für Organgesellschaften gemäß § 14 Abs. 1 Satz 1 KStG idF. des UntStFG, GmbHR 2002, 658 ff.; *Orth,* Verlustnutzung bei Organschaft, WPg (Sonderheft) 2003, 13 ff.; *Prinz,* „Fortentwicklung" des Organschaftsrechts: Neue Irrungen und Wirrungen, FR 2002, 66 ff.; *Pyszka,* Durchbrechung des Halbeinkünfteverfahrens bei steuerfreien ausländischen Beteiligungserträgen einer Organschaft?, GmbHR 2002, 468 ff.; *Rödder/Schumacher,* Keine Anwendung des § 3c Abs. 1 EStG bei der Organschaft, DStR 2002, 1163 ff.; *Rosenbach,* Organschaft und Holding, WPg (Sonderheft) 2003, 3 ff.; *Stegemann,* Abspaltung von Beteiligungen an Organgesellschaften, DStR 2002, 1549 ff.; *Töben/Schulte-Rummel,* Doppelte Verlustberücksichtigung in Organschaftsfällen mit Auslandsberührung, FR 2002, 425 ff.; *Walter/Götz,* Perpetuierung der Organschaft bei unterjähriger rückwirkender Umwandlung einer Organgesellschaft durch den Anteilserwerber?, GmbHR 2001, 619 ff.

Hinweis auf weitere Stichwörter

→ *Eingliederung* → *Umwandlung*
→ *Steuern*

Organstreit

Der Kompetenzzuordnung des Aktienrechts lässt sich die Entscheidung des Gesetzgebers entnehmen, dass jedes Organ auf den eigenen Kompetenzbereich beschränkt ist und in fremde Kompetenzbereiche nicht übergreifen darf (*Henze,* Aktienrecht – Höchstrichterliche Rechtsprechung, 5. Aufl. 2002, Rn. 627 m.w.N.; a.A. *Mertens* in KK. AktG, 2. Aufl. 1996, Vorb. § 76 Rn. 6 m.w.N.). Damit ist jedem Organ ein Entscheidungsbereich gewährt, der Grundlage subjektiver Abwehrrechte sein kann. Hinsichtlich der Frage, ob der Aufsichtsrat im Rahmen seiner Überwachungsaufgabe Klagerechte gegen den Vorstand zustehen, ist zu unterscheiden zwischen Klagen des Gesamtaufsichtsrats und solchen einzelner oder mehrerer Aufsichtsratsmitglieder. Die Überwachungsaufgabe über den Vorstand obliegt alleine dem Aufsichtsrat als Kollegialorgan. Dem einzelnen Aufsichtsratsmitglied steht daher kein Klagerecht auf Vornahme bzw. Unterlassung bestimmter Maßnahmen des Vorstandes zu. Das Aktiengesetz räumt dem einzelnen → *Aufsichtsratsmitglied* eigene klageweise durchsetzbare Rechte ein, jedoch nicht gegen den Vorstand als Kollegialorgan. Ebenso kann die Rechtsfigur der → *Actio pro socio* nicht dazu herhalten, Konflikte, die zwischen Mehrheit und Minderheit im Aufsichtsrat auftreten, über den Umweg einer gerichtlichen Inanspruchnahme des Vorstandes auszutragen (BGHZ 106, 54, 66 – Opel-Entscheidung, das Problem wurde vom BGH offen gelassen).

Hinweis auf weiterführende Literatur: *Brücher*, Ist der Aufsichtsrat einer Gesellschaft befugt, gegen den Vorstand oder die Geschäftsführung zu klagen?, AG 1989, 190; *Häsemeyer*, Der interne Rechtsschutz zwischen Organen, Organmitgliedern und Mitgliedern der Kapitalgesellschaft als Problem der Prozessführungsbefugnis, ZHR 144 (1980), 265, 271 ff., 287; *Henze*, Aktienrecht – Höchstrichterliche Rechtsprechung, 5. Aufl. 2002; *Posek*, Die Klage des Aufsichtsrats gegen die Geschäftsführung des Vorstandes, DB 1996, 2165 ff.; *Raiser*, Klagebefugnisse einzelner Aufsichtsratsmitglieder, ZGR 1989, 44, 48 ff.

Hinweis auf weitere Stichwörter

→ *Aufsichtsrat*   → *Schadenersatzpflicht*
→ *Haftung*   → *Vorstand*

Partei

Die → *Aktiengesellschaft* ist als juristische Person aktiv und passiv parteifähig (§ 50 ZPO). Die → *Vor-AG* ist passiv parteifähig und nach h.M. auch aktiv parteifähig.

Personalausschuss

→ *Aufsichtsrat*

Pfandrecht an Aktien

→ *Aktien*

Platzierungsverfahren

→ *Emission*

Präsenzliste

→ *Hauptversammlung*

Prinzipien im Aktienrecht

Die wesentlichen Prinzipien des Aktienrechts sind im Folgenden aufgelistet:
- Abstimmungsfreiheit (→ *Stimmrecht: 6. Vertrag*),
- Erwerbsverbot eigener Aktien (§§ 56, 71 AktG, → *eigene Aktien*),
- Gebot der vollen Entschädigung der Aktionäre (→ *Entschädigung der Aktionäre*),
- Gesamtvertretungsprinzip (→ *Vertretung der AG: 2. Vertretung durch Vorstand*),
- Gleichbehandlungsgebot (§ 53a AktG, → *Beschluss: 4. Hauptversammlungsbeschluss*, → *Gleichbehandlung der Aktionäre*),
- Identitätsprinzip (→ *Formwechsel*),
- Inkompatibilitätsregel (→ *Inkompatibilitätsregel*, → *Aufsichtsrat*, → *Vorstand*),
- Kapitalerhaltungsgebot (→ *Einlage*, → *Rückgewähr*),
- Mehrheitsprinzip (→ *Mehrheit*),
- Verbot der Unterpariemission (→ *Emission*, → *Ausgabe*),
- Verbot der Einlagerückgewähr (§ 57 AktG, → *eigene Aktien*) u.v.m.

Prokura

Neben dem → *Vorstand* kann ein Prokurist zur → *Vertretung* der Gesellschaft bestellt werden (§§ 48 ff. HGB). Dieser vertritt die Aktiengesellschaft nur zusammen mit einem → *Vorstandsmitglied* (unechte Gesamtvertretung). Die Erteilung der Prokura muss im → *Handelsregister* eingetragen werden (§ 53 HGB). Die Mitwirkung des Prokuristen beschränkt nicht die sonst gegebene Einzelvertretungsmacht eines Vorstandsmitglieds. Der von der Aktiengesellschaft bestellte Prokurist kann nicht → *Aufsichtsratsmitglied* sein (§ 105 Abs. 1 Fall 2 AktG). Der Umfang der Vertretungsmacht des Prokuristen richtet sich nach der Vertretungsmacht des Vorstandsmitglieds (*h.M.; a.A. Reinert*, S. 41 ff., 54 ff.).

Der Prokurist haftet nicht wie ein Vorstand (§ 41 Abs. 1 Satz 2 AktG, BGHZ 66, 359, 361, *Ausn.:* wenn Prokurist als Organmitglied auftritt, *faktisches Organmitglied*, BGH NJW 1980, 287).

Hinweis auf weiterführende Literatur: *Reinert*, Unechte Gesamtvertretung und unechte Gesamtprokura, 1990.

Hinweis auf weitere Stichwörter

- → *Vertretung*
- → *Vorstand*
- → *Vorstandsmitglieder*

Proxy-Stimmrecht

Das Proxy-Stimmrecht ist die Bevollmächtigung der Aktiengesellschaft oder ihrer → *Verwaltung* zur Ausübung des → *Stimmrechts* in der → *Hauptversammlung*. Dies ist im Aktienrecht nicht zulässig, weil es auf eine Selbstentmachtung der → *Aktionäre* zugunsten der Verwaltung hinauslaufen würde (§§ 134, 136 Abs. 2 AktG). Zulässig ist aber eine Bevollmächtigung einzelner → *Organmitglieder*. Bei der Bevollmächtigung zur Stimmrechtsausübung wird die Auswahlfreiheit des Aktionärs durch seine → *Treuebindung* zur Aktiengesellschaft und zu den Mitaktionären beschränkt.

Hinweis auf weitere Stichwörter

- → *Aktionär*
- → *Hauptversammlung*
- → *Stimmrechte*
- → *Treuepflicht*

Prozess

1. Prozessfähigkeit 629
2. Prozessvertretung 630
3. Prozessstandschaft 630

1. Prozessfähigkeit

Die → *Aktiengesellschaft* ist aufgrund ihrer organschaftlichen Vertretung prozessfähig (*str.*, so z.B. *Jauernig*, Zivilprozessrecht, 28. Aufl. 2003, § 20 II 1, *a.A.* z.B.

Baumbach/Lauterbach/Albers/Hartmann, ZPO, 64. Aufl. 2006, § 52 Rn. 2: nur natürliche Personen sind prozessfähig).

2. Prozessvertretung

Die gerichtliche Vertretung liegt grundsätzlich beim → *Vorstand* (§ 78 Abs. 1 AktG). *Ausn.:*

- Vertretung durch den → *Aufsichtsrat* (§ 112 AktG),
- Doppelvertretung durch Vorstand und Aufsichtsrat (§§ 246 Abs. 2 Satz 2 AktG).

3. Prozessstandschaft

▷ **Begriff:** Ansprüche der Aktiengesellschaft können in gesetzlich geregelten Fällen von Dritten geltend gemacht werden. Diese erlangen keinen eigenen Anspruch, sondern werden gesetzlich nur ermächtigt, Gesellschaftsansprüche im eigenen Namen geltend zu machen.

▷ **Gesetzliche Prozessstandschaft** besteht für

- Gesellschaftsgläubiger bei Geltendmachung der Ansprüche der Aktiengesellschaft gegen Aktionäre (§ 62 Abs. 2 AktG),
- Gläubiger bei Geltendmachung von Ersatzansprüchen der Aktiengesellschaft (§ 93 Abs. 5 AktG, *a.A. Hüffer*, AktG, 7. Aufl. 2006, § 93 Rn. 32: materiellrechtliche Anspruchsvervielfältigung eigener Art),
- Aktionäre und Gläubiger bei Geltendmachung von Gesellschaftsansprüchen gegen gesetzliche Vertreter des herrschenden Unternehmens, wenn ein → *Beherrschungsvertrag* besteht (§ 309 Abs. 4 AktG, *a.A. Mertens* in FS Fleck, 1988, S. 209, 218),
- Aktionäre und Gläubiger bei Geltendmachung von Gesellschaftsansprüchen gegen Verwaltungsmitglieder der Aktiengesellschaft, wenn ein → *Beherrschungsvertrag* besteht (§ 310 Abs. 4 AktG),
- Aktionäre und Gläubiger bei Geltendmachung von Gesellschaftsansprüchen gegen das herrschende Unternehmen und seine Vertreter, wenn kein Beherrschungsvertrag besteht (§ 317 Abs. 4 AktG),
- Aktionäre und Gläubiger gegen Verwaltungsmitglieder der Aktiengesellschaft, wenn kein Beherrschungsvertrag besteht (§ 318 Abs. 4 AktG).

Hinweis auf weitere Stichwörter

→ *Aktionärsklagerecht* → *Vertretung*
→ *Gläubiger*

Prüfung

1. Allgemeines 631
2. Gründungsprüfung 631
3. Prüfung der Sacheinlagen 631
4. Prüfung des Jahresabschlusses ... 632
5. Unternehmensvertrag 632
6. Umwandlung 633
7. Sonderprüfung 634

1. Allgemeines

▷ **Gläubigerschutz:** Die Prüfung bestimmter Vorgänge in der Aktiengesellschaft, wie die → *Gründung*, Sacheinlagevereinbarung, der → *Unternehmensvertrag* und des → *Jahresabschlusses*, dient dem Schutz der Gläubiger und Anleger.

▷ Die **Prüfer** sind zur gewissenhaften und unparteiischen Prüfung und zur Verschwiegenheit verpflichtet, insbesondere dürfen sie Geschäfts- und Betriebsgeheimnisse nicht unbefugt verwerten (§ 323 HGB, § 49 AktG). Eine Verletzung dieser Pflichten führt zum → *Schadenersatz* gegenüber der Aktiengesellschaft, gegebenenfalls auch gegenüber einem mit ihr → *verbundenen Unternehmen*. Für fahrlässige Pflichtverletzungen ist die Haftung (auch beim Handeln mehrerer Personen) bei nicht → *börsennotierten* Gesellschaften auf 1 Mio. Euro, bei Aktiengesellschaften, die Aktien mit amtlicher Notierung ausgegeben haben, auf 4 Mio. Euro begrenzt (§ 323 Abs. 2 Satz 1 und 2 HGB). Eine Verletzung der Geheimhaltungspflicht ist strafbewehrt (§ 404 AktG).

▷ Bei der **Auswahl des Prüfers** ist die Bestellung (i.d.R. Hauptversammlung oder Gericht) und die Beauftragung (i.d.R. Vorstand oder Aufsichtsrat) zu unterscheiden.

2. Gründungsprüfung

→ *Gründungsprüfung*
→ *Prüfungsbericht: 2. Gründungsprüfer*

3. Prüfung der Sacheinlagen

▷ **Zweck:** Bei der Gründung oder der → *Kapitalerhöhung* durch → *Sacheinlagen* unterliegt jede Sacheinlage einer Prüfung (§§ 33–35, 183 Abs. 3 AktG), um eine → *Unterpariemission* auszuschließen (Verstoß gegen § 9 Abs. 1 AktG). Die Prüfung hat vor der → *Anmeldung* der Kapitalerhöhung zu erfolgen.

▷ **Prüfungsgegenstand:** Bei der Prüfung der Sacheinlagen ist zu untersuchen, ob der Wert der Sacheinlagen den geringsten Ausgabebetrag der im Gegenzug gewährten → *Aktien* erreicht (§ 34 Abs. 1 Nr. 2 AktG). Unberücksichtigt bleibt der höhere Ausgabebetrag. Manche Registergerichte fordern dessen ungeachtet die Prüfung, ob die Sacheinlage den vollen Ausgabebetrag erreicht.

Prüfung

▷ **Prüfer:** Die Prüfer werden auf Antrag der Gründer bzw. der Aktiengesellschaft durch den Vorstand oder durch das Registergericht, nach Anhörung der IHK, bestellt. Im Ergebnis der Prüfung haben die Prüfer einen schriftlichen Bericht anzufertigen (→ *Prüfungsbericht*, → *Gründungsprüfung*). Dieser muss beim Registergericht und beim Vorstand eingereicht werden (s. zum Verfahren → *Gründungsprüfung*).

▷ **Folgen der Prüfung:** Wenn der Wert der Sacheinlage unangemessen niedrig festgesetzt wurde, ist ein Kapitalerhöhungsbeschluss bei Bezugsrechtsausschluss anfechtbar (§ 255 Abs. 2 AktG, *Hüffer*, AktG, 7. Aufl. 2006, § 183 Rn. 20). Bei Überbewertung der Sacheinlage kann der Erhöhungsbeschluss wegen Verstoßes gegen mitgliedschaftliche Treuebindungen oder gegen § 53a AktG rechtswidrig sein (§ 243 Abs. 2 AktG, → *Mitgliedschaft*). Das Registergericht hat in diesem Fall die Eintragung des Erhöhungsbeschlusses zu verweigern.

4. Prüfung des Jahresabschlusses

→ *Abberufung*

→ *Abschlussprüfung*

5. Unternehmensvertrag

▷ **Prüfung durch Wirtschaftsprüfer:** Ein → *Beherrschungs-/*→ *Ergebnisabführungsvertrag* ist für jede vertragsschließende Aktiengesellschaft oder KGaA durch Wirtschaftsprüfer zu prüfen (§§ 293b bis 293e AktG). Das Ergebnis wird in einem → *Prüfungsbericht* festgehalten. Dies ist nur dann nicht erforderlich, wenn sich alle → *Aktien* der → *abhängigen Gesellschaft* in der Hand des herrschenden Unternehmens befinden (§ 293 Abs. 1 AktG) sowie im Falle des Verzichts auf den Prüfungsbericht.

▷ **Umfang:** Die Prüfung erstreckt sich grundsätzlich auf Vollständigkeit und Richtigkeit des → *Unternehmensvertrages*, nicht auf dessen Zweckmäßigkeit. Nur bei Beherrschungs- und Ergebnisabführungsverträgen ist Kern der Prüfung die Angemessenheit von → *Ausgleich* und → *Abfindung* (bei anderen Unternehmensverträgen findet keine Angemessenheitsprüfung statt).

▷ **Prüfungsbericht:** Die Vertragsprüfer haben über das Ergebnis der Prüfung schriftlich zu berichten und eine Erklärung darüber abzugeben, ob der vorgeschlagene Ausgleich oder die vorgeschlagene Abfindung angemessen ist (§ 293e AktG). Hierbei ist anzugeben,

- nach welchen Methoden Ausgleich und Abfindung ermittelt worden sind,
- aus welchen Gründen die Anwendung dieser Methode angemessen ist, und
- welcher Ausgleich oder welche Abfindung sich bei Vorgehen nach mehreren Methoden jeweils ergeben würde. Zugleich ist hier darzulegen, welches Gewicht den verschiedenen Methoden bei der Bestimmung des vorgeschlagenen Ausgleiches oder der vorgeschlagenen Abfindung und der ihnen zugrunde lie-

genden Werte beigemessen worden ist und welche besonderen Schwierigkeiten bei der Bewertung der vertragsschließenden Unternehmen aufgetreten sind.

▷ **Zustimmung des beherrschten Unternehmens:** Welche → *Mehrheit* beim Zustimmungsbeschluss der beherrschten Gesellschaft erforderlich ist, ist umstritten:

- die herrschende (Literatur-)Meinung vertritt die Auffassung, dass die Zustimmung aller Gesellschafter erforderlich ist, entweder unmittelbar bei Beschlussfassung oder zumindest durch nachträgliche Genehmigung (vgl. *Scholz/Emmerich*, GmbHG, 9. Aufl. 2000, Anh. KonzernR Rn. 153). Nach dieser Auffassung soll die Aufnahme von Ausgleichs- und Abfindungsklauseln in den Unternehmensvertrag nicht erforderlich sein (vgl. *Lutter*, UmwG, 2. Aufl. 2000, Anh § 13 Rn. 66). Auch die Berichts- und Prüfungspflicht zur Vorbereitung der Gesellschafterversammlung soll entfallen (vgl. *Hüffer*, AktG, 7. Aufl. 2006 § 293a Rn. 5). Viele Einzelheiten sind hier noch ungeklärt und umstritten;
- andere vertreten die Auffassung, es genüge eine ¾-Mehrheit auch bei der beherrschten Gesellschaft, wenn gleichzeitig Ausgleichs- und Abfindungsregeln für Minderheitsgesellschafter aufgenommen werden.

Beachte: Der BGH hat sich zur Sache noch nicht geäußert. Jedenfalls bedarf der Beschluss der beherrschten Gesellschaft notarieller → *Beurkundung* (BGHZ 105, 324). Angesichts dieser Unklarheiten sollte vorsorglich vom Erfordernis der Zustimmung aller Gesellschafter ausgegangen werden.

6. Umwandlung

▷ **Prüfungsgegenstand** bei einer → *Umwandlung* ist der jeweilige Umwandlungsvertrag oder sein Entwurf (§§ 9 ff., § 125, § 176 Abs. 1 UmwG). *Ausn.:* nicht der Prüfung unterliegt die → *Ausgliederung* und der → *Formwechsel* (§ 125 Satz 2 UmwG).

▷ Der **Inhalt des Prüfungsberichts** entspricht dem Prüfungsgegenstand (§ 12 Abs. 2 UmwG). Da es sich um einen Ergebnisbericht handelt, muss er zwar zu allen Prüfungszielen Aussagen enthalten, kann sich jedoch auf den gesetzlich festgelegten Mindestinhalt beschränken (im Einzelnen jedoch noch nicht abschließend geklärt, insbesondere ob und inwieweit konkrete Tatsachen und Zahlen wiederzugeben sind).

▷ **Verschmelzung:** Bei der → *Verschmelzung* gilt als Leitlinie, dass jeweils der Verschmelzungsbericht und der Prüfungsbericht zusammen den Verschmelzungsvorgang in wirtschaftlicher und rechtlicher Hinsicht so transparent machen müssen, dass die Anteilsinhaber in Kenntnis aller relevanten Umstände entscheiden können, ob die Verschmelzung wirtschaftlich zweckmäßig ist, den gesetzlichen Anforderungen genügt und ihren subjektiven Vorstellungen entspricht,

- soweit in Bezug auf Vollständigkeit und Richtigkeit des Verschmelzungsvertrags keine Beanstandungen bestehen, genügt eine kurze Stellungnahme;
- soweit die Unternehmenswerte nach der Ertragswertmethode ermittelt wurden, kann dies mit der Angabe begründet werden, dass es sich hierbei um die

für den Normalfall angemessene und allgemein anerkannte Methode der Unternehmensbewertung handelt.

▷ Sind **mehrere Prüfer** bestellt, so können sie den Bericht einzeln oder gemeinsam erstatten (§ 12 Abs. 1 Satz 2 UmwG). Eine gemeinsame Prüfung mündet hingegen immer in einem gemeinsamen Bericht.

▷ **Pflichten:** Dem Prüfer steht kein Ermessen zu. Das Geheimhaltungsinteresse der beteiligten Rechtsträger ist auch hinsichtlich des Berichts zu wahren (§ 12 Abs. 3 UmwG).

7. Sonderprüfung

→ *Sonderprüfung*

Hinweis auf weiterführende Literatur: *Graumann*, Die künftige Rolle des Wirtschaftsprüfers im Rahmen des Corporate Governance, StuB 2002, 948 ff.

Hinweis auf weitere Stichwörter

→ *Abberufung*
→ *Abschlussprüfung*
→ *Gründungsprüfung*
→ *Sonderprüfung*

Prüfungsbericht

1. Begriff 634
2. Gründungsprüfer 634
3. Abschlussprüfer 635
4. Konzernabschlussprüfer 635
5. Aufsichtsrat 635

1. Begriff

In Ergebnis ihrer → *Prüfung* (→ *Gründungsprüfung*, → *Abschlussprüfung*, → *Konzernabschlussprüfung*) haben die Prüfer einen schriftlichen Bericht über ihre Tätigkeit abzugeben.

2. Gründungsprüfer

▷ **Pflicht:** Das Ergebnis der Prüfung ist schriftlich niederzulegen (§ 34 Abs. 2 AktG).

▷ **Besonderheiten bei Sachgründung:** Bei einer Sachgründung sind in dem Bericht die wesentlichen Umstände darzulegen, von denen die Angemessenheit der Leistungen (= jedenfalls mindestens Wertgleichheit) für Sacheinlage oder Sachübernahmen abhängt. Es müssen insbesondere angegeben werden

- die vorausgegangenen Rechtsgeschäfte, die auf den Erwerb des Vermögensgegenstands durch die Gesellschaft hingezielt haben,
- die Anschaffungs- und Herstellungskosten der im Wege der Sacheinlage oder der Sachübernahme übertragenen Gegenstände aus den letzten beiden Jahren vor der Feststellung der Satzung und
- beim Übergang eines Unternehmens auf die Gesellschaft die Betriebserträge aus den letzten beiden Geschäftsjahren (der um außerordentliche Aufwendungen bzw. Erträge bereinigte Jahresüberschuss/Jahresfehlbetrag).

Gegebenenfalls sind Fehlanzeigen zu machen.

▷ Bei **Meinungsverschiedenheit** hat der Prüfer, dessen Auffassung von der Meinung der anderen abweicht,
- einen eigenen Prüfungsbericht zu erstatten oder
- den gemeinsamen Prüfungsbericht mit einem von ihm unterzeichneten Zusatz zu versehen.

▷ **Streitfälle:** Das Registergericht entscheidet bei Meinungsverschiedenheiten zwischen den Gründern und den Gründungsprüfern über den Umfang der Aufklärung und Nachweise, die von den Gründern zu erbringen sind. Im Übrigen s. → *Gründungsprüfung*.

3. Abschlussprüfer

→ *Abschlussprüfung: 5. Abschlussbericht (§ 321 HGB)*

4. Konzernabschlussprüfer

Der Konzernabschlussprüfer hat ebenfalls wie der Abschlussprüfer den Prüfungsbericht zu erstellen und dem Aufsichtsrat vorzulegen (§ 337 Abs. 1 AktG, → *Abschlussprüfung*).

5. Aufsichtsrat

Der Aufsichtsrat hat gemeinsam mit den Vorstand den Gründungsprüfungsbericht oder einzelne Gründungsprüfungsberichte anzufertigen (§ 32 AktG, → *Gründungsprüfung: 2. Gründungsprüfung durch die Verwaltung*).

Hinweis auf weiterführende Literatur: Zu Aufbau und Gliederung des Prüfungsberichts hat der HFA des IdW Vorschläge unterbreitet (HFA 6/1988, WPg 1989, 42 ff.).

Hinweis auf weitere Stichwörter

→ *Abschlussprüfung*　　　→ *Prüfung*
→ *Gründungsprüfung*　　　→ *Sonderprüfung*

Publikums-AG

Bei der Publikums-AG handelt es sich um eine Aktiengesellschaft mit einer großen Anzahl von → *Aktionären*. Sie entspricht dem gesetzlichen Leitbild der Aktiengesellschaft. Für Aktionäre einer Publikums-AG stellt der Erwerb von → *Aktien* i.d.R. nur eine Vermögensanlage dar. Aufgrund dieser Konstellation hat die Verwaltung einen erheblichen Einfluss auf die Beschlüsse der Hauptversammlung.

Hinweis auf weitere Stichwörter

→ *Börsengang*　　　　　　　　　　→ *Aktien*
→ *Emission*

Publizität

1. Gesellschaftsverhältnisse 636
2. Ad-hoc-Meldungen 637
3. Handelsregister 637

1. Gesellschaftsverhältnisse

▷ **Bestimmte Angaben auf Geschäftspapieren** und insbesondere auf sämtlichen nach außen gerichteten Mitteilungen der Gesellschaft werden durch § 80 AktG vorgeschrieben. Darunter fallen (wesentliche Gesellschaftsverhältnisse):

- Geschäftsbriefe,
- Preislisten,
- Rechnungen,
- Quittungen,
- Lieferscheine,
- Empfangsbestätigungen etc.

▷ **Weitere Aufgaben:** Neben der Rechtsform („AG") sind noch folgende Angaben erforderlich:

- der Gesellschaftssitz,
- das Registergericht und die Nummer,
- die Vorstandsmitglieder und der Aufsichtsratsvorsitzende,
- der Vorstandsvorsitzende (nicht der Vorstandssprecher),
- Angaben zum Gesellschaftskapital sind nicht vorgeschrieben aber zulässig (§ 80 Abs. 1 Satz 3 AktG.)

2. Ad-hoc-Meldungen

Ereignet sich bei einem deutschen an einer deutschen Börse zum Handel zugelassenen Unternehmen etwas, das geeignet scheint, den Kurs der Aktie erheblich zu beeinflussen, so ist das Unternehmen verpflichtet, seine Aktionäre unverzüglich darüber aufzuklären (§ 15 WpHG). Ad-hoc-Meldungen sollen eine gleichmäßige und vor allem gleichzeitige Information aller Aktionäre einer Gesellschaft sicherstellen. S. im Übrigen → *Mitteilungspflichten: 8. Mitteilungspflichten gegenüber Aktionären*.

3. Handelsregister

▷ **Zweck:** Die Publizität des → *Handelsregisters* soll dem Anleger und Gläubiger im Rechtsverkehr einen gewissen Schutz bieten. Aufgrund des Handelsregisters soll die Rechtslage möglichst offenkundig, leicht einsehbar und nachprüfbar sein (§ 15 HGB). Die Publizität des Handelsregisters begründet die Haftung für denjenigen, in dessen Angelegenheit eine Tatsache einzutragen war.

▷ **Anwendungsbereich:** Die Publizität des Handelsregisters greift ein, wenn

- es sich um eintragungspflichtige und richtig eingetragene Tatsachen handelt und
- es sich um rechtsgeschäftliche Vorgänge handelt.

▷ **Konkurrenz:** Die speziellen Haftungsgrundsätze des § 15 Abs. 3 HGB gehen den allgemeinen Rechtsscheingrundsätzen vor, soweit seine Regelung greift.

▷ **Positive Publizität:** Ist eine einzutragende Tatsache unrichtig bekannt gemacht, so kann sich ein Dritter dem Eintragungspflichtigen gegenüber auf die bekannt gemachte Tatsache berufen, es sei denn, dass er die Unrichtigkeit kannte (§ 15 Abs. 3 HGB). Fälle:

- Eine richtige Eintragung in das Handelsregister wird in den für die Bekanntmachung vorgesehenen Veröffentlichungsblättern unrichtig bekannt gemacht;
- sowohl die Eintragung als auch die Bekanntmachung sind unrichtig erfolgt (*Sonnenschein/Weitemeyer* in Heymann, HGB, 2. Aufl. 1995, § 15 Rn. 24 f.);
- eine Eintragung ist gar nicht erfolgt, wohl jedoch eine Bekanntmachung.

Dabei gibt es folgende Schranken:

- Die Eintragung bzw. die Bekanntmachung muss zumindest zurechenbar mit veranlasst sein (*Veranlasserprinzip*);
- trotz einer unrichtigen Eintragung greift eine korrekte Bekanntmachung.

▷ **Negative Publizität:** Wenn eine einzutragende Tatsache in das Handelsregister nicht eingetragen und auch nicht bekannt gemacht wurde, kann diese Tatsache einem Dritten nur dann entgegengehalten werden, wenn ihm diese Tatsache bekannt war (§ 15 Abs. 1 HGB). Der kenntnislose Dritte, der Einsicht in das Handelsregister nimmt, kann sich also auf das „Schweigen" des Handelsregisters verlassen. Lediglich die positive Kenntnis vom tatsächlichen Sachverhalt lässt diese Tatsache auch ohne Eintragung und Bekanntmachung gegen ihn wirken; grob fahrlässige Unkenntnis schadet hingegen nicht. Für den Gutgläubigen gilt die Rechtslage des Handelsregisters unabhängig davon, dass diese mit der materiellen Rechtslage nicht übereinstimmt. Er kann sich jedoch jederzeit auf die wirkliche Sachlage berufen, wenn ihm dies günstiger erscheint (vgl. BGHZ 65, 309).

Die Wirkung der negativen Publizität gilt nur für solche Tatsachen, die rechtswirksam bestehen.

> **Beispiel**
>
> Wird jemand nicht rechtswirksam als Vorstand berufen und wird die Ernennung später widerrufen, ohne dass das Ausscheiden des Vorstandsmitgliedes eingetragen wird, findet § 15 Abs. 1 HGB keine Anwendung. Grund: Die rechtsunwirksame Ernennung eines Vorstandsmitglieds ist keine wahre, damit auch keine eintragungspflichtige Tatsache.

Nicht anwendbar ist § 15 Abs. 1 HGB auf die sog. *negative Voreintragung*: der Eintragungspflichtige muss auch bei unterlassener Voreintragung der Ersttatsache die Eintragung der zweiten Tatsache bewirken (BGH BB 1965, 968), da der am Rechtsverkehr Beteiligte auch außerhalb des Handelsregisters Kenntnis von der Ersttatsache erlangen kann, weshalb ein so erzeugter Rechtsschein durch die entsprechende Eintragung der Zweittatsache wieder beseitigt werden muss.

> **Beispiel**
>
> Schulbeispiel ist die wirksame Erteilung einer Prokura, die aber nicht eingetragen wird. Später wird die Prokura widerrufen, der Widerruf wird ebenfalls nicht eingetragen. Ein Dritter, der Verträge mit dem früheren Prokuristen abschließt, kann sich dann nicht auf § 15 Abs. 1 HGB berufen mit dem Hinweis, der Widerruf der Prokura sei nicht im Handelsregister eingetragen. Vorliegend müsste die vorzunehmende Eintragung lauten: „Die erteilte, aber nicht eingetragene Prokura ist erloschen".

Tabelle: Publizität des Handelsregisters

Schutz des Rechtsverkehrs	richtige Bekanntmachung	falsche Bekanntmachung	fehlende Bekanntmachung
richtige Eintragung	Schutz nicht erforderlich	Dritter kann sich auf die Bekanntmachung berufen; *Ausn.:* Kenntnis der Unrichtigkeit (§ 15 Abs. 3 HGB)	Einsichtnahme in das Handelsregister wird erwartet
falsche Eintragung	(§ 15 Abs. 3 HGB, *str.*)	(§ 15 Abs. 3 HGB)	(§ 15 Abs. 3 HGB, *str.*)
Eintragung fehlt	nicht möglich	(§ 15 Abs. 3 HGB)	Dritter kann sich auf das Schweigen des Handelsregisters verlassen; *Ausn.:* Kenntnis (§ 15 Abs. 1 HGB)

Hinweis auf weiterführende Literatur: *Albrecht*, Das Transparenz- und Publizitätsgesetz, NWB 2002, 2947 ff.; *Bacher/Dörner*, Ad-hoc-Publizität nach dem WpHG samt Verbesserungsvorschläge, StB 2002, 295 ff.; *Groß*, Haftung für fehlerhafte oder fehlende Regel- oder Ad-hoc-Publizität, WM 2002, 477 ff.; *Krause*, Ad-hoc-Publizität und haftungsrechtlicher Anlegerschutz, ZGR 2002, 799 ff.; *Maier-Reimer/Webering*, Ad-hoc-Publizität und Schadensersatzhaftung, WM 2002, 1857 ff.; *Ruhnke*, Überlegungen zur Prüfung von Ad-hoc-Meldungen auf der Basis des „Internationalen Standard on Assurance Engagements", WPg 2001, 440 ff.

Hinweis auf weitere Stichwörter

→ *Bekanntmachung*
→ *Eintragung*

→ *Handelsregister*
→ *Mitteilungspflichten*

Qualifizierte Gründung

Die qualifizierte Gründung ist die → *Gründung* der Aktiengesellschaft mit → *Sacheinlagen* oder Sachübernahmen.

→ *Einlage*
→ *Gründung*
→ *Sacheinlage*

Quartalsbericht

Der Quartalsbericht ist die Erfüllung der mindestens vierteljährlichen Berichtspflicht des → *Vorstandes* gegenüber dem → *Aufsichtsrat* über den Gang der Geschäfte, insbesondere über den Umsatz und die Lage der Gesellschaft (§ 90 Abs. 2 Nr. 3 AktG).

→ *Bericht*

Räuberische Aktionäre

▷ **Begriff:** Sog. *räuberische Aktionäre* haben jahrelang die Durchführung von Hauptversammlungsbeschlüssen, die wichtig für den weiteren Fortschritt eines Unternehmens waren, durch die Erhebung von Anfechtungsklagen mit mehr oder weniger fundierter Begründung blockiert. Dabei wurde darauf spekuliert, dass das Registergericht angefochtene Beschlüsse bis zur Entscheidung über die Anfechtungsklage nicht einträgt, wodurch der Aktiengesellschaft großer Schaden entstehen kann. Ein formaler Anfechtungsgrund lässt sich schon durch gezielten Einsatz des Fragerechts schaffen, indem jeder erhaltenen Antwort neue Detailfragen nachgeschoben werden, bis die Aktiengesellschaft weitere Auskünfte verweigert. Auf Grund der langen Dauer bis zu einer Gerichtsentscheidung, waren die Aktiengesellschaften mehr oder minder gezwungen, das Ende des Widerstandes der Aktionäre und damit die Einstellung der Verfahren oft mit hohen Summen „abzukaufen" (BGH AG 1992, 86; BGH AG 1992, 317).

▷ **Freigabeverfahren:** Die missbräuchliche Ausübung des Anfechtungsrechtes zu Lasten der Gesellschaft wird in gewissen Fällen durch das Freigabeverfahren mit Bestandssicherung nach § 246a AktG beschränkt. Demnach ist für bestimmte eintragungspflichtige Hauptversammlungsbeschlüsse, nämlich diejenigen über Maßnahmen der Kapitalbeschaffung oder der Kapitalherabsetzung (§§ 182–240 AktG) oder einen Unternehmensvertrag (§§ 291–307 AktG), ein Freigabeverfahren durchzuführen, soweit nicht bereits vorrangig die Freigabeverfahren nach § 319 Abs. 6 AktG oder § 16 Abs. 3 UmwG anwendbar sind. Die Gesellschaft, deren Hauptversammlungsbeschluss angegriffen wird, muss bei dem für die Entscheidung über die Anfechtungsklage zuständigen Gericht beantragen festzustellen, dass die erhobene Klage der Eintragung des Hauptversammlungsbeschlusses nicht entgegensteht. Der Kläger kann im Falle einer erfolgreichen Anfechtungsklage nach bestandskräftiger Eintragung des Hauptversammlungsbeschlusses durch das Registergericht nach § 246a Abs. 4 Satz 1 AktG nur noch Ersatz des ihm durch die Eintragung entstandenen Schadens verlangen, nach § 246a Abs. 4 Satz 2 AktG nicht jedoch die Beseitigung der Wirkung der Eintragung (die Bezeichnung des Beschlusses als nichtig mittels Vermerk nach § 44 HRV bzw. die Löschung nach § 144 Abs. 2 FGG). Somit ist der Beschluss nichtig, seine Wirkungen haben aber Bestand.

▷ **Abfindungsvergleich:** Der Abfindungsvergleich ist die Zahlung einer Abfindung für das Nichtbetreiben oder, falls die Klage bereits erhoben wurde, für die Rücknahme der Anfechtungsklage. Die diesbezüglichen Erfolgschancen des räuberischen Aktionärs hängen von der Erpressbarkeit der Gesellschaft ab. Die Abfindung kann offen oder verdeckt erfolgen. Verdeckte Abfindungen kommen in Form von Kostenregelungen vor, d.h. die Einigung über einen hohen Streitwert und der Erstattung angeblich angefallener hoher Verfahrenskosten. Möglich sind auch Zahlungen in Form von

– „Beratungshonorar",

– „Aufwandsentschädigung",

– „Gutachterhonorar" oder

– Kaufpreis für die zum Erwerb angebotenen Aktien.

Der Vergleich kann mit der betreffenden Aktiengesellschaft oder auch mit einem Mehrheitsaktionär geschlossen werden (um Einwendungen nach §§ 57, 62 AktG zu entgehen). Die Rechtswidrigkeit und daher Unwirksamkeit solcher Vergleiche kann sich ergeben aus dem Verstoß gegen

– Vorschriften über die Kapitalerhaltung (§§ 57, 62 AktG),

– Gleichbehandlungsgrundsatz (§ 53a AktG),

- Vorschriften über den → *Erwerb eigener Aktien* (§§ 71 ff. AktG),
- allgemeine Vorschriften bei Erkennbarkeit des Pflichtverstoßes durch den Anfechtungskläger oder einem Zusammenwirken des Vorstandes mit diesem (§§ 138, 134 BGB, §§ 253, 266 StGB i.V.m. § 93 AktG).

Die Aktiengesellschaft kann bei einem rechtswidrigen Vergleich Schadenersatz auch gegen den beteiligten Rechtsanwalt geltend machen (BGH AG 1992, 317 ff.).

▷ **Rechtsschutz der Aktiengesellschaft:** Der Aktiengesellschaft steht gegen den → *Missbrauch* des Anfechtungsrechts grundsätzlich (nur) der Einwand unzulässigen Rechtsmissbrauchs zu. Abzustellen ist hierbei auf den individuellen Rechtsmissbrauch: So wie der Mehrheitsaktionär sein Stimmrecht dazu einsetzen kann, sich zum Schaden der Gesellschaft oder anderer Aktionäre Sondervorteile zu verschaffen, kann auch der einzelne Aktionär den ihm gegebenen Rechtsbehelf der Anfechtungsklage dazu einsetzen sich zum Nachteil der Gesellschaft oder der anderen Aktionäre unangemessene Sondervorteile (s.o.) zu verschaffen (aus §§ 226, 242, 826 BGB entwickelte Grundsätze, BGHZ 107, 296, 308 ff.).

▷ **Weitere Gegenmaßnahmen der Aktiengesellschaft** aufgrund bestimmter Fallkonstellationen mit Erpressungspotential (*Hebelwirkung* der Anfechtungsklage):

- *Umwandlung und Eingliederung:* Die → *Eintragung* der → *Umwandlung* sowie der → *Eingliederung* im → *Handelsregister* ist konstitutiv. Sie kann jedoch nur bei Vorlage einer → *Negativerklärung* der Vertretungsorgane der beteiligten Gesellschafter erfolgen. Ohne diese Negativerklärung besteht grundsätzlich eine *Registersperre* (§§ 16 Abs. 2 Satz 2, 125, 176 Abs. 1, 198 Abs. 3 UmwG, 319 Abs. 5 AktG, 127 FGG, → *Handelsregister*). Die Aktiengesellschaft kann die Eintragung jedoch durch Erwirkung eines Freigabebeschlusses herbeiführen (§§ 16 Abs. 3 UmwG, 319 Abs. 6 AktG). Dies gelingt ihr, wenn das Prozessgericht die Klage für offensichtlich unbegründet hält oder ein vorrangiges Eintragungsinteresse der Gesellschaft bejaht.
- *Nicht eintragungsbedürftige Beschlüsse:* Die Anfechtung solcher Beschlüsse kann wegen der Rückwirkung eines stattgebenden Aufhebungsurteils Schwierigkeiten mit sich bringen.

Beispiele

- Anfechtung der Aufsichtsratswahl: die Legitimation des betreffenden Aufsichtsratsmitglieds wird in Zweifel gezogen (§ 251 AktG),
- Anfechtung der Feststellung des Jahresabschlusses: stellt den darauf beruhenden Gewinnverwendungsbeschluss und evtl. die nachfolgenden Jahresabschlüsse in Frage (§§ 257, 243 AktG).

- *Ausführungsbedürftige Beschlüsse* (§ 83 Abs. 2 AktG): bei ausführungsbedürftigen Beschlüssen kommt das Haftungsrisiko für den Vorstand hinzu. Soweit der Vorstand ohne Zustimmung der Hauptversammlung Maßnahmen ins Werk setzt, die im Innenverhältnis einer Zustimmung bedürfen, handelt er pflichtwidrig. Eine Zustimmung der Hauptversammlung befreit den Vorstand von einer Haftung, wenn sie gesetzmäßig ist (§ 93 Abs. 4 Satz 1 AktG). Die steht bei

Hauptversammlungsbeschlüssen, die noch anfechtbar sind, nicht mit Sicherheit fest. Daher muss der Vorstand diese auch nicht ausführen.

> **Beispiele**
>
> – Anfechtung des Beschlusses über eine Ausgliederung im Wege der Einzelrechtsnachfolge (*Holzmüller-Beschluss*),
> – Anfechtung von Entlastungsbeschlüssen: wenn Mängel der Rechenschaftslegung oder erhebliche Pflichtverletzung der Verwaltung vorliegen (§ 120 AktG),
> – Anfechtung von Verzichtsbeschlüssen (§ 93 Abs. 4 Satz 3 AktG),
> – Anfechtung von ablehnenden Beschlüssen (§§ 142 Abs. 1, 147 Abs. 1 AktG)

Hinweis auf weiterführende Literatur: *Bison*, Missbrauch der Anfechtungsklage durch den Aktionär, 1997; *Bokelmann*, Rechtsmissbrauch des Anfechtungsrechts durch den Aktionär, 1970; *Henze*, Die Treuepflicht im Aktienrecht, BB 1996, 489 ff.; *Henze*, Aktienrecht – Höchstrichterliche Rechtsprechung, 5. Aufl. 2002, S. 390 ff.; *Timm*, Missbräuchliches Aktionärsverhalten, RWS-Forum 1990, 9 ff.

Hinweis auf weitere Stichwörter

→ *Aktionäre*
→ *Anfechtungsklage*
→ *Börsengang*

→ *Missbrauch*
→ *Nichtigkeitsklage*

Rechnungslegung

1. Begriff 642
2. Arten der Rechnungslegung 643
3. Teilgebiete 644

1. Begriff

Die Aktiengesellschaft sowie die → *Vor-AG*, wenn sie ein Handelsgewerbe aufnimmt, sind rechnungslegungspflichtig. Handelsgesellschaften sind verpflichtet, die → *Buchführung* nach den sog. *Grundsätzen ordnungsgemäßer Buchführung* zu führen.

Eine ordnungsgemäße Buchführung ermöglicht es den betreffenden Unternehmen, am Ende eines jeden Geschäftsjahres einen → *Jahresabschluss* zu erstellen. Der Jahresabschluss besteht bei der Aktiengesellschaft aus der → *Bilanz* und aus weiteren Bestandteilen, wie z.B. dem → *Lagebericht*. Besonderheiten ergeben sich dann, wenn das Unternehmen in eine Unternehmensgruppe, einen → *Konzern*, eingebunden ist.

2. Arten der Rechnungslegung

Arten der Rechnungslegung sind

- die handelsbilanzrechtliche Rechnungslegung (*Handelsbilanz*) und,
- die steuerliche Rechnungslegung.

▷ **Handelsbilanz:** Das Handelsrecht gewährt gewisse Bilanzierungswahlrechte, die eine Gewinnverlagerung in die Zukunft ermöglichen. Hauptzweck der Handelsbilanz ist die Darstellung der in der Berichtsperiode erfolgten Geld- und Güterbewegungen sowie des Wertbestands am Periodenende. Die Unternehmensleitung erhält die Möglichkeit, durch die Vorlage der Handelsbilanz den Anteilseignern Rechenschaft zu geben. Die Handelsbilanz richtet sich jedoch an mehrere, verschiedene Adressaten, wie z.B. Anteilseigner, Gläubiger, Kunden, Kreditinstitute, Lieferanten und Arbeitnehmer. Je nach Adressat erfüllt die Handelsbilanz einen besonderen Zweck:

- *Kreditinstitute* verlangen vor einer Kreditgewährung nähere Informationen über die wirtschaftliche Lage des Unternehmens. Hierfür nehmen sie regelmäßig Einblick in die Handelsbilanz. Es muss sichergestellt sein, dass die Darstellung der Vermögens- und Ertragslage den tatsächlichen Verhältnissen entspricht.

- *Anteilseigner* benötigen Informationen darüber, wie sich der ausschüttbare Gewinn zusammensetzt und wie die künftige wirtschaftliche und finanzielle Entwicklung des Unternehmens eingeschätzt wird. Hierdurch lassen sich möglicherweise die jährlichen Gewinnausschüttungen maximieren.

- *Gläubiger* des Unternehmens können mit Hilfe der Rechnungslegung ihre Schlüsse ziehen, ob das Unternehmen seinen vertraglich vereinbarten Tilgungs- und Zahlungsverpflichtungen nachkommen kann. Sie benötigen daher Informationen über die gegenwärtige und – noch wichtiger – über die zukünftige Ertrags- und Liquiditätslage des Unternehmens. Daneben dient die Handelsbilanz der Sicherung von Gläubigeransprüchen. Um das Risiko des Forderungsausfalles zu minimieren, soll der Unternehmer durch die Handelsbilanz zu einem planvolleren wirtschaftlichen Handeln angehalten werden.

- *Kunden und Lieferanten* haben ein Informationsbedürfnis über die wirtschaftliche und finanzielle Unternehmensentwicklung, insbesondere dann, wenn Entscheidungen über umfangreiche Liefer- und Absatzmöglichkeiten bevorstehen.

- *Arbeitnehmer* eines Unternehmens haben ein berechtigtes Interesse an der externen Rechnungslegung, da sich daraus Informationen über die Sicherheit ihrer Arbeitsplätze ableiten lassen. Sie benötigen insbesondere Informationen über die Möglichkeiten und Grenzen künftiger Aufstiegs- und Verdienstchancen. Hiervon machen sie unter Umständen den weiteren Verbleib im Unternehmen abhängig.

▷ **Steuerbilanz:** Die Steuerbilanz ist ausschließlich zum Zweck der Besteuerung an die Finanzbehörden gerichtet und dient vornehmlich der Ermittlung der Bemessungsgrundlage für die Festsetzung der ertragsabhängigen Steuern. Die Gewinnermittlung erfolgt nach den handelsrechtlichen Grundsätzen ordnungsgemäßer Buchführung. Allerdings kennt das Steuerrecht verschiedene Instrumente der Bilanzierung, die von der handelsrechtlichen Buchführung abweichen, wie z.B. gesonderte Abschreibungsmöglichkeiten oder Aberkennung von handelsrechtlich gebotenen Rückstellungen. Adressat der Steuerbilanz ist einzig die Finanzbehörde.

3. Teilgebiete

▷ **Zweck:** Die nachfolgenden Teilgebiete des Rechnungswesens dienen dem Unternehmen zur Überprüfung und Einschätzung der tatsächlichen Vermögens- und Ertragslage. Als Teilgebiete kommen im Einzelnen in Betracht:

- die Kostenrechnung,
- die betriebswirtschaftliche Statistik,
- die Planungsrechnung.

▷ **Kostenrechnung:** Die Kostenrechnung ist eine innerbetriebliche Angelegenheit. Sie dient vor allem der Schaffung von Unterlagen, deren Auswertung eine Überwachung der Kosten und Leistungen sowie der Wirtschaftlichkeit ermöglicht und die unternehmerische Disposition, vor allem die Preisbildung, erleichtert. Die Kostenrechnung bzw. Betriebsbuchhaltung hat insbesondere die Aufgabe, alle innerbetrieblichen Kosten und Leistungen sowie ihre Zusammenstellung zum Zwecke der Auswertung richtig zu erfassen und zu verrechnen. In diesem Teilbereich des Rechnungswesens verrechnet man die Kosten nach Art, Ort der Entstehung und nach Kostenträgern. Dieser Aufgabe dienen

- Kostenartenrechnung,
- Kostenstellenrechnung,
- Kostenträgerrechnung,
- Leistungs- und Ergebnisrechnung.

▷ **Betriebswirtschaftliche Statistik:** Mit Hilfe dieser Statistik gewinnt man betriebliche Kennzahlen und wertet sie im Interesse des Betriebs aus. Die Kennzahlen dienen der Feststellung der bisherigen Entwicklung und damit der Kontrolle des Betriebs sowie der Marktüberwachung.

▷ **Planungsrechnung:** Grundlage der Planungsrechnung sind entweder die Ergebnisse der Buchführung oder der Kostenrechnung, aber auch besonders aufgezeichnete Größen. Schwierigkeiten bereitet diesbezüglich die Schätzung der zukünftigen Betriebsentwicklung. Es sind hierbei eventuelle Strukturwandlungen, Konjunkturschwankungen sowie eventuelle Vergrößerungen oder Verkleinerungen der Absatzmärkte durch zunehmende Konkurrenz zu berücksichtigen.

Hinweis auf weiterführende Literatur: *Buchholz*, IAS für mittelständische Unternehmen? – Vor- und Nachteile neuer Rechnungslegungsvorschriften in Deutschland, DStR 2002, 1280 ff.; *Burger/Buchhart*, Bietet eine investororientierte Rechnungslegung den besseren Gläubigerschutz?, BB 2000, 2197 ff.; *Heintges*, Best Practice bei der Umstellung auf internationale Rechnungslegung, DB 2003, 621 ff.; *Hils*, Tochterkapitalgesellschaften und ihre Rechnungslegung, DB 2001, 2305 ff.; *Kirsch*, Meilensteine bei der Umstellung der Rechnungslegung von HGB auf IAS, BuW 2002, 529–534.

Hinweis auf weitere Stichwörter

- → *Bilanzierung*
- → *Buchführung*
- → *Gewinn*

- → *Jahresabschluss*
- → *Rücklagen*

Rechtsformzusatz

→ *Firma*

Rechtsgemeinschaft an Aktie

→ *Aktiengemeinschaften*

Registersperre

Zu unterscheiden ist die gesetzlich angeordnete und die durch die Gerichte ausgeübte Registersperre.

→ *Handelsregister*

Rentabilitätsgarantie

Die Rentabilitätsgarantie verpflichtet den Garanten einer Aktiengesellschaft, diese so zu stellen, als ob ein bestimmter Bilanzgewinn anfällt. Der Garant muss deshalb einen etwaigen Verlust ausgleichen, den Betrag der gesetzlichen → *Rücklage* und schließlich den Garantengewinn zahlen. Ob die Gesellschaft zur Ausschüttung dieses Gewinns an die → *Aktionäre* verpflichtet sein soll, ist eine Frage des Einzelfalls.

Rentengarantie

Eine Rentengarantie sichert dem → *Aktionär* eine bestimmte Mindestdividende zu. Wird der Vertrag unmittelbar zwischen den Aktionären und dem Garanten geschlossen, haben die Aktionäre eigene Rechte. Kommt er dagegen zwischen der Gesellschaft und dem Garanten zustande (ist aus praktischen Gründen die übliche Form, wenn die jeweiligen Aktionäre begünstigt werden sollen) ist es eine Auslegungsfrage, ob nur die Gesellschaft oder auch die Aktionäre Anspruchsberechtigte sind. Gesetzlicher Anwendungsfall einer Rentengarantie ist die → *Ausgleichszahlung* an außenstehende Aktionäre im Falle eines → *Gewinnabführungs-* oder → *Beherrschungsvertrages* (§ 304 Abs. 1 AktG). Der Vertrag kann entweder zugunsten der außenstehenden Aktionäre lauten oder einen Zahlungsanspruch allein der Aktiengesellschaft begründen. Wenn nur die Gesellschaft Anspruchsberechtigte ist, kann sie den Garantiebetrag nicht etwa zum Ausgleich eines Bilanzverlustes verwenden, sondern muss ihn als durchlaufenden Posten behandeln und an die Aktionäre abführen. Diese haben darauf einen Anspruch gegen die Gesellschaft.

Risikofrüherkennungssystem

Soweit es um bestandsgefährdende Entwicklungen der Aktiengesellschaft geht, hat der → *Vorstand* Leitungsverantwortung (§ 91 Abs. 2 AktG, abzugrenzen von dem allgemeinen → *Risk Management*). Der Vorstand ist verpflichtet, geeignete Maßnahmen zu ergreifen, um die Früherkennung bestandsgefährdender Entwicklungen zu gewährleisten, insbesondere zur Einrichtung eines Überwachungssystems. Maßnahmen des Vorstandes sind geeignet, wenn nach der Erfahrung erwartet werden kann, dass der Vorstand erforderliche Informationen rechtzeitig erhält. Eine Bestandsgefährdung ist gegeben, wenn sich nachhaltige Veränderungen auf die Vermögens-, Ertrags- oder Finanzlage der Aktiengesellschaft auswirken können (Relevanz für § 264 Abs. 2 HGB). Bei → *Mutterunternehmen* kommt es auf Veränderungen an, die unter der Fiktion eines einheitlichen Unternehmens Bedeutung erlangen können (§§ 290, 297 Abs. 3 Satz 1 HGB). Eine erweiterte Prüfung ist bei Gesellschaften mit amtlicher Börsennotierung erforderlich (§ 317 Abs. 4 HGB). Das Überwachungssystem soll sich nicht auf Risikozustände oder risikoträchtige Entwicklungen erstrecken, sondern auf die Einhaltung der eingeleiteten Maßnahmen (Unternehmensinterne Kontrolle: Innenrevision und Controlling).

Hinweis auf weiterführende Literatur: *Dobler*, Die Prüfung des Risikofrüherkennungssystems gemäß § 317 Abs. 4 HGB – Kritische Analyse und empirischer Befund, DStR 2001, 2086 ff.; *IdW-HFA*, Entwurf IdW Prüfungsstandard: die Prüfung des Früherkennungssystems nach § 317 Abs. 4 HGB, WPg 1998, 1573 ff.; *Lück*, Der Umgang mit unternehmerischen Risiken durch ein Risikomanagementsystem und ein Überwachungssystem, DB 1998, 1925 ff.; *Scharpf*, Risikomanagement und Überwachungssystem im Treasury – Darstellung der Anforderungen nach KonTraG, 1998.

Hinweis auf weitere Stichwörter

→ *Börsennotierung*
→ *Delisting*

→ *Risk Management*
→ *Vorstand*

Risk Management

Betriebswirtschaftslehre und Prüfungspraxis kennen ein allgemeines Risk Management. Ausgegangen wird hierbei von einem umfassenden Risikobegriff (Gefahr von Verlusten i.R.d. Geschäftstätigkeit). Dieser führt über eine Risikoinventur zu einer Kontrolle, welche die Geschäftstätigkeit und ihr externes Umfeld vollständig umfasst.

Hinweis auf weiterführende Literatur: *Kromschröder/Lück*, Elemente eines Risiko-Managementsystems, DB 1998, 8 ff.; *Pollanz*, Offene Fragen der Prüfung von Risikomanagementsystem nach KonTraG, DB 2001, 1317 ff.; *Preußner/Zimmermann*, Risikomanagement als Gesamtaufgabe des Vorstandes, AG 2002, 657 ff.; *Wolz*, Zum Stand der Umsetzung von Risikomanagementsystemen aus der Sicht börsennotierter Aktiengesellschaften und ihrer Prüfer – Eine empirische Studie, WPg 2001, 789 ff.

Hinweis auf weitere Stichwörter

→ *Prüfung*

→ *Vorstand*

Rücklagen

1. Begriff 647
2. Arten von Rücklagen 647
3. Rücklagenbildung 648
4. Verwendung von Rücklagen 651

1. Begriff

Rücklagen sind Teile des Eigenkapitals eines Unternehmens, die nicht einen Teil eines Kapitalkontos darstellen, sondern in einem besonderen Passivposten ausgewiesen werden.

2. Arten von Rücklagen

▷ **Zwingend:** Das Gesetz schreibt für die Bilanz die Einstellung einer gesetzlichen Rücklage (§ 150 AktG) neben der Kapitalrücklage vor (§ 272 Abs. 2 Nr. 1–3 HGB). Folgende Arten von Rücklagen sind zwingend vorgeschrieben:

– gesetzliche Rücklage (§ 150 AktG),
– Kapitalrücklage (§ 272 Abs. 2 Nr. 1–4 HGB).

▷ **Weitere zulässige Gewinnrücklagen** neben der gesetzlichen Rücklage sind
- Rücklagen für eigene Anteile (§§ 266 Abs. 3 A III Nr. 2, 272 Abs. 4 HGB),
- die satzungsmäßigen Rücklagen (§§ 266 Abs. 3 A III Nr. 3, 272 Abs. 3 HGB),
- andere Gewinnrücklagen (§§ 266 Abs. 3 A III Nr. 4, 272 Abs. 3 HGB, § 58 AktG).

▷ **Gesondert ausgewiesen und bezeichnet** werden müssen auch Einstellungen in die Kapitalrücklage (§§ 240 Satz 2, 229 Abs. 1, 232 AktG), ebenso Einstellungen, die – bei Kapitalherabsetzung durch Einziehung von Aktien – dem auf die eingezogenen Aktien entfallenden Betrag des Grundkapitals gleichkommen (§ 237 Abs. 5 AktG; vgl. hierzu auch *Hüffer*, AktG, 7. Aufl. 2006, § 240 Rn. 5). In diesem Falle (anders: § 158 Abs. 1 AktG) können die Angaben nicht im → *Anhang* ausgewiesen werden; sie sind zwingend in die Gewinn- und Verlustrechnung aufzunehmen, nur die Erläuterungen zum Buchertrag bei der Kapitalherabsetzung befinden sich im Anhang (§ 240 Satz 3 Nr 1 AktG).

3. Rücklagenbildung

▷ **Betriebsausgabe:** Die Bildung von Rücklagen stellt handelsrechtlich eine Betriebsausgabe dar.

▷ **Kapitalrücklage:** In die Kapitalrücklage ist Folgendes einzustellen (§ 272 Abs. 2 Nr. 1–4 HGB):
- ein gesellschaftsrechtliches oder schuldrechtliches Aufgeld (sog. → *Agio*);
- ein durch die Ausgabe von Wandlungs- und Optionsrechten zum Erwerb von Aktien erzielter Betrag (§ 221 AktG);
- der Unterschiedsbetrag zw. der in der Beschlussfassung über die Kapitalherabsetzung angenommenen und der tatsächlichen Wertminderungen und sonstigen Verluste (§ 232 AktG);
- der Betrag von anderen Zuzahlungen der Aktionäre, auch gegen Gewährung eines Vorzugs für ihre Anteile.

▷ **Andere Zuzahlungen**, die die Aktionäre in das Eigenkapital leisten (§ 272 Abs. 2 Nr. 4 HGB), sind für die Ermittlung des maßgeblichen Betrags der Kapitalrücklage nicht mitzurechnen (§ 150 Abs. 2 AktG). Die Höhe der gesetzlichen Rücklage zuzüglich des Betrages der Kapitalrücklage muss 10 % des Grundkapitals oder einen in der Satzung bestimmten höheren Anteil des Grundkapitals betragen (s.u.).

▷ **Kapitalherabsetzung:** Beträge, die aus der → *Kapitalherabsetzung* gewonnen werden dürfen in die Kapitalrücklage eingestellt werden, soweit die Kapitalrücklage und die gesetzliche Rücklage zusammen 10 % des herabgesetzten Grundkapitals nicht übersteigen (§ 231 Satz 1 2. Var., Satz 2 und 3 AktG).

▷ **Gesetzliche Rücklage:** Mit der gesetzlichen Rücklage soll eine „vorgeschobene elastische Verteidigungslinie" des Grundkapitals hergestellt werden. Die gesetzliche Rücklage wird sukzessiv dadurch aufgefüllt, dass von einem um einen Verlustvortrag aus dem Vorjahr geminderten Jahresüberschuss ein Teil in Höhe von jeweils 5 % so lange in die Rücklage eingestellt wird, bis sie zusammen mit der Kapitalrücklage 10 % oder den in der → *Satzung* bestimmten höheren Teil des Grundkapitals beträgt (§ 150 Abs. 2 AktG, § 272 Abs. 2 Nr. 1–3 HGB).

Beispiel

Der um einen Verlustvortrag aus dem Vorjahr geminderte Jahresüberschuss der Gesellschaft beträgt 100 000 Euro, das Grundkapital 1 000 000 Euro, eine Bestimmung über eine höhere Rücklage ist in der Satzung nicht enthalten. In die gesetzliche Rücklage sind, sofern die gesetzliche Rücklage zusammen mit der Kapitalrücklage noch nicht 100 000 Euro beträgt, 5000 Euro (= 5 % des Jahresüberschusses) einzustellen. Betragen die gesetzliche und die Kapitalrücklage zusammen beispielsweise bereits 96 000 Euro, sind von dem um einen Verlustvortrag aus dem Vorjahr geminderten Jahresüberschuss nur noch 4000 Euro einzustellen.

Bei dem in der Satzung bestimmten höheren Betrag muss es sich immer um einen „Teil des Grundkapitals" handeln. In der Satzung kann eine höhere Grenze nur bis zu 100 % des Grundkapitals bestimmt werden. Eine Satzungsbestimmung, nach der die Rücklage beispielsweise das Doppelte oder Mehrfache des Grundkapitals betragen soll, wäre unzulässig (§ 150 Abs. 2 AktG).

Beispiel

Das Grundkapital der Gesellschaft beträgt 1 000 000 Euro. Die gesetzliche Rücklage ist so lange aufzufüllen, bis sie zusammen mit der Kapitalrücklage 100 000 Euro – oder einen in der Satzung bestimmten höheren Betrag – erreicht. Unzulässig wäre aber etwa eine Satzungsbestimmung, nach der die Rücklage 2 000 000 Euro betragen muss.

▷ **Auffüllung der gesetzlichen Rücklage:** Die gesetzliche Rücklage ist nicht sofort in voller Höhe aufzufüllen, selbst wenn ihr Beträge, beispielsweise zum Ausgleich eines Jahresfehlbetrags (vgl. § 150 Abs. 3 Nr. 1 und Abs. 4 Nr. 1 AktG), entnommen worden sind. Eine Gewinnausschüttung an Aktionäre darf daher auch vor Auffüllung der gesetzlichen Rücklage erfolgen. Beträge, die aus der Auflösung von anderen Gewinnrücklagen bei der vereinfachten → *Kapitalherabsetzung* gewonnen werden, dürfen in die gesetzliche Rücklage eingestellt werden, soweit die Kapitalrücklage und die gesetzliche Rücklage zusammen 10 % des herabgesetzten Grundkapitals nicht übersteigen (§ 231 Satz 1 1. Var., Satz 2 und 3 AktG).

▷ **Verbundene Unternehmen:** Für → *verbundene Unternehmen* gelten Sonderbestimmungen (§ 300 AktG). In die gesetzliche Rücklage sind einzustellen:

– bei einem → *Gewinnabführungsvertrag*: der Betrag, der ohne die Gewinnabführung notwendig wäre um 10 % oder einen in der Satzung bestimmten höheren Betrag innerhalb von 5 Jahren unter Hinzurechnung der Kapitalrücklage aufzufüllen, mindestens jedoch der Betrag gemäß § 150 Abs. 2 AktG (§ 300 Nr. 1 AktG);

– bei einem Teilgewinnabführungsvertrag: der Betrag der ohne die Gewinnabführung gemäß § 150 Abs. 2 AktG einzustellen wäre (§ 300 Nr. 2 AktG);

– bei einem → *Beherrschungsvertrag* (ohne Gewinnabführungspflicht): der Betrag der zur Auffüllung der gesetzlichen Rücklage bei Vorliegen eines Gewinnabführungsvertrages erforderlich wäre (§ 300 Nr. 3 AktG).

▷ **Andere Gewinnrücklagen i.e.S.:** Ausgangspunkt bei der Bildung anderer Gewinnrücklagen ist der Jahresüberschuss, also der Betrag, der sich je nach gewähltem Verfahren für die Gewinn- und Verlustrechnung (Gesamtkostenverfahren, § 275 Abs. 2 HGB oder Umsatzkostenverfahren, § 275 Abs. 3 HGB) aus Position 20 bzw. 19 der Gewinn- und Verlustrechnung ergibt. Dieser Betrag in der Gewinn- und Verlustrechnung wird unter Berücksichtigung eines Gewinn- bzw. Verlustvortrags, Entnahmen aus der Kapitalrücklage, Entnahmen aus bzw. Einstellungen in die Gewinnrücklagen bis zum Bilanzgewinn bzw. Bilanzverlust weitergerechnet (§ 158 AktG). Die Einstellung in andere Gewinnrücklagen bei der Feststellung des → *Jahresabschlusses* erfolgt im Zusammenhang mit dieser Weiterrechnung durch das Organ, das den Jahresabschluss feststellt (Vorstand und Aufsichtsrat gemeinsam oder Hauptversammlung). Bei der Bildung von anderen Gewinnrücklagen bei der Feststellung des Jahresabschlusses unterscheidet das Gesetz zwischen der Rechtslage bei der Feststellung durch Vorstand und Aufsichtsrat (§ 58 Abs. 2 und 2a AktG) und derjenigen bei der Feststellung durch die Hauptversammlung (§ 58 Abs. 1 AktG).

– Feststellung des Jahresabschlusses durch Vorstand und Aufsichtsrat (§ 172 AktG): Einzustellen sind bis 50 % des um die in die gesetzliche Rücklage einzustellenden Beträge und um einen Verlustvortrag bereinigten Jahresüberschusses (§ 58 Abs. 2 AktG; gegebenenfalls Kürzung des Jahresüberschusses um die einzustellenden Beträge, §§ 218 Satz 2, 232 AktG; vgl. *Hüffer*, AktG, 7. Aufl. 2006, § 58 Rn. 9). Die → *Satzung* kann die Verwaltung zur Einstellung eines beliebig größeren oder kleineren Teils des Jahresüberschusses ermächtigen, bei börsennotierten Gesellschaften allerdings nur eines größeren Teils (§ 3 Abs. 2 AktG). Die anderen Gewinnrücklagen dürfen nach der Einstellung 50 % des Grundkapitals nicht übersteigen (*Ausn.* bei Einstellung des Eigenkapitalanteils von Wertaufholungen, § 240 HGB; von Vermögensgegenständen des Anlage- oder Umlaufvermögens und von der steuerrechtlichen Gewinnermittlung gebildeten Passivposten, die nicht im Sonderposten mit Rücklagenanteil ausgewiesen werden dürfen, §§ 247 Abs. 3, 273 HGB). Der Betrag dieser Rücklagen ist entweder in der Bilanz gesondert auszuweisen oder im Anhang anzugeben.

– Feststellung des Jahresabschlusses durch die → *Hauptversammlung* (§ 173 AktG): Die → *Satzung* kann bestimmen, dass Beträge aus dem Jahresüberschuss in andere Gewinnrücklagen einzustellen sind (gegebenenfalls ist der Jahresüberschuss noch zu kürzen, §§ 218 Satz 2, 232 AktG, *Hüffer*, AktG, 7. Aufl. 2006, § 58 Rn. 8). Die Satzung muss den einstellbaren Betrag entweder durch die Angabe der genauen Summe oder eines Prozentsatzes eindeutig bestimmen; sie kann maximal die Einstellung von 50 % des um die einzustellende gesetzliche Rücklage und den Verlustvortrag bereinigten Jahresüberschusses vorsehen. Ohne eine solche Satzungsbestimmung kann die Hauptversammlung keine Zuweisung von Beträgen in andere Gewinnrücklagen beschließen (bei Verstoß hiergegen folgt die Nichtigkeit des Beschlusses, § 256 Abs. 1 Nr. 4 AktG).

Die Hauptversammlung kann im Beschluss über die Verwendung des Bilanzgewinns über die von der Verwaltung gebildeten Gewinnrücklagen weitere Beträge in Gewinnrücklagen einstellen oder als Gewinn vortragen (§ 58 Abs. 3 AktG). Die Bildung von Gewinnrücklagen im Zusammenhang mit dem Gewinnverwendungsbeschluss und ein weiterer Gewinnvortrag erfolgen im Beschluss der Hauptversammlung durch nachträgliche Zuweisung weiterer Beträge. Eine Obergrenze für diese Beträge ist im Gesetz nicht vorgesehen; eine zu hohe Dotierung macht den Beschluss jedoch anfechtbar (§ 254 AktG).

▷ **Verstoß:** Verstöße gegen die Bestimmungen über die Bildung der gesetzlichen Rücklage und der Kapitalrücklage (§ 150 AktG) führen zur Nichtigkeit des → *Jahresabschlusses,*

- wenn er durch seinen Inhalt Vorschriften verletzt, die ausschließlich oder überwiegend zum Schutze der Gläubiger der Gesellschaft gegeben sind (§ 256 Abs. 1 Nr. 1 AktG bei unterbliebener Dotierung der Rücklage oder Verstoß gegen § 150 Abs. 2 bzw. 3 AktG);
- wenn bei seiner Feststellung die Bestimmungen des Gesetzes oder der Satzung über die Einstellung von Beträgen in Kapital- oder Gewinnrücklagen oder über die Entnahme von Beträgen aus Kapital- oder Gewinnrücklagen verletzt worden sind (§ 256 Abs. 1 Nr. 4 AktG, bei Verstoß gegen weiter gehende Satzungsbestimmung, Überschreiten der jährlichen Einstellung oder Überdotierung).

▷ **Heilung:** Eine Heilung tritt bei Verstößen von Gläubigerschutzvorschriften nach 3 Jahren, im Falle von Gesetzes- oder Satzungsverstöße bei der Feststellung des Jahresabschlusses nach 6 Monaten ein, jeweils nach Bekanntmachung im Bundesanzeiger, wobei Nichtigkeitsklagen die Frist verlängern (§ 256 Abs. 6 AktG).

4. Verwendung von Rücklagen

▷ **Zulässigkeit:** Solange die gesetzliche Rücklage zusammen mit den Kapitalrücklagen (§ 272 Abs. 2 Nr. 1–4 HGB) noch nicht die gesetzlich bestimmte 10 %-Schwelle (§ 150 Abs. 2 AktG) oder die in der Satzung angegebene höhere Schwelle übersteigen, dürfen sie nur verwandt werden (§ 150 Abs. 3 AktG)

- zum Ausgleich eines Jahresfehlbetrags, soweit er nicht durch einen Gewinnvortrag aus dem Vorjahr gedeckt ist und auch nicht durch die Auflösung anderer, gesetzlich nicht gebundener Gewinnrücklagen ausgeglichen werden kann;
- zum Ausgleich eines Verlustvortrags aus dem Vorjahr, soweit er nicht durch einen Jahresüberschuss gedeckt ist und auch nicht durch die Auflösung anderer Gewinnrücklagen ausgeglichen werden kann (§ 150 Abs. 3 AktG).

▷ **Übersteigen** die gesetzliche Rücklage und die Kapitalrücklagen (§ 272 Abs. 2 Nr. 1–3 HGB) zusammen 10 % oder den in der Satzung bestimmten höheren Teil des Grundkapitals, darf der in die Rücklage eingestellte höhere Betrag nur verwandt werden (§ 150 Abs. 4 AktG)

- zum Ausgleich eines nicht durch Gewinnvortrag aus dem Vorjahr gedeckten Jahresfehlbetrags;

– zum Ausgleich eines nicht durch Jahresüberschuss gedeckten Verlustvortrags aus dem Vorjahr;
– zur Kapitalerhöhung aus Gesellschaftsmitteln (§§ 207–220 AktG).

Eine Entnahme zu den ersten beiden Zwecken ist nicht zulässig, wenn gleichzeitig Gewinnrücklagen zur Gewinnausschüttung aufgelöst werden (§ 150 Abs. 4 Satz 2 AktG). Die Gesellschaft muss also auf Gewinnausschüttungen verzichten, solange zum Verlustausgleich Beträge aus der gesetzlichen oder den gebundenen Kapitalrücklagen verwandt werden müssen, da eine Verlustdeckung aus der gesetzlichen Kapitalrücklage bei gleichzeitiger Auflösung von Gewinnrücklagen zur Gewinnausschüttung im Ergebnis darauf hinausliefe, dass zu Lasten der gesetzlichen Rücklage Gewinne ausgeschüttet werden.

▷ **Rechtsfolgen:** Durch die Verwendung zur → *Kapitalerhöhung aus Gesellschaftsmitteln* werden die Rücklagen in → *Grundkapital* umgewandelt (§ 208 Abs. 1 AktG). Eine Umwandlung ist ausgeschlossen, soweit in der zugrunde gelegten Bilanz ein Verlust einschließlich eines Verlustvortrages ausgewiesen ist (§§ 208 Abs. 2, 209 AktG). Zweckbestimmte Gewinnrücklagen und deren Zuführungen dürfen nur gemäß ihrer Zweckbestimmung umgewandelt werden (§ 208 Abs. 2 Satz 2 AktG).

▷ **Haftung:** → *Vorstand* und → *Aufsichtsrat* haften der Gesellschaft für Schäden, die durch Ausschüttungen entstehen (§ 93 AktG, § 116 AktG).

Hinweis auf weiterführende Literatur: Rottnauer, Einbeziehung aufgelöster Gewinnrücklagen bei Ermittlung einer dividendenabhängigen Vorstandstantieme, NZG 2001, 1009 ff.

Hinweis auf weitere Stichwörter

→ *Bilanz*
→ *Eigenkapital*
→ *Gewinnverwendung*
→ *Jahresabschluss*

Rumpfgeschäftsjahr

Bei Gründung oder Auflösung der Aktiengesellschaft während eines Geschäftsjahres ist für den Jahresabschluss kein vollständiges Jahr zu bilanzieren, sondern nur ein Teil des Geschäftsjahres.

Hinweis auf weitere Stichwörter

→ *Geschäftsjahr*
→ *Jahresabschluss*

Sachgründung

1. Begriff 653
2. Sachübernahme 654
3. Vertrag 654

1. Begriff

▷ **Formen:** Es sind *2 Formen* der Sachgründung zu unterscheiden:
- die Sacheinlage (→ *Einlage*),
- die Sachübernahme.

Beide Formen der Sachgründung können in der Person eines Gründers kombiniert werden und erfordern zusätzliche Feststellungen in der Satzung. Dabei ist der einzubringende Gegenstand, die einbringende Person und die Gegenleistung (Aktien oder Vergütung) gesondert festzusetzen. Hiermit soll dem Informationsbedürfnis zukünftiger Aktionäre und des Publikums über die Art der Vermögensausstattung der Aktiengesellschaft Rechnung getragen werden. Im Interesse einer reibungslosen Eintragung in das Handelsregister empfiehlt es sich, die einzelnen Gegenstände so genau als möglich zu umschreiben.

▷ **Gründungsbericht:** In dem Gründungsbericht (→ *Gründung*) sind, abweichend von der Bargründung, die wesentlichen Umstände anzugeben, von denen die Angemessenheit der Leistungen (mindestens Wertgleichheit) für Sacheinlagen oder Sachübernahmen abhängt. Es müssen insbesondere angegeben werden

- die vorausgegangenen Rechtsgeschäfte, die auf den Erwerb des Vermögensgegenstandes durch die Gesellschaft hingezielt haben,
- die Anschaffungs- und Herstellungskosten der im Wege der Sacheinlage oder Sachübernahme übertragenen Gegenstände aus den letzten 2 Jahren vor der Feststellung der Satzung,
- bei Übergang eines Unternehmens auf die Gesellschaft die Betriebserträge aus den letzten beiden Geschäftsjahren (der um außerordentliche Aufwendungen/Erträge bereinigte Jahresüberschuss/Jahresfehlbetrag).

▷ Der zutreffenden **Bewertung** der Sacheinlage kommt allergrößte Bedeutung zu. Bei wesentlicher Überbewertung kann das Registergericht die Eintragung ablehnen. Nur wenn Sacheinlagen nach allgemein anerkannten Bewertungsgrundsätzen vertretbar bewertet werden, wird eine Nachzahlungsverpflichtung des Aktionärs vermieden. Bei Gegenständen des Anlagevermögens ist für die Bewertung der Wiederbeschaffungswert maßgebend, bei Gegenständen des Umlaufvermögens der Einzelveräußerungswert im Zeitpunkt der Anmeldung beim → *Handelsregister*. Der so ermittelte Betrag muss dem Nennbetrag der ausgegebenen Aktien entsprechen. Anderenfalls liegt ein Verstoß gegen § 9 Abs. 1 AktG vor, und die Erfüllungswirkung hinsichtlich der übernommenen Einlageverpflichtung tritt insoweit nicht ein. Jedes Überschreiten dieses Spielraums wird aber die Differenzhaftung des Einlegers auslösen, weil nur so die gesetzliche Kapitalgrundlage gesichert ist

(→ *Haftung*). Weil die Sacheinlage nur ein Hilfsgeschäft zur Bareinlageverpflichtung ist, besteht in einem solchen Falle die Zahlungspflicht in Höhe der Differenz der Verpflichtung zur Erbringung der Leistung fort.

2. Sachübernahme

Eine Sachübernahme liegt vor, wenn sich die Gesellschaft bereits im Stadium der Gründung durch einen schuldrechtlichen Austauschvertrag verpflichtet, von einem der Gründer oder aber von einem Dritten einen Gegenstand entgeltlich zu erwerben (§ 27 Abs. 1 Satz 1 AktG). Hierunter fällt die Übernahme von allen Vermögensgegenständen, insbesondere von vorhandenen oder herzustellenden Anlagen; immer unter der Voraussetzung, dass die Übernahme gegen eine wertentsprechende Vergütung erfolgt, die nicht in der Begründung von Mitgliedschaften/Aktien bestehen darf (im Gegensatz zur Sacheinlage). Falls die von der Gesellschaft gewährte Vergütung auf die Einlage eines Aktionärs angerechnet werden soll, wird das Vorliegen einer Sacheinlage fingiert (§ 27 Abs. 1 Satz 2 AktG). Wenn eine Verrechnungsabrede vorliegt, gilt die Sachübernahme ebenfalls als Sacheinlage.

3. Vertrag

▷ **Zweck:** Neben den Festsetzungen in der Satzung wird über die einzubringenden Vermögensgegenstände ein Einbringungsvertrag geschlossen, der für die Bewertung der Sacheinlage/Sachübernahme regelmäßig von erheblicher Bedeutung ist.

▷ **Sacheinlagevertrag:** Der Sacheinlagevertrag ist kein schuldrechtliches Geschäft, sondern eine körperschaftliche Regelung eigener Art. Daher sind die Vorschriften des Kaufrechts über Rechts- und Sachmängel grundsätzlich unanwendbar, einzelne Vorschriften sind jedoch insoweit anwendbar, als diese mit dem Wesen der Einbringung der Sacheinlage vereinbar sind (z.B. §§ 437, 445, 493 BGB). Der Vertrag ist grundsätzlich formfrei. *Ausn.:* Der Sacheinlagevertrag ist formbedürftig, wenn sich dies aus anderen Regelungen ergibt (z.B. bei Grundstücksverträgen § 311b BGB). Bei Leistungsstörungen kommt der *Grundsatz der realen Kapitalaufbringung* und die *Priorität der Bareinlage gegenüber der Sacheinlage* zum Tragen. Der Einbringungsvertrag für die Sacheinlage ist von den Festsetzungen der Satzung für die Sacheinlage zu unterscheiden (§ 27 Abs. 3 Satz 1 AktG).

▷ **Sachübernahmevertrag:** Der Sachübernahmevertrag erfolgt durch einen rein schuldrechtlichen Vertrag (i.d.R. Kaufvertrag) mit einem Dritten. Der Vertrag ist kein materieller Satzungsbestandteil, durch ihn werden keinerlei Mitgliedschaftsrechte eingeräumt.

▷ **Nichtigkeit des Einbringungsvertrages:** Fehlen die erforderlichen Festsetzungen in der Satzung (§ 27 Abs. 1 AktG), so sind Sacheinlagen- und Sachübernahmeverträge ebenso wie die zu ihrer Ausführung vorgenommenen Rechtshandlungen der Gesellschaft gegenüber unwirksam. Nach → *Eintragung* der Gesellschaft wird die Gültigkeit der Satzung davon jedoch nicht berührt. Vor der Eintragung besteht die Möglichkeit, die erforderlichen Festsetzungen nachzuholen. Nach der Eintragung der Gesellschaft kann die Unwirksamkeit weder durch eine Satzungsänderung geheilt werden, noch kann die Gesellschaft die unwirksamen Verpflichtungen übernehmen. Andererseits ist es möglich, einen Nachgründungsvertrag (§ 52 AktG, → *Nachgründung*) über den betreffenden Gegenstand der Einbringung zu schließen. Die Gültigkeit der Satzung im Übrigen wird davon aber nach Eintragung der Gesellschaft nicht berührt. Auch wird der Aktionär durch die Unwirksamkeit eines Sacheinlagevertrages nicht frei. Erfolgt die Eintragung der Gesellschaft, ohne dass die erforderlichen Festsetzungen nachgeholt wurden, so bleibt der Gründer kraft Gesetzes dennoch zur Einzahlung des Nennbetrages oder des höheren Ausgabebetrages der Aktie verpflichtet. Der Anspruch verjährt in 30 Jahren. Gegenwärtige und künftige Gläubiger werden dadurch geschützt, dass die Leistung der Bareinlage den Wert ihrer Beteiligung erhält, ebenso auch die Interessen der künftigen Aktionäre. Eine Überbewertung von Sacheinlagen führt zu einer Ausgabe der Aktien *unter pari* und hat die Nichtigkeit von Übernahmeerklärung und Satzung zur Folge (Verstoß gegen §§ 9 Abs. 1, 34 Abs. 1 Nr. 2, 36a Abs. 2 Satz 3, 38 Abs. 2 Satz 2 AktG). Die → *Eintragung* ist durch das Registergericht bei Kenntnis des Verstoßes abzulehnen. Die Nichtigkeit des Einlageversprechens kann, in Anlehnung an die Rechtsprechung zum GmbH-Recht, erst dann angenommen werden, wenn ein grober offensichtlicher Verstoß gegen gesunde kaufmännische Grundsätze vorliegt.

Hinweis auf weitere Stichwörter

→ *Einlage*
→ *Gründung*

→ *Haftung*
→ *Nachgründung*

Satzung

1. Begriff 655
2. Form der Satzung 656
3. Satzungsinhalt 656
4. Satzungsbestimmungen 658
5. Satzungsänderung 659
6. Satzungsdurchbrechung 660

1. Begriff

Grundlage für die Rechtsverhältnisse der AG und damit das Organisationsstatut der Gesellschaft ist die Satzung (auch Gesellschaftsvertrag genannt). Sie regelt die Beziehungen zwischen Gesellschaftern und Gesellschaft. Die *Satzung im engeren Sinne* ist das dem Gründungsprotokoll beigefügte Statut, das für die Rechtsverhältnisse der Gesellschaft zukünftig maßgeblich ist. Sie kann als Grundgesetz der Aktiengesellschaft bezeichnet werden und erzeugt objektive Normen (sog. *Organisationsvertrag*). *Satzung im weiteren* Sinne umfasst den gesamten Inhalt der Satzungsurkunde, mithin neben den Angaben gemäß § 23 Abs. 3 und 4 AktG auch die Aktienübernahmeerklärungen sowie in der Urkunde aufgenomme besondere Abreden.

Satzung

2. Form der Satzung

▷ Die **Feststellung der Satzung** erfolgt durch → *notarielle Beurkundung* (§ 23 Abs. 1 Satz 1 AktG). Sie muss von allen Gründern vorgenommen werden. Die Gründer können sich jeweils durch einen mit notariell beglaubigter Vollmacht ausgestatteten Dritten vertreten lassen (§ 23 Abs. 1 Satz 2 AktG, §§ 164 ff. BGB). Zulässig ist, dass jeder Gründer für sich allein die Feststellung der Satzung notariell beurkunden lässt (§ 37 Abs. 4 Nr. 1 AktG). Die Satzung muss als einheitlicher Regelungskomplex in einer Urkunde zusammengefasst sein (§ 23 Abs. 2 AktG, *Grundsatz der Einheitlichkeit*).

▷ **Anmeldung zum Handelsregister:** Die Satzung sowie gegebenenfalls die Vollmachten der Vertreter sind der Anmeldung zum → *Handelsregister* beizufügen (§ 37 Abs. 4 Nr. 1 AktG). Sie verbleibt bei den Anmeldungsunterlagen. Die der Anmeldung beigefügten Unterlagen können von jedermann, der ein berechtigtes Interesse nachweist, eingesehen werden.

▷ **Vorgründungsvertrag:** Geht der Feststellung der Satzung ein Vorgründungsvertrag voraus, so bedarf dieser derselben Form wie die Satzung.

3. Satzungsinhalt

▷ **Gesellschaftsvertrag:** In der Feststellung der Satzung liegt der Abschluss eines Gesellschaftsvertrages auf der Grundlage der vom AktG angelegten verfassungsgemäßen Organisationsstruktur der Aktiengesellschaft als Verein i.S.d. BGB. Deshalb sind satzungsgemäß alle körperschaftlichen Verhältnisse zu regeln, wie z.B.

- die Organisation der Gesellschaft,
- der konkrete Unternehmensgegenstand,
- der Gesellschaftszweck,
- der Sitz,
- die Firma,
- die Aufgaben und Rechte der Organe (insbesondere von Aufsichtsrat und Vorstand),
- die mit der Mitgliedschaft verbundenen Rechte und Pflichten der Gesellschafter.

▷ Dabei sind folgende **Grundsätze** zu beachten:

- Es besteht *keine Satzungsfreiheit* (im Gegensatz zum GmbH-Recht und dem Recht der Personengesellschaften), sondern *Satzungsstrenge* und
- eine große Zahl von aktienrechtlichen Vorschriften sind zum Schutz aktueller und potenzieller Aktionäre *zwingendes Recht*.

> **Beispiele**
> - Rechte und Pflichten der Aktionäre (§§ 53a ff. AktG),
> - Bildung und Zusammensetzung der Gesellschaftsorgane (§§ 76, 95, 118 AktG),

- Zuständigkeit der Organe und deren innere Ordnung (§§ 77 f., 96 f., 119 f. AktG),
- Vorschriften über Satzungsänderungen (§§ 179 ff. AktG),
- Vorschriften über die formwandelnde oder formändernde Umwandlung (§§ 226 ff. UmwG),
- Vorschriften über die Verschmelzung (§§ 60 ff. UmwG).

▷ **Obligatorischer (gesetzlich vorgegebener Mindest-)Inhalt:** Zwingend muss die Satzung folgende Angaben enthalten (§ 23 Abs. 3 und 4 AktG):

- *Firma* und *Sitz* der Gesellschaft,
- *Gegenstand* des Unternehmens,
- Höhe des *Grundkapitals*,
- *Zerlegung* des Grundkapitals und *Aktiengattungen* (Nennbetrags- oder Stückaktien),
- Bestimmung der *Aktienart* (Namens- oder Inhaberaktien),
- Anzahl der *Vorstandsmitglieder*,
- Form der *Bekanntmachungen* der Aktiengesellschaft.

▷ **Fakultativer Inhalt:** Man unterscheidet hinsichtlich der Zulässigkeit von weiteren Satzungsbestimmungen zwischen

- solchen, die vom Gesetz *abweichen*: Die Satzung darf von den Vorschriften des AktG nur dann abweichen, wenn dies ausdrücklich durch Gesetz zugelassen ist, es sich also um dispositives Aktienrecht handelt (§ 23 Abs. 5 AktG, *Prinzip der formellen Satzungsstrenge*);
- und solchen, die das Gesetz *ergänzen*: ergänzende Bestimmungen sind nur zulässig, soweit das Gesetz keine „abschließende Regelung" enthält (§ 23 Abs. 5 Satz 2 AktG).

Beispiele

- Umwandlung von Aktien,
- Pflichtbekanntmachungen,
- Sondervorteile,
- Gründungsaufwand,
- Sacheinlagen und Sachübernahmen,
- Geschäftsjahr,
- Organschaft,
- Vertretung.

▷ **Unzulässiger Inhalt:** Durch Satzung *kann nicht geregelt* werden, z.B.

– das Recht zur Bestellung von Vorstandsmitgliedern, die ein oder mehrere Aktionäre präferieren (so aber im US-amerikanischen Recht) und

– die Beschränkung der Bestellungskompetenz (Personalkompetenz) des Aufsichtsrats.

> **Beispiele**
>
> Eine Satzungsbestimmung, wonach der Aufsichtsrat nur beschlussfähig sein soll, wenn mindestens die Hälfte der an der Beschlussfassung teilnehmenden Aufsichtsratsmitglieder Vertreter der Anteilseigner sind und sich unter ihnen der Vorsitzende des Aufsichtsrats befindet, ist unzulässig (BGH v. 25.2.1982 – II ZR 145/80, NJW 1982, 153).

▷ **Rechtsfolgen eines Verstoßes gegen § 23 Abs. 5 AktG:** Ein Verstoß gegen § 23 Abs. 5 AktG hat die → *Nichtigkeit* der Satzung zur Folge, weil sie gegen das öffentliche Interesse verstößt (§ 241 Nr. 3 Alt. 2 AktG). War der Mangel bereits in der ursprünglichen Satzung vorhanden, kann auf Feststellung der Nichtigkeit geklagt werden (§ 256 ZPO). Heilung ist nicht möglich. Erforderlich ist vielmehr die Feststellung einer neuen Satzung. Ist die Nichtigkeit Folge eines satzungsändernden Beschlusses, kann Nichtigkeitsklage nach § 249 AktG erhoben werden; nach Ablauf von 3 Jahren seit Eintragung ist die Nichtigkeit *geheilt* (§ 242 Abs. 2 AktG).

4. Satzungsbestimmungen

Es ist zu unterscheiden zwischen

▷ **echten Satzungsbestimmungen:** Nach der Rechtsprechung ist eine Satzungsbestimmung dem körperschaftlichen (echten) und nicht dem individualrechtlichen Bereich zuzuordnen, wenn sie nicht nur für die bei Inkrafttreten der Bestimmung vorhandenen Aktionäre oder einzelne von ihnen, sondern für einen unbestimmten Personenkreis gilt, zu dem sowohl gegenwärtige wie auch künftige Gesellschafter und/oder Gläubiger der Gesellschaft gehören, (BGH NJW 1994, 51, 52). Echte Satzungsbestimmungen entziehen sich daher einer individualrechtlichen Vereinbarung. Hierunter fallen insbesondere

– die Firma,

– der Gesellschaftszweck,

– das Geschäftsjahr,

– der Sitz,

– das Grundkapital.

Echte Satzungsbestimmung werden häufig auch als materiell, körperschaftlich, korporativ oder normativ bezeichnet. Eine Änderung solcher Satzungsbestimmungen bedarf einer förmlichen Satzungsänderung (§§ 179 ff. AktG).

▷ **unechten Satzungsbestimmungen:** Es handelt sich dabei vornehmlich um schuldrechtliche Vereinbarungen zwischen der Aktiengesellschaft und einzelnen oder auch allen Aktionären oder um Vereinbarungen unter den Aktionären. Die inhaltliche Änderung oder Aufhebung unechter Satzungsbestimmungen vollzieht sich nach den für das zugrundeliegende Rechtsverhältnis maßgeblichen Vorschriften und bedarf keiner Satzungsänderung. Umgekehrt wirkt eine Satzungsänderung bzgl. eines unechten Satzungsbestandteils nicht rechtsgestaltend, es sei denn, die Hauptversammlung hat insoweit alleinige Rechtsetzungsbefugnis. Unechte Satzungsbestandteile können demnach *freiwillig* in die Satzung aufgenommen werden. Im Interesse der Rechtssicherheit empfiehlt es sich aber auch bei Aufhebung unechter Satzungsbestimmungen die Vorschriften über die Satzungsänderung einzuhalten. Von der Befugnis des § 179 Abs. 1 Satz 2 AktG (Übertragung der Befugnis auf dem Aufsichtsrat) sollte großzügig Gebrauch gemacht werden. Unechte Satzungsbestimmungen werden häufig auch als formell, zufällig, individuell oder nicht korporativ bezeichnet.

▷ **satzungsergänzenden Nebenabreden:** Mit Hilfe von satzungsergänzenden Nebenabreden regeln die Aktionäre ihre Rechtsbeziehungen untereinander und zur Gesellschaft ergänzend außerhalb der Satzung.

Beispiele

Solche Nebenabreden sind
– Informationsrechte,
– Vorkaufsrechte,
– Stimmbindungen und
– Abreden zur Besetzung von Aufsichtsrat und Vorstand.

5. Satzungsänderung

▷ **Begriff:** Unter Satzungsänderung wird jede Änderung, Aufhebung oder Ergänzung der Satzung, aber auch redaktionelle Änderungen verstanden.

▷ **Zuständigkeit:** Grundsätzlich kann nur die *Hauptversammlung* über Änderungen der Satzung beschließen. Änderungen, die nur die Fassung betreffen und nicht deren Inhalt, kann die Hauptversammlung dem *Aufsichtsrat* übertragen (Fassungsänderung, § 179 Abs. 1 Satz 2 AktG). Unter besonderen Umständen kann der *Vorstand* über Kapitalherabsetzung durch Einziehung von Aktien oder Kapitalerhöhung durch Verwendung genehmigten Kapitals entscheiden und damit die Satzung ändern (aufgrund Satzungsermächtigung).

▷ **Formelle Voraussetzungen:** Die Änderung der Satzung erfolgt durch einen Beschluss der Hauptversammlung und bedarf der → *notariellen Beurkundung* (§§ 179 ff. AktG). Für den satzungsändernden Beschluss ist die einfache Mehrheit der abgegebenen Stimmen und eine Kapitalmehrheit, die mindestens ¾ des bei der Beschlussfassung vertretenen Grundkapitals umfasst, erforderlich (§ 179 Abs. 2 Satz 1 AktG). Die Satzung kann eine größere Stimmenmehrheit und weitere Erfordernisse vorsehen (z.B. andere Kapitalmehrheit, §§ 179 f., 182 AktG).

▷ **Die Zustimmung einzelner Aktionäre** zu einer Satzungsänderung ist erforderlich, wenn

- den Aktionären Nebenverpflichtungen auferlegt werden (§ 55 AktG),
- die Vinkulierung von → *Aktien* oder → *Zwischenscheinen* eingeführt wird (§ 68 Abs. 2 und 6 AktG),
- in → *Sonderrechte* eingegriffen wird (§ 23 AktG),
- gegen den *Gleichbehandlungsgrundsatz* verstoßen wird (§ 53a AktG),
- die Aktiengesellschaft in eine → *KGaA* umgewandelt wird (§ 240 Abs. 2 Satz 1 UmwG).

▷ **Faktische Satzungsänderung:** Dabei handelt es sich um einen Satzungsverstoß der Organe der Aktiengesellschaft (z.B. Tätigkeit des Vorstandes außerhalb des Unternehmensgegenstandes, vgl. BGHZ 83, 122, 130).

▷ **Satzungsänderung auf Vorrat:** Die zur Eintragung der Satzungsänderung im Handelsregister erforderliche Anmeldung kann die Hauptversammlung in dem Satzungsänderungsbeschluss nicht von dem „Dafürhalten des Vorstands" und der „Zustimmung des Aufsichtsrats" abhängig machen.

▷ **Registeranmeldung:** Die Änderung der Satzung ist durch den Vorstand zum Handelsregister anzumelden (→ *Anmeldung zum Handelsregister*). Bevor die Änderung der Satzung im Handelsregister eingetragen ist, erlangt sie keine rechtliche Wirkung (§ 182 Abs. 3 AktG).

6. Satzungsdurchbrechung

Eine Satzungsdurchbrechung liegt vor, wenn die Hauptversammlung einen Beschluss fasst, der einer echten Satzungsbestimmung (s.o.) widerspricht, sofern die Satzung nicht selbst eine entsprechende Ausnahme zulässt. Es ist zu unterscheiden zwischen

▷ **zustandsbegründender Satzungsdurchbrechung:** Satzungsdurchbrechungen mit dem Ziel der Begründung eines Dauerzustandes sind nichtig, sofern sie nicht als Satzungsänderung erfolgen und

▷ **punktueller Satzungsdurchbrechung:** punktuelle Satzungsdurchbrechungen sind nach der Literaturauffassung zulässig (von der Rechtsprechung offen gelassen). Dabei wird aber differenziert: in einstimmig gefasste und daher unanfechtbare Beschlüsse und mehrheitlich gefasste und daher anfechtbare Beschlüsse (*Wiedemann* in GK. AktG, 4. Aufl. 1995, § 179 Rn. 99 ff.).

Hinweis auf weiterführende Literatur: *Baumann/Reiss*, Satzungsergänzende Vereinbarungen – Nebenverträge im Gesellschaftsrecht, ZGR 1989, 157 ff.; *Bokelmann*, Das Recht der Firmen- und Gesellschaftsbeziehungen, 5. Aufl. 2000; *Bork*, Gerichtsstandsklauseln in Satzungen von Kapitalgesellschaften, ZHR 157 (1993), 48 ff.; *Grunewald*, Die Auslegung von Gesellschaftsverträgen und Satzungen, ZGR 1995, 68 ff.; *Hefermehl/Bungeroth* in GHEK, AktG, 1989, § 179 Anm. 7, zu den unterschiedlichen Begriffsverwendungen; *Hirte*, Die aktienrechtliche Satzungsstrenge: Kapitalmarkt und sonstige Legitimationen versus Gestaltungsfreiheit, in Lutter/Wiedemann (Hrsg.), Gestaltungsfreiheiten im Gesellschaftsrecht, ZGR-Sonderheft (13) 1998, S. 61 ff.; *Kempter/ Kopp*, Hinweise zur Gestaltung der Satzung einer Rechtsanwalts-AG, NJW 2001, 777 ff.; *Mertens*, Satzungs- und Organisationsautonomie im Aktien- und Konzernrecht, ZGR 1994, 426; *Möhring/Schwartz* u.a., Die AG und ihre Satzung, 2. Aufl. 1966; *Priester*, Satzungsänderung und Satzungsdurchbrechung – Voraussetzungen und Grenzen satzungsdurchbrechender Beschlüsse, ZHR 151 (1987), 40 ff.; *Schwarz*, Die satzungsmäßige Aufsichtsratsermächtigung zur Bestimmung der Anzahl der Vorstandsmitglieder – zur Richtlinienkonformen Auslegung des § 76 Abs. 2 Satz 2 AktG, DStR 2002, 1306 ff.; *Winter*, Organisationsrechtliche Sanktionen bei Verletzung schuldrechtlicher Gesellschaftsvereinbarungen, ZHR 154 (1990), 259 f.; *Wohlwend*, Die Neufassung der Satzung börsennotierter Aktiengesellschaften, NJW 2001, 3170 ff.

Hinweis auf weitere Stichwörter

- → *Gesellschaft: 6. Gesellschaftsvertrag*
- → *Gesellschaft: 7. Zweck*
- → *Mitgliedschaftsrechte*
- → *Nichtigkeit*
- → *Organisation*
- → *Organschaft*
- → *Unternehmen: 3. Unternehmensgegenstand*

Satzungsauslegung

1. Begriff 661
2. Grundsatz 661
3. Inhaltskontrolle 662

1. Begriff

Der Auslegung der Satzung einer Aktiengesellschaft sind strenge Grenzen gesetzt, insbesondere deshalb, weil die Satzung auch für künftige Gesellschafter und für Gläubiger bestimmt ist.

2. Grundsatz

▷ **Wirkung:** Die Satzung ist zwar ein von den Gründern abgeschlossener Vertrag. Mit der Entstehung der Gesellschaft erlangt dieser indes ein unabhängiges rechtliches Eigenleben und wird zur körperschaftlichen Verfassung. Die Satzung wendet sich an die Öffentlichkeit. Der Inhaber einer Aktie unterwirft sich ab dem Zeitpunkt des Erwerbs einer Aktie der Satzung in der zum Zeitpunkt des Kaufs geltenden Fassung, also einschließlich etwa später ordnungsgemäß ergangener Beschlüsse der Hauptversammlung, wobei es auf die Zustimmung oder das Einverständnis des neuen Aktionärs nicht ankommt. Maßgeblich sind deshalb bei Satzungsbestimmungen

- Wortlaut,
- systematische Stellung und
- Zweck.

Nicht verwertet werden dürfen

- Willensäußerungen oder Interessen der Gründer,
- Vorentwürfe,
- Vorstellungen und Äußerungen von Personen, die an der Abfassung der Satzung mitgewirkt haben und
- sonstige Vorgänge aus der Entstehungsgeschichte.

▷ **Körperschaftliche Bestimmungen:** Eine Satzung ist so auszulegen, wie dies durch die Allgemeinheit unter Berücksichtigung der Verkehrssitte und der Grundsätze des Handelsverkehrs geschieht. Allein entscheidend sind der Gesellschaftszweck und die Aktionärsinteressen. Umstände, die außerhalb der Vertragsurkunde liegen, können ausnahmsweise berücksichtigt werden, wenn sie durch allgemein zugängliche Unterlagen erkennbar sind. Dieser Grundsatz gilt für alle körperschaftlichen (echten, materiellen) Bestimmungen einer → *Satzung*. Eine ergänzende Auslegung ist insoweit nicht zulässig (keine Anwendung des § 139 BGB).

▷ **Individualrechtliche Bestimmungen:** Anders verhält es sich bei den individualrechtlichen (unechten, formellen) Bestimmungen der → *Satzung*. Sie werden, selbst wenn sie mit Rücksicht auf ihre wirtschaftliche Tragweite für die Gläubiger und die künftigen Aktionären von Interesse oder Bedeutung sind, ebenso behandelt wie sonstige Individualverträge, welche die Aktiengesellschaft mit einzelnen Aktionären oder Dritten geschlossen hat. Subjektive Vorstellungen der Beteiligten und besondere Umstände beim Zustandekommen des Gründungsvertrages, die keinen Niederschlag in der Satzung gefunden haben, können von Bedeutung sein (§§ 133, 157 BGB).

3. Inhaltskontrolle

▷ **Umfang:** Eine Inhaltskontrolle der Satzung einer Aktiengesellschaft ist im Grundsatz zu verneinen, da die weitestgehend zwingende Legalordnung des AktG für eine Inhaltskontrolle keinen Ansatzpunkt bietet. Die Satzung unterliegt der freien Nachprüfung durch das Revisionsgericht nur soweit, als es sich um Regelungen körperschaftsrechtlichen Inhalts handelt und die Wirkung der Satzung sich über den Bezirk eines Oberlandesgerichts hinaus erstreckt. In einem solchen Falle sind die Satzungsregelungen für einen unbestimmten Personenkreis bestimmt, so dass die besondere Notwendigkeit besteht, eine etwa erforderliche Auslegung nach objektiven und für die Allgemeinheit übersehbaren Gesichtspunkten zu überprüfen.

▷ **Individualvereinbarungen** können durch die richterliche Auslegung lediglich daraufhin überprüft werden, ob die für die Auslegung maßgeblichen rechtlichen Maßstäbe beachtet und richtig angewendet wurden. Dabei müssen alle erheblichen tatsächlichen Umstände einschließlich etwaiger Urkunden berücksichtigt werden (s.o.). Überprüfbar ist auch, ob die angenommene Auslegung gegen Denksätze oder gegen die Lebenserfahrung verstößt.

Hinweis auf weiterführende Literatur: *Coester-Waltjen*, Die Inhaltskontrolle von Verträgen außerhalb des AGBG, AcP 190 (1990), 1 ff.

Hinweis auf weitere Stichwörter

→ *Gründer*
→ *Gründung*

→ *Satzung*
→ *Satzungsmängel*

Satzungsmängel

1. Arten .... 663 | 2. Rechtsschutz 664

1. Arten

▷ **Person der Gründer:** Mängel, die in der Person der Gründer ihre Ursache haben, sind im Interesse des Rechtsverkehrs nur in sehr eingeschränktem Umfang beachtlich (vorwiegend Willensmängel i.S.d. §§ 105 ff., 116 ff. BGB). Beachtliche Fehler führen zur Nichtigkeit der Satzung.

▷ **Formelle und inhaltliche Mängel:** Formelle und inhaltliche Mängel führen dazu, dass das Registergericht die Aktiengesellschaft nicht eintragen darf, weil es an einer ordnungsgemäßen Errichtung fehlt (§ 38 Abs. 1 AktG). Solche Mängel liegen vor bei

– Fehlen einer notariellen Beurkundung (§ 23 Abs. 1 und 2 AktG),

– Nichterfüllung der gesetzlichen Mindesterfordernisse (§ 23 Abs. 3 und 4 AktG),

> **Beispiel**
>
> Angabe eines unzutrefffenden Unternehmensgegenstandes im Rahmen einer Vorratsgründung, da die Bezeichnung des wirklich und ernsthaft gewollten Unternehmensgegenstandes unabdingbare Voraussetzung für die wirksame Gründung der Gesellschaft ist.

– Verstoß gegen § 23 Abs. 5 AktG.

Wird die Aktiengesellschaft dennoch eingetragen, entsteht sie auch dann, wenn dem Gründungsvorgang schwere Mängel anhaften. Satzungsmängel können die nunmehr eingetragene Rechtspersönlichkeit der Aktiengesellschaft im Interesse von Bestandsschutz und Verkehrsschutz nicht mehr beeinträchtigen. Die Aktiengesellschaft kann nur bei besonders schweren Mängeln mit Wirkung für die Zukunft beseitigt werden (§§ 275, 277 AktG, 144, 144a FGG). Wenn eine zwingende Satzungsbestimmungen nicht vorhanden oder nichtig ist droht die → *Auflösung* (§ 23 Abs. 3 Nr. 1, 4, 5 und 6 AktG). Folge ist dann ebenso wie bei Nichtigkeitsurteilen die → *Abwicklung* (§§ 262 Abs. 1 Nr. 5, 264 ff. AktG).

Satzungsmängel

▷ **Fehler bei der notariellen Beurkundung:** Fehler bei notarieller Beurkundung werden mit der → *Eintragung* geheilt (§ 23 Abs. 1 AktG). Das Fehlen einer Bestimmung über die Form der Bekanntmachung (§ 23 Abs. 4 AktG) hat nach der Eintragung keine Folgen. An die Stelle einer unwirksamen Satzungsbestimmung tritt grundsätzlich die gesetzliche Regelung (§ 139 BGB findet aber keine Anwendung, weil der Gründerwille hinter dem in der Satzung objektivierten Gesellschaftswillen zurücktritt). Stets ist der objektive Erklärungsinhalt der Satzung alleiniger Anhaltspunkt dafür, ob lediglich eine Teilnichtigkeit vorliegt oder nicht.

▷ **Heilung:** Heilungsmöglichkeiten bestehen durch Satzungsänderung (§ 144a Abs. 1 Satz 1 FGG).

2. Rechtsschutz

▷ **Vermögensrechtliche Rechtsstreitigkeiten:** Rechtstreitigkeiten über die Gültigkeit von Satzungs- und Geschäftsordnungsbestimmungen einer Aktiengesellschaft, deren Unternehmensgegenstand geschäftlicher Art ist, betreffen stets vermögensrechtliche Ansprüche (BGHZ 83, 106, 109 – *Siemens*).

▷ **Klage auf Feststellung der Nichtigkeit:** Es besteht die Möglichkeit auf Feststellung der → *Nichtigkeit* der Aktiengesellschaft zu klagen (§ 256 ZPO).

▷ **Klage auf Nichtigkeit der Gesellschaft:** Jeder → *Aktionär* und jedes Mitglied des → *Vorstandes* oder des → *Aufsichtsrats* hat die Möglichkeit auf → *Nichtigkeit* der Gesellschaft zu klagen (§ 275 AktG), wenn

- die Satzung keine Bestimmung über den Gegenstand des Unternehmens oder die Höhe des Grundkapitals enthält,
- die Bestimmungen über den Gegenstand des Unternehmens nichtig sind.

Der Mangel, der die Bestimmungen über den Gegenstand des Unternehmens betrifft, kann jedoch durch Satzungsänderung *geheilt* werden (→ *Satzung: 5. Satzungsänderung*).

▷ **Amtslöschungsverfahren:** Darüber hinaus besteht noch die Möglichkeit des Amtslöschungsverfahrens (§ 144 Abs. 1 FGG i.V.m. § 275 Abs. 3 AktG, → *Löschung*).

Folge dieser Verfahren ist die → *Abwicklung* der Aktiengesellschaft nach den Vorschriften über die Abwicklung bei Auflösung (§§ 277 Abs. 1, 264 ff. AktG).

Hinweis auf weitere Stichwörter

→ *Auflösung* → *Nichtigkeit*
→ *Löschung* → *Satzung*

Schadenersatzpflicht

1. Vorstandsmitglieder 665
2. Aufsichtsratsmitglieder 665
3. Aktionäre 666
4. Aktiengesellschaft 666

1. Vorstandsmitglieder

→ *Vorstandsmitglieder: 6. Haftung*

Im Rahmen der Überwachung der Geschäftsführung obliegt es dem Aufsichtsrat, gegenüber Vorstandsmitgliedern, welche die Gesellschaft geschädigt haben, Schadenersatzansprüche der Gesellschaft geltend zu machen. Die Entscheidung darüber, ob derartige Ansprüche gerichtlich geltend zu machen sind, hat sich am Unternehmensinteresse zu orientieren und liegt im pflichtgemäßen Ermessen des Aufsichtsrats. Weil die Inanspruchnahme von Vorstandsmitgliedern dem Unternehmen häufig mehr Schaden als Nutzen bringt, soll sich die Prüfung der Erfolgsaussichten des Anspruchs durch den Aufsichtsrat in 3 Schritten vollziehen (BGHZ 135, 244 – ARAG/Garmenbeck):

- *Analyse des Prozessrisikos:* der Aufsichtsrat muss sich ein Urteil über Bestand und Durchsetzbarkeit von Ersatzansprüchen bilden;
- *Verfolgungserfordernis:* der Aufsichtsrat muss prüfen, ob die voraussichtlich bestehenden Ansprüche verfolgt werden sollen;
- *Heranziehung anderer Gesichtspunkte:* Berücksichtigung weiterer Erwägungen wie der Verhältnismäßigkeit der Anspruchsverfolgung und ihrer Ergebnisse.

2. Aufsichtsratsmitglieder

▷ **Grundsatz:** → *Aufsichtsratsmitglieder* können gegenüber der Gesellschaft, dem Vorstand oder Dritten auf Schadenersatz haften. Auch ein unwirksam berufenes Aufsichtsratsmitglied kann auf Schadenersatz in Anspruch genommen werden, wenn es als → *Aufsichtsrat* tätig geworden ist.

Beachte: Zu empfehlen ist, wegen der erheblichen Schadensforderungen, denen die Aufsichtsratsmitglieder ausgesetzt werden können, der Abschluss einer entsprechenden Versicherung (→ *D&O-Versicherung*).

▷ **Haftungsgrund:** Haftungsgrund kann Pflichtverletzung, unerlaubte Handlung oder Gesamtschuldnerschaft sein:

- *Pflichtverletzung:* Werden Pflichten von einem Aufsichtsratsmitglied schuldhaft verletzt, so ist dieses grundsätzlich nur der Gesellschaft gegenüber zum Schadenersatz verpflichtet (vgl. BGHZ 75, 96 ff.; BGH NJW 1980, 1629; BGH WM 1983, 957 f.). Hat der Aufsichtsrat einzelne Aufgaben zur Erledigung auf Aufsichtsratsausschüsse übertragen, so sind in erster Linie deren Mitglieder für die sorgfältige Erfüllung verantwortlich. Die Haftung der übrigen Mitglieder wird hierdurch jedoch nicht vollständig beseitigt. Diese haben vielmehr eigenständige Kontroll- und Überwachungspflichten gegenüber dem jeweiligen Ausschuss. Eine Haftung gegenüber Dritten ist nicht gegeben. Ein Aufsichtsratsmitglied haftet nicht wegen eines Kursverlustes der Aktie.

- *Unerlaubte Handlung:* Das Problem der Haftung wegen unerlaubter Handlung stellt sich im Zusammenhang mit Eingriffen in fremde gewerbliche Schutzrechte. Die Aufsichtsratsmitglieder haften dem Schutzrechtsinhaber jedoch dann nicht, wenn sie die Beeinträchtigung des Schutzrechts fahrlässig nicht erkannt haben. Im Gegensatz zu anderen Eingriffen in absolute Rechte haftet auf dem Gebiet des gewerblichen Rechtsschutzes nur der unmittelbare Verletzer oder ein vorsätzlich handelnder Mittäter.
- *Gesamtschuldnerschaft:* Mehrere Aufsichtsratsmitglieder haften im Zweifel als Gesamtschuldner. Aufsichtsratsmitglieder können auch mit Vorstandsmitgliedern als Gesamtschuldner haften, wenn der diesen gegenüber bestehende Schadensersatzanspruch auf demselben Haftungsgrund beruht (§ 254 BGB). Der interne Ausgleich ist möglich (§ 426 BGB).

▷ **Darlegungs- und Beweislast:** Die Gesellschaft hat im Schadenersatzprozess gegenüber einem Aufsichtsratsmitglied nur den Eintritt und die Höhe des Schadens sowie die Ursächlichkeit der Pflichtwidrigkeit zu beweisen (§§ 116 i.V.m. 93 Abs. 2 Satz 2 AktG). Bezüglich des Ursachenzusammenhangs muss das Unternehmen substantiiert vortragen, weshalb der Aufsichtsrat oder einzelne seiner Mitglieder Veranlassung gehabt haben, schadensvorbeugend oder -verhindernd einzugreifen. Das in Anspruch genommene Aufsichtsratsmitglied muss den Nachweis der Anwendung der erforderlichen Sorgfalt führen. Beim Vorliegen eines Sondertatbestandes muss die Gesellschaft nicht mehr den Nachweis eines Schadens führen (§ 93 Abs. 3 AktG). Dieser wird vom Gesetz widerleglich vermutet.

3. Aktionäre

bei → *Gründung:* §§ 46, 47 AktG.

4. Aktiengesellschaft

aufgrund von → *Mitteilungspflichten.*

Hinweis auf weiterführende Literatur: *Fleischer,* Der Inhalt des Schadensersatzanspruchs wegen unwahrer oder unterlassener unverzüglicher Ad-hoc-Mitteilung, BB 2002, 1869 ff.; *Fleischer/Kalss,* Kapitalmarktrechtliche Schadensersatzhaftung und Kurseinbrüche an der Börse, AG 2002, 329 ff.; *Fuchs/Dühn,* Deliktische Schadensersatzhaftung für falsche Ad-hoc-Mitteilungen, BKR 2002, 1063 ff.; *Grunewald,* Die Haftung von Organmitgliedern nach Deliktsrecht, ZHR 157 (1993), 451 ff.; *Maier-Reimer/Webering,* Ad-hoc-Publizität und Schadensersatzhaftung, WM 2002, 1857 ff.; *Mutter,* Unternehmerische Entscheidungen und Haftung des Aufsichtsrats der AG, 1994.

Hinweis auf weitere Stichwörter

→ *Aufsichtsratsmitglieder*   → *Vorstandsmitglieder*
→ *Haftung*

Schadenersatzrecht

1. Schadenersatzrecht der Aktiengesellschaft 667
2. Schadenersatzrecht der Aktionäre 667
3. Schadenersatzrecht der Verwaltungsmitglieder 668

1. Schadenersatzrecht der Aktiengesellschaft

▷ **gegen Vorstandsmitglieder:** Die Aktiengesellschaft hat gegen Vorstandsmitglieder Schadenersatzansprüche bei Gründung bzw. bei Pflichtverletzung, Wettbewerbsverbot usw.

Eine Verpflichtung zur Geltendmachung von Schadenersatzansprüchen gegen Vorstandsmitglieder (§§ 46 ff., 53, 117 AktG) besteht bei Beschluss der Hauptversammlung (einfache Mehrheit, § 147 Abs. 1 AktG).

→ *Schadenersatzpflicht: 1. Vorstandsmitglieder*

▷ Für den **Verzicht** auf oder Vergleich mit Schadenersatzansprüchen → *Verzicht und Vergleich*.

▷ Bei Schadenersatzansprüchen aufgrund **Wettbewerbsverbot** kann die Aktiengesellschaft statt Ersatz des Schadens vom Vorstandsmitglied verlangen, dass die unbefugt eingegangenen Geschäfte als für Rechnung der Aktiengesellschaft eingegangen gelten, die bezogene Vergütung herausgegeben oder der Anspruch auf Vergütung abgetreten wird (§ 88 Abs. 2 Satz 2 AktG).

2. Schadenersatzrecht der Aktionäre

▷ **gegen Aktionäre:** Ein Verstoß gegen eine Stimmrechtsbindung verpflichtet den Zuwiderhandelnden zum Schadenersatz gegenüber den Vertrags-Aktionären wegen vorsätzlicher Verletzung seiner → *Treuepflicht* als Ausfluss der mitgliedschaftlichen Beteiligung an der Aktiengesellschaft (→ *Stimmrecht*). Für die konkrete Annahme einer Treuepflicht zwischen den Gesellschaftern ist stets maßgeblich, ob Aktionäre die gesellschaftsbezogenen Interessen von Mitaktionären schädigen können.

▷ **gegen Verwaltungsmitglieder:**

→ *Vorstandsmitglieder*

→ *Aufsichtsratsmitglieder*

▷ **gegen die Aktiengesellschaft:** Nach der Eintragung der → *Kapitalerhöhung* kann der Aktionär die Gesellschaft auf Schadenersatz aufgrund seines Bezugsrechts in Anspruch nehmen (§ 280 BGB oder § 823 Abs. 2 BGB i.V.m. § 186 AktG, → *Bezugsrecht*). Ein Schadenersatzrecht gegen die Aktiengesellschaft wird einem Aktionär auch für den Fall zugestanden, in dem er mit der Anfechtungsklage den Eintritt des Schadens nicht verhindern kann, weil das Anfechtungsurteil eine rückwirkende Gestaltung gegen eine inzwischen eingetretene Gesetzeswirkung nicht mehr entfalten kann und der das Mitgliedschaftsrecht beeinträchtigende Beschluss daher trotz erfolgreicher Anfechtungsklage wirksam bleibt.

▷ **gegen Dritte** (Bank): Verstößt ein Kreditinstitut gegen die nach den Vorschriften über die Ausübung des Bankstimmrechts bestehenden Pflichten, so ist es dem Aktionär zum Schadenersatz verpflichtet (§ 135 Abs. 11 AktG). Diese Schadenersatzverpflichtung kann im Voraus nicht ausgeschlossen und nicht beschränkt werden (→ *Stimmrecht*). Die Aktionärsvereinigungen, die Geschäftsleitung und Angestellte eines Kreditinstituts, sofern ihnen Aktien anvertraut sind, sowie Personen, die sich geschäftsmäßig gegenüber Aktionären zur Ausübung des Stimmrechts in einer Hauptversammlung erbieten, sind den Kreditinstituten gleichgestellt (§ 135 Abs. 9 Satz 1 Nr. 1–3 AktG).

3. Schadenersatzrecht der Verwaltungsmitglieder

▷ **gegen Verwaltungsmitglieder:** → *Verwaltung*

▷ **gegen Dritte:** nur als Vertreter der Aktiengesellschaft und nicht im eigenen Namen (→ *Vorstandsmitglieder*, → *Aufsichtsratsmitglieder*)

Hinweis auf weitere Stichwörter

→ *Aufsichtsratsmitglieder* → *Schadenersatzpflicht*
→ *Haftung* → *Vorstandsmitglieder*

Schiedsfähigkeit

→ *Anfechtung von Hauptversammlungsbeschlüssen: 5. Anfechtungsklage*
→ *Klage*
→ *Spruchverfahren*

Schlusserklärung

→ *Prüfung*

Schütt-aus-hol-zurück-Verfahren

▷ **Begriff:** Das *Schütt-aus-hol-zurück-Verfahren* stellt eine Möglichkeit der Innenfinanzierung dar, bei der die Gesellschaft die unterschiedliche Besteuerung von thesaurierenden und ausgeschütteten Gewinnen optimal ausnutzt (Mittel der Finanzierungs- und Dividendenpolitik). Die an die Gesellschafter ausgeschütteten Gewinne/Dividenden werden dann wieder in die Aktiengesellschaft eingezahlt (Dividendenkapitalerhöhung, Ausschüttungsrückholverfahren)
- in der Form der Erhöhung des Stammkapitals (→ *Kapitalerhöhung*),
- in der Form der Einstellung der rückgezahlten Gewinne in eine → *Rücklage*,
- in der Form einer Darlehensgewährung (→ *Darlehen*).

▷ **Zweck:** Der Vorteil dieses Verfahrens lag – während der Geltung des Körperschaftsteueranrechnungsverfahrens – darin, dass die Gewinne mit dem individuellen Einkommensteuersatz der Aktionäre versteuert werden, ohne dass der Gesellschaft durch die Ausschüttung Liquidität entzogen wird. Dies ist dann vorteilhaft, wenn sich die individuellen Einkommensteuersätze der Aktionäre durchschnittlich unter dem Thesaurierungsteuersatz von zuletzt 40 % befinden. Da bei großen Aktiengesellschaften der individuelle Steuersatz der Anteilseigner nicht bekannt und nicht sicher ist, ob alle Anteilseigner an der Kapitalerhöhung teilnehmen, bietet sich dieses Verfahren eher bei Kapitalgesellschaften an, deren Gesellschafterkreis überschaubar ist. Durch die Körperschaftsteuerreform und der damit verbundenen Abschaffung des Körperschaftsteueranrechnungsverfahrens sowie der nunmehr gegebenen Mehrbelastung von Ausschüttungen dürfte das Schütt-aus-hol-zurück-Verfahren auf breiter Front nur noch so lange zur Anwendung kommen, bis die Kapitalgesellschaft ihr Körperschaftsteuerminderungsguthaben verbraucht hat.

▷ **Zulässigkeit:** Das Schütt-aus-hol-zurück-Verfahren ist ein steuerlich anzuerkennendes Gestaltungsinstrument zwischen den Aktionären einer Aktiengesellschaft. Zwar wird damit erreicht, dass Gewinne im Unternehmen gebunden werden können, ohne diese mit dem Körperschaftsteuersatz für thesaurierende Gewinn zu belasten, jedoch stellt dies keinen Gestaltungsmissbrauch dar (§ 42 AO). Der steuerliche Effekt folgt aus dem Anrechnungsverfahren und ist insoweit systemimmanent. Dieses Vorgehen ist auch dann nicht rechtsmissbräuchlich, wenn sich die Gesellschafter bereits gleichzeitig mit dem Ausschüttungsbeschluss zur Wiedereinlage der ausgeschütteten Mittel verpflichten.

▷ **Anwendungsfälle:** Dieses Verfahren wurde in der Vergangenheit hauptsächlich deshalb praktiziert, da der Gesellschafter die Gewinne mit seinem individuellen Steuersatz versteuert, während die Gesellschaft bei einer Selbstfinanzierung durch Thesaurierung im Regelfall höher mit Steuern belastet werden würde. Nach der Körperschaftsteuerreform liegt der Vorteil in der Realisierung des Körperschaftsteuerminderungsanspruch (§ 37 KStG). Die Besteuerung von Kapitalgesellschaften beträgt einheitlich (für ausgeschüttete und thesaurierende Gewinne) 25 % (§ 23 Abs. 1 KStG).

▷ **Kapitalerhöhung:** Bei dem Schütt-aus-hol-zurück-Verfahren im Wege der → *Kapitalerhöhung* werden zunächst Beträge als Dividende ausgeschüttet, die anschließend im Wege einer Kapitalerhöhung zurückgeholt werden. Im Regelfall wird wegen der einfacheren Verfahrensvorschriften eine Barkapitalerhöhung durchgeführt. Jedoch ist dann darauf zu achten, dass – sollte eine Auszahlung der Gewinne noch nicht erfolgt sein – im Rahmen der Anmeldung der Kapitalerhöhung dem Registergericht mitgeteilt werden muss, dass es sich um eine Kapitalerhöhung im Schütt-aus-hol-zurück-Verfahren handelt. Andernfalls könnte es dazu kommen, dass eine → *verdeckte Sacheinlage* angenommen wird. Dabei stimmen die Höhe der erwünschten Kapitalaufstockung mit der Summe der zur Ausschüttung beschlossenen → *Dividende*, abzüglich der bei Ausschüttung und Wiederanlage anfallenden Steuern, überein. Beim *„einperiodischen"* Verfahren fallen Ausschüttung und Rückholung der Gewinne in dasselbe Jahr, während beim *„mehrperiodischen"* Verfahren die Kapitalerhöhung erst nach einigen Jahren bei fortlaufender Ausschüttung erfolgt. Im Gegensatz zum Zusatzaktienverfahren (Regelfall bei der Kapitalerhöhung) muss die Dividende zunächst aber ausgeschüttet werden, bevor sie durch die Kapitalerhöhung in Form von Barmitteln wieder in das Unternehmen zurückfließt. Dabei wird unterstellt, dass sämtliche Altaktionäre von ihrem → *Bezugsrecht* Gebrauch machen.

▷ **Voraussetzungen:** Beim Schütt-aus-hol-zurück-Verfahren ist demnach notwendig (analog den Vorschriften zur GmbH)

– die Erklärung im Gesellschafterbeschluss, dass die Kapitalerhöhung durch das Schütt-aus-hol-zurück-Verfahren vorgenommen werden soll, sowie die Details der Einlagenleistung,

– die Angabe bei der Anmeldung zum Handelsregister, dass die Kapitalerhöhung im o.g. Verfahren durchgeführt wurde,

– die Einreichung eines testierten, höchstens 8 Monate alten → *Jahresabschlusses* zum Handelsregister,

– Versicherung der Anmeldenden (§ 210 Abs. 1 Satz 2 AktG).

Hinweis auf weitere Stichwörter

→ *Bareinlage*
→ *Finanzierung*

→ *Kapitalerhöhung*
→ *Verdeckte Gewinnausschüttung*

Schuldverschreibungen

Schuldverschreibungen (*Anleihen*) sind → *Wandelschuldverschreibungen* (Wandelanleihen, *convertible bonds*) und Optionsschuldverschreibungen (→ *Option: 6. Optionsanleihe, warrant bonds*).

Hinweis auf weitere Stichwörter

→ *Anleihe*

→ *Obligationen*

→ *Wandelschuldverschreibungen*

Shareholder Value

▷ **Begriff:** Der „Shareholder Value" ist ein Managementprinzip, das den Nutzen des Unternehmens für die Aktionäre an die erste Stelle setzt (Gewinnmaximierung der Anteilseigner als oberstes Unternehmensziel). Der Anteilseigner profitiert im Idealfall von einer hohen Dividende und steigenden Kursen. Um den Gesamtwert eines Unternehmens zu steigern, setzt das Management unter anderem auf eine zielgerichtete Unternehmensstrategie, eine Informationspolitik im Sinne der Aktionäre und auf überdurchschnittliche Eigenkapitalrenditen.

▷ **Steigerung:** Der Shareholder Value als Barwert zukünftiger Zahlungsüberschüsse abzüglich des Wertes des Fremdkapitals lässt sich durch 2 unterschiedliche Ansätze steigern:

– Beim *Asset-Management* vollzieht das Management eine strategische Neuorientierung auf die renditestärksten Kerngeschäftsfelder und optimiert hierbei den → *Cash-Flow*.

– Das *Liability-Management* erhöht den Unternehmenswert durch Minimierung der Kapitalkosten, wobei vornehmlich in Niedrigzinsphasen die Eigenkapitalstruktur mittels einer Substitution von kostenintensivem Eigenkapital durch günstiges Fremdkapital optimiert werden kann. In Abhängigkeit von der Substitutionsmenge und dem daraus resultierenden „leverage-effect" steigt die erwartete Rendite auf das eingesetzte Kapital.

Hinweis auf weitere Stichwörter

→ *Bilanzierung*

→ *Börsennotierung*

→ *Vorstand*

Sicherheiten

→ *Einpersonen-AG*

→ *Hinterlegung*

Sitz

1. Begriff 672
2. Doppelsitz 673
3. Sitzverlegung 673
4. Internationales Privatrecht 674

1. Begriff

▷ **Sitzbestimmung:** Sitz der Gesellschaft ist nur der Ort, den die Satzung dazu bestimmt, d.h. dieser Ort ist auch dann maßgeblich für die Rechtsfolgen, die an den Sitz geknüpft sind, wenn die Sitzbestimmung unzulässig war (§ 5 Abs. 1 AktG). Der Sitz einer Gesellschaft muss bei der Gründung einer Kapitalgesellschaft (AG, KGaA) zwingend in der → *Satzung* enthalten sein. Der in der Satzung festgelegte Sitz muss nicht am Ort des effektiven Verwaltungssitzes gelegen sein (h.M., BayObLG BB 1982, 578); Satzungssitz und Verwaltungssitz können somit auseinander fallen. Die freie Sitzwahl wird jedoch für die AG/KGaA (§ 5 Abs. 2 AktG) beschränkt. Danach kann der Sitz an folgenden Orten gewählt werden (§ 5 Abs. 1 AktG):

- am Ort der *Betriebsstätte*, z.B. die Fabrik eines Produktionsunternehmens oder die Verkaufsstätte eines Handelsunternehmens; ausgenommen sind ganz untergeordnete Betriebsstätten und Tätigkeiten mit Hilfscharakter (*Hüffer*, AktG, 7. Aufl. 2006, § 5 Rn. 6);

- am Ort der *Verwaltungsführung* bzw. der Geschäftsleitung, dies sind die Orte, an denen der Vorstand/Geschäftsführer tätig ist bzw. wo sich sonst die Zentralverwaltung der Gesellschaft befindet (*Scholz/Emmerich*, GmbHG, 9. Aufl. 2000, § 4a Rn. 12);

- ausnahmsweise an einem *anderen Ort*, wenn dafür ein schutzwürdiges Interesse besteht, z.B. bei erst für die Zukunft beabsichtigter Verlegung des Betriebs/ der Verwaltung an den neuen gesellschaftsvertraglichen Sitz (*Scholz/Emmerich*, GmbHG, 9. Aufl. 2000, § 4a Rn. 15). Die praktische Bedeutung dieser Ausnahme ist gering (*Hüffer*, AktG, 7. Aufl. 2006, § 5 Rn. 8).

Eine hierzu in Widerspruch stehende Sitzbestimmung ist nichtig; das Registergericht muss die Eintragung ablehnen (§ 5 Abs. 2 AktG).

▷ **IPR:** Der Gesellschaftssitz ist auch für die „Staatsangehörigkeit" einer AG/ KGaA maßgeblich. Das gilt auch für ausländische Kapitalgesellschaften. Hierbei finden die Regeln des deutschen IPR Anwendung.

▷ **Personalstatut:** Der tatsächliche Verwaltungssitz einer Aktiengesellschaft ist nach der h.M. zugleich Anknüpfungspunkt für das Personalstatut der Gesellschaft, d.h. für die Rechtsordnung, welche auf die Fragen bezüglich der Entstehung, des Bestandes und der inneren Organisation der Gesellschaft Anwendung findet.

Der Sitz einer nach deutschem Recht anerkannten Aktiengesellschaft muss stets im Inland liegen und muss zugleich die Hauptniederlassung der Gesellschaft sein.

2. Doppelsitz

▷ **Ausnahme:** Der *Doppelsitz* ist die Bestimmung von 2 Orten als Gesellschaftssitz in der Satzung. Die Aktiengesellschaft soll grundsätzlich aus Verkehrsschutzgründen nur einen statutarisch festgelegten Sitz haben (*Grundsatz der Unzulässigkeit eines Doppelsitzes*). In der Zulassung eines Doppelsitzes wird ein sinnvolles Ventil für besondere Situationen und die hiermit verbundene Anpassungsfähigkeit gesehen (*König*, AG 2000, 18, 22).

▷ **Gründe:** Die Begründung eines Doppelsitzes wird heute nur bei Rechtfertigung durch außergewöhnlichen Umstände bzw. wenn ein „besonderes Bedürfnis" dafür besteht, zugelassen (BayObLG DB 1985, 1280).

Beispiel

Ein besonderes Bedürfnis für einen Doppelsitz besteht
- bei grenzüberschreitenden Unternehmen (*Hüffer*, in GK. HGB, 4. Aufl. 1995, Vor § 13 Rn. 27),
- wenn ein Staatsvertrag die Begründung eines zweiten Satzungssitzes im Ausland erlaubt (vgl. Art. 84 des deutsch-französischen Staatsvertrages v. 27.10.1956, BGBl. II, 1587).

▷ **Wesentliche Vorteile:** Die Voraussetzung einer Ausnahmesituation für die Zulässigkeit eines Doppelsitzes der Gesellschaft ist dann erfüllt, wenn sich für das Unternehmen mit der Zulassung eines Doppelsitzes wesentliche Vorteile ergeben, welche die sich ergebenden registerrechtlichen Verfahrenserschwerungen und etwaige Irritationen des Verkehrs überwiegen. Die Vorteile müssen wirtschaftlicher Art sein, außerwirtschaftliche Gründe, insbesondere Prestige- oder reines Affektionsinteresse, sind nicht ausreichend.

Beispiele

Als gewichtige Vorteile für die Führung eines Doppelsitzes werden angesehen (LG Hamburg DB 1973, 2237)
- der Verlust an Goodwill,
- Verlust an Subventionierung der öffentlichen Hand,
- die Beeinträchtigung der Beziehungen zu der verladenden Wirtschaft am aufgegebenen Sitz.

---

3. Sitzverlegung

Eine Sitzverlegung der Aktiengesellschaft ist beim Gericht des bisherigen Sitzes anzumelden (§ 45 AktG). Eine Verlegung des Sitzes ins Ausland ist nicht ohne weiteres möglich. Dies hätte i.d.R. die Auflösung der Gesellschaft zur Folge (allg.M.). Innerhalb der EU ist durch das sog. „Centros"-Urteil (EuGH v. 9.3.1999 – C-212/97, ZIP 1999, 438) Bewegung in die Diskussion um die Folgen einer Sitzverlegung geraten, die durch weitere Urteile des EuGH (EuGH v. 5.11.2002 –

C-208/00, ZIP 2002, 2037 *Überseering*; EuGH v. 30.9.2003 – C-167/01, ZIP 2003, 1885 – *Inspire Art*, in Gang gehalten wurde (*Horn*, NJW 2004, 893 ff.; *Kindler*, NZG 2003, 1086 ff.)

4. Internationales Privatrecht

▷ **Sitztheorie:** Nach der Sitztheorie ist für die Anerkennung der Gesellschaft das Gesellschaftsstatut des Ortes des tatsächlichen Verwaltungssitzes maßgeblich. Dieser entspricht dem steuerrechtlich relevanten Ort der Geschäftsleitung. Liegt der effektive Sitz der Gesellschaft im Ausland, dann ist eine nach ihrem Heimatrecht rechtsfähige Gesellschaft auch für das deutsche Recht rechtsfähig. Liegt der effektive Sitz einer ausländischen Gesellschaft dagegen im Inland, so ist ungeachtet des ausländischen Gründungsorts deutsches Recht anzuwenden mit der Folge, dass die Gesellschaft regelmäßig zumindest wegen der fehlenden, aber erforderlichen Inlandseintragung nicht anerkannt wird. Eine im Ausland gegründete Kapitalgesellschaft mit tatsächlichem Verwaltungssitz in Deutschland wird daher nicht als Rechtssubjekt anerkannt, da sich die Anerkennung nach deutschem Recht vollzieht.

▷ **Anwendbarkeit:** Die Sitztheorie ist insoweit unanwendbar, als sie sich auf Gesellschaften erstreckt, die in einem Mitgliedstaat der EU oder in einem anderen Land, deren Gesellschaften die Niederlassungsfreiheit der Art. 43, 48 EGV eingeräumt worden ist, gegründet worden sind (EuGH EuZW 1999, 216 – *Centros*). Der EuGH unterstreicht in seiner Entscheidung, dass jede nach dem Recht eines anderen Mitgliedstaates gegründete Gesellschaft in allen anderen Mitgliedstaaten nicht nur ihren Verwaltungssitz nehmen kann, sondern dass sie auch allgemein in keiner Weise diskriminierend behindert werden darf. Die nach ausländischem Recht begründeten Gesellschaften haben sonach das Recht, in Deutschland als rechtsfähig anerkannt zu werden (Art. 43 und 48 EGV). Dass heißt, sie können hier eine Zweigniederlassung errichten, die in das deutsche → *Handelsregister* eingetragen wird, und können die Zweigniederlassung in ein deutsches Grundbuch eintragen lassen (Vorrang der *Gründungstheorie*). Die Unanwendbarkeit der Sitztheorie löst eine unbeschränkte Körperschaftsteuerpflicht aus, die auch nicht durch das Diskriminierungsverbot nach EU-Recht verhindert werden kann.

Hinweis auf weiterführende Literatur: *Behrens*, Die Internationale Sitzverlegung von Gesellschaften vor dem EuGH, EuZW 2002, 201 ff.; *Heidenhain*, Ausländische Kapitalgesellschaften mit Verwaltungssitz in Deutschland, NZG 2002, 1141 ff.; *Kallmeyer*, Tragweite des Überseering-Urteils des EuGH vom 5.11.2002 zur grenzüberschreitenden Sitzverlegung, DB 2002, 2521 ff.; *König*, Doppelsitz einer Kapitalgesellschaft – Gesetzliches Verbot oder zulässiges Mittel der Gestaltung einer Fusion?, AG 2000, 18 ff.; *Leible/ Hoffmann*, „Überseering" und das (vermeintliche) Ende der Sitztheorie, RIW 2002, 925 ff.; *Rehm*, Gesellschafts- und zivilrechtliche Folgeprobleme der Sitztheorie, ZGR 1997, 89; *Walden*, Niederlassungsfreiheit, Sitztheorie und der Vorlagebeschluß des VII. Zivilsenats des BGH vom 30.3.2000, EWS 2001, 256 ff.

Hinweis auf weitere Stichwörter

→ *Europäische Gesellschaftsformen*
→ *Gesellschaft*
→ *Satzung*
→ *Verwaltung*
→ *Zweigniederlassung*

Sitzung

1. Sitzung des Aufsichtsrats 675
2. Sitzung des Vorstands 678
3. Sitzung der Hauptversammlung ... 678

1. Sitzung des Aufsichtsrats

▷ **Allgemeines:** Die Willensbildung des Aufsichtsrats erfolgt durch Beschlussfassung im Rahmen einer Sitzung. Eine Beschlussfassung ohne Aufsichtsratssitzung (schriftlich, per Fax, telegraphisch oder fernmündlich) ist zulässig, sofern kein Mitglied diesem Verfahren widerspricht (§ 108 Abs. 4 AktG, → *Beschluss: 3. Aufsichtsrat*). Die Sitzungen sind möglichst vierteljährlich einzuberufen (§ 110 Abs. 3 AktG, für börsennotierte Aktiengesellschaften Pflicht). Bei nicht börsennotierten Gesellschaften muss der Aufsichtsrat mindestens 2 Mal im Kalenderjahr zusammentreten. Der Sitzungsverlauf – im Rahmen der vorgegebenen und eventuell zu ergänzenden Tagesordnung – wird durch den Aufsichtsratsvorsitzenden bestimmt. Vor dem Beginn der Aufsichtsratssitzung kann diese durch den Aufsichtsratsvorsitzenden aufgehoben oder verlegt werden. Nach dem Beginn der Sitzung kommt eine Vertagung der ganzen Sitzung oder einzelner Tagesordnungspunkte nur durch den Gesamtaufsichtsrat (Beschlussfassung) in Betracht. Empfehlenswert ist die Regelung der Formalien, insbesondere Form und Frist, in der Geschäftsordnung des Aufsichtsrats durch Beschluss des Aufsichtsrats mit einfacher Mehrheit.

▷ **Einberufung:** Die Einberufung stellt eine rein innergesellschaftliche Verfahrenshandlung dar, die nicht den Regeln über Rechtsgeschäfte unterliegt. Der Aufsichtsrat wird vom Vorsitzenden oder seinem Stellvertreter, falls der Vorsitzende verhindert ist, einberufen (§§ 110 Abs. 1 Satz 1, 107 Abs. 1 Satz 3 AktG). Ist weder ein Vorsitzender noch ein Stellvertreter im Amt, dann können nach § 110 Abs. 2 AktG analog ein Aufsichtsratsmitglied oder der Vorstand eine Aufsichtsratssitzung einberufen (*Hüffer*, AktG, 7. Aufl. 2006, § 110 Rn. 2). Die Form der Ladung ist gesetzlich nicht vorgeschrieben, jedoch kann in der Praxis nur in Ausnahmefällen auf die Schriftform verzichtet werden (da Beweisunterlage für die ordentliche Einladung). Die Sitzung hat innerhalb von 2 Wochen nach der Einberufung stattzufinden (§ 110 Abs. 1 Satz 2 AktG). Eine kürzere Frist ist zulässig. Eine Mindestfrist für die Einberufung ist zwar nicht vorgeschrieben, sie muss aber angemessen sein, d.h. den Aufsichtsratsmitgliedern muss unter regelmäßigen Umständen ein Erscheinen in der Sitzung möglich sein. Ihre Bestimmung liegt im Ermessen des Aufsichtsratsvorsitzenden. Eine nicht erfolgte Ladung stellt einen absoluten Verfahrensmangel dar, der zur Nichtigkeit der in der Sitzung gefassten Aufsichtsratsbeschlüsse führt. Eine mangelhafte Ladung hat nur dann die Nichtigkeit des Beschlusses zur Folge, wenn der Mangel gravierend ist.

> **Beispiele**
>
> Gravierende Mängel der Ladung, die zur Nichtigkeit des Beschlusses führen, sind
> - Verletzung der Einberufungsform,
> - Bestimmung einer unangemessen kurzen Ladungsfrist,
> - fehlende Angaben zu Ort und/oder Zeit der Sitzung sowie
> - fehlende Angaben zu den Beschlussgegenständen.

▷ **Heilung:** Der Verfahrensverstoß wird geheilt, wenn alle Aufsichtsratsmitglieder zur Sitzung erscheinen und zu einer Vollversammlung zusammentreten (trotz Einberufungsmängeln).

▷ **Einberufungsverlangen:** Der Vorsitzende hat eine Sitzung des Aufsichtsrats einzuberufen, wenn ein Aufsichtsratsmitglied oder der Vorstand unter Angabe des Zwecks und der Gründe dies verlangt (§ 110 Abs. 1 Satz 1 AktG). Das Einberufungsverlangen ist formlos. Der Vorsitzende darf die Einberufung nur dann verweigern, wenn die gesetzlichen Voraussetzungen (§ 110 Abs. 1 Satz 1 AktG) nicht erfüllt sind oder das Einberufungsverlangen rechtsmissbräuchlich ist.

> **Beispiele**
>
> Das Einberufungsverlangen ist rechtsmissbräuchlich, wenn
> - der angegebene Verhandlungsgegenstand nicht in den Zuständigkeitsbereich des Aufsichtsrats fällt oder
> - sich der Aufsichtsrat bereits abschließend mit der Sache befasst hat und ein neuer Sachverhalt, der eine Änderung der Stellungnahme des Aufsichtsrats bewirken könnte, nicht vorgebracht wird.

Wird dem Einberufungsverlangen, das von einem Aufsichtsratsmitglied oder dem Vorstand geäußert wurde, nicht entsprochen, so können die Antragsteller den Aufsichtsrat selbst unverzüglich einberufen (*Selbsteinberufung:* § 110 Abs. 2 AktG). Das Einberufungsrecht kann durch die Satzung oder die Geschäftsordnung nicht eingeschränkt werden. Eine Erweiterung des Selbsteinberufungsrechts ist durch Satzung möglich. Erforderlich ist die Identität von Antragsteller und Einberufendem.

▷ **Teilnahme:** Aufsichtsratsmitglieder haben ein grundsätzlich unentziehbares Teilnahmerecht an allen Sitzungen des Gesamtaufsichtsrats (§ 109 Abs. 1 Satz 1 AktG). Das Recht zur Teilnahme schließt das Recht zur Stellungnahme ein (*Lutter/Krieger*, Rechte und Pflichten des Aufsichtsrats, 4. Aufl. 2002, § 6 Rn. 235; *Ausn.:* bei der Teilnahme für verhinderte Aufsichtsratsmitglieder, *Hüffer*, AktG, 7. Aufl. 2006, § 109 Rn. 7). Der Aufsichtsratsvorsitzende kann ein Mitglied von der Teilnahme ausschließen, wenn

- ein störungsfreier Ablauf der Aufsichtsratssitzung anders nicht gewährleistet werden kann oder
- die Befürchtung besteht, dass durch die Teilnahme wichtige Belange der Gesellschaft gefährdet, etwa Geheimnisse verraten werden.

→ *Vorstandsmitglieder* haben keinen Anspruch auf Teilnahme an Aufsichtsratssitzungen. Sie sind zum Erscheinen verpflichtet, wenn der Aufsichtsrat ihre Teilnahme verlangt. Sachverständige und Auskunftspersonen können zur Beratung einzelner Gegenstände hinzugezogen werden (§ 109 Abs. 1 Satz 2 AktG). Die Einschaltung eines „ständigen Beraters" zur Wahrnehmung der Aufgaben eines Aufsichtsratsmitglieds ist nicht zulässig. Der Abschlussprüfer ist zur Teilnahme auf Einladung des Aufsichtsratsvorsitzenden an der Bilanzsitzung des Aufsichtsrats verpflichtet (§ 171 Abs. 1 Satz 2 AktG). Aufsichtsratsfremde Dritte können an Aufsichtsratssitzungen teilnehmen, wenn die → *Satzung* dies gestattet und wenn objektiv verhinderte Aufsichtsratsmitglieder sie dazu schriftlich ermächtigen (§ 109 Abs. 3 AktG). Ein solcher Dritter ist kein Stellvertreter des verhinderten Aufsichtsratsmitglieds, sondern dessen *Bote*. Er kann lediglich als Stimmbote fungieren und übt nicht selber das Stimmrecht des abwesenden Aufsichtsratsmitglieds aus. Gesetzliche Teilnahmerechte Dritter an Aufsichtsratssitzungen sind enthalten in

- § 171 Abs. 1 AktG,
- § 44 Abs. 1 Ziff. 2 KWG,
- § 2 Abs. 1 KapitalanlagegesellschaftsG,
- § 3 HypothekenbankG und
- § 3 SchiffsbankG.

▷ **Sitzungsprotokoll:** Über die Sitzungen des Aufsichtsrats ist eine Niederschrift anzufertigen, die der Aufsichtsratsvorsitzende zu unterzeichnen hat (§ 107 Abs. 2 Satz 1 AktG; *Ausn.:* § 108 Abs. 4 AktG). Die Hinzuziehung eines *Protokollführers* ist zulässig, wenn kein Aufsichtsratsmitglied dem widerspricht. Ein Verstoß gegen die Protokollierungspflicht lässt die Wirksamkeit der Aufsichtsratsbeschlüsse unberührt (§ 107 Abs. 2 Satz 3 AktG). In das Protokoll sind aufzunehmen

- Ort und der Tag der Sitzung,
- Namen der Teilnehmer,
- Gegenstände der Tagesordnung,
- wesentlicher Inhalt der Verhandlungen,
- gefasste Beschlüsse unter genauer Wiedergabe des Beschlussinhalts und Angabe der Anzahl von Zustimmungen, Ablehnungen und Enthaltungen sowie
- auf Verlangen abweichende Anträge und Widersprüche wörtlich.

Die Niederschrift ist nur *Beweisurkunde*. Ein Mangel führt nicht zur Unwirksamkeit der Beschlüsse. Die Niederschrift hat die Vermutung der Richtigkeit und Vollständigkeit für sich, wenn der Inhalt der Niederschrift den Aufsichtsratsmitgliedern mitgeteilt worden ist und diese in angemessener Frist keine Einwendungen gegen den Inhalt erhoben haben. Vorhandene Unrichtigkeiten kann der Vorsitzende von sich aus oder auf einen Widerspruch von Aufsichtsratsmitgliedern hin korrigieren. Eine Übersendung der Niederschrift an die Aufsichtsratsmitglieder ist erforderlich, falls dies von der Satzung vorgesehen ist, andernfalls ist jedem Aufsichtsratsmitglied auf Verlangen eine Abschrift zu erteilen (§ 107 Abs. 2 Satz 4 AktG).

▷ **Sitzungsgelder:** Sitzungsgelder gehören zur Vergütung der Aufsichtsratsmitglieder und nicht zum Auslagenersatz (§ 113 Abs. 1 AktG).

2. Sitzung des Vorstands

Die Entscheidungen des Vorstands sind regelmäßig in Sitzungen zu treffen, falls mehrere Vorstände existieren. Die → *Geschäftsordnung* des Vorstandes regelt Vorbereitung, Einberufung, Leitung und Beschlussfähigkeit. Über die Sitzungen des Vorstandes sind Niederschriften anzufertigen. Die für die formale Abwicklung von Aufsichtsratssitzungen geltenden Grundsätze sind entsprechend anzuwenden (s.o.). S. im Übrigen → *Vorstand*.

3. Sitzung der Hauptversammlung

→ *Hauptversammlung*
→ *Beschluss: 4. Hauptversammlungsbeschluss*

Hinweis auf weiterführende Literatur: *Lutter/Krieger*, Rechte und Pflichten des Aufsichtsrats, 4. Aufl. 2002; *Wagner*, Aufsichtsratssitzung in Form der Videokonferenz, NZG 2002, 57–64.

Hinweis auf weitere Stichwörter

→ *Aufsichtsrat* → *Hauptversammlung*
→ *Beschluss* → *Vorstand*

Sonderbeschluss

1. Begriff 678
2. Mehrheiten 679
3. Fälle 679
4. Minderheitsverlangen 680
5. Satzungsregelung 681

1. Begriff

Sonderbeschlüsse sind keine Beschlüsse der → *Hauptversammlung* als solcher, sondern Beschlüsse einer bestimmten Aktionärsgruppe (Vorzugsaktionäre, außenstehende Aktionäre). Sie sind im Gesetz in bestimmten Fällen als zusätzliche

Wirksamkeitsvoraussetzung vorgesehen und unterliegen den für Hauptversammlungsbeschlüsse geltenden Grundsätzen (§ 138 Satz 2 AktG).

2. Mehrheiten

Der Sonderbeschluss muss (neben der einfachen Stimmenmehrheit) mit einer ¾-Mehrheit des bei der Beschlussfassung vertretenen, auf die Aktionärsgruppe entfallenden Grundkapitals gefasst werden, soweit die → Satzung nicht strengere Voraussetzungen vorschreibt (§§ 138 Satz 2, 179 Abs. 2 AktG). Darüber hinaus gelten die allgemeinen Vorschriften über → *Einberufung*, → *Teilnahme-*, → *Auskunftsrecht* und → *Beschlüsse* in der Hauptversammlung (§ 138 Satz 2 AktG).

Sonderbeschlüsse können gefasst werden (§ 138 Satz 1 AktG)

- in einer besonderen Versammlung oder
- in einer gesonderten Abstimmung in der Hauptversammlung.

Die Leitung der besonderen Versammlung erfolgt durch den Aufsichtsratsvorsitzenden, wenn ihm die Satzung diese Aufgabe für die Hauptversammlung zuweist. Die gesonderte Abstimmung ist ein eigener Tagesordnungspunkt (§§ 124 Abs. 1 Satz 1, 138 Satz 2 AktG).

3. Fälle

Ein Sonderbeschluss ist erforderlich in den Fällen, in denen

▷ ein **positiver Sonderbeschluss** aller betroffenen Aktionäre oder Aktionärsgruppen zu einem Hauptversammlungsbeschluss hinzutreten muss, um diesem zur Wirksamkeit zu verhelfen:

- Ausgabe neuer besser- oder gleichrangiger Vorzugsaktien bzw. Aufhebung oder Beschränkung des Vorzugs (§ 141 Abs. 3 AktG),
- Änderung der Verhältnisse mehrerer Aktiengattungen zueinander zum Nachteil einer Gattung (§ 179 Abs. 3 AktG),
- Kapitalerhöhung gegen Einlagen, sofern mehrere Gattungen von stimmberechtigten Aktien vorhanden sind (§ 182 Abs. 2 AktG),
- bedingte Kapitalerhöhung (§ 193 Abs. 1 Satz 3 AktG),
- Kapitalerhöhung durch Ausgabe neuer Aktien gegen Einlage (§ 202 Abs. 2 Satz 4 AktG),
- Ausgabe von Wandel- oder Gewinnschuldverschreibungen (§ 221 Abs. 1 Satz 4 AktG),
- ordentliche Kapitalherabsetzung, sofern mehrere Gattungen von stimmberechtigten Aktien vorhanden sind (§ 222 Abs. 2 AktG),
- vereinfachte Kapitalherabsetzung, sofern mehrere Gattungen von stimmberechtigten Aktien vorhanden sind (§ 229 Abs. 3 AktG),

- Kapitalherabsetzung durch → *Einziehung* von Aktien, sofern mehrere Gattungen von stimmberechtigten Aktien vorhanden sind (§ 237 Abs. 2 AktG),
- Änderung der Bestimmungen eines Unternehmensvertrags, die zur Leistung eines Ausgleichs an die außenstehenden Aktionäre oder zum Erwerb ihrer Aktien verpflichten (§ 295 Abs. 2 AktG);

▷ eine in den Zuständigkeitsbereich der Verwaltung fallende Maßnahme der **Zustimmung der außenstehenden Aktionäre** bedarf:

- vertragliche Aufhebung eines Unternehmensvertrags mit o.g. Inhalt (§ 296 Abs. 2 AktG),
- ordentliche Kündigung eines Unternehmensvertrags, der die o.g. Bestimmungen enthält (§ 297 Abs. 2 AktG),
- Verzicht auf oder Vergleich über Verlustausgleich bei einem Beherrschungs- oder Gewinnabführungsvertrag (§ 302 Abs. 3 Satz 2 AktG),
- Verzicht auf oder Vergleich über Ersatzansprüche gegen Mitglieder der Verwaltung bei Beherrschungsvertrag und faktischem Konzern (§§ 309 Abs. 3, 310 Abs. 4, 317 Abs. 4, 318 Abs. 4 AktG).

4. Minderheitsverlangen

▷ **Versammlung oder Abstimmung:** Auf Verlangen einer Minderheit kann die Wahl getroffen werden, ob eine gesonderte Versammlung oder nur eine gesonderte Abstimmung stattfinden soll: Erforderlich ist, dass Aktionäre dies verlangen, deren Anteile zusammen

- 5 % des Grundkapitals (§ 122 Abs. 1 AktG) oder
- 10 % der Anteile aus denen bei der Abstimmung über den Sonderbeschluss das Stimmrecht ausgeübt werden kann (§ 138 Satz 3 1. Alt. AktG) ausmachen.

▷ **Gesonderte Versammlung:** Eine Minderheit kann die Einberufung einer gesonderten Versammlung erzwingen: Erforderlich ist, dass Aktionäre dies verlangen, deren Anteile zusammen

- 5 % des Grundkapitals (§ 122 Abs. 1 AktG) oder
- 10 % der Anteile aus denen bei der Abstimmung über den Sonderbeschluss das Stimmrecht ausgeübt werden kann (§ 138 Satz 3 1. Alt. AktG) ausmachen;

▷ **Gesonderte Abstimmung:** Auch die Bekanntmachung eines Gegenstandes zur gesonderten Abstimmung kann von einer Minderheit erzwungen werden: Erforderlich ist, dass Aktionäre dies verlangen, deren Anteile zusammen

- 5 % des Grundkapitals (§ 122 Abs. 2 AktG),
- einen anteiligen Betrag von 500 000 Euro (§ 122 Abs. 2 AktG) oder
- 10 % der Anteile aus denen bei der Abstimmung über den Sonderbeschluss das Stimmrecht ausgeübt werden kann (§ 138 Satz 3 2. Alt. AktG) ausmachen;

5. Satzungsregelung

Auch die Satzung kann weitere Sonderbeschlüsse vorsehen (§ 138 AktG, wegen Kompetenzordnung des § 23 Abs. 5 AktG wenig praktische Relevanz).

Hinweis auf weitere Stichwörter
→ *Aktionäre*
→ *Beschluss*

→ *Hauptversammlung*

Sonderprüfung

1. Begriff 681
2. Allgemeine Sonderprüfung (§§ 142 ff. AktG) 682
3. Sonderprüfung wegen unzulässiger Unterbewertung (§§ 258 ff. AktG).. 683
4. Besondere Sonderprüfung (§ 315 AktG) 686

1. Begriff

▷ **Ziel** der Sonderprüfung ist es, Informationen für die ausstehenden Aktionäre, aber auch für die Gesellschaftsgläubiger durch Offenlegung des Sonderprüfungsberichts zu erreichen (§ 145 Abs. 6 AktG). Die Sonderprüfungen können grundsätzlich nur durch die Hauptversammlung oder durch das Gericht eingeleitet werden.

▷ **Arten:** Zur Stärkung der Stellung der Minderheitsaktionäre, u.a. auch zur Ermöglichung der Geltendmachung von Ersatzansprüchen, sieht das AktG 3 verschiedene Arten von Sonderprüfungen vor:

- Prüfung einzelner Vorgänge *bei der Gründung* oder der Geschäftsführung (§§ 142 ff. AktG) unter Einbezug von Maßnahmen der Kapitalbeschaffung und -herabsetzung,
- Prüfung bestimmter *Positionen des Jahresabschlusses* (etwa bei unzulässiger Unterbewertung) sowie die Prüfung des Anhangs zum Jahresabschluss auf Vollständigkeit (§§ 258 ff. AktG),
- Prüfung der *geschäftlichen Beziehung* einer Gesellschaft zu dem herrschenden oder einem mit diesem verbundenen Unternehmen (§ 315 AktG, es handelt sich dabei nur um eine Variante der allgemeinen Sonderprüfung nach §§ 142 ff. AktG).

▷ **Antrag:** Der Antrag auf Bestellung von Sonderprüfern ist in der Hauptversammlung oder beim Amtsgericht des Gesellschaftssitzes zu stellen (§ 145 Abs. 1 FGG i.V.m. § 14 AktG). Zuständig ist der Amtsrichter, nicht der Rechtspfleger. Das Gericht kann einen oder mehrere Sonderprüfer bestellen, die namentlich zu bezeichnen sind. Gegen die Entscheidung ist das Rechtsmittel der sofortigen Beschwerde gegeben (§ 315 Satz 3 AktG i.V.m. FGG). Eine Sonderprüfung kann veranlasst werden

- von der Hauptversammlung,
- vom Gericht auf Antrag einer Minderheit oder
- von einem einzelnen Aktionär (§ 315 Satz 1 und 7 AktG).

▷ **Sonderprüfer:** Als Sonderprüfer können nur bestellt werden

- in der Buchführung vorgebildete und erfahrene Personen,
- Personengesellschaften, deren gesetzlicher Vertreter mindestens ein in Buchführung vorgebildetes und erfahrenes Mitglied hat.

Sonderprüfer darf nicht sein, wer kein Abschlussprüfer

- sein darf (§ 319 Abs. 2 und 3 HGB, → *Abschlussprüfung*) oder
- im Zeitpunkt des zu prüfenden Ereignisses hätte sein dürfen.

Dadurch soll die Unabhängigkeit des Sonderprüfers sichergestellt werden.

Beispiel

Zum Sonderprüfer darf derjenige nicht bestellt werden, welcher in der Zeit, in der sich der zu prüfende Vorgang ereignet hat, auch nur vorübergehend eine einzige Aktie der zu prüfenden Gesellschaft besessen hat.

▷ **Prüfungsbericht:** Die Sonderprüfer haben das Ergebnis der Sonderprüfung in einem Bericht zusammen zu fassen (§ 145 Abs. 6 AktG). Empfänger des Berichts ist der Vorstand und das Registergericht. Der Prüfungsbericht der Sonderprüfer ist zum Handelsregister einzureichen, wodurch ihn jedermann einsehen kann (§ 145 Abs. 6 Satz 2 AktG, § 9 Abs. 1 HGB). Der Vorstand hat den Sonderprüfungsbericht dem Aufsichtsrat vorzulegen und bei der Einberufung der nächsten Hauptversammlung als Gegenstand der Tagesordnung bekannt zu machen (§ 145 Abs. 6 Satz 5 AktG). Auf Verlangen ist jedem Aktionär eine Abschrift des Prüfungsberichts zu erteilen (§ 145 Abs. 6 Satz 4 AktG).

▷ **Kosten:** Die Kosten der Prüfung und des Verfahrens fallen der Gesellschaft zur Last, gleichgültig, ob die Hauptversammlung oder das Gericht die Sonderprüfer bestellt hat. Sind die Sonderprüfer vom Gericht bestellt worden, so haben sie Anspruch auf Auslagenersatz und auf Vergütung für ihre Tätigkeit (§ 142 Abs. 6 AktG). Wurden sie von der Hauptversammlung bestellt, so haben sie Anspruch auf die übliche Vergütung, soweit nichts anderes vereinbart wurde (§ 632 BGB).

2. Allgemeine Sonderprüfung (§§ 142 ff. AktG)

▷ **Zweck:** Die allgemeine Sonderprüfung dient der Überprüfung

- der Geschäftsführung einschließlich der Geschäftsvorgänge und des Abwicklungsstadiums sowie
- der Maßnahmen der → *Kapitalbeschaffung* und → *Kapitalherabsetzung*.

Eine Sonderprüfung gemäß §§ 142 ff. AktG wird in aller Regel zur Vorbereitung etwaiger → *Ersatzansprüche* gegen Mitglieder der Verwaltung beantragt. Eine Sonderprüfung ist aber nicht Voraussetzung für die Geltendmachung von Ersatzansprüchen (§ 147 AktG, → *Minderheitsrechte*).

▷ **Voraussetzung** für die Sonderprüfung ist ein Vorgang bei der Gründung oder ein schwerer Vorwurf gegen die Geschäftsführung.

▷ **Einleitung:** Die Sonderprüfung kann eingeleitet werden

- mit einem *Beschluss der Hauptversammlung*: erforderlich ist eine einfache Stimmenmehrheit (§ 142 Abs. 1 Satz 1 AktG). Die Gesellschaft darf das Stimmrecht nicht ausüben, wenn durch die Sonderprüfung einer ihrer gesetzlichen Vertreter betroffen wird (vgl. § 136 AktG; *Nirk* in Nirk/Ziemons/Binnewies, Handbuch der AG, Loseblatt, Rn. 1351). Soll sich die Sonderprüfung auf Fragen der Geschäftsführung erstrecken, so scheiden deshalb die Stimmen aller Verwaltungsmitglieder aus;

- durch das *Gericht* (§ 142 Abs. 2 AktG): auf Antrag einer Minderheit (mindestens 1 % des Grundkapitals oder Aktien mit einem anteiligen Betrag von mindestens 100 000 Euro), wobei Tatsachen vorgetragen werden müssen, die den Verdacht rechtfertigen, dass bei dem zu prüfenden Vorgang Unredlichkeiten oder grobe Verletzungen des Gesetzes oder der Satzung vorgekommen sind; die Aktionäre, die den Antrag stellen, müssen ihre Aktien hinterlegen oder eine Versicherung des depotführenden Kreditinstituts vorlegen, dass die Aktien nicht veräußert werden, und seit mindestens 3 Monaten vor dem Tage der Hauptversammlung Inhaber der Aktien sein;

- durch das *Gericht* auf Antrag eines einzelnen Aktionärs, falls die Hauptversammlung zur Prüfung derselben Vorgänge einen Sonderprüfer bereits bestellt hat (§ 315 Satz 4 AktG).

▷ **Andere Sonderprüfer** als die von der Hauptversammlung bestellten kann die doppelte Minderheit der Aktionäre bei Gericht beantragen, sofern die von der Hauptversammlung bestellten Sonderprüfer ungeeignet sind (§ 142 Abs. 2 Satz 1 AktG). Die Antragsfrist beträgt 2 Wochen seit dem Tage der Hauptversammlung (§ 142 Abs. 4 Satz 2 AktG). Gegen die Entscheidung des Gerichts ist sofortige Beschwerde möglich (§§ 146, 147 FGG i.V.m. § 142 Abs. 5 Satz 2 AktG).

3. Sonderprüfung wegen unzulässiger Unterbewertung (§§ 258 ff. AktG)

▷ **Zweck:** Die Sonderprüfung ist zusätzliches Rechtsmittel der Aktionäre gegen eine fehlerhafte Feststellung des → *Jahresabschluss*es (vgl. §§ 256, 257 AktG, neben der → *Anfechtung* bei Feststellung durch die Hauptversammlung). Die Zweckrichtung dieser Sonderprüfungen ist auf bilanzrechtliche Verstöße beschränkt. Wer Bewertungen im Jahresabschluss oder das Fehlen von Angaben im Anhang beanstanden will, kann nur dieses Verfahren einschlagen. Die Sonderprüfung wegen unzulässiger Unterbewertung ist somit gegenüber der allgemeinen Sonderprüfung die speziellere Regelung. Die Verfahren die formalen Voraussetzungen bzw. die Ergebnisse betreffend sind hierbei voneinander zu unterscheiden.

▷ **Konkurrenz:** Die Sonderprüfung wegen Unterbewertung und Verstößen gegen die Berichtspflicht im Anhang steht neben der nur beschränkt möglichen Anfechtung eines von der Hauptversammlung festgestellten Jahresabschlusses und den im Einzelnen geregelten Nichtigkeitsgründen des von der Verwaltung oder von der Hauptversammlung festgestellten Jahresabschlusses.

▷ **Voraussetzungen:** Für die Bestellung von Sonderprüfern wegen unzulässiger Unterbewertung bestehen folgende Voraussetzungen:

– Antrag (qualifizierte Minderheit von Aktionären, § 258 Abs. 2 Satz 3 AktG),

– konkrete Tatsachen müssen behauptet werden, die für einen verständigen und objektiven Beurteiler den Schluss auf eine Unterbewertung oder auf eine unvollständige Berichterstattung im Anhang nachvollziehbar machen (*Hüffer*, AktG, 7. Aufl. 2006, § 258 Rn. 3),

– der angegriffene Posten muss in einem festgestellten Jahresabschluss enthalten sein, eine Sonderprüfung gegenüber einem nur aufgestellten Jahresabschluss gibt es nicht, oder

– fehlende oder unvollständige Angaben im Anhang werden geltend gemacht, die Anfrage danach in der Hauptversammlung an den Vorstand blieb unbeantwortet und wurde zur Aufnahme in die Niederschrift verlangt.

▷ **Antrag:** Antragsberechtigt für das Verfahren einer Sonderprüfung sind nur Aktionäre, deren Anteile zusammen 1 % des Grundkapitals oder einen anteiligen Betrag von 100 000 Euro erreichen. Mitzurechnen sind auch stimmrechtslose Aktien und Aktien nach § 134 Abs. 1 und 2 AktG. Der Antrag kann sich auf die Unterbewertung bestimmter Bilanzposten beziehen (§ 258 Abs. 1 Satz 1 Nr. 1 AktG). Der Betrag der vermuteten Unterbewertung muss nicht angegeben werden. Es genügt, wenn eine nicht unwesentliche Unterbewertung erkennbar ist (§§ 238–241, 252–256, 279–283 HGB). Für die Geltendmachung von Fehlern des Geschäftsberichts muss im Antrag auf Sonderprüfung dargelegt werden, dass Anlass für die Annahme besteht, der Anhang enthalte die vorgeschriebenen Angaben nicht oder nicht vollständig (§§ 284 ff. HGB, § 160 AktG). Der Antrag muss innerhalb 1 Monats nach der Hauptversammlung über den festgestellten Jahresabschluss gestellt werden. Der Antragsteller muss glaubhaft machen, dass er seit mindestens 3 Monaten Inhaber der Aktien ist (notarielle eidesstattliche Versicherung oder Vorlage von Depotauszügen ausreichend). Die Aktien sind bis zur Entscheidung über den Antrag zu hinterlegen oder es ist eine Versicherung des depotführenden Kreditinstituts vorzulegen, dass die Aktien nicht veräußert werden (§ 258 Abs. 2 Satz 3 und 4 AktG).

▷ **Zuständigkeit:** Für die Bestellung eines Sonderprüfers ist das Amtsgericht des Sitzes der Gesellschaft, das im Verfahren des FGG tätig wird, zuständig (§ 145 FGG, § 14 AktG).

▷ **Sonderprüfer:** Sonderprüfer können nur Wirtschaftsprüfer oder Wirtschaftsprüfungsgesellschaften sein (§ 258 Abs. 4 Satz 1 AktG i.V.m. § 319 Abs. 2 und 3 HGB). Der Sonderprüfer wird als Organ der Gesellschaft tätig. Abschlussprüfer der Gesellschaft oder Personen, die in den letzten 3 Jahren vor der Bestellung Abschlussprüfer der Gesellschaft waren, dürfen diese Aufgabe nicht wahrnehmen (§ 258 Abs. 4 AktG).

▷ **Prüfungsbericht** (§ 259 AktG): Die Sonderprüfer haben über das Ergebnis ihrer Prüfung schriftlich Bericht zu erstatten (sog. Sonderprüfungsbericht). Hinsichtlich der Nichtigkeitsgründe (Verstöße gegen die Gliederungsvorschriften, den Formblattzwang, Unterbewertungen von Posten) ist die Berichtspflicht der Sonderprüfer erweitert, aber nur soweit sie bei der Wahrnehmung ihrer Aufgaben auf solche gravierenden Mängel stoßen (§§ 259 Abs. 1 Satz 2, 256 Abs. 4, Abs. 5 Nr. 1 AktG). Das Wesentliche des Berichts ist die abschließende Feststellung (§ 259 Abs. 2 AktG). Bei dieser Beurteilung sind die Verhältnisse am Stichtag des Jahresabschlusses zugrunde zu legen. Die abschließende Feststellung muss enthalten:

– Angaben darüber, zu welchem Wert die einzelnen Aktivposten mindestens und zu welchem Betrag die einzelnen Passivposten höchstens anzusetzen waren (§ 259 Abs. 2 Satz 1 Nr. 1 AktG),

– Angaben darüber, um welchen Betrag sich der Jahresabschluss bei Ansatz dieser Werte oder Beträge erhöht oder der Jahresfehlbetrag ermäßigt hätte (§ 259 Abs. 2 Satz 1 Nr. 1 AktG).

▷ **Bei fehlenden oder nur unwesentlichen Unterbewertungen** ist in der abschließenden Feststellung zu erklären, dass die bemängelten Posten nicht unzulässig unterbewertet worden sind (§ 259 Abs. 3 AktG). Eine genaue Bezeichnung der Posten ist zweckmäßig.

--- Formulierungsbeispiel ---
„Nach pflichtgemäßer Prüfung und Beurteilung sind die bemängelten Posten im Jahresabschluss zum ... nicht unzulässig unterbewertet".

▷ **Nachholung fehlender Angaben:** Enthält der Anhang nicht oder nicht vollständig die vorgeschriebenen Angaben und hat der Vorstand in der Hauptversammlung die fehlenden Angaben, obwohl nach ihnen gefragt worden ist, nicht gemacht und ist die Aufnahme der Frage in die Niederschrift verlangt worden, so müssen die Sonderprüfer die im Anhang fehlenden Angaben bei ihrer abschließenden Feststellung nachholen (§ 259 Abs. 4 Satz 1 AktG). Wurde die Angabe über Abweichungen von Bewertungs- oder Abschreibungsmethoden unterlassen, so ist in die abschließende Feststellung aufzunehmen, um welchen Unterschiedsbetrag sich das Jahresergebnis bei Berücksichtigung der unterlassenen Angabe geändert hätte. Die Prüfer haben also eine Vergleichsrechnung vorzunehmen, in der die Ergebnisse der vorherigen und neuen Bewertung gegenüberzustellen sind. Stellen die Prüfer fest, dass keine Angaben fehlen, haben sie dies in den abschließenden Feststellungen zu vermerken (sog. *Negativtestat*, § 259 Abs. 4 Satz 3 AktG).

▷ **Gerichtliche Entscheidung:** Ein gerichtliches Streitentscheidungsverfahren kommt nur ausnahmsweise wegen nicht unwesentlicher Unterbewertungen in Betracht. Die Feststellungen zur Berichterstattung sind unangreifbar. Gegen die abschließende Feststellung zur Unterbewertung kann innerhalb eines Monats nach der Veröffentlichung im Bundesanzeiger Antrag auf gerichtliche Entscheidung gestellt werden (§ 260 Abs. 1 AktG). Antragsberechtigt sind

- die Gesellschaft oder
- eine beliebige Aktionärsgruppe, die über 5 % des Grundkapitals oder über Aktien im Nennwert von 500 000 Euro verfügt.

Der Antrag muss auf Feststellung des Betrages der Mindestbewertung bei den Aktivposten und der Höchstbewertung bei den Passivposten gerichtet sein. Die Gesellschaft kann ihrerseits den Antrag stellen, dass eine Unterbewertung nicht vorliegt. Über den Feststellungsantrag hat das Landgericht des Gesellschaftssitzes, Kammer für Handelssachen, zu entscheiden (§ 132 Abs. 1 AktG). Das Gericht ist an keine Beweisregeln gebunden, sondern kann eigene Feststellungen treffen (§ 12 FGG). Mit Eintritt der Rechtskraft wirkt die Entscheidung für und gegen jedermann (§ 99 Abs. 5 Satz 2 AktG). Die Entscheidung ist der Gesellschaft immer mit Gründen, den Aktionären nur insoweit zuzustellen, als sie einen Antrag gestellt haben (§ 260 Abs. 2 Satz 2 AktG). Der Beschlusstenor muss in den Gesellschaftsblättern veröffentlicht werden (§§ 260 Abs. 3 Satz 3, 25 AktG). Gegen die Entscheidung kann sofortige Beschwerde erhoben werden (§§ 99 Abs. 3 Satz 2 i.V.m. 260 Abs. 3 Satz 1 AktG i.V.m. 22 Abs. 1 Satz 1 FGG).

▷ **Folgen der abschließenden Feststellung:** Die abschließende Feststellung einer Unterbewertung oder die gerichtliche Entscheidung haben keinen Einfluss auf die Jahresbilanz, deren Wertsätze sie zum Gegenstand haben. Erst die nächste nach dem Vorliegen von Feststellungen oder Entscheidungen aufzustellende → Bilanz hat die Feststellung der Prüfer oder des Gerichts zugrunde zu legen (§ 261 Abs. 1 und 2 AktG). Über einen aus der Feststellung sich ergebenden höheren Betrag darf allein die Hauptversammlung entscheiden (§ 261 Abs. 3 Satz 2 AktG). Ein Bilanzverlust ist vorrangig zu decken. Über die Beträge, die nach Steuerabzug und Verlustausgleich verbleiben, kann die Hauptversammlung frei verfügen. Auch die Abschlussprüfer sind gebunden: sie müssen einer Bilanz, die § 261 AktG missachtet, das Testat versagen (§ 322 Abs. 4 HGB, → Abschlussprüfung). Der Jahresabschluss kann dann nicht festgestellt werden (→ Beschluss, → Jahresabschluss).

4. Besondere Sonderprüfung (§ 315 AktG)

▷ **Begriff:** Eine Sonderprüfung nach § 315 AktG ist eine besonders ausgestaltete Variante der allgemeinen Sonderprüfung (§§ 142 ff. AktG). Sie ist subsidiär zu einer Sonderprüfung aus § 142 AktG aus denselben Gründen. Jedoch hat jeder Aktionär das Recht, unter bestimmten Voraussetzungen die Bestellung anderer Sonderprüfer durch das Gericht zu verlangen (§§142 Abs. 4 Satz 1, 315 Satz 4 AktG).

▷ **Mögliche Ansprüche der Aktionäre:** Dieser Anspruch soll den Aktionären als Vorbereitung dafür dienen, gegebenenfalls Ansprüche gegen das herrschende Unternehmen und dessen gesetzliche Vertreter geltend zu machen (§ 317 Abs. 3 AktG) und zwar auf Ersatz

- des eigenen Schadens (§ 317 Abs. 1 Satz 2 AktG) oder
- eines Schadens der Gesellschaft (§ 117 Abs. 1 Satz 1, Abs. 4 AktG i.V.m. § 109 Abs. 4 Satz 1 und 2 AktG), wenn das herrschende Unternehmen die abhängige Gesellschaft veranlasst, ein für sie nachteiliges Rechtsgeschäft vorzunehmen

oder zu ihrem Nachteil eine Maßnahme zu treffen oder zu unterlassen, ohne den Nachteil tatsächlich auszugleichen.

▷ Der **Verdacht einer pflichtwidrigen Nachteilszufügung** führt bei Antragstellung *eines Aktionärs* nur in folgenden 3 Fällen zu einer Anordnung der Sonderprüfung der geschäftlichen Beziehungen des abhängigen zu dem herrschenden oder einem mit ihm verbundenen Unternehmen, nämlich wenn

- der Abhängigkeitsbericht nicht oder nur eingeschränkt testiert wird (§ 313 Abs. 4 AktG),
- der Aufsichtsrat der abhängigen Gesellschaft Einwendungen gegen die Schlusserklärung des Vorstandes erhebt (§ 314 Abs. 3 AktG) oder
- der Vorstand selbst erklärt, dass die Gesellschaft durch bestimmte Rechtsgeschäfte oder Maßnahmen benachteiligt worden ist (§ 312 Abs. 3 AktG).

Wenn keine der 3 Voraussetzungen gegeben ist, sich der Verdacht einer pflichtwidrigen Nachteilszufügung aber aus anderen Tatsachen ergibt, kann eine Sonderprüfung von einer Minderheit von Aktionären (mind. i.S. des Grundkapitals oder Aktien mit einem anteiligen Betrag von mind. 100 000 Euro) mit einer Vorbesitzzeit von 3 Monaten beantragt werden (§§ 315 Satz 2, 142 Abs. 2 AktG).

In allen sonstigen Fällen hat das Gericht den Antrag zurückzuweisen. Gegen die Entscheidung des Gerichts ist sofortige Beschwerde zulässig (§ 315 Satz 6 AktG i.V.m. § 22 Abs. 1 Satz 1 FGG).

▷ **Voraussetzungen** für eine Sonderprüfung i.S.v. § 315 AktG sind somit:

- Antrag (eines einzigen Aktionärs oder einer qualifizierenden Minderheit),
- Verdacht einer pflichtwidrigen Nachteilszufügung,
- kein Beherrschungsvertrag (§ 312 Abs. 1 Satz 1 AktG),
- kein isolierter Gewinnabführungsvertrag (§ 316 AktG),
- kein Eingliederungsfall (§ 323 Abs. 1 Satz 3 AktG),
- besondere Voraussetzungen bei Antrag eines einzigen Aktionärs (s.o.),
- Anordnung durch das Gericht (Prüfungs- oder Entscheidungsauftrag).

Über das Ergebnis der Sonderprüfung ist schriftlich zu berichten (§ 145 Abs. 6 Satz 1 AktG, zu den Berichtstandards vgl. *Noack*, WPg 1994, 225, 234).

Hinweis auf weiterführende Literatur: *Bode*, Abhängigkeitsbericht und Kostenlast im einstufigen faktischen Konzern, AG 1995, 261, 264 ff.; *Fleischer*, Aktienrechtliche Sonderprüfung und Corporate Governance, RIW 2000, 809 ff.; *Forster/Goerdeler u.a.* in Adler/Düring/Schmaltz, Rechnungslegung und Prüfung der Unternehmen, 6. Aufl. 1997, § 142 AktG Rn. 1, 11; *Hirte*, Die Nichtbestellung von Sonderprüfern im Feldmühle-Verfahren, ZIP 1988, 953 ff.; *Krag/Hullermann*, Quantitative Voraussetzungen für eine Antragstellung auf eine Sonderprüfung wegen unzulässiger Unterbewertung nach § 258 Abs. 1 Nr. 1 AktG, DB 1980, 457 ff.; *Kruse*, Die Sonderprüfung wegen unzulässiger Unterbewertung, 1972; *Kubsch*, Die Sonderprüfung wegen unzulässiger Unterbewertung

(§ 258 Abs. 1 Nr. 1 AktG) und der Grundsatz der Bewertungsstetigkeit, WPg 1989, 517 ff.; *Schedelbauer*, Sonderprüfungen, 1984; *Schimmelbusch*, Kritische Bemerkungen zum Institut der Sonderprüfung nach §§ 258 ff. AktG, WPg 1972, 141 ff.

Hinweis auf weitere Stichwörter

→ *Abhängigkeitsbericht*
→ *Abschlussprüfung*
→ *Ersatzansprüche*

→ *Konzern*
→ *Prüfung*

Sonderrechte

▷ **Begriff:** Als Sonderrechte werden solche Aktionärsrechte bezeichnet, die an die Aktie anknüpfen und die neben den allgemeinen Mitgliedsrechten, statuarisch zugunsten einzelner Aktionäre oder Aktionärsgruppen, eine Vorzugsstellung begründen (§§ 11, 12 AktG, 35 BGB, → *Satzung*). Die Sonderrechte sind → *Mitgliedschaftsrechte* und gehen daher mit der Veräußerung der Aktien grundsätzlich auf den Erwerber über. Aktien, die solche Sonderrechte gewähren, werden Vorzugsaktien genannt und bilden eine besondere Aktiengattung (§ 11 Satz 2 AktG).

> **Beispiel**
>
> – Das Entsendungsrecht von Aufsichtsratsmitglieder (§ 101 Abs. 2 AktG),
> – das Recht auf eine Vorzugsdividende.

▷ **Entziehbarkeit:** Die Sonderrechte können nach satzungsgemäßer Ausgestaltung entziehbar oder unentziehbar sein. Sofern Aktionären ein unentziehbares Sonderrecht eingeräumt worden ist, steht dieses unter dem Schutz des § 35 BGB. Ein solches Recht des Aktionärs kann auch durch einen Hauptversammlungsbeschluss nicht ohne dessen Zustimmung beeinträchtigt oder entzogen werden (*Hüffer*, AktG, 7. Aufl. 2006, § 11 Rn. 6; a.A. BGH NJW-RR 1989, 542: für die GmbH). Sofern ein Sonderrecht entziehbar ist, bedarf seine Veränderung stets eines Beschlusses der betroffenen Aktionäre (Zustimmung, §§ 11, 179 Abs. 3 AktG). Gesellschafterbeschlüsse, die ohne wichtigen Grund in ein Sonderrecht eingreifen, sind per se unwirksam. Eine Anfechtungsklage ist daher nicht mehr erforderlich: ein Beschluss, der ein Sonderrecht verletzt oder beeinträchtigt, wird ohne Zustimmung des Berechtigten nicht wirksam und kann ihm auch nicht entgegengehalten werden. Der Aktionär kann aber auf Feststellung der Unwirksamkeit eines solchen Sonderbeschlusses klagen.

Hinweis auf weitere Stichwörter

→ *Aktie*
→ *Aktionär*
→ *Mitgliedschaftsrecht*

→ *Sonderbeschluss*
→ *Sondervorteile*

Sondervorteile

▷ **Begriff:** Sondervorteile sind Rechte, die einem Aktionär oder gesellschaftsfremden Personen (Dritten) aus Anlass der Gründung (sachlicher Zusammenhang) satzungsgemäß eingeräumt wurden und so ausgestaltet sind, dass sie ohne die Mitgliedschaft auf einen Dritten übertragen werden können (§ 26 Abs. 1 AktG, → *Satzung*). Sie sind Vorteile, die nicht an die Aktie, sondern an die Person eines bestimmten Aktionärs bzw. eines Dritten geknüpft sind (abzugrenzen von Sonderrechten gemäß §§ 11, 12 AktG). Sondervorteile kommen also nicht allen Aktionären zugute, die sich der Gesellschaft gegenüber in der gleichen Lage befinden (LG Stuttgart AG 1994, 567 reSp).

> **Beispiele**
>
> Als Sondervorteile kommen vor allem in Betracht
> - der Abschluss eines Betriebspachtvertrages mit dem Mehrheitsgesellschafter ist ein Sondervorteil, wenn die Gesellschaft nicht bereit ist, die für den Mehrheitsaktionär in Aussicht genommene Rechtsstellung einem beliebigen Bewerber gleicher Qualifikation einzuräumen (OLG Frankfurt AG 1973, 136; ablehnend *Rasch*, BB 1973, 865);
> - eine günstige Geschäftsübernahme oder ein sonstiger Geschäftsabschluss zu besonderen günstigen Bedingungen für einen Aktionär,
> - das Recht zum Bezug von Waren,
> - Umsatzprovision,
> - Gewinnanteile,
> - freier Eintritt in die Anlagen der Gesellschaft,
> - das Recht, eigene Erzeugnisse an die Gesellschaft zu verkaufen,
> - das Recht, die Produktion der Gesellschaft ganz oder teilweise zu kaufen,
> - das Recht, bestimmte Anlagen von der Gesellschaft zu pachten oder an die Gesellschaft zu verpachten,
> - das Recht zum Wiederkauf eingebrachter Sachen,
> - jede Art des Rechts zum Abschluss gegenseitiger Verträge,
> - die Einräumung von Dienstleistungen,
> - Anspruch auf Benutzung der Einrichtungen der Gesellschaft,
> - über § 131 AktG hinausgehende Informationsrechte (streitig wegen Unübertragbarkeit von Informationsrechten).

▷ **Keine Sondervorteile** nach § 26 Abs. 1 AktG sind
- Sonderrechte nach §§ 11, 12 AktG,
- Sondervorteile nach § 243 Abs. 2 AktG,

– ein bei der Gründung bereits geschlossener gegenseitiger Vertrag: da es sich insoweit nicht um einseitige Zusagen der Gesellschaft handelt. Wenn jedoch ein solcher Vertrag ein auffälliges Missverhältnis von Leistung der Gesellschaft und Gegenleistung des Aktionärs aufweist, wird er „Sondervorteile" erhalten, die nach § 26 Abs. 3 AktG der Gesellschaft gegenüber unwirksam sind, sofern die erforderlichen Angaben in der Satzung fehlen (§ 26 Abs. 1 AktG).

▷ **Gläubigerrechte:** Die herrschende Auffassung sieht in Sondervorteilen keine mitgliedschaftlichen Befugnisse, sondern *(Dritt-)Gläubigerrechte*, die parallel zur Mitgliedschaft bestehen, selbst wenn diese durch das Bestehen der Mitgliedschaft bedingt sind.

▷ **Schuldner:** Schuldner ist die Gesellschaft und nicht der einzelne Aktionär. Ihr Entstehen regelt das Gesetz abschließend (§ 26 Abs. 1 AktG). Bezüglich der inhaltlichen Ausgestaltung wird angenommen, dass sie wie andere Gläubigerrechte gestaltet sein können:

– Es kann sich um höchstpersönliche Rechte eines bestimmten Aktionärs handeln, die entweder mit Ende seiner Mitgliedschaft erlöschen oder darüber hinaus bestehen bleiben;

– jeder Berechtigte kann auf seine Sondervorteile verzichten, ohne dass dazu eine Satzungsänderung erforderlich wäre;

– die Sondervorteile können beliebig übertragbar sein: insoweit empfiehlt sich jedoch eine Regelung in der → *Satzung*. Die Art der Übertragung richtet sich danach, ob die Sondervorteile in Genussscheinen verbrieft sind (§ 363 HGB) oder nicht. Im ersten Fall wird der Sondervorteil gemäß §§ 364, 365 HGB übertragen, wenn es sich um Orderscheine handelt oder nach den §§ 929 ff., §§ 398 ff. BGB, wenn es sich um Inhaberscheine handelt.

▷ Die **Grenze für die zulässige Gewährung** von Sondervorteilen wird durch die zwingenden Vorschriften des Aktienrechts gezogen. Nicht zulässig sind Zusagen betreffend

– feste Zahlungen, ohne Rücksicht auf den Jahresgewinn,

Beispiele

Nicht zulässig ist eine Zusage an einen Aktionär
- direkt oder indirekt auf Rückgewähr von Einlagen (§ 57 Abs. 1 AktG) oder
- auf eine feste Verzinsung der Einlagen statt einer Dividende (§ 57 Abs. 2 AktG).

– die Gewährung von Umsatzprovisionen (*str.*, → *Anstellungsverhältnis*, → *Tantieme*),

– indirekte Absicherung einer Vorstandsbestellung (§§ 30 Abs. 4, 84 Abs. 1 AktG, dadurch würde unzulässig in die Zuständigkeit des Aufsichtsrats eingegriffen),

– die Gewährung von Herrschafts- und Teilhaberrechten (*a.A. Pentz* in MüKo. AktG, 2. Aufl. 2000, § 26 Rn. 12).

> **Beispiel**
>
> Die Einräumung des Rechts auf Entsendung von Aufsichtsratsmitgliedern (§ 101 Abs. 2 AktG)

Hinweis auf weitere Stichwörter

→ *Aufsichtsrat*   → *Vorstand*
→ *Sonderrechte*

Spaltung

1. Begriff 691
2. Ablauf 691
3. Spaltungsarten 692
4. Rechtsträger 693
5. Spaltungsformen 694
6. Spaltungsvertrag 694
7. Spaltungsplan 695
8. Spaltungsbericht 696
9. Spaltungsprüfung 696
10. Spaltungsbeschluss 697
11. Kapitalveränderung 698
12. Vollziehung 698

1. Begriff

Die Spaltung ist eine vereinfachte Unternehmensdekonzentration im Wege der partiellen Gesamtrechtsnachfolge (§§ 123–173 UmwG). Die Spaltung orientiert sich weitgehend am Recht der → *Verschmelzung*.

2. Ablauf

▷ **Planungs- und Vorbereitungsphase:**

– Aufstellung der Schlussbilanz auf den Spaltungsstichtag,
– Entwicklung der Spaltungsbilanz aus der Schlussbilanz (für den Nachweis der Werthaltigkeit des übertragenen Vermögens),
– Abschluss des Spaltungsvertrages bzw. Erstellung des Spaltungsplans,
– Spaltungsbericht,
– Spaltungsprüfung.

▷ **Beschlussphase:**

– Spaltungsbeschluss,
– Kapitalherabsetzungsbeschluss,
– Kapitalerhöhungsbeschluss.

Spaltung

▷ **Vollzugsphase:**

– Anmeldung der Spaltung und evtl. einer Kapitalherabsetzung bei der übertragenden Gesellschaft und einer eventuellen Kapitalerhöhung bei der übernehmenden Gesellschaft zum jeweiligen Handelsregister,

– Eintragung der Spaltung bzw. des neuen Rechtsträgers beim Registergericht des übernehmenden bzw. neuen Rechtsträgers.

3. Spaltungsarten

Das Gesetz lässt 3 Arten der Spaltung von Unternehmen zu (§ 123 Abs. 1–3 UmwG):

▷ **Aufspaltung:** die Übertragung des gesamten Vermögens eines Rechtsträgers auf mindestens 2 bestehende oder dadurch gegründete Rechtsträger jeweils als Gesamtheit gegen Gewährung von Anteilen an den übernehmenden Rechtsträgern und unter Erlöschen des übertragenden Rechtsträgers (Umkehrung der Verschmelzung).

Grundfälle

Aufspaltung zur

– Aufnahme auf Schwestergesellschaften (§ 123 Abs. 1 Nr. 1 UmwG),
– Aufnahme „down-stream" (§ 123 Abs. 1 Nr. 1 UmwG),
– Aufnahme mit Dritten (§ 123 Abs. 1 Nr. 1 UmwG),
– Aufnahme „up-stream" (§ 123 Abs. 1 Nr. 1 UmwG),
– Neugründung (§ 123 Abs. 1 Nr. 2 UmwG).

▷ **Abspaltung:** die Übertragung eines Teils oder mehrerer Teile des Vermögens eines Rechtsträgers im Ganzen („partielle Gesamtrechtsnachfolge") auf einen oder mehrere bestehende oder infolge der Abspaltung errichtete Rechtsträger gegen Gewährung von Anteilen.

Grundfälle

Abspaltung zur

– Aufnahme auf Schwestergesellschaften (§ 123 Abs. 2 Nr. 1 UmwG),
– Aufnahme „down-stream" (§ 123 Abs. 2 Nr. 1 UmwG),
– Aufnahme mit Dritten (§ 123 Abs. 2 Nr. 1 UmwG),
– Aufnahme „up-stream" (§ 123 Abs. 2 Nr. 1 UmwG),
– Neugründung (§ 123 Abs. 2 Nr. 2 UmwG).

▷ **Ausgliederung:** die Übertragung eines Teils oder mehrerer Teile des Vermögens eines Rechtsträgers im Ganzen („partielle Gesamtrechtsnachfolge") auf einen oder mehrere bestehende oder infolge der Ausgliederung errichtete Rechtsträger gegen

Gewährung von Anteilen. Empfänger der Anteile ist der ausgliedernde Rechtsträger (§ 123 Abs. 3 UmwG).

Grundfälle

Ausgliederung zur

- Aufnahme auf Schwestergesellschaften (§ 123 Abs. 3 Nr. 1 UmwG),
- Aufnahme „down-stream" (§ 123 Abs. 3 Nr. 1 UmwG),
- Aufnahme auf Dritten (§ 123 Abs. 3 Nr. 1 UmwG),
- Aufnahme „up-stream" (§ 123 Abs. 3 Nr. 1 UmwG),
- Neugründung (§ 123 Abs. 3 Nr. 2 UmwG).

---

4. Rechtsträger

▷ An einer Spaltung können als **übertragende Rechtsträger** teilnehmen (§§ 124 Abs. 1, 3 Abs. 1 UmwG)

- Personenhandelsgesellschaften,
- Partnerschaftsgesellschaften,
- Kapitalgesellschaften,
- eingetragene Genossenschaften,
- eingetragene Vereine,
- genossenschaftliche Prüfungsverbände,
- VVaG,
- wirtschaftliche Vereine,
- Einzelkaufleute (nur Ausgliederung möglich),
- Stiftungen (nur Ausgliederung möglich),
- Gebietskörperschaften (nur Ausgliederung möglich),
- Zusammenschlüsse von Gebietskörperschaften, die nicht Gebietskörperschaften sind (Zweckverbände) (nur Ausgliederung möglich).

▷ **Übernehmende oder neue Rechtsträger** können sein (§§ 124 Abs. 1, 3 Abs. 1 UmwG)

- Personenhandelsgesellschaften,
- Partnerschaftsgesellschaften,
- Kapitalgesellschaften,
- eingetragene Genossenschaften,
- eingetragene Vereine,

Spaltung

- genossenschaftliche Prüfungsverbände,
- VVaG.

5. Spaltungsformen

▷ **Spaltung zur Aufnahme** ist die Aufspaltung, Abspaltung oder Ausgliederung auf bereits bestehende Gesellschaften (→ 6. *Spaltungsvertrag*);

▷ **Spaltung zur Neugründung** ist die Aufspaltung, Abspaltung oder Ausgliederung auf neu gegründete Rechtsträger (→ 7. *Spaltungsplan*);

▷ **Kombination** beider Spaltungsarten.

6. Spaltungsvertrag

▷ **Vertragsparteien:** Der Spaltungsvertrag wird bei der Spaltung zur Aufnahme zw. den an der Spaltung beteiligten Gesellschaften geschlossen (§ 126 UmwG). Zuständig sind die Vertretungsorgane der an der Spaltung beteiligten Rechtsträger (für die Aktiengesellschaft der → *Vorstand*). Der Spaltungsvertrag ist notariell zu beurkunden (§§ 125 i.V.m. 6 UmwG). Die endgültige Fassung des Spaltungsvertrags muss nach Abschluss der Spaltungsprüfung vorliegen (s.u. 9. *Spaltungsprüfung*).

▷ **Zwingender Vertragsinhalt:**

- Name/Firma und Sitz der beteiligten Rechtsträger (§ 126 Abs. 1 Nr. 1 UmwG),
- Spaltungsklausel (§ 126 Abs. 1 Nr. 9 UmwG),
- Zeitpunkt der Gewinnberechtigung (§ 126 Abs. 1 Nr. 5 UmwG),
- Spaltungsstichtag (§ 126 Abs. 1 Nr. 6 UmwG),
- Gewährung besonderer Rechte oder Vorteile (§ 126 Abs. 1 Nr. 7, 8 UmwG),
- Bezeichnung der übertragenden Vermögensteile (§ 126 Abs. 1 Nr. 9, Abs. 2 UmwG),
- Umtauschverhältnis und bare Zuzahlungen (bei Auf- und Abspaltung) (§ 126 Abs. 1 Nr. 3 UmwG),
- Aufteilung der Anteile und Maßstab der Aufteilung (bei Auf- und Abspaltung, § 126 Abs. 1 Nr. 10 UmwG),
- Folgen für Arbeitnehmer und ihre Vertretungen, insoweit von den vorgesehenen Maßnahmen betroffen (§ 126 Abs. 1 Nr. 11 UmwG),
- Vereinbarung Vermögensübertragung gegen Anteilsgewährung (§ 126 Abs. 1 Nr. 2 UmwG).

▷ **Fakultativer Vertragsinhalt** können folgende Bestandteile sein:

- Regelungen über von den beteiligten Rechtsträgern vorzunehmende Satzungsänderungen, insbesondere hinsichtlich Firmierung, Sitz oder Unternehmensgegenstand;

- Vereinbarungen über die Bestellung von Organen beim übernehmenden Rechtsträger;
- Regelungen über Rechtsfolgen, die gelten sollen, wenn eine zum Vermögensübergang etwa erforderliche Zustimmung Dritter oder eine staatliche Genehmigung nicht erteilt wird;
- Gewährleistungsregelungen hinsichtlich der zu übertragenden Vermögensgegenstände;
- Regelungen von Bedingungen und Befristungen oder Rücktrittsrechten;
- Kostentragungsregelungen.

▷ **Spaltungsklausel:** Im Spaltungsvertrag muss genau berechnet werden, welche Gegenstände übergehen und wie sie aufgeteilt werden (§ 129 Abs. 1 Nr. 9 UmwG). Haupt- und Nebenrechte dürfen nicht getrennt werden (sachenrechtlicher Bestimmtheitsgrundsatz). Im Übrigen können die beteiligten Rechtsträger jeden Gegenstand einem beliebigen Übernehmenden, evtl. unter Beachtung der Kapitalaufbringungsvorschriften, zuweisen (die Werthaltigkeit des Gegenstandes ist gegenüber dem Handelsgericht nachzuweisen).

7. Spaltungsplan

▷ **Aufstellung:** Im Falle der Spaltung zur Neugründung ist statt eines Spaltungsvertrags ein Spaltungsplan aufzustellen (§ 136 Satz 2 UmwG). Zuständig sind die Vertretungsorgane der übertragenden Gesellschaft (bei der Aktiengesellschaft der → *Vorstand*). Die Aufstellung des Spaltungsplans kann erst nach Abschluss der Spaltungsprüfung erfolgen (s.u. *9. Spaltungsprüfung*). Der Spaltungsplan bedarf der notariellen Beurkundung.

▷ **Gründung:** Im Spaltungsplan erfolgt die Gründung des neuen Rechtsträgers durch die übertragende Gesellschaft. Anzuwenden sind die auf die Gründung der neuen Rechtsträger formspezifischen Gründungsvorschriften (*Ausn.:* § 135 Abs. 2 UmwG, z.B. Vorschriften, die für die Gründung eine Mindestzahl von Gründern vorschreiben). Die Satzung wird dem Spaltungsplan hierbei in der Regel als Anlage beigefügt. Da sie Bestandteil des Spaltungsplans ist, bedarf sie stets der notariellen Beurkundung (auch bei einer Personengesellschaft).

▷ **Zwingender Planinhalt:**
- Name und Sitz der beteiligten Rechtsträger und des neu zu errichtenden Rechtsträgers,
- der Gesellschaftsvertrag, die Satzung oder das Statut des neuen Rechtsträgers (§§ 135, 125 Abs. 2, 37 UmwG),
- Festsetzungen über die Sacheinlage im Falle einer Aktiengesellschaft als neuem Rechtsträger (vgl. §§ 135 Abs. 1, 125 Satz 1, 36 Abs. 2 UmwG),
- Übernahme der Festsetzungen über Sondervorteile, Gründungsaufwand, Sacheinlagen und Sachübernahmen, die in den Gesellschaftsverträgen, Satzungen oder Statuten der übertragenden Gesellschaft enthalten waren.

▷ **Fakultativer Planinhalt:** Bestellung der Organe der neugegründeten Gesellschaft (wirksam wird diese Bestellung allerdings erst nach Vorliegen des Spaltungsbeschlusses bei der übernehmenden Gesellschaft, im Übrigen s.o. *6. Spaltungsvertrag*).

8. Spaltungsbericht

▷ **Begriff:** Die Vertretungsorgane der an der Spaltung beteiligten Rechtsträger haben die Pflicht, einen ausführlichen schriftlichen Bericht zu erstatten, in dem die Spaltung, der Spaltungsvertrag bzw. -plan oder sein Entwurf im Einzelnen rechtlich und wirtschaftlich erläutert und begründet werden (§ 127 UmwG, → *7. Verschmelzungsbericht*).

— **Beispiel** —

Der Bericht muss bei Aufspaltung und Abspaltung insbesondere das Umtauschverhältnis der Anteile oder die Angaben über die Mitgliedschaften bei den übernehmenden Rechtsträgern, den Maßstab ihrer Aufteilung sowie die Höhe einer anzubietenden Barabfindung rechtlich und wirtschaftlich erläutern und begründen.

▷ **Entbehrlichkeit:** Der Spaltungsbericht ist entbehrlich,

– wenn der übernehmende Rechtsträger alle Anteile des übertragenden Rechtsträgers hält (§§ 127 Satz 2, 8 Abs. 3 UmwG),
– bei Personenhandelsgesellschaften, wenn alle Gesellschafter dieser Gesellschaft zur Geschäftsführung berechtigt sind (§§ 125, 41 UmwG),
– bei der Ausgliederung aus dem Vermögen eines Einzelkaufmanns (§ 153 UmwG),
– bei der Ausgliederung aus dem Vermögen von Gebietskörperschaften oder Zusammenschlüssen von Gebietskörperschaften (§ 169 UmwG),
– bei der Ausgliederung von rechtsfähigen Stiftungen (vgl. § 162 Abs. 1 UmwG mit den darin enthaltenen Ausn.),
– wenn alle Anteilsinhaber aller beteiligten Rechtsträger durch notariell beurkundete Erklärung darauf verzichten (§§ 127 Satz 2, 8 Abs. 3 UmwG).

Beachte: Bei kleineren Spaltungsvorgängen und im Bereich mittelständischer Unternehmen, an denen nur eine begrenzte Anzahl von Anteilsinhabern beteiligt ist, soll regelmäßig von der Möglichkeit des Verzichts Gebrauch gemacht werden. Die Verzichtserklärungen können hierbei zumeist zusammen abgegeben und mit den Spaltungsbeschlüssen beurkundet werden.

9. Spaltungsprüfung

Für die Auf- und Abspaltung unter Beteiligung einer Aktiengesellschaft oder KGaA ordnet das Gesetz eine generelle Prüfungspflicht an (§§ 125, 60, 78 UmwG). Die gesetzliche Pflicht zur Durchführung einer Spaltungsprüfung entfällt,

– wenn der übernehmende Rechtsträger alle Anteile des übertragenden Rechtsträgers hält (§§ 125, 9 Abs. 3, 8 Abs. 3 UmwG);
– bei Verzicht aller Anteilsinhaber der beteiligten Rechtsträger durch notariell beurkundete Erklärung auf die Prüfung.

Bei der *Ausgliederung* findet keine Prüfung statt (§ 125 Satz 2 UmwG).

10. Spaltungsbeschluss

▷ **Begriff:** Der Spaltungsvertrag oder -plan wird nur wirksam, wenn die Anteilsinhaber aller beteiligten Rechtsträger ihm bzw. seinem Entwurf durch einen sog. Spaltungsbeschluss zustimmen (§§ 125 Satz 1, 13 Satz 1 UmwG). Der Beschluss ist zwingend in einer Versammlung der Anteilsinhaber zu fassen.

▷ Die **Beschlussphase** einer jeden Spaltung ist im Wesentlichen durch die Zustimmungsbeschlüsse der Anteilsinhaber der beteiligten Rechtsträger geprägt. Ist zur Durchführung der Spaltung eine → *Kapitalherabsetzung* beim übertragenden Rechtsträger erforderlich bzw. müssen die als Gegenleistung zu gewährenden Anteile an der übernehmenden Gesellschaft erst durch eine Kapitalerhöhung geschaffen werden, sind durch die Anteilsinhaber der betreffenden Gesellschaften zusätzliche Beschlüsse über diese Kapitalveränderungsmaßnahmen zu treffen. Bei der Beteiligung ist die Spaltungsvereinbarung oder ihr Entwurf zunächst vor Einberufung der Hauptversammlung zum Register einzureichen, welches einen Hinweis öffentlich bekannt zu machen hat, dass der Vertrag oder sein Entwurf beim Handelsregister eingereicht worden ist (§§ 125, 61 UmwG). Von der Einberufung der Hauptversammlung an sind in den Geschäftsräumen der Gesellschaft der Spaltungsvertrag/-plan oder sein Entwurf, die Jahresabschlüsse und die Lageberichte der an der Spaltung beteiligten Rechtsträger für die letzten 3 Geschäftsjahre und, falls sich der letzte Jahresabschluss auf ein Geschäftsjahr bezieht, das mehr als 6 Monate vor dem Abschluss des Spaltungsvertrags oder Aufstellung der Eintragung abgelaufen ist, eine Zwischenbilanz, sowie die zu erstattenden Spaltungsberichte und die Prüfungsberichte auszulegen (§§ 125, 63 UmwG). Jeder Aktionär kann eine kostenlose Abschrift dieser Unterlagen verlangen (§§ 125, 63 Abs. 3 UmwG).

Durchführung der Versammlung: Für die eigentliche Durchführung der Hauptversammlung bzw. der Gesellschafterversammlung oder einer sonstigen Versammlung der Anteilsinhaber gelten die Vorschriften des Verschmelzungsrechts entsprechend (§ 125 UmwG), so dass bei einzelnen Rechtsformen Besonderheiten im Vergleich zu den sonstigen Gesellschafterversammlungen und Hauptversammlungen einzuhalten sind. Ein Verzicht auf diese Formvorschriften ist nach allgemeinen Grundsätzen möglich, sofern dem alle Anteilsinhaber zustimmen.

▷ Bei einer **an der Spaltung beteiligten Aktiengesellschaft/KGaA** gilt Folgendes:
– Für den Hauptversammlungsbeschluss einer Aktiengesellschaft ist eine Mehrheit von ¾ des bei der Beschlussfassung vertretenen Grundkapitals erforderlich, sofern die Satzung keine größere Kapitalmehrheit und weitere Erfordernisse bestimmt (§§ 125, 65 Abs. 1 UmwG). Bei der KGaA ist zusätzlich die Zustimmung der persönlich haftenden Gesellschafter zwingend erforderlich (§§ 125, 78 UmwG).

- Aktionäre einer auf eine GmbH zu übertragenden Aktiengesellschaft/KGaA, sofern eine anteilsproportionale Beteiligungsmöglichkeit fehlt, müssen ebenfalls ihre Zustimmung erteilen (§§ 125, 51 Abs. 2 UmwG);

- Falls mehrere Aktiengattungen vorhanden sind, bedarf der Spaltungsbeschluss der Zustimmung der stimmberechtigten Aktionäre jeder Aktiengattung durch Sonderbeschluss (§§ 125, 65, 78 UmwG).

▷ **Beurkundung:** Sowohl der Spaltungsbeschluss als auch, falls erforderlich, die Zustimmungserklärungen einzelner Anteilsinhaber sind notariell zu beurkunden (§§ 125, 13 Abs. 3 UmwG). Da sich das Eintragungsverfahren verzögern kann, wenn noch nicht abschließend geklärt ist, ob einer der an der Spaltung beteiligten Anteilsinhaber Klage gegen die Wirksamkeit des Spaltungsbeschlusses erhebt, empfiehlt es sich – wenn möglich – zusammen mit den Spaltungsbeschlüssen umfassende, notariell beurkundete Klageverzichtserklärungen sämtlicher Anteilsinhaber mit aufzunehmen (vgl. §§ 125, 16 Abs. 2 UmwG).

11. Kapitalveränderung

▷ **Folgen der Spaltung:** Bei der Aufspaltung erlischt die übertragende Gesellschaft. Bei der Ausgliederung erhält die übertragende Gesellschaft als Gegenleistung die Anteile an der aufnehmenden/neuen Gesellschaft selbst (neutraler Tausch von Bilanzposten). Die Durchführung einer Abspaltung kann aber dazu führen, dass durch Übertragung von Vermögensteilen der übertragenden Gesellschaft bei dieser eine Unterbilanz entsteht, wenn mehr Aktiva als Passiva übertragen werden. Sofern die Spaltung nicht aus stillen oder offenen Reserven möglich ist, muss bei der abspaltenden Kapitalgesellschaft eine Kapitalherabsetzung durchgeführt werden (zwingende Kapitalbindungsvorschriften, vgl. §§ 140, 146 UmwG). Das freigewordene Vermögen der Kapitalherabsetzung darf nicht zur Rückzahlung an die Gesellschafter verwendet werden, sondern ist in die Rücklagen einzustellen.

▷ **Verfahren:** Für die Aktiengesellschaft ist bei der Spaltung ein Verfahren der vereinfachten → *Kapitalherabsetzung* vorgesehen (vgl. §§ 139, 145 UmwG). Die Kapitalherabsetzung erfolgt durch einen notariell zu beurkundenden Herabsetzungsbeschluss (kann zusammen mit den Spaltungsbeschlüssen bzw. davor oder danach gefasst werden). Das Nennkapital bei der übertragenden Gesellschaft darf nur in dem Umfang vereinfacht herabgesetzt werden, wie dies zur Bildung des Nennkapitals bei der übernehmenden Gesellschaft notwendig ist (nur zulässig, um den spaltungsbedingten Abfluss zu kompensieren). Die Vermögensübertragung erfolgt im Grundsatz gegen Gewährung von Geschäftsanteilen oder Mitgliedschaften an der aufnehmenden Gesellschaft (→ *Verschmelzung*). Stehen der aufnehmenden Gesellschaft keine eigenen Anteile zur Verfügung, die als Gegenleistung für die Vermögensübertragung gewährt werden können, hat sie folglich ihr Kapital zu erhöhen (§ 125 UmwG, → *Kapitalerhöhung*).

12. Vollziehung

▷ **Eintragung:** Kapitalherabsetzung bei der übertragenden Gesellschaft bzw. eine Kapitalerhöhung bei der übernehmenden Gesellschaft zum jeweiligen → *Handels-*

register anzumelden. Die Spaltung wird erst mit → *Eintragung* in das Handelsregister am Sitz des übertragenden Rechtsträgers wirksam (§ 131 Abs. 1 Nr. 1 UmwG). Die Eintragung ins Handelsregister bewirkt, dass die im Spaltungsvertrag bezeichneten Teile des Vermögens einschließlich der Verbindlichkeiten auf die übernehmenden Rechtsträger übergehen, ohne dass es einer Einzelrechtsübertragung bedarf. Die Anmeldung der Spaltung zum Register des Sitzes des übertragenden Rechtsträgers muss spätestens 8 Monate nach dem Spaltungsstichtag erfolgen (§§ 125, 17 Abs. 2 Satz 4 UmwG).

▷ Im Einzelnen sind **folgende Schritte** erforderlich:
- Anmeldung der Spaltung und einer etwa durchgeführten Kapitalerhöhung beim übernehmenden Rechtsträger; im Falle der Spaltung zur Neugründung ist der neue Rechtsträger selbst anzumelden,
- Eintragung der Spaltung bzw. des neuen Rechtsträgers beim Register des übernehmenden/neuen Rechtsträgers mit dem Vermerk, dass die Spaltung bzw. Neugründung erst mit der Eintragung im Register des Sitzes des übertragenden Rechtsträgers wirksam wird (§ 130 Abs. 1 UmwG),
- Bekanntmachung der vorstehend genannten Eintragungen im Bundesanzeiger und einem weiteren Veröffentlichungsblatt,
- Anmeldung der Spaltung und einer etwa erfolgten Kapitalherabsetzung beim Register des übertragenden Rechtsträgers,
- Eintragung der Spaltung im Register des übertragenden Rechtsträgers,
- Bekanntmachung dieser Eintragung im Bundesanzeiger und einem weiteren Veröffentlichungsblatt.

Eine im Zuge der Spaltung vorgenommene Kapitalherabsetzung beim übertragenden Rechtsträger bzw. eine durchgeführte Kapitalerhöhung beim übernehmenden Rechtsträger kann mit der Anmeldung der Spaltung beim jeweiligen Rechtsträger in einer Urkunde zusammengefasst werden.

▷ **Grundbesitz:** Sofern im Wege der Spaltung Grundbesitz übertragen wird, ist zusätzlich ein formloser Grundbuchberichtigungsantrag erforderlich (vgl. § 894 BGB), da das Eigentum mit Wirksamwerden der Spaltung kraft Gesetzes auf den übernehmenden oder neuen Rechtsträger übergeht und das Grundbuch folglich unrichtig wird.

▷ Die **Anmeldung** erfolgt durch die Vertretungsorgane der übernehmenden Rechtsträger, jeweils in vertretungsberechtigter Zahl (§§ 125, 16 Abs. 1 Satz 1 UmwG). Da im Falle der Spaltung zur Neugründung der neue Rechtsträger erst durch das Wirksamwerden der Spaltung entsteht, können hier ausschließlich die Vertretungsorgane des übertragenden Rechtsträgers in vertretungsberechtigter Zahl die Anmeldung der Neugründung vornehmen (§ 137 Abs. 1 UmwG). Die Organe einer neuen Aktiengesellschaft wirken nur durch ihre Unterschriftszeichnungen und die gesetzlich geregelten Versicherungen mit (§ 37 Abs. 2 und 5 AktG).

Hinweis auf weiterführende Literatur: *App*, Verschmelzung und Spaltung von Kapitalgesellschaften und ihre steuerliche Behandlung – Kurzüberblick, DZWiR 2001, 56 ff.; *Hörger/Pauli*, Betriebsaufspaltung durch Übertragung von Einzelwirtschaftsgütern, GmbHR 2001, 1139 ff.; *Neye*, Veräußerungssperre nach steuerneutraler Spaltung: Missbrauchsfolgen ohne Missbrauchstatbestand?, DStR 2002, 2200 ff.; *Pfaar/Welke*, Verschmelzungen und Spaltungen auf Organgesellschaften, GmbHR 2002, 516 ff.; *Stegemann*, Abspaltung von Beteiligungen an Organgesellschaften, DStR 2002, 1549 ff.; *Volmer*, Vollzugsprobleme bei Spaltungen, WM 2002, 428 ff.

Hinweis auf weitere Stichwörter

→ *Eintragung* → *Verschmelzung*
→ *Handelsregister* → *Vorstand*
→ *Hauptversammlung* → *Umwandlung*

Spruchverfahren

Das Spruchverfahren ist eine spezielle Verfahrensart zur Klärung der Höhe von dem Grunde nach feststehenden gesellschaftsrechtlichen Ansprüchen.

Der Antrag allein genügt, um die gerichtliche Nachprüfung in vollem Umfange in Gang zu setzen (§ 12 FGG). Der Antragsteller kann sich in der ersten Instanz selbst vertreten, benötigt also keinen Rechtsanwalt.

▷ **Frist:** Der Antrag kann gestellt werden binnen einer Frist von 3 Monaten seit → *Bekanntmachung* der → *Eintragung* des Bestehens oder einer Änderung des → *Unternehmensvertrages* im → *Handelsregister*.

▷ **Streitgenossenschaft:** Zwischen den Antragstellern besteht eine notwendige Streitgenossenschaft (§ 62 ZPO).

▷ **Vertretung:** Das Gericht ist gehalten, zur Wahrung der Rechte solcher außenstehender Aktionäre, die keinen Antrag gestellt haben, einen sog. *gemeinsamen Vertreter* zu bestellen, der die Stellung eines gesetzlichen Vertreters hat (§ 6 SpruchG). Die Bestellung ist durch das Gericht im elektronischen Bundesanzeiger bekannt zu machen (§ 6 Abs. 1 Satz 1 SpruchG). Der gemeinsame Vertreter hat das Recht zur Weiterführung des Verfahrens auch nach Rücknahme der Anträge durch die Antragsteller (§ 6 Abs. 3 SpruchG).

▷ **Verfahren:** Das zuständige Landgericht des Gesellschaftssitzes, falls vorhanden die Kammer für Handelssachen § 2 SpruchG, hat die Aufgabe, im Rahmen eines weiten Ermessensspielraums die für die Beurteilung erforderlichen Tatsachen zu ermitteln und Sachverständige zu berufen (§§ 7 ff. SpruchG). In aller Regel wird ein Wirtschaftsprüfer mit einem Gutachten zum Unternehmenswert beauftragt. Die am Verfahren beteiligten Aktionäre haben allenfalls eine Förderungspflicht. Wird während des gerichtlichen Verfahrens über eine höhere Festsetzung der Abfindung außenstehender Aktionäre das Insolvenzverfahren über das Vermögen des herrschenden Unternehmens eröffnet, so wird dadurch das Verfahren nicht unterbrochen. Der Insolvenzverwalter ist in diesem Falle anstelle des Schuldners am weiteren Verfahren zu beteiligen.

▷ **Urteil:** Die Entscheidung im Spruchverfahren ergeht durch begründeten Beschluss (§ 11 Abs. 1 SpruchG). Zunächst ist das Gericht bei der Bemessung der Angemessenheit des Ausgleichs an die im Vertrag vorgesehene Bemessungsform des Ausgleichs gebunden. Bei der Dividendenberechnung muss die Methode beibehalten werden, die an der Dividende der Obergesellschaft ausgerichtet ist. Des Weiteren gilt das Verbot einer Schlechterstellung der Antragsteller mit der Überlegung, dass zu ungünstigeren Bedingungen, als diese inhaltlich dem Unternehmensvertrag entsprechen, der Beschluss der Hauptversammlung nicht zustande gekommen wäre. Weicht indes ein außergerichtlicher Vergleich zwischen dem herrschenden Unternehmen und den Antragstellern in einem wesentlich günstigeren Sinne vom Unternehmensvertrag ab, so wird zunehmend befürwortet, dass inhaltlich der Abfindungsvertrag auch der anderen außenstehenden Aktionäre entsprechend angepasst werden müsse. Dies wird unter anderem aus dem *Gleichbehandlungsgebot* und der *Treuepflicht* des herrschenden Unternehmens als Großaktionär hergeleitet (§ 53a AktG). Wird das Spruchverfahren mit Erfolg betrieben, setzt also das Gericht eine höhere Abfindung fest, so ist jedem ausgeschiedenen Aktionär, auch wenn er bereits „abgefunden" worden ist, ebenfalls die höhere Abfindung seitens der Obergesellschaft zu bezahlen (sog. Abfindungs- bzw. Ausgleichsergänzungsanspruch). Auch das Wahlrecht zwischen Abfindung (§ 304 AktG) und Ausgleich (§ 305 AktG) bleibt erhalten. Der Gerichtsentscheid greift in den Unternehmensvertrag ändernd ein und der Einzelvertrag mit einem „außenstehenden" Aktionär muss stets den Bedingungen des Unternehmensvertrages entsprechen (§ 305 Abs. 5 Satz 2 AktG).

▷ **Rechtsschutz:** Gegen die Entscheidung des Landgerichts, mit der ein Antrag nach §§ 304, 305 AktG ganz oder teilweise zurückgewiesen worden ist, gibt es das Rechtsmittel der sofortigen Beschwerde an das Oberlandesgericht (§ 12 Abs. 1 und 2 SpruchG). In dieser Beschwerde, die an eine 2-wöchige Frist gebunden ist (§ 22 Abs. 1 FGG), können neue Tatsachen und Beweismittel eingeführt werden (§ 23 FGG). Eine weitere Beschwerde an den BGH ist nicht möglich (§ 12 Abs. 2 Satz 3 SpruchG). Die weitere Beschwerde wegen greifbarer Gesetzeswidrigkeit ist auf absolute Ausnahmefälle beschränkt. Der Vorstand der Gesellschaft hat die rechtskräftige Entscheidung ohne Gründe im elektronischen Bundesanzeiger bekannt zu machen (§ 14 SpruchG).

▷ **Kosten:** Das Verfahren ist für die „außenstehenden" Aktionäre praktisch mit keinem Risiko verbunden. Eine Herabsetzung der durch das Unternehmen angebotenen Abfindungs- oder Ausgleichsleistungen ist nicht zulässig (s.o.). Ein Kostenvorschuss ist zu erheben (§ 15 Abs. 3 SpruchG), allerdings ist die Durchführung des Verfahrens mangels Anwendbarkeit des § 8 KostO nicht von der Zahlung des Vorschusses abhängig. Die Höhe der Kosten bestimmt sich nach § 15 Abs. 1 SpruchG und den Regelungen der Kostenordnung. Für Rechtsanwälte ist die Berechnung in Anlehnung an die Vorschriften der RVG vorzunehmen. Dies gilt auch für die Abrechnung der Tätigkeit als „gemeinsamer Vertreter" (§ 6 SpruchG). Dabei berechnen sich die Gebühren für den Verfahrensbevollmächtigten des antragstellenden Aktionärs nach dem für die Gerichtsgebühren maßgeblichen Wert des gesamten Verfahrens und nicht nur nach dem Interesse lediglich des einzelnen antragstellenden (Klein-)Aktionärs. Die Kosten des gemeinsamen Vertreters als gesetzlicher Vertreter sind vom Antragsgegner i.S.d. § 5 SpruchG zu tragen (§ 6 Abs. 2 Satz 1 SpruchG).

Hinweis auf weiterführende Literatur: *Bork*, Gerichtszuständigkeit für Spruchverfahren bei Verschmelzung, NZG 2002, 163 f.; *Büchel*, Neuordnung des Spruchverfahrens, NZG 2003, 793 ff.; *Bredow/Tribulowsky*, Auswirkungen von Anfechtungsklagen und Squeeze-Out auf ein laufendes Spruchstellenverfahren, NZG 2002, 841 ff.; *Erb*, Der Gegenstandswert der Anwaltsgebühren im aktienrechtlichen Spruchstellenverfahren nach §§ 306 Abs. 7 AktG, 30 Abs. 1 KostO, NZG 2001, 161 ff.; *Fritzsche/Dreier*, Spruchstellenverfahren und Anfechtungsklage im Aktienrecht: Vorrang oder Ausnahme des Anfechtungsausschlusses gemäß § 14 Abs. 2 UmwG, BB 2002, 737 ff.; *Hirte*, Informationsmängel und Spruchverfahren, ZHR 167 (2003), 8 ff.; *van Kann/Hirschmann*, Das neue Spruchverfahrensgesetz – Konzentration und Beschleunigung einer bewährten Institution, DStR 2003, 1488 ff.; *Klöcker/Frowein*, Spruchverfahrensgesetz, 2004; *Maul*, Zur Verrechnung von Ausgleichszahlungen und Zinsen auf Abfindungen bei Spruchstellenverfahren, DB 2002, 1423 ff.; *Neye*, Die Reform des Spruchverfahrens, DStR 2002, 178–180, NZG 2002, 23 f.; *Plitz*, Unternehmensbewertung und Börsenkurs im aktienrechtlichen Spruchstellenverfahren – zugleich Besprechung der Entscheidung, ZGR 2001, 185 ff.; *Puszkajler*, Diagnose und Therapie von aktienrechtlichen Spruchverfahren, ZIP 2003, 518 ff.; *Schiffer/Roßmeier*, Auswirkungen des Squeeze-Out auf rechtshängige Spruchverfahren, DB 2002, 1359 ff.

Hinweis auf weitere Stichwörter

- → *Abfindung*
- → *Abhängige Gesellschaften*
- → *Anfechtung von Hauptversammlungsbeschlüssen*

- → *Ausgleichszahlung*
- → *Beherrschungsvertrag*
- → *Bekanntmachung*
- → *Unternehmensvertrag*

Squeeze-Out

1. Begriff 702
2. Voraussetzungen 703
3. Berichtspflichten 705
4. Rechtsbehelfe 705
5. Alternativen 706

1. Begriff

Das Squeeze-Out ist ein in Deutschland seit 1.1.2002 gesetzlich zulässiges Verfahren, welches Mehrheitsaktionären erlaubt, Restbestände von Kleinaktionären per Barabfindung aus dem Unternehmen „herauszudrängen" (§§ 327a ff. AktG). Das Squeeze-Out ist kein körperschaftlicher Akt, sondern ein Rechtsinstitut eigener Art, denn der Status und die satzungsmäßigen Grundlagen der Aktiengesellschaft werden nicht verändert (so *E. Vetter*, DB 2001, 745; a.A. *Ehricke/Roth*, DStR 2001, 1125). Das Verfahren eröffnet erstmalig einer Aktiengesellschaft/KGaA einen positivrechtlich geregelten Weg, Minderheiten ausschließlich gegen Gewährung eines Ausgleichsanspruchs in Geld endgültig aus der Gesellschaft auszuschließen.

Die Zulässigkeit eines Squeeze-Out ist sinnvoll insbesondere bei

- Missverhältnis zw. der Anwendung der Minderheitsschutzvorschriften auf Splitterbeteiligungen von max. 5 % und dem damit verbundenen Aufwand (→ *Minderheit*);
- Drohung von missbräuchlichen Anfechtungsklagen von Seiten einzelner Minderheitsaktionäre trotz eines mit überragender Mehrheit herbeigeführten Hauptversammlungsbeschlusses (→ *Räuberische Aktionäre*);
- Vermeidung unnötiger Formalien von Hauptversammlungen bei wirtschaftlicher → *Eingliederung* in einen → *Konzern*.

2. Voraussetzungen

Voraussetzungen eines Squeeze-Out sind:

- 95 %ige Kapitalbeteiligung eines Hauptaktionärs,
- Hauptversammlungsbeschluss,
- Abfindungsregelung und
- Eintragung im Handelsregister.

▷ **Hauptaktionär:** Für die Bestimmung der → *Mehrheit* des Hauptaktionärs sind die → *eigenen Aktien* der Aktiengesellschaft vom Nennkapital (bei Gesellschaften mit Stückaktien von der Zahl der Aktien) abzuziehen (§ 16 Abs. 2 Satz 2 AktG). Zu den eigenen Anteilen der Aktiengesellschaft werden auch Aktien gezählt, die einem Dritten auf Rechnung der Aktiengesellschaft bzw. einem von ihr abhängigen Unternehmen gehören (§ 16 Abs. 2 Satz 3, Abs. 4 AktG). Darunter fallen jedoch nicht schuldrechtliche Ansprüche auf Aktien oder Stimmrechtsabsprachen (*a.A. Baums*, WM 2001, 1843, 1846). Die Mehrheit des Hauptaktionärs muss 95 % des übrig gebliebenen Nennkapitals (bzw. der übrig gebliebenen Stücke bei Stückaktien) betragen. *Wandelschuldverschreibungen oder Optionen*, die noch nicht ausgeübt worden sind, werden bei der Berechnung des notwendigen Anteilsbesitzes nicht angerechnet. Bei Geltendmachung dieser Rechte wird ein Barausgleich gewährt (→ *Ausgleichszahlung*).

Die Rechtsform des Hauptaktionärs spielt keine Rolle (auch GbR möglich, vgl. unten → *4. Rechtsbehelfe*).

▷ **Hauptversammlungsbeschluss:** Der Squeeze-Out-Beschluss muss in einer → *Hauptversammlung* ergehen (§§ 327a ff. AktG). Die → *Barabfindung* der Minderheitsaktionäre muss einen Tagesordnungspunkt der Hauptversammlung darstellen. Die Höhe der Barabfindung muss als Gegenstand der Tagesordnung in der Bekanntmachung der → *Tagesordnung* enthalten sein (§ 124 Abs. 1 AktG). Der Hauptaktionär kann zu Beginn der Hauptversammlung Gelegenheit bekommen, den Entwurf des Übertragungsbeschlusses und die Angemessenheit der Barabfindung mündlich zu erläutern bzw. zu aktualisieren (§ 327d Satz 2 AktG). Die Aktiengesellschaft hat gegenüber den Aktionären eine Auskunftspflicht (§ 327b Abs. 1 Satz 2 AktG, entgegen dem Wortlaut hat nicht der Vorstand an sich eine Auskunftspflicht, er führt die Pflicht der Gesellschaft nur aus, vgl. auch § 131

703

AktG). Geschuldet werden nur Auskünfte, die verfügbar sind oder sein sollten (z.B. auch Informationen, die der Hauptaktionär zu liefern bereit ist). Unternehmensgeheimnisse der Gesellschaft sind auch bei einem Squeeze-Out grundsätzlich durch den Vorstand zu wahren (vgl. *Oechsler*, NZG 2001, 817, 819: vergleichsweise hat der Hauptaktionär auch keinen Anspruch auf Einsicht in die Gesellschaftsunterlagen bei einem due diligence Verfahren). Bei einer KGaA bedarf der Hauptversammlungsbeschluss nicht der Zustimmung der persönlich haftenden Gesellschafter bzw. Komplementäre (§ 327a Abs. 1 Satz 2 AktG).

▷ **Einsichtsrecht:** Die Aktionäre haben vor der Hauptversammlung ein Einsichtsrecht in folgenden Unterlagen (§ 327c Abs. 3 AktG):

– Entwurf des Übertragungsbeschlusses,

– Jahresabschlüsse und Lageberichte für die letzten 3 Geschäftsjahre der Gesellschaft,

– Bericht des Hauptaktionärs über Übertragungsvoraussetzungen und die Angemessenheit der Barabfindung und

– Prüfungsbericht über die Angemessenheit der Barabfindung.

▷ **Abschriften:** Die Aktionäre können kostenlos und unverzüglich Abschriften der o.g. Unterlagen verlangen (§ 327c Abs. 4 AktG).

▷ **Abfindungsregelung:** Die Höhe der Barabfindung legt der Hauptaktionär fest (§ 327b AktG). Sie muss die Verhältnisse der Aktiengesellschaft im Zeitpunkt der Beschlussfassung berücksichtigen und eine volle wirtschaftliche Kompensation für den Verlust der Mitgliedschaft darstellen (§ 327b Abs. 1 Satz 1 AktG). Sie darf also nicht unter dem Verkehrswert der gehaltenen Aktien liegen (vgl. BVerfGE 100, 289, 304 f.). Für die Barabfindung muss der Hauptaktionär vor Einberufung der Hauptversammlung als Sicherheit die Erklärung eines Kreditinstituts, dass die Gewährleistung für die Zahlungsverpflichtung übernommen wird, dem Vorstand vorlegen (§ 327b Abs. 3 AktG). Die Angemessenheit der Barabfindung ist durch einen → *Prüfer* zu prüfen. Der Prüfer kann bestellt werden durch:

– den Hauptaktionär,

– den Vorstand,

– das Gericht.

Auf die Barabfindung besteht eine Verzinsungspflicht von 2 % über den jeweiligen Basiszinssatz ab Bekanntmachung der Eintragung des Hauptversammlungsbeschlusses (§ 327b Abs. 2 AktG, zum 1.1.2006 betrug der Basiszinssatz der Europäischen Zentralbank 1,37 %).

▷ **Eintragung:** Der Vorstand hat den Übertragungsbeschluss zur → *Eintragung* in das → *Handelsregister* anzumelden (§ 327e AktG). Der Ausschluss der Minderheitsaktionäre ist erst mit Eintragung des Beschlusses wirksam. Die Eintragung erfolgt nur, wenn keine Anfechtungsklage erhoben und das Unbedenklichkeitsverfahren erfolgreich durchlaufen wurde (§§ 327e Abs. 2, 319 Abs. 5 und 6 AktG). Mit der Eintragung gehen alle Aktien der Minderheit auf den Hauptaktionär über (§ 327e Abs. 3 AktG). Ein gesondertes Verfügungsgeschäft entfällt.

3. Berichtspflichten

▷ **Verpflichtete:** Beim Squeeze-Out sind schriftliche Berichte des Hauptaktionärs sowie der sachverständigen Prüfer vorzulegen. Eine Berichts- oder Informationspflicht des Vorstandes der Aktiengesellschaft besteht nicht.

▷ Der **Hauptaktionär** ist verpflichtet, der Hauptversammlung einen schriftlichen Bericht zu erstatten, in dem die Voraussetzungen für die Übertragung dargelegt und die Angemessenheit der Barabfindung erläutert und begründet wird (§ 327c Abs. 2 Satz 1 AktG). Der Bericht des Hauptaktionärs muss die Voraussetzungen für die Übertragung der Aktien (Beteiligung des Hauptaktionärs an der Aktiengesellschaft i.H.v. 95 %, gegebenenfalls eine entsprechende Bescheinigung der Depotbank bzw. bei Abhängigkeitsverhältnissen relevante gesellschaftsrechtliche oder vertragliche Umstände, die das Abhängigkeitsverhältnis begründen, gegebenenfalls mit Hilfe eines Organisationsschaubildes) und die Angemessenheit der Abfindung beinhalten (§ 327c Abs. 2 Satz 1 AktG).

▷ Der **Prüfer** hat einen Bericht über die Angemessenheit der vom Hauptaktionär festgesetzten Barabfindung abzugeben (§ 327c Abs. 2 Satz 2 AktG, → *Prüfungsbericht*).

▷ **Einsicht:** Die erforderlichen Berichte müssen ab der → *Einberufung* der → *Hauptversammlung* in den Geschäftsräumen der Aktiengesellschaft den Aktionären zur Einsicht zur Verfügung stehen und auf Verlangen diesen zugesandt werden (§ 327c Abs. 3 und 4 AktG).

4. Rechtsbehelfe

▷ **Erforderlichkeit:** Mit Hilfe des Squeeze-Out-Verfahrens können Aktionäre praktisch durch einen Beschluss der Aktionärsmehrheit aus der Gesellschaft ausgeschlossen werden, ohne dass es hierfür eines in ihrer Person liegenden Grundes bedarf. Mögliche Rechtsbehelfe dagegen sind die → *Anfechtung* und das → *Spruchverfahren*.

▷ **Anfechtung:** Gegen einen unerwünschten Squeeze-Out-Beschluss steht dem Minderheitsaktionär die Anfechtung zur Verfügung (§ 327 AktG). Eine Überprüfung des Beschlusses darauf, ob er verhältnismäßig und erforderlich ist, erfolgt nicht (*keine materielle Beschlusskontrolle* – vgl. BGHZ 103, 184 zur übertragenden Auflösung).

Anfechtungsgründe können sein (ausschließlich):

– die unrichtige Berechnung der Beteiligungshöhe des Hauptaktionärs: Der Squeeze-Out-Beschluss ist wegen Rechtsmissbrauchs anfechtbar, wenn der Gesellschaftszweck der Hauptgesellschaft (Hauptaktionär) einzig und allein die Erreichung der erforderlichen Anteilsquote von 95 % ist. Ein Indiz für den Rechtsmissbrauch ist die Auflösung der Gesellschaft kurz nach Durchführung des Squeeze-Out;

– unzureichende Informationen bzgl. der Beschlussfassung: entsprechend dem gesetzlichen Wortlaut zählt der Squeeze-Out-Beschluss zu den aufgrund von Informationspflichten anfechtbaren Beschlüssen (vgl. § 327f Abs. 1 Satz 2 und 3 AktG, *streitig*);

– Verstoß gegen die Treuepflicht der Aktionäre untereinander: im Hinblick auf die Auskunftserteilung durch den Hauptaktionär gegenüber der Hauptversammlung ist der Umfang der Treuepflicht der Aktionäre untereinander oder des Hauptaktionärs gegenüber der Aktiengesellschaft noch konturenlos (der Gesetzgeber vertraut auf eine freiwillige Auskunftserteilung).

Die Anfechtung kann aber nicht darauf gestützt werden, dass

– die Abfindung nicht angemessen ist (s.u.),
– der Vorstand dem Hauptaktionär in der Hauptversammlung keine Gelegenheit zur Stellungnahme gegeben hat (s.o.).

▷ **Spruchverfahren:** Eine nicht angemessene Abfindung kann nicht mit der Anfechtung angegriffen, sondern ausschließlich im Spruchverfahren auf Kosten des Hauptaktionärs überprüft und entsprechend geändert werden (§ 327f AktG i.V.m. SpruchG). Ausgeschiedene Minderheitsaktionäre können den Antrag binnen 2 Monaten nach Bekanntgabe der Eintragung des Übertragungsbeschlusses im Handelsregister (§ 327e Abs. 1 AktG, § 10 HGB) beim Gericht einreichen.

5. Alternativen

Die Einführung einer Squeeze-Out-Regelung war für das deutsche Aktienrecht dringend erforderlich, da ein Ausschluss der Minderheit bislang nicht zwangsläufig herbeigeführt werden konnte. Bis zur gesetzlichen Regelung des Squeeze-Out praktizierte Alternativen, die nun an Bedeutung verlieren werden, sind die → *Eingliederung*, die → *Verschmelzung*, die übertragende Auflösung, das Delisting oder der → *Formwechsel*.

▷ **Eingliederung:** Ein Hauptaktionär einer Aktiengesellschaft hat die Möglichkeit einer Mehrheitseingliederung (§ 320 AktG). Allerdings gilt die Zurechnungsnorm nicht für Aktien eines Dritten auf Rechnung der Aktiengesellschaft oder eines von ihr abhängigen Unternehmens (§ 16 Abs. 4 AktG). Dies führt zum Ergebnis, dass ein Squeeze-Out bei einer lockereren Verbindung zwischen Hauptaktionär und Gesellschaft leichter möglich ist als die den Minderheitsaktionär grundsätzlich weniger belastende Eingliederung.

▷ **Verschmelzung:** Jedem Hauptaktionär steht die Verschmelzung der Tochter auf sich offen (§§ 4 ff. UmwG). Im Falle einer Verschmelzung erwerben die außenstehenden Aktionäre Anteile am Hauptaktionär. Dies soll im Falle eines Squeeze-Out aber gerade vermieden werden.

▷ **Übertragende Auflösung:** Das Gesellschaftsvermögen einer Tochtergesellschaft kann mit anschließender Auflösung der Tochter auf den Hauptaktionär übertragen werden (§§ 179a, 262 Abs. 1 Satz 2 AktG). Der erforderliche Hauptversammlungsbeschluss unterfällt dabei keiner materiellen Beschlusskontrolle (BVerfG ZIP 2000, 1670 – Moto Meter).

▷ **Delisting:** Eine börsennotierte Aktiengesellschaft kann für den Minderheitsaktionär durch die Rücknahme der Börsenzulassung unattraktiv werden. Es besteht hierbei aber nicht die Möglichkeit, die Minderheitsaktionäre gegen ihren Willen aus der Aktiengesellschaft hinauszudrängen.

▷ **Formwechsel:** Die Aktiengesellschaft kann durch einen → *Beschluss* der Hauptversammlung z.B. in eine GmbH umgewandelt werden (§§ 226 ff. UmwG, → *Formwechsel*) und so für den einzelnen Minderheitsaktionär die Attraktivität verlieren. Dieser kann nach erfolgtem Widerspruch gegen den Umwandlungsbeschluss gegen Erhalt einer Barabfindung aus der Aktiengesellschaft ausscheiden (§ 207 UmwG). Ein vollständiger Ausschluss aller Minderheitsaktionäre ist aber ebenfalls nicht möglich.

Hinweis auf weiterführende Literatur: *Baums*, Ausschluss von Minderheitsaktionären, 2001; *Baums*, Ausschluss von Minderheitsaktionären nach §§ 327a ff. AktG n.F. WM 2001, 1843 ff.; *Bolte*, Squeeze-Out: Eröffnung neuer Umgehungstatbestände durch die §§ 327a ff. AktG, DB 2001, 2587 ff.; *Eisold*, Die Squeeze-Out Prüfung nach § 327c Abs. 2 AktG, DStR 2002, 1145 ff.; *Fuhrmann/Simon*, Der Ausschluss von Minderheitsaktionären – Gestaltungsüberlegungen zur neuen Squeeze-Out-Gesetzgebung, WM 2002, 1211 ff.; *Gesmann-Nuissl*, Die neuen Squeeze-Out-Regeln im Aktiengesetz, WM 2002, 1205 ff.; *Grunewald*, Die neue Squeeze-Out-Regelung, ZIP 2002, 18 ff.; *Halasz/Kloster*, Nochmals: Squeeze-Out – Eröffnung neuer Umgehungstatbestände durch die §§ 327a ff. AktG, DB 2002, 1253 ff.; *Hamann*, Squeeze-Out, Ausschluss von Minderheitsaktionären, 2002; *Hanau*, Der Bestandsschutz der Mitgliedschaft anlässlich der Einführung des „Squeeze-Out" im Aktienrecht, NZG 2002, 1040 ff.; *Heidel/Lochner*, Squeeze-Out ohne hinreichenden Eigentumsschutz, DB 2001, 2031 ff.; *Riegger*, Das Schicksal eigener Aktien beim Squeeze-Out, DB 2003, 541 ff.; *Roth*, Squeeze-Out im geplanten deutschen Übernahmerecht, DStR 2001, 1120 ff.; *Schiffer/Rossmeier*, Auswirkungen des Squeeze-Out auf rechtshängige Spruchverfahren, DB 2002, 1359 ff.; *Schwichtenberg*, Going Private und Squeeze-Out in Deutschland, DStR 2001, 2075 ff.; *Sieger/Hasselbach*, Ausschluss von Minderheitsaktionären (Squeeze-Out) im ausländischen Recht, NZG 2001, 926 ff.; *Vetter*, Squeeze-Out – Der Ausschluss der Minderheitsaktionäre aus der Aktiengesellschaft nach §§ 327a–327f AktG, AG 2002, 176 ff.; *Vetter*, Squeeze-Out nur durch Hauptversammlungsbeschluß, DB 2001, 743–747; *Vossius*, Squeeze-Out – Checklisten für Beschlussfassung und Durchführung, ZIP 2002, 511 ff.; *Waclawik*, Ausgeschlossen und dennoch veräußert? – Die einkommensteuerrechtliche Folgen der „Steuerfalle Squeeze-Out" bei Privatanlegern, DStR 2003, 447 ff.; *Wirth/Arnold*, Anfechtungsklagen gegen Squeeze-Out-Hauptversammlungsbeschlüsse wegen angeblicher Verfassungswidrigkeit, AG 2002, 503 ff.

Hinweis auf weitere Stichwörter

- → *Auflösung*
- → *Delisting*
- → *Eingliederung*
- → *Einziehung*
- → *Formwechsel*

- → *Kaduzierung*
- → *Übernahme*
- → *Unternehmensvertrag*
- → *Verschmelzung*

Stammaktien

Dem verbrieften Recht nach unterscheidet man bei den → *Aktien* einer Aktiengesellschaft die Stammaktien von den → *Vorzugsaktien*, die gesonderten Bedingungen (hinsichtlich → *Stimmrecht*, Höhe der Dividendenzahlung, → *Auflösung* der Gesellschaft) verbriefen. Im Gegensatz zu Vorzugsaktien haben die Stammaktien eines Unternehmens das volle → *Stimmrecht* in der → *Hauptversammlung*. Sie können auch eine abweichende Notierung gegenüber Vorzugsaktien haben. Die Stammaktien können nach Art der Übertragung des verbrieften Rechts → *Namensaktien* und → *Inhaberaktien* sein. Die Stammaktie ist die in Deutschland gebräuchlichste Form der Aktie.

Hinweis auf weitere Stichwörter

- → *Aktie*
- → *Grundkapital*
- → *Inhaberaktie*

- → *Namensaktie*
- → *Vorzugsaktie*

Statusverfahren

Das Statusverfahren ist die gerichtliche → *Bestellung* von → *Aufsichtsratsmitgliedern* (§§ 98, 99 AktG).

Hinweis auf weitere Stichwörter

- → *Gerichtliche Bestellung*
- → *Mitbestimmung*

Steuerrecht

1. Steuerpflicht.........................708
2. Körperschaftsteuer..................709
3. Gewerbesteuer 716
4. Kapitalertragsteuer 717
5. Umsatzsteuer 718
6. Einkommensteuer...................719
7. Grunderwerbsteuer..................719
8. Steuerlich relevante Tatbestände ..720

1. Steuerpflicht

Die Steuerpflicht beginnt grundsätzlich mit der Erlangung der Rechtsfähigkeit, d.h. mit Eintragung ins Handelsregister. *Ausn.:* Die Steuerpflicht beginnt bereits zu einem früheren Zeitpunkt

- während der *Vorgründungsphase* (dabei scheidet eine Körperschaftsteuerpflicht aus),
- als *Vor-AG* ab dem Zeitpunkt des formgültigen Gründungsaktes bis zum Zeitpunkt der Erlangung der Rechtsfähigkeit. Nach der Rechtsprechung kann die Vorgesellschaft mit der Kapitalgesellschaft identisch sein, wenn sie sich nach außen derart betätigt, dass darin der Anfang einer einheitlichen Beteiligung am Wirtschaftsleben vorliegt (BFH BStBl. II 1983, 247). Damit ist die Vorgesellschaft bereits einer Kapitalgesellschaft gleichzusetzen und selbst Körperschaftsteuersubjekt.

2. Körperschaftsteuer

▷ **Steuerpflicht:** Die Aktiengesellschaft unterliegt der Körperschaftsteuerpflicht (KStG). Die Steuerpflicht beginnt bei der Aktiengesellschaft bereits mit dem Entstehen der sog. → *Vor-AG*, d.h. nach notarieller Feststellung der Satzung (§ 23 Abs. 1 AktG). Wenn es nicht zur Eintragung in das Handelsregister kommt, sind die Einkünfte einer Vorgesellschaft bei den Gesellschaftern zu erfassen (Abschnitt 2 KStR 2004). Einkünfte, die eine sog. Vorgründungsgesellschaft vor Feststellung der Satzung erzielt, werden ebenfalls unmittelbar bei den künftigen → *Aktionären* erfasst.

Die unbeschränkte Körperschaftsteuerpflicht endet mit

- der → *Abwicklung* (Liquidation, § 11 KStG)
- der → *Umwandlung* (UmwStG) oder
- der Verlegung des → *Sitzes* und/oder der Geschäftsleitung in das Ausland (§ 12 KStG).

▷ Die Körperschaftsteuer ist eine **Jahressteuer**. Sie wird für jedes Kalenderjahr festgesetzt (Veranlagungszeitraum). Abweichendes gilt bei Organschaftsverhältnissen, wenn die Aktiengesellschaft als Organ eines anderen Unternehmens (des Organträgers) tätig ist (§ 14 Nr. KStG).

▷ **Steuersatz:** Seit dem Veranlagungszeitraum 2004 beträgt die körperschaftsteuerliche Tarifbelastung grundsätzlich 25 % (§ 23 Abs. 1 KStG). Dieser Steuersatz ist endgültig und wird nicht mehr durch Ausschüttungen des Einkommens verändert. Ausschüttungen von Gewinnanteilen, die bis zum Systemwechsel erwirtschaftet wurden, wirken sich auf die Höhe der Körperschaftsteuer aus. Die körperschaftsteuerrechtliche Definitivbelastung sonstiger nichtabziehbarer Ausgaben wird auf 33,33 % vermindert (früher 66,67 %).

▷ **Bemessungsgrundlage** zur Berechnung der *Körperschaftsteuer* ist das zu versteuernde Einkommen der Aktiengesellschaft (§ 7 Abs. 1 KStG, zu ermitteln nach §§ 8–22 KStG, §§ 4–7k EStG, Abschnitt 29 KStR 2004). Bei einem vom Kalenderjahr abweichenden Wirtschaftsjahr ist der Gewinn auf das Kalenderjahr bezogen, in dem das Wirtschaftsjahr endet (§ 7 Abs. 4 Satz Satz 2 KStG).

▷ **Einkommensermittlung:** Die Gewinnermittlung erfolgt nach den allgemeinen Grundsätzen aufgrund einer Gegenüberstellung des Betriebsvermögens am Schluss des Wirtschaftsjahres mit dem Betriebsvermögen am Schluss des vorangegangenen Wirtschaftsjahres, vermehrt um den Wert der Entnahmen und vermindert um den Wert der Einlagen. Einkommensteuerrechtliche Vorschriften, die ausschließlich auf natürliche Personen zugeschnitten sind (Sonderausgaben, Veranlagungsarten, tarifliche Freibeträge, außergewöhnliche Belastungen) finden keine Anwendung.

▷ **Keine außerbetriebliche Sphäre:** Bei der Aktiengesellschaft gibt es keine außerbetriebliche Sphäre (BFH v. 4.12.1996, DB 1997, 707). Aufwendungen einer Kapitalgesellschaft, die mit der Lebensführung der Anteilseigner zusammenhängen (z.B. Unterhaltung einer Segeljacht), sind demnach bei der Gewinnermittlung zu berücksichtigen. Jedoch erfolgt außerhalb der Bilanz eine Korrektur nach den Vorschriften über nichtabziehbare Betriebsausgaben gemäß § 4 Abs. 5 EStG (s.u.). Eine außerhalb der Steuerbilanz zuzurechnende nichtabziehbare Betriebsausgabe hindert aber weder die Annahme einer → *verdeckten Gewinnausschüttung* noch die einer anderen Ausschüttung. Unterhält eine Kapitalgesellschaft im Interesse ihrer Anteilseigner ein Wirtschaftsgut und entstehen hieraus Verluste, ohne dass sich die Anteilseigner zu einem Verlustausgleich zuzüglich der Zahlungen eines angemessenen Gewinnaufschlags verpflichtet haben, so ist in dem Verzicht auf den Aufwendungsersatz zuzüglich Gewinnaufschlag eine → *verdeckte Gewinnausschüttung* anzunehmen (§ 8 Abs. 3 Satz 2 KStG). Eventuelle Einnahmen oder sonstige Vorteile aus der Verlusttätigkeit können die verdeckte Gewinnausschüttung mindern.

▷ **Steuerbefreiung:** *Gewinnausschüttungen* sind steuerfrei (§ 8b Abs. 1 KStG). *Ausn.* Die Steuerbefreiung wird in folgenden Fällen versagt:

– Soweit der Veräußerungsvorgang ehemals steuerwirksame Teilwertabschreibungen ausgleicht, bestimmt § 8b Abs. 2 Satz 4 KStG n.F., dass die Steuerbefreiung unterbleibt. Im Ergebnis bleibt in diesen Fällen nur der Gewinn, der sich in Bezug zu den ursprünglichen Anschaffungskosten ergibt, steuerfrei;

– steuerschädlich sind Veräußerungen von Beteiligungen innerhalb der Behaltefrist von einem Jahr (§ 8b Abs. 2 Satz 1 KStG n.F.) Mit dieser Steuerpflicht korrespondiert allerdings nicht § 8b Abs. 3 Satz 2 KStG n.F. Denn Gewinnminderungen durch den Ansatz eines niedrigeren Teilwerts bleiben auch innerhalb der Behaltefrist ohne steuerliche Auswirkung. Dies hätte zur Folge, dass bei einem Wertverfall zeitnah zum Erwerb steuerneutral abgewertet werden müsste, während bei einer Veräußerung innerhalb der Behaltefrist dann der Gewinn sich aus dem niedrigeren Teilwert ermittelt.

Steuerbefreit sind auch *Gewinne* aus (§ 8b Abs. 2 und 4 KStG)

– der Veräußerung oder verdeckten Einlage von Anteilen an Kapitalgesellschaften, deren Leistungen beim Empfänger zu Einnahmen i.S.d. § 20 Abs. 1 Nr. 1, 2, 9 und 10a EStG gehören;

– der Auflösung einer Kapitalgesellschaft;

– der Herabsetzung des Nennkapitals;

- der Wertaufholungen (§ 6 Abs. 1 Satz 1 Nr. 2 Satz 3 EStG) sowie
- Veräußerung von Anteilen an Organgesellschaften.

Die Steuerbefreiung gilt auch bei mittelbaren Beteiligungen (§ 8b Abs. 6 KStG). Keine Steuerbefreiung besteht bei (§ 8b Abs. 2–4 KStG)

- steuerwirksamer Teilwertabschreibung auf Anteile an Kapitalgesellschaften, wenn die Gewinnminderung durch den Ansatz eines höheren Werts (Wertaufholung) noch nicht ausgeglichen worden ist (§ 8b Abs. 2 Satz 2 KStG);
- Veräußerung einbringungsgeborener Anteile innerhalb von 7 Jahren nach Einbringung (§ 21 UmwStG);
- Erwerb unter dem Teilwert durch eine Körperschaft über eine Mitunternehmerschaft von einem nicht steuerlich begünstigten Einbringenden innerhalb von 7 Jahren nach Einbringung (§ 8b Abs. 2 und 4 KStG).

▷ **Betriebsausgaben:** Bei der Ermittlung des zu versteuernden Einkommens der Gesellschaft sind abzugsfähig:

- Gewinnanteile eines Komplementärs an einer KGaA,
- die Tätigkeitsvergütung, d.h. die Vergütung für die Geschäftsführung, zu der der persönlich haftende Gesellschafter berechtigt und verpflichtet ist,
- die Vergütung für nicht auf das Grundkapital geleistete Einlagen,
- Spenden/Mitgliedsbeiträge (nur mit Bestätigung des Zuwendungsempfängers über den Erhalt der Spende, § 48 Abs. 3 EStDV; Spenden sind nur in Höhe der folgenden Höchstgrenzen abzugsfähig (Nutzungen und Leistungen sind ausdrücklich vom Spendenabzug ausgeschlossen, § 9 Abs. 2 Satz 2 KStG):
  - für mildtätige, kirchliche, religiöse wissenschaftliche und gemeinnützige Zwecke sind bis zu 5 % des Einkommens bzw. 2 % der Summe der gesamten Umsätze und der im Kalenderjahr aufgewendeten Löhne und Gehälter abzugsfähig,
  - für wissenschaftliche, mildtätige und als besonders förderungswürdig anerkannten gemeinnützigen kulturellen Zwecke erhöht sich der vorgenannte Höchstbetrag auf insgesamt 10 % des Einkommens; sog. *Großspenden* (mind. 25 000 Euro) können im Rahmen der Höchstsätze im Jahr der Zuwendung und in den folgenden 6 Veranlagungszeiträumen, bei Ausschöpfung der Höchstsätze in jedem Veranlagungszeitraum, abgezogen werden.

▷ Für die **Bewertung von Sachspenden** gilt Folgendes:

- Zum Buchwert aus dem Betriebsvermögen kann ein Wirtschaftsgut entnommen werden, das unmittelbar nach seiner Entnahme aus dem Betriebsvermögen der Aktiengesellschaft einer gemeinnützigen, mildtätigen oder kirchlichen Zwecken dienenden Körperschaft oder einer juristischen Person des öffentlichen Rechts zur Verwendung steuerbegünstigter Zwecke unentgeltlich überlassen wird (§ 6 Abs. 1 Nr. 4 Satz 4 EStG),

– mit dem Teilwert ist das Wirtschaftsgut anzusetzen, das an andere als die o.g. Empfänger zum steuerbegünstigten Zwecke überlassen wird (§ 6 Abs. 1 Nr. 4 Satz 1 EStG),

– mit dem Teilwert ist auch das Wirtschaftsgut anzusetzen, das nicht aus dem Betriebsvermögen stammt,

– der Wert der Sachspende wird durch die Umsatzsteuer auf den Eigenverbrauch (§ 3 Abs. 1b Nr. 1 UStG) erhöht.

▷ **Nicht abziehbar** sind folgende *Betriebsausgaben:*

– Betriebsausgaben, die unter das allgemeine Abzugsverbot fallen, soweit sie nicht typischerweise Ausgaben natürlicher Personen darstellen (§ 4 Abs. 5 EStG);

– die *Hälfte der Aufsichtsrats- und ähnlichen Vergütungen* (d.h. Aufwendungen, die als Entgeld für die Überwachung der Geschäftsführung aufgewendet werden, insbesondere Aufwandsentschädigungen, Reisegeld, Tage- oder Sitzungsgeld § 10 Nr. 4 KStG; erstattet die Gesellschaft dem Aufsichtsratsmitglied die tatsächlich entstandenen Aufwendungen, so sind diese in voller Höhe abzugsfähig;

– 5 % von den steuerfreien Bezügen aus Veräußerung oder Ausschüttung von *Anteilen an einer Gesellschaft*, auch wenn nachweisbar keine beteiligungsbezogenen Betriebsausgaben vorhanden sind (§ 8b Abs. 3 KStG). Betriebsausgaben, die über 5 % der Bezüge hinausgehen, sind unbegrenzt abzugsfähig.

Beachte: Im Ergebnis werden stets nichtabziehbare Betriebsausgaben von 5 % fingiert, was faktisch zu einer Steuerbefreiung derartiger Bezüge in Höhe von 95 % führt (*Scheipers*, DStR 2000, 93, BMF-Schreiben v. 10.1.2000, BStBl. I 2000, 71);

– folgende *Steuern:*

– Körperschaftsteuer auf das Einkommen,

– Kapitalertragsteuer,

– ausländische Steuern auf das Einkommen (diese können aber angerechnet werden),

– Umsatzsteuer auf den Eigenverbrauch,

– Solidaritätszuschlag,

– Nebenleistungen zu den o.g. Steuern (z.B. Stundungs-, Aussetzungszinsen oder Zinsen auf Steuernachforderungen);

– *Geldstrafen* und ähnliche Rechtsnachteile (§ 10 Nr. 3 KStG; z.B. Hinterziehungszinsen).

▷ **Verlustabzug:** Nicht ausgeglichene Verluste sind grundsätzlich bis zu einer Höhe von 511 500 Euro auf den unmittelbar dem Verlustentstehungsjahr vorangegangenen Veranlagungszeitraum zurückzutragen (§ 10d Abs. 1 EStG i.V.m. § 8 Abs. 1 KStG). Der Verlustvortrag kann zeitlich und betragsmäßig unbegrenzt erfolgen. Eine Aktiengesellschaft darf einen nicht ausgeglichenen Verlust nur dann mit steuerlicher Wirkung vortragen, wenn sie rechtlich und wirtschaftlich mit derjenigen identisch ist, die den Verlust erlitten hat (Verlustvorträge können nicht veräußert werden; *Ausn.* Verschmelzung: § 12 Abs. 3 Satz 2 UmwStG, Spaltung: § 15 Abs. 1 UmwStG). Der Verlustrücktrag kann auf Antrag auf einen gewünschten Betrag begrenzt werden oder durch Verzicht ganz oder teilweise wegfallen. Der am Schluss eines Veranlagungszeitraums verbleibende Verlustabzug ist gesondert festzustellen (§ 10d Abs. 4 EStG). Der Verlust-Feststellungsbescheid entfaltet nur eine Bindungswirkung für die Höhe des Verlustabzugs und trifft keine Entscheidung über die Höhe des Verlusts im Entstehungsjahr. In den Fällen der Umwandlung fällt der Verlust bei der untergehenden Gesellschaft an, während die Geltendmachung des Verlustes durch eine neue Rechtspersönlichkeit erfolgt. Hierfür gelten folgende Grundsätze:

– Bei formwechselnder Umwandlung (Aktiengesellschaft in Personengesellschaft) ist kein Verlustabzug möglich (§ 4 Abs. 2 Satz 2 UmwStG),
– bei Verschmelzung oder Vermögensübergang auf eine andere Körperschaft ist ein eingeschränkter Verlustabzug zulässig (§ 12 Abs. 3 Satz Satz 2 UmwStG),
– bei Auf- oder Abspaltung oder Teilübertragung auf eine andere Körperschaft ist ein Verlustabzug zulässig (§ 15 Abs. 4 UmwStG),
– bei Spaltung auf eine Personengesellschaft ist kein Verlustabzug zulässig (aber § 16 Satz 3 UmwStG).

Kein Verlustabzug ist wegen fehlender wirtschaftlicher Identität möglich, wenn

– mehr als die Hälfte der Gesellschaftsanteile innerhalb von 5 Jahren übertragen worden sind (entgeltlich oder unentgeltlich; *Ausn.* Erbfall bzw. Erbauseinandersetzung) und
– die Kapitalgesellschaft ihren Geschäftsbetrieb mit überwiegend neuem Betriebsvermögen fortführt oder wieder aufnimmt (*Ausn.*: Betriebsvermögen dient allein der Sanierung des Geschäftsbetriebes, die den verbleibenden Verlustabzug verursacht hat und der Geschäftsbetrieb wird in den folgenden 5 Jahren fortgeführt; Kapitalerhöhung, Verschmelzung und Einbringung bewirken eine Beteiligung der neuen Anteilseigner zu mehr als 50 %, § 8 Abs. 4 KStG).

Eine Verlustverrechnung entfällt künftig völlig. Die in den kommenden Jahren entstehenden Verluste mindern das sog. neutrale Vermögen und sind ohne Einfluss auf den Bestand des EK 02 während des Übergangszeitraums (*Ausn.* vorzeitige Verwendung von EK 02 durch Auflösung und Ausschüttung von Rücklagen in Verlustjahren).

▷ **Besonderheiten der Ermittlung des Einkommens:**

Verwendbares Eigenkapital (vEK): verwendbares Eigenkapital ist der für Ausschüttungen verwendbare Teil des Eigenkapitals, also der das Nennkapital übersteigende Teil des Eigenkapitals. Es ist aus der Bilanz abzuleiten und entspricht grundsätzlich in seiner Gesamtsumme

– den Gewinn- und Verlustrücklagen,

- dem Gewinnvortrag und,
- dem laufenden Bilanzgewinn.

Übergangsregelung: das angesammelte vEK wird durch Verrechnung auf wenige Töpfe reduziert, die endgültig festgestellt werden (§§ 36–40 KStG n.F.). Ab dem Veranlagungszeitraum 2001 gibt es keine Gliederung des verwendbaren Eigenkapitals (*Ausn.* gesonderte Feststellung von Einlagen). Für „Altbestände" des vEK ist eine 15-jährige Übergangsregelung vorgesehen:

- Verbleibende EK-Guthaben aus dem *EK 40 und EK 45* wirken sich bei Ausschüttungen steuermindernd aus,
- falls bei einer Ausschüttung auf Restbestände des *EK 02* zurückgegriffen wird, ergibt sich eine Körperschaftssteuererhöhung,
- keine Nachversteuerung des hierauf entfallenden KSt-Erhöhungspotentials bei dem aus Altrücklagen (Zeit vor 1.1.1977) gespeisten Teilbetrag *EK 03*,
- keine Nachversteuerung des aus ausländischen Einkünften stammenden *EK 01*.

Im Ergebnis wird die Steuerbelastung von Gewinnrücklagen, die vor dem Systemwechsel (bis zum 31.12.2000) gebildet wurden, innerhalb des 15-jährigen Übergangszeitraums auf 30 % herauf- bzw. herabgeschleust. Für diese Altrücklagen soll es bei einer Ausschüttungsbelastung von 30 % bleiben.

Der Übergang vom Anrechnungsverfahren auf das neue KSt-System zum 31.12.2000 vollzog sich durch Ermittlung und gesonderte Festellung der Teilbeträge des vEK nach bisherigem Gliederungsrecht zum 31.12.2000 in mehreren Schritten:

- *Schritt 1:* Alle Ausschüttungen, die nach der Systematik der derzeitigen Gliederungsrechnung im sog. nachrichtlichen Teil der vEK-Feststellung zum 31.12.2000 enthalten sind, werden abgezogen.
- *Schritt 2:* Erhöhung um Ausschüttungen, welche die Kapitalgesellschaft im VZ 2001 von einer anderen Kapitalgesellschaft aus deren EK 45 oder EK 40 erhält (§ 36 Abs. 2 Satz 2 KStG n.F.).
- *Schritt 3:* Umgliederung des EK 45-Endbestandes.
- EK 04 wird in das sog. steuerliche Einlagekonto überführt und dort künftig, ohne zeitliche Begrenzung, fortentwickelt (§§ 27, 39 KStG).
- *Schritt 5:* Die verbleibenden Endbestände sind getrennt auszuweisen und letztmalig gesondert festzustellen.
- *Schritt 6:* Durchführung einer gesonderten Feststellung der Teilbeträge zum 31.12.2000 (KSt-Guthaben, EK 02-Endbestand, Summe aus EK 03/01, Einlagekontos).

▷ **Regelung bis zum 31.12.2000 (Voll-Anrechnungsverfahren):**

Gliederung: zur Herstellung einer exakten Ausschüttungsbelastung ist die steuerliche Vorbelastung des Eigenkapitals zu kennen. Das verwendbare Eigenkapital ist daher zum Schluss jedes Wirtschaftsjahres entsprechend seiner Tarifbelastung zu gliedern. Dabei sind die Teilbeträge des verwendbaren Eigenkapitals entsprechend ihrer Belastung mit Körperschaftsteuer getrennt auszuweisen:

- ungemildert belastete Teilbeträge: EK 40,
- ermäßigt belastete Teilbeträge: EK 30,
- nicht belastete Teilbeträge: EK 01, 02, 03, 04,
- falls Steuersatz weiterhin 45 % beträgt: EK 45.

EK 40: Ansatz der Einkommensteile, die dem Regelsteuersatz von 40 % seit dem 1.1.1999 ungemildert unterliegen (§ 30 Abs. 1 Nr. 1 KStG 1999).

EK 45: Sind thesaurierte Einkommensteile, die aus Einkommensteilen entstanden sind, die nach dem 31.12.1993, aber vor dem 1.1.1999 der Körperschaftsteuer ungemildert oder nach dem 31.12.1998 der Körperschaftsteuer im Sinn des § 23 Abs. 2 KStG unterlegen haben (§ 54 Abs. 11 Satz 1 KStG 1999).

EK 30: Ergibt die Aufteilung ermäßigt belasteter Eigenkapitalanteile (§ 32 Abs. 2 KStG 1999). Hiernach sind Eigenkapitalanteile aufzuteilen, deren Tarifbelastung niedriger bzw. höher ist als die Ausschüttungsbelastung.

EK 01: Einkommensteile, die nach dem 31.12.1976 aus ausländischen Einkünften entstanden sind. Dazu gehören Vermögensmehrungen,

- die aufgrund eines Doppelbesteuerungsabkommens von der dt. Körperschaftsteuer freigestellt sind,
- die durch die Veräußerung von Anteilen an einer ausländischen Gesellschaft entstanden sind (§ 8b Abs. 1 und 2 KStG 1999),
- die grundsätzlich der Körperschaftsteuer unterliegen, aber aufgrund höherer ausländischer Steuer und des anzuwendenden dt. Anrechnungsverfahrens, nicht in Deutschland besteuert werden (§ 26 Abs. 2 und 3 KStG 1999),
- die in bestimmten Fällen der Aufteilung ermäßigt belasteten Eigenkapitalanteile, die nicht mit Körperschaftsteuer belastet gelten (§ 32 Abs. 2 Nr. 1 KStG 1999).

Verluste, die in einer ausländischen Betriebsstätte angefallen sind, sind betragsmäßig von EK 01 abzuziehen.

EK 02: Darunter sind sonstige Vermögensmehrungen zu erfassen, die der Körperschaftsteuer nicht unterliegen und nicht dem EK 01, EK 03 und EK 04 zuzuordnen sind. Darunter zählen insbesondere

- steuerfreie Einkünfte aufgrund des Verlustabzugs (§ 33 Abs. 1 KStG 1999),
- steuerfreie Investitionszulagen,
- Beteiligung aus der Aufteilung,
- Vermögensmehrung durch Erlass der Körperschaftsteuer (§ 34 KStG 1999),

- Abzugsbeträge bei fehlendem verwendbaren Eigenkapital (§ 35 Abs. 2 KStG 1999),
- Berichtigungsbetrag,
- Gewinn aus der Auflösung einer Gewinnrücklage,
- nicht zu berücksichtigende Gewinnminderungen durch Gewinnausschüttungen (§ 50c EStG, § 8b Abs. 4 KStG 1999).

EK 03: Einzustellen ist das verwendbare Eigenkapital, das bis zum Ende des letzten vor dem 1.1.1977 abgelaufenen Wirtschaftsjahr entstanden ist (§ 30 Abs. 2 Nr. 3 KStG 1999).

EK 04: Einlagen der Anteilseigner, die das Eigenkapital in nach dem 31.12.1976 abgelaufenen Wirtschaftsjahren erhöht haben (§ 30 Abs. 2 Nr. 4 KStG 1999).

▷ Steuerabzug: Rückwirkend ab 1. Januar 2000 besteht ein Abzugsbetrag i.H.v. 20 450 Euro für Zuwendungen an Stiftungen, die wegen Förderung gemeinnütziger, mildtätiger oder kirchlicher Zwecke steuerbefreit sind (§ 10b EStG). Dieser Abzugsbetrag wird zusätzlich zum regulären Spendenabzug bei der Berechnung der Körperschaftsteuer gewährt.

3. Gewerbesteuer

▷ **Steuerpflicht:** Die Aktiengesellschaft ist kraft Rechtsform gewerbesteuerpflichtig (§ 2 Abs. 2 GewStG). Die Tätigkeit einer Aktiengesellschaft gilt im vollen Umfang als Gewerbebetrieb. Die Gewerbesteuerpflicht beginnt mit der → *Eintragung* der Aktiengesellschaft in das → *Handelsregister* und endet zu dem Zeitpunkt, in dem die rechtliche Existenz der Aktiengesellschaft beendet wird:

- im Falle der → *Abwicklung* (Liquidation) mit der Veräußerung des letzten Vermögensgegenstandes,
- im Falle einer Gesamtrechtsnachfolge mit dem Stichtag (z.B. bei einer → *Umwandlung* mit dem Umwandlungsstichtag).

Abweichendes gilt bei Organschaftsverhältnissen, wenn die Aktiengesellschaft als Organ eines anderen Unternehmens (des Organträgers) tätig ist (§ 2 Abs. 2 Satz 2 GewStG).

▷ Die **Vor-AG** (→ *Vor-AG*) ist gewerbesteuerpflichtig, wenn sie eine eigene gewerbliche Tätigkeit ausübt (§ 15 Abs. 2 EStG). Die bloße Verwaltung des eigenen Kapitals löst bei der Vor-AG keine Gewerbesteuerpflicht aus.

▷ **Besteuerungsgrundlage:** Besteuerungsgrundlage ist der Gewerbeertrag (§ 7 GewStG), d.h. der nach den Vorschriften des EStG und des KStG zu ermittelnde Gewinn, vermehrt und vermindert um folgende Beträge:

- Vermögensänderungen auf gesellschaftsrechtlicher Grundlage (→ *verdeckte Gewinnausschüttungen*, → *verdeckte Sacheinlage*),
- der Gewinn aus schuldrechtlichen Verträgen zw. Aktiengesellschaft und ihren Aktionären bzw. mit Tochter- und Schwestergesellschaften, wenn sie ernsthaft

vereinbart, tatsächlich vollzogen und dem Leistungsaustausch inhaltlich angemessen sind (z.B. Arbeits-, Miets- oder Darlehensverträge. **Beachte:** bei beherrschender Beteiligung müssen solche Verträge bereits im Voraus vereinbart worden sein),

- der Gewinn aus der Veräußerung und Aufgabe (*Ausn.* bei natürlichen Personen als unmittelbar beteiligte Mitunternehmer)
  - des Betriebs oder eines Teilbetriebes einer Mitunternehmerschaft,
  - des Anteils eines Gesellschafters, der als Unternehmer/Mitunternehmer anzusehen ist,
  - des Anteils eines persönlich haftenden Gesellschafters einer KGaA;
- gewerbesteuerrechtliche Hinzurechnungen (§ 8 GewStG),
- gewerbesteuerrechtliche Kürzungen (§ 9 GewStG).

4. Kapitalertragsteuer

▷ **Steuerpflicht:** Soweit eine Aktiengesellschaft gegenüber ihren Aktionären Leistungen erbringt, die bei diesen zu Kapitalerträgen führen (§§ 3 Nr. 40, 20 Abs. 1 Nr. 1 und 2 EStG, § 8b Abs. 1 KStG, → *Einkommensteuer*), ist Kapitalertragsteuer auf der Ebene der Aktiengesellschaft einzubehalten und an das für die Gesellschaft zuständige Finanzamt abzuführen. Die Aktiengesellschaft hat den Steuerabzug in dem Zeitpunkt vorzunehmen, in dem die Leistungen (Gewinnanteile, → *Dividenden*) den Aktionären zufließen.

▷ **Höhe:** Die Kapitalertragsteuer beträgt für Gewinnausschüttungen und sonstige Leistungen, die unter das → *Halbeinkünfteverfahren* fallen

- 20 % der Ausschüttung, (§ 43a Abs. 1 EStG, Regelfall),
- 25 %, wenn die Aktiengesellschaft die Kapitalertragsteuer übernimmt.

▷ Zusätzlich zur Kapitalertragsteuer ist der **Solidaritätszuschlag** von 5,5 % der Kapitalertragsteuer einzubehalten und an das Finanzamt abzuführen (§ 3 Abs. 1 Nr. 5 SolZG).

▷ **Sitz in EU-Staat:** Eine Kapitalertragsteuer wird bei Gewinnausschüttungen an eine nicht im Inland ansässige Mutterkapitalgesellschaft im Sinne der Anlage 7 zum EStG, die ihren Sitz in einem Mitgliedstaat der Europäischen Union hat, auf Antrag *nicht* erhoben, wenn (§ 43b EStG)

- die Beteiligung seit mindestens 12 Monaten nachweislich ununterbrochen besteht und
- eine Beteiligungsquote von mindestens 25 % bzw. bei Gegenseitigkeit in dem entsprechenden Doppelbesteuerungsabkommen von mindestens 10 % unmittelbar am Nennkapital der ausschüttenden Kapitalgesellschaft gegeben ist.

▷ **Steuerbescheinigung für den Aktionär:** Die Aktiengesellschaft ist verpflichtet, die einbehaltene Kapitalertragsteuer sowie den Solidaritätszuschlag in einer Steuerbescheinigung für den Aktionär auszuweisen.

5. Umsatzsteuer

▷ **Steuerpflicht:** Die Aktiengesellschaft ist als Unternehmen umsatzsteuerpflichtig, soweit sie steuerbare und steuerpflichtige Lieferungen und sonstige Leistungen im umsatzsteuerlichen Sinne im Rahmen ihres Unternehmens gegen Entgelt ausführt (§ 1 Abs. 1 UStG).

▷ **Unternehmereigenschaft:** Die Unternehmereigenschaft der Aktiengesellschaft ist regelmäßig zu bejahen, soweit nicht die Voraussetzungen der umsatzsteuerlichen → *Organschaft* vorliegen (§ 2 Abs. 2 Nr. 2 UStG). Die Unternehmereigenschaft der Aktiengesellschaft ist weder von ihrem Vermögensstand noch von ihrer Eintragung im Handelsregister abhängig.

Die Unternehmereigenschaft beginnt mit dem ersten nach außen erkennbaren, auf eine Unternehmertätigkeit gerichteten Tätigwerden, wenn die spätere Ausführung entgeltlicher Leistungen ernsthaft beabsichtigt ist und die Ernsthaftigkeit dieser Absicht durch objektive Merkmale nachgewiesen oder glaubhaft gemacht wird (Abschnitt 19 Abs. 1 UStR).

Die Unternehmereigenschaft endet mit dem letzten Tätigwerden, wobei der Zeitpunkt der Einstellung oder Abmeldung eines Gewerbebetriebs unbeachtlich ist (Abschnitt 19 Abs. 7 UStR). Eine aufgelöste Aktiengesellschaft kann auch noch nach ihrer → *Löschung* im Handelsregister Umsätze im Rahmen ihres Unternehmens ausführen.

▷ **Leistungen der Aktiengesellschaft:** Unentgeltliche Leistungen einer Kapitalgesellschaft stellen regelmäßig einen Eigenverbrauch im umsatzsteuerrechtlichen Sinne dar (§§ 3 Abs. 1b Nr. 3, 10 Abs. 4 UStG). Die Führung der Geschäfte einer Personengesellschaft (z.B. bei der AG & Co. KG) sowie deren Vertretung durch eine Aktiengesellschaft, die ihre einzige geschäftsführende persönlich haftende Gesellschafterin ist, stellt – unabhängig davon, ob eine gewinnabhängige oder gewinnunabhängige Geschäftsführungsvergütung oder nichts gezahlt wird –, keine gegenüber einer anderen Person erbrachte Leistung dar, die zur Umsatzsteuerpflicht führt (Abschnitt 1 Abs. 7 UStR).

▷ **Vorsteuerabzug:** Die Aktiengesellschaft kann die ihr ordnungsgemäß in Rechnung gestellten Vorsteuern abziehen, sofern sie keine Umsätze tätigt, die den Vorsteuerabzug ausschließen. Die → *Emission* von Aktien einer Aktiengesellschaft ist grundsätzlich umsatzsteuerbefreit (§ 4 Nr. 8e UStG, → *Börsengang*). Daher besteht auch kein Vorsteuerabzugsrecht hinsichtlich dieser Leistungen. Der Vorsteuerabzug aus den Aufwendungen im Zusammenhang mit einem Börsengang steht der Aktiengesellschaft nur unter folgenden Voraussetzungen zu (OFD München UR 2000, 353):

– Der Abnehmer der Wertpapiere hat seinen (Wohn-)Sitz im Drittland;

– Optionsmöglichkeit der Aktiengesellschaft zur Steuerpflicht für die Abgabe der Wertpapiere im Inland (steuerfreie Leistung).

In allen anderen Fällen besteht aus den Leistungsbezügen im Zusammenhang mit der Emission kein Vorsteuerabzugsrecht, da diese ausschließlich direkt und unmittelbar den steuerfreien Wertpapierumsätzen zuzurechnen seien (OFD München, s.o.). Diese Grundsätze sollen ebenfalls für den Vorsteuerabzug im Zusammenhang mit einer Kapitalerhöhung gelten (OFD München, s.o.).

Der Vorsteuerabzug aus Dienstleistungen Dritter im Zusammenhang mit dem Börsengang sollte nach europäischen Grundsätzen dennoch der Aktiengesellschaft zustehen (EuGH AG 2005, 295).

6. Einkommensteuer

▷ **Berechnung:** Ist der Empfänger einer Ausschüttung eine natürliche Person oder ein Personenunternehmen, kommt bei diesen grundsätzlich ab dem Jahr 2002 das → *Halbeinkünfteverfahren* zur Anwendung mit der Folge, dass die erhaltene Dividende nur noch zur Hälfte angesetzt wird (§ 3 Nr. 40d EStG). Korrespondierend dazu dürfen Betriebsvermögensminderungen, Betriebsausgaben, Veräußerungskosten oder Werbungskosten, die mit dem den § 3 Nr. 40 EStG zu Grunde liegenden Betriebsvermögensmehrungen oder Einnahmen in wirtschaftlichem Zusammenhang stehen – unabhängig davon, in welchem Veranlagungszeitraum die Betriebsvermögensmehrungen oder Einnahmen anfallen – bei der Ermittlung der Einkünfte nur zur Hälfte abgezogen werden (§ 3c Abs. 2 EStG).

▷ **Aktionäre** sind einkommensteuerpflichtig, wenn sie von der Aktiengesellschaft Leistungen erhalten haben, die zu Kapitalerträgen führen (§§ 3 Nr. 40, 20 Abs. 1 Nr. 1 und 2 EStG, Gewinnanteile, → *Dividenden*, → *verdeckte Gewinnausschüttungen*). Die einbehaltene Kapitalertragsteuer gehört zu den Einnahmen aus Kapitalvermögen, die dem → *Halbeinkünfteverfahren* unterliegt. Grundsätzlich fließen Dividenden an dem Tag zu, der im Gewinnverteilungsbeschluss als Tag der Auszahlung bestimmt worden ist. Fehlt es an einer solchen Bestimmung, so gilt als Zeitpunkt des Zufließens der Tag nach der Beschlussfassung (§ 44 Abs. 2 EStG).

▷ **Die Steuerbescheinigung der Aktiengesellschaft** kann der Aktionär zusammen mit seiner Steuererklärung bei seinem Finanzamt einreichen, um sich die Kapitalertragsteuer sowie den Solidaritätszuschlag auf seine persönliche Steuerschuld anrechnen zu lassen.

▷ **Verluste einer Aktiengesellschaft** wirken sich nicht unmittelbar auf der Ebene der Aktionäre aus und können bei der Einkommensermittlung der Aktionäre nicht einkommensmindernd berücksichtigt werden (*Ausn.* bei bilanzierungspflichtigen Aktionären, bei denen im Falle nachhaltiger Verluste der Beteiligungsgesellschaft eine Teilwertabschreibung in Betracht kommt, § 6 Abs. 1 Nr. 2 EStG).

▷ Für den Anteilseigner **endet das Anrechnungsverfahren** mit der Ausschüttung aus dem letzten festgestellten verwendbaren Eigenkapital.

7. Grunderwerbsteuer

Bei Rechtsvorgängen, die sich auf den Erwerb inländischer Grundstücke beziehen, kann eine Aktiengesellschaft auch Steuerschuldner der Grunderwerbsteuer sein (§§ 1 ff. GrEStG, Ländererlass der obersten Finanzbehörden der Länder v. 2.12.1999, BStBl. I 1999, 991). Die Bemessungsgrundlage der Grunderwerbsteuer knüpft regelmäßig an den Wert der Gegenleistung (z.B. Kaufpreis) an. Der Steuersatz beträgt 3,5 % der Bemessungsgrundlage. Gehört zum Vermögen einer Aktiengesellschaft ein inländisches Grundstück, so unterliegt z.B. auch ein Rechtsgeschäft, das den Anspruch auf Übertragung eines oder mehrerer Anteile der Gesellschaft begründet, der Grunderwerbsteuer, wenn durch die Übertragung unmittelbar oder mittelbar mindestens 95 % der Anteile der Gesellschaft in der Hand des Erwerbers oder in der Hand von herrschenden und abhängigen Unternehmen oder abhängigen Personen oder in der Hand von abhängigen Unternehmen oder abhängigen Personen allein vereinigt werden würden (sog. *Anteilsvereinigungen*, § 1 Abs. 3 Nr. 2 bis Nr. 4 GrEStG). Als Bemessungsgrundlage in den Fällen der Anteilsvereinigung wird auf den sog. *Bedarfswert* abgestellt (§ 138 Abs. 2 oder 3 BewG, § 8 Abs. 2 Nr. 3 GrEStG, auch für Zwecke der Erbschafts- und Schenkungsteuer maßgebend). Der Steuersatz beträgt auch in den Fällen der Anteilsvereinigung 3,5 %.

8. Steuerlich relevante Tatbestände

▷ **Offene Gewinnausschüttung:** Bei der offenen Gewinnausschüttung handelt es sich um den Betrag, über dessen Ausschüttung die Gesellschafterversammlung oder die Hauptversammlung beschließt. Der Gewinnverteilungsbeschluss kann sich nur auf den Bilanzgewinn beziehen und aus diesem vorgenommen werden.

▷ **Verdeckte Gewinnausschüttung** (§ 20 Abs. 1 Nr. 1 Satz 2 EStG, § 8 Abs. 3 Satz 2 KStG): Die Finanzverwaltung definiert in Anlehnung an die höchstrichterliche Rechtsprechung des BFH eine verdeckte Gewinnausschüttung als

– eine Vermögensminderung oder verhinderte Vermögensmehrung, die durch das Gesellschaftsverhältnis veranlasst ist,

– sich auf die Höhe des Einkommens auswirkt und nicht auf einem gesellschaftsrechtlichen Vorschriften entsprechenden Gewinnverteilungsbeschluss (offene Gewinnausschüttung) beruht.

Der Begriff der verdeckten Gewinnausschüttung soll auch davon abhängig sein, welche Vorschrift die Rechtsfolgen auslöst (BFH BStBl. II 1990, 89). Bei § 20 Abs. 1 Nr. 1 Satz 1 EStG ist zusätzliche Voraussetzung, dass infolge einer solchen Vermögensminderung oder verhinderten Vermögensmehrung bei der Kapitalgesellschaft dem Gesellschafter ein Vermögensvorteil zugeflossen ist. Bei der Aktiengesellschaft ist die verdeckte Gewinnausschüttung mit dem Wert anzusetzen, den ein ordnungsgemäß handelnder Geschäftsleiter vereinbart hätte inklusive Umsatzsteuer. Bei der Übertragung von Wirtschaftsgütern ist deren gemeiner Wert, bei der Nutzungsüberlassung die erzielbare Vergütung anzusetzen. Rechtsfolgen:

– Die durch die verdeckte Gewinnausschüttung bei der Aktiengesellschaft entstandenen Gewinnminderungen bzw. verhinderten Vermögensmehrungen sind bei der Ermittlung des Einkommens der Aktiengesellschaft einkommenserhöhend zu berücksichtigen. Diese Hinzurechnung erfolgt grundsätzlich außerhalb der Bilanz. Der Zufluss ist bei den Gesellschaftern in dem Zeitpunkt gegeben, in dem der Gesellschafter die unangemessen hohen Entgelte ausgezahlt bekommt bzw. die unangemessen niedrigen Entgeltwerte gewährt werden;

– Auf der Ebene des Gesellschafters ist als Einnahme aus Kapitalvermögen bzw. Einkünfte aus Gewerbebetrieb (wenn Beteiligung Betriebsvermögen) der Wert der verdeckten Gewinnausschüttung zu erfassen.

Die verdeckte Gewinnausschüttung ist mit ihrem gemeinen Wert anzusetzen. Dieser umfasst auch die für die verdeckte Gewinnausschüttung zu entrichtende Umsatzsteuer. Wirkungen der verdeckten Gewinnausschüttung bei der Aktiengesellschaft:

– Die Einkommensermittlung wird beeinflusst,
– die Körperschaftsteuer erhöht sich,
– Steuerfreistellung, falls die Aktiengesellschaft Empfängerin einer verdeckten Gewinnausschüttung ist (§ 8d KStG).

▷ **Gewinnausschüttungen:** Gewinnausschüttungen (z.B. Dividenden) einer Kapitalgesellschaft werden beim Anteilseigner nur zur Hälfte bei der Ermittlung des zu versteuernden Einkommens angesetzt (sog. → *Halbeinkünfteverfahren*). Das Vollanrechnungsverfahren, bei dem die von der Gesellschaft gezahlte Körperschaftssteuer auf die Einkommensteuer beim Anteilseigner angerechnet wird, gilt nicht mehr. Die Gewinnausschüttungen unterliegen weiterhin der Kapitalertragssteuer, die 20 % des Bruttobetrages beträgt und auf die Einkommenssteuerschuld des Anteilseigners angerechnet wird. Im Geltungsbereich des neuen Halbeinkünfteverfahren können auch Aufwendungen im Zusammenhang mit den Beteiligungserträgen nur noch zur Hälfte angesetzt werden.

▷ **Betriebsveräußerung/-aufgabe:** Der Freibetrag für Gewinne aus der Veräußerung oder Aufgabe eines Betriebes, Teiletriebs- oder Mitunternehmeranteils an einer Personengesellschaft nach Vollendung des 55. Lebensjahres oder wegen dauernder Berufsunfähigkeit wurde auf 50 000 Euro erhöht. Der diesen Freibetrag übersteigende Gewinn ist nur mit dem halben Steuersatz zu versteuern, wobei diese Steuerermäßigung nur einmal im Leben beansprucht werden kann.

▷ **Veräußerungen von Beteiligungen:** Gewinne aus der Veräußerung von im Privatvermögen gehaltenen Beteiligungen an einer Kapitalgesellschaft sind steuerpflichtig, wenn der Anteil mindestens 1 % (früher 10 %) beträgt. Diese Gewinne werden jedoch nur noch zur Hälfte beim Veräußerer versteuert. Gewinne aus der Veräußerung von Wertpapieren, die Anteile an Kapitalgesellschaften verkörpern, innerhalb der sog. Spekulationsfrist von einem Jahr unterliegen weiterhin der Besteuerung; auch sie müssen allerdings nur noch zur Hälfte versteuert werden (sog. → *Halbeinkünfteverfahren*).

▷ **Vorabausschüttungen:** Erträge aus Beteiligungen an einer Kapitalgesellschaft hat derjenige zu versteuern, dem die Anteile zum Zeitpunkt des Gewinnverteilungsbeschlusses zuzurechnen sind. Als rechtswirksamen Gewinnverteilungsbeschluss wird auch ein Vorabausschüttungsbeschluss behandelt. Der Anleger muss daher – auch wenn er nur zum Zeitpunkt des Vorabausschüttungsbeschlusses Anteilseigner war und die Anteile anschließend veräußert hat – die Beteiligungsbeträge beim späteren Zufluss versteuern.

▷ **Stückzinsen:** Die bei dem Kauf eines festverzinslichen Wertpapiers vom Erwerber an den Veräußerer zu zahlenden Stückzinsen wirken sich beim Erwerber im Jahr der Zahlung steuermindernd aus.

▷ **Aktienanleihen:** Bei Aktienanleihen handelt es sich um kurz laufende (1 bis 3 Jahre) hochverzinsliche (10–20 %) Euro-Schuldverschreibungen, bei denen der Emittent (ein Bankhaus) am Ende der Laufzeit das Recht hat, den Nennbetrag in bar oder in Aktien eines bestimmten Unternehmens an den Anleger zurückzuzahlen. Die Bank macht nach dem Emissionsbedingungen von diesem Wahlrecht Gebrauch, wenn der Kurs der betreffenden Aktie kurz vor dem Rückzahlungstermin einen bei Ausgabe der Anleihe bestimmten Wert unterschreitet. Der Anleger erleidet in diesem Fall einen Einlösungsverlust, den er nach Meinung der Verwaltung nicht steuermindernd geltend machen kann, wenn die Spekulationsfrist von einem Jahr bereits abgelaufen ist. Anderseits sind Kursgewinne außerhalb der Spekulationsfrist nicht zu versteuern.

Hinweis auf weiterführende Literatur: *Birkenfeld*, Rechtsprechung des EuGH zur Umsatzsteuer im Jahr 2001, NWB 2002, 2195 ff.; *Burgmaier*, Der Börsengang aus umsatzsteuerrechtlicher Sicht, Sicherung des Vorsteuerabzugs bei Umwandlungen, UStB 2002, 57 ff.; *Dreyer/Herrmann*, Besteuerung von Aktien-, Wandel- und Umtauschanleihen nach dem BMF-Schreiben vom 2.3.2001, FR 2001, 722 ff.; *Düll/Fuhrmann/Eberhard*, Unternehmenssteuerreform 2001: Die Neuregelung des § 6 Abs. 5 Satz 3 EStG – sog. Wiedereinführung des Mitunternehmererlasses, DStR 2001, 1713 ff.; *Eisgruber*, Unternehmenssteuerreform 2001: Das Halbeinkünfteverfahren auf der Ebene der Körperschaft, DStR 2000, 1493 ff.; *Freyer/Schult*, Unternehmenssteuerreform 2001: Die Besteuerung von Unternehmensveräußerungsgewinnen nach Wiedereinführung des halben durchschnittlichen Steuersatzes, DStR 2001, 455 ff.; *Günkel/Fenzl/Hagen*, Diskussionsforum Unternehmenssteuerreform: Steuerliche Überlegungen zum Übergang auf ein neues Körperschaftsteuersystem, insbesondere zum Ausschüttungsverhalten bei Kapitalgesellschaften, DStR 2000, 445 ff.; *Joecks*, Steuerstrafrechtliche Risiken in der Praxis – Ermittlungsschwerpunkte, DStR 2001, 2184 ff.; *Kast/Peter*, Kapitalerhöhung und Börsengang im Umsatzsteuerrecht, BB 2001, 1821 ff.; *Kaufmann/Gebhardt*, Systemwechsel in der Körperschaftsteuer – ein Beitrag zur Harmonisierung der Steuern in der Europäischen Union?, GmbHR 2000, 1034 ff.; *Kussmaul/Blank*, Der Rechtsformwechsel von Einzelunternehmen und Personalgesellschaften im Rahmen der Einbringung in eine Kapitalgesellschaft, StuB 2001, 218 ff.; *Lothmann/Lothmann*, Unternehmenssteuerreform 2001: Ausnutzung des möglichen Thesaurierungsvorteils der Kapitalgesellschaft – Thesen zur steueroptimalen Rechtsformwahl, DStR 2000, 2153 ff.; *Neu*, Unternehmenssteuerreform 2001: Die pauschalierte Gewerbesteueranrechnung nach § 35 EStG, DStR 2000, 1933 ff.; *Porter*, Besteuerung von Stock Options – Zeitpunkt der Bewertung des Sachbezugs, DB 2002, 235 ff.; *Prinz/Simon*, Ungewollte Abschaffung des gewerbesteuerlichen Schachtelprivilegs für Kapitalgesellschaften durch das UntStFG?, DStR 2002, 149 ff.; *Reiß*, Vorsteuerabzug aus Emissionsaufwendungen beim Börsengang, UR 2001, 41 ff.; *Seifried*, Unternehmenssteuerreform 2001: Ausgewählte Zweifelsfragen, DStR 2001, 240 ff.; *Scheffler*, Veräußerung von Kapitalgesellschaften aus steuerlicher Sicht – share deal oder asset deal?, StuW 2001, 293 ff.; *Schreiber*, Die Steuerbelastung der Personenunternehmen und der Kapitalgesellschaften, WpG 2002, 557 ff.; *Schwedhelm/Binnewies*, Realisierung von Körperschaftsteuerguthaben zum Systemwechsel – Anmerkung zum Nichtanwendungserlaß des BMF vom 7.12.2000, DB 2001, 503 ff.; *Spatschek/Wulf*, Schwere Steuerhinterziehung und Geldwäsche, DB 2002, 392 ff.; *Wesselbaum-Neugebauer*, Unternehmenssteuerreform 2001: Auswirkungen der Umstrukturierung der EK-Gliederung auf die Gesamtsteuerbelastung des Anteilseigners und der Gesellschaft, DStR 2000, 1896 ff.; *Wiese*, Besteuerung von Venture Capital und Private Equity Fonds in Deutschland, IWB 2001, 1189 ff.

Hinweis auf weitere Stichwörter

→ *Börsengang*
→ *Emission*

→ *Verdeckte Gewinnausschüttung*
→ *Verdeckte Sacheinlage*

Stille Beteiligung

Eine *stille Beteiligung* an der Aktiengesellschaft ist möglich. Dabei wird die typisch stille Beteiligung von der atypisch stillen Beteiligung insbesondere aus steuerlichen Gründen unterschieden. Die typisch stille Beteiligung wurde vom Gesetzgeber in den §§ 230 ff. HGB geregelt und kann als besonders ausgestaltetes Darlehensverhältnis beschrieben werden. Die atypisch stille Beteiligung ist dadurch gekennzeichnet, dass für den Stillen unter steuerlichen Gesichtspunkten mit der Beteiligung Mitunternehmerrisiko und Mitunternehmerinitiative verbunden sind. Dem entspricht es vor allem, wenn der Stille nicht nur am Gewinn, sondern auch am Verlust der Gesellschaft beteiligt ist und ihm Kontrollrechte zustehen, die mit denen des Kommanditisten einer KG vergleichbar sind. Während der typisch stille Gesellschafter Einkünfte aus Kapitalvermögen erzielt (§ 20 Abs. 1 Nr. 4 EStG), realisiert der atypisch stille Gesellschafter Einkünfte aus Gewerbebetrieb (§ 15 Abs. 1 Satz 1 Nr. 2 EStG).

Beachte: Es besteht immer die Unsicherheit, ob eine stille Gesellschaft auch als atypisch anerkannt wird (der Vertrag allein reicht nicht aus, es geht auch um die Durchführung). Darüber hinaus ist die stille Beteiligung zivilrechtlich kompliziert, insbesondere wegen der Einordnung als → *Teilgewinnabführungsvertrag*.

Hinweis auf weitere Stichwörter

→ *Beteiligung*

→ *Mitteilungspflichten*

Stille Reserven

▷ **Begriff:** Unter stillen Reserven versteht man den Betrag, um den der Zeitwert eines Vermögensgegenstandes dessen Buchwert übersteigt, sowie den originären Geschäfts- oder Firmenwert eines Unternehmens (bestehend aus dem Kundenstamm, dem Ruf des Unternehmens, dem Know-how usw.).

▷ **Funktion:** Stillen Reserven werden allgemein die folgenden Funktionen zugeschrieben:

– Schutz gegen allgemeine wirtschaftliche Risiken, für die sonst bilanziell keine Vorsorge getroffen werden kann,

- Schutz vor Wertschwankungen der bilanzierten Vermögensgegenstände,
- Sicherung des „good will" eines Unternehmens im Markt.

▷ **Zulässigkeit:** Die zulässigen stillen Reserven müssen nicht aufgedeckt werden, weil sie dann nicht mehr ihre Funktion erfüllen können. Es kann im Interesse der Aktiengesellschaft liegen, stille Reserven still zu halten. Als Bewertungsreserven sind stille Reserven ein erlaubtes Mittel der Unternehmenssicherung und Insolvenzvorsorge.

Hinweis auf weitere Stichwörter

→ *Finanzierung* | → *Rücklagen*

Stimmrecht

1. Begriff 724
2. Stimmrechtsberechtigter 725
3. Stimmrechtsvollmacht 726
4. Boten 728
5. Stimmrechtsbeschränkung 728
6. Vertrag 730
7. Stimmenmehrheit 731

1. Begriff

▷ **Bedeutung:** Das wichtigste → *Mitgliedschaftsrecht* des → *Aktionärs* ist das Stimmrecht (§§ 12 Abs. 1, 134 AktG). Das Stimmrecht gewährleistet, dass alle dazu Berufenen ihren Willen im Beschlussverfahren in der → *Hauptversammlung* artikulieren können. Das Stimmrecht und damit die Einflussmöglichkeit des Aktionärs über seine Mitwirkung an der Hauptversammlung auf die Geschäfte der Aktiengesellschaft ist ausschließlich von der Höhe seiner → *Einlage* abhängig. Jede → *Aktie*, bei Nennbetragsaktien in der jeweils kleinsten Stückelung, gewährt ein Stimmrecht, d.h. eine Stimme (*Ausn.* bei Vorzugsaktien ohne Stimmrecht, § 12 Abs. 1 Satz 1 AktG, z.B. als Belegschaftsaktien, → *Arbeitnehmer: 4. Belegschaftsaktie*, § 139 AktG oder wenn durch → *Satzung* ein *Höchststimmenrecht* eingeführt wurde, § 134 Abs. 1 Satz 2 AktG, s.u.).

Das Stimmrecht ist

- unentziehbar,
- unverzichtbar,
- nicht abspaltbar (→ *Abspaltungsverbot*).

▷ **Die Legitimationsübertragung** (d.h. die Übertragung von Aktien zum Zwecke der Stimmrechtsausübung) ist jedoch grundsätzlich erlaubt. Der Aktionär hat die Möglichkeit, sein Stimmrecht in der Hauptversammlung durch einen Bevollmächtigten auszuüben (s.u.).

▷ **Ausübung:** Bei nicht börsennotierten Gesellschaften kann das Stimmrecht in der → *Satzung* durch die Festsetzung eines Höchstbetrages oder von Abstufungen beschränkt werden (§ 134 Abs. 1 Satz 2–6 AktG). Das Stimmrecht wird nach Aktiennennbeträgen (§ 8 Abs. 2 AktG), bei Stückaktien nach deren Zahl (§ 8 Abs. 3 AktG), durch die Abgabe der Stimme in der Hauptversammlung ausgeübt (§ 134 Abs. 1 Satz 1 AktG). Die Form der Ausübung des Stimmrechts kann satzungsmäßig geregelt werden (§ 134 Abs. 3 AktG). Durch die Ausübung des Stimmrechts sind die Aktionäre im Rahmen der Zuständigkeit der Hauptversammlung in der Lage, über das Schicksal der Aktiengesellschaft mitzubestimmen.

2. Stimmrechtsberechtigter

▷ **Eigentümer:** Stimmrechtsberechtigt ist stets der Aktionär, d.h. der Eigentümer der Aktie:

– bei Namensaktien: wer im → *Aktienregister* eingetragen ist,

– bei Inhaberaktien: wer die Aktie in Besitz hat.

▷ **Andere Rechtsinhaber** an der Aktie als der Eigentümer haben nur dann ein Stimmrecht, wenn die Aktie ausdrücklich und besonders übertragen wird. Das Stimmrecht steht also zu

– dem *Pfandrechtsinhaber* aufgrund Pfandrecht,

– dem *Nießbrauchsinhaber* aufgrund Nießbrauch, weil das Stimmrecht nicht nur dem Bezug der Nutzung dient, sondern auch den Zweck hat, das Mitgliedschaftsrecht zu gestalten (*Palandt/Bassenge*, BGB, 65. Aufl. 2006, § 1068 Rn. 3),

– dem *Treuhänder* aufgrund Treuhandvertrag, unabhängig von der Eigennützigkeit der Treuhandschaft; inwieweit er Weisungen des Treugebers zu befolgen hat, bestimmt das Innenverhältnis.

▷ **Leistung der Einlage:** Die Stimmberechtigung setzt grundsätzlich die vollständige Leistung der Einlage voraus (§ 134 Abs. 2 Satz 1 AktG). Die Satzung kann aber bestimmen, dass das Stimmrecht schon dann beginnt, wenn auf die Aktien die gesetzlich vorgeschriebene oder die höhere satzungsmäßige Mindesteinlage geleistet ist (nur bei *Bareinlage*, § 134 Abs. 2 Satz 2 AktG). Dann gibt die Leistung der Mindesteinlage 1 Stimme, bei höheren Einlagen richtet sich das Stimmenverhältnis nach der Höhe der geleisteten Einlage (§ 134 Abs. 2 Satz 3 AktG). Bei fehlender satzungsrechtlicher Regelung richtet sich das Stimmrechtsverhältnis nach der Höhe der teilweise geleisteten Einlage, wobei die Leistung der gesetzlichen Mindesteinlage eine Stimme ergibt (§ 134 Abs. 2 Satz 4 AktG). Satzungsbestimmungen müssen dem Grundsatz der Gleichbehandlung entsprechen, sie müssen alle Aktionäre gleichmäßig behandeln. Unzulässig sind daher unterschiedliche Regelungen für einzelne Aktionäre oder für einzelne Aktiengattungen (§ 134 Abs. 2 Satz 6 AktG). Bei reinen Sacheinlagen beginnt das Stimmrecht dagegen erst mit vollständiger Einbringung der Einlage.

▷ **Drittbesitz:** Weiterhin kann die Satzung die Zurechnung von Drittbesitz bestimmen.

> **Beispiele**
>
> Die Satzung kann bestimmen, dass
>
> – zu den Aktien, die einem Aktionär gehören, auch die Aktien gerechnet werden, die einem anderen für seine Rechnung gehören,
> – zu den einem Unternehmer gehörenden Aktien auch die Aktien rechnen, die einem von ihm abhängigen oder ihn beherrschenden oder mit ihm konzernverbundenen Unternehmen oder für Rechnung solcher Unternehmen einem Dritten gehören (§ 134 Abs. 1 Satz 4 AktG).

3. Stimmrechtsvollmacht

▷ **Die Ausübung des Stimmrechts** kann auf einen Dritten übertragen werden (§ 134 Abs. 3 AktG). Bei der → *Publikums-AG* geschieht dies oft über Banken/Kreditinstitute oder „geschäftsmäßig Handelnde" (z.B. Aktionärsvereinigungen u.a., → *Aktiengemeinschaften*). Diese Vertretungsmöglichkeit kann nicht durch Satzung ausgeschlossen oder verbindlich vorgeschrieben werden (§ 23 Abs. 5 Satz 1 AktG). Der Bevollmächtigte hat sich vor oder in der Hauptversammlung durch Vorlage einer schriftlichen Vollmacht zu legitimieren, falls die Satzung keine Erleichterung vorsieht, anderenfalls kann er zurückgewiesen werden (§ 134 Abs. 3 Satz 2 und 3 AktG). Die Stimmrechtsvollmacht kann seit Inkrafttreten des → *NaStraG* z.B. auch per Telefax, E-Mail, Bildschirmformular oder sogar telefonisch erfolgen (§ 134 Abs. 3 Satz 2 AktG). Der Stimmrechtsvertreter muss allerdings stets in der Lage sein, die Vollmachtserklärung „nachprüfbar festzuhalten" (§ 135 Abs. 2 Satz 4 AktG). Eine *satzungsmäßige Beschränkung* des Kreises der Bevollmächtigten auf Aktionäre ist generell nicht zulässig (OLG Stuttgart AG 1991, 69 f.).

▷ Für **Namensaktien** gelten die Vorschriften über die Ausübung des Stimmrechts für Inhaberaktien entsprechend, mit 2 Abweichungen:

– Eine Stimmrechtsausübung „im Namen dessen, den es angeht" ist nicht möglich, weil der Vollmachtgeber im Aktienbuch namentlich eingetragen ist (§ 67 Abs. 1 und 2 AktG);
– die Stimmrechtsermächtigung ist zulässig wegen der großen Bedeutung der Anonymität (§ 135 Abs. 7 Satz 1 AktG).

▷ **Vollmachtserteilung an ein Kreditinstitut:** Ein Großteil der Aktionäre überträgt bei börsennotierten Aktiengesellschaften die Ausübung ihrer Stimmrechte einem Kreditinstitut (ca. 90 %). Wenn das Kreditinstitut, das für Aktionäre Aktien hält, in der Hauptversammlung das Stimmrecht der Aktionäre ausüben will, so muss es dem Aktionär zugleich eigene Vorschläge für die Ausübung des Stimmrechts zu den einzelnen Gegenständen der → *Tagesordnung* mitteilen (§ 128 Abs. 2 Satz 1 AktG). Es hat ferner den Aktionär zu bitten, ihm Weisungen zu erteilen. Dabei muss das Kreditinstitut ausdrücklich darauf hinweisen, dass entsprechend den mitgeteilten Vorschlägen das Stimmrecht ausgeübt werde, sofern der Aktionär nicht rechtzeitig eine andere Weisung erteilt. Die Verständigung zwischen Aktionär und Kreditinstitut wird durch ein Formblatt gewährleistet (§ 128 Abs. 2 Satz 4

AktG, Musterformblatt des Bundesverbandes des privaten Bankgewerbes: WM 1965, 1090 ff., 1110).

Maßgeblich für die Vorschläge des Kreditinstituts dürfen nicht die eigenen Interessen, sondern müssen ausschließlich die des Aktionärs sein. Das Kreditinstitut ist gesetzlich dazu gehalten, auch organisatorische Vorkehrungen dafür zu treffen, dass Eigeninteressen aus anderen Geschäftsbereichen nicht einfließen (§ 128 Abs. 2 Satz 2 AktG).

> **Beispiel**
>
> Möglich ist eine organisatorische Verselbständigung des betreffenden Arbeitsbereichs von anderen geschäftlichen Abteilungen der Kreditinstitute i.d.S., dass diese Stelle interessen- und weisungsunabhängig geführt wird und die Stimmabgabe im Aktionärsinteresse formuliert (s. auch → *Hauptversammlung: 5. Mitteilungen*).

Aufgrund des NaStraG wurden die Regelungen zur Ausübung des Stimmrechts durch Kreditinstitute geändert: die Einschränkung der Stimmrechtsausübung gilt nicht nur für Inhaberaktien, sondern auch für Namensaktien. Eine schriftliche Vollmacht ist nicht mehr zwingend (§ 135 Abs. 1 Satz 1, Abs. 4 Satz 3, § 134 Abs. 3 und 4 AktG).

▷ **Beschränkung:** Die durch Ballung der Stimmrechte eintretende Machtkonzentration der Banken führte zu Einschränkungen dieser Vertretungsmöglichkeit durch den Gesetzgeber. Für Kreditinstitute bestehen nunmehr folgende weitere gesetzliche Einschränkungen:

- Eine Legitimationsübertragung ist für Inhaberaktien ausgeschlossen. Bei Namensaktien ist dagegen eine Stimmrechtsermächtigung zulässig (§ 135 Abs. 7 AktG),
- erforderlich ist eine rechtsgeschäftliche Erklärung der Vollmachtserteilung mit eigenhändiger Unterschrift des Depotkunden (§ 126 Abs. 1 BGB),
- die Depotbank darf aufgrund der Vollmacht das Stimmrecht in ihrer eigenen Hauptversammlung nur soweit ausüben, als der Aktionär eine ausdrückliche Weisung zu den einzelnen Gegenständen der Tagesordnung erteilt hat (§ 135 Abs. 1 Satz 2 AktG),
- die Vollmacht zur Ausübung des Stimmrechts darf nur einem bestimmten Kreditinstitut nur für die Dauer von 15 Monaten und nur widerruflich erteilt werden (§ 135 Abs. 2 Satz 1 AktG),
- eine Blankovollmacht darf nicht erteilt werden (§ 135 Abs. 2 Satz 3 AktG),
- Untervollmacht ist zulässig, wenn das Kreditinstitut seine Angestellten bevollmächtigt. Bei Unterbevollmächtigung von Personen, die nicht Angestellte des bevollmächtigten Kreditinstituts sind, muss jedoch dies in der Vollmacht des Aktionärs ausdrücklich gestattet sein (§ 135 Abs. 3 AktG).

▷ **Weisungen des Aktionärs:** An die Weisungen des Aktionärs ist die Depotbank gebunden. Ein Recht zur Abweichung von der Weisung besteht, wenn

- sich die Umstände derart verändert haben, dass eine abweichende Ausübung des Stimmrechts angezeigt erscheint und
- anzunehmen ist, dass der Aktionär bei Kenntnis der Sachlage die abweichende Ausübung des Stimmrechts billigen würde (§ 135 Abs. 5 AktG, §§ 665, 675 BGB) oder
- die weisungsgemäße Abstimmung erkennbar zum Nachteil des Aktionärs wäre.

In diesen Fällen muss das Kreditinstitut die Abweichung und die Gründe hierfür dem Aktionär mitteilen (§ 135 Abs. 8 AktG). Verstößt ein Kreditinstitut gegen die nach den Vorschriften über die Ausübung des Bankstimmrechts bestehenden Pflichten, so ist es dem Aktionär zum Schadensersatz verpflichtet (§ 135 Abs. 11 AktG). Diese Schadenersatzverpflichtung kann im Voraus nicht ausgeschlossen und nicht beschränkt werden.

▷ **Geschäftsmäßig Handelnde:** Die Aktionärsvereinigungen, die Geschäftsleitung und Angestellte eines Kreditinstituts, sofern ihnen Aktien anvertraut sind, sowie Personen, die sich geschäftsmäßig gegenüber Aktionären zur Ausübung des Stimmrechts in einer Hauptversammlung erbieten, sind den Kreditinstituten gleichgestellt (§ 135 Abs. 9 Nr. 1–3 AktG). Für sie gelten die Vorschriften über das Bankstimmrecht sinngemäß (*Ausn.:* wenn derjenige, der das Stimmrecht ausüben will, gesetzlicher Vertreter, Ehegatte des Aktionärs oder mit ihm bis zum 4. Grad verwandt oder verschwägert ist, § 135 Abs. 9 Satz 2 AktG).

4. Boten

Die Stimmbotschaft ist die Weiterleitung einer schriftlichen eigenhändig unterschriebenen Erklärung des Stimmrechtsinhabers durch die persönliche Überbringung durch einen Boten. Der Stimmbote übermittelt somit nur eine vorformulierte von ihm nicht abänderbare Erklärung des → *Aktionärs*. In der → *Hauptversammlung* ist der Einsatz von Stimmboten unzulässig. Die letzte Stimmabgabe muss noch in der Hauptversammlung möglich sein (§ 118 Abs. 1 AktG). Der Stimmbote hat kein → *Teilnahmerecht* in der Hauptversammlung, da er gerade die erforderliche Vollmacht nicht vorweisen kann (§ 134 Abs. 3 AktG).

Beachte: Es ist genau zu prüfen, ob im Einzelfall doch eine Vollmacht gewollt ist und auch formgerecht erklärt wurde. S. auch → *Abstimmung: 2. Aufsichtsrat*

5. Stimmrechtsbeschränkung

Aktien mit gleichem Nennbetrag gewähren gleiche Stimmrechte: „one share one vote". Grundsätzlich gibt es keine Aktie ohne Stimmrecht (§ 12 Abs. 1 Satz 1 AktG) und umgekehrt kein Stimmrecht ohne Aktie (i.S. einer Mitgliedschaft). Die Satzung kann von diesem Grundsatz nicht abweichen, jedoch wird dieser Grundsatz von gesetzlichen Bestimmungen durchbrochen:

- *Höchststimmrechte* können bei Besitz mehrerer Aktien durch die Satzung festgesetzt werden (§ 134 Abs. 1 Satz 2 AktG),

– *Vorzugsaktien* ohne Stimmrecht (§§ 139 ff. AktG),
– *Ausschluss* des Stimmrechts (§ 136 AktG).

Will man die Stimmrechtsausübung nur für einen Teil der Aktien beschränken, muss man zunächst eine besondere Aktiengattung bilden.

Soweit es darauf ankommt, dass eine bestimmte Kapitalmehrheit zustimmt, bleiben die Beschränkungen außer Betracht (§ 134 Abs. 1 Satz 6 AktG). Soweit es um die Voraussetzungen für den Minderheitsschutz geht, hat die Stimmrechtsbeschränkung keine Bedeutung.

▷ **Höchststimmrechte** sind nur noch in nicht börsennotierten Aktiengesellschaften zulässig (§ 134 Abs. 1 Satz 2 AktG). Die Satzung darf, wenn einem Aktionär mehrere Aktien gehören, das Stimmrecht durch Festsetzung eines Höchstbetrages oder von Abstufungen beschränken (§ 134 Abs. 1 Satz 2 AktG). Die Höchststimmrechte dienen den Interessen der Verwaltung, die dadurch den Einfluss der Großaktionäre abwehren kann. Für die Eigentümer wird dadurch die Kontrolle der Verwaltung verschlechtert. Ein Höchstbetrag wird üblicherweise auf 5 % oder 10 % des Grundkapitals festgelegt. Auch der Nennbetrag einer einzelnen Aktie kann als Höchstbetrag festgesetzt werden, so dass im Ergebnis nach Köpfen abzustimmen ist. Abstufungen des Stimmrechts können nach der Stückzahl der Aktien oder nach Prozentanteilen des Grundkapitals getroffen werden. Jede Aktie muss ihr Stimmrecht behalten. Die Beschränkung darf sich erst aus der Häufung des Besitzes ergeben. Sie kann auch nur für bestimmte Beschlussgegenstände vorgeschrieben werden.

> **Beispiel**
>
> In der Satzung kann etwa bestimmt werden, dass einem Aktionär höchstens 10 Stimmen zustehen sollen oder dass einem Aktionär bis zu einem bestimmten Nennbetrag der ihm gehörenden Aktien höchstens 10 Stimmen, darüber hinaus höchstens 20 Stimmen gewährt werden.

Sind *Aktien mit verschiedenen Nennbeträgen* ausgegeben (z.B. à 50 und à 100 Euro), so darf der Aktie des höheren Nennbetrags das Stimmrechtsplus, das sie gegenüber dem geringeren Nennbetrag hat, nicht entzogen werden. Es darf daher kein Höchstbetrag festgelegt werden, der unter dem höheren Nennbetrag liegt. Ein Bevollmächtigter oder Legitimationsaktionär, der mehrere Aktionäre vertritt oder auch eigenen Aktienbesitz hat und dadurch die Höchstgrenze bei der Stimmabgabe übersteigt, kann für mehrere Auftraggeber Stimmen abgeben, die insgesamt das Höchststimmrecht übersteigen, da die Beschränkung für jeden Aktionär im Einzelnen gilt.

▷ **Vorzugsaktien ohne Stimmrecht:** Die Gesellschaft kann → *Vorzugsaktien* ohne Stimmrecht ausgeben. Vorzugsaktien werden i.d.R. als Vorzugsaktien ohne Stimmrecht mit einem Dividendenausgleich gewährt. Nach 2-jährigem Ausfall der → *Dividende* werden die Vorzugsaktien zwangsläufig wieder stimmberechtigt (§ 140 Abs. 2 AktG).

Stimmrecht

▷ **Ausschluss:** Die Ausübung des Stimmrechts ist in bestimmten Fällen *ausgeschlossen* (§ 136 Abs. 1 AktG). Eine Legitimationsübertragung ist dann nicht möglich. Das Stimmrecht eines Aktionärs ist ausgeschlossen bei Entscheidungen der Hauptversammlung über (abschließende Aufzählung in § 136 Abs. 1 Satz 1 AktG)

- seine Entlastung,
- die Befreiung von seiner Verbindlichkeit,
- die Geltendmachung eines Anspruchs gegen ihn.

▷ **Mehrstimmrechte:** Die Möglichkeit, Mehrstimmrechtsaktien zu schaffen, ist gänzlich abgeschafft worden (§ 12 Abs. 2 AktG).

6. Vertrag

Ein *Stimmrechtsbindungsvertrag* ist die vertragliche Verpflichtung nach Weisung eines anderen abzustimmen. Bei der Ausübung des Stimmrechts ist der Aktionär grundsätzlich frei. Der Grundsatz freien Abstimmungsermessens schließt aber auch die Möglichkeit der Selbstbindung ein. Als Ausdruck der *Abstimmungsfreiheit* kann jeder Aktionär eine Vereinbarung abschließen, in der er sich verpflichtet, die ihm zustehenden Stimmrechte in der vertraglich festgelegten Weise auszuüben (BGHZ 126, 226, 235). Eine Verpflichtung des Aktionärs, die über die Wahrnehmung der Interessen der Gesellschaft hinausgeht, besteht nicht. Der Aktionär kann bei der Abstimmung auch seine eigenen Interessen hinter den Interessen der Gesellschaft zurückstellen. Unzulässig ist aber die Gewährung besonderer Vorteile für ein bestimmtes Abstimmungsverhalten (§ 405 Abs. 3 Nr. 6 und 7 AktG). Die Abstimmung als solche und die sich daraus für einen Beteiligten ergebenden günstigen Folgen sind keine besonderen Vorteile im Sinne dieser Bestimmung.

Eine rechtlich zulässige Verpflichtung zu einer bestimmten Stimmabgabe kann für eine einmalige Abstimmung, aber auch auf bestimmte oder unbestimmte Zeit eingegangen werden. Verpflichtungen, das *Stimmrecht nicht auszuüben*, werden den Stimmrechtsverpflichtungen gleichgeachtet (*Nirk* in Nirk/Ziemons/Binnewies, Handbuch der AG, Loseblatt, Rn. 1295).

▷ **Nichtigkeit:** Der Stimmrechtsbindungsvertrag ist nichtig, wenn

- sich der Aktionär verpflichtet, nach Weisungen der Gesellschaft, des Vorstandes, des Aufsichtsrats oder eines abhängigen Unternehmens das Stimmrecht auszuüben (§ 136 Abs. 2 Satz 1 AktG);
- sich der Aktionär verpflichtet, für die jeweiligen Vorschläge von Vorstand oder Aufsichtsrat der Gesellschaft zu stimmen (§ 136 Abs. 2 Satz 2 AktG);
- bei Ausgabe von vinkulierten Namensaktien die Verpflichtung, entsprechend den Weisungen eines Dritten zu stimmen, unter besonderen Umständen sich als Umgehung des Zwecks der Vinkulierung, den Einfluss Dritter fernzuhalten, darstellt (*Schröder* in MüKo. AktG, 2. Aufl. 2004, § 136 Rn. 65);
- die Stimmrechtsbindung den Zweck hat, die Satzung zu umgehen.

Im Rahmen wirksamer Stimmrechtsbindungsverträge kann im Einzelfall die Bindung unbeachtlich sein, wenn die Geltendmachung gegen die guten Sitten oder gegen Treu und Glauben verstößt (§ 138 BGB).

▷ **Kündigung:** Stimmbindungsverträge, sofern sie auf eine bestimmte Zeit eingegangen sind, sind aus wichtigem Grund kündbar. Auf unbestimmte Zeit eingegangene Bindungen sind jederzeit kündbar (§ 723 BGB). Auch ohne, dass ein wichtiger Grund für die Kündigung des Vertrages vorliegt, kann ein wichtiger Grund gegen die Ausübung des Stimmrechts gegeben sein.

Beispiel

Bei der Wahl einer unzumutbaren Person zum Aufsichtsratsmitglied.

▷ **Stimmenpool:** Vereinbaren Aktionäre untereinander das Stimmrecht gemeinsam auszuüben, handelt es sich grundsätzlich um eine Gesellschaft bürgerlichen Rechts (BGHZ 126, 236 f.). Häufiger Inhalt des Gesellschaftsvertrages ist es, dass das Stimmrecht nach dem Willen der Mehrheit der im Stimmenpool zusammengeschlossenen Aktionäre ausgeübt wird.

▷ **Durchsetzung:** Auf die Erfüllung einer Verpflichtung aus dem Stimmrechtsbindungsvertrag kann gegen den Aktionär geklagt werden (BGHZ 48, 163, 169 ff.). Die Stimmabgabe gilt als abgegeben, sobald das Urteil die Rechtskraft erlangt hat (§ 894 Abs. 1 Satz 1 ZPO). Der erforderliche Zugang der Abstimmungserklärung erfolgt durch die Mitteilung an den Versammlungsleiter (BGH WM 1989, 1021; a.A. *Zöllner* in KK. AktG, 2. Aufl. 2000, § 136 Rn. 115). Praktisch wird das Problem folgendermaßen gelöst: der Aktionär wird verpflichtet, die Aktie für den Zweck der Erfüllung der aktienrechtlichen Voraussetzungen für das Wirksamwerden der Stimmabgabe treuhänderisch herauszugeben und sich auf eine darauf beschränkte, mit der Klage auf Stimmabgabe verbundene Herausgabeklage einzulassen.

▷ **Schadenersatz:** Ein Verstoß gegen die Stimmrechtsbindung verpflichtet den Zuwiderhandelnden zum Schadenersatz gegenüber den Vertrags-Aktionären wegen vorsätzlicher Verletzung seiner → *Treuepflicht*, als Ausfluss der mitgliedschaftlichen Beteiligung an der Aktiengesellschaft. Für die konkrete Annahme einer Treuepflicht zwischen den Gesellschaftern ist stets erforderlich, dass Aktionäre die gesellschaftsbezogenen Interessen von Mitaktionären schädigen können. Ein Schadenersatzrecht wird einem Aktionär auch für den Fall zugestanden, dass er mit der Anfechtungsklage den Eintritt des Schadens nicht verhindern kann, weil das Anfechtungsurteil eine rückwirkende Gestaltung gegen eine inzwischen eingetretene Gesetzeswirkung nicht mehr entfalten kann und der das Mitgliedschaftsrecht beeinträchtigende Beschluss daher trotz erfolgreicher Anfechtungsklage wirksam bleibt.

7. Stimmenmehrheit

▷ **Einfache Stimmenmehrheit:** Die Beschlüsse der Hauptversammlung bedürfen der Mehrheit der abgegebenen Stimmen, soweit nicht Gesetz oder Satzung eine größere Mehrheit oder weitere Erfordernisse bestimmen (§ 133 Abs. 1 AktG). Es gilt der *Grundsatz der einfachen Stimmenmehrheit*. Bei Stimmengleichheit gilt der Antrag als abgelehnt, Stimmenthaltungen werden nicht mitgezählt. Vorübergehend abwesende Aktionäre außerhalb des Abstimmungsraumes zählen zu den Stimmenthaltungen, sofern sie sich bei der Abstimmung nicht vertreten lassen (BGH NJW-RR 1990, 166, 168).

▷ **Qualifizierte Stimmenmehrheit:** Durch Gesetz oder Satzung können im Einzelfall größere Stimmenmehrheiten neben dem zusätzlichen Erfordernis einer Kapitalmehrheit vorgesehen werden (→ *Kapitalmehrheit*). S. auch → *Beschluss: 4. Hauptversammlungsbeschluss* und → *Mehrheit: 2. Mehrheitsbeteiligung.*

Hinweis auf weiterführende Literatur: *Baums*, Vollmachtsstimmrecht der Banken, AG 1996, 11; *Behrens*, Stimmrecht und Stimmrechtsbindung, in FS 100 Jahre GmbH-Gesetz, 1992, S. 539, 553 f.; *Bezzenberger*, Vorzugsaktien ohne Stimmrecht, 1991, § 5 II 2, S. 79 f.; *Bunke*, Fragen der Vollmachtserteilung zur Stimmrechtsausübung nach §§ 134, 135 AktG, AG 2002, 57 ff.; *Claussen*, Wie ändert das KonTraG das AktG? DB 1998, 177, 184; *Fischer*, Zur Methode revisionsrechtlicher Rechtsprechung auf dem Gebiet des Gesellschaftsrechts, dargestellt anhand der Rechtsprechung zu den Stimmrechtsbindungsverträgen, in FS Kunze, 1969, S. 95, 105; *Henze*, Die Treuepflicht im Aktienrecht – Gedanken zur Rechtsprechung des Bundesgerichtshofes von „Kali und Salz" über „Linotype" und „Kochs Adler" bis hin zu „Girmes", BB 1996, 489 ff.; *Leu/v.d. Crone*, Stimmrechtsvertretung beim Décharge-Beschluss, SZW/RSDA 2002, 205 ff.; *Löwe/Thoß*, Der Ausgleich für den Entzug von Mehrstimmrechten, ZIP 2002, 2075 ff.; *Ludwig*, Formanforderungen an die individuell erteilte Stimmrechtsvollmacht in der Aktiengesellschaft und in der GmbH, AG 2002, 433 ff.; *Messer*, Der Widerruf der Stimmabgabe, in FS Fleck, 1988, S. 221 ff.; *Noack*, Stimmrechtsvertretung in der Hauptversammlung nach NaStraG, ZIP 2001, 57 ff.; *Overath*, Die Stimmrechtsbindung, 1973, S. 115 ff., mit Zusammenfassung der Ansichten; *Peters*, Pool-Verträge in der Unternehmenskrise, ZIP 2000, 2238 ff.; *Vallenthin*, Die Stimmrechtsvertretung durch Banken nach dem Aktiengesetz 1965, 1966; *Werner*, Die Beschlussfassung der Inhaber von stimmrechtslosen Vorzugsaktien, AG 1971, 69, 70.

Hinweis auf weitere Stichwörter

→ *Abstimmung*
→ *Aktionär*
→ *Hauptversammlung*

→ *Mehrheitsbeteiligung*
→ *Satzung*
→ *Vorzugsaktien*

Stock Options

1. Begriff 733
2. Inhalt 734
3. Ausgabe und Sicherstellung der Bedienung 735
4. Ausübung 737
5. Bilanzierung 737
6. Besteuerung 738

1. Begriff

▷ **Begründung:** Aktienoptionen (sog. Stock Options) sind anreizkompatible Entlohnungssysteme sowohl für Arbeitnehmer und Angestellte als auch für Führungskräfte (→ *Incentivprogramm*). Sie sind als besonders erfolgsorientierte Vergütungsform für Arbeitnehmer und Vorstandsmitglieder gesetzlich anerkannt (§ 192 Abs. 2 Nr. 3 AktG). Damit verbunden ist auch die Hoffnung auf eine steuergünstige – steuerstundende oder gar steuersparende – Entlohnungsform.

▷ **Finanzierung:** Nachdem die Vergabe von Optionsrechten bis 1998 nur im Zusammenhang mit der Vergabe von Optionsanleihen (→ *Option*) oder → *Wandelschuldverschreibungen* bzw. mit anderen Ausweichgestaltungen möglich war, ist seit Änderung des AktG durch das KonTraG v. 27.4.1998 die Vergabe sog. reiner Stock Options möglich. Zur Finanzierung eines Stock Option-Programms stehen dabei im Wesentlichen 3 Alternativen zur Verfügung:

- die → *bedingte Kapitalerhöhung* (§ 192 Abs. 2 Nr. 3 AktG),
- der Erwerb → *eigener Aktien* (§ 71 Abs. 1 Nr. 8 AktG),
- der Erwerb und die Weitergabe von → *Optionen* auf eigene Aktien.

Dadurch ist der wenig elegante Umweg über Finanzierungsinstrumente entbehrlich geworden (→ *Optionsanleihen*, → *Wandelschuldverschreibungen*, §§ 192 Abs. 2 Nr. 1, 221 Abs. 4 AktG).

▷ **Ziel:** Durch Stock Options, deren Ausgabe in aller Regel unentgeltlich erfolgt, wird Vorstandsmitgliedern und Mitarbeitern einer Aktiengesellschaft die Option eingeräumt, innerhalb einer bestimmten Frist Aktien der Aktiengesellschaft oder eines → *verbundenen Unternehmens* zu einem vorab fixierten Preis (Basispreis, Ausübungspreis) zu erwerben. Ziel dieser Form der Entlohnung ist dabei, neben den generell mit einer Mitarbeiterbeteiligung verfolgten Zielen der Mitarbeiterbindung und -motivation auch die stärkere Ausrichtung der Unternehmensführung auf den Shareholder-Value.

▷ **Berechtigte:** An Mitglieder des Aufsichtsrats oder an externe Berater (des Betriebsrats) ist die Ausgabe von Aktienoptionen nicht möglich (§ 192 Abs. 2 Nr. 3 AktG). Unbedenklich sind aber Stock Options für Vorstandsmitglieder, die im Tochterbereich Aufsichtsratsfunktionen wahrnehmen (Konzernmandate; *Hüffer*, AktG, 7. Aufl. 2006, § 192 Rn. 21).

Berechtigter Personenkreis für den Erwerb von Stock Options sind demzufolge

- *Arbeitnehmer und leitende Angestellte* der Aktiengesellschaft oder eines mit der Aktiengesellschaft verbundenen Unternehmens (→ *Arbeitnehmer*),
- *Mitglieder des Vorstandes* der Aktiengesellschaft, *Geschäftsführungsmitglieder* verbundener Unternehmen.

▷ **Die reine Aktienoption** ist – in ihrer Einbindung in ein Gesamtregelwerk genannt „Aktienoptionsplan" oder „Aktienoptionsprogramm" – eine Vereinbarung, bei der den Begünstigten das Recht eingeräumt wird, zukünftig innerhalb einer vorgegebenen Ausübungsfrist eine vereinbarte Anzahl von Aktien des Arbeitgeberunternehmens bzw. einer anderen Konzerngesellschaft zu einem bestimmten vorteilhaften Preis zu erwerben. Im Stock Option-Plan können Einzelheiten der Ausgabe von Mitarbeiterbeteiligungen festgelegt werden.

2. Inhalt

Zur näheren Ausgestaltung der Aktienoptionen kann Folgendes im Optionsplan festgesetzt werden:

- *Sperrfrist bis zur erstmaligen Ausübung:* Die Ausübung der Optionen ist frühestens 2 Jahre nach Ausgabe möglich, bei börsennotierten Unternehmen nur in gewissen Zeiträumen (sog. *Insiderproblematik*). Das Einrichten einer Wartefrist bis zur erstmaligen Ausübung der Aktienoptionen hat das Ziel, den Mitarbeiter über einen bestimmten Zeitraum an das Unternehmen zu binden. Die *Übertragbarkeit* der Option sollte in der Zeit grundsätzlich ausgeschlossen sein. Dadurch können keine fremden Dritten in den Kreis der Aktionäre eintreten (bei nicht börsennotierten Gesellschaften) und die Optionen können nicht schon vorab verwertet werden;

- *Haltefristen*, die einen sofortigen Verkauf der Aktien nach der Ausübung der Option verbieten, wobei 3 Jahre als angemessen angesehen werden;

- Die *Bindungszeit/Laufzeit* (sog. *vesting period*): Im Durchschnitt werden Aktienoptionspläne für eine Laufzeit von 6,5 Jahren aufgelegt. Dabei wählen die Unternehmen, die ihre Führungskräfte und/oder anderen Mitarbeiter in der Form reiner Aktienoptionen zu motivieren suchen, relativ kurze Laufzeiten bis zu 5 Jahren. Die Frist reicht manchmal aber auch bis zu 10 Jahren (noch im Einklang mit geltendem Recht). Diese Bindung soll eine weitere Zugehörigkeit des Mitarbeiters zum Unternehmen sichern.

- *Rückzahlungsklauseln*, wonach ein Bezugsberechtigter, der das Unternehmen nach Ausübung des Wandlungsrechts verlässt, einen gewissen Teil seines persönlichen Gewinns zurückzuzahlen hat;

- Regelungen zur *Unterbindung von Insidergeschäften*, welche die Ausübung des Optionsrechts auf Zeiträume beschränken, in denen auch den übrigen Marktteilnehmern die relevanten Informationen – wie Jahresabschluss – zur Verfügung stehen;

- *Rückkaufsrecht/Vorkaufsrecht:* Der Aktiengesellschaft wird auf ihre Aktien ein Rück- oder Vorkaufsrecht eingeräumt.

Als weitere Bedingungen sind festzusetzen:

- Fragen der technischen Abwicklung, das Verfahren der Zeichnung und Ausübung,
- die Fragen der Einrichtung eines Stock Option-Plans,
- die Anpassung bei zwischenzeitlicher Kapitalerhöhung,
- die Übertragbarkeit der Optionen,
- die Dividendenberechtigung,

– die Möglichkeit einer Kreditfinanzierung und einer Verpfändbarkeit,
– Einzelfragen bei Ausscheiden, Eintritt in den Ruhestand und Todesfall des Bezugsberechtigten etc., sowie eine etwaige Kündbarkeit durch die Gesellschaft.

3. Ausgabe und Sicherstellung der Bedienung

▷ Die **Ausgabe** von Stock Options erfolgt grundsätzlich unentgeltlich. Die Ausgabe der Optionen sollte zur Vermeidung bürokratischen Aufwands nur 1 oder 2 Mal jährlich erfolgen. Die Anzahl der ausgegebenen Optionen für den einzelnen Mitarbeiter kann nach individueller Leistung festgelegt werden.

▷ Die **Beschaffung der Aktien** zur Ausgabe von Optionen kann erfolgen durch

– Erwerb → *eigener Aktien* (§ 71 Abs. 1 Satz 1 Nr. 2 AktG): Der Erwerb der Aktien von Altaktionären bewirkt einen Liquiditätsabfluss; eine Ausgabe an Mitglieder des Vorstandes oder des Aufsichtsrats ist nicht möglich; die Ausgabe muss innerhalb eines Jahres nach Erwerb der Aktien erfolgen;

– *genehmigte Kapitalerhöhung* (§ 202 Abs. 4 AktG, → *genehmigtes Kapital*): Die Ermächtigung des Vorstandes zur Kapitalerhöhung und damit zur Ausgabe von Aktien muss innerhalb von 5 Jahren ausgeübt werden (BGHZ 136, 133; BGH ZIP 1997, 1499);

– → *bedingte Kapitalerhöhung* (§ 192 Abs. 2 Nr. 3 AktG): Die Ausübung der Optionen ist Bedingungseintritt, bereits dadurch erhöht sich das Grundkapital (maximal 10 % zulässig) ohne Abfluss von Liquidität;

– *Wandel- oder Optionsschuldverschreibungen* (§ 192 Abs. 2 Nr. 1 AktG): Dieser Möglichkeit kommt insbesondere dann Bedeutung zu, wenn mehr als 10 % des Grundkapitals für die Ausgabe der Optionen benötigt werden (→ *Optionen*, → *Wandelschuldverschreibungen*);

– *Rückkauf*: Stock Options können zudem über den Weg des Rückkaufs bereits umlaufender Stücke ausgegeben werden (§ 71 Abs. 1 Nr. 8 AktG);

– *Ankauf*: Stock Options können über den Weg des Ankaufs der von Dritten begebenen Optionen an der Börse erworben werden.

▷ **Beschluss der Hauptversammlung:** Das Verfahren zur Gewährung von Bezugsrechten an Arbeitnehmer und Mitglieder der Geschäftsführung der Gesellschaft über die bedingte Kapitalerhöhung bedarf einer ¾-Mehrheit des bei der Beschlussfassung vertretenen Grundkapitals (wobei Satzungsverschärfungen möglich sind: § 193 Abs. 1 Satz 2 AktG). Alternativ wird die Möglichkeit des Zustimmungs- oder des Ermächtigungsbeschlusses genannt (§§ 192 Abs. 2 Nr. 3, 193 Abs. 2 Nr. 4 AktG). Der Ermächtigungsbeschluss gibt der Verwaltung größere Flexibilität für die Frage der Einführung als solche und des Zeitpunktes der Auflegung des Aktienoptionsplanes; deshalb sind bestimmbare Zeitangaben ausreichend und keine kalendermäßig bestimmte Angaben erforderlich (§ 192 Abs. 2 Nr. 3 AktG). Mit der Bereitstellung eines bedingten Kapitals zur Bedienung der Optionsinhaber ist das allgemeine Bezugsrecht der Aktionäre ausgeschlossen (§ 192 Abs. 1 AktG). Bei der Beschaffung der Aktien über das → *genehmigte Kapital* ist das Verfahren bei der Kapitalerhöhung durch genehmigtes Kapital zu befolgen (§§ 202 ff. AktG).

Stock Options

Beim → *Erwerb eigener Aktien* oder bei Rückerwerb bereits umlaufender Stock Options sind die Erfordernisse des → *Erwerbs eigener Aktien* zu berücksichtigen (§ 71 AktG). Bei der Bereitstellung der Aktien über den Erwerb der von Dritten ausgegebenen Optionen an der Börse unterliegt die Aktiengesellschaft nicht den Beschränkungen für den *Erwerb eigener Aktien* (§ 71 AktG). Daher bedarf es auch keines Ermächtigungsbeschlusses der Hauptversammlung, um mittels solcher Papiere ein Aktienoptionsprogramm aufzulegen (hL., vgl. *Lutter* in KK. AktG, 2. Aufl. 1988, § 71 Rn. 13). Vielmehr kann der → *Vorstand* ein Optionsprogramm, bei dem den Mitarbeitern lediglich an der Börse erworbene Aktienoptionen weitergereicht werden, selbst beschließen.

▷ Der **Ermächtigungs- oder Zustimmungsbeschluss** der Hauptversammlung hat neben den allgemeinen Erfordernissen eines Beschlusses über die bedingte Kapitalerhöhung, zusätzlich zu enthalten (§ 193 Abs. 2 Nr. 4 AktG):

- den Kreis der Bezugsberechtigten: insbesondere die Aufteilung der Bezugsberechtigten in Gruppen (Vorstand/Geschäftsführer/Arbeitnehmer etc); nicht zu nennen sind die einzelnen Bezugsberechtigten;

- die Definition der Erfolgsziele, die erreicht werden müssen, bevor die Bezugsrechte begründet werden können (OLG Stuttgart AG 1998, 529; *Aha*, BB 1997, 2225, 2226 f.);

> **Beispiel**
>
> Die Auszahlung der Vergütung kann davon abhängig gemacht werden, dass der Bezugskurs der Aktien über einem zuvor festgelegten Börsenkurs liegt. Üblich sind Steigerungen von 5–20 %.
>
> Damit Windfall Profits bei allgemeinen Kursanstiegen vermieden werden, sollte an einen Index angeknüpft werden. In Betracht kommen insoweit Branchen- und Gesamtmarktindizes, die auch ausländische Unternehmen berücksichtigen können.
>
> Möglich ist auch die Anknüpfung an den Mittelwert des Börsenkurses (z.B. Kurs 6 Monate vor der Ausübungszeit); diese führt zu einer Beschränkung der Einflussmöglichkeiten der Bezugsberechtigten auf den Kurs der Aktie.

- Festlegung der *Erwerbs- und Ausübungszeit*, d.h. der Zeitraum, in dem die Bezugsrechte ausgeübt werden können. In der Praxis üblich sind Laufzeiten von 3 bis 10 Jahren;

- Angabe des Zeitpunkts, zu dem frühestens bezogen werden kann (*Wartezeit*). Die Wartezeit muss mindestens 2 Jahre betragen (§ 193 Abs. 2 Nr. 4 AktG).

Fehlen diese Angaben (§ 193 Abs. 2 Nr. 4 AktG), so ist der Hauptversammlungsbeschluss in der Regel anfechtbar und nur bei schwerwiegenden Verstößen nichtig (*Hüffer*, AktG, 7. Aufl. 2006, § 193 Rn. 10).

▷ **Weitere Bedingungen:** Alle weiteren Bedingungen des Aktienoptionsplanes (Stock Option-Plan) sind von den für die Vergütung zuständigen Kompetenzebenen im Einzelnen festzusetzen:

- Handelt es sich bei den Begünstigten um Vorstandsmitglieder, so hat der Aufsichtsrat über die weitere Ausgestaltung der Aktienoptionen zu entscheiden (§§ 84 Abs. 3 Satz 5, 87 Abs. 1, 112 AktG; vgl. OLG Braunschweig BB 1998, 2022).
- Handelt es sich um Mitarbeiter (Arbeitnehmer, Führungskräfte), hat der Vorstand über die weitere Ausgestaltung der Aktienoptionen zu entscheiden.

▷ **Der Nennbetrag des für Stock Options bereitgestellten Kapitals** darf grundsätzlich einen bestimmten Prozentsatz des Grundkapitals nicht überschreiten (§§ 192 Abs. 3 Satz 1, 202 Abs. 3, 71 Abs. 2 Satz 1 AktG).

Maßnahme	bedingtes Kapital	genehmigtes Kapital	eigene Aktien	Optionen Dritter
Zul. Höhe im Verhältnis zum Grundkapital	10 %	50 %	10 % insgesamt	unbegrenzt

4. Ausübung

Werden die Aktienoptionen durch den begünstigten Mitarbeiter ausgeübt, so ist die Aktiengesellschaft verpflichtet, diesem eine bestimmte Anzahl an Aktien zum Basispreis, der in der Regel dem aktuellen Börsenkurs im Zeitpunkt des Beschlusses des Stock Option-Plans entspricht, zu übertragen, selbst wenn der Wert der Aktien inzwischen gestiegen ist.

5. Bilanzierung

▷ **Problem:** Die bilanzielle Behandlung von Stock Options ist heftig umstritten. Hauptgrund des Meinungsstreits ist, dass mit der Zusage von Stock Options das Unternehmen eine Stillhalteverpflichtung im Rahmen eines schwebenden Geschäfts eingeht, die eigentlich nicht bilanzierungs-, sondern lediglich anhangabepflichtig ist. Da aber die Gegenleistung der einmaligen Hauptleistung des Unternehmens, die Aktien bei Ausübung zum vereinbarten Kurs bereitzustellen, die Arbeitsleistung der begünstigten Arbeitnehmer ist, wird zur korrekten Darstellung der Ertragslage eines Unternehmens die Notwendigkeit der Erfassung von Personalaufwand in den Perioden der Erbringung dieser Arbeitsleistung abgeleitet. Fraglich bleibt dabei aber die Gegenbuchung. In Betracht kommt in Abhängigkeit von der gewählten Finanzierungsalternative die Bildung einer Rückstellung für ungewisse Verbindlichkeiten oder die Einstellung in die Kapitalrücklage (→ *Rücklagen*).

▷ **Auffassung des DRSC:** Das DRSC (Deutsches Rechnungslegungs Standards Committee eV.) vertritt folgende Auffassung: Werden die auszugebenden Aktien im Wege der Kapitalerhöhung beschafft, kommt es zu keinem Zeitpunkt zu einer tatsächlichen Auszahlung des Unternehmens. Es fehlt also am rückstellungsbegründenden Kriterium der wirtschaftlichen Belastung. Bei Zusage ist der Gesamtwert der Stock Options mittels eines finanzwirtschaftlichen Optionspreismodells zu ermitteln und über den Zeitraum zw. Zusage und erstmaliger

Ausübungsmöglichkeit linear verteilt als Personalaufwand zu erfassen. Die Gegenbuchung erfolgt in der Kapitalrücklage. Begründet wird diese Vorgehensweise zum einen mit der Notwendigkeit der Erfassung von Personalaufwand zur korrekten Darstellung der Ertragslage, zum anderen damit, dass die Anteilseigner durch die Verwässerung ihrer künftigen Gewinnansprüche bei Ausgabe neuer Aktien die Kosten für die Vergabe der Stock Options tragen und deshalb der implizite Bezugsrechtsverzicht eine Zuzahlung in das Eigenkapital darstellt, die in der Kapitalrücklage zu erfassen ist (vgl. IFRS 2).

▷ **Rückstellung:** Werden die auszugebenden Aktien nicht im Wege der Kapitalerhöhung beschafft, ist der durch die periodische Erbringung der Arbeitsleistung entstehende Erfüllungsrückstand des Unternehmens in einer Rückstellung für ungewisse Verbindlichkeiten zu erfassen (vgl. IFRS 2).

▷ Werden bei Zusage **Optionen von Dritten** erworben und an die berechtigten Arbeitnehmer weitergegeben, entstehen dem Unternehmen Auszahlungen, die, unter der Annahme der Vergütung künftiger Arbeitsleistungen, Aufwand für spätere Perioden darstellen (vgl. IFRS 2).

6. Besteuerung

Wird einem Arbeitnehmer im Rahmen seines Arbeitsverhältnisses ein nicht handelbares Optionsrecht auf den späteren Erwerb von Aktien zu einem bestimmten Übernahmepreis gewährt, so liegt darin nach inzwischen einhelliger Meinung zunächst nur die Einräumung einer Chance. Ein geldwerter Vorteil fließt dem Berechtigten erst zu, wenn dieser die Option ausübt und der Kurswert der Aktie den Übernahmepreis übersteigt (für nicht handelbare Optionen *unstreitig*, für handelbare Optionen besteht die Möglichkeit einer Besteuerung bereits ab Ablauf der Wartezeit). Aufgrund der vereinbarten Sperrfristen und den in dieser Zeit eingetretenen Kursstürzen vieler Werte wird derzeit ein Modell ähnlich wie in den USA diskutiert, nach dem die Besteuerung erst nach Ablauf der Sperrfrist oder sogar erst bei tatsächlichem Verkauf der erworbenen Aktien erfolgt.

Hinweis auf weiterführende Literatur: *Ackermann/Suchan*, Repricing von Stock Options – aktienrechtliche Zulässigkeit und bilanzielle Behandlung, BB 2002, 1497 ff.; *Casper*, Insiderverstöße bei Aktien Optionsprogrammen, WM 1999, 363 ff.; *Einem/Götze*, Die Verwendung wirtschaftlicher Erfolgsziele in Aktienrechtsprogrammen, AG 2002, 72 ff.; *Egner/Wildner*, Besteuerung von Stock Options – Übersteuerung oder Besteuerungslücke, FR 2001, 62 ff.; *Herzig/Lochmann*, Der Besteuerungszeitpunkt von Stock Options, DB 2001, 1436–1441; WPg 2002, 325 ff.; *Hohaus*, Die steuerliche Anerkennung von Treuhandklauseln im Rahmen von Mitarbeiterbeteiligungen, DStR 2002, 789 ff.; *Kußmaul/Weißmann* Zur steuerlichen Behandlung von Stock Options – Steuerrechtliche Behandlung bei der Gesellschaft, StB 2002, 754 ff.; *Lange*, Rückstellungen für Stock Options in Handels- und Steuerbilanz, StuW 2001, 137 ff.; *Lange*, Bilanzierung von Stock Options – Kritische Anmerkung zu ausgewählten Aspekten von E-DRS 11, WPg 2002, 354 ff.; *Lutter*, Aktienoptionen für Führungskräfte – de lege lata und de lege ferenda, ZIP 1997, 1 ff.; *Martens*, Eigene Aktien und Stock Options in der Reform, AG 1997 (August-Sonderheft), 83 ff.; *Mutter/Mikus*, Das „Stuttgarter Modell": Steueroptimierte Stock-Option Programme ohne Beschluss der Hauptversammlung, ZIP 2001, 1949 ff.; *Niehues*, Negativ-Tantiemen als Alternative zu Stock Options, DB Heft 2002,

2395 ff.; *Oser/Vater*, Bilanzierung von Stock Options nach US-GAAP und IAS, DB 2001, 1261 ff.; *Porter*, Besteuerung von Stock Options – Zeitpunkt der Bewertung des Sachbezugs, DB 2002, 235 ff.; *Seibert*, Stock Options für Führungskräfte – Zur Regelung in KonTraG, in Pellens, Unternehmenswertorientierte Entlohnungssysteme, 1998, S.31 ff.; *Seltenreich*, Gestaltungsmöglichkeiten bei Belegschaftsaktien im Rahmen des § 19a EStG, DStR 2002, 658 ff.; *Thiele*, Die Bilanzierung von Aktienoptionsplänen auf der Basis bedingter Kapitalerhöhungen vor dem Hintergrund des GoB-Systems, WPg 2002, 766 ff.; *Vater*, Bilanzielle und körperschaftssteuerliche Behandlung von Stock Options, DB 2000, 2177 ff.; *Volhard*, BGH Urteil – Siemens/Nold, AG 1998, 397 ff.; *Weiß*, Aktienoptionsprogramme nach dem KonTraG, WM 1999, S. 353 ff.; *Zeidler*, Aktienoptionspläne – nicht nur für Führungskräfte – im Lichte neuester Rechtsprechung, NZG 1998, 789 ff.

Hinweis auf weitere Stichwörter

→ *Arbeitnehmer*
→ *Bedingte Kapitalerhöhung*
→ *Genehmigtes Kapital*
→ *Incentivprogramm*

→ *Optionen*
→ *Wandelschuldverschreibung*
→ *Verbundene Unternehmen*

Strafrechtliche Verantwortung

▷ **Delikte:** Verwaltungsmitglieder können sich aufgrund ihrer gesetzlich verankerten Pflichten auch strafrechtlich als Mittäter oder Beteiligte haftbar machen. Bedeutende Delikte des Wirtschaftsstrafrechts sind z.B.:

– Insolvenzverschleppung (§§ 283–283b StGB),

– Insidergeschäfte (§§ 38, 14 WpHG),

– Steuerstraftaten (Steuerhinterziehung, § 370 AO; Steuerhehlerei, § 374 AO),

– Straftaten i.V.m. Verpflichtungen aufgrund von Arbeitsverträgen (Veruntreuung von Arbeitsentgelt, illegale Beschäftigung, illegale Arbeitnehmerüberlassung).

Insidergeschäft: Ein Insider nutzt Insiderwissen aus, wenn er sich seinen Wissensvorsprung in der Hoffnung und mit der Zielrichtung zunutze macht, für sich oder einen anderen einen wirtschaftlichen Vorteil zu erlangen, der als Verstoß gegen den Grundsatz der Chancengleichheit der Anleger am Wertpapiermarkt angesehen und missbilligt wird.

Scalping als Insidergeschäft: Scalping nennt man den Kauf von Wertpapieren in Kenntnis der bevorstehenden Abgabe einer sie betreffenden Bewertung oder Empfehlung, um den dadurch verursachten Kursgewinn für sich auszunutzen. Einem Insider ist es verboten, unter Ausnutzung seiner Kenntnis von einer Insidertatsache Insiderpapiere für eigene oder fremde Rechnung oder für einen anderen zu erwerben oder zu veräußern (§§ 38 Abs. 1 Nr. 1, 14 Abs. 1 Nr. 1 WpHG).

Hinweis auf weiterführende Literatur: *Hopt,* Der Kapitalschutz im Recht der Banken, 1975, S. 486; *Uwe H. Schneider/Burgard,* Scalping als Insiderstraftat, ZIP 1999, 381 ff.; *Volk,* Die Strafbarkeit von Absichten im Insiderhandelsrecht, BB 1999, 66 ff.; *Volk,* Scalping strafbar? Eine Erwiderung auf Schneider/Burgard, ZIP 1999, 787 ff.; *Volk,* Wirtschaftliches „Glatteis" für Unternehmer, BB 2000, 1 ff.

Hinweis auf weitere Stichwörter

→ *Aufsichtsratsmitglieder*
→ *Haftung*

→ *Vorstandsmitglieder*

Stückaktie

▷ **Begriff:** Aktien können entweder als Nennbetragsaktien oder als Stückaktien begründet werden (§ 8 Abs. 1 AktG). Stückaktien schließen Nennbetragsaktien aus (und umgekehrt). Die Stückaktie ist eine sog. *unechte nennwertlose* → *Aktie.* Sie ist dadurch gekennzeichnet, dass sie unbeziffert (nennwertlos) ist (§ 8 Abs. 3 Satz 1 AktG). Stückaktien sind Anteile am → *Grundkapital,* die durch seine Zerlegung entstehen und notwendig den gleichen Umfang haben (§ 8 Abs. 3 Satz 2 AktG). Bei Zerlegung in Stückaktien muss in der → *Satzung* – neben dem Grundkapital – die Zahl der Aktien angegeben sein (§ 23 Abs. 3 Nr. 4 AktG). Der von einer Stückaktie repräsentierte Anteil am Grundkapital lässt sich dann aus der Satzung ablesen.

Beachte: Ein Nennwert darf in der Satzung nicht angegeben werden.

▷ **Betrag:** Der auf die einzelne Stückaktie entfallende anteilige Betrag des Grundkapitals darf 1 Euro in keinem Fall unterschreiten (§ 8 Abs. 3 Satz 3 AktG).

Hinweis auf weitere Stichwörter

→ *Aktie*
→ *Euro*

→ *Nennbetrag*

Suspendierung

▷ **Begriff:** Die Suspendierung bedeutet die vorläufige Entbindung der Organmitglieder von ihren Geschäften (auch als sog. *Suspension* bezeichnet).

▷ **Zuständigkeit:** Aus dem Recht des Aufsichtsrats zum Widerruf der Vorstandsbestellung wird gefolgert, dass er auch minder schwerwiegende Maßnahmen verhängen kann, so auch die Suspendierung eines Vorstandsmitglieds.

▷ **Voraussetzungen:** Sowohl die Frage des „ob" als auch die Frage nach den Voraussetzungen einer Suspendierung sind umstritten. Mit einer Suspendierung wird regelmäßig der Zweck verfolgt, Zeit für die Klärung von Vorwürfen gegen ein → *Vorstandsmitglied* zu gewinnen. Erforderlich ist der schwere Verdacht eines Verhaltens, das den Widerruf zu rechtfertigen vermag (Darstellung des Meinungsstands bei *Hüffer*, AktG, 7. Aufl. 2006, § 84 Rn. 35).

▷ **Rechtswirkungen:** Die Vertretungsmacht des Suspendierten bleibt bestehen, wenngleich sie mangels Geschäftsführungsbefugnis nicht ausgeübt werden darf. Der Anstellungsvertrag bleibt von der Suspendierung unberührt, der Suspendierte erhält seine Bezüge weiter.

Hinweis auf weiterführende Literatur: *Meyer-Landrut*, Zur Suspendierung eines Vorstandsmitglieds einer Aktiengesellschaft, in FS Robert Fischer, 1979, S. 477 ff.

Hinweis auf weitere Stichwörter

→ *Abberufung: 6. Abberufung des Vorstands*

→ *Amtsniederlegung: 5. Vorstandsmitglieder*

→ *Vorstandsmitglieder: 3. Anstellungsvertrag*

Tagesordnung

1. Begriff 741
2. Bekanntmachung 741
3. Bindung 743

1. Begriff

Die Tagesordnung der Hauptversammlung ist die Menge aller Beschluss- und Versammlungsgegenstände, die zur Erläuterung bzw. Entscheidung in der jeweiligen Hauptversammlung anstehen.

2. Bekanntmachung

▷ **Inhalt:** Gleichzeitig mit der Einberufung der Hauptversammlung ist die Tagesordnung in den Gesellschaftsblättern bekannt zu machen (§ 124 Abs. 1 Satz 1 AktG, → *Bekanntmachung*). Ein Nachschieben einzelner Punkte ist grundsätzlich nicht möglich (§ 124 Abs. 4 Satz 1 AktG). In der Bekanntmachung sind die Versammlungs-, insbesondere die Beschlussgegenstände der Hauptversammlung in der Reihenfolge aufzuführen, in der sie behandelt werden sollen (§ 124 AktG). Die Angaben müssen so konkret und geordnet sein, dass sich ein Aktionär anhand der Tagesordnung ohne weitere Rückfragen ein Bild davon machen kann, welche Tagesordnungspunkte behandelt werden sollen und zu welchen Gegenständen ein Beschluss gefasst werden soll.

▷ **Beschlussvorschläge von Vorstand und Aufsichtsrat:** Vorstand und Aufsichtsrat müssen zu jedem Tagesordnungspunkt, über den ein Beschluss gefasst werden soll, einen Beschlussvorschlag machen; diese Vorschläge müssen ebenfalls bekannt gemacht werden (bzw. bei der Wahl der Aufsichtsratsmitglieder und Abschlussprüfer nur die Vorschläge des Aufsichtsrats, § 124 Abs. 3 AktG). *Ausn.:* Beschlussvorschläge sind nicht erforderlich, wenn die Hauptversammlung bei der Wahl von Aufsichtsratsmitgliedern nach § 6 Abs. 6 MontanMitbestG ohnehin an den Wahlvorschlag gebunden oder der Gegenstand auf Verlangen einer Minderheit auf die Tagesordnung gesetzt worden ist (s.u.).

▷ **Beschlussvorschläge von Aktionären:** Eine Minderheit von Aktionären, deren Anteile zusammen 5 % des Grundkapitals oder den anteiligen Betrag von 500 000 Euro ausmachen, kann verlangen, dass bestimmte Themen zur Beschlussfassung in der Hauptversammlung vorgelegt und bekannt gemacht werden (§ 122 Abs. 2 AktG).

▷ **Wahl von Aufsichtsratsmitgliedern:** Bei der Wahl von Aufsichtsratsmitgliedern muss in der Bekanntmachung des Tagesordnungspunktes angegeben werden, nach welchen gesetzlichen Vorschriften sich der Aufsichtsrat zusammensetzt und ob die Hauptversammlung an Wahlvorschläge gebunden ist. Maßgeblich ist insoweit die letzte Zusammensetzung des Aufsichtsrats (§ 96 Abs. 2 AktG), die Zusammensetzung, die sich aus der Bekanntmachung des Vorstands ergibt (§ 97 AktG), oder die Zusammensetzung, die aus einer rechtskräftigen Entscheidung (Statusverfahren) folgt. Besteht keine Bindung an Wahlvorschläge, muss dies ausdrücklich in der Bekanntmachung vermerkt werden (etwa: „An Wahlvorschläge ist die Hauptversammlung nicht gebunden."). Bei *börsennotierten Gesellschaften* sind einem Vorschlag zur Wahl von Aufsichtsratsmitgliedern auch Angaben zu deren Mitgliedschaft in anderen gesetzlich zu bildenden Aufsichtsräten beizufügen; darüber hinaus sollen Angaben zu ihrer Mitgliedschaft in vergleichbaren in- und ausländischen Kontrollgremien von Wirtschaftsunternehmen gemacht werden (§ 125 Abs. 1 Satz 3 AktG). Angesichts der Ausgestaltung der Vorschrift zur Angabe der vergleichbaren Mandate als Sollvorschrift macht eine diesbezügliche Fehlangabe den Hauptversammlungsbeschluss nicht anfechtbar (BegrRegE, BT-Drs. 13/9721, ZIP 1997, 2059). An Wahlvorschläge ist die Hauptversammlung nur im Bereich des *MontanMitbestG* bei der Wahl der Arbeitnehmervertreter gebunden, nicht aber im Rahmen der Wahl des neutralen Mitglieds.

▷ **Verträge:** Bei Verträgen, die nur mit der Zustimmung der Hauptversammlung wirksam werden (zustimmungsbedürftige Verträge), ist ihr wesentlicher Inhalt bekannt zu machen. Erforderlich ist auch hier, dass den Aktionären anhand des Inhalts eine Urteilsbildung darüber ermöglicht wird, ob sie an der Hauptversammlung teilnehmen wollen oder nicht. Hinsichtlich des erforderlichen Umfangs der Bekanntmachung ist zu berücksichtigen, dass die Aktionäre die Möglichkeit haben, Einblick in die jeweiligen Unterlagen zu nehmen bzw. Abschriften anzufordern. Der gesamte Vertragsinhalt im Wortlaut ist deshalb nicht mitzuteilen, es genügt die Information über den wesentlichen Inhalt. Hiervon zu unterscheiden ist die Pflicht des Vorstands, in diesen Fällen die Verträge von der Einberufung der Hauptversammlung an in dem Geschäftsraum der Gesellschaft und in der Hauptversammlung selbst zur Einsicht auszulegen, und zwar auch dann, wenn kein zustimmungspflichtiges Geschäft vorliegt (OLG Frankfurt BB 1999, 1128).

Bei den zustimmungspflichtigen Verträgen handelt es sich vor allem um Verzichts- bzw. Vergleichsverträge.

Beispiele

- Vorbelastungshaftung der Gründer,
- Haftung von Vorstandsmitgliedern,
- Haftung von Aufsichtsratsmitgliedern,
- Nachgründungsverträge,
- Vermögensübertragungsverträge,
- Unternehmensverträge,
- Verschmelzungsverträge,
- die „Holzmüller-Fälle" (hier ist die Darstellung des Unternehmenskonzepts und der wesentlichen Einzelschritte erforderlich) und
- die Fälle, in denen der Vorstand Fragen der Geschäftsführung zur Abstimmung vorlegt.

▷ **Satzungsänderung:** Bei Satzungsänderungen besteht die Verpflichtung, den genauen Wortlaut der vorgeschlagenen Änderung bekannt zu geben (§ 124 Abs. 2 Satz 2 AktG).

3. Bindung

Die Hauptversammlung ist grundsätzlich bei ihrer Beschlussfassung nicht an die Beschlussvorschläge von Vorstand und Aufsichtsrat gebunden. *Ausn.* bei der Satzungsänderung kann die Hauptversammlung nur über die konkret vorgeschlagene Fassung abstimmen und diese entweder annehmen oder ablehnen. Es sollten deshalb gegebenenfalls Alternativvorschläge bei der Bekanntmachung der Tagesordnung unterbreitet werden.

Über Gegenstände, die nicht ordnungsgemäß bekannt gemacht worden sind, dürfen keine Beschlüsse gefasst werden. Gleichwohl gefasste Beschlüsse sind anfechtbar. *Ausn.* wenn alle Aktionäre erschienen oder vertreten sind und kein Aktionär der Beschlussfassung widerspricht (→ *Vollversammlung*; § 121 Abs. 6 AktG).

Hinweis auf weitere Stichwörter

→ *Bekanntmachung* → *Hauptversammlung*
→ *Beschluss*

Talon

Talon ist ein Erneuerungsschein (§ 58 Abs. 4 AktG). Erneuerungsscheine werden zusammen mit den Gewinnanteilsscheinen (sog. Dividendenschein oder → *Coupon*) ausgegeben. Der Talon wird als letzter Abschnitt des Coupon-Bogens ausgedruckt und berechtigt nach Zeitablauf zum Bezug neuer Gewinnanteilsscheine. Er ist nicht Wertpapier, sondern einfaches Legitimationspapier (Ausweispapier), obwohl auf den Inhaber lautend. Der Inhaber der Aktienurkunde hat gegenüber dem Inhaber des Talons das stärkere Recht. Der Talon legitimiert seinen Inhaber, neue Coupons zu beziehen, solange der Aktiengesellschaft kein Widerspruch des Inhabers der Haupturkunde (→ *Aktie*) vorliegt. Ist Widerspruch erhoben, so entfaltet er Sperrwirkung zugunsten des Vorlegers der Haupturkunde (§ 75 1. Halbsatz AktG). Bei Namensaktien ist insoweit unerheblich, wer im Aktienregister eingetragen ist. Bei einer trotzdem erfolgten Auslieferung macht sich die Aktiengesellschaft schadenersatzpflichtig. Der Eigentumserwerb des Talons vollzieht sich nach § 952 BGB. Ein gutgläubiger Erwerb ist nicht möglich. Der Talon ist nicht aufgebotsfähig (kein Wertpapier). Er hat nur Beweisfunktion und keine selbständige Verkehrsfähigkeit.

Hinweis auf weitere Stichwörter

→ *Aktie*
→ *Aktionär*
→ *Coupon*

→ *Dividende*
→ *Gewinn*

Tantieme

▷ **Begriff:** Als Tantieme werden alle Zahlungen an die Verwaltungsmitglieder der Aktiengesellschaft bezeichnet, die nicht als Gehalt ausgewiesen werden.

Beispiele

- Gewinntantieme
- Umsatztantieme
- Ermessenstantieme
- Mindest- oder Garantietantieme.

▷ **Zulässigkeit:** Allgemein anerkannt ist nur die Zulässigkeit der Gewinntantieme und damit auch die Zulässigkeit der dividendenabhängigen Tantieme. Als grundsätzlich zulässig erachtet werden aber auch die Ermessens- und die Mindest- oder Garantietantieme. Bei der Umsatztantieme bestehen Zweifel (offen gelassen von BGH WM 1976, 1226, 1227). Steuerlich anerkannt werden Umsatztantiemen nur in besonders gelagerten Ausnahmefällen (BFH v. 19.2.1999, BStBl. II 1999, 321, zum GmbH-Geschäftsführer). Tantiemenregelungen dürfen dem Gesellschaftsinteresse nicht widersprechen. Der Aufsichtsrat, der zugunsten von Vorstandsmitgliedern Tantiemen beschließt, die dem Gesellschaftsinteresse widersprechen, handelt pflichtwidrig und macht sich deswegen schadenersatzpflichtig.

▷ **Prüfung:** Die Tantieme ist anlässlich jeder Gehaltsanpassung, spätestens jedoch alle 3 Jahre auf ihre Angemessenheit hin zu überprüfen.

▷ **Vorstands-Aktionär:** Einen besonders steuersensiblen Bereich stellen Tantiemevereinbarungen mit dem Vorstandsmitglied der Aktiengesellschaft dar, das zugleich Aktionär ist. Grundsätze zur Angemessenheit von gewinnabhängigen Tantiemevereinbarungen (BFH v. 5.10.1994, BStBl. II 1995, 549):

- Soweit Tantiemeversprechen bei einer Aktiengesellschaft gegenüber dem Aktionärs-Vorstand insgesamt 50 % des Jahresüberschusses übersteigen, spricht der Beweis des ersten Anscheins für die Annahme einer → *verdeckten Gewinnausschüttung.*

- Zwingender Aufteilungsmaßstab: Die mit einem Aktionärs-Vorstand vereinbarten Jahresbezüge müssen wenigstens zu 75 % einen festen und dürfen höchstens zu 25 % einen erfolgsabhängigen Bestandteil vorsehen (*Ausn.* Einzelfälle, die besonders darzulegen sind).

Hinweis auf weitere Stichwörter

→ *Anstellungsverhältnis*
→ *Gewinntantieme*

→ *Vorstandsmitglieder: 4. Vergütung*
→ *Umsatztantieme*

Teilgewinnabführungsvertrag

▷ **Begriff:** Teilgewinnabführungsverträge sind Unternehmensverträge, durch die eine Aktiengesellschaft oder Kommanditgesellschaft auf Aktien sich verpflichtet, einen Teil ihres Gewinns oder den Gewinn einzelner ihrer Betriebe ganz oder zum Teil an einen anderen abzuführen (§ 292 Abs. 1 Nr. 2 AktG). Vertragspartner der Aktiengesellschaft/KGaA kann ein Unternehmen oder eine Privatperson sein.

Keine Teilgewinnabführungsverträge sind (§ 292 Abs. 2 AktG)

- ein Vertrag über eine Gewinnbeteiligung mit Mitgliedern von Vorstand und Aufsichtsrat,
- ein Vertrag mit einzelnen Arbeitnehmern der Gesellschaft,
- eine Abrede über eine Gewinnbeteiligung im Rahmen von Verträgen des laufenden Geschäftsverkehrs,
- eine Abrede über die Gewinnbeteiligung im Rahmen von Lizenzverträgen.

▷ **Änderung:** Der Teilgewinnabführungsvertrag zwischen der eingegliederten Gesellschaft und der Hauptgesellschaft bedarf zu seiner Änderung und seiner Aufhebung der schriftlichen Form (§ 324 Abs. 2 AktG; nicht anwendbar: §§ 293–296, 298–303 AktG, → *Eingliederung*). Als Gewinn kann höchstens der ohne die Gewinnabführung entstehende Bilanzgewinn abgeführt werden. Der Vertrag endet spätestens zum Ende des Geschäftsjahrs, in dem die Eingliederung endet.

▷ **Eintragung:** Bei Teilgewinnabführungsverträgen ist, zusätzlich zu den Erfordernissen bei einem → *Gewinnabführungsvertrag*, auch die Vereinbarung über die Höhe des abzuführenden Gewinns in das → *Handelsregister* einzutragen. Ist die Gesellschaft ordnungsgemäß errichtet und angemeldet, veranlasst das Registergericht die Eintragung und die Bekanntmachung der Eintragung (§§ 38 ff. AktG).

▷ **Rücklagen:** Im Falle eines Teilgewinnabführungsvertrages ist in die gesetzliche → *Rücklage* der Betrag einzustellen, der aus dem ohne die Gewinnabführung entstehenden, um einen Verlustvortrag aus dem Vorjahr geminderten Jahresüberschuss in die gesetzliche Rücklage einzustellen wäre (§§ 150 Abs. 2, 300 Nr. 2 AktG).

▷ **Steuerliche Berücksichtigung:** Von dem Ertrag aus einem Teilgewinnabführungsvertrag ist ein vertraglich zu leistender Ausgleich für außenstehende Gesellschafter abzusetzen; übersteigt dieser den Ertrag, so ist der übersteigende Betrag unter den Aufwendungen aus Verlustübernahme auszuweisen. Andere Beträge dürfen nicht abgesetzt werden (§ 158 Abs. 2 AktG).

Im Übrigen s. → *Gewinnabführungsvertrag*.

Hinweis auf weitere Stichwörter

→ *Eingliederung*
→ *Gewinnabführungsvertrag*

→ *Rücklagen*

Tender-Verfahren

Das Tender-Verfahren ist ein auktionsähnliches Verfahren bei der → *Emission* von → *Aktien*, bei der derjenige den Zuschlag erhält, der das höchste Gebot abgegeben hat. Dabei wird kein bestimmter Ausgabekurs festgelegt, sondern den Zeichnern nur ein Mindestkurs genannt. Je nach Interesse können die Zeichner ihre Gebote zu höheren Kursen abgeben. Ausgehend vom höchsten zum niedrigsten Gebot erfolgt dann die Zuteilung. Beim Kauf eigener Aktien ist das Tender-Verfahren relevant, weil ein unangemessener Kaufpreis dann i.d.R. nicht anzunehmen ist (BMF, BStBl. I 1998, 1509 ff., dazu Steuer-Journal, AG 2000, 127, 128; → *eigene Aktien*).

Hinweis auf weitere Stichwörter

→ *Aktie*
→ *Aktiengesellschaft*

→ *Eigene Aktien*

Thesaurierung

→ *Rücklagen*
→ *Jahresabschluss*

Tochtergesellschaften

Der Begriff der Tochtergesellschaft ist unscharf. Unter den Begriff fallen aber regelmäßig alle in Mehrheitsbesitz befindlichen, rechtlich selbständigen Unternehmen im Sinne von § 16 AktG. Tochtergesellschaften sind daher rechtlich von der Muttergesellschaft getrennt.

Hinweis auf weiterführende Literatur: *Bayer*, Der an der Tochter beteiligte Mehrheitsgesellschafter der Mutter: herrschendes Unternehmen?, ZGR 2002, 933 ff.; *Busch/Groß*, Vorerwerbsrechte der Aktionäre beim Verkauf von Tochtergesellschaften über die Börse, AG 2000, 503 ff.; *Dautzenberg*, Das EG-rechtliche Gleichbehandlungsgebot für Betriebsstätten und Tochterkapitalgesellschaften, EWS 2001, 270 ff.; *Götz*, Abhängigkeitsbericht der 100 % Tochtergesellschaft, AG 2000, 498 ff.; *Hils*, Tochterkapitalgesellschaften und ihre Rechnungslegung, DB 2001, 2305 ff.; *Lutter*, Das Vor-Erwerbsrecht/Bezugsrecht der Aktionäre beim Verkauf von Tochtergesellschaften über die Börse, AG 2000, 342 ff.; *Wackerbarth*, Aktionärsrechte beim Börsengang einer Tochter – obey the law, if not the spirit, AG 2002, 14 ff.

Hinweis auf weitere Stichwörter

→ *Abhängige Gesellschaften*   → *Konzern*
→ *Beteiligung*

Trennungsprinzip

Als juristische Person ist die Aktiengesellschaft selbst Trägerin ihrer Rechte und Pflichten. Nur sie ist Zuordnungssubjekt, nicht auch ihre Aktionäre, soweit es um Rechtsbeziehungen zu Dritten geht. Das Trennungsprinzip wird auch nicht dadurch durchbrochen, dass Aktionäre von Dritten Schadenersatz wegen Entwertung ihrer Aktien durch Leistung an die Aktiengesellschaft, die zur Anspruchsverfolgung nicht bereit ist, fordern können (§ 826 BGB, LG Hamburg AG 1998, 432 ff.).

Hinweis auf weiterführende Literatur: *Brosius-Gersdorf*, Zum Schadenersatzanspruch der Aktionäre einer Bank gegen ein Presseunternehmen wegen unwahrer Presseberichte, NZG 1998, 664, 668 ff.

Hinweis auf weitere Stichwörter

→ *Aktiengesellschaft*

Treuepflicht

1. Begriff 748
2. Treuepflicht der Aktionäre 748
3. Treuepflicht des Aufsichtsrats 750
4. Treuepflicht des Vorstands 751

1. Begriff

▷ **Inhalt:** Der Kern des Treuepflichtgedankens wird dadurch gekennzeichnet, dass die Möglichkeit, durch Einflussnahme die gesellschaftsrechtlichen Interessen der Mitgesellschafter zu beeinträchtigen, als Gegengewicht die gesellschaftsrechtliche Pflicht verlangt, auf diese Interessen Rücksicht zu nehmen (BGH ZIP 1995, 819, 821). Die Treuepflicht ist eine über die allgemeinen Grundsätze der §§ 226, 242, 826 BGB hinausgehende Bindung.

▷ **Pflichten:** Dieses Treuepflichtverhältnis beinhaltet für die Gesellschaft die Pflicht, dem einzelnen Aktionär eine ungehinderte und sachgemäße Wahrnehmung seiner Mitgliedschaftsrechte zu ermöglichen und alles zu unterlassen, was dieses Recht beeinträchtigen könnte.

Treuepflichten bestehen weiterhin sowohl für die Mehrheitsaktionäre gegenüber den Minderheitsaktionären oder Kleinaktionären als auch für den Minderheitsaktionär oder Kleinaktionär gegenüber dem Mehrheitsaktionär oder gegenüber anderen Minderheits- oder Kleinaktionären (BGHZ 103, 184, 194 f. – *Linotype*; BGH NJW 1995, 1739, 1743 ff. – *Girmes*).

▷ **Tatbestände:** Treuepflichten erlangen insbesondere Bedeutung bei

– dem Zustandekommen von Beschlüssen,
– Androhung oder Ausübung von Anfechtungsklagen zur Erlangung persönlicher Sondervorteile,
– Verwendung von Insiderwissen zur Erlangung von Sondervorteilen.

▷ **Einzelfallanwendung:** Die Argumentation mit der gesellschaftsrechtlichen Treuepflicht darf nicht dazu dienen, die gesetzgeberische Interessenabwägung generell zu verändern. Sie ist auf die Berücksichtigung besonderer Umstände des Einzelfalles beschränkt.

2. Treuepflicht der Aktionäre

▷ **Inhalt:** Die gesellschaftsrechtliche Treuepflicht ist Ausfluss des mitgliedschaftlichen Gemeinschaftsverhältnisses (→ *Mitgliedschaftsrechte*). Der Aktionär ist aufgrund seiner Treuepflicht verpflichtet, sich bei Ausübung seiner mitgliedschaftlichen Befugnisse (z.B. des → *Stimmrechts*) an den Interessen der Gesellschaft und dem Gesellschaftszweck zu orientieren und zuwiderlaufende Maßnahmen zu unterlassen. Auf die mitgliedschaftlichen Interessen anderer Gesellschafter ist in angemessener Weise Rücksicht zu nehmen. Die Treuepflicht besteht sowohl gegenüber der Gesellschaft als auch gegenüber dem Mitgesellschafter, insbesondere dem Minderheitsgesellschafter (→ *Minderheitsrechte*). Das Verhältnis der Aktionäre untereinander hat den Charakter einer Sonderverbindung, welche die gesellschaftsrechtliche Pflicht begründet, auf die Interessen der Mitaktionäre Rücksicht zu nehmen. Die Treuepflicht begründet sowohl aktive Mitwirkungs- oder Förderpflichten als auch passive Rücksichts- und Loyalitätspflichten.

▷ **Ausgestaltung:** Diese Treuepflicht kann unterschiedlich ausgestaltet sein, je nach den besonderen Verhältnissen bei der jeweiligen Aktiengesellschaft, vor allem der Beteiligungsstruktur. Grad, konkreter Inhalt und die Intensität dieser Treuepflicht sind abhängig von dem in der Hand des Aktionärs vereinigten Machtpotential, mit dem dieser die mitgliedschaftlichen Interessen seiner Mitaktionäre beeinträchtigen kann. Als Maßstab für das persönliche Erstreckungspotential von Treuepflichten ist im Einzelfall das Gefahrenpotential heranzuziehen, das die Wahrnehmung von → *Mitgliedschaftsrechten*, also insbesondere des → *Stimmrechts*, für die mitgliedschaftlichen Interessen der anderen → *Aktionäre* darstellt (BGHZ 71, 40, 47, für den Fall des Bezugsrechtsausschlusses).

Der Inhalt der Treuepflicht besteht aber nicht darin, die außergesellschaftlichen Interessen des Aktionärs zu wahren und insoweit seine persönlichen Rechte zu schützen. Die Schutzwirkung der Treuepflicht beschränkt sich auf den mitgliedschaftlichen Bereich. Sie umfasst keine außerhalb des Mitgliedschaftsrechts aufgetretene Schadenszufügung eines Mitaktionärs (BGH AG 1993, 28, 31 f.). Abzulehnen ist auch eine Aktionärspflicht zur Förderung von Gruppeninteressen.

▷ **Verstoß:** Ein Treuepflichtverstoß liegt vor, wenn ein Gesellschafter rechtsmissbräuchlich handelt.

> **Beispiel**
>
> Der Nennbetrag der neu geschaffenen Aktien wird so festgelegt, dass ein oder mehrere bestimmte Aktionäre gerade dadurch aus der Gesellschaft ausscheiden oder ihre Beteiligung unter eine bestimmte, für die Ausübung besonderer Minderheitsrechte maßgebliche Schwelle absinkt.

Ein treuwidriges Verhalten liegt vor, wenn eine Gesellschafterposition gezielt so geschaffen wird, dass sie es ermöglicht, ohne eigenes Risiko unternehmerische Entscheidungen der Gesellschaft und der Mehrheit aufzuzwingen bzw. deren Entscheidung oder deren Umsetzung zu verhindern, um so in einer Weise Einfluss zu nehmen, die man ohne diesen „Schutz" nicht riskieren würde.

> **Beispiel**
>
> Der Aktionär übt das ihm zustehende Recht nicht persönlich aus, sondern über eine gezielt zu diesem Zweck eingeschaltete GmbH, die kein anderes Geschäft be-

treibt und ansonsten über kein nennenswertes Vermögen verfügt, so dass der hinter ihr stehende Gesellschafter auch im Falle einer Haftung auf Schadenersatz nur begrenzt in Anspruch genommen werden kann.

▷ Die **Verletzung der Treuepflicht** führt primär zur Unwirksamkeit der pflichtwidrigen Rechtsausübung. Aktionärshandeln, durch das gegen die gesellschaftsrechtliche Treuepflicht verstoßen wird, ist daher nach ganz allgemeiner Ansicht schlechthin unbeachtlich und nicht zu berücksichtigen, ohne dass es eines besonderen, diesen Umstand feststellenden Aktes bedarf.

Beispiele

- Treuwidrige Stimmabgaben im Rahmen der Beschlussfassung einer Hauptversammlung sind bei der Feststellung des Beschlussergebnisses als nichtig zu erachten und nicht mitzuzählen (BGH NJW 1988, 969).
- Ein Treuepflichtverstoß führt zur Unwirksamkeit eines erhobenen Widerspruches gegen Hauptversammlungsbeschlüsse der Aktionäre.
- Soweit Hauptversammlungsbeschlüsse unter Verstoß gegen Treuebindungen zustande gekommen sind, sind diese anfechtbar (→ *Anfechtung von Hauptversammlungsbeschlüssen*). Nach Ablauf der Anfechtungsfrist werden jedoch auch diese Beschlüsse bestandskräftig (Gebot der Rechtssicherheit und des Schutzes des Vertrauens der Beteiligten, BGH NJW 1991, 172 ff.)

▷ **Schadenersatz:** Soweit ein Schaden eingetreten ist und der Aktionär sein Verhalten zu vertreten hat, kann eine Schadenersatzpflicht zugunsten der Aktiengesellschaft entstehen.

3. Treuepflicht des Aufsichtsrats

▷ **Inhalt:** Den weitgehenden Prüfungs- und Informationsrechten des Aufsichtsrats entsprechen besondere Treuepflichten der Aufsichtsratsmitglieder. Da die Wahrnehmung des Aufsichtsratsmandats in der Regel nur eine Nebentätigkeit darstellt, sind vielfältige Interessenkollisionen möglich, wobei immer den Interessen der Gesellschaft der Vorzug zu geben ist. Ist dies nicht möglich, so muss das Amt niedergelegt werden.

Aus der Treuepflicht folgt die Verschwiegenheitspflicht der Aufsichtsratsmitglieder bzgl. der ihnen bekannt gewordenen vertraulichen Angaben und Geheimnisse der Gesellschaft (§§ 116 i.V.m. 93 Abs. 1 Satz 2 AktG). Verletzt ein Aufsichtsratsmitglied die Geheimhaltungspflicht schuldhaft, so macht es sich strafbar (§ 404 AktG). Die Verschwiegenheitspflicht kann weder durch die Satzung noch durch die Geschäftsordnung gemildert oder verschärft werden (§ 23 Abs. 5 AktG). Möglich ist aber die Präzisierung der Verschwiegenheitspflicht durch Hinweise in Form von Richtlinien (BGHZ 64, 325, 328).

▷ **Gleichbehandlung:** Die Verschwiegenheitspflicht gilt aufgrund des Gleichbehandlungsgrundsatzes für die Aufsichtsratsmitglieder der Anteilseigner- und der Arbeitnehmerseite ohne Unterschied im selben Umfang (BGHZ 64, 325, 330 f.).

Ein eigenständiges Recht der Arbeitnehmervertreter zur Unterrichtung der Belegschaft oder der Betriebsräte über Angelegenheiten des Aufsichtsrats ist daher als unvereinbar mit der Stellung eines ausschließlich dem Wohl der Gesellschaft verpflichteten Aufsichtsratsmitglieds anzusehen (*Hüffer*, AktG, 7. Aufl. 2006, § 116 Rn. 7).

Ausn.: Keine Verschwiegenheitspflicht besteht für solche Mitglieder des Aufsichtsrats, die von Gebietskörperschaften in den Aufsichtsrat entsandt worden sind (§ 394 AktG). Diese sind berechtigt, ihren Vorgesetzten zu berichten. Die Verschwiegenheitspflicht geht dann nach erfolgter Berichterstattung auf den Vorgesetzten über (§ 395 AktG).

4. Treuepflicht des Vorstands

Eine allgemeine Treuepflicht der Mitglieder des → *Vorstands* lässt sich aus dem Aktiengesetz nicht herleiten.

Hinweis auf weiterführende Literatur: *Fleischer*, Informationspflichten der Geschäftsleiter beim Management Buyout im Schnittfeld von Vertrags-, Gesellschafts- und Kapitalmarktrecht, AG 2000, 309 ff.; *Henze*, Die Treuepflicht im Aktienrecht, BB 1996, 489 ff.; *Mertens*, Privilegiertes Informationsverhalten von Aufsichtsratsmitgliedern einer Gebietskörperschaft nach § 394 AktG, AG 1984, 29 ff.; *Schwintowski*, Verschwiegenheitspflicht für politisch legitimierte Mitglieder des Aufsichtsrats, NJW 1990, 1009 ff.

Hinweis auf weitere Stichwörter

→ *Aktionär*
→ *Minderheitsrechte*
→ *Missbrauch*

→ *Mitgliedschaftsrechte*
→ *Räuberische Aktionäre*
→ *Vorstand*

Übernahme

1. Begriff 751
2. Übernahme von Aktien 752
3. Übernahme von Unternehmen 752

1. Begriff

Übernahmeangebote, also auf Kontrollerwerb gerichtete Angebote zum Erwerb von Wertpapieren, sind im Wertpapiererwerbs- und Übernahmegesetz (WpÜG v. 20.12.2001, BGBl. I 2001, 3822) geregelt. Bei Verstößen sieht es – anders als der früher gültige Übernahmekodex der Börsensachverständigenkommission – verschiedene Sanktionen vor (§§ 38, 56–60 WpÜG). Das WpÜG ist derzeit im Gesetzgebungsprozess zur weiteren Angleichung an europäische Vorgaben.

2. Übernahme von Aktien

Öffentliche Angebote zur Übernahme von Aktien und sonstigen Wertpapieren regelt das WpÜG.

▷ **Arten** von öffentlichen Angeboten sind (*Krause*, NJW 2002, 705 ff., 706):

– Übernahmeangebote: öffentliche Angebote, die auf den Erwerb der Kontrolle (30 % der Stimmrechte) gerichtet sind (§ 29 Abs. 1 WpÜG);
– Pflichtangebote (§ 35 WpÜG): öffentliche Angebote, die von demjenigen abzugeben sind, der mittelbar oder unmittelbar die Kontrolle über eine Zielgesellschaft erworben hat;
– einfache öffentliche Angebote: freiwillige Angebote zum Erwerb einer Beteiligung, die unter Berücksichtigung der bereits bestehenden Beteiligung unterhalb der Kontrollschwelle bleibt oder zur Aufstockung dieser Beteiligung, sofern schon eine Kontrollbeteiligung besteht.

▷ **Pflichtverfahren** bei Übernahme:

– Erstellung der Angebotsunterlagen, § 11 WpÜG;
– Genehmigung durch die Bundesanstalt für Finanzdienstleistungen, § 14 Abs. 1 WpÜG (BaFin, vor 2002: BAWe);
– Veröffentlichung der Angebotsunterlagen, §§ 11 Abs. 1 Satz 1, 14 WpÜG;
– Annahme des Angebots durch die Aktionäre der Zielgesellschaft, § 16 WpÜG.

▷ **Übernahme eigener Aktien:** Rückkaufprogramme eigener Aktien der Aktiengesellschaft können zur Beseitigung der Hauptanreize einer feindlichen Übernahme eingesetzt werden.

▷ **Wirkung eines Rückkaufs** von Aktien:

– Die frei disponiblen Mittel werden gesenkt,
– gleichzeitig erhöht sich der Verschuldungsgrad des Unternehmens,
– der relative Stimmrechtsanteil der nach dem → *Erwerb eigener Aktien* verbleibenden stimmberechtigten Aktionäre erhöht sich.

→ *Eigene Aktien*

3. Übernahme von Unternehmen

▷ **Regelung:** Das WpÜG stellt die Leitlinien für eine faire Übernahme von Aktiengesellschaften und KGaA mit Sitz in Deutschland und Börsennotierung an einem organisierten Markt im Europäischen Wirtschaftsraum auf. Das Gesetz trägt zur Verbesserung der Information und Transparenz bei den entsprechenden Aktionären und Arbeitnehmern und zur Stärkung der Stellung der Minderheitsaktionäre bei (s.o.). Für den *Vorstand der Zielgesellschaft* enthält es folgende Pflichten:

▷ **Weiterleitungspflicht:** Weiterleitung der Angebotsunterlagen an den Betriebsrat bzw. an die Arbeitnehmer, wenn kein Betriebsrat besteht (§ 14 Abs. 4 WpÜG);

▷ **Stellungnahmepflicht:** Der Vorstand hat zusammen mit dem Aufsichtsrat unverzüglich nach Weiterleitung an die Arbeitnehmer eine begründete Stellungnahme zu dem Angebot abzugeben (§ 27 Abs. 1 WpÜG, die wichtigste Abwehrwaffe gegen feindliche Übernahmeangebote);

▷ **Neutralitätspflicht:** Der Vorstand darf von der Ankündigung des Angebots bis zur Veröffentlichung des Ergebnisses grundsätzlich keine Handlungen vornehmen, durch die der Erfolg des Angebots verhindert werden könnte (§ 33 Abs. 1 Satz 1 WpÜG). Ausnahmen zum Verhinderungsverbot:

– Handlungen, die auch ein ordentlicher und gewissenhafter Geschäftsführer einer Gesellschaft, die nicht Ziel eines Übernahmeangebots ist, vorgenommen hätte (§ 33 Abs. 1 Satz 2 1. Alt. WpÜG),

– Suche nach einem konkurrierenden Angebot (§ 33 Abs. 1 Satz 2 2. Alt. WpÜG),

– Handlungen, denen der Aufsichtsrat zugestimmt hat (§ 33 Abs. 1 Satz 2 3. Alt. WpÜG),

– Handlungen, die von einer Ermächtigung der Hauptversammlung gedeckt sind (§ 33 Abs. 2 WpÜG, umfasst werden nur Vorratsbeschlüsse der Hauptversammlung, die vor der Ankündigung eines Übernahmeangebots gefasst wurden),

– Handlungen, die von einer Ermächtigung einer Eil-Hauptversammlung gedeckt sind (§ 16 Abs. 4 WpÜG).

▷ **Bestellung eines Aufsichtsrats:** Wird im Rahmen einer sog. **qualifizierten Gründung** ein Unternehmen oder der Teil eines Unternehmens in die Gesellschaft übernommen (→ *Sachgründung: 2. Sachübernahme*), so ist hinsichtlich der Bestellung des Aufsichtsrats zu berücksichtigen, dass mit dem Unternehmen auch die Arbeitsverhältnisse auf die Aktiengesellschaft übergehen und bei der Zusammensetzung des Aufsichtsrats die Mitbestimmungsregeln beachtet werden müssen (§ 31 AktG entgegen § 30 Abs. 2 AktG → *Einbringung: 4. Mitbestimmung*).

Hinweis auf weiterführende Literatur: *Dimke/Heiser*, Neutralitätspflicht, Übernahmegesetz und Richtlinienvorschlag 2000, NZG 241 ff.; *Hommelhoff/Witt*, Bemerkungen zum deutschen Übernahmegesetz nach dem Scheitern der Richtlinie, RIW 2001, 561 ff.; *Hopt*, Grundsatz- und Praxisprobleme nach dem Wertpapiererwerbs- und Übernahmegesetz, ZHR 166 (2002), 383 ff.; *Krause*, Das neue Übernahmerecht, NJW 2002, 705 ff.; *Letzel*, Das Pflichtangebot nach dem Übernahmekodex – mit Vorausschau auf das Pflichtangebot nach dem ÜbG, NZG 2001, 260 ff.; *Liebscher*, Das Übernahmeverfahren nach dem neuen Übernahmegesetz, ZIP 2001, 853 ff.; *Mülbert/Birke*, Das übernahmerechtliche Behinderungsverbot – Die angemessene Rolle der Verwaltung einer Zielgesellschaft in einer feindlichen Übernahme, WM 2001, 705 ff.; *Rodewald/Siems*, Der Preis ist heiß – Zur Angemessenheit der Gegenleistung bei Übernahmeangeboten, ZIP 2002, 926 ff.; *Schnorbus*, Drittklagen im Übernahmeverfahren, ZHR 166 (2002), 72 ff.; *Technau*, Übernahmerechtliche Austrittsrechte in Verschmelzungsfällen, AG 2002, 260 ff.; *Thaeter*, Zur Abwehr feindlicher Übernahmeversuche im RegE eines Gesetzes zur Regelung von öffentlichen Angeboten zum Erwerb von Wertpapieren und von Unternehmensübernahme (WÜG-RegE), NZG 2001, 789 ff.; *Vogel*, Finanzierung von Übernahmeangeboten – Testat und Haftung des Wertpapierdienstleistungsunternehmens nach § 13 WpÜG, ZIP 2002, 1421 ff.; *Wiese/Demisch*, Unternehmensführung bei feindlichen Übernahmeangeboten – Eine Kritik des geplanten Übernahmerechts, DB 2001, 849 ff.

Hinweis auf weitere Stichwörter

→ *Einbringung* | → *Übertragung*

Überpariemission

Die Überpariemission ist die Ausgabe der Aktien über dem Nennbetrag oder dem auf die einzelnen Stücke entfallenden anteiligen Betrag. Sie ist im Gegensatz zur → *Unterpariemission* zulässig.

Übertragung

1. Aktien .... 754 | 2. Gegenstände 755

1. Aktien

▷ **Durchführung:** Die Übertragung von Aktien erfolgt beim *originären Erwerb* durch Zuteilung und beim *derivativen Erwerb* durch

- Übergabe der → *Aktienurkunde* (§§ 929 ff. BGB, Einigung und Übergabe bzw. Übergabesurrogat, gutgläubiger Erwerb ist möglich);
- Abtretung und Übergabe der Aktienurkunde (§§ 398, 413, 952 Abs. 2, 929 ff. BGB, gutgläubiger Erwerb ist nicht möglich).

▷ **Inhaberaktien** (→ *Inhaberaktien*) werden übertragen durch

- sachenrechtliche Übereignung (§§ 929 ff. BGB, Normalfall);
- Abtretung des der Verbriefung zugrunde liegenden Mitgliedschaftsrechts (§§ 398, 413 BGB, h.M. vgl. *Schwennicke*, AG 2001, 118–120 m.w.N. in Fn. 22).

▷ **Namensaktien** (→ *Namensaktien*) werden übertragen durch

- Abtretung und Übergabe der → *Aktienurkunde* (h.M., vgl. BGH NJW 1958, 302, 303; §§ 398, 413 BGB, Normalfall);
- einfache Abtretung des in der Namensaktie verkörperten Rechts ohne zusätzliche Übergabe der Urkunde (vgl. *Lutter* in KK. AktG, 2. Aufl. 1988, § 68 Rn. 17);
- Indossament und Übertragung des Eigentums an der indossierten Namensaktie (§ 68 Abs. 1 Satz 1 AktG, §§ 929 ff. BGB);

- sachenrechtliche Übereignung im Falle einer *Blankoindossierung* (§§ 929 ff. BGB, Art. 14 Abs. 2 Nr. 3 WG, Angleichung an Inhaberaktien);
- Abtretung bzw. Übertragung und *Zustimmung* der Aktiengesellschaft durch ihren → *Vorstand* bei sog. vinkulierten Namensaktien (bzw. Hauptversammlung oder Aufsichtsrat, § 68 Abs. 2 Satz 2 und 3 AktG, → *Vinkulierung*).

▷ **Girosammelverwahrung:** Wenn Aktien, wie heute üblich, in *Girosammelverwahrung* gehalten werden und nur noch in einer Dauerglobalurkunde verbrieft sind, muss eine „sachenrechtliche" Übertragung konstruiert werden. Die Übertragung des Mitbesitzes vollzieht sich grundsätzlich (der empfehlenswerteste Weg, da von beiden Parteien am besten kontrollierbar)

- durch Umstellung des Besitzmittlungsverhältnisses innerhalb des Effektengiroverkehrs (§ 929 Satz 1 BGB, Normalfall);
- mittels Abtretung des Herausgabeanspruchs gegen die Wertpapiersammelbank und Anzeige dieser Abtretung über die Depotbank an die Wertpapiersammelbank (§ 931 BGB).

Im Übrigen → *Erwerb,* → *Zeichnung.*

2. Gegenstände

Bei der → *Sachgründung* kommt es zur Notwendigkeit der Übertragung von Gegenständen auf die Aktiengesellschaft als → *Sacheinlage*. Diese Gegenstände müssen übertragbar sein. Gegenstände sind übertragbar, wenn sie die Tauglichkeit haben, im Rahmen der Verwertung des Gesellschaftsunternehmens den Gläubigerinteressen zugänglich gemacht zu werden.

Beispiele

Übertragbar sind folgende Gegenstände:
- Sachen (körperliche Gegenstände),
- Warenzeichen,
- Know-how.

Hinweis auf weiterführende Literatur: *Mentz/Fröhling,* Die Formen der rechtsgeschäftlichen Übertragung von Aktien, NZG 2002, 201 ff.; *Rühland,* Die Zukunft der übertragenden Auflösung (§ 179a AktG), WM 2002, 1957 ff.

Hinweis auf weitere Stichwörter

→ *Aktie* | → *Einlage*

Überwachung

Die Geschäftsführung des → *Vorstands* wird durch den → *Aufsichtsrat* überwacht. Dieser ist das Überwachungsorgan der Aktiengesellschaft, hat aber keine Geschäftsleitungsbefugnis.

Eine integrierte wettbewerbsneutrale und stärker kapitalmarktorientierte → *Aufsicht* ist durch die Zusammenführung der früheren Aufsichtsämter für Kreditwesen, für das Versicherungswesen und für den Wertpapierhandel zu einer sektorübergreifenden Aufsichtsbehörde, der Bundesanstalt für Finanzdienstleistungsaufsicht, geschaffen worden (BaFin, seit 1.5.2002). Diese Bundesanstalt ist in Frankfurt aM. und in Bonn ansässig. Konkrete Aufsichtsmaßnahmen erfolgen ausschließlich durch sie. Richtlinien zur laufenden Aufsicht werden jedoch im Einvernehmen mit der Deutschen Bundesbank erlassen.

Hinweis auf weitere Stichwörter

→ *Aufsicht* | → *Aufsichtsrat*

Überzeichnung

▷ **Begriff:** Eine Überzeichnung liegt vor, wenn mehr → *Aktien* gezeichnet werden, als die Aktiengesellschaft aufgrund der Kapitalerhöhung ausgeben kann (§ 185 AktG). In diesem Fall muss die Aktiengesellschaft entscheiden, in welchem Umfang die Zeichner bei der Zuteilung berücksichtigt werden. Die Aktiengesellschaft muss bei der Zuteilung gesetzliche oder vertragliche → *Bezugsrechte* bevorzugt bedienen; sie ist aufgrund der → *Zeichnung* zum Vertragsschluss verpflichtet. Im Übrigen ist die Aktiengesellschaft in der Zuteilung frei; gegenüber Aktionären ist aber das *Gleichbehandlungsprinzip* zu beachten (§§ 186, 187 AktG).

> **Beispiel**
>
> Quotenmäßige Zuteilung der nach Bedienung der gesetzlichen und vertraglichen Bezugsrechte verbleibenden Aktien entsprechend der nachgefragten Zahl.

▷ **Ersatzansprüche:** Die nach Deckung des Erhöhungsbetrages abgeschlossenen Verträge sind grundsätzlich wirksam (§ 311a Abs. 1 BGB; früher nichtig gemäß § 306 a.F. BGB). Der Zeichner wird jedoch nicht Aktionär, ihm stehen gegen die Aktiengesellschaft nur wahlweise Schadenersatz- oder Aufwendungsersatzansprüche zu (§ 311a Abs. 2 Satz 1 BGB). Der Anspruch kann sich dabei nur auf den Schaden erstrecken, der nach Ausgabe der Aktien bei unverzüglichem Kauf über die Börse entsteht. Die Schadenersatzpflicht entfällt, wenn der → *Vorstand* die Überzeichnung bei Vertragsschluss nicht kannte oder seine Unkenntnis nicht zu vertreten hat (§ 311 Abs. 2 Satz 2 BGB). Unmittelbar vor der Annahme des Zeichnungsangebotes hat der Vorstand daher die Pflicht, sich noch einmal zu erkundigen. Ansonsten kann die Aktiengesellschaft gegen den Vorstand Schadenersatzansprüche geltend machen (§ 93 AktG). Übergangene Zeichner haben ferner Anspruch auf Rückzahlung der zu viel geleisteten Einlagen (§ 812 Abs. 1 Satz 1 1. Alt. BGB).

Hinweis auf weitere Stichwörter

→ Aktie → Zeichnung

Umsatzsteuer

→ Steuerrecht

Umsatztantieme

▷ **Steuerliche Zulässigkeit:** Eine reine Umsatzbeteiligung ohne Berücksichtigung des Gewinns wird steuerlich in der Regel als verdeckte Gewinnausschüttung angesehen, wenn der Vorstand auch Gesellschafter ist. Der Aufsichtsrat kann bei der Vereinbarung von Umsatztantiemen an den Vorstand pflichtwidrig handeln.

→ Tantieme

→ Vorstandsmitglieder

Umwandlung

1. Begriff 757	7. Anteilstausch 760
2. Verschmelzung 759	8. Ausgliederung 761
3. Spaltung 759	9. Arbeitsrecht 761
4. Vermögensübertragung 759	10. Umwandlung von Aktien ... 761
5. Formwechsel 760	11. Kosten 762
6. Einbringung 760	

1. Begriff

▷ **Arten:** Die Umwandlung nach dem UmwG ist die Überführung der Rechtsform eines bereits bestehenden Unternehmens in eine neue Rechtsform, generell als Akt der Gesamtrechtsnachfolge bzw. partielle Gesamtrechtsnachfolge oder als Wechsel der Rechtsform des Rechtsträgers unter Beibehaltung seiner Identität:

Umwandlung

- Verschmelzung,
- Spaltung,
- Vermögensübertragung,
- Formwechsel.

Die Umwandlung durch Verschmelzung, Spaltung, Vermögensübertragung erfolgt dadurch, dass das Vermögen des oder der übertragenen Rechtsträger unter Auflösung, aber ohne Abwicklung als Ganzes auf einen anderen bestehenden Rechtsträger, den übernehmenden Rechtsträger, übertragen wird. Bei der Umwandlung durch Formwechsel (§ 190 UmwG) erfolgt kein solcher Vermögensübergang, sondern der bestehende Rechtsträger erhält lediglich eine andere Rechtsform. Grundsätzlich ändert sich dabei gegenüber der bisherigen Rechtslage nichts.

▷ Die **Aktiengesellschaft** kann an folgenden Umwandlungsvorgängen beteiligt sein:

- an einer Verschmelzung als übertragender oder als aufnehmender Rechtsträger (§ 3 Abs. 1 Nr. 2 UmwG),
- an einer Spaltung als übertragender oder aufnehmender Rechtsträger (§§ 124 Abs. 1, 3 Abs. 1 Nr. 2 UmwG),
- an einem Formwechsel als Ausgangs- oder Zielrechtsträger (§ 191 Abs. 1 Nr. 2 und 2 Nr. 3 UmwG),
- an einer Vermögensübertragung auf die öffentliche Hand oder – falls die Gesellschaft ein Versicherungsunternehmen betreibt – auf einen Versicherungsverein auf Gegenseitigkeit oder ein öffentlich-rechtliches Versicherungsunternehmen (§ 175 UmwG).

▷ **Ähnliche Formen der Umstrukturierung** eines Unternehmens sind

- der Anteilstausch (spezielle Einbringungsform, §§ 20 ff. UmwStG),
- die Einbringung (§§ 20 ff. UmwStG),
- die Ausgliederung im Wege der Einzelrechtsnachfolge,
- die Anwachsung (§ 738 BGB).

▷ **Entstehung:** Die Aktiengesellschaft und die Kommanditgesellschaft auf Aktien können durch Umwandlung entstehen (→ *Gründung*).

Beispiele

- Verschmelzung durch Neugründung (§§ 36 ff. UmwG),
- Spaltung zur Neugründung (§§ 135 ff., 158 ff. UmwG),
- Formwechsel (§§ 190 ff. UmwG).

▷ **Zuständigkeit:** Über alle diese Umwandlungen entscheidet die Hauptversammlung grundsätzlich mit einer qualifizierten (satzungsändernden) Mehrheit (§§ 65 Abs. 1, 73, 125, 240 Abs. 1, 176 UmwG). Die zwingende Hauptversammlungszuständigkeit ist dabei umgehungsfest ausgestaltet. Der Vorstand ist nicht befugt, Verschmelzungs-, Spaltungs- oder Übertragungswirkungen ohne Zustimmung der Hauptversammlung herbeizuführen.

2. Verschmelzung

▷ **Vorteile:**

- Ausgestaltung als Gesamtrechtsnachfolge,
- Bündelung der Ressourcen der Rechtsträger bei einem der beiden oder einem neuen Rechtsträger,
- gemeinsame Verwertung von Patenten,
- Vereinheitlichung des Produktionsvorganges,
- leichtere Durchführung von Rationalisierungsmaßnahmen,
- Reduzierung von Verwaltungskosten bei konzerninterner Verschmelzung als Abschluss einer stufenweise intensivierten Unternehmensverbindung (Verschmelzung des Tochter- auf das Mutterunternehmen, sog. „up-stream-merger"),
- Unternehmenskonzentration bei Verschmelzung unterschiedlicher Gesellschafterkreise.

▷ **Gestaltungsalternative:** Ein der Verschmelzung identischer oder zumindest ähnlicher Effekt kann auch im Wege der Einzelrechtsnachfolge erzeugt werden (s.u.).

Im Übrigen s. → *Verschmelzung.*

3. Spaltung

▷ **Vorteile:**

- Eine bislang funktional ausgerichtete Organisation des Unternehmens kann in eine divisionale, Profit Center orientierte Organisation überführt werden;
- Isolierung von Haftungsrisiken möglich;
- Reduzierung der Gewerbesteuer möglich;
- Unterwanderung mitbestimmungsrechtlicher Grenzen (aber vgl. § 325 UmwG);
- Verminderung von Publizitätserfordernissen bzgl. der Handelsbilanzen.

▷ **Nachteile:** personalpolitische Probleme vor allem im Bereich der Führungskräfte.

Im Übrigen s. → *Spaltung.*

4. Vermögensübertragung

▷ **Vorteil** (zum Verkauf eines Teilunternehmens): Der Vermögensübergang im Wege der Gesamtrechtsnachfolge.

▷ **Nachteil** (zum Verkauf eines Teilunternehmens): Die Erforderlichkeit der Zustimmung der Anteilseigner bestimmter Rechtsträger unabhängig von dem Umfang des ausgegliederten Vermögens; → *Vermögensübertragung*.

5. Formwechsel

Ein Rechtsformwechsel wird in Betracht gezogen, wenn die ursprüngliche Rechtsform nicht mehr die zweckmäßigste ist.

▷ **Vorteile:**

– Rechtsträger bleibt bestehen,
– Haftungsbegrenzung möglich,
– Vorbereitung einer Generationennachfolge möglich,
– Erreichung der Zielrechtsform ohne Übertragungsakte.

▷ **Gestaltungsalternative** zum Formwechsel ist die Mischverschmelzung (zunächst Gründung des neuen übernehmenden Rechtsträgers und danach → *Verschmelzung* des ursprünglichen Rechtsträgers auf den neu gegründeten).

Im Übrigen s. → *Formwechsel*.

6. Einbringung

▷ **Voraussetzungen des Kapitalerhöhungsbeschlusses** bei der übernehmenden Gesellschaft sind

– ein Hauptversammlungsbeschluss mit mindestens ¾-Mehrheit des bei der Beschlussfassung vertretenen Grundkapitals;
– der Bezugsrechtsausschluss liegt im Interesse der Aktiengesellschaft und ist erforderlich, verhältnismäßig und angemessen (BGHZ 80, 69; BGHZ 83, 324).

▷ Die **steuerneutrale Einbringung** eines Unternehmens in eine Aktiengesellschaft ist möglich, wenn die Einbringung gegen Gewährung neuer Anteile der übernehmenden Gesellschaft erfolgt (§ 20 UmwStG).

Im Übrigen s. → *Einbringung eines Unternehmens*.

7. Anteilstausch

Der Anteilstausch stellt eine spezielle Einbringungsform mit besonderer praktischer Relevanz dar: Die Gesellschaft A bringt Anteile an der Gesellschaft B in die Gesellschaft C ein und erhält als Gegenleistung Anteile an der Gesellschaft C. Er erlaubt eine finanzierungsneutrale Zusammenführung von Unternehmen (als → *Tochtergesellschaft* oder als → *Holding*). Der Anteilsaustausch ist steuerneutral, wenn von der aufnehmenden Gesellschaft neue Anteile ausgegeben werden (§ 20 Abs. 1 UmwStG). Voraussetzungen für die Möglichkeit der Buchwertfortführung:

– Die aufnehmende Gesellschaft muss unmittelbar die Mehrheit der Stimmrechte an der Gesellschaft, deren Anteile eingebracht werden, erwerben (vgl. § 6 Abs. 6 EStG);

– der Anteilstausch darf nicht zu einem Verlust des Besteuerungsrechts der Bundesrepublik Deutschland hinsichtlich der Besteuerung der eingebrachten Anteile führen.

8. Ausgliederung

Die Ausgliederung einzelner Wirtschaftsgüter auf eine Aktiengesellschaft kann unter den Vorraussetzungen einer Betriebsaufspaltung steuerneutral sein (Einzelrechtsnachfolge).

Zur Ausgliederung im Wege der Gesamtrechtsnachfolge → *Spaltung*.

9. Arbeitsrecht

Die Umstrukturierung eines Unternehmens auf der Grundlage des UmwG kann sowohl individualrechtliche als auch kollektivrechtliche Konsequenzen für die → *Arbeitnehmer* und deren Vertretungen haben. Bei Vorgängen übertragender Umwandlungen (Verschmelzung, Vermögensübertragung, Spaltung), gehen die Arbeitsverhältnisse auf den neuen Rechtsträger über (§§ 324 UmwG i.V.m. § 613a Abs. 1 und 4 BGB, *Ausn.* Widerspruch des Arbeitnehmers). Der „Status quo" der Arbeitsverhältnisse im Zeitpunkt der Umwandlung wird übernommen. Wenn die Voraussetzungen eines Betriebsübergangs nicht gegeben sind, erfolgt ein umwandlungsrechtlicher Übergang der Arbeitsverhältnisse, d.h. im Wege partieller Gesamtrechtsnachfolge (§§ 22, 125, 133, 204 UmwG). → *Arbeitnehmer: 5. Folgen für die Arbeitnehmer bei Umwandlung in eine Aktiengesellschaft*

10. Umwandlung von Aktien

In Folge der Euro-Umstellung müssen auch die → *Nennbeträge* der → *Aktien* auf volle Euro angepasst oder in → *Stückaktien* umgewandelt werden (→ *Euro*). Die Gesellschaft hat, sofern Aktienurkunden ausgegeben sind, für deren Anpassung an die geänderten Nennwerte bzw. – bei Stückaktien – an die geänderten rechnerischen Anteile am Grundkapital zu sorgen. Die Aktiengesellschaft kann in diesem Fall einen Umtausch nicht erzwingen und auch nicht die Aktien für kraftlos erklären. Wenn sich eine Teilung der Urkunden nicht durchführen lässt, sind diese als Globalaktien aufzufassen.

Die Aktien können auf Verlangen der Aktionäre umgewandelt werden von

– → *Namensaktien* in Inhaberaktien (§ 24 AktG),

– → *Inhaberaktien* in Namensaktien (§ 24 AktG),

– → *Vorzugsaktien* in Stammaktien (§ 12 Abs. 1 Satz 2 AktG).

Umwandlung

11. Kosten

▷ **Arten:** Je nach Art der Umwandlung und je nach Art ihrer Durchführung entstehen bei den beteiligten Rechtsträgern unterschiedliche Kosten der Umwandlung. In Betracht kommen folgende Kosten:

- Interne Kosten der Rechtsträger,
- Beratungskosten,
- Prüfungskosten,
- Beurkundungs- und Notarkosten,
- Gerichtsgebühren,
- Veröffentlichungskosten,
- Steuern (Ertrags-, Grunderwerbs-, evtl. Umsatz- und ausländische Verkehrssteuer).

> **Beispiel**
>
> Im Einzelnen entstehen bei der Umwandlung folgende Notar- und Gerichtskosten:
> - Beurkundung eines Umwandlungsvertrages ($^{20}/_{10}$-Gebühr, §§ 36 Abs. 2, 141 KostO),
> - Beurkundung von Verzichtserklärungen ($^{10}/_{10}$-Gebühr, § 36 Abs. 1 KostO),
> - Beurkundung eines Umwandlungsbeschlusses ($^{20}/_{10}$-Gebühr, höchstens 5000 Euro, § 47 KostO),
> - Registeranmeldung ($^{5}/_{10}$-Notargebühr für die Erstellung der Anmeldungen und Beglaubigung der Unterschriften, $^{10}/_{10}$-Gebühr für die Eintragung ins Handelsregister),
> - Grundbucheintrag ($^{5}/_{10}$-Gebühr für die Beurkundung des Antrags auf Grundbuchberichtigung, $^{10}/_{10}$-Gebühr für die Eintragung im Grundbuch).

▷ **Kostentragungspflicht:** Die Kostentragung ist gesetzlich nicht durchgehend geregelt. Eine Kostentragungspflicht ergibt sich aber, wenn der an der Umwandlung beteiligte Rechtsträger einen Steuer- oder Gebührentatbestand verwirklicht oder Auftrag erteilt hat. Die Kostentragung ist nicht notwendiger Inhalt der Verträge, Pläne oder Beschlüsse anlässlich der Umwandlung. Eine vertragliche Regelung ist aber insoweit zu empfehlen.

> **Beispiele für eine Kostentragungspflicht**
> (Aufnahme im Verschmelzungsvertrag zu empfehlen)
> - bei Verschmelzung: der übernehmende Rechtsträger,
> - bei Spaltung: der übertragende Rechtsträger,
> - bei Formwechsel: der formwechselnde Rechtsträger.

Hinweis auf weiterführende Literatur: *Balzer,* Die Umwandlung von Vereinen der Fußball-Bundesliga in Kapitalgesellschaften zwischen Gesellschafts-, Vereins- und Verbandsrecht, ZIP 2001, 175 ff.; *Förster/v. Lishaut,* Umwandlung einer Kapitalgesellschaft in ein Personenunternehmen nach neuem Umwandlungssteuerrecht, FR 2000, 1189 ff.; *Haritz/Homeister,* Besteuerung deutscher Anteilseigner bei Umstrukturierungen von Kapitalgesellschaften im Ausland und Europarecht – zugleich ein Beitrag zu § 13 UmwStG, FR 2001, 941 ff.; *Kallmeyer,* Umwandlung nach UmwG und Unternehmensakquisition, DB 2002, 568 ff.; *Orth,* Umwandlungskosten – bilanzielle und steuerrechtliche Behandlung, GmbHR 1998, 511 ff.; *Sagasser/Bula/Brünger,* Umwandlungen, 3. Aufl. 2002; *Karsten Schmidt,* § 673 BGB bei Verschmelzungsvorgängen in Dienstleistungsunternehmen – Geisterstunde im Umwandlungsrecht, DB 2001, 1019 ff.; *Schnorbus,* Grundlage zur Auslegung des allgemeinen Teils des UmwG, WM 2000, 2321 ff.; *Schnorbus,* Analogieverbot und Rechtsfortbildung im Umwandlungsrecht – Ein Beitrag zum Verständnis des § 1 Abs. 2 UmwG, DB 2001, 1654 ff.; *Schröder,* Ausgliederungen aus gemeinnützigen Organisationen auf gemeinnützige und steuerpflichtige Kapitalgesellschaften, DStR 2001, 1415 ff.; *Senger/Vogelmann,* Die Umwandlung von Vorzugsaktien in Stammaktien, AG 2002, 193 ff.; *Teichmann/Kiessling,* Datenschutz bei Umwandlungen, ZGR 2001, 33 ff.

Hinweis auf weitere Stichwörter

→ *Eingliederung*
→ *Formwechsel*

→ *Spaltung*
→ *Verschmelzung*

Unterbilanzhaftung

▷ **Keine Unterbilanz bei Eintragung:** Der Rechtsverkehr muss sich darauf verlassen können, dass wenigstens im Zeitpunkt der Entstehung der Gesellschaft der gesetzlich vorgeschriebene Haftungsfonds tatsächlich verfügbar ist. Deshalb haben die Gründer eine eventuell bestehende Unterbilanz bereits vor der Eintragung auszugleichen (*Gebot der realen Kapitalaufbringung*).

▷ **Grundsatz bei der GmbH:** Nach der neueren Rechtsprechung des BGH (BGHZ 80, 129, 140; BGHZ 105, 300, 303) gilt bei der GmbH der Grundsatz, dass die Gründer in Höhe der Differenz zwischen dem Stammkapital (abzüglich etwaiger Gründungskosten) und dem Wert des Gesellschaftsvermögens im Zeitpunkt der Eintragung anteilig zu haften haben, sofern sie die Geschäftsführer vor der Eintragung der GmbH ins Handelsregister bevollmächtigt haben, den Geschäftsbetrieb aufzunehmen. Nach dieser Rechtsprechung ist jetzt eine flexible Verwendung der vor der Anmeldung der Eintragung eingeforderten Einlagen erlaubt, um bestimmte Geschäftstätigkeiten bereits entfalten zu können.

▷ **Einlagenverwendung:** Vor der Anmeldung zur Eintragung ins Handelsregister besteht auch bei der Aktiengesellschaft (→ *Vor-AG*) kein Verbot der Einlagenverwendung (→ *Einlage*). Die durch den BGH entwickelte Unterbilanzhaftung dient nicht dem Zweck, eine Kapitalgesellschaft unterkapitalisiert ins Leben treten zu lassen, sondern soll vielmehr den Gläubigern Schutz gewähren, falls die Gesellschaft trotz einer vorhandenen Unterbilanz eingetragen wird.

▷ **Eintragungshindernis:** Bei der Anmeldung der Gesellschaft braucht die seitens des Vorstandes abzugebende Erklärung nur den Erklärungswert zu haben, dass die eingeforderte und einbezahlte Einlage wertmäßig zur endgültigen freien Verfügung des Vorstandes steht (§§ 37 Abs. 1 Satz 1, 36 Abs. 2 AktG). Führt die Überprüfung allerdings dazu, dass eine Unterbilanz vorliegt, so ist darin ein Eintragungshindernis zu sehen (→ *Handelsregister*). Die Unterbilanzhaftung soll den Schutz für den Fall gewähren, dass trotz einer vorhandenen Unterbilanz die Gesellschaft eingetragen wird.

Hinweis auf weitere Stichwörter

→ *Bilanzierung*
→ *Einlage*
→ *Haftung*
→ *Unternehmen: 2. Bewertung*

Unternehmen

1. Begriff 764
2. Bewertung 764
3. Unternehmensgegenstand 766
4. Unternehmensinteresse 767
5. Unternehmensvertrag 767
6. Wechselseitige Beteiligung 767
7. Zusammenschluss 767

1. Begriff

Das Unternehmen ist eine Gesamtheit von Sachen, Rechten und Geschäftsbeziehungen im Rahmen einer Organisationseinheit zur Teilnahme am wirtschaftlichen Erwerbsleben. Zum aktienrechtlichen Begriff → *Konzern*.

2. Bewertung

▷ Den **Unternehmenswert** gibt es nicht. Man kann nicht von einem richtigen Wert sprechen, sondern nur von einer relativen Werteinschätzung. Deshalb lässt sich der Unternehmenswert grundsätzlich nur im Zusammenhang mit dem Bewertungsanlass bestimmen. Die Unternehmensbewertung erfolgt nach bestimmten Bewertungsmethoden. Die Rechtsprechung hat es stets abgelehnt, eine bestimmte Bewertungsmethode als rechtlich geboten einzustufen und andere Methoden für unzulässig zu erachten. In der Praxis der letzten Jahre wird aber nahezu durchgängig die sog. → *Ertragswertmethode* angewandt. Abgelehnt wird es, alleine den Börsenkurs der → *Aktie* für die Unternehmensbewertung heranzuziehen. Allerdings muss sich eine Bewertung stets mit der Relation zum Börsenkurs befassen.

┌─ **Beispiele für die wichtigsten Anlässe, die eine Unternehmensbewertung** ─
│   **erforderlich machen**
│
│   – → *Abfindung* für außenstehende Aktionäre,
│   – Kauf und Verkauf von Unternehmen oder Unternehmensteilen,
│   – → *Kapitalerhöhungen*,
│   – Gang an die → *Börse*,
│   – Unternehmensvertrag,
│   – → *Umwandlungen*,
│   – vermögensrechtliche Auseinandersetzung im Familien- und Erbrecht,
│   – Wertfeststellungen für die Besteuerung, Teilwertabschreibung von Beteiligungen,
│   – Ausscheiden eines Gesellschafters aus einer Personengesellschaft,
│   – Sachgründung oder -kapitalerhöhung mit Gesellschaftsanteilen.
└

▷ **Einzelne Bewertungsmethoden** (*Baumbach/Hopt*, HGB, 32. Aufl. 2006, Einl. vor § 1 Rn. 36):

– *Liquidationswertverfahren:* Zur Ermittlung des Liquidationswertes erfolgt eine Bewertung der einzelnen Vermögensgegenstände mit ihren Zerschlagungswerten. Die Zerschlagungswerte richten sich allein nach den Bedingungen des Absatzmarktes unter Beachtung der Prämisse der Beendigung des Geschäftsbetriebes. Deshalb liegen die Liquidationswerte oft deutlich unter den aktuellen Wiederbeschaffungspreisen. Vom Liquidationswert der Vermögensgegenstände werden die Schulden des Unternehmens sowie Stilllegungskosten (Kosten des Sozialplanes, Abbau- und Abbruchkosten sowie Vorfälligkeitsentschädigungen) abgezogen. Der Saldo aus den Liquidationswerten des Unternehmens und den in Abzug gebrachten Schulden stellt den Nettoliquidationswert des Unternehmens dar. Ein Unternehmenserwerber wird sich regelmäßig den Liquidationswert des zu kaufenden Unternehmens ermitteln lassen. Denn hieraus kann der Erwerber ersehen, welchen finanziellen Rückfluss er aus dem Unternehmen im denkbar schlechtesten Fall erwarten kann. Der Liquidationswert begrenzt die Wertspanne für das Unternehmen und somit das Risiko des Erwerbers nach unten hin. Er stellt die Kaufpreisuntergrenze dar.

– *Ertragswertverfahren:* Maßgebend für die Ermittlung des Ertragswerts sind die zu erwartenden Zukunftserfolge des Unternehmens. Demgegenüber sind die in der Vergangenheit erzielten Erfolge grundsätzlich irrelevant. Die Vergangenheitsdaten stellen dabei Hilfsmittel dar, da sie Rückschlüsse auf die zukünftige Entwicklung erlauben. Bei der reinen Ertragswertmethode wird auf die handelsrechtlichen oder kalkulatorischen Ergebnisse abgestellt. Man bezieht also eine Periodisierung bestimmter Aufwendungen und Erträge in die Betrachtung mit ein.

– *Substanzwertverfahren:* Der Substanzwert eines Unternehmens wird folgendermaßen ermittelt: Die Summe der zu Wiederbeschaffungspreisen bewerteten materiellen und immateriellen Vermögensgegenstände ergibt den Bruttosubstanzwert. Zieht man hiervon die Schulden ab, erhält man den Nettosubstanzwert des Unternehmens (der Substanzwert dient im Rahmen des Ertragswertverfahrens als Hilfswert für die Plausibilisierung).

– *Kombinationsmethoden:* Die Praxis hat vielfach den Versuch unternommen, die Substanzwertmethode mit einer ertragsorientierten Methode zu kombinieren. So hat man z.B. sowohl einen Substanzwert als auch einen Ertragswert ermittelt. Daraus wurde die Summe gebildet und diese durch 2 dividiert. Dies führte zu einem Mittelwert zwischen Substanz- und Ertragswert. Allerdings haben sich diese Kombinationsverfahren in der Praxis nicht durchgesetzt (*Ausn.* im Steuerrecht: sog. *Stuttgarter Verfahren*).

– *Multiplikator-Methode:* Die Multiplikatormodelle knüpfen an den Gewinn, den Umsatz oder an andere Größen an und erhalten durch Multiplikation dieser Größen mit bestimmten Faktoren den Unternehmenswert. Die Bestimmung der jeweils anzuwendenden Faktoren beruht auf langjährigen Erfahrungswerten. Die Anwendung dieser Verfahren führt zu Schätzwerten für Unternehmen.

3. Unternehmensgegenstand

▷ **Begriff:** Unter dem Gegenstand des Unternehmens ist der Aufgabenbereich zu verstehen, über den außenstehende Dritte über die Betätigungsfelder der Aktiengesellschaft informiert werden sollen. Daneben soll vor allem der Geschäftsführungsbefugnisbereich des Vorstands (§ 82 Abs. 2 AktG) abgesteckt werden. Die Nennung eines wirtschaftlichen Geschäftsbetriebes ist nicht nötig. Ausreichend ist jede erlaubte Betätigung. Die Bestimmung in der Satzung muss so bestimmt sein, dass für außenstehende Dritte, vor allem für die beteiligten Wirtschaftskreise, der Schwerpunkt der Geschäftstätigkeit hinreichend erkennbar wird. Um der Gesellschaft ausreichenden Entwicklungsspielraum einzuräumen, werden eine weite Fassung und Erweiterungen anerkannt.

> **Beispiele für zulässige Erweiterungen**
>
> – „und verwandte Geschäfte",
> – „einschließlich des Erwerbs von Beteiligungen",
> – „Gründung von Zweigniederlassungen".

▷ Die **Bezeichnung des wirklich und ernsthaft gewollten Gegenstandes** des Unternehmens ist unabdingbare Voraussetzung für eine wirksame Gründung der Gesellschaft. Können oder wollen ihn die Gründer nicht benennen, so fehlt es an der Erfüllung eines vom Gesetz zwingend vorgeschriebenen Erfordernisses für eine wirksame Gesellschaftsgründung mit der Folge der Nichtigkeit der gesamten Satzung sowie der Nichtigkeit der Gründung der Gesellschaft schlechthin.

> **Beispiel**
>
> Der Erwerb von Beteiligungen bedarf dann der besonderen Erwähnung, wenn es das Ziel der Gesellschaft ist, Beteiligungen zu erwerben und zu verwalten und somit der Unternehmensgegenstand mittelbar durch andere Unternehmen verwirk-

licht werden soll. Dies ist etwa dann nicht der Fall, wenn die Beteiligung als reines Finanzgeschäft gedacht ist und nicht darauf abzielt, unternehmerischen Einfluss auszuüben.

4. Unternehmensinteresse

Die Ermittlung des Unternehmensinteresses ist eine ständige unternehmerische Aufgabe von Vorstand und Aufsichtsrat und ergibt sich als Ergebnis des Ausgleichs zwischen den Interessen derjenigen Kräfte, die das Unternehmen bilden und tragen. Das Unternehmensinteresse ist deshalb keine festgelegte normative Richtgröße; vielmehr stellt es eine Maxime dar, die der Verwaltung einen breiten Entscheidungsspielraum lässt und in der Optimierung der verschiedenen mit dem Unternehmen verbundenen Interessen im Einzelfall jeweils neu ermittelt werden muss.

5. Unternehmensvertrag

→ *Unternehmensvertrag*

6. Wechselseitige Beteiligung

Als wechselseitig beteiligte Unternehmen werden Kapitalgesellschaften bezeichnet, die dadurch verbunden sind, dass jedem der beiden Unternehmen mehr als 25% der Anteile des anderen unmittelbar gehört (§§ 19 Abs. 1 Satz 1 und 2, 16 Abs. 4 AktG). Betroffen sind nur Gesellschaften mit Sitz im Inland. Keine wechselseitige Beteiligung liegt vor, wenn eine Kapitalgesellschaft Anteile einer Personengesellschaft innehat, die ihrerseits Anteile an der Kapitalgesellschaft besitzt.

→ *Beteiligung: 6. wechselseitige Beteiligung*

7. Zusammenschluss

→ *Verbundene Unternehmen*
→ *Konzern*

Hinweis auf weiterführende Literatur: *Brinkmann*, Unternehmensziele im Aktienrecht, AG 1982, 122 ff.; *Dreher*, Unternehmen und Politik, ZHR 155 (1991), 349, 362; *Drukarczyk*, Unternehmensbewertung, 4. Aufl. 2003; *v. Gierke/Paschen*, Mängelgewährleistung beim Unternehmenskauf, GmbHR 2002, 457 ff.; *Grohnstedt/Jörgens*, Die Gewährleistungshaftung bei Unternehmensverkäufen nach dem neuen Schuldrecht, ZIP 2002, 52 ff.; *Harle/Kulemann*, Die steuerfreie Veräußerung von Unternehmen nach § 3 Nr. 40 EStG und § 8b Abs. 2 KStG idF. des UntStFG, StuB 2002, 58 ff.; *Kessler*, Interessen- und Kompetenzkonflikte in einer AG aus juristischer und betriebswirtschaftlicher Sicht, AG 1993, 252 ff.; *Teubner*, Unternehmensinteresse – Das gesellschaftliche Interesse des Unternehmens „an sich", ZHR 1985, 470 ff.; *Wambach/Kirchmer*, Unternehmensrating: Weit reichende Konsequenzen für mittelständische Unternehmen und für Wirtschaftsprüfer, BB 2002, 400–405.

Hinweis auf weitere Stichwörter

→ *Abhängige Gesellschaften*
→ *Faktischer Konzern*
→ *Konzern*

→ *Verbundene Unternehmen*
→ *Weisungsrecht*

Unternehmensvertrag

1. Begriff 768
2. Arten des Unternehmensvertrags .. 768
3. Partner 770
4. Abschluss 770
5. Bericht 772
6. Eintragung 772
7. Änderung 773
8. Beendigung 774

1. Begriff

Durch die Unternehmensverträge wird in der Regel die rechtliche Bindung einer Aktiengesellschaft/KGaA an ein anderes Unternehmen intensiviert. Die durch den Unternehmensvertrag verpflichtete Aktiengesellschaft überträgt dabei je nach der Ausgestaltung des Unternehmensvertrages vertragsgemäß Marktmacht, betriebliche Zuständigkeit, ihre Unternehmensziele, ihr Vermögen, den Jahresgewinn oder die Entscheidungsbefugnisse in unterschiedlichster Art und Weise auf das „herrschende" oder das „andere" Unternehmen.

Internationale Unternehmensverträge liegen vor, wenn an einem Unternehmensvertrag ein ausländisches Unternehmen – sei es als herrschendes sei es als abhängiges Unternehmen – beteiligt ist. Auch auf internationale Unternehmensverträge sind die Bestimmungen über das Zustandekommen, die Änderung und die Beendigung von Unternehmensverträgen anzuwenden, soweit es um den Schutz der deutschen Gesellschaft, der außenstehenden Aktionäre oder der Gläubiger geht (§§ 293–299, 300–310 AktG).

2. Arten des Unternehmensvertrags

Das Gesetz trennt streng zwischen den Organschaftsverträgen (§ 291 AktG) und den schuldrechtlichen Verträgen (§ 292 AktG).

▷ **Organschaftsverträge** sind solche, bei denen eine Aktiengesellschaft oder KGaA die Leitung ihrer Gesellschaft ganz oder teilweise einem anderen Unternehmen unterstellt oder sich verpflichtet, ihren ganzen Gewinn an ein anderes Unternehmen abzuführen (§ 291 AktG, → *Beherrschungsvertrag*, → *Gewinnabführungsvertrag*). Durch den Abschluss eines solchen Unternehmensvertrages wird der Zweck und die Struktur der sich in solcher Weise verpflichteten Gesellschaft verändert. Sonstige Unternehmensverträge sind ihrer Rechtsnatur nach nur (qualifizierte) schuldrechtliche Austauschverträge, bei denen Leistung und Gegenleistung ausgehandelt werden (§ 292 AktG). Durch den Abschluss eines solchen Unternehmensvertrages wird weder die wirtschaftliche Struktur noch der rechtliche Status der abhängigen Aktiengesellschaft/KGaA verändert, und sie verdrängen auch nicht wesentliche gesetzliche oder satzungsgemäße Bestimmungen.

▷ **Arten:** Unternehmensverträge i.S.d. Aktienrechts sind somit (abschließend)

- der Beherrschungsvertrag (§ 291 Abs. 1 Satz 1 1. Alt. AktG),
- der Gewinnabführungsvertrag (§ 291 Abs. 1 Satz 1 2. Alt. AktG),
- der Geschäftsführungsvertrag (§ 291 Abs. 1 Satz 2 AktG),
- der Gewinngemeinschaftsvertrag (§ 292 Abs. 1 Nr. 1 AktG),
- der Teilgewinnabführungsvertrag (§ 292 Abs. 1 Nr. 2 AktG),
- der Betriebspachtvertrag (§ 292 Abs. 1 Nr. 3 AktG) und
- der Betriebsüberlassungsvertrag (§ 292 Abs. 1 Nr. 3 AktG).

▷ **Beherrschungsvertrag:** Der wichtigste Fall eines Unternehmensvertrags ist der → *Beherrschungsvertrag*, der in der Praxis regelmäßig mit einem Gewinnabführungsvertrag kombiniert wird (wegen der steuerlichen Wirkung auch → *Organschaft: 3. Organschaftsvertrag* genannt). Aus steuerrechtlichen Gründen werden Gewinnabführungs- und Beherrschungsverträge zumeist auf mindestens 5 Jahre abgeschlossen (§ 14 Nr. 4 KStG). Im Übrigen s. → *Beherrschungsvertrag.*

▷ **Gewinnabführungsvertrag:** → *Gewinnabführungsvertrag*

▷ **Geschäftsführungsvertrag:** Überwiegend wird angenommen, dass der gesetzlich nicht geregelte Geschäftsführungsvertrag (auch sog. *Betriebsführungsvertrag*) dann vorliegt, wenn die Gesellschaft einem anderen die Führung der Geschäfte für ihre Rechnung überträgt (BGH NJW 1982, 1817). Der Geschäftsführungsvertrag unterscheidet sich von einem Betriebspachtvertrag sonach dadurch, dass der Dritte (Betriebsführer) den Betrieb im Namen und für Rechnung der Aktiengesellschaft/KGaA (Eigentümergesellschaft) führt (*Hüffer*, AktG, 7. Aufl. 2006, § 292 Rn. 20). Im Übrigen s. → *Geschäftsführung: 3. Geschäftsführungsvertrag.*

▷ **Gewinngemeinschaft:** Ein Gewinngemeinschaftsvertrag ist gegeben, wenn sich eine Gesellschaft verpflichtet, ihren Gewinn oder den Gewinn einzelner ihrer Betriebe ganz oder zum Teil mit dem periodischen Gewinn anderer Unternehmen oder einzelner Betriebe anderer Unternehmen zur Aufteilung eines gemeinschaftlichen Gewinns zusammenzulegen (§ 292 Abs. 1 Nr. 1 AktG). Durch einen solchen Vertrag kann die gesamte oder teilweise Poolung und Aufteilung von Gewinnen der Unternehmen erreicht werden (sog. Gewinn-Poolung). Da die Unternehmen, die sich derart zusammenschließen, einen gemeinsamen Zweck verfolgen, nämlich die Vergemeinschaftung oder Aufteilung des Gewinns, entsteht eine Gesellschaft bürgerlichen Rechts (§§ 705 ff. BGB). Der Zweck einer solchen Gesellschaft könnte auch in einer allgemeinen Verlustgemeinschaft liegen (sog. Verlust-Poolung) und die Unternehmen im Übrigen wiederum völlig selbständig lassen. Die Gewinngemeinschaft wird deshalb in den meisten Fällen durch eine Verwaltungsgemeinschaft ergänzt. Führt dies zu einer einheitlichen Leitung, jedoch ohne eine gegenseitige Abhängigkeit, dann entsteht ein → *Gleichordnungskonzern* (§ 18 Abs. 1 AktG). Soll die Gewinngemeinschaft innerhalb vertikal verbundener Unternehmen herbeigeführt werden, kommt als Ergänzung allerdings wiederum ein → *Beherrschungsvertrag* in Betracht. Verträge, durch die nur Teile des Gewinns eines Unternehmens oder nur der Gewinn bestimmter Betriebe eines solchen zusammengelegt werden, sind gleichfalls Gewinngemeinschaftsverträge (§ 292 Abs. 1 Nr. 1 AktG). Dagegen werden Verträge, durch welche sich die beteiligten Unternehmen gegenseitige Patentlizenzen gegen Gewinnbeteiligung gewähren, von der Regelung nicht betroffen. Zu beachten ist ferner, dass sich der Zusammenschluss zweier Unternehmen zum Zweck der Durchführung eines einzelnen Vorhabens nicht als Gewinngemeinschaft darstellt. In Frage kommt nur eine Gewinngemeinschaft in Bezug auf einen periodisch zu ermittelnden Gewinn. Ein Gewinngemeinschaftsvertrag, der gegen diese Bestimmungen (§§ 57, 58, 60 AktG) verstößt, ist nichtig.

▷ **Teilgewinnabführungsvertrag:** Durch einen Teilgewinnabführungsvertrag verpflichtet sich eine AG/KGaA, einen Teil ihres periodischen Gesamtgewinns oder den Gewinn einzelner ihrer Betriebe ganz oder zum Teil an einen „anderen" abzuführen (§ 292 Abs. 1 Nr. 2 AktG). Ein Teilgewinnabführungsvertrag liegt nicht vor, wenn die Gesellschaft für die Überlassung von Geldmitteln die Rückgewähr nebst einer Festverzinsung verspricht (BayObLG AG 2001, 424).

▷ **Betriebspachtvertrag:** Ein Betriebspachtvertrag ist nach § 292 Abs. 1 Nr. 3 AktG nur dann ein Unternehmensvertrag, wenn eine Aktiengesellschaft/KGaA den ganzen Betrieb ihrer Gesellschaft an einen „anderen" verpachtet, der den Betrieb sodann im eigenen Namen und für eigene Rechnung führt, die Aktiengesellschaft/KGaA also aufhört, ihr Unternehmen selbst zu besorgen (sog. *Rentnergesellschaft*). Im Übrigen s. → *Betriebsvertrag*.

▷ **Betriebsüberlassungsvertrag:** Ein Betriebsüberlassungsvertrag liegt vor, wenn durch einen solchen Vertrag eine AG/KGaA den Betrieb ihrer Gesellschaft einem „anderen" überlässt und der Betrieb des Unternehmens dergestalt von dem „anderen" übernommen wird, dass ihn dieser für eigene Rechnung, aber im Namen der „Eigentümergesellschaft" führt. Im Übrigen s. → *Betriebsvertrag*.

3. Partner

Ein Unternehmensvertrag kann nur zwischen Unternehmen geschlossen werden. Privatpersonen können nicht Vertragspartner eines Unternehmensvertrages sein; ein Verstoß hiergegen führt zur Nichtigkeit des Vertrages. Das herrschende Unternehmen kann eine beliebige Rechtsform haben (solange es ein Unternehmen im Sinne des Konzernrechts ist, → *Konzern*). Für ein beherrschtes Unternehmen kommt in der Regel nur die Kapitalgesellschaft in Betracht, eine gesetzliche Regelung gibt es nur für die Aktiengesellschaft/KGaA.

4. Abschluss

▷ **Zuständigkeit:** Für die Vereinbarung eines Unternehmensvertrages gelten grundsätzlich die allgemeinen zivilrechtlichen Regelungen über das Zustandekommen von Verträgen. Der Abschluss eines Unternehmensvertrages ist Aufgabe der gesetzlichen Vertretungsorgane der sich verpflichtenden Gesellschaften. Die

Hauptversammlung kann die Initiative ergreifen und den Vorstand anweisen, den Unternehmensvertrag abzuschließen (§ 83 Abs. 1 Satz 2 AktG).

▷ **Voraussetzung für den Abschluss** eines Unternehmensvertrages ist, dass

- er von einem Wirtschaftsprüfer geprüft wurde (nur bei Beherrschungs- und Gewinnabführungsverträgen),
- der Vorstand einen schriftlichen Bericht erstellt hat (§ 293a AktG),
- der Vertrag schriftlich geschlossen wird (§ 293 Abs. 3 AktG, § 126 BGB: eigenhändige Unterschrift beider Parteien auf derselben Urkunde),
- der Vertrag durch die vertretungsberechtigten Organe der beteiligten Unternehmen geschlossen wird,
- der Aufsichtsrat der beherrschten Gesellschaft den Vertrag billigt und
- die Hauptversammlung der beherrschten Gesellschaft und in bestimmten Fällen auch die der herrschenden Gesellschaft dem Vertrag zustimmt.

▷ **Zustimmung der Hauptversammlung:** Das Zustandekommen des Unternehmensvertrages ist von der Zustimmung der Hauptversammlung abhängig (§ 293 Abs. 1 Satz 1 AktG). Der Zustimmungsbeschluss bedarf einer qualifizierten Mehrheit, die mindestens ¾ des bei der Beschlussfassung vertretenden Grundkapitals umfasst (§ 293 Abs. 1 Satz 2 AktG; § 293 Abs. 1 Satz 3 AktG: höhere Mehrheiten und weitere Erfordernisse durch Satzung möglich). Der Zustimmungsbeschluss muss sich auf alle ausgehandelten – und gegebenenfalls zukünftig noch auszuhandelnden – Vertragsbedingungen erstrecken (vgl. BGH NJW 1982, 933).

▷ **Unterlagen:** Alle Berichte sowie der Unternehmensvertrag, Jahresabschlüsse und Lageberichte der letzten 3 Jahre der beteiligten Unternehmen sind in den Geschäftsräumen am Ort der Hauptverwaltung der beteiligten Unternehmen ab der Einberufung der Hauptversammlung auszulegen (§§ 293 f. AktG). Bei Einberufung der Hauptversammlung muss der wesentliche Vertragsinhalt bekannt gemacht werden. Jeder Aktionär kann eine kostenlose Abschrift der Unterlagen sowie Auskunft über alle wesentlichen Umstände vom Vorstand verlangen.

▷ Ein **Stimmverbot** greift nicht ein, so dass auch die Obergesellschaft als Mehrheitsaktionärin den Zustimmungsbeschluss mit ihren eigenen Stimmen zustande bringen kann, sofern sie über eine ausreichende Mehrheit verfügt. Bei der Abstimmung über den Zustimmungsbeschluss sind stimmrechtslose Vorzugsaktien nicht zu berücksichtigen (§ 140 Abs. 2 Satz 2 AktG).

▷ **Verweigerung der Zustimmung:** Bis zur Fassung des Zustimmungsbeschlusses ist der Unternehmensvertrag schwebend unwirksam. Verweigert die Hauptversammlung ihre Zustimmung, wird der Unternehmensvertrag endgültig unwirksam. Wenn die Hauptversammlung dem Vertrag nur unter Änderung des Vertragstextes zustimmt, ist dies eine Ablehnung der Beschlussvorlage und führt zur endgültigen Unwirksamkeit des bereits abgeschlossenen Vertrages. Gegebenenfalls ist in einem solchen Hauptversammlungsbeschluss allerdings die Einwilligung bzw. die Ermächtigung zum nachfolgenden Abschluss eines geänderten Vertrages zu sehen.

▷ **Zustimmung der anderen Gesellschaft:** Ist der Vertragspartner ebenfalls eine Aktiengesellschaft/KGaA und handelt es sich um einen Beherrschungs- und Gewinnabführungsvertrag, so bedarf der Unternehmensvertrag zu seiner Wirksamkeit außerdem der Zustimmung der Hauptversammlung der „anderen Gesellschaft", für welche die gleichen Mehrheitserfordernisse maßgeblich sind (§ 292 Abs. 2 Satz 1 AktG). Diese Zustimmungspflicht gilt nicht für ausländische Aktiengesellschaften (Geltungsbereich des Aktiengesetzes). Ob und inwieweit ausländische Gesellschaften in vergleichbarer Weise geschützt werden sollen, richtet sich nach den jeweilgen ausländischen Gesetzen.

▷ **Aufsichtsrat:** Durch Satzung oder Aufsichtsratsbeschluss kann ein Zustimmungsvorbehalt des → *Aufsichtsrates* zum Abschluss von Unternehmensverträgen begründet werden (§ 111 Abs. 4 Satz 2 AktG). Verweigert der Aufsichtsrat seine Zustimmung, kann sie durch Beschluss der Hauptversammlung mit einer Stimmenmehrheit von ¾ des bei der Beschlussfassung vertretenen Grundkapitals ersetzt werden (§ 111 Abs. 4 Satz 3, 4 und 5 AktG).

5. Bericht

Der Vorstand hat die Pflicht, über den Unternehmensvertrag einen ausführlichen schriftlichen Bericht zu erstatten, soweit eine Zustimmung der Hauptversammlung erforderlich ist (§ 293a Abs. 1 Satz 1 AktG). Die Vertragsschließenden sind nicht zur Berichterstattung verpflichtet, soweit in den Bericht aufzunehmende Tatsachen bei ihrem Bekanntwerden geeignet wären, dem vertragsschließenden oder einem verbundenen Unternehmen einen nicht unerheblichen Nachteil zuzufügen (§§ 131 Abs. 3 Nr. 1, 293a Abs. 2 AktG, sog. **Schutzklausel**). In diesem Fall sind die Gründe aufzuführen, warum solche Informationen nicht aufgenommen wurden (§§ 293a Abs. 2, 293e Abs. 2 AktG). Für die Untergesellschaft gilt dies bei sämtlichen Formen von Unternehmensverträgen, bei einer Obergesellschaft nur bei Beherrschungs- oder Gewinnabführungsverträgen (§ 293 Abs. 2 AktG). Wenn alle Anteilsinhaber aller beteiligten Unternehmen auf die Berichterstattung über den Unternehmensvertrag durch öffentlich beglaubigte Erklärung verzichten, kann die Erstellung der Berichte unterbleiben (§§ 293a Abs. 3, 293b Abs. 2 AktG).

Beachte: Beim Verzicht ist zu beachten, dass das Protokoll der Hauptversammlung dem Formerfordernis nicht genügt, da es nicht die Unterschrift jedes Erklärenden enthält (vgl. § 129 Abs. 1 Satz 1 BGB).

6. Eintragung

▷ **Zuständigkeit:** Erst durch → *Eintragung* im → *Handelsregister* der abhängigen Gesellschaft wird der Vertrag wirksam (§ 294 Abs. 2 AktG, konstitutive Wirkung). Zuständiges Gericht ist das Amtsgericht am Sitz der anmeldepflichtigen Gesellschaft (abhängige Gesellschaft). Die Anmeldung kann durch den Vorstand in vertretungsberechtigter Zahl erfolgen. Hierbei ist unechte Gesamtvertretung ebenso zulässig wie Bevollmächtigung, wenn sich die Bevollmächtigung gerade auf die Anmeldung richtet.

▷ **Angaben:** Der Vorstand der Untergesellschaft muss folgende Angaben zur Eintragung in das Handelsregister anmelden:

– das *Bestehen und die Art* des Unternehmensvertrages,

– den *Namen* des anderen Vertragsteils (bei einer Mehrmütter-Konstruktion ist nicht die zwischen ihnen stehende Gesellschaft bürgerlichen Rechts anzumelden, sondern der Name jeder Muttergesellschaft),

– die Vereinbarung über die *Höhe des abzuführenden Gewinns* bei Teilgewinnabführungsverträgen (§ 294 Abs. 1 AktG).

Der Anmeldung sind der Vertrag selbst sowie, wenn er nur mit Zustimmung der Hauptversammlung des anderen Vertragsteils wirksam wird (also bei Beherrschungs- und Gewinnabführungsverträgen), die Niederschrift dieses Beschlusses und ihre Anlagen in Urschrift, Ausfertigung oder öffentlich beglaubigter Abschrift beizufügen.

▷ **Prüfung durch Gericht:** Die Prüfungspflicht des Gerichts erstreckt sich über die formelle Prüfung hinaus auch auf die Wirksamkeit des Unternehmensvertrages einschließlich der Wirksamkeit der Zustimmungsbeschlüsse. Ergibt die Prüfung keine Beanstandung, wird der Vertrag unter Erwähnung der Art des Unternehmensvertrages, der Firma des Vertragspartners und des Datums des Zustimmungsbeschlusses in das Handelsregister der Untergesellschaft eingetragen. Bei Teilgewinnabführungsverträgen ist auch die Vereinbarung über die Höhe des abzuführenden Gewinns einzutragen. Wird der Vertrag unter einer falschen Bezeichnung angemeldet und trägt der Registerrichter unter dieser Bezeichnung ein, so muss der Inhalt der Eintragung, soweit es um den Schutz der Gesellschaft, der außenstehenden Aktionäre und Gläubiger geht, als maßgeblich angesehen werden. Die Eintragung unwirksamer und nichtiger Verträge entfaltet jedoch keine heilende Wirkung (vgl. *Hüffer*, AktG, 7. Aufl. 2006, § 294 Rn. 17).

▷ **Rückwirkung:** Wenngleich Unternehmensverträge erst mit der Eintragung wirksam werden, können Gewinnabführungs-, Teilgewinnabführungs- und Gewinngemeinschaftsverträge, die im Laufe eines Geschäftsjahres abgeschlossen werden, sich auf den Beginn des Geschäftsjahres rückwirkend auswirken. Rückwirkung ist jedoch nicht möglich bei Beherrschungsverträgen, da eine rückwirkende Beherrschung faktisch nicht möglich ist (vgl. OLG Hamburg DB 1989, 2214). Bei Gewinnabführungsverträgen kann die Rückwirkung handelsrechtlich für frühere Geschäftsjahre wirksam vereinbart werden. Steuerlich ist dies jedoch insofern beschränkt, als die Rückwirkung sich nicht auf einen Zeitraum vor dem Beginn des vorherigen Geschäftsjahres erstrecken kann (§ 14 Nr. 4 KStG; vgl. auch BGH DB 1993, 1074).

7. Änderung

▷ Jede Änderung eines Unternehmensvertrages hat die Qualifikation eines Neuabschlusses (§ 305 BGB, §§ 293–294 AktG). Änderungen von Unternehmensverträgen bedürfen der Zustimmung der Hauptversammlung (§ 295 Abs. 1 Satz 1 AktG). Ebenso wie der Abschluss bedarf auch die Änderung des Unternehmensvertrages der Eintragung in das Handelsregister (§§ 295 Abs. 1 Satz 2, 294 AktG).

Sollen Bestimmungen des Vertrages geändert werden, die zur Leistung eines Ausgleichs an die „außenstehenden Aktionäre" oder zur Übernahme ihrer Aktien verpflichten, so ist ein → *Sonderbeschluss* der „außenstehenden Aktionäre" erforderlich (§ 295 Abs. 2 AktG).

▷ **Fälle der Änderung des Unternehmensvertrages:**

- die Auswechselung eines Vertragspartners, in der Regel die Auswechselung des herrschenden Unternehmens, oder
- ein Vertragsbeitritt eines dritten Unternehmens, beispielsweise im Fall einer Mehrmütter-Konstruktion (vgl. z.B. BGH DB 1992, 1873; OLG Karlsruhe DB 1997, 668).

▷ **Keine Änderung des Unternehmensvertrages:**

- die Auswechselung des Vertragspartners durch Gesamtrechtsnachfolge infolge einer Verschmelzung des herrschenden Unternehmens (der Unternehmensvertrag erlischt in diesem Fall);
- der Wechsel der Art des Unternehmensvertrages bedeutet die Aufhebung des ursprünglichen und den Abschluss eines neuen Vertrages mit anderem Inhalt;
- die Verlängerung eines befristeten Unternehmensvertrages ist einem Neuabschluss gleichzustellen.

▷ Eine **Veräußerung der Beteiligung** an einer Aktiengesellschaft/KGaA durch den anderen Vertragsteil lässt den zwischen den Parteien bestehenden Unternehmensvertrag grundsätzlich unberührt.

8. Beendigung

▷ **Arten:** Die Beendigung eines Unternehmensvertrages kann erfolgen durch

- Kündigung,
- Aufhebungsvertrag,
- Rücktritt (bis zum Vollzug des Vertrages),
- Befristung,
- auflösende Bedingung (im allgemeinen nicht zulässig),
- Neueintritt außenstehender Aktionäre,
- Eingliederung,
- Auflösung,
- Verlust der „Unternehmens"-Eigenschaft eines der beteiligten Unternehmen.

▷ **Eintragung:** Die Beendigung eines Unternehmensvertrags muss vom Vorstand unter Angabe von Grund und Zeitpunkt zur Eintragung ins Handelsregister angemeldet werden (§§ 296, 298 AktG). Die Eintragung der Aufhebung in das Handelsregister hat allerdings – anders als die Eintragung des Zustandekommens – nur deklaratorische Bedeutung, d.h. die Rechtsfolgen der Beendigung treten bereits vor der Eintragung ein. Weder Hauptversammlung noch Aufsichtsrat können den Vorstand verpflichten, einen Unternehmensvertrag zu beenden (§ 299 AktG). Ende, Grund und Zeitpunkt der Beendigung sind vom Vorstand des verpflichteten Unternehmens unverzüglich (§ 121 BGB) anzumelden, damit die Eintragung in das Handelsregister erfolgen kann (§ 298 AktG). Die Eintragung ist nach § 10 HGB durch das Registergericht bekannt zu machen. Die Eintragung der Beendigung wirkt nur deklaratorisch (§ 15 Abs. 2 HBG).

▷ **Kündigung:** Ein Unternehmensvertrag kann durch einseitige Erklärung eines der beiden Unternehmen beendet werden. Die Erklärung muss schriftlich erfolgen. Je nach Kündigungszeitpunkt unterscheidet man zwischen der ordentlichen Kündigung sowie der Kündigung aus wichtigem Grund. Für alle Rechtsfragen der Kündigung ist grundsätzlich auf das allgemeine Zivilrecht zurückzugreifen. Für die Abgabe der Kündigungserklärung sind die vertretungsberechtigten Organe zuständig. Gegebenenfalls besteht eine satzungsmäßige Bindung an die Zustimmung des Aufsichtsrats. Nach der Reichweite der Kündigung unterscheidet man:

– Bei Beherrschungs- und Gewinnabführungsverträgen umfasst die Kündigung immer den gesamten Vertrag. Teilkündigungen hinsichtlich einzelner Vertragsbestandteile sind unzulässig.

– Bei den sonstigen Unternehmensverträgen – wie z.B. Gewinngemeinschaften oder Teilgewinnabführungsverträgen – kann sich die Kündigung auf einen Teil des Gewinns oder den Gewinn einzelner Betriebe beschränken.

▷ Eine **ordentliche Kündigung** ist möglich, wenn sie vertraglich vorgesehen ist (§ 297 Abs. 2 AktG). Liegen wichtige Gründe vor, kann fristlos gekündigt werden (§§ 296, 297 AktG). Der Mitwirkung der → *Hauptversammlung* bedarf es hierzu nicht. Zuständig ist der → *Vorstand*. Aus der Satzung kann sich ergeben, dass überdies der → *Aufsichtsrat* zustimmen muss (§ 111 Abs. 4 AktG).

> **Beispiel**
>
> Der Verkauf der Anteile einer abhängigen Aktiengesellschaft durch das herrschende Unternehmen rechtfertigt in aller Regel nicht die Kündigung eines Unternehmensvertrages aus wichtigem Grund (OLG Düsseldorf AG 1995, 137, 138).

▷ **Wichtiger Grund:** Die Möglichkeit der Parteien eines Unternehmensvertrages, einen wichtigen Grund einvernehmlich vereinbaren zu können, ist grundsätzlich zu bejahen (bejahend BGHZ 122, 211, 227 ff.; a.A. *Emmerich/Habersack*, KonzernR, 8. Aufl. 2005, § 19 IV 3, S. 256). Eine Kündigungsklausel, welche die Möglichkeit einer außerordentlichen Kündigung auch aus Gründen einräumt, die nicht „wichtige" sind, verstößt gegen § 297 AktG. Eine derartige Vertragsregelung und der darauf bezogene Zustimmungsbeschluss sind indes nicht nichtig, sondern lediglich anfechtbar.

▷ **Aufhebungsvertrag:** Ein Unternehmensvertrag kann durch eine einvernehmliche vertragliche Aufhebung beendet werden (§ 296 AktG). Ein Aufhebungsvertrag bedarf der Schriftform (§ 296 Abs. 1 Satz 3 AktG). Fehlt diese, ist er unwirksam. Ein Aufhebungsvertrag setzt voraus, dass

– er vom Vorstand schriftlich geschlossen wird und
– die Aufhebung zum Ende des Geschäftsjahres oder des sonst vertraglich bestimmten Abrechnungszeitraumes erfolgt.

▷ **Zuständigkeit:** Grundsätzlich ist die Hauptversammlung mit der Aufhebung des Unternehmensvertrages nicht befasst (OLG Karlsruhe DB 1994, 1462; OLG Frankfurt DB 1993, 2478). Auch wenn die Aufhebung eines Unternehmensvertrages als Geschäftsführungsmaßnahme in die Zuständigkeit des Vorstands fällt, kann laut Satzung im Innenverhältnis die Zustimmung des Aufsichtsrats zu dem Vertrag erforderlich sein. Verweigert der Aufsichtsrat in diesen Fällen die Zustimmung, führt dies zu einer Beschlussfassung der Hauptversammlung über die Aufhebung.

▷ Eine **rückwirkende Aufhebung** ist nicht zulässig (§ 296 Abs. 1 Satz 2 AktG). Haben die Parteien einen unzulässigen Aufhebungszeitpunkt vereinbart bzw. verstoßen sie gegen das Verbot der rückwirkenden Aufhebung, so ist der vertraglich vereinbarte Zeitpunkt nichtig. Der Vertrag bleibt im Übrigen wirksam und der nächstmögliche Beendigungszeitpunkt gilt als vereinbart, wenn die Ermittlung des mutmaßlichen Parteiwillens ergibt, dass eine Beendigung auf jeden Fall gewollt war und der Beendigungszeitpunkt nur eine untergeordnete Rolle spielte (§ 139 BGB).

▷ **Folgen der Aufhebung:** Mit dem vereinbarten Aufhebungszeitpunkt endet die unternehmensvertragliche Bindung. Der vormals herrschende Vertragspartner ist davon befreit, zukünftige Verluste und zukünftige Ausgleichs- und Abfindungsleistungen erbringen zu müssen. Die während der Vertragszeit entstandenen Ausgleichsansprüche bleiben jedoch unberührt. Besonderheiten gelten für solche Aufhebungsverträge, welche die Rechte außenstehender Aktionäre berühren. Außenstehende Aktionäre haben bei Aufhebung eines Unternehmensvertrages besondere Rechte:

– Ihnen steht ein besonderes Auskunftsrecht über die wesentlichen Umstände der Vertragsaufhebung zu, und
– die Aufhebung eines Unternehmensvertrages, der zur Leistung eines Ausgleichs an die außenstehenden Aktionäre oder zum Erwerb ihrer Aktien verpflichtet, kann nur mit Zustimmung durch → *Sonderbeschluss* der außenstehenden Aktionäre erfolgen (§ 296 Abs. 2 AktG).

▷ Der **Sonderbeschluss** ist Wirksamkeitsvoraussetzung für den Aufhebungsvertrag; er kann gefasst werden

– *vor* Abschluss des Aufhebungsvertrages oder
– *nach* Abschluss des Aufhebungsvertrages; in diesem Fall wirkt er als Genehmigung und führt zur endgültigen Wirksamkeit des bis dahin schwebend unwirksamen Aufhebungsvertrages (nicht vom Rückwirkungsverbot erfasst).

▷ **Rücktritt:** Ein Rücktritt ist grundsätzlich ausgeschlossen. Das gesetzliche Rücktrittsrecht kommt allenfalls für den Zeitraum zwischen Abschluss und Vollzug des Unternehmensvertrages in Betracht. Zeitpunkt des Vollzugs ist grundsätzlich der Zeitpunkt, zu dem der Unternehmensvertrag bei der abhängigen Gesellschaft in das Handelsregister eingetragen wird. Bei anderen Unternehmensverträgen als Beherrschungs- und Gewinnabführungsverträgen genügen für den Vollzug auch tatsächliche Vollzugshandlungen außerhalb der Handelsregistereintragung. Eine *vertragliche Rücktrittsmöglichkeit* kann nicht vereinbart werden. Ein Rücktrittsvorbehalt bis zur Eintragung des Vertrages ins Handelsregister ist jedoch zulässig (vgl. BGH DB 1993, 1074). Nach Eintragung in das Handelsregister verstößt die Ausübung eines vertraglichen Rücktrittsrechts gegen das Rückwirkungsverbot. Bezieht sich der Rücktritt nur auf die Zukunft („Wirkung ex nunc"), entfaltet er die gleiche Wirkung wie eine Kündigung und ist deshalb in eine Kündigungserklärung umzudeuten (s.o.).

▷ **Befristung:** Ein häufiger Beendigungsfall ist das Vertragsende durch Zeitablauf aufgrund einer vertraglich vorgenommenen Befristung. Ein Beherrschungs- und Gewinnabführungsvertrag wird im Hinblick auf die steuerliche Anerkennung einer → *Organschaft* regelmäßig für mindestens 5 Jahre abgeschlossen. Meist enthält die Befristung eine Verlängerungsklausel, wonach sich der Vertrag bei Ablauf der fest vereinbarten Laufzeit automatisch um eine bestimmte weitere Zeitspanne verlängert, falls er nicht von einer Partei ordentlich gekündigt wird. Statt der automatischen Verlängerungsklausel kann auch eine Verlängerungsoption vereinbart werden, wonach sich der Vertrag um die Optionszeit verlängert, wenn ein Vertragsteil innerhalb der Optionsfrist die Option ausübt.

▷ **Auflösende Bedingung:** Die Aufnahme einer auflösenden Bedingung in einen Beherrschungs- und Gewinnabführungsvertrag wird wegen dessen organisationsrechtlichen Charakters einhellig für unzulässig gehalten. Bei den sonstigen Unternehmensverträgen wird die Vereinbarung einer auflösenden Bedingung für zulässig gehalten, weil es sich bei ihnen um rein schuldrechtliche Vertragsbeziehungen handelt. Wird in einem Beherrschungs- und Gewinnabführungsvertrag eine auflösende Bedingung verabredet, kann diese in einen vertraglich vereinbarten wichtigen Grund zur Kündigung umgedeutet werden. In diesem Fall ist zu prüfen, ob die Voraussetzungen einer Kündigung vorliegen (s.o.).

▷ **Außenstehender Aktionär:** Wenn eine Gesellschaft im Zeitpunkt der Beschlussfassung der Hauptversammlung über einen Beherrschungs- oder Gewinnabführungsvertrag keine außenstehenden Aktionäre hat, endet der Unternehmensvertrag spätestens zum Ende des Geschäftsjahres, in dem ein außenstehender Aktionär neu in die Gesellschaft eintritt, auch wenn vorsorglich eine Ausgleichsregelung vereinbart wurde und unabhängig von einem Austritt des Aktionärs (§ 307 AktG). Dies gilt nicht für Teilgewinnabführungsverträge. Diese Schutzvorschrift zu Gunsten außenstehender Aktionäre bietet dem herrschenden Unternehmen die Möglichkeit, den Vertrag zu beenden, ohne an die o.g. Vorschriften über eine Vertragsbeendigung gebunden zu sein, indem es beispielsweise einzelne Aktien der abhängigen Gesellschaft veräußert.

▷ **Eingliederung:** Eine Eingliederung der abhängigen Gesellschaft in das beherrschende Unternehmen oder in ein drittes Unternehmen beendet einen zwischen beiden Unternehmen bestehenden → *Beherrschungsvertrag* (§§ 319 ff. AktG; *Emmerich/Habersack*, KonzernR, 8. Aufl. 2005, § 10 V 6, S. 150). Ein Gewinnabführungsvertrag bleibt durch die Eingliederung unberührt (§ 324 Abs. 2 Satz 1 AktG).

▷ **Auflösung:** Bei Auflösung der herrschenden oder der beherrschten Gesellschaft enden Unternehmensverträge automatisch (h.M.).

> **Beispiel**
>
> Auflösung durch Eröffnung des Insolvenzverfahrens beendet einen Unternehmensvertrag (vgl. BGH NJW 1988, 1326; BayObLG NJW-RR 1999, 109).

▷ **Umwandlungen:** Abspaltung und Ausgliederung beenden Unternehmensverträge grundsätzlich nicht. Inwieweit die Aufspaltung im Einzelfall solche Verträge beendet, ist umstritten (vgl. *Krieger* in MünchHdb. AG, 2. Aufl. 1999, § 70 Rn. 177 ff. m.w.N.). Ein Formwechsel lässt Unternehmensverträge unberührt. Zu den Auswirkungen von Verschmelzungen auf Unternehmensverträge → *Verschmelzung*.

Hinweis auf weiterführende Literatur: *v. Falkenhausen*, Zur Fortgeltung alter Unternehmensverträge nach neuem Aktienrecht, BB 1966, 190 ff.

Hinweis auf weitere Stichwörter

→ *Abfindung*	→ *Betriebsvertrag*
→ *Abhängige Gesellschaft*	→ *Gewinnabführungsvertrag*
→ *Ausgleichszahlung*	→ *Konzern*
→ *Beherrschungsvertrag*	→ *Unternehmen*
→ *Beteiligung*	→ *Verbundene Unternehmen*

Unterpariemission

▷ **Begriff:** Als Unterpariemission wird die Ausgabe von → *Aktien* unter dem Nennbetrag oder dem auf die einzelne Stückaktie entfallenden anteiligen Betrag (sog. geringster Ausgabebetrag) bezeichnet. Sie ist unzulässig (*Verbot der Unterpariemission*, §§ 9, 36a Abs. 2 Satz 3 AktG).

▷ Der **Mindestnennbetrag** der Aktie liegt bei 1 Euro (EuroEG). Ein höherer Nennbetrag muss stets auf volle Euro lauten.

▷ **Folge:** Die Unterpariemission führt zur Nichtigkeit des Kapitalerhöhungsbeschlusses (§ 241 Nr. 3 2. Variante AktG). Das Registergericht hat in diesem Fall die → *Eintragung* der → *Kapitalerhöhung* abzulehnen (vgl. § 184 AktG).

▷ **Differenzhaftung:** Der Anleger haftet verschuldensunabhängig auf Wertdifferenz in Geld, wenn der Wert der Sacheinlage nicht unwesentlich hinter dem geringsten Ausgabebetrag der dafür ausgegebenen Aktien zurückbleibt und die Kapitalerhöhung durch Eintragung wirksam geworden ist (§§ 188 Abs. 2 Satz 1 i.V.m. 36a Abs. 2 Satz 3 AktG, *Grundsatz der realen Kapitalaufbringung*, Analogie zu §§ 9 Abs. 1, 56 Abs. 2 GmbHG). Maßgeblich ist die Wertdifferenz zum Zeitpunkt der

Anmeldung. Die Differenzhaftung ist auf den geringsten Ausgabebetrag beschränkt (*Hüffer*, AktG, 7. Aufl. 2006, § 183 Rn. 21; *Pfeifer* in MüKo.AktG, 2. Aufl. 2005, § 183 Rn. 72; *a.A.* noch *Hefermehl/Bungeroth* in GHEK, AktG, 1989, § 183 Rn. 1056: von der Haftung umfasst wird auch der → *Agio*). Die Differenzhaftung entfällt, wenn der Kapitalerhöhungsbeschluss nichtig ist oder nach erfolgter Anfechtungsklage für nichtig erklärt wird (§ 248 Abs. 1 Satz 1 AktG, → *Anfechtung von Hauptversammlungsbeschlüssen*). Möglich ist in diesem Fall die Haftung, soweit zur Befriedigung der Gläubiger nötig (§ 277 Abs. 3 AktG analog). Wird die Nichtigkeit des Beschlusses geheilt, lebt die Differenzhaftung wieder auf (§ 242 Abs. 2 AktG). Die Eintragung ins Handelsregister hat aber keine heilende Wirkung.

Hinweis auf weitere Stichwörter

→ *Einlage*
→ *Emission*

→ *Sacheinlage*
→ *Überpariemission*

Unversehrtheitsgrundsatz

Nach dem sog. Unversehrtheitsgrundsatz hat das → *Grundkapital* der Aktiengesellschaft im Zeitpunkt ihrer Entstehung ungeschmälert zur Verfügung zu stehen.

Ultra-vires-Doktrin

Die Ultra-vires-Doktrin bedeutet die Beschränkung der Rechts- und Handlungsfähigkeit der Aktiengesellschaft durch den Gegenstand des Unternehmens oder den Zweck der Gesellschaft. Sie ist dem deutschen Aktienrecht fremd (§ 82 AktG).

→ *Vorstand*
→ *Vertretung*

Verbriefung

▷ **Aktienurkunde:** Dem einzelnen → *Aktionär* steht grundsätzlich ein Anspruch auf Verbriefung seiner Mitgliedschaft zu (→ *Mitgliedschaftsrecht*). Der Aktionär hat aber keinen Anspruch auf *Einzelverbriefung*. Durch die Verbriefung entsteht eine *Aktienurkunde* (→ *Aktie: 10. Aktienurkunde*).

Verbriefung

▷ **Wirksamkeit:** Vor der Eintragung der Aktiengesellschaft ausgegebene Aktienurkunden sind nichtig (§ 41 Abs. 4 AktG), es fehlt dann eine gültige wertpapiermäßige Verbriefung. Ein gutgläubiger Erwerb solcher Aktienurkunden/Zwischenscheine ist ausgeschlossen.

▷ **Fehlende Verbriefung:** Die Mitgliedschaft ist nicht von der Verbriefung abhängig. Die Verbriefung gehört nicht zum notwendigen Satzungsinhalt. Die Aktiengesellschaft und die Mitgliedschaft entstehen daher auch dann rechtlich fehlerfrei, wenn die Verbriefung weder vorgesehen noch tatsächlich erfolgt ist.

▷ **Ausschluss des Verbriefungsanspruchs:** Der Anspruch auf Verbriefung kann durch die → *Satzung* ausgeschlossen oder eingeschränkt werden (§ 10 Abs. 5 AktG, auch nachträglich im Wege der Satzungsänderung; die Zustimmung des einzelnen Aktionärs ist nicht erforderlich, *Lutter*, AG 1994, 429). Bei einem totalen Ausschluss des Verbriefungsanspruchs hat der Aktionär jedoch Anspruch auf Verbriefung durch eine *Globalurkunde*, diese bleibt unverzichtbar (§ 9a DepotG). Dadurch kann sich die Aktiengesellschaft der ungemein kostenaufwendigen Herstellung und Ausgabe von Einzelurkunden entledigen.

> **Beispiel**
>
> Extremfall des Kostenaufwands: Die Kosten für die Herstellung und Ausgabe einer 1-Euro-Aktie liegen über dem Anteilswert.

▷ **Sammelurkunden:** Die Vorteile einer Globalurkunde haben zur Folge, dass die Gesellschaft nur Sammelurkunden ausliefert und kleinere Stückzahlen, die nicht in Sammelurkunden aufgehen, in *Girosammelverwahrung* gutschreiben muss. Von dieser Möglichkeit macht die Praxis regen Gebrauch. Gerade bei börsennotierten Gesellschaften ist angesichts der dort üblichen Girosammelverwahrung von Aktien ein echtes Bedürfnis für eine Verbriefung auch nicht mehr gegeben.

▷ **Wirksamkeit der Verbriefung:** Fehlt es in der Aktienurkunde an einer zwingenden Voraussetzung, ist das Recht des Aktionärs auf Verbriefung verletzt. Er darf die Urkunde zurückweisen. Der Anspruch auf Verbriefung bleibt bestehen. Wurden Teilleistungen nicht in der Urkunde vermerkt, so ist die wertpapiermäßige Verbriefung dennoch wirksam. Jedoch machen sich Vorstand und Aufsichtsrat schadenersatzpflichtig (§ 93 Abs. 3 Nr. 4, 116 AktG) und begehen eine Ordnungswidrigkeit (§ 405 Abs. 1 Nr. 1 AktG).

Hinweis auf weitere Stichwörter

→ *Aktie*
→ *Aktionär*
→ *Satzung*

Verbundene Unternehmen

1. Begriff 781
2. Arten 781
3. Pflichten in der Unternehmensverbindung 783

1. Begriff

▷ **Wertung:** Dem Begriff „verbundene Unternehmen" liegt lediglich eine rechtssystematische Wertung zugrunde. Dieser Ausdruck findet im Gesetz immer dann Verwendung, wenn die Unternehmensverbindungen zur Vermeidung von Einzelaufzählungen in ihrer Gesamtheit zusammengefasst und/oder angesprochen werden sollen.

Die meisten Gesellschaften (über 75 %) sind nicht wirtschaftlich unabhängige Unternehmen, sondern sind mit anderen Unternehmen in irgendeiner Weise verbunden oder arbeiten mit diesen zusammen.

Beispiele

- Ein übergeordnetes (herrschendes) Unternehmen steht einem oder mehreren untergeordneten (abhängigen) Unternehmen gegenüber,
- mehrstufige Unternehmensverbindung.

▷ **Selbständigkeit:** Verbundene Unternehmen müssen aber rechtlich selbständig, also stets als Träger von Rechten und Pflichten identifizierbar sein.

▷ **Steuern:** Ein wesentlicher Teil der Unternehmensverbindungen war früher ausschließlich steuerlich motiviert: Zurechnung eines Großteils des Gewinns des beherrschten Unternehmens dem herrschenden Unternehmen, so dass der Gewinn vom herrschenden Unternehmen zu versteuern ist (sog. steuerliche → *Organschaft*).

2. Arten

▷ **Gruppen:** Unter dem Oberbegriff „verbundene Unternehmen" werden 5 Gruppen von Unternehmen zusammengefasst (§ 15 AktG). Nach der Stufe der Verbundenheit ist zu differenzieren:

- im Mehrheitsbesitz stehende Unternehmen und mit Mehrheit beteiligte Unternehmen (§ 16 AktG, Anteils- oder Stimmenmehrheit, → *Mehrheit*),
- abhängige und herrschende Unternehmen (§ 17 AktG, → *abhängige Gesellschaft*),
- Konzernunternehmen (§ 18 AktG, bilden unter einheitlicher Leitung eine wirtschaftliche Einheit, → *Konzern*),
- wechselseitig beteiligte Unternehmen (§ 19 AktG, → *Beteiligung*),

– Vertragsparteien eines Unternehmensvertrages (§§ 291, 292 AktG, → *Unternehmensvertrag*).

▷ **Mehrheitsbeteiligung:** Unter den Begriff Mehrheitsbeteiligung fallen alle die Unternehmensverbindungen, bei denen keinerlei Beherrschungsverhältnis vorhanden ist, also die reinen Mehrheitsbeteiligungen ohne jedwede Unterordnung (§ 16 AktG). Rechtlich selbständige Unternehmen können auf 2-fache Weise verbunden sein, ohne dass es auf die Rechtsform ankommt:

– Dem einen Unternehmen gehört die → *Mehrheit* der Anteile eines anderen rechtlich selbständigen Unternehmens oder
– dem Unternehmen steht die Mehrheit der → *Stimmrechte* an dem anderen Unternehmen zu.

Beide Möglichkeiten können gleichrangig nebeneinander stehen oder auch zusammentreffen (§ 16 Abs. 2 und 3 AktG). Damit von einer Mehrheitsbeteiligung i.d.S. gesprochen werden kann, muss eine Aktiengesellschaft entweder das mit Mehrheit beteiligte oder das im Mehrheitsbesitz stehende Unternehmen sein.

▷ **Abhängige Unternehmen:** Abhängige Unternehmen sind rechtlich selbständige Unternehmen, auf die ein anderes Unternehmen unmittelbar oder mittelbar beherrschenden Einfluss ausüben kann (→ *abhängige Gesellschaft*). Als Grundlage des beherrschenden Einflusses kommen in Betracht: Beteiligungsverhältnisse, satzungsmäßige oder andere vertragliche Rechtsverhältnisse sowie auch tatsächliche Machtverhältnisse. Durch das Aktienrecht nicht erfasst werden rein wirtschaftliche, gesellschaftsrechtlich nicht abgesicherte Abhängigkeiten, die alleine durch externe Austauschbeziehungen, wie etwa durch Liefer-, Lizenz- oder Kreditverträge, begründet sind und einem Partner einen durch die Marktlage bedingten Einfluss auf das geschäftliche Verhalten der Gesellschaft sichern (eigentlich Aufgabe des Zivil- und des Wettbewerbsrechts).

▷ **Konzern:** Wenn ein herrschendes und ein oder mehrere abhängige Unternehmen unter der einheitlichen Leitung des herrschenden Unternehmens zusammengefasst sind, bilden sie einen → *Konzern* (§ 18 Abs. 1 Satz 1 AktG). Die einzelnen Unternehmen sind Konzernunternehmen. Bei einem Konzern wird die einheitliche Leitungsmacht tatsächlich ausgeübt (Unterschied zu abhängigen Unternehmen, s.o.)

▷ **Wechselseitig beteiligte Unternehmen:** Wechselseitig beteiligte Unternehmen sind Unternehmen in der Rechtsform einer Kapitalgesellschaft, die dadurch verbunden sind, dass jedem Unternehmen mehr als 25 % der Anteile des anderen Unternehmens gehören (§ 19 Abs. 1 AktG; → *Beteiligung*).

▷ **Parteien von Unternehmensverträgen:** → *Unternehmensvertrag*

▷ **Kartell:** Der Begriff „verbundene Unternehmen" kann auch Zusammenschlüsse rechtlich selbständiger Unternehmen umfassen, die als Kartelle bezeichnet werden. Im Gegensatz zum Konzern will das Kartell in erster Linie den Markt durch die von seinen Mitgliedern hergestellten Erzeugnisse oder erbrachten Leistungen dadurch beeinflussen, dass es den freien Wettbewerb der anderen Anbieter oder Nachfrager einschränkt. Andere Zielsetzungen treten beim Kartell in aller Regel zurück. Die Abgrenzung zwischen kartellmäßigen Zusammenschlüssen und Konzernen ist von weittragender Bedeutung im Marktgeschehen. Die Bestimmungen des AktG gelten jedoch nicht für kartellmäßige Zusammenschlüsse. Kartelle und etwaige marktbeherrschende Konzerne unterliegen den Wettbewerbsbeschränkungen (§§ 1 ff. und 35 ff. GWB).

3. Pflichten in der Unternehmensverbindung

Durch eine Unternehmensverbindung entstehen besondere Mitteilungs- und Rechnungslegungspflichten (→ *Mitteilungspflichten*, → *Konzern*).

Beispiele für besondere Pflichten aufgrund Unternehmensverbindung

- Berichtspflicht des Vorstandes an den Aufsichtsratvorsitzenden über Geschäftsvorgänge bei verbundenen Unternehmen, insbesondere solche, welche für die Lage der Gesellschaft von erheblicher Bedeutung sein können (§ 90 Abs. 1 Satz 2 Halbsatz 2 AktG);
- Berichterstattung des Vorstandes an den Aufsichtsrat über Angelegenheiten der Gesellschaft mit den verbundenen Unternehmen (§ 90 Abs. 3 AktG);
- Auskunftspflicht der Gesellschaft in der Hauptversammlung auf Verlangen jedes Aktionärs über die rechtlichen und geschäftlichen Beziehungen zu verbundenen Unternehmen (§ 131 Abs. 1 Satz 2 AktG); etwaige Gründe für eine Auskunftsverweigerung gelten auch dann, wenn sie in Bezug auf die verbundenen Unternehmen bestehen;
- vorgeschriebene Zustimmungserfordernisse entfallen bei Unternehmensverflechtungen für Kreditgewährungen an Vorstands- und Aufsichtsratsmitglieder (§§ 89 Abs. 4 Satz 2, 115 Abs. 3 Satz 2 AktG);
- der Ausschluss eines Jahresabschlussprüfers infolge personeller Verflechtung mit einem verbundenen Unternehmen bestimmt sich nach der Definition der Unternehmensverbindung in § 271 Abs. 2 HGB (§ 319 Abs. 2 Nr. 3 HGB); ebenso auch der Ausschluss eines Gründungs- oder Sonderprüfers (§§ 33 Abs. 5, 52 Abs. 4 Satz 2, 143 Abs. 2 AktG);
- Forderungen bzw. Verbindlichkeiten gegenüber verbundenen Unternehmen sind gesondert auszuweisen (§ 266 Abs. 2 und 3 AktG); kleine Gesellschaften sind jedoch davon befreit (§ 266 Abs. 1 Satz 3, 267 Abs. 1 HGB);
- der Vorstand hat einen Bericht über Beziehungen zu verbundenen Unternehmen zu erstatten. Dieser Bericht muss dem Abschlussprüfer und anschließend dem Aufsichtsrat neben dem Jahresabschluss und dem Lagebericht vorgelegt werden (§§ 313 Abs. 1 Satz 1, 314 AktG);
- Antragsrecht der Aktionäre auf Prüfung der geschäftlichen Beziehungen zu verbundenen Unternehmen (§ 315 Satz 1 AktG);
- Schadenersatzpflicht des herrschenden Unternehmens gegenüber abhängigen Unternehmen bei nachteiliger Veranlassung ohne Ausgleich (§ 317 Abs. 1 AktG).

Hinweis auf weiterführende Literatur: *Claussen*, Verbundene Unternehmen im Bilanz- und Gesellschaftsrecht, 1992; *Emmerich*, Fusionskontrolle 2000/2001, AG 2001, 605 ff.;

Lenz, Zustimmungsvorbehalte im Konzern, AG 1997, 448 ff.; *Pentz*, Schutz der AG und der außenstehenden Aktionäre in mehrstufigen faktischen und unternehmensvertraglichen Unternehmensverbindungen, NZG 2000, 1103 ff.; *Schulte/Heuschen*, Gemeinsames Formblatt zur Fusionskontrolle: Fortschritt oder Rückschritt?, AG 1998, 90 ff.; *Vögele/Freytag*, Umlageverträge zwischen international verbundenen Unternehmen – Abgrenzung von Hilfs- und Hauptfunktionen, RIW 2001, 172 ff.

Hinweis auf weitere Stichwörter

→ *Beherrschungsvertrag*
→ *Beteiligung*
→ *Eingliederung*
→ *Gewinnabführungsvertrag*

→ *Konzern*
→ *Mehrheit*
→ *Unternehmensvertrag*

Verdeckte Gewinnausschüttung

1. Begriff 784
2. Veranlassung 785
3. Höhe 787
4. Beispiele 787
5. Steuerbelastung 788
6. Rückabwicklung 790

1. Begriff

▷ **Voraussetzungen:** Die verdeckte Gewinnausschüttung (*vGA*) ist eine von der Rechtsprechung entwickelte Rechtsfigur. Sie setzt Folgendes voraus (§ 8 Abs. 3 Satz 2 KStG; BFH v. 11.12.1991 – I R 49/90, BFHE 166, 545; BFH v. 22.2.1989 – I R 44/85, BStBl. II 1989, 475):

– eine Vermögensminderung oder eine verhinderte Vermögensmehrung bei der Aktiengesellschaft,

– veranlasst durch das Gesellschaftsverhältnis (Veranlassung, s.u.),

– mit Auswirkung auf die Höhe des Einkommens und

– ohne Zusammenhang mit einer offenen Ausschüttung.

▷ Die **Vermögensminderung** bei der Gesellschaft verlangt keinen entsprechenden Zufluss eines Vermögensvorteils beim Anteilseigner.

▷ **Andere Ausschüttung:** Bei der „*anderen Ausschüttung*", die auf die Einkommensminderung nicht abstellt, kommt es nur darauf an, dass die der Vermögensminderung bei der Kapitalgesellschaft entsprechenden Mittel auch tatsächlich abfließen (§ 34 Abs. 9 Satz 1 Nr. 2 KStG in der Fassung des UntStFG). Dieser Abfluss setzt eine Minderung des Eigenkapitals laut Steuerbilanz voraus.

▷ **Hinderung:** Rechtsvorschriften, die den Eintritt einer verdeckten Gewinnausschüttung verhindern könnten (wobei die Wertung der Angemessenheit durch die Gerichtsbarkeit bestimmt wird), sind

– die Nichtigkeit des Geschäfts, weil dann ein Rückgewähranspruch des Aktionärs gegen die Gesellschaft besteht oder

– ein Nachteilsausgleich (§ 311 AktG).

▷ **Steuerklauseln:** Im Falle der staatlicherseits festgestellten Unangemessenheit einer Regelung könnte der Eintritt einer verdeckten Gewinnausschüttung durch Steuerklauseln (Vertrags- oder Satzungsklauseln) verhindert werden (beachte aber BFH v. 14.8.1975 – IV R 30/71, BStBl. II 1976, 88). Solche steuerrechtlich relevante Klauseln sind

– ein Rückgewähranspruch (sog. negative Steuerklausel) oder

– ein Anspruch auf Anpassung des Entgelts an die für angemessen erachtete Höhe (sog. positive Steuerklausel).

Die Rechtsprechung wertet jedoch den Versuch, eine verdeckte Gewinnausschüttung rückgängig zu machen, grundsätzlich als → *verdeckte Sacheinlage* (und vice versa den Versuch, eine verdeckten Einlage rückgängig zu machen, als verdeckte Gewinnausschüttung).

Für den Fall der **Erstausstattung von Kapitalgesellschaften** ist der Begriff der verdeckten Gewinnausschüttung von der Rechtsprechung weiterentwickelt worden, denn die Denkfigur des ordentlichen und gewissenhaften Geschäftsleiters versagt regelmäßig bei Rechtsgeschäften, die nur mit Anteilseignern abgeschlossen werden können. Eine verdeckte Gewinnausschüttung liegt in solchen Fällen bereits dann vor, wenn eine Gestaltung darauf abzielt, den Gewinn der Kapitalgesellschaft nicht über eine angemessene Verzinsung des eingezahlten Nennkapitals und eine Vergütung für das Risiko des nicht eingezahlten Nennkapitals hinaus zu steigern (Abschnitt 36 KStR 2004).

▷ **Gründungsphase:** Eine verdeckte Gewinnausschüttung kann auch bereits in der Gründungsphase einer Kapitalgesellschaft im Zusammenhang mit der Übernahme von Gründungskosten auftreten, soweit die von der Gesellschaft zu übernehmenden Kosten nicht in ihrer Art und (voraussichtlichen) Höhe in der Satzung vereinbart worden sind (→ *Gründung*). Nach Auffassung des BFH stellt die Übernahme von nicht vereinbarten Gründungskosten mangels betrieblicher Veranlassung eine *andere Ausschüttung* i.S.d. § 34 Abs. 9 Satz 1 Nr. 2 KStG in der Fassung des UntStFG dar (BFH v. 19.1.2000, DStR 2000, 585). Umstritten sind jedoch zurzeit die eintretenden Rechtsfolgen bei Rückzahlungen der Gründungskosten durch die Anteilseigner (*Walther*, GmbHR 1997, 201).

2. Veranlassung

▷ **Begriff:** Als ein die verdeckte Gewinnausschüttung (vGA) auslösendes Moment der Vermögensminderung bei der Gesellschaft wird regelmäßig die Veranlassung im Gesellschaftsverhältnis vorausgesetzt, wobei es in der Regel auf die Gesellschafterstellung im Zeitpunkt der die Vermögensminderung auslösenden Handlung ankommt. In Ausnahmefällen kann jedoch auch auf eine künftige oder eine ehemalige Gesellschafterposition abgestellt werden (BFH v. 24.1.1989, BStBl. II 1989, 419; BFH v. 22.6.1977, BStBl. II 1978, 33). Eine Veranlassung durch das Gesellschaftsverhältnis ist in den meisten Fällen dann anzunehmen, wenn ein ordentlicher und gewissenhafter Geschäftsleiter (§ 93 Abs. 1 AktG) die Vermögensminderung oder verhinderte Vermögensmehrung gegenüber einer Person, die nicht Anteilseigner ist, unter sonst gleichen Umständen nicht hingenommen hätte (*Fremdvergleich*, BFHE 89, 208). Dabei ist ein den kaufmännischen Gepflogenheiten entsprechender Handlungsspielraum zu beachten, wobei für die Beurteilung der Angemessenheit vertraglicher Beziehungen stets die Gegebenheiten im Zeitpunkt des Vertragsbeschlusses maßgeblich sind.

▷ **Üblichkeit:** Das Kriterium der (Un-)Üblichkeit ist dabei lediglich als ein Indiz bei der Prüfung, ob eine Vereinbarung dem Fremdvergleich standhält, heranzunehmen. Die Unüblichkeit einer Vereinbarung lässt aber nicht stets den Schluss zu, ein ordentlicher und gewissenhafter Geschäftsleiter hätte sie mit dem Nichtgesellschafter nicht abgeschlossen. Dies gilt insbesondere, wenn plausible betriebliche Gründe dargelegt werden. Die objektive Beweislast für das Vorliegen einer vGA liegt beim Finanzamt.

▷ **Mehrheitsaktionär:** Im Verhältnis zw. Gesellschaft und beherrschendem Gesellschafter ist eine vGA nur dann denkbar, wenn der Mehrheitsaktionär, der zugleich Vorstandsmitglied ist (gegebenenfalls gemeinsam mit ihm nahe stehenden Personen), aufgrund des konkreten Sachverhalts die ihm gegebenen Einflussmöglichkeiten bei der Regelung von Rechtsverhältnissen zwischen ihm und der Aktiengesellschaft in erster Linie einseitig in seinem Interesse ausnutzen kann und auch tatsächlich ausgenutzt hat (BFH, BStBl. II 1972, 437). Bei einem Anteilseigner mit beherrschendem Einfluss (Mehrheit der Stimmrechte) ist die Veranlassung durch das Gesellschaftsverhältnis aber auch dann anzunehmen, wenn es an einer zivilrechtlich wirksamen, klaren und im Voraus geschlossenen Vereinbarung darüber fehlt, ob und in welcher Höhe ein Entgelt für eine Leistung des Anteilseigners (z.B. Vorstandstätigkeit, Miete, Darlehen) von der Kapitalgesellschaft gezahlt wird oder wenn nicht einer klaren Vereinbarung entsprechend verfahren wird (sog. *Rückwirkungsverbot* nach einer heftig kritisierten Rechtsprechung, vgl. Abschnitt 36 KStR 2004). In diesem Fall liegt eine vGA selbst dann vor, wenn die Angemessenheitsgrenze nicht überschritten wird. Der beherrschende Einfluss kann auch durch das Zusammenwirken von Anteilseignern mit gleichgerichteten Interessen entstehen (Abschnitt 36 KStR 2004). In einzelnen Entscheidungen weicht der BFH jedoch von der strikten Anwendung des Rückwirkungsverbots ab (zu Dauerschuldverhältnissen: BFH v. 25.10.1995, DB 1996, 555; zum Selbstkontrahierungsverbot: BFH v. 31.5.1995, BStBl. II 1996, 246 und v. 11.2.1997, GmbHR 1997, 907; zur Auslegung unklarer Vereinbarungen: BFH v. 11.2.1997, BFH/NV 1997, 806 und v. 25.10.1995, BStBl. II 1997, 703).

▷ **Nahe stehende Person:** Die Veranlassung im Gesellschaftsverhältnis ist von der Rechtsprechung auch auf die Fälle ausgedehnt worden, in denen ein Vermögensvorteil einer dem Gesellschafter nahe stehenden Person zugewandt wird (Abschnitt 36 KStR 2004). Eine Vorteilszuwendung an den Gesellschafter muss damit nicht verbunden sein (BFH v. 18.12.1996, BStBl. II 1997, 301). Zur Begründung des „Nahestehens" reicht jede Beziehung familienrechtlicher (nicht nur Angehörige im Sinne des § 15 AO), gesellschaftsrechtlicher, schuldrechtlicher oder auch rein tatsächlicher Art aus.

> **Beispiele**
>
> - Juristische Personen,
> - Personengesellschaften (nicht entscheidend ist, dass an der begünstigten Personengesellschaft auch Personen beteiligt sind, die nicht Gesellschafter der leistenden Kapitalgesellschaft sind).

▷ **Kapitalrückzahlungen:** Eine Verursachung im Gesellschaftsverhältnis wird auch bejaht, soweit handelsrechtlich unzulässige Kapitalrückzahlungen an die Anteilseigner gewährt werden.

3. Höhe

Die Höhe einer verdeckten Gewinnausschüttung ergibt sich aus der Differenz der angemessenen Verrechnung einerseits und dem tatsächlichen Vollzug andererseits. Nach der *Fiktionstheorie* wird die Zahlung des angemessenen Entgelts zunächst gedanklich unterstellt; ist das tatsächlich bezahlte Entgelt kleiner oder größer, so wird unterstellt, dass diese Differenz – zum Ausgleich der zunächst angenommenen richtigen Abwicklung und der tatsächlichen Abwicklung – zugewendet wurde.

> **Beispiele**
>
> Eine Aktiengesellschaft überlässt einem Aktionär eine neue elektrische Schreibmaschine, die einen Marktwert von 500 Euro hat, für nur 150 Euro für sein Anwaltsbüro. Die vorgenannte Fiktion führt zu der Annahme, dass der Aktionär die Maschine für 500 Euro gekauft hat und die Differenz von 350 Euro von der Aktiengesellschaft als verdeckte Gewinnausschüttung zurückerhalten hat.

4. Beispiele

▷ **Nutzungen:** Gegenstand der verdeckten Gewinnausschüttung können neben materiellen und immateriellen Wirtschaftsgütern auch Nutzungen sein. Während bei der Hingabe von Wirtschaftsgütern die Bewertung der verdeckten Gewinnausschüttung regelmäßig mit dem gemeinen Wert erfolgt, wird bei der Nutzungsüberlassung auf die erzielbare Vergütung abgestellt (Abschnitt 31 Abs. 10 KStR 1995). Stehen der Vorteilszuwendung Leistungen der Gesellschafter gegenüber, so ist ein Vorteilsausgleich vorzunehmen.

▷ **Vergütung für Fremdkapital:** Unter bestimmten Voraussetzungen gelten auch angemessene Vergütungen für Fremdkapital, das eine unbeschränkt steuerpflichtige Körperschaft von einem mit mehr als 25 % beteiligten Anteilseigner erhält, als verdeckte Gewinnausschüttungen, wenn die Vergütungen nicht im Inland im Rahmen einer Veranlagung erfasst werden (§ 8a KStG).

▷ **Aktienrückkauf:** VGA beim Aktienrückkauf drohen im Falle eines überhöhten Kaufpreises oder wenn die Wiederveräußerung der erworbenen Aktien zu einem zu niedrigen Preis erfolgt. VGA ist grundsätzlich nicht anzunehmen, wenn die

Anteile über die → *Börse* oder im → *Tender-Verfahren* erworben werden (BMF-Schreiben v. 27.11.1998, BStBl. I 1998, 1509 ff.).

▷ **Vertretungsfälle:** Bei Rechtsgeschäften mit → *Aktionären*, die dem → *Vorstand* angehören, muss die Aktiengesellschaft generell durch den → *Aufsichtsrat* vertreten werden, da für Vorstandsmitglieder ein Selbstkontrahierungsverbot ohne Befreiungsmöglichkeit besteht, so dass der Tatbestand der vGA nur in besonders gelagerten Ausnahmefällen vorliegen kann (§ 112 AktG).

▷ **Tantieme:** Soweit Tantiemeversprechen gegenüber dem Aktionärs-Vorstand insgesamt den Satz von 50 % des Jahresüberschusses übersteigen, spricht der Beweis des ersten Anscheins für die Annahme einer verdeckten Gewinnausschüttung (zur Angemessenheit von gewinnabhängigen Tantiemevereinbarungen: BFH v. 5.10.1994, BStBl. II 1995, 549). Zu berücksichtigen ist der Aufteilungsmaßstab: vorgegeben werden Jahresbezüge zu wenigstens 75 % festem und höchstens 25 % erfolgsabhängigem Bestandteil. Die Tantieme ist anlässlich jeder Gehaltsanpassung, spätestens jedoch alle 3 Jahre auf ihre Angemessenheit hin zu überprüfen (BMF-Schreiben v. 5.1.1998, BStBl. I 1998, 90; *Ausn.* vgl. *Wassermeyer*, Stbg 1997, 529).

▷ **Pensionen:** Im Bereich von Pensionszusagen an einen Aktionärs-Vorstand haben Rechtsprechung und Finanzverwaltung verschärfte Grundsätze aufgestellt (Abschnitt 38 KStR 2004). Das Merkmal der betrieblichen Veranlassung verlangt neben einem wirksamen Anstellungsvertrag eine klare und im Voraus gegebene schriftliche Zusage, die ernsthaft, erdienbar, finanzierbar und angemessen ist. Der Gesellschaft verbleibt ein Beurteilungsspielraum und eine Anpassungszeit bis zu 2 Jahren (BFH v. 8.11.2000, GmbHR 2001, 396). Eine Pensionszusage führt dann zu einer verdeckten Gewinnausschüttung, wenn sie ohne Wartezeit bzw. Probezeit unmittelbar nach Anstellung oder nach Vollendung des 60. Lebensjahres erteilt wird (BFH v. 29.10.1997, DB 1998, 706). Der Zeitraum zw. Zusagezeitpunkt und vorgesehenem Eintritt in den Ruhestand bei einem beherrschenden Gesellschafter muss mehr als 10 Jahre betragen (Erdienbarkeit, BFH v. 29.10.1997, DB 1998, 706). Die Höhe der Pension darf 75 % der letzten Festbezüge nicht überschreiten (BMF-Schreiben v. 31.10.1996, BStBl. I 1996, 1256). Eine Dynamisierung der Rente ist zulässig. Die Vereinbarung einer „Nur-Pension" wird als verdeckte Gewinnausschüttung angesehen (BFH v. 17.5.1995, BStBl. II 1996, 204).

▷ **Wettbewerbsverbot:** Eine verdeckte Gewinnausschüttung kann bereits vorliegen, wenn der Aktionärs-Vorstand Informationen oder Geschäftschancen der Aktiengesellschaft nutzt, für deren Überlassung ein Dritter ein Entgelt gezahlt hätte (BFH v. 11.2.1987, BStBl. II 1987, 461).

▷ **Lösegeld:** Zu Lösegeldzahlungen s. FG Berlin v. 19.6.2000 – 8 K 8497/98, DStRE 2001, 188.

5. Steuerbelastung

▷ **Steuerfolgen:** Eine verdeckte Gewinnausschüttung löst in 3 Bereichen steuerliche Folgen aus, die zu unterschiedlichen Zeitpunkten anfallen und sich auch be-

tragsmäßig voneinander unterscheiden können (3-fache Steuerbelastung im Vergleich zur offenen Gewinnausschüttung):
- Auf der Ebene der Gesellschaft: berührt wird regelmäßig die Einkommensermittlung;
- bei Vorhandensein von positivem EK 02 bei der Körperschaftsteuer: Erhöhung der Körperschaftsteuer (§ 38 KStG, während des Übergangszeitraums von 15 Wirtschaftsjahren);
- in der Gesellschaftersphäre: ein Zufluss, der dem Halbeinkünfteverfahren nach § 3 Nr. 40d EStG (falls Empfänger der verdeckten Gewinnausschüttung eine natürliche Person ist) bzw. der Steuerfreistellung nach § 8b Abs. 1 KStG (falls Empfänger der verdeckten Gewinnausschüttung eine Kapitalgesellschaft ist) unterliegt.

▷ **Körperschaftsteuer:** Es wird keine Körperschaftsteuerminderung gewährt (§ 37 KStG). Folglich bleibt es bei der Regelbelastung von 25 % Körperschaftsteuer (die offene Gewinnausschüttung ist lediglich mit 8,33 % Körperschaftsteuer belegt). Dieser Nachteil der verdeckten Gewinnausschüttung ist zwar nur vorübergehender Natur, kann aber unter Umständen auch definitiv werden (Körperschaftsteuerguthaben i.S.d. § 37 Abs. 1 KStG, Übergangsfrist gemäß § 37 Abs. 2 Satz 3 KStG). Von einer Körperschaftsteuererhöhung ist die verdeckte Gewinnausschüttung nicht ausgenommen (§ 38 KStG).

▷ **Halbeinkünfteverfahren:** Für den Anteilseigner ist eine verdeckte Gewinnausschüttung deutlich vorteilhafter. Dies ergibt sich aus der Umqualifizierung nach dem neuen Recht in einen nur zur Hälfte der Einkommensteuer unterliegenden Beteiligungsertrag (§ 3 Nr. 40 Satz 1 lit. d EStG). Dieser Vorteil ist aufgrund des → *Halbeinkünfteverfahren* vom individuellen Einkommensteuersatz des Anteilseigners abhängig. Der Vorteil entfällt, wenn sich beim Anteilseigner aufgrund anderweitigen Verlustausgleichs bzw. -abzugs kein zu versteuerndes Einkommen ergibt.

▷ **Heimliche vGA:** Der Regelfall ist die heimliche (auch auf gutem Glauben bzw. Unkenntnis beruhende) verdeckte Gewinnausschüttung. Dieser wird entsprechend seinem vordergründigem Erscheinungsbild behandelt.

> **Beispiel**
>
> Eine Zahlung an einen Aktionär, die als Honorar für eine angebliche Beratung „getarnt" ist, wird als Betriebsausgabe abgesetzt und mindert daher den ausgewiesenen Gewinn der Aktiengesellschaft.

Wird der Vorgang aufgedeckt, darf die verdeckte Gewinnausschüttung das Einkommen nicht mindern (§ 8 Abs. 3 Satz 2 KStG). Der Betrag, der den Gewinn gemindert hat, ist daher wieder hinzuzurechnen. Dies führt bei den beteiligten Parteien zu einer Besteuerung, wie wenn „angemessene" geschäftliche Bedingungen vereinbart gewesen wären:
- Beim Aktionär kommt es zum Zufluss eines Vorteils; somit bezieht er Einkünfte aus Kapitalvermögen (§ 20 Abs. 1 Nr. 1 und Abs. 3 EStG);

– bei der Aktiengesellschaft kommt es zur Erhöhung des Gewinns, somit zu Einkünften aus Gewerbebetrieb (§ 8 Abs. 2 KStG).

> **Beispiel**
>
> Hat der Aktionär 10 000 Euro Beratungshonorar erhalten, obwohl nur 5000 Euro angemessen waren, führt die Aufdeckung zu einer Umqualifizierung der Differenz zum angemessenen Beratungshonorar beim Aktionär in Einkünfte aus Kapitalvermögen i.H.v. 5000 Euro, bei der Aktiengesellschaft zu einer Hinzurechnung dieses Betrages zu dem erzielten Gewinn.

6. Rückabwicklung

▷ **Bewusste Begünstigung:** Geklärt werden muss, ob die Begünstigung des Empfängers der vGA überhaupt gewollt war und die Gesellschafter lediglich die steuerlichen Auswirkungen übersehen hatten, die dann unter Zugrundelegung des hypothetischen Parteiwillens und des Gleichbehandlungsgrundsatzes im Innenverhältnis der Gesellschafter zu korrigieren wäre.

▷ **Anspruch aus § 62 AktG:** Eine vGA stellt bei der Aktiengesellschaft regelmäßig zugleich einen Verstoß gegen §§ 57, 58 AktG dar. Damit ist ein Rückgewähranspruch nach § 62 AktG begründet (anders bei der GmbH).

▷ **Zivilrechtliche Ansprüche:** Falls kein Verstoß gegen das AktG (z.B. §§ 52, 59, 71, 114 AktG) vorliegt, stehen zivilrechtliche Ansprüche zur Diskussion.

> **Beispiele**
>
> – Ungerechtfertigte Bereicherung (§§ 812 ff. BGB),
> – Geschäftsführung ohne Auftrag (§§ 677 ff. BGB),
> – Grundsätze der gesellschaftlichen Treuepflicht,
> – Wegfall der Geschäftsgrundlage (§ 313 BGB) oder
> – sog. ergänzende Vertragsauslegung.

▷ **Folge:** Die tatsächliche Rückzahlung einer vGA stellt eine → *Einlage* des betreffenden Gesellschafters dar. Diese können beim Gesellschafter nur als nachträgliche Anschaffungskosten auf seine Beteiligung an die Aktiengesellschaft berücksichtigt werden (§ 17 EStG). Sie führt aber nicht zu negativen Einnahmen des Gesellschafters bei Einkünften aus Kapitalvermögen (BFH BStBl. II 2001, 226; DStR 1999, 1306). Der Empfänger der vGA bleibt auch aufgrund des Systemwechsels vom Anrechnungs- zum → *Halbeinkünfteverfahren* begünstigt.

Hinweis auf weiterführende Literatur: *Binz/Sorg*, Die verdeckte Gewinnausschüttung nach der Unternehmenssteuerreform, DStR 2001, 1457 ff.; *Cahn/Mertens*, Wettbewerbsverbot und verdeckte Gewinnausschüttung im GmbH-Konzern, in FS Theodor Heinsius, 1999; *Heil*, Die verdeckte Sacheinlage bei Beteiligung Dritter, NZG 2001, 913 ff.; *Herlinghaus*, Verdeckte Gewinnausschüttung im Jahr 2001 (I und II), GmbHR

2002, 397–406 und 471 ff.; *Lang*, Körperschaftsteuererhöhung und Körperschaftsteuerminderung bei offenen und verdeckten Gewinnausschüttungen während der fünfzehnjährigen Übergangszeit, DB 2001, 2110 ff.; *Paus*, Verdeckte Gewinnausschüttung wegen unüblicher Vereinbarungen mit einem Minderheitsgesellschafter, GmbHR 2001, 328 ff.; *Schiffers*, Konsequenzen verdeckter Gewinnausschüttungen nach dem Systemwechsel bei der Besteuerung von Kapitalgesellschaften, GmbHR 2001, 885 ff.; *Schmitz*, Verdeckte Gewinnausschüttung im Konzern und systemgerechte Besteuerung nach der Unternehmenssteuerreform?, DB 2001, 1166 ff.; *Tiedtke/Wälzholz*, Kapitalerhöhungskosten und verdeckte Gewinnausschüttung, Zugleich Bespr. von BFH v. 19.1.2000 (GmbHR 2000, 439), GmbHR 2001, 223 ff.; *Walther*, Kann die verdeckte Gewinnausschüttung von Stammkapital steuerneutral erfolgen? GmbHR 1997, 201 ff.; *Wassermeyer*, Neues zur Definition der verdeckten Gewinnausschüttung, DB 2002, 2668 ff.; *Wassermeyer*, Verdeckte Gewinnausschüttung: Veranlassung, Fremdvergleich und Beweisrisikoverteilung, DB 2001, 2465 ff.; *Wassermeyer*, Verdeckte Gewinnausschüttung: Bundesfinanzhof versus Finanzverwaltung, GmbHR 2001, 1 ff.

Hinweis auf weitere Stichwörter

→ *Gewinn*
→ *Steuerrecht*

→ *Verdeckte Sacheinlage*

Verdeckte Sacheinlage (Verschleierte Sacheinlage)

1. Begriff 791
2. Voraussetzungen 792
3. Beteiligung Dritter 793
4. Haftungsfolgen 796
5. Steuerliche Folgen 797
6. Heilung 797
7. Konkurrenz 798
8. EG-Recht 798
9. Anwendungsfälle 798
10. Fallgestaltungen 799

1. Begriff

Unter einer verdeckten Sacheinlage wird die (künstliche) Aufspaltung eines einheitlichen Vorgangs in rechtlich getrennte Geschäfte verstanden, von denen das eine *als eine Bareinlage erscheint*, während das andere – verdeckte – Verkehrsgeschäft über den Einlagegegenstand einen *Abfluss von Geldmitteln von der Gesellschaft* zur Folge hat. Das verdeckte Geschäft muss dabei in einer solchen Beziehung zu der Geldleistung des Einlegers stehen, dass im Ergebnis nicht die Geldleistung, sondern die (verdeckte, verschleierte) Sachleistung als der auf die Einlageverbindlichkeit bewirkte Leistungsgegenstand anzusehen ist. Sollen Einlagen gemacht werden, die nicht in Geld, sondern in anderen Vermögenswerten bestehen, bedarf dies einer ausdrücklichen Festsetzung in der → *Satzung* (im weiteren Sinne, d.h. einschließlich Gründungserklärungen oder Formwechselbeschluss). Will somit der Aktionär seine Einlage anders als durch (die sonst übliche) Bareinlage erbringen oder sich eine andere Leistung auf seine Einlage anrechnen lassen, müssen Mechanismen vorhanden sein, die sicherstellen, dass der Aktiengesellschaft die Einlage tatsächlich und vollwertig zukommt (*Grundsatz der realen Kapitalaufbringung*, → *Einlage*). Die Gesellschaft darf niemanden zum

Zwecke des Erwerbs von Aktien einen Vorschuss, ein Darlehen oder eine Sicherheit gewähren.

2. Voraussetzungen

Die Lehre der verdeckten Sacheinlage ist weitgehend anerkannt, die Tatbestandsvoraussetzungen sind jedoch offen und umstritten (*Lutter/Gehling*, WM 1989, 1445, 1452 f.; *Priester*, ZIP 1991, 345, 355 f.).

▷ **Objektive Kriterien** für die Annahme einer verdeckten Einlage:
– Der Einlageschuldner muss eine Bareinlagepflicht auf das Grundkapital gegenüber der Aktiengesellschaft haben;
– der Einlageschuldner muss der Gesellschaft eine Sachleistung erbracht haben,
– für diese Sachleistung muss die Gesellschaft an den Einlageschuldner oder an einen Dritten eine Leistung erbringen; die Leistung der Gesellschaft an einen Dritten muss dem Einlageschuldner im gleichem Maße zugute kommen, wie wenn an ihn selbst geleistet wird,
– bei dem Gesellschafter/Zeichner der Aktie (bzw. Aktien) muss ein Vermögensvorteil eingetreten sein,
– zwischen der Bareinlage und der entgeltlichen Sachleistung des Einlageschuldners muss ein *zeitlicher* und *sachlicher* Zusammenhang bestehen.

Der *sachliche Zusammenhang* wird dann als gegeben angesehen, wenn es dem Einleger möglich war, bei Begründung der Bareinlageforderung eine Sacheinlage zu erbringen. Der enge *zeitliche Zusammenhang* ist gegeben, wenn zwischen Forderungstilgung bzw. Erwerbsgeschäft und Kapitalmaßnahme eine Frist von 6 Monaten nicht wesentlich überschritten wird. Maßgeblicher Zeitpunkt der möglichen Sacheinlage ist die Eintragung der Aktiengesellschaft oder des Kapitalerhöhungsbeschlusses in das Handelsregister, weil damit die Gründung bzw. Kapitalerhöhung abgeschlossen, d.h. rechtswirksam wird. Bei einem Zeitraum von mehr als 9 Monaten ist ein zeitlicher Zusammenhang grundsätzlich nicht mehr vorhanden. Als Höchstgrenze kann hierbei jedenfalls die 2-Jahres-Grenze angesehen werden, an die auch die Nachgründungsvorschriften anknüpfen (§ 52 AktG). Nach Ablauf dieser Frist dürften die Einlagen im Rahmen des Geschäftsbetriebes der Aktiengesellschaft bereits für andere Zwecke verwendet worden sein, so dass von einem schlichten „Hin- und Herzahlen" nicht mehr gesprochen werden kann. Der Einleger hat dann einen hinreichenden Nachweis seiner Leistungsbereitschaft erbracht. Die Darlegungs- und Beweislast für die objektiven Voraussetzungen trägt die Aktiengesellschaft.

▷ **Subjektive Kriterien:** Die (konkludente) *Umgehungsabrede* des Einlageschuldners mit den Mitgesellschaftern im Hinblick auf die Erfüllung der Einlagepflicht gehört nach neuerer Auffassung nicht mehr zum Tatbestand der verdeckten Sacheinlage (*Hüffer*, AktG, 7. Aufl. 2006, § 27 Rn. 14 f.), d.h. es muss keine ausdrückliche Einigkeit darüber bestehen, dass der Zeichner (im wirtschaftlichen Ergebnis) keine bei der Gesellschaft verbleibende Bareinlage, sondern eine Sachleistung erbringt. Liegt ein enger zeitlicher und sachlicher Zusammenhang zwischen Leistung der Einlage und Erfüllung des zwischen Gesellschafter/Zeichner und Gesellschaft vereinbarten Rechtsgeschäft vor, begründet das eine tatsächliche Vermutung für das Vorliegen einer verdeckten Sacheinlage. Schon nach einer Frist von 6 Monaten entfällt unter dem Gesichtspunkt der Generalprävention der Hauptanreiz für eine verdeckte Sacheinlage, der in der fehlenden Liquidität des Zeichners besteht. Der Einlageschuldner wird bei angespannter Liquiditätslage nicht ein halbes Jahr auf einen Mittelrückfluss warten können. Diese zeitliche Grenze gilt aber nicht, wenn sich Zeichner und Gesellschaft im Rahmen einer Umgehungsabrede vor der Kapitalerhöhung darauf einigen, mit den nämlichen Mitteln die Forderungen zu einem späteren Zeitpunkt zu tilgen (z.B. die Gesellschaft verpflichtet sich, die Mittel aus der Kapitalerhöhung einzufrieren und künftig für die Darlehensforderung/Zinstilgung zu verwenden oder die Mittel als Sicherheit für eine Forderung des Zeichners zu hinterlegen).

Die *Indizwirkung* entfällt bei gewöhnlichen Umsatzgeschäften zwischen Aktiengesellschaft und Aktionär zur Deckung des laufenden Bedarfs der Gesellschaft. Die erforderliche Abrede über die Verbindung von Verkehrsgeschäft und Kapitalmaßnahme ist hier nicht anzunehmen. Bei „normalen" Kreditgeschäften liegt eine verdeckte Sacheinlage i.d.R. nicht vor (*Henze*, ZHR 154 [1990], 105, 113).

Hinweis: Bei der Festlegung der Zinszahlungs- und Tilgungsmodalitäten ist darauf zu achten, dass zumindest in den ersten 6 Monaten nach der Übernahme der Aktien keine Tilgung/Zinszahlung erfolgt. Ein gewährter Kredit darf nicht jederzeit kündbar sein. Es darf keine Abrede dergestalt getroffen werden, dass die Forderungen mit den nämlichen Bareinlagemitteln zu einem späteren Zeitpunkt getilgt werden.

▷ **Freie Verfügung des Vorstandes:** In den Fällen der verdeckten Sacheinlage hat das Merkmal der „freien Verfügung des Vorstandes" dann keine eigenständige Bedeutung, wenn die Einlage abredegemäß alsbald unmittelbar oder mittelbar wieder an den Einleger zurückfließen soll. Dies gilt sowohl für reine Scheinzahlungen als auch in den Fällen, in denen die angebliche Bareinlage der Gesellschaft nur vorübergehend mit der Maßgabe zur Verfügung gestellt wird, diese umgehend zur Begleichung einer Verbindlichkeit der Gesellschaft an den Inferenten zurückfließen zu lassen. Hierbei mangelt es sowohl an der erforderlichen „Bareinlage" als auch an der freien Verfügung des Vorstandes. In den meisten Fällen der verdeckten Sacheinlage ist eine Differenzierung entbehrlich, weil infolge der Manipulation eine freie Verfügung des Vorstandes ohnehin nicht vorliegen dürfte, wie etwa bei den unwirksamen Verrechnungsvorgängen.

3. Beteiligung Dritter

▷ **Zurechnung:** Eine verdeckte Sacheinlage kann auch bei Einschaltung Dritter vorliegen. Zeichner und Gesellschaft müssen sich das Verhalten Dritter zurechnen lassen, wenn sie mit diesen eine wirtschaftliche Einheit bilden.

▷ **(Treuhand-)Abreden:** Eine wirtschaftliche Einheit wird zunächst beim Vorliegen von Treuhandabreden oder sonstigen Absprachen angenommen, aufgrund derer der Zeichner für Rechnung des Kreditgebers, d.h. als dessen Strohmann auftritt.

Verdeckte Sacheinlage (Verschleierte Sacheinlage)

> **Beispiele**
>
> Der BGH nimmt eine wirtschaftliche Einheit an, wenn
>
> – der Zeichner sich gegenüber dem Kreditgeber verpflichtet, Aktien zu zeichnen, die Aktien auf Verlangen an den Kreditgeber zu übertragen und bis dahin auf Weisung des Kreditgebers zu handeln, und
>
> – der Kreditgeber sich im Gegenzug verpflichtet, dem Zeichner sämtliche Aufwendungen zu ersetzen und ihn von jeder Haftung freizustellen (Zeichner als Strohmann).

▷ **Konzernierung:** Eine wirtschaftliche Einheit kann ferner durch ein Konzernverhältnis begründet werden (→ *Konzern*). Zu unterscheiden sind insbesondere folgende Konstellationen:

– Ein Konzernverhältnis auf Zeichnerseite kann dann zu einer verdeckten Sacheinlage führen, wenn die Kreditierung des Emittenten durch eine Konzerngesellschaft des Zeichners erfolgt und zeitnah zur Kapitalerhöhung Bareinlagemittel (im Rahmen von Tilgungs- und/oder Zinszahlungen) an die Konzerngesellschaft zurückfließen;

– ein Konzernverhältnis auf Emittentenseite birgt das Risiko einer verdeckten Sacheinlage, wenn eine Konzerngesellschaft des Emittenten vom Zeichner kreditiert wird, der Emittent die Bareinlage als Darlehen oder im Rahmen einer Barkapitalerhöhung an seine Konzerngesellschaft weiterleitet und diese damit zeitnah zur Kapitalerhöhung der Mutter den Kredit tilgt.

Die Frage nach der für eine Zurechnung notwendigen *Konzernierungsintensität* wird unterschiedlich beantwortet:

– Die bloße Konzernierung soll hiernach ausreichen, da die Tochter jedenfalls ein Instrument der Mutter sein kann (*Krieger* in MünchHdb. AktG, 2. Aufl. 1999, § 69 Rn. 45);

– nach anderer Ansicht müssen sich konzernierte Unternehmen nur dann als wirtschaftliche Einheit behandeln lassen, wenn sie einen Vertragskonzern oder einen qualifiziert faktischen Konzern bilden (*Gross*, AG 1991, 217, 223, 225).

▷ **Emissionsbank:** Es liegt keine verdeckte Sacheinlage vor, wenn eine Emissionsbank im Rahmen einer Barkapitalerhöhung mit mittelbarem → *Bezugsrecht* Aktien zeichnet und mit den Einlagemitteln ein Darlehen der Emissionsbank getilgt wird. Der eingeschalteten Emissionsbank kommt im Verhältnis zur Gesellschaft und deren Aktionären lediglich die technische Funktion einer Abwicklungsstelle zu, die die neuen Aktien ohne eigenes Interesse an deren Erwerb aufgrund eines mit der Gesellschaft geschlossenen berechtigenden Vertrages zugunsten Dritter als fremdnütziger Treuhänder für die (bezugsberechtigten) Aktionäre übernimmt, um sie an diese weiterzuleiten (§ 186 Abs. 5 AktG). Ferner muss den Aktionären das Bezugsrecht unverzüglich, d.h. innerhalb eines Zeitraums eingeräumt werden, der erforderlich ist, um seine Ausübung in Übereinstimmung mit den gesetzlichen Vorschriften ordnungsgemäß abwickeln zu können. Soweit nicht alle Bezugsrechte ausgeübt werden, die Bank sog. Spitzen und/oder nicht bezogene Aktien nach Weisung des Vorstandes zu verwerten hat und ihr die Platzierung nicht gelingt, verliert sie nicht ihre Stellung als Treuhänderin, wenn im Zeitpunkt der Weisung die rasche Platzierung unproblematisch erschien. Dies ist dann der Fall, wenn die Unterbringung der Aktien infolge unvorhersehbarer Umstände, wie z.B. bei plötzlichen Einbrüchen auf dem Kapitalmarkt oder im Börsengeschehen, nicht durchführbar ist, die Bank sich aber weiterhin um die Platzierung bemüht. Die Freistellung der Emissionsbank von einer Haftung nach den Grundsätzen der verdeckten Sacheinlage gilt nicht nur, wenn die Emissionsbank erst nach Zuteilung zeichnet, sondern auch dann, wenn die Emissionsbank die neuen Aktien bereits vor der Zuteilung erwirbt (*Frese*, AG 2001, 15 ff.; a.A. *Hein*, WM 1996, 1 ff.). Die Privilegierung entfällt allerdings, wenn bereits bei Zeichnung die rasche Platzierung der Aktien problematisch erschien und/oder die Emissionsbank (zwischen Zeichnung und Platzierung) Rechte aus diesen Aktien selbst wahrgenommen oder Aktien durch „Selbsteintritt" erworben hat. Die Privilegierung entfällt mithin, wenn die Emissionsbank Stimmrechte aus den Aktien wahrnimmt oder Dividenden entgegennimmt.

▷ **Verdeckte Sacheinlage bei Übernahme von Aktien im Rahmen eines IPO:** Die Frage, ob auch eine im Rahmen eines Börsengangs zeichnende Emissionsbank von der Haftung nach den Grundsätzen der verdeckten Sacheinlage freigestellt ist, wurde – soweit ersichtlich – in der Rechtsprechung noch nicht thematisiert. Zu unterscheiden ist zwischen dem Übernahmevertrag (mit dem Emittenten) und dem Umplatzierungsvertrag (mit einem Altaktionär).

Im *Übernahmevertrag* verpflichtet sich die Emissionsbank, die neuen Aktien zu zeichnen und diese Aktien den Aktionären zum (zwischen Gesellschaft und Emissionsbank noch festzulegenden) Bezugspreis innerhalb einer Bezugsfrist anzubieten. Die neuen Aktien werden von der Emissionsbank zum geringsten Ausgabebetrag gezeichnet. Das mittelbare Bezugsrecht der Aktionäre entsteht mit der Eintragung der Durchführung der Kapitalerhöhung in das Handelsregister. Der Bezugspreis für die neuen Aktien orientiert sich in der Praxis – vereinfacht formuliert – am gemittelten Börsenkurs der alten Aktien in einem Referenzzeitraum. Beziehen die Aktionäre die neuen Aktien gegen Zahlung des festgelegten Bezugspreises, wird die Differenz zwischen geringstem Ausgabebetrag und Bezugspreis an die Emittentin abgeführt. Der Aktienerwerb der Bank ist reiner Durchgangserwerb. Die Emissionsbank erhält lediglich eine Provision. Nicht bezogene Aktien werden nach Weisung der Emittentin bestmöglich verwertet. Der Verwertungserlös wird an die Emittentin abgeführt.

Der *Umplatzierungsvertrag* ist wie folgt gestaltet: Die Emissionsbank übernimmt vom Aktionär (je nach konkreter Ausgestaltung am Anfang oder am Ende der Bezugsfrist) die Bezugsrechte mit dem Ziel, diese „gegen sich selbst" auszuüben. Die erfassten Aktien werden i.d.R. im Rahmen eines → *Bookbuilding-Verfahrens* zum Kauf angeboten. Im Bookbuilding-Verfahren wird damit mittelbar der von der Emissionsbank zu zahlende Bezugsrechtspreis (d.h. der wirtschaftliche Wert des einzelnen Bezugsrechts) ermittelt. Die Formel lautet: (im Bookbuilding ermittelter) Platzierungspreis je Aktie abzüglich Bezugspreis dividiert durch das Bezugsverhältnis. Der Wert des Bezugsrechts wird mithin über den von der Emissionsbank zu zahlenden Bezugsrechtspreis an den Aktionär weitergegeben. Die Emissionsbank erhält lediglich eine Provision. Die Aktien werden in Abstimmung mit dem Aktionär zugeteilt. Die überwiegend angenommene Privilegierung der

Emissionsbank, dass verdeckte Sacheinlagen nicht vorliegen, gilt nicht, wenn der Anteilserwerb der *Platzierungsaktien* durch die Bank zur Vermögensanlage, zu Spekulationszwecken („Mehrerlös verbleibt bei der Bank"), zu Zwecken unternehmerischer Einflussnahme („Stimmrechtsausübung") oder ohne Weiterveräußerungsabsicht („Scheitern der Platzierung bereits bei Übernahme absehbar") erfolgt.

▷ **Betreueraktien** ermöglichen es der/den Emissionsbank (bzw. -banken), die Funktion als Designated Sponsor (Betreuer) wahrzunehmen. Ein Preisabschlag für fehlende Liquidität entfällt. Es ist deswegen gerechtfertigt, auch die auf Betreueraktien entfallenden Bareinlagemittel von der Haftung nach den Grundsätzen der verdeckten Sacheinlage freizustellen.

▷ Das **Haftungsrisiko** der Emissionsbank wird durch die Höhe der nochmals zu erbringenden Bareinlage multipliziert mit der Anzahl der von der verdeckten Sacheinlage erfassten Aktien begrenzt. Bemüht sich die Emissionsbank weiter, die Restquote zu platzieren, behält sie ihre Stellung als fremdnütziger Treuhänder. Tritt die Emissionsbank hinsichtlich dieser *Restquote* jedoch in die Aktionärsstellung ein, greifen die Grundsätze der verdeckten Sacheinlage. Als verdeckte Sacheinlage angesehen werden muss nur der Betrag, der der verbleibenden Restquote entspricht (BGHZ 118, 83, 99).

4. Haftungsfolgen

▷ **Anwendung der umgangenen Normen:** Ist der Tatbestand der verdeckten Sacheinlage erfüllt, sind die objektiv umgangenen Normen auf den Umgehungstatbestand anzuwenden (§§ 183, 184 AktG). Die Missachtung der aktienrechtlichen Vorschriften zur Sachkapitalerhöhung wird außerordentlich hart sanktioniert. Die Rechtsfolgen einer verdeckten Sacheinlage sind in 2-facher Hinsicht katastrophal:

– für den Zeichner/Aktionär,

– für den Berater/RA des Emittenten.

▷ **Haftung des Aktionärs:** Der Weg, eine verdeckte Sacheinlage durch nachträgliche Umwidmung in eine offene Sacheinlage zu ändern, ist für das Aktienrecht verschlossen (§§ 27 Abs. 4, 183 Abs. 2 Satz 4 AktG). Die Rechtsordnung versagt ihm die Erfüllungswirkung einer (vermeintlichen) Bareinlage. Das Bareinlagegeschäft ist demnach unwirksam, mit der Folge, dass der Aktionär verpflichtet bleibt, den Nennbetrag oder den höheren Ausgabebetrag der Aktie einzuzahlen. Auch wenn der Wert der Sacheinlage erheblich hinter der Werthaltigkeit der Einlage zurückbleibt, haftet der Gesellschafter auf die Differenz (§ 46 AktG). Hinsichtlich der von ihm erbrachten Leistung steht dem Inferenten lediglich ein nicht insolvenzfreier Kondiktionsanspruch gegen die Gesellschaft zu. Insofern enthält das Sacheinlageversprechen zugleich eine Kapitaldeckungszusage. Die weiter bestehende Einlageverpflichtung birgt ein erhebliches Haftungsrisiko im Falle

– des *Insolvenzverfahrens:* der Insolvenzverwalter kann in der Insolvenz der Gesellschaft die offen stehende Bareinlage nochmals in voller Höhe einfordern; dieser Anspruch verjährt nach 3 Jahren (§ 195 BGB); die Einlageforderung ist ab Fälligkeit mit 5 % zu verzinsen (§ 63 Abs. 2 Satz 1 AktG) und

– der *Anteilsveräußerung:* der Erwerber sollte sich hierbei die ursprüngliche Volleinzahlung der Einlage regelmäßig vertraglich zusichern lassen.

Der weiterhin geschuldete Einlagebetrag wird jedoch erst *fällig*, wenn der Vorstand den Inferenten auffordert (§ 63 Abs. 1 AktG), die Einlage zu zahlen. Die Aufforderung ist, falls die Satzung nichts anderes bestimmt, in den Gesellschaftsblättern zu veröffentlichen. Vor der Fälligkeitsstellung kommt eine *Verzinsung* nicht in Betracht. Um den Verzug auszulösen empfiehlt es sich, in der Satzung die Bekanntmachung der Aufforderung durch Zusendung an die Aktionäre vorzuschreiben und in dieser einen Termin zur Leistung festzusetzen. Die Einlageforderung verjährt in 3 Jahren (§ 195 BGB, § 9 Abs. 2 GmbHG gilt *nicht* entsprechend).

▷ **Haftung des Beraters:** Ein mit der Emittentin im Zusammenhang mit einer Kapitalerhöhung geschlossener Beratervertrag entfaltet Schutzwirkung zugunsten der Zeichner. Versäumt es der Berater, auf die Gefahr einer verdeckten Sacheinlage hinzuweisen und muss der Zeichner (bei Insolvenz der Gesellschaft) seine Bareinlage im Ergebnis doppelt zahlen, so kann der Berater auf Schadenersatz haften.

5. Steuerliche Folgen

Steuerlich sind die verdeckt eingelegten Wirtschaftsgüter mit dem Teilwert anzusetzen, so dass es zur Aufdeckung stiller Reserven kommt. Auf verdeckte Sacheinlagen ist § 20 Abs. 1 UmwStG nicht anwendbar, so dass kein Wahlrecht zur Buchwertfortführung besteht (BFH FR 1993, 19).

6. Heilung

▷ Eine **Korrektur der verdeckten Sacheinlage** ist sowohl vor als auch nach der Eintragung im Handelsregister unabhängig von den Haftungsfolgen erforderlich.

▷ **Heilung vor Eintragung im Handelsregister:** Die Heilung vor Eintragung im Handelsregister erfolgt durch satzungsändernden Mehrheitsbeschluss der Gesellschafter über Änderung der Einlagendeckung durch Sacheinlage.

Schritt	Verfahren zur Heilung/Korrektur verdeckter Sacheinlagen
1.	Hauptversammlungsbeschluss über die nachträgliche Änderung von der Bar- zur Sacheinlage mit satzungsändernder Mehrheit
2.	Angabe des Einlegers und des Gegenstandes der Sacheinlage, der anstelle der Bareinlage erbracht wird
3.	Bericht über die Änderung der Einlagendeckung
4.	Nachweis der Vollwertigkeit der Sacheinlage durch eine von einem Wirtschaftsprüfer testierte Bilanz (Bewertungsstichtag ist der Zeitpunkt unmittelbar vor Anmeldung der Umwidmung zur Eintragung im Handelsregister)
5.	Anmeldung des Hauptversammlungsbeschlusses (mit Bericht und Wertgutachten) zum Handelsregister
6.	Versicherung des Vorstandes, dass die Sacheinlage werthaltig ist und der Gesellschaft übertragen bzw. ihr überlassen wurde

▷ **Heilung nach Eintragung im Handelsregister:** Die Heilung einer unwirksamen Sacheinlage (gleichgültig, ob bei Gründung oder Kapitalerhöhung) ist nach Eintragung im Handelsregister ausgeschlossen (§ 27 Abs. 4 AktG). Für die Aktiengesellschaft bleibt somit in diesen Fällen nur die Möglichkeit einer Lösung über

- eine *analoge Anwendung des § 52 AktG:* die Nachgründungsvorschriften ermöglichen unter Umständen eine Heilung der verdeckten Sacheinlagen (*Brandes*, WM 1992, 465, 466; zu abweichenden Lösungsvorschlägen s. *Rasner*, NJW 1993, 186 ff.),
- eine *einschränkende Auslegung des Tatbestandes* der verdeckten Sacheinlage, wenn der Inferent nachweisen kann, dass das Rechtsgeschäft ohne nachteilige Folgen durchgeführt wurde und die Bareinlage mit Erfüllungswirkung geleistet ist oder
- *Rückabwicklung* der verdeckten Sacheinlage durch Kapitalherabsetzung mit anschließender Kapitalerhöhung.

7. Konkurrenz

Die Nachgründungsvorschriften enthalten keine für die → *Gründung* der Aktiengesellschaft und für eine → *Kapitalerhöhungsmaßnahme* abschließende Regelung der Umgehung der Bestimmungen über den präventiven Kapitalaufbringungsschutz (§ 52 AktG). Insoweit besteht eine Gesetzeslücke, die von der Lehre über die verdeckte Sacheinlage geschlossen wird. Mit Hilfe der *Lehre der "verdeckten Sacheinlage"* kann die Umgehung der Vorschriften über den präventiven Kapitalaufbringungsschutz verhindert werden. Eine Begrenzung auf Geschäfte, die den zehnten Teil des Grundkapitals übersteigen, gilt für die Anwendungsfälle der Lehre von der verdeckten Sacheinlage nicht.

8. EG-Recht

Das EG-Recht steht der Lehre von der „verdeckten Sacheinlage" nicht entgegen, da das nationale Recht strengere Anforderungen als das EG-Recht enthält (s. *Ebenroth/Kräuter*, DB 1990, 2153 ff.).

9. Anwendungsfälle

Eine verdeckte Sacheinlage kann bei der Gründung oder bei einer Kapitalerhöhung vorkommen. Häufigste Anwendungsfälle der verdeckten Sacheinlage sind

- das sog. *„Schütt-aus-hol-zurück"-Verfahren* (hier kann jedoch von den strengen Sacheinlagevorschriften abgesehen werden, wenn gegenüber dem Registergericht offen gelegt wird, dass die Kapitalerhöhung durch dieses Verfahren durchgeführt wurde),
- die *Verrechnung einer Vergütungsforderung* aus einer entgeltlichen Sachüberlassung mit dem Einlageanspruch (Erwerbsgeschäfte),
- das *Hin- und Herzahlen* des Einlegebetrages und
- die *Tilgung einer Darlehensforderung* des Einlegers mit Einlagemitteln.

(vgl. BGHZ 135, 381, 384 ff.; BGH NJW 1997, 2514; Bedenken gegen diese Rechtsprechung erheben *Sieger/Hasselbach*, GmbHR 1999, 205, 207 ff.)

10. Fallgestaltungen

▷ **Risikofälle:** Die Erfüllung von Kreditforderungen des Zeichners zeitnah zu einer Kapitalerhöhung birgt das Risiko einer verdeckten Sacheinlage. Dies gilt auch, wenn durch Abreden oder im Rahmen von Konzerntatbeständen Dritte in die Transaktion eingebunden werden. Tilgungs- und Zinszahlungen im Rahmen „normaler" (laufender) Kreditgeschäfte zwischen Gesellschaft und Zeichner unterliegen keiner Haftung nach den Grundsätzen der verdeckten Sacheinlage. Eine Pflicht zur Sacheinlage ist in diesen Fällen wirtschaftlich unzumutbar. Zeichnet eine Emissionsbank Aktien im Rahmen einer Barkapitalerhöhung zum Zwecke der Weiterplatzierung (Bezugsrechtsemission oder IPO) und werden mit Bareinlagemitteln Darlehen der Emissionsbank getilgt, liegt ebenfalls keine verdeckte Sacheinlage vor. Die Emissionsbank handelt lediglich als Abwicklungsstelle zwischen der Emittentin, den Altaktionären und dem Kapitalmarkt. Dagegen führt auch die unentgeltliche Übertragung eines Einzelunternehmens auf die Aktiengesellschaft zu einer verdeckten Einlage (BFH FR 1993, 19).

Im Folgendem einige Beispiele:

▷ **Verdeckte Einbringung von Vermögensgegenständen:** Eine verdeckte Sacheinlage ist gegeben, wenn die Aktiengesellschaft bei der Gründung von Anfang an die Absicht hat, die Gesellschaft entgegen der Festsetzung in der Satzung nicht mit Barmitteln, sondern z.B. mit dem Sachvermögen einer KG ins Leben treten zu lassen, und die Bareinzahlung deshalb mit der Abrede einer baldigen Rückzahlung (also nur zum Schein) erfolgt. Diese ist insoweit unwirksam, als die Gesellschaft in der Satzung nicht vermerkte Sachwerte übernehmen sollte oder übernommen hat. Der Bareinzahler wird durch die Einzahlung auf das Konto der Aktiengesellschaft von seiner Bareinzahlungsverpflichtung nicht frei, da sein Einlagebetrag vereinbarungsgemäß nicht in die freie Verfügung des Vorstandes gelangt ist, sondern zur Durchführung eines unwirksamen Vertrages (§ 27 Abs. 3 AktG) der Gesellschaft sogleich wieder entzogen wird.

▷ **Forderungstilgung:** Eine verdeckte Sacheinlage ist auch die Tilgung einer Forderung eines Aktionärs gegen die Gesellschaft durch Abtretung an die Gesellschaft (Konfusion) oder durch Erlass. In Wirklichkeit erfolgt dadurch eine Vermögensumschichtung, die nicht offen gelegt wird, sondern es wird der Eindruck der ungeschmälerten Zuführung liquider Mittel erweckt (BGHZ 110, 47, 61 f.). Forderungen gegen die Gesellschaft können aus Publizitätsgründen nur unter Einhaltung der förmlichen Regeln über Sacheinlagen in Kapital umgewandelt werden. Entscheidend ist, ob die Forderung im Zeitpunkt der Begründung der Bareinlageverpflichtung bereits bestanden hat und somit zum Gegenstand einer Sacheinlage hätte gemacht werden können. Dieselben Grundsätze gelten, wenn die eingelegten Mittel abredegemäß zur Tilgung der Forderung einer dem Inferenten nahe stehenden Person (auch eine Bank) verwandt werden sollen.

▷ **Kapitalerhöhung:** Eine weitere Fallgestaltung ist die geplante Beteiligung an einem anderen Unternehmen. Hier werden die Sacheinlagevorschriften dadurch umgangen, dass die Aktiengesellschaft eine Barkapitalerhöhung durchführt und der Eigentümer der anderen Gesellschaft aus dem Erlös der an die Aktiengesellschaft veräußerten Beteiligung Aktien von ihr erwerben will. Durch dieses Verhalten wird das für die Sacheinlagen vorgeschriebene Wertprüfungsverfahren umgangen (§ 183 Abs. 3 AktG), dem bei der Einbringung eines Unternehmens besondere Bedeutung zukommt.

Keine verdeckte Sacheinlage liegt hingegen vor, wenn die Barkapitalerhöhung von vornherein zum Erwerb einer Beteiligung an einer anderen Gesellschaft bestimmt ist, an der zwar die Aktiengesellschaft, nicht aber der Einlagepflichtige anderweitig beteiligt ist. Schuldrechtliche Verwendungsabsprachen sind, auch wenn sie zwischen dem Einleger und der Gesellschaft getroffen werden, unschädlich, sofern sie lediglich der Errichtung bestimmter geschäftlicher Zwecke dienen und nicht dazu bestimmt sind, die eingezahlten Mittel wieder an die Gesellschafter zurückfließen zu lassen.

▷ **Voreinzahlung:** Durch die Rechtsprechung wurde klargestellt, dass Voreinzahlungen auf eine Einlageschuld aus einer erst künftig zu beschließenden Kapitalerhöhung grundsätzlich unzulässig sind bzw. die später entstehende Einlegeschuld nicht tilgen können (BGHZ NJW 1995, 398).

▷ **Mittelbares Bezugsrecht:** Übernimmt eine Bank oder ein Bankenkonsortium Aktien aus einer Kapitalerhöhung mit der Verpflichtung, sie den Aktionären zum Bezug anzubieten (sog. mittelbares Bezugsrecht § 186 Abs. 5 AktG), so kommt ihr die Stellung einer fremdnützigen Treuhänderin zu, sofern alle Bezugsrechte ausgeübt werden. Wird mit den Einlagemitteln eine Forderung der Bank gegen die Aktiengesellschaft getilgt, sind die Grundsätze der verdeckten Sacheinlage grundsätzlich nicht anwendbar. Der Bank darf für diese Abwicklung nur die übliche angemessene Vergütung gewährt werden. Die Bank verliert ihre Stellung als fremdnützige Treuhänderin dann, wenn sie vor der Platzierung Rechte aus den Aktien wahrnimmt oder Aktien durch Selbsteintritt erwirbt. Sie haftet dann in Höhe des für die maßgebenden Aktien zu entrichtenden Ausgabekurses nach den Grundsätzen der verdeckten Sacheinlage. Darlegungs- und Beweislast hat die Bank (im Übrigen s.o. *Emissionsbank*).

Hinweis auf weiterführende Literatur: *Bergmann*, Die verschleierte Sacheinlage bei Aktiengesellschaft und GmbH, AG 1987, 57 ff.; *Ebenroth/Kräuter*, Der Einfluss der 2. gesellschaftsrechtlichen EG-Richtlinie auf die Lehre von der verdeckten Sacheinlage bei der Aktiengesellschaft, DB 1990, 2153 ff.; *Lieb*, Probleme bei der Heilung der verschleierten Sacheinlage (unter besonderer Berücksichtigung des Bereicherungsrechts), ZIP 2002, 2013 ff.; *Lutter/Gehling*, Verdeckte Sacheinlagen – Zur Entwicklung der Lehre und zu den europäischen Aspekten, WM 1989 1445, 1452 f.; *Mosthaf*, „Schütt'-aus-hol'-zurück" oder die Sacheinlage in bar, in FS Beusch, 1993, S. 605 ff.; *Priester*, Rücklagenauskehrung beim Gewinnabführungsvertrag, ZIP 1991, 725 ff.; *Rasner*, Verdeckte Sacheinlage und ihre Heilung, NJW 1993, 186 ff.; *Sernetz*, Die Folgen der neueren Zivilrechtsprechung zum „Ausschüttungs-Rückhol-Verfahren" für zukünftige Kapitalerhöhungen bei der GmbH, ZIP 1993, 1685 ff.; *Sieger/Hasselbach*, Die Kapitalerhöhung im „Schütt-aus-hol-zurück"-Verfahren bei der GmbH, GmbHR 1999, 205, 207 ff.; *Slabon*, Die verdeckte Einlage als Gestaltungsmittel zur Aufstockung stiller Reserven im Rahmen der Verschärfung des § 17 EStG, DStR 2001, 2133 ff.; *Ulmer*, Verdeckte Sacheinlagen im Aktien- und GmbH-Recht, ZHR 154 (1990), 128 ff.

Hinweis auf weitere Stichwörter

→ *Bookbuilding Verfahren*
→ *Einlage*
→ *Kapitalerhöhung*

→ *Kapitalherabsetzung*
→ *Schütt-aus-hol-zurück-Verfahren*

Verjährung von Gesellschaftsansprüchen

→ *Ersatzansprüche*
→ *Schadenersatzrecht*

Verlust

▷ **Verlust der Aktien:** Aktien können durch Bekanntgabe in den Gesellschaftsblättern für verlustig erklärt werden, wenn → *Aktionäre* den durch den → *Vorstand* eingeforderten Betrag nicht zahlen (§ 64 Abs. 3 AktG). Dies bedeutet für den Aktionär den Ausschluss aus der Aktiengesellschaft (§ 65 AktG).

▷ **Bilanzverlust:** → *Bilanz*

▷ **Verlustübernahme:** → *Konzern*, → *faktischer Konzern*

Hinweis auf weitere Stichwörter

→ *Aktie*
→ *Aktionär*

→ *Ausschluss*

Vermögenübertragung

1. Zweck 801
2. Rechtsträger 802

3. Möglichkeiten 802

1. Zweck

Die Vermögensübertragung ermöglicht Rechtsträgern, denen es aufgrund ihrer Struktur nicht möglich oder verwehrt ist, einen Austausch von Anteilen oder Mitgliedschaftsrechten vorzunehmen, die Übernahme von Vermögen im Wege der

Gesamtrechtsnachfolge oder der Sonderrechtsnachfolge (§ 174 Abs. 1 und 2 UmwG). Die Gegenleistung des übernehmenden Rechtsträgers besteht in einer baren Ausgleichszahlung oder der Hingabe anderer Wirtschaftsgüter (§ 174 UmwG).

2. Rechtsträger

▷ **Übertragende Rechtsträger** können sein

- Kapitalgesellschaften (nur auf Bund, Land, Gebietskörperschaft oder Zusammenschluss von Gebietskörperschaften),
- Versicherungs-Aktiengesellschaften (nur auf VVaG oder öffentlich-rechtliche Versicherungsunternehmen)
- Versicherungsverein auf Gegenseitigkeit (nur auf Versicherungs-AG oder öffentlich-rechtliche Versicherung),
- öffentlich-rechtliche Versicherung (nur auf Versicherungsverein auf Gegenseitigkeit (VVaG) oder öffentlich-rechtliche Versicherung oder Versicherungs-AG)

▷ **Übernehmende Rechtsträger** können sein

- Bund,
- Länder,
- Gebietskörperschaften,
- Zusammenschlüsse von Gebietskörperschaften,
- VVaG,
- öffentlich-rechtliches Versicherungsunternehmen,
- Versicherungs-Aktiengesellschaft.

3. Möglichkeiten

▷ **Vollübertragung:** Ein einziger Rechtsträger überträgt sein Vermögen als Ganzes auf einen anderen, bereits bestehenden Rechtsträger gegen Gewährung einer Gegenleistung (§ 174 Abs. 1 UmwG, → *Verschmelzung*). Erforderlich ist die Anmeldung der Vollübertragung beim Handelsregister des Sitzes des übertragenden Rechtsträgers (§ 176 Abs. 2 UmwG). Mit Eintragung ins Handelsregister geht das Vermögen einschließlich der Verbindlichkeiten auf den übernehmenden Rechtsträger über. Der übertragende Rechtsträger erlischt (§ 176 Abs. 3 UmwG).

▷ **Teilübertragung:** Eine Teilübertragung von Vermögen im Wege der Gesamtrechtsnachfolge ist in 3 Grundfällen möglich (§ 174 Abs. 2 UmwG, → *Spaltung*, § 177 Abs. 2 UmwG):

- Übertragung durch Aufspaltung des Vermögens unter Auflösung ohne Abwicklung des übertragenden Rechtsträgers auf verschiedene übernehmende Rechtsträger (§ 174 Abs. 2 Nr. 1 UmwG),
- Übertragung durch Abspaltung eines Vermögensteils unter Fortbestand des übertragenden Rechtsträgers (§ 174 Abs. 2 Nr. 2 UmwG),

– Übertragung durch Ausgliederung eines Vermögensteils unter Fortbestand des übertragenden Rechtsträgers (§ 174 Abs. 2 Nr. 3 UmwG).

Hinweis auf weitere Stichwörter

→ *Spaltung*
→ *Umwandlung*

→ *Verschmelzung*

Versammlungsleiter

▷ **Stellung:** Der Versammlungsleiter ist der Vorsitzende der → *Hauptversammlung*. Er leitet diese und ist zuständig für den Ablauf und die Dokumentation der Hauptversammlung (*Hüffer*, AktR, 7. Aufl. 2006, § 129 Rn. 18 ff.).

▷ **Satzungsregelung:** Der Versammlungsleiter wird durch die Satzung bestimmt (i.d.R. ist es der Vorsitzende des Aufsichtsrats). Enthält die Satzung keine Bestimmung und sind die Voraussetzungen einer gerichtlichen Bestellung nicht gegeben, so bestimmt die Hauptversammlung den Versammlungsleiter. Bis dahin ist ein provisorischer Leiter notwendig, da auch die Wahl des Versammlungsleiters bereits Beschlussfassung ist. Diese Funktion kann durch den Einberufenden, ein Mitglied des Aufsichtsrats oder des Vorstands oder den ältesten anwesenden Aktionär der Hauptversammlung erfüllt werden. Der Versammlungsleiter muss nicht Aktionär sein oder der Gesellschaft als Aufsichtsratsmitglied angehören. Nicht in Betracht kommen aber Vorstandsmitglieder oder der amtierende Notar. Bestimmt die Hauptversammlung den Versammlungsleiter, so kann sie ihn bei Vorliegen eines wichtigen Grundes auch wieder abberufen.

Bei Gesellschaften, die dem MitbestG unterliegen, ist es notwendig geworden, bezüglich des Versammlungsleiters eine Satzungsregelung zu treffen. Denn wenn der Aufsichtsratsvorsitzende verhindert ist, tritt an seine Stelle der – i.d.R. aus dem Kreis der Arbeitnehmer stammende – Stellvertreter. Da die Hauptversammlung aber primär eine Angelegenheit der Anteilseigner ist, sollte die Versammlung daher auch von einem Repräsentanten der Anteilseignerseite geleitet werden. In der Satzung wird deshalb regelmäßig eine entsprechende Bestimmung getroffen werden (*Messer*, Der Vertreter des verhinderten Leiters der Hauptversammlung in FS Kellermann, 1991, S. 299 ff.).

▷ **Aufgaben:** Dem Versammlungsleiter stehen zu

– die *Leitungsfunktion*, die durch die Satzung geregelt werden kann (fehlen entsprechende Bestimmungen, so entscheidet der Versammlungsleiter nach pflichtgemäßem Ermessen unter Beachtung der Verfahrensökonomie und des Grundsatzes der Gleichbehandlung der Aktionäre) und

– die *Ordnungsbefugnisse*, wobei alle Ordnungsmaßnahmen unter dem Grundsatz der Verhältnismäßigkeit stehen (der Versammlungsleiter hat in jedem Einzelfall zu prüfen, ob nicht eine weniger einschneidende Ordnungsmaßnahme zum Erfolg führen kann; z.B. Abmahnung, Redebeschränkung, Wortentziehung, Saalverweis, Anordnung des Schlusses der Debatte).

Der Versammlungsleiter hat das Ergebnis der Beschlussfassung festzustellen und zu verkünden. Irrt er über das Ergebnis der Beschlussfassung und verkündet er deshalb einen nicht oder nicht so gefassten Beschluss, dann gilt der Beschluss als so zustande gekommen, wie er verkündet worden ist. Auf diese Weise fingierte Beschlüsse sind anfechtbar. Mit Ablauf der Anfechtungsfrist sind sie endgültig maßgebend bzw. wirksam. Bei unrichtiger Beschlussfeststellung eröffnet das Gesetz neben einer Anfechtungsklage zugleich den Weg einer Klage auf Feststellung des in Wirklichkeit gefassten Beschlusses (BGHZ 76, 191, 197). Wird etwas anderes beurkundet als beschlossen worden ist, so ist der beurkundete Beschluss nichtig, weil der gefasste Beschluss nicht beurkundet worden ist. Dies gilt jedoch nicht, wenn der beurkundete Beschluss der Feststellung der Beschlussfassung durch den Versammlungsleiter entspricht. Dann ist die Feststellung maßgeblich. Ist sie unrichtig, begründet das die Anfechtbarkeit.

Hinweis auf weitere Stichwörter

→ *Hauptversammlung* | → *Sitzung*

Verschmelzung

1. Begriff 804
2. Verschmelzungsarten.............. 805
3. Rechtsträger 805
4. Verschmelzungsvertrag............ 806
5. Verschmelzungsbeschluss 809
6. Kapitalerhöhung 809
7. Verschmelzungsbericht 810
8. Verschmelzungsprüfung 811
9. Eintragung.......................... 811
10. Kontrolle 812
11. Kosten 813

1. Begriff

▷ Die Verschmelzung ist die **Übertragung des gesamten Vermögens** eines Rechtsträgers auf einen anderen bestehenden oder neu gegründeten Rechtsträger im Wege der Gesamtrechtsnachfolge unter Auflösung ohne Abwicklung, wobei den Anteilsinhabern des übertragenden und erlöschenden Rechtsträgers im Wege des Anteilstausches eine Beteiligung an dem übernehmenden oder neuen Rechtsträger gewährt wird. Die Verschmelzung ist ausgeschlossen, wenn die übertragende Aktiengesellschaft noch nicht 2 Jahre im Handelsregister eingetragen ist (§ 76 Abs. 1 UmwG).

▷ **Wesentliche Elemente** der Verschmelzung sind

– die Übertragung des Vermögens eines oder mehrerer Rechtsträger als Ganzes,

– die Auflösung des übertragenden Rechtsträgers ohne Abwicklung,

– die Gesamtrechtsnachfolge des übernehmenden Rechtsträgers in die Rechtsposition des übertragenden Rechtsträgers und

– die Gewährung von Anteilen an die Anteilsinhaber des übertragenden Rechtsträgers.

2. Verschmelzungsarten

Zu unterscheiden sind

▷ die **Verschmelzung durch Aufnahme** (§§ 60–72 UmwG): die Verschmelzung durch Aufnahme vollzieht sich in der Weise, dass ein oder mehrere Rechtsträger (übertragende Rechtsträger) ihr gesamtes Vermögen auf einen anderen Rechtsträger (übernehmenden Rechtsträger) übertragen. Die übertragenden Rechtsträger erlöschen mit Eintragung der Verschmelzung in das Handelsregister. Der übernehmende Rechtsträger übernimmt im Wege der Gesamtrechtsnachfolge das ganze Vermögen des/der übertragenden Rechtsträger(s) und bietet den Gesellschaftern des übertragenden Rechtsträgers Anteile am übernehmenden Rechtsträger gegebenenfalls im Rahmen der Durchführung einer Kapitalerhöhung an;

▷ die **Verschmelzung durch Neugründung** (§§ 73–77 UmwG): eine Verschmelzung durch Neugründung liegt vor, wenn mindestens 2 übertragende Rechtsträger jeweils ihr Vermögen als Ganzes im Rahmen der Gesamtrechtsnachfolge auf einen dritten (neuen) Rechtsträger übertragen.

3. Rechtsträger

▷ **AG als übernehmender Rechtsträger: Grundsätzlich** können folgende Rechtsträger auf eine Aktiengesellschaft **verschmolzen** werden (§ 3 UmwG):

– Personenhandelsgesellschaften (OHG, KG) und Partnerschaftsgesellschaften,

– Kapitalgesellschaften (GmbH, AG, KGaA),

– eingetragene Genossenschaften,

– eingetragene Vereine (§ 21 BGB),

– genossenschaftliche Prüfungsverbände,

– Versicherungsvereine auf Gegenseitigkeit, wenn der übernehmende Rechtsträger eine Versicherungs-Aktiengesellschaft ist,

– wirtschaftliche Vereine (§ 22 BGB).

▷ **AG als übertragender Rechtsträger:** Umgekehrt kann auch eine Aktiengesellschaft als übertragender Rechtsträger auf einen der o.g. Rechtsträger übertragen werden (*Ausn.* Wirtschaftsvereine, § 22 BGB, § 3 Abs. 2 UmwG). Darüber hinaus kann die Aktiengesellschaft auf eine natürliche Person als deren alleinigen Gesellschafter im Wege der Verschmelzung übertragen werden. Als übertragende Rechtsträger können daher an der Verschmelzung folgende Rechtsträger beteiligt sein:

– Personenhandelsgesellschaften (OHG, KG) und Partnerschaftsgesellschaften,

Verschmelzung

- Kapitalgesellschaften (GmbH, AG, KGaA),
- eingetragene Genossenschaften,
- eingetragene Vereine (§ 21 BGB),
- genossenschaftliche Prüfungsverbände,
- Versicherungsvereine auf Gegenseitigkeit,
- natürliche Personen, als Alleingesellschafter der Aktiengesellschaft.

▷ **Aufgelöste AG:** An der Verschmelzung kann als übertragender Rechtsträger auch die aufgelöste Aktiengesellschaft beteiligt sein, solange die Fortsetzung der Aktiengesellschaft beschlossen werden kann (→ *Auflösung*).

4. Verschmelzungsvertrag

▷ **Zuständigkeit:** Der Verschmelzungsvertrag ist von den Vertretungsorganen der an der Verschmelzung beteiligten Rechtsträger zu schließen (§ 4 UmwG) und ist notariell zu beurkunden (§ 6 UmwG).

▷ **Inhalt:** Zwingender Vertragsinhalt des Verschmelzungsvertrages:

- Name/Firma und Sitz der an der Verschmelzung beteiligten Rechtsträger (§ 5 Abs. 1 Nr. 1 UmwG);
- Vereinbarung über die Vermögensübertragung als Ganzes gegen Gewährung von Anteilen oder Mitgliedschaften (§ 5 Abs. 1 Nr. 2 UmwG);
- Umtauschverhältnis der Anteile (§ 5 Abs. 1 Nr. 3 UmwG, *Ausn.* bei Beteiligung einer Versicherungsgesellschaft auf Gegenseitigkeit, § 110 UmwG);
- gegebenenfalls Höhe der baren Zuzahlung (§ 5 Abs. 1 Nr. 3 UmwG, *Ausn.* bei Beteiligung einer Versicherungsgesellschaft auf Gegenseitigkeit, § 110 UmwG);
- gegebenenfalls Abfindungsangebot bei einer Verschmelzung durch Aufnahme oder wenn Anteile oder Mitgliedschaften an dem übernehmenden Rechtsträger Verfügungsbeschränkungen unterworfen sind (§ 29 Abs. 1 UmwG);
- gegebenenfalls Angaben über die Mitgliedschaft bei dem übernehmenden Rechtsträger (§ 5 Abs. 1 Nr. 3 UmwG, *Ausn.* bei Beteiligung einer Versicherungsgesellschaft auf Gegenseitigkeit, § 110 UmwG);
- Einzelheiten der Übertragung der Anteile des übernehmenden Rechtsträgers (§ 5 Abs. 1 Nr. 4 UmwG, *Ausn.* bei Beteiligung einer Versicherungsgesellschaft auf Gegenseitigkeit, § 110 UmwG);
- Einzelheiten des Erwerbs der Mitgliedschaft bei dem übernehmenden Rechtsträger (§ 5 Abs. 1 Nr. 4 UmwG, *Ausn.* bei Beteiligung einer Versicherungsgesellschaft auf Gegenseitigkeit, § 110 UmwG);
- Zeitpunkt von dem an die übertragenen Anteile/Mitgliedschaften einen Anspruch auf einen Anteil am Bilanzgewinn gewähren und alle Besonderheiten in Bezug auf diesen Anspruch (§ 5 Abs. 1 Nr. 5 UmwG, *Ausn.* bei Beteiligung einer Versicherungsgesellschaft auf Gegenseitigkeit, § 110 UmwG);

- Verschmelzungsstichtag (Zeitpunkt, von dem an die Handlungen des übertragenden Rechtträgers als für Rechnung des übernehmenden Rechtsträgers vorgenommen gelten, § 5 Abs. 1 Nr. 6 UmwG);
- Rechte, die den übernehmenden einzelnen Anteilsinhabern sowie den Inhabern besonderer Rechte (z.B. Anteile ohne Stimmrecht, Vorzugsaktien, Schuldverschreibungen, Genussrechte) gewährt werden oder die für diese Personen vorgesehene Maßnahmen (§ 5 Abs. 1 Nr. 7 UmwG, *Ausn.* bei Beteiligung einer Versicherungsgesellschaft auf Gegenseitigkeit, § 110 UmwG);
- jeder gewährte besondere Vorteil für Mitglieder des Vertretungsorgans oder des Aufsichtsorgans der beteiligten Rechtsträger sowie geschäftsführende Gesellschafter, Partner, Abschlussprüfer oder Verschmelzungsprüfer (§ 5 Abs. 1 Nr. 8 UmwG);
- Folgen der Verschmelzung für die Arbeitnehmer sowie ihre Vertretungen und die insoweit vorgesehenen Maßnahmen (§ 5 Abs. 1 Nr. 9 UmwG);
- bei Beteiligung einer Personenhandelsgesellschaft: die Bestimmung, ob einem Anteilsinhaber des übertragenden Rechtsträgers die Stellung eines persönlich haftenden Gesellschafters oder eines Kommanditisten in der übernehmenden oder neuen Personenhandelsgesellschaft gewährt wird (§ 40 Abs. 1 UmwG);
- bei Beteiligung einer GmbH: der Nennbetrag des Geschäftsanteils, den die übernehmende Gesellschaft mit beschränkter Haftung ihm zu gewähren hat (§ 46 Abs. 1 UmwG);
- bei Beteiligung einer Genossenschaft: die Zahl der Geschäftsanteile mit denen ein Aktionär bei der Genossenschaft beteiligt wird (§ 80 Abs. 1 Satz 2 UmwG).

▷ Das **Umtauschverhältnis der Anteile** stellt meist das Zentralproblem der Verhandlungen dar und ist im *Verschmelzungsbericht* (s.u.) rechtlich und wirtschaftlich zu erläutern und zu begründen (§ 8 Abs. 1 Satz 1 UmwG). Die Darlegung der Berechnung und der Angemessenheit des Umtauschverhältnisses ist im *Prüfungsbericht* (s.u.) aufzunehmen (§ 12 Abs. 2 UmwG).

▷ **Verschmelzungsstichtag:** Hinsichtlich der Festlegung eines Verschmelzungsstichtages ist bei Beteiligung mehrerer übertragender Rechtsträger die Bestimmung abweichender Verschmelzungsstichtage zulässig (insbesondere, wenn im Interesse der beteiligten Rechtsträger die Verwendung der Jahresbilanz als Schlussbilanz gemäß § 17 Abs. 2 UmwG nahe liegt, selbst dann, wenn die Rechtsträger abweichende Geschäftsjahre gewählt haben).

▷ **Folgen der Verschmelzung:** Hinsichtlich der Angaben über mittelbare Folgen der Verschmelzung und die insoweit vorgesehenen Maßnahmen (§ 5 Abs. 1 Nr. 9 UmwG) sind jedenfalls diejenigen Folgen anzugeben, die durch die Verschmelzung unmittelbar bewirkt werden. Es besteht jedoch keine Pflicht, alle betrieblichen, personellen und organisatorischen Konsequenzen der Verschmelzung aufzuzeigen und darüber hinaus auch über insoweit vorgesehene Kompensationsmaßnahmen von Arbeitgeberseite (z.B. Abfindungszahlungen und deren Höhe) Rechenschaft abzulegen (*Willemsen* in Kallmeyer, UmwG, 3. Aufl. 2006, § 5 Rn. 50 ff.: mittelbare Folgen sind nicht von § 5 Abs. 1 Nr. 9 UmwG erfasst; *Ausn.* etwaige personelle Veränderungen wie etwa Umgruppierungen, Versetzungen oder Zuweisungen von neuen Arbeitsplätzen, OLG Düsseldorf DB 1998, 1399).

▷ **Neugründung:** Bei der Verschmelzung durch Neugründung kommt die Errichtung eines neuen Rechtsträgers hinzu, welcher mindestens 2 übertragende Rechtsträger übernimmt. Der Verschmelzungsvertrag muss daher neben den sonst erforderlichen Angaben auch den Gesellschaftsvertrag bzw. die Satzung des zu errichtenden Rechtsträgers enthalten (§ 37 AktG). Die rechtsformspezifischen Gründungsvorschriften sind zu beachten. Die übertragenden Rechtsträger stehen den Gründern gleich. Falls der neu zu gründende übernehmende Rechtsträger eine Aktiengesellschaft ist → *Gründung,* → *Gründer.*

▷ **Mitbestimmungsrecht:** Nach dem Zweck der – im Zusammenhang mit dem Unterrichtsrecht des Betriebsrats auszulegenden – Regelung des § 5 Abs. 1 Nr. 9 UmwG sollen insbesondere die Arbeitnehmervertretungen möglichst frühzeitig über die Verschmelzung und ihre individual- und kollektivarbeitsrechtlichen Folgen informiert werden. Damit soll bereits im Vorfeld des Verschmelzungsvorgangs eine sozialverträgliche Durchführung ermöglicht werden. Es genügt dabei nicht, lediglich auf bestimmte gesetzliche Regelungen zu verweisen, vielmehr sind die arbeitsrechtlichen Folgen nachvollziehbar darzustellen (OLG Düsseldorf DB 1998, 1399). Auch wenn im Betrieb kein Betriebsrat existiert und damit das Zuleitungserfordernis des § 5 Abs. 3 UmwG entfällt, bleiben die Angaben zwingend, weil die Vorschrift nicht nur die Information der Arbeitnehmervertreter, sondern auch die der Vertragsparteien und deren Gesellschafter bezweckt (vgl. OLG Düsseldorf DB 1998, 1399; *Lutter/Drygala* in Lutter, UmwG, 3. Aufl. 2004, § 5 Rn. 100). Werden durch den Übergang der Arbeitsverhältnisse die gesetzlichen mitbestimmungsrechtlichen Schwellenwerte überschritten, so ist im Verschmelzungsvertrag über das neu geltende Statut zu informieren (→ *Mitbestimmung*).

▷ **Beurkundung:** Der Verschmelzungsvertrag und alle Nebenabreden, die nach dem Willen der Parteien mit dem Vertrag ein „untrennbares Ganzes" darstellen, müssen notariell beurkundet werden (§ 6 UmwG).

▷ **Informationsmängel:** Rechtsfolgen unvollständiger oder unrichtiger Angaben im Verschmelzungsvertrag:

- *keine Anfechtbarkeit* des Verschmelzungsbeschlusses (BGH AG 2001, 263–266; da die Vorschrift nicht den Schutz der Anteilsinhaber, sondern der Arbeitnehmer bezweckt und zudem die Angaben rein deskriptiven Charakter haben);
- *Verweigerung der Eintragung* der Verschmelzung in das Handelsregister durch den Registerrichter nur, wenn es an jeder nachvollziehbaren Darstellung der arbeitsrechtlichen Folgen fehlt (vgl. *Willemsen* in Kallmeyer, UmwG, 3. Aufl. 2006, § 5 Rn. 58 ff., da nur ein formelles, nicht aber ein materielles Prüfungsrecht zusteht);
- *Spruchverfahren* gegen die Abfindung betreffende Informationsmängel ist zulässig.

Soweit sich keine Folgen ergeben und keine Maßnahmen vorgesehen sind, empfiehlt es sich, dies ausdrücklich klarzustellen (sog. *Negativerklärung*).

▷ **Pfrüfungspflicht:** Für den Verschmelzungsvertrag besteht eine Prüfungspflicht (§ 60 Abs. 1 i.V.m. §§ 9–12 UmwG, s.u.)

5. Verschmelzungsbeschluss

Die Aktiengesellschaft hat den Zustimmungsbeschluss ihrer Hauptversammlung zum Verschmelzungsvertrag einzuholen. Grundsätzlich ist eine ¾-Mehrheit des in der Hauptversammlung vertretenen Grundkapitals notwendig (→ *Beschluss: 4. Hauptversammlungsbeschluss*). Bei mehreren Aktiengattungen ist eine gesonderte Abstimmung nach stimmberechtigten Aktiengattungen erforderlich (§ 65 Abs. 2 UmwG). Der Beschluss der Hauptversammlung und sonstige Erklärungen der Aktionäre sind notariell zu beurkunden (§ 13 Abs. 3 UmwG).

6. Kapitalerhöhung

▷ **Notwendigkeit:** Bei der Verschmelzung durch Aufnahme besteht für den übernehmenden Rechtsträger die Pflicht, eigene Anteile als Gegenleistung für die Aufnahme der Anteile des übertragenden Rechtsträgers zu gewähren (*Ausn.* § 5 Abs. 2 UmwG, übertragender Rechtsträger ist 100%-ige Tochter des übernehmenden Rechtsträgers). Bei einer Aktiengesellschaft als übernehmenden Rechtsträger ist deswegen eine → *Kapitalerhöhung* unter Bezugsrechtsausschluss der bislang beteiligten Anteilseigner notwendig (§ 69 UmwG). Voraussetzungen des Kapitalerhöhungsbeschlusses ist ein Hauptversammlungsbeschluss mit mindestens ¾-Mehrheit des bei der Beschlussfassung vertretenen Grundkapitals (§ 182 Abs. 1 AktG).

▷ **Kapitalerhöhungsverbote:** Eine Kapitalerhöhung ist nicht zulässig, soweit (§ 68 UmwG)

- die übernehmende Aktiengesellschaft Anteile eines übertragenden Rechtsträgers besitzt (§ 68 Abs. 1 Nr. 1 UmwG);
- ein übertragender Rechtsträger eigene Anteile hält (§ 68 Abs. 1 Nr. 2 UmwG) oder
- ein übertragender Rechtsträger Aktien der übernehmenden Aktiengesellschaft besitzt, auf die der Ausgabebetrag nicht voll geleistet ist (§ 68 Abs. 1 Nr. 3 UmwG).

Diese Kapitalerhöhungsverbote müssen auch bei der Berechnung der Kapitalerhöhung berücksichtigt werden („soweit").

▷ **Eintragung:** Die Kapitalerhöhung ist vor der Verschmelzung im → *Handelsregister* einzutragen (§§ 53, 66 UmwG). Anders als bei der regulären → *Kapitalerhöhung* ist das Kapital mit der → *Eintragung* jedoch noch nicht erhöht. Vielmehr geschieht dies erst mit dem Wirksamwerden der Verschmelzung durch Eintragung der Verschmelzung beim übernehmenden Rechtsträger (§ 20 Abs. 1 Nr. 3 UmwG). Scheitert die Verschmelzung, so ist auch die Kapitalerhöhung unwirksam und die Eintragung von Kapitalerhöhung sowie die Satzungsänderung von Amts wegen zu löschen (§ 144 Abs. 2 FGG). Mängel der Kapitalerhöhung werden grundsätzlich mit der Eintragung geheilt (§ 20 Abs. 2 UmwG). Die → *Bekanntmachung* der Kapitalerhöhung (§ 190 AktG) erfolgt im Bundesanzeiger und in einem weiteren Blatt (§§ 10 f. HGB).

▷ **Prüfung der Sacheinlage:** Eine Prüfung der Sacheinlage findet bei der Kapitalerhöhung im Wege der Verschmelzung nur statt, wenn (§ 69 Abs. 1 Satz 1 2. Halbsatz UmwG)

– der übertragende Rechtsträger eine Personengesellschaft, eine Partnerschaftsgesellschaft oder ein rechtsfähiger Verein ist,

– Vermögensgegenstände in der Schlussbilanz eines übertragenden Rechtsträgers höher bewertet worden sind als in dessen letzter Jahresbilanz,

– die in der Schlussbilanz angesetzten Werte nicht als Anschaffungskosten in den Jahresbilanzen der übernehmenden Gesellschaft angesetzt werden oder

– das Gericht Zweifel hat, ob der Wert der Sacheinlagen den geringsten Ausgabebetrag der dafür zu gewährenden Aktien erreicht.

7. Verschmelzungsbericht

▷ **Pflicht zur Erstellung:** Die Vertretungsorgane jedes an der Verschmelzung beteiligten Rechtsträgers haben einen ausführlichen schriftlichen Bericht über die Verschmelzung zu erstatten (§ 8 Abs. 1 UmwG, *Ausn.* bei der Verschmelzung einer Tochtergesellschaft auf eine 100%-ige Muttergesellschaft oder bei notariell beurkundetem Verzicht aller Gesellschafter, § 8 Abs. 3 UmwG; bei Geschäftsführungsbefugnis aller Gesellschafter einer Personengesellschaft, § 41 UmwG).

▷ **Inhalt des Berichts** ist die Erläuterung und Begründung der Verschmelzung, des Verschmelzungsvertrages bzw. seines Entwurfes. Besonders wichtig ist dabei die rechtliche und wirtschaftliche Darlegung des Umtauschverhältnisses der Anteile oder der Angaben über die Mitgliedschaft beim übernehmenden Rechtsträger sowie die Höhe einer anzubietenden Barabfindung.

▷ **Treuepflichtverstoß:** Es besteht keine gesetzliche Verpflichtung zur Festsetzung eines für den Berechtigten optimalen Nennbetrags bei den neu geschaffenen Aktien, es könnte sich jedoch ein Treuepflichtverstoß ergeben (→ *Treuepflicht*). Bei Verschmelzungen, bei denen die neu geschaffenen Aktien jeweils nicht von der eigenen, sondern einer anderen Gesellschaft anzubieten sind, deren Aktionäre grundsätzlich keine Treuepflicht gegenüber den Umtauschberechtigten trifft, liegt ein Treuepflichtverstoß vor, wenn

– die der Treuepflicht gegenüber den Minderheitsaktionären unterliegende Gesellschaftermehrheit, zumindest mittelbar, Einfluss auf die Festsetzung des Nennbetrags bei der die Aktie gewährenden anderen Gesellschaft nehmen kann und

– das Umtauschverhältnis auf x : y mit x > y lautet und damit zur Folge haben kann, dass Umtauschberechtigte überhaupt keine Aktien erhalten.

▷ **Gemeinsamer Bericht:** Der Verschmelzungsbericht kann gemeinsam für alle beteiligten Rechtsträger erstellt werden.

8. Verschmelzungsprüfung

Der Verschmelzungsvertrag bzw. sein Entwurf ist durch einen oder mehrere sachverständigen Prüfer zu prüfen (§ 60 i.V.m. §§ 9–12 UmwG, → *Prüfung*). Die Verschmelzungsprüfer müssen das Ergebnis ihrer Prüfung in einem → *Prüfungsbericht* zusammenfassen (§ 12 Abs. 1 und 2 UmwG). Eine Prüfungspflicht entfällt bei einer notariell beurkundeten Verzichtserklärung aller Aktionäre (§§ 9 Abs. 3, 8 Abs. 3 UmwG; *Ausn.* beim Barabfindungsangebot faktisch keine Verzichtsmöglichkeit; *Lutter/Drygala* in Lutter, UmwG, 3. Aufl. 2004, § 9 Rn. 7).

9. Eintragung

▷ **Pflicht:** Die Verschmelzung muss in die Register aller beteiligten Rechtsträger eingetragen werden (§ 19 Abs. 1 Satz 1 UmwG, § 16 Abs. 1 Satz 1 UmwG bei Verschmelzung mit dem Vermögen eines Alleingesellschafters).

▷ **Wirksamkeit der Verschmelzung:** Die Verschmelzung wird erst mit der Eintragung der Kapitalerhöhung (s.o.) wirksam, wenn sie bei der übernehmenden Gesellschaft versehentlich vor der Eintragung der Kapitalerhöhung eingetragen wird. Eine erneute Eintragung der Verschmelzung ist nicht erforderlich.

▷ **Prüfung:** Den Eintragungen geht jeweils die Prüfung des Registergerichts voraus, bei der die Rechtswirksamkeit der Verschmelzung und alle gesetzlichen Eintragungsvoraussetzungen in formeller und materieller Hinsicht zu prüfen sind. Liegen die Eintragungsvoraussetzungen vor, so besteht ein öffentlich-rechtlicher Anspruch auf Eintragung in der vom Registergericht zu bestimmenden Fassung (vgl. § 19 Abs. 2 UmwG für das weitere Verfahren).

▷ **Wirkungen der Eintragung:** Die Eintragung der Verschmelzung in das Handelsregister des Sitzes des übernehmenden Rechtsträgers hat folgende Wirkungen:

- Übergang des Vermögens der übertragenden Rechtsträger auf den übernehmenden Rechtsträger (§ 20 Abs. 1 Nr. 1 UmwG),
- Erlöschen der übertragenden Rechtsträger ohne besonderer → *Löschung* (§ 20 Abs. 1 Nr. 2 UmwG),
- Anteilsinhaber der übertragenden Rechtsträger werden Anteilsinhaber des übernehmenden Rechtsträgers.
- Heilung von Mängeln der notariellen Beurkundung des Verschmelzungsvertrages, gegebenenfalls auch der erforderlichen Zustimmungen oder Verzichtserklärungen einzelner Anteilsinhaber (§ 20 Abs. 1 Nr. 4 UmwG).

▷ **Kein Anteilserwerb:** Ausnahmsweise findet kein Anteilserwerb statt, soweit

- der übernehmende Rechtsträger oder ein Dritter, der im eigenen Namen, jedoch für Rechnung des übernehmenden Rechtsträgers handelt, Anteilsinhaber des übertragenden Rechtsträgers ist;
- der übertragende Rechtsträger eigene Anteile besitzt;

– ein Dritter, der im eigenen Namen, jedoch für Rechnung des übertragenden Rechtsträgers handelt, dessen Anteilsinhaber ist;

10. Kontrolle

▷ **Arten der Kontrolle:** Hinsichtlich der Anmeldung der Verschmelzung ist zwischen der Fusionskontrolle nach EU-Recht und der – subsidiären – nationalen Kontrolle vor dem Bundeskartellamt zu unterscheiden.

▷ **Kontrolle nach EU-Recht:** Die Verschmelzungen, die die in Art. 1 Abs. 2 FKVO (Fusionskontroll-Verordnung) aufgeführten Schwellenwerte überschreiten, müssen innerhalb einer Woche nach Vertragsschluss, Veröffentlichung des Kauf- oder Tauschangebots oder des Erwerbs einer die Kontrolle begründenden Beteiligung von den Beteiligten gemeinsam bei der EU-Kommission angemeldet werden (maßgeblich ist die zuerst vorgenommene der genannten Handlungen; Art. 4 FKVO). Der Kontrolle durch die EU-Kommission unterfallen Verschmelzungen von 2 oder mehr bisher voneinander unabhängigen Unternehmen (vgl. EWG-VO Nr. 4064/89, Abl. Nr. L 257/90, S. 13 ff., zuletzt geändert durch EG-VO Nr. 1310/97, Abl. Nr. L 180/97, S. 1 ff.), wenn (Art. 1 Abs. 2 FKVO)

– die beteiligten Unternehmen zusammen im letzten abgeschlossenen Geschäftsjahr einen weltweiten Gesamtumsatz von mehr als 5 Mrd. Euro hatten und

– mindestens 2 der beteiligten Unternehmen innerhalb der EU einen Umsatz von jeweils mehr als 250 Mio. Euro erreicht haben. Diese Umsätze innerhalb der EU dürfen allerdings nicht zu mehr als ⅔ in ein und demselben Mitgliedsstaat erzielt worden sein.

Falls die o.g. Schwellenwerte nicht erreicht werden, können Verschmelzungen trotzdem der EU-Kontrolle unterliegen, wenn (Art. 1 Abs. 3 FKVO)

– der weltweite Gesamtumsatz aller beteiligten Unternehmen zusammen mehr als 2,5 Mrd. Euro beträgt,

– der Gesamtumsatz aller beteiligten Unternehmen in mindestens 3 EU-Mitgliedstaaten jeweils 100 Mio. Euro übersteigt,

– in jedem von mindestens 3 Mitgliedstaaten, in denen der Gesamtumsatz aller beteiligten Unternehmen jeweils 100 Mio. Euro übersteigt, der Gesamtumsatz von mindestens 2 beteiligten Unternehmen jeweils mehr als 25 Mio. Euro beträgt und

– der gemeinschaftsweite, zu weniger als ⅔ in ein und demselben EU-Mitgliedstaat erzielte Gesamtumsatz von mindestens 2 beteiligten Unternehmen jeweils 100 Mio. Euro übersteigt. Es bestehen jedoch Grenzen des gemeinschaftsweiten Gesamtumsatzes.

Sonderregeln gelten für Kredit- und Finanzinstitute sowie für Versicherungsunternehmen (§§ 53d KWG, §§ 14a, 111g VAG).

▷ **Kontrolle nach Bundesrecht:** Sind die Voraussetzungen für eine – vorrangige – EU-Fusionskontrolle nicht gegeben, kann die Verschmelzung als Zusammenschluss gleichwohl der Zusammenschlusskontrolle nach nationalem Recht unterliegen (Bundeskartellamt, § 37 Abs. 1 Nr. 1 GWB). Die Fusionskontrolle greift ein, wenn (§ 35 Abs. 1 und 2 GWB)

– die beteiligten Unternehmen im letzten Geschäftsjahr vor dem Zusammenschluss insgesamt weltweit Umsatzerlöse von mehr als 0,5 Mrd. Euro und

– mindestens ein beteiligtes Unternehmen im Inland Umsatzerlöse von mehr als 25 Mio. Euro erzielt haben.

Die Fusionskontrolle wirkt präventiv: Die Verschmelzung ist vor ihrem Vollzug von den beteiligten Unternehmen beim Bundeskartellamt anzumelden (§ 39 Abs. 1 und 2 Nr. 1 GWB). Solange keine Freigabe erfolgt, keine Befreiung erteilt ist (§ 41 Abs. 2 GWB) und auch die Fristen des § 40 Abs. 1 Satz 1, Abs. 2 Satz 2 GWB nicht abgelaufen sind, besteht ein Vollzugsverbot (§ 41 Abs. 1 Satz 1 GWB). Dies bedeutet, dass alle Rechtshandlungen, die für die privatrechtliche Erfüllung des Zusammenschlusses konstitutiv sind, ebenso wie alle tatsächlichen Handlungen, zu unterbleiben haben, welche die wirtschaftlichen Wirkungen des Zusammenschlusses vorwegnehmen. Insbesondere darf daher die Verschmelzung nicht in das → *Handelsregister* eingetragen werden. Eine unter Verstoß gegen das Vollzugsverbot erfolgte Eintragung, wird zwar dennoch wirksam (§ 41 Abs. 1 Satz 3 GWB), die Verschmelzung ist jedoch, bei Untersagung durch das Bundeskartellamt, rückgängig zu machen (§ 41 Abs. 3 GWB).

11. Kosten

→ *Umwandlung: 11. Kosten*

Hinweis auf weiterführende Literatur: *App*, Verschmelzung und Spaltung von Kapitalgesellschaften und ihre steuerliche Behandlung – Kurzüberblick, DZWiR 2001, 56 ff.; *Bartosch/Nollau*, Die zweite Generalüberholung der europäischen Fusionskontrolle – das Grünbuch der Kommission vom 11.12.2001, EuZW 2002, 197 ff.; *Bork*, Gerichtszuständigkeit für Spruchverfahren bei Verschmelzung, NZG 2002, 163 ff.; *Däuper*, Neue Anforderungen an die Fusionskontrolle in der Energiewirtschaft, WuW 2002, 458 ff.; *Kirchner/Sailer*, Rechtsprobleme bei Einbringung und Verschmelzung, NZG 2002, 305 ff.; *Lampert*, Kompetenzabgrenzung zwischen nationaler und europäischer Fusionskontrolle, WuW 2002, 449 ff.; *Möschel*, Neue Rechtsfragen bei der Ministererlaubnis in der Fusionskontrolle, BB 2002, 2077 ff.; *Pfaar/Welke*, Verschmelzungen und Spaltungen auf Organgesellschaften, GmbHR 2002, 516 ff.; *Poenicke/Schauenburg*, Die geplante Fusion von Arthur Andersen Deutschland und Ernst & Young Deutschland – Oligopole und die „Failing Firm Defence", WRP 2002, 910 ff.; *Rau*, Der Erwerb aus der Insolvenz und die Fusionskontrolle – über die Genehmigungsfähigkeit von Sanierungsfusionen, BB 2002 311 ff.; *Sagasser/Bula/Brünger*, Umwandlungen, 3. Aufl. 2002, S. 131–460; *Sauter/Heurung/Babel*, Stille Reserven und Verlustvorträge bei der Verschmelzung von Kapitalgesellschaften auf eine Personenhandelsgesellschaft, DB 2002, 1177 ff.; *Schmitt*, Die Auswirkungen einer Verschmelzung von Schwesterkapitalgesellschaften auf gesperrte Anteile nach § 8 Abs. 4 KStG, BB 2002, 937 ff.; *Siebel/Gebauer*, Prognosen im Aktien- und Kapitalmarktrecht – Lagebericht, Zwischenbericht, Verschmelzungsbericht, Prospekt usw., Teil I: WM 2001, 118 ff.; *Technau*, Übernahmerechtliche Austrittsrechte in Verschmelzungsfällen, AG 2002, 260 ff.; *J. Vetter*, Pflichtangebot nach Kontrollerwerb im Wege der Verschmelzung oder Spaltung, WM 2002, 1999 ff.; *Weber-Rey/Schütz*, Zum Verhältnis von Übernahmerecht und Umwandlungsrecht, AG 2002, 325 ff.; *Weiler/Meyer*, Heranziehung des Börsenkurses zur Unternehmensbewertung bei Verschmelzungen, ZIP 2002, 18 ff.; *Wilsing/Kruse*, Maßgeblichkeit der Börsenkurse bei umwandlungsrechtlichen Verschmelzungen?, DStR 2001, 991 ff.

Hinweis auf weitere Stichwörter

- → *Beschluss*
- → *Eintragung*
- → *Gründung*
- → *Kapitalerhöhung*

- → *Prüfung*
- → *Satzung*
- → *Umwandlung*

Vertrag

1. Bericht 814
2. Konzern 814
3. Unternehmen 814

1. Bericht

→ *Gesellschaftsvertrag*

2. Konzern

→ *Konzern*

3. Unternehmen

→ *Unternehmensvertrag*

Vertretung der AG

1. Allgemeines 814
2. Vertretung durch den Vorstand 815
3. Vertretung durch den Aufsichtsrat 817
4. Vertretung mit Zustimmung der Hauptversammlung 819
5. Vertretung durch besondere Vertreter 820

1. Allgemeines

Die Aktiengesellschaft wird vertreten

– grundsätzlich durch den → *Vorstand* (§ 78 AktG, Grundsatz),
– gegenüber den Vorstandsmitglieder durch den → *Aufsichtsrat* (§ 112 AktG),

– bei bestimmten Prozessen durch den Vorstand und den Aufsichtsrat gemeinschaftlich (§§ 246 Abs. 2 Satz 2, 249 Abs1 Satz 1, 250 Abs. 3, 251 Abs. 3, 253 Abs. 2, 254 Abs. 1 Satz 1, 255 Abs. 3, 256 Abs. 7, 257 Abs. 2 Satz 1 AktG, *Doppelvertretung*),

– bei möglichen Interessenkollisionen durch den Vorstand nur *mit Zustimmung der* → *Hauptversammlung* (§§ 50 Satz 1, 52 Abs. 1, 53 Satz 1, 93 Abs. 4 Satz 3, 116, 117 Abs. 4, 179a Abs. 1, 293 Abs. 1, 295, 309 Abs. 3 Satz 1, 310 Abs. 4, 317 Abs. 4, 318 Abs. 4 AktG).

2. Vertretung durch den Vorstand

▷ **Umfang:** Der Vorstand als Organ ist – soweit nicht vom Gesetz anderes geregelt ist – der alleinige gesetzliche Vertreter der Aktiengesellschaft (§ 78 Abs. 1 AktG). Die Vertretungsmacht des Vorstandes ist auch zur gerichtlichen und außergerichtlichen Geltendmachung von Ansprüchen der Aktiengesellschaft grundsätzlich unbeschränkt und unbeschränkbar. Das gilt auch für das Insolvenzverfahren der Gesellschaft, in dem der Vorstand die Befugnisse der Gemeinschuldnerin wahrnimmt, soweit nicht der Insolvenzverwalter zuständig ist.

▷ Bei **einem mehrgliedrigen Vorstand** wird der Vorstand oder das einzelne Vorstandsmitglied jeweils als organschaftlicher Vertreter tätig (*Organtheorie*, wegen des korporativen Charakters der Aktiengesellschaft). Äußerungen, Mitteilungen und empfangsbedürftige Willenserklärungen brauchen nur gegenüber einem Vorstandsmitglied abgegeben zu werden. Für Wissen und Wissen-Müssen gilt Entsprechendes: hat ein Vorstandsmitglied Kenntnis oder muss er Kenntnis haben, so wird dies der Gesellschaft zugerechnet (z.B. i.S.d. § 932 BGB).

▷ **Gesamtvertretung:** Besteht der Vorstand aus mehreren Mitgliedern, so sind nur sämtliche Vorstandsmitglieder gemeinschaftlich zur Vertretung berechtigt, sofern die Satzung keine anderweitige Regelung enthält (§ 78 Abs. 2 Satz 1 AktG, *Gesamtvertretungsprinzip*). Fallen Vorstandsmitglieder aus, können die übrigen die Gesellschaft so lange vertreten, als die Mindestzahl von Vorstandsmitgliedern vorhanden ist. Bei der Passivvertretung ist immer auch ein einzelnes Vorstandsmitglied vertretungsberechtigt. Für die Ausübung der Gesamtvertretung ist ein gleichzeitiges Handeln der Vorstandsmitglieder nicht erforderlich. Ausreichend ist es, wenn ein Vorstandsmitglied rechtsgeschäftlich handelt und das zur Vertretung der Gesellschaft notwendige zweite Vorstandsmitglied einwilligt oder genehmigt. Diese Zustimmung bedarf nicht der für das Rechtsgeschäft erforderlichen Form. Sie kann gegenüber dem Dritten oder dem handelnden Vorstandsmitglied und auch stillschweigend erteilt werden (BGHZ 47, 341, zur Anscheinsvollmacht bei der Aktiengesellschaft: BGH AG 1976, 219). Lediglich bei einseitigen Geschäften ist eine nachträgliche Genehmigung nicht möglich (§ 180 BGB).

▷ **Unechte Gesamtvertretung:** Eine unechte Gesamtvertretung liegt vor, wenn alle oder einzelne Vorstandsmitglieder zusammen mit einem Prokuristen vertretungsberechtigt sind (§ 78 Abs. 3 AktG). Die unechte Gesamtvertretung kann nur durch die Satzung zugelassen werden. Wenn der Aufsichtsrat in der → *Satzung* hierzu ermächtigt ist, kann auch er eine solche Regelung treffen. Die Vertretungsmacht eines Prokuristen erweitert sich in diesem Fall zu der eines Vorstandsmitglieds. Obgleich der Prokurist grundsätzlich rechtsgeschäftlicher Vertreter ist, ist diese Art der Vertretung der Gesellschaft als gesetzliche Vertretung anzusehen. Gleichgültig ist, ob der Prokurist nur Einzel- oder auch Gesamtprokura besitzt. So kann der Prokurist, bei entsprechender Regelung, zusammen mit einem Prokuristen die Gesellschaft auch im Prozess vertreten (*Mertens* in KK. AktG, 2. Aufl. 1996, § 78 Rn. 21). Die Vertretung der Gesellschaft kann jedoch nicht an die Mitwirkung eines Prokuristen gebunden werden, wenn der Vorstand nur aus einer Person besteht. Nicht zulässig ist auch die Bestimmung, dass ein Vorstandsmitglied zusammen mit einem Prokuristen, nicht aber zusammen mit einem einzelnen oder bestimmten Vorstandsmitglied vertreten darf (*Meyer-Landrut* in GK. AktG, 4. Aufl. 2003, § 78 Rn. 8).

▷ **Einzelermächtigung:** Besteht Gesamtvertretung, so können einzelne Vorstandsmitglieder zur Vornahme bestimmter Geschäfte oder bestimmter Arten von Geschäften ermächtigt werden (§ 78 Abs. 4 AktG). Diese Ermächtigung bedarf keiner besonderen Form; sie kann auch stillschweigend erteilt werden. Jede Ermächtigung muss von einer vertretungsberechtigten Anzahl von Vorstandsmitgliedern erteilt werden. Das zu ermächtigende Vorstandsmitglied kann sogar selbst mitwirken. Die Ermächtigung kann jederzeit widerrufen werden. Jede Person, die bei der Erteilung der Ermächtigung mitgewirkt hat, kann widerrufen. Vorstandsmitglieder, die die Ermächtigung nicht widerrufen haben, sind berechtigt, einen Widerrufsbeschluss des Gesamtvorstandes herbeizuführen (§§ 170, 171 BGB analog). Die Ermächtigung ist nach h.M. eine Erweiterung der organschaftlichen Vertretungsmacht (BGH NJW 1985, 2085; *Habersack* in GK.AktG, 4. Aufl. 2003, § 78 Rn. 50).

▷ **Bevollmächtigung:** Der Vorstand kann Dritte zur Vornahme von Rechtsgeschäften bevollmächtigen. Wird ein Prokurist ermächtigt, handelt es sich nicht mehr um eine organschaftliche Vertretung, sondern um eine rechtsgeschäftliche. In diesem Falle darf der Prokurist keine Rechtsgeschäfte vornehmen, die nur der Vorstand vornehmen kann (*Henze*, Aktienrecht – Höchstrichterliche Rechtsprechung, 5. Aufl. 2002, S. 121 ff.). Die Bevollmächtigung nur eines Vorstandsmitglieds ist möglich (s.o.). Der Vorstand kann auch den Aufsichtsrat zum Abschluss eines Rechtsgeschäfts bevollmächtigen. Eine unwiderrufliche Generalvollmacht darf der Vorstand jedoch einem Dritten nicht erteilen.

▷ **Beschränkungen:** Beschränkungen der Vertretungsbefugnis ergeben sich bereits aus dem Gesetz:

– bei zwingender Zustimmungsbedürftigkeit durch die Hauptversammlung (§§ 52 Abs. 1, 183 Abs. 2, 194 Abs. 2 Satz 1, 293 Abs. 1 und 2 AktG),
– bei Vertretungsberechtigung des Aufsichtsrats (§§ 112, 246 Abs. 2 AktG).

Zulässig sind auch Beschränkungen im Innenverhältnis, z.B. durch die Satzung. So ist die Befugnis des Vorstandes, die Gesellschaft zu vertreten, schon durch den Gegenstand des Unternehmens eingeschränkt (§ 23 Abs. 3 Nr.2 AktG). Die Satzung kann auch anordnen, dass bestimmte Arten von Geschäften nur mit Zustimmung des → *Aufsichtsrats* vorgenommen werden dürfen (§ 111 Abs. 4 AktG s.u.). Der Aufsichtsrat darf von sich aus einen Zustimmungskatalog aufstellen. Bei Verweigerung der Zustimmung hat der Vorstand die Möglichkeit, die Hauptversammlung über die Erteilung der Zustimmung beschließen zu lassen (§ 111 Abs. 4 Satz

3, qualifizierte Mehrheit von ¾ der abgegebenen Stimmen erforderlich, § 111 Abs. 4 Satz 5 AktG). Beschränkungen der Vertretungsmacht kann auch die → *Geschäftsordnung* des Vorstands oder der Anstellungsvertrag des Vorstandsmitglieds enthalten.

▷ **Selbstbeschränkungen:** Der Vorstand kann sich auch selbst beschränken, indem er ein Rechtsgeschäft unter der Bedingung abschließt, dass der Aufsichtsrat oder die Hauptversammlung ihm zustimmt (§119 Abs. 2 AktG).

▷ **Überschreitungen von Beschränkungen** können im Verhältnis Vorstand zur Gesellschaft Schadenersatzansprüche auslösen (§ 93 Abs. 2 AktG; *Hüffer*, AktG, 7. Aufl. 2006, § 93 Rn. 15). Das Verschulden liegt bereits in der Überschreitung der Beschränkungen. Die Überschreitung kann darüber hinaus ein wichtiger Grund für den Widerruf der Bestellung und die Kündigung des → *Anstellungsvertrages* sein.

▷ **Selbstkontrahieren:** Ein Selbstkontrahieren ist dem Vorstand gegenüber seinen Vorstandsmitgliedern nicht gestattet (§§ 181 BGB i.V.m. 112 AktG). Die Gesellschaft wird in diesem Fall durch den Aufsichtsrat vertreten (s.u.). Dies gilt auch, wenn das vorzunehmende Rechtsgeschäft ausschließlich in der Erfüllung einer Verbindlichkeit besteht. Handelt das Vorstandsmitglied als Vertreter eines Dritten ist das Selbstkontrahieren gestattungsfähig (Mehrvertretung). In diesem Fall ist eine Befreiung vom Verbot des Insichgeschäfts erforderlich (§ 181 BGB). Gesetzliche Gestattung des Insichgeschäfts ist bei Erteilung einer Einzelermächtigung gegeben (§ 78 Abs. 4 AktG).

3. Vertretung durch den Aufsichtsrat

▷ **Umfang:** Gegenüber Vorstandsmitgliedern wird die Aktiengesellschaft nur durch den Aufsichtsrat vertreten (§ 112 AktG). Der Aufsichtsrat ist für diesen Fall gesetzlicher Vertreter (§ 51 ZPO). Der Aufsichtsrat tritt darüber hinaus neben dem Vorstand als Vertreter der Gesellschaft in bestimmten Fällen der Passivvertretung in Rechtsstreitigkeiten auf (§§ 246 Abs. 2 Satz 2, 249 Abs. 1 Satz 1 AktG). Die Vertretung der Gesellschaft obliegt stets dem Aufsichtsrat, sofern thematisch ein Zusammenhang mit einer künftigen, einer andauernden oder einer ehemaligen Bestellung oder Anstellung eines Vorstandsmitgliedes besteht (BGH AG 1994, 35). Bezüglich ausgeschiedener Vorstandsmitglieder sowie deren Familienangehörigen gilt dies für sämtliche Arten von Rechtsgeschäften (BGHZ 130, 108, 114; BGH AG 1997, 123; z.B. Ruhegeldzusage zugunsten einer Witwe eines ehemaligen Vorstandsmitglieds; *a.A.* OLG München WM 1996, 346, 347 f.).

▷ **Weitere Vertretungsfälle:** Der Aufsichtsrat ist befugt, die Gesellschaft auch in weiteren Fällen zu vertreten. Diese Fälle lassen sich in 3 Gruppen unterteilen:
– Vertretung der Gesellschaft bei Geschäften, die er zur Erfüllung seiner Aufgaben für nötig hält (wobei er nicht der alleinige Vertreter der Gesellschaft ist, sondern nur parallel zum Vorstand vertreten darf).

> **Beispiele**
>
> Hinzuziehung
>
> – eines Sachverständigen (§ 111 Abs. 2 Satz 2 AktG),
>
> – von Sachverständigen- und Auskunftspersonen zu den Aufsichtsratssitzungen (§ 109 Abs. 1 Satz 2 AktG),
>
> – des Abschlussprüfers zur Beratung des Jahresabschlusses (§ 171 Abs. 1 Satz 2 AktG),
>
> – eines Treuhänders (§ 71 VAG).

– Vertretung der Gesellschaft gegenüber dem Abschlussprüfer (→ *Abschlussprüfung: 4. Abschlussprüfer*) bei der Erteilung des Prüfungsauftrags für den → *Jahresabschluss* und den → *Konzernabschluss* (§ 111 Abs. 2 Satz 3 AktG).

– Vertretung der Gesellschaft im Anfechtungs- und Nichtigkeitsprozess gemeinsam mit dem Vorstand in allen Prozesshandlungen sowie auch Passivvertretung (§§ 246 Abs. 2, 249 Abs. 1 AktG).

▷ **Anfechtungs- und Nichtigkeitsklagen** (§§ 246 Abs. 2, 249 Abs. 1 AktG): Bei Anfechtungs- und Nichtigkeitsklagen gegen Hauptversammlungsbeschlüsse wird die Gesellschaft regelmäßig gemeinsam von Aufsichtsrat und Vorstand vertreten (§§ 246 Abs. 2 Satz 2, 249 Abs. 1 Satz 1, 250 Abs. 3, 253 Abs. 2, 254 Abs. 1 Satz 1, 255 Abs. 3, 256 Abs. 7, 257 Abs. 2 Satz 1 AktG). Wird die Klage vom Vorstand als Organ oder von einem einzelnen Vorstandsmitglied erhoben, so wird die Gesellschaft vom Aufsichtsrat alleine vertreten (§§ 246 Abs. 2 Satz 3, 249 Abs. 1 AktG). Klagen einzelne Mitglieder des Aufsichtsrats, so obliegt die alleinige Vertretung der Gesellschaft dem Vorstand (§§ 246 Abs. 2 Satz 3, 249 Abs. 1 AktG). Bei einer Klage von Vorstandsmitgliedern und Mitgliedern des Aufsichtsrats ist ein Prozesspfleger zu bestellen, da die Gesellschaft ohne gesetzlichen Vertreter ist (§ 57 ZPO). Bei der Klage auf Nichtigkeit der Gesellschaft vertreten Aufsichtsrat und der Vorstand gemeinsam die Gesellschaft. Dabei können 2 Prozessbevollmächtigte, von denen der eine nur vom Vorstand, der andere vom Aufsichtsrat bestellt ist, die Gesellschaft nicht wirksam vertreten. Aufsichtsrat und Vorstand müssen sich auf einen oder mehrere gemeinsame Prozessbevollmächtigte verständigen.

▷ **Übertragung der Vertretungsmacht:** Grundsätzlich obliegt die Vertretungsbefugnis dem Gesamtaufsichtsrat. Dieser kann die Vertretung durch seine Geschäftsordnung oder durch einen gesonderten Beschluss auf seine Ausschüsse delegieren soweit die Ausschüsse an Stelle des Aufsichtsrats beschließen können (§ 107 Abs. 3 AktG), da die Vertretung der Gesellschaft nicht dem Plenum vorbehalten ist (*Hüffer*, AktG, 7. Aufl. 2006, § 112 Rn. 5). Die Satzung hingegen kann die Bildung von Ausschüssen nicht bindend anordnen, deswegen kann die Vertretungsbefugnis durch die Satzung nicht auf einen Ausschuss übertragen werden (§ 23 Abs. 5 Satz 1 AktG). Die generelle Übertragung der Vertretungsmacht auf ein einzelnes Mitglied des Aufsichtsrats oder dessen Vorsitzenden ist unzulässig. Allerdings kann der Aufsichtsrat eines seiner Mitglieder durch Beschluss zur Erklärung des vom Gesamtaufsichtsrat gebildeten Willens sowie zum Empfang von Erklärungen eines Vorstandsmitglieds ermächtigen. Dadurch wird das Aufsichtsratsmitglied nicht zum Willensvertreter des Aufsichtsrats, sondern nimmt lediglich die Stellung eines Erklärungsvertreters ein, ähnlich der Tätigkeit eines Boten (BGHZ 41, 282, 285; OLG Stuttgart AG 1993, 85, 86).

▷ **Rechtsfolgen eines Vertretungsmangels:**

- Geschäfte mit Vorstandsmitgliedern, bei denen die Gesellschaft nicht vom Aufsichtsrat vertreten wird, sind nichtig (§ 134 BGB; *Mertens* in KK. AktG, 2. Aufl. 1996, § 112 Rn. 27 ff.; OLG Stuttgart AG 1993, 85, 86; a.A. *Hüffer*, AktG, 7. Aufl. 2006, § 112 Rn. 7: schwebende Unwirksamkeit).

- Sonstige Rechtsgeschäfte, die trotz fehlender Zustimmung des Aufsichtsrats vorgenommen wurden, sind im Außenverhältnis wirksam. Das Zustimmungserfordernis entfaltet jedoch keine Außenwirkung. Die (unbeschränkbare) Vertretungsbefugnis des Vorstandes wird vom Fehlen der Zustimmung nicht berührt (§ 82 Abs. 1 AktG). Soweit eine Mitwirkung eines anderen Gesellschaftsorgans erforderlich ist, sind beim Fehlen dieser Mitwirkung grundsätzlich die §§ 177 ff. BGB entsprechend anwendbar. Der Aufsichtsrat wird in einem solchen Fall auch als berechtigt angesehen, die Bestellung des handelnden Vorstandsmitglieds zu widerrufen (§ 84 Abs. 3 AktG). Der dazu erforderliche wichtige Grund ist in der Missachtung der Rechte des Aufsichtsrats zu sehen. Dieser Pflichtverstoß kann zu Schadenersatzansprüchen der Gesellschaft gegen das handelnde Vorstandsmitglied führen (§ 93 Abs. 2 AktG).

- Die Klage eines Vorstandsmitgliedes gegen die Gesellschaft, vertreten durch den Vorstand, ist unzulässig. Ein Vertretungsmangel führt zur Unzulässigkeit der Klage (auch in der Revisionsinstanz). Der Vertretungsmangel kann aber nachträglich geheilt werden, wenn der Aufsichtsrat als gesetzlicher Vertreter der Gesellschaft in den Prozess eintritt und die Prozessführung durch den Vorstand genehmigt. Im Falle eines Passivprozesses wird der Aufsichtsrat jedoch keine Veranlassung haben, der Klage eines Vorstandsmitglieds gegen die Gesellschaft zur Zulässigkeit zu verhelfen.

4. Vertretung mit Zustimmung der Hauptversammlung

Die Zustimmung der → *Hauptversammlung* ist z.B. bei folgenden Geschäften der Aktiengesellschaft erforderlich:

- Verzicht auf Ersatzansprüche (§§ 50 Satz 1, 53 Satz 1, 93 Abs. 4 Satz 3, 116, 117 Abs. 4, 309 Abs. 1 Satz 1, 310 Abs. 4, 317 Abs. 4, 318 Abs. 4, 371 Abs. 1 AktG),
- Nachgründung (§ 52 Abs. 1 AktG),
- Verschmelzung (§§ 13, 36, 60 ff. UmwG),
- Vermögensübertragung (§§ 359 Abs. 2 Satz 1, 361 Abs. 1 AktG),
- Abschluss oder Änderung von Unternehmensverträgen (§§ 293 Abs. 1, 285 AktG).

Soweit eine wirksame Vertretung durch den Vorstand an die Zustimmung der Hauptversammlung gebunden ist und der Vorstand diese Zustimmung nicht einholt, so handelt er außerhalb seiner Vertretungsbefugnis mit der Konsequenz, dass seine Willenserklärungen nichtig sind (§ 134 BGB).

5. Vertretung durch besondere Vertreter

Bei der Geltendmachung von Ersatzansprüchen wird die Gesellschaft grundsätzlich durch ihren Vorstand vertreten. Handelt es sich um Ansprüche gegen die Vorstandsmitglieder, so ist für die Vertretung der Aufsichtsrat zuständig (§§ 78, 112 AktG).

Hinweis auf weiterführende Literatur: *Cernicky*, Die Vertretung der Aktiengesellschaft gegenüber Vorstandsmitgliedern, GesRZ 2002, 179 ff.; *Fischer*, Vertretung einer Aktiengesellschaft durch den Aufsichtsrat, ZNotP 2002, 297 ff.; *Hartmann*, Vollmachtslose Vertretung in der Hauptversammlung, DNotZ 2002, 253 ff.; *Lutter/Krieger*, Rechte und Pflichten des Aufsichtsrats, 4. Aufl. 2002; *Schwarz*, Die Gesamtvertreterermächtigung, NZG 2001, 529 ff.; *Werner*, Vertretung der AG gegenüber Vorstandsmitgliedern – Ein Beitrag zur Auslegung des § 112 AktG, ZGR 1989, 369, 370.

Hinweis auf weitere Stichwörter

- → *Anfechtung von Hauptversammlungsbeschlüssen*
- → *Aufsichtsrat*
- → *Ersatzansprüche*
- → *Nichtigkeitsklage*
- → *Organstreit*
- → *Prokura*
- → *Schadenersatz*
- → *Vorstand*
- → *Vorstandsmitglieder*

Vertretung der Aktionäre

▷ **Schriftliche Bevollmächtigung:** Die früher vorgesehene schriftliche Bevollmächtigung für die Vertretung eines → *Aktionärs* in der → *Hauptversammlung* gilt als nicht mehr „zeitgemäß". Die schriftliche Form gilt nur noch, wenn die → *Satzung* keine Erleichterung bestimmt (§ 134 Abs. 3 Satz 2 AktG). Um den praktischen Bedürfnissen einer weltweit gestreuten Aktionärsstruktur zu entsprechen, ist anzuraten, eine Erleichterung des Schriftformerfordernisses in der Satzung der Aktiengesellschaft aufzunehmen. Dadurch kann z.B. festgelegt werden, dass die Erteilung der Stimmrechtsvollmacht durch E-Mail ausreichend ist. Bei *einseitigen Rechtsgeschäften* ist eine schriftliche Bevollmächtigung weiterhin erforderlich (§ 174 Satz 1 BGB).

▷ **Nachweis der Vollmacht:** Die Vollmachtserklärung gegenüber einem Kreditinstitut muss vollständig sein und darf nur mit der Stimmrechtsausübung verbundene Erklärungen enthalten (§ 135 Abs. 2 Satz 3 und 4 AktG). Diese Regelung gilt sinngemäß auch für → *Aktionärsvereinigungen* und geschäftsmäßige Stimmrechtsmandate (§ 135 Abs. 9 AktG).

Hinweis auf weitere Stichwörter

→ *Aktionär*

→ *Hauptversammlung*

→ *Stimmrecht*

Verwahrung

Bei → *Hinterlegung* von → *Aktien* zur Verwahrung bei einer Bank wird die jeweilige Verwahrungsart im sog. Depotvertrag vereinbart. S. auch → *Depot*.

Verwaltung

1. Begriff 821
2. Verwaltungssitz 821
3. Haftung 821
4. Strafrechtliche Verantwortung 824

1. Begriff

Die Verwaltung der Aktiengesellschaft besteht aus dem → *Vorstand* und dem → *Aufsichtsrat*. Verwaltungsmitglieder der Aktiengesellschaft sind daher die → *Vorstandsmitglieder* und die → *Aufsichtsratsmitglieder*.

2. Verwaltungssitz

Falls der → *Sitz* der Aktiengesellschaft nicht ausdrücklich in der Satzung bestimmt ist, gilt der Sitz der Verwaltung als Sitz der Gesellschaft.

3. Haftung

▷ **Tatbestände:** Grundsätzlich haften Verwaltungsmitglieder (auch die Stellvertreter der Vorstandsmitglieder, § 94 AktG) für ihre Pflichtverletzungen unter Missachtung der Sorgfalt eines ordentlichen und gewissenhaften Geschäftsleiters, wenn sie (§§ 93, 116, 117 Abs. 2 AktG)

– die Stillschweigepflicht verletzt haben (§§ 93 Abs. 1 Satz 2, 116 AktG),
– Einlagen an die Aktionäre gesetzeswidrig zurückgewährt haben (§§ 93 Abs. 3 Nr. 1, 116 AktG),
– Zinsen oder Gewinnanteile an die Aktionäre gezahlt haben (§§ 93 Abs. 3 Nr. 2, 116 AktG),
– eigene Aktien der Gesellschaft oder einer anderen Gesellschaft gesetzeswidrig gezeichnet, erworben, in Pfand genommen oder eingezogen haben (§§ 93 Abs. 3 Nr. 3, 116 AktG),

Verwaltung

- Aktien vor der vollen Leistung des Ausgabebetrages ausgegeben haben (§§ 93 Abs. 3 Nr. 4, 116 AktG),
- Gesellschaftsvermögen verteilt haben (§§ 93 Abs. 3 Nr. 5, 116 AktG),
- Zahlungen geleistet haben nach dem die Zahlungsunfähigkeit der Gesellschaft eingetreten ist oder sich ihre Überschuldung ergeben hat (§§ 93 Abs. 3 Nr. 6, 116 AktG),
- Vergütungen an Aufsichtsratsmitglieder gewährt haben (§§ 93 Abs. 3 Nr. 7, 116 AktG),
- Kredit gewährt haben (§§ 93 Abs. 3 Nr. 8, 116 AktG),
- bei der bedingten Kapitalerhöhung Bezugsaktien entgegen dem festgesetzten Zweck oder vor voller Leistung des Gegenwerts ausgegeben haben (§§ 93 Abs. 3 Nr. 9, 116 AktG),
- dazu bestimmt wurden zum Schaden der Gesellschaft oder deren Aktionären zu handeln (§ 117 Abs. 2 AktG, *Ausn.* § 117 Abs. 7 AktG) u.a.

Aus dem Tatbestand der Sorgfaltspflichtverletzung des § 93 Abs. 1 Satz 1 AktG ist nach § 93 Abs. 1 Satz 2 AktG der Bereich unternehmerischen Ermessens und Handlungsspielraums ausgegrenzt.

▷ **Ausschluss:** Wenn die Handlung der Verwaltungsmitglieder auf einen ordnungsgemäßen Beschluss der Hauptversammlung beruht, ist die Haftung gegenüber der Aktiengesellschaft ausgeschlossen (§§ 93 Abs. 4 Satz 1, § 318 Abs. 3 AktG). Verwaltungsmitglieder haften grundsätzlich als Gesamtschuldner, eventuell mit sonstigen Haftungsschuldnern.

▷ **Spezielle Haftungstatbestände** bestehen bei der Gründung, bei einem Abhängigkeitsverhältnis sowie bei der Aktienausgabe.

▷ **Gründung:** Die Verwaltungsmitglieder haften bei → *Gründung* der Aktiengesellschaft oder einer → *Nachgründung* für Pflichtverletzungen, namentlich wenn (§§ 46–48, 53 AktG)

- die zur Annahme von Einzahlungen bestimmte Stelle hierzu nicht geeignet ist (§§ 54 Abs. 3, 48 Satz 1 1.Alt AktG),
- die eingezahlten Beträge nicht zur freien Verfügung des Vorstandes stehen (§ 48 Satz 1 2.Alt AktG),
- vor der → *Eintragung* der Aktiengesellschaft Handlungen im Namen der Gesellschaft vorgenommen werden (§ 41 Abs. 1 Satz 2 AktG),
- die Stillschweigepflicht verletzt wird (§§ 48 Satz 2, 93 Abs. 1 Satz Satz 2, 116 AktG),
- → *Einlagen* an die Aktionäre gesetzeswidrig zurückgewährt werden (§§ 48 Satz 2, 93 Abs. 3 Nr. 1, 116 AktG),
- Zinsen oder Gewinnanteile an die Aktionäre gezahlt werden (§§ 48 Satz 2, 93 Abs. 3 Nr. 2, 116 AktG),

- → *eigene Aktien* der Gesellschaft oder einer anderen Gesellschaft gesetzeswidrig gezeichnet, erworben, in Pfand genommen oder eingezogen werden (§§ 48 Satz 2, 93 Abs. 3 Nr. 3, 116 AktG),
- Aktien vor der vollen Leistung des Ausgabebetrages ausgegeben werden (§§ 48 Satz 2, 93 Abs. 3 Nr. 4, 116 AktG),
- Gesellschaftsvermögen verteilt wird (§§ 48 Satz 2, 93 Abs. 3 Nr. 5, 116 AktG),
- Zahlungen geleistet werden, nachdem die Zahlungsunfähigkeit der Gesellschaft eingetreten ist oder sich ihre Überschuldung ergeben hat (§§ 48 Satz 2, 93 Abs. 3 Nr. 6, 116 AktG),
- Vergütungen an Aufsichtsratsmitglieder gewährt wird (§§ 48 Satz 2, 93 Abs. 3 Nr. 7, 116 AktG),
- Kredit gewährt wird (§§ 48 Satz 2, 93 Abs. 3 Nr. 8, 116 AktG),
- bei der → *bedingten Kapitalerhöhung* Bezugsaktien entgegen dem festgesetzten Zweck oder vor voller Leistung des Gegenwerts ausgegeben werden (§§ 48 Satz 2, 93 Abs. 3 Nr. 9, 116 AktG).

▷ **Beherrschungsvertrag:** Verwaltungsmitglieder einer abhängigen Aktiengesellschaft haften im Falle eines → *Beherrschungsvertrages*, wenn sie unter Verletzung ihrer Pflichten gehandelt haben (*Ausn.:* wenn die schädigende Handlung auf eine rechtmäßige Weisung der herrschenden Gesellschaft beruht, §§ 310 Abs. 3, 308 Abs. 2 AktG). Falls kein Beherrschungsvertrag besteht, haften nur die Vorstandsmitglieder wegen Verletzung ihrer Sorgfaltspflichten, wenn

- sie unterlassen haben, das/die nachteilige Rechtsgeschäft/Maßnahme in dem → *Abhängigkeitsbericht* aufzuführen oder anzugeben,
- die Gesellschaft durch die Maßnahme benachteiligt wurde und
- der Nachteil nicht ausgeglichen worden war.

Die Aufsichtsratsmitglieder haften, wenn sie hinsichtlich des/der nachteiligen Rechtsgeschäfts/Maßnahme unter Missachtung ihrer Sorgfaltspflicht die Berichtsprüfungspflicht gemäß § 314 AktG verletzt haben (§ 318 Abs. 2 AktG).

▷ **Aktienausgabe:** Die Verwaltungsmitglieder haften für die Ausgabe von → *Aktien* bzw. → *Zwischenscheinen* gegenüber den Inhabern der Aktien als Gesamtschuldner, wenn

- Aktien über einen geringeren Nennbetrag als 1 Euro ausgegeben werden (§ 8 Abs. 2 Satz 2, Abs. 6 AktG);
- Zwischenscheine ausgegeben werde, die auf den Inhaber lauten (§ 10 Abs. 4 Satz 2 AktG);
- vor → *Eintragung* der Aktiengesellschaft Anteilsrechte übertragen oder Aktien/Zwischenscheine ausgegeben werden (§ 41 Abs. 4 Satz 3 AktG).

4. Strafrechtliche Verantwortung

▷ **Straftat:** Einem Verwaltungsmitglied droht Freiheits- oder Geldstrafe, sofern er

- falsche Angaben zum Zweck der Eintragung der Gründung oder der Kapitalerhöhung oder der Fortsetzung der Gesellschaft, im Gründungsbericht, Nachgründungsbericht oder Prüfungsbericht oder in abzugebenden Versicherungen macht oder erhebliche Umstände verschweigt (§ 399 AktG);

- unrichtige Darstellungen in Verbindung mit verbundenen Unternehmen abgibt (§ 400 Abs. 1 AktG, *Ausn.* Strafandrohung der Tat in § 331 Nr. 1 und 4 HGB);

- als Gründer oder Aktionär gegenüber dem Gründungsprüfer und sonstigem Prüfer falsche Angaben macht oder erhebliche Umstände verschweigt (§ 400 Abs. 2 AktG);

- als Vorstandsmitglied bei Verlusten der Aktiengesellschaft i.H.v. 50 % des Grundkapitals die Einberufung der Hauptversammlung und die Anzeige des Verlustes unterlässt (§§ 401 Abs. 1 Nr. 1, 92 Abs. 1 AktG);

- als Vorstandsmitglied oder Abwickler bei Zahlungsunfähigkeit oder Überschuldung die Beantragung der Eröffnung des Insolvenzverfahrens unterlässt (§§ 401 Abs. 1 Nr. 2, 268 Abs. 2 Satz 1 AktG);

- Bescheinigungen zum Nachweis des Stimmrechts in der Hauptversammlung oder einer gesonderten Versammlung falsch ausstellt oder verfälscht oder von falschen oder verfälschten Bescheinigungen Gebrauch macht (§ 402 AktG; *Ausn.* die Tat ist als Urkundenstraftat mit schwererer Strafe bedroht);

- ein Betriebs- oder Geschäftsgeheimnis, das ihm in seiner Eigenschaft als Verwaltungsmitglied oder Abwickler bekannt geworden ist, offenbart oder unbefugt verwertet (§ 404 AktG).

▷ **Ordnungswidrigkeit:** Ein Verwaltungsmitglied handelt ordnungswidrig bei unbefugter Ausgabe von Aktien und Zwischenscheinen (§ 405 Abs. 1, 2 und 3 AktG).

▷ **Zwangsgeld:** Auf Grund Verletzung zwingender gesetzlichen Regelungen kann das Registergericht gegen Verwaltungsmitglieder zur Befolgung dieser Vorschriften ein Zwangsgeld i.H.v. bis zu 5000 Euro festsetzen (§ 407 Abs. 1 AktG, *Ausn.* § 407 Abs. 2 Satz 1 AktG).

Hinweis auf weitere Stichwörter

- → *Abwickler*
- → *Aufsichtsrat*
- → *Aufsichtsratsmitglieder*
- → *Gründung*
- → *Nachgründung*

- → *Prüfung*
- → *Verbundene Unternehmen*
- → *Vorstand*
- → *Vorstandsmitglieder*

Verzicht und Vergleich

1. Aktiengesellschaft 825
2. Aktionäre 826
3. Gründer 827

1. Aktiengesellschaft

Die Aktiengesellschaft kann verzichten auf

▷ **Ersatzansprüche** der Aktiengesellschaft **anlässlich der** → Gründung/→ Nachgründung (§§ 50, 53 AktG); Voraussetzungen hierfür sind

- die Eintragung der Aktiengesellschaft bzw. der Nachgründung ist vor mehr als 3 Jahren erfolgt (*Ausn.* bei Zahlungsunfähigkeit des Ersatzpflichtigen zur Abwendung des Insolvenzverfahrens oder aufgrund eines Insolvenzplans ist der Verzicht ohne Zeitbeschränkung zulässig),
- die Zustimmung der → *Hauptversammlung* durch → *Beschluss* und
- kein Widerspruch einer Aktionärsminderheit (10 % des Grundkapitals) zur Niederschrift erklärt.

▷ **Ersatzansprüche** der Aktiengesellschaft **gegen Verwaltungsmitglieder**, jedoch nicht zu Lasten der Gläubiger der Aktiengesellschaft (§§ 93 Abs. 5, 116, 117 Abs. 5, 310 Abs. 4 AktG). Bei Ersatzansprüchen aufgrund → *Beherrschungsvertrag* ist zusätzlich erforderlich (§ 310 Abs. 4 AktG):

- dass 3 Jahre seit Entstehung des Anspruchs vergangen sind und
- ein → *Sonderbeschluss* der außenstehenden Aktionäre.

▷ **Ersatzansprüche** der Aktiengesellschaft **gegen eine herrschende Gesellschaft** (§ 302 Abs. 3 AktG): Voraussetzungen:

- Die Eintragung der Beendigung des → *Unternehmensvertrages* gilt bereits länger als 3 Jahre als bekannt gemacht (*Ausn.* bei Zahlungsunfähigkeit des Ersatzpflichtigen zur Abwendung eines Insolvenzverfahrens oder aufgrund eines Insolvenzplans ist der Verzicht ohne Zeitbeschränkung zulässig),
- → *Sonderbeschluss* der außenstehenden Aktionäre,
- kein Widerspruch einer Minderheit (10 % des bei der Beschlussfassung vertretenen Grundkapitals) der Aktionäre zur Niederschrift erklärt.

▷ **Ersatzansprüche** der Gesellschaft **gegen Vertreter des herrschenden Unternehmens**, jedoch nicht mit Wirkung gegenüber Gläubigern der Aktiengesellschaft (§ 309 Abs. 3 und 4 Satz 4 AktG): Voraussetzungen:

- 3 Jahre nach Entstehung des Anspruchs,
- Sonderbeschluss der außenstehenden Aktionäre und
- kein Widerspruch einer Minderheit (10 % des bei der Beschlussfassung vertretenen Grundkapitals) der Aktionäre zur Niederschrift erklärt;

▷ **die Einbeziehung eines Tochterunternehmens in den Konzernabschluss** (§ 296 Abs. 3 HGB): erforderlich ist die Begründung im Konzernanhang;

▷ **eine Forderung gegen eine andere abhängige Gesellschaft:** der Verzicht einer im Übrigen vermögenslosen abhängigen Gesellschaft auf eine Forderung gegen eine andere abhängige Gesellschaft auf Veranlassung des herrschenden Unternehmens kann zu dessen Haftung nach den §§ 302, 303 AktG führen (OLG München AG 2000, 186, 187).

▷ Die **Entlastung der Verwaltungsmitglieder** durch die Hauptversammlung stellt keinen Verzicht über die Ersatzansprüche der Gesellschaft gegen Verwaltungsmitglieder dar (§ 120 Abs. 2 Satz 2 AktG).

▷ **KGaA:** Bei Beschlussfassung über den Verzicht auf Ersatzansprüche gegen Verwaltungsmitglieder der Gesellschaft können die persönlich haftenden Gesellschafter ihr → *Stimmrecht* in der Hauptversammlung auch nicht in Vertretung eines anderen Aktionärs ausüben (§ 285 Abs. 1 Nr. 5 AktG).

2. Aktionäre

Möglich ist der Verzicht auf

- alle gesetzlichen oder sonst vorgeschriebenen Formen und Fristen der → *Hauptversammlung* im Falle einer → *Vollversammlung* der Aktionäre;

- die Klage gegen die Wirksamkeit eines Hauptversammlungsbeschlusses (z.B. § 319 Abs. 5 Satz 2 AktG, → *Anfechtung von Hauptversammlungsbeschlüssen: 5. Anfechtungsklage*);

- den → *Bericht* des Vorstandes zum → *Unternehmensvertrag* (§ 293a Abs. 3 AktG): der Bericht ist jedoch nur dann nicht zu erstatten, wenn jegliche Anteilsinhaber, der an dem Unternehmensvertrag beteiligten Gesellschaften auf den Bericht verzichten;

- die → *Prüfung* des Beherrschungs- und Gewinnabführungsvertrages und somit auch auf den im Zusammenhang zu erstellenden Bericht der Prüfer (§§ 293b Abs. 2 und 293e Abs. 2 AktG i.V.m. § 293a Abs. 3 AktG);

- Mitteilungen der Aktionärsvereinigung, falls diese dem Aktionär anderweitig zugänglich gemacht werden (§ 128 Abs. 5 i.V.m. Abs. 2 Satz 1, 2 und 4 AktG);

- nicht mehr werthaltige Forderungen (BGH [Großer Senat], Beschluss vom 9.6.1997: ein solcher Verzicht führt bei der Kapitalgesellschaft zu einer Einlage lediglich in Höhe des Teilwerts der Forderung und zwar auch dann, wenn die entsprechende Verbindlichkeit auf abziehbare Aufwendungen zurückgeht. Soweit der Nennwert der auszubuchenden Verbindlichkeit den Teilwert der Forderung übersteigt, erzielt die Gesellschaft einen steuerpflichtigen außerordentlichen Ertrag);

- einen Pensionsanspruch in Höhe des werthaltigen Teils (führt zu einem sofortigen Zufluss und zu einer Erhöhung der Anschaffungskosten der Beteiligung beim anspruchsberechtigten Aktionär sowie zum Abzug einer entsprechenden verdeckten Einlage bei der Kapitalgesellschaft);

– Aufwendungsersatz zuzüglich Gewinnaufschlag, wenn eine Kapitalgesellschaft im Interesse ihrer Anteilseigner ein Wirtschaftsgut unterhält und hieraus Verluste entstehen, ohne dass sich die Anteilseigner zu einem Verlustausgleich zuzüglich der Zahlungen eines angemessenen Gewinnaufschlags verpflichtet haben: in dem Verzicht ist eine → *verdeckte Gewinnausschüttung* zu sehen (§ 8 Abs. 3 Satz 2 KStG, eventuelle Einnahmen oder sonstige Vorteile aus der Verlusttätigkeit können die verdeckte Gewinnausschüttung mindern).

Zum Vergleich bei Anfechtungsprozessen → *räuberische Aktionäre.*

3. Gründer

Gründer können bei Vollmachterteilung auf einen Mitgründer auf den Schutz des § 181 BGB verzichten.

Hinweis auf weitere Stichwörter

- → *Aktionär*
- → *Gründer*

- → *Verwaltung*

Vetorecht

Das Vetorecht ist das Recht eines Organmitgliedes, *Mehrheitsentscheidungen* innerhalb seines Organs, auch endgültig, zu blockieren. Weder der Aufsichtsratsvorsitzende noch ein Vorstandsvorsitzender haben ein gesetzliches Vetorecht (→ *Aufsichtsrat,* → *Vorstand,* §§ 77 Abs. 1, 108 Abs. 1 AktG). Lediglich bei Vorstandsmitgliedern ist die Einräumung eines Vetorechts durch → *Satzung* oder → *Geschäftsordnung* möglich – meistens zu Gunsten des Vorstandsvorsitzenden (h.M.; OLG Karlsruhe AG 2001, 93, 94; *Mertens* in KK. AktG, 2. Aufl. 1996, § 77 Rn. 11). Ein Vetorecht mit endgültiger Wirkung ist aber bei mitbestimmten Gesellschaften ausgeschlossen (§§ 33 MitbestG, BGHZ 89, 48, 59).

Die Stimme des Aufsichtsratsvorsitzenden kann in der Sitzung aufgrund Regelung in der → *Satzung* (nicht der → *Geschäftsordnung*) doppelt gerechnet werden und damit für die Beschlussfassung ausschlaggebend sein (Recht zum *Stichentscheid*).

Hinweis auf weitere Stichwörter

- → *Aufsichtsrat*
- → *Aufsichtsratsmitglieder*
- → *Beschluss: 3. Aufsichtsratsbeschluss*
- → *Beschluss: 5. Beschlussfassung des Vorstands*

- → *Geschäftsordnung*
- → *Satzung*
- → *Sitzung*
- → *Vorstand*

Vinkulierung

▷ **Begriff:** Die Vinkulierung ist die Beschränkung der Übertragbarkeit von Aktien, indem die Übertragbarkeit an die Zustimmung der Gesellschaft geknüpft wird.

▷ **Zweck:** Die Vinkulierung sichert in erster Linie die Gegenleistungspflichten für die Ausgabe von Aktien. Sie dient der Sicherung der

- Zahlungsfähigkeit der Aktionäre,
- Volleinzahlung der Aktie,
- Erfüllung von Nebenleistungspflichten.

Sie dient aber darüber hinaus auch dazu, das Interesse der Gesellschaft daran durchzusetzen, den Gesellschafterkreis nicht jedem beliebigen Dritten offen zu halten. Die Vinkulierung schützt vor ungewollten Verschiebungen der Beteiligungsverhältnisse bis hin zur Sicherung der Mehrheitsverhältnisse.

▷ **Durchführung:** Die Vinkulierung erfolgt zwingend durch die → *Satzung* in den Grenzen des § 68 Abs. 2 Satz 1 AktG. Auch die Vinkulierung selbst kann satzungsmäßig *beschränkt* werden.

> **Beispiel**
>
> Festlegung einzelner Verweigerungsgründe bei Aktienübertragungen.

▷ **Nachträgliche Vinkulierung** erfolgt durch Satzungsänderung. Erforderlich ist die Zustimmung aller betroffenen Aktionäre (§ 180 Abs. 2 AktG). Bei der *Ausgabe junger Aktien* ist der Kapitalerhöhungsbeschluss maßgeblich, falls nicht alle Aktien in der ursprünglichen Satzung vinkuliert sind. Der Beschluss muss den Umfang der Vinkulierung von jungen Namensaktien angeben.

▷ **Ermessensmissbrauch:** Als Grundsatz gilt, dass die Vinkulierung nicht zu einer prinzipiellen Unveräußerlichkeit der Aktien auf unabsehbare Zeit führen darf, da niemand auf Dauer an eine Aktiengesellschaft gebunden werden darf.

▷ **Vinkulierte Namensaktien:** Im Aktienrecht gilt der Grundsatz allgemein freier Verfügbarkeit (Übertragbarkeit) der Mitgliedschaft (→ *Mitgliedschaftsrechte*). Abweichend hiervon kann die Satzung die (dingliche) Übertragung von *Namensaktien* an die Zustimmung der Gesellschaft knüpfen (§ 68 Abs. 2 Satz 1 AktG). In diesem Falle handelt es sich um sog. vinkulierte Aktien. Gesetzlich vorgeschrieben ist die Ausgabe als vinkulierte Aktien zur Kontrolle des Aktionärskreises bei Gesellschaften

- mit freiberuflicher Tätigkeit oder
- besonderer Zwecksetzung.

Hinweis auf weiterführende Literatur: *Barthelmeß/Braun,* Zulässigkeit schuldrechtlicher Verfügungsbeschränkungen über Aktien zugunsten der Aktiengesellschaft, AG 2000 172 ff.; *Karollus/Artmann,* Zur Auslegung einer Vinkulierungsklausel – individuelles Zustimmungsrecht, Ersetzung der Zustimmung durch das Gericht und mittelbare Anteilsverschiebung, GesRZ 2001, 64 ff.

Hinweis auf weitere Stichwörter

- → *Aktie*
- → *Erwerb*
- → *Mitgliedschaftsrechte*

- → *Namensaktien*
- → *Satzung*

Vollversammlung

Die Gesellschafter können zwar grundsätzlich keine Versammlung einberufen, sämtliche Gesellschafter können sich aber ohne Vorliegen einer Einberufung faktisch zu einer so genannten Vollversammlung (oder Universalversammlung) treffen. Dies kommt insbesondere bei Gesellschaften mit einer geringen Anzahl von Gesellschaftern vor. Wenn keiner der Gesellschafter der Versammlung an sich oder den einzelnen Abstimmungen widersprochen hat, liegt in der Verabredung zur Versammlung ein vorweggenommener Rügeverzicht bezüglich der fehlenden Einberufung (BGHZ 100, 264). Die Anwesenheit von Vertretern genügt; dies bedeutet auch, dass eine von allen Gesellschaftern ermächtigte Person allein eine Vollversammlung abhalten kann (BayObLG NJW-RR 1989, 807).

Hinweis auf weitere Stichwörter

- → *Abstimmung*
- → *Einberufung*

- → *Hauptversammlung*
- → *Stimmrecht*

Vor-AG (Vorgesellschaft)

1. Entstehung und Beendigung 829
2. Rechtsnatur 830
3. Organe 831
4. Haftung............................ 831
5. Schuldübernahme
   (§ 41 Abs. 2 AktG).................. 832

1. Entstehung und Beendigung

▷ **Vorgründungsgesellschaft:** Die *Vor-AG* ist eine notwendige Stufe der späteren Aktiengesellschaft und wird als werdende juristische Person behandelt. Von der zeitlichen Abfolge her unterscheidet man als erste Stufe eine formlose → *Vorgründungsgesellschaft* i.S.v. § 705 BGB, die sich als reine Innengesellschaft erschöpft und durch die erste echte Gründungsstufe (Entstehung einer Vorgesellschaft, der Vor-AG) infolge Zweckerreichung erlischt bzw. aufgelöst wird.

▷ **Die eigentliche Vor-AG** entsteht mit

– der *Errichtung der Gesellschaft* gemäß § 29 AktG und
– dem *Abschluss des Gesellschaftsvertrages* (Feststellung der Satzung).

Beachte: Dogmatisch umstritten, aber mit ähnlichen Rechtsfolgen entsteht auch bei einer Einmanngründung, eine Art Vorgesellschaft.

▷ **Erlöschen:** Die Vor-AG ist mit der Eintragung der Aktiengesellschaft in das Handelsregister beendet, denn dann entsteht die Aktiengesellschaft als selbständige rechtliche Körperschaft (juristische Person). Die Vor-AG erlischt und ihr Vermögen geht ohne weiteres Zutun auf die Aktiengesellschaft über. Zwischen *Vor-AG* und Aktiengesellschaft besteht Rechtsträgeridentität.

▷ **Auflösung:** Die Vor-AG ist mit Eintritt in das Auflösungsstadium beendet, wenn

– die Eintragung der Gesellschaft nicht erfolgt,
– die Mitglieder der Vor-AG mit der dafür erforderlichen Mehrheit (§ 262 Abs. 1 Nr. 2 AktG) die Auflösung beschließen oder
– ein Insolvenzverfahren eröffnet wird (§ 11 Abs. 1, Abs. 2 Nr. 1, 15 InsO; § 262 Abs. 1 Nr. 3 AktG).

In den Fällen der Auflösung kann die Liquidation nach aktienrechtlichen Grundsätzen in analoger Anwendung der §§ 262 ff. AktG stattfinden, soweit diese nicht eine Eintragung voraussetzen. Die Rechtsprechung wendet im Übrigen die Vorschriften über die Abwicklung einer bürgerlich-rechtlichen Gesellschaft analog an. Führt die Gesellschaft ein Handelsgeschäft fort, obwohl feststeht, dass sie nicht eingetragen wird, so wird aus der *Vor-AG* eine OHG. Die Gesellschafter haften den Gläubigern dann unbeschränkt (§§ 128 ff., 171 ff. HGB, § 278 Abs. 2 AktG).

2. Rechtsnatur

Die Vor-AG ist als eigenständige Organisationsform anerkannt. Sie ist weder eine BGB-Gesellschaft noch ein Verein, sondern eine Gesamthandgesellschaft eigener Art. Die Vor-AG ist körperschaftlich strukturiert. Sie untersteht den Gründungsvorschriften des Aktiengesetzes und der Satzung sowie den Vorschriften über die eingetragene Aktiengesellschaft, soweit die in Frage kommenden Bestimmungen nicht die Eintragung voraussetzen. Die rechtlich existente Vor-AG ist namens- und firmenrechtsfähig, passiv parteifähig sowie wechsel-, scheck-, insolvenz- und grundbuchfähig. Darüber hinaus ist sie im Zivilprozess auch aktiv parteifähig (BGH NJW 1998, 1079).

3. Organe

Die Organe der Vorgesellschaft sind:

- der erste Aufsichtsrat (bestehend nur aus Vertretern der Anteilseigner) und
- der erste Vorstand, bestellt vom ersten Aufsichtsrat (§ 30 Abs. 1, Abs. 4 AktG).

Da die Aktien erst nach der Eintragung ausgegeben werden dürfen (§ 41 Abs. 4 Satz 1 AktG), kann sich eine Hauptversammlung, die sich aus den Aktionären zusammensetzt (§ 118 AktG), noch nicht konstituieren. An ihre Stelle tritt die sog. Gründerversammlung. Die Vor-AG wird durch ihren Vorstand vertreten (unbeschränkte Vertretungsmacht in Anlehnung an §§ 78, 82 AktG).

4. Haftung

▷ Die **Vorgesellschaft** *selbst* kann aus Rechtsgeschäften haften, sofern sie dabei rechtswirksam vertreten worden ist oder ohne Vertretungsmacht vorgenommene Geschäfte genehmigt (§ 177 BGB).

▷ Die **persönliche Haftung** der Beteiligten (Gründer oder Handelnde) kann begründet sein als

- Gesellschafterhaftung der Gründer neben der Vorgesellschaft,
- Haftung des Handelnden neben der Vorgesellschaft gemäß § 41 Abs. 1 Satz 2 AktG,
- Haftung von Vertretern ohne Vertretungsmacht gemäß § 178 BGB anstelle der Vorgesellschaft.

▷ Die **Vorbelastungshaftung** (Unterbilanzhaftung oder Differenzhaftung): Eine solche Vorbelastungshaftung der Gründer begründet keine unmittelbare Haftung gegenüber den Gläubigern, vielmehr lediglich Nachschusspflichten der Gründer im Innenverhältnis und anteilig nach dem Verhältnis ihrer durch Aktienübernahme begründeten Einlagepflichten zu dem Zeitpunkt, an dem die Gesellschaft eingetragen wird.

▷ Anteilige **Verlustdeckungspflicht**: Die Gründer haften für die Verbindlichkeiten der Vor-Aktiengesellschaft, sofern sie der vorzeitigen Geschäftsaufnahme zugestimmt haben. Dies bedeutet, dass der auf den Eintragungsstichtag bezogenen Vorbelastungshaftung der Gesellschafter eine ihrem Umfang nach gleiche Gründerhaftung bei der Vorgesellschaft vorgelagert ist. Nach dem Grundsatzurteil des BGH (BGHZ 134, 333, 341) besteht ein Haftungsgleichlauf vor und nach der Eintragung der AG: einheitliche Gründerhaftung in Form einer

- andauernden Verlustdeckungshaftung bis zur Eintragung der Gesellschaft und
- an die Eintragung geknüpften Vorbelastungs-(Unterbilanz-)Haftung.

Die von der Rechtsprechung des BGH zur Vor-GmbH entwickelte Gründerhaftung findet auch auf die Vor-AG Anwendung (bestätigt durch OLG Karlsruhe AG 1999, 131, 131 und LG Heidelberg AG 1998, 197, 198).

▷ **Handelndenhaftung:** Der Rechtsverkehr kann eine persönliche Haftung der Mitglieder einer Vor-AG (als werdende Kapitalgesellschaft) nicht erwarten. Die Gläubiger sind durch die strengen Kapitalaufbringungsvorschriften, die auch für die Vor-AG hinsichtlich des Haftkapitals gelten, ausreichend geschützt. Daher ist die Handelndenhaftung eine Organhaftung und ist systematisch streng von der Gesellschafterhaftung zu unterscheiden. Sie tritt nicht nur neben die Haftung der Gesellschaft, sondern, wenn eine Ausnahme von der Innenhaftung vorliegt, auch neben die persönliche Haftung eines Gründers. Erforderlich ist aber, dass für eine Vorgesellschaft gehandelt wurde.

▷ Als **Handelnde** gelten

– die bestellten Vorstandsmitglieder,
– derjenige, der zwar nicht unmittelbar handelt, aber eine aktive Einflussnahme auf die konkrete Geschäftsführung ausübt,
– wer Dritten eine Vollmacht erteilt und diese handeln lässt.

Für eine relevante Handelndenhaftung reicht ein Handeln „im Namen der Vor-AG" aus. Die Handelndenhaftung erlischt mit Eintragung der Gesellschaft. Verbindlichkeiten der Vor-AG werden zu solchen der Aktiengesellschaft. Die Handelndenhaftung hat daher nur in den Fällen Relevanz, wenn die Eintragung der Gesellschaft unterbleibt oder der Handelnde eigenmächtig gehandelt und deshalb schon die Vorgesellschaft nicht wirksam verpflichtet hat.

▷ **Gründerhaftung:** Die einheitliche Gründerhaftung ist auf die Einlage beschränkt und tritt in 2 Formen in Erscheinung:

– Nach der Eintragung greift eine auf Auffüllung der Stammkapitalziffer des Gesellschaftsvermögens gehende **Unterbilanzhaftung**,
– bei gescheiterter Gründung trifft die Gründer dagegen eine **Verlustdeckungshaftung**, die die Gesellschafter der Vor-AG verpflichtet, der Gesellschaft soviel an Mitteln zur Verfügung zu stellen, dass sie sämtliche in der Gründungsphase entstandenen Verbindlichkeiten erfüllen kann.

Der Anspruch gegen die Gründer steht nur der Gesellschaft zu. Die Gründerhaftung erlischt grundsätzlich mit der Eintragung der Aktiengesellschaft in das Handelsregister.

5. Schuldübernahme (§ 41 Abs. 2 AktG)

Sofern die Verbindlichkeiten der Vor-AG nicht automatisch auf die Gesellschaft übergehen, bestimmt § 41 Abs. 2 AktG als Ausnahme zum allgemeinen Grundsatz der §§ 414, 415 BGB, dass die Gesellschaft nach ihrer Eintragung die Schulden einer Person, die vor der Eintragung im Namen der Gesellschaft gehandelt hat, ohne Zustimmung des Gläubigers übernehmen kann, wenn die Schuldübernahme innerhalb von 3 Monaten nach der Eintragung erfolgt und dem Gläubiger mitgeteilt wird.

Hinweis auf weiterführende Literatur: *Priester,* Geschäfte mit Dritten vor Eintragung der AG, ZHR 165 (2001), 383 ff.; *Servatius,* Der Anfang vom Ende der unechten Vorgesellschaft, NJW 2001, 1696 ff.

Hinweis auf weitere Stichwörter

→ *Vorstand* | → *Gründung*

Vorgründungsgesellschaft

1. Entstehung und Beendigung 833
2. Rechtsnatur 833
3. Haftung 834

1. Entstehung und Beendigung

▷ **Vorgründungsvertrag:** Die Vorgründungsgesellschaft entsteht durch

– die Verpflichtung der künftigen Gründer zur gemeinsamen Errichtung einer Aktiengesellschaft und

– die Vereinbarung der dafür erforderlichen essentialia.

Treffen die Gründer verbindliche Abreden über die Gründung einer Aktiengesellschaft, so schließen sie damit einen Vorgründungsvertrag, der wegen seiner Warnfunktion der notariellen → *Beurkundung* bedarf (§ 23 Abs. 1 Satz 1 AktG). Ein solcher Vorgründungsvertrag zur Schaffung einer Vorgründungsgesellschaft darf nicht mit den Verträgen verwechselt werden, welche die Gründer aus Anlass der Gründung untereinander eingehen und die nur mittelbar mit der Gründung selbst zusammenhängen. Solche Verträge regeln u.a. die Ausübung des Stimmrechts bei der Bestellung von Organen und ähnliche Einflussnahmen auf die künftige Gesellschaft.

▷ **Erlöschen:** Die Vorgründungsgesellschaft endet mit Errichtung der Gesellschaft (→ *Vor-AG*) und Abschluss des Gesellschaftsvertrages (§§ 28, 29 AktG).

2. Rechtsnatur

Das der geschaffenen Vorgründungsgesellschaft zugrunde liegende Rechtsverhältnis zwischen den künftigen Gründern (Vor-Gründern) richtet sich nach den *Regeln einer BGB-Gesellschaft* (§§ 705 ff. BGB). Der gemeinsame Zweck ist die erstrebte Errichtung einer Aktiengesellschaft (BGHZ 91, 148, 151). Zwischen dem Abschluss eines solchen Vorgründungsvertrages und der Errichtung der Aktiengesellschaft (§ 29 AktG) besteht unter den Beteiligten nicht nur eine Innen-, sondern auch eine Außengesellschaft. Betreibt eine solche Vorgründungsgesellschaft ein vollkaufmännisches Unternehmen, das später in die Aktiengesellschaft eingebracht werden soll, so liegt eine OHG vor (BGHZ 91, 148, 151).

3. Haftung

Die Haftung der Beteiligten richtet sich nach den allgemeinen Grundsätzen des BGB und des Rechts der Personengesellschaften. Die persönliche Haftung der Vorgründungsgesellschafter bleibt auch nach der Gründung und Eintragung bestehen (§§ 714, 427 BGB, § 128 HGB). Neben dieser Haftung besteht keine Handlungshaftung nach § 41 Abs. 1 Satz 2 AktG (BGHZ 80, 129, 137 ff. unter Aufgabe der bisherigen Rechtsprechung). Wird die Gesellschaft wirksam errichtet, so endet die Vorgründungsgesellschaft infolge Zweckerreichung. Rechte und Verbindlichkeiten gehen auf die nunmehrige „Vor-AG" nur über, wenn sie durch besondere Rechtsgeschäfte übertragen werden. Für etwaige Verbindlichkeiten der Vorgründungsgesellschaft haften die Gesellschafter unbeschränkt persönlich als Gesamtschuldner (§ 421 BGB). Diese Haftung besteht grundsätzlich so lange fort, bis die betreffende Verbindlichkeit erfüllt ist.

Im Vorgründungsstadium greift die Handelndenhaftung und die vereinfachte Überleitung von Verbindlichkeiten nicht ein (§ 41 Abs. 1 Satz 2 AktG, → *Vor-AG: 4. Haftung*).

Hinweis auf weitere Stichwörter

→ *Gründung* | → *Haftung*

Vorratsaktien

Die Vorratsaktie wird auch *Verwaltungsaktie, Verwertungsaktie, Schutzaktie* oder *Herrschaftsaktie* genannt. Dabei erwirbt die Aktiengesellschaft von einem Aktionär Aktien, die dieser für Rechnung der Gesellschaft oder eines von ihr abhängigen oder in ihrem Mehrheitsbesitz stehenden Unternehmens hält. Die Aktiengesellschaft wendet für diesen Aktienerwerb Mittel auf, ohne dass ihr jedoch aus der Übernahme Mittel zugeflossen sind. Daher ist der Aktiengesellschaft ein solcher originärer → *Erwerb eigener Aktien* grundsätzlich verboten (§ 56 Abs. 1 AktG). Verstöße dagegen führen zur Nichtigkeit des Erwerbs (§ 134 BGB). Das Gesetz lässt jedoch den *derivativen Erwerb* von eigenen Aktien zu (§ 56 Abs. 2 und 3 AktG). Die Voraussetzungen sind vor allem in den §§ 71b–d, 160 Abs. 1 Nr. 2 AktG geregelt.

Hinweis auf weitere Stichwörter

→ *Aktie*
→ *Eigene Aktien*
→ *Gründung*

→ *Übernahme*
→ *Zeichnung*

Vorratsbeschluss

Vorratsbeschlüsse sind rechtmäßige → *Beschlüsse* der → *Hauptversammlung*, die nicht zum unmittelbaren Vollzug erlassen werden. Vielmehr verbleibt der Vollzugszeitpunkt im Ermessen des → *Vorstands* als Geschäftsführungsorgan. Die Vorratsbeschlüsse stellen daher Ermächtigungen des Vorstands dar, bestimmte Handlungen vorzunehmen. Regelmäßig ist damit ein Zustimmungserfordernis des Aufsichtsrats gekoppelt. Die Ermächtigung darf für höchstens 18 Monate erteilt werden.

> **Beispiel**
>
> Handlungen zur Vereitelung eines Übernahmeangebots können durch den Vorstand aufgrund eines Vorratsbeschlusses der Hauptversammlung vorgenommen werden. Die Maßnahme bedarf zusätzlich der Zustimmung des Aufsichtsrats (§ 33 Abs. 2 WpÜG).

Hinweis auf weitere Stichwörter

- → *Aufsichtsrat*
- → *Beschluss: 3. Hauptversammlungsbeschluss*
- → *Hauptversammlung*

Vorratsermächtigung

Eine Vorratsermächtigung des Vorstandes liegt vor, wenn der Vorstand im Rahmen seiner Geschäftsführungsbefugnis (§ 77 AktG) entscheiden kann über

- die Ausgabe neuer Aktien,
- den Inhalt der neuen Aktien,
- die Bedingungen der Aktienausgabe, soweit die Hauptversammlung den Vorstand nicht bereits gebunden hat (§ 204 Abs. 1 Satz 1 AktG).

Mit Hilfe der Vorratsermächtigung des Vorstandes bietet sich die Möglichkeit, ein anderes Unternehmen oder eine Beteiligung daran gegen Gewährung eigener Aktien flexibel und entsprechend den jeweiligen Markterfordernissen rasch zu erwerben.

Hinweis auf weitere Stichwörter

- → *Genehmigtes Kapital*
- → *Kapitalerhöhung: 5. Genehmigtes Kapital*

Vorratsgesellschaft

→ *Mantel-AG*

Vorsitzender

1. Aufsichtsrat 836
2. Vorstand 836
3. Hauptversammlung 836

1. Aufsichtsrat

→ *Aufsichtsrat: 4. Aufsichtsratsvorsitzender*

2. Vorstand

→ *Vorstand: 2. Zusammensetzung*

3. Hauptversammlung

→ *Versammlungsleiter*

Vorstand

1. Rechte 836
2. Pflichten 838
3. Zusammensetzung 838
4. Erster Vorstand 839

1. Rechte

▷ **Stellung:** Der Vorstand ist der gesetzliche Vertreter der Aktiengesellschaft. Durch den Vorstand wird die Aktiengesellschaft handlungsfähig. Der Vorstand als Gesamtheit der bestellten Vorstandmitglieder ist ein Kollegialorgan. Er hat die Gesellschaft unter eigener Verantwortung zu leiten, umfassend zu führen und zu vertreten (§§ 76 Abs. 1, 77, 78 AktG). Für alle Geschäftsvorgänge, die trotz einer Geschäftsverteilung immer in die Gesamtzuständigkeit des Vorstandes fallen, bleibt es auch bei der Gesamtverantwortung des Vorstandes. Bei der Führung der Geschäfte ist der Vorstand im Grundsatz weder an Weisungen des Aufsichtsrats noch an solche der Hauptversammlung gebunden (im Gegensatz zum Geschäftsführer einer GmbH). Gleichwohl ist sein Wirken im Geschäftsführungsbereich nicht unbegrenzt. Schranken können sich gemäß § 82 Abs. 2 AktG ergeben aus

- der *Satzung*,
- *Weisungen des Aufsichtsrats* (dieser kann den Vorstand jedoch niemals positiv zwingen, eine bestimmte Geschäftsführungsmaßnahme vorzunehmen),
- *Beschlüssen der Hauptversammlung*, wenn diese auf Verlangen des Vorstandes hin entschieden hat,
- *Geschäftsordnungen* des Vorstandes und des Aufsichtsrats,
- dem *Anstellungsvertrag*.

▷ **Vertretungsbefugnis** → *Vertretung: 2. Vertretung durch den Vorstand*

▷ **Leitungsmacht, Geschäftsführung:** Der Vorstand ist das Leitungsorgan der Aktiengesellschaft. Ihm fällt in erster Linie die Aufgabe zu, die Geschäfte der Gesellschaft in eigener und alleiniger Verantwortung zu führen (§ 76 Abs. 1 AktG). Durch Satzung kann bestimmt werden, dass konkrete Entscheidungen der Zustimmung des Aufsichtsrats bedürfen. Ist ein Geschäft an die Zustimmung des Aufsichtsrats gebunden, so soll der Aufsichtsrat nicht nur abstimmen, sondern die Angelegenheit mit dem Vorstand auch erörtern können. Falls es sich um eine Maßnahme handelt, die einen tief greifenden Eingriff in die Mitgliedschaftsrechte der Aktionäre darstellt, z.B. Strukturänderungen, kann der Vorstand auf seinen Antrag hin von der Hauptversammlung eine ihn bindende Weisung einfordern (§ 119 Abs. 2 AktG).

Unter *Geschäftsführung* ist jede Handlung zu verstehen, die der Vorstand im Rahmen seiner Tätigkeit für die Gesellschaft vornimmt (§§ 76, 78, 82 Abs. 2 i.V.m. § 77 Abs. 1 AktG). Durch die Leitung legt der Vorstand die Unternehmenspolitik fest und nimmt die eigentliche unternehmerische Funktion dadurch wahr, dass er die geschäftspolitischen Initiativen ergreift (BVerfGE 50, 290 ff.). Eine durch das MitbestG erfolgte Verpflichtung zu einer stärkeren Berücksichtigung von Arbeitnehmerinteressen im Rahmen der Unternehmenspolitik muss seine Grenze stets bei der Verantwortlichkeit der Organmitglieder für das Unternehmenswohl finden. Soweit der Vorstand als Unternehmer in eigener Verantwortung tätig wird, steht ihm ein weites unternehmerisches Ermessen zu, vor allem hinsichtlich der Gestaltung der Organisation, der Führungsgrundsätze, der Geschäftspolitik als solcher und über die Zielkonzeption.

▷ **Treuebindungen:** Die Vorstandsmitglieder haben im Rahmen der Geschäftsführung den ihnen kraft ihrer Bestellung obliegenden organschaftlichen Treuebindungen nachzukommen. Diese sind

- die *Berichtspflichten* an den Aufsichtsrat (§ 90 AktG),
- die *Pflicht zur Verlustanzeige* bei Überschuldung (§ 92 Abs. 1 AktG),
- die *Insolvenzantragspflicht* bei Zahlungsunfähigkeit (§ 92 Abs. 2 Satz 1 AktG).

▷ **Geschäftsordnung:** Der Vorstand kann sich eine → *Geschäftsordnung* geben, wenn nicht die Satzung diese Aufgabe dem Aufsichtsrat zuweist oder der Aufsichtsrat aus eigener Initiative eine Geschäftsordnung für den Vorstand erlässt (§§ 77 Abs. 2 AktG, 33 Abs. 2 Satz 2 MitbestG).

2. Pflichten

▷ **Pflichten bei der Geschäftsführung:** Die Vorstandsmitglieder haben die ihnen obliegenden Geschäfte mit der Sorgfalt eines ordentlichen und gewissenhaften Geschäftsleiters zu führen (§ 93 Abs. 1 Satz 1 AktG). Darüber hinaus müssen sie die ihnen obliegenden organschaftlichen Pflichten erfüllen. Sie haben über vertrauliche Angaben und Geheimnisse der Gesellschaft, namentlich Betriebs- und Geschäftsgeheimnisse, die ihnen durch ihre Tätigkeit im Vorstand bekannt geworden sind, Stillschweigen zu bewahren. Hierunter sind alle Informationen zu verstehen, die das Vorstandsmitglied in dieser Eigenschaft und nicht notwendig durch die eigene Tätigkeit erlangt hat. Maßgeblich ist hierfür eine objektive, am Interesse der Gesellschaft ausgerichtete Beurteilung, ob die Wiedergabe der Information nachteilig sein kann, auch wenn diese kein Geheimnis darstellt. Die Verschwiegenheitspflicht trifft Vorstandsmitglieder jeder Art, auch die Arbeitsdirektoren, und besteht auch nach dem Ausscheiden des Mitglieds fort (*Mertens* in KK. AktG, 2. Aufl. 1996, § 93 Rn. 81).

▷ **Pflichten in der Insolvenz/im Vergleich:** Der Vorstand ist unter bestimmten Voraussetzungen verpflichtet, die Eröffnung des Insolvenz- oder des gerichtlichen Vergleichsverfahrens zu beantragen (§ 92 AktG). Hierbei handelt es sich um ein Schutzgesetz zugunsten der Gesellschaftsgläubiger (§ 823 Abs. 2 BGB). Verzögern die Organmitglieder die Stellung eines Insovenzantrages, so besteht diese Verpflichtung fort mit der Maßgabe, dass sie auch gegenüber den Gläubigern zum Tragen kommt, die erst nach Eintritt der gesetzlich vorgegebenen Antragspflicht Gläubiger der Gesellschaft geworden sind. Nicht geschützt sind Personen, die nach der Insolvenzeröffnung Gesellschafter werden. Dabei werden Altgläubiger bis zur Höhe der Insolvenzquote entschädigt, die bei rechtzeitiger Stellung des Insolvenzantrages erzielt worden wäre.

3. Zusammensetzung

▷ **Mitgliederzahl:** Der Vorstand kann aus einer oder mehreren Personen bestehen (§ 76 Abs. 2 AktG). Für die dem MitbestG unterliegenden Aktiengesellschaften sind mindestens 2 Vorstandsmitglieder erforderlich, da notwendigerweise ein Arbeitsdirektor bestellt sein muss (§ 33 MitbestG). Die Anzahl der Vorstandsmitglieder wird in der Satzung festgelegt. Die Satzung muss die Zahl der Mitglieder des Vorstandes oder die Regeln, nach denen diese Zahl festgelegt wird, enthalten. Zum einen kann die genaue Zahl genannt werden, ausreichend ist aber, wenn in der Satzung die Mindest- und eventuell die Höchstzahl angegeben und bestimmt wird, dass die genaue Mitgliederzahl des Vorstandes im Einzelnen vom Aufsichtsrat oder der Hauptversammlung festgelegt wird. Bei Unterschreitung der in der Satzung bestimmten Mindestzahl bedarf es einer Satzungsänderung nur, wenn die frei gewordene Stelle auf Dauer nicht mehr besetzt werden kann. Der Aufsichtsrat ist verpflichtet, die fehlenden Mitglieder neu zu bestellen. Ein unterbesetzter Vorstand bleibt jedoch selbst dann handlungsfähig, wenn er Maßnahmen durchführt, die das Gesetz dem Gesamtvorstand vorbehalten hat. Die Angabe einer Fixzahl empfiehlt sich nicht, da die Gesellschaft dadurch ohne Not ihren Handlungsspielraum verengt. Jede Veränderung der Zahl der Vorstandsmitglieder würde eine Satzungsänderung erforderlich machen.

Empfehlenswert ist es, die Bestimmung der Zahl der Vorstandsmitglieder dem Aufsichtsrat aufgrund statutarischer Regelung zuzuweisen. Dieser hat dann die Möglichkeit, bei Ausfall eines Vorstandsmitglieds die Zahl herabzusetzen und sie im Rahmen der Wiederaufstockung des Vorstandes erneut zu erhöhen (s. *Nirk* in Nirk/Ziemons/Binnewies, Handbuch der AG, Loseblatt, Rn. 640 f.).

▷ **Vorsitzender:** Besteht der Vorstand aus mehreren Mitgliedern, so kann der Aufsichtsrat durch Beschluss einen Vorsitzenden ernennen (§ 84 Abs. 2 AktG). Die einfache Mehrheit im Gesamtaufsichtsrat ist ausreichend. Durch die Satzung oder die Geschäftsordnung können dem Vorstandsvorsitzenden ein Recht zum Stichentscheid und auch ein Vetorecht zuerkannt werden, *Ausn.* bei mitbestimmten Gesellschaften (BGHZ 89, 48, 58).

▷ **Vorstandssprecher:** Sofern der Aufsichtsrat keinen Vorstandsvorsitzenden bestellt, kann sich der Vorstand kraft seiner Geschäftsordnungskompetenz (§ 77 Abs. 2 AktG) selbst einen Vorstandssprecher geben. Seine Rechtsstellung bleibt der Einzelausgestaltung der Geschäftsordnung überlassen. So kann ihm z.B. die Repräsentation des Vorstandes als Kollegialorgan sowie das Recht zur Sitzungsleitung unbedenklich übertragen werden. Allerdings kann der Vorstandssprecher nicht über diesen Weg zum Vorstandsvorsitzenden aufgewertet werden.

4. Erster Vorstand

▷ **Bestellung:** Der erste Vorstand wird vom ersten Aufsichtsrat bestellt (§ 30 Abs. 4 AktG). Die Amtszeit beträgt nach § 84 Abs. 1 Satz 1 AktG höchstens 5 Jahre. Dem ersten Vorstand obliegt es auch schon im Gründungsstadium, die Geschäfte des Unternehmens verantwortlich zu leiten, was insbesondere bei der Einbringung eines Unternehmens von Bedeutung ist.

▷ **Aufgaben:** Dem ersten Vorstand sind vom Gesetz folgende besondere Aufgaben zugewiesen:

- Prüfungspflicht bezüglich des Gründungshergangs (§ 33 AktG),
- Anmeldung der Gesellschaft (§ 36 AktG),
- Bekanntmachung nach § 30 Abs. 3 Satz 2 AktG, gegebenenfalls auch § 31 Abs. 2 Satz 1 AktG.

▷ **Sonderfall Einbringung:** Wurde der erste Aufsichtsrat im Falle der Einbringung eines Unternehmens (§ 31 AktG) bestellt und hat dieser wiederum den ersten Vorstand bestellt, so bedarf es keiner Bestätigung dieser Vorstandsmitglieder durch den nach Hinzutreten der Arbeitnehmervertreter erst vollständig gebildeten Aufsichtsrat. Bei der Wahl des erforderlichen *Arbeitsdirektors* (§ 33 MitbestG) ist ein vollständiger, unter Beachtung der Mitbestimmungsregeln besetzter Aufsichtsrat erforderlich.

▷ Die **Vergütung** des ersten Vorstandes gehört bis zur Eintragung zum Gründungsaufwand. Nach allg. Ansicht kann diese nur als Gründungsentschädigung bzw. Gründungslohn im Rahmen des § 26 Abs. 2 AktG gewährt werden und ist deshalb in der Satzung gesondert festzusetzen.

Hinweis auf weiterführende Literatur: *Becker,* Verhaltenspflichten des Vorstands der Zielgesellschaft bei feindlichen Übernahmen, ZHR 2001, 280 ff.; *Beuthien/Gätsch,* Einfluss Dritter auf die Organbesetzung und Geschäftsführung bei Vereinen, Kapitalgesellschaften und Genossenschaften, ZHR 157 (1993), 483 ff.; *Boujong,* Rechtliche Mindestanforderungen an eine ordnungsgemäße Vorstandskontrolle und -beratung, AG 1995, 203; *Bosse,* Informationspflichten des Vorstands beim Bezugsrechtsausschluss im Rahmen des Beschlusses und der Ausnutzung eines genehmigten Kapitals, ZIP 2001, 104 ff.; *Dreher,* Das Ermessen des Aufsichtsrats – der Aufsichtsrat in der AG zwischen Vorstandsautonomie und Richterkontrolle, ZHR 158 (1994), 615 ff.; *Drygala,* Die neue deutsche Übernahmeskepsis und ihre Auswirkungen auf die Vorstandspflichten nach § 33 WpÜG, ZIP 2001, 1861 ff.; *Fleischer,* Zur Leitungsaufgabe des Vorstands im Aktienrecht, ZIP 2003, 1 ff.; *Götz,* Gesamtverantwortung des Vorstands bei Vorschriftswidriger Unterbesetzung, ZIP 2002, 1745 ff.; *Henze,* Leistungsverantwortung des Vorstands – Überwachungspflicht des Aufsichtsrats, BB 2000, 209 ff.; *Henze,* Sachsenmilch: Ordnungsgemäße Besetzung eines nach zwingender gesetzlicher Vorgabe zweigliedrigen Vorstands bei Wegfall eines Mitglieds, BB 2002, 847 ff.; *Kallmeyer,* Pflichten des Vorstandes der AG zur Unternehmensplanung, ZGR 1993, 1104 ff.; *Krieger,* Zur (Innen-)Haftung von Vorstand und Geschäftsführung, in Henze/Timm/Westermann, Gesellschaftsrecht, 1995, S. 149 f.; *Laub,* Grenzen der Spendenkompetenz des Vorstands, AG 2002, 308 ff.; *Maier-Reimer,* Verhaltenspflichten des Vorstands der Zielgesellschaft bei feindlichen Übernahmen, ZHR 165 (2001), 258 ff.; *Merkt,* Verhaltenspflichten des Vorstands der Zielgesellschaft bei feindlichen Übernahmen, ZHR 165 (2001), 224 ff.; *Rieckers,* Haftung des Vorstands für fehlerhafte Ad-hoc-Meldungen, BB 2002, 1213 ff.; *Preußner/Zimmermann,* Risikomanagement als Gesamtaufgabe des Vorstandes, AG 2002, 657 ff.; *Philipp,* Darf der Vorstand zahlen? AG 2000, 62 ff.; *Semler,* Leitung und Überwachung der Aktiengesellschaft, 2. Aufl. 1996; *v. Schenck,* Die laufende Information des Aufsichtsrats einer Aktiengesellschaft durch den Vorstand, NZG 2002, 64 ff.; *Schwark,* Spartenorganisation in Großunternehmen und Unternehmensrecht, ZHR 142 (1978), 203 ff.; *Schwarz,* Rechtsfragen der Vorstandsermächtigung nach § 78 Abs. 4 AktG, ZGR 2001, 744 ff.; *Thümmel,* Aufgaben und Haftungsrisiken des Managements in der Krise des Unternehmens, BB 2002, 1105 ff.; *Volhard,* Eigenverantwortlichkeit und Folgepflicht – Muss der Vorstand anfechtbare oder angefochtene Hauptversammlungsbeschlüsse ausführen und verteidigen, ZGR 1996, 55, 67, 80 f.; *Wiebe,* Vorstand statt Bankenmacht?, ZHR 166 (2002), 182 ff.; *Winter/Harbarth,* Verhaltenspflichten von Vorstand und Aufsichtsrat der Zielgesellschaft bei feindlichen Übernahmeangeboten nach dem WpÜG, ZIP 2002, 1 ff.; *Wirtz,* Die Aufsichtspflicht des Vorstandes nach OWiG und KonTraG, WuW 2001, 324 ff.

Hinweis auf weitere Stichwörter

→ *Aufsichtsrat*
→ *Unternehmensvertrag*

→ *Vertretung der AG*
→ *Vorstandsmitglieder*

Vorstandsmitglieder

1. Begriff 841
2. Bestellung der Vorstandsmitglieder 841
3. Anstellungsvertrag 843
4. Vergütung 843
5. Wettbewerbsverbote 844
6. Haftung 846

1. Begriff

Vorstandsmitglieder sind keine Arbeitnehmer der Aktiengesellschaft. Sie sind nicht den Weisungen des → *Aufsichtsrats* unterworfen, sondern üben als Vertretungsorgan der Aktiengesellschaft ihrerseits gegenüber den Arbeitnehmern das Weisungsrecht und die sonstigen Funktionen eines Arbeitgebers aus. Gegenüber den Vorstandsmitgliedern (die ausgeschiedenen miteinbegriffen) wird die Gesellschaft durch den → *Aufsichtsrat* vertreten (§ 112 AktG; BGH AG 1991, 269).

2. Bestellung der Vorstandsmitglieder

▷ **Rechtsnatur:** Die Bestellung des Vorstandsmitglieds ist ein einseitiger körperschaftlicher Organisationsakt (§ 84 Abs. 1 Satz 1–4, Abs. 2, 3 Satz 1–4 AktG), also kein Vertrag, sondern eine mitwirkungsbedürftige Maßnahme der körperschaftlichen Selbstverwaltung. Davon zu unterscheiden ist die Anstellung der Vorstandsmitglieder als Regelung der schuldrechtlichen Beziehungen zwischen Vorstandsmitglied und Gesellschaft.

▷ **Zuständigkeit:** Für die Bestellung von Vorstandsmitgliedern ist der Aufsichtsrat ausschließlich und zwingend zuständig (die Aufgabe ist nicht auf einen Aufsichtsratsausschuss übertragbar). Erforderlich sind ein entsprechender Aufsichtsratsbeschluss sowie dessen Kundgabe an das zuständige Vorstandsmitglied.

▷ **Ausschlusstatbestände:** Erfolgt eine Bestellung ungeachtet des Vorliegens eines Ausschlusstatbestandes nach § 76 Abs. 3 AktG, so ist diese nichtig (§ 134 BGB). Eine Differenzierung hinsichtlich der Schwere der Tat, des Schuldvorwurfs oder des konkret verwirklichten Delikts ist nicht zulässig (§ 76 Abs. 3 Satz 3 AktG). Die Aufzählung der Ausschließungsgründe ist im Gesetz abschließend. Ausschlussgründe sind

– die Verurteilung wegen einer Insolvenzstraftat (§§ 283–283d StGB),

– gerichtliche oder behördliche Berufsverbote (§§ 70 StGB, 35 GewO).

Aus der Funktionstrennung zwischen Aufsichtsrat und Vorstand ergibt sich die Inkompatibilität einer Mitgliedschaft im Aufsichtsrat mit der Mitgliedschaft im Vorstand (§ 105 AktG). Dies gilt grundsätzlich auch für das Amt eines stellvertretenden Vorstandsmitglieds (§ 94 AktG; *Ausn.* für einen begrenzten Zeitraum: § 105 Abs. 2 AktG)

▷ **Satzungsmäßige Eignungsvoraussetzungen** (wie Staatsangehörigkeit, Berufsvorbildung, Auslandserfahrung, etc.), sind Satzungsbestimmungen, die nicht in die Entschließungsfreiheit des Aufsichtsrats bei der Bestellung des Vorstandsmitglieds und somit nicht in die zwingende Kompetenzzuweisung eingreifen. Sie bewirken keine Bindung, sondern geben lediglich Eckpunkte für das auszuübende Auswahlermessen des Aufsichtsrats vor. Solche Regelungen sind auch in mitbestimmten Gesellschaften grundsätzlich zulässig, sofern sie sachbezogene, durch das Unternehmenswohl begründete Kriterien aufstellen und das Auswahlermessen des Aufsichtsrats nicht nachhaltig beschränken (*Hüffer*, AktG, 7. Aufl. 2006, § 76 Rn. 26). Satzungsklauseln, die der Auswahlfreiheit des Aufsichtsrats praktisch keinen Raum mehr lassen bzw. die institutionellen Mitbestimmungsrechte der Arbeitgeber beschneiden, sind nichtig.

▷ **Verfahren:** Die Bestellung erfolgt durch Beschluss des Aufsichtsrats. Er entscheidet mit einfacher Mehrheit. Die Einführung einer qualifizierten Mehrheit durch die Satzung ist nicht möglich. Über jeden Vorstandsposten ist gesondert abzustimmen. Eine gesetzliche Form der Bestellung ist nicht vorgeschrieben, die Satzung kann aber eine bestimmte Form verlangen. Bei Gesellschaften, die der → *Mitbestimmung* unterliegen, ist für die Bestellung der Mitglieder des zur gesetzlichen Vertretung der Aktiengesellschaft befugten Organs ein in mehreren Stufen gegliedertes Verfahren vorgesehen (§ 31 Abs. 2–4 MitbestG). Mit wirksamer Bestellung wird der Bestellte Mitglied des Vorstands. Dem einzelnen Vorstandsmitglied kommt neben dem Gesamtvorstand gleichfalls Organqualität zu. Ab diesem Zeitpunkt ist er berechtigt und verpflichtet, Gesellschaft und Unternehmen eigenverantwortlich zu leiten und die Geschäfte zu führen (§§ 76, 77 AktG).

▷ **Publizität:** Jede Änderung des Vorstandes ist zur Eintragung in das Handelsregister anzumelden (§ 81 AktG).

▷ **Notbestellung:** Die Notbestellung ist die Bestellung eines Vorstandsmitglieds in dringenden Fällen durch das Gericht zur Sicherung der Handlungs- und Prozessfähigkeit der Aktiengesellschaft zur Ersetzung eines fehlenden Vorstandsmitglieds (§ 85 AktG). Dringende Fälle des Wegfalls des Vorstandsmitglieds sind

- Tod des Vorstandsmitglieds,
- Ende seiner Amtszeit,
- Niederlegung seines Amtes,
- Widerruf seiner Bestellung oder
- Eintritt der Geschäftsunfähigkeit.

Bloße Verhinderung durch Krankheit oder wegen Zwistigkeiten innerhalb der Geschäftsführung ist nicht ausreichend. Das fehlende Vorstandsmitglied muss darüber hinaus erforderlich sein. Dringlichkeit ist dann gegeben, wenn der Aufsichtsrat nicht rechtzeitig Abhilfe schaffen kann oder will. Es muss außerdem einem Beteiligten (Vorstands- oder Aufsichtsratsmitglieder, Aktionäre und Gläubiger der Gesellschaft) ein wesentlicher Nachteil drohen. Das Amt des gerichtlich bestellten Vorstandsmitglieds erlischt wirksam mit Behebung des Mangels. Mit der Neubestellung des erforderlichen Vorstandsmitglieds durch den Aufsichtsrat endet die Amtszeit des gerichtlich bestellten Vorstandsmitglieds, ohne dass eine besondere Abberufung erforderlich wäre (§ 85 Abs. 2 AktG). Vor Behebung des Mangels ist eine Abberufung nur durch das Gericht möglich (s. → *Abberufung: 6. Abberufung des Vorstands*). Möglich ist auch die gerichtliche Bestellung eines Prozessvertreters, der einen bestimmten Aufgabenkreis wahrzunehmen hat, wenn noch kein notwendiges Vorstandsmitglied bestellt wurde.

3. Anstellungsvertrag

▷ **Trennungsprinzip:** Die Anstellung des Vorstandsmitglieds ist die Regelung der schuldrechtlichen Beziehungen zwischen Vorstandsmitglied und Gesellschaft. Es werden hierdurch verschiedene Rechtsverhältnisse begründet, die sich nicht wechselseitig bedingen, sondern ein voneinander unabhängiges Schicksal haben (sog. Trennungsprinzip).

▷ **Rechtliche Einordnung:** Der → *Anstellungsvertrag* ist im Allgemeinen ein Geschäftsbesorgungsvertrag und der Bestellung gegenüber selbständig (§§ 84 Abs. 1 Satz 5 und Abs. 3 Satz 5 AktG, 611, 675 BGB). Der Anstellungsvertrag ist also kein Arbeitsvertrag, sondern ein Vertrag über die Leistung unabhängiger Dienste. Die aktienrechtlichen Vorgaben überlagern das generell anwendbare Vertragsrecht des BGB und setzen der Vertragsfreiheit gewisse Grenzen. Aus der Arbeitgeberfunktion ergibt sich die Unanwendbarkeit bestimmter gesetzlicher Vorschriften und durch die Rechtsprechung allgemein aufgestellter Grundsätze.

▷ **Beendigung:** Die Beendigung des Anstellungsvertrages erfolgt nicht automatisch mit der Beendigung des Amtes (strikte Trennung zwischen Amt und Mandat). Deswegen ist eine *Kündigung* erforderlich, um das Anstellungsverhältnis zu beenden.

→ *Anstellungsverhältnis: 1. Anstellungsverhältnis des Vorstandsmitglieds*

4. Vergütung

▷ **Verhältnismäßigkeit:** Hinsichtlich der Bezüge der Vorstandsmitglieder gilt allgemein, dass die Gesamtbezüge (Gehalt, Gewinnbeteiligungen, Aufwandsentschädigung, Versicherungsentgelte, Provisionen und Nebenleistungen jeder Art), aber auch das *Ruhegehalt*, die *Hinterbliebenenbezüge* und ähnliche Leistungen in einem angemessenen Verhältnis zu den Aufgaben des Vorstandsmitglieds und zur Lage der Gesellschaft stehen müssen (§ 87 AktG). Vielfach werden dem Vorstandsmitglied neben der Festvergütung variable Entgelte zugesagt. Bei diesen muss ebenfalls der Grundsatz der Verhältnismäßigkeit gewahrt werden. In steuerlicher Hinsicht wird bei Gesellschafter-Vorständen in der Regel nur ein Verhältnis von 75 % Fest- und 25 % variabler Vergütung von der Finanzverwaltung anerkannt. Insgesamt dürfen die Vorstandsbezüge in der Regel 50 % des Jahresüberschusses vor Vorstandsbezügen und Ertragsteuern nicht überschreiten (BMF v. 1.2.2002 – IV A 2 – S 2742 – 4/02). Grundsätzlich zulässig ist die Vereinbarung einer Gewinn-, Dividenden-, Ermessens- oder Garantietantieme, die Zulässigkeit einer Umsatztantieme ist jedoch umstritten und sollte daher nicht vereinbart werden (*Hüffer*, AktG, 7. Aufl. 2006, § 86 Rn. 2).

▷ **Herabsetzung von Bezügen:** Verschlechtert sich die wirtschaftliche Situation der Gesellschaft nach der Festsetzung der Bezüge so wesentlich, dass deren Weitergewährung für die Gesellschaft eine schwere Unbilligkeit darstellen würde, ist der Aufsichtsrat zu einer angemessenen Herabsetzung der Bezüge berechtigt. Dies gilt nicht für das Ruhegehalt, die Hinterbliebenenbezüge und ähnliche Leistungen. Die Herabsetzung der Bezüge lässt den Anstellungsvertrag des Vorstandsmitglieds im Übrigen unberührt. Das Vorstandsmitglied kann dann jedoch den Vertrag für den Schluss des nächsten Kalendervierteljahres mit einer Frist von 6 Wochen *kündigen*.

→ *Anstellungsverhältnis*

5. Wettbewerbsverbote

▷ **Grundsatz:** Das Vorstandsmitglied darf die Interessen der Gesellschaft nicht durch Konkurrenzgeschäfte beeinträchtigen (§ 88 AktG). Das Vorstandsmitglied hat seine Arbeitskraft in vollem Umfang der Gesellschaft zu widmen. Grundsätzlich ist das Vorstandsmitglied gehalten, sein Vorstandsamt als alleinigen Beruf auszuüben und Nebentätigkeiten zu unterlassen, die nach ihrem zeitlichen Umfang und dem damit verbundenen zusätzlichen Arbeitseinsatz die pflichtgemäße Ausfüllung des Vorstandsamtes gefährden könnten. Alles Nähere wird grundsätzlich in den Anstellungsverträgen geregelt. Zulässig ist (BGHZ 91, 1, 3 f.)

- die Erweiterung des Wettbewerbsverbots während der Anstellung oder
- die Vereinbarung eines Wettbewerbverbots für die Zeit nach dem Ausscheiden aus dem Amt.

▷ **Ehemalige Vorstandsmitglieder:** Auch für ehemalige Vorstandsmitglieder kann sich eine nachvertragliche Treuepflicht ergeben. Diese darf aber nicht zu einer unbilligen Einschränkung seines beruflichen Weiter- und Fortkommens führen. Die Beschränkungen aus § 1 GWB oder § 138 BGB sind zu beachten.

▷ **Inhalt des Wettbewerbverbots:** Vorstandsmitglieder dürfen kein Handelsgewerbe als Kaufleute betreiben. Die Beteiligung als Kommanditist, stiller Gesellschafter, GmbH-Gesellschafter oder Aktionär fällt nicht darunter. Darüber hinaus dürfen Vorstandsmitglieder keine Geschäfte tätigen, die in den Geschäftszweig (zu bestimmen nach dem Gegenstand des Unternehmens, § 23 Abs. 3 Nr. 2 AktG oder dem tatsächlichen Geschäftsbereich) der Gesellschaft fallen. Verboten ist ferner, dass Vorstandsmitglieder dieselbe Position in einer anderen Gesellschaft einnehmen oder dass sie Geschäftsführer oder geschäftsführender Gesellschafter einer anderen Handelsgesellschaft (AG, GmbH, OHG oder KG) sind. Hierzu zählen auch Vorstandsdoppelmandate. Diese sind indes mit Einwilligung des Aufsichtsrats zulässig. Dabei ist aber die vorherige Zustimmung der Aufsichtsräte beider Gesellschaften erforderlich (§ 183 BGB).

▷ **Geltungsbereich und Dauer:** Das Wettbewerbsverbot gilt für

- alle Vorstandsmitglieder (bestellt durch Aufsichtsrat oder Gericht),
- stellvertretende Vorstandsmitglieder,
- fehlerhaft bestellte Vorstandsmitglieder für die Dauer ihrer Tätigkeit,

Das Wettbewerbsverbot beginnt mit der Bestellung und endet mit der Beendigung des Amtes, sofern nicht eine Weitergeltung vertraglich vereinbart ist. Das Weiterbestehen des Verbots ist aber anzunehmen, wenn das Vorstandsmitglied ohne wichtigen Grund sein Amt vorzeitig niederlegt und die Gesellschaft in die Amtsniederlegung nicht einwilligt (so *Hüffer*, AktG, 7. Aufl. 2006, § 88 Rn. 2; a.A. *Mertens*, KK. AktG, 2. Aufl. 1996, § 88 Rn. 3).

▷ **Einwilligung des Aufsichtsrats:** Der Aufsichtsrat kann das Wettbewerbsverbot nicht gänzlich aufheben. Er kann aber seine Einwilligung (vorherige Zustimmung i.S.d. § 183 BGB) erteilen für

– einzelne Geschäfte,

– bestimmte Handelsgesellschaften und

– für bestimmte Arten von Geschäften.

Soweit Befreiung erteilt werden kann, kann dies auch im Anstellungsvertrag niedergelegt werden, dann gilt die Befreiung als unwiderruflich. Eine stillschweigende Einwilligung durch den Aufsichtsrat ist nicht möglich, da die Willensbildung des Aufsichtsrats ausschließlich durch Beschlussfassung geschieht (vgl. BGHZ 41, 282; *Mertens* in KK.AktG, 2. Aufl. 1996, § 88 Rn. 11).

▷ **Rechtsfolgen bei Verstoß** gegen das Wettbewerbsverbot: Die Gesellschaft hat gegen das Vorstandsmitglied

– einen *Unterlassungsanspruch* (§ 1004 BGB): dafür erforderlich ist eine begangene oder unmittelbar bevorstehende Verletzungshandlung und die begründete Annahme einer Wiederholungsgefahr;

– einen *Schadenersatzanspruch*: die Gesellschaft kann verlangen so gestellt zu werden, als wenn das Vorstandsmitglied die verbotene Handlung unterlassen hätte. Das Vorstandsmitglied hat die Gesellschaft so zu stellen, als habe es alle durch das Wettbewerbsverbot untersagten Handlungen für Rechnung der Gesellschaft ausgeführt. Soweit es sich um Sachverhalte handelt, die mit den in den §§ 112, 113 HGB geregelten Tatbeständen vergleichbar sind, erstreckt sich das Eintrittsrecht auch auf den Gewinn aus einer verbotenen Beteiligung an einer anderen Handelsgesellschaft (Gewinn aus verbotenem Wettbewerb).

▷ **Vertragliches Wettbewerbsverbot:** Das Wettbewerbsverbot kann durch Vertrag erweitert werden. Es kann auch über die Amtszeit hinaus vereinbart werden. Aus einer vertraglichen Wettbewerbsregelung folgen nur Ansprüche auf Unterlassung und Schadenersatz. Will die Gesellschaft in die verbotenerweise getätigten Geschäfte eintreten, muss dies besonders vereinbart werden (§ 88 Abs. 2 Satz 2 AktG). Soll das Wettbewerbsverbot über die Amtszeit des Vorstandsmitglieds hinaus gelten, ist eine Gewährung von Entgelt nicht erforderlich (anders im Arbeitsrecht, §§ 74 ff. HGB). Ein das Vorstandsmitglied übermäßig beschränkendes Wettbewerbsverbot kann gegen § 138 BGB verstoßen und deshalb nichtig sein. Hinsichtlich der zeitlichen Grenze ist ein Verbot von 2 Jahren nicht zu beanstanden. Inhaltlich kann das Verbot durch Gewährung einer angemessenen Pension verhältnismäßig gestaltet werden.

▷ **Verjährung:** Die Ansprüche der Gesellschaft verjähren in 3 Monaten. Voraussetzung ist dafür, dass alle übrigen Vorstandsmitglieder und alle Aufsichtsratsmitglieder von der zum Schadenersatz verpflichtenden Handlung Kenntnis erlangt haben. Andernfalls tritt die sog. absolute Verjährung nach 5 Jahren ein (§ 88 Abs. 3 AktG).

6. Haftung

▷ **Voraussetzungen:** Die Haftung von Vorstandsmitgliedern gegenüber der Gesellschaft setzt eine schuldhafte Pflichtverletzung des Vorstandsmitglieds voraus, die zu einem Schaden geführt hat (§ 93 Abs. 2 AktG; sog. *Innenhaftung*). Darüber hinaus kann es auch zu einer direkten Haftung von Vorstandsmitgliedern gegenüber Dritten, insbesondere von Aktionären kommen. Hierfür gelten die allgemeinen gesetzlichen Regelungen (insbesondere § 823 Abs. 2 BGB). Die Haftung kann sich zudem auch im Zusammenhang mit fehlerhaften ad-hoc-Mitteilungen aus § 15 WpHG ergeben. Eine persönliche Haftung des Vorstands gegenüber Dritten aus dem Aktiengesetz besteht derzeit nicht. Entsprechende Gesetzesänderungen werden derzeit politisch intensiv diskutiert.

▷ **Innenhaftung der Vorstandsmitglieder:** Unter Innenhaftung von Vorständen sind die Haftungstatbestände gegenüber der eigenen Gesellschaft aus der Verletzung organschaftlicher oder dienstvertraglicher Pflichten zu verstehen, wie z.B.

- *Haftung des Vorstandes bei Geschäftsverteilung* (§§ 77 Abs. 1, 93 Abs. 1 AktG): Die Geschäftsverteilung ändert nichts an der Gesamtverantwortung eines Vorstandsmitglieds. Sofern eine Geschäftsverteilung vorgenommen worden ist, reduziert sich allerdings der Sorgfaltsmaßstab des einzelnen Vorstandsmitglieds: nur für die Vorkommnisse in seinem eigenen Ressort trägt es die volle Verantwortung; hinsichtlich der Bereiche seiner Kollegen hat es nur die Pflicht zur allgemeinen Überwachung der Kollegen bezüglich deren ordnungsgemäße Geschäftsführung. Handelt der Vorstand im Einzelfall aufgrund eines Mehrheitsbeschlusses, so trifft die Haftung in erster Linie diejenigen Vorstandsmitglieder, die dem Beschluss zugestimmt haben. Sehen Satzung oder Geschäftsordnung Mehrheitsbeschlüsse vor, so sind allerdings die überstimmten Vorstandsmitglieder verpflichtet, bei der Ausführung des Beschlusses mitzuwirken. Die Erfüllung dieser Pflicht kann aber grundsätzlich keine Verantwortlichkeit begründen. Handelt es sich jedoch um Beschlüsse gesetz- oder satzungswidrigen Inhalts, so müssen sie die Mitwirkung verweigern und dem Aufsichtsrat berichten, damit dieser dann die notwendigen Maßnahmen ergreifen kann. Vorstandsmitglieder, die in einer derartigen Situation den Aufsichtsrat nicht unterrichten, haften aus diesem Grund. Dasselbe muss gelten, wenn der Mehrheitsbeschluss zwar nicht gegen Gesetz oder Satzung verstößt, aber offenbar geeignet ist, die Interessen der Gesellschaft erheblich zu beeinträchtigen (*Nirk* in Nirk/Ziemons/Binnewies, Handbuch der AG, Loseblatt, Rn. 765).

- *Haftung bei Sondertatbeständen:* Nach der *Trennungstheorie* ist zwischen korporationsrechtlicher und schuldvertraglicher Ebene zu unterscheiden, so dass die Organhaftung aus § 93 Abs. 2 AktG als gesetzliche Haftung aufzufassen ist, die eine eigene Anspruchsgrundlage darstellt (*Hefermehl/Spindler* in MüKo AktG, 2. Aufl. 2004, § 93 Rn. 67). Damit kann offen bleiben, ob es neben dem Anspruch aus § 93 Abs. 2 AktG einen Anspruch aus Vertragsverletzung nach § 280 Abs. 1 BGB gibt, der aber in Anspruchskonkurrenz zu § 93 AktG steht, oder ob § 93 Abs. 2 AktG zugleich die Vertragshaftung normiert (*Hüffer*, AktG, 7. Aufl. 2006, § 93 Rn. 11).

> **Beispiele**
>
> Als besondere Beispielsfälle für zum Schadenersatz verpflichtende Handlungen sind in § 93 Abs. 3 Nr. 1–9 AktG folgende Handlungen genannt:
>
> – verbotene Rückgewähr von Einlagen an Aktionäre (§§ 57, 230 AktG),
>
> – verbotene Zahlung von Zinsen oder Gewinnanteilen an Aktionäre (§§ 57 Abs. 2 und 3, 58 Abs. 4, 233 AktG),
>
> – verbotene Zeichnung oder verbotener → *Erwerb eigener Aktien* der Gesellschaft oder einer anderen Gesellschaft, verbotene Inpfandnahme oder Einziehung (§§ 56, 71–71e, 237–239 AktG),
>
> – verbotene Ausgabe von Inhaberaktien vor voller Leistung des Ausgabebetrags (§ 10 Abs. 2 AktG),
>
> – verbotene Verteilung von Gesellschaftsvermögen (§§ 57 Abs. 3, 225 Abs. 2, 230, 233, 237 Abs. 2, 271 und 272 AktG),
>
> – Zahlung trotz Zahlungsunfähigkeit oder Überschuldung der Gesellschaft (§ 92 Abs. 3 Satz 1 AktG, vgl. auch § 92 Abs. 3 Satz 2 AktG),
>
> – Zahlung einer unzulässigen Vergütung an Aufsichtsratsmitglieder (§§ 113, 114 AktG),
>
> – unzulässige Kreditgewährung an Vorstandsmitglieder oder Aufsichtsratsmitglieder (§§ 89, 115 AktG),
>
> – unzulässige Ausgabe von Bezugsaktien außerhalb des festgesetzten Zwecks oder vor der vollen Leistung des Gegenwerts (§ 199 AktG).

– *Haftungsausschluss durch Hauptversammlungsbeschluss:* Die Ersatzpflicht entfällt gegenüber der Gesellschaft, wenn die Handlung auf einem gesetzmäßigen Beschluss der Hauptversammlung beruht (§ 93 Abs. 4 AktG). Hier kommen Beschlüsse gemäß § 119 Abs. 2 AktG und diejenigen Beschlüsse in Betracht, für die die Hauptversammlung zuständig ist (§§ 173 Abs. 2, 174, 182, 293 AktG). Der Haftungsausschluss gegenüber der Gesellschaft tritt nur ein, wenn der Vorstand dem Beschluss der Hauptversammlung folgt. Es liegt am Vorstand selbst, den Antrag so zu formulieren, dass er möglichst weitergehende Deckung durch die Hauptversammlung erhält. Abweichungen sind dem Vorstand selbst nicht gestattet. Dadurch, dass der Vorstand die Hauptversammlung anruft, unterwirft er sich ihrem Willen. Ein nachträglicher Beschluss der Hauptversammlung vermag den Haftungsausschluss nicht herbeizuführen.

▷ **Haftung des Vorstandes gegenüber den Aktionären:** Wenn deliktische bzw. strafrechtliche Tatbestände (insbesondere Untreue, § 266 StGB) vorliegen, besteht gegenüber den Aktionären eine unmittelbare Haftung der Vorstandsmitglieder.

– *Geltendmachung des Anspruchs durch besondere Vertreter:* Je nach Zuständigkeit haben Aufsichtsrat und Vorstand nach pflichtgemäßem Ermessen zu prüfen, ob sie einen Schadenersatzanspruch gegen ein Vorstandsmitglied geltend machen müssen (§§ 93, 117 AktG). Der Vorstand bzw. der Aufsichtsrat ist zur Geltendmachung von Ersatzansprüchen zunächst dann verpflichtet, wenn es die Hauptversammlung mit einfacher Stimmenmehrheit beschließt. Zur Geltendmachung des Ersatzanspruchs kann die Hauptversammlung besondere

Vertreter bestellen (§ 147 Abs. 2 AktG). Wenn das Gericht auf Antrag der 10 %-Minderheit einen Vertreter bestellt, muss der besondere Vertreter unausweichlich tätig werden (s. → *Minderheitsrechte*). Die Geltendmachung der Ersatzansprüche kann nach § 147 Abs. 2 Satz 2 AktG im Rahmen eines 2-stufigen Klagezulassungsverfahrens auch von Aktionären beantragt werden, deren Anteile im Zeitpunkt der Antragstellung zusammen 10 % des Grundkapitals oder einen anteiligen Betrag von 1 Mio. Euro erreichen. Um den Aktionären die Gelegenheit zur Organisation zu geben, besteht für sie nach § 127a AktG die Möglichkeit, durch eine Veröffentlichung im elektronischen Bundesanzeiger in einem Aktionärsforum andere Aktionäre aufzufordern, sich ihrem Begehren anzuschließen, und so den erforderlichen Schwellenwert zu erreichen.

– *Geltendmachung des Anspruchs durch die Gläubiger:* Die Gläubiger der Gesellschaft haben insoweit das Recht, den Schadenersatzanspruch der Gesellschaft in eigenem Namen geltend zu machen, soweit sie von der Gesellschaft keine Befriedigung erhalten können. Sie dürfen in diesem Falle sogar auf Leistung an sich selbst klagen. Dieser Anspruch hat aber kaum praktische Bedeutung: dem Vorstand obliegt die Pflicht, bei Zahlungsunfähigkeit und Überschuldung das Insolvenzverfahren zu beantragen (§§ 92 Abs. 2 AktG, 17 InsO). Im Insolvenzverfahren ist aber nur der Insolvenzverwalter berechtigt, den Anspruch der Gläubiger gegen die Vorstandsmitglieder zu verfolgen (§ 93 Abs. 5 Satz 4 AktG).

– *Verzicht, Vergleich:* Die Gesellschaft kann auf Ersatzansprüche gegen Vorstandsmitglieder erst 3 Jahre nach der Entstehung der Ansprüche verzichten (§ 397 BGB) oder sich im Prozess oder außergerichtlich vergleichen (§ 779 BGB). Die Hauptversammlung muss zustimmen und es darf kein Widerspruch einer Minderheit von mindestens 10 % des Grundkapitals (doppelte qualifizierte Minderheit) zur Niederschrift erhoben worden sein. Mitglieder von Vorstand und Aufsichtsrat sollen sich nicht wechselseitig verschonen können (→ *Verzicht und Vergleich*).

– *Verjährung:* Die Ansprüche verjähren in 5 Jahren. Wenn daneben Ansprüche aus Geschäftsführung ohne Auftrag, ungerechtfertigter Bereicherung oder aus Verwendungen geltend gemacht werden, gelten die Verjährungsfristen des BGB (§§ 667, 675; 812 ff., 987 ff. BGB; *Schilling* in GK. AktG, 4. Aufl. 1999, § 93 Rn. 56, 57; *a.A.* bzgl. Anwendung des § 852 BGB: *Mertens* in KK. AktG, 2. Aufl. 1996, § 93 Rn. 21)

▷ **Ausgleichsansprüche der Vorstandsmitglieder untereinander:** Mehrere Vorstandsmitglieder haften als Gesamtschuldner auf Schadenersatz (§§ 93 Abs. 2 Satz 1 AktG, 421 ff. BGB). Die in Anspruch Genommenen haben gegen die Mitverantwortlichen Ausgleichsansprüche (§§ 426, 254 BGB). Der Ausgleich muss unter der Berücksichtigung des Maßes des Verschuldens der Beteiligten erfolgen. Danach kann im Innenverhältnis beim Regressprozess auch ein Vorstandsmitglied allein zum Ersatz des Schadens verpflichtet sein.

▷ **Vertrauensschaden:** Das Gesetz verneint grundsätzlich einen Anspruch des Gesellschafters auf Leistung an sich von vorn herein, soweit die Gesellschaft in ihren Rechten verletzt ist (*Schadenskongruenz*, §§ 117 Abs. 1 Satz 2, § 17 Abs. 1 Satz 2 AktG). Ein solcher nur mittelbar geschädigter Gesellschafter hat lediglich einen

Anspruch auf Ersatzleistung an die Gesellschaft. Diese Grundsätze können jedoch nicht für Ansprüche gelten, die auf den Ersatz eines Vertrauensschadens gerichtet sind. In diesem Fall steht dem Aktionär der Anspruch zu, so gestellt zu werden, wie er ohne Eintritt des schädigenden Ereignisses stehen würde (BGHZ 105, 121, 131 f.). Aufgrund des Schutzzwecks dieser Vorschrift kann der geschädigte Aktionär als Vertrauensschaden den Schaden geltend machen, der durch die Aushöhlung des inneren Wertes der erworbenen Aktien eingetreten ist und an sich durch die Leistung von Schadenersatz an die Aktiengesellschaft ausgeglichen werden kann (*Reflexschaden*).

Hinweis auf weiterführende Literatur: *Aschenbeck*, Personenidentität bei Vorständen in Konzerngesellschaften (Doppelmandat im Vorstand), NZG 2000, 1015 ff.; *Binz/Sorg*, Erfolgsabhängige Vergütungen von Vorstandsmitgliedern einer Aktiengesellschaft auf dem Prüfstand, BB 2002, 1273 ff.; *Erdmann*, Ausländische Staatsangehörige in Geschäftsführungen und Vorständen deutscher GmbHs und AGs, NZG 2002, 503 ff.; *Gehrlein*, Strafbarkeit von Vorständen wegen leichtfertiger Vergabe von Unternehmensspenden, NZG 2002, 463 ff.; *Götz*, Die vorzeitige Wiederwahl von Vorständen, AG 2002, 305 ff.; *Heimbach/Boll*, Führungsaufgabe und persönliche Haftung der Vorstandsmitglieder und des Vorstandsvorsitzenden im ressortaufgeteilten Vorstand, VersR 2001, 801 ff.; *v. Hein*, Vom Vorstandsvorsitzenden zum CEO?, ZHR 166 (2002), 464 ff.; *Hopt*, Übernahmen, Geheimhaltung und Interessenkonflikte: Probleme für Vorstände, Aufsichtsräte und Banken, ZGR 2002, 333 ff.; *Möllers/Leisch*, Haftung von Vorständen gegenüber Anlegern wegen fehlerhafter Ad-hoc-Meldungen nach § 826 BGB, WM 2001, 1648 ff.; *Schneider*, Die Teilnahme von Vorstandsmitgliedern an Aufsichtsratssitzungen, ZIP 2002, 873 ff.; *Waclawik*, Modulare Erfolgsvergütung von Vorstandsmitgliedern börsennotierter Aktiengesellschaften, DB 2002, 1461 ff.

Im Übrigen s. → *Vorstand*

Hinweis auf weitere Stichwörter

- → *Abberufung*
- → *Amtsniederlegung*
- → *Kündigung*

- → *Organschaft*
- → *Verzicht und Vergleich*
- → *Vorstand*

Vorzugsaktien

1. Begriff 849
2. Rechte der Vorzugsaktionäre 850
3. Stimmrechtslose Vorzugsaktien ... 851
4. Vorzug 853
5. Nachteile 854

1. Begriff

▷ **Vor- und Nachteile:** Die Vorzugsaktien sind Aktien, die mit besonderen Vorzügen ausgestattet sind, z.B. einem Vorrecht bei der Verteilung des Gewinns oder des Abwicklungserlöses (§ 139 AktG, als *Ausn.* von der Gleichstellung mitgliedschaftlicher Kapitalbeteiligung). Diese Sonderrechte werden in der Regel allerdings durch den Nachteil erkauft, dass der Inhaber dieser Papiere daraus keinerlei → *Stimmrechte* auf der → *Hauptversammlung* herleiten kann (als *Ausn.* von der Gleichstellung hinsichtlich der Stimmrechte). Möglich ist aber auch Vorzugsaktien mit Stimmrecht in gleicher Weise wie bei den sog. → *Stammaktien* zu gewähren.

▷ **Voraussetzung** für die Gewährung von Vorzugsaktien ist eine entsprechende Klausel in der → *Satzung*. Wird dadurch in die Mitgliedschaftsrechte anderer Aktionäre eingegriffen, ist zusätzlich die Zustimmung dieser Aktionäre erforderlich.

▷ **Ausgabe:** Vorzugsaktien können bei der Emission neben Stammaktien ausgegeben werden.

▷ Bei der **Berechnung von Kapitalmehrheiten** werden stimmrechtslose Vorzugsaktien grundsätzlich nicht mitgezählt. Dieser Grundsatz gilt aber dann nicht, wenn das Stimmrecht wieder auflebt oder Vorzugsaktien Stimmrechte gewähren.

2. Rechte der Vorzugsaktionäre

▷ **Mitgliedschaftsrechte:** Vorzugsaktionäre haben sämtliche Mitgliedschaftsrechte (§ 140 Abs. 1 AktG, → *Aktionär*, → *Mitgliedschaftsrechte*). Ausgeschlossen werden kann nur das → *Stimmrecht*, dem Inhaber bleibt jedoch ein bedingtes Stimmrecht (§ 140 Abs. 2 AktG, s.u.).

▷ **Bezugsrecht:** Vorzugsaktionäre haben das Recht zum Bezug neuer, junger Aktien auch dann, wenn nur Stämme oder nur Vorzüge ausgegeben werden. Vorzugsaktien geben den Aktionären zusätzlich ein Nachbezugsrecht (§ 139 Abs. 1 AktG).

▷ **Vorzug:** Vorzugsaktionäre genießen einen Vorzug bei der Gewinnverteilung, d.h. auf diese muss eine bestimmte Dividende gezahlt werden, bevor an die anderen Aktionäre Gewinne ausgeschüttet werden (§§ 139 Abs. 1, 140 Abs. 2 AktG). Im Übrigen s. unten.

▷ **Nachzahlungsrecht:** Vorzugsaktionäre haben ein Recht auf Nachzahlung des Vorzugs bis die Rückstände beglichen sind (§§ 139 Abs. 1, 140 Abs. 2 AktG). Gesetzlich entsteht ein unselbständiges Nachzahlungsrecht als erst zur Zeit der nachträglichen Gewinnausschüttung bloßes Mitgliedsrecht, wenn Vorzugsdividende ganz oder teilweise ausfällt (§ 140 Abs. 3 AktG). Das unselbständige Nachzahlungsrecht kann auch nachträglich durch Hauptversammlungsbeschluss oder Sonderbeschluss der Vorzugsaktionäre beseitigt oder durch Kapitalherabsetzung beeinträchtigt werden (§ 141 Abs. 1 AktG). Ein durch die Satzung geschaffener selbständiger Nachzahlungsanspruch entsteht mit der Nichtgewährung des Vorzugs in der Person des früheren Aktionärs, falls dieser die Aktie in der Zwischenzeit veräußert hat.

▷ **Zustimmungsrecht:** Der Zustimmung der Vorzugsaktionäre bedarf es, wenn (§ 141 AktG)

– neue Vorzugsaktien ausgegeben werden sollen, die den bisherigen gleichstehen oder ihnen im Range vorgehen sollen (§ 141 Abs. 2 AktG, *Ausn.* bei entspre-

chendem satzungsmäßigen Vorbehalt bei Ausgabe der alten Vorzugsaktien bzw. bei Ausschließung des Stimmrechts),
- das Bezugsrecht ausgeschlossen wird (§ 141 Abs. 2 Satz 2 a.E. AktG),
- falls die neuen Aktien nur im Bezug auf die Verteilung des Gesellschaftsvermögens im Falle der Liquidation vorrangig sind oder den gleichen Rang haben,
- bei der Ausgabe neuer Vorzugsaktien mit Stimmrecht (§ 182 Abs. 2 AktG),
- bei Umgestaltung alter Stammaktien in Vorzugsaktien mit Stimmrecht (§ 179 Abs. 3 AktG),
- eine Aufhebung oder Beschränkung des Vorzugs erfolgen soll (§ 141 AktG),
- das Kapital herabgesetzt werden soll (§ 222 Abs. 2 AktG, Sonderbeschluss nur stimmberechtigter Vorzugsaktionäre).

Das Stimmrecht der Vorzugsaktionäre wird durch Sonderbeschluss auf einer gesonderten Versammlung ausgeübt (→ *Sonderbeschluss*). Der Sonderbeschluss bedarf einer Mehrheit von ¾ der abgegebenen Stimmen (§ 141 Abs. 3 AktG, keine Gestaltungsfreiheit durch Satzung). Für die Sonderversammlung gelten die Bestimmungen für die → *Hauptversammlung* entsprechend. Teilnahmeberechtigt sind nur die Vorzugsaktionäre.

Keine Zustimmung der Vorzugsaktionäre ist erforderlich, wenn kein Vorrecht der alten Aktien besteht, das beeinträchtigt werden könnte.

Beispiele

Kein Zustimmungserfordernis der Vorzugsaktionäre besteht,
- wenn die alten Vorzugsaktionäre gegenüber den Stammaktien kein Liquidationsvorrecht haben,
- bei Ausgabe neuer Stammaktien, die von der Interessenlage der alten Vorzugsaktionäre her gesehen dem Vorrang völlig gleichsteht,
- bei genehmigtem Kapital, weil die Ausgabe neuer Vorzugsaktien bereits in der Ermächtigung zur Kapitalerhöhung im Wege des genehmigten Kapitals bestimmt sein muss,
- bei Kapitalerhöhungen aus Gesellschaftsmitteln: auf die alten Vorzugsaktien werden neue im selben Verhältnis wie Stammaktien ausgegeben.
---

3. Stimmrechtslose Vorzugsaktien

▷ **Begriff:** Stimmrechtslose Vorzugsaktien sind eine besondere Gattung von Aktien (§ 11 AktG). Sie sollen dazu dienen, der Gesellschaft die Eigenfinanzierung zu erleichtern, weil die Aktiengesellschaft auch solche Aktien nur aus dem Bilanzgewinn bedienen darf, aber auch muss, und die Bilanz nicht durch Zinsen auf Fremdkapital belastet wird (§ 57 Abs. 2 AktG). Darüber hinaus gibt es Aktionäre, vor allem Kleinaktionäre, die vornehmlich an Rendite und Substanzzuwachs und nicht so sehr an Mitspracherechten interessiert sind. Stimmrechtslose Vorzugsaktien können nur ausgegeben werden, wenn die Vorzugsaktionäre gegenüber den

Stammaktionären eine Priorität bei der Ausschüttung des Bilanzgewinns erhalten (*Vorzug*, s.u.).

▷ **Folgen:** Der Ausschluss des Stimmrechts berührt keine der sonstigen Mitgliedschaftsrechte (§ 140 Abs. 1 AktG). Er bewirkt aber, dass das auf die stimmrechtslosen Vorzugsaktien entfallende Grundkapital bei der Berechnung des bei der Beschlussfassung vertretenen Kapitals nicht mitgezählt wird. Ein teilweiser Ausschluss des Stimmrechts ist nicht möglich. Erfüllt die Satzungsbestimmung die Voraussetzungen für den Ausschluss des Stimmrechts nicht, so bleibt das Stimmrecht bestehen.

▷ **Aufleben des Stimmrechts:** Vorzugsaktionäre erhalten automatisch erneut im vollen Umfang Stimmrecht, wobei es auf den Gewinnvorzug i.S.d. Priorität nicht der Mehrdividende ankommt, wenn (§ 140 Abs. 2 Satz 1 AktG)

– die Vorzugsdividende in einem Jahr zumindest teilweise nicht gezahlt wurde und

– der Rückstand im nächsten Jahr nicht vollständig nachgezahlt oder die Vorzugsdividende dieses Jahres ebenfalls nicht vollständig erbracht wurde.

Das Stimmrecht lebt auf, sobald feststeht, dass die volle Nachzahlung nach der nächsten ordentlichen Hauptversammlung nicht erfolgt. Das Stimmrecht lebt unabhängig davon wieder auf, ob die Gesellschaft nicht zahlen kann oder will, demzufolge auch, wenn kein Bilanzgewinn erzielt wurde.

▷ **Erlöschen des Stimmrechts:** Das Stimmrecht erlischt automatisch bei Nachzahlung aller Rückstände (§ 140 Abs. 2 AktG).

▷ **Aufhebung/Beschränkung des Vorzugs:** Das Stimmrecht steht den Vorzugsaktionären auch zu, soweit es um die Aufhebung oder eine Beschränkung des Vorzugs geht (§ 141 Abs. 1 AktG). Darunter fallen alle unmittelbaren Beeinträchtigungen der Rechte der Vorzugsaktionäre.

Beispiele

– Der Gewinnverteilungsvorzug,
– der Vorzug bei der Verteilung des Liquidationserlöses,
– die Umwandlung eines selbständigen in einen unselbständigen Nachzahlungsanspruch u.a.

Nicht betroffen sind Beschlüsse, die sich lediglich indirekt zum Nachteil der Vorzugsaktionäre ausdrücken.

Beispiele

– Satzungsänderungen, die Gewinnausschüttungen einschränken,
– Zuweisungen des Gewinns in die Rücklage durch die Hauptversammlung u.a.

4. Vorzug

▷ **Festlegung:** Der für die Vorzugsaktien bestimmte Vorzug muss in die → *Satzung* aufgenommen werden. Die Höhe des Vorzugs muss zumindest objektiv bestimmbar sein und darf zum Schutz der stimmrechtslosen Aktionäre nicht mit der Höhe des Bilanzgewinns verknüpft werden, sonst kann das Stimmrecht nicht wirksam ausgeschlossen werden (*Volhard* in MüKo. AktG, 2. Aufl. 2004, § 139 Rn. 11). Der Vorzug kann in festen Rechnungsgrößen ausgedrückt werden (z.B. x % vom Grundkapital). Möglich ist auch eine Gleitklausel (z.B. die Koppelung an den Basiszinssatz). Dagegen ist es nicht möglich, auf das Jahresergebnis der Gesellschaft Bezug zu nehmen. Hinsichtlich des Vorzugs genügt es, wenn er in einer Vorabverteilung besteht (*Vorabdividende*). Darüber hinaus kann auch ein echter Gewinnvorzug festgesetzt werden (Zusatzdividende, z.B. in Vorabprozenten). Zulässig ist auch, den Gewinnanspruch der Vorzugsaktionäre auf den Vorzug zu beschränken, so dass sie schlechter als Aktionäre stehen, falls ein höherer Prozentsatz als es dem Vorzug entspricht ausgeschüttet wird (limitierte Vorzugsaktien). Üblich ist, den Vorzugsaktien einen festen Prozentsatz als → *Dividende* vorweg zukommen zu lassen (*Priorität*), so dass nur der verbleibende Betrag den Stammaktien zufließt, sei es ihnen alleine oder zusammen mit den Vorzugsaktionären (Mehrdividende zu Gunsten der Vorzugsaktionäre).

Beispiele für Dividendenvorzüge aus der Praxis

- Fester Prozentsatz von 4–6 % des Nennbetrags, soweit Nennbetragsaktien ausgegeben wurden,
- anteiliger Betrag des Grundkapitals,
- Festbetrag oder
- Verknüpfung mit dem Leitzinssatz der EZB.

▷ **Kapitalerhöhung:** Ist der Vorzug in Prozentsätzen vom Nennkapital der Aktien ausgedrückt und findet eine Kapitalerhöhung aus Gesellschaftsmitteln statt, so muss eine Herabsetzung des Prozentsatzes so erfolgen, dass das alte Verhältnis zwischen Vorzugs- und Stammaktien aufrechterhalten bleibt (§ 216 Abs. 1 AktG, *Hüffer*, AktG, 7. Aufl. 2006, § 141 Rn. 7).

▷ **Nachzahlung:** Reicht der Gewinn eines Jahres nicht aus, um den Vorzugsaktionären den bestimmten Dividendensatz zu zahlen, so ist er aus dem Gewinn späterer Jahre mit Vorrecht nachzuzahlen (§ 140 Abs. 2 AktG). Die Nachzahlungspflicht kann zeitlich nicht begrenzt werden. Möglich ist jedoch, das Vorzugsrecht zeitlich mit der Maßgabe einzuschränken, dass danach das Stimmrecht entsteht. In diesem Fall bleibt die Nachzahlungspflicht für die Vergangenheit auch unbegrenzt bestehen. Die → *Satzung* kann den Vorzug für den Fall längerer Gewinnlosigkeit wegfallen lassen, wenn die Bedingung für den Wegfall des Vorzugs klar umrissen ist (*Barz* in GK. AktG, 4. Aufl. 1999, § 139 Rn. 3; a.A. *Zöllner* in KK. AktG, 1. Aufl. 1985, § 139 Rn. 13). Dann entsteht aber das Stimmrecht und für die Vergangenheit bleibt die Nachzahlungspflicht bestehen. Die Satzung kann aber auch Höchstgrenzen für die jährliche Nachzahlung festlegen (z.B. darf im Folgejahr nicht mehr als die Hälfte des insgesamt nachzuzahlenden Betrages gezahlt werden). Wenn die Satzung bestimmt, dass nur ein Teil des Vorzugs nachzuzahlen ist, handelt es sich nicht mehr um einen Vorzug und die Voraussetzungen für stimmrechtslose Aktien sind nicht mehr gegeben.

5. Nachteile

Nachteile bei der Ausgabe von Vorzugsaktien:

– Die Ausgestaltung von Vorzugsaktien ohne Stimmrecht an der Börse ist nur bis zur Hälfte des Grundkapitals zulässig (§ 139 Abs. 2 AktG);
– die Kapitalaufnahme über Vorzugsaktien ist „teurer" als die über Stammaktien, da infolge der Ausstattung mit einem vermögensrechtlichen Vorzug regelmäßig ein Abschlag vom Emissionspreis hingenommen werden muss.

Hinweis auf weiterführende Literatur: *Senger/Vogelmann*, Die Umwandlung der Vorzugsaktien in Stammaktien, AG 2002, 193 ff.; *Wirth/Arnold*, Umwandlung von Vorzugsaktien in Stammaktien, ZGR 2002, 859 ff.

Hinweis auf weitere Stichwörter

→ *Aktie* → *Hauptversammlung*
→ *Aktionär* → *Stimmrechte*

Wahlen

1. Begriff 854
2. Vorstandsmitglieder 854
3. Aufsichtsratsmitglieder 854
4. Abschlussprüfer 856

1. Begriff

Die Wahl ist das Verfahren zur Bestellung von repräsentativen → *Organen*. Der → *Vorstand* wird durch den → *Aufsichtsrat* gewählt. Der Aufsichtsrat wird durch die → *Hauptversammlung* gewählt.

2. Vorstandsmitglieder

Die Bestellung des Vorstands geschieht durch Mehrheitsbeschluss des Aufsichtsrats (→ *Vorstandsmitglieder: 2. Bestellung der Vorstandsmitglieder*).

3. Aufsichtsratsmitglieder

▷ **Mehrheitsbeschluss:** Die Wahl des Aufsichtsrats geschieht durch Mehrheitsbeschluss; qualifizierte Mehrheit oder einstimmiger Beschluss ist nicht erforderlich (→ *Beschluss: 4. Hauptversammlungsbeschluss*). Die Satzung kann auch andere Bestimmungen treffen (§ 133 Abs. 2 AktG).

> **Beispiel**
> - Die verhältnismäßige (relative) Mehrheit oder
> - Entscheidung durch Los bei Stimmengleichheit.

Für die → *Nichtigkeit* und Anfechtbarkeit der Wahl von Aufsichtsratsmitgliedern bestehen Sondervorschriften (§§ 250–255 AktG, s. auch → *Anfechtung*).

▷ **Anlässe** für die Wahl zum Aufsichtsrat:
- Beendigung der Amtszeit (aufgrund begrenzter Amtszeit oder turnusmäßiger Neuwahl),
- vorzeitiges Ausscheiden,
- Wegfall der persönlichen Wählbarkeitsvoraussetzungen,
- Satzungsänderung mit Eingriff in die Aufsichtsratsstruktur.

▷ **Wahlvorschläge:** Der Aufsichtsrat ist als Verwaltungsorgan berechtigt, Vorschläge zur Wahl von Aufsichtsratsmitgliedern zu unterbreiten (§ 124 Abs. 3 Satz 1 AktG, nicht jedoch der → *Vorstand*). Wahlvorschläge können auch Aktionäre vorbringen (§§ 127, 126 137 AktG). Eine Bindung der Hauptversammlung an Wahlvorschläge ist grundsätzlich ausgeschlossen (§ 101 Abs. 1 AktG, *Ausn.* §§ 6, 8 MontanMitbestG).

▷ **Wahlverfahren:** Der → *Versammlungsleiter* bestimmt im Rahmen des Gesetzes und der → *Satzung* das Wahlverfahren. Eine Block- oder Listenwahl ist zulässig. **Beachte:** Eine eventuell in der Satzung vorgesehene relative Stimmenmehrheit ist dann nicht ausreichend (→ *Mehrheit*).

Über den Vorschlag eines Aktionärs ist vor dem Vorschlag des Aufsichtsrats abzustimmen, wenn (§ 137 AktG)
- der Wahlvorschlag rechtzeitig und ordnungsgemäß eingereicht wurde (§ 127 AktG),
- der entsprechende Antrag in der Hauptversammlung gestellt wird,
- eine Aktionärsminderheit (mindestens 10 % des in der Hauptversammlung vertretenen Kapitals) die Abstimmung in dieser Reihenfolge verlangt.

▷ **Stimmrechtsbeschränkung:** Bei der Wahl zum Aufsichtsrat unterliegen die Aktionäre der Aktiengesellschaft keinerlei Stimmrechtsbeschränkungen. Der Aktionär kann sich selbst in den Aufsichtsrat wählen. Bei der → *KGaA* besteht für persönlich haftende Gesellschafter bei der Wahl zum Aufsichtsratsmitglied ein Stimmverbot (§ 285 Abs. 1 Nr. 1 AktG).

▷ **Wahlabsprachen:** Wahlabsprachen sind grundsätzlich zulässig. Partner solcher Wahlabsprachen dürfen jedoch nicht die Aktiengesellschaft oder ihre Organe sein. Bindungen an Wahlabsprachen können nicht in die Satzung aufgenommen werden.

Im Übrigen s. → *Aufsichtsratsmitglieder: 3. Bestellung der Aufsichtsratsmitglieder*.

▷ **Ersatzwahl:** Es ist zulässig, ein Ersatzmitglied für ein Aufsichtsratsmitglied bereits bei dessen Wahl zu bestellen (Stellvertretung des Aufsichtsratsmitglieds ist auch bei Verhinderung nicht zulässig). Das Ersatzmitglied kann bei Wegfall oder Verhinderung des Aufsichtsratsmitglieds an seine Stelle treten.

4. Abschlussprüfer

▷ **Zuständigkeit:** Die Wahl des Abschlussprüfers ist Aufgabe der Hauptversammlung (§ 119 Abs. 1 Nr. 4 AktG; → *Beschluss: 4. Hauptversammlungsbeschluss*). Die Bestimmung einer anderweitigen Zuständigkeit durch die Satzung ist nicht zulässig. *Ausn.* zur grundsätzlichen Zuständigkeit der Hauptversammlung:

– Der erste Abschlussprüfer wird von den Gründern gewählt (§ 30 Abs. 1 Satz 1 AktG);
– der Abschlussprüfer von Versicherungsgesellschaften ist zwingend durch den Aufsichtsrat zu wählen.

Der Aufsichtsrat kann Wahlvorschläge unterbreiten (nicht jedoch der Vorstand, § 124 Abs. 3 Satz 1 AktG).

▷ **Wahlverfahren:** Der → *Beschluss* der Hauptversammlung bedarf der einfachen Mehrheit (*Ausn.* bei entsprechender Regelung durch Satzung). Der Versammlungsleiter legt bei Vorliegen mehrerer Wahlvorschläge die Reihenfolge der Abstimmung fest. Eine Bindung besteht nicht.

Bezüglich Stimmrechtsbeschränkung s.o. 3. Aufsichtsratsmitglieder

Im Übrigen s. → *Bestellung: 4. Bestellung der Abschlussprüfer.*

Hinweis auf weitere Stichwörter

→ *Abschlussprüfung: 4. Abschlussprüfer*
→ *Aufsichtsrat*
→ *Aufsichtsratsmitglieder*

→ *Gerichtliche Bestellung*
→ *Statusverfahren*
→ *Vorstandsmitglieder*

Wandelanleihe/Wandelschuldverschreibung

▷ **Begriff:** Die *Wandelschuldverschreibung im weiteren Sinne* umfasst sowohl die Wandelschuldverschreibung im engeren Sinne als auch die Optionsschuldverschreibung/Optionsanleihe (→ *Option*, → *Obligationen*). *Wandelschuldverschreibung oder Wandelanleihe im engeren Sinne* ist eine in der Regel fest verzinste Schuldverschreibung, die ein Umtauschrecht gewährt (§§ 793 ff. BGB, → *Ob-*

ligationen). Sie wird auch als *convertible bond* bezeichnet. Dieses Recht besteht darin, dass der Gläubiger seinen Anspruch auf Rückzahlung des verbrieften Nennbetrages zu einem späteren Termin oder innerhalb einer zukünftigen Zeitspanne (*Wandlungsperiode*) in einem bestimmten Verhältnis, gegebenenfalls unter einer Zuzahlung, in Aktien der Gesellschaft umtauschen kann. Der Inhaber einer Wandelanleihe ist zunächst Gläubiger der Gesellschaft; er kann aber unter Aufgabe seiner Gläubigerstellung → *Aktionär* werden und somit am Kapital der Aktiengesellschaft beteiligt sein. Fällt die Ausgabe von Wandelanleihen mit einer bedingten Kapitalerhöhung zusammen (§ 192 Abs. 2 Satz 1 Nr. 1 AktG), entsteht die Mitgliedschaft mit Ausgabe der Aktie (§ 200 AktG).

▷ **Anleihebedingungen:** Das Rechtsverhältnis aus der Anleihe wird üblicherweise in Anleihebedingungen geregelt. Diese sind regelmäßig auf der Rückseite der über die Anleihe ausgestellten Urkunde abgedruckt. Die Anleihebedingungen müssen beinhalten:

– Emissionshöhe,

– Ausgabe- und Rückzahlungskurs,

– Laufzeit (Beginn, Ende, Rückzahlungszeitpunkt),

– Verzinsung (Höhe und Fälligkeit der Zinsen),

– Anzahl der Aktien,

– Wandlungspreis der Aktien (Umtauschverhältnis, Zuzahlung),

– Wechselkurs, falls sich die Währungen, auf die die Anleihe und die Aktie lauten, unterscheiden.

Die Wandelbedingungen müssen zur Sicherung der Gläubigerrechte angepasst werden bei (Verwässerungsschutz der Aktien)

– der Durchführung einer → *Kapitalerhöhung*

– einer → *Kapitalherabsetzung*

– sonstiger Einräumung eines → *Bezugsrechts* zugunsten der → *Aktionäre*.

▷ **Ausgabe:** Für die Ausgabe von Wandelschuldverschreibungen ist ein Hauptversammlungsbeschluss erforderlich (§ 221 AktG, ¾-Mehrheit, → *Hauptversammlung*). Die Ausgabe von Wandelschuldverschreibungen kann auch dem → *Vorstand* überlassen werden, entweder in Form einer Ermächtigung oder in Form einer Verpflichtung zur Ausgabe (§ 221 Abs. 2 AktG). Wandelschuldverschreibungen können auch mittels → *bedingter Kapitalerhöhung* ausgegeben werden. Die bedingte Kapitalerhöhung muss dann zu dem Zweck beschlossen werden, an Gläubiger von Wandelschuldverschreibungen Umtausch- oder Bezugsrechte zu gewähren (§ 192 Abs. 2 Nr. 1 AktG).

▷ **Rechte:** Die Wandelschuldverschreibung (§§ 793 ff. BGB) gewährt seinem Inhaber folgende Rechte:

– Rückzahlung des Nennbetrages nach Ablauf der Laufzeit,

– feste Verzinsung,

– Umtauschmöglichkeit der Schuldverschreibung mit oder ohne Zuzahlung in Aktien der Gesellschaft; anstatt der Rückzahlung des Nennbetrages erhält der Inhaber dann Aktien der Gesellschaft,
– Bezugsrecht im Falle einer Kapitalerhöhung (kann aber ausgeschlossen werden, → *Bezugsrecht: 8. Ausschluss*).

▷ **Wandlungsfrist:** Die Laufzeit der Wandelschuldverschreibung beträgt regelmäßig 10 Jahre, d.h. während dieser Frist besteht ein Umtauschrecht des Inhabers der Wandelschuldverschreibung.

▷ **Mitarbeiterbeteiligung:** Wandelschuldverschreibungen können bei der Ausgestaltung von Mitarbeiterbeteiligungsprogrammen eine große Rolle spielen, da sie Vorteile gegenüber Aktienoptionen (→ *Option*) haben. Bei der Wandelschuldverschreibung ist (anders bei der reinen Aktienoption, § 193 Abs. 2 Nr. 4 AktG) nicht erforderlich die Festlegung

– einer Mindestsperrfrist von 2 Jahren für die Veräußerung bzw. anderweitige Verfügung;
– einer Wartefrist für die erstmalige Ausübung;
– von Erfolgszielen bei der Ausgabe.

Für die Wandelschuldverschreibung spricht außerdem

– der Begünstigtenkreis ist nicht auf „Arbeitnehmer und Mitglieder der Geschäftsführung der Gesellschaft oder eines verbundenen Unternehmens" beschränkt,
– die steuerliche Behandlung.

Ein Aktienoptionsprogramm, das über die zweite und dritte Leitungsebene hinaus angeboten wird, kann damit eine zusätzlich motivierende und damit Performance fördernde Wirkung haben.

▷ **Warrant-Anleihen:** Einen Sonderfall der fremden Wandelschuldverschreibungen bilden die sog „Warrant-Anleihen", die im Konzern von einer ausländischen Tochtergesellschaft ausgegeben werden: üblicherweise enthalten sie ein Recht zum Bezug von Aktien der Muttergesellschaft; bei neuen Anleihen garantiert die Muttergesellschaft nur die Anleihe und verbessert die Rechtsposition der Inhaber, indem sie selbst verbriefte Bezugsrechte ausstellt (*Krieger* in MünchHdb. AG, 2. Aufl. 1999, § 63 Rn. 20).

Hinweis auf weitere Stichwörter

→ *Bedingte Kapitalerhöhung*
→ *Mitarbeiter*
→ *Obligationen*

→ *Option*
→ *Stock Options*

Wechselseitige Beteiligung

→ *Beteiligung: 6. Wechselseitige Beteiligung*

Weisungsrecht

1. Aktionär 859
2. KGaA 859
3. Herrschendes Unternehmen 859
4. Hauptgesellschaft 860

1. Aktionär

Bei Stimmrechtsvollmacht hat der Aktionär ein Weisungsrecht gegenüber dem Bevollmächtigten bei der Ausübung seines → *Stimmrechts* (vgl. §§ 128 Abs. 2, 135 Abs. 1, 5 und 8 AktG). Stimmbindungsverträge des Aktionärs mit der Aktiengesellschaft, den Verwaltungsorganen oder einem abhängigen Unternehmen sind nichtig (§ 136 Abs. 2 AktG).

2. KGaA

Es ist zulässig, die Geschäftsführung des Komplementärs an die Weisung der Kommanditaktionäre zu binden (RGZ 152, 18).

3. Herrschendes Unternehmen

▷ **Voraussetzung:** Das Weisungsrecht ist das Rechtsinstitut, welches das Gesetz zur Leitung der abhängigen Gesellschaft zur Verfügung stellt (§§ 308 Abs. 1, 291 Abs. 1 AktG). Nur der → *Beherrschungsvertrag*, den ein „anderes" Unternehmen mit einer → *abhängigen Gesellschaft* (AG/KGaA) abschließt und der immer nur für die Zukunft eingegangen werden kann, berechtigt jenes, dem → *Vorstand* der abhängigen Gesellschaft Weisungen zu erteilen (§ 308 AktG). Der größtmögliche Umfang dieses Eingriffs in die Leistungsmacht des Vorstands wird abgesteckt durch das Konzerninteresse und die Überlebensfähigkeit der abhängigen Gesellschaft. Inhalt und Umfang des Weisungsrechts liegen im unternehmerischen Ermessen des herrschenden Unternehmens (§ 309 AktG; *Ausn.* konkrete Ausgestaltung im Beherrschungsvertrag). Die gesetzlichen Vertreter des herrschenden Unternehmens dürfen im Rahmen der Überlebensfähigkeit zum Schaden der abhängigen Gesellschaft handeln, wenn und soweit dies im Konzerninteresse liegt. Was unter Konzerninteresse zu subsumieren ist, bestimmt das herrschende Unternehmen allerdings weitgehend im Rahmen des Gesetzes und des Beherrschungsvertrages selbst. Auf Grund eines Unternehmensvertrags kann der Gesellschaft nicht die Weisung erteilt werden, den Beherrschungsvertrag zu ändern, aufrechtzuerhalten oder zu beendigen (§ 299 AktG).

Weisungsrecht

▷ **Umfang:** Durch das Weisungsrecht wird die Organzuständigkeit des Vorstands vom abhängigen auf das herrschende Unternehmen verlagert. Der Vorstand der abhängigen Gesellschaft hat den Weisungen des herrschenden Unternehmens Folge zu leisten (§ 308 Abs. 2 AktG). Das Weisungsrecht bezieht sich nur auf die Leitung der Gesellschaft i.S.d. §§ 76 ff. AktG. Eine vertragliche Erweiterung ist nicht möglich. In die zwingenden gesetzlichen Zuständigkeiten der anderen Organe Aufsichtsrat und Hauptversammlung kann nicht eingegriffen werden (§§ 293, 395, 296, und 299 AktG).

▷ **Vollmacht:** Aus dem Weisungsrecht folgt keine Vertretungsmacht des herrschenden Unternehmens. Zur Durchführung einer Weisung kann die abhängige Gesellschaft dem herrschenden Unternehmen zusätzlich Spezialvollmacht erteilen. Durch eine solche Spezialvollmacht wird der Einfluss des herrschenden Unternehmens auf ein bestimmtes Geschäft beschränkt und somit für den Vorstand der abhängigen Gesellschaft kontrollierbar und überschaubar. Eine allgemeine Vollmacht, die sich auf eine Vielzahl unbestimmter Geschäfte bezieht, ist unzulässig.

▷ Bei **mehrstufigen Unternehmensverbindungen** müssen dafür Vorkehrungen getroffen werden, dass einander widersprechende Weisungen ausgeschlossen sind.

Beispiel

Der Gefahr widersprüchlicher Weisungen kann dadurch begegnet werden, dass → *Muttergesellschaften* das Gemeinschaftsunternehmen gemeinsam beherrschen. Zwischen dem Gemeinschaftsunternehmen und den Müttern kann formal – aus steuerlichen Gründen – eine BGB-Gesellschaft als → *Holding* oder eine Stiftung eingeschaltet werden (§§ 293 ff. AktG).

4. Hauptgesellschaft

Bei der → *Eingliederung* kann die Hauptgesellschaft dem Vorstand der eingegliederten Gesellschaft Weisungen erteilen (§ 323 AktG). Dieses Weisungsrecht ist nicht dadurch beschränkt, dass die Weisungen durch ein Interesse der Hauptgesellschaft oder durch ein Konzerninteresse gedeckt sind (anders beim Weisungsrecht aufgrund eines Beherrschungsvertrages s.o.). Hinsichtlich der Verantwortlichkeit des Vorstands der Hauptgesellschaft sowie der Verwaltungsmitglieder der eingegliederten Gesellschaft gelten die gleichen Bestimmungen wie beim Bestehen eines Beherrschungsvertrages (§§ 323 i.V.m. 309 und 310 AktG).

Hinweis auf weiterführende Literatur: *Hommelhoff*, Die Konzernleitungspflicht, 1982; *Timm*, Die Aktiengesellschaft als Konzernspitze, 1980.

Hinweis auf weitere Stichwörter

→ *Abhängige Gesellschaften*　　→ *Unternehmen*
→ *Beherrschungsvertrag*　　→ *Vertragskonzern*

Wertpapiersammelbank

Unter dem Begriff Wertpapiersammelbank ist ein Kreditinstitut zu verstehen, das von der nach dem Recht seines Sitzlandes zuständigen Stelle als solches anerkannt ist. Sie befinden sich an den Orten, an denen die 8 deutschen Börsen ansässig sind und werden üblicherweise „*Kassenvereine*" genannt.

→ *Hauptversammlung: 8. Teilnahme*

Wettbewerb

Der Wettbewerb ist ein dynamischer, durch Erbringung besserer als der von anderen Konkurrenten angebotenen Leistungen zu einer verbesserten Marktversorgung führender Prozess. Bei den Wettbewerbsbeschränkungen ist zwischen *kollektiven* Wettbewerbsbeschränkungen (z.B. Kartelle und andere vertragliche Bindungen) und *individuellen* Wettbewerbsbeschränkungen zu unterscheiden.

Zum Wettbewerbsverbot s. → *Vorstandsmitglieder: 5. Wettbewerbsverbote.*

Hinweis auf weitere Stichwörter

→ *Vorstand* | → *Vorstandsmitglieder*

Zeichnung

1. Begriff 861
2. Zeichnungsschein 862
3. Zeichnungsvertrag 863
4. Beschränkung 863
5. Zeichnungsverbot 863

1. Begriff

▷ **Zeichnung erforderlich:** Die Zeichnung von → *Aktien* wird als ursprünglicher (originärer) Erwerb von Aktien bezeichnet, weil hier neu geschaffene Aktien der Gesellschaft von dieser erworben werden. Von derivativem Erwerb spricht man beim Erwerb vorhandener Aktien durch Dritte oder die Gesellschaft (Rückerwerb → *eigener Aktien*). Die Zeichnung ist das Verlangen des Erklärenden nach Zuteilung neuer Aktien. Eine Zeichnung der Aktien ist somit erforderlich bei

- Kapitalerhöhung gegen → *Einlagen* (§ 185 Abs. 1 AktG) oder
- Verwendung eines → *genehmigten Kapitals* (§§ 185 Abs. 1 i.V.m. 203 Abs. 1 Satz 1 AktG).

▷ Die **Zeichnung** neuer Aktien ist **nicht erforderlich** bei

- der Gründung: die Aktien werden von den Gründern durch *Übernahme* erworben (§ 29 AktG, → *Gründung: 2. Gründungsverfahren*);
- der → *bedingten Kapitalerhöhung*: der Erwerb neuer Aktien erfolgt durch *Bezugserklärung* (→ *Bezugsrecht: 6. Ausübung des Bezugsrechts*, § 198 AktG);
- der Kapitalerhöhung zur Durchführung einer → *Verschmelzung*: die Aktien sind bereits durch den Verschmelzungsbeschluss der Anteilsinhaber des übertragenden Rechtsträgers gezeichnet (§ 69 Abs. 1 Satz 1 UmwG);
- der Kapitalerhöhung aus Gesellschaftsmitteln: die neuen Aktien stehen den alten Aktionären *gesetzlich* zu (§ 212 AktG).

▷ **Überzeichnung:** Wenn mehr Aktien gezeichnet werden als überhaupt ausgegeben werden können, liegt eine → *Überzeichnung* vor.

2. Zeichnungsschein

▷ **Inhalt:** Der wichtigste Schritt zur Durchführung einer Kapitalerhöhung ist die Zeichnung der neuen Aktien. Sie geschieht im Zeichnungsschein. Der Zeichnungsschein ist die schriftliche Erklärung der Beteiligung an dem Grundkapital der Gesellschaft (§ 185 Abs. 1 Satz 1 AktG, auch Zeichnungserklärung genannt). Beurkundung oder Unterschriftsbeglaubigung sind nicht erforderlich. Der Zeichnungsschein muss folgende Angaben enthalten (§ 185 Abs. 1 Satz 1 und 3 AktG):

- die Zahl der Aktien, bei Nennbetragsaktien den Nennbetrag, und wenn mehrere Gattungen ausgegeben werden, die Aktiengattung (§ 185 Abs. 1 Satz 1 AktG);
- den Tag des Kapitalerhöhungsbeschlusses (§ 185 Abs. 1 Satz 3 Nr. 1 AktG);
- den Ausgabebetrag der Aktien, den Betrag der festgesetzten Einzahlungen sowie den Umfang von Nebenverpflichtungen (§ 185 Abs. 1 Satz 3 Nr. 2 AktG);
- die im Falle der Kapitalerhöhung mit Sacheinlagen vorgesehenen Festsetzungen und, wenn mehrere Gattungen ausgegeben werden, den Gesamtnennbetrag einer jeden Aktiengattung (§ 185 Abs. 1 Satz 3 Nr. 3 AktG);
- den Zeitpunkt, an dem die Zeichnung unverbindlich wird, wenn nicht bis dahin die Durchführung der Erhöhung eingetragen ist (§ 185 Abs. 1 Satz 3 Nr. 4 AktG).

▷ Bei **Unvollständigkeit der Angaben** oder bei Beschränkungen der Verpflichtung des Zeichners außer nach § 185 Abs. 1 Satz 3 Nr. 4 AktG ist der Zeichnungsschein nichtig (§ 185 Abs. 2 AktG). Fehlen Angaben nach § 185 Abs. 1 Satz 3 Nr. 1 bis 4 AktG, so kann die Nichtigkeit nach Eintragung der Durchführung der Erhöhung des Grundkapitals im Handelsregister durch Ausübung der Aktionärsrechte oder Erfüllung von Verpflichtungen geheilt werden (§ 185 Abs. 3 AktG).

▷ **Bankenkonsortium:** In der Praxis werden häufig sämtliche neuen Aktien von einem Bankenkonsortium als alleinigem Zeichner übernommen. Die federführende Bank gibt dann die Aktien an die alten Aktionäre (Bezugsberechtigte) oder auch an andere Personen (Zeichner) nach Weisung der Gesellschaft weiter.

▷ Der **Zeichnungsschein** wird doppelt ausgestellt (§ 185 Abs. 1 Satz 2 AktG).

▷ **Keine Anfechtbarkeit:** Die Zeichnungserklärung ist ein gesellschaftsrechtlicher Akt und kann als solcher nicht angefochten werden.

3. Zeichnungsvertrag

▷ **Abschluss:** Der Zeichnungsvertrag kommt grundsätzlich mit der Annahme der Zeichnungserklärung durch die Aktiengesellschaft zustande, es sei denn, es liegt bereits ein allgemeines Angebot der Aktiengesellschaft vor, das durch die Zeichnungserklärung angenommen wird und somit den Zeichnungsvertrag begründet (bei Optionsscheinen).

▷ **Inhalt:** Die Aktiengesellschaft verpflichtet sich durch den Zeichnungsvertrag, dem Berechtigten Mitwirkungsrechte im begründeten Umfang zuzuteilen. Der Berechtigte verpflichtet sich zur Leistung des Gegenwertes.

▷ **Anwartschaft:** Mit dem Zeichnungsvertrag erwirbt der Zeichner eine Anwartschaft auf die Aktie. Aktionär wird er aber erst mit Eintragung der Durchführung der Kapitalerhöhung im Handelsregister. Wenn mehr Zeichnungsverträge als neue Aktien vorliegen, spricht man von → *Überzeichnung*.

4. Beschränkung

Der Zeichnungsschein ist nichtig, wenn er Beschränkungen der Verpflichtung des Zeichners oder Bedingungen enthält (*Ausn.* Vorbehalt in § 185 Abs. 1 Satz 3 Nr. 4 AktG). Die Nichtigkeit ist jedoch heilbar; lediglich die Beschränkungen und Bedingungen bleiben nichtig.

5. Zeichnungsverbot

▷ **Fälle:** Verboten ist die Zeichnung der Aktien durch

- die Aktiengesellschaft, welche die neuen Aktien ausgibt (§ 56 Abs. 1 AktG);
- ein abhängiges Unternehmen, wenn das herrschende Unternehmen die Aktien ausgibt (§ 56 Abs. 2 Satz 1 1. Alt. AktG);
- ein im Mehrheitsbesitz stehendes Unternehmen, wenn die Aktien von der an ihm mit Mehrheit beteiligten Aktiengesellschaft ausgegeben werden (§ 56 Abs. 2 Satz 1 2. Alt. AktG);
- Dritte für Rechnung der Aktiengesellschaft oder eines abhängigen oder in Mehrheitsbesitz stehenden Unternehmens (§ 56 Abs. 3 AktG).

▷ **Verstoß:** Bei einem Verstoß haften alle Vorstandsmitglieder als Gesamtschuldner auf die volle → *Einlage* (§ 56 Abs. 4 AktG). Bei Zeichnung durch Dritte haften diese persönlich auf die volle Einlage ohne Rücksicht auf eine Vereinbarung mit der Aktiengesellschaft oder einem abhängigen oder in Mehrheitsbesitz stehenden Unternehmen (§ 56 Abs. 3 Satz 2 AktG). Im Übrigen s. → *Eigene Aktien*.

Hinweis auf weiterführende Literatur: *Hergeth/Eberl*, Wirksamkeitsvoraussetzungen des Zeichnungsvorganges, NZG 2003, 205 ff.

Hinweis auf weitere Stichwörter

→ *Aktie*

→ *Kapitalerhöhung*

→ *Überzeichnung*

Zwangseinziehung

→ *Einziehung*

Zwangsgelder

→ *Eintragung*

→ *Handelsregister*

→ *Verwaltung: 4. Strafrechtliche Verantwortung*

Zweigniederlassung

1. Begriff 864
2. Voraussetzungen 865
3. Firma 865
4. Eintragung 865
5. Zweigniederlassung im Ausland ... 866
6. Steuerliche Behandlung 868

1. Begriff

▷ **Keine Selbständigkeit:** Die Zweigniederlassung (auch Filiale genannt) ist einerseits mehr als nur eine unselbständige Betriebs- oder Hilfsstelle (Lagerplatz, Verkaufsstelle, Fabrikationsanlage). Andererseits ist sie kein rechtlich selbständiges Unternehmen wie eine Tochtergesellschaft, obwohl sie räumlich, wirtschaftlich und organisatorisch von der Hauptniederlassung getrennt ist. Da die Zweigniederlassung keine selbständige juristische Person ist, ist die Hauptniederlassung Trägerin von Rechten und Pflichten, sofern diese nach dem Recht ihres Sitzstaates rechtsfähig ist (BGHZ 4, 62). Demnach sind Verbindlichkeiten der Zweigniederlassung solche der Hauptniederlassung.

▷ Im **Prozess** ist daher die Hauptniederlassung Partei. Allerdings kann der Unternehmensträger unter der Firma der Zweigniederlassung für im Betrieb der Zweigniederlassung begründete Rechtsstreitigkeiten klagen und verklagt werden (§ 21 ZPO). Dort kann auch die Klage zugestellt werden (BGHZ 4, 62).

▷ **Örtlich zuständig** ist das Gericht der Zweigniederlassung. Die Verlegung einer Zweigniederlassung ist nicht gesetzlich geregelt, wird aber als zulässig angesehen; das Verfahren läuft ab wie bei der Verlegung einer Hauptniederlassung (OLG Stuttgart BB 1963, 1152).

▷ Die **Errichtung** der Zweigniederlassung ist ein tatsächlicher Akt; sie erfolgt bereits mit Aufnahme des Geschäftsbetriebs und kann ohne Satzungsänderung durchgeführt werden (BayObLGZ 92, 60).

2. Voraussetzungen

Die Errichtung einer Zweigniederlassung setzt voraus:
- von der Hauptniederlassung getrennte Räumlichkeiten (auch am Ort/Sitz der Hauptniederlassung möglich),
- einen auf eine gewisse Dauer angelegten Geschäftsbetrieb (nicht ausreichend ist die Errichtung für die Dauer einer Messe),
- äußere Einrichtung ähnlich einer Hauptniederlassung: Geschäftslokal, Bankkonto,
- getrennte Buchführung, zumindest getrenntes Ausweisen der Geschäfte der Zweigniederlassung (BGH NJW 1972, 1859; BayObLGZ 79, 159),
- eigene Geschäftsleitung; die Vertretungsmacht kann mit Wirkung gegenüber Dritten auf die Zweigniederlassung beschränkt werden, wenn diese unter einer eigenen Firma betrieben wird und es sich um einen Kommanditisten der KGaA, einen Prokuristen, Handlungsbevollmächtigten oder sonstigen Bevollmächtigten handelt. Beschränkbarkeit der Vertretungsmacht besteht dagegen nicht bei den → *Vorstandsmitgliedern* der Aktiengesellschaft.

3. Firma

Die → *Firma* muss im Inland zulässig sein; insbesondere darf sie nicht irreführend sein. Die Firma der Zweigniederlassung kann mit dem Firmenkern der Hauptniederlassung identisch sein, mit oder ohne einen die Zweigniederlassung kennzeichnenden Zusatz. Sie kann auch einen eigenen Firmenkern führen, muss dann aber ihre Zugehörigkeit zur Hauptniederlassung durch einen Zusatz kennzeichnen. Wenn eine neue Zweigniederlassung an einem Ort errichtet wird, an dem das Unternehmen noch nicht vertreten ist, muss darauf geachtet werden, dass sich die Firma der Zweigniederlassung durch einen Zusatz deutlich von dort bereits eingetragenen Firmen unterscheidet (§ 30 Abs. 3 HGB); allein der Zusatz „Zweigniederlassung" reicht daher nicht aus.

4. Eintragung

Die Anmeldung der Zweigniederlassung ins → *Handelsregister* erfolgt durch den → *Vorstand*. Die Registereintragung hat nur deklaratorische Bedeutung, bewirkt aber die Registerpublizität (§ 15 HGB, → *Publizität*). Für die → *Eintragung* ins Handelsregister ist das Gericht örtlich zuständig, in dessen Bezirk die Zweigniederlassung besteht (§ 13d Abs. 1 HGB). Es sind auch der Ort der Zweigniederlassung sowie ein etwaiger Firmenzusatz einzutragen und bekannt zu machen (§ 13d Abs. 2 HGB). Besondere gesetzliche Vertreter wie Hauptbevollmächtigte von Versicherungen (§ 106 VAG) und Geschäftsleiter von Kreditinstituten (§ 53 Abs. 2 Nr. 1 KWG) sind in Spalte 6 Abteilung B des Handelsregisters einzutragen (§ 43 Nr. 6 HRV).

5. Zweigniederlassung im Ausland

▷ Die Errichtung von **Zweigstellen deutscher Unternehmen** im Ausland erfolgt nach den Regeln des betreffenden Landes. Die Anmeldung ist an die zuständige ausländische Behörde zu richten; die Eintragung in das deutsche Handelsregister ist nicht möglich (LG Köln DB 1979, 984).

▷ **Ausländische Gesellschaften** können in Deutschland (rechtlich unselbständige) Zweigniederlassungen errichten (§§ 13d ff. HGB). Für Gesellschaften aus EU-Mitgliedstaaten ergibt sich dies auch aus der Niederlassungsfreiheit (Art. 43–48 EGV). In der Praxis gründen ausländische Unternehmen ihre Niederlassungen in Deutschland allerdings bislang eher als selbständige Töchter (→ *Tochtergesellschaft*).

Im Zusammenhang mit ausländischen Zweigniederlassungen ist die in Bewegung geratene Rechtsprechung des EuGH zu beachten („Überseering", „Inspire Art"). Im Ergebnis kann die Eintragung von Zweigniederlassungen unter Hinweis auf Kapitalaufbringungsvorschriften im EU-Raum nicht mehr verweigert werden.

▷ **Errichtung:** Die Zweigniederlassung eines ausländischen Unternehmens im Inland entsteht mit tatsächlicher Geschäftsaufnahme, ihre Errichtung erfordert grundsätzlich keine gewerberechtliche Genehmigung. Allerdings besteht die Möglichkeit, einer im Inland nicht anerkannten juristischen Person das Gewerbe zu verbieten (§ 15 Abs. 2 GewO). Zweigniederlassungen von ausländischen Kreditinstituten bedürfen einer staatlichen Erlaubnis (§§ 32 KWG, § 53–53c KWG). Für den Vertrieb von Investmentanteilen sind zusätzlich die Voraussetzungen der §§ 8, 2, 7 AuslInvestmG zu beachten. Ebenso unterliegen ausländische Versicherungsunternehmen einer Erlaubnispflicht (§§ 105–111 VAG). Die Errichtung einer deutschen Zweigniederlassung ist vom Vorstand der ausländischen Aktiengesellschaft in vertretungsberechtigter Zahl anzumelden.

▷ **Anmeldung:** Zuständig sowohl für die Anmeldung der Errichtung als auch für alle anderen Anmeldungen, welche die Zweigniederlassung betreffen, ist das Gericht, in dessen Bezirk die Zweigniederlassung besteht (§ 5 AktG). Werden mehrere Zweigniederlassungen errichtet, so kann eines der zuständigen Register als „führendes Register" ausgewählt werden (§ 13e Abs. 5 HGB). Das Prüfungsrecht des Gerichts umfasst alle Eintragungsvoraussetzungen, auch soweit sie ausländischem Recht unterliegen (§ 12 FGG, s.u.). Es ist dabei nicht an ausländische Entscheidungen oder Eintragungen gebunden (BayObLG WM 1985, 1202). Geprüft wird daher, ob die Gesellschaft nach ausländischem Recht wirksam gegründet wurde (KG RIW 1997, 597). Außerdem prüft das Gericht, ob einzutragende satzungsmäßige oder gesellschaftsvertragliche Bestimmungen (z.B. über die Rechtsfähigkeit, Vertretung oder Haftung) gegen deutsches materielles Recht verstoßen.

In der nachfolgenden Übersicht sind eintragungspflichtige Informationen aufgelistet, die in der Anmeldung enthalten sein müssen (§§ 13e Abs. 2 Satz 4 Nr. 1–4, 13f Abs. 3, 13g Abs. 3 HGB). Der gesamte Inhalt der Eintragung ist bekannt zu machen (§§ 13f Abs. 4, 13g Abs. 4 HGB, → *Bekanntmachungen*).

▷ **Inhalt der Anmeldung:** In der Anmeldung aufzuführende Informationen:
- *Errichtung* der Zweigniederlassung (§ 13e Abs. 2 Satz 1 HGB),
- eventuell erforderliche *staatliche Genehmigung*,
- *Anschrift* und *Gegenstand* der Gesellschaft (§ 13e Abs. 2 Satz 3 HGB),
- *Rechtsform der ausländischen Gesellschaft*/Hauptniederlassung und, sofern sie ihren Sitz außerhalb der EU und des EWR hat, das auf sie anwendbare Recht (§ 13e Abs. 2 Satz 4 Nr. 2 u. 4 HGB),
- die *Änderung der Satzung* der ausländischen Kapitalgesellschaft (§ 13f Abs. 5 HGB, § 13g Abs. 5 HGB),
- *Heimatregister* der ausländischen Kapitalgesellschaft, sofern das ausländische Recht eine Registereintragung kennt (§ 13e Abs. 2 Satz 4 Nr. 1 HGB, die Registrierungsstellen der EU-Mitgliedsstaaten sind in einer Liste des DIHT, EuZW 1992, 528 aufgeführt),
- Umfang der organschaftlichen *Vertretungsmacht der Vorstandsmitglieder/Geschäftsführer* der ausländischen Kapitalgesellschaft (§ 13f Abs. 2 Satz 2 HGB, § 13g Abs. 2 Satz 2 HGB)**:** in welchem Umfang diese besteht, bestimmt sich nach dem ausländischen Recht am Sitz der Gesellschaft (BGHZ 32, 256; BayObLG WM 1985, 1202),
- gegebenenfalls die Eröffnung oder die Ablehnung der Eröffnung eines *Insolvenzverfahrens* oder eines ähnlichen Verfahrens über das Vermögen der Gesellschaft (§ 13e Abs. 4 HGB),
- ständige *Vertreter der Zweigniederlassung* sowie der Umfang ihrer Vertretungsmacht (gesetzliche Vertreter und Bevollmächtigte); dies betrifft insbesondere Prokuristen oder Handlungsbevollmächtigte, sofern diese neben der generellen Vertretungsmacht auch eine selbständige Prozessführungsbefugnis haben. Bestellung und Umfang der Vollmacht richten sich nach deutschem Recht als Wirkungsstatut (BGHZ 43, 21). Jede Änderung der Vertreter oder ihrer Vertretungsbefugnis ist von diesen anzumelden (§ 13e Abs. 2 Satz 4 Nr. 3 HGB, § 13e Abs. 3 HGB).

▷ Der Anmeldung **beizufügen** sind folgende Unterlagen in Form einer öffentlich beglaubigten Abschrift mit beglaubigter Übersetzung (ausreichend: Bescheinigungen von Behörden des betroffenen Landes oder des deutschen Konsulats oder eine Bestätigung eines ausländischen Notars in der gehörigen Form, OLG Köln Rpfleger 1989, 66):
- *Auszug des ausländischen Registers* oder eine Gründungsbescheinigung zum Nachweis des Bestehens der Gesellschaft (BayObLG WM 1985, 1202) und Nachweis einer evtl. erforderlichen *Genehmigung* im Inland (§ 13e Abs. 2 Satz 2 HGB),

– *Satzung/Gesellschaftsvertrag* der ausländischen Gesellschaft (§ 13f Abs. 2 Satz 1 HGB; § 13e Abs. 2 Satz 1 HGB),

– Unterlagen der *Rechnungslegung der Hauptniederlassung,* sofern diese ihren Sitz in einem EU-Mitgliedsstaat oder EWR-Vertragsstaat hat (§ 325a Abs. 1 HGB),

– *nicht vorzulegen:* eine Straffreiheitserklärung für Vorstände und Gesellschafter.

▷ **Geschäftsbriefe:** Auf Geschäftsbriefen und Bestellscheinen der Zweigniederlassung einer ausländischen Kapitalgesellschaft sind neben dem Register und der Eintragungsnummer der Zweigniederlassung auch das Register und die Nummer der Hauptniederlassung anzugeben (§ 80 Abs. 4 AktG).

▷ **Prozess:** Im Prozess ist nicht die Zweigniederlassung Partei, sondern das ausländische Hauptunternehmen. Dieses kann jedoch unter der Firma der inländischen Zweigniederlassung in Deutschland verklagt werden (BGH BB 1978, 130). Auf Grund ihrer rechtlichen Unselbständigkeit ist auf die Zweigniederlassung das ausländische Recht am tatsächlichen Sitz der Hauptniederlassung anwendbar (RGZ 73, 368; BayObLG IPRax 1986, 163 ff.). Die Zweigniederlassung besitzt dieselbe Staatszugehörigkeit wie das Hauptunternehmen und unterliegt somit denselben fremdenrechtlichen Bestimmungen wie dieses.

6. Steuerliche Behandlung

Eine Zweigniederlassung innerhalb der EU-Staaten wird steuerlich vollständig mit einer im Inland gegründeten Kapitalgesellschaft gleichbehandelt. Die Zweigniederlassung ist als Körperschaftsteuerrechtssubjekt zu qualifizieren (§ 1 Abs. 1 Nr. 1 KStG).

Hinweis auf weiterführende Literatur: *Walden,* Niederlassungsfreiheit, Sitztheorie und der Vorlagebeschluß des VII. Zivilsenats des BGH v. 30.3.2000, EWS 2001, 256 ff.

Hinweis auf weitere Stichwörter

→ *Sitz* → *Tochtergesellschaften*
→ *Steuerrecht*

Zwischenschein

Der Zwischenschein (§ 10 Abs. 3 und 4 AktG, früher Interimschein) ist ein Anteilsschein, der den *Aktionären* vor der Ausgabe von *Aktienurkunden* erteilt wird (§ 8 Abs. 6 AktG). Darin ist das Mitgliedschaftsrecht vorläufig verbrieft. Er ist Wertpapier – geborenes Orderpapier – und folgt den Bestimmungen über die *Namensaktie* (§ 67 Abs. 7 AktG). Die Übertragbarkeit der Zwischenscheine erfolgt durch Indossament (§ 68 Abs. 1 AktG). Es besteht die Möglichkeit der → *Vinkulierung* (§ 68 Abs. 2 AktG). Eine Verbriefung des Mitgliedschaftsrechts soll dadurch auch in den Fällen ermöglicht werden, in denen die → *Satzung* keine Namensaktien vorsieht oder in denen die Gesellschaft letztlich → *Inhaberaktien* ausgeben will, daran aber vorläufig gehindert ist, weil das volle Aktienkapital noch nicht eingezahlt wurde.

Die Zwischenscheine sind in das → *Aktienregister* unter Bezeichnung des Inhabers nach Namen, Geburtsdatum und Adresse einzutragen (§ 67 AktG). Diese Eintragungspflicht beginnt mit der Ausgabe der Zwischenscheine.

Hinweis auf weitere Stichwörter

→ *Aktie: 8. Nebenpapiere* | → *Namensaktien*

Stichwortverzeichnis

Abberufung 1 ff.
- Abschlussprüfer 1
- Abwickler 2
- Aufsichtsrat 2 f.
- Sonderprüfer 4
- Vorstand 4 ff.
Abfindung 7 ff.
- Anspruch 8 ff.
- Art 1 f.
- Angemessenheit 12
- bei Eingliederung 9, 279 f.
- beim Squeeze-Out 704
- Verzinsung 9, 13
Abhängigkeitsbericht 19 ff., 63, 101, 163
- faktischer Konzern 341
Abschlussprüfung 22 ff., 472 f., 634 f.
Abschlussprüfer
- Abberufung 1
- Amtsniederlegung 67
- Bericht 166
- Bestellung 25, 372
- Ersetzung 320 ff.
- Wahl 856
Abspaltung; s. auch Spaltung
- Anmeldung zum HR 438
- zur Neugründung 438
Abspaltungsverbot 28, 724
Abstimmung 29 ff.; s. auch Beschluss, Stimmrecht, Vollversammlung
- Anfechtung 70
Abwickler 34 ff.
- Abberufung 2
- Amtsdauer 63
- Amtniederlegung 67
- Bestellung 34
- Geschäftsordnung 384
Abwicklung 37 ff.; s. auch Liquidation
- Abgrenzung zum Insolvenzverfahren 466
- Eintragung 298 ff.
- KGaA 525
- Optionsgeschäft 612
Ad-hoc-Meldungen 62, 158, 229, 571 ff., 637, 845
Ad-hoc-Publizität 215 ff., 224 ff.

Agio 40, 49, 56, 285 ff., 304, 424, 580, 648, 779
Aktie 40 ff.
- Berechtigungsnachweis 137
- Bezugsaktie 195
- Börsenfähigkeit 211 ff.
- eigene 260 ff.
- Einziehung 302 ff.
- Erwerb eigener 324 ff.
- Hinterlegung 454
- Indizes 230
- Inhaberaktie 461
- Namensaktie 579 ff.
- Nennbetragsaktien 585 ff.
- Nichtigkeit 588
- Stammaktie 708
- Übernahme 409, 752
- Übertragung 754 f.
- Überzeichnung 756 f.
- Umwandlung 761
- Vorratsaktie 834
Aktiengemeinschaften 50 ff., 726
Aktienmarkt 53
Aktienregister 53, 579 ff., 725, 869
Aktienurkunde 779 f.
Aktionär 53 ff.
- Aktionärsforum 59 ff., 118, 442, 848
- als Aufsichtsratsmitglied 114
- Auskunftsrecht 124 ff.
- Ausschluss 134 f.
- Eigenkapitalersatz 263 ff.
- Entschädigung 313 ff.
- Ermächtigung 317 f., 374
- als Gläubiger 399
- Gleichbehandlung 399 ff.
- geschäftsmäßig Handelnde 379 f.
- Holzmüller-Entscheidung 357 ff.
- Klagerecht 60 ff., 68
- Kommanditaktionär 419 f.
- Legitimation 544 f.
- Nebenleistungspflichten 583 f.
- räuberischer 639 ff.
- Schadenersatz 666 ff.
- Vertretung 820
- Squeeze-Out 702 ff.
- Treuepflicht 748 ff.

871

– Weisungsrecht 859
Amtslöschung 548
Anfechtung
– der Abstimmung 70
– von Hauptversammlungsbeschlüssen 68 ff., 396
– Missbrauch der Anfechtungsbefugnis 559
Anleihe 82
Anstellungsverhältnis 83 ff., 381, 467, 741, 817, 843
Arbeitnehmer 85, 90 ff.; s. auch Mitbestimmung
– Arbeitnehmeraktien 492 f.
– Bezugsrechte 138 ff., 195, 493
– Einbringung 273 ff.
– Formwechsel 354
– Lohnkonto 234
– Stock Options 142 ff.
Aufgeld s. Agio
Auflösung 94 ff.
– Gründe 95 f.
– Publizität 96 f.
– Zuständigkeit 95
Aufrechnung 97
– Verbot 144 f.
Aufsichtsrat 99 ff.
– Aufsicht 98
– Auskunftsrecht 131
– Bericht 166
– Beschluss 168 ff.
– Entlastung 310 ff.
– Entscheidung über Zusammensetzung 371
– Ermächtigung 317
– erster 109
– Funktion 617
– geheime Stimmabgabe 360
– Haftung 111, 413
– bei der KGaA 420 ff.
– Mitbestimmung 559 ff.
– Mitwirkung bei Geschäftsführung 377 f.
– Nichtigkeit des Beschlusses 588 f.
– Sitzung 675 ff.
– Vertretung der AG 817 ff.
Aufsichtsratsmitglieder 112 ff.
– Abberufung 2 f.
– Amtsdauer 64

– Amtsniederlegung 67
– Arbeitnehmer 30, 64 ff., 99 ff., 169
– Auslagenersatz 132
– Ausschluss 135
– Bestellung 114, 371, 708
– D&O-Versicherung 254 ff.
– Doppelzählung 257
– Haftung 116
– Schadenersatz 665 f.
– Treuepflicht 750 f.
– Wahl 854 ff.
Ausgleich 120 ff.
Auskunftsrecht 124 ff.
Ausschuss
– des Aufsichtsrats 106, 344

Bank 136 ff., 461, 794 f.
– Greenshoe 401 f.
Bareinlage 285 ff.
– Bestätigung 137
– Befreiungsverbot 144 ff.
Bedingte Kapitalerhöhung 138 ff.
Bedingtes Kapital 481
Befreiungsverbot 144 ff.
Beherrschungsvertrag 147 ff., 314 f., 823, 859 f.
Beirat 156 f.
Bekanntmachungen 157 ff.
Belegschaftsaktie 93
Bericht 161 ff., 639, 772
Beschlussmängel 168
Besserungsschein 179
Bestätigungsvermerk 179 ff.
Beteiligung 182 ff.
– Beteiligungsgesellschaften 184 f.
– bei KGaA 515
– Mehrheitsbeteiligung 552 f.
– stille 723
Betriebsausgaben 7111 f.
Betriebsvertrag 188 f.
Beurkundung 189 ff.
– Gründungsurkunde 409 f.
– Hauptversammlung 451 f.
Bewertung
– Bookbuilding-Verfahren 231 f.
– bei Einbringung 273
– Ertragswertmethode 322 ff.
– bei Gründung 406
– Sacheinlage 291

872

- Sonderprüfung 681 ff.
- Unterbewertung 683 ff.
- Unternehmenswert 764 f.
Bezugsrecht 139, 193 ff., 490 f.
- Ausschluss 132 f., 198 ff., 493
- mittelbares 201 ff.
Bilanzierung 204 ff., 642 ff.
- von Genussrechten 370
- Gewinnermittlung 389
- Leverage-Effekt 546
- Stock Options 737
Börse 208 ff.
- Börsengang 210 ff., 306 ff.
- Börsennotierung 216 ff.
- Börsensegmente 222 ff.
Bookbuilding-Verfahren 231 ff., 795
Buchführung 233 ff.
Bundesanzeiger 238

Cash-Flow 239, 323, 546 f.
Control-Concept 240
Corporate Governance 240 ff.
Coupon 244
Culpa in contrahendo (cic) 245 f.

Darlehen 246 f.
- eigenkapitalersetzende Gesellschafterdarlehen 263 ff.
Delisting 221 f., 248
Depot 248 f., 821
Differenzhaftung 249, 778
Disagio 249, 469; s. auch Agio
Dividende 250 ff., 395
- Besteuerung 253
- Dividendenschein 244
- Garantie 252 f.
D&O-Versicherung 254 ff.
Doppelsitz 673
Downgrading 221 f.
Durchgriffshaftung 258 f.

Effekten 136, 259
- Emission 306 ff.
Eigene Aktien 260 ff., 483
- Berichtspflicht 261
- Jahresabschluss 474
Eigenkapital 262 ff.
- Incentivprogramm 460 f.
Eigenkapitalersatz 263 ff.

Eigentümerkontrolle 265
Einbringung eines Unternehmens 271 ff., 760
- Steuerrecht 274 f.
Eingliederung 275 ff.
- Entschädigung der Aktionäre 315
- Konzern 531
- Negativerklärung 584
- Steuerrecht 282 ff.
- Weisungsrecht 860
Einkommensteuer 719
Einlage 285 ff.; s. auch Bareinlage, Sacheinlage
- Rückgewähr 291, 324, 482 f.
- Verwendung 763
- Verzinsung 483
Einpersonen-AG 291 ff.
- Anmeldung zum HR 434 f.
- Errichtungserklärung 318
- Gründer 403
- Publizität 295 f.
Eintragung 296 ff.
- der Eingliederung 277
- der Einpersonen-AG 294 f.
- des Formwechsels 356 f.
Einziehung von Aktien 302 ff., 509
Erster Aufsichtsrat 109
Emission 210 ff., 306 ff.
Entherrschungsvertrag 309 f., 360
Entlastung 310 ff.
Entnahmen 312
Entschädigung der Aktionäre 313 ff.
Entsendung von Aufsichtsratsmitgliedern 115
Erben 315 f., 403, 528
Ergebnisabführungsvertrag s. Gewinnabführungsvertrag
Eröffnungsbilanz 316 f.
Erneuerungsschein s. Talon
Errichtung der AG 318
Ersatzmitglieder 319 f.
- Aufsichtsrat 114 f., 319 f.
Ersetzung des Abschlussprüfers 320 ff.
Ertragswertmethode 322 ff., 406, 765
Erwerb eigener Aktien 324 ff.
Euro 332 f.
Europäische Gesellschaftsformen 333 ff.; s. auch Societas Europaea

Faktischer Konzern 338 ff., 532
Festpreisverfahren 342
Finanzierung 344 ff.
Finanzplankredit 345
Firma 346 ff.
- Zweigniederlassung 865
Formwechsel 348 ff., 760
- Anmeldung zum HR 438 ff.
Fortsetzung nach Auflösung 96
Förderung gemeinnütziger Zwecke 388

Gemeinschaftsunternehmen 360
Gemeinwohlgefährdung 360 f.
Gemeinnützigkeit 361 f.
Genehmigtes Kapital 362 ff., 491 ff.
- Jahresabschluss 475
Genehmigung, staatliche 365 f.
Generaldebatte 366
Generalhandlungsbevollmächtigter 367
Genussrechte (Genussscheine) 367 ff., 607
- Steuerrecht 370
Gerichtliche Entscheidung/Ermächtigung 373 f.
Gerichtsstand 374
Geschäftsbriefe 375 f., 868
Geschäftsführung 376 ff.
- Holzmüller-Entscheidung 457 ff.
Geschäftsjahr 379
Geschäftsmäßig Handelnde 379 f.
Geschäftsordnung 380 ff.
Geschäftsverteilung 384 ff.
Gesellschaft 386 ff.
- Bekanntmachungen 157 f.
- Einpersonen-AG 291 ff.
- Errichtung der AG 318
- große AG 402 f.
- Haftung aus cic 245 f.
- KGaA 513 ff.
- kleine AG 511 f.
- Mantel-AG 549 ff.
- Nebenleistungs-AG 584
- Nichtigerklärung 589 f.
- Prozessfähigkeit 629 f.
- Publikums-AG 636
- Schadenersatz 666 f.
- Schuldübernahme aus Vor-AG 832

- Sitz in EU-Staat 386
- Steuerpflicht 709
- Zweck 388
Gesellschaft, abhängige 13 ff., 44, 63, 113, 129
- Abhängigkeitsvermutung 186
- Beherrschungsvertrag 147 ff., 448, 632, 768 ff.
- Bestätigungsvermerk 180 f.
- Beteiligung 185 ff., 551 ff.
- Eingliederung 275 ff.
- Entherrschungsvertrag 309 f.
- Konzern 526 ff.
- Sonderprüfung 686 ff.
- Stimmrecht 729 f.
- verbundene Unternehmen 781 ff.
- Weisungsrecht 859 f.
Gesellschaft, börsennotierte 387
Gesellschaft, herrschende s. Gesellschaft, abhängige
Gesellschaftsblätter 387
Gesellschaftsgeheimnis 359 f.
Gewerbesteuer 716 f.
Gewinn 208 f., 389 ff.
- Ausschluss 390
- Besteuerung 390 f.
Gewinnabführungsvertrag 314 f., 378, 391 ff.
Gewinnschuldverschreibung 393 f., 607
Gewinnverwendung 395 ff.
Girosammelverwahrung 398, 755
Gläubigerpapiere 398
Gläubigerrechte 398 f.
Gläubigerschutz 631
- bei Eingliederung 280 f.
- bei Kapitalherabsetzung 504 f., 507
Gleichbehandlungsgrundsatz 399 ff.
Gleichordnungskonzern 401
Greenshoe 401 f.
Große Aktiengesellschaft 402 f.
Gründer 403 ff.
- Haftung 405 ff.
- Strohmänner 405
- Treuhänder 405
Gründung 407 ff.
- Anmeldung zum HR 430 ff.
- Aufwand 415 f.
- Bericht 416 ff.

– durch Formwechsel 348 ff.
– Haftung 413 ff.
– Mängel 411 ff.
– Prüfung 417 ff., 634 f.
– Offenlegungspflichten 608 f.
– qualifizierte 753
Grunderwerbsteuer 719 f.
Grundkapital 262, 423 ff., 479
– Herabsetzung 504
– Stückaktien 740
– Unversehrtheitsgrundsatz 779
Gutgläubiger Erwerb 425
– Namensaktie 582

Halbeinkünfteverfahren 426 ff.
Handelsregister 430 ff., 637 ff.; s. auch Publizität
– Anmeldung 430 ff.
– Einsicht 440 ff.
– Unterbilanzhaftung 763 f.
Hauptversammlung 441 ff.
– Ablauf 450 f.
– Aufsicht 98
– Einberufung 266 ff., 448
– Funktion 617
– Generaldebatte 366
– Holzmüller-Entscheidung 457 ff.
– der KGaA 522 f.
– Tagesordnung 741 ff.
– Versammlungsleiter 803 f.
– Vollversammlung 829
– Zuständigkeiten 443 ff.
– Zustimmung zur Vertretung 819 ff.
Hauptversammlungsbeschluss 172 ff.
– Anfechtung 68 ff.
– Anmeldung zum HR 434 f.
– Börsengang 215
– Eingliederung 276
– Formwechsel 354 f.
– Genussrechte 369
– Gewinnverwendung 395 f.
– Grundkapital 424
– Kapitalmehrheit 480 f.
– Kapitalerhöhung 489
– Kapitalherabsetzung 502 f., 506
– bei der KGaA 522 f.
– Nichtigkeit 591 ff.
– Squeeze-Out 703 f.
– Stock Options 735 f.

– Vorratsbeschluss 835
Hinterlegung 454, 821
Holding 455 ff.
– Steuerrecht 456 f.
Holzmüller-Entscheidung 457 ff.

Incentivprogramm 460 f.
– Stock Options 732 ff.
Inhaberaktie 461
– gutgläubiger Erwerb 425
– Übertragung 754
Inhaberschuldverschreibungen s. Schuldverschreibungen
Inkompatibilitätsregel 462
Inpfandnahme eigener Aktien 331
Insichgeschäft 462
Insidergeschäft 739
Insolvenz 463 ff.
– Haftung 467 f.
– Verfahren 464 ff.

Jahresabschluss 469 ff.
– Anhang 474
– Bestätigungsvermerk 179 ff.
– Fehlbetrag 476
– Feststellung 343, 470 ff.
– Gewinn 389 ff.
– der KGaA 523 f.
– Lagebericht 475 f.
– Nichtigkeit 598 ff.
– Prüfung 632
– Rumpfgeschäftsjahr 652
Jahresüberschuss 262, 477
Joint Venture 477

Kaduzierung 478 f.
Kapital 479 ff.
– Änderung 425
– Aufbringung 479 f., 763
– bedingtes s. Bedingtes Kapital
– Finanzierung 344 ff.
– genehmigtes s. Genehmigtes Kapital
Kapitalerhaltung 482 ff.
– Grundkapital 424
– Verstoß gegen Kapitalerhaltungsgrundsatz 484 ff.
Kapitalerhöhung 486 ff.
– Anmeldung zum HR 436 ff.
– Arten 486 f., 497 ff.

875

– Ausschluss 491
– Euro-Glättung 333
– genehmigtes Kapital 362 ff.
– aus Gesellschaftsmitteln 494 f.
– bei Spaltung 698
– bei Verschmelzung 806 f.
Kapitalertragsteuer 717
Kapitalherabsetzung 500 ff.
– Einziehung von Aktien 302 ff., 509
– Formen 501 f.
– vereinfachte 505 ff.
Kapitalmehrheit 480 f., 510 f.
Kapitalrücklage s. Rücklagen
Kartell s. Verbundene Unternehmen
KGaA 513 ff.
– Abberufung 7
– Arten 525
– Jahresabschluss 472, 523 f.
– Kommanditaktionäre 519 f., 859
– Mitbestimmung 562
– Nichtigerklärung 590
– persönlich haftender Gesellschafter 514 ff.
Kleine Aktiengesellschaft 511 f.
Körperschaftsteuer 709 ff.
Konsortialvertrag 512
Kontinuitätsgrundsatz 512 f.
Kommanditgesellschaft auf Aktien (KGaA) 513 ff.
Konzern 526 ff.
– Anhang 535
– Arten 530 f.
– faktischer s. Faktischer Konzern
– Gleichordnungskonzern 401, 531
– Haftung 537 f.
– Mitbestimmung 562
– Rechnungslegung 533 ff.
– Steuerrecht 538 ff.
Kraftloserklärung 540
Kündigung 540 ff.

Lagebericht 475 f.
Legitimation 544 f.
– Talon 744
– Übertragung 724
Leitungsmacht 545 f.
Leverage-Effekt 546
Liquidation 546 ; s. auch Abwicklung
– durch Abwicklung 37 ff.

– durch Nachtragsabwicklung 579
– durch Insolvenzverfahren 464 ff.
Liquidationsgesellschaft 37
– Insolvenzfähigkeit 463
Liquidität 546
– Cash-Flow 239
Listing 216 ff., 547
Löschung 547 ff.
– Formen 548

Mantel-AG 549 ff.
Mehrheit 551 ff.
– Formen 551 f.
– Mehrheitsbeteiligung 552 f.
Mehrmütterorganschaft 435, 554
Mehrstimmrechte 554
Minderheitsrechte 555 ff.
– Formen von Minderheiten 555 ff.
Minderjährige
– Beteiligung 183 f.
– als Gründer 404, 412
Missbrauch der Anfechtungsbefugnis 559
Mitarbeiterbeteiligung 142 ff.
– Incentivprogramm 460 f.
– Stock Options 732 ff.
– Wandelanleihen 858
Mitbestimmung 559 ff.
– bei Einbringung 273 f.
– in der KGaA 521
– im Konzern 535 f.
– bei Verschmelzung 808
Mitgliedschaftsrechte 563 f.
– Inhaberaktie 461
– Kaduzierung 478
– Sonderrechte 688
– Verlust 564
Mitteilungspflichten 565 ff.
– bei Einpersonen-AG 265 f.
– Hauptversammlung 448 ff.
– Unternehmensverbindung 783
– Verstoß 566 f.
Muttergesellschaft/Mutterunternehmen 573, 747

Nachgründung 574 ff.
– Anmeldung 433 f., 576
– Bericht 577 f.
– Haftung 578

876

– Prüfung 423, 577
Naked warrants 611, 614
Namensaktie 579 ff.
– Eigentümerkontrolle 265
– gutgläubiger Erwerb 425
– Steuerrecht 582
– Übertragung 581 f., 754 f.
Nebenleistungspflichten des Aktionärs 583 f.
Negativerklärung 584 f.
Nennbetrag 585 ff.
– Herabsetzung 503
– Überpariemission 754
– Unterpariemission 778
Neugründung 587 f.
Nichtigkeit 588 ff.
– Feststellung 596 f.
– Löschung 548 f.
Niederlassung 602
Niederschrift 602 ff.
– Aufsichtsratssitzung 602 f.
– Hauptversammlung 603 f.
– Vorstandssitzung 604

Obligationen 605 ff.
– Bezugsrecht 607
Offenlegungspflichten 608 ff.; s. auch Publizität
Option 611 ff.
– Anleihen 605 ff., 612 f.
– Optionsschein 613
– naked warrants 614
Order 580
Organe 616 ff.
– Ersatzmitglieder 319 f.
– Funktionen 616 ff.
– Geschäftsordnung 380 ff.
– Haftung 618
– Inkompatibilitätsregel 462
– Stellung in der Insolvenz 466 f.
– Suspendierung 740 f.
Organschaft 392, 619 ff.
– Steuerrecht 620 ff.
– Umwandlung 625 f.
Organstreit 626 f.

Partei 627
Prinzipien im Aktienrecht 628
Prokura 628 f.

Proxy-Stimmrecht 629
Prospekthaftung 219 ff.
Prozess 629 f.
Prüfung 631 ff.
Prüfungsbericht 634 f., 682, 685
Publikums-AG 636
Publizität 636 ff.; s. auch Eintragung
– Auflösung 96
– Einpersonen-AG 295 f.
– Gewinnschuldverschreibung 394
– Jahresabschluss 473 f.

Qualifizierte Gründung 639
Quartalsbericht 639

Räuberische Aktionäre 639 ff.
– Abfindungsvergleich 640
Rechnungslegung 204 ff., 642 ff.
– Arten 643
– im Konzern 533 ff.
Rechtsformzusatz 347, 645
Rechtsgemeinschaft an Aktien s. Aktiengemeinschaft
Registergericht 296 ff., 430 ff.
– Bekanntmachungen 158 f.
Registersperre 300, 332, 584, 641, 645
Rentabilitätsgarantie 645
Rentengarantie 646
Risikofrüherkennungssystem 646
Risk Management 647
Rücklagen 262, 397, 511, 647 ff.
– Arten 647 f.
– Bildung 648 ff.
– Teilgewinnabführungsvertrag 746
– Verwendung 651 f.
Rumpfgeschäftsjahr 652

Sacheinlage 141 f., 288 ff.
– Befreiungsverbot 144 ff.
– Differenzhaftung 249
– bei Einpersonen-AG 294
– Kapitalerhöhung 492
– Nichtigkeit der Einbringung 654 f.
– Prüfung 631
– Übertragung von Gegenständen 755
– verdeckte 791 ff., 609
Sachgründung 653 ff.
– Anmeldung zum HR 432 f.
– durch Formwechsel 348 ff.

877

- Gründungsbericht 417
- Sachübernahme 654
Satzung 655 ff.
- Anmeldung zum HR 656
- Auslegung 661 ff.
- Durchbrechung 660 f.
- Feststellung 342 f.
- Form 656
- Geschäftsordnung 380 ff.
- Mängel 663 f.
- Nebenabrede 659
- Offenlegungspflichten 609 f.
Satzungsänderung 659 f.
- faktische 338
- staatliche Genehmigung 365
- Zustimmung 660
Scalping 739
Schadenersatzpflicht 665 f.
Schadenersatzrecht 667 f.
Schütt-aus-hol-zurück-Verfahren 495, 669 f., 798
Schuldverschreibungen 670 f.
- Gewinnschuldverschreibungen 393
- Wandelschuldverschreibungen 856 ff.
Shareholder Value 671
Sitz 672 ff.
- internationales Privatrecht 674
- Verlegung 673
Sitzung 675 ff.
Societas Europaea 335 ff.
Sonderbeschluss 678 ff.
- Mehrheiten 679
- Minderheitsverlangen 680
Sonderprüfung 681 ff.
- Abberufung der Prüfer 4
- allgemeine 682 f.
- besondere 686 f.
- der Gründung 423
Sonderrechte 688
Sondervorteile 689 ff.
Spaltung 625, 691 ff., 759, 778
- Anmeldung zum HR 698 f.
- Arten 692 f.
- Bericht 696 f.
- Beschluss 697
- Plan 695 f.
- Steuerrecht 713
Spruchverfahren 700 ff.

Squeeze-Out 702 ff.
- Anmeldung zum HR 704
- Rechtsbehelfe 705 f.
- Spruchverfahren 700 ff.
Stammaktien 708
Statusverfahren 708
Steuerrecht 708 ff.
- Betriebsausgaben 709 f.
- Einkommensteuer 719
- Gewerbesteuer 716 f.
- Grunderwerbsteuer 719 f.
- Halbeinkünfteverfahren 426 ff.
- Kapitalertragsteuer 717
- Körperschaftsteuer 709 ff.
- Umsatzsteuer 718 f.
- Vorsteuerabzug bei Emission 308
Stille Beteiligung 723
Stille Reserven 723 f.
Stimmrecht 724 ff.; s. auch Abstimmung
- Ausschluss 133 f., 728 ff.
- Beschränkung 728 ff.
- Bote 728
- Konsortialvertrag 512
- Proxy-Stimmrecht 629
- Stimmrechtsbindungsvertrag 730 ff.
- Vollmacht 726 ff.
Stimmverbot
- bei Entlastung 311
- beim Unternehmensvertrag 771
Stock Options 142 f., 732 ff.
- Steuerrecht 738
Strohmänner 405
Strafrechtliche Verantwortung 739 f.
Stückaktie 740
- Nennbetrag 585 ff.
Suspendierung 740 f.

Tagesordnung 741 ff.
Talon 744
Tantieme 744 f.
- Steuerrecht 745
- Umsatztantieme 757
Teilgewinnabführungsvertrag 745 f.
- Steuerrecht 746
Tender-Verfahren 746
Thesaurierung 428, 456 ff.
- Steuersatz 669
Tochtergesellschaften 455 ff., 573, 747

– Holzmüller-Entscheidung 457 ff.
Trennungsprinzip 747 f.
Treuepflicht 586, 748 ff.
Treuhänder 405

Übernahme 751 ff.
Überpariemission 754
Überwachung 756
Überzeichnung 756 f.
– Ersatzansprüche 756 f.
Umsatzsteuer 718 f.
Umwandlung 757 ff.
– Anteilstausch 760 f.
– von Aktien 761
– Ausgliederung 761
– Einbringung 271 ff., 760
– Formwechsel 348 ff., 760
– Negativerklärung 584 f.
– Prüfung 633 f.
– Spaltung 700 ff., 759
– Vermögensübertragung 759, 801 f.
– Verschmelzung 759, 804 ff.
Unterbilanzhaftung 763 f.
Unternehmen 764 ff.
– Bewertung 764 ff.
– Konzern 528 ff.
– Übernahme 752 f.
– verbundene s. Verbundene Unternehmen
Unternehmensgegenstand 766 f.
– staatliche Genehmigung 365 f.
Unternehmensvertrag 768 ff.
– Abschlussvertrag 770 ff.
– Anmeldung zum HR 435, 772 f.
– Beendigung 774 ff.
– Kündigung 541 ff., 775
– Offenlegungspflichten 610
– Prüfung 632 f.
Unternehmenswert 322 ff., 764 ff.
Unterpariemission 778 f.
Unversehrtheitsgrundsatz 779
Ultra-vires-Doktrin 779

Verbriefung 779 f.
Verbundene Unternehmen 264, 532, 781 ff.
– Arten 781 ff.
– Entherrschungsvertrag 309 f.
– Pflichten 783

– Rücklagenbildung 649 f.
Verdeckte Gewinnausschüttung 720 f., 784 ff.
– Rückabwicklung 790
– Steuerrecht 788 ff.
– Tantieme 745, 788
Verdeckte Sacheinlage (Verschleierte Sacheinlage) 791 ff.
– Fälle 799 f.
– Haftung 796
– Konzern 794
– Steuerrecht 797
Vergleich über Ersatzansprüche 825 ff.
Verlust der Aktien 801
Vermögensübertragung 802 ff.
Versammlungsleiter 803 f.
Verschmelzung 759, 804 ff.
– Anmeldung zum HR 436
– Bericht 810
– Beschluss 809
– Kontrolle 812
– Prüfung 811
Vertretung der AG 814 ff.
– durch Aufsichtsrat 817 ff.
– Insichgeschäft 462
– Prokura 628
– durch Vorstand 815 ff.
– Zustimmung der HV 819 ff.
Vertretung der Aktionäre 820 f.
Verwahrung 821
Verwaltung 821 ff.
– Haftung der Verwaltungsmitglieder 822 ff.
– Sitz 821
Verzicht auf Ansprüche 825 ff.
– durch AG 825 f.
– durch Aktionäre 826 f.
– durch Gründer 827
Verzinsung
– Abfindung 11, 13, 279, 704
– Ausgleich 121
– Darlehenskonto 516
– Dividende 253
– Einlage 480, 690, 797
– Kredit 85
– Schuldverschreibung 393 ff., 605 ff., 857
Verzinsungsverbot 122, 483
Vetorecht 827

Vinkulierung 581, 828 f.
Vollversammlung 829
Vor-AG (Vorgesellschaft) 829 ff.
– Eröffnungsbilanz 316
– Haftung 831 f.
– Insolvenzfähigkeit 463
– Organe 831
– Steuerpflicht 709
Vorgründungsgesellschaft 833 f.
– Beurkundung 190
– Haftung 834
– Vertrag 833
Vorratsaktien 834
Vorratsbeschluss 835
Vorratsermächtigung 835
Vorstand 836 ff.
– Anmeldung einer Änderung 434
– Aufsicht 98
– Bericht 161 ff.
– Beschlussfassung 177 ff.
– Entlastung 310 ff.
– Ermächtigung 317
– erster 839
– Funktion 617
– Geschäftsführung 376 ff.
– Geschäftsordnung 380 ff.
– Geschäftsverteilung 384 f
– Gründungshaftung 413
– Holzmüller-Entscheidung 457 ff.
– Insolvenzhaftung 467 f.
– Leitungsmacht 545 f.
– Sitzung 678
– Überwachung 756
– Vertretung der AG 815 ff.
– Vorratsermächtigung 835
– Zusammensetzung 838 f.
Vorstandsaktionär 745
Vorstandsmitglieder 840 ff.
– Abberufung 4 ff.
– Amtsdauer 65 f.
– Amtsniederlegung 67 f.

– Anstellungsvertrag 843 f.
– Ausschluss 135 f.
– Bestellung 372, 841 ff.
– D&O-Versicherung 254 ff.
– Ersatzmitglieder 320
– Haftung 846
– Schadenersatz 665
– Treuepflicht 751
– Vergütung 843
– Vertrauensentzug 312
– Wahl 854
– Wettbewerbsverbote 844 f.
Vorzugsaktien 894 ff.
– Höhe des Verzugs 853 f.
– Rechte 850 f.
– Sonderbeschluss 678 ff.
– stimmrechtslose 851 f.

Wahlen 854 ff.
Wandelanleihe/Wandelschuldver-
 schreibung 605 f., 856 ff.
– Incentivprogramm 460
– Mitarbeiterbeteiligung 858
Wechselseitige Beteiligung 767
– Jahresabschluss 475
Weisungsrecht 859 ff.
Wertpapiersammelbank 861
Wettbewerb 788, 861

Zeichnung 861 ff.
– Verbot 863
Zeichnungsschein 862
– Nichtigkeit 601
Zwangseinziehung von Aktien 302 f.
– Abgrenzung zur Kaduzierung 478
Zweigniederlassung 347, 864 ff.
– Anmeldung zum HR 439, 865 f.
– im Ausland 866 ff.
– Firma 865
– Steuerrecht 868
Zwischenschein 868 f.